小右記註釈

長元四年　下巻

小右記講読会
黒板伸夫監修
三橋　正編

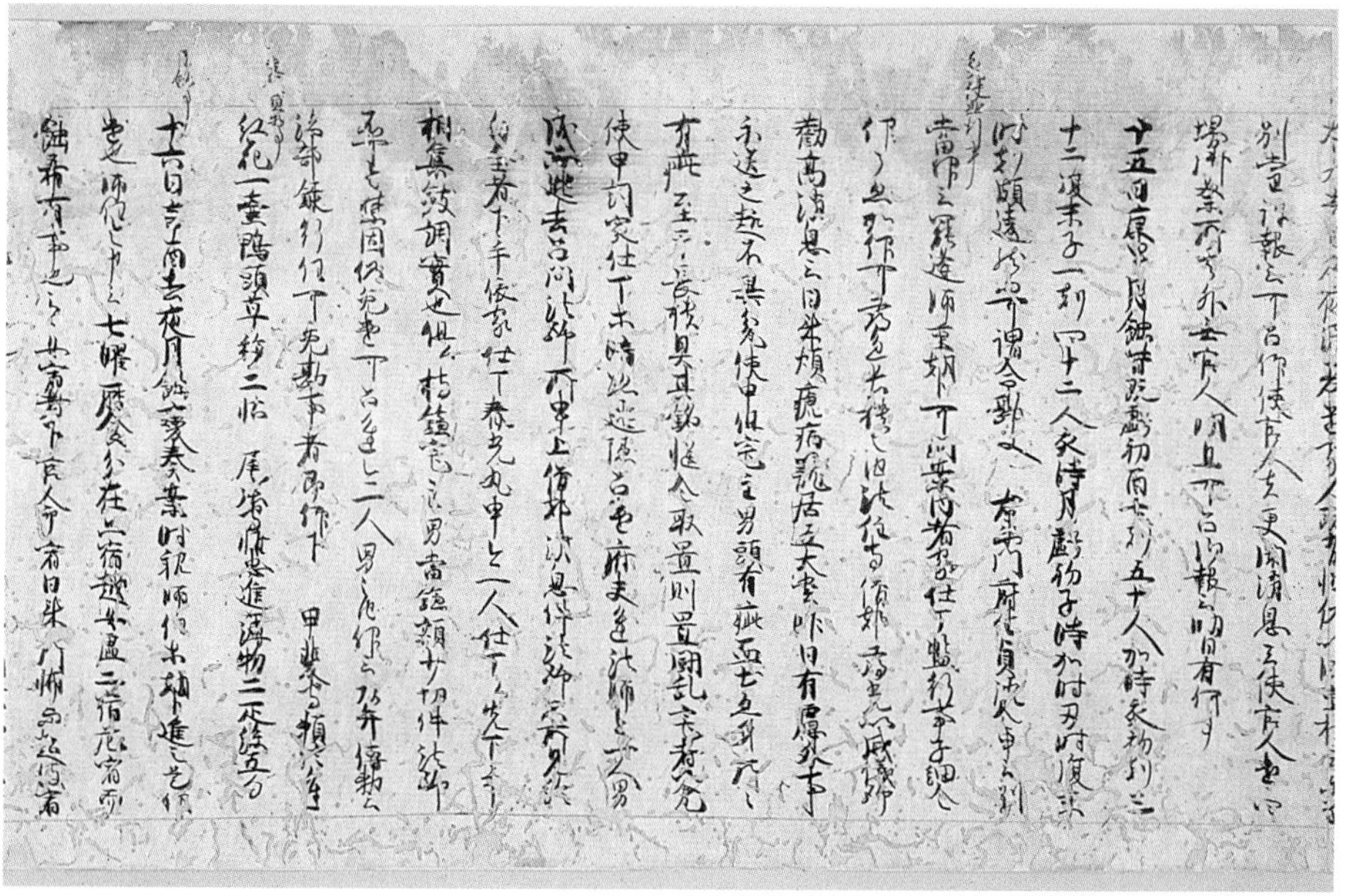

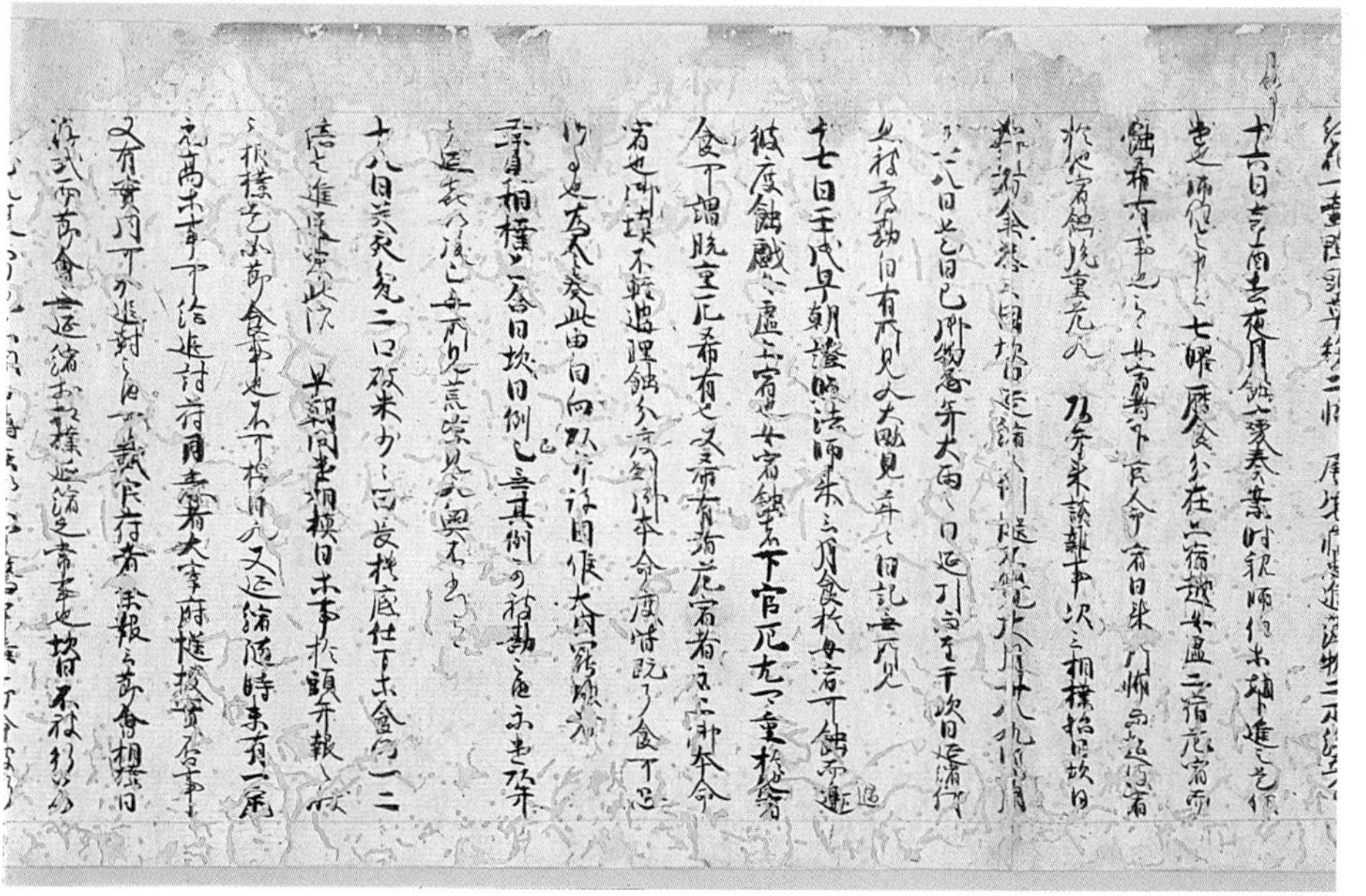

旧伏見宮本『小右記』巻三〇（宮内庁書陵部蔵）七月十四日条～十八日条

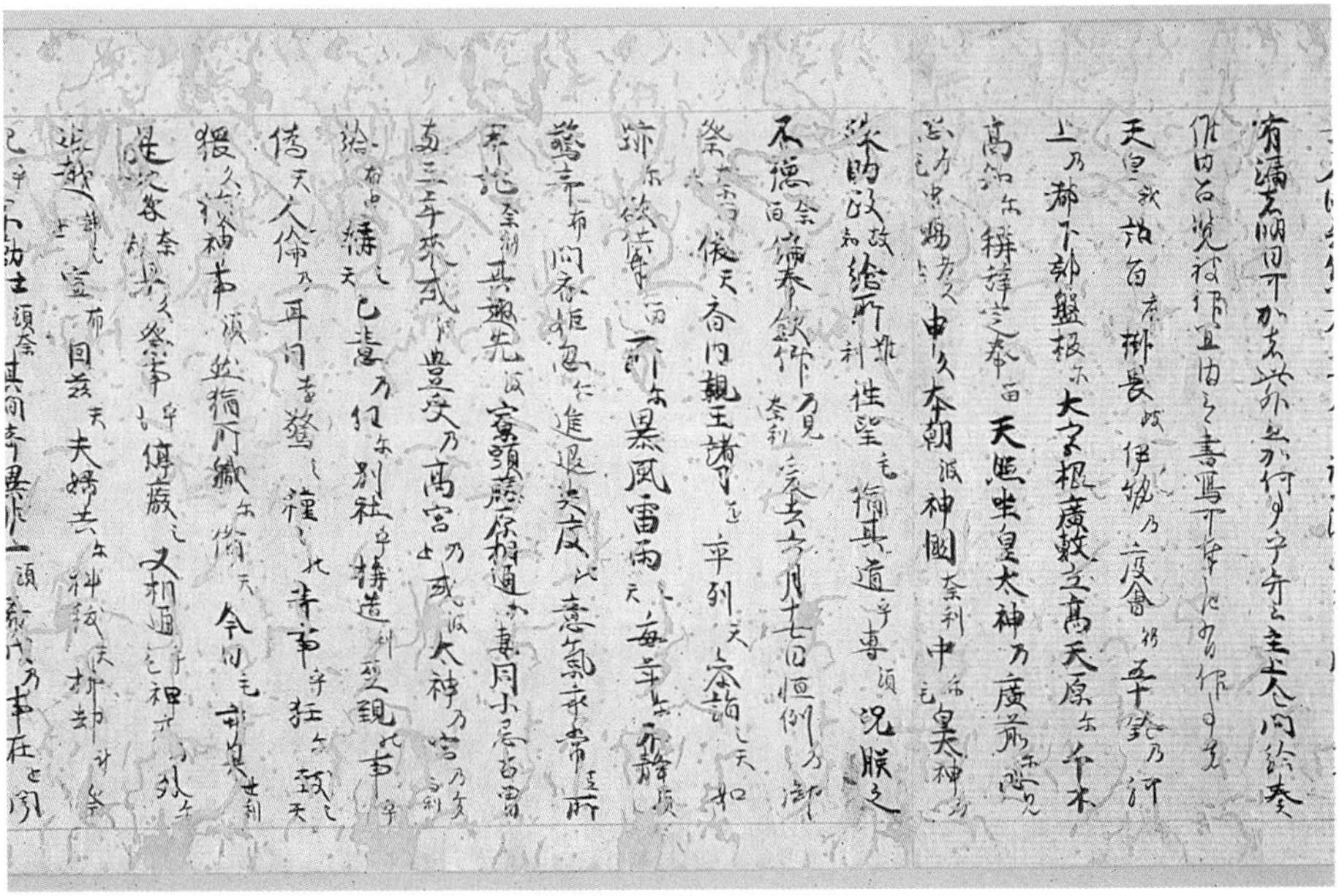

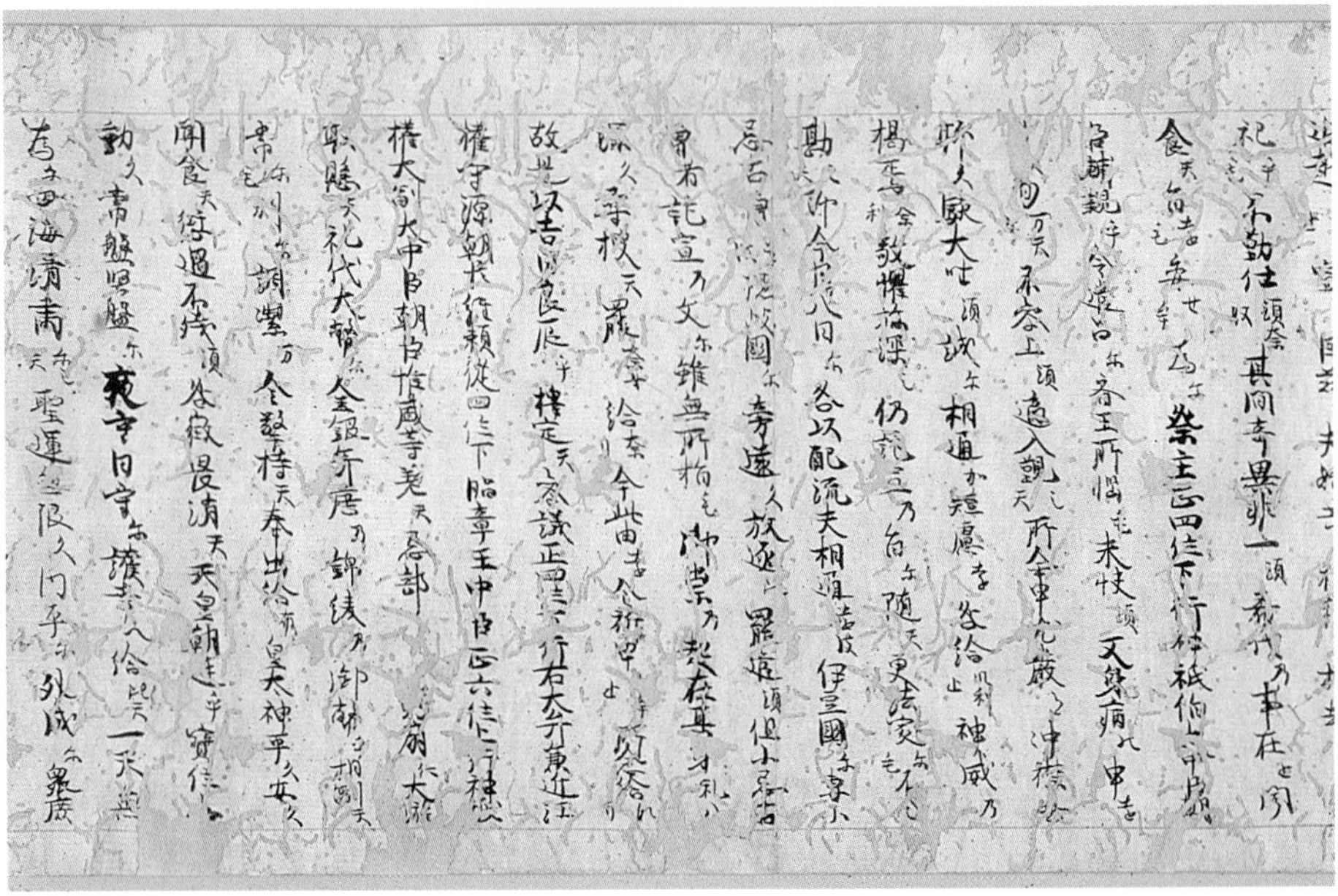

旧伏見宮本『小右記』巻三〇（宮内庁書陵部蔵）八月廿三日条「宣命」冒頭部分

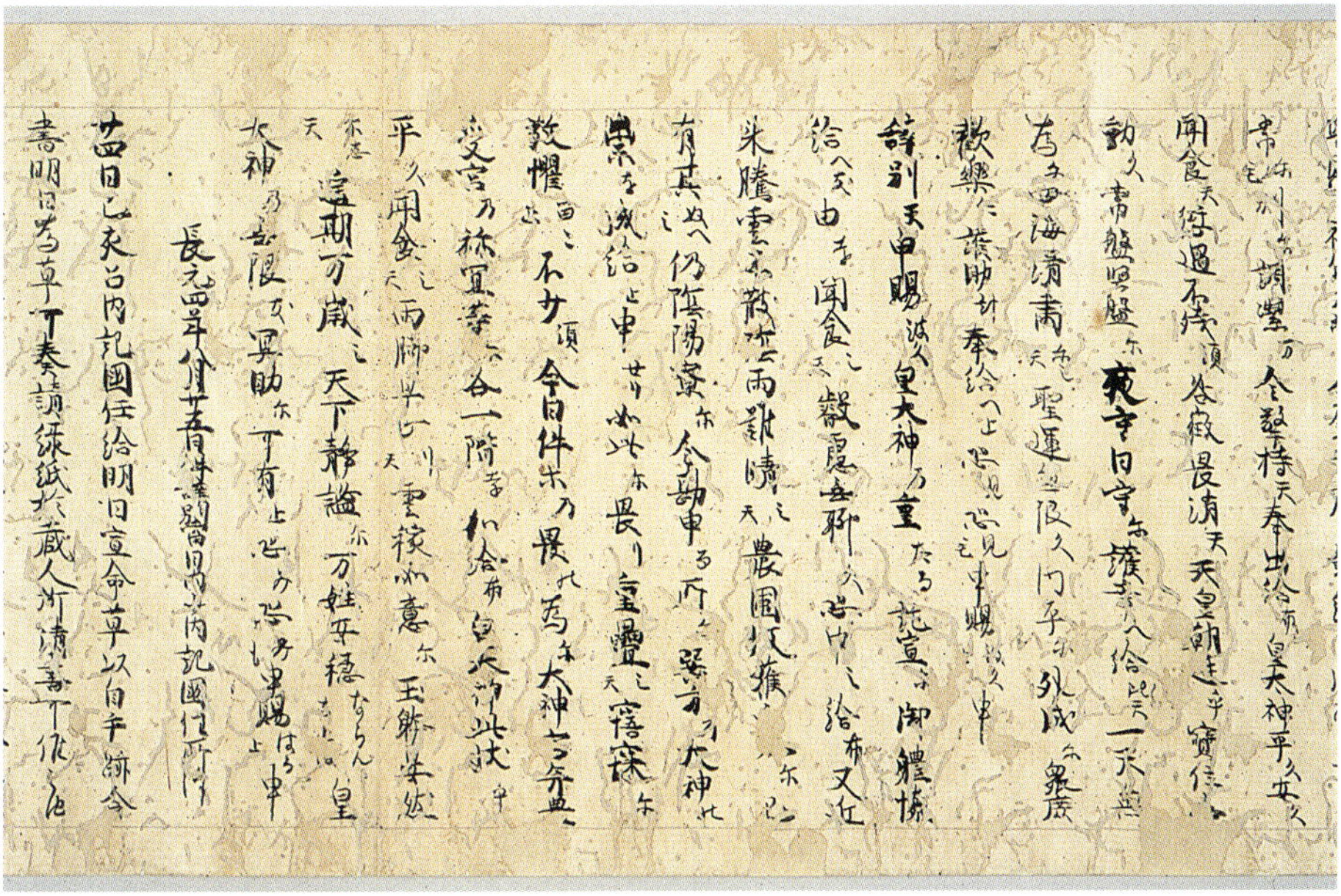

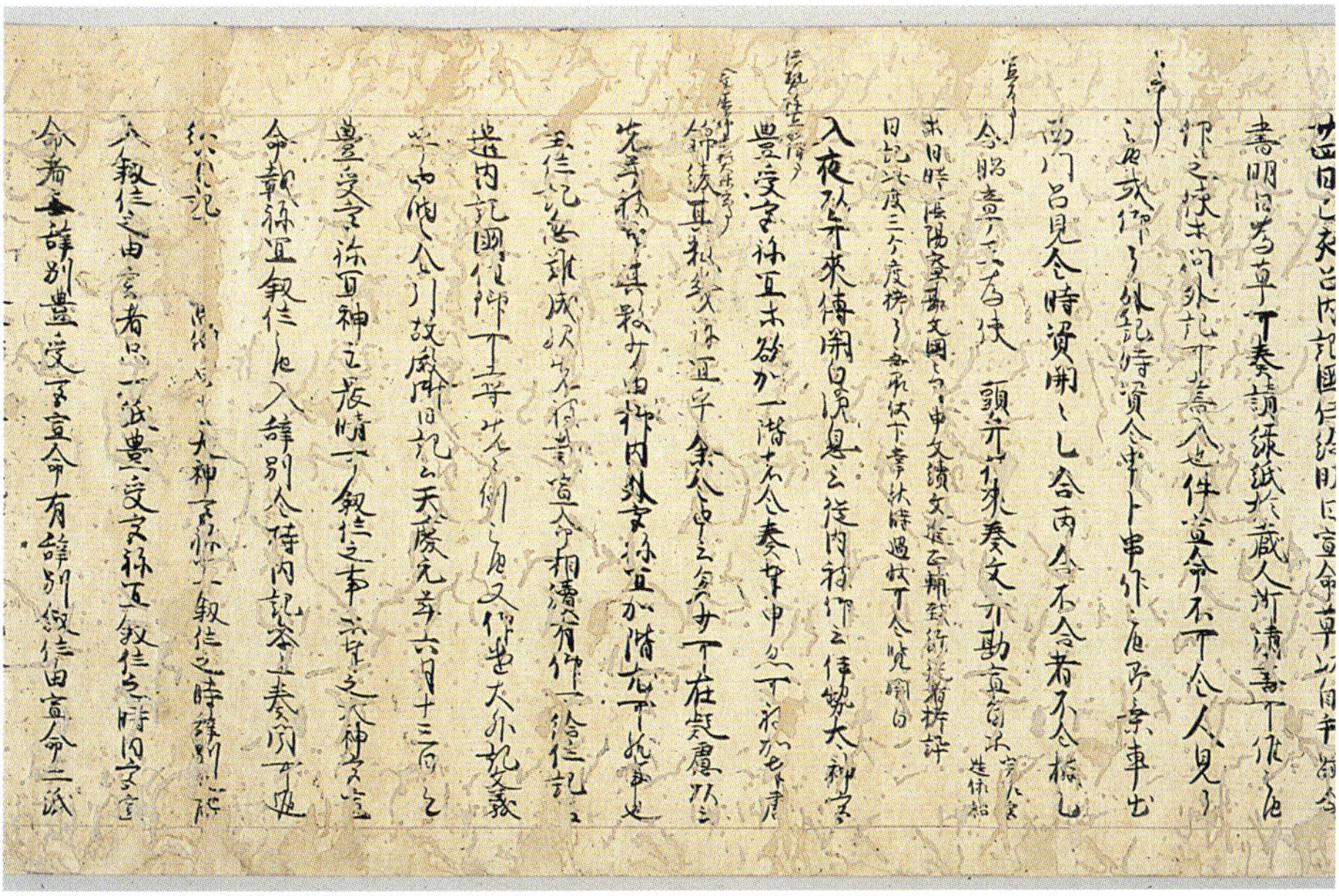

旧伏見宮本『小右記』巻三〇（宮内庁書陵部蔵）八月廿三日条「宣命」～廿四日条

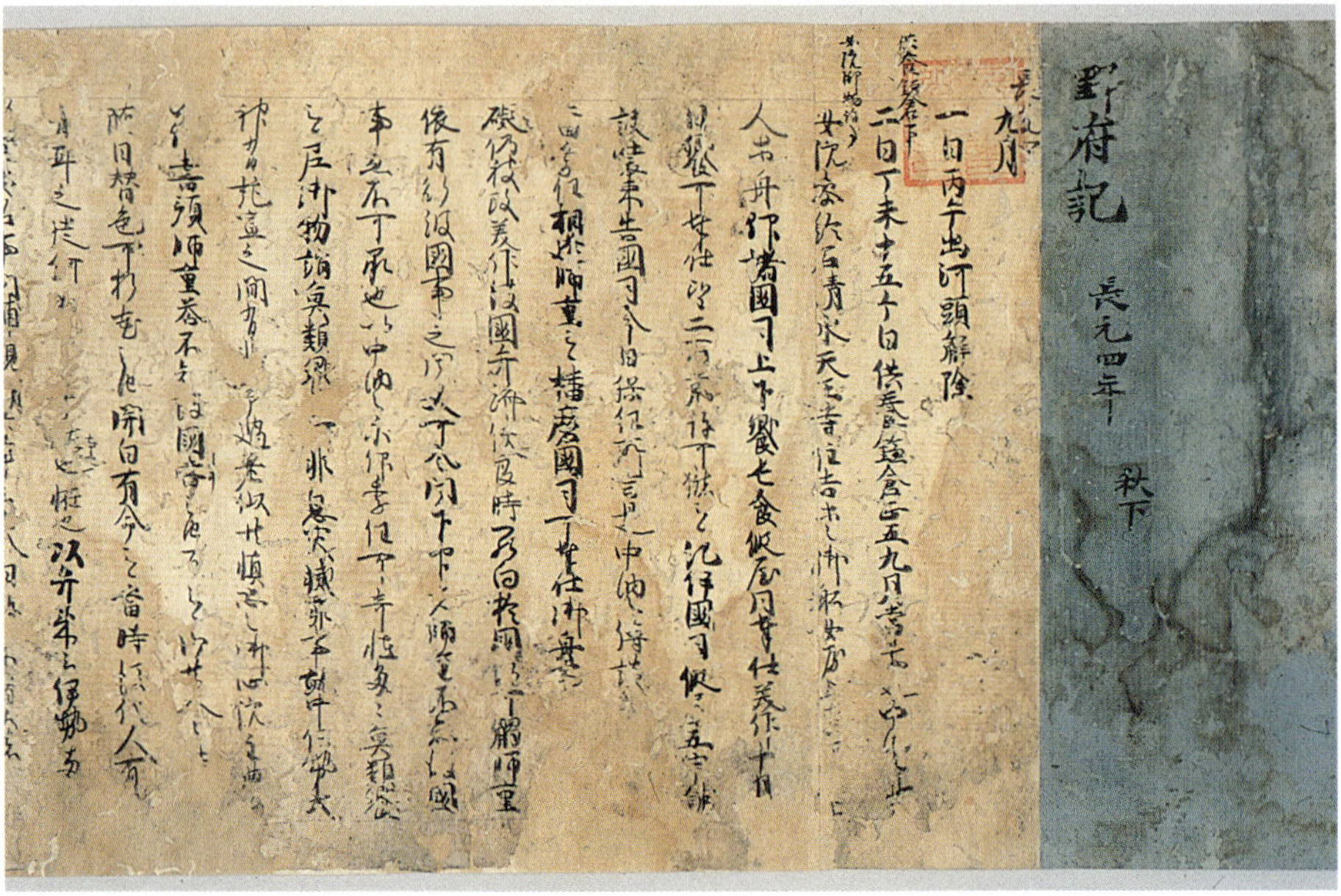

旧伏見宮本『小右記』巻三一（宮内庁書陵部蔵）巻頭　九月一日～二日条

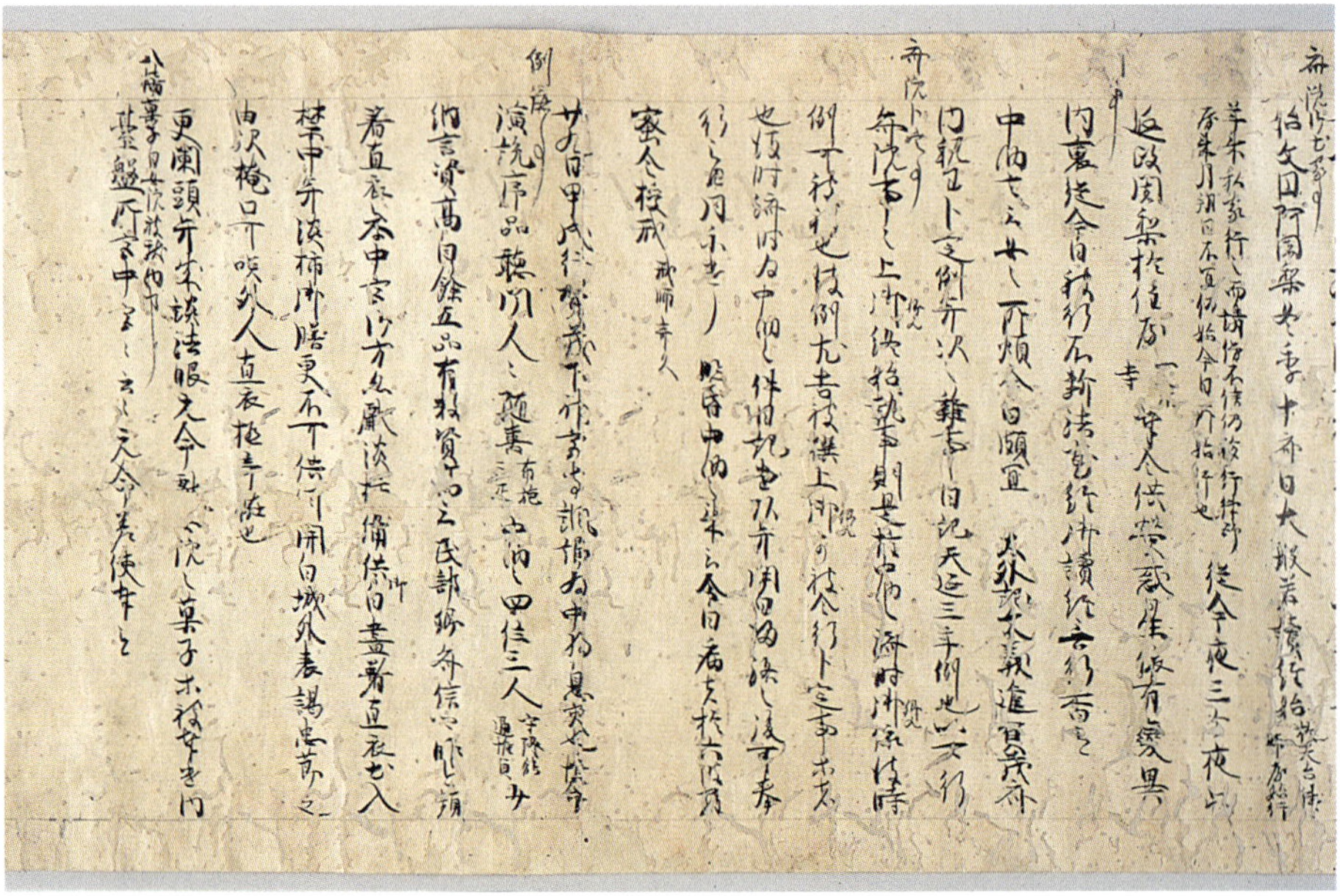

旧伏見宮本『小右記』巻三一（宮内庁書陵部蔵）巻末　九月廿八日～廿九日条

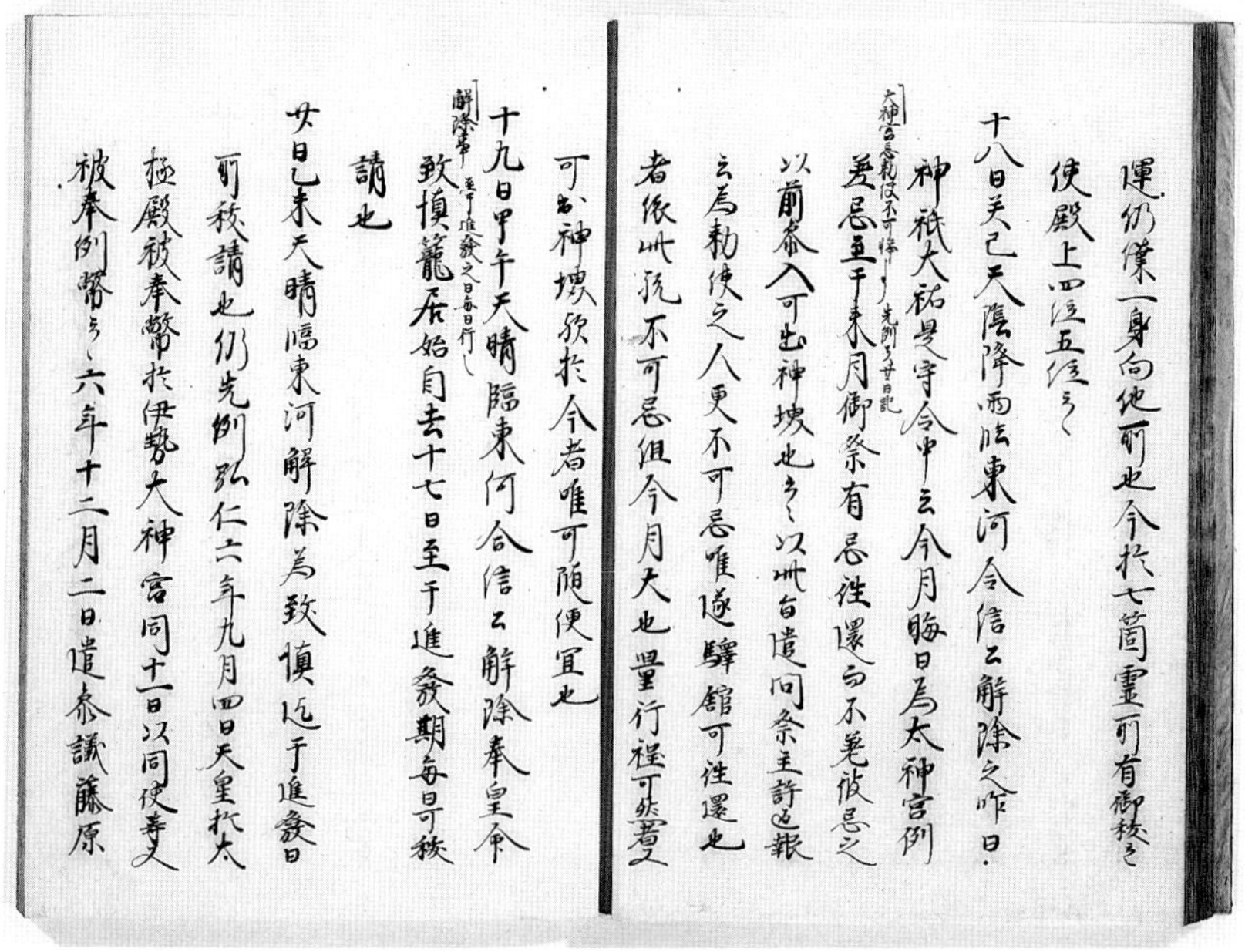

運仍儀一身向他所也今於七箇霊所有御祓云々
使殿上四位五位云々
十八日癸巳天陰降雨臨東河合信云解除之昨日
神祇大副兼守今申云今月晦日為太神宮例
差忌並于来月御祭有忌往還而不義彼忌之
以前参入可出神境也云々以此旨遣問条主許之報
云為勅使之人更不可忌唯遂驛館可往還也
者依此説不可忌但今月大也量行程可然歟
可出神境欤於今者唯可随便宜也
十九日甲午天晴臨東河合信云解除奉皇命
致慎籠居始自去十七日至于進発期毎日致
請也
廿日乙未天晴臨東河解除為致慎迄于進発日
所致請也仍先例弘仁二年九月四日天皇於太
極殿被奉幣於伊勢大神宮同十一日以同使奉
被奉例幣云々六年十二月二日遣参議藤原

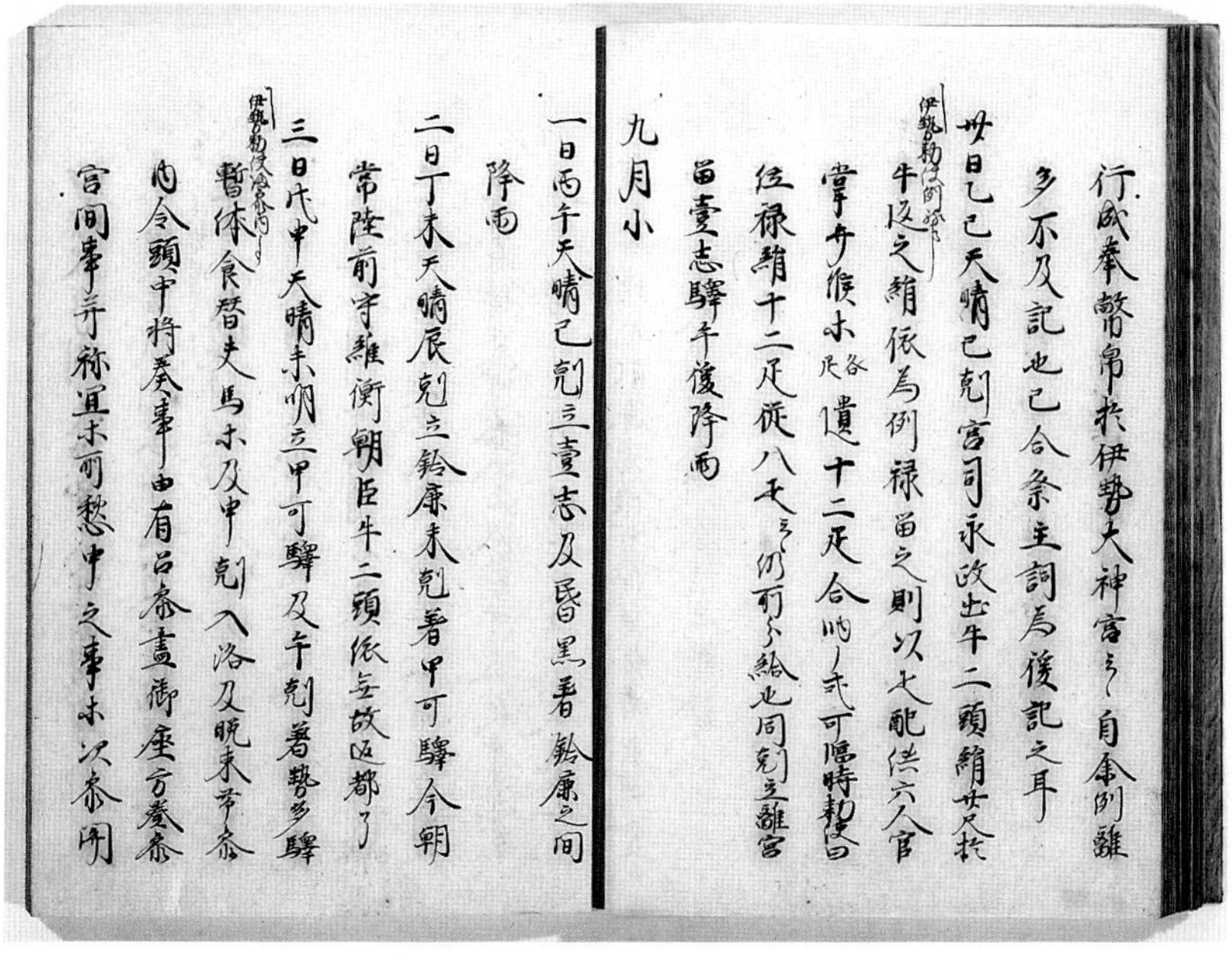

行成奉幣帛於伊勢大神宮云々自余例雖
多不及記也已今条主詞為後記之耳
卅日乙巳天晴巳剋宮司永政出牛二頭絹廿疋於
牛皮之絹依為例禄留之則以七疋供六人官
掌并傔等各尺遣十二疋合卅ノ式可隠時勅使留
位禄絹十二疋從八疋云々仍所ノ給也同剋立離宮
留壹志驛午後降雨
九月小
一日丙午天晴巳剋立壹志及昏黒着鈴鹿之間
降雨
二日丁未天晴辰剋立鈴鹿未剋着甲可驛今朝
常陸前守維衡朝臣牛二頭依無故返却了
三日戊申天晴未明立甲可驛及午剋着勢多驛
暫休食磨史馬不及申剋入洛及晩来帯参
内令頭中将奏事由有召参畫御座方奏参
宮間事并称宜不可愁申之事未次参門

東山御文庫本『左経記』(勅封三、三二）八月十七日条〜九月三日条

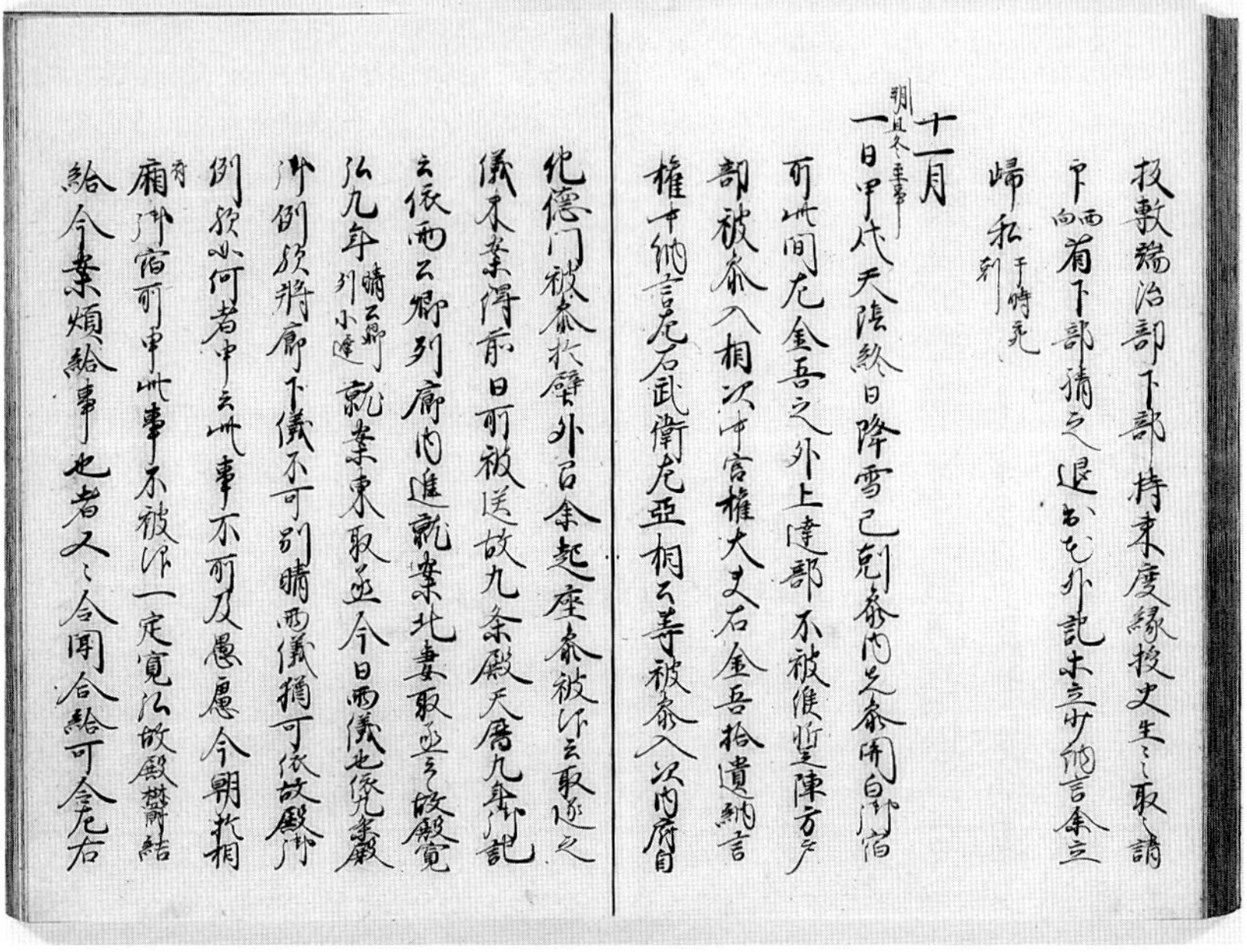

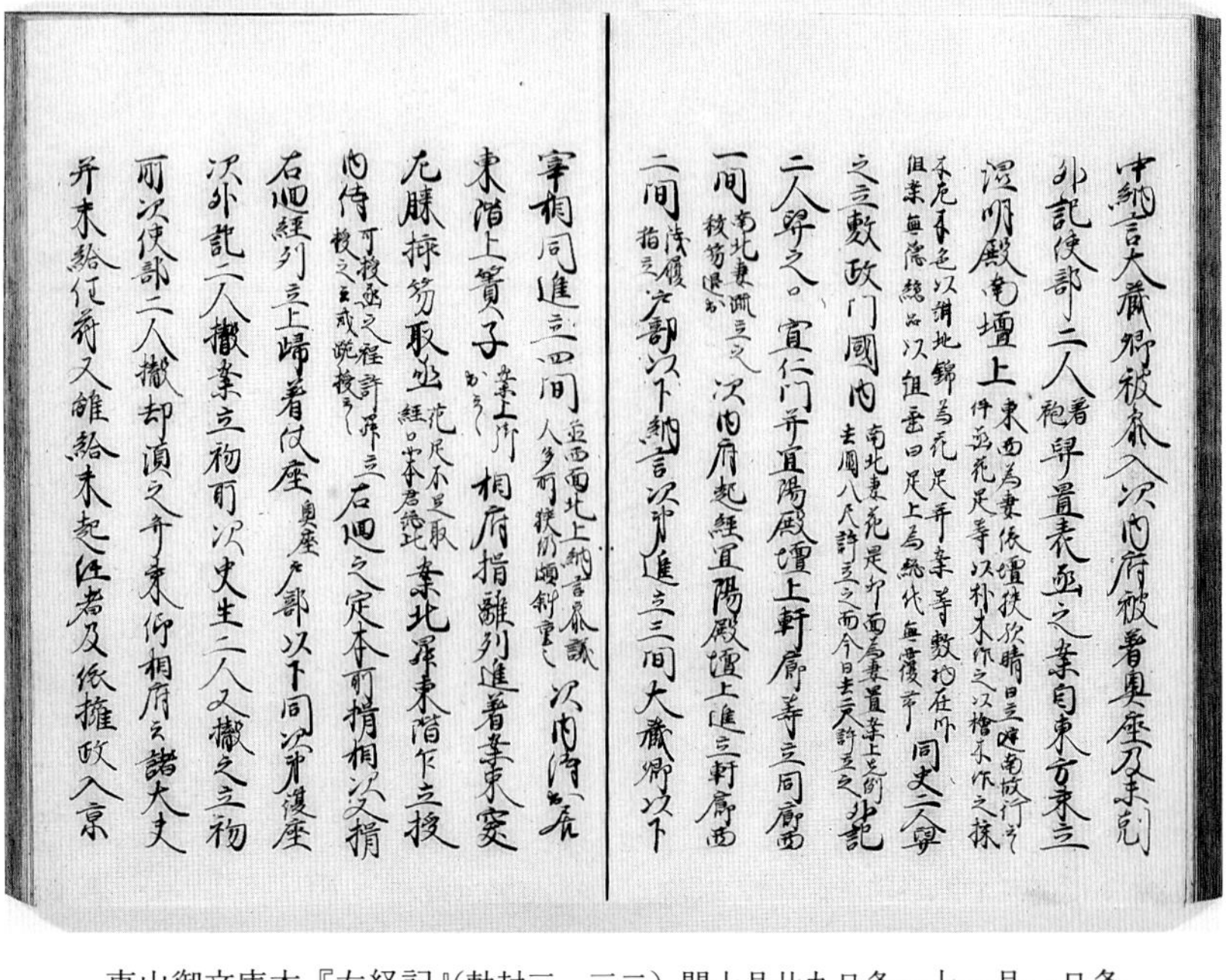

東山御文庫本『左経記』(勅封三、三二) 閏十月廿九日条〜十一月一日条

(以上、写真提供：宮内庁書陵部)

延暦寺蔵　国宝　金銀鍍宝相華唐草文経箱(写真提供：延暦寺)

長元四年銘の銅筒(大正 12 年に横川如法堂跡から出土、昭和 17 年に焼失)

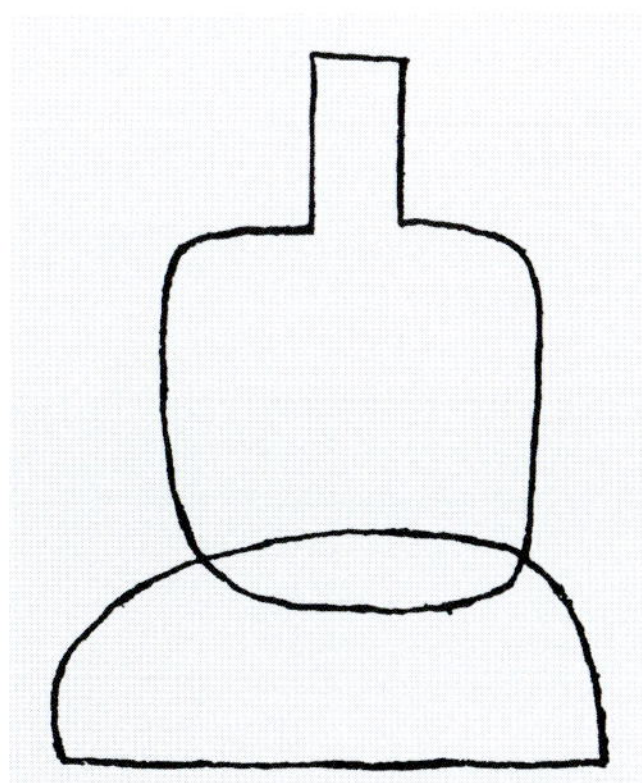

長元四年八月七日付『如法堂銅筒記』にみえる銅筒の図

延暦寺蔵　国宝　金銀鍍宝相華唐草文経箱（写真提供：東京国立博物館）

小右記註釈　長元四年　下巻目次

口絵
『日本紀略』書下し文（七月・八月・九月・十月・閏十月・十一月・十二月）
『小右記』『左経記』見出し対照 四二七
『小右記』書下し文／註釈（七月・八月・九月） 五〇五
七月 五〇七
八月 五七七
九月 六七九
『左経記』書下し文（七月・八月・九月・十月・閏十月・十一月・十二月） 七六三
七月 七六五
八月 七七一
九月 七八三

十月……七九五
閏十月……八〇五
十一月……八一三
十二月……八二六
『小右記』本文（旧伏見宮本）七月・八月・九月――八四五
『左経記』本文（東山御文庫本）七月・八月・九月・十月・閏十月・十一月・十二月――八八一
『日本紀略』本文（旧久邇宮本）七月・八月・九月・十月・閏十月・十一月・十二月――九一八

《図》
平安京図（260）　左京拡大図（261）　上東門院（土御門第）図（262）　小野宮第図（263）
内裏図（254）　清涼殿付近拡大図（256）　陣座付近拡大図（257）　大内裏図（258）
《十干十二支》（253）
《付C》場所考証（235）
《付B》官職・身分考証（203）
《付A》人物考証（117）
《索引》（3）
索引・考証編　目次（1）　凡例（2）

（上巻目次）

口絵
はじめに（黒板伸夫）
はしがき（三橋　正）
凡例
『日本紀略』書下し文（正月・二月・三月・四月・五月・六月）『小右記』『左経記』見出し対照
『小右記』書下し文／註釈（正月・二月・三月）
『左経記』書下し文（正月・二月・三月・四月・五月・六月）
『小右記』本文（旧伏見宮本）正月・二月・三月
『左経記』本文（東山御文庫本）正月・二月・三月・四月・五月・六月
『日本紀略』本文（旧久邇宮本）正月・二月・三月・四月・五月・六月
《解説》『小右記』長元四年条を読む
《付1》　口絵解説
《付2》　主要参考文献
《付3》　年中行事一覧

『日本紀略』書下し文
『小右記』『左経記』見出し対照

七月・八月・九月・
十月・閏十月・十一月・十二月

七月

『小右記』書下し文（五〇七頁）／本文（八四七頁）

一日、丙午。

▼a「祈の事」……五〇七頁
＊1「追討の賞の事」
「忠常の事に依り、頼信、勧賞《かんしょう》を蒙るべき事」（目一七、追討使事）

二日。

＊1「節会《せちえ》の禄の事」……五〇七
▼a「中将（＝兼頼）の病」

三日。

▼a「国忌《こき》に参らざる者の申文《もうしぶみ》」……五〇八
＊1「伊勢《いせ》の託宣《たくせん》の事」
「伊勢太神宮、御託宣有る事」（目八、神社託宣事）

『左経記』書下し文（七六五頁）／本文（八八五頁）

▽a「法成寺御八講結願《みはっこうけちがん》」……七六五
※1「下名《おりな》の事」（目）

※1「年災（×交）を致申《いたしもう》すべからざる（不×）の由、広瀬《ひろせ》・龍田《たつた》祭使に仰せらるる事」……七六五
「広瀬・龍田祭使を召して御祈の由を仰せらるる事」（目）
※2「追討使《ついとうし》頼信の賞の沙汰」

四日、己酉。広瀬(1)・龍田(1)祭。

▼a「祈の事」……五〇八
＊1「池の蓮の事」
＊2「夢想の事」
▼b「中将(＝兼頼)の祈」

五日、庚戌。祈年穀奉幣《きねんこくほうべい》定。

▼a「中将(＝兼頼)、肉を食す」……五〇九
＊1「東大寺の勅封の倉(勅×)の事」
＊2「仁海の訴の事」
＊3「優免《ゆうめん》(□□)の事」
＊4「上東門院(＝彰子)の御悩(□悩)の事」
＊5「祈年穀(□□)奉幣定の事」……五一〇
「祈年穀奉幣定の事」(目三、二月・祈年穀奉幣事)

六日。

▼a「火事」……五一〇

「甲斐守頼信朝臣、忠常の事に依り賞有る事」(目)

※1「姫宮(＝馨子内親王)の御袴着《おんはかまぎ》有るべき事」……七六六
▽a「斎院(＝選子内親王)の病」
※2「祈年穀奉幣定の事」(目)

*1「祈の事」

*2「女院（＝彰子）に参る事」

*3「受領の貢物の事」

七日。

*1「広瀬使の事」……五一〇

▼a「火事」……五一一

八日。

*1「六波羅《ろくはら》（□波羅）に供花《くか》（供□）する事」……五一一

▼a「行頼の母頓滅《とんめつ》する事」

九日。

▼a「装束使《しょうぞくし》の請ふ相撲節《すまいのせち》の屏幔《へいまん》料の布等の事」……五一二

▼b「中将の母（＝藤原伊周女）の病」

十日。

*1「施物《せもつ》の事」……五一二

*2「受領罷《まか》る事」……五一三

十一日。

▼a「諷誦《ふじゅ》」……五一三

*1「召仰《めしおおせ》(□仰)の事」

※1「政《まつりごと》の事〈庁屋(＝外記庁)の修理の後、初めて政有る事〉」……七六七

「政有る事」(目)

※2「相撲召仰の事」(目)

※3「神事に依り、御盆《おぼん》、十五日を以て奉らるべき事」

「御盆の事」(目)

十二日。

▼a「節料」……五一三

▼b「本命供《ほんみょうぐ》」

*1「府(□)の修理の事」……五一四

▼c「念人《ねんにん》の事」

十三日。

▼a「相撲人」……五一四

*1「祈の事」

※1「祈年穀奉幣の事〈八省修理の間、神祇官に於いて発遣する事〉」……七六八

*2「受領の貢物の事」
▼b「忌日《きにち》」
*3「奉幣の事」
「祈年穀奉幣使立つ事〔使知貞朝臣、四箇社の宣命を給はる事〕」（目三、二月・祈年穀奉幣事）

十四日。

*1「奉幣使の事」……五一五
*2「盆使の濫行の事」

十五日、庚申。夜、月食皆既《げっしょくかいき》。（十三日ヵ）今日、祈年穀奉幣。

▼a「月食の事〈皆既〉」（目一九、天変事ヵ）……五一六
*1「盆使の濫行の事」
*2「受領の貢物の事」

十六日。

*1「月食の事」……五一六
▼a「坎日《かんにち》、相撲召合《すまいのめしあわせ》有るべき事〈所見無し〉」（目六、七月・相撲事）……五一七

「神祇官に於いて奉幣使を立てらるる事」（目）
※2「斎院宮主《みやじ》（＝紀伊ム丸）、相撲人と為る事」……七六九

十七日。
▼a「月食の事」……………………五一七
▼b「相撲召合、坎日の例の事」

十八日。
▼a「盆供《ぼんぐ》の事」……………………五一八
▼b「相撲の事」

十九日。
＊1「輦車《れんしゃ》の事」……………………五一八
▼a「相撲所始」
＊2「仁王会《にんのうえ》定《さだめ》の事」

※1「政の事」……………………七七〇
※2「暦博士道平、禄を給（×行）はる事〈月食、勘申に違はざる事〉」
「暦博士を召して禄を給ふ事」（目）
▽a「内文《うちぶみ》」
▽b「石清水《いわしみず》放生会《ほうじょうえ》の料の事」（目）

廿日。

▼a「相撲召合の請奏《しょうそう》に朝臣《あそん》を加ふ」……五一九

＊1「童の闘乱の事」

廿一日。

▼a「物忌」……五一九

＊1「受領の貢物の事」……五二〇

▼b「美作の祈禱」

廿二日、丁卯。丹・貴二社に奉幣す。

▼a「相撲人」……五二〇

＊1「月食の御慎《おんつつしみ》の事」

「月食の変に依り、相撲の音楽有るべからざる事」(目六、七月・相撲事)

▼b「祈雨奉幣使立つ事」(目一九、祈雨事)……五二一

廿三日。

▼a「相撲人」……五二一

※1「丹生《にう》・貴布禰《きふね》祈雨(祈×)の事」……七七〇

＊1「月食(□食)の事」
▼b「中将(＝兼頼)の病」……五二

廿四日。
＊1「仁王会定の事」……五二
＊2「内裏(□)の犬《いぬの》死《し》穢《え》(□死穢)の事」
▼a「月食皆既の時、相撲の楽有る事」(目六、七月・相撲事)……五三

◇1「月食に依り相撲の楽、有るべきや否やの事」(目・記事ナシ)
◇2「相撲の間の事」(目・記事ナシ)

廿五日。
▼a「外記局修造の覆勘文《ふくかもん》」……五四
▼b「相撲人」
＊1「侍読《じどく》の賞の事」
「挙周、文選《もんぜん》・史記《しき》を授け奉るに依り、正四位下に叙する事」(目二、正月下・叙位議事)
▼c「相撲の両日、上下、二襲《ふたがさね》を着すべからざる宣旨の事」(目六、七月・相撲事)
▼d「相撲の音楽、停止する事」(目六、七月・相撲事)

◇1「相撲の楽、停止する事」(目・記事ナシ)

▼b「相撲召合の事」(目六、七月・相撲事)

—

卅日、乙亥。同(=相撲)御覧。

*1「抜出《ぬきで》(□□)の事」……五二九

「相撲抜出の事」(目六、七月・相撲事)

▼a「例講」

▼b「中将の母(=藤原伊周女)の病」

*2「怪異の事」……五三〇

◇1「同(=相撲)御覧并びに抜出(×秘出)の事」(目・記事ナシ)

八月

『小右記』書下し文（五七七頁）／本文（八五六頁）　『左経記』書下し文（七七一頁）／本文（八八八頁）

一日、丙子。

▼a「物忌」……五七七

▼b「位記の文」

＊1「仁王会定（□）の事」

▼c「抜出に東宮（＝敦良親王）参上の事」

二日、丁丑。釈奠《せきてん》（×尊）。

＊1「釈奠の内論義《うちろんぎ》（×儀）の事」……五七七

「釈奠の事」（目三、二月・釈奠事）

◇1「太神宮の託宣の事」（目・記事ナシ）

三日、戊寅。論義。

＊1「内論義（×儀）止むるの事」……五七八

▼a「春宮大夫（＝頼宗）の室の病」

四日。

▼a「相撲人、候を免ぜらるる事」……五七八
＊1「伊勢の託宣の事」……五七九
「太神宮、斎宮に付し奉り給ふ御託宣の事〈寮頭相通并びに妻(＝小忌古曾)等、御託宣の事に依り配流せらるべき事〉」(目八、神社託宣事)
＊2「仁王会定」……五八〇
「仁王会定の事」(目九、仁王会事)
▼b「祭主輔親を尋問する事」……五八一
◆1「軒廊《こんろうの》御卜《みうら》の事」(目一四、軒廊御卜事…記事ナシ)

※1「東大寺の勅封(×符)の御倉の修理の事」……七一
「東大寺の勅封の御蔵の事」(目)
※2「大神宮の荒祭宮の託宣の事〈寮頭の妻の事〉」
「託宣(×詫宣)の定の事」(目)
※3「同御託宣(×詫宣)の陣定《じんのさだめ》の事」……七二
※4「女を流す例を尋ねらるる事」
※5「伊勢使の日時の事」
※6「東大寺の勅封の倉の鎰《かぎ》を遣はす事」
※7「軒廊御卜の事、宇佐宮の怪異」
「軒廊御卜の事」(目)

五日、庚辰。祭主大中臣輔親に、去る六月の伊勢荒祭宮《あらまつりのみや》の託宣の趣を召問《めしと》ふに、申して云はく「斎宮頭藤原相通の妻(＝小忌古曾)の宅内に大神宮の宝殿を作り、神威を詐仮し、愚民を誑惑(×或)す。其の罪已《すで》に重し。早く配流すべし。」者《てへ》り。

＊1「奉幣の事」……五八二
▼a「相通并びに妻等、搦獲《からめと》(×護)るべき宣旨の事」
(目一七、闘乱事)
▼b「牛童(＝三郎丸)の従者の童を獄に下す事」……五八三
＊2「相撲の事」

六日。

＊1「弾正忠(忠×)(＝斉任)の勘問の事」……五八三
▼a「石清水御願使」
▼b「配流を行なふ日の事」

七日、壬午。石清水幣帛使《へいはくし》并びに御馬十疋を遣はし奉る。御宿願に依る也。

＊1「女配流の事」……五八四
「女配流の例の事」(目一七、闘乱事)
＊2「石清水十列(十烈)の事」
「公家《こうか》(＝後一条天皇)、左右十列を石清水宮に奉らしめ給ふ事〈旧の御願〉」(目八、諸社奉幣事)
＊3「諸社御読経の事」
「諸社御読経を行なはるる事〈同前(＝旧の御願)〉」
(目九、臨時御読経事)
＊4「御馬逗留の事」
▼a「高陽院《かやのいん》に於いて興福寺御塔供養の雑事を定めらるる事(事×)」(目一〇、諸寺供養事)
▼b「祈の事」
＊5「随身(□随)に夏の衣服を給(□)ふ事」

▽a「山階寺(＝興福寺)の塔等の供養の定の事」(目)……七七四
※1「伊勢使を奉仕すべき事〈付《つけたり》、藤氏の人、使有る事〉」
「伊勢使の事」(目)

八日、癸未。斎宮寮権頭（×権寮頭）藤原相通并びに妻藤原小忌古曾《こきこそ》等の配流の事を定めらる。件の夫婦（×之婦）共、不浄不信を致すの由、託宣有り。相通、佐渡国に流す。妻、隠岐国（隠伎国）に流す。

▼a「子女の亡の事」……五八五
＊1「女配流の事（□□□□）」
＊2「石清水十列（十烈）の事」
＊3「弾正忠（□正忠）（＝斉任）の勘問の事」
＊4「流罪の事」
「寮頭相通并びに妻、配流せらるる事」（目八、神社託宣事）
＊5「強奸《ごうけん》の事」……五八七
▼b「内裏の犬《いぬの》死穢《しえ》の事」（目一六、触穢事）

▽a「伊勢使の事」（目）……七四
※1「斎宮寮頭相通并びに妻遠流《おんる》の事〈付《つけたり》、位記を進《たてまつ》る事〉」
「寮頭相通（×佐通）并びに妻、配流すべき事」（目）
▽b「結政《かたなし》請印《しょういん》の事」（目）……七五

九日。

▼a「強奸の事」……五八七
＊1「臨時仁王会の料物」……五八八

十日。

＊1「相撲の料の事」……五八八

※1「斎院（＝選子内親王）、遁世《とんせい》有るべき事」……七五

▼a「仁王会の料物」
▼b「中将の母(＝藤原伊周女)の病」

十一日、丙戌。列見《れけん》。今日、出雲国の杵築《きづき》社の神殿顚倒《てんとう》す。
▼a「物忌」……五八九
▼b「定考《こうじょう》の事」(目六、八月・定考事)
▼c「中将の母(＝藤原伊周女)の修善」
＊1「池の蓮の実を東宮(＝敦良親王)に献ずる事」

※1「定考の事」(目)……七七六
※2「五位の弁無き時、四位、考所を勤むる事」……七七七
…八月註134(六三六頁)参照

十二日。
＊1「内侍所《ないしどころ》の御拝の事」……五八九
＊2「考定の事」
＊3「流人の使の事」……五九〇
＊4「斎院(＝選子内親王)辞し給ふ事」

十三日、戊子。丹・貴二社に奉幣す。止雨に依る也。又、賀茂の御賽《おんさい》の幣帛・御馬十疋の使を発遣せらる。
▼a「止雨奉幣使の事」(目一九、止雨事)……五九〇
＊1「悲田(×非田)の施物《せもつ》の事」

※1「祈晴の奉幣の事〈丹生・貴舟〉」……七七八
「霖雨《りんう》奉幣の事」(目)

＊2「相撲還饗《かえりあるじ》の事」
＊3「賀茂十列（十烈）の事」……五九一
「十列を賀茂社に奉らるる事」（目八、諸社奉幣事）
＊4「祈年穀奉幣の事」（目三、二月・祈年穀奉幣事）

※2「御願に依り、幣・走馬を賀茂に奉らるる事」
「賀茂上下に奉幣せらるる事」（目）
※3「左宰相中将の息（＝資綱）の元服の事」
「元服の事」（目）

十四日（×廿四日）、己丑。同じ御祈に依り、松尾・大原野に幣帛・御馬等を発遣す。

＊1「宇佐宮の遷宮の事」……五九一
＊2「重勘の事」
＊3「松尾・大原野（□□□□）十列（十烈）の事」
「左右十列を松尾・大原野に奉らるる事」（目八、諸社奉幣事）

十五日。

▼a「穢に依り、石清水放生会に奉幣せざる事」……五九二
▼b「受領罷申《まかりもう》す事」
▼c「正税の例用の不足」
▼d「越中守（＝業敏）の計歴《けいれき》」
▼e「伊勢奉幣の上卿」

十六日、辛卯。駒牽《こまひき》。

*1「使に禄を給ふ」……五九三

*2「馬引《うまひき》(□引)」

※1「伊勢の宣命の事〈祈年穀〉」……七七九

※2「駒牽の事」

「左衛門陣の駒牽の座の事」(目)

十七日、壬辰。神祇官に於いて祈年穀廿一社奉幣使を遣はす。

*1「祈年穀(□□□)奉幣の事」……五九三

「祈年穀奉幣使の事」(目三、二月・祈年穀奉幣事)

*2「諸社十列(十烈)の事」

「奉幣使に付し、左右十列を平野・祇園社に奉らるる事」(目八、諸社奉幣事)

*3「□□追捕の事」

「鈴鹿山(×駘鹿山)に於いて相通に相逢ひ、搦取《からめと》り、随身し、伊勢国司(=行貞)に付する事」(目一七、闘乱事)

*4「馬引(□)」……五九四

※1「祈年穀奉幣の事」……七八〇

「奉幣の事」(目)

※2「平野・祇園(祇薗)・北野の走馬、献ぜらるる事」

※3「伊勢奉幣使を召仰せらるる事〈付、潔斎の事〉」

「来たる廿五日の伊勢幣使、勤仕すべき事」(目)

▽a「七瀬祓《ななせのはらえ》」

十八日。

▼a「兼頼の母(=藤原伊周女)の修善結願」……五九四

※1「大神宮の忌、勅使、憚るべからざる事〈先例、

▼b「駒牽の饗の座」
▼c「配流の使」

廿日の記に有り〉」……七八一
「同（＝伊勢）使の間の事」（目）

十九日。
＊1「託宣（×詫宣）の事」……五九五
「祭主輔親の勘当の事〈御託宣を漏らす事に依る也〉」（目八、神社託宣事）

※1「解除《げじょ》の事〈進発の日に至るまで、毎日、之を行なふ〉」……七八一

廿日、乙未。伊勢内《ない》・外宮《げくう》の禰宜《ねぎ》等に爵一階を増す。今日、大祓《おおはらえ》。仁王会に依る也。
＊1「相通の事」……五九五
＊2「奉幣の事」
＊3「流罪の事」……五九六
＊4「御託宣の事」……五九七

▽a「同（＝伊勢使）事」（目）……七八一

廿一日。
＊1「仁王会・季御読経の日に結政請印を行なはざる事」……五九七
＊2「仁王会の検校の事」
＊3「大内記を歴《ふ》る者、宣命を奉る事」

廿二日、丁酉。大極殿に於いて仁王会。

＊1「仁王会(□王会)の事」……五九八
「大極殿百高座仁王会の事」(目九、仁王会事)

◇1「仁王会の事」(目・記事ナシ)
◇2「伊勢使為《た》るに依り、仏事を知らざる事」(目・記事ナシ)
◇3「宮司(×官司)以下(×頭下)の禄料(×折)の事」(目・記事ナシ)

廿三日、戊戌。相通、改めて伊豆国に配す。

＊1「国忌の事」……五九八
＊2「相通の託宣(×詫宣)の事」
＊3「宣命の事」……五九九
「御託宣の宣命(々命)の事」(目八、神社託宣事)
▼a「宣命〈第一段〉」
▼b「宣命〈第二段〉」
▼c「宣命〈第三段〉」
▼d「宣命〈第四段〉」……六〇〇
▼e「宣命〈第五段〉」
▼f「宣命の辞別《ことわけ》」

◇1「相通(佐通)遁隠の間、使の使部(々部)に逢ふ事」(目・記事ナシ)

廿四日。

▼a「宣命の草《そう》」……一〇一
＊1「卜串《うらぐし》の事」
＊2「宣旨の事」
＊3「伊勢の禰宜の加階の事」
「伊勢豊受《とようけ》太神宮の禰宜、一階を加へらるべき事」（目八、諸社司事）
＊4「唐の錦等を大神宮に奉らるる(□)事」
▼b「宣命の枚数〈故殿御日記（＝清慎公記）の例〉」……一〇二

◇1「重ねて託宣有りて相通（佐通）を伊豆に流すべき事」（目・記事ナシ）
◇2「霖雨の御卜《みうら》の事」（目・記事ナシ）
◇3「勅有りて御前に参り、使の間の事等を奉はる事」（目・記事ナシ）

廿五日、庚子。参議右大弁経頼を伊勢太神宮に遣はし、幣帛・神宝《しんぽう》等を献ぜらる。

＊1「公卿勅使の事」……一〇二
「伊勢使を立てらるる事」（目八、諸社奉幣事）
▼a「宣命改定の事」……一〇三
▼b「宣命の草を奏する事」
▼c「祭主（＝輔親）、三位に叙する事」……一〇四
▼d「宣命の清書を奉る事」
▼e「使の王の馬の事」……一〇五
▼f「神祇官に向かふ儀」
▼g「天皇御拝」

◇1「伊勢奉幣使と為《し》て参向する事」（目・記事ナシ）

▼h「神祇官に到る経路」
▼i「使発遣の儀」
▼j「弾正忠斉任の勘問日記《かんもんのにっき》」……六〇六

廿六日。
▼a「国忌の事」（目一、正月上・国忌事）……六〇六
＊1「祭主三品の事」
「祭主輔親、三位を申す事」（目八、補祭主事）
＊2「奉幣使（奉□□）の事」……六〇七
▼b「女院（＝彰子）の御物詣の定」
▼c「立野《たちの》御馬逗留の解文」

廿七日。
＊1「宇佐宮（□□□）造作の事」……六〇八
＊2「霖雨《りんう》の事」
▼a「検非違使を差はして方角の神社に遣はし、汚穢の物を実検せしむる事」（目一六、触穢事）

廿八日。

＊1「諸社十列の事」……六〇八

「左右十列を稲荷・春日社に奉らるる事」（目八、諸社奉幣事）

＊2「止雨の事」

「止雨奉幣使を立てらるる事」（目一九、止雨事）

＊3「施米(□)の事(□)」

廿九日。

＊1「宣旨の事」……六〇九

▼a「内・外宮禰宜の位階・夾名《きょうみょう》」

▼b「大和守頼親、下手を進らざる事」

◇1「太神宮に参着する事」（目・記事ナシ）

卅日。

▼a「例講」……六一〇

※1「伊勢勅使の例の禄の事」……七八二

九月

『小右記』書下し文（六七九頁）／本文（八七〇頁）

一日、丙午。
▼a「御燈《ごとう》の由祓《よしのはらえ》」……六七九

二日。
＊1「鎌倉（＝真等）を供養する事」……六七九
＊2「女院（＝彰子）の御物詣の事」
▼a「伊勢両宮の禰宜の夾名の事」……六八〇

三日。
▼a「八橋野牧《やはしののまき》の馬」……六八〇
＊1「託宣の事」
＊2「荒祭（□□）事」
＊3「伊勢勅使（□□□□）帰参の事」

『左経記』書下し文（七八三頁）／本文（八九三頁）

一日
▽a「伊勢よりの帰路」……七八三

二日
▽a「伊勢よりの帰路」……七八三
▽b「受領の貢物、返却する事」

三日
※1「伊勢勅使帰りて参内する事」……七八三
「帰洛し、参内する事」（目）

四日。

＊1「伊勢(□勢)の禰宜の加階の事」……六八〇
「内・外宮の禰宜等の位階の事」(目八、諸社司事)
▼a「外宮の禰宜、内階《ないかい》に叙する事」……六八一
＊2「式部卿親王(＝敦平親王)、免ぜらるる事」
＊3「軽犯(□□)を免ずる事」……六八二

※1「吏部王《りほうおう》(＝敦平親王)、元の如く釐務《りむ》(×勅厘務)に従ふべき宣旨(×下)の事」……七八三
「式部卿宮、本の如く釐務(×勅厘幣)を促さるべき事」(目)

五日、庚戌。式部卿(卿×)敦平(×敦儀)親王、元の如く省務に従ふべきの由、宣旨を下さる。

＊1「式部卿親王、免ぜらるる事」……六八二
「式部卿宮、省務に従はしむべく、宣旨を給ふ事」(目一七、勘事)
▼a「同親王(＝元平)を以て相撲司別当に補せしむる事」(目六、七月・相撲事)…九月註45(七一四頁)参照
＊2「合戦の事」……六八三
＊3「大神宮の禰宜、内位に叙するの官符」

▽a「両宮の禰宜等の注進文、右府(＝実資)に奉る」……七八四

六日。

▼a「受領の貢物」……六八四
＊1「大神宮(□)の禰宜の内位の事」

※1「天変に依り、軽犯を免ぜらるる事」……七八四
▽a「陣定《じんのさだめ》の事」

九日、甲寅（×辰）。平座《ひらざ》。見参《けざん》。

▼a「内・外宮の禰宜の加階の夾名」……六八七 —

十日。

＊1「伊勢（□勢）の禰宜の加階の事」……六八八 —

※1「位記請印の事〈伊勢（伊世）の内人《うちんど》等の位記〉」……七八五

「伊勢両宮の内人等の位記の事」（目）

十一日、丙辰。例幣《れいへい》。〈年穀の御祈（×前）を辞別す。〉

▼a「例幣の事」（目六、九月・例幣事）……六八九 —

※1「八省行幸、雨気に依り停止する事」……七八五

「例幣使の事」（目）

十二日。

▼a「本命供」……六八九 —

十三日。

▼a「夢想により転読」……六九〇 —

※1「殿上所充《てんじょうのところあて》の土台（×云代）の事」……七八六

＊1「平均役《へいきんやく》（□□□）」
＊2「正輔・致経の合戦の事」
「正輔・致経の申文、調度文書《ちょうどのもんじょ》等、法家《ほうけ》（家×）に下され罪名を勘へらるる事」（目一七、合戦事）
▼b「所充の事」
▼c「施行」
＊3「受領（□領）の貢物」

※2「穀倉院・修理職を以て内府（＝教通）に充《あ》つる事」
「殿上所充有るべき事」（目）

十四日。

▼a「精進日」……六九一
＊1「所充の事」
▼b「故皇太后宮（＝妍子）の御忌日《おんきにち》」
＊2「朔旦、京官除目《けいかんのじもく》の例の事」
＊3「受領の貢物（□□□□）」……六九二
＊4「受領の貢物（□□□□□）」

※1「二宮《にのみや》（＝馨子内親王）の御着袴《ごちゃっこ》の沙汰」……七八七
「二宮の御着袴有るべき事」（目）
※2「穀倉院・修理職、関白殿（＝頼通）に充つる事」

十五日。

▼a「宣旨」……六九二

十六日。

▼a「伊勢神宮の御酒米」……六九二
＊1「殿上所充の事」……六九三

※1「殿上所充の事」(目)……七八八
※2「中宮権大夫(＝能信)の吉書《きっしょ》の事〈右府(＝実資)に申請せらるる事〉」

十七日。

▼a「政」……六九四
▼b「数所の別当に補せらるる事」
▼c「宣旨」……六九五

▽a「政」……七八九
※1「祇園(祇薗)の僧、祓を負ふ日時の事〈四至《しし》(×主)の内に葬送する事〉」
「不浄の祟《たたり》(×出宗)、御卜に当たるに依り、祇園(祇薗)の僧、祓を負ふべき事」(目)

十八日。

▼a「甲斐守頼信の申請」……六九五

※1「栖霞寺《せいかじ》に詣づる事」……七八九
▽a「広隆寺《こうりゅうじ》の老聖を詣づる事」

十九日。

▼a「正輔・致経等の沙汰の事」(目一七、合戦事)……六九六

—

▼b「宣旨の草」
▼c「女院（＝彰子）の御物詣《おんものもうで》」

廿日。

▼a「正輔・致経の事」……六九七
＊1「維時、馬を貢ぐ事」
▼b「女院（＝彰子）の御物詣」……六九八
▼c「中納言（＝資平）の二娘の病」

※1「斎院（＝選子内親王）、御遁世《ごとんせい》有るべき事」……七八九

廿一日。

▼a「万寿五年の大間」……六九八
＊1「斎院（＝選子内親王）、院を出で給ふべき事」

※1「同じ事」……七九〇
「斎院、御遁世有るべき事」（目）

廿二日、丁卯。夜、賀茂斎院選子内親王、老病有るに依り、私に以て退出す。天長八年、此の例有るの由、外記、之を勘申す。

＊1「三局の史生の事」……六九九
＊2「斎院辞遁の事」
▼a「正輔・致経の罪科の間の事」（目一七、合戦事）
▼b「斎院、院を出でらるる事」

※1「斎院退出の事〈出家の為也〉」……七九一
「斎院御遁世の事」（目）

廿三日。

＊1「斎院、故《ゆえ》無く院を出づる例の事」……七〇〇
「斎院、故無く本院を出でしめ給ふ事」（目八、斎王事）
▼a「維摩会《ゆいまえ》の不足米」……七〇一

▽a「位記の事」……七九一

廿四日。

▼a「中将（＝兼頼）の随身に装束を給ふ」……七〇一

※1「上東門院（＝彰子）の御物詣の儀の事」……七九二

廿五日、庚午。上東門院（＝彰子）、石清水八幡宮・四天王寺・住吉社等に巡礼す。公卿《くぎょう》・侍臣《じしん》・女房等詠歌す。左衛門督源朝臣師房、序を作る。関白左大臣（＝頼通）・内大臣（＝教通）、車に乗り扈従《こじゅう》す。

＊1「女院、八幡・住吉・天王寺詣の事」……七〇一
▼a「御行《みゆき》の作法」……七〇二
▼b「関白他行の間の事」……七〇三

※1「上東門院、石清水に詣でしめ給ふ事〈付、住吉・天王寺〉」……七九二
「女院の御住吉詣等の事〈石清水・天王寺〉」（目）
※2「尼の出車《いだしぐるま》の事」
▽a「行列の次第」
※3「天網時《てんもうじ》不快（×可快）の事」

廿六日、辛未。軒廊《こんろうの》御卜《みうら》。霖雨洪水の故也。

▼a「中納言（＝資平）の二娘の悩」……七〇三
▼b「斎院（＝選子内親王）の守護」
▼c「祇園社の四至に葬送する法師」
▼d「勅使（＝資房）の事」

※1「勅使并びに春宮の御使（＝良頼）、八幡に参る事」……七九三

廿七日、壬申。上東門院（＝彰子）、住吉社に参着す。

＊1「牛を大外記（＝文義）に給ふ事」……七〇四
＊2「府の考文《こうぶん》の事」
▼a「受領の志」
▼b「御書使《おんふみのつかい》（＝定良）の事」

※1「同じ御使の事」……七九三

廿八日、癸酉。御読経《みどきょう》始。今日、選子内親王、落飾し尼と為る。

＊1「斎院御出家の事」……七〇四
「斎院御遁世の事」（目一六、出家事）
＊2「祈（□）の事」
▼a「不断法花経御読経の事」（目九、臨時御読経事）
＊3「斎院卜定《ぼくじょう》の事」
▼b「中納言（＝資平）の二娘の授戒」……七〇五

※1「御願の法花不断御読経の事」……七九三
「法華不断御読経の事」（目）
▽a「国忌の分配の事」
※2「斎院御出家の事」……七九四

廿九日。

▼a「諷誦」……………………………………………七〇五

＊1「例講の事」

▼b「民部卿（＝斉信）、直衣《のうし》にて中宮（＝威子）に参る事」

＊2「八幡の菓子、女院（＝彰子）より内に献ぜらるる事」

十月　『小記目録』のみ

一日、乙亥。平座《ひらざ》。見参。

二日。

三日、丁丑。上東門院（＝彰子）還御す。

◆1「来たる五日の射場始《いばはじめ》、御読経に依り、延引すべき事」（目七、十月・射場始事）

四日。

『左経記』書下し文（七九五頁）／本文（八九七頁）

五日。

◆1「中納言（＝資平）、賀茂に奉幣する使と為る事」（目八、諸社奉幣事）

◆2「明法博士利業、宣旨の文を難ずる事」（目一八、雑部）

※1「犬死の假文を出だす事〈昇進の後、初度に依りて産穢（×座穢）を出だす事〉」……七九六

六日。

◆1「大外記文義・明法博士道成をして正輔・致経等の罪名を勘申せしむべき事」（目一七、合戦事）

※1「斎院長官（＝以康）の注進する野宮《ののみや》（×館）に留置《とどめお》く雑物の事」……七九六
「斎院の雑物の勘文の事」（目）

七日。

◆1「昨日の射場始、雨に依り停止する事」（目七、十月・射場始事）

◆2「斎院、病に依り退出せらるる事」（目八、斎王事）

◆3「山階寺の御塔供養、御斎会《ごさいえ》に准ずべき事」（目一〇、諸寺供養事）

★A『三条西家重書古文書』（一・塔供養年々）所収逸文
…八月註95（六二九頁）参照

※1「正輔・致経の罪名の事〈大外記文義勘申すべきの由、明法博士利業謗難する事〉」……七九六
「安房守正輔等の罪名の事」（目）

八日。

九日。

◆1「関白(＝頼通)・諸卿、騎馬にて山階寺に参る事(□)」(目一〇、諸寺供養事…月ナシ)

※1「弓場始《ゆばはじめ》の事」(目)……七九七

十日。

※1「結政《かたなし》に参る事〈申文《もうしぶみ》無きの由を申さざる以前に着座(广)するは失の事〉……七九七
「政《まつりごと》有る事」(目)

十一日、乙酉。賀茂社に奉幣し、斎院(＝選子内親王)退出の由(×間)を申さる。

◆1「奉幣の行事上卿《ぎょうじのしょうけい》(＝師房)、即ち使と為《な》る事」(目八、諸社奉幣事)

※1「斎王(×斎主)退出の由(×曲)を賀茂に申さるる事」……七九八
「斎院退出の事に依り、賀茂上下に奉幣せらるる事」(目)
▽a「山階(＝興福寺)の塔供養の間の事」(目)
※2「藤氏《とうし》一人《いちのひと》、佐保殿《さほどの》に着するの時の拝の事」……七九八

十二日。

◆1「去月廿九日、国忌《こき》に参らざる諸司、召問ふべき事」(目一、正月上・国忌事)

◆2「時親、去月の天変奏を進らざる由、召問《めしと》ふ事」(目一九、天変事カ)

十三日、丁亥。甲斐真衣野《まきの》の御馬。

◆1「住吉社上棟の日時、宮より択下《えらびくだ》すべき事」(目八、諸社遷宮事)

◆2「伊賀《いが》神戸稲の替の事、国司(=顕長)に賜ふべき事」(目八、被寄諸社田園事)

◆3「五畿内、必ずしも官符を用ふべからざる事」(目一八、諸国済物事)

十四日。

十五日。

十六日。

◆1「出雲国杵築社の託宣の事〈在国の司、憚《はばかり》を成し言上せざる事〉」（目八、神社託宣事）

十七日、辛卯。出雲国、杵築宮、故無く顛倒の由を言上す。

◆1「出雲守俊孝来たりて杵築大社の託宣の趣を談ずる事」（目八、神社託宣事）

※1「五節《ごせち》を献ずべき由を承《うけたま》はる事」……七九九
※2「前斎院（＝選子内親王）に参る事〈注《しめ》を張る〉」
※3「山階寺の塔供養の献の事〈民部卿（＝斉信）の誦経《じゅきょう》の事〉」
「山階の塔供養有るべき間の事」（目）
※4「東宮大夫の二郎（＝俊家）、元服の事〈御猶子《おんゆうし》〉」
※5「出雲国杵築社、風無く顛倒（×例）の事〈付《つけたり》、御正《みしょう》体《たい》露出の神異等の事〉」

十八日。

※1「山階寺造営の賞の沙汰」……八〇〇
「同寺（＝興福寺）別当（＝扶公）并びに行事（×幸）等、賞有るべき事」（目）

十九日。

※1「殿下（＝頼通）、山階寺の塔を供養（×奉）せむが為、御

下向の事」……八〇〇
「関白殿、塔供養に依り山階寺に詣でらるる事」（目）

廿日、甲午。関白左大臣（＝頼通）、興福寺東金堂《とうこんどう》并びに塔を供養す。仍りて関白左大臣以下参向す。御斎会に准ず。

◆1「興福寺の堂塔を供養する事」（目一〇、諸寺供養事）

廿一日。

◆1「興福寺別当（＝扶公）の勧賞《かんしょう》の事」（目一〇、諸寺供養事）
◆2「舞人光高、五品に叙する事〈興福寺供養〉」（目一〇、諸寺供養事）

廿二日。

◆1「出雲大社の託宣、洩奏《もれそう》せしむる事」（目八、神社託宣事）
◆2「関白、佐保殿に於いて□□有る事（□）」（目一〇、諸寺供養事）

※1「同じ間（×問）の事」……八〇一
「去る廿日の塔供養の間の事」（目）

廿三日。

廿四日。

◆1「関白の前駆《さきがけ》の馬、盗まるる事」（目一七、捜盗事）

◆2「官厨家《かんのくりや》の倉一宇焼亡の事」（目一九、皇居火事）

廿五日。

◆1「盗人、関白の前駆の馬を本主の門下に返放《かえしはな》つ事」（目一七、捜盗事）

廿六日。

◆1「度々（度）の朔旦叙位《さくたんじょい》并びに明年の叙位の事」（目七、十一月・朔旦冬至事）

◆2「出雲大社顛倒の例文の事」（目八、神社託宣事）

廿七日。

◆1「紀伊守良宗の申す別納租穀を以て造豊楽院垣料に充つる事〈裁許無し〉」（目一五、内裏舎屋顛倒事）

◆2「相模・出雲等の国の怪異の事」（目一六、怪異事）

長元四年十月

※1「官厨《かんのくりや》（×尉）の倉焼亡の事」……八〇一

※1「殿下、逍遥《しょうよう》の為《ため》、桂《かつら》に渡御《とぎょ》する事」……八〇二

▽a「秋季御読経定」

※1「二宮《にのみや》（＝馨子内親王）の御着袴《ごちゃっこ》の献の事」……八〇二

◆3「諸国の寺社の怪異の前例の事」(目一六、怪異事)
◆4「同怪異に依り、十二社奉幣有る事」(目一六、怪異事)

廿八日。

※1「同じ御装束の事」……八〇二
「二宮、明日着袴の事」(目)

廿九日、癸卯。第二馨子内親王着袴。即ち二品を授く。

※1「二宮の御着袴の事」……八〇三
「同(＝二宮)着袴の事」(目)
▽a「主上《しゅじょう》(＝後一条天皇)出御する事」
▽b「二品に叙する事」……八〇四

卅日。

◆1「馨子内親王、二品に叙する事」(目二、正月下・女叙位事)
◆2「朔旦冬至《さくたんとうじ》の賀表《がひょう》の作者等の事」(目七、十一月・朔旦冬至事)

閏十月

『小記目録』のみ　　『左経記』書下し文（八〇五頁）／本文（九〇一頁）

一日、乙巳。

二日。

▽a「前斎院（＝選子内親王）の受戒」……八〇五

三日、丁未。軒廊御卜《こんろうのみうら》。去る八月十一日（×十三日）、出雲杵築《きづき》社（社×）の神殿顛倒の事也。

◆1「大内記孝親の過状《かじょう》、外記に付し伝進《つたえたてまつ》らざる事」（目一七、勘事）

※1「軒廊御卜の事〈出雲杵築社の顛倒（×例）の事〉」……八〇五
「杵築社の顛倒に依り、軒廊御卜有る事」（目）

四日。

◆1「関白（＝頼通）の前駆（＝則義）の鞍の盗人（＝友正）、検非違使捕得《とらえう》る事」（目一七、捜盗事）

※1「関白殿の前駆の馬、盗人の為に取らるる事」……八〇五

五日、己酉。季御読経始。今日、出雲杵築社（社）に奉幣し、去る八月十一日の神殿顛倒の事を申さる。

◆1「朔旦の賀表、文章博士挙周作るべき事」（目七、

※1「秋季御読経始の事」……八〇六

（十一月・朔旦冬至事）
◆2「神祇官人〈五位〉を差はし、杵築大社に奉幣すべき事」（目八、諸社奉幣事）
◆3「杵築の神殿造らるべき事〈関白の御消息〉」（目八、神社託宣事）
◆4「正輔・致経の合戦の明法《みょうぼう》勘文《かもん》の事」（目一七、合戦事）
◆5「前駆の鞍の盗人内舎人友正、拷訊、承伏の事」（目一七、捜盗事）
◆6「官厨の倉に放火（×行火）する嫌疑人の事」（目一九、皇居火事）

六日。

七日。

八日、壬子。季御読経了《おわり》。

（原文は十一日条の後にあるが、移した。）
◆1「御読経結願、上卿（＝経通）違例の事」（目九、臨時御読経事）
◆2「官厨に放火する嫌疑人、捕進《とらえたてまつ》るべき事」（目一九、皇居火事）

※1「季御読経了る事」……………………八〇六
「御読経結願の事」（目）
※2「内府（×符）（＝教通）、路頭に於いて相逢はるる事」

九日。

◆1「出雲大社の仮殿等の勘文の事」(目八、神社託宣事)

◆2「道成の勘文、文義連署《れんしょ》すべきや否やの事」(目一七、合戦事)

十日。

◆1「出雲国の造八省を止め、偏に杵築大社を造らしむべき事」(目八、神社託宣事)

十一日、乙卯。諸国の減省《げんしょう》・不堪《ふかん》の事を定めらる。

◆1「官奏の事」(目一四、官奏事)

十二日。

※1「右府(＝実資)、官奏《かんそう》を仰遣《おおせつか》はされ給ふ事」…………八〇七

▽a「大粮文《たいろうのふみ》等の事」…………………………………八〇七

※1「官奏の事」(目)

※2「大臣、陣に候ずるの間、下臈の上達部早出し、殿下咎《とがめ》仰《おお》せらるる事」

十三日。

◆1「豊明節会《とよのあかりのせちえ》、未だ始まらざる以前に先づ詔書を奏する事」（目七、十一月・新嘗会事）

十四日。

◆1「春宮大夫（＝頼宗）、相博田《そうはくでん》の相論を申す事」（目八、被寄諸社田園事…「不可入此部之」ノ注アリ）

◆2「能治《のうち》の寺司、任秩《にんちつ》を限るべからざる事」（目一六、僧綱召事）

◆3「不治の寺司、他人に改補《あらためほ》すべき事」（目一七、勘事）

◆4「備後国の申す国司以下の公廨《くがい》を以て円教寺の作料に立用（×由）する事〈裁許無し〉」（目一八、受領事）

十五日、己未。出雲国杵築社に奉幣使を発遣す。神祇少祐大中臣元範等也。

◆1「出雲大社に奉幣使を発遣する事（神祇祐大中臣元範（×規）・忌部兼親）」（目八、諸社奉幣事）

※1「怪異に依り、杵築社に奉幣する事」…………八〇八

「杵築社の顛倒に依り、御社に使を立（×兼）てらるる事」（目）

十六日。

◆1「雉《きじ》飛去る怪の事」（目一六、怪異事）

十七日、辛酉。駒引。

◆1「杵築太神の託宣に依り、如法仁王会《にょほうにんのうえ》を行なはるべき事」（目八、神社託宣事）

◆2「大僧正（＝深覚）の辞表、勅答有るべき事（自余《じょ》は必ずしも勅答無しと云々）」（目一六、僧綱辞状事）

十八日。

十九日。

廿日。

◆1「国忌に参らざる治部・兵部録、過状を進る事」（目一七、勘事）

廿一日。

◆1「正輔・致経の罪名の事」（目一七、合戦事）

◆2「故済家の妻、関白の母堂（＝倫子）の家に於いて頓死する事」（目二〇、庶人卒…「頓死事」ノ項デハ長元三年トスル）

廿三日。

◆1「臨時祭調楽《ちょうがく》始、新たに人長《にんちょう》を補して召すべき哉《や》否やの事」（目四、三月・臨時祭〈賀茂〉）

◆2「朔旦叙位の蔵人、五節の事を行なふべき哉否やの事」（目七、十一月・新嘗会事）

廿四日。

◆1「調楽、人長無き事」（目四、三月・臨時祭〈賀茂〉）

◆2「文義・道成の勘文相違の事〈正輔・致経の罪名〉」（目一七、合戦事）

※1「関白殿に於いて人長を試さるる事〈安行〉」……………八〇八

「人長の事」（目）

廿五日。

◆1「法家勘文の陣定《じんのさだめ》の事」（目一七、合戦事）

◆2「豊後守棟隆、追下《おいくだ》すべき哉否やの事」（目一八、受領事）

廿六日。

◆1「賀表、近例に依り小状有るべからざる事」（目七、十一月・朔旦冬至事）

◆2「朔旦の賀表、貞観を除くの外、小状無き事」（目七、十一月・朔旦冬至事）

◆3「朔旦の賀表、服解の公卿（＝兼隆）の署所を書くべからざる事」（目七、十一月・朔旦冬至事）

◆4「権僧正（＝尋円）の辞状の作法を給はらるる事」（目一六、僧綱辞状事）

◆5「致経の罪状（×条）、軽きに依り行なはるべき歟の事」（目一七、合戦事）

廿七日。

◆1「賀表の上卿、浅履《あさぐつ》を着すべき事（南殿に参る時、靴を用ふべしと云々）」（目七、十一月・朔旦冬至事）

長元四年閏十月

▽a「政」……………………………………………………八〇九

▽b「中宮（＝威子）の春季御読経始」

※1「不堪田（×由）定の事」

◆2「昨日の仁王会定の事」(目九、仁王会事)
◆3「十五大寺の損破、寺々の司をして注進せしむべき事」(目九、造寺事)
◆4「不堪定の事」(目一四、官奏事)
◆5「正輔・致経の罪名定の事」(目一七、合戦事)
◆6「小臣(=実資)の奏に依り、正輔・致経等を優免《ゆうめん》せらるる事」(目一七、合戦事)

「不堪定の事」(目)
※2「正輔・致経(×政経)の罪名定の事」
「正輔・致経等の罪名の事」(目)
※3「前中納言兼隆、賀表の判所に書くべきや否やの事」…八一〇
「朔旦(×朝旦)の賀表の事」(目)
※4「有封の諸寺・七大寺・十五大寺の(□)使、官人(□人)を遣はすべきや哉やの事〈付《つけたり》、法隆寺別当(=仁満)の治否の事〉」
「有封の諸寺等の損色使の事」(目)
※5「賀表の判を取る事」

廿八日。
◆1「一昨日(一×)の仁王会定、今日、追ひて法用に定《さだめ》入《い》れらるる事」(目九、仁王会事)
◆2「正輔、任国に赴くべきの由、宣旨を給ふべき事」(目一七、合戦事)

廿九日。
※1「殿下、御物忌と雖も朔旦行なはるる(□)事」…八一一
▽a「中宮の御読経結願」

一　※2「度縁《どえん》請印《しょういん》の事」

長元四年閏十月

十一月

『小記目録』のみ

『左経記』書下し文(八一三頁)／本文(九〇四頁)

一日、甲戌。朔旦冬至《さくたんとうじ》。天皇(=後一条)、南殿《なでん》に出御す。公卿、賀表を献ず。式部権大輔(×甫)大江挙周、之を作る。中納言兼隆、喪に遭(×連)ふ。仍りて之を除く。

◆1「朔旦冬至の事」(目七、十一月・朔旦冬至事)

★A『台記』久安元年閏十月廿七日条所収逸文
…三月註6(二六五頁)参照

★B『台記』久安元年閏十月廿八日条所収逸文
…三月註6(二六五頁)参照

★C『平戸記』仁治元年閏十月廿二日条所収逸文
…三月註6(二六五頁)参照

※1「朔旦冬至の事」……八一三
「朔旦(×朝旦)の事」(目)

▽a「函を取る儀の事」

▽b「表の函を置く案の事」

▽c「主上《しゅじょう》(=後一条天皇)出御する事」……八一四

▽d「相府(=頼通)以下、次第に昇殿する事」

▽e「主上還御する事」……八一五

▽f「見参《けざん》を進る事」……八一六

二日。

◆1「昨日、賀表を上る作法の事」(目七、十一月・朔旦冬至事)

◆2「宰相中将顕基、警蹕《けいひつ》せざる事」(目七、十一月・朔旦冬至事)

◆3「内府(=教通)、地に跪《ひざまず》き笏を挿《さしはさ》むは、礼を失する事」(目七、十一月・朔旦冬至事)

※1「同(=朔旦冬至)間の事」……八一七
「賀表の事」(目)

◆4「出居《いでい》、日華門より参上するは、違例の事」（目七、十一月・朔旦冬至事）

三日。

四日。

五日、戊寅。駒引。

◆1「春日祭の日、他事有る例の事」（目三、二月・春日祭）

◆2「雷電極めて猛《たけ》き事」（目一九、雷鳴事）

六日。

七日。

◆1「官奏《かんそう》有る事」（目一四、官奏事）

▽a「仲冬の雷電」……八一七

※1「天文奏の事〈雷鳴〉」……八一七
「雷鳴勘文の事」（目）

※2「上野《こうずけ》の御馬を引く事」
「上野の御馬の事」（目）

※1「二宮《にのみや》（＝馨子内親王）、斎院に卜定《ぼくじょう》せらるべき日次《ひなみ》并びに家等の事」……八一八

八日。

九日。

十日。

◆1「陣定の事」（目一四、陣定事）

十一日、甲申。平野祭。

十二日、乙酉。梅宮祭。

◆1「讃岐国司の苛酷《かこく》の事」（目一八、受領事）

十三日。

「二宮、斎院に卜定し奉るべき事（事×）」（目）

※2「官奏の事〈関白亭内覧《ないらん》の事〉」

「官奏の事」（目）

※1「条《じょう》事《じ》定《さだめ》の事〈付《つけたり》、加賀守（＝俊平）の申す得替《とくたい》年の年料米（々料米）、後司（＝師成）をして弁済せしむる事〉」…八一九

「陣定の事」（目）

十四日。

十五日。

◆1「大外記文義、叙位勘文を持来《もちき》たる事」(目七、十一月・朔旦冬至事)

十六日、己丑。叙位議《じょいのぎ》。

◆1「園韓神《そのからかみ》祭の事」(目三、二月・園韓神祭事)

◆2「叙位の事(時棟、大学頭の能治に依り正五位下に叙する事、未だ公文を勘へざる儒、加階に預からざる事)」(目七、十一月・朔旦冬至事)

◆3「五節参る事」(目七、十一月・新嘗会事)

十七日。

◆1「音博士《おんはかせ》清内親信、外階に改むべき事」(目七、十一月・朔旦冬至事)

◆2「直講《じきこう》祐頼、一階を叙すべき事」(目七、十一月・朔旦冬至事)

※1「以上、五節舞《ごせちのまい》」……八一九

※1「五節参る事〈宰相と為《し》て之を出だす〉」……八二〇

▽a「叙位の事」(目)

※1「車副《くるまぞえ》の牛飼《うしかい》、禄(×例)を給(×行)はる事」……八二〇

▽a「五節の事」

▽b「位記《いき》の入眼《じゅげん》・請印《しょういん》の事」

十八日。

◆1「大内記孝親、明日の詔書の草《そう》を持ち来たる事」(目一四、詔勅事)

※1「童女《わらわめ》・下仕《しもづかえ》の装束の事」……………………八〇

※2「神今食《じんこんじき》、御物忌に依り神祇官に於いて行なふ事」…八一

十九日、壬辰。節会。詔して天下に大赦《たいしゃ》す。徒罪以下原免《げんめん》す。常赦《じょうしゃ》免ぜざる所の者は赦せず。

◆1「山上の姓、内階に誤関する事」(目七、十一月・朔旦冬至事)

◆2「豊明節会《とよのあかりのせちえ》の事」(目七、十一月・新嘗会事)

※1「舞師已下に禄(×例)を給ふ事」……………八一

※2「免物《ゆるしもの》の事」

※3「節会の事」(目)

廿日。

▽a「五節」……………………………………八一

廿一日。

◆1「節会の日、詔書の失錯の事」(目七、十一月・新嘗会事)

廿二日。

◆1「臨時祭試楽《しがく》の事」(目四、三月・臨時祭〈賀茂〉)　一

廿三日、丙申。吉田祭。

◆1「弾正忠斉任、十九日の赦に会ふ事」(目一八、赦令事)　一

▽a「御物忌に籠もる事」……八三

廿四日、丁酉。賀茂臨時祭。

※1「賀茂臨時祭の事」(目)……八三

※2「舎人《とねり》(＝安行)、人長《にんちょう》を奉仕する装束の事」

廿五日。

◆1「女叙位《おんなじょい》の事」(目七、十一月・朔旦冬至事)　一

廿六日。

◆1「除目議《じもくのぎ》始の事」(目四、三月・京官除目事)　一

廿七日。

◆1「権僧正尋円入滅《にゅうめつ》の事」（目一六、僧侶入滅事）

◇1「除目の事」（目・記事ナシ）

廿八日。

◆1「入眼《じゅげん》の事〈受領《ずりょう》功過《こうか》定《さだめ》の事〉」（目四、三月・京官除目事）

◆2「大中臣氏一門、二門の定の事」（目八、中氏相論事）

◇1「除目畢る事」（目・記事ナシ）

◇2「明後日の仁王会に依り、大祓《おおはらえ》有る事」（目・記事ナシ）

廿九日。

◆1「明日の大仁王会、大極殿の前に拝礼有るべき哉否やの事〈右中弁信順の腫物の事〉」（目九、仁王会事）

卅日。

◆1「大極殿の仁王会の事」（目九、仁王会事）

※1「八省に行幸し斎会を修する事」……………………八三

「仁王会に依り、八省に行幸する事」（目）

▽a「南殿に出御」………………………………………八三

▽b「出居の事」

十二月

『小記目録』のみ

『左経記』書下し文（八二六頁）／本文（九一〇頁）

一日、甲辰。京官除目の下名《おりな》。

◆1「除目の下名の事」（目四、三月・京官除目事）

◆2「昨日の仁王会の間の事」（目九、仁王会事）

◆3「上野の御馬二疋、途中に斃する事」（目一四、御馬御覧事）

◆4「行事史、上卿仰下す事」（目一八、雑部）

※1「二宮《にのみや》（＝馨子内親王）の御出の料（×断）の事」……八二六

※2「上野の御馬を引く事」

「上野の御馬の事」（目）

※3「下名の事」

二日、乙巳。権僧正尋円卒す。

▽a「初斎院《しょさいいん》の雑事《ぞうじ》」……八二七

三日、丙午。暁卯時《うのとき》、上東門院（＝彰子）御所京極第、火事有り。仍りて法成寺《ほうじょうじ》新堂に遷る。

◆1「女院焼亡の事」（目一九、所所焼亡事）

※1「上東門院焼亡（×忘）の事」……八二七

「上東門院焼亡の事」（目）

▽a「女二宮出御すべき事」（目）

四日。

五日。

◆1「初斎院、白木《しらき》の帳《とばり》を神座に立つる間の事（式文に依るべき事）」（目八、斎王事）

※1「斎王卜定の間（×問）の事〈帳の事〉」……八二七
「初斎院の間の事」（目）

六日。

◆1「太神宮十一日の奉幣使、十六日に参着、件の日、仏事を行なはるる例の事」（目八、諸社奉幣事）

七日。

◆1「関白（＝頼通）の御頭、熱物有る事」（目二〇、御悩事〈臣下〉）

※1「二宮出御すべきに依り、章任朝臣宅（×字）を検知（×元）する事」……八二九

八日、辛亥。荷前《のさき》定。

◆1「荷前定の事」（目七、十二月・荷前事）

九日。
◆1「春宮（＝敦良親王）の荷前使、神今食の後の斎日、他所に於いて立てらるべき事」（目七、十二月・荷前事）

※1「二宮出御の饗等の事」……八二九
「二宮出御すべき間の事」（目）
※2「下家司《しもけいし》（×已）・下部《しもべ》等の事」
※3「御帳に鏡・懸角《かけつの》無き事」……八三〇

十日。

▽a「女院（＝彰子）遷座の事」……八三〇
※1「二宮出御の饗の事」

十一日、甲寅。月次《つきなみ》・神今食《じんこんじき》。

※1「上東門院、高陽院《かやのいん》に渡御する事」……八三一
※2「二宮の御所の御装束始の事」

十二日。

※1「二宮に内の女房を御遣《つかわしたま》ふ例の事」……八三一

十三日。

◆1「荷前使の事」(目七、十二月・荷前事)

十四日。

十五日。

十六日、己未。賀茂斎王を卜定す。第二馨子内親王卜食《うらあ》ふ。(々)去る十三日、丹波守章任の三条宅に遷座(×坐)す。又、勅して本封の外、千戸を賜ふ。任人(×住人)。賜爵。准三宮《じゅさんぐう》。

◆1「斎王を卜定する事」(目八、斎王事)

※1「同、禄法の事」……八三一
※2「二宮出御の事〈斎王卜定の為也〉」……八三二
「同宮(＝二宮)、章任朝臣の三条宅に出御する事」(目)
▽a「荷前使の事」

▽a「政《まつりごと》」……八三二

※1「馨子内親王、准三宮の事」……八三三
「同宮、准三宮の事」(目)
▽a「三条宅の儀」
※2「卜定の事」
「斎院を卜定する事」(目)
▽b「大殿祭《おおとのほがい》の事」……八三四

十七日、庚申。軒廊御卜。宇佐宮の宝殿に雀《すずめ》群集する事。次いで武蔵秩父《ちちぶ》の御馬。

十八日。

◆1「一昨日の勅書の事」(目一四、詔勅事)

十九日。

廿日。

◆1「御仏名始の事」(目七、十二月・御仏名事)

◆2「斎院立ち給ふ、大祓有る事」(目八、斎王事)

◆3「詔書覆奏、日を入れざる事」(目一四、詔勅事)

▽c「賀茂社司参入の事」

▽d「宮主《みやじ》、御井《みい》・御竈《ごそう》・庭火《にわび》等を祭る事」……八三五

▽e「初斎院の行事始の事」

※1「斎院の神の事〈御散飯《おんさば》の事、叡山(=延暦寺)の御祈《おいのり》止むや否やの事〉」……八三五

※2「去十六日の卜定(×下定)の間の事」

「卜定の日の事」(目)

※1「斎院の中の神の事(御散飯、御神に供し祈(×難)る事、宮に出だす所の前物、同神に奉る事、毎月酉日の祭の定の事、他所の仏事の礼、忌むべからざ

廿一日。

廿二日、乙丑。斎王を卜定する由を賀茂社に申さる。
◆1「大祓の事」(目五、六月・臨時大祓)
◆2「賀茂奉幣使の事」(目八、諸社奉幣事)
◆3「民部卿(＝斉信)の室、逝去の事」(目二〇、庶人卒)

廿三日。

る事〉」……八三六
「初斎院の事」(目)

※1「同神の事〈帳の帷《とばり》の事、御裳・唐衣《からごろも》(□□)着御(×行)の事、年少の時の事〉」……八三七
「同(＝初斎院)事」(目)

※1「斎院卜定の大祓の事」……八三八
「斎王卜定(卜×)に依り、建礼門前に於いて大祓有る事」(目)
※2「斎王卜定の由(×申)を賀茂に奉幣(奉×)する事」
「斎王卜定の由、賀茂御社に告申《つげもう》さるる事」(目)

※1「民部卿、障有る間、輔、斎院の封を充つべきや否やの事」……八三八
※2「斎院の神の事〈御帳の事〉」

廿四日。

◆1「民部卿の穢の間、輔官を以て省の事を行なはしむべき事」（目一六、触穢事）

廿五日。

廿六日、己巳。官奏。小除目《こじもく》。僧綱召《そうごうめし》。宣命有り。

◆1「官奏の次、臨時除目有るべき事」（目一四、官奏事）

◆2「任僧綱の宣命の事」（目一六、僧綱召事）

廿七日。

※3「斎院別当（＝定良）の事」……八三九
「初斎院の間の事」（目）

※1「民部卿の障にて、輔をして御封（×付）を充て奉るべき事」……八三九
「同（＝初斎院）御封の事」（目）

※2「同御封の国々の事」

※1「官奏の事」（目）……八四〇

※2「除目の事」（目）

※3「僧綱召の事」（目）

※4「斎院を卜定するの由、中宮（＝威子）より賀茂に祈《いのり》申《もう》さるべき歟の事」

◆1「庁覧内文《ちょうらんうちぶみ》の事」(目一四、政事)
◆2「遠行五離日に着座の例の事」(目一五、公卿着座事)
◆3「法印永円、僧正に任じ、尋光、権僧正に任ずる事」(目一六、僧綱召事)

廿八日。

廿九日。
◆1「追儺《ついな》の事」(目七、十二月・追儺事)

※1「政の事」……八四一
※2「僧綱召、改任《あらためにん》ずる事」
「僧綱、改任ずる事」(目)
※3「三位(=兼頼)、宰相に任じ、後の宣旨を待たずに昇殿すべき歟の事」
「三位、参議に任ずる時、後の宣旨を待たずに昇殿する事」(目)

※1「綱所《こうしょ》に向かふ事〈僧綱召の儀の座〉」……八四一
「少納言相共に綱所に向かふ事」(目)
※2「斎院の神の事」……八四一
「初斎院の事」(目)
※3「内の犬産の事」

※1「朝覲行幸《ちょうきんぎょうこう》(×朝観行幸)の間の事」……八四一
「来月三日の行幸の事」(目)
※2「殿上、諸寺司等を補する事」
「昨日、諸寺の別当を補さるる事」(目)

※3「官の文殿《ふどの》に讃岐の承知（×所知）の符を籠む事」……八四三

「讃岐の承知（×参知）の符の事」（目）

※4「斎院の御祓の事」（目）

『小右記』書下し文／註釈

七月・八月・九月

七月

一日、丙午。

▼a 当季の十斎日《じっさいにち》大般若読経始《はじめ》。(1)尹覚・忠高。

＊1 入夜《よにいり》、頭弁《とうのべん》(=経任)来たりて云はく「今夕《こんせき》、頼信朝臣来向す。宣旨《せんじ》の趣(2)を仰す。申して云はく『頻《しき》りに朝恩を蒙り、四ヶ国(3)に任ず。殊《こと》に宣旨を奉《うけたま》はり忠常(×章)を追討す。戦場に赴かむと擬するの間、不慮の外に忠常(4)(□)帰降す。偏《ひとえ》(×偽)に朝威の致す所なり。頼信の殊功に非ず。而《しか》るに忽《たちま》ち褒賞の綸言《りんげん》を奉はり、驚恐の寸心を抑へ難し。唯《ただ》、衰老、日に積もりて、遠任《おんにん》に赴き難し。若《も》し朝恩有らば、丹波に任ぜむと欲す。(5)』」者《てへ》り。先づ関白(=頼通)に申して奏聞すべきの由、之を示含《しめしふく》め了《おわ》りぬ。

二日、丁未。

春宮大夫《だいぶ》(=頼宗)過《よ》ぎらる。中将(=兼頼)を訪れ良久《ややひさ》しく談話す。(6)

＊1 中納言(=資平)来たる。大蔵省、正月七日の節禄《せちろく》代の革(7)(×草)を進《たてまつ》る。〔絹五十疋代十五枚・綿百屯代八枚。〕件の事、都督《ととく》(=道方)の罪報恐るべし。(8)公家《こうか》(=後一条天皇)(9)仰せらるべき歟《か》。

▼a 去夕《きょせき》より、亜将《あしょう》(=兼頼)、悩気《なやみのけ》有り。(10)風病《ふうびょう》に似る。但し頭打ちて頗《すこぶ》る熱し。(11)時疫《じえき》歟。(12)諷誦《ふじゅ》を祇園(祇薗)に修す。芳真師の許《もと》に示遣《しめしつか》はす。晩より減気有り。

三日、戊申。

▼a 臨夜《りんや》、頭弁《とうのべん》(＝経任)、兵部丞《ひょうぶのじょう》定任・録《さかん》為孝の申文《もうしぶみ》(13)を持来《もちき》たる。国忌《こき》に参らざるの事也。(14)「関白(＝頼通)に申すに、命じて云はく『奏聞すべし。』者《てへ》り。御物忌《おんものいみ》に籠《こ》もる。(15)明日奏すべし。」者り。

*1 伊勢《いせ》、託宣《たくせん》有り。(16)斎王《さいおう》(＝嫥子女王)自《みずか》ら託して云はく「寮頭《りょうのかみ》相通(助道)、斎宮より追却せられよ。」関白に聞《ぶん》せらる。即ち祭主《さいしゅ》輔親を召遣《めしつか》はす。是、頭弁の談ずる所也。

四日、己酉。

▼a 春季の尊星王供《そんしょうのうぐ》(17)。夏季の仁王講《にんのうこう》(18)。〔智照・朝円・忠高。〕当季の聖天供《しょうてんぐ》(19)。

*1 永円僧都送る所の蓼倉尼寺《たでくらにじ》(20)の司の申文《もうしぶみ》・調度文書《ちょうどのもんじょ》(21)等、頭弁《とうのべん》(＝経任)の許《もと》に遣はす。

池の蓮花(22)、中堂(23)・無動寺・東寺・広隆寺(24)に奉る。一日、清水寺に奉ること先に了りぬ。

*2 今暁の夢に、相撲《すまい》の間、慎むべきの告《つげ》有り。中将(＝兼頼)に示す。中将(々々)、高陽院《かやのいん》(＝頼通第)(25)より来たりて云はく「事次《ことのついで》有りて関白(＝頼通)に語る。示されて云はく『更に参入すべからず。』」者《てへ》り。

朝源律師来たる。開田の畠の事(26)を談ず。件の事、定申《さだめもう》すべきの宣旨《せんじ》有り。文書を使庁(＝検非違使庁)に下給《くだしたま》ひ了りぬ。又、云はく「禅林寺(寺×)大僧正(＝深覚)、悩みの気有り。」驚申《おどろきもう》し乍《なが》ら消息《しょうそく》す。自筆の御報有り。

▼b 中将の為《ため》に諷誦《ふじゅ》を祇園(祇薗)に修す。心神、例に復す。痢《り》(27)、未だ快《こころよ》からずと云々。近日、上下、斯《こ》の恙《やまい》有りと云々。

五日、庚戌。

▼a 中将（＝兼頼）の厳父（＝頼宗）、為資を使《つか》はして示遣《しめしつか》はして云はく「中将枯槁《ここう》(28)す。肉を服せしめむと欲〔□〕す。」報じて云はく「何事か有らむ。」

*1 仁海僧都来たりて云はく「東大寺の勅封の御倉の棟(29)、已に風の為に吹き損ぜらる。勅使を給はりて修理を加ふべきの由、関白亭に参りて事由《ことのよし》を申さしむるに、女院（＝彰子）俄《にわか》に悩み給ふに依りて、営《いそ》ぎ参られ、左右《そう》の報無し。」者《てへ》り。

*2 復《また》、云はく「先日、所司《しょし》等を問はるべきの由(30)を愁申《うれいもう》す。而《しか》るに咸《みな》以て帰申《きしもう》すこと宛《さなが》ら降人《こうにん》の如し(31)。今に至りては問はれずと雖も何事か有らむ也《や》。仁海愁申《うれいもう》す也。催申《もよおしもう》さざらば強訊せらるべからざる歟《か》。」者り。事、任意に渉り、公定《こうてい》然らず。然而《しかれども》（々而）宜しきに随ふの定、其の例無きに非ず。僧家の愁、事無《ことな》（×全）きが可《か》(32)也。此の由を以て頭弁《とうのべん》（＝経任）に含む。

*3 頭弁（々々）、勅を伝へて云はく「兵部録《ひょうぶのさかん》（＝為孝）等の申文《もうしぶみ》(33)、返給《かえしたま》ふべし。避申《さけもう》す所、各《おのおの》理有るの故なり。亦、造酒令史《みきのさかん》御使惟同(34)、摂津国に住す。老〔□〕を極むるの〔□〕上、重病の由、国の解文《げぶみ》を進《たてまつ》る。亦、優免《ゆうめん》(35)すべし。」者り。即ち同弁に仰す。

左少弁経長、宣旨《せんじ》を持来《もちき》たる。即ち下す。内膳司《ないぜんし》の申す大粮《たいろう》(36)。

*4 恒盛云はく「今旦、召に依りて女院に参る。俄に御腰（々腰）を悩御《なやみたまう》。御竈神《ごそうしん》(37)・土公《どくう》(38)の祟《たたり》（×崇）の由を占申《うらないもう》す。御竈《おんかまど》の前に於《お》いて御祓《おはらえ》を奉仕す。二ヶ度なり。宜しく御坐《おわしま》すの由を承はる。」中将〔之〕、衝黒《しょうこく》に来たりて云はく「女院、暁更《ぎょうこう》に悩み給ふ。昼の間、宜しく御坐す。申剋許《さるのこくばかり》に厳しく悩み給ふ。」

＊5 深更《しんこう》(39)に臨み、頭弁来たりて云はく「今日、祈年穀使《きねんこくのつかい》(40)を定めらる。来たる十三日発遣せらる。中納言実成 承《うけたまわり》行《おこ》なふ。」又、云はく「院(＝彰子)の御心地《みここち》、是、御腰重《おも》く労給《ろうしたま》ふ也。」と云々。

早朝、重《かさ》ねて大僧正(＝深覚)を訪《とぶら》ふ。自筆有り。紫苔《むらさきのり》(41)を奉る。御所の愛物なり。

六日、辛亥。

▼a 定基僧都の中河の住所の車宿《くるまやどり》の屋(42)、去夜焼亡す。良静師を以て消息を送る。

白大豆《だいず》・赤小豆《あずき》各一折櫃《おりびつ》、和布《わかめ》一長櫃《ながびつ》(43)、禅林寺大僧正(＝深覚)の御許に送り奉る。御消息有るに依る。

＊1 今日より七ヶ日を限り、清水寺に於《お》いて、住僧二口をして観音品を転読(×轒読)せしむべし。息災を祈申《いのりもう》さしむ。

小女(＝千古)の事を加祈《くわえいの》る。

僧正(44)、使に付して菓子を送らる。和歌有り。

＊2 女院(＝彰子)に参る。中納言(＝資平)、車後《くるまのしり》に乗る。関白(＝頼通)、左衛門督(＝師房)を以て消息有り。「憚る所有(有×)りて相逢はず。院の御心地、宜しきと承《うけたま》はる。」者《てへ》り。金吾(＝師房)云はく「関白、冠せられず。仍りて御対面無し。」者り。暫《しばら》く内に過ごすも、衣清浄にして退出す(45)。

＊3 大和守《やまとのかみ》頼親、糸十絇《く》・紅花《べにばな》廿斤(46)を進《たてまつ》る。

七日、壬子。

＊1 知道、広瀬使(47)に定めらる。而《しか》るに昨日、侍所《さむらいどころ》(48)に在るも使《つかい》の使部《つかいべ》(々部)(49)に逢はず。使部(々々)見付く。陳ぶる所

有りと雖も、左右《そう》答ふる無く隠居《かくれい》するの由と云々。斯の由を尋聞《たずねき》き、勘当《かんどう》(50)を加へ追出《おいい》だし了りぬ。今朝、外記成経を召して知道の事を仰す。亦、大外記文義に仰す。自宅に於《お》いて故障を申すは何事か之《これ》有らむ也《や》。身、家中に在《あ》り乍《なが》ら、使に相逢《あいあ》はざるは、事聞《ことのきこえ》便無(□)し。但し頼《たより》を極むる者(51)、遠使《とおきつかい》を勤め難き乎《や》。文義朝臣頗《すこぶ》る其の由を存する歟《か》。

▼a 丑時許《うしのときばかり》、近江守《おうみのかみ》行任の領宅(52)焼亡す。〔富小路以西、上東門大路以北。世、御倉町《みくらまち》(53)と号す。是、元故入道大相国(国×)(＝道長)の家領也。〕女院(＝彰子)相《あい》近し。老人参り難き而已《のみ》(54)。

八日、癸丑。

＊1 蓮花二十五本(55)、乳垸《にゅうかん》五・名香《みょうごう》を加(□)へ、六波羅寺《ろくはらじ》に奉る(56)。彼の寺、示送《しめしおく》(×不送)るに依る。名香を奉るは、別志也。寿披、千手観音を供奉し了るの料也。

中納言(＝資平)を呼びて雑事等を談ず。式光・義光等の朝臣、頗《すこぶ》る不遜《ふそん》の事有り(57)。式光を召して其の由を仰す。義光に至りては城外(58)なり。

▼a 一条の養女行頼の母(59)、〔明任朝臣の妻。〕阿闍梨《あじゃり》興照の別処《べっしょ》(60)〔知足院《ちそくいん》の西。〕に於《お》いて俄《にわか》に以て頓滅《とんめつ》す。興照、車に載せ出遣《いだしや》るの間(61)、命已《すで》に殞《おと》し了りぬ。興照の所為、法師の志に非ずと云々。興照、女院(＝彰子)の御修法《みしほ》(62)に奉仕す。白地《あからさま》(63)に寺に帰るの間の所為と云々。件の女、春宮大夫《だいぶ》(＝頼宗)の二娘《にじょう》の乳母《めのと》也。情操宜しからず、先年出だす者なり。彼の乳母為《た》らば、一日《いちじつ》、二娘(×条)、労問の為《ため》、彼の許《もと》に向かふ。已に以て触穢《しょくえ》なり。興照、猶、穢の疑有《あ》りと云々。或《あるひと》云はく「春宮大夫云はく『興照、猶、身穢《けが》れざるも(64)、病人を出だすべからず。所為、慈悲無き

に似る。但し院の御修法に至りては奉仕し難き乎《か》。』」と云々。大夫(＝頼宗)の言(×為)ふ所、尤《もっと》も深き理也。

九日、甲寅。

▼a 頭弁《とうのべん》(＝経任)、装束使の請ふ相撲《すまい》料の屛幔《へいまん》料の手作布《てづくりのぬの》、并びに染料・縫糸料の信濃布《しなののぬの》(信乃布)等の文(65)、并びに越中介信任の申す外記局の雑舎等の覆勘文《ふくかもん》(66)を持来《もちき》たる。奏聞せしむ。

入夜《よにいり》、頭弁来たる。宣旨三枚を下す。〔装束使の申す屛幔料の布、信任の申す覆勘文。請に依れ。但し屛幔の中、率分《りつぶん》・年料相《あい》分けて宣下す(67)。故政職の処分(68)、頼職処分せず。前日の法家《ほうけ》の勘文に任せ、検非違使をして之を行なはしむべし。〕(使)即ち宣下し訖《おわ》りぬ。

今夕、中将(＝兼頼)の侍人《じにん》(69)等と小舎人童《こどねりのわらわ》(70)と闘乱す。小舎人、刃傷《にんじょう》せらると云々。中将、行《おこない》を糺《ただ》す歟《か》。

式光朝臣云(×之)はく「師成出づるを免《ゆる》さる(71)。」

▼b 中将、堀河院(＝頼宗)に詣づ。此の一両日《いちりょうじつ》(72)、母氏(＝藤原伊周女)の身の熱、尋常に非ず。中将、所労有るの後、今日出行す。

十日、乙卯。

*1 一日、政堯師云(云×)はく「盛算(□算)の七々法事《しちしちのほうじ》(73)、十三日に修すべくも、僧供《そうぐ》無し。」者《てへ》れば、今日、米三石を遣はし与(□)ふ。亦(×只)、覚蓮(×貢蓮)・政堯両師の経所の函、閑なれば(×之)(74)、塩を遣はす。亦、慈心寺(75)の成教聖《ひじり》に同じく之を遣(×道)はす。亦、菩提講《ぼだいこう》の聖《ひじり》、雲林《うりん》の慈雲に麦・塩・和布《わかめ》(76)等。為時を以て使と為す。

＊2 加賀守《かがのかみ》師成罷申《まかりもう》す。相逢《あい》ひて清談《せいだん》す。先日、馬を与ふ。(77) 仍りて重ねて他の志無き耳《のみ》。
頭弁《とうのべん》(＝経任)来たる。主税頭《ちからのかみ》貞清の弁申《べんじもう》す助《すけ》雅頼の濫吹《らんすい》の間の事の文、(78) 并びに、治部録行任、国忌《こき》に参らざるの申文《もうしぶみ》(79) を見る。奏聞せしむる也。

十一日、丙辰。
▼a 諷誦《ふじゅ》、天安寺に修す。(80) 精進す。
頭弁《とうのべん》(＝経任)、若狭国司の愁申《うれいもう》す内大臣(＝教通)・春宮大夫(＝頼宗)の庄の文、(81) 并びに官使注進の文等(82) を持来《もちき》たる。但し、目録、今一通加進《くわえたてまつ》るべき事、実有《あ》るの物の数、(83) 尚書(＝経任)に仰せて相加《あい》へて奏すべきの由、同じく示仰《しめしおお》せ了りぬ。
＊1 入夜《よにいり》、将曹正方申さしめて云(□)はく「頭中将(□中将)(＝隆国)、相撲召合《すまいのめしあわせ》(84) の事を伝仰《つたえおお》す。」者《てへ》り。何日に行なはるべきの由を申さず。楽の有無を問ふ。(85) 申して云はく「楽有るべし。」亦、仰せて云はく「何年の例か。」申して云はく「慥《たしか》には承はらず。」者り。毎事《ことごと》に不審なること、暗夜に向かふが如し。(86)

十二日、丁巳。
▼a 所々の節料《せちりょう》(87)、中将(＝兼頼)の随身《ずいじん》・雑色《ぞうしき》等に給はしむ。雑色所《ぞうしきどころ》に手作布《てづくりのぬの》百五十段・八木《はちぼく》十石を給ふ。(88) 中将の乳母《めのと》の節料(89) は米廿石なり。
▼b 本命供《ほんみょうぐ》。精進の例也。

*1 将監《しょうげん》扶宣申さしめて云（×上）はく「府庁（＝右近衛府庁）の上造了(90)りぬ。檜皮《ひわだ》を葺《ふ》かずと雖《いえど》も、佐《さ》々《さ》(91)架し了りぬ。壁、只《ただ》塗るべし。相撲《すまい》の試楽《しがく》行なはるべし。(92)」者《てへ》り。又、申して云はく「檜皮二千枚（×為）・大榑《おおくれ》二千寸・比曾《ひそ》多く入るべし。(93)府の力の及ぶべき所に非ず。」者り。

▼c 又、申して云はく「相撲の念人《ねんにん》(94)の陰陽師《おんようじ》陰陽允《おんようのじょう》（×入）為利、障《さわり》を申す。頭中将（＝隆国）、強《あなが》ちに召仰《めしおお》せしむ。申して云はく『□□を進《たてまつ》るべし。(95)』」者り。抑《そもそも》（×仰）、先年の念人孝秀（×季）、中将実基の為《ため》に辱《はずかし》めらるるの後、(96)在々の陰陽師、礙《さまたげ》を申して参らざるは、尤《もっと》も道理也。今年（×令事）は膂力《りょりょく》（×哀月力）の相撲《すまい》(97)無かるべくば（×云）、深く相《あい》挑むべからざる歟《か》。亦、参入すべからず。

昨日の相撲召仰《すまいのめしおおせ》の事、(98)頭弁《とうのべん》（＝経任）の許に問遣《といつか》はす。報書に云はく「相撲召合《すまいのめしあわせ》、廿八・九日、治安三年也。(99)」

又、云はく「主税寮の愁《うれ》ふる頭（＝貞清）・助（＝雅頼）の不善の事（□）、博陸《はくりく》（＝頼通）の命ずる所也。但し申文《もうしぶみ》に至りては暫く候ずべし。」者り。

十三日、戊午。

▼a 相撲人《すまいびと》高平来たる。憔悴《しょうすい》(100)す。

*1 今日より山堂(101)に於《お》いて中聖師をして大般若経を転読せしめ奉る。天の怪異を攘《はら》はむが為《ため》なり。

*2 甲斐守《かいのかみ》頼信、絹廿疋・細手作《ほそてづくり》(102)四段六丈を進《たてまつ》る。

▼b 故女御（＝婉子女王）の忌日《きにち》(103)なり。諷誦《ふじゅ》、禅林寺(104)に修す。

*3 昏黒《こんこく》に臨《のぞ》み、知貞朝臣来たりて云はく「大和の神社四ヶ所の使を兼ぬ。(105)中納言実成卿、宣命《せんみょう》を給ふ。(106)四ヶ社の

宣命、社毎《ごと》に四ヶ度、宣命を賜ふ。極熱の間、数度、召《めし》に応ずるは極めて耐(□)へ難(□)し。」者《てへ》り。案内《あない》を知らざるの上《しょう》(＝実成)、事に臨むは不覚なり。兼ねて宣命を手にして一度に給ふ者也。

十四日、己未。

＊1 大外記文義云はく「昨日、前右衛門督(＝実成)、奉幣《ほうへい》の事を行なふ。(107) 極めて不便也。遠き使四人、進奉《すすみたてまつ》る。(108) 而《しか》るに上卿《しょうけい》(＝実成)、内々に皆免ず。外記伊行云はく『当日、遠き使々《つかいづかい》無し。』者《てへ》り。仍りて賀茂の次官為通、忽ち春日《かすが》・大和《おおやまと》社の使に差《つか》はし、知貞、石上《いそのかみ》・大神《おおみわ》・広瀬《ひろせ》・龍田《たつた》社の使と為《な》る。」公事《くじ》に疎遠なるの人、便無く承行《うけたまわりおこ》なふの者歟《か》。

＊2 東北院に盆を送るの使、(109) 申して云はく「長櫃《ながびつ》を荷なふの者八人、(110) 四人は家の仕丁《しちょう》、二人は府の夫《ぶ》、二人は馬寮の夫。件の夫等、使の男に語りて云はく『末を取る許故《ばかりゆえ》、女仁々々食《めにめにくら》はむ。(111)』者り。使の男、夫等を問はずに罵《ば》辱《じょく》す。(112) 左右を陳《そう》べず、即ち帰来《かえりき》たる。(113) 次いで馬寮の夫、法住寺の西辺の小宅を取る。(114) 小宅(々々)の女、放言す。夫《ぶ》等相《あい》論ずるの間、件の夫《おっと》の如き男、出来《いでき》(□来)たる。相違《あいたがい》に放言す。家の仕丁と宅主の男と拏攫《だかく》す。(115) 法住寺の門より、法師・童数多《あまた》、刀杖を提げて出来《いでき》たり、追打《おいう》たむと欲す。其の威勢に堪へず、長櫃を棄てて遁去《にげさ》り、在所を知らず。」今、使者の申すが如(×女)くは、仕丁等の所為、濫吹《らんすい》尤も甚《はなは》だし。長櫃を棄てて遁去《にげさ》る事、太《はなは》だ奇と為す。已《すで》に夜漏《やろう》(116)に及ぶ。家人《けにん》を差遣《さしつか》はすは既に憚《はばかり》有り。仍りて師重朝臣(×持云)を以て別当(＝朝任)の許に示遣《しめしつか》はす。報じて云はく「使《し》の官人を召仰《めしおお》すべし。(117)」者り。更闌《こうらん》、(118) 消息して云はく「使の官人、四堺御祭所《しかいのおんまつりどころ》(119)に遣はす。其の外、官人無し。明旦、召仰《めしおお》(×御)すべし。」報じて云はく「明日、何事か有らむ。」

十五日、庚申。

▼a 月食皆既《かいき》(120)。虧初《きしょ》酉七剋五十分(×人)、加時《かじ》亥初剋三十二分(分×)、復末《ふくばつ》子一剋四十二分(×人)。亥時に月虧初、子時に加時、丑時に復末。時剋頗《すこぶ》る違《たが》ふ(121)。然而《しかれども》、勘文《かもん》に合ふと謂ふべし。

*1 右衛門府生《ふしょう》貞澄申さしめて云はく「別当(＝朝任)仰せて云はく『師重朝臣に罷逢《まかりあ》ひて、案内《あない》を問ふべし(122)。』」者《てへ》れば、家の仕丁《しちょう》の濫行の事の子細、仰せしめ了りぬ。亦、長櫃《ながびつ》を尋《たずね》進《たてまつ》るべきの由を加仰《くわえおお》す。法住寺僧都尋光、威儀師勧高を以て消息して云はく(123)「日来《ひごろ》、瘧病《ぎゃくびょう》(124)を煩ひて五大堂(125)に籠居す。昨日、慮外の事有り。」示送《しめしおく》るの趣、盆使の申すに異ならず。但し「宅主の男、頭に疵《きず》有りて血出づ。亦、身の所々に疵有り。長櫃に至りては其の銘を具す。慥《たしか》に取置《とりお》かしむ。則ち闘乱の宅に置く。」者《てへ》り。盆使の申す詞を以てせば、家の仕丁等、跡を暗まし逃隠《にげかく》る。府の夫《ぶ》を召遣《めしつか》はし、法師を進《たてまつ》る。今一人の男、恐を成して逃去《にげさ》る。法師を召問《めしと》ふに、申す所、僧都の消息の如(×上)し。件の法師、只、見給ふ所なり。自余の者、手を下す。家の仕丁春光丸の申《もうし》に依るに、今一人の仕丁ム《なにがし》先づ手を下す。相《あい》集りて殴調《なぐりちょう》ずるは実也(126)。但しム、鎌を持つ。宅主の男、鎌に当たり、額を少し切る。件の法師、禁固せしむべからず。仍りて免遣《ゆるしや》る。今一人の男を召進《めしたてまつ》るべきの由、之(×云)を仰す。

*2 頭弁《とうのべん》(＝経任)、勅を伝へて云はく「治部録行任、勘事《かんじ》を免ずべし(127)。」者り。即ち仰下《おおせくだ》す。

甲斐守頼信、紅花《べにばな》一壺・鴨頭草移《つきくさのうつし》(128)二帖を進る。尾張守《おわりのかみ》惟忠、薄物《うすもの》二疋・糸五絇(×句)を進る。

十六日、辛酉。

*1 去夜の月食の奏案(129)、時親・師任等の朝臣、之を進《たてまつ》る。是、仰遣《おおせつか》はす也。師任申さしめて云はく「七曜暦《しちようれき》

の食分[130]は女宿(×只宿[131])に在り。女・虚の二宿を越えて危宿にて食す。希有《けう》の事也。」と云々。女宿は下官《げかん》(＝実資)の命宿なり。日来《ひごろ》、怖《おそ》るる所なり。而《しか》るに彼の宿を超えて他の宿に於いて食す。重厄(×危)を脱する歟《か》。

▼a 頭弁《とうのべん》(＝経任)来たる。雑事を談ずるの次《ついで》に云はく「相撲始《すまいはじめ》の日、[132]坎日《かんにち》なるは如何《いかが》。」者《てへ》り。余、答へて云はく「坎日に因りて延縮の例、慥《たしか》には覚えず。大月廿八・九日、小月廿七・八日。是の日、已《すで》に御物忌《おんものいみ》并びに大雨の日に延引す。而《しか》るに坎日に至りて延縮するは何《いかん》。亦、尋勘《たずねかんが》へらるれば自《おの》づから所見有らむ歟。」大略、年々の日記を見るに所見無し。

十七日、壬戌。

▼a 早朝、證昭(證照)法師来たりて云はく「月食、女宿に於いて食すべし。而《しか》るに彼の度を過(×邀)ぎて食す。女・虚の二宿(×上宿)を越(×戯)える也。女宿にて食するは、下官(＝実資)の厄、尤《もっと》も重かるべし。他宿に於いて食するは、重厄を脱すと謂ふべし。希有の(×也)又希有なり。」者《てへ》り。「危宿は主上《しゅじょう》(＝後一条天皇)の御本命《ほんみょう》[133]宿也。御慎《おんつつしみ》(×塡)軽からず。理の食分の[134]度を過ぎて御本命の度に到りて皆既し了るの食、恐るべき御事也。此の由を奏せしめむが為、自《みずか》ら頭弁《とうのべん》(＝経任)の許《もと》に向かふ。大内《おおうち》に候ずるに因《よ》りて罷帰《まかりかえ》る。」者り。

▼b 相撲召合《すまいのめしあわせ》の日、坎日《かんにち》の例を尋見《たずねみ》るに、已《すで》に其の例無し。勘へらるべきの由、頭弁に示遣《しめしつか》はし了りぬ。「延喜以後、已に所見無し。荒涼に見る歟《か》。奥は書かず。」と云々。

十八日、癸亥。

▼a 盆二口(135)破れ、米少々、長櫃《ながびつ》の底に留まる。仕丁《しちょう》等食す。仍りて一・二倍して東北院に進送せしむ。

▼b 早朝、相撲《すまい》(×摸)の日等の事を頭弁《とうのべん》(＝経任)に問遣《といつか》はす。報ずるの状に云はく「相撲、是、節会《せちえ》(×食)の如き事也。日を択ぶべからざる歟《か》。又、延縮、時に随ふ。未だ一定《いちじょう》有らず。元高等の事、(136)追討の符を給ふべし。同意の者、大宰府慥《たしか》に実否を捜《しら》べ、事又、実有らば、同じく追討(×封)を加ふべきの由、官符に載すべし。」者《てへ》り。余報じて云はく「節会・相撲の日、式に存す。而《しか》るに節会は延縮無し。相撲の延縮に於いては、之、常事也。坎日《かんにち》に行なはれざるは、若《も》し自然歟《か》。復《また》、日記せず。古伝を聞かず。強《あなが》ちに以て驚《おどろかしもう》(137)申すべからず。節会に准じて之を行なはるるも何事か有らむ乎。」弁報じて云はく「昨日、驚《おどろかしもう》申すこと已《すで》に了りぬ。今に至りては、只、勅定に在る也。」頃之《しばらくありて》、頭弁来たりて雑事を談ずるの次《ついで》に云はく「相撲、延ばす事、一定無し。」者り。倩《つらつら》事情を案ずるに、相撲召合《すまいのめしあわせ》は臨時の小儀(138)なり。延縮は時に従ふべき歟。更に節会に准ずべからざる乎。

十九日、甲子。

＊1 巳時《みのとき》、新造の輦車《れんしゃ》(139)を取寄《とりよ》す。作工道慶法師相副《あいそ》ひて来たる。疋絹《ひけん》を給はしむ。

▼a 頭中将(＝隆国)来たりて云はく「今日未時《ひつじのとき》、相撲所《すまいどころ》(140)を始むべし。」其の仁《ひと》に責(×青)むべきの由を陳ぶ。小談(×読)して退出す。

＊2 頭弁《とうのべん》(＝経任)、勅命を伝へて云はく〔実は関白(＝頼通)なり。〕「早く仁王会《にんのうえ》の事を定申《さだめもう》すべし。(141)」者《てへ》り。廿五日、定むべきの由なり。料物を弁ずる事を聞かず。亦、彼の日、大弁参るべき事等、之を仰せず。

臨夜、府生光武、相撲所の定文《さだめぶみ》(142)并びに相撲召合《すまいのめしあわせ》の料の絁《あしぎぬ》・布・糸・紅花・木綿《ゆう》等の請奏《しょうそう》(143)を進《たてまつ》る。中将隆国・良頼、少将行経（行×）・親方等、内取所《うちどりどころ》(144)に着す。

廿日、乙丑。

▼a 相撲召合《すまいのめしあわせ》の雑物の請奏、「朝臣」の二字を加ふ。定文《さだめぶみ》を相《あい》加へて光武に返給《かえしたま》はむと欲するも、参来《まいりき》たらず。仕丁《しちょう》二人(145)、貞澄（×定證）に給ひて獄に侍《はべ》らしめ、鎌（×謙）を取る事を問はしむ。返給《かえしたま》ふの由を申す。慥《たしか》に糺《ただ》すべきの返事を仰す。

*1 為資朝臣、小一条院（＝敦明親王）の仰を伝へて云はく「院の牛付《うしつき》の従者(146)と家の牛童《うしわらわ》の従者と闘乱す。糺すべくば、下官《げかん》（＝実資）に触るべからず。中将（＝兼頼）に（×歟）問ふべし。」者《てへ》り。驚き乍《なが》ら牛童并びに従者の童三人、召取《めしと》り、之を奉る。即ち返給《かえしたま》はる。「各《おのおの》の牛童の中、相《あい》定むべき事也(147)（□）。」者り。各尋問《おのおのたずねと》ふべきの由、之を仰す。但し院の牛童の従者（□者）の為《ため》、狩衣《かりぎぬ》并びに小刀を奪取《うばいと》らるるの間、腹切れて血出づと云々。俊遠の牛童の為、打調《うちちょう》（×凋）ぜらると云々。事、頗《すこぶ》る縦横(148)なり。

廿一日、丙寅。

▼a 今明物忌《ものいみ》(149)。東門を開（×関）き外宿人《げしゅくにん》(150)を禁ぜず。

早旦、光武、門外に於いて申さしめて云はく「昨日、煩ふ所有りて参入せず。」者《てへ》り。雑物の請奏《しょうそう》・相撲所の定文《さだめぶみ》等を下賜《くだしたま》はしむ。相撲奏《すまいのそう》を伝進《つたえたてまつ》るの将監(151)、案内《あない》を知ること無きの者歟《か》。扶宣、勤むべきの事、伝仰《つたえおお》すべきの由、光武に仰す。

為資朝臣、三位中将《さんみの》(＝兼頼)の丹波の封(152)の解文《げぶみ》・下文《くだしぶみ》を持来《もちき》たりて云はく「大夫(＝頼宗)の消息に云はく『下官《げかん》(＝実資)、自由にすべし。』」余、答へて云はく「更に請取《こいと》るべからず。大夫の進止《しんじ》(×ム)に在るべし(153)。」返授《かえしさず》け了りぬ。

解文、油を載せざるは如何《いかが》(154)。

*1 伊予守《いよのかみ》(伊与守)章信、随身の狩袴《かりばかま》の料の手作布《てづくりのぬの》五端八丈を志《こころざ》す。

備中守《びっちゅうのかみ》邦恒、紅花廿斤を進《たてまつ》る。

▼b 美作守《みまさかのかみ》資頼の今月十七日の書、今日到来す。云はく「去る十三日、国に着す。作田、年来に倍(×陪)し侍る。早田、又、豊かに登《みの》るに似る。但し去月晦比《みそかごろ》より雨降らず。田畠共に損すと云々。祈禱に至りては堪ふるに随ひ勤《ごん》仕《し》せしむ(155)。」者り。

廿二日、丁卯。

諷誦《ふじゅ》、六角堂に修す。午後《うまののち》に三門を開く(156)。

▼a 淡路・阿波・讃岐・伊予(伊与)の相撲使の府生尚貞、相撲《すまい》を随身して参来《まいりき》たる。尚貞、雑事を問ふ。相撲人を見ず。和泉の相撲人、召見《めしみ》ず。

*1 頭弁(＝経任)来たりて雑事を談(×読)ず。相撲の音楽(157)、行なはるべからざる事也。主上《しゅじょう》(＝後一条天皇)、月食の変に依りて御慎《おんつつしみ》軽からず。先年、月皆既《かいき》して、其の夜、内裏焼亡す(158)。何《いずれ》の剋に御本命宿《ごほんみょうしゅく》に於《お》いて食有るや(159)。善政(政×)並び行なはるべきの剋也。頭弁、亦、右大弁(＝経頼)に示遣《しめしつか》(×不遣)はす。自案の様を得るや(160)、各《おのおの》申すべきの由、

示遣《しめしつか》(×不遣)はす所也。此の如きの事は疎遠の愚翁(＝実資)、洩答《もらしこた》ふるに憚《はばかり》有り。仍りて両人に指示《さししめ》(×指不)す而已《のみ》。

▼b 今日午時《うまのとき》、祈雨使《きうし》(161)を丹生《にう》・貴布禰《きふね》両社に立てらる。〔使は蔵人。〕中納言資平、之を行なふ。臨昏《りんこん》、中納言来たる。御幣使の事を談ず。

廿三日、戊辰。

▼a 早朝、和泉の相撲参来《まいりき》たる。念誦《ねんじゅ》(×令詣)(162)の間に依りて召見《めしみ》ず。府(×苻)に将罷《いまか》(×持罷)るべきの由(163)を仰せしむ。

*1 頭中将隆国、関白(＝頼通)の御消息を伝へて云はく「月食の変有り。早く仁王会《にんのうえ》を行なはるるは尤《もっと》も佳《よろ》しかるべし。廿五日に定行《さだめおこ》なふべし。(164)」者《てへ》り。前日に定めしむる所也。又、云はく「相撲の楽(165)、行なはるべからざる歟《か》。月食皆既の御慎《おんつつしみ》軽からず。若《も》し楽の有無、諸卿をして定申《さだめもう》さしむべき歟。坎日《かんにち》の相撲、改むべき歟。已に式(×哉)に存する日(166)、必ずは延ぶべからざる乎、如何《いかが》。」余、答へて云はく「召合《めしあわせ》に至りては事に従ひて延縮す。式に存すと謂ふべからず。是、臨時の小儀なり。仍りて延縮有り。延喜以後、坎日の例無し。又、月食の変、理食《りしょく》の皆既(167)と雖も、已に食するは尤も驚恐すべし。月の内に楽を挙《あ》ぐるは不快(不×)の事也。諸卿の議に及ぶべからず。月食の変に依りて止(×ム)めらるべき事、直ちに宣下せしめ給ふは宜しかるべき歟。更に僉議《せんぎ》有るは、叡慮《えいりょ》(×疑慮)の一《いち》定《じょう》無きに似るべき乎。(168)仁王会の事、謹みて承《うけたま》はり了りぬ。」史守輔を以て両大丞(＝重尹・経頼)の許《もと》に遣はす。明後日に参るべきの由也。彼の日に陰陽寮《おんようりょう》を召候《めしこう》ぜしむ(令×)べき事、須《すべか》らく弁に仰すべし。然而《しかれども》、先づ式をして候ぜしめ、相《あい》次いで弁を召し、仰下《おおせくだ》さしむべし。文書、具し候ずべき事、貞行・義賢等に仰すべき事、中・少弁候ずべき事、守輔に問仰《といおお》せ了りぬ。

美作・阿波の相撲人参来《まいりき》(×為来)たるも、見ず。

入夜《よにいり》、府生光武、内取《うちどり》の手結《てつがい》の文を(169)進《たてまつ》る。

▼b
中将(＝兼頼)、今日、宍《しし》(×害)を咋《く》(×昨)ふべし。(170)仍りて去夕《きょせき》(×者夕)、西隣に宿す。(171)小女(＝千古)同じく彼の宅に在り。彼の父(×故文)(＝頼宗)の勧《すすめ》(172)に依りて服す也。腹中不例《ふれい》。飲食多く減(×滅)じ、顔色憔悴《しょうすい》す。仍りて之を服す。余、口《く》入《にゅう》せず。(173)

伊予(伊与)の相撲人惟永、前に召して之を見る。

廿四日、己巳。

*1*2
左少弁経長を呼遣《よびつか》はす。仁王会《にんのうえ》の日の事を申(×中)さしめむが為なり。即ち来たりて云はく「昨日、内裏に犬死《いぬのし》穢《え》有り。着座(×府)せず。」宮中の穢処に至るも忌まず。仍りて呼上《よびあ》ぐ。(174)「明日、仁王会の事を定申《さだめもう》さむと欲するも、穢中に定申《さだめもう》すは如何《いかが》(×必何)(175)。近く修せらるべきの日有らば、憚《はばかり》を奏して定申《さだめもう》さむ。而して来月七・八日吉日(×田)。而《しか》るに御願《ぎょがん》に依りて諸社に奉幣し并びに御読経三ヶ日修せらるべきの由、(176)伝承《つたえうけたま》はり了りぬ。仍りて彼の日に仁王会を修せらるべからざる歟《か》。其の後、日次《ひなみ》宜しからず。十五日・廿二日宜しき日也。暦に就きて見給ふ所、十五日は八幡宮放生会《はちまんぐうほうじょうえ》なり。(177)彼の宮に於いて仁王会を行なはるるは便無かるべし。廿二日吉也。修せらるべきの日、来月下旬に及ぶ。朔の間に参入して定申《さだめもう》すは如何。(178)」定めらるるに随ひ参入を企つべきの由を示(×不)し、経長をして関白(＝頼通)に奉らしむ。帰来《かえりき》たりて云はく「十五日、行なはれ難き歟。祇園会《ぎおんえ》(179)の日、会の事に依りて延引するは例有り。来月廿二日(×廿三日)吉日也。朔(×朝)の間に定申すは尤も佳しかるべき歟。」者《てへ》り。明日、大弁不

参の由[180]、経長を以て告げしむ。

▼a 大外記文義云はく「関白仰せて云はく『月食に依る相撲の例、勘申せよ。』』者り。今朝、局《きょくの》日記[181]・指《さしたる》史《し》(×失)[182]、并《あわ》せて之を奉る。承平七年七月十六日[183]、月食皆既、相撲の楽あり。天暦以後[184]、天変に依りて楽止む。或《あるい》(×武)は宮中(×寅中)焼亡にて楽止む。多く例有り。但し承平七年の例[185]は不快。其の故は、明年《めいねん》に将門・純友等の事[186]有り。宜しからざる例也。今年、相撲の楽、行なはるべからざるの由、執申《しっしもう》し[187]了りぬ。殊《ことなること》事無きの時、停止せらるるの故也。」下臣(＝実資)の愚案[188]、猶、以て止めらるるが天意に叶ふ[189]べき哉。経長に問ふ。経長(々々)云はく「頭中将(＝隆国)示(×可)すに、音楽、大略停止歟。相撲廿九日・卅日、之を行なはるべき也。」楽の有無・相撲の延不の事、余、書《しょ》札《さつ》を以て頭中将に問遣《といつか》はす。報状に云はく「楽の有無、未だ一定《いちじょう》を承はらず。今日、関白参内せらるるの後、一定(一×)有(有×)るべき歟。期日は九・卅日に行なはるべし。」者り。九は廿九日歟。或者《あるもの》(×武者)云はく「廿九・卅日、関白の御物忌《おんものいみ》なり。内に候ぜらるるは忌まるべし。」者り。経長同じく此の旨を陳ぶ。

晩頭、中納言(＝資平)、関白第より来たりて云はく「関白談じて云はく『相撲の楽の停止、事の理、最も然るべき歟。但し承平七年、皆既の食有《あ》ると雖も、音楽、猶、行なはる。亦、童《わらわ》相撲の興[190]有《あ》り。若《も》し彼(×後)の例に依らば音楽有《あ》るべき歟。彼の時の変異の奏、重からざる歟。今般の奏文[191]、軽からず。唯《ただ》、承平七年に事無《な》く、明年に将門等の事有り。年中の事と謂ふべし。明年の事と謂ふべからざる歟。詳しく事趣《ことのおもむき》を奏し、進止《しんし》も亦、叡慮に在るべし。』」者り。今、此の命に就きて之を案ずるに、更に前例を尋ねらるべからざる者也。賢臣已《すで》に輔佐《ほさ》[192]為《た》り。其の政《まつりごと》(×改)正直なり。而《しか》るに変異を忘(×忌)れ、重ねて相撲の興有りて、明年より兵革有り。兼ねて厥《そ》の慎《つつしみ》無きの致す所歟。之を以て亀鏡《きけい》[193]と為(×被)すべし。此の度、司天台[194]奏して云はく「御慎《おんつつしみ》、三ヶ年に亘《およ》ぶ。」者り。承平の例に依るべからざる歟。就中、寛弘年中、(195)月食皆既し、夜中に内裏焼亡す。之を以て鑑と為す。末代の災、人の相救《あい》ふ無し。悲しき哉、悲《かな》(×之)しきかな。(196)呑舌《どんぜつ》(197)に如《し》(×已)かざる而已《のみ》。関白、入夜《よにいり》、参内すと云々。明日、一定有るべき歟。

廿五日、庚午。

▼a 頭弁《とうのべん》(×日)(=経任)、信任の申す外記局を修造するの覆勘《ふくか》の文(198)を持来《もちき》たる。之(×云)を奏(×答)せしむ。

▼b 国々の相撲人《すまいびと》等参来《まいりき》たる。念誦の間、召見《めしみ》ず。時剋を経て、播磨の相撲人重ねて来たる。召見る。

＊1 蔵人左少弁(×右少弁)経長、綸旨《りんじ》(199)を伝ふ。〔実は関白(=頼通)の消息なり。〕「挙周、『文選《もんぜん》』『史記《しき》』(200)を授け奉ること已《すで》に了りぬ。一級を加ふべし。(201)」者《てへ》り。〔正四位下。〕

▼c 亦、経長云はく「相撲の楽止むる事、相撲をして廿九日・卅日に改定せしむる事、大納言長家卿に仰せらる。」者り。召仰《めしおおせ》の上卿《しょうけい》(202)に依りて下し奉る所歟《か》。必ずしも初めの人(203)に尋ぬべからざる歟。又、「相撲の両日、上下の装束の二襲《ふたかさね》、過差《かさ》(差×)を禁ずる宣旨(204)、今日下さる。」者り。最も然るべし。古人云(×之)はく(205)「従諫《じゅうかん》の聖(206)、之に咸《かん》すること有り。(207)」

又、談じて云はく「関白曰はく『挙周の加階、事次《ことのついで》有るの時、行なはるべきの事也。而《しか》るに『文選』、已に読ましめ了るの剋《みぎり》、頻《しき》りに勅命有り。之を申返《もうしかえ》し難き也。』」者り。

▼d 申剋許《さるのこくばかり》、大雷大雨。酉《とり》剋許(×御)、大雷雨(×要雨)也。

経季、内より罷出《まかりい》でて云はく「相撲の楽(×財)、月食に依りて停止すること、先日、右大弁(=経頼)・頭弁等を以て関白に達せしむと云々。奏聞す。」
入夜《よにいり》、相撲の内取《うちどり》の手番《てつがい》(208)を進《たてまつ》る。

廿六日、辛未。
▼a 法眼《ほうげん》元命(×文命)来たる。(209) 而《しか》るに「宇佐宮内の三昧堂の事、勘文に任せて行なはしむ。」者《てへ》り、等の仰《おおせ》(210)、并(×等)びに勘文、前日送ること先に了りぬ。
*1 少内記国任を召して挙周の位記《いき》の事を仰す。(211)〔正四位下、侍読《じどく》の労。〕但し別勅に依る侍読加階の位記の文、尋常の位記に相《あい》異なる哉否《や》や、相《あい》尋ねて仰すべし。先づ案内《あない》を申すべし。大内記孝親に触れて彼の申す所を申すべし。亦、他の位記等、請印《しょういん》ある歟《か》。捺印せしむべきの由、同じく之を仰す。
▼b 頭中将(=隆国)来たりて云はく「腋《わき》秀孝(212)死去す。其の所、各《おのおの》所望する者等多し。為男(男×)の辞(213)に申して云(々)はく『供節の労四十余年(214)、老屈殊《こと》に甚《はなは》だし。角力《すまい》する能はず。今年許《ばかり》、助手《わき》に罷立《まかりた》ち、住国土左《とさ》の相撲(撲×)の面目を施さむと欲(×炊)す。明年に至り、数年の労績(×読)を以て住国の掾《じょう》〈土左〉を申さむと欲(×炊)す。(215)相撲の役も亦、今年許《ばかり》なり。』」者《てへ》り。答へて云はく「申す所の旨、尤も哀憐すべし。(216)此の外、為永(為長)・高平・惟永等、雄雌を決して優劣を定むべし。」頭中将、之に甘心《かんしん》す。「今日、内取《うちどり》有るべし。仍りて府(=右近衛府)に罷向《まかりむ》かふ。」者り。
大宰の相撲、今に無音《ぶいん》と云々。(217) 或《あるひと》云はく「河尻《かわじり》(218)に到着す。」者り。
衝黒《しょうこく》(×衡黒)、府生公忠、最手《ほて》(219)勝岡・為永(為長)等を随身して参来《まいりき》たる。申して云はく「白丁《はくちょう》(220)一人、内取《うちどり》に依りて府(×給)に罷向《まかりむ》かふ。」者り。仍りて将参《いまい》(×持参)らず。吉高(吉孝)、時疫を煩ひ途中に留まる。

▼c 今日、春宮大夫（＝頼宗）、戌時に九条の新造家(221)に移（移×）る。中将（＝兼頼）、申時許に参詣す。母氏（＝藤原伊周女）同じ(222)。

廿七日、壬申。

▼a 尋光僧都の消息に云はく「仕丁《しちょう》等の人(223)、禁獄せらるるは極めて不便の事也。鎌、返受《かえしう》く。早く免ぜらるべし。」者《てへ》り。貞澄を召して案内《あない》の事を問（×而）ふ。申して云はく（々）「鎌、返進《かえしたてまつ》り了りぬ。僧都、免ずべきの由を申さる。」者り。免ずるや否やは、只、別当（＝朝任）の心に在るべし。左右《そう》を仰すべからざるの由(224)、仰せしめ了りぬ。

早朝、挙周、慶（×受）(225)を申さしむ。

＊1 頭中将（＝隆国）、将監《しょうげん》扶宣を差《つか》はし示送《しめしおく》りて云はく「腋の闕有り。為男・為永（為×）（長）・高平・惟永等逓《たがい》に申す所有り。此の間、案内を承はるべし。」答へて云はく「為永（為長）・高平・惟永等、勝負を決して定（×無）むべき歟《か》。但し為男、尤も哀憐すべし。今年許《ばかり》腋に立ち、数年の恥を雪《すす》がむと欲す。」者り。扶宣申して云はく「中将（＝隆国）の官人(226)等申して云はく『先年、御前に於いて為永（為長）・高平角力《すまい》し、為永（為長）、膝を突く。』者り。惟永申す所有り。是、為永（為長）と雄雌を決せむと欲す。」者り。此の間の事、相《あい》定めて進止《しんし》すべきの由、扶宣に含めて示遣《しめしつかわ》（×不遣）はす。

頭中将、宣旨二枚を持来《もちき》たる。〔一枚は信任の申す覆勘文(227)。請に依り、使を遣はせ。石見守《いわみのかみ》資光の申す五ヶ条の文(228)、続文《つぎぶみ》せしめよ。〕

▼b 早旦、中将（＝兼頼）、九条より来たる。申時許《さるのときばかり》、参内す。内取《うちどり》（々取）(229)なり。臨昏《りんこん》、退出す。

入夜《よにいり》、御前の内取の手結《てつがい》を進《たてまつ》る。〔〇〇〕

一昨の雷、豊楽院の西方に落つ。南の堂(230)、柱を損す。

廿八日、癸酉。

*1 □「左の最手《ほて》真上(真髪)為成、国司をして召進《めしたてまつ》らしむるを止むべし。」者《てへ》(231)り。即ち宣下す。是、先年、国司を以て濫行の下手《げしゅ》として召進らしむる者也。誹々《ひひ》(×緋々)なり(232)。昨日の内取《うちどり》以前に仰せらるる所也。供節を勤むるに依りて殊に以て寛免《かんめん》(233)す。

頭中将(=隆国)来たる。「相撲の雑事を云合《いいあ》はすの次《ついで》に、為男、腋《わき》に立つること尤も宜しきの由、関白(=頼通)命ぜらる。」又、云はく「明年、住国(×任国)の掾を申すは然るべき事なり。」者り。「擬近奏《ぎこんのそう》(234)に白丁《はくちょう》四人を載すべし。」者り。

▼a 中将(=兼頼)、九条に詣づ。早く帰来《かえりき》たるべしと云々。而《しか》るに入夜《よにいり》、女房の書状を送りて云はく「母氏(=藤原伊周女)、今日俄《にわか》に腹(×腋)を煩ふ。二三度、万死一生。為《せ》む方《かた》を知らず。」と云々。驚き乍ら厩の馬に乗せて師重朝臣を馳遣《はせつか》はす。弓箭を帯せしむ(×今)。文利を相副《あい》ふ。一夜許《ばかり》宿し、始めて帰らるべきの由、為資朝臣に示(×不)して了りぬ。而《しか》るに信用せず。愚者の言、賢哲、尚、採択する耳《のみ》(235)。師重帰来《かえりき》たりて云はく「今の間、頗る宜し。疾、猶、止まず。食物、其の形を変へず出づるの由、大夫(=頼宗)の談ずる所なり。」相成を召遣《めしつか》はす。深更《しんこう》、来たりて云はく「明暁、詣向《まいりむ》かふべし。」者り。

子夜《しや》、府生光武(×光氏)申して云はく「最手(□)勝岡・為永(為長)、忌籠《いみこ》もらず(236)。」者り。召籠《めしこ》むべきの由を仰す。

廿九日、甲戌。
▼a 早朝、師重を差《つか》はして九条に奉る。中将(＝兼頼)、西隣(×両隣)に来たる。四位少将資房を以て案内《あない》を問遣《といつか》(×而遣)はす。返事に云はく「今朝、頗《すこぶ》る宜し。大夫(＝頼宗)云はく『汝(＝兼頼)(237)、参入して案内を関白(＝頼通)に申すべし。両人、無音に籠居するは甚だ不審なるべし。』仍りて参入すべし。」者《てへ》り。師重云はく「大夫云はく『去夜、湯を以て腹に沃《そそ》ぐ。其の後、頗る宜し。然而《しかれども》、痢《り》未だ止まず。明日(×朝日)、帰るべし。』」者り。
将曹正方、擬近奏《ぎこんのそう》を進《たてまつ》る。〈四人。〉「朝臣」の二字を加へて返給《かえしたま》ふ。

中納言(＝資平)参内す。

大外記文義云はく「若《も》しくは参(×年)るべきの事有る哉(238)。」者り。仰せて云はく「慎む所有りて参るべからざるの由、先日仰せ了りぬ。障の由をして、度々頭弁《とうのべん》(＝経任)に示さしむ。然而《しかれども》、今朝、重ねて示遣《しめしつか》はし了りぬ。」

式光、内府(□□)(＝教通)に触る。内府、関白に問はる。関白(々々)云(云×)はく「随身の馬無し。又、牛無し。参るべからず。」者れば、馬二疋・牛一頭を遣はし奉《たてまつ》る。興言《きょうげん》(×立)(239)歟《か》。
▼b 相撲召合《すまいのめしあわせ》、楽無し。参入せず。楽の定(240)、前記に在り。将監義資、青色の表衣《うえのきぬ》・鼻切《はなきれ》(241)等を着して相撲奏《すまいのそう》(242)に候ずと云々。然らずと雖も、何事か有らむ(243)。
酉剋許《とりのこくばかり》、相撲惟永参来《まいりき》たりて云はく「一番より六番に至るまで右勝ち了りぬ。後、未だ七番を為さざるの前、罷出《まかりい》づ。」惟永二番也。先是《これよりさき》、頭中将(＝隆国)、舎人《とねり》を差はして申送《もうしおく》る。「一番近光・二番惟永、皆勝ち了りぬ。」者り。陰陽師為利(×行)に禄を給ふべきの由、之を示送《しめしおく》る。

入夜《よにいり》、将監為時、手結《てつがい》(244)を持来《もちき》たる。十一番右勝つ。右の最手《ほて》勝岡・腋《わき》為男・為永取らず。右の幹行、障を申して免ぜらるる歟。十二番、左、障を申す。此の間、二番左勝ち為《た》り。金勝一番、金一番天判[245]。左の陰陽師恒盛、右の陰陽師為利(×行)。為時(々)、府(×符)(=右近衛府)に納むる絹二疋[246]を取遣《とりつか》はして為利に給ふ。

入夜《よにいり》、三位中将(=兼頼)来たりて云はく「東宮(=敦良親王)参上し給ふ。御共に候ず。更闌《こうらん》、罷出《まかりい》づ。」

又、云はく「左の相撲、極めて無力と云々。未だ此の如きの事を見ず。内府、簾下に候ず。」者り。

又、清談《せいだん》の次《ついで》に、(々)道成朝臣に官を給する事[247]を伝示《つたえしめ》す。

小時《しばらくありて》、「阿波の相撲良方、敵の髪を執る。勅有りて府に候ぜしむ[248]。」者り。


卅日、乙亥。

六角堂に諷誦《ふじゅ》す。

*1 勝岡参来《まいりき》たる。致孝の触立《ふれた》つる名簿《みょうぶ》(×石藉)[249]を伝進《つたえたてまつ》る。故成親朝臣の男なり。勝岡、前に召さず。人を以て雑事を仰す。今日、抜出《ぬきで》[250]の日也。後日(×彼日)来たるべきの由、之を召仰《めしおお》せしむ。

検非違使貞澄を召す。別当(=朝任)に触れ、獄に候ぜしむるの仕丁二人を免ず[251]。
▼a 厳源、観普賢経を釈す[252]。聴聞随喜す。〔布施《ふせ》三疋。〕
今日の抜出、三番なり。〔一番右(×左)最手《ほて》勝岡、障を申す。二番右(×左)惟永。三番右守利、負。〕随身公安の申す所なり。左の相撲の名を申さず。
▼b 入夜《よにいり》、中将(=兼頼)、騎馬にて九条に馳向《はせむ》かふ。母氏(=藤原伊周女)重病の告《つげ》に依る。知道(知通)相《あい》従ふ。驚き乍ら随身公安・信武、乗馬にて馳遣《はせつか》はす。知道(知通)・随身等帰来《かえりき》たりて云はく「只今は殊事《ことなること》無し。明旦、堀川院[253]に帰る

べし。」者《てへ》り。

今日、中納言（×大納言）（＝資平）参内す。中将同じく参る。中将、日来《ひごろ》、西宅に住む。余、堂に在《あ》るの間、案内《あない》を聞かず。師重来《きたり》告《つ》ぐるに依り、追ひて随身を馳遣《はせつか》はす。戌時許《いぬのときばかり》也。

*2 中納言云はく「大宰府の言上する怪異の事、(254)〔去る五月二日より晦《みそか》に至るまで、雀、宇佐宮の殿上に群集《むれあつ》まり栖《す》を喫《く》ふと云々。〕神祇官・陰陽寮等をして卜筮《ぼくぜい》せしむべし。」者り。

『小右記』長元四年七月　註釈

（1）**当季の十斎日《じっさいにち》大般若読経始《はじめ》**　恒例としている秋季の大般若経読経を尹覚と忠高に始めさせた。十斎日大般若経読経は前出（↓正月註2）。

（2）**宣旨《せんじ》の趣**　『左経記』六月廿七日条※2※3に、

次又甲斐守源頼信進忠常(平)帰降之由申文、并常安降状、〔忠常□(戒カ)名也、〕忠常死去之由解文、并美乃国司等実検日記等、被レ下云、頼信朝臣今(令)レ帰二降忠常一之賞可レ有哉否、又忠常男常昌・常近不レ進二降状一、執可二追討一哉否之由、可レ令レ申者、次第見下了、余申云、頼信朝臣令レ帰二降忠常一之賞尤可レ被レ行也、但於二其法一者、先符云、随二且狭(其状カ)一可レ給二官位一者、先被レ召二問頼信朝臣一、随二彼意趣一可レ被二量行一歟、（中略）新中納言(定頼)以上被レ申之趣大略同二余詞一、相府(実資)取二文書等一、付二頭弁(経任)一被レ覆二奏□(定カ)旨一、仰、依レ多定申者、

とあるように、平忠常の追討を賞するにあたって頼信の希望を聞くことが決定されており、それに関する宣旨か。平忠常の乱については、三月註15参照。忠常の投降と連行中の死去については、『日本紀略』『小記目録』『左経記』の四月廿八日条以降を参照。ここで頼信が述べている忠常追討の宣旨については、『日本紀略』長元三年（一〇三〇）九月二日条に「仰下甲斐守源頼信、并坂東諸国司等、可レ追二討平忠常一之状上、依三右衛門尉平直方無二勲功一、召二還之一」とあり、『小右記』同年同月六日条に「頭弁(藤原経任)伝仰云、甲斐守頼信(源)、殊給二官符国々一、相倶可レ追二討忠常(平)一事、進レ米之国々可レ進二様米一事、其後給二検非違使一可レ令レ行事、故政職(源)処分事、可レ禁二美服一事、皆以仰下、他宣旨等有レ数、併在二目録一」とある。

（3）**四ヶ国**　頼信が長元四年までに受領に任じられた上野・常陸・伊勢・甲斐の四ヶ国を指す。従来、頼信の石見守就任の根拠とされていた『小右記』寛仁三年（一〇一九）七月八日条の「石見守頼信」については、別人の藤原頼信に比定する見解が出されている。

（4）**不慮の外に**　「不慮に」「慮外に」と同義か。

（5）**丹波に任ぜむと欲す**　頼信の賞については、『左経記』七月三日条※2にも、

頭弁召二甲斐守頼信朝臣一問云、今(令カ)レ帰二降忠常一之浜(賞)可レ被レ行也、而所レ思如何云々、申云、明年丹波可レ闕、若可レ然之欲(者カ)二遷任一者、云々、

と見え、翌年に欠員の出る丹波国への遷任を正式に申請している。ところが、九月十八日▼aでは、美濃国への遷任を希望するようになる。九月註195参照。尚、この七月に頼信から実資への貢物が多いのは、このことと関係

していると考えられる。十三日条＊2・十五日条＊2参照。

(6) **中将(＝兼頼)を訪れ良久《ややひさ》しく談話す**　春宮大夫頼宗は、息兼頼(実資の娘千古の婿)を訪れたついでに、小野宮邸にも立ち寄り、実資としばらく雑談をした。「良久」は前出(→正月註138)。この頃、兼頼が病気がちであったことは二日条▼a・四日条▼b・五日条▼aなど参照。

(7) **正月七日の節禄《せちろく》代の革(×草)**　正月七日の白馬節会で実資に下賜される節禄の代としての色革。『延喜式』(巻三〇・大蔵省・正月七日節)に「左右大臣各絁五十疋、綿四百屯、」とあり(『小野宮年中行事』〈正月〉も同数)、これからすると、大臣分のうち三百屯が不足していたのかも知れない。あるいは、古記録本・大成本が「綿四百屯代八枚」とするように、「四」が欠落したか。

これらの節会の禄には大宰府が出した「正蔵率分」が充てられたが、この頃には「絹綿代」として「色革」を進める事が恒例化していた。『左経記』長元七年(一〇三四)十二月三日条に革の代納を止める事が決められている。

(8) **都督《ととく》(＝道方)の罪報恐るべし**　大宰権帥源道方が犯した罪の報《むくい》は、恐ろしいほどになるだろう。「都督」とは大宰帥・大宰大弐の唐名。古記録本では藤原惟憲としているが、この時の大宰権帥は源道方(『公卿補任』長元二年に「正月廿四日兼大宰権帥、八月十八日叙正二位(赴任賞)」とある)。大宰府が正月の節禄代の革を今まで収めなかったことに対して怒って言ったことで、天皇から注意すべきであるとしている。

(9) **公家《こうか》(＝後一条天皇)**　「こうけ」とも。おおやけ。朝廷。官家。ここでは、天皇のこと。

(10) **去夕《きょせき》より、亜将《あしょう》(＝兼頼)、悩《なやみ》気《け》有り**　「亜将」は中将・少将の唐名。古記録本では藤原資房のこととするが、ここでは実資の娘千古の聟兼頼と解釈した。恐らくこの日の頼宗の来訪も、兼頼の病によるのであろう。四日条▼b・五日条▼aも参照。

(11) **頭打ちて頗《すこぶ》る熱し**　頭痛がして少し熱があった。『日葡辞書』には「アタマガウツ」とある。「頗」は前出(→正月註453)。少し。

(12) **時疫《じえき》**　前出(→三月註31)。

(13) **兵部丞《ひょうぶのじょう》定任・録《さかん》為孝の申文《もうしぶみ》**　恐らく定任・為孝の二人が兵部省として参向すべき国忌に無断で欠席したので、それについての弁解をしたもの。五日＊3に、彼らの言い分が認められ、申文が返されたことが見える。「申文」は前出(→正月註188)。

(14) **国忌《こき》に参らざるの事**　国忌・諸祭への欠席が多いという現状を受けて、関係諸司に事前通達をし、規定どおり出席させるための処置がとられたことが、三月十七日条

＊１・十八日条▼ａ・十九日条＊１に見える（↓三月註162〜166 169など）。この後の国忌としては、三月廿一日の仁明天皇の国忌（東寺）と四月廿九日の藤原安子の国忌（西寺）があり、そのいずれか（またはそれぞれに一人ずつか）と考えられる。

（15）**御物忌《おんものいみ》に籠《こ》もる**　頭弁藤原経任が天皇の物忌（↓正月註378）に籠もる。物忌の期間は外来者を入れると物怪の類が一緒に入ってくるとされたので、必要な者は前日から建物の中に入って籠もることになっていた。物忌は二日連続し、ここでは戊と己（三日と四日）の二日であるが、両日の合間の夜中（恐らく丑刻《うしのこく》ごろ）に籠もる人々の入れ替えが予定され、経任はそこで天皇のいる清涼殿に入ることになっていたのであろう。それまでは奏することができないので、明日に奏すと言っている。

（16）**伊勢《いせ》、託宣《たくせん》有り**　伊勢斎王託宣事件の『小右記』における初見。

「伊勢神宮」は、伊勢国度会郡、現在の三重県伊勢市に鎮座《ちんざ》する。五十鈴川《いすずがわ》の川上に鎮座し、天照坐皇大神《あまてらしますすめおおかみ》をまつる皇大神宮《こうたいじんぐう》（内宮《ないくう》）と、山田原《やまだはら》に鎮座し、御饌都神《みけつかみ》である等由気《とゆけ》大神をまつる豊受大神宮《とゆけだいじんぐう》（外宮《げくう》）の二宮からなり、その両宮に別宮《べつぐう》・摂社《せっしゃ》・末社《まっしゃ》が付属する。二十年に一度、神明造《しんめいづくり》の正殿をはじめ諸殿舎を新たに造替し、殿内に奉納する装束・神宝をすべて調進する式年遷宮《しきねんせんぐう》の制があり、天武・持統天皇朝に始められたと考えられている。皇祖神である天照大神をまつる伊勢神宮には、天皇の皇女（ないしは近親の女性）を「御杖代《みつえしろ》」として奉仕させる斎王《さいおう》が置かれており、律令制下においても継承された。古代では、皇室以外の祈願を禁止する私幣禁断《しへいきんだん》の制もあった。年間を通じても多くの祭が挙行される伊勢神宮については、延暦二十三年（八〇四）に両宮から進上された『皇太神宮儀式帳』『止由気宮儀式帳』があり、『延喜式』（巻四・伊勢太神宮）に細かく規定されている。

「斎王」は「いつきのみや」ともいい、天皇の代替わりなどに卜定《ぼくじょう》され、三年の斎《いみ》を経て大極殿《だいごくでん》にて発遣の儀が行なわれて伊勢へと群行《ぐんこう》する。国境の禊《みそぎ》を重ねてから、多気郡の斎宮《さいくう》に入り、三節祭《さんせつさい》（九月の神嘗祭《かんなめさい》と六月・十二月の月次祭《つきなみさい》）に外宮・内宮に参って祭祀にあたった。斎王に奉仕し、斎宮を維持するために置かれた「斎宮寮」は、大宝元年（七〇一）に斎宮司から昇格し、神亀五年（七二八）に定員と官位相当が定められた。頭《かみ》以下の四等官に加え、管下に財政・警備などを掌る十三の司がある。平安時代には群行の直前に補任され、帰京の途上で山城国府に寮印を納めて停止する非常置の組織であった。斎王・斎宮寮の規定は『延喜式』（巻五・斎宮）にある。

伊勢神宮の神職を統率して祭祀に従事し、神郡・神領・神戸などを統括したのが「大神宮司《だいじんぐうじ》」である。初見は『続日本紀』天応元年（七八一）正月辛酉朔条であるが、天平十一年（七三九）以前に成立していたと考えられている。弘仁年間（八一〇〜八二四）以後は、国司に准じた権限を有し、調庸田租をも管掌した。その役所を御厨といい、離宮院（→八月註30）とも称した。司はもと一員であったが、貞観十二年（八七〇）と延喜二年（九〇二）に増員され、大宮司・権大宮司・少宮司の三員となる。任期は六年で、祭主と同じく大中臣氏により独占された。

「祭主」は平安初期に設置された令外官で、『延喜式』（巻四・伊勢太神宮）に「其以㆓神祇官五位以上中臣㆒任㆓祭主㆒者、初年給㆓稲一万束㆒」とあるように、神祇官に本官を持つ大中臣氏が補された。三節祭と祈年祭《きねんさい》の奉幣使を勤め、遷宮で奉遷使として全体を領導し、斎宮交替でその由を神宮に告げるなどの伊勢神宮関係の行事を統括した他、朝廷の御祈（祭主祈禱→八月註72）も行なった。延喜三年（九〇三）、祭主安則の時に、神宮宛の符への署名確認が制度化されて、大神宮司の上位に置かれることとなり、禰宜以下職掌人の人事にも関与して、事実上、伊勢神宮を統括することになった。

在地の祭祀職は「職掌人」といい、『延喜式』では両宮と六所別宮を通じて禰宜《ねぎ》二人、大内人《おおうちんど》八人、物忌《ものいみ》二十二人、物忌父《ものいみのちち》二十二人、小内人三十二人を定員としたが、後代には大きく変化する。「禰宜」は「官長」「長官」と呼ばれ、内宮では荒木田《あらきだ》神主《かんぬし》氏が、外宮では度会《わたらい》氏が、それぞれ「大神宮氏人」として世襲した。天暦年間（九四七〜九五七）以降、両宮ともに禰宜が増員され、保延元年（一一三五）には各七員となり、さらに権禰宜が加えられて院政初期にはその数が九十人を超えた。

この時の伊勢斎王は嫥子《てんし》女王（村上天皇の孫）。「託宣」は、神のことば。神のお告げ。神が人間に伝える意志。神託。内容は、斎宮寮頭藤原相通を斎宮から追放せよというものであった。但し、「相通」を「助道」と記しており、この時点では実資のもとに正確な情報が伝わっていなかったことも考えられる。この託宣の詳しい内容については、八月四日条＊1、八月註26以降を参照。

（17）**春季の尊星王供《そんしょうのうぐ》**　「尊星王」は、妙見菩薩・妙見尊星王とも称し、園城寺流では北斗七星を指す。国土を擁護して変を消し敵を却け、また人の福寿を増益する菩薩で、他の星宿供と同様、摂関期においては個人的現世利益の要求に応えていた。実資の尊星王供の初見は、治安三年（一〇二三）五月廿八日、文円による六日間（去年冬・当年春の両料）の供養。実資は任大臣祈願の一として「星宿」

を七日間供し（寛仁三年〈一〇一九〉六月十七日条）、任大臣の宣旨が得られたことを阿闍梨叡義に尊星王への祈願をさせていたからと記しているので（治安元年七月九日条）、尊星王供が任大臣祈願と結びついて始められたことがわかる。しかし、「延寿之夢想」があったことを「尊星王供之験徳」としたり（治安三年九月廿七日条）、娘千古のための祈願がなされたりするなど（万寿二年〈一〇二五〉十一月十六日条）、延命・除災をも含む幅広い現世利益祈願の対象となっていた。三月註27・九月註329参照。

(18) **夏季の仁王講《にんのうこう》** 仁王講とは仁王経（→正月註420）の講読をするもの。実資は正暦四年〈九九三〉から年一度の小野宮仁王経講演を始めたが、長和・寛仁年間（一〇一二〜一〇二一）に四季の行事とし、一月一巻分の仁王経書写供養も続けている。二月註218参照。

(19) **当季の聖天供《しょうてんぐ》** 前出（→正月註419）。聖天とは歓喜天のこと。実資は天元五年（九八二）以前（二十歳代前半）から四季の聖天供を続けている。供養が行なわれた場所は比叡山の僧房であったと思われる（治安元年七月九日条参照）。

(20) **蓼倉尼寺《たでくらにじ》** 山城国愛宕郡蓼倉郷にあった尼寺か。未詳。

(21) **調度文書《ちょうどのもんじょ》** 事件の事柄・事情に関する書類。この場合は尋問記録ではなく、証言など客観的な証拠に基づく関係書類か。

(22) **池の蓮花** 実資邸の池に咲いた蓮の花。先ず清水寺に奉り、八日＊1にも六波羅密寺に奉っている。また、八月十一日＊1には、兼頼からとして東宮敦良親王へも奉っている（→八月註131）。実資邸の池に大量の蓮が生えていたことについては、治安三年八月二日条に、

去月西池蓮生出、逐レ日葉多出レ従二北面一、其後東池亦生出少、自二西池一不二生出一、且奇且貴、面二山小堂西并北方一有レ池、依レ可レ有二験徳一有二此瑞応一歟、可二随喜一事也、

とある。また、万寿四年（一〇二七）八月十二日条に、

池蓮葉二百枚并茎一束遣二針博士相成《（和気）》朝臣許一、為レ令レ施二人々一、又百枚・茎遣二大舎人頭守隆《（源）》一、為レ令レ治二長病顔面一、

とあることから、蓮の葉と茎は治療に用いられていたことがわかる。

(23) **中堂** 比叡山延暦寺の根本中堂。

「比叡山延暦寺」は、近江・山城国境（現在の滋賀県大津市坂本本町）にある天台宗の総本山。開祖の最澄は、天平神護二年（七六六）に比叡山麓の地で生まれ、延暦四年（七八五）に東大寺で受戒後、比叡山で修行し、同七年に山上の虚空蔵《こくぞう》尾に三宇の小堂を建て、本尊薬師如来をまつ

る中央の堂を一乗止観院と名付けた。後、円珍が三宇を合わせて一宇とし、良源が拡張して「根本中堂」となった。同二十四年に唐から帰国した最澄は、法華経を納める宝塔六所として、日本の東西南北に四塔と、比叡山上に二塔を建てるが、比叡山上の山城の国域に建てた中央安鎮の塔が「東塔」、近江の国域に建てた日本総括の塔が「西塔」となる。弘仁九年(八一八)には九院・十六院を設けた。同十三年、最澄の没後七日目に大乗戒壇が許され、翌年「延暦寺」の号が下賜された。円仁は、北峰の横川《よかわ》を開き、良源が座主の時に寺務行政が独立して、東塔・西塔・横川の三塔が成立した。「東塔」には、根本中堂・戒壇院・常行三昧堂などの他、円仁が密教道場として建立した前唐院や法華総持院、円珍が西谷に建立した後唐院、相応が建立した無動寺(→三月註25)などがある。「東寺」は前出(→正月註75)。

(24) **広隆寺**　山城国葛野郡、現在の京都市右京区蜂岡町にある寺。「蜂岡寺」「葛野秦寺」「大秦公寺」「秦公寺」などともいう。『日本書紀』推古天皇十一年(六〇三)十一月条に秦河勝《はたのかわかつ》が聖徳太子から授けられた仏像を安置するために蜂岡寺を造ったとあるのが初見。『同』推古天皇三十一年七月条には、新羅・任那の使者が献じた仏像を秦寺に安置したともある。奈良時代には、聖徳太子建立七寺、または八寺の一とされた。承和五年(八三八、但し承和三年の誤りとされる)の『広隆寺縁起』(『朝野群載』〈巻二・文筆中・縁起〉所収)には、推古天皇三十年に秦河勝が上宮太子のために建立したとし、旧寺地は葛野郡の九条河原里と同条荒見社里との合計一四坪にあり、後に五条荒蒔里の六ヶ坪(現在の土地)に移したとある。また、延暦年中(七八二～八〇六)に別当法師泰鳳が流記資財帳などを持って逃亡したこと、弘仁九年の火災で堂塔・歩廊・縁起雑公文などを焼失したことも記されている。久安六年(一一五〇)の火災の後、永万元年(一一六五)六月十三日に七間四面金堂・五間四面堂・三間三面常行堂・回廊・中門・鐘楼・経蔵を供養した(『広隆寺来由記』)。この時、回廊の内に聖徳太子像を安置して上宮王院と号したという。広隆寺には、上記の縁起に対応するとされる二体の弥勒菩薩像(飛鳥時代)がある他、弘仁九年以前の造立と考えられる一木造の不空羂索《ふくうけんさく》観音立像や千手観音立像、承和七年(八四〇)淳和上皇崩御の際の発願で造立されたと考えられる丈《じょう》六《ろく》阿弥陀如来坐像など多数の平安仏があり、中には寛弘九年(一〇一二)の胎内銘を持つ千手観音坐像もあるように、平安時代を通じて貴賤の信仰を集めていた。実資も永祚元年(九八九)十二月十九日に娘を病気平癒のために参詣させるなど、早くから特別祈願の寺として信仰していた。

これ以前に蓮華を奉った清水寺は前出(↓三月註40)。

(25) **高陽院《かやのいん》**(＝頼通第) 前出(↓正月註435)。

(26) **開田の畠の事** 未詳。寺が開墾した田畠(寺領)を狼藉《ろうぜき》する者がおり、その追捕《ついぶ》を願い出たものか。あるいは「開田之畠事」は「開田畠之事」の誤りで、「田畠を開くの事」と読むべきか。

(27) **痢《り》** 腹下し。下痢。「痢病」「痢疾」ともいい、激しい腹痛を伴う下痢で、今日の赤痢の類と考えられている。

(28) **枯槁《ここう》** やせ衰える事。落ちぶれる事。廿三日条▼bにも「顔色憔悴」とあり、健康がすぐれず肉食した事がわかる。

(29) **東大寺の勅封の御倉の棟** 勅命によって封印し、朝廷の鍵によってのみ開けることのできる蔵。正倉院。『左経記』八月四日条※1※6に関連記事があり、勅封の御蔵を開けて修理させている。

(30) **所司《しょし》等を問はるべきの由** 不詳。あるいは、二月廿六日条＊2、三月十日条＊1・十二日条＊1に見える印鑑のことと関連するか。そうだとすると、「所司等」は東大寺の上下いずれかの政所の寺務を掌る僧のことで、前東大寺別当観真の時代に伊予国に出した返抄《へんしょう》二通のうち、正式な印と合致しない方に署名した神叡らを指し、彼らを尋問するよう朝廷に愁訴したとも考えられる。ところが、彼らが恭順を示したのであろうか、仁海は自らの愁訴を取り下げようとし、自分が「催申す」ことをしなければ拷訊する必要もないと言っている。

(31) **宛《さなが》ら降人《こうにん》の如し** まるで投降した人のようである。「降人」は、降参した人。

(32) **事無《ことな》(×全)きが可《か》也** 面倒にしない方が良い、という意味か。実資は、仁海の言い分が「任意」で「公定」としてはあってはならないとしながら、前例がないわけではないので認めるよう頭弁に指示している。この部分を古記録本は「無事可也(可無事カ)」とし「事無かるべき也」と読む。

(33) **兵部録《ひょうぶのさかん》**(＝為孝)**等の申文《もうしぶみ》** 三日条▼a参照。国忌への無断欠勤について弁解したもの。その弁解は「理」あるとして、処分を受けずに済んだ。

(34) **造酒令史《みきのさかん》御使惟同** 造酒司の令史である御使《みつかい》惟同についても、兵部丞定任・録為孝と同様、国忌への無断欠勤の罪が問われたと考えられるが、住国の摂津国から老齢の上に重病であるとの解文が提出されたことにより、赦免されている。

(35) **優免《ゆうめん》** 宥免。寛大に罪を許すこと。赦免すること。

(36) **内膳司《ないぜんし》の申す大粮《たいろう》** 左少弁源経長が持って来て実資によって太政官に仰せ下された宣旨の内容が、内膳司が申請した大粮であった、ということ。「大粮」とは、官人給与の総称で、特に下級官人である諸司・諸寮の史生・

直丁・廝丁などの番上の者に給する米・塩・布・綿などを指す。また、それに充てるために諸国が上納するもの。「公粮」ともいう。尚、三月廿一日条＊2に、内膳司の申請に関する宣旨を左少弁経長に給したとある。

(37) **御竈神《ごそうしん》**　「おんかまのかみ」とも。竈《かまど》を守護する神。女院の病気はこの竈神と土公神の祟であると占に出たため、中原恒盛が女院の竈で二神に対する祓を行なったところ、具合が良くなったという。

(38) **土公《どくう》**　土公神《どくじん》のこと。陰陽道で、土を掌る神。

(39) **深更《しんこう》**　前出(↓正月註48)。夜更け。深夜。

(40) **祈年穀使《きねんこくのつかい》**　祈年穀奉幣使は前出(↓二月註35)。中納言藤原実成が上卿、源経頼が執筆参議となって定を行なった。『左経記』同日条※2参照。

(41) **紫苔《むらさきのり》**　紫海苔。「紫菜」とも。甘苔《あまのり》(↓正月註411)と同じ。「御所の愛物」とは、大僧正深覚の好物ということか。四日＊2と続けて深覚から自筆の手紙を受け取った実資は、この日に紫海苔を送り、翌六日▼aに大豆・小豆・和布などを送っている。

(42) **定基僧都の中河の住所の車宿《くるまやどり》の屋**　「中河(中川)」は東京極大路に沿って流れていた川で、その側に定基は京都での住所(別所)を設けていたのであろう。「車宿」は、牛を外した牛車《ぎっしゃ》や輿《こし》を入れておく建物。総門の内、中門の外にある。「輿宿《こしやどり》」ともいう。

(43) **白大豆《だいず》・赤小豆《あずき》各一折櫃《おりひつ》、和布《わかめ》一長櫃《ながびつ》**　「折櫃」は前出(↓正月註412)。「長櫃」は、長い形の櫃で、長持のように二人で棒でかつぐ。両端に三本ずつ六本の短い脚がつく。

(44) **僧正**　深覚か、天台座主慶命か。この時、深覚は大僧正で、慶命は僧正であり、古記録本は慶命とする。但し、四日条＊2から消息のやりとりをしているのは、病床にあった深覚の方であり、ここでも実資が先に遣わした使に付して菓子と和歌を送ってきた、と考えられる。

(45) **衣清浄にして退出す**　実資はしばらく女院の所にいたが、病人に直接会わなかったので特に不浄とならずに退出した、という意味か。

(46) **紅花《べにばな》廿斤**　紅花の花冠を乾燥したもの。漢方の通経剤として、また、染料として用いられる。紅花は、本日(六日＊3)の大和守源頼親の二十斤の他、十五日＊2に甲斐守源頼信から一壺、廿一日＊1に備中守藤原邦経から二十斤が届けられている。

「斤」は、律令制の重量の単位で、二十四銖(銖は黍《きび》百粒に相当)を一両、十六両を一斤とする。これが「小斤」で、『延喜式』では湯薬を計る場合にのみ用いるとする。その他は、三両を大両とする「大斤」が用いられ、現在の百六十匁《もんめ》(約六百グラム)に相当するが、取引される物によって異なる重量が充てられた。紅花については「壺」「枚」(『小右記』長保元年〈九九九〉九月六日条など)の単位が用いられることもある。

(47) **広瀬使**　祈年穀奉幣における広瀬社への使。五日＊5に使が定められ、十三日＊3に発遣されることになった。「広瀬社」は、註108参照。

(48) **侍所**《さむらいどころ》　実資邸の侍所。「侍所」は、家司・家人の詰所。また、家の事務を掌った所。

知道は、三月廿八日＊2に実資の計らいで位禄を紀伊国から給されるようになったことからも、実資の家司ないしは家人であったと考えられる。そして祈年穀奉幣の広瀬使になったことを伝えに来た使部に会おうとせず、見つかっても弁明せずに隠れてしまったという。

(49) **使**《つかい》**の使部**《つかいべ》**(々部)**　伝達の役となった使部。「使部」は、前出(→三月註42)。太政官などで雑役に使った下級の役人。尚、古記録本は「不逢使、々部々々見付」とし、傍注で踊り字「々々」が底本の行末にあることから、次の「見」の字に続く記号であると注記するが、「不逢使々部、々々見付」と読んで意味が通る。

(50) **勘当**《かんどう》　勘気を被ること。譴責して出入りを禁じること。「勘事《かんじ》」(→正月註358)と同じ。

ここでは、実資が知道を勘当して侍所から追い出した。

実資の見解としては、知道が自邸で故障を申して広瀬使を辞退するならば問題ないが、実資邸で使に弁明もしなかったというのは外聞が悪すぎるというのである。実資は直ちに少外記成経と大外記小野文義に知道を勘当したことを伝えているが、文義は知道が遠方の使者を嫌がったことについて同情を示したようである。

(51) **但し頼**《たより》**を極**《きわ》**むる者**　頼りとするものに極めて乏しい者、という意味か。「極」には「きわめる(尽・窮)」の意がある。古記録本・大成本は「但極(無カ)頼者」とし「但し頼り無き者」と解している。

(52) **領宅**　住居としてではなく所有している邸宅、という意味か。

(53) **御倉町**《みくらまち》　「倉町(蔵町)」とは、倉庫を多く建て連ねた所。「御」とあるので、近江守源行任が領有する以前、道長の家領だった頃から倉町であったか。同じ敷地内に設ける「別納《べちのう》」と同様、母屋と離して物を納める建物を所有していた。

(54) **老人参り難き而已**《のみ》　実資は老齢であったので上東門院まで見舞いに行かなかった。「老人」は実資自身を指す。火事のあった源行任の領宅が上東門院のすぐ近くであったのに、出向いていかなかったことに対する言い訳。

(55) **蓮花二十五本**　四日条＊1参照。この日、六波羅蜜寺からの要請により奉ったもの。

(56) **乳垸《にゅうかん》五・名香《みょうごう》を加(□)へ、六波羅寺《ろくはらじ》に奉る**　「乳垸」は「乳鉢」とも。固体の粉砕や粉末の混合などに用いる鉢。乳棒と共に使う。「名香」は「めいこう」とも。非常に良いにおいを立てる香。世に名高い香。特に、仏にたてまつる香。仏前にたく香。『延喜式』(巻一六・陰陽寮・庭火并平野竈神祭)に「名香二両」とある。寿披が千手観音を供奉したことへの「別志(特別なはからい)」として名香を送ったとあるが、麝香《じゃこう》・竜脳《りゅうのう》・沈香《じんこう》などの粉末に甲香《こうこう》をまぜて蜜で練り合わせた練香《ねりこう》(煉香)を作るために「乳垸」を五つ添えたのであろうか。

「六波羅寺」は六波羅蜜寺。山城国愛宕郡内、現在の京都市東山区轆轤町にある。山号は普陀落山。応和三年(九六三)八月、空也上人の発願になる金字大般若経書写完成供養が行なわれた際に、賀茂川畔に建てられた西光寺に始まる。現本尊の十一面観音立像は、西光寺と呼ばれていた創建当初のもので、『空也誄《るい》』に記載のある天暦五年(九五一)秋に造立された「金色一丈観音像」に当たると考えられるが、この記事を造立開始と解する説もある。同時に造立された梵天・帝釈天・四天王像の中で、四天王のうちの三体が現存する。天禄三年(九七二)九月、空也が当寺で寂した後、僧中信が来住して堂舎の整備に努め、

貞元二年(九七七)、六波羅蜜寺と改称し、天台別院となった。寺額は藤原佐理が揮毫したという。朝野貴賤の尊崇も篤く、長徳元年(九九五)九月十五日に同寺の覚信が菩提寺の北辺において焼身往生を遂げ、花山法皇・公卿らが拝したこと(『日本紀略』)、長保二年(一〇〇〇)十二月廿三日に皇后藤原定子の葬送が営まれたこと(『権記』)などがあり、他にも多くの参詣者が知られる。『小右記』にも、万寿二年(一〇二五)七月十九日条に藤原実資が命増師に「百寺金鼓」を打たせたこと、同四年十二月四日条に悲田の病者三十五人と六波羅蜜坂下の者十九人に「別納所米」を施したことなどが記されている。慶滋保胤らが聴講した三月の結縁供花会(法華八講)や菩提講・迎講など、庶人が聴講する講会の類もしばしば催された。康勝作の空也上人立像なども有名。

(57) **頗《すこぶ》る不遜《ふそん》の事**　少し実資に対して傲慢な言動があった。「頗」は前出(→正月註453)。詳細は不明だが、前日の知道勘当のことに関して不満を言ったのであろうか。宮道式光は実資家司であり、直ぐに呼び出されて注意されている。中原義光は京外にいたので呼び出されなかった。

(58) **城外**　京外。

(59) **一条の養女行頼の母**　一条の養女で、外記行頼の母。割注にあるように明任朝臣(菅原、外記か)の妻でもあっ

た。「一条」が誰かは不明。藤原伊尹、あるいはその室恵子女王(醍醐天皇孫)を指すか。藤原頼宗の二女の乳母でもあったが、「情操」が良くないとのことで興照の別所に住まされていたという。

(60) **阿闍梨《あじゃり》興照の別処《べっしょ》** 興照(興昭)が知足院の側に建てた私寺。『小右記』万寿四年(一〇二七)四月六日条にも「中将同車見㆓阿闍梨興照新造寺㆒(知足院西、)只有㆓留守法師一人㆒」とある。「阿闍梨」は前出(→正月註417)。「別処」とは、僧侶が寺院とは別に構えた道場、堂舎。

「知足院」は、山城国愛宕郡内、現在の京都市北区紫野、船岡山の南西、紫野雲林院《うんりんいん》(→註76)の近くに所在した寺。建立年代は不明。『西宮記』(臨時四・人々装束・野行幸)所載の醍醐天皇の北野行幸に関する延喜十八年(九一八)十月十九日の記事が初見。『兵範記』久寿二年(一一五五)八月二日条裏書に、自然に涌出した一尺余の不動明王像を安置した小堂に始まり、仏師見聞恵がこれを胎内に籠めた等身不動像を建立、その後に等身釈迦像と自然涌出の三尺如意輪をも併置して三体を本尊としていたという伝承があり、園城寺別院になっていたことも知られる。忠実は保元の乱(一一五六)後に当院に籠居して、応保二年(一一六二)没し、「知足院殿」と称された。鎌倉時代に廃絶したか。現北区内の常徳寺安置の地蔵菩薩像(平安後期作)は、当院の旧仏と伝えられる。

(61) **車に載せ出遣《いだしや》るの間** 穢を避けるため、死にそうな人を屋外に出すこと。恐らく、別の場所に移そうとし、車に乗せて運ぶ途中で息を引き取ったのであろう。穢については、正月註460・466参照。

(62) **女院(=彰子)の御修法《みしほ》** 上東門院彰子の病気平癒祈願として行なわれた御修法。彰子の病については五日条＊4・六日条＊2参照。

(63) **白地《あからさま》に** ①にわかに、たちまち。②一時的に、暫時、かりそめに。③あらわに、露骨に。

ここでは②。行頼の母の死は、彰子の御修法に奉仕していた興照が、一時的に自分の寺に帰った時の出来事であった。

(64) **身穢《けが》れざるも** 興照の取った措置が(彰子の御修法の奉仕に支障のないように)身の穢を避けるためであったとしても、という意味。それでも、病人を外に出すような無慈悲なことをするべきではなかったということ。頼宗は、このような措置を取っても御修法に差し障りがあると言っている。

(65) **装束使の請ふ相撲《すまい》料の屏幔《へいまん》料の手《て》作布《づくりのぬの》、并びに染料・縫糸料の信濃布《しなののぬの》(信乃布)等の文** 相撲において屏幔に充てるための(または買うための)手作布と染色代・縫代に充てるための信濃布を申請する文書。「装束使」は、儀式の会場設営を担当する役で、弁・史が勤める。古記録本は傍注で「装束司」とするが、このままでもよい。「屏幔」は、日おおいのない幕。幔幕。相撲の時の設営については、『江家次第』(巻八・七月・相撲召仰)「内取御装束」「相撲召合装束」など参照。「手作布」は前出(→正月註115)。高級な紵麻《からむし》製の布。

(66) **越中介信任の申す外記局の雑舎等の覆勘文《ふくかもん》**　「覆勘文」は前出(→正月註134)。解文などに対して審査を加えて保証した勘文。外記庁の修造について新たな成功を募ることは、二月廿三条＊4・廿四日条▼aに見られる。その時、外記庁の残りの檜皮葺だけでは軽いので、文殿など他の舎の修造と合わせてはどうかということになった。この覆勘文は、越中介信任(姓不詳)が外記庁の修造を終えたという解文に対し、審査をした結果を加えたもの。問題がないと判断され、奏上された。夜になって同じ頭弁経任が持ってきた宣旨三枚の中にもこの覆勘文があり、「依レ請」とあるように、この申請は認められ、実資により宣下された。尚、廿五日条▼aにも「信任申修二造外記局一覆勘之文」とあり、廿七日条＊1の宣旨に「一枚信任申覆勘文、依レ請遣レ使、」とあるので、この九日の覆勘文は雑舎(文殿など)の修造についてのみで、最初に問題になった檜皮葺については別に出されたと考えられる。『左経記』十一日条※1に、

有レ政、〔上権大納言(藤原長家)、〕上卿着レ庁之後、左大弁(藤原重尹)令レ結二南申文一之後着レ庁、余又着レ之、〔庁屋年来破損、仍宣任朝臣為レ任二二寮助一侍《待歟》二束《来歟》闕一申請、修造之後、今日初有レ政、仍相議、雖レ帯《無》二上卿消息一、所二重着一也、〕

とあり、外記庁の修造が終わっており、修造後初の外記政に際して着座の儀があったこと、修造したのは「宣任朝臣」で二寮(主計・主税)助の欠員を待つという申請をしたという。この「宣任」は「越中介信任」と同一人物か。

(67) **率分《りつぶん》・年料相分《あい》けて宣下す**　実資は装束使が申請した相撲節で使う屏幔を用意させることについて、諸国から正蔵率分《しょうぞうりつぶん》として収められた物を充てるのと、年料として収められた物を充てるのと、別々に宣下した。「率分」とは割合のことであるが、大蔵省に納入される諸国の貢納物の十分の二を割いて大蔵省率分所に別納させる「正蔵率分」を単に「率分」という。「年料」は、各役所の一年分の食料や物資。ここでは大蔵省のもの。宣旨の元となる請奏《しょうそう》では、一文の中にそれぞれ(恐らく、手作布と、それを染めたり縫ったりする用途を調達するための信濃布)を別の所から調達すると書かれていたと考えられるが、ここでは、その納入場所ごとに命じるため、

別々に宣下されたのであろう。

(68) **故政職の処分** 源政職(万寿四年〈一〇二七〉七月三日卒)の遺産についての処分。『小右記』長元元年(一〇二八)十一月廿三日条に法家勘文(明法博士利正・令宗道成)のことが見え、同月廿九日条に息頼職・知道(養子知通)がそれぞれ法家勘文に対する申文を提出したとある。『小記目録』(第一八・雑部)に「長元三年四月廿日、政職遺財、立二嫡子一、可レ令二処分一事、」とあるが、頼職にも問題があったらしく(同二年八月二日、同三年六月廿三日・九月六日条)、結局、この時に検非違使の処分と決定された。その後、同五年十二月廿五日条に「故政職朝臣遺財処分使庁均分文、頭弁伝進、示二可レ奏之由一、」とあり、廿九日条に「頭弁下下給使庁分二文故政職財物等一文上、仰云、任二定文一可二分給一者、即宣下了、」とあるように、検非違使により遺産は子供たちに均等に分けられたようである。

(69) **侍人**《じにん》 主人の側に使える人。侍。「さぶらいびと」とも。

(70) **小舎人童**《こどねりのわらわ》 身辺の雑用を勤める召使の少年。「小舎人」は前出(→三月註225)。

ここでは実資の小舎人童。左中将兼頼の侍との乱闘で刃傷沙汰となったが、兼頼が自分の侍を糾弾することで解決したと思われる。

(71) **師成出づるを免**《ゆる》**さる** 左少将を兼ね、この年の賀茂祭使を勤めた加賀守藤原師成が、出京を許可された、ということ。三月八日条▼b・九日条＊2参照。尚、師成は実資から三月八日に餞別の馬をもらっていたが、赴任の挨拶に来たのはこの翌日(七月十日＊2)のことである。

(72) **一両日**《いちりょうじつ》 一日二日。「一両」は前出(→正月註132)。

(73) **盛算(□算)の七々法事**《しちしちのほうじ》 盛算の四十九日《しじゅうくにち》の法事。「僧《そう》供《ぐ》」とは、法事に携わる請僧たちへの供物。法事を営むための費用が不足していることを実資に訴え、米三石を得ている。

盛算は寛弘八年(一〇一一)七月一日条に「秋季十斎大般若経発願、〔盛算・念賢、〕」とあるのを初見とし、経典供養・仁王講・賀茂仁王講・文殊供・養父や実父の忌日の斎食役など実資の私的仏事を奉仕する僧の一人として見える。寛仁三年(一〇一九)三月十八日条に「五台山阿闍梨宣旨下、〈盛算、〉」とあり、『小記目録』(第一六・異朝事)に「同年(永延二年)九月五日、唐僧咸(盛カ)算来事、」とあり、これが盛算だとすると、来日した中国僧ということになる。あるいは、「唐僧」は「入唐僧」の誤りか。それ故に宋の商人である周良史からの書を送ってきたりもしたと考えられる(長元元年十月十日・同二年八月二日条)。

尚、本日条の「□算」については検討を要する。本年

(長元四年)三月十日条＊3に、周良史が「故盛算」に付した文殊像を実資が栖霞寺で拝んだとあるからである。長和四年七月に寂した少僧都盛算もいるが、周良史との親しさを考えると、阿闍梨盛算の方がふさわしい。また、追善仏事の財政的援助を仰げるほど実資と親しい関係にあり、この年に寂した「□算」に当てはまる僧は、古記録本の傍書にもあるように、阿闍梨盛算だけである。とすると、三月九日以前に寂した盛算の七七日の法事が七月十三日まで行なわれなかったことになる。あるいは経済的な事情から延期され、実資の援助をも必要としたということであろうか。長元二年(一〇二九)九月廿七日条に、

廿七日、壬午、今日奉二為賀茂大明神一修二仁王講一、二季恒例事也、〔尹覚・盛算・念賢・慶範・忠高、〕

とあり、盛算は実資の私的定例仏事にも携わっている。

(74) **覚蓮**(×貢蓮)・**政堯両師の経所の函、閑なれば**(×之) 覚蓮と政堯がいる経蔵所の食糧備蓄が乏しい。「閑」とは、空である、貯えがない、ということ。財政状態が豊かでないことの譬え。覚蓮・政堯は共に、実資が行なった二月十三日＊2の栖霞寺仁王講を勤めている。栖霞寺には、奝然が請来した版本の大蔵経五千四十八巻・新訳経四十一巻などを安置した「経所」があり、そこに詰めていたと考えられる。恐らく、政堯が盛算の法事費用の不足と共に、経所の経営も行き詰まっていることを訴え、実資からそれを補うための塩を得たのであろう。「貢蓮」は本日条のみであるが、「覚蓮」は利原と共に実資が催す仁王講の僧として万寿四年(一〇二七)十月廿八日条(於栖霞寺)・十二月十六日条、長元四年二月十三日条＊2(於栖霞寺)に見える。「政堯」は本日条と二月十三日条＊2のみ。

(75) **慈心寺** 成教が西山に隠棲のために建てた寺。長元二年(一〇二九)九月八日条に、

八日、癸亥、中納言(藤原資平)同車向二西山一、到二常隆寺辺寺一、会二成教上人一、如二八仙居一建立、寺号慈心寺、其寺辺亦構二草菴一、為二終焉処一、常住念仏云々、尤随喜、

とあり、常隆寺のあたりに「八仙居」のように建立した寺で、成教は近くに構えた草庵を臨終の地と定めて常住念仏していたという。古記録本・大成本は「成敬聖」とする。同三年六月廿五日条にも、慈心寺成教の伝法料として白米五斗・□米(玄米ヵ)一石を送ったとある。

(76) **菩提講《ぼだいこう》の聖《ひじり》、雲林《うりん》の慈雲に麦・塩・和布《わかめ》等** 雲林院《うんりんいん》慈雲堂における菩提講を主催する聖である慈雲に、麦・塩・和布などを高階為時を使として送った。古記録本では「雲林・慈雲」と二人の僧としているが、誤り。また「麥(遺カ)」としているが、ここでは「遺」が省略され、麦も

送られたと解釈した。「菩提講」は、往生極楽を祈るために法華経を講じる儀式。雲林院で行なわれた菩提講は特に有名で、『大鏡』の超老翁の昔語りの場ともされている。『山城名勝志』(一一下・愛宕郡・念仏寺)の所伝によれば、寛和年間(九八五〜九八七)に院内に開かれた梵宇(念仏寺)に最澄作の阿弥陀仏像を安置し、源信作の式文に則って毎月一日に行なわれたという。「雲林慈雲」は、雲林院の慈雲のこと。『御堂関白記』寛弘五年(一〇〇八)二月十三日条に「詣二雲林院慈雲堂一、修二燈明・諷誦一、是依二吉方一也、」とあり、同七年閏二月一日条に「依二吉方一詣二雲林院寺(慈)雲堂一」とあり、雲林院内にその名を冠した慈雲堂という坊舎があったと考えられる。

(77) **先日、馬を与ふ** 任国へ赴任するに際して馬を志すことになっていたが、それは既に三月に済ませているという事。三月八日条▼b・九日条＊2、三月註64〜69 96 104、七月九日条▼a、七月註71参照。また、加賀国が負担する仁王会の料米について前司と揉めたことについては、八月九日条＊1、八月註122 123参照。

(78) **主税頭《ちからのかみ》貞清の弁申《べんじもう》す助《すけ》雅頼の濫吹《らんすい》の間の事の文** 長官(頭)の中原貞清が、部下(助)三善雅頼の悪行について説明した文。「濫吹」は前出(↓三月註230)。秩序を乱すこと。悪い行ない。乱暴。狼藉。万寿四年(一〇二七)九月十四日条に「主税助雅頼覚挙状并頭貞清弁申伊与・周防・土左三ヶ国前司任終年粗(祖)春米事、」とあり、三善雅頼がその年の六月十日に提出した覚挙《かくこ》状に前後矛盾があることなどが問題になっているが、これと関係があるか。

(79) **治部録行任、国忌《こき》に参らざるの申文《もうしぶみ》** 国忌の事を掌る治部省の官人である行任が国忌に赴かなかったことについて説明した文。三日条▼a、註13 14 33参照。五日＊3に兵部録や造酒令史らが優免されたのに対し、行任の釈明は認められずに「勘事(勅勘)」に処されたようで、十五日＊1にそれを許す勅が下されている。註127参照。

(80) **諷誦《ふじゅ》、天安寺に修す** 実資は精進をして諷誦を天安寺に修した。理由は、正暦元年(九九〇)に没した娘(母は源惟正女)の忌日(↓二月註103)による。
「天安寺」は、山城国葛野郡(現在の右京区花園の双ヶ丘)に所在した寺。もと清原夏野の山荘を承和四年(八三七)に寺に改めた。はじめ双丘寺と称したが、天安年中(八五七〜八五九)に天安寺と改称。長元四年ころには衰微していたと考えられるが、実資は度々諷誦を修している。後、大治四年(一一三九)、鳥羽天皇中宮待賢門院《たいけんもんいん》璋子によって当寺の後に新たな御堂(法金剛院《ほうこんごういん》)が建立された。

(81) **若狭国司の愁申《うれいもう》す内大臣(＝教通)・春宮大夫(＝頼宗)の**

(82) **庄の文**　前出(↓二月註81)。

(83) **官使注進の文**　太政官から調査に遣わされた使が報告した文書。「官使」については前出(↓三月註41)。

(84) **実有《あ》るの物の数**　実際に数えて確認した官物の実数。すなわち、実際の物の数字を目録(帳簿)にして、若狭国司の解文と官使の注進文に加えて奏上させた。

相撲召合《すまいのめしあわせ》　相撲節《すまいのせち》の最も中心となる、天皇が南庭で行なわれる相撲を紫宸殿に出御して御覧になる儀。相撲は二十番または十七番行なわれ、酒宴もある。『日本三代実録』貞観四年(八六二)七月十六日条に「相撲節改㆓六月十五日㆒、定㆓七月上旬之内㆒」とあり、『内裏式』(中)に「七月七日相撲式」と「八日相撲式」と規定されていたが、天長三年(八二六)に平城天皇の国忌を避けて十六日に改められ、元慶八年(八八四)の太政官符により七月廿五日となり、『延喜式』(巻一一・太政官)も「七月廿五日」としている。その後、更に改定されて、『小野宮年中行事』(七月・廿八日相撲召合事)『北山抄』(巻二・年中要抄下・七月・相撲召合事)『江家次第』(巻八・七月・相撲召合)などでは、大月は七月廿八・廿九日、小月は廿七・廿八日としている。長元四年七月は大月で、結局廿九日に行なわることになる。廿九日条▼b参照。尚、『左経記』の目録に七月「廿四日、依㆓月食㆒相撲楽可㆑有否事、相撲間事、」「廿五日、相撲楽停止事、」「廿六日、同召仰間事、」「廿九日、同召合事、」「卅日、同御覧并秡(抜カ)出事、」とあるが、本文の記事は欠損している。

この日、権大納言藤原長家を上卿として相撲召合の召《めし》仰《おおせ》が行なわれ(『左経記』同日条※2)、源隆国はその場にいて右近衛府の将として命を受けたにもかかわらず、何日に行なうか、何年の例によって行なうか、という肝心なことを実資に伝えていない。

「相撲節」は、七月に宮廷で行なわれる相撲を天皇・諸臣らが観覧する儀。相撲人は諸国から徴されて左右近衛府に分属し、左右対抗戦の形で相撲を行なうが、それを天皇が進覧することに一種の服属儀礼としての意味があったとされ、当初は式部省の管轄とされた。平安時代に入り、武芸大会としての側面が重視され、貞観十年に兵部省へ移管されたが、相撲司別当(↓九月註45)に式部卿がなることもあった。

相撲節の開催が決められると、二月から三月頃に左右近衛府より諸国へ相撲部領使《すまいのことりづかい》(↓正月註266)が発遣されて相撲人を集める。節会の一月前に参議以上を左右に分け、別当以下の相撲司が任命され、更に七月に入ると、相撲召仰《めしおおせ》があって本格的な準備に入る。諸国から相撲人が集まり、内取《うちどり》という稽古相撲が先ず左右近衛府(府の内取)で、次いで宮庭で行なわれる(御前の内取)。節会当日は天皇臨席のもとに召合があり、左右の相撲人が対戦する。召合の場所は神泉苑・建礼門前が多く、『内裏式』では神泉苑(七月七日)と紫宸殿(八日)とされたが、摂関期には紫宸殿(または武徳殿・仁寿殿)で行なわれた。召合の翌日、相撲人の中から選抜して取り組ませる抜出《ぬきで》や、白丁《はくちょう》・近衛の舎人などから選抜して取り組ませる追相撲《おいすまい》があり、左右近衛大将が関係者を饗する還饗《かえりあるじ》がある。

相撲人には、郡司の子弟などで膂力《りょりょく》に優れた者が召集されたが、時代と共に固定化し、下野国の大方氏や豊後国の大蔵氏のように代々相撲人を勤める「相撲の家」もあった。相撲節に参加した相撲人は節会の後しばらく京にとどまり、貴族の邸宅での私的な相撲や北野・石清水・賀茂などの神社の相撲を勤めることがあった。尚、相撲人には免田が支給される場合がある。八月十日条＊1、八月註125参照。

(85) **楽の有無** 相撲節に楽を奏するかどうか。楽は毎年奏されるものではなく、『西宮記』(恒例第二・七月)「十六・十七日、相撲召仰」に割注で、

音楽事、或諸卿依㆑例定申、有㆑楽年、雅楽寮分㆓配楽人㆒送㆓左右㆒、有㆑楽時、被㆑下㆓相撲別当宣旨㆒、以㆓式部・兵部卿㆒為㆓別当㆒、試楽間一日、別当給㆑饗、或給㆓料物㆒

とある。また、召仰における上卿の詞として「仰云、其日可㆑聞㆓食相撲召合㆒、依㆓其年例㆒令㆓奉仕㆒、可㆑有㆓音楽㆒者、」とあり、何日に何年の例で行なうということと共に楽の有無を明らかにすることになっていた。この年の楽は、七月十五日の皆既月食(→註120)により、止められることになる。

(86) **暗夜に向かふが如し** いくら聞いても埒があかない、という意味。頭中将源隆国が伝えた召仰の内容は曖昧で、『西宮記』(前註参照)に記されたような儀式次第に暗いことを批判している。尚、翌日(十二日条▼c)、頭弁経任により「相撲召合廿八・九日、治安三年也、」と報告されているが、坎日《かんにち》に当たるとのことで廿九日▼b・卅日▼aに変更されている。

(87) **所々の節料《せちりょう》** 相撲節に際し、各所で給される特別な物品・費用。このうち、左中将兼頼(実資の聟)の随身や雑色《ぞうしき》(従者)の分は、実資が用意して兼頼から給したということ。

(88) **雑色所《ぞうしきどころ》に手作《てづくりのぬの》布百五十段・八木《はちぼく》十石を給ふ** 兼頼の雑色所に手作布百五十段と米十石を送った。「雑色所」は、諸家に仕えた雑色の詰所《つめしょ》。「八木」は前出(→正月註261)。

(89) **中将の乳母《めのと》の節料** 兼頼の乳母に節料として二十石を送った。「節料」は、節会で供される物、またはその費

用のことか。長元五年(一〇三二)十二月廿四日条に「米十石遣二中将乳母許一、是節料也、」とあり、実資が兼頼の乳母に節料を送ることは定例化していたと考えられる。

(90) **府庁(=右近衛府庁)の上造** 右近衛府(大内裏図A2)の建物が出来上がったということ。但し、笹葺きで、壁は補強材を入れずに壁土を塗っただけであったか。

(91) **佐々《ささ》** 笹の葉のことか。『続拾遺和歌集』(巻九・羇旅歌)に「笹屋《ささのや》」という詞がある。

(92) **相撲《すまい》の試楽《しがく》行なはるべし** 相撲の試楽程度ならば行なうことができる、という意味。「試楽」は前出(↓三月註192)。舞楽の予行演習。

(93) **檜皮二千枚(×為)・大榑《おおくれ》二千寸・比曾《ひそ》多く入るべし** 本格的な屋根葺きには、檜皮二千枚・大榑《おおくれ》二千寸と多くの比曾《ひそ》が必要である。「大榑」の「榑」は、建築材とした板材。延暦十年(七九一)六月廿二日の太政官符(『類聚三代格』巻一八・材木事)では長さ一丈二尺(約三・六メートル)、幅六寸(約一八センチ)、厚さ四寸(約一二センチ)とし、『吾妻鏡』建長五年(一二五三)十月十一日条は長さ八尺(約二・四メートル)か七尺とする。「比曾」は、二三寸の細い角材。「檜楚」「檜曾」とも書く。

しかし、これらの用材を集めることは右近衛府のみの財力ではできないとある。

(94) **相撲の念人《ねんにん》** 「念人」とは、勝負に際して一方を応援する人。相撲においては、一方が勝つように祈る(念じる)人で、陰陽師《おんようじ》が勤めることになっていた。

(95) **□□を進《たてまつ》るべし** 「□□」の二字は判読できないが、最初の字は「身」ないし「弟」のようにも見える。頭中将隆国が念人としての出仕を強要したことに対し、障を申した陰陽允大中臣為利が「身代」「弟子」(ないしはその名前)を出すと申したか。

(96) **先年の念人孝秀(×季)、中将実基の為《ため》に辱《はずかし》めらるるの後** 万寿四年(一〇二七)七月廿七日条に、

臨昏、陰陽允(巨勢)孝秀来云、今日抜出、一番秀孝(他部)申レ障不レ被レ免、仍虚取罷入、二番高(県)平申レ障被レ免、三番吉(秦)高負、四番吉方(上道)勝、五番惟(県)永勝、籌一右勝、而壊二陰陽師住(候カ)所一、極不安事也、亦昨日一番本孝一(衍カ)昨不レ籠二一昨反閇一、其外負者皆不レ籠二反閇一、籠二反閇一者皆勝、而今日所レ行之体恥辱無レ極者、孝秀所レ申可レ然、相撲所官人等慥不レ行之所レ致也、相撲人不レ従二催仰一者可レ申二事由一者也、明日可レ令二召問一、

とあり、陰陽允巨勢孝秀の反閇《へんばい》を受けていた相撲人は総て勝ち、その場に赴かなかった相撲人がいた結果、総合で右方が負けたのに、陰陽師の候所が壊されるというとばっちりを受けた。これについて実資は、反閇を受けな

かったことに非があり、孝秀は悪くないとしている。実資は、このような辱めを受けたのであるから、どの陰陽師も断わるのは道理だとしている。

(97) **膂力《りょりょく》**(×哀月力)**の相撲《すまい》** 頼りになる相撲人。「膂力」は、腕力・体力があること。
実資は、集められた相撲人を見て、今年は右方に勝ち目がないと判断した。また、今年は参入しないことにしており、勝負にこだわっていないように見える。結果は註244参照。

(98) **昨日の相撲召仰《すまいのめしおおせ》の事** 権大納言藤原長家が上卿として詔を奉じて行なった召仰。『左経記』十一日条＊2参照。「召仰」は前出(→正月註53)。関係所司に準備を命じること。相撲召仰では、上卿が勅を奉じて、左右近衛の次将、装束使(装束司)の弁を召し、相撲節当日の準備をする。

(99) **治安三年也** 今年の相撲は治安三年(一〇二三)の例によって行なうということ。治安三年の相撲召合は七月廿七日に行なわれているが、実資が上卿を勤めており、天皇が南殿に出御し、東宮の参上があり、楽も奏されるなど、前例としてふさわしいと判断されたのであろう。

(100) **憔悴《しょうすい》す** 疲労や病気のためにやつれること。

(101) **山堂** 比叡山延暦寺(→註23)の堂。根本中堂か。ここで中聖に行なわせた大般若経転読は、十五日の月食が実資の本命宿である女宿で起こると予測されていたので、その災厄を回避するための祈禱であろう。

(102) **細手作《ほそてづくり》** 手作布の中でも特に細い糸で織られた極上のものか。

(103) **故女御**(＝婉子女王)**の忌日《きにち》** 婉子女王の忌日(→二月註103)。花山天皇の女御で、天皇が寛和二年(九八六)六月廿三日に出家の後、実資の室となる。長徳四年(九九八)九月七月十三日に薨去。『小右記』には翌長保元年(九九九)七月三日に禅林寺で周忌法事を行ない、十月十日に禅林寺へ改葬したことが記されている。以後、実資は忌日に禅林寺で諷誦を修した。

(104) **禅林寺** 山城国愛宕郡、現在の京都市左京区東山山麓に所在。仁寿三年(八五三)に真紹が藤原関雄の宅を買得して真言密教の道場として毘盧遮那仏《びるしゃなぶつ》と四方仏像を安置し、貞観五年(八六三)に定額寺となり寺号を禅林寺とした。真紹は同十年に「禅林寺式」十五ヶ条を定め、弟子の宗叡に託した。元慶元年(八七七)清和天皇の御願寺として円覚寺が隣に建立されて狭くなったので、愛宕郡の公田四町が施入され、康保三年(九六六)に修理料が施入された。正暦四年(九九三)に堂宇を焼失したが、深覚によって再興された。紅葉の名所として貴族が遊びに出かける場でもあった(『小右記』長和三年〈一〇一四〉十月五日条)。皇族の菩提を祈る寺となり、婉子女王(花山天皇女御・藤原実資室)の法事・改葬の他、長元九年(一〇三六)四月十七日に崩じた後一条天皇の五七日・七七日(四十九日)の御誦経を行なう七ヶ寺の一とされ(『左経記』〈『類聚雑例』〉同年五月廿二日・六月六日条)、延久五年(一〇七三)五月七日に崩じた後三条天皇の場合は火葬後の遺骨が安置されて三七日から七七日までの御誦経がなされた(『十三代要記』、『山城名勝志』所引『扶桑略記』同年五月十七日条・『師守記』貞治三年〈一三六四〉七月九日条)。代々真言宗の僧侶によって嗣がれたが、深覚以降東大寺系となり、さらに深観から永観に伝えられた。永観は三論を宣揚する傍ら、東南院を構えて阿弥陀如来像を安置し、浄土教を唱えた。以後、平安末期に珍海・静遍らの浄土教家が止住し、証空に伝えられ、浄土宗西山派の寺となった。本尊阿弥陀如来像は鎌倉時代のもので、臨終行儀に用いられた「糸引き阿弥陀」と考えられるが、後世になって永観が念仏行道していた時に先に立って振り返ったものという伝承が生じ、信仰の対象となった。禅林寺も永観堂の名で親しまれている。

(105) **大和の神社四ヶ所の使を兼ぬ**　祈年穀《きねんこく》奉幣(→二月註35)のために右馬助紀知貞が一人で四社の使を兼ねた。翌十四日条＊1により、石上・大神・広瀬・龍田の四社

であることがわかる。註108参照。『日本紀略』は十五日条に「今日、祈年穀奉幣、」とあるが、誤り。

(106) **宣命《せんみょう》を給ふ**　祈年穀奉幣の上卿を勤めた藤原実成が、宣命を諸社の使に給う儀を行なった。四社の使を兼ねた紀知貞は一度に宣命を渡されたのではなく、一社ごとに呼び出されたので、猛暑の中で耐えられなかったと、その作法を批判している。知貞は実資の家司でもあったので、発遣の儀が終わって神社に向かう前に実資のもとを訪れて報告したのであろう。また、翌十四日条＊1参照。

(107) **奉幣《ほうへい》の事を行なふ**　中納言藤原実成が十三日＊3の祈年穀奉幣使発遣の儀の上卿を勤めた。前註参照。

実成は祈年穀奉幣使定の上卿も勤めているが、『左経記』五日条※2に、定文を内覧・奏上せずに外記へ下すという失態を犯したことが記されている。発遣の儀が神祇官で行なわれた様子は『左経記』十三日条※1に詳しいが、平野社(→八月註90)への使に当たっていた経頼が宣命を受けて退出した後であったためか、遠方の使についてのいざこざは記されていない。

(108) **進奉《すすみたてまつ》る**　大和国の遠方の神社へ発遣する四人の使について、(事前に上卿へ)進上していた、という意味か。ところが、上卿中納言藤原実成が自らの判断で免除したため、発遣当日に急遽他社への奉幣使を割り当てなけれ

ばならなくなった。

賀茂社（→三月註66）の使の次官であった橘為通は、春日社《かすが》と大和社《おおやまと》への使になった。紀知貞は、石上《いそのかみ》・大《おお》神《みわ》・広瀬《ひろせ》・龍田《たつた》の四社の使を兼ねた。「春日社」は前出（→二月註43）。

「大和社」は、大和国山辺郡内、現在の奈良県天理市新泉町星山に鎮座。『延喜式』（巻九・神名上）に「大和坐大国魂神社三座（並名神大、月次・相嘗・新嘗、）」とあり、祭神は大国魂神《おおくにたま》と八千戈神《やちほこ》・御歳神《みとし》。もと大倭《おおやまとの》直《あたい》氏によってまつられていたが、持統天皇六年（六九二）、藤原宮造営に際して伊勢神宮などと共に奉幣を受け、天平二年（七三〇）に祭祀料として一〇四一束が充てられた（『大倭国正税帳』）。大同元年（八〇六）には三二七戸の封戸があった（『新抄格勅符抄』）。嘉祥三年（八五〇）に従二位、貞観元年（八五九）に従一位、寛平九年（八九七）に正一位を授けられた。朝廷の臨時祈願を受け、祈年穀奉幣の対象社（後の二十二社の一）となった。『延喜式』（巻三・臨時祭）「祈雨神祭八十五座」にも加えられ、丹生川上社への奉幣には大和社神主が随行するとある。註161参照。

「石上社」は、大和国山辺郡内、現在の奈良県天理市布留町に鎮座。『延喜式』（巻九・神名上）に「石上坐布留御魂神社（名神大、月次・相嘗・新嘗、）」とあり、祭神は布留御魂剣《ふるのみたまつるぎ》で、布留明神・布留社などともいう。物部氏（後の石上氏）が奉斎。延暦二十三年（八〇四）、桓武天皇が社蔵の器仗を運び出した時に神異があり、翌年に返納している。大同元年には八〇戸の封戸があった（『新抄格符宣抄』）。嘉祥三年に正三位、貞観元年に従一位、同九年に正一位を授けられた。祈年穀奉幣の対象社となる。『延喜式』（巻三・臨時祭）では「祈雨神祭八十五座」に加えられ、鑰《かぎ》や匙《からかぎ》に関する規定もある。社伝では永保元年（一〇八一）に白河天皇が鎮魂祭のため宮中神嘉殿を拝殿として寄進したとする。『日本三代実録』貞観八年正月廿五日条に神宮寺の記載があるが、詳細は不明。

「大神社」は、大和国城上郡、現在の桜井市三輪に鎮座。『延喜式』（巻九・神名上）に「大神大物主神社（名神大、月次・相嘗・新嘗、）」とあり、祭神は倭大物主櫛《やまとのおおものぬしくし》瓺玉命《みがたま》（大己貴神《おおなむち》）。本殿はなく、三輪《みわ》山が神体山《しんたいざん》であるとされる。天平神護元年（七六五）に神戸一六〇戸を充てられた（『新抄格勅符抄』）。嘉祥三年に正三位、貞観元年に従一位、同年に正一位を授けられた。祈年穀奉幣・祈雨神祭の対象社。摂社の中に式内社である狭井神社・日向神社・綱越神社・玉列神社・率川神社・阿波神社がある（『大神神社明細帳』）。

「広瀬社」と「龍田社」は、天武天皇四年（六七五）に創始され、四月・七月の恒例祭として『神祇令』にも規定された大忌《おおいみ》祭と風神《かざかみ》祭の神社。「広瀬社」は、大和国広瀬郡、現在の北葛城郡河合町広瀬に鎮座。『延喜式』(巻九・神名上)に「広瀬坐和加宇加乃売命《わかうかのめ》神社(名神大、月次・新嘗)」とあり、祭神は和加宇加売命《わかうかめ》。大忌神、広瀬河合《かわあい》神とも称する。「龍田社」は、大和国平群郡、現在の生駒郡三郷町立野に鎮座。『延喜式』(巻九・神名上)に「竜田坐天御柱国御柱神社二座(並名神大、月次・新嘗)」とあり、祭神は天御柱《あまつみはしら》命と国御柱《くにつみはしら》命。両社とも、大同元年にそれぞれ神封二戸・三戸が寄せられている(『新抄格勅符抄』)。神階も同時に上がり、弘仁十三年(八二二)に従五位下、貞観元年に正三位となり、共に祈年穀奉幣や祈雨奉幣の対象社となる。

(109) **盆を送るの使** 盆供《ぼんく》を送る使。盆使。盆供は七月十五日に先祖供養として行なわれる盂蘭盆会《うらぼんえ》の供物。実資の場合、養父実頼の建立になり、養父と実父斉敏の忌日の仏事を行なっていた法性寺東北院(→正月註3)へ盆供を送っていた。よって、そこに送られた盆供も養父と実父への供物と考えられる。

(110) **長櫃《ながびつ》を荷なふの者八人** 「長櫃」(→註43)は、通常は二人で担ぐが、八人で担いだとあるので、四箱あったと考えられる。

使の男(実資の家司ヵ)に率いられて盆供の長櫃を担いだ八人の内訳は、実資家の仕丁《しちょう》(雑役に使われた下男・下僕)が四人と右近衛府・右馬寮の夫《ぶ》(人足・雑兵など)がそれぞれ二人ずつで、実資の地位(右近衛府大将・右馬寮御監)により使役された者が半数を占めていた。以下の文は難解だが、おおよそ次のように解釈できる。先ず右近衛府の夫《ぶ》が文句を言い、使に叱られて職務を放棄した。次いで右馬寮の夫《ぶ》も他人の家に(休憩に)押し入り、それが大騒動に発展して、長櫃を放り出して皆逃亡してしまった。実資が報告を受けた時には夜も更けており、家人を遣わすことができず、検非違使別当源朝任に調査を依頼した。結局、検非違使も出払っており、調査は翌十五日*1に行なわれる。

(111) **末を取る許故《ばかりゆえ》、女仁々々《めにめに》食《くら》はむ** 不明。「末」を「末端」という意味に取り、「めにめに」を「少々」ないしは「めいめい(銘々)」「めんめん(面々)」の訛とすれば、「(盆供の)端の方を取るだけだから、(隠れて少しずつ)皆で分け合って食べよう」と解することができる。尚、古記録本・大成本とも「末」を「米」の誤りと解釈している。

(112) **罵辱《ばじょく》す** ののしり、はずかしめること。

(113) **左右《そう》を陳べず、即ち帰来《かえりき》たる** 使に叱られたので、(右近衛府の夫《ぶ》が)言い訳もせずに帰ってしまった、という意味か。

(114) **小宅を取る**　小さな家を占拠した。右馬寮の夫《ぶ》が家に入り込んで休憩でもしたか。これにより小宅の女と口論になり、さらに「件の夫《おっと》の如き男」＝「宅主の男」とも罵り合い、取っ組み合いとなり、近くの法住寺からも加勢が来たので、長櫃を置いて逃げざるを得なくなった。「法住寺」は、山城国愛宕郡(現在の京都市東山区)にあった寺。京外東の七条か八条の末の路辺にあったと考えられる。藤原為光が永延二年(九八八)三月廿六日に供養した(『日本紀略』)。

(115) **拏攫《だかく》す**　つかみあうこと。

(116) **夜漏《やろう》**　夜の時刻を計る水時計。転じて、夜の時刻をいう。

(117) **使《し》の官人を召仰《めしおお》すべし**　検非違使の官人を招集して調査に当たらせる。

(118) **更闌《こうらん》**　夜更け過ぎ。「更」は、夜が更《ふ》けるの意。「闌」は、なかばすぎ、遅いの意。「夜闌《やらん》」(↓正月註111)と同じか。

(119) **四堺御祭所《しかいのおんまつりどころ》**　天皇の四堺祭を行なう所。「四堺祭」は、四角祭と共に疫病などの原因と考えられた疫鬼が都城へ侵入することを防ぐために行なう陰陽道的要素を持った祭。四角四堺祭と総称される。『続日本紀』宝亀元年(七七〇)六月甲寅(廿三日)条に「祭㆓疫神於京師四隅・畿内十堺㆒」とあるのが初見とされる。大内裏外の四隅と京師で行なうのが四角祭、山城国の国境(和邇または竜華・会坂・大枝・山崎または関戸)で行なうのが四堺祭(四界祭・四境祭)。『延喜式』(巻三・臨時祭)に「宮城四隅疫神祭〔若応㆑祭㆓京城四隅㆒准㆑此、〕」「畿内堺十処疫神祭〔山城与㆓近江㆒堺一、山城与㆓丹波㆒堺二、山城与㆓摂津㆒堺三、山城与㆓河内㆒堺四、山城与㆓大和㆒堺五、山城与㆓伊賀㆒堺六、大和与㆓伊賀㆒堺七、大和与㆓紀伊㆒堺八、和泉与㆓紀伊㆒堺九、摂津与㆓播磨㆒堺十、〕」とあるように、当初は神祇官による祭であったが、平安中期頃から陰陽道の祭となり、『西宮記』(臨時一甲・臨時奉幣)に「延喜十四十廿三、雷公祭、試楽、〔雅楽々人・楽所人等候、〕楽舞・童舞給㆑禄、〔於㆓本殿東庭㆒有㆑之、〕四界祭、〔陰陽寮向㆓四界㆒祭、以㆓蔵人所人㆒為㆑使、〕四角祭、〔陰陽寮宮城四角祭、有㆑使所人、〕已上天下有㆑疫之時、陰陽寮進㆓支度㆒、〔料物官宣、〕」とある。『朝野群載』(巻一五・陰陽道)所収の天暦六年(九五二)六月廿三日の官宣旨に検非違使の官人が四堺祭の使になったとある。

(120) **月食皆既《かいき》**　皆既月食が起こった。ここには先ず陰陽寮天文道が勘申(予測)した時刻を挙げ、続いて実際に起こった時刻を記している。勘申では、酉《とり》刻の終わり(午後六時半頃)に月が欠けはじめ(虧初《きしょ》)、亥《い》刻の始め(午後七時過ぎ)に皆既(加時《かじ》)となり、子《ね》刻(午後十二時頃)に満月に復す(復末《ふくばつ》)とあったが、実際には約二時間ほど遅く、亥刻に月が欠けはじめ、子刻に加時、丑刻《うし》に復末した。尚、勘申に記された時刻は天文・暦法で用いられたもので、一昼夜を百等分し、十二支の各々を八刻三分ずつ(または十二支各々を初・正に分け、それぞれに四刻六分ずつ)に配する時法によっている。

(121) **時剋頗《すこぶ》る違《たが》ふ** 実際の月食が事前に示された勘文の時間と少し違っていた。「頗」は前出(↓正月註453)。実資は、少しの違いで勘文に合っているとすべきだ、としている。また、この勘申をした暦博士賀茂道平は禄を賜わっている(『左経記』十七日条※2)。しかし、この違いが宿曜道《すくようどう》からは実資と後一条天皇の運勢に関わる問題として大きく取り上げられることになる。十六日条*1・十七日条▼a・廿四日条▼aなど参照。

(122) **案内《あない》** 前出(↓正月註31)。ここでは、前日(十四日*2)に起こった実資の盆使による乱闘のこと。検非違使別当源朝任が実資家政所別当中原師重に事件の顚末を尋ねさせた。これに対し実資は、師重に詳しく説明させ、かつ、行方不明になっていた長櫃の調査をさせるように言わせている。

(123) **消息して云はく** 乱闘事件の一方の当事者でもある法住寺の大僧都尋光が実資に送ってきた手紙の内容は「者《てへ》り」までと考えられるが、盆使の報告と一致する部分と相違する部分とを区別して書いている。

(124) **瘧病《ぎゃくびょう》** 「わらはやみ」「えやみ」ともいい、今日のマラリアにあたる。マラリアの主症状は熱発作であり、悪寒戦慄と共に急激に発熱を来たし、一日おきに発熱する三日熱型、二日おきに発熱する四日熱型、これらの交錯した毎日熱型等がある。当時はハマダラカによって媒介される原虫性疾患であることを知るはずもなく、『堤中納言物語』「虫めづる姫君」では、蝶が原因で瘧病が起こると考えられている。

(125) **五大堂** 法住寺の五大堂。「五大堂」は、不動明王を中心とした五大明王をまつった堂。大僧都尋光がこの五大堂に籠もって祈禱している時に、この事件が起こったということか。手紙を送ってきた勧高は未詳。「威儀師」は、得度・授戒・法会等の際、衆僧を指揮して儀式の容儀を整える役僧。僧綱に昇る前段階の役職で、位は伝灯大法師位、大威儀師は法橋に叙される例であった。

(126) **殴調《なぐりちょう》ずるは実也** 皆で殴って懲らしめたのは事実である。「調ずる」は、①取り調べる、調査する。②ととのえる、こしらえる、つくる。③料理する。④調伏する。⑤悪事などをはたらいた者を懲らしめる。戒める。懲ず。⑥からかう、ばかにする。ここでは「やっつける」という意味か。

昨日の盆使の報告では、法住寺内から「法師・童数多《あまた》」が刀など持って出てきたとあったが、法師は実際に手を下しておらず、実資家の仕丁の一人が先に手を下したので寺の童たちがなぶり者にした、というのが真相であったようで、法師は禁固されずに済んだ。また、乱闘の舞台となった小宅の男が、実資家の仕丁に鎌で傷つけられている。

（127）**勘事《かんじ》を免ずべし**　天皇が勘事（勅勘）を解くこと。行任は国忌不参により勘事に処せられていたと考えられる。十日条＊2、註79参照。

（128）**鴨頭草《つきくさ》 移《のうつし》**　露草の花の汁を染め付けた紙。尾張守惟忠が送った「薄物《うすもの》」は、羅・紗などの薄い絹織物。

（129）**去夜の月食の変の奏案**　昨日（十五日▼a）の月食について、予測と実際とが相違したことを報告する奏の案文。天文観測によって得られた異変に関することは、天文密奏として密封で奏上する。『新儀式』（四・天文密奏事）に「若有二天文変異一、其道博士、并蒙二宣旨一献二密奏一者、具勘二録其変異一、先触二第一大臣一、加レ封返二与博士一、博士以レ之参二蔵人所一付二蔵人一奏レ之、」とあるように、天文博士や特に宣旨を蒙った者が作成した天文密奏は、蔵人所から奏上する前に、第一大臣に触れることになっていた。この時に天文密奏を奉った安倍時親は長元元年（一〇二八）三月に天文博士と見え、中原師任は寛弘元年（一〇〇四）十月三日と寛仁三年（一〇一九）六月十日に天文習学宣旨を蒙り（『地下家伝』『小右記』『左経記』）、万寿元年（一〇二四）に大外記となっている。

（130）**七曜暦《しちようれき》の食分**　「七曜暦」は、毎日の干支、日・月・歳星（木星）・熒惑《けいわく》（火星）・鎮星（土星）・太白（金星）・辰星（水星）の宿度（位置）と順行・逆行などを記載する天体暦。二十四節気・朔望・両弦・日月食などの時刻も記されていた。元日節会における御暦奏《ごりゃくのそう》で中務省から奏進された。「食分」とは、日食・月食で太陽・月が欠ける割合をいう。ここでは、十五日の月食について、その七曜暦に記された時刻で月が欠けていた天体上の場所を指すか。

（131）**女宿**（×只宿）　「宿」とは星座のこと。月がおよそ二七・三日で恒星上を一周することから、黄道付近の星座を二十八定めたとされ、中国天文学では二十八宿とする。それらは、青龍（東）・玄武（北）・白虎（西）・朱雀（南）の四宮に各七宿を配したもので、東は角《すぼし》・亢《あみぼし》・氏《とも》・房《そい》・心《なかご》・尾《あしたれ》・箕《み》、北は斗《ひつき》・牛《いなみ》・女《うるき》・虚《とみて》・危《うみやめ》・室《はつい》・壁《なまめ》、西は奎《とかき》・婁《たたら》・胃《えきえ》・昴《すばる》・畢《あめふり》・觜《とろき》・参《からすき》、南は井《ちちり》・鬼《たまおの》・柳《ぬりご》・星《ほとほり》・張《ちりこ》・翼《たすき》・軫《みつかけ》からなる。このうち「女宿（うるきほし＝水瓶座の星部）」が実資の

「命宿(＝本命宿)」とされ、そこで起こると予測された月食が「重厄(重い災厄)」をもたらすと認識されていた。これは、翌十七日条▼aに宿曜師證昭が来て詳しく説明しているように、宿曜道の説である。

(132) **相撲始《すまいはじめ》の日**　ここでは、相撲召合(→註84)の初日。十二日条▼cに治安三年(一〇二三)の例で廿八・廿九日に行なうとあるが、これについて頭弁経任は、廿八日癸酉は坎日《かんにち》(七月節の坎日は酉日)で不都合ではないかと危惧している。それに対し実資は、十七日▼bに、坎日で相撲召合の日程が変更された例を知らないので、良く前例を調べて言うように注意している。

(133) **危宿は主上《しゅじょう》(＝後一条天皇)の御本命《ほんみょう》宿**　「危宿(うみやめぼし＝水瓶座の東)」は、二十八宿の北の玄武宮にある宿で、女宿・虚宿(とみてぼし)の次にある。それが後一条天皇の運勢をつかさどる「御本命宿」に当たるとされている。

宿曜道《すくようどう》では、ホロスコープ上のシミュレーション(模擬観測)によって、十二宮や二十八宿で仕切られた天空の座標上に九曜がそれぞれどこの領域にあるのかを知り、暦計算によって天体の異変をとらえて個人の運命と結びつけた。また、その方法により事前の凶事予測を可能にし、院政期に宿曜道独自の「日食勘文」「月食勘文」を生み出した。ここで実資の本命宿も天皇の本命宿も二十八宿上の一宿に置き換えられ、それぞれの運命を相対化した判断がなされており、宿曜道の思想により貴族社会における個人意識が一層推し進められたことが窺える。

(134) **理の食分の度**　ここでは、暦の上で予測された月食の位置のこと。

(135) **盆二口**　「盆」は、平たい瓦器。ひらか。ほとぎ。それが二皿壊れていた。

(136) **元高等の事**　「元高」は、治安三年・万寿二年(一〇二五)にも召された相撲人宇治元高。彼が何をしたかは不明だが、追討されることになり、その官符が作成されることになったと考えられる。また、その官符に大宰府が共犯者の存在を確認した場合、その者の追討を命じる旨も書き加えられた。

(137) **驚《おどろかし》申《もう》す**　天皇の耳に入れる、すなわち奏上する事を意味するか。

実資としては、先例もないので坎日だからといって相撲召合の日程を変更する必要はなく、よって奏上する必要もないと判断している。ところが頭弁経任の返事では、前日(十七日)中に奏上してしまっていたので、この件も「勅定(天皇の判断)」に委ねるしかなくなったという。

(138) **臨時の小儀**　朝廷で行なわれる年中・臨時の諸行事に

ついて、『延喜式』(巻四五・左右近衛府、巻四六・左右衛門府、巻四七・左右兵衛府)には、大儀・中儀・小儀の別による官人(武官)の物具《もののぐ》(装備)の違いが記されている。それによると、大儀は元日・即位・受二蕃国使表一、中儀は元日宴会・正月七日・十七日大射・十一月新嘗会・饗二賜蕃客一、小儀は告朔・正月上卯日・臨軒・授位・任官・十六日踏歌・十八日賭射・五月五日・七月廿五日・九月九日・出雲国造奏二神寿詞一・冊二命皇后一・冊二命皇太子一・百官賀表・遣唐使賜二節刀一・将軍賜二節刀一となる。この内、七月廿五日が相撲で、『延喜式』(巻一一・太政官)に「凡七月廿五日、天皇御二神泉苑一観二相撲一、前一月任二左右相撲司一、簡二定中納言・参議・正次侍従一奏聞、〔人数左右各十二人、〕中務任レ之如二式部儀一、兵部行事、〔事見二儀式一〕」とある。その後、日程が変更され(註84参照)、大月と小月で日程が違ったり、御物忌や雨で延期・縮日されることも多かったことから「臨時の小儀」と認識されたのであろう。

(139) **新造の輦車《れんしゃ》** 「輦車」は前出(→正月註41)。この年、二月廿九日条▼aに手狭になった輦車を改造し、三月八日条▼cに使用したとある。その後、改造車ではなく、輦車を新造することにし、この日に完成して届けられ、一緒にやって来た作者の道慶に禄としての疋絹を給わった。

(140) **相撲所《すまいどころ》** 相撲節の前に左右近衛府に設置される相撲担当の臨時の役所。頭中将隆国から相撲所開設の報告を受けた実資は、その者たちへ勤めを果たすよう伝えさせている。

(141) **仁王会《にんのうえ》の事を定申《さだめもう》すべし** 「仁王会」は前出(→二月註51)。これは、十五日▼aに起こった月食(→註120)によってもたらされるかもしれない災厄を攘《はら》うために行なう臨時仁王会。この仁王会定については、この日の関白による勅命で廿五日に実資が行なうとされ、廿三日＊1に準備が進められていたが、前日の穢により延引され、八月四日＊2になされた。仁王会の挙行は八月廿二日＊1。八月四日＊2の定については八月一日＊1に実資が頭弁に下しているが、そこでは大弁を催して文書を作らせることなどを一つ一つ示して確認させている。このように先例を熟知する実資は、ここで関白頼通が廿五日に仁王会定をせよと言いながら、仁王会に必要な料物弁済のことや定の場に大弁を参入させることなどを命じていない、と不備を指摘している。仁王会定における大弁の役割については、『江家次第』(巻五・二月・仁王会定)(→二月註86)に「上卿令二参議書一レ之、〔多用二大弁一、若無二参議一者、令二弁書一レ之、〕」とある。また、七月廿三日条＊1・八月四日条＊2参照。

尚、臨時仁王会については『延喜式』に規定され、平安中期に春・秋の年中行事としても定着する。秋季仁王会について『小野宮年中行事』(七月)に必要な米・絹・布・油などを調進する国々が定められている。八月註120参照。

(142) **相撲所の定文《さだめぶみ》**　「定文」は前出(→二月註86)。ここでは相撲所の人員の名を書いた文か。

(143) **相撲召合《すまいのめしあわせ》の料の絁《あしぎぬ》・布・糸・紅花・木綿《ゆう》等の請奏《しょうそう》**　「請奏」は前出(→正月註155)。相撲召合に必要な料物(雑物)を申請した文書で、翌廿日▼aに右大将で相撲所の最高責任者である実資が「朝臣」の二字を加え、廿一日▼aに相撲所の定文と共に下毛野光武に下している。尚、この受け取りが一日遅れたことで、光武は過状(→三月註242)を奉らされたようで、八月五日＊2に注意を受けて許されている。八月註80参照。「絁」は、太い絹糸で平織りにした絹織物。「太絹《ふときぬ》」とも。

(144) **内取所《うちどりどころ》**　内取を行なう所。「内取」とは、相撲の稽古。左右近衛府でそれぞれで行なうので「府の内取」ともいう。また、宮廷に相撲人を召し相撲させて天皇が観覧するのを「御前の内取」という。この日、相撲所の開設と同時に内取所を設け、相撲人の稽古を始めさせた。

(145) **仕丁《しちょう》二人**　十四日＊2に実資の盆供の長櫃を運んでいた仕丁のうちの二人。鎌を盗んで宅主の男に傷を付けたとされる。検非違使秦貞澄は、この二人を実資に返そうとするが、実資は厳しく問い糺すように返事をしている。尚、廿七日条▼aによれば、鎌については既に「返進」しており、尋光からも禁獄を解くよう申し出がなされている。

(146) **院の牛付《うしつき》の従者**　小一条院(敦明親王)の牛付に従う者。「牛付」は牛飼と同じ。小一条院は実資家の牛童の従者と乱闘になったことについて、実資には知らせないで、聟の兼頼との間で内々に究明しようという意向であった。しかし、このように実資の耳に達したことで、牛童《うしわらわ》ら計四人を召し出した。それに対し小一条院は、その四人をすぐ実資に返している。

(147) **各《おのおの》の牛童の中、相《あい》定むべき事也**(□)　小一条院と実資がそれぞれの牛童たちを処罰すればよい。実資の牛童ら四人を返しながら伝えてきた小一条院の意向と考えられる。実資もそれに異存ない旨を伝えている。

(148) **事、頗《すこぶ》る縦横**　事件についての情報が錯綜している。特に、橘俊遠の牛童によって打ちのめされたことについては、本事件との関係がよくわからない。

(149) **今明物忌《ものいみ》**　今日と明日の二日間(丙・丁の両日)にわたる実資の物忌(→正月註378)。尚、この物忌は、本年正月廿三日に興福寺で起こった怪異(食堂の棟の上に白鷺が集まった)についての陰陽師の占によって「怪の日以後、廿五日の内、及び来たる四月・七月・十月の節中の、並びに丙・丁の日」と示されたもの(↓正月廿七日条＊1)。また、この年の七月の節中は七月十二日(立秋)から八月十一日(白露の前日)までであり、八月一・二日、十一・十二日も同じ物忌である。

(150) **外宿人《げしゅくにん》** 前出(↓二月註200)。「外人」(↓二月註108)と同じ。物忌に前日から籠もらなかった人。

(151) **相撲奏《すまいのそう》を伝進《つたえたてまつ》るの将監** 相撲奏(↓註242)を(蔵人へ伝えて)奉る将監。その役目を勤める者は決まっていたと考えられるが、その者では実資は頼りないと思い、信頼できる高扶宣を指名し、彼に行なわせるよう命じた。しかし、廿九日▼bには将監菅原義資が行なっている。註241〜243。

(152) **三位《さんみの》中将(＝兼頼)の丹波の封の解文《げぶみ》** 兼頼に充てられた丹波国内の封戸(位封・職封)。「封戸」は前出(↓正月註402)。兼頼の父頼宗が、その封物を実資に譲ろうとして、関係文書(丹波国が太政官に出した解文と兼頼の政所下文)を送ってきた。それに対し実資は、頼宗の物であるとして送り返している。

(153) **大夫の進止《しんじ》(×ム)に在るべし** (丹波国の封戸の物は実資が受け取るのではなく)春宮大夫頼宗が支配するものである。「進止」は前出(↓正月註330)。

(154) **解文、油を載せざるは如何《いかが》** 頼宗から送られてきた丹波国解文を見た実資は、封物の中に入っているべき油の項目が落ちていることに気付いた。

(155) **堪ふるに随ひ勤仕《ごんし》せしむ** (資頼が任国美作国の旱魃に対する祈禱を)自分の力でできる限り行なう、ということ。このことと、九月二日条＊2に見られるような、実資の美作国への対応を考え合わせると、同国は実資の知行国であった可能性が高い。九月註5参照。

(156) **三門を開く** 小野宮邸の東門以外の三門を開けた。実資は昨日に続き物忌で(註149)、六角堂(↓正月註125)に諷誦は修したが、午後には昨日から開けていた東門以外も全部開けたということ。覆推(↓八月註2)で比較的軽い物忌と判断されたのであろう。また、地方から来る相撲《すまい》人《びと》(相撲)を招き入れるために開門したか。

(157) **相撲の音楽** 相撲節で行なわれる勝負の楽(↓註85)。月食による災厄を回避するため、相撲の楽を停止すべきという意見。ここで示された実資の見解は、翌廿三日＊1に関白頼通との手紙の遣り取りで検討され、廿四日▼aに外記の勘申により中止とされる。

(158) **先年、月皆既《かいき》して、其の夜、内裏焼亡す** 寛弘二年(一〇〇五)十一月十五日の皆既月食と内裏焼亡を指す。『日本

紀略』に、

十五日、己未、欲レ行二甲斐国真衣野駒引一之間、月食、仍上卿退出、子時、宮中火、殿上皆焼亡、天皇(一条)先御二中院一、次駕二腰輿一、御二職曹司一、破壊殊甚、仍御二朝所一、神鏡同焼損、

『小右記』に、

十五日、己未、(中略)戌剋許退出、此間月食、及二亥剋一皆既、同剋終復末、子剋許随身番長若倭部高(亮カ)範自二兄(マヽ)第一一来云、内裏焼亡者、乍レ驚馳參、左大臣(藤原道長)・帥(藤原伊周)相二逢郁芳門内一、相共参入、此間火勢太猛、下人云、主上御二神嘉殿一者、仍参着、中宮(藤原彰子)同御坐云々、人々云、火起レ自二温明殿一、神鏡〔所謂恐所、〕・大刀并啓(契カ)不レ能二取出一云々、少選幸二式御曹司一、而破壊殊甚、不レ可レ然二御所一、仍又幸二官朝所一、左大臣招レ余之(云カ)、将一人差二遣火所一、可レ令レ守二護恐所一者、余答云、転更不レ可レ仰、只可レ被レ召二仰左右少将一、相符(府)路被レ差二遣左右少将(藤原重尹・源済政)一、又可レ守二護焼亡御物忌(衍カ)一之由、被レ仰二検非違使等一、臨二暁更一参二東宮(居貞親王)一〔御二桂芳坊一〕諸卿同参、卯剋許退出、

『御堂関白記』に、

十五日、己未、(中略)定(陣定)了退出、後月食如レ付レ覆、未レ覆(復カ)、一寝後、人申云、有(衍カ)西方有レ火、赴(起カ)見、内裏と見馳参、従レ東至二北陣一、問二御在所一、会二女蔵人少輔縫殿寮門下一、示下御二中院一由上内従二北陣一参着、此間火南東焼、中宮同御、大臣以下参着、余前参人宰相中将(源経房)・左近中将頼(藤原)親也、主上御二飛香舎一、与二中宮一御出給、此間人不レ候云々、六位二(一カ)両候云々、火宜後、渡二職曹司一給、而件曹司破損盛也、仍太政官朝所御座、中宮輦造曹所舎御座、火出所未レ知、温明殿与二綾綺殿一間出云々、左近少将重尹・右近少将済政等、率二一員一、尊所仰二可レ奉レ守由一令レ参、明後奉レ求二神鏡一、破損給、大刀四柄、有二小調(度脱カ)一、魚形金十枚・銀十五枚・銅卅枚許求得、即従二長殿一、渡二辛櫃一奉レ入、松本職曹司奉レ置、近衛将監以下左右宿直候、

とあるように、月食があった夜(日付がかわって)内裏に火事があり、神鏡も焼けてしまうという大惨事になった。註195も参照。

(159) **何《いずれ》の剋に御本命宿《ごほんみょうしゅく》に於《お》いて食有るや**　どの時代に天皇の御本命宿で月食が起こったことがあろうか。「何剋」について、古記録本・大成本とも「何則」ではないかとしているが、原文のまま解釈した方が、次の「善政(仁政)をしなければならない時代である」という文に符合すると思われる。十六日条＊1・十七日条▼a参照。

この背景には中国の天命思想がある。天子は天命によ

って有徳者がその地位に就くが、徳を失うと天命が革《あらた》まり（革命）、退けられるというもので、それ故に天子は「善政」を行なわなければならないとされる。中国では天命が民意に現われて王朝が交替するという易姓革命《えきせいかくめい》思想もあるが、万世一系の日本では未来予言的な讖緯《しんい》説の天命思想のみが受け入れられ、天皇（朝廷）を安泰に保つために活用された。改元はその代表的なもので、革命・革令が起こるとされる年に年号を改めることで、予想される災厄を防ごうとした。昌泰四年（九〇一）辛酉を延喜元年としたのを初例とし、応和・治安・永保・永治などの改元は辛酉革命説、応和四年（九六四）甲子を康保元年としたのを初例とし、万寿・応徳・天養などの改元は甲子革令説に基づく。摂関・院政期に多い天災による改元は、天災が天子に警告を与える天命と考えられたためである。また、天子の徳を示すとされる大赦が、災いを避けるための御祈と同様の意味を持って行なわれた。月食が後一条天皇の本命宿で起こったことが宿曜道によって指摘され、それが天命思想と結び付けられて、相撲節で音楽をするということは「善政」に反すると判断されたのである。

（160）**自案の様を得るや**　私（実資）の考えが成り立つかどうか。後にも自分のことを「此の如きの事は疎遠の愚翁」と言い、御本命宿で起こった月食による天皇への災厄についで、頭弁経任と右大弁経頼に問うてみたのである。但し、原文は「頭弁亦不（示カ）ニ遣右大弁一、自案得レ様可ニ各申一之由所ニ不（示カ）遣一也、」とあり、頭弁経任が（実資と）経頼に、天皇からの諮問を伝えてきたとも解釈できる。しかし「仰」ではないので、実資が自ら天皇に「洩答」えることができないので、相撲の楽を中止すべきであるという意見を経任と経頼から進上させようとしたと考えられる。

（161）**祈雨使《きう》**　降雨を祈願する奉幣使。最も初期の段階では丹生・貴布禰二社に蔵人が遣わされる。その発遣の儀の上卿を中納言藤原資平が勤めた。『左経記』によれば、十七日▽bに天皇の宣旨が下り、この日（廿二日※1）に幣帛と馬が奉られた。また、八月十三日▼aには両社に止雨使として神祇官人が発遣され、廿八日＊2には再び蔵人が発遣されたが、共に上卿は資平が勤めている。八月註147 355参照。

「丹生社」は、大和国吉野郡に鎮座。『延喜式』（巻八・神名上）に「丹生川上神社（名神大、月次・新嘗、）」とある。「雨師社」ともいう。特に止雨・祈雨の神として朝廷の崇敬が篤く、弘仁九年（八一八）に従五位下となってから累進し、寛平九年（八九七）に従二位となる。『続日本紀』天平宝字七年（七六三）五月庚午（廿八日）条に、畿内の諸社に奉幣し、日照り（祈雨）により丹生河上神には黒毛馬を加えたとある。

「貴布禰社」は、山城国愛宕郡内、現在の京都市左京区鞍馬貴船町に鎮座。「貴船(貴舟)」とも。『延喜式』(巻八・神名上)に「貴布禰神社(名神大、月次・新嘗、)」とある。『日本紀略』弘仁九年(八一八)五月辛卯(九日)条に「山城国愛宕郡貴布禰神為二大社一」とあるのが史料上の初見で、平安遷都後、丹生川上社と共に祈雨・止雨に霊験ある神として重視されたと考えられる。弘仁九年に従五位下となってから累進し、保延六年(一一四〇)に正一位となる。平安末期には賀茂別雷社(上社)の摂社とされ、その支配下に入った。丹生・貴布禰は共に『延喜式』(巻三・臨時祭)「祈雨神祭八十五座」にあるが、幣帛の規定は他社より多く、「丹生川上社・貴布禰社各加二黒毛馬一疋、(中略)其霖雨不レ止祭料亦同、但馬用二白毛一」とあるように、祈雨には黒毛馬を、止雨には白毛馬を奉幣に加えることになっていた。また「凡奉二幣丹生川上神一者、大和社神主随レ使向レ社奉レ之、」とあり、丹生川上社へは大和《おおやまと》社の神主が使に随行することになっていた。この二社は、止雨・祈雨の御祈として最初に奉幣をする対象とされただけでなく、祈年穀奉幣の対象社(後の二十二社)でもあった。

(162) **念誦《ねんじゅ》(×令詣)** 実資が日課として行なってきた尊勝《そんしょう》陀《だ》羅尼《らに》の読誦。念誦の開始は実資が四十九歳の重厄を迎えた寛弘二年(一〇〇五)で、『小右記』正月廿四日条に、

天台座主(覚慶)被レ過、談話之次曰、汝今年当二重厄一、仍毎日誦二尊勝陀羅尼五十遍一、可レ祈二息災一、但自二吉日一可レ始レ読者、申下可レ被レ始レ自二来月二日一之由上、

二月四日条に、

昨有下示二送山座主許一事上、今朝返報云、先日可レ読二(マヽ)尊勝陀羅尼五十遍一之由面相示了、而遍数太多、仍可レ奉レ誦二卅遍一者、

とあるように、天台座主覚慶の勧めによる。以後、日課として定着し、小野宮邸内に念誦堂(→正月註416)を建設することになった。尚、『拾芥抄』(下・諸教誡部第十六)に、

小野宮右府説、
一、念誦、 二、不レ謗二三宝一、 三、食、
人保二此三事一、永可レ終二天年一云々、

とあり、実資が毎日の念誦を「仏教を謗らない(大切にする)」ことや正しい食事と共に、長生きの秘訣としていたという。

(163) **府(×苻)に将《い》罷《まか》(×持罷)るべきの由** 和泉国の相撲人が実資邸を訪れたが、実資は念誦を行なっている最中で、召し入れて見ることなく、すぐに右近衛府に連れて行くよう命じた。「府」は右近衛府のこと。尚、後に来た相

撲人のうち、美作・阿波両国は見ていないが、伊予国は庭前に召して見ている。

(164) **廿五日に定行《さだめおこ》なふべし**　十五日の月食(→註120)の厄を攘う仁王会の定。十九日＊2に関白頼通から打診されていた。この命により実資が承ることとなり、左右大弁や陰陽寮に参入を命じるなどの下準備を行なっている。しかし、翌廿四日＊1＊2に内裏触穢中の定を憚るとの理由で延引され、左右大弁に対する参入の命も取り消している。八月四日条＊2参照。

(165) **相撲の楽**　相撲の音楽。前日(廿二日＊1)で実資が頭弁経任と左大弁経頼に諮ったことについて、関白の意見が述べられている。

(166) **已に式(×哉)に存する日**　「式日」として儀式の日程が決まっていること。

実資は、相撲節会は「臨時の小儀」(→註138)で式日が定まらずに延期や期日の短縮がなされているから、坎日を避けるべきとしている。註132も参照。

(167) **理食《りしょく》の皆既**　理運《りうん》(自然の道理)にかなっている皆既月食。

(168) **叡慮(×疑慮)の一定《いちじょう》無きに似るべき乎**　天皇による決定という印象が薄れてしまう、という意味。それ故に、実資は公卿の僉議にかけず、直ちに宣下すべきであると主張している。

(169) **内取《うちどり》の手結《てつがい》の文**　相撲の手合わせの取り組み表。「手結」の「つがい」は「つがい合わせる」の意。手番。組み合わせ。「内取」は前出(→註144)。ここでは、右近衛府の相撲人の手結。

(170) **宍《しし》(×害)を咋《く》(×昨)ふべし**　病気療養のため、薬として肉を食すこと。

摂関期に仏教信仰が浸透し、貴族たちの間で精進生活を送ることがあたりまえになっていた。そのため、肉・魚・卵などを食することは制限されていたようで、『小右記』寛和元年(九八五)正月廿五日条に「従二今年一永止レ食二卵子一、以二勝祚一令レ申二本尊一」とあり、室(源惟正女)懐妊時に卵食止めの祈願をしている。また、『御堂関白記』寛仁三年(一〇一九)二月六日条に、

心神如レ常、而目尚不レ見、二三尺相去人顔不レ見、只手取物許見レ之、何況庭前事哉、陰陽師・医家申レ可レ食二魚肉一、月来間不レ用レ之、今不レ奉レ見二仏像・僧一、経巻近当レ目奉レ読、若従レ此暗成、為二之如何一、仍五十日假申二三宝一、従二今日一食レ之、思歎千万念、是只為二仏法一也、非レ為レ身、以二慶命僧都一令レ申レ之、従二今日一肉食間、可レ書二法華経一巻一、

とあり、自らの眼病治療のために魚を食すに際して、慶

命に仏教への謝罪を申させているほどである。

(171) **西隣に宿す**　千古と聟兼頼は実資と同じ小野宮邸内の東対を住所としているが、肉を食すに際して実資の精進生活を憚って、前日から西隣の別宅に移った。「西隣」は前出(→二月註16 55)。「西宅」(→三月註204)も同じ。小野宮邸の西隣。

(172) **彼の父(×故文)(=頼宗)の勧《すすめ》**　原文は「故文」であるが、古記録本・大成本に従って「彼父」すなわち実父頼宗の勧めによると解釈した。

(173) **口入《くにゅう》せず**　実資は関わっていない。兼頼に肉を食べさせることは、あくまで実父である頼宗の指示で、自分は一切関与していないことが強調されている。「口入」は前出(→正月註180)。ここでは、口をはさむこと。干渉すること。関わること。

(174) **仍りて呼上《よびあ》ぐ**　(経長は触穢でないので)実資邸の殿上に召し上げた、という意味か。『延喜式』(巻三・臨時祭)の穢規定では、穢は着座によって伝染するとある。正月註460 466参照。犬死穢があった宮中に出入りしても、経長は着座しなかったので穢でないと判断されたのであろう。経長の会話文がどこまでかわかりにくいが、実資が経長を呼んでいることから、経長は内裏に犬死穢があったけれども着座しなかったと言ったので、その事情を聞いて召し上げたという実資の地の文が挿入され、以下、実資の会話が記されていると解釈した。

(175) **穢中に定申《さだめもう》すは如何《いかが》(×必何)**　(明日〈廿五日〉に定を行なうよう準備していたが)触穢の最中に仁王会の定を行なうのは良くないのではないか。続く「近有可被修之日、奏憚定申、」について、古記録本は「近有可被修之日、奏(可無カ)憚定申、」とし「定申すに憚無かるべし。」と読んでいるが、ここでは原文のままで、近辺に仁王会を修する適当な日があれば「憚(恐縮の旨)を奏上して定を行なう」と解釈した。以下は、吉日である来月(八月)七日・八日には御願の神事・仏事(八月七日条＊2＊3参照)があると伝え聞いた。次いで吉日とされた十五日か廿二日のうち、十五日は石清水放生会に当たることから、廿二日しかなく、来月下旬になってしまう。だから定も八月一日頃が良いのではないか、という実資の見解が示されている。結局は八月一日＊1にもう一度検討して四日に行なわれることとなる。八月四日条＊2参照。

(176) **御願《ぎょがん》に依りて諸社に奉幣し并びに御読経三ヶ日修せらるべきの由**　後一条天皇の先年の御願(病気平癒の報賽)として諸社へ計画された臨時奉幣と御読経。御読経は八月七日＊3から五日間、奉幣は同日＊2の石清水から廿八日＊1の稲荷・春日まで計九社に対して行なわれた。

八月註84 90 91 92 93 94 154参照。

(177) **八幡宮放生会《はちまんぐうほうじょうえ》** 石清水《いわしみず》放生会。石清水八幡宮(→三月註184)の例祭。式日は八月十五日。

仁王会の会場として宮城の諸堂のみならず京近郊の諸社寺が当てられる場合があり、放生会と同日に行なうことが憚られた。関白頼通もこの見解を受け、祇園御霊会《ぎおんごりょうえ》を避けて仁王会を延引した例があるとし、十五日を避けて廿二日に仁王会を行ない、定は八月一日頃とする決定を下している。

「石清水八幡宮」は、貞観(八五九~八七七)の初年に宇佐《うさ》八幡宮(→正月註74)から勧請され、神宮寺である護国寺と一体で検校《けんぎょう》・別当《べっとう》によって運営される神仏習合の神社(宮寺)であった。「放生会《ほうじょうえ》」は、仏教の非殺生《ひせっしょう》思想に基づいて魚鳥類を放って供養する仏教儀礼で、『梵網経』『金光明経』などで作善の一とされる。石清水でも宇佐にならって創祀当初(一説に貞観五年)から行なわれていたと考えられるが、その儀については『政事要略』(巻二三・年中行事八月下・石清水宮放生会事)に引く『旧記』に「会日読二縁記文一、講二最勝妙典一」とある程度のことしかわからない。石清水八幡宮が朝廷の崇拝を受けて祈年穀奉幣など特別祈願の対象となるに従い、放生会にも公的な性格が付与されていく。天暦二年(九四八)の儀が延引された時には宣命使が遣わされ、応和元年(九六一)には村上天皇の中宮藤原安子が幣帛・音楽・走馬《はしりうま》を奉り、円融天皇は天延二年(九七四)に石清水放生会を諸節会に准じて雅楽寮などの参列を定め、幣帛・音楽・走馬十列《とおつら》を毎年奉るように命じている(『日本紀略』など)。円融天皇は石清水臨時祭を定例化し、天元二年(九七九)三月に行幸もした。摂関期には貴族も放生会に幣帛や走馬を奉るようになり、実資も定例化していたし(『小右記』長元四年八月十五日条▼a、八月註163参照)、藤原道長の例も『御堂関白記』から確認でき、後に摂関家の行事として継承された(『執政所抄』下・八月)。勅祭とされたのは後三条天皇の延久二年(一〇七〇)で、上卿・弁・諸衛の官人らを発遣して天皇の行幸の儀に准じた神幸を行なうとされた(『扶桑略記』『年中行事秘抄』『宮寺縁事抄』など)。

後一条天皇も寛仁元年(一〇一七)三月八日と長元二年(一〇二九)十一月廿八日と二度の石清水行幸を行ない、定例化されていた石清水臨時祭(→三月註184)を挙行していたが、石清水放生会にも何らかの「料」(幣帛か)を寄せようとしたようで、『左経記』長元四年七月十七日条▽bに、

余依レ召参二御前一、仰云、為二蔵人頭一之時、所レ仰石清水放生会料事、近曾関白(藤原頼通)奏云、本自奉二此事一之人経頼也、相二逢彼一議二定物数一、可レ令二奏下一也者、其

後久無音、若思忌(忘カ)歟、放生会近々、彼日以前可㆓定下㆒之由、可㆑示㆓関白㆒也者、

とある。経頼が蔵人頭であった長元二年～三年の間(二度目の行幸前後)に天皇から受けた命を、再度念押しされた形であるが、この年の放生会に何かなされたかは不明。また、翌年以降にも特別な儀が加えられた形跡はない。あるいは、八月七日＊2になされた御願の十列奉幣となったたか。

(178) **朔の間に参入して定申《さだめもう》すは如何**　「朔の間」とは、来月(八月)一日《ついたち》頃。実資は、仁王会の実施が八月廿二日であるので八月一日頃に参入して定を行なうと提案し、決定は御定に従う旨を関白に伝えさせた。続く関白からの返事でも了承されている。実資は月食の厄を意識し(十六日条＊1)、夢想の告により相撲の期間中の参入を回避していた(四日条＊2)。よって、翌日(廿五日)の定を延期させた背景に、七月中の外出を避けたいという想いがあったとも考えられる。

(179) **祇園会《ぎおんえ》**　祇園御霊会《ごりょうえ》。「祇園社」は前出(↓正月註420)。「祇園御霊会」の始まりは定かでないが、『二十二社註式』に「天禄元年(九七〇)六月十四日、始㆓御霊会㆒、自㆓今年㆒行㆑之、」とあり、『社家条々記録』に四年後の天延二年(九七四)に神輿渡御《みこしとぎょ》の祭礼が始行したと伝えている。摂関期には大政所《おおまんどころ》と称する平安京中に設けられた旅所《たびしょ》へ神輿が渡御する祭礼として整えられた。その神輿は六月七日に迎えられ、十四日に神社へ送り返される。馬長《うまおさ》や山鉾《やまぼこ》などが行列し、見物人のために桟敷まで設けられた。翌十五日は、円融天皇が天延三年に幣帛・走馬・東遊などを奉った頃から貴族たちの奉幣する日に当てられるようになり、実資も例としていた。道長によって行なわれていた神馬使発遣は、摂関家の行事として定式化した(『執政所抄』下・六月)。また院政期に入り、天治元年(一一二四)から天皇が幣帛・走馬・東遊・神楽などを奉る祇園臨時祭も十五日に行なわれるようになった。

(180) **大弁不参の由**　(廿五日の仁王会定が中止されたので)廿三日＊1に催した左右大弁の参入を取り消すという通知。

(181) **局《きょくの》日記**　外記局の記録。『外記日記』のこと。『外記日記』は、太政官の外記が職務として記録した公日記。『政事要略』(巻二九・年中行事十二月下・追儺事)に引く延暦九年(七九〇)閏三月十五日の『外記別日記』が最も早い記事であるが、その規定が定められたのは弘仁六年(八一五)正月廿三日の宣旨(『類聚符宣抄』第六・外記職掌)による。

(182) **指《さしたる》史《し》**(×失)　指定した史書。具体的には六国史などを指すか。

(183) **承平七年七月十六日**　『日本紀略』承平七年(九三七)七月の条に「十六日、丙寅、晴、亥一刻月食、至二丑三刻一」「廿八日、戊寅、於二紫震(宸)殿一相撲召合、」「廿九日、己卯、追相撲、」とあり、八月の条に「十九日、己亥、於二常寧殿前一有二童相撲事一、結廿番、」とあるが、楽の有無は不明。

(184) **天暦以後**　村上天皇朝以降。天暦年間(九四七~九五七)以降に天変で相撲の楽を止めたという例は多い。

(185) **承平七年の例**　承平七年に月食があったにもかかわらず相撲の楽を行なったこと。その翌天慶元年(九三八)以降、一時沈静化していた平将門・藤原純友の乱が再発したことを指して「不快」と言っている。

(186) **将門・純友等の事**　承平・天慶年間(九三一~九四七)、東国及び瀬戸内海沿岸で起こった平将門と藤原純友の乱。承平・天慶の乱。

(187) **執申《しっしもう》し**　強く主張する。執拗に申す。

(188) **下臣(=実資)の愚案**　実資が自分の意見を「身分の低いものの愚かな案」と謙遜した表現。廿二日条＊1参照。「下官」は前出(→正月註9)。

(189) **天意に叶ふ**　天(天上の神)の意志にかなう。天命思想(→註159)に基づく表現。

(190) **童《わらわ》相撲の輿**　『日本紀略』承平七年八月十九日条(→註183)参照。

(191) **今般の奏文**　今月十五日▼aの月食について、十六日＊1に出された奏文。天皇にとって本命宿である危宿で食したことが特に危ぶまれた。註129 133参照。

(192) **輔佐《ほさ》**　①身分ある人をたすけて事を処理すること。また、その人。補佐。②関白の異称。

この「賢臣已《すで》に輔佐為《た》り。」とは、承平七年に摂政太政大臣を勤めていた藤原忠平を指す。つまり、忠平のような賢臣が天皇を補佐して正直な政治を行なっていたにもかかわらず、天変を忘れて相撲に興じてしまったから承平・天慶の乱が起きたとする。

藤原忠平は基経の四男(時平の弟)、醍醐天皇のもとで廟堂の首班となり、延長二年(九二四)に左大臣、承平六年(九三六)に太政大臣に至り、醍醐天皇の譲位により幼帝朱雀天皇が即位すると摂政、天皇元服後は関白となり、天慶九年(九四六)の村上天皇即位後も関白を続けた。三十年以上にわたり政権の中枢にいて摂関政治を主導しただけでなく、その一門は摂関家の主流となり、彼の朝儀・故実に関する説(態度)は子孫たちに規範として継承された。忠平の長男が実頼。実資は曾孫となる。

(193) **亀鏡《きけい》**　証拠。証文。手本。模範。

(194) **司天台**　陰陽寮の唐名。また天文博士の唐名風の異名。

(195) **寛弘年中**　寛弘二年(一〇〇五)十一月十五日。月食が復し

終わらないうちに内裏が炎上し、一条天皇も避難した。この時、温明殿の神鏡も焼失した。註158参照。

(196) **悲しき哉《かな》、悲(×之)しきかな**　原文は「悲哉之」とあるが、古記録本・大成本に従って「悲哉々々」の誤写と判断した。

(197) **呑舌《どんぜつ》**　舌を噛んで死ぬこと。ものを言わないこと。ここでは、発言を控えることで、世情に対する批判が籠められている。

(198) **覆勘《ふくか》の文**　「覆勘之文」とある。覆勘文《ふくかもん》は前出(→註66)。

(199) **綸旨《りんじ》**　天皇の命。勅旨を受けて蔵人が出す文書。実は割注にあるように関白頼通の手紙で、内容は大江挙周に加階して正四位下にせよというもの。

(200) **『文選《もんぜん》』『史記《しき》』**　『文選』は、梁の昭明太子蕭統《しょうとう》(五〇一~五三一)らの撰になる詩文集。三〇巻。六世紀前半に成立。周から梁に至る約一〇〇〇年間の美文の粋で、約八〇〇編を文体別・時代順に並べた中国現存最古の選集。大学寮の紀伝道における必須の教材とされた。李善注と呂延済らの五臣注とが並び行なわれていたが、両者を合わせた六臣注はまだなかったらしい。五臣注は『御堂関白記』寛弘三年十月廿日条に見える。読み難き書とされ、博士家で『文選』を講義する際には一語について音と訓を重ねて読む「文選読」がなされるようになった。『史記』は、司馬遷(紀元前一四五頃~前八六頃)による史書。黄帝から前漢の武帝に至るまでを、十二本紀(帝紀)・十表・八書・三十世家・七十列伝に分けて記述したもので、中国の正史の第一とされる。

尚、挙周の父匡衡も、一条天皇に『文選』『史記』を講義している(『本朝文粋』巻七・書状「可レ被レ上二啓挙周明春所望一事」)。

(201) **一級を加ふべし**　天皇への漢籍講義の功として儒者へ加階すること。その例は、嵯峨天皇に『史記』を講じた勇山連文継が外従五位下から従五位下とされる(『類聚国史』巻二八〈天皇読書〉・巻九九〈叙位四〉、弘仁七年(八一六)六月己酉〈十五日〉条)など、古くからある。挙周は、従四位上から正四位下に加階されることとなる。

(202) **召仰《めしおおせ》の上卿《しょうけい》**　『左経記』七月十一日条※2に権大納言藤原長家が相撲の召仰を行なったことが記されている。註84 85 98参照。

(203) **初めの人**　発議をした人、という意味か。月食により相撲の楽を停止すべきであると言い出したのは実資であるのに(廿二日条＊1)、正式な決定を召仰の上卿である藤原長家に下す以前に報告がなかったことを批判している。

(204) **過差《かさ》(差×)を禁ずる宣旨**　相撲節会に参加する者の装

束について二襲《ふたかさね》を禁じ、身分不相応な華美を施してはいけないことを命じた宣旨。「襲」は、衣服を重ねて着ること。「過差」は、度を過ごして贅沢華美なこと。同様の禁制は、『小右記』寛仁三年(一〇一九)七月十八日条に、

宰相(藤原資平)来云、蔵人範国(平)云、一日摂政(藤原頼通)命云、相撲楽猶被二強行一、但人々装束不レ可レ調二二襲一、織手等愁歎無レ極云々、両宮令二参上一給之間、依二御装束等事多一、是所レ愁云々、問二遣頭弁〈(藤原)経通〉一、報云、未レ承、計也有レ制歟者、

とあり、同月廿日条(行間補書)に「相撲装束二襲、其制尤重之由、頭弁経通示送也、」とある。また、治安三年(一〇二三)七月十六日条に相撲節会における二襲や過差についての議論が関白頼通と実資の間にあり、同月廿六日条に、

臨暗左頭中将朝任(源)来云、関白(藤原頼通)命云、官人已下可(不脱ヵ)レ令レ着二紅色一、又云、上達部不レ可レ着二二襲一由同可レ被露一者、件事不レ可レ下二宣旨一、只示二案内一許也云々、昏黒府生保重(身人部)進二御前内取手結一、不レ可レ着二紅色一事便仰二保重一、又仰二随身一訖、随身申云、以レ帷染レ藍可レ着、関白随身着二件色一、

とあり、上達部への禁制が発せられている。長元二年(一〇二九)七月十二日条に、

頭弁(源経頼)伝レ勅称、相撲不レ可レ着二用二襲装束一之由、可レ宣二下之一者、令レ奏二承由一、多是雲上侍臣所二着用一也、便示二同弁一訖、大略不レ可レ有二音楽一歟、

とあり、勅により二襲が禁じられている。

(205) **古人云(×之)はく**　「従諫之聖、有咸之」の前半については、『書経』(説命・上)に「説復二于王一曰、惟木従レ縄則正、后従レ諫則聖、后克聖、臣不レ命其承、疇敢不レ祗二若王之休命一」とあることに基づき、『本朝文粋』(巻一)冒頭の「未旦求レ衣賦并序」(菅贈大相国)にも「知レ人則哲、従レ諫惟聖」とあるなど広く用いられていた。後半については、『書経』の上記の前に「惟尹躬曁湯、咸有二一徳一、克享二天心一、受二天明命一、以有二九有之師一、爰革二夏正一」とある「咸有二一徳一」の部分を改変(あるいは記憶違い)したものか。

(206) **従諫《じゅうかん》の聖**　諫言に従う優れた君主。ここでは過差を禁じる宣旨を出した後一条天皇を指す。

(207) **之に咸《かん》すること有り**　(臣下も皆)甘心して善政に報いようとしている、という意味か。「咸」は、あまねし、おなじ、やわらぐ、はやい、感じる。ここでは「感応する」という意味か。

(208) **相撲の内取《うちどり》の手《て》番《つがい》**　前出(→註169)。「手番」は「手結」。この日の右近衛府の内取の手結に結果を記したもの。

(209) **法眼《ほうげん》元命(×文命)来たる**　石《い》清水《わしみず》八幡宮《はちまんぐう》(→三月註184)の

別当である元命が実資邸に来訪した。続けて「而(しかるに)」とあるのは、元命が来たけれども、下記の理由で会わなかった、ということか。「法眼」は、法眼和尚位の略。貞観六年(八六四)に法印大和尚位・法眼和尚位・法橋上人位が、僧正・僧都・律師の位階として設けられた。これらは僧綱(僧官)の位階として官位相当が原則であったが、次第に崩れ、僧綱員でない者への叙位(散位の僧綱)、成功による叙位、死後の贈位などが行なわれた。二月註85も参照。元命の場合も『僧綱補任』にはなく、「散位の僧綱」としての「法眼」であろう。元命については、九月廿九日条＊2、九月註342も参照。

(210) **「宇佐宮内の三昧堂の事、勘文に任せて行なはしむ。」者《てへ》り、等の仰《おおせ》**　宇佐八幡宮の再建(→正月三日条＊1、正月註74)と合わせて三昧堂造営の申請も出され、その許可を与える仰(宣旨)を勘文と共に下せという命。この仰を下す手続きを以前にしていたので、実資は元命が来訪しても会わなかったのであろう。尚、『小記目録』(第一〇・諸寺供養事)に「同四□(年カ)□□□宇佐宮内三昧堂事、〈私願、〉」とあり、三昧堂は元命の「私願」によって造られたと考えられる。

(211) **少内記国任を召して挙周の位記《いき》の事を仰す**　前日(廿五日)条＊1に、後一条天皇に『文選』と『史記』を講じた「侍読の労」により特別な加階がなされる経緯が記されている。この大江挙周の位記について、実資が少内記宗岳国任に作成を命じた。その際、「別勅」による「侍読加階の位記」と「尋常の位記」の文(位記の状)が異なるかどうかを調べて命じなければいけないと考え、大内記橘孝親の意見を尋ねて伝えるよう指示している。また、位記の捺印については、他の位記請印があれば一緒に処理するよう命じている。「内記」は、中務省で詔勅・宣命を起草、位記を奉行し、宮中一切の事を記録した官。『職員令』(中務省条)に大・中・少各二人とあるが、中内記は早くに廃れた。能文・能筆の人が選ばれた。内記が作成する侍読加階の位記の状について、『朝野群載』(巻一二・内記・位記例状)「侍読」には「談天不㆑究、炙輠無㆑竭、況侍㆓帷幄㆒、奉㆑授㆓詩書㆒、宜㆘増㆓栄爵㆒、用㆗照儒門㆖」という一文が含まれている。

(212) **腋《わき》**　相撲節で最手《ほて》に次ぐ地位。現在の関脇にあたる。ほてわき。「助手」も同じ。

相撲召合では、近衛・兵衛合わせて十七人、白丁《はくちょう》二人、童一人による二十番であったが、のち十七番となる。また、左右に、近衛の次将で出居《いでい》の役が勝負を審判する。相撲人を監督する相撲長、立ち合わせを命じる立合《たたあわせ》、勝負の数を刺して数える籌指《かずさし》がいる。当日の出場は、一番目に占手《うらて》(童)、二番目に垂髪《たれがみ》、三番目に総角《あげまき》、四番目より普通の相撲人、そして最後に腋と最手が出る。占手は小童。垂髪と総角は白丁。最手(本手)と腋(助手)は近衛府が選んで補す。相撲人は、犢鼻褌《とうさぎ》の上に狩衣を付け、烏帽子《えぼし》をかぶる。出場の際、左方は賀茂祭の造花、右方は瓠《ひさご》の造花をつけ、剣衣を取り円座に置き、勝負が決まると剣衣を取る。勝方の造花と剣衣は次の番の相撲人に渡し着けるのを例とする。相撲が終わると、勝方は乱舞を行ない、舞楽があって、天皇は還御する。

(213) **為男(男×)の辞**　「辞」は『公式令』に規定されている文書様式の一。下級官人・庶民が官司に差し出す文書。但し、伝存しているものはない。

　ここでは、他部秀孝の死闕に伴い、中臣為男が腋の地位を申請した辞。

(214) **供節の労四十余年**　「供節」は、ここでは相撲節で相撲人として供奉してきたことを意味する。その労が四十年以上ということは、中臣為男は五十歳を超えていることになり、「老屈殊に甚だ」しく実際に相撲は取れなかった。

(215) **住国の掾《じょう》〈土左〉を申さむと欲(×炊)す**　中臣為男が最後に腋を今年一年だけ勤め、相撲人を引退すると同時に、住国である土左国の掾を申請したい、ということ。

(216) **申す所の旨、尤も哀憐すべし**　「哀憐」は、あわれむこと。実資は中臣為男の辞について同情し、彼を形ばかりの腋にしようとしている。しかし、為男は老齢で実際の相撲は取れないとの判断から、「此外」として挙げられた県為永・県高平・惟永(姓不詳)の三人の間で実質的な腋を選ぶべきとしている。

　尚、翌廿七日条＊1にも源隆国から同じ質問を受けるが、実資の答は変わらず、三人については勝負で優劣を決めるが、為男は別扱いで、腋にすることを決めているようである。そして廿八日＊1には関白頼通からも同意を取り付けている。

(217) **今に無音《ぶいん》と云々**　大宰府からの相撲人については、まだ何の連絡もないということだ。「無音」は、挨拶をしないこと、音沙汰がないこと。

(218) **河尻《かわじり》**　「川尻」とも。摂津国西成郡内、現在の大阪市東淀川区の淀川《よどがわ》の河口に設けられた泊。五泊の一。神崎川の上流にあたる江口・神崎辺であったと考えられ、交通の分岐点で、西国から京に上る際には、ここで陸路か海路かが選択された。

(219) **最手《ほて》**　相撲人の最高位。現在の大関(または横綱)にあたる。「ほって」とも。

(220) **白丁《はくちょう》**　「はくてい」とも。公の資格を一切持たない無位無官の男子。この場合は、相撲人と共に連れられた人を指すか。

『小野宮年中行事』(七月・廿八日相撲召合事)に、

　太政官符五畿内七道諸国司

　　応三逐年毎レ国貢二上相撲白丁一二人一事、

右相撲白丁撰二膂力者一貢上、行程載在二格条一、而年来之間、諸国之吏、或忘二供節一而闕二点進之勤一、或迫二期日一而貢二尫弱之者一、是則国司不レ憚二憲章一、忽二諸勤節一之所レ致也、右大臣(藤原実資)宣、奉レ勅、宜下加二下知一令上貢二膂力之者一、但叙位・除目之時、定二申功課一之日、先仰二本府一進二勘不之勘文一、若無勘之輩、縦致二任国之功一、曾不レ預二僉議之列一者、諸国承知、依レ宣行レ之、符到奉行、

　　治安三年四月一日

　右中弁藤原朝臣章信　左少史大宅眞人恒則

とあるように、諸国は相撲人として力の強い白丁を出すことになっていた。註212も参照。

(221) **九条の新造家**　藤原師輔の邸宅があった左京九条三坊六町を藤原頼宗が伝領し、そこに新造した邸宅か。

(222) **母氏(=藤原伊周女)同じ**　中将兼頼の母も、兼頼と同刻(中時許)に頼宗の九条邸に行ったという意味。母氏(藤原伊周女)の発病は三月廿三日条▼b・七月九日条▼bにも見える。また、八月十日条▼b、八月註127参照。

(223) **仕丁《しちょう》等の人**　十四日＊2に起こった実資の盆供使の乱闘事件で禁獄となった仕丁。十五日条＊1・廿日条▼a、註110・122・145など参照。

(224) **左右《そう》を仰すべからざるの由**　実資の方からは、家の仕丁を免ずるかどうかを命じない、ということ。尚、卅日＊1に獄に入れられた仕丁二人を免じるよう、検非違使別当源朝任に伝えている。

(225) **慶**(×受)　慶賀(→正月註246)。大江挙周が侍読の労による加階の慶び(お礼)を実資に申し上げた。

(226) **中将(=隆国)の官人等**　頭中将源隆国の随身を勤める近衛府の官人か。

恐らく、中臣為男以外に腋を希望していた三人のうち、県為永が番付上の最上位におり、次位の県高平が先年の御前の相撲(内取または抜出)で為永に勝ったことがあると伝えたのであろう。また、惟永も実力には自信があり、為永と勝負して実質上の腋の座を手に入れようとしている。

(227) **信任の申す覆勘文**　越中介信任が申請をしていた外記局雑舎修造の覆勘文。九日条▼a・廿五日条▼a参照。

(228) **石見守《いわみのかみ》資光の申す五ヶ条の文**　未詳。「続文」(→正月註150)させたとあるので、先例などを調べた勘文を貼り継がせて覆奏させたのであろう。

(229) **内取《うちどり》**(々取)　前出(→註144)。藤原兼頼は左中将である

ので、これは左近衛府の内取か。あるいは御前の内取か。

(230) **南の堂** 豊楽院の西方の南にある明義堂《めいぎどう》のことか。豊楽院は大嘗会・蕃客饗宴・節会などに用いられた国家的饗宴の場であったが、この頃には既に廃れていた。尚、三月十九日条▼aで「豊楽院西方南極十九□(間カ)堂南妻東面六間廂、頽落、」ということが指摘され、『左経記』長元七年(一〇三四)八月十九日条には「可レ修二造風損所々一事」に豊楽院の「明儀堂十九間」が含まれている。

(231) **者り《てへ》** 本日条(干支の後)には、二・三字文分の空白があり、この会話文の主語は底本書写の段階で読めなかったと考えられる。恐らく頭弁経任などによって伝えられたと考えられるが、実資はこの宣旨を直ちに宣下している。事件の詳細は不明だが、真上為成は「濫行の下手」として国司に連れ出された。しかし、相撲節会で長年左近衛府の最手を勤めており、恐らく昨日(廿七日)の御前の内取に参加させるために宥免としたのであろう。

(232) **誹々《ひひ》(×緋々)なり** 「誹」は、そしる、他人を悪く言う。下手人として逮捕された左近衛府の相撲人に対する処置を批判した実資の詞か。

(233) **寛免《かんめん》す** 「寛宥」「寛恕」「宥恕」と同じか。寛大な心をもって相手の罪やあやまちをゆるすこと。

(234) **擬近奏《ぎこんのそう》** 相撲召合に際して、相撲人や楽人を臨時に近衛に補すために行なう奏。「擬近文《ぎこんのふみ》」ともいう。左右近衛府が作成した奏文を、召合当日、蔵人を帯びる次将が奏上し、天皇は「聞」の字を書いて返給する。『江家次第秘抄』(七月)に「擬近奏(是相撲人ヲ一日晴ニ近衛ニスルコト也、)」とある。『北山抄』(巻八・大将儀・相撲召合)に「前二日有二内取事一、(中略)若有下相撲人・楽人等可レ補二近衛一之者上、早旦修二奏文一、次将奏レ之、(注略)」とある。また『延喜式』(巻四五・左右近衛府)に、

凡擬二近衛一者、預択下定便レ習二弓馬一者、入色卅人已下白丁十人已下上、修レ奏進二内侍一、奏訖即遣二勅使一試二其才芸一、騎射一尺五寸的、皆中者為二及第一、歩射卅六歩十箭、中レ的四已上者為二及第一、若一箭不レ中レ皮者、以二二的一准折、

とあり、「擬近衛」の補任は相撲以外にもあったらしい。実資の命により白丁四人を入れた擬近奏は、翌廿九日▼aにもたらされ、実資が「朝臣」と書き加えている。

(235) **愚者の言、賢哲、尚、採択する耳《のみ》** 「愚者の言」は実資の言を意味し、「愚者の言であっても事によっては賢哲も採用することがある」と言って、一泊ですぐ帰るよう忠告していたにもかかわらず、二泊もして兼頼の母氏が病気になってしまったことを非難している。

(236) **忌籠《いみこ》もらず** 御前の内取に参加する相撲人として前日

から忌み籠もらなければならなかったのに、それをしなかった。これにより真上勝岡と県為永は、右近衛府に召籠められた。『小右記』万寿四年(一〇二七)七月廿八日条に「相撲人等不レ令レ籠二宿反閇処一事、召二問彼所官人等一、若無レ所レ避者可レ令レ進二過状一事、仰二将監為資(藤原)朝臣一」「不レ籠二反閇一之相撲人等可二召候一由同仰レ之、」とあるように、相撲人たちは反閇《へんばい》処に籠もらなければならなかった。

(237) **汝**(＝兼頼)　ここの藤原頼宗の会話文は息兼頼に対して言ったことを直接話法で伝えていると考えられる。つまり、汝(兼頼)に、父子共に連絡もせずに籠居すると外聞が良くないので、関白に挨拶に行くよう指示したのであろう。

(238) **若《も》しくは参(×年)るべきの事有る哉**　実資に相撲召合への参不(出欠)を尋ねている。実資は前々から不参の由を頭弁経任に伝え、また当日のこの日にも伝えたという。上卿を勤める内大臣教通には、家司である宮道式光に伝えさせている。

(239) **興言《きょうげん》**(×立)　勢いに乗って言うことば。その場かぎりの座興の言。

左大将教通は、右大将実資の不参により一人で相撲節会を仕切ることになった。そこで関白頼通に参入するかを尋ね、随身の馬や牛がないとの理由で欠席との返事を得ると、馬二頭・牛一頭を送ったという。この両者の遣り取りを「興言歟《か》」と言ったのである。

(240) **楽の定**　相撲の楽を行なわないという決定。廿二日条＊1・廿三日条＊1・廿四日条▼a・廿五日条▼c▼dなど参照。

(241) **青色の表衣《うえのきぬ》・鼻切《はなきれ》**　「表衣」は「ひょうい」とも。うわぎ。袍。青色袍は、刈安草と紫草を染材とする青白の橡《つるばみ》の袍で、「麴塵《きくじん》袍」「山鳩色《やまばといろ》袍」ともいう。位袍ではないが、天皇・上皇・東宮・親王・諸王以下の諸臣、六位蔵人が使用した。地質・文様は使用者の身分・職掌によって異なる。「鼻切」は、鼻切沓(鼻切履)のことか。鼻先の低い沓で、「鼻高沓」に対していう。『西宮記』(臨時三・沓)に「鼻切」について「四位・五位上官着二用之一、近代、公卿及六位、任レ意着用、未レ知二可否一」とある。青色の表衣と鼻切沓は、共に六位の右将監である菅原義資にとっては過差であったのだろうか。地下将監が青色袍を着して相撲奏を執ったという記事は、『小右記』万寿元年七月廿九日条に「右将監国行着二青色袍一執レ奏、近衛府被レ聴二雑袍一、仍所レ着歟、而上下不二甘心一云々、依二故内蔵允利重子一歟、」とあり、同四年七月廿六日条に「次右奏持来、〔少将行経(藤原)・蔵人将監経成(源)、着二麴塵一、地下将監持候有二何事一乎、先年地下将監国行着二無文青色㆒持候、此度似㆓舞㆒、是悪案歟、〕」とあるように、好ましくないこととされている。義資については、寛仁元年(一〇一七)九月八日条に「帯刀名簿〔蔭子正六位上菅原朝臣義資、従五位下資信子、〕右馬頭能通(藤原)持来、」とあり、治安元年(一〇二一)七月廿六日条にも実資の任大臣の慶申の前駆の六位十人の中に帯刀として見えるが、青色袍の着用は蔭子であったことによるか。

(242) **相撲奏《すまいのそう》** 相撲召合の始めに左右大臣が出場する相撲人の名前を書いた奏文を奏上すること。紫宸殿の東階下の壇上で行なう作法については正月註226参照。

(243) **何事か有らむ** 過差を犯さなかったとしても、そんなことは大したことはない。廿五日▼cに禁制が出ていたにもかかわらず、相撲奏に祗候した右将監菅原義資が過差を犯したことを非難しているが、禁制を守らなかったこと以上に、義資に相撲奏をやらせたことを批判しているのであろう。実資は、廿一日条▼aで信頼できる扶宣を指名していた。註151参照。

(244) **手結《てつがい》** 前出(↓註169)。これは相撲召合の手結に勝敗を書き入れたものであろう。これによって実資はこの日の勝敗の結果を知るが、先に途中経過を伝えた頭中将源隆国や相撲人県惟永の情報を総合すると、十二番のうち、一番近光・二番惟永から六番までの全員と十一番が右の勝ちで、右の七勝、左の二勝(反則をした良方の取組を入れると三勝)、二つは不明。故障の申請が認められた幹行は「不取」か。また、右の最手真上勝岡と腋中臣為男と県為永の三人は相撲を取らなかったとあるが、勝岡と為永は前日に府に召籠められており、為男は高齢でもとから相撲などできなかった。実資はこの結果に満足したようで、最終結果が出ない時点で右の陰陽師大中臣為利に禄を賜うよう命じている。左大将である教通が簾下に候じていたにもかかわらず左の相撲に元気がなかったということが、左中将兼頼からの報告にある。

(245) **金勝一番、金一番天判** 左の二勝についての内容。「金勝」とは現在の「金星」で、格上の者に勝ったという意味か。「金一番天判」の「天判」は天皇の判断。

(246) **府(×符)(=右近衛府)に納むる絹二疋** あらかじめ実資が右近衛府に納めておいた絹のうちの二疋という意味か。これを陰陽師大中臣為利に禄として与えた。原文は「符(府)納絹二疋給㆓為利㆒、」とあるが、意により読んだ。

(247) **道成朝臣に官を給する事** 源道成に新たな官を給すこと。隠岐守であった道成の不与解由状が認められ、やっと任官された。抑留されていた解由が奏上されたことは正月廿五日条▼bに見える。

(248) **勅有りて府に候ぜしむ** 阿波国(右)の相撲人である良

方(姓不詳)が、敵の髪を摑んだ反則により、天皇の命で右近衛府に留置となった。八月三日条＊1・四日条▼a参照。尚、「小時」について、「少しの間、良方が敵の髪を摑んだ」と解釈することもできようが、ここでは後に「者(てへり)」があることから「〇〇来たりて云はく」などの脱文があると判断した。

(249) **致孝の触《ふれ》立《た》つる名簿《みょうぶ》**(×石藉) 藤原致孝は遁去した実資の馬を発見した者。三月廿二日条＊2・廿三日条＊3参照。これに関連して実資の家人になる名簿(＝名籍)を提出しようとしたか。あるいは実資が致孝の叙位任官などを推挙するために提出させたか。

(250) **抜出《ぬきで》** 相撲人の中から選抜して好取組の相撲を行なうこと。召合の次の日に行なわれることが多い。

この日は三番行なわれ、最手真上勝岡は棄権により「不取」、二番の県惟永は不明(負ヵ)、三番守利は負。

(251) **獄に候ぜしむるの仕丁二人を免ず** 十四日＊2に起こった実資の盆供使の乱闘事件で禁獄となった仕丁。廿七日▼aでは、検非違使別当源朝任に委ねるとしたが、ここで実資から釈放を願い出た。十五日条＊1・廿日条▼a、註110 122 145 223 224参照。

(252) **観普賢経を釈す** 小野宮邸で行なわれる恒例の月例法華講。二月註220参照。『観普賢経』は『観普賢菩薩行法《かんふげんぼさつぎょうほう》

経《きょう》』一巻で、『法華経』の「結経《けちきょう》」とされる。これにより三十講の一サイクルが終了し、翌月(八月卅日▼a)から新たな三十講が始まる。

(253) **堀川院** 堀河院は前出(→正月註344)。藤原基経が創設し、兼通、円融上皇、頼通などを経て頼宗に伝領された。

(254) **大宰府の言上する怪異の事** 割注にあるように、宇佐八幡宮の殿上に雀の大群が集まって巣を作った(喫栖)こと。これを怪異とみなし、神祇官・陰陽寮に軒廊御卜《こんろうのみうら》を行なわせて、起こりうる災厄を予測させることになった。資平が上卿を勧めたその儀については、『左経記』八月四日条※7に詳しく、結果についても「官申云、本所火事・疾疫云々、寮申云、天下疾病、若御薬云々、」とある。

八月

一日、丙子。

▼a 諷誦《ふじゅ》、三ヶ寺に修す。〔東寺・清水・祇園（祇薗）。〕今明（×朝）物忌《ものいみ》(1)。覆推《ふくすい》するに「重し。」者《てへ》(2)り。仍りて閉門し、時々東門を開く。小女（＝千古）、西宅に在（×依）り。午後《うまのち》、外宿人《げしゅくにん》(3)を禁ぜす。

▼b 内記国任申して云はく「侍読別勅加階位記《じどくべっちょくかかいのいき》の文の事(4)、大内記孝親に伝仰《つたえおお》するに、申して云はく『未だ尋得《たずねう》る能はず。七日に南山（＝金峯山）に参る(5)。罷帰《まかりかえ》るの後、怱々《そうそう》に尋申《たずねもう》すべし。』」者り。

＊1 四日に仁王会《にんのうえ》の事を定むべきの由(6)、頭弁《とうのべん》（＝経任）に示遣《しめしつか》はす。大弁に告ぐべき事、文書、作るべき事（事×）、陰陽《おんよう》寮《りょう》に下給《くだしたま》ふべき事、仰せ給ふを告ぐべき事、弁参るべき等の事、頭弁に示し訖《おわ》りぬ。返事に云はく「一々（×日）(7)、之を承はる。但し右少弁（×左少弁）家経(8)、行事の巡(9)に当たる。而《しか》るに所労有りて灸治し、出仕に堪へず。」者り。

▼c 昨の抜出《ぬきで》(10)、東宮（＝敦良親王）参上し給ふと云々。楽無きの年、両日（□日）参上し給ふは如何《いかが》。

二日、丁丑。

諷誦《ふじゅ》を三ヶ寺に修す(11)。〔広隆寺・賀茂下御社神宮寺《かもしもおんしゃのじんぐうじ》・北野。〕

＊1 中使《ちゅうし》(12)経季云はく「中使と為《し》て関白第（×事）に参る。是、明日の内論義《うちろんぎ》(13)の有無の事也。関白（＝頼通）奏して云はく『大博士《だいはかせ》(14)貞清は灸治し、参るべからず。助教《じょきょう》(15)頼隆、所労有りて、従事せずと云々。件の二人参らざるは如何《いかが》。頼隆の参不を問はるべし。』仰せて云はく『大博士不参の例、外記に問ふべし。』者《てへ》(16)れば、『大外記文義を召遣《めしつか》はして問ふべし。』と云々。内々に頼隆の参否を問遣《といつか》はす所なり。」と云々。余云はく「大博士不参の例、問はるべからざ

る歟《か》。常例の故なり。」是、密《ひそかにかた》語る也。(17) 外記勘申《かんじん》する歟。(18)

三日、戊寅。

*1 内論義《うちろんぎ》止む。大博士貞清・助教頼隆等の不参に依ると云々。是、経季、〔従〕去夕、内より申送《もうしおく》る所なり。

早旦、頭中将《とうのちゅうじょう》（＝隆国）来たりて、相撲《すまい》の間の事を談ず。「阿波の相撲人《すまいびと》良方、府（＝右近衛府）の住所に候ず。(19)」者《てへ》り。

明日、左右大弁（＝重尹・経頼）参入すべきの由、之を示遣《しめしつか》はす。参るべきの報有り。

▼a 中納言（＝資平）来たる。中将（＝兼頼）来たりて云はく「母堂（＝藤原伊周女）の悩気、未だ減ぜず。」西宅に向かふ。右衛門督（＝経通）来たるの由を聞き、即ち帰り、良久《ややひさ》しく清談《せいだん》す。春宮大夫《だいぶ》（＝頼宗）の室（×実）（＝藤原伊周女）の病悩の事、弾正《だんじょうの》少弼《しょうひつ》定義云はく「只今酉剋《とりのこく》、霊気を人に移す(20)の間、湯治す。」又、云（×人々）はく「明暁、金液丹《きんえきたん》を服すべし。(21)」

四日、己卯。

▼a 阿波の相撲人良方、府（＝右近衛府）の住所に候ずることを免ぜらる。(22) 内大臣（＝教通）、勅を伝ふと云々。

諷誦《ふじゅ》を六角堂に修す。

師重を差《つか》はし堀川院（＝頼宗第）に奉る。今朝、金液丹を服せらる。忠明服せしむと云々。修善《しゅぜん》、行なはしむべき事、奉信に示す。来たる七日に修せしむべし。阿闍梨《あじゃり》は本家（×宗）(23)請用《こいもち》ふべきの由、同じく示し了りぬ。件の修法、中将（＝兼頼）をして之を修せしむる也。

頭弁《とうのべん》（＝経任）、宣旨《せんじ》を持来《もちき》たる。〔或《あるい》は定むべき事、或は勘宣旨《かんせんじ》。(24)〕覆奏《ふくそう》文(25)有り。

＊1 即ち帰来《かえりき》たる。関白（＝頼通）の御消息を伝へて云はく「伊勢大神宮の御託宣《おんたくせん》の事(26)、近曾《きんそう》(27)、斎宮より（×修）内々示送《しめしおく》る。然而《しかれども》、子細多くは無し。仍りて祭主《さいしゅ》（×斉主）輔親を召遣《めしつか》はす。託宣を奉《うけたま》はる者也。而《しか》るに所労有りて早くは参上せず、一日《ついたち》に参上す。〔一日参上〕面して案内《あない》を問ふ。申して云はく(28)、

『斎王（＝媞子女王）十五日(29)、離宮(30)に着き給ふ。十六日、豊受宮《とようけのみや》(31)に参り給ふ。朝間《あさま》、雨降る。臨夜《りんや》、月明らかなり。神事了りて十七日に離宮に還り給ふ。内宮《ないくう》(32)に参らむと欲するに、暴雨大風、雷電殊《こと》に甚《はなは》だし。在々の上下(33)、心神、度を失ふ(34)。人、走りて喚ぶこと有る由を告ぐ(35)。風雨を凌（×清）ぎて参入するの間、笠も亦（×二）(36)、吹損《ふきそん》ぜらる。召に依りて御前に参る。斎王の御声猛《たけ》しく高きこと喩《たと》ふべき事無し。御託宣(37)に云はく「寮頭《りょうのかみ》相通は不善なり。妻（＝小忌古曾）も亦、狂乱（×任乱）(38)。宝の小倉を造立し、内宮・外宮《げくう》の御在所と申し(39)、雑人（×文）を招集《まねきあつ》め、連日連夜、神楽《かぐら》狂舞す。京洛（□）の中、巫覡《ふげき》（×観）、狐を祭る(40)。大神宮を枉定《まげさだ》（×狂定）む。此の如きの事、然らざるの事也。又、神事、礼に違（×遣）ひ、幣帛《へいはく》疎薄なること(41)、古昔に似ず。神を敬《うやま》はざる也。末代の事(42)、深くは咎むべからず。抑《そもそも》、光清(43)、官舎に納むる稲を運出《はこびい》だし、放火し、焼亡す。又、神民を殺害す。其の事遅々《ちち》とし、早く行なはるること無し。僅《わずか》に第三ヶ年の十二月晦《みそか》に及びて光清を配せらる。公家《こうか》の懈怠也。公家を護り奉ること更に他念無し。帝王と吾(44)と相交わること糸の如し。当時の帝王（＝後一条天皇）、敬神の心無し。次々に出で給ふの皇(45)も亦《また》、神事を勤むること有らむ歟。降誕《こうたん》の始(46)、已に王運の暦数(47)を定む。然而《しかれども》、復《また》、其の間の事有り。〔延縮の間歟。〕百王の運(48)、已に過半に及ぶ。件の相通并びに妻、神郡（×部）(49)を追遣《おいや》（×越）るべし。件の妻、女房の中に交はり居す。早く追遣るべし。即ち公郡に追遣れ。」輔親に仰せて斎王をして過状《かじょう》を進《たてまつ》（進×）らしむ(50)。神宣に背き難きに依るも、忽《にわか》に以て硯書《けんしょ》に及ばざる也。神宣に云はく「斎王の奉公の誠、前の斎王（王×）に勝《まさ》る。然而《しかれども》、此の事に

依りて、過状を進《たてまつ》らしめよ。読申《よみもう》すべし。」者《てへ》り。輔親申して云はく「御本心[51]無きの間、読申《よみもう》すと雖も聞食《きこしめ》し難き歟。」神宣に云はく「斎王に取収《とりおさ》まるの神、申す所、然るべし。蘇生せしむべし。」即ち本心出で給ふ。仍りて読申《よみもう》す。其の後、神宣に云はく「七ヶ度の御祓《おはらえ》[52]を奉るべし。」者り。此の間（×及）大雨止まず。僅《わずか》に三ヶ度奉仕す。今四ヶ度奉仕せむと欲するの間、水、已に湛来《たたえき》たる。仍りて斎王の御座を退くるの間、極めて不便《ふびん》也。今四ヶ度還《かえ》り給ひて行なふべくば、又、神宣に云はく「汚穢《おえ》の事多《おお》し。献酒、亦、供酒[53]すべし。」者り。仍りて三ヶ度、之を供す。毎度五盃。合はせて十五盃。亦、神宣に云はく「事、四五歳（×穢）の者に託すべくも、忽《たちま》ちに尓《そ》の年歯《ねんし》の者無し。仍りて斎姫《いつきのひめ》に託し給（×者）ふ。」者（×給）り。終《つい》に内宮に参るに致らず。事由《ことのよし》を申され、神供《しんぐ》の雑物[54]を抜捨《ぬきす》つるに致り了りぬ。是、荒祭神《あらまつりのかみ》の御託宣[55]なりと云々。他事、事多しと云々。近くに候ずる女房、之を承はる歟。日記す能はず。[56]』」

又、関白の御消息に云はく「相通を配流する託宣の事、諸卿をして定申《さだめもう》さしむべき歟。如何。」報じて云はく「託宣已に明らかなり。疑慮《ぎりょ》[57]無かるべし。凡人に寄託するに非ず。斎王に寄託して託宣し給ふ事、往古《おうこ》未だ聞かず。恐怖せしめ給ふべき也。最も信じ給ふべき事也。只、託宣に任せて行なはしめ給ふべき者也。若《も》し公卿の定に及ぶべきの宣旨を下さるれば、託宣の疑有るに似るべき乎。」即ち帰来《かえりき》たり、御消息を伝へて云はく〔々〕「示す所の旨、尤《もっと》も然るべき事也。然而《しかれども》、斎宮より告送《つげおく》る事は内々の事也。又、輔親を陣頭《じんとう》に召して問（×留）はるべき歟[58]。輔親、面して申す所有るも、彼の内々の事也。又、両三の上達部《かんだちめ》、参入すべきの由、示遣《しめしつか》はすは可《か》なり。」者り。余答へて云はく「輔親に問はるるは尤も善事《よきこと》也。」輔親を召遣《めしつか》はすべきの事、便《すなわ》ち同弁に仰す。[59]

*2 小時《しばらくありて》〔之〕、参内す。中納言（＝資平）、車尻《くるまのしり》に乗る。待賢門より参ること恒の如し。陣に着するの後、左右大弁

（＝重尹・経頼）着座す。余、南座《なんざ》に着す。仁王会《にんのうえ》の日、(60)頭弁経任に仰せて陰陽寮をして日時を勘申《かんじん》せしむ。「廿二日・廿九日〔時〕の間、時剋は午二剋《うまのにこく》なり。」者り。即（×而）ち左大弁（＝重尹）、例文《れいぶみ》(61)等を書進《かきたてまつ》らしむ。史、文書を進《たてまつ》り、且《かつ》、硯等を置く事、常の如し。左大弁、僧名を書く。〔大極殿《だいごくでん》百高座、(62)并（×再）びに南殿《なでん》・清涼殿《せいりょうでん》・院宮・神社等、例の如し。〕次々に検校《けんぎょう》(63)〔中納言経通・参議経頼。〕・行事人等(64)〔権左中弁経任、史国宣・守輔。〕を書く。書き了りて大弁進《たてまつ》（×近）る。見了りて筥に納む。〔日時勘文・僧名定文《さだめぶみ》・検校定文等也。但し行事定文を奏せず。是、例也。〕行事弁《ぎょうじのべん》経任を以て先づ内覧《ないらん》を経《ふ》。〔関白、経営《けいえい》参入す。今朝の御消息に云はく「未時許《ひつじのときばかり》に参入すべし。」者り。然而《しかれども》、仁王会の事を定申《さだめもう》すに依りて未時に参入す。後聞《のちにき》（×日）く。「関白、随身《ずいじん》を差遣《さしつか》（×開）はして下官《げかん》（＝実資）の参入を見しめ、余（＝実資）の参入を聞（×同）きて、沐浴《もくよく》せず営《いそ》（×労）ぎ参る。」と云々（々×）。〕示されて云はく「乗延は重服なり。」者り。他の人に改めらるべき歟。北野の講師《こうじ》、清朝等に改むる也。重ねて内覧を経て、奏聞せしむ。即ち下され（×致）給ふ。〔下給〕仰せて云はく「廿二日、行なふべき也。」僧名・日時勘文・検校定文・行事定文等、相加へて下給《くだしたま》ふ。行事弁経任、一々結申《かたねもう》す。(65)〔可〕廿二日に行（×給）なふべきの由を仰す。

▼b

祭主（×斉主）輔親の参不を問ふ。申して云はく「使を召遣《めしつか》はすも未だに左右《そう》を申さず。」仍りて重ねて召遣はし訖りぬ。」頃之《しばらくありて》（×須之）、申して云はく「使と相《あい》共に参入す。」者り。事由《ことのよし》を奏せしむ。仰せて云はく「伊勢の託宣の事を問ふべし。」者り。便ち頭弁《とうのべん》（＝経任）に仰す。是、密事也。若《も》し外漏《がいろう》(66)すべからざる事有らば、他の人を以て問はしむるは便《びん》無かるべき也。仍りて頭弁に仰す。陣頭に於いて問はしむるは、立聞《たちぎき》の輩有る歟。御書所《ごしょどころ》(67)に於いて問ふべきの由、之を相《あい》含む。心底に思ふ所は、蔵人所《くろうどどころ》の辺《あたり》、若《も》しくは頭《とう》の宿所に於いて問はしめ給ひ、彼の申す所を以て仰下《おおせくだ》さるるが宜しかるべき歟。民部卿斉信云はく「外記を以て問はるべき歟。」余答へて云はく「佚、多かるべし。」頭弁を以て閑処《かんしょ》に於いて問はしむる所を披露せむ。戸部《こぶ》(＝斉信)諾す。時剋多く移る。頭弁、輔親奉《うけたま》はる所の託宣を伝申《つたえもう》す。即ち奏せしむ。若しくは注進せしむべき歟。展転《てんてん》の間、漏失《ろうしつ》無きに非ず。(68)仰に随ふべきの由、伝奏を経る耳《のみ》。此の間、雷電大雨殊《こと》に甚《はなは》だし。官人并びに随身等を召し、(69)陣砌《じんのみぎり》の内の宜陽殿《ぎようでん》の壇上に候ぜしむ。諸卿、色を失ふ。怖畏、極《きわまり》無し。陣前《じんのまえ》に水湛《たた》へ、亦、陣後《じんのうしろ》に同じく溢《あふ》る。頭弁、陣後の水(×必)に妨げられ、勅語を伝ふ能《あた》はず。南殿を徘徊(×俳佪)す。以て陣腋《じんのわき》の橋に床子を相構へ、彼を以て橋と為し、纔《わずか》に陣を出でて、勅を伝へて云はく「託宣…。(70)」

五日、庚辰。

*1 廿五日の御幣使の事、(71)連日の大雨の事、先づ神祇官西院に於《お》いて止雨の御祈(72)有るべき歟《か》。祭主(×斎王)禱申《いのりもう》(×由)すは例事也。亦、止雨使(73)を立てらるべき歟等の事、頭弁《とうのべん》(＝経任)に示遣《しめしつか》はす。報じて云はく「相通夫妻、搦護《からめと》るべきの由の宣旨《せんじ》(74)、去夜、貞行宿禰に給(×次)ふ。」者(×云)り。又、妻(＝小忌古曾)の姓名、輔親朝臣に問ふべきの由、同じく遣仰《つかわしおお》せ了りぬ。伊勢使は未だ誰人にも仰せられず。其の事、他の上《しょう》(75)に仰せらるべきの由、博陸《はくりく》(＝頼通)に申すべき也。又、近来の霖雨(×並)の西院の御祈の事、同じく申侍《もうしはべ》るべし。余、行歩するに堪へ難し。左仗より八省に参るは、其の程眇遠《びょうえん》(×助遠)(76)にて、腰痛の喘《あえぎ》甚だし。春華門(春花門)より陣に参るの間、実に幾ばくならずと雖も、已に為《な》す術《すべ》無し。仍りて漏達《もらしたっ》すべきの由、示遣《しめしつか》はす所也。

▼a 大外記文義云はく「女の配流(流×)未だ尋出《たずねい》ださず。」者り。国史を引勘すべきの由を仰す。弾正少弼《だんじょうのしょうひつ》(×小弼)定義、忠《ちゅう》斉任を問(×同)ふの日記(77)を持来《もちき》たる。此の間、頭弁来たる。即ち件の日記を付す。

▼b 牛童《うしわらわ》三郎丸の従者の童(78)、昨、検非違使重基の随身の火長《かちょう》并びに左馬寮の下部《しもべ》と拏攫《だかく》す(79)。式光朝臣に仰せて獄所《ごくしょ》に下す。

*2 将監《しょうげん》扶宣、府生光武・尚貞の過状《かじょう》(80)を進《たてまつ》る。殊に戒《いましめ》仰《おお》せて之を免じ給ふ。尚貞は追相撲《おいずまい》(81)の事にて狼藉(×借)、之を行なふ。光武は相撲所の定文、遅れて給はる。

六日、辛巳。

*1 斉任を勘問《かんもん》するの日記(82)、頗《すこぶ》る不例の辞有り。例文は「ム《なにがし》申して云はく。」而《しか》るに「答へて云はく。」と注す。忠《ちゅう》(＝斉任)を勘問する者は貞親也。朝夕、恪勤《かくごん》(×挌勤)の者也(83)。記者は疏《そ》致親。亦、恪勤(×挌勤)の者なり。仍りて貞親に仰す。申して云はく「失錯也。」亦、少弼《しょうひつ》定義に触る。定義(々々)云はく「大失。」者り。密々《ひそひそ》、頭弁《とうのべん》(＝経任)に示し、取返《とりかえ》して貞親に給ひ、改《あらため》書《か》きて進《たてまつ》るべきの由を仰せ訖りぬ。

▼a 其の後、頭弁来たる。「明日、御願使(84)と為《し》て石清水に参るべし。」者《てへ》り。馬寮《めりょう》(85)、馬一疋を申す。鞍五具を調へて借賜《かしたま》ひ了りぬ。「左寮は十疋。」者《てへ》れば、右、同数。騎者は左右近衛府将曹(×時専)已下近衛已上(×下)と云々。

▼b 頭弁云はく「今日、止雨の御祈の事、並びに寮頭相通の事を行なはるべきの日の事を申すべし。」と云々。入夜《よにいり》、頭弁、関白(＝頼通)の消息を伝へて云はく「相通并びに妻(＝小忌古曾)を配流する事、一定《いちじょう》し了りぬ。今に至りては御《ご》衰日《すいにち》、重・復日(86)を除きて行なふべし。明後日、何事か有らむ。」者り。又、云はく「止雨の御禱、祭主(×斉主)輔親に仰せて奉仕せしむべし。」者り。

七日、壬午。

中納言(＝資平)、雑事を談ず。

*1 大外記文義・左大史貞行を召し、内々に明日行なふべきの事等を(87)戒《いましめ》仰《おお》す。大外記文義、女の配流の例文を勘進《かんしん》す。(88)〔国史(＝『続日本紀』)に云はく「天平勝宝四年八月庚寅、(89)京師《けいし》の巫覡《ふげき》十七人を捉(×提)へて、伊豆・隠岐・土左等の遠国《おんごく》に配す。」〕左右大弁(＝重尹・経頼)・別当(＝朝任)、明日参入すべきの由、之を示遣《しめしつか》はす。左大弁、故障と称す。

*2 今日、公家《こうか》(＝後一条天皇)、左右十列《とおつら》(90)〔寮馬一疋・移鞍《うつしぐら》五具(91)、馬寮に借す。〕を石清水宮《いわしみずぐう》に奉らしむ。使は蔵人頭権左中弁経任。大納言斉信、之を行なふ。是、先年の御願《ぎょがん》(92)と云々。

*3 今日より五ヶ日(93)、諸社に於いて御読経《みどきょう》を行なはる。先年の御願と云々。石清水は権僧正尋円、賀茂《かも》上下は大僧都明尊〈上〉・大僧都定基〈下〉、松尾《まつのお》は権律師融碩、大原野《おおはらの》は賢尋(□)、平野《ひらの》は権律師経救、祇園《ぎおん》(祇薗)は真範、稲荷《いなり》は大僧都尋光、春日《かすが》は先《さきの》大僧都扶公。

*4 左中弁経輔、御馬逗留(×豆留)の解文《げぶみ》(94)を持来《もちき》たる。奏すべきの由を示す。

▼a 入夜《よにいり》、中納言・中将(＝兼頼)来たりて云はく「高陽院(＝頼通第)に於いて興福寺御塔供養(95)の雑事を定めらる。〔十月廿日。〕」又、云はく「十三日、止雨使を立てらるべし。使(々)は神祇官人。」先日、頭弁《とうのべん》(＝経任)を以て関白(＝頼通)に達(×奉)せしむる事也。

▼b 今夜、代厄祭《だいやくさい》(96)を行なふ。〔孝秀、南庭に於いて之を祭る。〕

*5 夏の衣服を給ふ。(97)府生四疋、番長三疋、近衛二疋。

右馬助知貞、家司《けいし》と為す。

八日、癸未。

諷誦を清水寺に修す。

▼a 師重朝臣を以て少納言(＝資高)の息子の夭、并びに俊遠朝臣の女の亡の事を弔《とぶら》ふ。

＊1 文義朝臣、重ねて勘進して云はく「国史(＝『続日本紀』)を検するに『天平十一年(×十年)三月庚申(98)、石上朝臣乙麿、久米連若売を奸するに坐し、土左国に配流す。若売、下総国に配す。』者《てへ》り。同国史に云はく『天平勝宝四年八月庚寅(99)、京師《けいし》の巫覡《ふげき》十七人を捉へて、伊豆・隠岐・土左等の遠国《おんごく》に配す。』者(□)り。同国史に云はく『天平宝字元年七月庚戌(×戊申)(100)、安宿王及び妻子を佐渡国に配流す。』」者り。

＊2 早朝、頭弁《とうのべん》(＝経任)来たりて云はく「昨日、勅使と為《し》て石清水に参り、御願《ぎょがん》(□願)を果(□)たし奉る。左右馬寮の十《とお》列《つら》(十烈)を奉られ、御読経を行なはる。」と云々。

＊3 弾正忠斉任を勘問する日記(101)、頭弁に(×付)先日付し了りぬ。而《しか》るに頗《すこぶ》る不例の文辞(×事)有り。仍りて取返《とりかえ》し、密々《ひそひそ》、忠《ちゅう》貞親に給ひて改《あらため》書《か》かしむ。少弼《しょうひつ》以下署(×着)し了りぬ。弼定義(□)驚恐すと云々。

＊4 今日、相通并びに妻(＝小忌古曾)の配流を行(×引)なふべき事、一日《いちじつ》承《うけたま》はる所也。夫婦相分ちて国々に配すべきの由、諸卿定申《さだめもう》す。須《すべか》らく夫に相従ふべき也。『獄令《ごくりょう》』(102)に見ゆ。而(×留)るに事、妻より発《おこ》る。已に共に配流すべし(103)。仍りて各々、其の処を別つべし。但し、配すべきの両国、慥《たしか》に案内《あない》を承はるべき事。左右衛門府生を以て使と為《な》すべき事(104)。相通の位記を取進《とりたてまつ》るべき事、宣旨《せんじ》を京職《きょうしき》に給ふべき事(105)。返進の位記、毀《こぼ》つべき式、已に『刑部式』(106)に在り。而《しか》るに安和の例(107)、只、宣旨を京職に給ふ。去年(108)、安和の例に依りて行なふ所なり。配流の官符は結政《かたなし》に於いて請印《しょういん》すべし(109)。『刑部式』に云はく(110)「良は内印《ないいん》を用ひ、賤は外印《げいん》を用ひよ。」然而《しかれども》、去年、先例を尋ねて外印を

用ふ。仍りて結政に於いて請印《しょういん》すべき事等、頭弁に含み関白（＝頼通）に達し了りぬ。

参内す。〔午二《うまのに》。〕中納言（＝資平）同車す。待賢門より参入すること例の如し。諸卿見えず。陽明門に宰相の車二両有り。案内を問ふ。「右兵衛督朝任参入す。右大弁経頼、中宮（＝威子）に候ず。」と云々。随身を以て呼ばしむ。即ち参入す。先是《これよりさき》、関白営《いそ》ぎ参る。頭弁を呼びて案内を問ふ。云はく「関白云はく『配流すべきの国々、便（×使）に伊勢国より遣はすべきの国有る(111)哉《や》、如何。又、夫婦、国を異にすべし。又、結政請印《しょういん》、去年の例に依り行なふべし。位記に至りては前例に依り取進《とりたてまつ》るべきの由、宣旨を京職に給ふべし。』」者り。余答へて云はく「遠流《おんる》・中流・近流、『刑部式(112)』に在り。彼に依りて之を行なはるべし。但し伊豆国は光清を配流するの処也。同国に配せらるべからざる歟。他の国々は勅定《ちょくじょう》に在るべし。」其の後、勅命に云はく「斎宮寮頭相通、佐渡国に配流すべし。妻藤原小忌古曾《こきこそ》、隠岐国に配すべし。」者り。即ち同弁に仰す。〔小忌古曾の姓名、神祇少副兼忠注進す。〕左衛門府生秦茂親を以て佐渡使(113)と為し、右衛門府生清内永光を以て隠岐使と為す。各《おのおの》府差進《さしたてまつ》る所なり。結政請印の事、大外記文義に仰す。〔『刑部式』に云はく「良は内印を用ひ、賤は外印を用ふ。」者り。而《しか》るに去年、外印を用ふ。彼の時、尋勘《たずねかんが》ふる所也。先例に依りて行なふ所なり。〕外記相親、配流の官符二通を進る。〔佐渡・隠岐。〕相親退出す。余見了りて更に相親を召して返給《かえしたま》ふ。暫く膝突《ひざつき》に候じて給はるべき歟。相親、筥《はこ》を捧げて趨出《わしりい》づ。右大弁起座す。敷政門《ふせいもん》より出で、結政に向かふ。請印了りて大弁、化徳門《かとくもん》より入りて着座す。相通の位記を取進《とりたてまつ》るべきの事、宣旨を京職に給ふべきの由、頭弁に仰す。且《かつ》、隠岐に配流するの者、更に入京すべからず。道を枉《ま》げて配処に向かふべきの由(114)、使者に仰せしむ。船に乗せて罷向《まかりむ》かふべき也。是、関白の仰する所也。秋比《あきごろ》（×此）に入り、海船、往還し難き歟。右兵衛督朝任云はく「寮頭停任の宣旨有るべき歟。」者り。官位共に追ひて遠流に処す。更に停任の宣旨有るべからざる者也。[115] 後聞《のちにき》く。「関白、此の趣《おもむき》を頭弁に示さる。」頭弁（々々）申して云はく「去年、光清停任の宣旨無し。」者り。

今日の参入、中納言資平・定頼、参議朝任・顕基・経頼。

*5 頭弁、関白の命を伝へて云はく「強姧《ごうけん》の事、[116] 賊の露顕（×験）に准じて行なふべき歟。」者り。余答へて云はく「斉任既に指証人《さしたるしょうにん》なり。先づ猶（×於）、真信（×真偽）を問はるべき歟。強姧・和姧、頗《すこぶ》る疑を持つ。亦、他の人の斉任（任×）に来会《きたりあ》ふもの有るの由を申す。真信（×真偽）・媒介の女[117]等、実正《じっしょう》を申すべき歟。」又、関白云はく「上達部《かんだちめ》をして定申《さだめもう》さしむべき歟。」余答へて云はく「今般、先づ真信に問ふべき歟。」頭弁告げて云はく「下官（×間）（＝実資）の言の如く、先づ真信を問ふべき也。事由《ことのよし》を答ふべし。」者り。余退出す。〔未《ひつじの》二剋《にこく》に参入す。未三剋に事了りぬ。四剋に退出す。〕

▼b 今日、内裏に犬死穢《いぬのしえ》有り。十三日、止雨使（×出雨使）を立てらる。中納言奉行す。幣物《へいもつ》の請奏《しょうそう》、当日、進《たてまつ》るべし。兼ねて用意すべき者なり。[118]

九日、甲申。

▼a 中納言（＝資平）来たる。昏黒《こんこく》、頭弁《とうのべん》（＝経任）、宣旨《せんじ》数枚を伝給《つたえたま》ふ。即ち下給《くだしたま》ふ。此の中、弾正忠斉任を問ふの日記有り。関白（＝頼通）云はく「検非違使をして証人（×文）真信を問はしむべし。」者《てへ》り。余云はく「真信の申す所、若し相違せば、彼の日記を以て重ねて斉任を問《と》ふべし。斉任に至りては、使庁（＝検非違使庁）に於いて問ふべからず。猶、台（＝弾正台）、復問すべし。[119] 真信の申す所、若し事疑《ことのうたがい》有らば、拷訊《ごうじん》（×栲杵）を加ふべし。」者り。其の時、使庁に給

ひて行なはしむべき歟。抑《そもそも》、案内《あない》を経て進止《しんじ》すべきの由、相含め了りぬ。

＊1 秋季臨時仁王会《にんのうえ》の料物《りょうもつ》(120)、加賀国、六月の内に進納すべきの官符(×府)、今月到来す。官符遅来《ちらい》の間、官物、新司に分附《ぶんぷ》する(121)の由、前司俊平申返《もうしかえ》す(122)。解文《げぶみ》・官符等、頭弁持来《もちき》たる。余云はく「新司師成、去月(×者月)赴任し、未だ交替を了《お》へざる歟。亦、俊平、京に在りて申返《もうしかえ》すの旨、理、然るべからず。須《すべから》く早く返給《かえしたま》ふべし(123)。而《しか》るに内々、関白に申せ。」者り。詞を加へて内覧《ないらん》を経るの処、自《みずか》ら命ぜらるるの事(124)有(×右)る歟。

十日、乙酉。

＊1 頭中将隆国来たりて言はく「国々の相撲人の免田の臨時雑役の事(125)、為永(為長)の愁申《うれいもう》す事、帥《そち》(=道方)の許に示遣《しめしつか》はすべし。」と云々。示遣《しめしつか》はすべきの由を答へ了りぬ。

▼a 頭弁《とうのべん》(=経任)云はく「加賀国の申返《もうしかえ》す仁王会の料米の事、去夕、関白(=頼通)に申す。命ぜられて云はく『問はしむべし。』者り。即ち貞行宿禰に問遣《といつか》はす。申して云はく『官掌《かじょう》秋時に給ひ了りぬ。』此の事に驚きて召問《めしと》ふの処、思失《おもいうしな》ふの由を申す。」者り。関白に申すべきの由を示す。又々、秋時の懈怠を責むと雖も、国司の進納に勤むべき歟(126)。抑《そもそも》、関白の定に依るべき者也。

大外記文義云はく「女配流の事、亦、国史に在り。」者り。注進すべきの由を仰す。

▼b 中将(=兼頼)の母堂(=藤原伊周女)、昨今、死生を定むべきの由(127)、三人の陰陽師《おんようじ》占ふ所と云々。仍りて中将、一昨に彼の家に詣づ。今夜、西(=西宅)に帰る。師重云はく「中将談じて云はく『昨日、俄《にわか》に重く悩む。今日平復《へいふく》す。』」

十一日、丙戌。
▼a 今日、物忌。東門を開(×関)く。
▼b 中納言(=資平)来たりて、考定《こうじょう》(128)の事を問ふ。葉子《ようし》(129)を授く。
▼c 中将(=兼頼)、今日より母堂《ぼどう》(=藤原伊周女)の為《ため》に修善す。其の料物(130)、家より送らしむ。阿闍梨《あじゃり》舜豪、日来《ひごろ》修する所なり。而《しか》るに今日結願《けちがん》なるも、延引せしむる所なり。浄衣《じょうえ》に至りては其の料の絹を遣はす。素《もと》より浄衣を着す。已に其の実有り。仍りて更に染調《そめととの》へしめず。前の修善の壇供・阿闍梨の伴僧《ばんそう》四口の供料の数に依りて、米廿二石余を充て給ふ。是、布施の外也。

考定なり。

*1 池の蓮の実(131)、東宮(=敦良親王)に献ず。是、中将献ずる也。

十二日、丁亥。
*1 経季云はく「夜々、主上《しゅじょう》(=後一条天皇)、密々《ひそひそ》、内侍所《ないしどころ》に渡御《とぎょ》す。恐所《かしこどころ》(132)を拝し奉らしむる所(々)なり。御慎《おんつつしみ》の御祈《おいのり》歟。莚道《えんどう》(133)を敷く。」
*2 昨日の考定《こうじょう》に楽有りと云々(134)。相撲の楽止むるに如何。中納言(=資平)示送《しめしおく》りて云はく「上卿中納言師房、左大弁重尹・右大弁経頼に問ふ。答へて云はく『故《ゆえ》有るの時、音楽無し。猶、有るべき也。』者り。仍りて音楽を挙《あ》ぐ。」愚案は、公家《こうか》(=後一条天皇)、相撲の楽を止めらる。是、已に故有り。左右大丞(=重尹・経頼)の申行《もうしおこ》なふ所、是《ぜ》無きに似る。又、宴座《えんのざ》(135)、左右大弁、之に着す。弁官記(136)に云はく「参議右大弁、献盃の儀を見ず。」者り。

＊3 頭弁《とうのべん》（＝経任）、書状を送りて云はく「流人《るにん》の使等、常の路を経ず。枉道《おうどう》（×狂通）の宣旨《せんじ》(137)を給ふべき歟。経過の国々、逓送《ていそう》(138)を勤めざる歟。仰に随ふべし。今日、慎む所堅固《けんご》なり。(139)参らず。」者り。報じて云はく「枉道（×狂通）の宣旨を給はざらば、国々逓送せざる歟。就中《なかんずく》、先日、関白（＝頼通）の消息に云はく『隠岐使、華洛《からく》を経ず、便路を取りて遣はすべき』の由、伝示《つたえしめ》さる。若《も》し状に随ひて海路より罷向《まかりむ》かふべくば、尤《もっと》も枉道の宣旨を給ふべし。秋に入るの後、海波高く、前途に達し難き歟。」弁、又、云はく「関白云はく『官掌秋時、勘当(140)せらるべし。但し米に至りては、猶、俊平朝臣弁ずべし。』者り。一々、秋時に仰下《おおせくだ》す。」者り。避くる所無くば過状《かじょう》(141)を進《たてまつ》らしむべし。臨昏《りんこん》、中納言来たりて、昨日の考定の事を談ず。甚雨《じんう》の間、参入するに方無し。(142)音楽、尚、有るべきの由、(143)上卿師房・両大弁（＝重尹・経頼）、之を存す。

＊4 大僧正（＝深覚）、威儀師聖命を使《つか》はして書状を送らる。「斎院（＝選子内親王）の御書(144)、辞せらるべき事を相加ふる也。下官（＝実資）に伝示《つたえしめ》すべし。」者り。報じて云はく「此の事、人事に非ず。神明の御心に在るべし。就中《なかんずく》、伊勢、神事の託宣に依りて行なはるる事有り。左右《そう》、申し難きの比《ころ》也(145)。」

十三日、戊子。

小女（＝千古）、西宅より帰る(146)。春宮大夫《だいぶ》（＝頼宗）の小女、同車（×東）して来たる。

▼a 今日、止雨使(147)を立てらる。〔丹生・貴布禰二社。使は神祇官人。〕中納言資平、之を行なふ。

＊1 熟苽《ほそじ》一駄《だ》(148)、悲田《ひでん》（×非田）に給ふ。

＊2 今日、府（＝右近衛府）に於いて相撲の還饗《かえりあるじ》(149)を給ふ。官人三人の禄、〔将監《しょうげん》扶宣二疋、将曹《しょうそう》正方一疋・綿一屯、府

生光武一疋。〕立合《たたあわせ》の相撲の禄、(150)〔布、仙禄結。(151)〕相撲人の見参《けざん》二人、(152)皆、勝者なり。一端を加給《くわえたま》ふ。所謂《いわゆる》勝禄なり。〔例の禄二端に一端を加ふ。〕饗料十石、兼日《けんじつ》給ふ。(153)熟苽六籠・魚類等、今日給ふ。

＊3 中納言(＝資平)、臨昏《りんこん》に来たりて云はく「今日辰時《たつのとき》に参入す。巳剋《みのこく》に使を発遣せむと欲す。大納言斉信卿、巳剋に参入し、賀茂の御願《ぎょがん》の事を行なふ。(154)左右馬寮の十列《とおつら》(十烈)、之を奉ること、石清水の如し。左中弁経輔を以て勅使と為《な》す。

次いで丹生・貴布禰使を発遣す。使(々)は神祇官。雨脚滂沱《あまあしぼうだ》に依りて、(155)宣命を内覧《ないらん》すべからざるの由、関白(＝頼通)の命有り。

＊4 又、祈年穀使の事(156)を定申《さだめもう》す。陰陽寮《おんようりょう》、日時を勘申す。〈今月十七日。〉

十四日、己丑。

＊1 頭弁《とうのべん》(＝経任)、大宰の解文《げぶみ》(157)を持来《もちき》たる。奏聞せしむ。八幡《はちまん》宇佐《うさ》宮の正宮、立柱上梁《りっちゅうじょうりょう》すべき日時を勘下《かんがえくだ》さるべきの由を申す。始造の日時を申さず。然《しか》りと雖《いえど》も、彼の日時を加勘《くわえかんが》へ、下給《くだしたま》はるべき者也。

＊2 弁云はく「関白(＝頼通)云はく『官掌秋時、重勘すべくば、(158)先づ過状《かじょう》を進《たてまつ》らしむべき』の由なり。強奸の証人を問ふべきの処の事、思忘《おもいわす》れて申さず。」者り。

＊3 松尾・大原野に左右十列(十烈)を奉らる。(159)〔松尾使は式部権大輔挙周、大原野使は左馬頭良経。左右十列(十烈)、先づ松尾に馳せ、次いで大原野。〕

中納言(＝資平)来たりて云はく「急速の官符請印《しょういん》の事に依りて参衙《さんが》の間、陽明門に於いて少納言不参の由を聞く。

更に参内せず。関白第に詣で、良久《ややひさ》しく清談す。御幣使の故障(160)、許すべからざるの由を示さる。」

十五日、庚寅。

▼a 暁更《ぎょうこう》、茂親申して云はく「馬、東門に入り、門の南腋《みなみわき》に於いて斃《へい》す。」者《てへ》れば、簡《ふだ》(161)を立てしむ。中将(＝兼頼)と同車して河原に出でて解除《げじょ》(162)す。穢に依(×依)りて八幡宮の御会(163)に奉幣せざるの由也。

▼b 紀伊守《きいのかみ》良宗来たりて云はく「明日、下向(164)す。」穢に依りて着座せず。堂(＝念誦堂)に於いて雑事を談ず。

▼c 頭弁《とうのべん》(＝経任)来たる。堂に於いて相逢ふ。着座せず。信濃国の解《げ》(165)を下す。〔正税《しょうぜい》の例用の不足、別納租穀《べつのうそこく》の内を以て充給《あてたま》ふ事。〕続文《つぎぶみ》(166)有るに依りて取見《とりみ》ず。只、宣下すべきの由を示す。先日、見る所の文也。

弁云はく「強奸の証人の事、今日、関白(＝頼通)に達す。命じて云はく『下官(＝実資)の言の如く、今、事情を案じ、台(＝弾正台)に於いて真信を召問《めしと》ひ、若し斉任の申す所と相違(×逢)せば、対問《たいもん》(167)の後に奏聞すべし。』」者り。

▼d 又、云はく「関白云はく『越中守《えっちゅうのかみ》業敏、計歴《けいれき》(168)を申す。装束・行程(169)、明年に及ばば、計歴を許さる。而《しか》るに近代の間、明年に及ばずと雖も、裁許、例有る歟。業敏は九月の任なり。明年に任符《にんぷ》(170)を給ふ。且《かつ》は前例を勘へしめ、且《かつ》は下官(＝実資)に問ふべし。』」者り。報じて云はく「装束・行程、明年に及ばず計歴するの輩、其の例無きに非ず。傍例(171)を勘へられ行なはるべき歟。」

▼e 又、云はく「『伊勢の宣命《せんみょう》の事(172)、下官(＝実資)行なふべし。穢を過ごすの後、宣旨有るべし。行歩堪《た》へ難《がた》くば、神祇官に於いて行なふべし。』」者り。輦車《れんしゃ》に乗りて参内すべし。宣命を奏するの後、輦車に乗りて神祇官に向かふべし。宣命は先日、内記に給ひ、神祇官に遣はすべし。相次いで参るべき也。宣命を持つの内記、輦車に相従ふは便

宜無かるべし。仍りて案ずる所也。彼の期に臨みて又々(×之)思慮すべし。小安殿《こあどの》を修理するの間、度々、神祇官に於いて諸社の使を発遣せらる。

十六日、辛卯。

*1 山階別当(=扶公)の甘瓜《あまうり》の使(173)、少禄を給ふ。屢《しばしば》分送有り。今般は殊《ことなる》志《こころざし》(174)有るに似る。其の味、甚だ美の故なり。

*2 信濃《しなの》(信乃)の御馬牽《おんうまひき》(175)、左衛門陣に饗を設くと云々。

十七日、壬辰。

*1 今日、祈年穀使を立てらる。〈廿一社。(176)〉中納言資平、之を行なふ。示送《しめしおく》りて云はく「時剋に発遣す。〈午時《うまのとき》。〉」来たるべきの消息有り(177)。余報じて云はく「神事を行なふの人、当日に触穢《しょくえ》すべからず。明日来たるべし。」

*2 大外記文義云はく「祈年穀使を立てらる。其の後、平野・祇園・北野の使(178)を立てらる。左右馬寮の十列を奉らる。使三人。〔平野は兵部大輔師良、祇園は右近少将行経【四位】、北野は左近少将資房〈四位〉。〕

*3 又、云はく「相通并びに妻(=小忌古曾)を搦護《からめと》るべきの宣旨《せんじ》(179)、伊勢国の使の使部《つかいべ》(180)(々部)に給ふ。鈴鹿山に於いて相通と相逢ひ、搦執《からめと》りて随身し国司(=行貞)に付す。国司(々々)、宣旨に驚き、妻を尋取《たずねと》り、之を護候《まもりこう》ぜしむ。返《かえしの》解文《げぶみ》(181)、只今、使部、貞行宿禰に付す。上下云はく『若し守護すべきの宣旨を給はざらば、必ず逃隠有る乎。宣旨を給ふの事、感申《かんじもう》すこと極《きわまり》無し。』」余答へて云はく「吾の智慮に非ず。神力の致す所而已《のみ》。」

*4 又、云はく「昨の駒牽《こまひき》の左衛門陣の饗、上卿師房、外記・史の座を改直《あらためなお》さしむ。連座を改めて横切座《よこぎりのざ》(182)を敷く。座席(々席)少なく狭し。只三四人着すべし。亦、便宜無し。仍りて着座せずして罷出《まかりい》で了りぬ。延喜以後の局日《きょくのにっ》記《き》(183)を見る所(×可)、初の如く座を敷く。而《しか》るに改直《あらためなお》さるる所、未だ其の故《ゆえ》を知らず。大夫外記《たゆうのげき》・史《し》(184)、今に至りて参入すべからざるの由、申す所也。」余云はく「先年、故帥(×師)伊周、座席を改直《あらためなお》さしむ。上官《しょうかん》、申す所有りて、着座せず。側《ほのか》に覚ゆる所也。正暦年中歟。」局日記(185)を見るべきの由を仰せ了りぬ。暦記《れきき》(186)を引見するに、正暦四年、伊周、行なふ所なり。同五年、済時卿、年来の例に依りて座を敷かしむ。外記・史、首《こうべ》を挙げて着座すと云々。

十八日、癸巳。

▼a 今日、中将(＝兼頼)の母堂(＝藤原伊周女)の修善法結願《けちがん》(187)。布施を行なふ。

▼b 中納言(＝資平)来たりて駒牽《こまひき》并びに雑事等を談ず。〔師房卿、左衛門陣の外記・史の座を改敷《あらためし》く。左右大弁(＝重尹・経頼)饗応す(188)と云々。未だ其の是《ぜ》を知らず(189)。〕

▼c 頭弁《とうのべん》(＝経任)、関白(＝頼通)の御消息を伝へて云はく「配流の使(190)、逗留の由と云々。早く請取《こいと》りて配処に向かふべきの由、仰すべし。」者り。亦、託宣有り(191)と云々。宣下すべきの由(192)を仰せ了りぬ。或《あるひと》云はく「去る十六日、使等罷下《まかりくだ》る。」と云々。懈怠《けたい》尤も甚だし。驚奇少なからず。伊勢国に遣はすの使部《つかいべ》、昨日帰来《かえりき》たるの由、大外記文義申す所なり。頭弁に問ふ。「未だ案内《あない》を承はらず。」者り。

中将(×畳持)(193)、九条家に宿す。一家を挙げて逍遥《しょうよう》すと云々。

十九日、甲午。

*1 右馬頭守隆密談《ひそかにだん》じて云はく「又、伊勢の託宣有り。(194) 風雨雷電、初度の如し。(195) 相通女并びに従類《じゅうるい》、追出《おいい》ださる。亦、祭主輔親、託宣の旨言を漏らすの由にて、(196) 勘当有りと云々。『諸卿、此の事を定むる夜の雷電大雨、吾の為す所也。』世間に仰せらるる事、忌諱《きい》有るに依りて具《つぶさ》には申さざるの由」と云々。若しくは然る如きの事歟。此の間の事、恐懼《きょうく》最も多し。薄氷を履《ふ》むが如し。

廿日、乙未。

*1 貞行宿禰云はく「伊勢返解使の使部《つかいべ》(々部)(197) 申して云はく『流人《るにん》相通、近江国の頓宮《とんぐう》(198) に罷会《まかりあ》ふの処、逃隠の気色《けしき》を見る。搦執《からめと》りて之を問ふに、相通と申す。仍りて随身し、伊勢国司(＝行貞)に預く。国司(々々)、宣旨《せんじ》を披見す。即ち妻小忌古曾《こきこそ》を尋遣《たずねや》る。搦取《からめと》りて将来《いき》(×持来)たる。(199) 子の童一人〔十余歳〕を随身し、相通・妻子相共に、十余人を以て守護せしむ。』」と云々。

*2 頭弁《とうのべん》(＝経任)、関白(＝頼通)の御消息を伝へて云はく「廿五日の伊勢使、(200) 若《も》し行なふべき乎。」余答へて云はく「行歩堪《た》へ難《がた》く、進退惟谷《これきわ》まる。(201) 八省に参るの程、太だ以て眇遠《びょうえん》なり。但し小安殿を修理するの間、度々、奉幣使(使×)、神祇官より発遣せらるる。其の程幾《いくばく》ならず。仍りて承行《うけたまわりおこ》なふに便有り。但し宣命《せんみょう》、筆削《ひっさく》すべきの内記(202) 候ぜず。少内記国任未だ練習せざる歟。大内記孝親朝臣、南山(＝金峯山)に参り、廿二日に御燈《ごとう》を奉る。(203) 罷帰《まかりかえ》るの期、未だ何日かを知らず。」者り。(204) 大内記を歴《ふ》る者は忠貞・義忠等也。義忠は東宮学士、頗《すこぶ》る便無き乎。忠貞宜しき歟。如何。又、宣命の趣、慥《たしか》に承はるべき也。託宣の事、尽《ことごと》くは宣命に載せ難き歟。抑《そもそも》「皇太神《すめみま》伝宣《つたえの》

る」を「荒祭大神《あらまつりのおおかみ》託宣す」と載すべき歟。(205)此の間の事、又々、承はるべき事等多々なり。具《つぶさ》には記さず。即ち帰参す。(206)

*3 臨昏、来たりて云はく「今日は堅固の御物忌なり。然而《しかれども》、召入《めしい》れられ此の事を談ぜらる。云はく『義忠は便無し。只、然るべき様、思量《おもいはか》るべし。宣命の趣、事旨《ことのむね》を漏らさず簡要を取りて載すべき歟。抑《そもそも》亦、重ねて託宣有り。斎宮(×春宮)より仮名の記を注送する所なり。(207)相通は伊豆に流すべきの由を相加へ、輔親に仰す。而《しか》るに其の事を申さず。勘当尤も重し。早く佐渡を改め伊豆に流すべし。』者り。之を如何為《いかがせ》む。」余答へて云はく「配流の事、只、託宣に依りて行なはるる所也。神宣に任せて伊豆国に改《あらため》遣《や》らるるに、更に何事か之《これ》有らむ。然らば、先づ宣旨を領送使(208)の所に遣はし、伊勢国外に留め、後(×彼)の官符(209)に随ふべきの由、仰すべき歟。」

弁云はく「宣旨を遣はす事、関白の宣《の》る所也。宣旨を作り給ふの日、(210)今日復日《ふくにち》、明日御衰日《ごすいにち》。衰日(々々)は、必ずは忌避《いみさ》くべからざる歟。仁王会《にんのうえ》の日、如何。」者り。余答へて云はく「御衰日、皆是、同じく忌御《いみたま》ふ日也。仁王会の日に結政請印《かたなししょういん》を行なはるるは、(211)覚えざる所なり。廿三日に行なはるるは如何。左右《そう》、命に従はむ。」

中納言(＝資平)、地上に居して雑事を談ず。「展転《てんてん》の穢(212)有るに依る。」者り。中納言・頭弁、堂の前に於いて相逢ふ耳《のみ》。

入夜《よにいり》、頭弁帰来《かえりき》たる。関白の消息を伝へて云はく「天平年中、宇佐宮の御託宣(213)に依りて配流せらるるの者有りと云々。国史に在る歟。亦、仁王会の日に結政所《かたなしどころ》請印《しょういん》を行なふ事、例を改勘《あらためかんが》ふべし。又、相通は伊勢の堺を出でて暫く逗留す。後(×彼)の官符に随ひ伊豆国に流すべきの由、且《かつ》は宣旨を領送使に給ふべし。」者り。宣下し訖りぬ。(214)但し宇佐の託宣の事、文義朝臣に仰せて勘申せしむべし。又、仁王会の日の結政所請印の例、同じく勘申せしむべき也。

*4 頭弁云はく「関白密《ひそかに》談《だん》じて曰はく『斎宮より示送《しめしおく》りて云はく「此の度の託宣に云はく『陣定《じんのさだめ》(215)の日の大雨雷電は、事定《ことのさだめ》を聴かむが為《ため》、陣の辺《あたり》に臨向《のぞみむ》かふ。』」』」者り。極めて之を恐怖すべし。

廿一日、丙申。

*1 仁王会《にんのうえ》の日・季御読経《きのみどきょう》始の日に結政所《かたなしどころ》請印《しょういん》を行なふの例、文義に問ふ。所見無きの由を申す。仍りて明後日に行なふべきの由を仰す。亦、左大史・少納言等、早参《そうざん》(×申参)せしむべきの事(216)、文義に仰す。貞行を召して案内《あない》を仰す。是、官符の事也。

頭弁《とうのべん》(=経任)、弾正忠斉任の日記(217)を伝給《つたえたま》ふ。「証人真信を問ふべし。申す所に若し相違有らば、対問すべし。」者り。

*2 弁云はく「右大弁(=経頼)、検校《けんぎょう》(218)也。而《しか》るに伊勢使為《た》るに依りて仏事に預からず。仍りて案内を関白(=頼通)に申す。命じて云はく『役遠き宰相(219)を以て其の替と為《な》せ。』者れば、誰人を以て替と為《な》す乎。」者り。余答へて云はく「此の如きの事、多く是、大弁の役也。左大弁(=重尹)宜しき歟。仁王会の日の結政所請印、所見無きの由、文義申す。」頭弁に示し了りぬ。

*3 昨日、呼遣《よびつか》はす兵部権大輔忠貞、今朝来たる。内々、廿五日の宣命の事を仰せ了りぬ。大内記を歴《ふ》る者也。少内記(×少納記)国任、去年の宣命、大外記文義の許《もと》(×乎)より尋取《たずねと》りて持来《もちき》たる。即ち忠貞の許に遣はす。

廿二日、丁酉。
*1 今日、大極殿百高座仁王会《にんのうえ》(220)。行事所の廻文《かいぶん》(221)に依りて加供《かぐ》(222)す。〔僧正一口、凡僧《ぼんそう》六口。〕参入せず。

廿三日、戊戌(×辰)。
*1 早朝、大外記文義来たる。申して云はく「廿六日国忌《こき》(223)なり。而《しか》るに廿五日に伊勢使立つべし。散斎《あらいみ》(224)の内に在るに依りて、寺に付せらるべきの由(225)、関白(＝頼通)に申すべし。或《あるい》は内裏に還御するの三日の内、或は神事に当たるの時、寺家に付せらる。」者り。
*2 参内す。中納言(＝資平)同車す。陣に着するの後、時剋を問ふ。「辰一剋《たつのいっこく》。」者り。先是《これよりさき》(先×)、左大弁重尹参入す。〔昨日、示送《しめしおく》る。〕頭弁《とうのべん》(＝経任)、勅を伝へて云はく「藤原相通、遠流すべきの託宣有るに依りて、佐渡国に配流す。而《しか》るに又、伊豆に流すべきの託宣有り。仍りて彼の託宣に任せて伊豆に遣《や》るべし。」者れば、官符を作るべきの事(226)、同弁に仰す。弁云(×云々)はく「官符の外に宣旨《せんじ》を領送使に遣はすべき歟。先日の宣旨有るに依る也。」者り。余答へて云はく「官符に相《あい》副へ宣旨を給ふに何事か有らむ乎。」
余、南座《なんざ》に着す(227)。次いで大弁(＝重尹)着座す。中納言着座(×令)す。官符、奉るべきの由を仰す。即ち外記成経、之を進る(228)。見了りて返給《かえしたま》ふ。余、大弁に目す。大弁(々々)起座す。敷政門《ふせいもん》を出で、温明殿の壇を経て、〈雨儀《うぎ》なり。〉結政所に向かひ、官符に請印《しょういん》せしむ。了りて化徳門《かとくもん》より帰参す。頭弁、伊勢の宣命の趣(229)を伝仰《つたえおお》す。是、先日、内々に承はる所也。廿五日の伊勢使発遣の陰陽寮《おんようりょう》の日時勘文を下給《くだしたま》ふ。〔時は巳《み》・酉《とり》なり。〕同弁に給ふ。結申《かたねもう》す(230)。余云はく「御幣の請印の奏(231)、持来《もちき》たるべからざるの由、行事蔵人に仰すべし。」便《すなわ》ち受取《うけと》りて宣下すべきの由、

頭弁に仰(×令)す。但し目録を書かしめて送るべき也。弁、伝仰《つたえおお》せて云はく「廿六日の国忌、廿五日の奉幣の斎に在り。寺に付すべし。」者り。便ち同弁に仰す。大外記文義を召して之を仰す。中納言、軒廊御卜《こんろうのみうら》(232)の事を奉《うけたま》はる。雨止まざる事也。頭弁、関白(＝頼通)の消息を伝へて云はく「雨脚《あまあし》止まず。何等の事を行なふべき哉。(233)」余、答へて云はく「御占《みうら》に依りて祟《たたり》(×崇)有るの神社に祈らるべし。」者り。辰四剋《たつのしこく》に退出す。

*3 兵部権大輔忠貞、宣命《せんみょう》の草《そう》(234)を持来《もちき》たる。密々作らしむる也。仰すべきの内記無きに依る。大内記孝親朝臣、南山(＝金峯山)に参りて未だ帰らずと云々。宣命、事旨《ことのむね》違はず。(235)最も好し、最も好し(々々)。頭弁を呼遣《よびつか》はす。入暗《にゅうあん》、来たる。宣命の草を付し、内覧《ないらん》(×日覧)せしむ(×今)。深更《しんこう》に来たりて云はく「関白云はく『大いに善し。若し漏ること有らば、明日加ふべし。』」者り。此の外に、亦、何事か加へむ乎《や》。弁云はく「主上(＝後一条天皇)問はしめ給ふ。候する由(236)を奏す。召覧し、宜しき由を仰せらると云々。書写して奉るべきの由、仰事《おおせごと》有り。」者り。

▼a 天皇《すめら》が詔旨《おおみことらま》(237)と、掛畏《かけまくもかしこ》き、伊勢《いせ》の度会《わたらい》の、五十鈴《いすず》の河上《かわかみ》の、(都)下津《しもつ》(×部)磐根《いわね》(×盤根)に、大宮柱《おおみやばしら》(×根)広《ひろ》敷立《しきた》て、高天原《たかまのはら》に千木高知《ちぎたかしり》て(×尓)称辞定奉《たたえごとさだめまつ》る天照坐皇太神《あまてらしますすめみま》の広前《ひろまえ》に、恐《かしこ》み恐《かしこ》みも申賜《もうしたま》はくと申さく。

▼b 本朝は神国なり。(238)中にも皇太神の殊《こと》に助政《たすけまつり》ごち給ふ所なり。往聖(×望)(239)も猶《なお》其の道を専《もは》らにす。況《いわん》や朕《ちん》の不徳なる、偏《ひとえ》に欽仰《きんぎょう》し奉るのみなり。

▼c 爰《ここ》に去《さんぬる》六月《むつき》十七日《とおかあまりなぬか》、恒例《つねのためし》の御祭《おまつり》(240)なるに依《より》て斎内親王《いつきのひめみこ》(241)、諸司《つかさつかさ》を率列《ひきつら》(×卒列)ねて、参詣して、跡《あと》の如《まま》(242)に供奉《そなえまつ》らむと欲《す》る所に、暴風雷雨して事毎《ことごと》(×毎年)に静まらず。驚奇《おどろきあや》しぶ間(×問)、斎姫《いつきのひめ》、忽《たちまち》に進退度《ど》を失《うしな》ひ、意気常《つね》に乖《そむ》きて寄託(243)する所なり。其《そ》の趣《おもむき》、先《ま》づは、寮頭《つかさのかみ》藤原相通が妻《つま》同小忌古曾《こきこそ》、両三年来《このかた》、或《あるい》は豊受《とゆけ》の高宮《たかみや》(244)のと、或は太神《おおかみ》の宮《みや》(245)のたより給ふと称して、己意《おのがこころ》の任《まにま》に、別社《ことやしろ》を構造《かまえつく》り、巫覡《ふげき》の事を偽《いつわ》

りて人倫《ひとども》の耳目《じもく》を驚かし、種々《くさぐさ》の奇事《あやしきこと》を狂《たわり》に致して猥《みだりがわし》く神事を損す。然《しか》るに猶《なお》、所職に備はりて、今日も皆(×乖)具《つぶ》せり。是、大咎《おおきなるとが》なり。早く祭事をも停廃(×停癈)し、又《また》、相通をも神戸《かんべ》の外に追遣《おいや》(×越)るべしと、宣《のたま》ふ。茲《ここ》に因《よ》りて、夫婦《めのと》共に祓《はらえ》を科《おお》して、[246]払却《はらいしりぞ》け、祭祀をも勤仕《ごんし》せずなり(利×)ぬ。其の間、奇異、一《いっ》に非《あら》ず。

▼d
希代の事在《あ》りと聞食《きこしめ》して、[247]旨をも委《つまびらかに》せむ為《ため》に、祭主正四位下行《おおきよつのくらいしもつしなぎょう》[248]神祇伯《かんづかさのかみ》大中臣朝臣輔親を遣召《つかわしめ》さしむるに、斎王《いつきのみこ》、悩む所も未だ快からず。又、身病の由(×申)を申(□)して(□)、旬《しゅん》までも参上《もうのぼ》らず。[249]適入覲《たまたまにゅうきん》して[250]申さしむる所、尤《もっと》も厳《おごそか》にして、沖襟聊《ちゅうきんやすけく》無く、[251]駭《おどろ》き大きに坐《ま》す。誠に相通が短慮を咎め給ふなりと、神威の掲焉《けちえん》[252]なり。敬懼《うやまいおそ》ること[253]弥《いよいよ》深し。仍りて託宣の旨に随ひて、更に法家《ほうけ》にも勘《かんが》へしめずして、即ち今月八日に各《おのおの》以て配流す。[254]夫《おっと》相通をば伊豆国に、妻《つま》小忌古曾をば隠岐国に、旁《かたがた》遠く放逐《はなちお》ひ罷遣《まかりつか》はす。但し小忌古曾は、託宣の文に、指したる所無しと雖も、[255]御祟《おんたたり》の起《おこり》、其の身に在れば、深く尋捜《たずねさが》して、罷りなめ給ふなり。今、此の由を祈申《いのりもう》さしめ(□)むと所念《おもほ》し給ふなり。

▼e
故《かれ》、是を以て、吉日良辰《よきひよきとき》を択定《えらびさだ》めて、[256]参議《おおまつりごとひと》正四位下行右大弁《みぎのおおきおおともいのつかさ》兼近江権守《おうみのかりのかみ》源朝臣経頼・従《ひろき》四位下昭章王[257]・中臣《なかとみ》[258]正六位上《おおきむつのくらいかみつしな》行神祇権大副《かんづかさのかりのおおいすけ》大中臣朝臣惟盛等《たち》を差《つか》はして、忌部《いんべ》(□□)の弱肩《よわかた》(×扇)に、太繦《ふとたすき》(×大繦)取懸《とりか》けて、[259]礼代《いやしろ》の大幣《おおぬさ》[260]に、金《こがね》銀《しろがね》并びに唐《から》の錦綾《にしきあや》の御幣《みてぐら》[261]を相副《あいそ》へて、常にも別《こと》に調潔《ととのえきよ》め(×万)、擎持《ささげも》たしめて、出だし奉り給ふ。皇太神、平《たい》らけく安けく聞食《きこしめ》して、愆過《けんか》残らず、咎徴《きゅうちょう》長(×畏)く消えて、[262]天皇朝廷《すめらみかど》を宝位動くこと無く、[263]常磐《ときわ》(×盤)堅磐《かきわ》(×盤)に、夜守日守《よのまもりひのまもり》に護幸《まもりさきわ》へ給ひて、一天無為《ぶい》に、四海静粛(×清粛)にして、[264]聖運限《かぎり》無く、内平《うちたい》らかに外成《そとな》るに、衆庶《しゅうしょ》[265]歓楽に護助《まもりたす》け奉給《まつりたま》へと、恐《かしこ》み恐みも申賜《もうしたま》はくと(□)申す。

▼f
辞別《ことわけ》て申賜《もうしたま》はく。[266]皇大神《すめおおかみ》の重ねたる託宣に、[267]御体《みま》慎(×懐)み給ふべき由を聞食して、叡慮聊《やすけく》無く、恐《かしこみもう》申し

給ふ。又、近来《ちかきこのかた》、騰雲《とううん》散ぜず。陰雨晴れ難くして、(268)農圃《のうほ》収獲の〔□〕人〔□〕に、已《すで》に其《それ》有りぬべし。(269)仍《よ》りて陰陽《うらの》寮《つかさ》に勘申《かんがえもう》さしむる所に、(270)巽方《たつみのかた》の大神《おおかみ》の祟《たたり》を成給《なしたま》ふと申せり。此《かく》の如《ごと》くに畏《かしこ》まり重畳《ちょうじょう》にして、寤寐《ごび》(271)に敬懼《うやまいおそ》るること少なからず。今日、件等《くだんら》の畏《かしこ》みの為《ため》に、大神宮《だいじんぐう》并びに豊受宮《とゆけのみや》の禰宜《ねぎたち》等に各一階《おのおのひとしな》を加給《くわえたま》ふ。(272)皇大神、此《こ》の状《さま》を平《たい》らけく聞食して、雨脚《あまあし》早《すみや》かに止《とど》まりて、雲稼《うんか》意《こころ》の如《まま》に、(273)玉体晏然(274)にして、遥期万歳し、天下静謐に、万姓安穏ならむもとは〔□〕、皇大神の限無《かぎりな》き冥助《みょうじょ》(275)に有るべきと、恐《かしこ》み恐みも申賜《もうしたま》はく(×留)と申す。

長元四年八月廿五日

件の辞別、当日、少内記国任に問(×内)ひて注する所なり。

廿四日、己亥。

▼a 内記国任を召す。明日の宣命の草を給ふ。自《みずか》らの手跡を以て書かしむ。明日、草と為《し》て奏すべし。緑紙(276)を蔵人所に請ひ、清書に候ずべきの由、之を仰す。使等、(277)外記に問ひて書入《かきい》るべき也。件の宣命、人をして見〔了〕せしむべからざるの由、戒仰《いましめおお》(×或仰)せ了りぬ。

*1 外記時資、卜串《うらぐし》(278)候ずるの由を申さしむ。即ち乗車し西門を出でて召見《めしみ》る。時資をして、之を開かしむ。乙合丙合。(279)不合は披《ひら》かしめず。乙合の昭章王、使と為す。

*2 頭弁《とうのべん》(=経任)、奏文并びに勘宣旨《かんせんじ》等を持来《もちき》たる。〔宇佐宮造作始(×造依始)等の日時の陰陽寮《おんようりょう》勘文。(280)国々の司の申文《もうしぶみ》の続文《つぎぶみ》。(281)正輔・致経の進る従者の拷訊《ごうじん》日記。(282)此の度、三ヶ度拷し了るも、承伏無し。(283)官掌秋時の過状《かじょう》、(284)関白(=頼通)に覧ぜしむべし。〕

*3*4 入夜《よにいり》、頭弁来たる。関白の消息を伝へて云はく「内より仰せられて云はく『伊勢太神宮・豊受宮の禰宜等に一

階を加へむと欲す[285]。』者れば、奉《うけたま》はるの由(×申)を奏せしむ。亦、唐の錦綾[286]を加奉《くわえたてまつ》らるべし。其の数幾許《いくばく》が宜しき乎。」余申さしめて云はく「多少は叡慮(×疑慮)に在るべし。」頭(＝経任)云はく「先年、其の数少なき由を奉はる。」「抑《そもそも》、内・外宮の禰宜の加階、尤も然るべき事也。位記に至りては忽《たちま》ちには成し難き歟。先づ宣命に載せられ、相続き、仰《おおせ》有りて位記を給ふべし。」内記国任を召遣《めしつか》(□遣)はし、先々の例を尋ぬべきの由を仰す。又、大外記文義に仰遣《おおせつか》はす。

▼b
中納言(＝資平)を呼び『故殿御日記(＝清慎公記)』を引かしむ。云はく「天慶元年六月十三日[287]。云々[288]。豊受宮の禰宜神主晨晴、叙位《じょい》すべきの事等、之を奉はる。大神宮の宣命、禰宜の叙位の由を載するは、辞別に入る。内記に持たしめ、参上し奏聞す。了(×可)りて内記に返給《かえしたま》ふ。旧例を勘申(□□)して申して云はく『大神宮の禰宜の叙位の時、辞別の所に叙位の由を入る。実は、只一紙[289]なり。豊受宮の禰宜の叙位の時、内宮の宣命は辞別無し。豊受宮の宣命、辞別に叙位の由有り。宣命は二紙[290]なり。内宮の禰宜と共に叙するの時、宣命は二紙[291]、共に辞別(×共)に叙位の由を載す。』」と云々。「十四日[292]、参内す。伊勢の宣命を奏す。旧例に依り二枚有り。大神宮(×又神宮)には辞別無し。豊受宮(豊□宮)には禰宜の叙位の由を載す。次いで位記入眼《じゅげん》。内侍(×伝)をして奏せしむ。先是《これよりさき》、禰宜晨晴の申文《もうしぶみ》、殿下(＝忠平)より之を給はる。内記、奏し了りぬ。」と云々。位記を給ふの度、宣命二枚有るべし。近きを以(×次)て行(□)なふべき(□)歟。「今日、御念誦《ごねんじゅ》無し。今日の分、昨日行なはる[293]。」と云々。

廿五日、庚子。

＊1
早朝、文義朝臣、伊勢内・外宮の禰宜等の叙位日記[294]を持来《もちき》たる。余、即ち参内す[295]。〔卯二剋《うのにこく》。〕先是《これよりさき》、右大弁経

頼参入す[296]。関白(＝頼通)の御宿所(御□所)に在り。頭弁《とうのべん》(＝経任)、神祇官に於いて御幣を裹《つつ》む事[297]を行なふ。訖《おわ》りて早く参るべきの由、使(□)を差はして仰遣《おおせつか》はす。頭中将隆国を以て申さしむ。

▼a 夜部《よべ》[298]、頭弁、伝仰《つたえおお》せて云はく「唐の錦綾の数[299]、宣命に載(載×)すべし(可×)。亦、内・外宮の禰宜等の叙位の事[300]、同じく載(×裁)すべし。」者り。余答へて云はく「今日、位記を作るべからず。只、先づ宣命に載すべし。就中《なかんずく》、輔親朝臣未だ内・外宮の禰宜の位階幷びに夾名《きょうみょう》[301]を注進せず。」夜部、経任朝臣に仰せ了りぬ。文義申して云はく「前々、慥《たしか》に其の位記を尋問《たずねと》はれ給はず。只、漏るる者等有らば、後日愁申《うれいもう》さむ[302]。猶、能《よ》く注進せらるるの後、位記を成さるべし。」者り。亦、来月十一日奉幣使発遣の時(□)[303]、件の位記を附遣《ふしつか》はさるる(□)は宜しかるべき歟。又、前例、此の如し。関白云はく「今般の宣命、先づ只、内・外宮の禰宜の叙位の由を載す。位記に至りては、来月十一日の使に付して、遣はすべき也。前々、既に此の如きこと有りと云々。又、重ねて託宣有りて『慎御《つつしみたま》ふべし。』と云々(□□)[304]。辞別に載すべき所なり。」又、云はく「日来《ひごろ》、大雨頻りに降る。事祟《ことのたたり》有るに似る。仍りて陰《おん》陽寮《ようりょう》をして占はしむ。申して云はく「巽方《たつみのかた》の大神、御祟を降《くだ》すの由(×申)を示(×不)す[305]。同じく辞別に載すべし。亦、内・外宮(×官)の禰宜の叙位の事を載すべし。」者り。事趣《ことのおもむき》、内記国任に仰す。

▼b 少時《しばらくありて》、宣命の草を奉る。須《すべから》く御所に進みて奏せしむべし[306]。而《しか》るに行歩穏《おだ》やかならず。陣に於いて頭中将隆国に付し、先づ内覧《ないらん》を経て奏すべきの由、相含め了りぬ。宣命の草を返給《かえしたま》ふ。関白云はく「唐の錦綾の御幣、宣命に載(載×)す。亦、辞別の所に唐の錦綾等若干《そこら》と有り。両所に注載するは如何。」答ふ。「御幣の外、錦綾等を奉らるるの仰を承はる。仍りて両所に載するは、頗《すこぶ》る奇疑[307]有り。今、斯《こ》の命有り。辞別の錦綾を止むべし。但し宣命に錦綾の御幣を申載《もうしの》す。更に疋数を載すべからず。」命ぜられて云はく「示すが如くば、疋数(×轂)を載すべか

らず。只、辞別の所の錦綾を止むべし。又、草を奏すべからず。清書を奏すべし。」即ち奉《うけたま》はるの由(×申)を報ず。例の御幣・錦綾の御幣の疋数(×穀)は、別に注度《しるしわた》すの文、相副ふるの例也。更に宣命(×定命)に載すべからず。頭中将、事情(308)に詳《つまび》らかならざる歟。頭弁、神祇官より参入す。御幣の事を達せしむ。関白、意を得《う》。初(×約)め頭中将、事意《ことのい》を得ずして伝仰《つたえおお》する所歟。

▼c

頭弁云はく「祭主(×斉主)輔親、内・外宮の禰宜等の夾名(309)廿四人を注進す。〔内十二人、外十二人。〕亦、三位に叙せらるべきの申文(310)を進る。」者り。余答へて云はく「禰宜等の夾名・本位等、慥《たしか》に注申《しるしもう》す歟。」又々(×云)、能く問ひて進るべきの由、之を仰す。夾名を見ず。又、三品を申すの文、見ず。只、関白に申さば、自《おの》づから命ぜらるる事有る歟。右大弁(＝経頼)、仗座《じょうのざ》に在り。頭弁云はく「輔親の申文、下官(＝実資)に見しむる乎。若し云ふこと有らむ哉。」者り。事由《ことのよし》を触《ふ》ると雖も左右《さう》の報無し。只、申すべきの由を示す。其の外、事無し。又、云はく「若し許容有らば、宣命に載すべき歟。清書を奏せらるるの時、参上せらるべし。」者り。三品に合《かな》ふ事を聞こさるべき歟(311)。参るべきの由を報ず。殿上に候ぜらると云々(312)。

▼d

内記国任、宣命の清書を進る(313)。見了りて返給《かえしたま》ふ。〔内・外宮、各《おのおの》宣命有るべし(314)。『故殿天慶元年御記(＝清慎公記)』に見ゆ。然而《しかれども》、近代の例に依りて一枚を奏す。大略、頭中将に含むこと先づ了りぬ。〕余、階下を経て射場《いば》に進み、頭中将隆国に付す。関白、殿上に候ず。先づ内覧せしむ。小臣(＝実資)、殿上に昇り、関白に謁す。先づ輔親(親×)の申す三品の事を示さる。余答へて云はく「叡慮(×疑慮)に在るべし(可×)。神意を知り難し。」報ぜられて云はく「難ずる者、難ぜざる者、相分かるる歟。抽賞《ちゅうしょう》(315)無きを以て難と為《す》べからず。」者り。又、云はく「若し叙すべくば、宣命に載すべき歟。」余報じて云はく「必ず叙すべくば、禰宜の位記の次《ついで》に成さるべき歟。」関白甘心《かんしん》す。

余、中心《ちゅうしん》思ふ所は、(316)託宣の事等、漏聞《もれき》くこと有りと云々。神咎《かみのとが》有る歟と云々。亦、後の託宣に依りて配流を改めらるるは、是、尤も某《なにがし》（＝輔親）の咎也。何ぞ抽賞有らむ哉。然而《しかれども》、口を閉（×開）ぢて答へず。追ひて進らしむべし。

▼e 頭弁云はく「昭章王、乗物無きの由を申す。(317)」者り。余、弁に目《もく》す。気色《けしき》を得て関白に申す。云はく「給ふべし。」者り。余伝仰《つたえおお》す。寮の御馬を給ふべきの由、便《すなわ》ち仰する所也。(318)外記を以て召仰《めしおお》せしむるの例也（×由）。但し弁官に仰するも難無かるべき耳《のみ》。頭中将、宣命を返給《かえしたま》ふ。内記を小板敷《こいたじき》（×小坂殿）の下に召して之を給ふ。主上《しゅじょう》（＝後一条天皇）、南殿《なでん》に出御せむと欲す。(319)亦、時剋過ぎむと欲す。〔巳四点《みのしてん》。〕仍りて起座し、仗座《じょうのざ》に復す。(320)内記、宣命を進る。取らず。

▼f 仰せて云はく「上官《しょうかん》等、相共に、先づ神祇官に向かふべし。(321)須《すべから》く上卿（＝実資）に相従（×撲）ふべし。而《しか》るに輦車《れんしゃ》に乗りて神祇官に向（向×）かふは便宜無かるべし。宣命を持つの者、輦に従ふは事憚《ことのはばかり》有り。仍りて先づ彼の官（＝神祇官）に立向《たちむ》かひ、上卿の参着を待（×侍）つべし。」〔又云〕頭弁に仰せ了りぬ。先是《これよりさき》、右大弁、神祇官に参ると云々。(322)

▼g 主上、南殿に出御す。御拝(323)有るべき歟。

▼h 小臣（＝実資）、化徳門《かとくもん》より出で、内侍所《ないしどころ》の辺を徘徊（×俳佪）す。此の間、只、上官等をして罷出《まかりい》でしむ。其の後、左兵衛陣に到り、随身を以て上官等を見しむ。「漸《ようや》く中務省《なかつかさしょう》の東に到る。」者り。仍りて漸く歩行するの間、思慮するに、春華門《しゅんかもん》に於いて輦車に乗るは、御拝の間、極めて恐憚《きょうたん》多し。輦車を引かしめ、古東宮《ことうぐう》の坤《ひつじさる》に到るの間、上官等、南行し東に折る。〔郁芳門大路《いくほうもんおおじ》。〕此の間に車に乗る。(324)待賢門《たいけんもん》に於いて車に乗移《のりうつ》り、郁芳門《いくほうもん》に到る。

▼i 神祇官の北門（×此門）(325)の外の東西に幔を立て、東西の腋に畳を敷く。〔東腋の座は弁（×并）・少納言の座。〕郁芳門より神祇官の北門（×此門）迄《まで》、(326)新たに路を造り砂を敷く。弁・少納言・外記・史、門の西の辺に列立《れつりつ》す。弁・少納言、

外記・史の前に列す。〔北上東面（×西）[327]。〕余、衣尻《ころもじり》を榻《しじ》に垂《た》（×乗）らして門に入る[328]。西掖の座に着す。〔東西に膝《ひざ》突《つき》・畳、南に壇[329]。〕先是《これよりさき》、右大弁、門の東掖の座に着す。余の前に式筥[330]を置（×是）く。召使《めしづかい》をして内記を召（召×）さしむ。内記（々々）参入す。宣命を奉るべきの由を仰す。即ち進る。召使を以て外記を召す。外記（々々）相親参入す。王・中臣《なかとみ》・忌部《いんべ》の参不を問ふ。申して云はく「皆（□）参入す。」者り。御幣を給ふべきの由を仰せしむ。重ねて召使を以て見しむ。申して云はく「御幣を給はりて罷出《まかりい》づ[331]。」者り。余、右大弁に目す。余の前に進み居す。宣命を取りて大弁に授く。大弁（々々）、宣命を受け、起ちて出づ。御幣使[332]、郁芳門より出づるの後、弁已下列立すること初の如し。但し南上東面。余揖《ゆう》して出づ。弁已下、相従ひて門下に留《とどまり》立《た》つ。余立留《たちとど》まり、西向きに揖す。弁・少納言・外記・史、門を出づ。

▼j　天晴れ和暖し、已に雨気無し。若し是、神感[333]歟。

忠斉任を勘問するの日記[334]、少弼定義に返給《かえしたま》ふ。真信に問ふに、相違の事有らば、亦、斉任を対問し、其の勘問《かんもんの》日記を奏すべきの由、伝仰《つたえおお》せ了りぬ。

廿六日、辛丑。

▼a　今日国忌《こき》[335]。昨日の斎の内に依りて、寺家に付せらる。其の由、廿三日の記に見ゆ。

＊1　祭主（×斉主）輔親、三位を申す事[336]、未だ其の例有《あ》らず。昨日、関白（＝頼通）思慮せらるるに、下官（＝実資）、左右を答《そう》へず。猶、愚慮《ぐりょ》を廻らすに、伊勢皇大神の定に在《あ》るべし。人間の定に決すべからず。託宣の事、早く申さず、両度、喚《めし》を蒙り、僅《わずか》に以て参上す[337]。大神の御心に相皆《あいかな》ふ乎[338]。而《しか》るに忽《たちま》ちに例無き三品に抽叙する[339]は如何。大神悦ばしめ

給はば、上《あ》げ叙せらるること尤も佳《よし》とすべし。然らずば怖畏(□畏)有るべし。主上(＝後一条天皇)并びに関白、御心中に大神を禱申《いのりもう》されて、若《も》しくは御夢告、若しくは御心中に叙すべきの理を思得《おもいえ》しめば、之を以て神慮許容と知るべし。諸卿(□卿)に下定《くだしさだ》めらるるは甚だ沈愛《ちんあい》とすべき歟。[340]此の如(□)きの事、叡慮より出づべし。亦、昨日の神事、事妨《ことのさまたげ》無きの由、亦、手車《てぐるま》を古東宮《ことうぐう》の南辺に曳《ひ》かしめて乗る等の事、中納言(＝資平)、事次《ことのついで》に及び、関白に達す。[341]今朝、余(×尓)談ずる所、且《かつ》、今暁に夢想(×愁)有ること、[342]同じく漏達《もらしたっ》(×漏遠)するの由、来示《きたりしめ》す。

関白云(×之)はく「三品の事、下官(＝実資)の案相当《あいあ》たる。主上許申《ゆるしもう》(□申)さしめ給ふ。御夢想、若しくは御心に思《おぼし》食《め》し得る事、尤も然るべし。今より祈申《いのりもう》すべし。諸卿に下定《くだしさだ》むること然るべからざる事、良《やや》沈愛と謂ふべし。下官の示す所に依るべし。」者り。

*2 又、云はく「昨日の神事、行なはるるの体、[343]威儀有るの由、承はり悦ぶこと少なからず。一は神明を敬《うやま》はる。一は旧儀を継料《つぎはか》る。[344]一は自《みずか》らの御身の為に先祖の跡を行なはる。左右太《はなは》だ感申《かんじもう》す。〔故殿(＝実頼)、天暦七・八年、[345]神祇官に於いて九月十一日御幣使の事を行なはる。〕已に八十余年に及ぶ。[346]輦車《れんしゃ》を遠処に引きて之に乗るは、然るべき事也。又、御夢、主上・下官共に以て久しかるべきの想《おもい》也。」者り。堂に於いて修善の後の加持を受く。其の後、中納言来談《きたりだん》ずる也。

備前守《びぜんのかみ》長経来たりて云はく、「一日入京す。[347]」

▼b 前美作守《みまさかのかみ》保任(×経)来たりて云はく「差文《さしぶみ》(×塔)二通。[348]而《しか》るに今一通は新司の名無し。之《これ》を如何為《いかがせ》む。」中納言を以て資頼の名を書(×言)かしむ。女院(＝彰子)、来月廿八日、天王寺《てんのうじ》に参らしめ給ふべし。今日、其の定有りと云々。

▼c 左中弁経輔、立野《たちの》の御馬(□)逗留の解文《げぶみ》[349]を持来《もちき》たる。奏せしむ。但し相逢はず。

廿七日、壬寅。

*1 頭弁《とうのべん》（＝経任）、陰陽寮《おんようりょう》の勘申する宇佐宮造作始等の日時勘文(350)を持来《もちき》たる。早（□）く奏聞を経て官符を賜ふべきの由、示含《しめしふく》む。亦、造八省所（×者所）(351)、小安殿《こあどの》の瓦を葺く夫五百人を申請す。左右京〔左京三百人、右京二百人。〕を召使《めしつか》はしめ、五日の内に役《えき》し畢《お》ふべきの仰《おおせ》、奏聞の後に宣旨を京職に給ふべきの事、之を仰す。

*2▼a 今朝、貞行宿禰云はく「御占《みうら》に依りて検非違使を差《つか》はして方に当たるの神社(352)に遣はし、実検せしむ。時通、巽《たつみの》方《かた》の神社に罷向《まかりむ》かふ。祇園（祇薗）の四至《しし》(353)の中の二ヶ処に死人を置く。鴨河《かもがわ》の東は四至の内為《た》り。」と云々。

廿八日、癸卯。

*1 今日、御願の稲荷・春日使(354)を発遣せらる。左右馬寮の十列《とおつら》、奉らる。〔稲荷使は内蔵頭師経、春日使は左近少将経季。〕

*2 止雨使(355)を立てらる。〔丹生・貴布禰。使は蔵人。〕御願の両社の使は民部卿斉信、之を行なふ。止雨使の事は中納言資平行なふ。厩の馬、経季に借《か》す。

*3 悲田《ひでん》(356)并びに鴨河《かもがわ》の堤の病者・窮者等に少米を給せしむ。又、革堂《かわどう》（×骨堂）(357)の盲者二人、〔□□□一人、□□一人。〕各《おのおの》斗米《とべい》(358)を給せしむ。亦々、窮困（×囚）の者を尋ねて給すべし。

牛童《うしわらわ》三郎丸の従者の童(359)、日来《ひごろ》獄に下る。今日、師重を以て別当（＝朝任）に示遣《しめしつか》はして免ぜしむ。

廿九日、甲辰。

*1 堂（＝念誦堂）に在るの間、頭弁《とうのべん》（＝経任）来たる。宣旨を下すの中、三局《さんきょく》の史生《ししょう》の宣旨(360)〔大膳職の申す左弁官史生、主税寮の申す同史生、二人の闕有り。請に依れ。〕・下野《しもつけ》国の解《げ》(361)〔続文《つぎぶみ》有り。請に依れ。〕有り。正輔・致経の合戦の事、(362)諸卿定申《さだめもう》すべきなり。度々正輔・致経等の進る従者を勘問する日記、正輔・致経の進る調度文書《ちょうどのもんじょ》等、伊勢国の解文《げぶみ》を副下《そえくだ》さる。又、関白（＝頼通）の消息に云はく「正輔・致経の従者、三度拷掠《ごうりょう》するに、承伏無《な》し。(363)拷数を究《きわ》め了りぬ。何様に行なはるべき哉。」余報じて云はく「拷満了《まんりょう》の後、重ねて行なはるべきの法無き歟。今に至りては原免せらるべき歟。」

▼a 祭主輔親来たる。(364)頭弁云はく「内・外の禰宜等の位階・夾名を問遣《といつか》はすに、来たるべき由を申す。『罷逢《まかりあ》ひて問ふべし。』者れば、即ち来たる。云はく『禰宜等の事を問ふ。』云はく『十一日に罷下《まかりくだ》る。慥《たしか》に注進すべし（可×）。』』者り。初めに注進する夾名・位階等、荒涼《こうりょう》に似たり。(365)件の位記、来月朔の間に成さしめ、(366)十一日の奉幣使に付して遣はすべき也。今日の内に馳遣《はせつか》はすべきの由を仰す。(367)又、云はく「見参《けざん》を申すべし。(368)」者り。答へて云はく「聊《いささ》か仏事を修し堂に蟄籠《ちつろう》す。」今朝(369)を過ごして来たるべきの由、頭弁を以て之（×云々）を伝へしむ。念仏・読経の間に依り、蟄籠の由を称する而已《のみ》。

▼b 頭弁云はく「関白云はく『大和守《やまとのかみ》頼親、未だ先日の濫行の下手(370)を進《たてまつ》らず。先づ典薬允致親を進《たてまつ》らしむべし。』件の下手等、進《たてまつ》らずば、国司を免（×乞）ぜしむべきの由なり。(371)」者り。即ち宣下し了りぬ。

卅日、乙巳。

▼a 惟命、無量義経を釈し奉る。(372) 聴聞の人々、随喜極《きわまり》無し。中納言（＝資平）・頭弁《とうのべん》経任・経季等、来聴す。此の外、四位三人、〔守隆・義忠・敦頼。〕五品云々。(373) 三位中将（＝兼頼）、服薬に依りて廊の簾中に於いて聴聞すと云々。(374)

『小右記』長元四年八月　註釈

（1）　**今明**（×朝）**物忌《ものいみ》**　本年正月廿三日に興福寺で起こった怪異による物忌（↓正月廿七日条＊1、正月註455）。四月・七月・十月の節中の丙・丁の日が該当するが、七月節は七月十二日から八月十一日までなので、八月一・二日、十一・十二日も物忌となる。七月廿一日条▼a・八月十一日条▼a、七月註149・八月註11参照。

（2）　**覆推《ふくすい》するに「重し。」者《てへ》り**　「覆推」とは、再度、物忌の軽重について推測させること。ここで、この日の物忌が重いとされたため、東寺（↓正月註75）・清水寺（↓三月註40）・祇園（↓正月註420）の三ヶ寺で諷誦を行なっている。閉門を基本としながらも、時々東門だけ開けて人々の出入りを許しているのは、いつもは小野宮邸東対に住んでいる娘千古（と婿兼頼）が西宅に移っているからである。二月註16 55・三月註204・七月註171参照。

（3）　**外宿人《げしゅくにん》**　前出（↓二月註200）。「外人」（↓二月註108）と同じ。物忌に籠もらなかった外部の人。午後になって物忌の規制を緩めたのであろう。

（4）　**侍読《じどく》別勅《べっちょく》加階位記《かかいのいき》の文の事**　前出（↓七月廿六日条＊1、七月註211）。大江挙周の侍読の労により天皇の別勅によって加階する時の位記の文。

（5）　**七日に南山**（＝金峯山）**に参る**　金峯山《きんぷせん》詣。御嶽《みたけ》詣ともいう。「南山（金峯山）」は前出（↓三月註191）。大和国吉野郡にある吉野山から山上ヶ岳までの総称。霊山として僧俗の信仰を集め、参詣に際しては、御嶽《みたけ》精進《そうじ》と呼ばれる長期間（五〇日・一〇〇日）の潔斎が必要であった。

（6）　**四日に仁王会《にんのうえ》の事を定むべきの由**　仁王会定《さだめ》を実資が四日に行なうこと。七月十九日＊2・廿四日条＊1＊2、七月註141 175 178 180参照。七月十五日▼aの月食による災厄を攘うための臨時仁王会を行なうため、実資が上卿となり、その定を行なうよう勅命があったが、諸事により延期されていた。四日にその定を行なうことを頭弁経任に命じた。大弁が出席すること、前例の文を作ってくること、陰陽寮に仁王会の日程を勘申させること、天皇（実は関白）からの仰を受けて下されたことを告げる（結《かたね》申《もう》す）ことなどは、ほぼ当日の儀に反映されている（四日条＊2）。ただ、最後の行事の弁に（実資邸へ）来させることについては、この担当にあたっていた右少弁家経が病気で出仕できなくなったと報告されている。

（7）　**一々**（×日）　ひとつひとつ。実資が命じた五項目について、一つ一つ確認しながら承はる旨を申した。「一日《いちじつ》」だと「ある日」。

（8）　**右少弁**（×左少弁）**家経**　七月廿四日条＊1＊2では左少

弁経長を仁王会定のために召しているが、この間に変更があったか。

(9) **行事の巡**　弁として行事の執行役を勤めるべき順番。四日＊2には頭弁経任が行事弁を勤めている。

(10) **抜出《ぬきで》**　前出(→七月註250)。相撲の抜出。七月廿九日に行なわれた相撲召合《めしあわせ》と卅日に行なわれた相撲抜出の両日に東宮が参上したことについて、月食により楽を停止した年は控えるべきとの意見を記している。

(11) **諷誦《ふじゅ》を三ヶ寺に修す**　物忌による諷誦。註1参照。同じ物忌であるが、諷誦を修す寺は、前日が京の南であるのに対し、本日は京の北である。「広隆寺」は前出(→七月註24)。「賀茂下御社神宮寺」は、賀茂御祖《かもみおや》神社(→三月註66)の神宮寺。賀茂川沿い、川合社の北にあった。「北野」は、山城国葛野郡、現在の京都市上京区馬喰町に鎮座する北野天満宮。「北野天神」「北野聖廟」「天満大自在天神」「北野寺」などとも称される。祭神の菅原道真は、延喜三年(九〇三)に配所の大宰府で没した後、怨霊とみなされ、多治比文子《たじひのあやこ》らへの託宣もあり、朝日寺の僧最鎮らにより天暦元年(九四七)に北野にまつられた。社殿は天徳三年(九五九)に藤原師輔によって増築され、道真の影像をまつる本殿の他、観音像を安置する本地堂や僧房二宇があり、法楽増長のために法華・金光明・仁王般若の護国三部経が書写奉納された。永延元年(九八七)にも託宣により改築された。正暦二年(九九一)に官幣に預かり、祈年穀奉幣(→二月註35)の対象社(後の二十二社)に加えられた。同四年に道真は太政大臣を追贈される。寛弘元年(一〇〇四)に一条天皇による北野行幸があり、この時、天台僧で東尾坊(のちの曼殊院)を起こした是算が法橋に叙され、北野別当となった。以後、天台宗の管下となった。創建は道真の怨霊を鎮めるためであったが、寛和二年に慶滋保胤が捧げた願文には、北野社を学問の神と仰ぐ信仰が認められる。祭日(北野祭)は八月四日で、藤原道長による奉幣が『御堂関白記』に見え、摂関家の儀となったことが『執政所抄』からわかる。

(12) **中使《ちゅうし》**　天皇の使。勅使。「宮中の使」の意。

(13) **内論義《うちろんぎ》**　殿上に博士や高僧を迎えて天皇の前で行なわせる講義。これは釈奠《せきてん》の内論義。釈奠は前出(→二月註64)、孔子とその弟子たちをまつる儀式で、大学と国学で毎年二月と八月の上丁日に行なわれた。八月には内裏での内論義が行なわれるが、この年は明経博士中原貞清と助教清原頼隆ともに参加できないということで中止されたことが、翌三日条＊1に記されている。尚、『日本紀略』三日条には「論義」とあり、内論義が行なわれたように記されているが、誤り。
(14) **大博士**《だいはかせ》　明経博士の別称。
(15) **助教**《じょきょう》　大学寮の明経科のみに置かれ、博士を助けて授業や課試にあたった。定員二名。正七位下相当。「すけはかせ」とも。
(16) **者**《てへ》**れば**　藤原経季が実資に伝えた関白頼通と天皇の会話であるが、「仰せて云はく」を天皇が関白に命じたとも、天皇の命を受けて関白が命じたともとれる。ここでは前者で、天皇が関白に対して外記に問うよう命じ、それを関白が召遣わせて問えと経季に命じたと解釈した。
(17) **密語**《ひそかにかた》**る也**　実資は「大博士不参による内論義中止の例などいつものことだから、外記に問わなくとも良い」と、経季に密かに語ったと記していることから、関白頼通の対応の悪さを批判していると読み取れる。
(18) **外記勘申**《かんじん》**する歟**　(大博士不参の時に内論義を中止するというわかりきったことを)外記が勘申したのだろうか。
(19) **府(=右近衛府)の住所に候ず**　阿波の相撲人良方が相手方の髪を摑んだということで、右近衛府に拘禁された。「住所」は、相撲人たちの宿泊場所か。七月廿九日条▼b、註248参照。翌四日▼aに勅により免じられた。
(20) **霊気を人に移す**　病気の原因と考えられる霊気を憑子《よりまし》としての童などにつかせること。その霊気が移っている間に、湯治させている。
(21) **金液丹**《きんえきたん》**を服すべし**　藤原伊周女(頼宗室・兼頼母)は明日の朝に金液丹を服用するであろう。「金液丹」は、万病に効くとされた薬。『医心方』(一九)に「服金液丹方第十四　服石論云、金液華神丹無二慎忌一、療二万病一」とある。
(22) **府(=右近衛府)の住所に候ずることを免ぜらる**　拘禁していた良方を赦免した。註19参照。この「被免候府住所内大臣…」の部分について、旧伏見宮本(底本)では「候府　所」の一字空きの部分に(恐らく別筆で)小さく「住」の上の部分が書かれている。古記録本では「住」を解読せず、「候府、所内大臣…」としている。
(23) **本家(×宗)**　藤原頼宗の家を指すか。
頼宗室の治病のための修善は、実資が婿兼頼(頼宗息)に指示して行なわせていることから、その費用は実資が負担したと考えられるが、修法を行なう阿闍梨の選定と依頼は頼宗に委ねたのであろう。よって「本宗」とあるが、「頼宗家が請い求めるべき」という意味から「本家」と解釈した。
(24) **或**《あるい》**は定むべき事、或は勘宣旨**《かんせんじ》　宣旨の内容に二種類あり、一つは公卿定をするよう指示され、一つは弁官に勘申を奉るよう指示されていたということ。「勘宣旨」は前出(↓二月註211)。

(25) **覆奏文《ふくそう》** 「覆奏」は前出(↓二月註213)。繰り返し調べて奏上した文。

(26) **伊勢大神宮の御託宣《おんたくせん》の事** 七月三日＊1にもたらされた斎王託宣に関する続報。七月註16参照。事件の詳細を知るべく、伊勢斎王(嫥子女王)が受けた託宣の内容を聞いたという祭主大中臣輔親を呼び寄せていたが、病気で上京が遅れ、八月一日にやっと関白頼通の所にやってきた。以下、その時になされた報告が載せられている。

(27) **近曾《きんそう》** 近頃。

(28) **申して云はく** 伊勢神宮における六月の月次祭で起こった斎王託宣事件に関する祭主輔親の報告。以下、『左経記』同日条※2、『大神宮諸雑事記』(第一・後一条院)、『小右記』八月廿三日条▼a〜▼f所載の宣命の記述と対比することにより、事件の詳細が見えてくる。

(29) **十五日** 六月十五日。『大神宮諸雑事記』(註43の続き)に、

長元四年六月、祭使、祭主正四位下行神祇伯大中臣朝臣輔親、依レ例到二来於離宮院一了、斎王亦依レ例、被レ着二於離宮一〈天〉、十五日夜、大祓・直会無二逗留一〈久〉勤仕畢、

とあり、奉幣使としての祭主輔親と斎王が十五日に離宮院に到着し、夜の大祓と直会が無事終了したと記されている。

(30) **離宮** 伊勢神宮の離宮院。伊勢大神宮司の役所で、「御厨《みくりや》」ともいう。もと度会郡沼木郷(現伊勢市内)にあったが、桓武天皇朝の延暦十六年(七九七)時に同郡湯田郷宇波西村(現伊勢市小俣町)に移した。正倉・館舎など数十宇と中臣の氏神をまつる式内官舎神社がある。斎王の離宮も同所に置かれたので離宮院と称した三節祭《さんせちさい》(六月・十二月の月次祭《つきなみさい》と九月の神嘗祭《かんなめさい》)に伊勢斎王が参入する時、先ず斎宮からこの離宮院に参集、十五日夜に大祓などをしてから、十六日に外宮、十七日に内宮へと向かい、それぞれの祭祀を奉仕した。

(31) **豊受宮《とようけのみや》** 「とゆけのみや」とも。伊勢外宮《げくう》。豊受皇大神宮・止由気宮ともいう。六月十六日の外宮の祭祀については、『大神宮諸雑事記』(註29の続き)に、

而明十六日朝〔与利〕、細雨濔々、然而祭主・宮司・寮方、任レ例豊受太神宮〈乃〉御祭〈仁〉供奉、次第神態・直会之間無レ事了、

とあるように、雨の降る中で通常どおり行なわれた。

(32) **内宮《ないくう》** 伊勢内宮。伊勢皇大神宮。十七日の内宮の祭祀直前に大雨が降り雷鳴が起こり、斎王の様子が急変、大

声を発した。『大神宮諸雑事記』(註31の続き)に、

十七日太神宮御祭也、仍斎内親王依レ例参レ宮、着二於斎王殿一、又男女官人等、同参詣、祭主・宮司参レ宮了、而御玉串供奉以前〈仁〉、忽大雨降〈天〉、雷電穿レ雲光騒〈天〉、天地震動、仍参詣衆人迷二心神一、成レ恐之間、斎王俄放レ音叫呼給、祭主輔親朝臣〈遠〉召〈須〉、仍祭主・禰宜等引率斎王殿参、

とあるように、ここで祭主大中臣輔親が召され、託宣を承るのである。

(33)**在々の上下**　そこにいた人々、という意味か。

(34)**度を失ふ**　狼狽して平静な状態でなくなること。

(35)**喚ぶこと有る由**　(斎王が)祭主大中臣輔親を呼んでいること。これを走って告げる者がいたので、輔親は風雨で笠が吹き飛ばされながらも斎王の御前に参った。

(36)**笠も亦**(×二)　原文通り「笠二」ならば、笠二つという意味か。ここでは、古記録本・大成本で「二《亦カ》」としているのに従い、「笠もまた吹き損ぜらる」とした。

(37)**御託宣**　託宣の内容について、『大神宮諸雑事記』(註32の続き)には、

而爰斎王御託宣云、我〈波〉皇太神宮之第一別宮荒祭宮也、而依二太神宮勅宣一〈天〉、此斎内親王〈仁〉、所二託宣一也、故何者、寮頭相通并妻藤原古木古曾、及数従者共〈仁〉、年来間、狂言詞巧〈天〉、我夫婦〈仁波〉、二所太神宮翔付御〈奈利〉、男女〈乃〉子共、荒祭・高宮付通給也、女房共〈仁和〉今五所別宮付給也〈止〉号〈志天〉、巫覡之事護陳〈天〉、二宮化異之由〈於〉称〈須〉、此尤奉二為神明一〈仁毛〉、奉二為帝王一〈仁毛〉、極不忠之企也、皇太神宮、高天原〈与利〉天降御之後、人間〈仁〉未二寄翔御一、而件相通夫婦、件無実之詞称出〈天〉、以二狂言一、驚二人間之耳目一事、甚無礼之企也、須三一旦与二神罰一也、然而為二後代一為二天下一無レ止祭庭〈仁之天〉、斎内親王令二託宣一也、是則以二件相通等一令レ処二重科一〈天〉、欲レ令二配流一也、依二伊賀神戸之訴一、伊賀守光清被二配流一、謂二其根元一、極雖レ有二狭少之事一、依二神事御事之厳一也、何況今夜託宣、尤神妙奇怪事也、祭主輔親以二我託宣旨一、早可レ上二奏公家一也者、

とあり、託宣をする神(我)は「皇太神宮之第一別宮荒祭宮」(→註55 205、廿日条＊2、九月三日条＊1＊2)で、大神宮(天照大神ヵ)の勅宣により、斎王(嫥子女王)に託宣するとあり、その理由が述べられている。

また、「宝の小倉を造立」し「京洛(□)の中、巫覡(×観)、狐を祭」ったとするのは、『小右記』のみ。『小右記』では「内宮・外宮の御在所」と称するが、『大神宮

諸雑事記』では夫婦の「二所太神宮」の他、男女の子供に「荒祭・高宮(多賀宮)」が付き、女房たちに「今五所の別宮」が付いたという。註39 40参照。『小右記』にある「公家の懈怠」や「百王の運、已に過半に及ぶ」などの天皇(朝廷)批判の詞、「斎王に過状を進」めさせたという部分は『大神宮諸雑事記』にはない。『百練抄』長元四年八月五日条には「召ニ問祭主輔親去六月荒祭宮詫(託)宣之趣一、申云、斎宮頭藤原相通妻、宅内作ニ大神宮宝殿一、詐仮ニ神威一、誑ニ惑愚民一、其罪已重、早可ニ配流一者」と簡潔に記されている。

(38) **寮頭相通は不善なり。妻(=小忌古曾)も亦、狂乱(×任乱)** 斎宮頭藤原相通と妻藤原小忌古曾《こきこそ》の非道ぶりを指摘したもの。『大神宮諸雑事記』では「寮頭相通并妻藤原古木古曾、及数従者共〈仁〉」とあり、夫婦に数人の従者(女房)がいたとする。

(39) **宝の小倉を造立し、内宮・外宮《げくう》の御在所と申し** 装飾を施した小さな倉(伊勢神宮と同じ神明造《しんめいづくり》の建物)を建築して、それを伊勢内外両宮の神々がいる所と言いふらした。『大神宮諸雑事記』では、夫婦に内外両宮の主祭神(大神宮)、その男女の子供に荒祭・高宮(多賀宮)の神、女房たちに他の五つの別宮の神々が付託したとあり、建物ではなく人物に神々が宿ったとする。

(40) **京洛(□)の中、巫覡《ふげき》(×観)、狐を祭る** ここでは、人々が群集する中で呪術的な行為を行なった、ということか。但し「京洛」とは都(京都)のこと。「巫覡」は、神の口寄せをする者。「狐を祭る」とは、呪術的な儀礼、妖術を行なうこと。字義に則って解釈すると、相通・小忌古曾夫婦は伊勢と京都の両方で伊勢神宮を僭称する宗教行為を行なっていたことになるが、京洛でのことは『大神宮諸雑事記』の記載にない。

(41) **神事、礼に違(×遣)ひ、幣帛《へいはく》疎薄なること** 祭事をないがしろにする神事違例や、神への捧物である幣帛が粗略なこと。神事優先を原則とする貴族社会では、敬神の薄さを象徴するこれらの行為は、神の祟を招くとして厳重に誡められた。

(42) **末代の事** (今の時代が)衰退して終末を迎えること。同時代に対する危機意識を表明する時に用いられる語で、摂関期に聖代と仰がれていた延喜・天暦の時代には「澆漓《ぎょうり》」と言われていた。ただ、摂関期の「末代」には、仏教の末法思想の影響が認められるとされる。また、後出する「百王」思想とも関連する。

(43) **光清** 源光清。生没年未詳。伊賀守の時に伊勢神宮の伊賀の神民から訴えられた。『小右記』長元二年(一〇二九)七月十八日条に「右中弁(藤原頼任)持ニ来伊勢太神宮伊賀神々(民)了怨(愁カ)

文、并伊賀守光清申文等一」とあり、伊勢神宮の神民が光清の非違を訴えた愁文と、それに対する光清の申文が実資の所にもたらされ、検非違使に調査させるなどの措置がとられた。また、『同』翌三年九月廿六日条に「今日中納言《(藤原資平)》云、伊勢太神宮神民等郊《群歟》二立陽明門一愁二伊賀国司一」とあるように、神民が強訴に来ている。この間の詳しい経緯について、『大神宮諸雑事記』(第一・後一条院)に、

長元四年〈辛未〉五月日、伊賀守従五位下源朝臣光清被レ配二流伊豆国一了、事発〈和〉、彼国神戸御酒田一町苅取了、因レ之二所太神宮御神酒、已以闕怠、仍神戸預注二子細一、訴二申於太神宮司一、随則且牒二送国衙一沙汰、且上二奏於公家一之程、訴神民之中〈仁〉、偸為二国司一、被二殺害一之由具也、依二彼訴一〈天〉、国司所レ被二配流一也、

とあり、先ず神戸の御酒田一町を刈り取り神事懈怠に至らせ、次にそれを訴えた神民を殺害したという二つの罪科が問題とされたことがわかる。『日本紀略』同三年十二月廿九日に「配二流伊賀守源光清於伊豆国一、依下殺二伊勢神戸神民一之過上也、」とあり、『百練抄』同日条にも「伊賀守光清配流、依レ殺二害伊勢神戸神民一也、」とあるように、この神民殺害の罪により伊豆国への配流が決まった。実際に配流されたのは長元四年で、その途中、近江国で盗賊に遭い(正月十三日条▼c)、駿河国に逗留する(二月廿四日条＊1)などのことがあったが、五月頃には伊豆国に着いたと考えられる。最初の訴えが出された年月日は不明だが、それが長元元年だとすると、光清が配流される長元三年十二月は「第三ヶ年」すなわち三年目ということになり、このような断罪の遅れとその間に起こった神民殺害が伊勢神宮関係者の不満となっていたのであろう。

(44) **帝王と吾** 天皇と伊勢皇太神であるアマテラス。神がこれからも天皇を護り、両者が切れない関係であるとする。

(45) **次々に出で給ふの皇** 後一条天皇以降の天皇。以下の文は反語と解釈し、「次々の天皇たちも神事を勤めるであろうか、いやそうでないにちがいない。」という意味に取った。古記録本は「有《(不カ)》」とし、「神事を勤めざらむ歟」と解釈しているが、改める必要はないであろう。

(46) **降誕《こうたん》の始** 天孫とされる火瓊々杵尊《ほのににぎのみこと》が高千穂峰《たかちほのみね》に天《あま》降《くだ》ったことを指すか。『日本書紀』神武天皇即位前紀に「自二天祖降跡一以逮、于レ今一百七十九万二千四百七十余歳、」とあり、天孫降臨から神武天皇まで(ホノニニ

ギ・ホホデミ・ウガヤフキアエズ三代)の年代が記されている。成尋『参天台五台山記』第四の延久四年(一〇七二)十月十五日条では更に詳しく、「第五彦尊」ホノニニギの統治を三十一万八千五百四十二年、「第六彦火火出見尊」ホホデミを六十三万七千八百九十二年、「第七彦瀲尊」ウガヤフキアエズを八十三万六千四十二年とする。伝存する『皇代記』『帝王編年記』の類はほぼこれに準拠しており、異同があったとしても、『二中歴』(第一・神代歴)でホホデミを六十三万七千八百九十三年、天孫降臨から神武東征までの期間を百七十九万二千四百七十六年としているように、その誤差は一年程度である。

(47) **王運の暦数** 皇帝が命を受けてからの天運。「暦数」とは、①日月の運行を測って暦を作ること、②自然に従った運命、特に帝王が天命を受けて帝位に就くこと、③年代・年数。ここでは、歴代天皇の代数、または各天皇の在位年数を指すか。次の「百王の運」を指すのであれば前者であるが、後者の天皇の在位年数ということであれば、記紀神話でホノニニギがオオヤマツミの娘のうちコノハナサクヤヒメのみを娶り、醜い姉イワナガヒメを拒否したことでその子孫が短命になったとあることが想起される。また、次に「其の間の事有り」ということの意味は不明だが、大中臣輔親(ないしは実資)が「延縮の間歟」と注しているように、天皇の暦数が事情により伸びたり縮んだりすることと解釈された。

(48) **百王の運** 天皇は百代で尽きるという歴史思想。『一代要記』『帝王編年記』などで第六十八代(『扶桑略記』では第六十九代)とされる当時の帝王(後一条天皇)は過半を過ぎていたことになる。この記事は百王思想の初見とされるもので、以後、『愚管抄』『神皇正統記』等へと展開する。但し、「百王」の語は以前から使用され、『小右記』でも寛仁元年(一〇一七)十一月の後一条天皇の賀茂行幸に伴う山城国愛宕郡の一部を寄進することについての論議や宣命に見出せるが、そこでは「万代」と同じ「無限数の百王」という意味であった。これを「百代に限る」という威嚇的な意味に転化させたのだとすれば、伊勢神宮の神民たちが、強訴と同様に、自らの要求を貫くためにあみ出したとも考えられている。

(49) **神郡**(×部) 伊勢神宮の神郡(→三月註60)。

藤原相通の妻藤原小忌古曾は、斎王の女房として奉仕していたようであり、斎宮の置かれた多気郡に居住していたのであろう。それ故に、この託宣で神郡から「公郡」に追放せよと要求しているのである。

(50) **斎王をして過状《かじょう》を進《たてまつ》**(進×)**らしむ** 神へ出す過状(始末書)を斎王に書かせる。「過状」は前出(→三月註

242)。ここでは、神からの命を受けた祭主大中臣輔親がもたもたして書かないでいると、次の託宣で書くべき内容が示される。それは「今の斎王は前々の斎王以上に良く奉仕しているが、後一条天皇が神事を疎かにし(その結果、藤原相通とその妻のような不敬をする者が出てき)ている。」というもので、(それを書き留めて)すぐに読み上げさせようとするが、神が乗り移っている状態では斎王は斎王自身でない。そこで更なる神宣で「蘇生」させ、斎王の本心が出てきたところで、輔親が読み上げた。

(51) **御本心** 斎王自身の本心。神が乗り移っている状態では、斎王の本心は存在しないということ。

(52) **七ヶ度の御祓《おはらえ》** 神に不敬を陳謝する意味で行なわれる祓。由祓《よしのはらえ》。これを丁重に七度行なうように神宣が下ったが、大雨のために三度しか奉仕できず、戻ってから行なおうとしていたところ、更なる神宣で「供酒」が言い渡される。

(53) **供酒** 神に「献酒」すること。ここでは、神が乗り移っている斎王に酒を勧めることになり、斎王は三回に分けて五盃ずつ、計十五盃飲んだ。その後で「本来だったら四歳か五歳の童子に託宣すべきであるが、適当な者がいなかったので斎王に託宣した。」と言って神宣を終えている。尚、『大神宮諸雑事記』(註37の続き)に、

其御託宣間〈仁〉、御神殿御酒召〈古止〉数十坏也、其次和歌一首令レ詠御〈須〉、御酒盞〈於〉、祭主〈仁〉下賜了、随則祭主依レ宣〈天〉、件御盞〈於〉賜預〈天〉三献、即御和歌〈遠〉進上既了、御託宣之旨、条々雖レ有、具不レ記、

とあり、和歌が交わされたことも記されている。その和歌については、『後拾遺和歌集』(巻二〇・雑六・神祇)の巻頭に、

長元四年六月十七日に伊せのいつきの内の宮にまゐりてはべりけるに、にはかにあめふりかぜふきて、いつきみづから託宣して、祭主輔親をめして、おほやけの御ことなどおほせられけるついでに、たびたび御みきめしてかはらけたまはすとて、よませたまへる

さか月にさやけきかげのみえぬれば　ちりのおそりはあらじとをしれ

御かへりたてまつりける　祭主輔親

おほぢちちむまごすけちか　みよまでにいただきまつるすべらおほんかみ

とある(『俊頼髄脳』『袋草子』『世継物語』『太神宮参詣記』などにも所収)。

(54) **神供《しんぐ》の雑物** 内宮に奉る幣帛など。外宮に続いて内宮

に赴いて祭儀を行なうことになっていたが、それができずに神供も棄てられた。『延喜式』(巻四・伊勢太神宮)「六月月次祭〔十二月准レ此、〕」に、

太神宮赤引糸卌絇、木綿大七斤、麻大十二斤、酒米十石、米三石三斗、神酒廿缶、〔缶別三斗、当国十五缶、伊賀国二缶、尾張・参河・遠江等国各一缶、並以二神税一醸造、〕雑贄廿荷、〔副レ酒所レ供、〕雑供料米十五石、塩一石四斗、鉄一廷、

とある。この件について『大神宮諸雑事記』(註53の続き)に、

爰寮頭相通妻子共、即時〈仁〉従二神宮一、差二使宮掌大内人度会弘行、大小内人祝部等一、追二越御川一之間、洪水俄湛〈天〉、人馬雖レ不二往反一、依レ恐二御託宣一〈天〉、不レ廻二時刻一、追渡了、即以二寅時一、御祭次第神事、任レ例勤了、但斎内親王〈乃〉御玉串、不下令二奉仕一給上、何況酒立御節不二供奉一、寮官人不レ着二於直会之座一、倭舞不二供奉一也、御託宣之中、雖レ無二其制一、偏依レ恐二上件条々事等一、所レ不二供奉一也、以二明十八日辰時許一〈天〉、内親王御心地平気給〈天〉、四御門〈乃〉東妻〈乃〉玉垣二間破開〈天〉、御輿〈於〉寄〈天〉、内親王〈於〉奉レ令二退出一已了、抑御前〔仁波〕御輿〈者〉有二制法一〈天〉、腰輿〈於〉用之例也、然而依

レ有二件事一、御垣〈遠〉破開〈天〉、御輿所レ寄也、自レ昔依レ有二禁制一、御門〔与里波〕不レ寄也、而依二洪水難一御行不レ早〔之天〕、以二酉時一離宮院〈仁〉令二帰着一給、祭主・宮司同共奉仕了、豊明〈乃〉解祭、直会、以二亥時一奉仕、但斎王不レ着二座川原殿一、寮官、主神司、件直会不二列座一、以二同十九日一、祭主記二件御託宣之由一、三員司、并太神宮神主、寮官、主神司、進二署名一〈天〉、祭主解状、并寮解等相副〈天〉、上奏了、内侍別当女房、一々被レ奉二御消息於本院一又了、以二同日亥時一、斎王帰二着斎宮一了、其後以二七月六日巳刻一、太神宮六禰宜正六位上荒木田神主延基、権禰宜大物忌父同氏貞、大少内人等五人、祝部等、外宮五禰宜正六位上度会神主常親、権禰宜大物忌父氏茂、大少内人五人、祝部等、寮頭館〈仁〉到着〔之天〕、寮頭〈乃〉造立禿倉二宇、城外時前人々西保住人焼掃既了、是則依二祭主下文一、二宮神官所二行申一也、件禿倉〈和〉荒祭・高宮御殿〈止〉号造立也、

とあり、相通夫妻が即刻使を差し向けようとしたが叶わなかったこと、そして祭は次第通りだったが、斎王の玉串だけは奉仕されず、斎宮の官人は直会に着かず倭舞も奉仕しなかったこと、斎王は十八日に平常に戻って御輿に乗って離宮院に帰り、直会の席には着かなかったこと、

更に、十九日に祭主大中臣輔親が託宣の内容を書いて関係者の署名を得て解状を添えて上奏し、七月六日に相通の館の禿倉二宇を祭主の下文によって焼き払ったことなどが記されている。

(55) **荒祭神《あらまつりのかみ》の御託宣**　伊勢内宮(皇大神宮)の第一の別宮である荒祭宮《あらまつりのみや》の神の託宣。荒祭宮は皇大神宮内に鎮座、天照坐皇大御神の荒御魂をまつる。『延喜式』(巻四・伊勢太神宮)に「荒祭宮一座〈太神荒魂、去二太神宮北一廿四丈、〉内人二人、物忌・父各一人、」とあり、『同』(巻九・神名上)に「荒祭宮〈大、月次・新嘗、〉」とある。九月三日条＊1＊2、九月註21参照。

(56) **日記す能はず**　上記のこと以外にも多くの託宣を近くで奉仕していた女房が聞いているようであるが、大中臣輔親は記録できなかった。ここまでが輔親の報告。

(57) **疑慮《ぎりょ》**　疑いを差しはさむこと。公卿僉議に諮ろうという関白頼通の意見に対し、実資は斎王への託宣を疑うことはできないので、公卿僉議を経ず、託宣どおりにしようと主張している。以後、託宣の内容は秘匿され、後一条天皇・関白頼通・右大臣実資の三人で処理された。

(58) **輔親を陣頭《じんとう》に召して問(×留)はるべき歟**　正式な太政官での尋問。頼通が個人的に行なった「内々」と区別される。

(59) **便《すなわ》ち同弁に仰す**　実資が頭弁経任に太政官として祭主輔親を尋問するよう命じた。この尋問は、仁王会定の後、御書所(→註67)で行なわれる。本日条▼b参照。

(60) **仁王会《にんのうえ》の日**　実資が上卿となり、臨時仁王会定が行なわれ、先ず日時が勘申された。陰陽寮の手配など頭弁経任への指示は今月一日＊1になされているが、仁王会を廿二日に行なうことについては、陰陽寮の勘申より前、七月廿四日に穢で延引が決まった時に決められていた。七月廿四日条＊1＊2・八月一日条＊1、八月註6参照。臨時仁王会定の式次第については、『北山抄』(巻六・備忘略記)に、

仁王会事〈先一両日有二大祓事一、於二建礼門前一行レ之、検校参議行事、雨儀、於二八省東廊一、有二此事一、一代会事、在二践祚巻一、〉上卿仰二弁・大史一、令レ進二例文〈先度仰名・名僧帳・外任死去勘文・諸寺解文等也、〉・硯・大間書等一、令三大弁書二僧名一、〈若無二大弁一、他参議又得、〉又仰二弁官一、召二陰陽寮一、令レ勘二申日時一、〈依二一日事一、不レ勘二儲時一、事雖レ不レ具、先守二時刻一、令レ打レ鐘了、〉僧名定了、別書二検校納言・参議一、〈大弁相逓充レ之、若無二大弁一、用二他参議一、〉行事弁・史加二日時勘文一、盛二一筥一令レ奏レ之、〈行事史不レ奏、〉返給、即給二行事弁一、先開二僧名一結申、仰云、

宣旨宣〈倍〉、又結二申日時勘文一、仰二其定日一、〔史撤二其筥一〕又可レ作二進呪願一之由、経二奏聞一、召二仰作者一、〔両文章博士遁作レ之、或令下儒士中堪二属文一者作上、弁官・内記等最有二其便一〕此後雑事、検校上卿一向奉行、〔近代、大臣不三必仰二呪願事一、仍検校上卿所二奉行一也、〕行事所差二定勅使・諸大夫等一廻仰、〔若五位不足者、或以二六位一足レ之、〕至二于堂童子・侍従等一、外記所二仰行一也、随二闕請出来一、於二陣座一定補、下二給行事弁一、〔或行事弁参二里第一補レ之、初度必於二陣座一所レ補也、〕前一両日、上卿参入、令レ奏二呪願文一、〔用二外記筥一〕使蔵人以二御書所人一令レ書レ之、付二行事所一、〔遠所料者、於二行事所一令レ書、馳遣為レ不レ令レ違レ期也、〕

とある。『江家次第』は二月註86参照。ここでは例文などを持って来させてから陰陽寮に日時を勘申させるとあるが、実資は先ず日時を勘申させた。また、呪願を作成させる儀があるが、割注に「近代、大臣必ずしも呪願の事を仰せず。仍りて検校上卿奉行する所也。」とあるように、右大臣である実資は行なっていない。

(61) **例文《れいぶみ》** 「れいもん」「れいぶん」とも。『北山抄』(前註)に「例文〔先度仰名・名僧帳・外任死去勘文・諸寺解文等也、〕」とあるように、以前に行なわれた仁王会の僧名帳・僧綱以下の名僧の名簿・任を外れたり死去した僧についての勘文、諸寺から提出された解文などで、これから作成する文書の参考とされた。

(62) **大極殿《だいごくでん》百高座** 大極殿に設置された百の高座《こうざ》。『江家次第』(巻五・二月・仁王会定)頭書では、『延喜式』(巻二一・玄蕃寮)の文を引用した後、「今案、式一代一度大仁王会也、毎年所レ行謂二臨時仁王会一、於二太政官庁并近辺寺社一、敷二百座一講二仁王経一、」とあるように、近辺の寺社までを合わせて百座とするとあるが、ここでは大極殿だけで百座とされている。この大極殿の座と、紫宸殿・清涼殿・院宮の居所・神社などに着く僧の名が書かれた。後、内覧の際に北野社に着く僧乗延が重服により清朝に改められている。

(63) **検校《けんぎょう》** 物事を点検して誤りを正すこと、また、その職。ここでは、重要な朝儀における総裁の職。仁王会では公卿から納言一名・参議一名が任じられた。

(64) **行事人** ここでは朝儀の行事を勤める弁と史。行事弁と行事史。

(65) **一々結申《かたねもう》す** 一つ一つの文書を決まった作法で読み上げる。「結申」は前出(↓三月註80)。『北山抄』(史料前掲註60)では、僧名を結申した後で上卿が「宣旨宣《のたま》へ」と言い、更に日時勘文を結申した後でその日を仰すとあるが、ここには実資が廿二日に行なうよう命じたことしか記されていない。

(66) **外漏《がいろう》** 外に漏らすこと。関白頼通と実資によって伊勢託宣のことは「密事」とされたので、祭主輔親への尋問も頭弁経任自身に命じ、人に立ち聞きされないよう、陣座(→正月註16)ではなく御書所で行なわせた。

(67) **御書所《ごしょどころ》** 内《うちの》御書所のことか。天皇の書物を保管する所で、承香殿東片廂(内裏図c3)にあった。また、宮中の書物を管理する御書所は式乾門(朔平門の西に位置する僻仗門、大内裏図C2)の東脇にあり、両者の区別ははっきりしない。九月註180参照。

尚、祭主輔親を尋問する場所として、御書所でなければ、蔵人所、もしくは蔵人頭の宿所とあるが、蔵人所は校書殿の西廂(内裏図b4)、頭の宿所はその西の蔵人所町屋(内裏図a4)の北にあった。

(68) **展転《てんてん》の間、漏失《ろうしつ》無きに非ず** 注記させたりしているうちに、書き漏らしたり失念してしまうという恐れがある、ということ。記録に残すことで他の人に知られる、という事態を避けようとの配慮も窺える。

(69) **官人並びに随身等** 近衛官人と実資の随身。雷鳴を聞き、陣座の東(宜陽殿の西北)を警備させた。尚、雷の時の警備は雷鳴陣《かんなりのじん》といい、『延喜式』(巻四五・左右近衛府)に「凡大雷時、左右近衛陣㆓御在所㆒、又左右兵衛直参入陣㆓紫宸殿前㆒、内舎人立㆓春興殿西廂㆒、不㆔必待㆓闈司奏㆒」とあるが、記録には三条天皇朝を最後に見られなくなる。

(70) **託宣…** 古記録本は「脱アラン」とし、大成本は「〇以下欽文歟」とする。『小右記』には、この陣定で行なわれた天皇と公卿たちとの遣り取りが欠落しているが、実資が内容を憚って書かなかったことも考えられる。

『左経記』同日条は、御書所で祭主輔親を尋問したことを※2に、

頭弁(経任)仰㆓右府(実資)㆒云、去六月伊勢斉主(斎王カ)参㆓大神宮㆒之間、荒祭宮付㆓祭主(斎王カ)㆒有㆓詫宣(託カ)㆒云々、祭主輔親朝臣可㆑令㆑問㆓其趣㆒者、右府則頭弁令㆑召㆓輔親㆒、々々参入、令㆔頭弁問㆓詫宣(託カ)之旨㆒、良久之後、頭弁申㆓事由㆒、〔密々於㆓御書所㆒、自問㆑之云々、其趣云、斉王(斎カ)参㆓外宮㆒祭了、次参㆓内宮㆒、欲㆑始㆑事之間、忽大風雨、雷殊甚、供奉諸司為㆑恐之間、荒祭宮奉㆑付㆓斉王(斎カ)㆒詫宣(託カ)種々也、其中、斉宮寮(斎カ)頭藤原資通(相カ)妻女(小忌古曾)、年来宅内作㆓大神宮宝殿㆒、称㆓大社(神カ)仰㆒、誑㆓威(惑カ)愚民㆒、是甚无礼者也、早可㆓配流㆒、若不㆑然者、奉㆓為公家(後一条天皇)并斉王(斎カ)・関白(頼通)㆒可㆑恐、又恒例神事・臨時奉㆓幣并馬等㆒、甚疎略也、是不㆑可㆑然之事也、自㆓此事等㆒之外、公家

無下可二聞食驚一事上云々、〕

と記しており、託宣にあった天皇批判の部分を薄めて報告されたことがわかる。また、突然起こった大雨雷電の中で行なわれた陣定における天皇からの諮問と公卿たちの回答について、※3に、

即被レ仰二可レ奏之由一、〔此間忽大雨雷電、群卿頗為レ恐、〕弁(経任)奏レ之、伝レ勅云、資(相カ)通所レ為甚以非常、如二託宣一可二配流一也、遠近如何、又其妻雖レ不レ入二託宣一、事之起在二彼女一、同可レ依(流歟)歟、若可レ依(流)者可レ在二軽重一歟、又可レ被レ申二聞食恐之由一歟、各可レ被レ申者、以二祭主輔親一可レ被レ為レ使歟、将可レ立二遣他人一歟、可二定申一者、右府并民部卿(藤原斉信)・権大納言(藤原長家)・侍従中納言(藤原資平)・右兵衛督(源朝任)・左大弁(藤原重尹)并余(経頼)、相議被レ奏云、夫妻共可レ被レ処二遠流一歟、又尤可レ被レ申(已カ)二恐之由一也、但祭主是恒例使也、於二此度一者、事也大事、以二可レ然人一可レ被二祈申一歟、

とあり、夫婦共に遠流とし、天皇の「恐《かしこみ》の由」を伝える特別な使を発遣するという意見にまとまった。更に※4に、

仰、聞食了、択二無レ忌之日一、可レ被レ行二配流事一無(云々)、又流レ女之例可レ尋之由有レ仰云々、

とあり、それを受けた天皇から、忌のない日を選んで配流の手続きをすることと女性を流罪に処した前例を調べることが命じられ、※5に、

又可レ被レ立レ使日時可レ令二勘申一者、右府仰レ弁令レ勘二日時一、被レ奏、〔廿五日云々、〕

とあるように、使の発遣についても、実資によって直ちに日時勘申が行なわれ、廿五日と奏上された。

この日のうちに相通夫妻を捕らえよという宣旨が下されたことは、『小右記』翌日(五日)条＊1に「相通夫妻可二搦護一之由宣旨去夜次(給)二貞行宿禰一」とあり、『大神宮諸雑事記』(註54の続き)にも、

同年八月四日、宣旨到来称、右大臣宣、奉レ勅、斎宮寮頭藤原相通并妻子等尋捕、慥加二守護一、依レ有下可二糺定一事上、宜下仰二彼国一、尋二捕其身一、加中守護上、随二彼仰一参上、

とあることから明らかである。尚、『大神宮諸雑事記』の日付は宣旨が到来した日ではなく、宣旨が作成された日付と考えられる。以下同じ。

(71) **廿五日の御幣使の事**　伊勢神宮への御祈の臨時奉幣。伊勢公卿勅使。源経頼が使となることは、『左経記』七日条※2・八日条▽a参照。「伊勢公卿勅使」は、伊勢神宮に臨時奉幣使として公卿を遣わすこと。国家に重大事が発生するごとに発遣された臨時奉幣使の中で、最も

丁重なものとされる。恒例の伊勢奉幣使は、伊勢神宮の神嘗・月次・祈年祭（三節祭）に幣帛奉献のために発遣され、皇親である諸王の五位以上と神祇官の中臣・忌部・卜部があてられた。特に神嘗祭のために朝廷から発遣される使を「例幣使《れいへいし》」と称した。臨時に天皇の御願を伝える公卿の奉幣使としては、聖武天皇が天平十年（七三八）に遣わした右大臣正三位橘諸兄（『続日本紀』五月辛卯〈廿四日〉条）が初例であるが、恒例の奉幣使に加えて三位以上を加えた形式の公卿勅使は、宇多天皇が寛平六年（八九四）四月十九日に新羅賊来襲に際してのものが初例とされる（『師守記』貞和三年〈一三四七〉十二月十七日条）。発遣の儀についても、天皇の居所である清涼殿の儀と令制の場である八省院の儀という二部構成になっている。

その発遣の儀の上卿が決まっていないことを確認したのであろう。頭弁経任へ再度使を遣わし、自分ではなく「他の上（上卿＝公卿）」にあてるよう関白頼通に伝えさせているが、結局、実資が上卿を勤めることになる。また、発遣の儀も八省院ではなく神祇官で行なわれる。十五日条▼e、註172参照。

（72）**止雨の御祈**　神祇官斎院において行なわれる長雨の停止を祈る祭主祈禱。祭主による祈禱は、仁明天皇の命により祭主神祇伯大中臣淵魚が開始し（『続日本後紀』承和九年〈八四二〉七月辛亥〈十九日〉条）、醍醐・朱雀朝頃から頻繁に行なわれるようになるが、当初は神社への奉幣ができなかった時の代替措置であった。これを朝廷の神事として定着させたのは、一条朝の長保二年（一〇〇〇）から祭主の地位にあった大中臣輔親で、彼が長和五年（一〇一六）六月八日に神祇官で行なった祈雨の祈禱は、藤原道長によって高く評価された（『御堂関白記』同年六月八日条、『左経記』六月九日条、『小右記』六月九日条）。

（73）**止雨使**　長雨が止むことを神に祈るための奉幣使。『新儀式』（第四・臨時上）に「祈雨・祈霽事」とある「祈霽」に相当する。祈雨と同じく、丹生・貴布禰二社に蔵人ないしは神祇官人を発遣するが、馬を奉る場合、祈雨の時が黒毛馬であるのに対し、止雨（祈霽）の時は赤毛馬（『延喜式』〈巻三・臨時祭〉では白毛馬、七月註161参照）となる。十三日に神祇官人を発遣することが、七日▼aに決定されている。十三日条▼a参照。

（74）**相通夫妻、搦《からめ》護《と》るべきの由の宣旨《せんじ》**　前日（四日）の勅を受けて、実資が頭弁経任に仰下した宣旨。但し、前日条には記されていない。伊勢斎王の託宣に従って、斎宮頭藤原相通・小忌古曾夫妻を捕まえることが命じられ、その夜のうちに左大史小槻貞行に作成の指示を出した。また、妻の名がわからなかったので、祭主輔親に尋ねるよう命じている。八日条＊4に、神祇少副卜部兼忠が藤原小忌古曾の姓名を注送したことが見える。

(75) **他の上《しょう》** 実資以外の上卿(＝公卿)。ここでは、伊勢公卿勅使発遣の上卿を勤める公卿。「上卿」とは中納言以上を指し、参議以下を意味する「下卿」と対になる。また、「一上《いちのかみ》」のことで、朝廷の公事を執行する筆頭の公卿を指す。この場合、太政大臣と摂政・関白は除き、左大臣でも摂政・関白を兼ねる場合は次席の大臣が勤める。太政官内での政務執行の責任者でもあり、この時は右大臣実資となっているが、遠くまで歩くのは耐え難いとして、神祇官斎院での行事と合わせて、この役から回避されることを願った。

(76) **眇遠《びょうえん》**(×助遠) 「眇遠」とは、非常に遠いこと。「眇」は、はるか。ここでは内裏の仗座から大極殿までの距離が長いということ。実資は腰痛で、上卿を勤めるとなると、歩行距離が長くて耐えられないと言っている。後、小安殿《こあどの》(「しょうあんでん」とも。大極殿の後殿で発遣儀の式場)が修理中であることから、神祇官から発遣するという案が出て(十五日条▼e)、そこだと歩行距離が短く、実資も上卿を了承した(廿日条＊2)。

(77) **弾正少弼《だんじょうのしょうひつ》**(×小弼)**定義、忠《ちゅう》斉任を問**(×同)**ふの日記** 菅原定義が大江斉任を取り調べた調書。「日記」は前出(→正月註447)。『小記目録』(第一七・濫行事)に「同年(長元四年)五月十九日、弾正忠斉任強二姧斎院長官以康女一事、」とあり、斉任が以康の娘を強姧したという嫌疑で訴えられたこと、また「同年六月九日、依二強姧一可レ召二問弾正忠斉任一事、」とあり、斉任への尋問が始まったことが記されている。

(78) **牛童《うしわらわ》三郎丸の従者の童** 実資の牛童(三郎丸)の従者を勤める童。この乱闘により、実資が検非違使で実資家家司を兼ねる宮道式光に命じて獄所(牢屋)に入れた。廿八日＊3、同じく実資が検非違使別当源朝任に連絡して釈放させている。註359参照。

三郎丸は長く実資の牛童(牛付の童)を勤めるが、自身も乱暴な性格でもあったようで、長和二年(一〇一三)七月廿日にも濫行により禁獄され、寛仁二年(一〇一八)閏四月廿二日にもいざこざに巻き込まれている(『小右記』)。

(79) **拏攫《だかく》す** つかみ合うこと。

(80) **府生光武・尚貞の過状《かじょう》** 「過状」は前出(→三月註242)。いずれも右近衛府の府生で、相撲での乱暴と職務怠慢を詫びる解状(過状)を提出させられている。これにより、訓戒・注意(戒め仰す)だけで免じられた。光武については、七月十九日条＊2・廿日条▼a・廿一日条▼a、七月註143など参照。

(81) **追相撲《おいずまい》** 相撲召合の翌日、抜出の後で、白丁《はくちょう》または衛門府の舎人《とねり》などを選んで行なう相撲。

(82) **斉任を勘問《かんもん》するの日記** 前出(↓註77)。ここでは、その文言が例文と違うことが問題とされている。

(83) **恪勤《かくごん》(×格勤)の者** ①任務や職務などをまじめに勤める者。②院・親王家・大臣家などに仕える侍。家人。

ここでは②で、勘問した弾正忠《ちゅう》貞親も筆記した弾正疏致親も実資家に良く仕えている者だとしている。よって公にせずに日記を頭弁経任から取り返して、貞親に書き直させている。

(84) **御願使** 後一条天皇の臨時奉幣使。註90参照。天皇の私的な使として、先ず七日＊2に石清水社へ頭弁経任が発遣される。七月廿四日条＊1＊2により「来月七・八日吉日」として計画されていたことが知られる。七月註176参照。

(85) **馬寮《めりょう》** ここでは、実資が御監を勤める右馬寮。石清水社へ奉る十列の馬の一疋について実資に借用を求めてきた。実資は馬一疋だけでなく、鞍五具をも添えている。左馬寮と同じく右馬寮も十疋を用意することになっており、その騎者は近衛府の官人であった。

(86) **御衰日《ごすいにち》、重・復日** 天皇の行年衰日《ぎょうねんすいにち》と重日《じゅうにち》・復日《ふくにち》。「衰日」は前出(↓二月註197)。後一条天皇は寛弘五年(一〇〇八)戊申生まれの二十四歳なので、寅・申の日が衰日とされた。「重日」は、十二支のうち巳の日は陽の重なる重陽の日、亥の日は陰の重なる重陰の日で、この日の行為は重なって生じるという。「復日」は前出(↓二月註88)。七月節(七月十二日~八月十一日)は木で庚・甲の日、八月節は火では乙・辛の日。共に陰陽道において忌《い》むべきだとされたので、それらの日を避けて明後日(八日癸未)に神祇官斎院での祈禱と相通夫妻配流の官符作成などをすると定められた。廿日条＊3、註210も参照。

(87) **明日行なふべきの事等** 八日に行なわれる官符作成など。そのための召仰をした。

(88) **勘進《かんしん》す** 勘《かんが》え調べて申し上げる。「勘申」は前出(↓正月註72)。

(89) **国史(＝『続日本紀』)に云はく「天平勝宝四年八月庚寅** 『続日本紀』天平勝宝四年(七五二)八月庚寅(十七日)条に「捉二京師巫覡十七人一、配二于伊豆・隠伎・土左等遠国一」とある。

(90) **左右十列《とおつら》** 「十列」は前出(↓二月註76)。神社の社頭に馬十疋を引き並べる儀式。祈願成就の報賽など、特別な意味を持って神に奉られる。後一条天皇の先年の御願の報賽により諸社へ十列を奉るため、左馬寮と右馬寮がそれぞれ十疋ずつを用意した。右馬寮の分の一疋と鞍五具を実資が貸したことについては、六日条▼a参照。この日の石清水社(→三月註184)から始まり、十三日＊3に賀茂上・下社(→三月註66)、十四日＊3に松尾・大原野(→正月註452)、十七日＊2に平野・祇園(→正月註420)・北野(→註11)、そして廿八日＊1に稲荷・春日(→二月註43)と、計九社に左右馬寮の十列が奉られている。上卿は大納言斉信であるが、使は神社ごとに変わっている。また、この日から五日間、北野を除く八社(あるいは北野は記載漏れか)に御読経も修している。

「松尾社」は、山城国葛野《かどの》郡内、現在の京都市西京区に鎮座。『延喜式』(巻九・神名上)に「松尾神社二座(並名神大、月次・相嘗・新嘗、)」と見え、祭神は大山咋《おおやまくい》神と市杵島姫《いちきしまひめ》命。大山咋神は『古事記』(上巻)に近江国の日枝《ひえ》(比叡)に座し、また葛野の松尾に座して鳴鏑《なりかぶら》を持つ神と見え、秦《はた》氏の祖神とされた(史料前掲三月註110)。賀茂別雷《わけいかづち》神の父神にあたり、賀茂別雷社(賀茂上社)と関係が深い。平安遷都後は王城鎮護の社とされ、賀茂祭でも先に近衛二人を松尾社に遣わして走馬を奉るとある(二月註43参照)。承和十四年(八四七)に従三位、貞観八年(八六六)に正一位となる。祈年穀奉幣(後の二十二社)の対象社。寛弘元年(一〇〇四)十月十四日に一条天皇が、万寿元年(一〇二四)十一月廿三日に後一条天皇が行幸している。平安初期の男神像・女神像がある。

「平野社」は、山城国葛野郡内、現在の京都市上京区平野宮本町に鎮座。『延喜式』(巻九・神名上)に「平野祭神四座(並名神大、月次・新嘗、)」とあり、今木《いまき》・久《く》度《ど》・古開《ふるあき》という桓武天皇の外祖父母双方の奉斎する神々に比売《ひめ》神を合祀したと考えられる。平野祭に皇太子親幣の規定があり、皇太子守護神としての性格を持っていた。源氏・平氏などの氏神とも考えられるようになり、源経頼も四月と十一月の祭に奉幣している。祈年穀奉幣の対象社で、長元四年には二度とも源経頼が平野社の使を勤めている(二月註65・七月註107)。円融天皇は天元四年(九八一)に平野行幸をし、施無畏寺を神宮寺と定め、花山天皇は寛和元年(九八五)に臨時祭(→三月註184)を始めた。

「稲荷社」は、山城国紀伊郡、現在の京都市伏見区深草に鎮座する伏見稲荷大社。『延喜式』(巻九・神名上)に「稲荷神社三座(並名神大、月次・新嘗、)」とある。『類聚国史』(巻三四・天皇不予)天長四年(八二七)正月辛巳(十九日)条の詔に、東寺の塔木として神木を伐採したことによる祟を慰撫するために従五位下を授けたとあり、以後、昇階して天慶三年(九四〇)に従一位、同五年頃に正一位となる。祈年穀奉幣の対象社であるが、摂関期に稲荷祭(三月中午日に神輿が御旅所《おたびしょ》に渡御し四月上卯に還幸)

への朝廷や貴族の奉幣は見られない。稲荷行幸は、後三条天皇の延久四年(一〇七二)からである。

(91) **移鞍**《うつしぐら》 廷臣が公務に使用する鞍。官馬に付けるのが普通だが、摂関家などで随身や家人用として私馬に付けることもある。「うつしのくら」とも。

(92) **先年の御願**《ぎょがん》 『左経記』八月十三日条※2に「又賀茂上下使二左中弁(藤原経輔)一、被レ奉二幣帛并走馬等一、是前年御薬時御願賽也、」とあり、前年の大病の時に祈願したもので、その病気平癒の報賽(御礼)であることがわかる。註84・154など参照。

(93) **今日より五ヶ日** 神社への十列と同時に計画された諸社での御読経。七月廿四日条＊1＊2には「三ヶ日」とあるが、その後、日数を変更したか。十列は一度にできないが、御読経は担当僧を決めて同時に行なっている。

(94) **御馬逗留(×豆留)の解文**《げぶみ》 馬牽《うまひき》(→註175)に馬の献上が間に合わないという上申書。「逗留」は、一箇所に留まって進まないこと。一定期間留まること。この御馬は、甲斐国真衣野《まきの》牧の馬牽の馬と考えられる。実資はすぐに奏上させている。『日本紀略』十月十三日条に「甲斐真衣野御馬、」とある。註175・349も参照。

(95) **興福寺御塔供養** 関白頼通によって行なわれる興福寺東金堂・塔供養のこと。「興福寺」は前出(→正月註455)。頼通邸(高陽院)で雑事定があり、十月廿日と決定された。『左経記』七日条▽aに、

依レ召参レ殿(頼通)、被レ定下可レ被レ供二養山階寺(興福寺)東金堂并御塔一雑事上、(件堂塔、前年為二神火一焼亡、仍堂故入道(藤原道長)大相国令レ作給、塔関白(頼通)相。閤(左相国カ)令レ作給也、)兼召二陰陽助則秀(孝カ)一、被レ勘二日時一、(十月八日壬午、廿日午時也云々、)

とあり、道長が東金堂、頼通が塔を造立したことがわかる。尚、『日本紀略』寛仁元年(一〇一七)六月廿二日条に「興福寺塔一基并東金堂、為二雷火一被二焼失一了、」とあり、東金堂については『御堂関白記』同月廿三日条に、

卯時許、林懐僧都来云、夜部雷落、山階寺御塔付レ火、其火付二東金堂及地蔵(堂脱カ)一、焼亡已了、自余堂雖レ近、無二殊事一、余発願云、若命及二明年一、東金堂可レ奉レ作者、僧成二随喜一、

とあり、この時に発願された。塔については『小右記』万寿四年(一〇二七)八月廿三日条に「今日関白(藤原頼通)云、(中略)又云、今日巳時立二興福寺塔一、依レ有二方忌一去夜宿二章任(藤原)桂宅一者、」とある。よって、焼亡から十四年経って御斎会に準じる供養をしたことになる。『左経記』十月十一日条▽a・十七日条※3・十八日条※1・十九日条※1・廿二日条※1参照。また、『中右記』永長元年(一〇九六)九

月廿六日条に、

宇治殿(藤原頼通)、
寛仁元年六月廿二日、宝塔一基・東金堂一宇、已為二雷火一焼、〈林懐僧都為二寺家別当一、左中弁経通(藤原)、〉
長元四年十月廿日、供養、〔扶公僧都為二別当一、左中弁経輔(藤原)、〕

とある。

『小右記』は十月から十二月まで(閏十月を含む四ヶ月分)を欠くが、『小記目録』(第一〇・諸寺供養事)に「同年(長元四年)八月七日、於二高陽院一被レ定二興福寺御塔供養雑事一、」「同年十月七日、山階寺御塔供養可レ准二御斎会一事、」「同□□□(年同月)九日、関白(藤原頼通)・諸卿騎馬参二山階寺一□(事)、」「同年同月廿日、供二養興福寺堂塔一事、」「同年同月廿一日、興福寺別当(扶公)勧賞事、」「同日、舞人光高(狛)叙二五品一事、〈興福寺供養、〉」「同年同月廿二日、関白於二佐保殿一有二□□一□、」とある。また『小右記』十月七日条逸文として、『三条西家重書古文書』(一・塔供養年々)の「〈小右〉長元四年」の項に「同年十月七日、★A山階寺御塔供養可レ准二御□(斎)会一事、」とある。

(96) **代厄祭《だいやくさい》** 陰陽道の祭祀で、代病身の祭。実資が自邸(小野宮邸)の南庭で、健康と平穏な生活を祈るために行なわせた。

(97) **夏の衣服を給ふ** 実資が随身に自分の着用した衣服を与えたか。

(98) **国史(=『続日本紀』)を検するに『天平十一年(×十年)三月庚申** 『続日本紀』天平十一年(七三九)三月庚申(廿八日)条に「石上朝臣乙麻呂坐レ姧二久米連若売一、配二流土左国一、若売配二下総国一焉、」とある。

(99) **同国史に云はく『天平勝宝四年八月庚寅** 前出(↓註89)。

(100) **同国史に云はく『天平宝字元年七月庚戌(×戊申)** 原文は「戊申(二日)」とあるが、庚戌(四日)条が正しい。『続日本紀』天平宝字元年(七五七)七月庚戌(四日)条は橘奈良麻呂の変についての記事で、その中に「安宿王及妻子配二流佐度一、」とある。この記事以外の二つは『類聚国史』(巻八七・刑法一)の「配流」項にも見ることができる。また、その項には、例文に必要と思われる天平十四年(七四二)十月戊子(十七日)条の「塩焼王配二流於伊豆国三嶋一、子部宿禰小宅女於上総国、下村主白女於常陸国、川辺朝臣東女於佐渡国、名草直高根女於隠岐国、春日朝臣家継女於土左国、」という記事があるが、文義は勘進していない。

(101) **弾正忠斉任を勘問する日記** 前出(↓註77 82)。

(102) **『獄令《ごくりょう》』** 『養老令』(巻一〇・第二九)にあり、犯罪が発生した時の裁判や科刑に関する規定からなる。当該条(流人科断条)に「凡流人科断已定、及移郷人、皆不レ得下棄二放妻妾一至中配所上、如有下妄作二逗留一私還、及逃亡上者、随即申二太政官一」とあり、流移の人が配所に赴く際、妻妾を同伴すべきとしている。

(103) **已に共に配流すべし** この事の起こりは妻小忌古曾にあるので、夫婦それぞれが流罪となるという意味。

(104) **左右衛門府生を以て使と為《な》すべき事** 『延喜式』(巻二九・刑部省)に、

凡流二移罪人一者、省申レ官逓請二左右兵衛一、為二部領一、即授二省符一、路次差二加防援一、令レ達二前所一、其返抄者、従レ官下レ省、

とある。

(105) **相通の位記を取進《とりたてまつ》るべき事、宣旨《せんじ》を京職《きょうしき》に給ふべき事** 斎宮頭相通を流罪に処するに際し、その位記を取り上げて進上せよという宣旨を、京職に給すること。『北山抄』(巻四・拾遺雑抄下・収二罪人位記一事)に、

延喜十一年、〈悦《(源)》、〉天慶〈俊《(源)》、〉等例、給二官符於京職一、安和二年〈敏《(橘)》延、〉例、召二京職官人一仰レ之、〔進二位記一、検非違使収レ之、〕寛弘、朝《(土師)》兼時、給二宣旨於検非違使一、時人難云、非レ例、上卿不レ尋二旧例一、所レ被レ行歟、但検二儀式・刑部式等一、刑部収レ之、令レ付二検非違使一、紏弾之者便仰レ之、非レ無レ所レ拠乎、近例、仰二京職一、復二本位一之時、更以二叙位一、新作二位記一云々、〔不三必進二位記之実一〕

長元四年八月

とあり、安和の変で土左国に配流された中務少輔橘敏延の例に基づき、位記を取り上げる宣旨は京職に下し、検非違使に収奪させている。尚、寛弘五年(一〇〇八)八月に長門国住人土師朝兼(長門守藤原良通の郎党三人を殺害)の例では検非違使に直接宣旨が下されたが、これは上卿の不備とされて先例となっていない。

「安和の変」は、安和二年(九六九)三月二十五日、左大臣源高明が大宰権帥に左遷され、右大臣藤原師尹が左大臣、大納言藤原在衡が右大臣に昇進した事変。発端は左馬助源満仲・前武蔵介藤原善時らが中務少輔橘敏延や左兵衛大尉源連らの謀叛を密告したことにある。謀叛者の累が左大臣に及び、前相模介藤原千晴とその子や郎等も検非違使源満季(満仲の弟)に追捕され、直ちに伊豆・土左・隠岐等の国に流された。真相は不明だが、藤原氏の他氏排斥の最後で、賜姓源氏の高明が政界から追放され、藤原摂関家の地位が強固となった事実から、藤原氏による陰謀とする見方が有力である。また、満仲らの清和源氏が台頭したことも重要である。

(106) **『刑部式』** 『延喜式』(巻二九・刑部省)に、

凡応レ毀ニ罪人位記一者、省収ニ位記一、申ニ送弁官一、官以ニ位記一返ニ付省一、更定レ日申レ官、其日丞・録与ニ中務・式部・兵部等省一、共就ニ太政官一、三省録各持ニ位案筥一、刑部録持ニ位記筥一、共入レ列立ニ庭中一、〔北面東上、〕大臣命召、称唯就レ座、弁官申下可レ毀ニ位記一之状上、訖即刑部録以ニ位記筥一、進付ニ外記一、申云、毀ニ位記若干枚一、大臣命毀レ之、称唯毀、畢録進取ニ位記筥一復座、訖即退出、〔事見ニ儀式一〕

とあり、『儀式』(巻一〇・毀ニ位記一儀)にも「刑部省預収ニ罪人位記一、申ニ送弁官一、官以ニ位記一返ニ付於省一、省更定レ日申レ官、」としてから当日の儀式を記しており、刑部省が罪人の位記を収奪する規定であった。

(107) **安和の例**　註105参照。

(108) **去年**　伊勢神民の訴により源光清の配流を行なった時。註43参照。

(109) **結政《かたなし》に於いて請印《しょういん》すべし**　結政 請印《しょういん》を行なうこと。古記録本・大成本は「於結政可(所カ)請印」とするが、「所」は必ずしも必要としない。『左経記』同日条▽b参照。

「結政請印」は、結政所で行なわれる請印(↓正月註187)。請印には内印《ないいん》(天皇御璽)と外印《げいん》(太政官印)の二つがあり、ここでは後者。外記政の場で行なうことになっているが、急時により 政《まつりごと》 が開かれるのを待てない場合は上卿が陣座において文書を披見し、参議に命じて少納言・外記・史生らと共に結政所に向かわせ、捺印させる。「結政所」は、建春門外にある太政官候庁(外記庁)の南に渡廊で連なる南舎(大内裏図D3)にあり、文書類を襲蔵し、結政を行なう。「結政座」ともいい、建物は平城宮から移したという。

(110) **『刑部式』に云はく**　『延喜式』(巻二九・刑部省)に、

凡流移人者、省定ニ配所一申レ官、具録ニ犯状一下ニ符所在并配所一、〔良人請ニ内印一、賤隷請ニ外印一、〕其路程者、従レ京為レ計、伊豆、〔去レ京七百七十里、〕安房、〔一千一百九十里、〕常陸、〔一千五百七十五里、〕佐渡、〔一千三百廿五里、〕隠岐、〔九百一十里、〕土佐等国、〔一千二百廿五里、〕為ニ遠流一、信濃、〔五百六十里、〕伊予等国、〔五百六十里、〕為ニ中流一、越前、〔三百一十五里、〕安芸等国、〔四百九十里、〕為ニ近流一、

とある。配流の官符に捺す印は配流者の身分によって使い分けられるとされているが、いつしかその規定は守られなくなり、源光清配流の時にも賤身分ではなく「良人(良民)」であるのに「内印(天皇御璽)」ではなく「外印(太政官印)」が用いられた。今回も「先例」に従って「結政請印」で「外印」が用いられることになる。

(111) **便(×使)に伊勢国より遣はすべきの国**　便宜的に京に

連れ戻さず、伊勢国から直接追放して送る国。

(112)『**刑部式**』 前出(→註110)。

(113)**佐渡使** 相通を佐渡国に配する使(秦茂親)。領送使(→註208)のこと。次の「隠岐使」は、妻小忌古曾を隠岐国に配する使(清内永光)。共に衛門府から進められた。但し、伊勢における二度目の託宣により、相通の配流先は伊豆国へ改められる。註190 194 209参照。

(114)**道を枉げて配処に向かふべきの由** 「枉道《おうどう》」は、官で決められた道以外を通ること。ここでは、伊勢から入京せずに直接配所である隠岐に向かわせること。十二日条＊3、註137参照。

(115)**更に停任の宣旨有るべからざる者也** 藤原相通の斎宮頭を解任するという宣旨はなくても良い。その理由として、官職と共に位階を剝奪して遠流に処するからとしている。『左経記』同日条▽bに、

又今朝相府(藤原実資)被㆑示云、寮頭可㆓停任㆒之由、不㆑可㆑被㆑仰㆓其故㆒者、不㆑取㆑位被㆑衣(取カ)㆑官之時、有㆓停任宣旨㆒、於㆓相通㆒者、已為㆓配流者㆒、官位共可㆑被㆑取也、仍仰㆘可㆑進㆓位記㆒之由㆖、於㆓寮頭㆒者、除目可㆑被㆑任㆓其故㆒也、

とあり、先ず解任の「故《ゆえ》(理由)」を仰さなくても良いこと、配流であり位階も剝奪されるので、位記を提出させる仰のみ下したことがわかる。最後に、次の除目で「其の故《もと》(解任されて空席となった斎宮頭の職)」を任ずべきとあるのは、実資の意見か、経頼の地の文か、見解が分かれる。尚、『左経記』十二月廿六日条※2に、この日の除目で斎宮頭に藤原実行が任じられたとある。

(116)**強姧《ごうけん》の事** 暴力や脅迫などで女性を犯すこと。強姦。弾正忠大江斉任は、強姧したとして訴えられて弾正台で尋問されていたが(→註77)、和姧(和姦＝合意の上での姦通)であると主張したのであろう。十五日▼cに、証人である真信を尋問して、斉任の主張と違っていたら、再び斉任を対問《たいもん》させることとなり、廿一日＊1に宣下された。

(117)**媒介の女** 斉任と関係を持った女。

(118)**兼ねて用意すべき者なり** 今日(八日)に起こった犬死穢の忌は五日間なので、止雨奉幣の前日(十二日)までとなる。そこで、幣物の準備は当日にしなければならない。ここで「兼ねて用意すべき者なり」とあるのは、請奏は当日行なうが、幣物の準備はさせておくべきである、という意味か。

(119)**猶、台**(＝弾正台)、**復問すべし** 弾正忠である大江斉任を再度尋問するにしても、検非違使庁ではなく、弾正台で行なうべきである、ということ。実資は斉任の直属官

庁が取り調べることにこだわっている。

(120) **秋季臨時仁王会《にんのうえ》の料物《りょうもつ》**　春と秋の年二回の行事としてほぼ定例化していた臨時仁王会に必要なもの。春季仁王会については二月註51参照。『小野宮年中行事』(七月)に、

秋季仁王会、
料米三百八十斛三斗、(八十斛三斗加賀国、百五十石伊与国、百五十斛土左国、)
絹四百疋、(百疋越後国、百疋因幡国、百疋伯耆国、百疋出雲国、)調布二千端、(千端武蔵国、千端上野国、)油四斛二斗、(一斛河内国、一斛五斗越中国、八斗越後国、八斗備後国、)

とあり、秋季仁王会に加賀国は八〇石三斗を調進することになっていた。それは、『西宮記』(臨時一甲・仁王会)裏書に、

天暦五年三月廿三日、従二今日一有二季御読経一、発願後、右府(藤原師輔)就レ陣、定二仁王会請僧供米七百六十石六斗一、
備前八十石三斗・備中百五十石・備後百五十石、
已上三百八十石三斗、春季料、正月内可二進上一、
加賀八十石三斗・伊与百五十石・土左百五十石、
已上三百八十石三斗、秋季料、正月内可二進上一、

長保二年九月十五日符、以二新委不動米一、春(春カ)充二二季臨時仁王会料一云々、若有二違期未進一者、物(拘カ)二一度勧賞一者、

とあり、天暦五年(九五一)に定められ、長保二年(一〇〇〇)からは新委不動米をあてることとなった。例年のこととされたので、前加賀守である俊平が六月中に大蔵省に納めるべきであったが、官符到来が今月に遅れたことを理由に、新守藤原師成の納める分であると主張してきた。七月註141も参照。

(121) **分附《ぶんぷ》**　「分付」とも書き、「ぶんづけ」とも訓む。前司から後司に管理の対象(官物の管理)を引き渡すこと。後司から見れば「受領」になる。

(122) **前司俊平申返《もうしかえ》す**　「申返」は、反対意見を申し上げること。また、仁王会料物以外についても、『左経記』十一月十日条※1に、

前加賀守復平(俊平カ)申請、依二承平三年官符一、得替年々料米、令二後司(師成)弁済一云々、承平官符是但春(租春カ)事也、於二利春(春カ)一者専不レ可レ依二彼例一、若暗被二裁許一寮用闕乏歟、先被レ問二大炊寮并後司等一、随レ申可レ被二定行一歟云々、

とあり、俊平は承平三年(九三三)に越前国と加賀国に出された官符を根拠に、得替《とくたい》年(任期満了の年)の年料米も後司に押しつけようとしている。承平三年の官符について

は、『北山抄』(巻一〇・吏途指南)の「前司卒去国任終年雑米事」に「仍按二承平三年符一、任終年所レ春租米、全可レ勘二会当年抄帳一」とあり、『江家次第』(巻四・正月丁・定二受領功過一事)の頭書に「雑米惣返抄、(中略)但越前・加賀両国依二承平三年官符一加レ庸、従二前司任終年一請レ之、〔件米依二風雪一年中難二運上一故也、〕」とある。

(123) **須《すべから》く早く返給《かえしたま》ふべし** 返給。すぐに却下せよ、ということ。ここで実資は、後司(新司)赴任以前で交替がなされていないこと、任国からの解文でないことを理由に却下するよう指示している。

加賀新国司である藤原師成が実資のもとに罷申《まかりもうし》に来たのは七月十日＊2で、赴任はそれ以後である。新任者が任符を帯して赴任して前任者と行なう交替事務は、分《ぶん》付《ぷ》受領に八〇日、帳簿と官物の違いを前司に説明させる所執に二〇日、文書作成と捺印をする繕写書印に二〇日、計一二〇日以内に終えることになっている。この時、前司俊平は京におり、交替事務を行ない得ないと見なされ、分付を終了したという主張も認められなかったのであろう。

(124) **自《みずか》ら命ぜらるるの事** 関白頼通が俊平の件に関して別の命を下すこと。実資は俊平の反論を不可として却下を命じる一方で、頭弁経任に口頭で説明を加えて関白頼通に内覧させ、その意に反することがないかと心配りをしている。翌十日▼a、俊平を問いただすよう、命があった。

(125) **国々の相撲人の免田の臨時雑役の事** 「免田」は、特定の課役を負担することを条件に年貢の納入を免除された田地。相撲人は近衛府牒により免田を支給される場合があった。恐らくその免田に対し国司が臨時雑役をかけてきたことに不満を抱き、大宰相撲人県為永が訴えていたのであろう。実資は、天皇からの指示を受け、大宰帥源道方に処置させると答えている。相撲については、七月註84参照。

(126) **国司の進納に勤むべき歟** (忘れて俊平を召問わなかった宗我部秋時にも問題があるが)国司に料物を進納させる事に尽力すべきか、ということ。十二日条＊3に俊平に弁済させることが決定したとある。

(127) **死生を定むべきの由** 生死の間をさまようほどの病の峠。兼頼の母(藤原伊周女)の病状については、七月九日▼b以降の記事に散見する。七月註222参照。

(128) **考定《こうじょう》** 「定考」と書いても「こうじょう」と訓む。六位以下の官吏について、勤務成績によって加階昇任を定める儀式。八月十一日が式日。一日に少納言・弁・史が太政官の考選文から作っていた案をもとに、式日、官庁で長上の考文を大臣に奏し、考に預かる者と預からない者の累計、その内訳や各人の上日などを読み上げて、大臣の承認を得る。また、酒饌・楽があった。『延喜式』(巻一一・太政官)など参照。当日の儀は註134参照。

(129) **葉子《ようし》** 次第を記した紙または冊子。ここでは、実資が資平のために定考の次第を記した。この日の儀について は『左経記』同日条(→註134)に詳しく、資平が参着していたことがわかる(※1)。また、経頼も頭弁経任のために「作法の葉子」を書き、儀式中の「読進」の作法(読み上げ方など)を教えている(※2)。

(130) **其の料物** 「料物」とは、必要なもの、そのための費用。ここでは兼頼の母(藤原伊周女)の病気平癒祈願のための修善(修法)に必要なもの。それを実資の家から送らせた。修善を勤めた舜豪は既に浄衣《じょうえ》(僧服)を着していたので、それに代わる絹を染めずに用意し、布施とは別の壇への供物や伴僧への供養料としての米二十二石余と共に送っている。これらには結願の日に渡すという意味と、延長されたことへの配慮があったと考えられる。

(131) **池の蓮の実** 実資邸(小野宮邸)の池に実った蓮の実。これを兼頼からとして東宮に奉った。実資は皇太弟傅を兼任している。七月四日＊1には蓮の実を諸寺に奉っている。七月註22参照。

(132) **恐所《かしこどころ》** 「賢所」とも。内侍所(温明殿)の内で、天照大神の御霊代《みたましろ》としての神鏡をまつる所。またはその鏡(八咫鏡《やたのかがみ》)。「御慎の御祈歟」とあるように、伊勢斎王託宣や月食の御慎が指摘されたことなどにより、密かに伊勢神宮へ祈ったと考えられる。

(133) **莚道《えんどう》** 天皇や貴人が徒歩で歩く時や祭神が遷御する時、道に敷く莚《むしろ》。莚の上に白い絹を敷く場合もある。「縁道」とも書き、「えどう」とも訓む。

(134) **昨日の考定《こうじょう》に楽有りと云々** 定考については『左経記』十一日条に詳しく、儀式前に上卿源師房から七月十五日▼aの月食により相撲の楽が停止されたのと同様に楽を中止すべきかが問われ、審議により、相撲は月食と同じ月内であったが、もう八月になったから問題ないとされたこと(※2)、雅楽の時には晴れて月も出て来たので晴儀を用い、舞の間に左大弁藤原重尹以下が挿頭《かざし》を取ったことが記されている(※1)。実資にその判断理由が正確に伝わらなかったこともあり、楽を行なったことが批判されている。

『左経記』同日条は九条家本(現在は宮内庁書陵部蔵)の『列見并定考記』(第二)にも引用され、原文(東山御文庫本)と異同(太字部分)があるので、以下に引用する。尚、書下し文には校合の成果を生かしてある。

十一日、丙戌、天陰降雨、依二定考一午剋許参二官司一、入レ自二北門一、先是左大弁(藤原重尹)以下着二結政座一、余欲レ着之□(処カ)、外記・史生居二廊北面西一間座一、是申文為レ合二且(宜カ)少納言一歟、仍暫俳佪(徘徊)北廊一、大夫外記文義(小野)朝臣相二示史生一令二立座一、史生下二居北砌一、余自二壇上一着座、暫甚雨、横雨降入座席湿潤、仍有レ義(議カ)暫立座、佇二立北廊一、此間上卿(源師房)被二参入一云々、仰レ史令レ敷二替座一、次第着レ之、〈雨脚須レ伏、〉史於レ座随レ結二申文一、一々起座、経二大弁座西壇上一渡レ南、〔左大弁云、於レ座結了一度起座、而一々立是違例也云々、〕次外記渡、次頭弁(藤原経任)・少納言(橘義通)・右中弁(藤原資通)、次第起座了、次左大弁以下起座、於二北廊下一着レ靴、左大弁相共着二庁座一、次申文、〈雨儀、〉次請印、次外式(記カ)奉レ式、次定考(孝カ)、〔少納言義通・右中弁資通・右少史為親・守輔、共二少史一是失也、〕次着二朝所一、一献左大弁、二献僕(経頼)、粉熟則食レ之、三献左中(中)弁(藤原経輔)、飯汁則食レ之、四献権弁(経任)、餅淡(餤カ)則食レ之、〔二献以後被レ行レ罰、〕官掌申二装束了一、以(次カ)秡(抜カ)レ箸、中弁以下々立、了上達部次第立座指(揖カ)、退出間(向カ)レ庁、謝生(座カ)了着二宴座一、一献左大弁、次酌左中弁、次酌一座史、二献僕、権弁、二史、三献右中弁、三史、上々(衍カ)卿以下立レ箸、上則秡(抜カ)レ之起座、〔中弁以下立出之復(了カ)、〕次第起座、着二東廊一、史申二装束了一、上以下着二隠(穏カ)座一、一献左大弁、二献僕、粉熟則食レ之、次居二餅淡(餤カ)一、〔須二三献以後随レ召也、不レ侍(待カ)レ召之(者カ)違例也、仍左大弁不レ申二居了由一、〕三献左中弁、次左大弁犯(把カ)笏、候下居二餅淡(餤カ)一之気色上、上以下食レ之、次申次中(衍カ)史生可レ召之由、召二仰史一、次近辺諸司、次雅楽、〔入夜、雨晴同明(月カ)、仍用二勝(晴カ)儀一、〕舞間左大弁以下取二挿頭一、〔左衛門督(源師房)・左大弁・侍従中納言(藤原資平)・僕・右兵衛督(藤原朝任)・左中弁・左宰相中将(源顕基)・権弁・左大弁・右中弁・僕・少納言、〕次僕起座、於二東廊一見(座脱カ)二申文一、〔朝所手長、外記成経・時資之外無二人勤仕一、仍上卿有レ被レ谷(召カ)、助近・公親二人雖レ参不レ入二見参一、〕了帰座、次左大弁起見レ之、次申文、次左大弁申二事由一、令レ対(勤カ)二史広雅献盃一、大弁取レ杓、〔乍レ立盛二上盃一、授二持於史一帰、〕巡行了上下退出、今朝、頭弁被二光臨一、被レ向(問カ)二定考雑事之次一、若無二五位弁一者、考所可レ勤也、其事如何、奉レ書二読申作法葉子等一、兼申二音様等一、又被レ示云、四位従二此事一之時、応レ召着(座脱カ)之間、四位可レ進歟、為当少納言可レ進歟、答、先例不レ覚、左大弁為二中弁一之時、被レ勤二此役一、定被レ覚歟、可レ被二問聞一歟云々、又於二朝所一、上卿被レ示二彼此一云、依二去月十五日月蝕一、被レ止二相撲楽一了、今日楽可レ有歟如何、彼此被レ儀(議カ)云、相撲楽依二月内一被レ止歟、於二此楽一隔レ月之中、釈奠之日已有二宴座一、被レ行二今日楽一有二何難一乎者、余問二左大弁一云、前年被レ勤二考所一之時、被二着座一之間如何、答、准二申文儀一四位先可二進着一也、左中弁聞二此事一云、余奉二仕此役一之時着座、次少納言着、史来以二紙文一授レ弁、次以レ簡授二少納言一云々、

(135) **宴座**《えんのざ》 節会・大饗などの儀式での酒宴。正式な勧盃の儀で、その後に席を改めて行なわれる酒宴を「穏座《おんのざ》」という。

(136) **弁官記** 弁官局が付けていた日記。あるいは、源致方《むねかた》(九五一〜九六九)の日記『致方記』のことか。そこに「参議である右大弁は勧盃の儀に見られない」と書いてあるにもかかわらず、参議右大弁源経頼が宴座に着したことを批判している。

源致方は、左大臣重信の一男。貞元元年(九七六)に右少弁従五位上、同二年蔵人、永延二年(九八八)頃に右大弁、永祚元年(九八九)三月十九日右大弁を辞し、卒去した。『左中弁日記』として、寛和元年(九八五)二月十三日の円融上皇の子日《ねのひ》の御遊に関する記録が、『大鏡』裏書に引載されている。考定の記事については、『江家次第』(巻八・八月・考定・小定考事)に、

於二官東庁一行レ之、〔往年、大弁以下少納言等着、近例不レ然、只昨日考所弁・史所レ着也、着二純方帯・靴等一由、見二致方弁記一、近代不レ然、〕

とあり、『政事要略』(巻二二・年中行事八月上・十一日定二官中考一事)所引の『西宮記』に、

座定、第一史起座、至二于酒部所一、以レ匕酌レ酒、参議左右大弁〔弁官記、参議右大弁、不レ見二献盃之儀一〕(中略)大弁・少納言以上、〔少納言必居二南面座一、故第一少納言飲二濫尾一、弁記、第三献右中弁若少納言行酒云々、〕飲訖授二匕於史一、還二着本座一、

とあり、規矩と見なされていたことが窺える。但し、『西宮記』(恒例第三・八月・考定)や『政事要略』に引く天暦九年(九五五)八月十一日の記事には参議左大弁(藤原有相)が着座していなかったので参議右大弁である藤原好古が宴座に着したとあるので、ここでは参議左大弁藤原重尹がいたにもかかわらず、経頼が着したのが良くないということか。

(137) **枉道**《おうどう》**(×狂通)の宣旨**《せんじ》 流人を配所に連れて行く使が、正規の道を通らずに別の道を通って行くことを命じた宣旨。「枉道」は、①正道を曲げる。②寄り道をする、回り道をする。

ここでは特に、藤原相通の妻小忌古曾を伊勢国から隠岐国に連れて行く使が、京都を経ずに行く必要があり、

問題とされた。関白頼通が海路を用いるべきだという案を出したことについては、八日条＊4、註114参照。尚、『大神宮諸雑事記』(註70の続き)に、

同月十二日、宣旨到来称、右大臣宣、奉レ勅、件宣旨、寮頭被二配流一之由也、寮頭相通佐渡国、妻古木古曾・子隠岐国、宣旨具也、

とあり、この日に斎宮寮頭相通と妻小忌古曾を配流する宣旨が作成されたことがわかる。

(138) **逓送《ていそう》** 「逓」は、たがいに、かわるがわる、次から次へと送り伝える、リレー式に送る。ここでは、流人を連れた使を、通り道になっている国々が、通常のルートと違うためにうまく連携できなくなることを懸念している。

(139) **慎む所堅固《けんご》なり** 実資の慎みが厳重であることを指す。前日(十一日)条▼aにある「物忌」(→正月註378)は、この日と二日間で設定されている。それをより堅固に忌み籠もっていたため、頭弁経任は面会に来ないで、手紙だけの遣り取りとしたのである。または、頭弁経任自身の物忌が堅固であったとも考えられる。

(140) **勘当** 前出(→七月註50)。「勘事《かんじ》」(→正月註358)と同じ。官掌宗我部秋時は失念して前加賀守俊平を問いたださなかった。十日条▼a参照。これにより関白頼通の命で勘当に処すこと、そして俊平に仁王会の料物の弁済を命じよという仰が、頭弁経任から下された。

(141) **過状《かじょう》** 前出(→三月註242)。秋時は、別件でも失念による職務怠慢があり、「重勘」となって過状を提出せざるを得なくなる。十四日条＊2・廿四日条＊2、註158 284参照。

(142) **甚雨《じんう》の間、参入するに方無し** 雨がひどくて、なかなか太政官の曹司庁に着けなかったこと。『左経記』十一日条※1に「暫甚雨、横雨降二入座席一湿潤、仍有レ義《議カ》暫立座、佇二立北廊一」とある。

(143) **音楽、尚、有るべきの由** (実資が定考で楽を行なったことに批判的であったにもかかわらず、上卿を勧めた師房と左大弁重尹・右大弁経頼は)それでも今回楽があったことを正しいと言っていた、ということ。尚、『政事要略』(巻二二・年中行事八月上・十一日定二官中考一事)には、延長三年(九二五)以降の定考における楽中止の例が列挙されている。

(144) **斎院(=選子内親王)の御書** 賀茂斎院選子内親王から大僧正深覚への手紙。斎院を辞めたいという内容で、更に実資にも伝えてほしいと記されていたのであろう。『左経記』には選子内親王の病と辞意について詳しく、七月五日条※1に「参レ院、自二今暁一令レ悩給云々、」とあり、八月十日条※1に、

或人云、斉(斎)院遁世今月之内可レ有云々、招二長官以康朝臣一相示云、主(至カ)二十二日一依二内触穢一不レ可レ参レ院、今朝或云、今月可二令レ避給一云(々脱カ)、実歟、若然者、令レ過二今日(月カ)一給如何、依二伊勢御託宣一、一日寮頭相通配流、不レ経レ幾又有二此事一、当時・後代其聞不レ宜、猶過二此程一、十月許宜歟、以二此由一可レ被レ申也者、及レ晩重来者、過レ穢可二参入一、其次可二相示一者、十三日申下可二参入一之由上、

とあり、実資へ辞意が伝えられた頃には病状も悪化し、出家の意向が示されており、それが経頼らによって延期するよう説得されていたと考えられる。尚、『左経記』には、選子内親王が九月廿二日※1に退出、廿八日※2に出家し、その時の戒師が実資に手紙の内容を伝えた深覚であったことも記されてる。

(145) **左右《そう》、申し難きの比《ころ》** 伊勢斎王託宣事件が起こり、神事に関する微妙な判断が下せなくなっている時分。

(146) **小女(=千古)、西宅より帰る** 実資の娘千古が小野宮邸東対に帰ってきた。「西宅」は前出(→三月註204)。小野宮邸の西の邸宅。「西隣」(→二月註16・七月註171)とも。八月一日条▼aに「小女依(在)二西宅一」とあり、この頃、千古は婿兼頼(春宮大夫藤原頼宗の息)と共にここに住んでいた。

(147) **止雨使** 前出(→註73)。発遣儀の上卿は資平。雨により関白頼通への宣命の内覧は省略された(＊3)。止雨使の宣命については、『朝野群載』(巻一二・内記・宣命)に長元三年(一〇三〇)八月十六日付と嘉承三年(一一〇八)八月二日付のものが載せられている。「祈雨使」が七月廿二日▼bに遣わされたこと、「丹生社」「貴布禰社」については七月註161参照。

(148) **熟苽《ほそじ》一駄《だ》** 「熟苽」は「ほぞち」とも。好く熟した真《ま》桑瓜《くわうり》(甘瓜)。「駄」は、馬一頭に負わせる荷物の量。『続日本紀』天平十一年(七三九)四月乙亥(十四日)条に「令下天下諸国改二駄馬一匹所レ負之重大二百斤一、以二百五十斤一為上レ限、」とあり、『延喜式』(巻二六・主税上)に「凡一駄荷率、絹七十疋、絁五十疋、糸三百絇、綿三百屯、調布卅端、庸布卅端、商布五十段、銅一百斤、鉄卅廷、鍬七十口、」とあり、『延喜式』(巻五〇・雑式)に「凡公私運米五斗為レ俵、仍用二三俵一為レ駄、自余雑物亦准レ此、其遠路国者、斟量減レ之、」とある。悲田への施行は前出(→正月註406)。

(149) **相撲の還饗《かえりあるじ》** 「還饗」は、行事終了後の饗宴。帰饗。賭弓・相撲の節で、勝った方の近衛府大将が我が方の人々をもてなすこと。自邸で行なわれる場合もある。『小右記』万寿三年(一〇二六)八月七日条に、

今日於レ府(右近衛府)行二相撲還饗一、遣二八木十石・熟瓜・魚類等一、具二将監禄絹二疋・府生白絹一疋・最手例禄外赤絹一疋一、最手勝岡(真岡)外相撲人三人、勝者布三端、乍二三人一皆勝者也、相撲長五人、(端カ)番長四端、近衛二端、将曹正方(紀)依レ無二相撲使之勤一進二過状一、之内又令二追遣一、仍下二給禄一、今年無二立合一、

とある。

(150) **立合《たちあわせ》の相撲の禄** 「立合」は「たちあわせ」とも。勝負の立会《たちあい》を勤めた者の禄。

(151) **布、仙禄結** 「仙禄結」は不明。何らかの形状を表わすか。あるいは誤脱あるか。「結」は衣の助数詞でもある。

(152) **相撲人の見参《けざん》** 右近衛府の相撲人のうち、まだ帰国せず、この日の還饗に参加した者。二人とも「勝」だったので、「勝禄」として通常の禄(布二端)に一端を加え、三端を与えた。

(153) **饗料十石、兼日《けんじつ》給ふ** 前もって饗宴の費用としての十石を給しておいた。熟瓜や魚など、新鮮さを要するものは本日届けさせている。

(154) **賀茂の御願《ぎょがん》の事** 後一条天皇の病気平癒の願の報賽《ほうさい》として、賀茂上下社に十列を奉る使を発遣すること。『左経記』同日条※2など参照。七日＊2に石清水へ行なったことから始まる一連の行事で、上卿は大納言藤原斉信が勤めている。十四日＊3に松尾・大原野、十七日＊2に平野・祇園・北野に対して行なわれる。註84 85 90〜93参照。

(155) **滂沱《ぼうだ》** 雨が盛んになること。

(156) **祈年穀使の事** 祈年穀奉幣使の発遣(↓二月註35)。尚、祈雨使(丹生・貴布禰使)発遣の上卿であった資平は、十七日＊1の発遣の儀の上卿でもあり、この定も行なったと考えられる。

(157) **大宰の解文《げぶみ》** 『左経記』六月廿七日条※1に「大宰府申被レ免二裁豊楽院束(東カ)華・西華両堂造作一、偏営二勤府庁并所々修理・宇佐遷宮事等一解文〔去年八(以カ)二筑前・筑後・肥前・後(肥脱カ)等国一被レ充二件両堂一也〔」〕」とあり、宇佐遷宮により豊楽院の造作ができないという解文が提出された。ちなみに、この時は裁許されていない。それに基づいて大宰府が宇佐八幡宮正殿の造作を始めるため、その開始日の勘申を申請してきた。廿四日条＊2・廿七日条＊1、註280 350も参照。

(158) **重勘すべくば** 重ねて勘当すること。官掌宗我部秋時は、失念して前加賀守俊平を問いただささなかったことで十二日＊3に関白頼通の命で勘当されていた。更に強奸事件の証人である真信の尋問(九日条▼a)についても失

念して処置をしていなかった。ここで再び勘当に処されることになり、過状の提出は避けられなくなった。過状は廿四日＊2に関白頼通に覧ぜられ、秋時は九月八日＊2に勅により許された。註126 140 141 284参照。

(159) **松尾・大原野に左右十列(十烈)を奉らる**　後一条天皇の病気平癒の願の報賽として、松尾社と大原野社に十列を奉ること。石清水・賀茂に続く行事。

(160) **御幣使の故障**　具体的なことは不明。九月八日＊2に勘当を許された大炊允大友相資の「吉田祭不参」を指すとすれば(↓九月註77)、相資が関白か宮などの奉幣使となっていたのに行かなかったことになる。または、十三日＊4に十七日の祈年穀奉幣使を定めているので、その使の故障は許されないと、上卿の資平に言及しておいたものか。

(161) **簡**《ふだ》　ここでは、実資邸が触穢(馬死穢)があると記した立て札。これを門に立てさせた。

(162) **解除**《げじょ》　「かいじょ」とも。祓のこと。ここでは、実資が石清水放生会に奉幣できなかったことを神に謝すための由祓《よしのはらえ》。二月註17参照。

(163) **八幡宮の御会**　石清水放生会《ほうじょうえ》。七月註177参照。石清水八幡宮で毎年八月十五日に行なわれた神仏習合の祭。実資は放生会への奉幣を定例化していた。婿である兼頼の奉幣も実資の影響か。

(164) **下向**　地方へ行くこと。ここでは、紀伊守源良宗が任国へ下ること。実資邸の馬死穢を伝染させないために、着座させずに念誦堂で談話をしている。続いてきた頭弁経任にも同様の措置をとらせている。

(165) **信濃国の解**《げ》　仁王会の料物(↓註120)についてか。割注にあるように、正税(租)では足りないので、「別納租穀」で充当したいというもの。「別納租穀」は「年料別納租穀」のことで、諸国の正倉《しょうそう》に収納する租穀の内、毎年一定量を別置させておいたもの。京官などの位禄《いろく》・季《き》禄《ろく》・衣服料などが不足した時に太政官符を発して充当させた。『延喜式』(巻二三・民部下)に「年料別納租穀」の項があり、「信濃国〔一万二千斛〕」とある。

(166) **続文**《つぎぶみ》　前出(↓正月註150)。「続紙」と同じ。朝廷への申請書または訴状などの上奏文に、その主張に関する前例、傍証などを記載したものを、当人または弁・外記などの事務官が貼り継いだり添付したりすること。また、そのもの。先例集。

尚、ここで実資が手に取って見なかったのは、一枚の紙でなく続文の形態であったので、穢が伝染することを憂慮したからである。『西宮記』(臨時一甲・定穢事)に、

天徳四年七月五日、令レ仰二左大臣(藤原実頼)一云、脩(源)従者来二桂

芳坊楽所一、取下置二彼所一納二琵琶譜一櫃上退出、〔脩去七日死去者、〕（有カ）省レ定、脩従者甲人也、所レ取之櫃、可レ為二乙物一、然則宮中可レ為二丙所一云々、御記文、応和元年閏三月廿二日、民部卿藤朝臣（在衡）令レ申云、造宮所犬喫二入死児二足一之事、仍令レ勘二先例一、延長五年外記日記、有二死人自レ腰以下喫入之事一、其時定レ不レ可レ為レ穢已了、但所レ申如レ此、仰下依二彼例一不上可レ為レ穢レ之、六月一日、仰二民部卿藤朝臣等一云、納レ緘書持来之所、可レ為レ穢否、令レ申云、至二于文書一不レ為レ穢、此通例也、但納レ函者縦大小相異、猶可レ謂二穢所物一、然則可レ為レ穢、仰依二定申一、〔去月卅日、典侍護子申二尾張守文正（藤原）母死去之由一書状、納レ函送レ之、仍有二此定一也、〕

などとあるように、村上天皇の時代から紙一枚程度で穢は伝染しないが、箱に入ると伝染するとされていた。これが続紙や軸の場合にも伝染するとされる根拠であろう。

(167) **対問**《たいもん》　問いただすこと。尋問すること。ここでは、証人真信と言い分が相違した場合に被疑者の大江斉任を再び尋問すること。頭弁から廿一日＊1に宣下されているが、弾正台へは廿五日▼Jの伊勢奉幣後に通達されている。註217 334参照。

(168) **計歴**《けいれき》　「けいりゃく」とも。臨時の欠員によって任命された国司の初任年を翌年からにすること。国司の申請を受けて宣旨によって許した。延長三年(九二五)三月廿二日が初例(『別聚符宣抄』)。国司にとっては、計歴を申請することで、一年分の庸調を曖昧にできた。『北山抄』(巻一〇・吏途指南)に「計歴事」として、

任二臨時闕一之者、多申二計歴一、仍延長起請云、装束・行程及二明年一者、以二明年一為二初任一云々、然而有二故障一、遅二着任一之者、間被レ許レ之、或前司称レ有下可二行畢一事上、指月申二停新司着任一、又是雖レ有レ例、非理之事也、若被レ許二計歴一者、可レ失二一年調庸一、仍聖明之代、殊被レ禁レ之、

とあり、その弊害も指摘されている。

(169) **装束・行程**　「装束」とは、装束の暇(假)のことで、地方官を拝命した者に与えられた休暇。『延喜交替式』に、

凡外官任訖、給二假装束一、近国廿日、中国卅日、遠国六十日、並除二行程一、旧人代至、亦准レ此、但長官除二装束・行程一之外、百廿日為二交替限一、在京諸司限二六十日一、

とあり、任地の遠近により二〇日から六〇日の装束の暇が規定されており、越中国は中国(『延喜式』巻二二・民部上)なので三〇日となる。「行程」とは、任地までの距

離。「里程」「道程」とも。越中国の行程は、上りが一七日、下りが九日である(『延喜式』巻二四・主計上)。国司の場合、装束の暇と行程日数を除いて一二〇日以内に交替を済まさなければならなかったが、任符発給の遅延などにより赴任が遅れることも多かった。高階業敏の場合、前年九月に越中守に任じられ、装束と行程を合わせても三九日間しかなく、今年(明年)に及ばないので、本来ならば計歴を申請できない。それを関白頼通が、最近の例(近代の間)を指摘し、任符発給が今年(明年)であったことから認めようとしている。頼通にとって身近な人物ではあっても、さすがに許可するのにためらいがあったようで、実資に意見を求めたのであろう。実資の態度は曖昧だが、頼通の言い分を認めながらも、慎重に対処するように答えている。

(170) **任符《にんぷ》** 新たに官職に任じられた者に与えられる任命書。国司の場合、太政官符によって任命され、それを任地に携行して、身分を証明した。

(171) **傍例** 一般に行なわれている慣例。慣習。

(172) **伊勢の宣命《せんみょう》の事** 廿五日に行なわれる伊勢臨時奉幣の上卿。実資は上卿を勤めることに難色を示していた。註71参照。それに対し、関白頼通は、この日発生した実資邸での馬死穢(五日間で十九日まで)が消滅する廿日以降に宣命を作成し、発遣の儀を大極殿ではなく、内裏からの移動距離が少ない神祇官で行ない、そこまでの移動に輦車(→正月註41)の使用を認めることで、引き受けてもらおうとした。実資も大極殿の北方にある小安殿が修理の時は神祇官で神社奉幣の儀を行なう例があると記し、この案に従う意向を示している。

(173) **山階別当(=扶公)の甘瓜《あまうり》の使** 興福寺別当扶公が実資に送った甘瓜(真桑瓜《まくわうり》→註148)を届けた使。それに実資が禄を与えた。

(174) **殊志《ことなるこころざし》** 特別な気持・意向・目的。ここでは厚意か。

(175) **信濃《しなの》(信乃)の御馬牽《おんうまひき》** 信濃国の御牧《みまき》から献上された馬を天皇が御覧になる儀式。「駒牽《こまひき》」とも。『西宮記』(恒例第三・八月)に「十五日、信濃駒牽〔依二朱雀院御国忌一改為二十六日一、是大牽也、又日取延期・逗留之時、主当寮進二解文一、自二弁官一申奏聞。〕」とあり、もと十五日であったが、朱雀天皇の国忌《こき》に当たるため十六日に改訂された。天皇の御料馬を定め、また、親王、皇族、公卿にも下賜された。『延喜式』(巻四八・左右馬寮)には信濃国の御牧として山鹿牧から望月牧まで十六が記されているが、

凡年貢御馬者、甲斐国六十疋、〔真衣野・柏前両牧卅疋、穂坂牧三十疋、〕武蔵国五十疋、〔諸牧卅疋、

立野牧廿疋、〕信濃国八十疋、〔諸牧六十疋、望月牧廿疋、〕上野国五十疋、

とあり、信濃国からは望月牧から二十疋、他の牧から六十疋、合計八十疋を献上することになっていた。『北山抄』(巻二・年中要抄下・八月)及び『政事要略』(巻二三・年中行事八月下)に「十五日、牽㆓信濃勅旨御馬㆒事〈今十六日、六十四、〉」と「廿三日、牽㆓信濃望月御馬㆒事〈廿疋、〉」があるが、ここでは前者のことか。尚、『西宮記』には「七日、牽㆓甲斐国御馬㆒事」「十三日、牽㆓秩父御馬㆒」「上野御馬」があり、『北山抄』には「七日、牽㆓甲斐勅旨御馬㆒事〈卅疋、〉」「十三日、牽㆓武蔵秩父御馬㆒事〈廿疋云々、〉」「十七日、牽㆓武蔵小野御馬㆒事〈卅疋云々、〉」「廿五日、牽㆓武蔵立野御馬㆒事〈諸牧卅疋、立野廿疋、〉」「廿八日、牽㆓上野勅旨御馬㆒事〈五十疋、〉」があり、『政事要略』には「十三日、牽㆓武蔵秩父御馬㆒事」「十七日、牽㆓甲斐穂坂御馬㆒事」「廿日、武蔵小野御馬事」「廿五日、武蔵勅旨牧并立野御馬事」「廿八日、上野勅旨御馬事」もある。

長元四年の馬牽に関する記事としては、恐らく昨年分のものとして二月廿二日に上野(『日本紀略』『左経記』※1)、四月三日に武蔵国秩父(『日本紀略』、『左経記』※1に上野とあるが誤り)があり、本年分のものとして、八月十六日(本条)に信濃、廿六日条▼cに武蔵国立野《たちの》の御馬が遅れたこと、十月十三日に甲斐国真衣野《まきの》の駒牽(『日本紀略』)、閏十月十七日に甲斐(『樗嚢抄』)、十一月五日に上野(『左経記』※2)、十二月一日に上野(『左経記』※2)、同月十七日に武蔵国秩父(『日本紀略』)、同月十八日に陸奥交易貢馬(『樗嚢抄』)が認められる。

この日の駒牽の上卿が師房で、左衛門陣での饗宴における座席の設営に不備があったと、『左経記』同日条※2と『小右記』十七日条＊4に記されている。左衛門陣での饗については、『政事要略』(巻二三・年中行事八月下・十五日牽㆓信濃勅旨御馬㆒事)所引の『西宮記』に、

一、左衛門陣装束、〔□□延期状政、侍従所㆓申上㆒、或故障座申(由カ)㆑之、上卿随㆓奏聞㆒、在㆓陣座㆒付㆓蔵人㆒奏〕

撤㆓陣南屋例座㆒、敷㆓長莚・畳・茵・円座等㆒、為㆓親王・公卿座㆒、〔西上対座、就中親王北面、上卿南面、納言以下対、但大臣坐㆓中柱以西㆒〕同屋南端敷㆓弁・少納言座㆒、〔西上北面、〕陣北屋撤㆓官人座㆒、敷㆓近衛・靫負・馬寮助等、侍従等座㆒、〔南上対座、〕但侍従候㆓于西座㆒、其北横切敷㆓外記・史座㆒、〔西上南面、〕当㆓侍従座東籬下㆒敷㆓召使座㆒、

已上予皆弁㆓備食物㆒、

とある。

尚、諸国からの貢馬は次第に有名無実化し、鎌倉末には信濃の望月牧の馬だけとなる。

(176) **廿一社** 祈年穀奉幣(→註156)の対象社。伊勢・石清水・賀茂上下・松尾・平野・稲荷・春日・大原野・石上・大和・大神・広瀬・龍田・住吉・丹生川上・貴布禰の十六社が昌泰元年(八九八)頃から対象社として定着していたが、正暦二年(九九一)六月の祈雨奉幣に吉田・広田・北野の三社が住吉の次位に加えられ、同五年に梅宮を吉田の上位に、長徳元年(九九五)二月の臨時奉幣に祇園を加えて二十一社となった。更に長暦三年(一〇三九)、日吉を住吉の次位に加えて二十二社になった。『北山抄』(巻六・備忘略記)の項目に「奉㆓幣諸社㆒事(旧例数多者十六社、近代及㆓廿一社㆒)」がある。

(177) **来たるべきの消息** 資平から実資へ、これから訪問するという手紙。これに対し実資は、祈年穀奉幣の上卿を勤めたのだから、馬死穢があった実資邸に来るのは明日まで控えるよう指示している。祈年穀奉幣は祈年祭・神嘗祭に准じて中祀《ちゅうし》とされ、発遣当日だけでなく前後の日も含めた三日間の斎が必要とされた。註224参照。この日の祈年穀奉幣について、『左経記』十六日条※1に宣命草の内覧と奏覧の儀が記されている。

(178) **平野・祇園・北野の使** 後一条天皇の御願の報賽により平野(→註90)・祇園(→正月註420)・北野社(→註11)へ十列を奉る使。註84 85 90~93 154 159参照。『左経記』同日条に、経頼が弁として奉仕し(※2)、その直後に廿五日の伊勢公卿勅使を頭弁から仰せられ、祓(解除)をしてから「南宅」に移って潔斎に入ったことが記されている(※3)。

(179) **相通并びに妻(=小忌古曾)を搦護《からめと》るべきの宣旨《せんじ》** 相通夫妻の身柄を確保しておくように命じた宣旨。この宣旨は実資の案で発給され(五日条＊1)、それが功を奏したということで人々が感心したとも伝えられているが、実資は自分の智恵ではなく「神力之所㆑致而已、」と謙遜している。

(180) **伊勢国の使の使部《つかいべ》(々部)** 伊勢国へ宣旨をもたらす使を勤めた使部。「使部」は前出(→三月註42)。官司に属して雑事に従事したもの。「しぶ」とも。『大神宮諸雑事記』(史料前掲註192)により、伴安枝と越知若光であったことがわかる。

(181) **返解文《かえしのげぶみ》** ここでは、伊勢国司橘行貞からの宣旨に対する報告書。廿日条＊1参照。

(182) **横切座《よこぎりのざ》** 菱形(◇◇)のように斜めに設えた座。もとの「連座(□□)」に比べて座席の数が少なくなる。『西

宮記』（恒例第三・八月・十五日、信濃駒牽）に、
王卿着二左衛門陣一、（本府設レ饗、右府送レ酒、有レ政之時、若侍従所着、或自二左仗一着、撤二陣南座一、敷二長筵・畳・茵・円座等一為二王卿等座一、西上対座、王南、卿北、納言以下対、大臣着二中柱西一、弁・少納言在二南座一、西上北面、以二北官人座一為二侍従・諸衛佐座一、侍従西、権佐（将カ）東、南上、外記・史在二侍従座末一、西上南面横切、侍従座後東籬下敷二召使座一、建春門外壇上敷二長筵二枚・円座一、置二囲碁枰二脚一為二穏座一、近代不レ見、天徳諒闇、陣饗不レ止、）
とあり、外記・史の座は侍従の座の末にあり、西上南面で横切としている。また、『江家次第』（巻八・八月・信濃御馬）でも「外記着二同座北横切座一、（西上南面、）」としている。註175も参照。大外記小野文義は、便宜ないとして着座せずに退出した。『左経記』十六日条※2に、左衛門陣の饗と馬を諸司と参列者に分与したことが記されているが、座の設定や外記・史の着座については触れられていない。

（183）**局日記**《きょくのにっき》　前出（→七月注181）。外記日記。『政事要略』（巻二三・年中行事八月下・十五日牽二信濃勅旨御馬一事）に「外記日記（件記文、年月无二所見一、）」として、
仍左衛門府儲二其饗於陣座一、右衛門府進二裹銭十貫文一、午三刻、大納言以下起二左近陣座一、移二着左衛門陣一、（同四年、或人云、縦雖二親王一、而暫不レ居二当日上卿之上一云（々脱カ）、仍六七九親王就二北面座一、）弁・少納言・外記・史等同候レ之、其座、陣路南屋有二座二列一、北面西上南北対、（親王・公卿料、）一列在レ南、西上北面、（弁・少納言料、召使等座在二火炬屋北辺一、南上西面、但盃自二座末参木手一転二于上臈弁許一也、）路北屋有二座二列一、南上東西対、（侍従以下外記・史料、）
とあり、左衛門陣での饗の座が「列座」で設営された様子が記されている。

（184）**大夫外記**《たゆうのげき》・**史**《し》　五位の外記と五位の史。駒牽の上卿を勤めた師房が、今になって五位の外記・史は左衛門陣の饗に来なくて良かったと言っていることについて、当日着座を諦めた大外記文義は憤慨している。

（185）**局日記**《きょくのにっき》　ここでは正暦年間（九九〇～九九五）の『外記日記』のこと。文義が憤慨していることに対して、今回の処置も前例があるのではないかと、調べてみるようにたしなめている。

（186）**暦記**《れきき》　実資の日記『小右記』のことか。正暦年間の『小右記』に関連する現存記事はないが、『小記目録』

（第六・駒引事）に「同（正暦）四年八月十六日、奉二御馬解文一事、」とある。本日条によれば、正暦四年（九九三）の駒牽で上卿を勤めた藤原伊周が座席配置を変更して上官（外記・史）が着座できなくなったが、翌年に上卿を勤めた藤原済時は従来通りの配置として外記・史らを全員着座させたという。

（187）**中将（＝兼頼）の母堂（＝藤原伊周女）の修善法結願《けちがん》**　十一日条▼c、註127参照。

（188）**饗応す**　相手の意に逆らわずに迎合すること。へつらうこと。ここでは、左大弁藤原重尹と右大弁源経頼は共に、信濃駒牽の上卿を勤めた師房が外記・史の座を横切座に改めたことについて特に反対の意を示さなかったこと。十七日条＊4参照。

（189）**未だ其の是《ぜ》を知らず**　是非はわからない、ということ。実資は外記・史の座について、横切座・列座共に例があるとして、態度を保留している。あるいは「未だ其是《それこれ》を知らず」と読むか。

（190）**配流の使**　藤原相通を佐渡国に配する使（秦茂親）と妻小忌古曾を隠岐国に配する使（清内永光）。八日に相通夫妻の配流を実資が宣下した時に任命している。八日条＊4、註113参照。配流の使がまだ進発していなかったことが発覚し、相通夫妻の身柄を確保している伊勢国司から引き取って配所に向かわせるよう、実資に宣下させている。実資は、この使が十六日に進発していたと聞いていたので、「懈怠尤甚、驚奇不レ少、」と憤慨している。

（191）**亦、託宣有り**　伊勢における二度目の託宣。翌十九日条＊1により、相通の娘と従類を伊勢から追い出したこと、託宣の旨趣を脱漏して報告した祭主大中臣輔親をアマテラスが勘当したこと、四日▼bの陣定での雷雨が神（我）の仕業である、という内容であったこと、廿日条＊3により、仮名の書で関白頼通のもとに送られたこと、などがわかる。廿日条＊4、註194 196 207も参照。

（192）**宣下すべきの由**　ここで実資によって宣下された宣旨について、『大神宮諸雑事記』（註137の続き）に、

同十八日、宣旨到来称、右大臣宣、奉レ勅、領二送流人藤原相通・古木古曾・子等一之使、左衛門府生秦茂近・右衛門府生清内永光等、于レ今遅怠、早不二進発一之由、有レ聞、仍早為レ令二進立一也云々、使々部伴安枝・越知若光等也、〔永光遣二隠岐国一使、茂近遣二佐渡国一使、〕

とある。

（193）**中将（×畳持）**　実資の婿兼頼が九条家に泊まったということ。「畳持」は不詳であるが、行頭にあったため首書の文字などが混入して「疊」と誤写されたと考えられる。

九条家は兼頼の父頼宗の邸宅(↓七月註221)で、病気をしていた母(藤原伊周女)のための修善の結願に赴き、そのまま宿泊したのであろう。「挙㆓一家㆒逍遥」とは、頼宗の子息たちが皆集まったということか。

(194) **又、伊勢の託宣有り** 伊勢における二度目の託宣(↓註191)。以下、その内容が記されているが、これを伝えた源守隆も世間に詳しく伝えられないと言い、実資も恐れ多いとしている。

(195) **初度** 伊勢における六月の月次祭での最初の託宣。四日条＊1参照。

(196) **託宣の旨言を漏らすの由** 祭主大中臣輔親が最初の託宣の内容を報告した際、重要な事項を省略してしまったということ。廿日条＊3から、託宣では相通を伊豆へ配流させよとあったのに、それを漏らしてしまったことがわかる。これにより、輔親はアマテラス(または斎王)から勘当されたという。伊勢神宮内部における複雑な抗争が見て取れる。

(197) **伊勢返解使の使部《つかいべ》**(々部) 伊勢国司の返事の解をもたらす使。十七日条＊3に見える宣旨を伊勢国に使わした使部(↓註180)と同一か。『左経記』(目録)廿三日条◇1に「廿三日、佐(相)通遁隠間逢㆓使々部㆒事、」とある。「返解」は「返《かえしの》解《げ》文《ぶみ》」(↓註181)。以下、その内容が報告されている。

(198) **頓宮《とんぐう》** 行幸や伊勢斎王の群行などの路次に設けられた仮宮。『倭名類聚抄』(二十巻本)の「行宮」の項に「日本紀私記云、行宮、賀利美夜、今案俗云㆓頓宮㆒」と見える。『日本書紀』では「行宮」の字を用いるが、『続日本紀』以下の国史では「行宮」と「頓宮」を混用している。『延喜式』では、行幸の際のものを「行宮」、伊勢斎王群行の路次に営まれるものを「頓宮」と書き分け、『西宮記』『江家次第』などでも斎宮の群行・帰京の路次のものは「頓宮」を用いる例が多い。『延喜式』(巻五・斎宮)所載の頓宮は、近江国の国府・甲賀・垂水、伊勢国の鈴鹿・壱志の五ヶ所。

(199) **将来《いき》**(×持来)**たる** 連れて来る。将来する。

(200) **廿五日の伊勢使** 参議右大弁源経頼を遣わす臨時の伊勢公卿勅使発遣。この儀の上卿を実資が行なうか否かということ。

(201) **惟谷《これきわ》まる** 限界である。どうしようもない。「維谷」と同じ。

(202) **筆削《ひっさく》すべきの内記** (宣命の)作文を担当する内記。「筆削」は、書くべきところは書き、削るべきところは削り取ること。転じて、作文の意。

(203) **南山**(＝金峯山)**に参り、廿二日に御燈《ごとう》を奉る** 「南山」

は前出(→三月註191)。金峯山のこと。金峯山の山上(山上ヶ岳)に詣でて(埋経などをし、蔵王権現《ざおうごんげん》に)燈明《とうみょう》を奉る。金峯山詣は官人にも認められていたか。金峯山詣は道長の例が有名であり、『御堂関白記』寛弘四年(一〇〇七)八月の条によれば、二日に出立し、十一日に経供養して燈明を捧げ、十四日に帰洛している。よって、大内記孝親が廿二日に燈明を捧げる予定だとすると、廿五日に発遣する伊勢奉幣使の宣命を作成することは不可能である。

(204) **者り**　「者」を「てへり」と訓み、実資の詞の区切りとしたが、その後の「載すべき歟。」までは頭弁経任を通じて関白頼通に伝えた内容と解釈できる。

(205) **「皇太神《すめみま》伝宣る《つたえの》」を「荒祭《あらまつりの》大神《おおかみ》託宣す」と載すべき歟**　宣命の文章表現をどちらにするかということ。あるいは「皇太神が荒祭大神という形で宣を伝えた託宣」という意味で、「皇太神、宣を荒祭大神に伝へて託宣すと載すべき歟。」「皇太神、宣を伝へて荒祭大神託宣すと載すべき歟。」などと読むこともできる。しかし、荒祭大神について九月三日条＊1＊2に「斉(祭)主輔親来、談二託□(宣カ)事一也、申云、荒祭名神〔止云□(者カ)〕大神〈乃〉荒□(魂)也、仍荒祭〈止〉云者、未レ承之事也、託宣次被レ仰事、□(談カ)申之事、」とあり、実資は荒祭が皇太神の荒魂であるということはこの時点でわかっていなかった。よって、「皇太神伝宣」と書くことに抵抗があったと解釈すべきであろう。荒魂《あらたま》(荒御魂《あらみたま》とも)とは和魂《にぎたま》の対称で、神の外面に現われた荒々しい、戦闘的な、積極的な方面の作用をいう。

(206) **即ち帰参す**　頭弁経任が、実資邸からすぐに関白頼通邸に向かった。頼通は、この日「堅固の御物忌」(陰陽師から厳重注意と言い渡された物忌)であったにもかかわらず、重要案件であったので、経任は召し入れられた。経任はまた実資邸に戻って、頼通からの返事を伝え、宣命作成の日について諮問している。

(207) **斎宮(×春宮)より仮名の記を注送する所なり**　伊勢における二度目の託宣について、斎宮が仮名書きで記して送ってきた。十八日条▼c・十九日条＊1、註191194196参照。

(208) **領送使**　流移人を配所へ護送する使。ここでは、藤原相通を配流先の佐渡国へ送る使(→註113)。配流の使(→註190)。『延喜式』(巻二九・刑部省)の規定では刑部省から太政官へ申請し左右兵衛が充てられ、省符を授けられて事に従うことになっている(史料前掲註104)。

(209) **後(×彼)の官符**　先の相通を佐渡国に流すことを命じた官符に対して、今回改めて伊豆の国に流すことを命じる太政官符。

(210) **宣旨を作り給ふの日**　太政官符(後の官符)と別に、先の官符を改めることを命じた宣旨(口宣)に基づいて文書を作成する日。蔵人によって伝えられた勅旨を上卿が弁に下し、弁は史に下して作成させた。廿三日条＊2参照。

八月の「復日」(↓二月註88)は辛・乙(廿日に当たる)、後一条天皇の長元四年の「御衰日」(↓二月註197)は寅・申(廿一日に当たる)の日であった。註86参照。

(211) **仁王会の日に結政《かたなし》請印《しょういん》を行なはるるは** 廿二日に行なわれる仁王会の日に官符の請印を行なって良いかどうか。「結政請印」は前出(↓註109)。この先例については廿一日条＊1参照。

(212) **展転《てんてん》の穢** 「展転」は「転展」「転々」とも書く。他所で発生した穢が伝来したことをいう。実資邸で十五日▼aに発生した馬死穢(↓註161)は、五日間で十九日に終了している。これは資平の許に伝染した穢(触穢)で、廿五日の伊勢公卿勅使発遣の上卿を勤めることになっている実資に更なる伝染をさせない予防の措置として、建物に上がらず庭に立ったまま会話をした。

(213) **天平年中、宇佐宮の御託宣** 未詳。国史(『続日本紀』)にあるか、と記されているが、更に大外記小野文義に勘申させても報告がないことを考えると、この情報は誤りか。

(214) **宣下し訖りぬ** 『大神宮諸雑事記』(註192の続き)に、

同月廿日、宣旨称、右大臣宣、奉レ勅、流人藤原相

通、可レ配二流佐渡国一之由、給二官符一先了、而可レ配二流伊豆国一、宜レ加二下知一、先出二伊勢国堺一、暫留二路次国一、相二待後官符一、令レ発二向配所一者、

とある。

(215) **陣定《じんのさだめ》** 公卿が陣座《じんのざ》(↓正月註16)で行なう国政審議(公卿僉議《せんぎ》)。「陣議(儀)」「仗議(儀)」ともいう。そこで落雷があったというのは、八月四日▼bに実資が上卿となって伊勢斎王託宣による相通夫妻配流を審議していた時の出来事を指す。『左経記』同日条※3にも「即被レ仰二可レ奏之由一、〔此間忽大雨雷電、群卿頗為レ恐、〕」とあり、大中臣輔親に行なった尋問の結果を奏上しようとした時に落雷があり、陣座にいた公卿たちが少し恐がったと記されている。

「陣定」は、太政官機構内で国政の意志審議をする公卿僉議(定《さだめ》)の一で、太政官機構の簡略化に伴って発生した。公卿が政務を審議する定には御前定・殿上定もあるが、摂関期には陣定が最も普通に行なわれていた。『西宮記』(臨時一甲・陣定事)に傍書された「延木十六年十二月、於二蔵人所一被レ定二行幸日時一、初有二陣定一」という注記に従えば、延喜十六年(九一六)に起こったことになる。『同』に、

上卿奉レ勅仰二外記一、廻二告諸卿一、諸卿参会、上卿伝二

勅旨一、若有二文書一、以二其文一見下、諸卿一々陳二所レ懐之理一、自レ下申上、〔旧例、自レ上定下、〕上卿或令三参議書二定申旨一、付二頭蔵人一奏聞、軽事以レ詞奏、

とあるように、全体の手順は、天皇の命を受けた上卿が事前に見任の公卿を召集し、当日の参会者は示された議題について申文《もうしぶみ》・調度文書《ちょうどのもんじょ》や先例などの関係文書を回覧した後、席次の低い者から(旧例では上席者から)順番に所見を述べて「定申」(→二月註163)し、諸卿の発言内容を参議(大弁の兼任が原則)が書き留めて定文《さだめぶみ》を作成する。諸卿の見解を並記した定文は、上卿が蔵人頭に付して(軽事は口頭で)上奏し、天皇または摂関の最終的な判断を仰いだ。陣定で審議される内容は、神事・仏事・諸節会・即位・大嘗会・大葬・改元などの朝廷における恒例・臨時の儀式、対外問題、叙位・任官・除目など官人の人事、受領功過・諸国申請雑事等の地方行政、叛乱や犯罪に対する軍事・警察事項など多岐に渡った。時代と共に儀式化・形骸化していくが、陣定を大事とする公卿の意識は院政期以降にも強く残った。

長元四年の重要な陣定は三月十四日・六月廿七日・八月八日・九月八日・十一月十日にも行なわれ、『左経記』に詳細な記述があるが、いずれも実資が参入して上卿を勤めている。

(216) **早参《そうざん》(×申参)せしむべきの事** 早く参入させること。「早衙」(→正月註392)も参照。

(217) **弾正忠斉任の日記** 前出(→註77 82 101 116)。

(218) **検校《けんぎょう》** 前出(→註63)。四日※2の定で、右大弁経頼は翌廿二日の仁王会の検校となっていたが、伊勢公卿勅使に任じられ、神仏隔離の原則から外されることになった。

(219) **役遠き宰相** 分配の役(検校など)について、最近行なっていない参議。

(220) **大極殿百高座仁王会《にんのうえ》** 七月十五日▼aの月食による災厄を攘うための臨時仁王会。註6など参照。実資は定(四日＊2)を行なったが、仁王会の儀には参入していない。

(221) **行事所の廻文《かいぶん》** 「廻文」は、二人以上の宛名人に順次に回覧して用件を伝える文書。「回文」「回状」「回文状」とも書き、「まわしぶみ」「めぐらしぶみ」とも訓む。ここでは、仁王会行事所から大臣以下に参入する僧への供物を提供するように要請した文。

(222) **加供《かぐ》** 前出(→正月註259)。実資が、僧正一人と凡僧六人への供物を準備したということ。

(223) **廿六日国忌《こき》** 光孝天皇(八三〇〜八八七)の国忌。国忌は前出(→正月註432)。註225 335も参照。

(224) **散斎《あらいみ》の内**　「散斎」とは、祭祀のみに集中する「致斎《まいみ》」の前後に置かれた潔斎のこと。『神祇令』に、

凡散斎之内、諸司理レ事如レ旧、不レ得二弔レ喪、問レ病、食レ完(宍)、亦不レ判二刑殺一、不レ決二罰罪人一、不レ作二音楽一、不レ預二穢悪之事一、致斎、唯為二祀事一得レ行、自余悉断、其致斎前後、兼為二散斎一

凡一月斎為二大祀一、三日斎為二中祀一、一日斎為二小祀一

とある。伊勢神宮への奉幣は、神嘗祭(伊勢例幣)と同じく三日の斎を必要とする中祀とされた。この儀が廿五日に入れられたことで、翌廿六日に行なわれる光孝天皇の国忌が後斎に当たってしまう。また、『延喜式』(巻三・臨時祭)に、

凡祈年・賀茂・月次・神嘗・新嘗等祭前後散斎之日、僧尼及重服奪レ情従レ公之輩、不レ得レ参二入内裏一、雖二軽服人一、致斎并前散斎之日、不レ得二参入一、自余諸祭斎日、皆同二此例一

とあるように、前後の散斎の日にも僧侶の参入は禁止されていた。このような神仏隔離と神事優先の原則により、国忌を変更させて行なうこととなった。

(225) **寺に付せらるべきの由**　国忌の執行を寺に委嘱する。『西宮記』(臨時八・凶事・東西寺国忌)に、

承平七八廿三(六カ)日、又無二上卿一、当二神事一、付二寺家一、又延二神事一

とあり、『江家次第』(巻三・正月丙・国忌)に、

当二神事一例、

正暦二年四月三日、当二平野祭一、停二諸司参会一由、仰二諸司及寺家一云々、

とあるように、参議以下の官人が寺に赴かず、寺家の僧侶のみで行なう。『小野宮年中行事』(八月)に「廿六日、国忌(西寺、光孝天皇、小松、諱時康、)」とあるが、正暦元年(九九〇)二月二日に西寺は焼亡しており、『小右記』同年八月廿六日条に「巳時許参二東寺一、(今日西寺国忌、而彼寺焼亡之後被レ移二行此寺一、)」とあるように、東寺で行なわれた。また、『江家次第』に「東寺儀、但雖二西寺国忌一於二東寺一行レ之、依二西寺荒一也、」とあることから、長元四年も東寺であったと考えられる。

(226) **官符を作るべきの事**　後の官符(→註209)を作成せよという命。頭弁経任から藤原相通を佐渡国ではなく伊豆国へ配流するように改めよという勅を受け、実資がその作成を命じた。また、異例の措置であることから、宣旨を作成し、官符に添えて遣わすことになった。廿日条＊3参照。実資は、この官符作成を含め、伊勢奉幣に関わる諸事を上卿として処理している。尚、『大神宮諸雑事記』(註214の続き)には、

同廿三日、官符称、右為レ領ニ送流人藤原相通一、差ニ件等人一発遣如レ件、遣ニ伊豆国一官符也、

とあるだけで、宣旨のことは記されていない。

（227）**余、南座《なんざ》に着す**　上卿である実資が弁などに指示を与えるために南座に移った。「南座」は前出（↓三月註75）。陣座の南側の座席。最初に藤原相通の配流先改訂を命じる太政官符（後の官符）に結政所での請印がなされる。

（228）**即ち外記成経、之を進る**　上卿実資の命を受けて、外記成経が太政官符を奉った。『延喜式』（巻一一・太政官）に「凡請印文書初入之日、外記細加ニ検察一、明日捺印、」とあるように、捺印の前日、外記は請印の文書を校閲することになっていた。

（229）**伊勢の宣命の趣**　伊勢公卿勅使について、神前で読み上げる宣命など、その準備を命じた天皇の詞。実資は既に廿日＊2に上卿を受諾し、廿一日＊3に宣命の作成を兵部権大輔菅原忠貞に命じている。

（230）**結申《かたねもう》す**　前出（↓三月註80）。ここでは、実資が下した陰陽寮の日時勘文を頭弁経任が読み上げた。

（231）**御幣の請印の奏**　奉幣に必要な幣帛（捧物）の準備を命じる文書への捺印を請うための上奏文。これについては、実資の許に持って来なくて良いと伊勢奉幣を担当する蔵人に命じるよう、頭弁経任に言った。頭弁には、直接その文書を受け取って宣下するよう命じ、更に幣帛の目録を作成させて持って来させるよう指示している。

（232）**軒廊御卜《こんろうのみうら》**　紫宸殿東軒廊で行なわれる卜占。炎旱・洪水・大風などの天変、寺社における殿舎の転倒や倒木、山陵の鳴動などの怪異現象、天皇の病気、争乱などが起こった時、臨時に行なわれる。卜占《ぼくせん》は神祇官（亀卜《きぼく》）と陰陽寮（式占《ちょくせん》）によって行なわれる。

中納言資平がこの儀の上卿を勤めた。占の内容は長雨の原因についてで、廿五日条▼aに陰陽寮の占で巽方《たつみ》の大神の祟《たたり》との結果が出たとある。

（233）**何等の事を行なふべき哉**　長雨の対策として、何をしたら良いか。この関白の問に対し実資は、軒廊御卜で明確になるであろう祟をなしている神社に奉幣すべきだと言っている。

（234）**宣命《せんみょう》の草《そう》**　前出（↓二月註68）。伊勢神宮への宣命の下書き。以下、その内容が書かれている。本日条に転記されている宣命のうち、使の名（▼e）や辞別の部分（▼f）は当日（廿五日）に加えられた。

（235）**宣命、事旨《ことのむね》違はず**　宣命に書かれている内容が、趣旨にかなっている。神に伝えたい内容が、伝わるように書かれている。関白頼通は善としながら不足する部分があれば明日（廿四日）に加えるよう伝えているが、実資は

これ以上加える必要を認めていない。

(236) **候ずる由**　宣命を持ってきている旨。天皇が宣命草の内容について尋ねたので、頭弁経任はそれを持参している旨を奏上した。天皇は宜しいと仰し、更に宣命の草を書き写して奉るように命じている。

(237) **天皇《すめら》が　詔《おおみこと》旨《らま》と～申さく**　伊勢の度会の五十鈴河上に鎮座する天照皇太神に謹んで申し上げる、という伊勢神宮への宣命の定型部分。『延喜式』(巻八・祝詞)に「四月神衣祭〔九月准レ此〕」として、

度会〈乃〉宇治五十鈴川上〈尓〉大宮柱太敷立〈天〉、高天原〈尓〉千木高知〈天〉、称辞竟奉〈留〉天照坐皇大神〈乃〉大前〈尓〉申〈久〉、

とあるような祝詞の常套句が宣命に用いられた。『朝野群載』(巻一二・内記・宣命)「伊勢神嘗幣〈用レ筥〉」に、

天皇〈我〉詔旨〈止〉、掛畏〈支〉、伊勢〈乃〉度会〈乃〉五十鈴〈乃〉河上〈乃〉、下都磐根〈尓〉、大宮柱広敷立〈天〉、高天原〈尓〉千木高知〈天〉、称辞定奉〈留〉天照坐皇太神〈乃〉広前〈尓〉、恐〈美〉恐〈美毛〉申給〈倍止〉申〈久〉、常〈毛〉奉賜〈布〉九月〈乃〉神嘗〈乃〉大幣〈乎〉、王官位名王・中臣官位大中臣朝臣名等〈乎〉差使〈弖〉、忌部官位斎部宿禰名〈加〉弱肩〈尓〉太繦取懸〈天〉、礼代〈乃〉御幣〈乎〉持斎〈波利〉令二捧持一〈弖〉、奉レ出給〈布〉此状〈乎〉、平〈久〉安〈久〉聞食〈天〉、天皇朝廷〈乎〉宝位無レ動〈久〉、常磐堅磐〈仁〉、夜守日守〈仁〉護幸給〈倍止〉、恐〈美〉恐〈美毛〉申給〈久止〉申、

長元四年八月

とあり、鎌倉時代の内記の備忘録である藤原孝範『柱史抄』(上・九月)「十一日、伊勢神嘗幣〔用二標紙一〕」に「宣命〔用レ筥、無二内覧・草奏等一〕」として、

天皇〈我〉詔旨〈止〉、掛畏〈岐〉、伊勢〈乃〉度会〈乃〉五十鈴〈乃〉河上〈乃〉、下都磐根〈尓〉、大宮柱太敷立〈天〉、高天原〈尓〉千木高知〈弖〉、称辞定奉〈留〉天照坐皇大神〈乃〉広前〈尓〉、恐〈美〉恐〔美毛〕申給〔倍止〕申〈久〉、常〈毛〉奉賜〈布〉九月神嘗〈乃〉大幣〈乎〉、王官位名王・中臣官位大中臣朝臣等〈乎〉差使〈弖〉、忌部官位斎部宿禰名〈加〉弱肩〈尓〉太繦取懸〈天〉、礼代〈乃〉大幣〈乎〉持斎〔者利〕令二捧持一〈弖〉、奉出賜〈布〉、掛畏〈支〉皇太神、此状〈乎〉平〈久〉聞食〈弖〉、天皇朝廷〈乎〉宝位無レ動〈久〉、常磐堅磐〈尓〉、夜守日守〈尓〉護幸〈倍〉奉給〔倍止〕、恐〈美〉恐〔美毛〕申給〔波久止〕申、(注略)

年九月十一日

とある。「大宮柱《おおみやばしら》(×根)広敷《ひろしき》立《た》て」は「太敷《ふとしき》立《た》て」の誤りか。「千木《ちぎ》」は神社建築に特徴的な大棟上に交差した

木で、それが高くのびていることを褒め讃えていう。「天照坐皇太神」とあることから内宮へのもので、さらに外宮への宣命として「度会能山田原〈乃〉下津磐根〈尓〉大宮根広敷立、高天原〈尓〉千木高知〈弖〉、称辞定奉〈留〉豊受皇神〈乃〉広前〈尓〉、」と書き改められたものが作られたと考えられる。廿四日条▼b・廿五日条▼d参照。

(238) **本朝は神国なり**　日本は神々がいて守ってくれる国である。

(239) **往聖**(×望)　むかしの聖人。ここでは歴代の天皇。彼らが神事を大切にしたのに、自分(後一条天皇)は不徳を致しており、(それを反省して伊勢の皇太神を)仰ぎ慕うだけである、という意味。天皇が中国の聖人や歴代天皇と比べて自らの「不徳」「薄徳」を恥じる部分は奈良時代以来の宣命にも見られる儒教的表現であるが、ここでは神への「欽仰」という神祇信仰と融合された形で述べられている。

(240) **去《さんぬる》六月《むつき》十七日《とおかあまりなぬか》、恒例《つねのためし》の御祭《おまつり》**　伊勢神宮の月次祭での内宮の儀。註26 31参照。

(241) **斎内親王《いつきのひめみこ》**　伊勢斎王。ここでは嫥子女王。「斎姫《いつきのひめ》」「斎王《いつきのみこ》」も同じ。

(242) **跡《あと》の如《まま》に**　先例通りに。決められた次第に従って。

(243) **寄託**　信託を受ける。以下、その内容が書かれている。

四日条＊1に記された祭主輔親の報告や『大神宮諸雑事記』(→註37)なども参照。

(244) **豊受《とゆけ》の高宮《たかみや》**　伊勢外宮の別宮多賀宮《たかのみや》。註39参照。

(245) **太神《おおかみ》の宮《みや》**　伊勢内宮。あるいは「太神〈乃〉荒宮」の誤りで、別宮荒祭宮《あらまつりのみや》のことか。註39参照。

(246) **祓《はらえ》を科《おお》して**　神事をないがしろにした者に罰としての祓の品を提出させること。『類聚三代格』(巻一・科レ祓事)所収の延暦廿年(八〇一)五月十四日付太政官符「定ニ准レ犯科レ祓例一事」に、大嘗祭に懈怠した者などへ科す「大祓」に続いて、

一、上祓料物廿六種

大刀一口	弓一張	矢一具
刀子二枚	木綿三斤	麻三斤
庸布三段	鍬三口	鹿皮三張
酒三斗	米三斗	稲三束
鰒三斤	堅魚三斤	雑腊三斤
塩三升	海藻三斤	滑海藻三斤
食薦三枚	薦三枚	坏四口
盤四口	柏十把〔枚手卌枚料〕	匏二柄
椙三枝〔長各一丈〕	席一枚	

右闕ニ怠新嘗祭・鎮魂祭・神嘗祭・祈年祭・月次祭・神衣祭等事一、殴ニ伊勢大神宮禰宜・内人一及

穢二御膳物《ミケモノヲ》一并新嘗等諸祭斎日、犯二弔レ喪・問レ疾
等六色禁忌一者、宜レ科二上祓一、輸物如レ右、
とある上祓に相当するか。相通夫妻に伊勢神宮で祓を科して、祭祀の勤務から遠ざけたということで、四日条＊1の「七ヶ度の御祓」(→註52)とは別。

(247) **希代の事在《あ》りと聞食《きこしめ》して**　かつてなかったことと、天皇がお考えになって。以下、詳しい事情を聞くために祭主大中臣輔親を呼んでもなかなか参上しなかったこと(→四日条＊1、註26)、明法家にも諮問せずに託宣通り相通夫妻を配流したこと(→廿日条＊3)が述べられる。

(248) **行《ぎょう》**　「こう」とも。律令官職で、官位が相当せず、位の高い者が相当する官よりも低い官につく時、その官を「行」するといい、署名の際にも位と官との間に「行」の字を入れた。逆に官職が位階より高い場合は「守」。

(249) **旬《しゅん》までも参上《もうのぼ》らず**　七月三日＊1にもたらされた第一報を受けて祭主輔親を召したが、参上したのは八月であった。

(250) **適《たまたま》入覲《にゅうきん》して**　やっと参上して。「入覲」は、天子などにまみえること。「たまたま(適・偶・会)」は、①時折、時たま。②偶然に、ふと。③ひょっとして、もしかして。④折良く、折があって運良く。ここでは、予期したことが実現した時の気持ちを表わす④に、「適」の字義にある「かなう」「あてはまる」「ふさわしい」という感覚が加わっている。

(251) **沖襟《ちゅうきん》聊《やすけく》無く**　(輔親からの報告が非常に厳粛なものであったので)穏やかな気持ではいられない。「沖」は「冲」の俗字。「沖襟」は、こだわりのない心中、やすらかな気持ち。『白氏文集』に「祭中書韋相公文、沖襟弘度、伏見碑誌、文中已詳、」とある。

(252) **神威の掲焉《けちえん》**　神の威光が疑いないこと。「掲焉」は、①明らかなさま。②そばだつさま。

(253) **敬《うやまい》懼《おそ》るること**　「敬懼《けいく》」は、敬威、敬憚《たん》、敬い恐れる、おそれつつしむ。

(254) **今月八日に各《おのおの》以て配流す**　八日＊4の時点では相通を佐渡国に流すとされていたが、二度目の託宣により伊豆国に改められた。廿日条＊3・本日条＊2参照。

(255) **小忌古曾は、託宣の文に、指したる所無しと雖も**　託宣の中で(夫相通の配流先が伊豆国と指定されていたのに対し、)妻小忌古曾の配流先は特に指定されていなかったが(隠岐国に定めた)。小忌古曾の巫覡的な行為が神の祟(怒り)の原因になったことについては、四日条＊1所載の託宣などに詳しい。

(256) **吉日良辰《よきひよきとき》を択定《えらびさだ》めて**　臨時の儀について用いられる常套句。この伊勢公卿勅使発遣のことは、五日条＊1に

「廿五日御幣使事」とあり、四日に定められていたと考えられるが、その日時を陰陽師に勘申させたことが本日条＊2に見える。

(257) **従《ひろき》四位下昭章王**　王の使。伊勢公卿勅使として参議源経頼が発遣されるが、その場合でも、他の臨時奉幣使と同様に王・中臣・忌部の三人が遣わされる。但し、昭章王の卜定は翌廿四日＊1であり、同日条▼aにも「使等問二外記一可二書入一也、」とあるように、この部分は後で書き足された。忌部の名が記されていないのもそのためか。

(258) **中臣《なかとみ》**　神祇官の使としての中臣の役。大中臣惟盛が当たった。尚、惟盛の官は「権大祐」の誤りか。三月註254参照。

(259) **忌部《いんべ》〔□□〕の弱肩《よわかた》(×扇)に、太繦《ふとたすき》(×大繦)取懸《とりか》けて**　神祇官の使としての忌部の肩に、太い紐を懸けて。祝詞の常套句。「太繦」は「太襷」とも書き、神事に用いた食物繊維の紐の美称。以下、神に捧げる幣帛の内容と、天皇の無事を祈る祈願の詞が続く。

(260) **礼代《いやしろ》の大幣《おおぬさ》に**　敬意のしるしとして奉る素晴らしい幣帛。ここでは通常の祭での捧物のことで、『延喜式』(巻二・四時祭下・九月祭)の「伊勢太神宮神嘗祭」の項に「幣帛二筥、〔内蔵寮供設、〕絁三疋、糸八絇、倭文一端一丈、席二枚、鞍二具、馬四疋、籠頭料布一端一丈四尺、」とあるものを指すか。これに金・銀の幣帛と唐の錦綾の幣帛を特別に用意して使に持たせた。

(261) **唐《から》の錦綾《にしきあや》の御幣《みてぐら》**　唐錦と唐綾の幣帛(捧物)。「唐錦」は「大和錦」の対で、舶来の錦、または国内産でも唐織りの錦を指す。紅色のまじった美しい模様が多い。「唐綾」は、舶来の綾で、斜めに交錯する綾織りの線を浮彫にしたもの。またはその製法で作った綾。翌廿四日＊3＊4に、これらを加えたいという後一条天皇の意向と数量についての問い合わせが実資に伝えられている。廿五日条▼a▼b、註286299も参照。

(262) **愆過《けんか》残らず、咎徴《きゅうちょう》長(×畏)く消えて**　神の祟(怒り)、またはその原因となるものが一掃されること。「愆過」は、あやまち、罪。「咎徴」は、悪いしるし、悪いむくい。

(263) **天皇朝廷《すめらみかど》を宝位動くこと無く**　皇位が安定すること。「聖運限《かぎり》無く」も同じ。以下、祝詞の常套句が続く。

(264) **一天無為《ぶい》に、四海静粛(×清粛)にして**　天下全体(全世界)が安定すること。

(265) **衆庶《しゅうしょ》**　万民。

(266) **辞別《ことわけ》て申《もう》し賜《たま》はく**　「辞別」とは、祝詞・宣命の中で申し述べる対象を変えること。追伸。日付の下に「件辞別当日内（問カ）二少内記国任一所レ注、」とあるように、以下の部分は、廿五日に作成されたものを少内記宗岳国任から聞いて書き足した。

(267) **皇大神《すめおおかみ》の重ねたる託宣に**　伊勢における二度目の託宣。十八日条▼c・十九日条＊1・廿日条＊3、註191 194 196 207参照。そこに天皇の御慎に関する詞が入っていたことについては、廿五日条▼a、註304参照。

(268) **騰雲《とううん》散ぜず。陰雨晴れ難くして**　ずっと雲が立ちこめて霖雨が続いている。「騰雲」は、立ち昇る雲。長雨により晴を祈ることは、八月に入って継続的に行なわれている。

(269) **農圃《のうほ》収獲の(□)人(□)に、已《すで》に其《それ》有りぬべし**　作物の収穫がなくなると予想される。古記録本・大成本は「已有其」に「脱アルカ」と注記するが、「其」が隠語である可能性もある。

(270) **陰陽寮《うらのつかさ》に勘《かんがえもう》申さしむる所**　陰陽寮による式占《ちょくせん》の結果。この日＊2に行なわれた軒廊御卜(→註232)によるか、あるいは別に陰陽寮単独に占わせたか。尚、「巽方〈乃〉大神」の一つの可能性として伊勢神宮がある。廿五日条▼a、注305も参照。

(271) **寤寐《ごび》**　寝ても覚めても。

(272) **大神宮《だいじんぐう》并びに豊受宮《とゆけのみや》の禰宜《ねぎ》等《たち》に各《おのおのひとしな》一階を加給《くわえたま》ふ**　内外両宮の神官への加階は、後一条天皇からの申し出により、辞別に加えられることになった。廿四日条＊3＊4・廿五日条▼a参照。「禰宜」は、神社に奉仕する神職。神に祈り願う職掌から発生した。「神主」「祝」がいる場合は、その中間に位置する。伊勢神宮では大宮司・少宮司の下に禰宜・大内人《おおうちんど》・物忌《ものいみ》などがいたが、禰宜は内宮・外宮とも在家豪族出身者が任命され、神職団の筆頭であった。『延喜式』(巻四・伊勢大神宮)に「大神宮三座、(中略)禰宜一人〈従七位官、〉・大内人四人・物忌九人〈童男一人、童女八人、〉・父九人・小内人九人、」「度会宮四座、(中略)禰宜一人〈従八位官、〉・大内人四人・物忌六人・父六人・小内人八人、」とあり、内宮(荒木田氏)・外宮(度会氏)各一名であったが、次第に増員(加階)され、嘉元二年(一三〇四)十月に各十名となる(『二所大神宮例文』)。

(273) **雲稼《うんか》意《こころ》の如《まま》に**　願い通りに豊作となる。「雲稼」は、雲のようにたくさんの稼、よく実った稲穂。

(274) **玉体晏然**　天皇の身体がやすらかなこと。「晏然」は「安然」「晏如」と同じで、やすらかなさま、落ち着いているさま。

(275) **冥助《みょうじょ》**　目に見えない神仏の加護。

(276) **緑紙**　縹《はなだ》色の紙。伊勢神宮の宣命には、縹色の紙を用いる。『北山抄』(巻六・備忘略記)の「奉二幣諸社一事」に「令レ奏二宣命一、〔伊勢縹紙、賀茂紅紙、自余黄紙、伊勢者横置レ上云々、〕」とあるように、賀茂は赤、他社は黄と区別されていた。縹色は藍染めの紺に近い色であるが、青と緑は日本では古来から明確に分別されていない。

(277) **使等** 公卿勅使としての源経頼の他、王・中臣・忌部の使の名。特に使の王はこの直後に卜定される。

(278) **卜串《うらぐし》** 大嘗祭の国郡や伊勢神宮奉幣使を卜定《ぼくじょう》するに際し、候補地及び候補人を書いた紙。卜串とはいいながら紙が使用された。卜串は外記の召喚に応じて参上した神祇官第一の人(神宮関係の時は必ず中臣)が上卿より賜はり、卜部《うらべ》が卜定することになっていた。尚、卜串を開く儀は陣座で行なうのを原則としたが、『江家次第』(巻一二・神事・開二奉幣使卜串一儀)には「大臣里亭開二卜串一儀」と共に「車儀」があり、

大臣乗二檳榔毛一、牽二立門外一、〔立レ榻、〕外記挿レ笏、進レ自二右方一、進二卜串筥一、抜レ笏居、〔ツ、井、〕御覧了返給云、開〈ケ〉、挿レ笏給レ之、置二筥於地一開進レ之、仰、遣二乙下合一、称唯退出、

と記されている。

(279) **乙合丙合** 三人の候補者の内、卜占によって乙と丙の適合者があったという事。

(280) **宇佐宮造作始(×造依始)等の日時の陰陽寮《おんようりょう》勘文** 八月十四日条＊1に見える大宰府からの解(→註157)により、宇佐八幡宮正殿立柱上梁の日時を陰陽寮に勘申(勘文を提出)させるべきだという勘宣旨。

(281) **国々の司の申文《もうしぶみ》の続文《つぎぶみ》** 諸国司から提出された申文に続文させることを命じる勘宣旨。「続文」は前出(→正月註150・八月註166)。九月十四日条▼bに「国々司申請文等之文」に続文したものが頭弁経任から奉られている。九月註155参照。また、これ以前に続文を命じられたものとして、七月廿七日条＊1に石見守資光の申状五ヶ条に続文させたこと(→七月註228)、八月十五日条▼cに続文をした信濃国解を宣下させたこと(→註166)、廿九日条＊1に続文をした下野国解(→註361)などが見える。

(282) **正輔・致経の進る従者の拷訊《ごうじん》日記** 「進正輔・致経従者拷訊日記」とあるのを、意味により読んだ。正輔・致経それぞれが証人として奉った従者を検非違使が数度にわたり尋問した調書。廿九日条＊1にも「度々正輔・致経等の進る従者を勘問する日記」とあり、九月八日条▼aでは陣定で諸卿に閲覧された「勘問日記」(→九月註102)、十九日条▼aでは明法道に正輔・致経・正度の罪名を勘申させるために下した書類Ⓔ「使庁日記」(→九月註217)とある。それぞれの証人を尋問することについて

は、三月十六日条＊1・十七日条▼a・廿六日条▼c・廿七日条＊1など参照。

『小記目録』（第一七・合戦事）には「同年（長元四年）五月二日、安房守正輔召二進高正一事、」「同年同月八日、正輔・致経召進証人、可二拷決一事、」とあり、『左経記』同日条※1に、

別当被レ示云、昨日正輔・致経等所レ進之証人、令二拷問一了、各所レ申不レ異二内問詞并各主申詞一、但且為レ令レ奏、其日記付二頭弁一了、経二三度拷一之後、可レ申二一定一歟、

とあり、検非違使別当源朝任が正輔・致経の双方が出した証人に対する第一回目の拷訊を終え、その調書（日記）を頭弁経任に預けたこと、さらに三度の拷訊をして決着させると言っている。

これは、頭弁経任が他の勘宣旨と共に持ってきた「奏文」で、実資の承諾を受けて奏上されたと考えられる。そして廿九日＊1に、「正輔・致経の進る調度文書等《ちょうどのもんじょ》」「伊勢国の解文《げぶみ》」と合わせて下され、諸卿による審議（陣定）を行なうよう命じられる。註362参照。

（283）**三ケ度拷し了るも、承伏無し**　三度の拷訊を加えても、それぞれの証人の証言が変わらなかった。廿九日条＊1、註363参照。「拷掠《ごうりょう》」について『獄令』（察獄之官条）に、

凡察獄之官、先備二五聴一、又験二諸證信一、事状疑似、猶不レ首レ実者、然後拷掠、毎レ訊相去廿日、若訊未レ畢、移二他司一、仍須二拷鞫一者、〈囚移二他司一者、連二写本案一、倶移、〉則通二計前訊一、以充二三度一、即罪非二重害一、及疑似処少、不二必皆須レ満レ三、若囚因レ訊致レ死者、皆具申二当処長官一、在京者、与二弾正一対験、

とあり、拷問は、嫌疑濃厚で自白を得られない場合に行ない、二度以上拷問を行なう場合は二十日の間隔をおき、三度までを限度とすることが規定されている。また、拷問の方法について『同』（杖笞条）に、

凡杖、皆削二去節目一、長三尺五寸、訊レ囚、及常行杖大頭径四分、小頭三分、笞杖大頭三分、小頭二分、枷長四尺以下、三尺以上、梏長一尺八寸以下、一尺二寸以上、其決二杖笞一者、臀受、拷訊者、背臀分受、須二数等一、

とあり、長さ三尺五寸・経四分または三分の杖で執行し、背中と臀部を同数ずつ打つこと（『令義解』に、仮に三度の拷問で九〇回打擲する場合、毎回背中と臀部を一五回ずつ打てとある）が規定されている。また、『法曹至要抄』（上・罪科・拷訊事・不二拷訊一事）や『政事要略』（巻八一・糺弾雑事・断罪事下）に引用されている『断獄律』逸文により、有位者・七十歳以上と十六歳以下・廃疾者

（身体障害者）に拷問できず、「衆證」によること、傷病者は治癒を待ち、妊婦は産後一〇〇日を経過してから執行すること、杖数は総数で二〇〇を越えてはならないこと、拷問を三度行なっても「不承」の場合は釈放すること、などが規定されていたとわかる。

（284）**官掌《かじょう》秋時の過状《かじょう》**　宗我部秋時の過状を関白頼通に見せろと命じる勘宣旨。十四日条＊2で秋時に過状の提出が求められている。註126 140 141 158も参照。

（285）**伊勢太神宮・豊受宮の禰宜等に一階を加へむと欲す**　後一条天皇の要請により、伊勢内外両宮の神官に位階を加えることになり、宣命にもこの旨が「辞別」に加えられることとなる。廿三日条▼f・廿五日条▼a参照。

（286）**唐の錦綾**　前出（→註261）。唐錦と唐綾の幣帛。これを通常の幣帛に加えて奉るということ。廿五日条▼a▼b、註299も参照。

（287）**天慶元年六月十三日**　『清慎公記』天慶元年（九三八）六月十三日条。天慶元年の『同』逸文は、『北山抄』（巻六・備忘略記）に「神位記等事」として、

天慶元年六月廿六日、内印次請二印神位記・僧位記一、令レ持二内記二人一、付二内侍一奏レ之、神位記捺レ印了返上後、給二僧位記一、陸奥郡司位記一巻相二加之一、

同月十四日、月次祭使副二別幣一、又付二豊受宮禰宜位記一、内侍候二南殿一、令レ持二位記并使官符於内記一、外付レ之令レ奏、返給後、内記置二上卿前一、外記取二官符一退出、次召二将監一云々、

同月十六日、賀茂禰宜位記、付二蔵人一奏レ之、（以上、清慎公、）

とある。また『北山抄』「奉二幣諸社一事」に、

天慶元年六月十四日、月次祭使副二別幣一、又付二豊受宮禰宜（度会晨晴）位記一、依二旧例一有二宣命二枚一、太神宮無二辞別一、豊受宮載二禰宜叙位由一也、給二宣命一後、令三外記給二位記於神祇史一、預仰二彼官一令二差進一也、

同月十六日、諸社使立、賀茂上社禰宜（賀茂）在樹、依レ有二愁申一、可レ給二位記一者、准二伊勢例一、有二宣命二枚一、其一枚載二禰宜叙位由一也、位記請印了、仰下外記、准二昌泰二・延長四年例一、差二神祇祐・史一可レ遣之由上、此間、在樹参二候陣外一、給二緋衫一領一、与二位記使一共遣二御社一、

とあるのも『清慎公記』の逸文と考えられ、これにより辞別のない内宮への宣命と、叙位の辞別を入れた外宮への宣命と、合わせて二枚あったことがわかる。関連史料として、『貞信公記抄』同月の条に

同十四日、月次・神今食、上（朱雀天皇）御二中院一、当代今夜初御、付二月次祭使一有二臨時幣一、但差二副王大夫一、又

外宮禰宜（度会晨晴）叙位、
十六日、地震、以前日々不レ止、諸社使立、地震事祈申也、賀茂上社禰宜在樹叙位、労五年、雖レ未レ及二此社禰宜叙位年限一、准二下社禰宜一或三年或六年叙例、殊叙也、加之日来天下不レ静、云々多端、仍為レ致二神感一有二此事一、

とある。

(288) **云々**　省略を意味する「云々」であろう。

(289) **只一紙**　宣命が一枚しかなかった。内宮の禰宜への叙位に関することを辞別に入れても、外宮への宣命を特に作らず、一枚だけであった。

(290) **宣命は二紙**　外宮の禰宜叙位の場合は、辞別のない内宮への宣命と、叙位に関する辞別を書いた外宮への宣命と、計二枚であった。

(291) **内宮の禰宜と共に叙するの時、宣命は二紙**　内・外両宮の禰宜に叙位する場合の宣命は二枚。内宮分・外宮分、それぞれ両方に辞別を付けて叙位の由を述べるが、別紙には書かないので、計二枚となる。これが今回の長元四年の事例にあてはまるので、実資は「(両宮に)位記を給ふの度(場合)、宣命二枚有るべし。近きを以て行なふべき歟。」と書き足したのであろう。

(292) **十四日**　『清慎公記』天慶元年(九三八)六月十四日条。注287参照。

(293) **今日、御念誦《ごねんじゅ》無し。今日の分、昨日行なはる**　(神事を催行するため)この日に日課としている念誦を行なわず、その分は前日に回した。敬語が付いていることから、(途中に実資の地の文が入っているが)この部分も資平に引用させた『清慎公記』天慶元年六月十四日条の一部で、記主実頼が殿下(父忠平)の御念誦について書いたものと考えられる。あるいは、もと実資(『小右記』)の地の文で、書写した者が実資の念誦を「御念誦」などと敬語で表現した可能性もある。そのように考えた場合、旧伏見宮本ではこの前に二字分の空白があること、実資が祭(神事)の当日などに念誦を避けていることを勘案すると、翌廿五日条に対する注記(頭書)が前日(廿四日)条の末尾に挿入されたとも考えられる。

(294) **伊勢内・外宮の禰宜等の叙位日記**　伊勢の内・外両宮の禰宜を叙位することに関する調査書。

(295) **余、即ち参内す**　実資は伊勢公卿勅使発遣の上卿を勤めるために参内した。卯二剋《うのにこく》(午前五時半頃)という早い時間に参内していることからも、この儀の重要性が窺える。それ以前に公卿勅使を勤める源経頼が参入して関白頼通の宿所におり(→註296)、頭弁経任は神祇官(大内裏図Ｅ５)で幣帛を裹む儀を行なっていた(→註297)。尚、

この時は発遣当日になって宣命の書き直しや禰宜叙位に関する問答(▼a▼c)があって儀式の進行がわかりにくいが、『江家次第』(巻一二・神事)「伊勢公卿勅使〈御二里内一時無二行幸儀一〉」に、

当日早旦上卿着レ陣、〈奥、〉次移二着外座一、
次召二官人一令レ置二膝突一、次令三官人召二内記一、
次仰下内記可レ進二宣命草一由上、次内記進二宣命草一、〈入レ筥、〉
次上卿見了、仰二内記一令二内覧一、
此次令レ申二刻限漸至、清書内覧如何由一、
次内記帰参、
次上卿進二弓場殿一、〈内記持二宣命一相従、〉令二蔵人奏一レ草、〈或乍レ居二陣座一令レ奏レ之、〉

とあることと対比すると、実資はずっと陣座(内裏図d4)におり、(恐らく外座に移動して儀式が始められ)宣命草の確認作業がなされて、内覧後に奏上しようとしたが(▼b)、関白頼通の命により奏上は清書のみとなったことがわかる(▼d)。

(296) **右大弁経頼参入す**　参議である源経頼は、この日に発遣される伊勢公卿勅使。尚、『左経記』目録には「廿五日、為二伊勢奉幣使一参向事、」とあるが、その記事は現存しない。別記のような形で記されていたことが想像される。経頼の日記は先例として利用されたようで、『江家次第』(巻一二・神事)「伊勢公卿勅使〈御二里内一時無二行幸儀一〉」の「公卿勅使進発并路次儀」の項にも『経頼記』として引用されている。また、『左経記』十八日条※1・廿日条▽aに出発前の忌などについて祭主大中臣輔親に質問したことが記されていることを考え合わせると、『年中行事秘抄』に、

参宮間可二用心一事、〈輔親申状、〉
一、可レ停二止念誦一程事、
須奉レ使以後可レ有二御慎一也、然而於二例御所作一者、又不レ可レ令レ止給一歟、進発之前七日許宜歟、
一、可レ停二家中恒例仏事一、
件仏同前、
一、不レ可レ逢二僧尼并重軽服人一程事、
忌二七日許一宜歟、
一、忌二潔斎者一程事、
件潔斎、如二式文一者、一日不レ可レ参二内裏一者、於二神宮参一者不レ可レ准二式例一歟、若可レ忌レ蒜哉、
不レ可二忌給一也、
一、禰宜以下給禄事、
以下禄法、暗難二注申一、以二先年令一レ参給時之例一宜歟、

とあるような、伊勢神宮に参詣するに当たっての「用心」を聞いていたことは十分考えられる。

経頼は先ず関白頼通の宿所である飛香舎（内裏図ａ2）におり、宣命の内容が問題となっている時には陣座にいた（▼c）。その間の行動については、『左経記』目録（廿四日◇3）に「有レ勅参二御前一奉二使間事等一事」とあり、御前に召されて、御詞を受けたことがわかる。『江家次第』（巻一二・神事）に「公卿勅使進発并路次儀」があり、

当日早旦沐浴、次修レ禊、（注略）次給二陰陽師禄一、（注略）次参内、〔懸二生絹袋於頸一、在二袍下一、近例〕依レ召参二御前一、〔御束帯、〕重近（進カ）二龍顔一給二宸筆宣命一、〔近代加二懸紙一枚一被レ封、〕（中略）使挿レ笏給レ之、挿二懐中一、勅曰、能〈久〉申進〈礼〉、使称唯、（注略）次被レ仰曰、宣命読了、於二神前一可レ焼レ之、（注略）次与二上卿一向二八省一、（注略）其儀如レ恒、

という、御前で宸筆宣命《しんぴつせんみょう》を受け、天皇から「能く申して進れ」「宣命読み了らば神前に於いて之を焼くべし」という御詞を受ける儀が記されている。

（297）**御幣を裹《つつ》む事**　頭弁経任が神祇官で行なった準備作業。『江家次第』（巻一二・神事）「於二神祇官一被レ立二奉幣使一儀〔大極殿焼亡後、数年被レ行二此儀一〕」に、

正庁東第一間為下置二伊勢幣一所上、〔敷二満葉薦一、其上又敷二葉一枚一、巽乾為レ妻、〕第六・七間為二裹レ幣所一、〔東有レ隔、敷二弁半帖一、又立二裹レ幣台一〕第六間為二内侍候所一、〔東有レ隔、敷レ帖、〕東廊〔為二幄屋一〕東第二間敷二上卿座一、〔西面、前有二膝突一〕第四間敷二弁座一、〔西上南面、〕第五間敷二外記・史・内記座一、〔西上南面、〕北門内西掖為二上卿座一、〔敷二半帖一、下敷レ莚、後立二莚一枚一、前敷二膝突一〕東腋鋪レ帖為二使参議等座一、同門外東腋敷二行事弁座一、〔半帖、西面、〕其北砌敷二行事外記・内記座一、〔西上南面、〕西腋敷二大外記・大夫史座一、〔東面、〕其北砌敷二外記・史座一、〔東上南面、〕門前東西五丈、南北三丈引二大幔一、正庁東弁北去レ堂二許丈引二斑幔一、東屋南三丈引レ幔、東北面三方去レ堂二丈引レ幔、東院屋東一間設二弁座一、第二間設二史座一、其以西設二神司官人座一、弁参入、〔入レ自二郁芳門一〕内侍参入、〔乍二乗車一入レ自二東院北門一、到二神祇官東門一下車、即敷二莚道一、参二於庁西第一間一〕弁着二同三間座一、検察令レ裹二伊世幣一、〔蔵寮官人・忌部等相具如レ恒、〕次裹了置二小机上一、置二東二間薦上一、〔艮坤為レ妻、外宮料在レ巽、内宮料在二其乾五尺許一、令二蔵司官人守二護之一〕次弁着二東院東一間一、〔西面、〕史着二第二間一、〔南面、〕神祇官相共裹二諸社幣一、裹了立二神祇官北門外東

西〔副二於垣北一〕(石清水以下二十二社名略)

とあり、神祇官の設営後、弁官が(内蔵寮官人と忌部を伴い)伊勢神宮への幣帛を裹む作業を検察することになっている。儀式としては、作業終了後、そのまま上卿の参入を待つことになっているが、宣命の問題があったことから、実資は頭中将源隆国を遣わして内裏(陣座)へ戻るよう命じている。

(298) **夜部《よべ》**　ここでは、昨日の夜。「昨夜《よべ》」とも。昨晩を表わす語として「こよひ」と「よべ」があり、当時の日付変更時刻である「丑」「寅」の間(午前三時)以前と以後で使い分けられていた。

ここで頭弁経任が実資に後一条天皇の命を伝えた内容、そして再び「夜部、仰二経任朝臣一了、」とあるところまでの実資の解答は、昨日廿四日条3＊4と重複する。廿五日になって、仰せ遣わしていた大外記小野文義からの解答と関白頼通の意向が伝えられ、その旨を宣命作成者である内記宗岳国任へ命じている。

(299) **唐の錦綾の数**　唐錦と唐綾の幣帛の数量。「唐の錦綾の御幣」を例の幣や金銀の幣に加えて奉ることが、前日に後一条天皇から示され(廿四日条＊3＊4)、ここでその数量を宣命(廿三日条▼e)に書き加えるよう指示された。これについて、関白頼通と実資の間で検討した結果、

幣帛の疋数は「別に注度《しるしわた》すの文」を添えるのが例であるとして、宣命には載せないことになる(▼b)。

(300) **内・外宮の禰宜等の叙位の事**　このことについて、廿三日に検討された宣命には載せられていなかったので、「辞別」の形で書き加えられることになる(廿三日条▼f)。ただ、実資は叙位者の夾名(名簿)まで書くことに慎重な態度を示し、後に祭主輔親から二十四人分の夾名が提出されても見ていない(▼c)。

(301) **内・外宮の禰宜の位階並びに夾名《きょうみょう》**　加階の対象となる伊勢内・外両宮の禰宜の位階と人名を書いた名簿。註309 365・九月註16 33 108 111 112など参照。

(302) **只、漏るる者等有らば、後日愁申《うれいもう》さむ**　(この伊勢公卿勅使の宣命に夾名を載せてしまうと)そこから漏れてしまった者がいた場合に後日愁訴がなされる可能性がある。

「前々慥不被尋問其位記給只有漏者等後日愁申」とあるのを古記録本・大成本では「前々慥不被尋問其位記給只(者カ)、有漏者等後日愁申」とするが、原文を生かして解読した。また「給」を敬語と解釈し「前々、慥《たしか》に其の位記を尋《たずね》問《と》はれ給はず」としたが、位記を給したという意味で取れば「前々、慥《たしか》に其の位記を尋《たずね》問《と》はれずに給ふ」と読み、ここまでを大外記文義の詞と見ることもで

きる。

(303) **来月十一日奉幣使発遣の時**(□) 伊勢例幣使発遣の時。伊勢神宮の神嘗祭への奉幣使で、九月十一日▼aに発遣される。この時までに位記が作成され、例幣使に付されたことについては、九月条に詳しい。

(304) **重ねて託宣有りて『慎御《つつしみたま》ふべし。』と云々**(□□) 伊勢における二度目の託宣(↓註191)に天皇が慎むべきという内容があった。この内容については宣命の辞別に加えられた(廿三日条▼f)。尚、この天皇が慎むべきという託宣を三度目のものとする見解もあるが、二度目以降に託宣があったことを伝える史料はない。

(305) **巽の方の大神、御祟を降《くだ》すの由**(×申)**を示**(×不)**す** この内容については宣命の辞別に加えられた(廿三日条▼f)。古記録本・大成本に「巽方大神不(示カ)降御祟之申(由カ)」とあることに従った。あるいは「巽の方の大神降《ふ》らさざるの御祟申す」と読むか。

(306) **須《すべか》らく御所に進みて奏せしむべし** 上卿である実資自らが御所(弓場殿)に参って宣命草奏上の儀をすべきである。けれども老体で歩行に耐えないとの理由で、陣座に留まっている。『江家次第』「伊勢公卿勅使」(史料前掲註295)に、上卿は(内記に宣命を持たせて)弓場殿に進んで蔵人に奏上させるとあるが、その割注に「或いは陣座に居しながら之を奏せしむ。」とあるのは、この時に実資が行なおうとしたような例を受けたか。

(307) **奇疑** 怪しく首を傾《かし》げるようなこと。違和感という程度の意味か。古記録本は「事疑(事の疑い)」とするが、原文のままで解釈した。

(308) **事情** ことの次第。ここでは、幣帛の疋数は宣命に載せず、「別に注度すの文」を作成するという前例。関白への内覧の役を勤めた頭中将源隆国は、このことを良く知らなかったため混乱が生じた。そこで、神祇官から幣帛を裹む儀を終えて帰ってきた頭弁経任に伝えさせて、了解を得ている。

(309) **内・外宮の禰宜等の夾名** 前出(↓註301)。祭主輔親は内・外宮それぞれ十二名(計二十四名)の夾名を提出した。実資はその正確さを疑っている。九月になって、更に二つの夾名が伊勢からもたらされるので、仮に夾名Aとする。

(310) **三位に叙せらるべきの申文** 祭主輔親が今回の託宣事件で自ら三位に叙されることを申請した申文。実資は慎重に対処するべきとの判断から、発遣当日に急遽提出された内外宮禰宜二十四名分の夾名とこの「三品を申すの文」を見ていない。この申請がどうして出されたかは不明だが、後に関白頼通が「以レ無ニ抽賞一、不レ可レ為レ難、」

と言っていることから、頼通の意向も強く働いたと考えられる。これについて実資は叡慮（天皇の意志）によるべきと言いながら、今回の託宣事件での輔親の不手際を非難している（▼d）。

（311）**三品に合《かな》ふ事を聞こさるべき歟**　（天皇が）輔親を三位にするとお認めになるだろうか。「三位」のことを唐名風に「三品」と記すことがあるが、親王に叙される品位とは異なる。

（312）**殿上に候ぜらると云々**　関白頼通が、儀式開始時に御宿所（飛香舎）にいたが、今は清涼殿殿上間（内裏図b3）にいると伝え聞いた。実資は、頭弁経任から「清書を奏す時には参上するように」という関白の命を受け、その所在を確認したのであろう。清書を見てから弓場に行き、頭中将源隆国に渡して奏上させた後、殿上に昇って関白と輔親の叙位の件を話し合っている。

（313）**宣命の清書を進る**　『江家次第』「伊勢公卿勅使」（註295の続き）に、

次奉下可レ令二清書一仰上、帰二着陣一、仰二其由於内記一、
次令三官人召二外記一、外記参二候小庭一、
次上卿仰下可レ進二卜串一由上、次外記起取二卜串一参入、〔入レ宮、〕
次上卿令三外記開二卜串一、次仰二使王於外記一、〔当日卜合者、〕
次外記進二小庭一、申下使王申二御馬一由上、次内記進二清書一、
次上卿見了、令レ持二内記一、進二弓場殿一付二蔵人一奏レ之、
此次令レ申二使王御馬由一、

とあるが、使の王を決定するための卜串を見る儀式は前日（廿四日条＊1）に実資邸で終えている。次いで、宣命の清書が奉られたので、上卿実資は見てから内記に返し、弓場殿（内裏図b4）へ移動し、頭中将源隆国に奏上させた。陣座から弓場殿への移動については、正月註140参照。

宣命は、殿上にいた関白頼通の内覧を経て後一条天皇が御覧になる。奏上した後で、実資は殿上に昇り、前からそこにいた関白頼通と祭主大中臣輔親を特別に三位に叙すべきか話しをする。また、天皇から宣命が返されるまでの間に、使の昭章王の申請に従って乗り物の馬を給う儀が行なわれる（▼e、註317・318）。

（314）**内・外宮、各《おのおの》宣命有るべし**　内宮・外宮それぞれに宣命が必要なことは、廿四日条▼b参照。この時は「近代の例」により一枚しか奏上しなかったとあるが、その理由は内容が同じであったためか。

（315）**抽賞《ちゅうしょう》**　功労に対する賞。多くの人の中から特にすぐ

れている者を選び出して賞すること。ここでは、特別な功績。関白頼通は、輔親を三位に叙すことに反対意見もあろうが、特別な功績がなかったからといって非難してはいけない、と言っている。

（316）**余、中心《ちゅうしん》思ふ所は**　実資の本心は。「中心」は、心中と同じ。実資は（もしも輔親を三位に叙すならば他の禰宜たちの位記と同時にと提案し、関白頼通を納得させたが）、心の中で輔親が託宣の内容を脱漏して報告したために、神が咎めて藤原相通の配流先を改訂したほどであり、抽賞などとんでもないと思ったが、関白頼通の意に反することだったので口には出さなかった。

（317）**昭章王、乗物無きの由を申す**　公卿勅使と共に伊勢に赴く使の王に馬を給う儀。ほとんど定例化している。『江家次第』「伊勢公卿勅使」（史料前掲註313）参照。

（318）**便《すなわ》ち仰する所**　（実資が関白頼通の詞を受けて馬寮の馬を使の王に給うよう）命を下した。この召仰は、『江家次第』「伊勢公卿勅使」（註313の続き）に、

次返㆓給宣命㆒、并奉㆓御馬可㆑給由㆒、帰㆓着陣座㆒、

次令㆔官人召㆓外記㆒、仰㆘可㆑給㆓御馬使王㆒由㆖、

とあるように、本来ならば宣命を返給されると同時に天皇の詞を受け、陣座に帰ってから外記に命じるのであるが、この時は宣命の返給前に、弁に仰している。

（319）**南殿《なでん》に出御せむと欲す**　後一条天皇が清涼殿から紫宸殿（内裏図c４）へ移動する。通常ならば八省で行なわれる発遣の儀に臨むが、この時は神祇官で発遣されるので、天皇の臨御はなく、南殿（紫宸殿）での御拝のみとなったのであろう（▼g）。

（320）**仗座《じょうのざ》に復す**　天皇が紫宸殿に出御する前に、上卿実資は陣座へ戻った。『江家次第』「伊勢公卿勅使」（史料前掲註318）参照。

（321）**上官《しょうかん》等、相共に、先づ神祇官に向かふべし**　「上官《しょうかん》」は前出（→正月註234）。ここでは、外記・史を含む太政官人全般。本来は八省で行なわれるので、『江家次第』「伊勢公卿勅使」（註318の続き）に「次率㆓使納言并外記・史等㆒参㆓八省㆒、入㆑自㆓待賢門㆒」とある。また、上卿である実資が上官を率いて神祇官に向かうべきであるが、実資は特別に輦車に乗っての移動が認められていたので（十五日条▼e）、宣命を持った内記、上官を先に向かわせて、待たせることにし、頭弁に命を下した。

（322）**右大弁、神祇官に参ると云々**　公卿勅使である参議経頼は、既に神祇官に到着しているとの報告を受けた。

（323）**御拝**　伊勢神宮への遥拝。伊勢例幣など伊勢神宮への奉幣が八省（大極殿）で行なわれる場合、天皇の行幸がなされたが、神祇官での発遣ということで、紫宸殿での御

拝に替えられたのであろう。

(324) **此の間に車に乗る**　実資が輦車に乗った時は、先に神祇官に向かわせた上官たちが内裏から美福門（大内裏図D5）に向かって南下し、郁芳門大路（＝大炊御門大路の延長となる大内裏内の道＝宮内省の南西角）に着いた頃。廿六日条＊1にも述懐されているように、実資が輦車に乗った場所は、輦車の宣旨で許されている春華門Ⓐからではなく、古東宮（→正月註43）の南西Ⓑからであった（正月註42 245参照）。そして、待賢門Ⓒで輦車から牛車へ乗り移り、大宮大路を南下して郁芳門Ⓓで下車、そこからまた輦車で神祇官北門Ⓔまで行ったと考えられる。普段、輦車に乗って用いる春華門Ⓐから待賢門Ⓒまでは置路《おきみち》（一定の幅と高さで築成した道）があったが、郁芳門Ⓓから神祇官北門Ⓔまでの道は、今回特別に「新造レ路敷レ砂」という措置がとられ（→註326）、門の外（西）で待機する弁以下に迎えられて、飾り付けられた北門の西掖の座に着す（▼i）。

(325) **神祇官の北門**（×此門）　古記録本・大成本は「此門」のままで解釈するが、そうすると「郁芳門」を指すことになり、文意が通らない。次の「此門」と同様に「北門」の誤りと考えられる。尚、神祇官の設営については『江家次第』「於二神祇官一被レ立二奉幣使一儀」（史料前掲註297）に詳しく、北門の配置は以下の記述とほぼ一致する。しかし、上卿実資は北門西腋の「上卿座」に着して、そこから指示を出しているようで、東廊東第二間に設けられた「上卿座」には移動しなかったと考えられる。

(326) **郁芳門より神祇官の北門（×此門）迄《まで》**　古記録本は「従郁芳門迄神祇官、此（間カ）門新造路敷砂」としているが、「郁芳門から神祇官の北門まで、新しく路を造り砂を敷いた」と解釈すべきであろう。

(327) **北上東面**（×西）　北を上席として並び東側を向く。ここでは、弁・少納言と外記・史の二列があったと考えられる。

(328) **衣尻《ころもしり》を搨《しじ》に垂《た》（×乗）らし門に入る**　「衣尻」は裾のことか。「搨」は牛車に付属する机のような台で、轅《ながえ》の軛《くびき》を支えたり、乗り降りの踏み台などにした。実資は輦車に乗ったまま出衣《いだしぎぬ》をして門に入ったということか。『江家次第』「於二神祇官一被レ立二奉幣使一儀」（註297の続き）に、

上卿以下参入、弁出立、〔東面、史在二其後一〕上卿着二西腋座一、参議着二東腋一、〔或参議先参入、〕召レ弁問二幣物具不一、召二内記一見二宣命一、次渡二東屋一、内記捧レ筥相従、弁以下相従如レ恒、次内記進二宣命筥一、次中臣・忌部・卜部入レ自二東門一、進二正庁一、〔巽角、

給レ幣如レ恒、出レ自二東門一〕次召二使王一給二宣命一、〔出三入自二東門一〕次内記取レ笏、次上卿起座、弁以下出立、〔列二立於同屋西幔西一、南上西面、〕次復二門掖座一、(中略)次事了上卿退出、弁以下外記・史出立如レ前、大夫外記以下在二弁後列一

とあり、上卿実資が北門の西腋座、参議経頼が東腋座に着し、内記に宣命を奉らせるところまでは一致するが、実資は東屋に移動せず、召使を使って事を処理している。

(329) **東西に膝突《ひざつき》・畳、南に壇** (西掖の座には)東側に膝突、西側に上卿実資が着す半帖の畳があり、その南側に壇があった、ということか。そうだとすれば、実資は東面していたことになる。『江家次第』「於二神祇官一被レ立二奉幣使一儀」(史料前掲註297)に「北門内西掖為二上卿座一、〔敷二半帖一、下敷レ莚、後立二莚一枚一、前敷二膝突一〕」とある。「膝突」は「軾」とも。布または薦の長方形の敷物で、礼拝の位置を示すために敷く。

(330) **式筥** 式次第などを入れた箱。

(331) **御幣を給はりて罷《まかり》出《い》づ** (王・中臣・忌部らの使が、神祇官正庁に用意されていた)幣帛を受け取って(東門から)出ていった。この報告を受けて、上卿実資は公卿勅使経頼を召して宣命を授けた。

(332) **御幣使** 公卿勅使経頼と王・中臣・忌部らからなる奉幣使一向。彼らが郁芳門を出ていくのを見送ってから、弁・少納言・外記・史らが(実資が参入した時とは逆に南を上として)列立するところを、実資は揖《ゆう》して出ていった。公卿勅使の参宮について、『左経記』の目録に「廿九日、参二着太神宮一事、」とあるが、本文はない。また、『大神宮諸雑事記』(註226の続き)に、

同廿九日、参宮勅使、参議正四位下行左大弁兼近江権守源朝臣経頼、王散位従四位下昭章王、中臣正六位上行神祇権大祐大中臣朝臣惟盛等、件勅使、十七日御託宣之御祈也、即祭主被レ補二寮大別当一已了、

とあるが、祭主輔親が斎宮寮の大別当に補されたことについては不明。

(333) **神感** 神が感応すること。神の霊示。実資が奉幣使発遣の上卿を勤めたことに、雨を降らせないという形で伊勢の神が感応を示したのでは、と考えた。また、廿六日条＊1に夢想があり、資平から関白頼通に伝えさせたとある。

(334) **忠斉任を勘問するの日記** 前出(→註77 82 101 116 217)。廿一日＊1に頭弁経任がこの日記を持ってきて、証人である真信に問い、大江斉任の主張と相違した場合には斉任を対問させることが宣下されていた。しかし、伊勢奉幣の斎(→註224)で「不レ決二罰罪人一」という『神祇令』の

規定に抵触したためであろうか、弾正台へはこの日に通達している。

(335) **国忌《こき》** 仁和三年(八八七)八月二十六日に崩御した光孝天皇の国忌。前日の伊勢奉幣の後斎により国忌を東寺に委託したことについては、註223〜225参照。

(336) **祭主**(×斉主)**輔親、三位を申す事** 前出(→註310)。

(337) **両度、喚《めし》を蒙り、僅《わずか》に以て参上す** 八月四日のこと。そもそも祭主輔親は所労と称して伊勢からなかなか上京しなかった上に、先ず関白頼通への私的な報告しかしなかった。そこで、実資は輔親を召遣わすよう頭弁に命じたが(＊1)、仁王会定が終わってもまだ参入せず、再度の召集によりやっと使と共に参入したのである(▼b)。

(338) **大神の御心に相皆《あいかな》ふ乎** 伊勢皇大神の御意向と一致するだろうか。「皆」を大成本は「背」とし、古記録本は傍注に「背ヵ」を付けるが、註311と同様に反語と解釈すべきと思われる。

(339) **忽《たちま》ちに例無き三品に抽叙する** 直ぐに前例のない三位に特別に叙す。「抽叙」は「抽賞」(→註315)と同じか。

(340) **沈愛《ちんあい》** 「耽愛」と同じ。溺愛。

(341) **中納言**(＝資平)**、事 次《ことのついで》に及び、関白に達す** 伊勢公卿勅使発遣の行事が無事に終わったこと、天皇の御拝を考慮して実資が古東宮南辺から手車(輦車)に乗ったことについて、資平が何かのついでに関白頼通に達した、ということ。古記録本には「中納言反(令カ)事仰(趣カ)達関白、」とあり、実資が中納言資平に命じて、事情(実資が前日にとった行動)を関白に伝えさせた、と解釈したようであるが、それならば「令中納言達事仰關白」とあるべきか。大成本は「中納言反、事仰(趣カ)達関白(中納言返(×反)りて、事の趣、関白に達す)」とする。底本では、「及(反)」の字は上部が欠損し、「次(仰)」の字は「冫(にすい)」と判断できる。

(342) **今暁に夢想**(×愁)**有ること** この夢も実資の行なった神事に対する神の感応と理解された。関白頼通の返事に、後一条天皇と実資が長久であるとの解釈が施されている。

(343) **行なはるるの体** 実資が上卿として行なった作法。

(344) **旧儀を継料《つぎはか》る** 旧例を継承し推し量る。「料」は推量の意。古記録本・大成本は「一継料(断カ)旧儀」とし「一に断へたる旧儀を継ぐ。」と解釈したか。

(345) **天暦七・八年** 天暦七年(九五三)九月十一日の伊勢例幣。内裏の穢により神祇官から発遣され、その上卿を左大臣実頼が勤めた。関白頼通が「一為二自御身一被レ行二先祖之跡一」と言ったことを受けて、実資自身が小野宮家の祖先(実頼)の跡を行なったという根拠を注記した。『西宮記』(恒例第三・九月・十一日奉幣)「十一日例幣」に、

同（天暦七年）九月十一日、大神宮奉幣如レ常、依二内裏穢一不レ出二八省一、左大臣行事、

天暦七年九月十一日、左大臣着二神祇官一、行二事奉幣事一、他納言皆触二内裏穢一、仍有二殿上仰一、大臣行事、内侍・命婦等皆申レ障、令三神部裹二幣物一、承和九・十年等例也、〈九記、〉

とあり、『北山抄』（巻二・年中要抄下・九月）「十一日、奉二幣伊勢大神宮一事、〈廃務、〉」に、

天暦七年九月十一日、参二神祇官一、納言以上皆触二内裏穢一、入レ自二郁芳門一、〔右中弁俊蔭朝臣・少納言朝望（大江）朝臣・外記傅説（御船）・衆与（安倍）等、列二立大炊寮南門東辺〔〕着二北門座一、参議雅信朝臣・好古朝臣在レ座、外記・史等皆依二触穢一、以二内記俊生一為二外記代一、申云、内侍代雖二参入一、只今鼻血忽出、不レ能二供奉一、神祇官承和九年・嘉祥二年記文云、依二内裏穢一於二神祇官一被レ立、官人及神部裹二幣物一云々、召二彼記一見レ之、如二俊生申一、仍任レ例行レ之、

とある。特に『北山抄』の記事は実頼の日記『清慎公記』の逸文と考えられ、実資も当日の儀を行なうにあたって参考にした可能性が高い。

（346）**已に八十余年に及ぶ**　天暦七年（九五三）からこの長元四年（一〇三一）まで七十八年。実資はこの年七十五歳（『公卿補任』）。

（347）**一日入京す**　備前守源長経が先日赴任先から帰ってきた、と報告した。二月廿六日▼aに罷り申しに来て、申請のことがあると言っているが、実資は会っていない。二月註183参照。長元三年（一〇三〇）八月廿八日に赴任の由を実資に伝えた時には、禄をもらっている（『小右記』）。

（348）**差文《さしぶみ》（×塔）二通**　原文の「差塔二通」では意味不明。ここでは、意味から「差文二通」ないしは「差文合二通」の誤記ではないかと考えた。「差文」は「差定《さじょう》」「請定《しょうじょう》」とも。諸役を勤める者を定めて、その姓名を記した文書。この日、上東門院彰子の物詣について定が行なわれており、その分担者の名前を記した差文が作成されたと解釈できる。この二通は美作国の奉仕に関わるもので、その内の一通には現任の美作守である藤原資頼の名がなく、実資が資平に書き加えさせている。源保任は前美作守であるが、あるいは女院の使として来たか。資頼も相応の分担をすることについては、九月二日条＊2、九月註5参照。

（349）**立野《たちの》の御馬（□）逗留の解文《げぶみ》**　馬牽（→註94・175）に馬の献上が間に合わないという上申書。立野牧は、武蔵国都筑郡立野郷にある。延喜九年（九〇九）に勅旨牧となり右馬寮に属する。『延喜式』（巻四八・左右馬寮）（史料前掲註175）

に「年貢御馬」として「立野牧廿疋」とあり、毎年二十疋を八月廿五日の武蔵の駒牽(『北山抄』『政事要略』)までに入京させることになっていた。尚、立野牧は信濃国筑摩郡にも存在する。

(350) **宇佐宮造作始等の日時勘文**　十四日＊1に大宰府から来た解文に基づいて、廿四日＊2に宇佐八幡宮の正宮の立柱上梁と始造の日時の勘申が命じられ、廿七日＊1に実資のもとにもたらされたもの。申請は立柱上梁の日時だけであったが、実資の意見で始造の日時も加えて勘申させた。この陰陽寮の勘申を奏聞の後に大宰府に下すよう指示した。この官符の請印は九月五日＊3に行なわれる。註157 280、九月註52参照。

(351) **造八省所**(×者所)　前出(→二月註140)。小安殿の瓦を葺くために、左・右京の五百人を五日間人夫として使うことを許した。

(352) **方に当たるの神社**　祟をなしている神がいるとされる方角にある神社。雨が止まない原因を知るべく行なわれた廿三日＊2の軒廊御卜《こんろうのみうら》(中納言資平が上卿、実資の指示による)の結果に基づき、巽(東南)の方角に検非違使が遣わされ、祇園社から二人の死体が発見された。これにより、占が証明されたことになる。

(353) **祇園**(×祇薗)**の四至**《しし》　祇園社(感神院→正月註420)の境界内。「四至」は「しいし」とも。東西南北四方の境界。ここでは、賀茂川以東が祇園の四至とされている。

(354) **御願の稲荷・春日使**　後一条天皇の病気平癒祈願の報賽として、稲荷社・春日社に十列を奉献した。同じ祈願に基づくものが、八月七日＊2に石清水、十三日＊3に賀茂、十四日＊3に松尾・大原野、十七日＊2に平野・祇園・北野に対して行なわれている。この日も含め、使発遣の上卿は(十四日・十七日には記載がないが、他は)すべて藤原斉信が勤めている。註84 85 90〜93 154 159 178参照。尚、実資は右馬寮の十列の馬も提供していたが(六日条▼a)、この日の春日使に当たっていた藤原経季にも厩の馬を貸し与えている(＊2)。

(355) **止雨使**　前出(→註73 147)。七月廿二日▼bには祈雨奉幣であったが(使は蔵人)、八月十三日▼aには止雨奉幣(この時の使は神祇官人)・十七日＊1には祈年穀奉幣が行なわれ、いずれも上卿は資平が勤めている。

(356) **悲田**《ひでん》　前出(→正月註406)。

(357) **革堂**《かわどう》(×骨堂)　革聖《かわひじり》と呼ばれた行円が建立した行願寺のこと。実資も娘千古を連れて長和年間(一〇一二〜一〇一七)頃に参詣したり、寛仁三年(一〇一九)に毘沙門天像や念誦堂に安置する釈迦・多宝二体の仏像の建立を依頼している(『小右記』二月二日・九月十二日条)。

(358) 斗米《とべい》　一斗の米。わずかの米。

(359) **牛童三郎丸の従者の童**　前出(→註78)。五日▼bに闘乱のことによって獄に下されていたが、この日、実資から検非違使別当源朝任に釈放を通達した。

(360) **三局《さんきょく》の史生《ししょう》の宣旨**　左・右弁官と外記の史生を補任する宣旨。「三局」とは、『令義解』(巻一・職員令太政官条)で少納言局・左弁官局・右弁官局を指すが、『職原抄』(上)では左弁官局・右弁官局・外記局とする。『江家次第』(巻四・正月丁・除目)に「三局史生、左右弁官史生并外記史生、謂二之三局官史生一、即弁官史生也、」と頭書されており、摂関期には『職原抄』のいう三局となっていたと考えられる。この変化は、上首の大外記が少納言の実務を掌握した結果、少納言局が外記局に含まれる形になったためと見なされている。「史生」は諸機関に置かれたが、『令義解』(巻一・職員令太政官条)「史生十人」に「掌下繕二写公文一、行中署文案上、(謂、行二官人所一、取二文案署一也、)余史生准レ此、」とあり、所属官司の文書を清書・書写・装丁し、四等官の署名をとることを職掌としていたことがわかる。左右弁官局の史生の定員は令制で各十人だが、文書行政の発展に伴って増員され、『延喜式』(巻一八・式部上)「諸司史生条」には「左右弁官各十八人(各権二人)」となっている。また、太政官・左右弁官局などの史生は「待二宣旨一補任、」とあり、宣旨で補任されることになっていた。

ここでは、左弁官局史生の二人の欠員に対し、大膳職と主税寮がそれぞれの官司に所属する史生を任命するよう申請し、認められた。『朝野群載』(巻六・太政官・外記史生請奏)所引、治暦四年(一〇六八)十二月十六日付太政官処分に、「右謹検二故実一、当局史生有レ闕之時、諸司史生之中、撰下堪二其職一之者上挙補、古今之例也、」とあり、外記局の史生に欠員があった場合に諸機関の史生の中から補すことが慣例とされていたのであり、弁官の場合も同様であったと考えられる。『延喜式』(巻一一・太政官)「召使任官条」に、左右弁官の史生は上日によって毎年一人が諸国の主典《さかん》に任じられるとある。ただ、『類聚符宣抄』(第七・左右弁官史生可レ任二内官一事)所引、永延三年五月十七日付宣旨に引かれた同年四月十四日太政官奏によると、太政官の史生の定員十一人のうち二人が永延元年(九八七)以来欠員となっており、その理由と実情について、

史生等申云、空疲二十余年之勤労一、僅拝二最亡国之二分一、適励二随分之節一、雖レ仰二採擢之仁一、年齢已傾、朝恩難レ及、見任之者弥倦二於前途一、未達之輩無レ進二於当局一、仍年来之間、自所二緩怠一也、若逢二恩賞一、

何無二其勤一者、と、史生の激務に対して外官の主典という恩典が低いことが挙げられ、内官の主典に任じることが請われている。本日条の補任申請は、このような弁官史生の特権を踏まえてのことであろう。

(361) **下野《しもつけ》国の解《げ》** 下野守藤原善政から出された解文。内容は不明だが、先例などが続文(↓正月註150・八月註166・281)され、それを認める宣旨が下された。

(362) **正輔・致経の合戦の事** 註282参照。ここで後一条天皇から公卿僉議をすることが命じられ、関係書類が下された。九月五日＊2の実資の指示により、九月八日▼aに定(陣定)が行なわれる。「度々正輔・致経等の進る従者を勘問する日記」の「度々(どど・たびたび・よりより)」とは、何回かにわたる勘問が行なわれる度ごとの、という意味。三回にわたり行なわれた拷訊のことを指すか、あるいは三月に追加して尋問された正輔の日記に署名した三人の勘問日記(三月註158・238)などを含むか。後者とすると、九月十九日条▼aで法家に下された書類Ⓒ「証人の申文」(↓九月註215)と書類Ⓔ「使庁日記」(↓九月註217)に相当する。その他、「調度文書等」は書類Ⓑ「正輔・致経等、国司に送る書状」(↓九月註214)と書類Ⓓ「正輔・致経の申文」(↓註216)、「伊勢国の解文」は書類Ⓐ「伊勢国司の申文」(↓註213)に相当し、関係書類のすべてが天皇に奏上され、陣定での閲覧用に下されたことになる。

(363) **三度拷掠《ごうりょう》するに、承伏無《な》し** 註283参照。正輔・致経それぞれが証人として進めた従者への拷訊の回数(拷数)は限度に達したので、原免(釈放)されることになる。

(364) **祭主輔親来たる** 実資が頭弁経任と宣旨について話している最中に、実資邸の門外に大中臣輔親が来た。経任は、自分が伊勢内・外両宮禰宜の加階・夾名(↓註301・309)のことを問い遣わしたので来たと実資に説明し、その場で輔親に問いただしたところ、九月十一日の伊勢例幣で下向して確実に注進すると答えた、ということであろう。

(365) **初めに注進する夾名・位階等、荒涼《こうりょう》に似たり** 廿五日条▼cに見える輔親が最初に提出した夾名A(↓註309)が、荒っぽくていい加減なようであった。斎王託宣に関する臨時奉幣使発遣の上卿である実資は、この夾名の提出を頭弁経任から知らされたが、実見せず、調査の上で提出し直させるよう指示している。この頃、輔親は在京中で、天皇の発意から数日で慌ただしく作製・提出された夾名には問題があったらしい。

(366) **来月朔の間** 九月一日頃。

(367) **今日の内に馳遣《はせつか》はすべきの由を仰す** 実資は(九月一

日頃に位記を作成して、十一日の例幣使に付して伊勢へもたらすとの考えから)輔親に今日中に伊勢へ下向するよう、頭弁経任から命じさせた。尚、九月二日条▼aによると、頭弁が夾名の到着日時を問い合わせたところ、輔親は七・八日頃に到着すると答えている。その間、四日＊1に帰京した臨時奉幣使源経頼が夾名(B)を持参し、五日＊3に叙位に関する太政官符が作成され、六日＊1＊3＊4に内位の申請が却下された上で、七日▼a▼bに位記請印が終了する。九日▼aに輔親が内容が相違する夾名(C)を提出、十日＊1に経頼持参の夾名(B)に漏れていた禰宜の位記を作成し請印、十一日▼aに発遣の例幣使輔親に位記が託される。尚、古記録本・大成本では「今日」に傍注して「今月ヵ」とする。

(368) **見参《けざん》を申すべし** 「見参」は前出(→正月註227)。ここでは、高貴な人に拝謁すること。輔親は頭弁経任を通じて実資への拝謁を申し出た。しかし実資は、毎朝の日課としている念誦・読経を理由にして会わず、頭弁に応対させている。

(369) **今朝** 古記録本では「今明ヵ」、大成本では「今月ヵ」と傍注するが、原文で意味が通る。

(370) **先日の濫行の下手** 大和国の住僧道覚を打った下手人のうち、正月に差し出した宣孝以外の四人(→正月註451)。正月廿六日条＊2・三月七日条＊2、『左経記』正月廿八日条※1※2参照。

(371) **国司を免(×乞)ぜしむべきの由なり** (四人の下手人を差し出さなければ)国司を罷免するという天皇の御意向である。正月廿六日条＊2に見える関白頼通の命令を受けているか。尚、頼親は『小右記』長元五年十一月十一日条に大和守として見えるので、罷免はまぬがれたらしい。

(372) **無量義経を釈し奉る** 小野宮邸で行なわれる恒例の月例法華講。二月註220参照。『無量義経』一巻は、無量の法が一切の空相から生じることを説き、法華経の序論的なことを説く「開経《かいきょう》」として扱われる。ここから新たな三十講のサイクルが始まる。

(373) **五品云々** 「五品」とは五位、「云々」は省略を意味し、五位の人々については人名を記さないということ。

(374) **廊** 建物と建物の間を結び、あるいは建物から突き出る細長い通路施設。

九月

一日、丙午。

▼a 河頭に出でて解除《げじょ》す。(1)

二日、丁未。

*1 十五ヶ日、鎌倉(＝真等)を供養す。(2) 正・五・九月の常事也。

*2 中納言(＝資平)来たりて云(□)はく「女院(＝彰子)、石清水《いわしみず》・天王寺《てんのうじ》・住吉《すみよし》等に参り給ふの御船、(3) 女房・上達部《かんだちめ》・殿《てん》上人《じょうびと》(□上人)等の舟、諸国司に仰す。上下の饗《きょう》・屯食《とんじき》(4)・仮屋、同じく奉仕す。美作は十月二日(□日)の饗、(5) 奉仕すべし。望むらくは二百前許《ぜんばかり》、儲くべしと云々。紀伊国司は仮屋五宇の舗設・装束、国司に告ぐ。今日、保任の言ふ所なり。」是、中納言伝談《つたえだん》ず。女院別当(□□□当)季任、師重に相逢ふと云々。(6)「播磨国司、御舟を奉仕すべき事、事(□)の凝《さまたげ》有(□)るべし(□)。仍りて美作に改めらる。彼の国の弁済使良時、(7) 国に罷向《まかりむ》かふ。仍りて師重に触るべし。彼(×波)の国の事を行なふの聞《きこえ》(8)有るに依る。又、下官《げかん》(＝実資)に聞《ぶん》せしむべし。」者《てへ》り。師重、彼の国の事を知らず。亦、承《うけたま》はるべからざる也。中納言を以て季任に示仰《しめしおお》す。奇怪とすべきこと多々。魚類の饗と云々。尼の御物詣《おんものもうで》に魚類の饗は如何《いかが》(□□)。息災滅罪の事に非ず。(9) 就中《なかんずく》、伊勢大神、託宣有るの間、(10) 非常の過差《かさ》(11)有るは、慎恐《つつしみおそ》るるの御心無きに似る。院主典代(□)□□、書を師重に預くるも、(12) 彼の国の事を知らざるの由を答へ了(□)りぬと云々。御共の人々の装束(□□)、日に随ひ色を替へて折花《おりばな》すべきの由、(13) 関白(＝頼通)、命有りと云々。当時・後代の人、目(□)有り耳有るの徒、(14) 何如□□□□□。奇也(×怪也)、怪也。(15)

▼a 頭弁《とうのべん》(＝経任)来たりて云はく「伊勢両宮(□)の禰宜《ねぎ》(□宜)の夾名《きょうみょう》の事、(16)輔親朝臣に問ふに、申して云はく『七八日許に来着する歟。』」者《てへ》り。

三日、戊申。

▼a 伯耆《ほうき》の八橋野牧《やはしのまき》(17)の駒五疋、牽く。馬を人々に給ふ。〔西宅(18)の為資朝臣・知道(□)朝臣・茂親(□親)、随身去正。三位《さんみの》中将《ちゅうじょう》(＝兼頼)の給ふ所なり。(19)」

中納言(＝資平)来たりて云はく「関白(＝頼通)に謁し奉る。院(＝彰子)の御物詣《おんものもうで》の外、他事(□)無し。」

*1*2 祭主(×斉主)輔親来たる。託宣(□)(20)の事を談ずる也。申して云はく「荒祭明神《あらまつりみょうじん》(21)と云ふは(□)、大神の荒魂《あらたま》(22)(□)也。仍りて荒祭と云ふ。」者《てへ》り。未だ承はらざるの事也。託宣の次《ついで》に仰せらるる事、談申《だんじもう》(□申)すの事なり。

*3 伊勢勅使右大弁(＝経頼)、今日帰参す。(23)

四日、己酉。

*1 右大弁(＝経頼)、昨日、帰洛(□)すと云々。内《ない》・外宮《げくう》の禰宜《ねぎ》の夾名《きょうみょう》の事、(24)試みに問遣《といつか》はす。即ち両宮の禰宜の申《もうし》文《ぶみ》等の位階の注(25)を送る。

〔内宮《ないくう》、禰宜従四位下荒木田神主《あらきだかんぬし》利方、禰宜正五位下神主(々)延満、禰宜従五位上神主(々々)重頼、〔々々〕禰宜従五位上神主(々々)延親、権禰宜従五位下神主(々々)□□、禰宜正六位上神主(々々)宣真、禰宜正六位上(正□位上)延基、権禰宜正六位上神主(々々)行長、権禰宜正六位上神主(々々)延長、権禰宜大物忌《おおものいみ》正六位上神主(々々)氏貞、権禰宜大《おお》内人《うちんど》正六位上神主（々々）貞頼、権禰宜大内人正六位上神主（々々）扌頼、権禰宜大内人正六位上忠連、玉串大内人《たまぐしおおうちんど》正(26)六位上宇治公常光。

豊受宮《とようけ》（豊□宮）、禰宜正五位下度会神主氏忠、禰宜従五位上（□）神主（□□）貞雄、権禰宜従五位下神主（々々）近信（□）、禰宜従五位下神主（々々）連信、権禰宜外従五位下（外従五□下）神主（□々）氏守・利道・輔親・高信、権禰宜従五位下神主（々々）忠雄（□）、禰宜外従五位下（□□□□□）神主（□□）氏頼、禰宜正六位上神主（々々）常親、禰宜正六位上神主（々々）通雅、権禰宜正六位上神主（々々）□□、権禰宜玉串大内人正六位上（□□位上）神主（□□）康雅、権禰宜正六位上神主（々々）季頼。」

▼a 豊受宮の禰宜、内宮の例に准じて内階《ないかい》に叙（□）せられむ（□）ことを申請す(27)と云々。内宮の禰宜申す。「内・外宮、差別有り。内階に叙すべからず。」と云々。件の文等、勅使大弁（＝経頼）の裁を請ふの状也。件の文等を頭弁《とうのべん》（＝経任）に付し関白（＝頼通）に達す。「只、件の夾名《きょうみょう》等を書きて内記に下給《くだしたま》ふべき歟。必ずしも奏聞を経《ふ》〔上〕べからざる歟。関白の指帰《しき》(28)に随ひて内記に仰すべき者也。」

大外記文義を召し、此の事を尋遣《たずねつか》（□）はすに、初叙の五位已上の禰宜の歴名《れきみょう》(29)、文義持来《もちき》（□）たる。内・外の禰宜の夾名と相合《あい》はす。但し六人無し。已に卒する者歟。又、内・外宮の禰宜（禰□）申（□）して云はく「内宮の禰宜の数少なし。外宮の禰宜の数多し。然るべからず。」者《てへ》り。栄爵《えいしゃく》を給ふの剋《みぎり》（□）に臨みて数（□）減ずるは如何《いかが》。内宮の禰宜、若しくは多く卒去する歟。内宮、六位の禰宜の正・権に玉串等を相加《あい》（□）ふる九人を注進す(30)。外宮、五人(31)。抑《そもそも》、内宮の禰宜は四位一人、五位四人。外宮の禰宜は五位十人。爰《ここ》に知る、内宮の禰宜多く卒する者歟。

＊2 衝黒《しょうこく》、雷雨（×富両）。頭弁来たりて綸旨《りんじ》（×倫旨）を伝へて云（□）はく「式部卿親王（＝敦平）、省務に従はしむべし(32)。」者

り。

又、大神宮・豊受宮の禰宜(□宜)の夾名[33]を書きて下給《くだしたま》ふ。〔位階を注す。〕即ち少内記国任に給ひて、仰せて位記を作らしむ。頭弁、関白の消息を伝へて云はく「外宮の禰宜、内階に叙(□)すべき事、宝亀十一年の官符[34]に在り。」者(□)り。勘《かんが》ふべきの由、仰下《おおせくだ》(□□)す。忽《たちま》ちには勘出[35]し難き歟。

*3 又、云はく「唐物《からもの》[36]、明日、女院(□□)(＝彰子)に遣はさるべし。亦、霖雨《りんう》に依り、軽犯の者を厚免《こうめん》[37]せらるべし。案内《あない》を知らず。」者り。余答へて云はく「別当(＝朝任)に仰せられて軽犯の勘文《かもん》を進《たてまつ》(□)らしめ、厚免せらるるの例也。疑有(□)りて免ぜられざるは、頭に爪験《つまじるし》を付す耳《のみ》[38]。」

木工允季兼を召し、美作に船を作るべき事を仰す[39]。〈上達部(×上進部)。〉

五日、庚戌。

*1▼a 式部卿親王(＝敦平)、省務に従ふべきの事[40]、大外記文義に仰せ了りぬ。申して云はく「宣旨を本省(＝式部省)に給ふべし。亦、外記相親を差《つか》はして親王の許《もと》(□)に遣はすべき歟(□)。」遣はすべきの由を仰す。相親は曾《かつ》(□)て問遣《といつか》はすの者也。仍りて他人を遣はさざる而已《のみ》。『故殿天暦十年六月十九日御記(＝清慎公記)[41]』に云はく「式部卿(＝元平親王)、王《おう》氏爵《しのしゃく》有るに依りて□□□□之を申す。仰す。『頃月《けいげつ》[42]、公事に従はず。忠望王、已に勘事《かんじ》[43]を免ぜらるるの後、親王(＝元平)、公事に従ふべきの由、仰宣《おおせの》るべし。』〔元輔朝臣(□□)、伝仰《つたえおお》する所なり。〕者《てへ》り。外記衆与[44]を差はして仰《おおせ》遣《つか》はし了(□)りぬ。又、同親王(＝元平)を以て相撲司《すまいのつかさのべっとう》[45]別当に補せらるる也。」

明後日、神人《じにん》の位記を請印《しょういん》せしむべきの事、文義に仰す。諸官の所司[46]に仰せしむべきに依る。中納言(＝資平)をして之を行はしむ。

*2 八日、諸卿を催すべきの由、之を仰す。正輔・致経等の合戦の定事《さだめのこと》[47]に依る也。外記、親王(=敦平)に参(□)るべし。[48]通達の人、相儲《あいもう》(×館)くべきの由、随身信武(□武)を差《つか》はし、密々《ひそひそ》、前左衛門督(=兼隆)に示す。返事に感悦再三示す所也と云々。簾中(□)の女等奔走《ほんそう》し、忻々《きんきん》[49]の声有りと云々。

頭弁《とうのべん》(=経任)、造八省行事所の申(□)す米爵料(□爵料)の清原惟連の究達文[50]を持来《もちき》たる。云はく「軽犯者を免ずるは『類聚』[51]に見ゆ。下官《げかん》(×有)(=実資)の説の如し。」者り。

*3 未時許《ひつじのときばかり》、文義朝臣来たりて云はく「今日、宇佐宮(×定佐宮)造始等の官符[52]を請印す。中納言資平・参議朝任参入す。」と云々。文義、豊受宮の申す叙内階の事、[53]宝亀十一年の官符、[54]長案《ちょうあん》(×長元案)[55]に就きて勘進す。

太政官符《ふ》す式部省

伊勢大神宮

度会宮

右、右大臣(=清麻呂)の宣を被《こうむ》りて称《い》はく「勅を奉《うけたま》はるに、上件の二宮の禰宜、自今以後《じこんいご》、宜しく十考成選《じっこうじょうせん》(□考成選)[56]を改(□)め、長上《ちょうじょう》[57]の例に准じて、四考成選を以て内位に叙すべし。」者り。符を伊勢国并びに大神宮等の司に下し畢りぬ。宜しく承知し、勅に依りて施行《せぎょう》すべし。符到《いた》らば奉行《うけたまわりおこ》なへ。

従五位上守《しゅ》右少弁勲五等(×导)紀朝臣古佐美(×土佐美)

右大史正六位上[58]

六日、辛亥。

▼a 去夕《きょせき》、長門守《ながとのかみ》定雅、雑物を志《こころざ》す。〔大雑羅《おおざら》・提《ひさげ》・同小・銚子《ちょうし》。(59)胡籙《やなぐい》(□籙)二□、小手《こて》・弦袋《つるぶくろ》を付す。(60)海藻《め》(×海藻)等、八木《はちぼく》(61)(□)二石(□)等なり。〕

＊1 早朝、内記国任を召遣《めしつか》はす。即ち来たる。明後日の大神宮・豊受宮《とようけ》(豊□宮)の禰宜《ねぎ》等の位記の事、懈怠すべからざるの由、之を戒《いまし》仰《おお》す。(62)申して云はく「位記、皆《みな》(□)作(□)り候ふ。」者《てへ》り。仰せて云はく「豊受宮の禰宜の申す内階の事、今の如くは例無き歟。外記局の長案の如きは、六位の階の事也。(63)官(＝弁官)の勘文《かもん》、未だ進《たてまつ》らず。」頭弁《とうのべん》(＝経任)来たりて云はく「宝亀十一年の官符、官、未だ勘文を進《たてまつ》(進×)らず。」又、云はく「貞行を仰遣《おおせつか》ははすべし。」者《てへ》り。彼の申すに随ひて早く奏すべき由、相《あい》含め了りぬ。往来煩《わずらい》有るに依りて、案内《あない》は注送するが宜(×冉)しかるべきの由、聞食《きこしめ》し了りぬ。(64)

＊2 □□云はく「昨日、唐物《からもの》を女院(＝彰子)に奉らしむ。〔使は右中将良頼(□頼)。〕今日、所々に遣はすべし。」経季云はく「唐物を関白(＝頼通)に遣はすべし(□)。昨日、其の使を定めらる。」

＊3 豊受宮の禰宜の位階の事、□□に問遣《といつか》はす。報状に云はく「官の勘文、外記の勘文の如し。仍りて外階《げかい》に叙すべし。(65)」者り。即ち内記国任に仰せ了りぬ。入暗《にゅうあん》、大内記孝親朝臣来たりて云はく「外階に叙すべし。明日、民部卿(＝斉信)、省(＝民部省)に参りて位田《いでん》を充てらる(□)べし。(66)仍りて参内すべからず。位記の事、国任承引《しょういん》す。(67)」者り。外記に仰せて、禰宜、外階に叙すべき事、外記の勘文と合見《あわせみ》しむ。

＊4 入夜《よにいり》、頭《とう》(＝経任)来たりて云はく「外宮の禰宜、外位に叙すべきの由、仰事《おおせごと》有り。」者り。造八省行事所(×以省行事所)の申す惟連の叙爵文(68)を下給《くだしたま》ふ。位記を作らしむべき事、明日、大内記孝親に仰すべし(□)。

▼b 又、云はく「今日、霖雨に依りて軽犯者を免ぜらるるの内、正輔(□)・致経(□)等の辺、証人と称するの従者等は厚免す。但し、各《おのおの》の主に預け、彼の召に従ふべきの由[69]、関白(□)の命有り。」者《てへ》り。免は、別当参議右兵衛督朝任、之を奉《うけたま》はる。

又、云はく「今日(□)、□□唐物を処々に奉る。中宮(=威子)使は右少将定良、東宮(=敦良親王)使は右中将良頼〈亮〉、関白使は左少将経季。」

七日、壬子。

*1 造八省(×以省)・豊楽院の事を行なふ所の申請する清原惟連の栄爵文[70]、大内記(□内記)孝親に仰(□)せて位記を造らしむ。〈国用[71]。〉

▼a 今日、内・外宮の禰宜《ねぎ》の位記《いき》請印《しょういん》(□)の事(□)、中納言(=資平)に委ぬ。大外記文義重ねて来たる。重ねて位記請印の所司(×所刀)の事を戒仰《いましめおお》す。□□□諸卿の参不、文義申す。文義即ち殿(=頼通)に参る。

▼b 余仰せて云はく「明日、不堪申文《ふかんのもうしぶみ》有るべし[72]。」貞行・義賢等に伝仰《つたえおお》すべきの由、文義に仰す。衙政召《がせいめし》[73]、其の假《か》無きに依り、召さしむる所也。午後《うまのち》、貞行来たる。不堪文《ふかんのふみ》の事を問ふ。申して云はく「〔者〕去る五日、左大弁(=重尹)に申し了りぬ。明日、文書(×事)を作るべし。」者《てへ》り。

西宅(×宮)に在るの間、中納言、内より退出す。小野宮に於いて事由《ことのよし》を示送《しめしおく》る。内記国任をして〔令〕禰宜の位記請印を申さしむるの由なり。

八日、癸丑。
諷誦《ふじゅ》を六角堂に修す。
中納言(=資平)来たる。
*1 頭弁《とうのべん》(=経任)、宣旨を持来《もちき》たる。〔権大納言頼宗卿の申請する、領する所の近江国の宇多院の勅旨田《ちょくしでん》(×勅使田)(74)百九(佰玖)町を返上し、美濃国(美乃国)の公田《こうでん》と相博《そうはく》(×傳)せむこと。(75)仰せて云はく「本《もと》の田・美濃(美乃)の相博(×傳)の田の先例等を勘ふべし。」副進《そえたてまつ》る近江国済政の立券文《りっけんもん》、(76)同弁に下して勘へしむる也。〕
*2 頭弁、勅を伝へて云はく「大炊允大友相資は、吉田祭不参。(77)官掌《かじょう》宗我部秋時は、官符、加賀国に遅給。(78)件の二人、戒免《いましめめん》ずべし。(79)」者《てへ》り。同じく同弁に仰す。
*3 参内す。中納言、車後《くるまのしり》に乗る。少納言資高、待賢門に来会《きたりあ》ふ。敷政門《ふせいもん》より入る。左大弁(=重尹)、壁後に立つ。相揖《ゆう》して仗座《じょうのざ》に着す。(80)次いで大弁着座す。不堪文《ふかんのふみ》(不□文)の事を示す。(81)起座す。右大弁(=経頼)、仗座に着せず、陣腋《じんのわき》に向かふ。小時《しばらくありて》、余、南座《なんざ》に着す。(82)左大弁、座の腋に着し、敬屈《けいくつ》す。(83)「文を申すべし。」小臣(=実資)揖す。大弁(×大臣)称唯《いしょう》し、陣腋《じんのわき》を見る。左少史広雅、不堪文を挿《さしはさ》み、(84)〔目録は横に挿む。〕小庭《こにわ》(×夜)に跪候《ひざまずきこう》ず。(85)余目《もく》す。称唯して膝突《ひざつき》に着して之を奉る。(86)笏を置き、両手を以て書を執る。目録、故に落とす。(87)史、敬屈し、深く揖す。余、書を置き、表の巻紙を開く。(88)先に目録を取(□)り、披見す。次いで不堪解《ふかんのげ》を結《かた》ぬるの緒《お》を解く。一々見了り、元の如く結巻《かたねま》く。〔目録は結ぬる緒の外、表の巻紙の内(□)に在り。(89)〕板敷《いたじき》の端に推出《おしい》だす。史、之を給はり目録を結申《かたねもう》す。(90)余、大弁に問(×目)ひて云はく(91)「国々の解文《げぶみ》。或《ある》解文は使を注さず。(92)〔近江国。〕又、或国《あるくに》は開発田《かいほつでん》の解文に使の名を注し、不堪田の解文に注さず。或《あるい》は不堪田の解文に使の名を注し、開発田の解文に注さざる等あり。

上野《こうずけ》・加賀・能登の開発田の数一段余、二段余なり。(93)古昔(×青)は町に満たざる解文は之を返給《かえしたま》ふ。近代、三段は許し給ふ。〔入道前大相府(＝道長)は許す。〕須《すべから》く返給《かえしたま》ふべし。然而《しかれども》、憚る所有るに依りて、(94)年来奏に入るる所也。一・二段は太だ不便なり。」一・二段を大弁に問ふ。大弁(々々)云はく「慥《たしか》には覚えず。」者《てへ》り。余仰せて云はく「上野等三ヶ国の開発田の数甚だ少なし。解文を返給《かえしたま》ふべし。」使の名等を注さざるは注さしむべきの由、大弁に示仰《しめしおお》す。了りて「申給《もうしたま》へ。」と史に仰す。(95)了りて称唯し、元の如く巻き、杖に加へて退出(□)す。(96)大丞(＝重尹)起座す。余、奥座に復す。(97)

▼a 内大臣(＝教通)、大納言斉信・頼宗・長家、中納言師房・資平、参議朝任・公成・顕基・重尹・経頼参入す。安房《あわの》守《かみ》正輔・前左衛門尉致経等の合戦の事を定申《さだめもう》(□)す。(98)伊勢国司(＝行貞)の解文(□)(99)、正輔(□輔)・致経等の書状、(100)正輔・致経等の申文《もうしぶみ》・日記・調度文書《ちょうどのもんじょ》(101)、勘問日記《かんもんのにっき》(102)〔検非違使、正輔〔於〕の従類を勘問する日記等也。〕等、諸卿に加給《くわえたま》ふ。或《あるひと》云(云×)はく「諸国の解并びに両人の申文等を明法博士《みょうぼうはかせ》に(□)下給《くだしたま》ひ、法家《ほうけ》、罪名を勘へよ。(103)」左大弁重尹、定文《さだめぶみ》を書く。(104)清書了りて、調度文書等、相加へ、頭弁に付す。(105)未一剋《ひつじのいっこく》に参入し、亥時《いのとき》に退私す。

九日、甲寅。

▼a 去夜の定事《さだめのこと》(106)、頭弁《とうのべん》(＝経任)の許《もと》に問遣《といつか》はす。報じて云はく「未だ左右《そう》を仰せられず。(107)内・外宮の禰宜《ねぎ》の位階(×皆)の夾名《きょうみょう》(108)、還使(109)に付し了(×云)りぬ。内に候ずるの間、参入せず。只今、参るべし。(110)且《かつ》は覧ぜしめむが為《ため》に奉る所也。」件の夾名、右大弁(＝経頼)に付して〔之〕奉る所の夾名と相違す。(111)亦、内・外宮の禰宜各一人を注さざる也。他人を入れ、其の数、初《はじめ》の注進より多し。仍りて内覧《ないらん》して、奏聞すべきの由、之を示送《しめしおく》り了りぬ。

小時《しばらくありて》、来たりて云はく「先日の解文等、(112)相加へて祭主(×斉主)輔親に問遣《といつか》はす。彼の申すに依りて奏覧すべし。」余答へて云はく「今般の位記の事、他上《ほかのしょう》(□上)に仰せらるべし。(113)今日参入の上卿、(114)之を承《うけたまわり》行《おこ》なふこと、尤《もっと》も便なるべし。」

弁(＝経任)、宣旨二枚を伝下《つたえくだ》す。〔目録に在り。(115)〕

又、云はく「内大臣(＝教通)、参るの命《おおせ》有り。『立ち乍《なが》ら来たるべし。』者《てへ》り。若しくは触穢《しょくえ》有る歟《か》。一日《いちじつ》、十一日の奉幣(116)を行はるべきの由、仰せらるる所也。」と云々。

十日、乙卯。

*1 早朝、禰宜《ねぎ》の事を頭弁《とうのべん》(＝経任)の許《もと》に問遣《といつか》はす。報状に云はく「神人《じにん》(□人)の勘文《かもん》、(117)昨日、祭主輔親朝臣に問遣《といつか》はしむるの処、申送《もうしおく》る所の状、事旨《ことのむね》、不分明なり。仍りて輔親を遣召《つかわしめ》す。輔親(々々)、入夜《よにいり》、来たり申して云はく『右大弁(＝経頼)、伝申《つたえもう》す所の勘文〈内宮〉に、権禰宜重経・氏範を載せず。是、大誤也。又、外宮(×内宮)の禰宜輔行、同じく載せず。又、之の如し。』抑《そもそも》、此の度の勘文、玉串大内人《たまぐしおおうちんど》常光〈内宮〉・外従五位下高信〈外宮〉を載せず。是亦、失也。然《しからば》則《すなわ》ち先後の勘文に漏るる者、(118)合せて三人。加叙せらるるが宜しき歟。」者《てへ》り。只今、参《まいり》啓《もう》すと云々。頭弁(□弁)云はく「関白(＝頼通)の御消息に云はく『伊勢大神宮の権禰宜正六位上荒木田神主重経(×給)・権禰宜正六位上荒木田神主氏範〈内階〉、豊受宮《とようけ》の権禰宜正六位上度会神主輔行〔外階〕、位記を給ふべし。』」者り。

大内記孝親・少内記国任を召遣《めしつか》はす。国任(々々)参来《まいりき》たる。件の二宮の禰宜等の夾名、(119)書出《かきい》(×事出)だして国任に給ふ。国任(々々)申して云はく「足を損ずるに依りて襪《しとうず》を着するに堪ふべからず。役に従ひ難かるべし。」者り。

仰せて云はく「身参らずと雖《いえど》も、預《あらかじ》め、位記を成さしむべきの由を仰せしめよ。」先是《これよりさき》、位記を成すべき事、孝親朝臣に仰遣《おおせつか》はす。両宮の禰宜の名簿《みょうぶ》（×各簿）を注して之を遣はす。頭弁をして之を書（×事）かしむ。大外記文義を召して、位記《いき》請印《しょういん》の所司[120]の事を仰す。申して云はく「昨日より催さしむ。」或《あるい》は、内々に頭弁伝示《つたえしめ》す歟。請印の事を行なふべきの由、中納言（＝資平）に仰遣《おおせつか》（仰×）はす。大内記孝親来たる。事由《ことのよし》を仰す。経営《けいえい》参内す。中納言来たる。即ち参内す。宰相参らざらば、関白に申して行なふべき由、相含め了りぬ。宰相に告ぐべき事、文義に仰すること先に了りぬ。

位記請印。入夜《よにいり》、右大弁参入すと云々。

十一日、丙辰。

▼a 頭弁《とうのべん》（＝経任）、内より書札《しょさつ》[121]を送りて云はく「神人《じにん》の位記、今日の使[122]に付すべき也。位記を給ふの由、宣旨を大神宮司に給ふ歟。如何《いかが》。案内《あない》を承はり関白（＝頼通）に伝を申すべし。雨脚《あまあし》、之の如くば、幸臨（×事臨）し給ひ難き歟。[123]」者《てへ》り。従ふべし。云はく「位記を遣はす事、先づ関白に申し、指帰《しき》に従ふべし。」行幸《ぎょうこう》の事、随身を差《つか》はして頭弁の許《もと》に問遣《といつか》はす。示送《しめしおく》りて云はく「雨に依り臨幸を止む。位記、御幣使祭主輔親に付すべきの由、関白の命有り。」仍りて付遣《ふしつか》はすの由、頭弁、伝示《つたえしめ》す所なり。後日（×彼日）聞く[124]。

十二日、丁巳。

▼a 本命供《ほんみょうぐ》。

十三日、戊午。

▼a 夢想紛紜《ふんぬん》(×紛結)。三口の常住僧[125]〔念賢・智照・得命〕を以て金剛般若《こんごうはんにゃ》三百巻(×三巻)・寿命経《じゅみょうきょう》百巻を転読《てんどく》[126]せしめ奉る。〔今日(□□)、金剛般若九巻・寿命経三巻。〕今日より三ヶ日、得命を以て金鼓《こんぐ》を打たしむ。両《ふたつ》ながら小供[127]す。

＊1 頭弁(＝経任)、尾張国の解《げ》[128]を持来《もちき》たる。〔普《あまね》く国内の見作《げんさく》の不輸租田《ふゆそでん》[129]を支配し、王臣家の諸荘・神寺の所領を論ぜず、平均に役仕せしめ[130]、宮城大垣所一[131]を築造せむ。〕奏せしむる也。「但し神寺の所領に配充《くばりあ》つるは如何《いかが》[132]。内々に奏せしめよ。」者《てへ》り。

＊2 小時《しばらくありて》、頭弁来たる。関白(＝頼通)の御消息を伝へて云はく「正輔・致経等の定事《さだめのこと》[133]、其の身を問はるる事[134]、事《ことの》理《ことわり》(々理)、然るべし。致経、重病の後、猶、未だ例(×倒)に従はず[135]と云々。正輔、召《めし》を受くと雖(×惟)も早くは参り難き歟[136]。此の間、如何。致経の弁申《べんじもう》す所、若《も》し事疑《ことのうたがい》有らば、拷掠に及ぶ歟。何様に行なふべき乎。」余報じて云はく「一夜《ひとよ》の定の間[137]、只、事理《ことのことわり》を申す所なり。但し、国司の申文《もうしぶみ》、正輔・致経の申文、調度文書《ちょうどのもんじょ》等を法家《ほうけ》に下給《くだしたま》ひて、罪名を勘申《かんじん》せしむるは、更に何事か有らむ乎。大略、彼の文書等に見ゆ。」

▼b 右大弁(＝経頼)、諸司・諸寺・所々等の別当《べっとう》の闕《けつ》の勘文《かもん》[138]、并びに定文《さだめぶみ》の土代《どだい》[139]を持来《もちき》たる。関白に申して清書せしむべきの由、相《あい》示し了りぬ。定申《さだめもう》すの由の旨[140]、之を以て備《そなえ》の料[141]と為すべき也。天慶年中[142]、貞信公(＝忠平)、内々に定申《さだめもう》さるること、『故殿御記(＝清慎公記)』に見ゆ。大弁、良久《ややひさ》しく清談《せいだん》す。

▼c 悲田《ひでん》并びに堤の乞者《こつじゃ》に施行《せぎょう》す。

＊3 越前守《えちぜんのかみ》兼綱、綿十帖を送る。若しくは封代[143]に報ずる歟。

十四日、己未。

▼a 精進日(144)なり。殊障《ことなるさわり》無きの時、堂(＝念誦堂)に参りて塔(145)を遶《めぐ》り奉る。〔三廻。〕

＊1 所充《ところあて》の清書の事(146)、右大弁(＝経頼)に問遣《といつか》はす。報状に云はく「修理職・穀倉院は、内府(＝教通)に充つべきの由、昨日、関白(＝頼通)命ぜらる。」者《てへ》り。土代《どだい》は関白に充つ。余報じて云(×之)はく「内蔵寮・修理職・穀倉、二所(147)は、猶、第一(148)、別当為《た》り。就中《なかんずく》、摂政・関白、必ず三ヶ所の別当為《た》り。」旧例・勘文等、夾算《きょうさん》(149)に指して、大弁(＝経頼)の許に送る。承平七年の例、殿鑑為《た》り(150)。貞信公(＝忠平)の御例也。示送《しめしおく》りて云はく「案内《あない》を関白に申す。命ぜられて云はく『旧例に依りて清書すべし。亦、此の由を以て下官《げかん》(＝実資)に示すべし。』」者り。件の土代、前太相国(＝公季)(151)、先年、見給ふ所なり。彼の時に一定《いちじょう》す。今、更に改めらるるは、便無かるべき歟。然るが如き趣を示送《しめしおく》ること先に了りぬ。仍りて定申《さだめもう》すの旨(152)に従はるる歟(×以)。

▼b 中納言(＝資平)来たりて云はく「今日、故皇太后宮(＝妍子)の御忌日《おんきにち》(153)なり。仍りて法成寺(154)に参る。」者り。

頭弁《とうのべん》(＝経任)、国々の司の申請する文等の文を持来《もちき》たる。今般、続文《つぎぶみ》(×読文)(155)せしめて之を進《たてまつ》る。亦、尾張国の申請する築垣の事(156)、神寺を除き、請に依る。即ち宣下す。

入夜《よにいり》(×一夜)、中納言来たりて云はく「関白に謁し奉る。命ぜられて云はく『明後日の所充の事、早く定申《さだめもう》すべし。彼の日、東宮(＝敦良親王)の小宮(＝親仁)出で給ふべし(157)。彼以前に定有るべし。』」と云々。

＊2 朔旦《さくたん》の事と京官除目《けいかんのじもく》遅速の勘文《かもん》(158)、関白の命有りて、大外記文義勘進す。持来《もちき》たりて云はく「関白の仰《おおせ》に依りて勘進す。其の勘文、一通を持来《もちき》たる。今朝、奉り了りぬ。」

昌泰元年(159)二月京官除目、十一月一日丙申朔旦、同月十九日〈甲寅(×丙寅)〉叙位《じょい》、同月廿三日〈戊午〉女叙位《おんなじょい》。

延喜（□喜）十七年[160]五月廿日〈戊辰〉京官除目、十一月一日〈丙子〉朔旦、同月十四日〈己丑〉叙位儀《じょいのぎ》、同月十九日〈甲午〉女叙位。

天暦九年[161]閏九月十一日京官除目、十一月一日〈乙未〉朔旦、同月十九日〈癸丑〉叙位、同月廿四日〔戊午〕女叙位。

天延二年[162]十一月一日〈乙亥〉朔旦、同月十三日（十□日）〈丁亥（×辛亥）〉叙位儀、同月廿五日女叙位、同月廿八日京官除目。

正暦四年（□□）[163]七月八日京官除目、十一月一日〈甲寅〉朔旦、同月十二日叙位儀、同月廿五日女叙位。

寛弘九年[164]十一月一日〈甲午〉朔旦、同月廿一日叙位、月日女叙位、十二月十六日京官除目。

＊3 但馬守《たじまのかみ》則理、長絹《ちょうけん》[165]十疋・例絹《れいのきぬ》卅疋を志す。

＊4 佐延朝臣、平綾《ひらあや》[166]一疋・無文綾《むもんのあや》三疋〈二疋八丈[167]〉を進る。

十五日、庚申。

▼a 頭弁《とうのべん》（＝経任）、宣旨を持来《もちき》たる。

十六日、辛酉。

参内す。資高・経季相従ふ。陣に着するの後、上達部《かんだちめ》の参着を問ふ。陣官《じんかん》申して云はく「左右大弁（＝重尹・経頼）、中宮（＝威子）に候ず。」随身を差《つか》はして呼遣《よびつか》（□）はす。即ち来たる。

▼a 頭弁《とうのべん》（＝経任）、関白（＝頼通）の消息を伝へて云はく「御酒米[168]、同じく光清の為に剝取《はぎと》（×判取）らるる代《しろ》の事、其の事を

行なふの郡司(169)、祓を科す。彼の稲を弁ずべきの者、誰乎《や》。神祇官に問ふべし。亦、勘出すべし。官即ち当任の郡司に仰下《おおせくだ》し、彼の年料の稲を進《たてまつ》らしむべき歟。猶、先例(□例)を尋問《たずねと》ふべき也。昨日、奏せしむる也。」右大弁(=経頼)、陣に参るの間、御酒米の事、陳(×陣)べて云(□)はく「大神宮に参るの次《ついで》、件の事を〔問〕神人《じにん》に問ふ。申して云はく『彼の年料の稲、当任の国司(=行貞)、進るべし。』」者《てへ》り。

頭弁、関白の御消息を伝へて云はく「陣、若《も》し事無ければ参上すべし。」者り。廼《すなわ》ち殿上に参上す。雑事を談ず。京官除目、朔旦の後に行なふべき事(170)、外記・史、択任《えらびにん》ずべき事(171)、正輔・致経の合戦の定の事、大蔵少輔《おおくらのしょうふ》為資の率分《りつぶん》の事(172)、明法博士《みょうぼうはかせ》等の事なり(173)。関白云はく「大外記文義を以て別に勘文を進らしむるは如何《いかが》。允亮、博士を辞するの後に勘文を進る(174)。彼の例に依りて進らしむるは如何。」余答へて云はく「善事也。利業は宜しからざる者也。道成は頗《すこぶ》る謹厚《きんこう》の気《け》有り(175)。如何。」関白云はく「道成は(176)〔老(×者)也。窮者也。蓮範・頼賢の師等の事有り〕。」

*1

頭弁、関白を召す。御前に参る。亦、下官《げかん》(=実資)を召す。参入して御前の円座《わろうだ》に着す(177)。余、関白の気色《けしき》を得て、男等を召す。頭弁経任参入す。諸司・所々の別当の闕の勘文を進るべきの由を仰《おお》す。柳筥《やないばこ》に納めて之を進る。〔内々に示仰《しめしおお》す。〕余取りて、之(×々)を関白に度《わた》す。関白(々々)披見し、進奏《すすみそう》し、復座す。御覧ず。畢りて関白進む。復座して余に授く。余(□)、男等を召す。経任参入す。硯を奉るべきの由を仰す。蔵人左少将(×右少)経季、硯を執りて参入す。〔続紙《つぎがみ》・定文《さだめぶみ》の土代《どだい》の文を加入《くわえい》る。右大弁に仰せて定書《さだめがき》せしむ(×合)(178)。件の文、関白に内覧《ないらん》せしむること先に了りぬ。余兼ねて事由《ことのよし》を示し、加入《くわえい》れしむる也。〕余、気色を候ず。然らば復《また》、諸司・諸寺・所々の別当を書く。大蔵少輔為資、率分所《りつぶんしょ》に補す。大輔頼平、分憂《ぶんゆう》の由有り(179)。別功の者也。仍りて強《あなが》ちに件の所の(×々)望《のぞみ》無しと云々。御書所《ごしょどころ》・作物所《つくもどころ》等は蔵人《くろうど》(180)、今、新たに仰《おおせ》有り。土代の文を改めて之を定書《さだめがき》す。書き畢りて関白に度《わた》す。関白（々々）披見し、進奏《すすみそう》す。返給《かえしたま》はりて小臣（＝実資）に授く。笏を取副《とりそ》へて退下し、頭弁（×以弁）に下給《くだしたま》（々給）ふ。頭弁（々々）云はく「下官《げかん》（＝実資）を以て蔵人所別当と為《な》すの由、仰下《おおせくだ》さる。[181]」者り。余、射場殿《いばどの》に於いて、頭弁を以て慶を奏せしむ。拝舞了りて参上す。大納言能信・左大弁重尹・右大弁経頼、殿上に候ず。余、小時《しばらくありて》退下し、陣座《じんのざ》に着（×若）す。則ち退出す。

今日、巳三剋《みのさんこく》に参入し、未剋《ひつじのこく》に退出す。関白云はく「太《はなは》だ早く参らる。」者り。余答へて云はく「古《いにしえ》は、巳剋に参入す。清慎公（×清填公）（＝実頼）、巳終午初《みのおわりうまのはじめ》に参入すること、彼の記（＝『清慎公記』）に見ゆ。」

能信卿云はく「大病の後、未だ申文《もうしぶみ》せしめず。[182]今日宜しき日なるも、上臈参入す。便無かるべし。」者《てへ》れば、只今退出す。其の後、申さるべきの由、相答へ了りぬ。退出の間、頭弁を以て消息在り。同じく此の旨を以て、又、示（示×）し了りぬ。

十七日、壬戌。

▼a 中納言（＝資平）来たりて云はく「衙政《がせい》に着して内印《ないいん》の事[183]を行なふべし。」

▼b 昨日、多く数所の別当に補せらる。九ヶ所。[184]太《はなは》だ恐懼《きょうく》する所なり。関白（＝頼通）に達すべきの由、頭弁《とうのべん》（＝経任）に含む。『故殿天慶八年十二月十六日御記（＝清慎公記）』に云はく、[185]

「下官《げかん》（＝実頼）奏して云はく『一度に数所を補す。其、恐《かしこ》まる所也。』仰《おおせ》を奉《うけたま》はりて云はく『数所と雖も、是、大臣の奉仕する所也。仍りて補する所也。』者《てへ》れば、前例を勘ふるに、[186]已《すで》に延喜九年に有り。『贈太政殿下（＝時平）薨（×夢）じ、[187]右大臣（×左大臣）源卿（＝光）を以（×所）て兼ねて其の所に補す。八所也。所謂《いわゆる》、東・西・延暦等の寺、内記・内《ない》

竪《じゅ》所、内蔵寮、穀倉、陰陽寮《おんようりょう》等也。(188)』と云々。」

「同九年五月六日、(189)小臣(＝実頼)を以て蔵人所別当と為す。宣旨已に下る。云々。(190)彼の所の雑色《ぞうしき》以下、(191)慶賀(×度賀)の為に来たる。」

▼c 頭中将隆国来たる。宣旨一枚を下す。〔将監菅原義資の申請する、私物を以て本府(＝右近衛府)の庁の屋上の葺・壁三(192)、并びに弓場《いば》の屋上の葺を修造(□)し、其の成功《じょうごう》(193)に依り、隠岐・飛驒・佐渡等の国の最前の闕(194)を拝せむ事。請に依れ。〕

十八日、癸亥。
貞行宿禰、所充《ところあて》の文を書進《かきたてまつ》る。

▼a 権僧正(＝尋円)、立過《たちよ》ぎらる。堂(＝念誦堂)に於いて対面す。甲斐守《かいのかみ》頼信、(195)密々申上《もうしあ》げて云はく「母の骸骨、美濃国(美乃国)に在り。彼の国に於いて母の成菩提《じょうぼだい》の仏事(196)を修せむと欲す。先日、丹州(＝丹波国)を申請す。」云はく(197)「下官《げかん》(＝実資)をして示下《しめしくだ》さしむべし。」者り。余答へて云はく「只、自情(198)に在るべし。左右《そう》を示すべからず。」僧正云はく「坂東の者、(199)多く以て相従ふ。往還の間、美州(＝美濃国)少しく便(×使)なり。仍りて忽ち思変《おもいか》はる歟。」余云はく「官爵は只、我が心也。(200)人口《じんこう》に由《よ》るべからざる耳《のみ》。(201)」又、云はく「年中に罷上《まかりのぼ》るべき歟。」又、云はく「明年、参上すべき歟。厳寒の比《ころ》、信濃《しなの》坂(信乃坂)(202)、堪《た》へ難《がた》かるべし。正月の間の往還は用ひず。之《これ》を如何為《いかがせ》む。」者り。余云はく「正月の除目、若《も》し他国に召遷《めしうつ》され、(203)其の後、心閑《しずか》に参上するは、道理に叶はざる歟。年中、営《いそ》ぎ上《のぼ》るは所望為《た》るに似る乎。」僧正甘心《かんしん》す。此の事、右大弁(＝経頼)の許《もと》に言上、若しくは関白(＝頼通)に達する歟。暫《しばら》く披露せ

ざるが上計《じょうけい》歟(204)。

十九日、甲子。

▼a 頭弁《とうのべん》(＝経任)、伝仰《つたえおお》せて云はく「正輔、国司(＝行貞)に触れ乍《なが》ら、返事を聞かず、合戦に進向するの間、民烟《みんえん》(205)多く以て焼亡す。致経・正輔の兵、共に矢に中《あた》りて死去す。亦、致経、尾張国に在《あ》りと称すと雖《いえど》も、路を遮《さえぎ》り防留《ふせぎとど》むる謀《はかりごと》を避申《さけもう》すべからず(206)。又、致経の申状《もうしじょう》(207)に云はく『正輔・正度相共《あいとも》に為《な》す所なり。』者《てへ》り。三人の罪名、(208)明法博士《みょうぼうはかせ》をして勘申《かんじん》せしむべし(209)。但し、大外記文義、相並びて勘申せしむべし。允亮は儒職(210)を去るの後、勘文《かもん》(×進)を進《たてまつ》るの由と云々。其の例を勘へしむべし。」者り。即ち、弁に仰す。亦(×二)、文義に仰す。文義(々々)、允亮自筆の勘文を進る。〔永祚二年、明順の造稲荷社《いなりしゃ》(211)、之(×々)を造らざるに、覆勘する史利貫・愛親等の罪名勘文(212)。〕件の勘文を以て、弁に付し、関白(＝頼通)に申さしむ。報ぜられて云はく「明法博士並びに文義等を以て、三人の罪名を勘申せしむべし。」者り。尚書(＝経任)に仰せ畢りぬ。

伊勢国司(＝行貞)の申文《もうしぶみ》(213)、正輔・致経等、国司に送る書状(214)、証人の申文(215)、正輔・致経の申文(216)、正輔・致経〔申文〕両人の従者の勘問の使庁日記(217)等、折加《おりくわ》へて(218)弁に下給《くだしたま》ふ。明法博士并びに文義等に給はむが為なり。

▼b 入夜《よにいり》、頭弁、宣旨の草《そう》を持来《もちき》たる。〔貞行宿禰草《そう》す。今朝、面して仰すること(219)、又了りぬ。〕件の宣旨の草、頗《すこぶ》る不快。仍りて、事旨《ことのむね》を尚書に仰含《おおせふく》む。貞行参来《まいりき》たる。即ち伝仰《つたえおお》せ了りぬ。

▼c 入夜《よにいり》、春宮大夫(＝頼宗)来たりて、清談《せいだん》す。「院(＝彰子)の御物詣《おんものもうで》(220)、過差《かさ》、比《たぐい》無し。難申《なんじもう》すべからず(221)。」者り。

正輔、国司に送るの書状に云はく「致経の兵、卅余人。」尓《しか》る後、正輔の申文《もうしぶみ》に云はく「二百余人。」事、相違に似たり。

廿日、乙丑。

▼a 頭弁《とうのべん》（＝経任）、宣旨の草を持来《もちき》たる。「証人」の二字を止め、及び「従類」に改む。内覧《ないらん》せしむ。此の次《ついで》に余云はく「去年十二月晦、光清配流の事を行なふ。(222) 今年八月、相通并びに妻（＝小忌古曾）を流す事を奉行し、(223) 亦、忠常を追討する事、同じく宣下する所也。(224) 追討使、(225) 忠常を尋ぬるの間、彼の類《るい》多く死去す。実（×宝）に王命を承行《うけたまわりおこ》なふと雖も、伝宣の人多く攸恐《うれえおそ》る。(226) 亦、正輔・致経等の事、同じく奉行する所也。法家《ほうけ》の勘状許《ばかり》は、計也《はかりみるに》、軽からざる歟。(227) 頻《しき》りに凶事を承はるは、寸心《すんしん》、(228) 切るが如し。此の度の事、寛恕《かんじょ》の法(229)を行なはるるは如何。事起《ことのおこり》は只、維衡（×雖衡）、身、四品為《た》るに、伊勢に住むの致す所也。五位の畿外に住むは、制法已に行はる。(230) 細かな濫悪を禁じて、立断せむ歟。(231)」此の趣を以て関白（＝頼通）に達す。

頭弁帰来《かえりき》たりて云はく「関白云はく『宣旨甚（×其）だ好し。但し、致経の事、放火の事、彼此《かれこれ》言ふ所、暗にして一定《いちじょう》し難し。(232)』関白密々云はく『先づ法家に下勘せらるるの後、(233) 自《みずか》ら仰せらるるの事歟。(234) 示さるる所、尤も然るべし。』」者《てへ》り。大略、優《ゆう》せらるべき歟。頻《しき》りに配流を行なはるる事、極めて怖思《おそれおも》ふ所なり。宣旨の文、相改めて之を奉る。(235) 即ち帰来《かえりき》たりて云はく「宣旨の文、最吉なり。(236)」者り。書《か》きて下《くだ》すべきの由、示仰《しめしおお》せ了りぬ。

*1 維時朝臣、直方を以て申送《もうしおく》る。「十六日入洛の由なるも身病有り。岡屋《おかのや》(237)に罷着《まかりつ》くも、進退惟谷《これきわ》まる。(238)『臂《ひじ》に大腫、(239) 為《な》す術《すべ》無し。』者り。医師云はく『寸白《すばく》。(240)』」と云々。雄業を遣はす。(241)「馬、所々には貢ぜず。(242) 但し馬一疋有り。憚思《はばかりおも》はむが為《ため》、牽進《ひきたてまつ》らず。岡屋の厩の男に預け、彼より仰《おおせ》に随ひて牽進《ひきたてまつ》らしむべし。彼の厩に飼はるるの

馬と称す。」者り。忽《たちま》ち見るべきの由有るを仰せ了りぬ。

▼b 入夜《よにいり》、式光朝臣、院(=彰子)より来たりて云はく「船の事(243)、漸《ようや》く成し了りぬ。今日、檜皮《ひわだ》(244)を始め葺く。」工匠等に禄を給ふべきの由、美作守《みまさかのかみ》(=資頼)の家司《けいし》善任に仰せ了りぬ。〔絹七疋・手作布《てづくりのぬの》十三端(□□端)。式光の申す所なり。〕件の善任・大膳進俊正、国(=美作国)より来着す。前日の解文の絹・綿・布・紅花(紅×)等を持来《もちき》たる。

万寿五年の大間《おおま》(245)、写して奉るべきの由、経季を以て綸旨《りんじ》有り。進るべき由(×也)を奏せしむ。

▼c 中納言(=資平)来たりて云はく「二娘《にじょう》病悩(246)す。猶、減気(247)無し。種々の霊・貴布禰《きふね》明神・天狐(248)の煩はしむる所なり。長日の修法幷びに他の善事(249)、指験《さしたるげん》無(□)し。」者り。

廿一日、丙寅。

大外記文義云はく「正輔の罪名勘文を進るべきの宣旨、未だ之を奉《うけたま》はらず。」

▼a 随身信武を以て、昨より美作の艤舟《ぎせん》(250)の障子を画《えが》(×尽)かしむ。上達部《かんだちめ》の料と云々。

万寿五年の大間、書進《かきたてまつ》るべき事、若《も》しくは尻付《しづけ》(251)を注すべき歟。天気を候ずべきの由、経季に示し訖りぬ。

＊1 或《あるひと》云はく「斎院内親王(=選子)、今月廿五日、院を出でらるべしと云々(252)。関白(=頼通)、其の告を聞きて云はく『拘留久しかるべからざるも、女院(=彰子)の御物詣《おんものもうで》の間、極めて便《びん》無かるべし。来月八日、尤も佳し。』者《てへ》り。此の由を聞《ぶん》せらる(253)。」と云々。関白城外の程(254)、大事に於いては何《いかが》。

廿二日、丁卯。

*1 三局《さんきょく》の史生《ししょう》〔大膳職・主税寮の奏、皆、左弁官の史生なり。〕の宣旨二枚[255]、式部丞《しきぶのじょう》資信（×資位）を召して下す。

*2 中納言（＝資平）より関白（＝頼通）の御消息を伝へて云はく「廿五日、斎院親王（＝選子内親王）辞遁せらるべきの由、先日、云々《しかじか》有り。而《しか》るに院（＝彰子）の御物詣《おんものもうで》を過ごさるるが宜しかるべきの由、案内《あない》を達せしむ。左右《そう》の報無く、今夜、俄《にわか》に院を出でらるべし。驚奇（×寄）極《きわまり》無し。今に至りては彼の御情に任《まか》すべし。遂ぐること有らば[256]、今日、宜しき日也。明日・明々日、重・復、并びに御衰日《ごすいにち》等の忌《いみ》[257]有り。内々に大外記文義を以て、前例並びに准拠すべきの例等を勘申《かんじん》せしむべきが宜し。但し院より出で給ふの後、案内を問はれ、一定《いちじょう》[258]の後、頭弁《とうのべん》（＝経任）を以て下官《げかん》（＝実資）に仰せらるべし。随ひて則ち外記に仰すべし。」者《てへ》り。

▼a 又、云はく「正輔・致経等の合戦、思慮多端《たたん》[259]。斬刑《ざんけい》[260]を減じて遠流《おんる》[261]に処すべし。遠流を減じて解官《げかん》[262]に処すべき歟。致経は官位無し。何科《いずれのとが》に処すべき哉。案内《あない》を知らざれば、申す所有《あ》る乎[263]。」余云はく「明法勘文《みょうぼうかもん》、罪名を進るの後、左右《そう》有るべき歟。」

斎院の事、文義を遣召《つかわしめ》すに、即ち参来《まいりき》たる。案内を仰せ了りぬ。「一日《いちじつ》、示仰《しめしおお》すること有り。仍りて国史を尋勘《たずねかんが》ふるに、子細を見ず。局日記《きょくのにっき》（日×）[264]と引合《ひきあ》はせて勘申すべし。」者り。

▼b 丑時許《うしのときばかり》、頭弁《とうのべん》来たる。関白の消息を伝へて云はく「『斎院親王、今日（×月）密《ひそかに》出《い》でらるべし。』と云々。関白の命に依りて彼の院の別当右大弁（＝経頼）[265]に問遣《といつか》はす。『若《も》し申す所有らば、更に来たるべからず。只、早く参内して事由《ことのよし》を奏すべし。』者り。即ち右大弁参入し、実有るの由を奏す。仰せて云はく『先例を勘申せしむべし。』又、仰せて云はく〔実は関白の消息なり。〕『斎院定めて守護の人無き歟。何様《いかよう》に行なふべき哉。』」奏して云はく「検非

違使に仰せられて守護せらるるが宜しき歟。」

廿三日、戊辰。

*1 未明、斎院(=選子内親王)、故《ゆえ》無く院を出づるの例の勘文、進ること、文義に仰遣《おおせつか》はす。暫之《しばらくありて》(266)、勘文の土代《どだい》を持《もち》来《き》たる。「只今、局(=外記局)に参り、国史・日記等と引合《ひきあ》はせ、持来《もちき》たるべし。」者《てへ》り。只是《ただこれ》、准拠の例也。小時《しばらくありて》、勘文を進る。賀茂斎内親王、故無く退出、并びに薨卒(×夢卒)の時に行なふ例事《れいのこと》。

〈国史(267)を検するに云はく、

「天長八年十二月壬申(268)。賀茂斎内親王(=有智子)を替ふ。其の辞に曰はく『天皇《すめら》が(我×)御命《おおみこと》に坐《まし》ます、掛畏《かけまくもかしこき》皇大神《すめおおかみ》に申給《もうしたま》はく、皇大神の阿礼乎止売《あれおとめ》(阝礼乎止売)に進《たてまつ》れる内親王《ひめみこ》、齢《よわい》も老《お》ひ、身の安《やす》みも有《あ》るに依《よ》りて、退出《まかで》しむる代《かわり》に、時子女王《ひめおおきみ》を卜食《うらあ》ひ定(×宣)めて、進る状《さま》を、参議左大弁正四位下《おおまつりごとひとひだりのおおきおおともいのつかさおおきよつのくらいしもつしな》藤原朝臣愛発を差使《さしつか》はして(×と)申給《もうしたま》はくと申す。』并びに奉幣す。同月癸酉(269)。前賀茂斎内親王の相替《あいかわり》の為に鴨川に祓《はらえ》す。」

「延喜廿年閏六月(270)。賀茂斎内親王(=宣子)薨ず。同年八月廿日戊寅。午剋《うまのこく》、大納言藤原定方卿、左近陣座《さこんのじんのざ》に参着す。神祇・陰陽寮の官人等を召し、故斎内親王の薨卒の咎の祟《たたり》の有無の由を占申《うらないもう》さしむ。即ち占申《うらないもう》して云はく『祟《たたり》無し。理運の致す所なり。』者り。亦、鴨上《かもかみ》・下社《しもしゃ》に奉幣の使、参議藤原恒佐朝臣・左兵衛佐(×左近衛佐)平朝臣定文なり。」者り。〉

件の勘文、頭弁《とうのべん》(=経任)に付す。帰来《かえりき》たりて関白(=頼通)の御消息を伝へて云はく「延喜の例、相叶はざる歟。天長の例、相准ずる歟。但し、天長の例、事由《ことのよし》を申されざる歟。(271)彼の例に依れば、申さるべからざる歟。若《も》しくは申さるべき歟。廿五日早旦に申さるるは如何《いかが》。将《はた》、申さるべからざる歟。大事有るの間、(272)院(＝彰子)の御共《おとも》に祇候するは、便無きの事なり。然而《しかれども》、御共(×吉)に候ぜずば、参り給ふべからざるの気色《けしき》有り。(273)之《これ》を如何為《いかがせ》む。」者り。余答へて云はく「天長の例、申さるるの由を注さずと雖も、今般の事也《や》、非常なり。必ず申さしめ給ふべし。早晩は御定に在り。(274)抑《そもそも》、閏六月斎王薨ず。(275)八月、御占《みうら》有り。亦(×二)、奉幣に一月《ひとつき》を隔つ。此の間、(276)彼の定を承《うけたま》はるべし。」者(×ト)り。頭弁示送《しめしおく》りて云はく「廿五日を過ごして使を発せらる。」者り。

▼a 左中弁経輔、維摩会《ゆいまえ》の不足米の宣旨(277)を持来《もちき》たる。

廿四日、己巳。

▼a 中将(＝兼頼)の随身四人に装束を給ふ。(278)袙《あこめ》(279)各《おのおの》二重《かさね》〔紅花染・茜染。皆擣《とう》なり。(280)〕・袴各一腰。但し、狩袴《かりばかま》の六丈の細美布《さよみぬの》(281)各二端。〔先日、之を給ふ。〕

廿五日、庚午。

*1 今日、女院(＝彰子)、八幡・住吉・天王寺に参り給ふ。(282)多くは遊楽の為《ため》歟。万人経営す。世以て奇(×寄)と為す。(283)扈《こ》従《じゅう》の上下の狩衣《かりぎぬ》装束(284)は、色々の折花《おりばな》、唐綾羅《からのりょうら》(285)、或《あるい》は五六重《え》、其の襖《あお》の繡《ぬい》は二倍文《ふたえもん》の織物《おりもの》、(286)下衣《したのきぬ》等は何《いく》襲《かさね》かを知らず。(287)随身の装束、憲法を憚らず。(288)王威を忽《ゆるがせ》にするに似たり。天下の人、上下愁歎す。御船の荘厳、唐錦《からにしき》(289)等を張る事、敢へて云ふべからず。狂乱の極《きわみ》、已《すで》に今度に在る歟(×般)。

下官《げかん》(×下宿)(=実資)、小女(=千古)に催(×候)され、愸《なまじい》に以て見物す(290)。〔中御門大道と室町小道の間(×国)。〕未時許《ひつじのときばかり》、参り給ふ(291)。石清水・住吉の御幣《ごへい》・神宝の韓櫃《からびつ》(292)。次いで蔵人・主典代、皆布袴《ほうこ》(293)。次いで院(=彰子)の殿上人。次いで内の殿上人(294)。即ち是、院の殿上人也。皆布衣《ほい》。次いで上達部《かんだちめ》、或は冠直衣《かんむりのうし》、或は宿衣《しゅくえ》、或は狩衣(295)。〔直衣は、大納言頼宗・長家、中納言経通なり。宿衣は、参議朝任【検非違使別当】なり。狩衣は、中納言師房、三位中将《さんみのちゅうじょう》兼頼なり。〕御車〔唐車《からぐるま》(296)〕。別当行任・頼国、御後《おんうしろ》に候ず。次いで尼の車一両。次いで女房二両(297)。次いで関白(=頼通)〔編代《あじろ》車《ぐるま》(298)〕。随身の府生・番長は、布衣・烏帽《えぼし》、弓箭を帯し、騎馬す。近衛は、弓箭を帯し、藁履《わらぐつ》を着す。前駆《さきがけ》は八人。次いで内府(=教通)〔編代車〕。随身の作法は関白の如し(299)。但し禁色《きんじき》を着す。前駆(駆×)は五人。〔四位一人、五位四人。〕関白并びに内府の車の後《うしろ》に騎《の》るべき馬を引く(300)。〔鞍を置く。〕

先づ石清水に於いて経を供養せらる(301)。次いで天王寺と云々。抑《そもそも》、御出家の後(302)、賀茂・春日の奉幣の事無しと云々。而《しか》るに御幣を持つの作法、賀茂祭の日の如し。

或《あるひと》云はく「廿五日庚午。石清水宮に於いて仏事を修せらる。庚午は忌《いみ》有り。暁更《ぎょうこう》に臨み、之を修せらる(303)。辛未は大禍日《たいかにち》(304)なれば、両日、不快の日也。」と云々。古《いにしえ》は庚午・大禍等、殊には忌まず。故保光卿、庚午日に松埼《まつがさき》寺《でら》(305)を供養するの後、子孫連々として到らず(306)。蓋《けだ》し是、庚午の徴《しるし》歟。世の云ふ所、其の験《しるし》無きに非ず。世を挙《あ》げて大いに忌避する耳《のみ》。

今日、中納言師房の布衣(307)、万人、奇と為すと云々。

▼a

今日の御行《みゆき》の作法、已に拠る所無し(308)。上下の人の営、数日の間に、装束数重《かさね》、色を改めて折花《おりばな》するに(309)、綾羅錦《りょうらきん》繍《しゅう》(310)ならざるは無し。或《ある》上達部、毛履《けぐつ》(311)を着し、金銀を以て荘厳と為す。未見未聞(×其聞)の事也。近則(312)、三位中将《さんみのちゅうじょう》

(＝兼頼)、已に其の儲《もうけ》有るも、(不)絁《あしぎぬ》を過ぐる能《あた》はず(313)。

▼b 頭弁《とうのべん》(＝経任)、関白使と為《し》て来たりて云はく「他行の間(314)、若《も》し急事有らば、下官《げかん》(＝実資)に触れて行なふべし。」者《てへ》り。「民部卿〈斉信〉・中宮権大夫〈能信〉、相共に定行《さだめおこ》なふべし。」者り。「若し遅引すべきの事有らば(315)、入洛の日を待つべし。」者り。余云はく「此の間、使《し》の官人(316)、陣の直《ちょく》を勤むべきの由。」頭弁に示して奏聞せしむ。

廿六日、辛未。

▼a 中納言(＝資平)の二娘《にじょう》、数日病悩す。神明・霊気の祟《たたり》と云々。「種々の祈禱、未だ其の験を得ず。昨日、其の隙《すきま》有り(317)。仍りて見物す。入夜《よにいり》、万死一生(318)。牛を以て諷誦《ふじゅ》を修す(319)。今朝、尚不快なり。」者《てへ》り。病者の見物、不快の事也。

▼b 斎院(＝選子内親王)の守護、并びに検非違使、本陣に催すべきの事□□□□。□□状に云はく(320)「使《し》の官人、候ずべきの由、昨日奏聞の後、官人を召仰《めしおお》せ了りぬ。斎院を守護する事、先日、貞行宿禰に仰せ了りぬ。」者り。

▼c 祇園《ぎおん》(祇薗)の四至《しし》に葬送する法師(321)、宣旨に依りて、感神院司をして(令×)、捕護《とらえまも》らしむ(322)。今日、神祇官に仰せて祓を科し、并びに神祇官より御幣を奉らる。是、先日、秋霖の間(323)、御占《みうら》に依り、検非違使に仰せて尋《たずね》捕《と》らへらるる所也。此の事、中納言資平奉行す。

▼d 左少将資房、中使(324)と為《し》(為×)て院(＝彰子)の御行に参る。石清水より帰洛する間、御船に於いて御書を奉るべしと云々。

廿七日、壬申。
*1 美作の栗栖《くるす》荘司(325)㕝野《きの》貞政、牛一頭を進《たてまつ》る。大外記文義朝臣に給ふ。
*2 府生為行、考文《こうもん》(326)を進る。「朝臣」を加ふ。少将定良着行す。
▼a 常陸介兼資、近江国より馬一疋を志《こころざ》す。
諷誦を祇園（祇薗）に修す。中将（＝兼頼）の息災の為なり。
▼b 右少将定良、御書使《おんふみのつかい》と為《し》て住吉に参ると云々。今日、彼の御社に於いて御願を果たさると云々(327)。

廿八日、癸酉。
*1 前斎院（＝選子内親王）、今夜出家す(328)と云々。
*2 当季の尊星王供《そんしょうのうぐ》(329)始、文円阿闍梨。冬季十斎日大般若読経始(330)。〔天台の律師（＝良円）房に於いて始行す。年来、私家にて之を行なふ。而《しか》るに請僧《しょうそう》不信(331)。仍りて律師房に移《うつ》し行《おこ》なふ。来月朔日、宜しからず。仍りて今日よ（×始）り始行する所也。〕今夜より三ヶ夜、延政闍梨を以て、住房〔一乗寺《いちじょうじ》（一□寺）(332)〕に於いて、熒惑星《けいわくせい》(333)を供せしめ奉る。変異有るに依る。
▼a 内裏、今日より不断法花経御読経(334)を行なはる。行香《ぎょうこう》(335)無しと云々。
中納言（＝資平）云はく「女《むすめ》の煩ふ所(336)、今日頗《すこぶ》る宜し。」
*3 大外記文義、賀茂斎内親王卜定《ぼくじょう》の例、并びに次々（×之）の雑事の日記を進る。天延三年の例(337)也。斎院の事を行なふべきの上卿（×御）を以て終始執事す。則ち是、権中納言済時卿（×御）なり。彼の時の例に依りて行（×祈）はるべき也。

彼の例、尤も吉なり。上卿（×御）を撰ばれ、卜定の事等を行なはしめらるべき者也。彼の時、済時は中納言為《た》り。件の日記、頭弁《とうのべん》（＝経任）に遣はす。関白（＝頼通）帰洛の後、奉行すべきの由、同じく示遣《しめしつか》はし了りぬ。
▼b 臨昏《りんこん》、中納言来たりて云はく「今日、病者、六波羅蜜に於いて授戒せしむ。[338]〈戒師は奇久。〉」

廿九日、甲戌。
▼a 賀茂下神宮寺《かもしもじんぐうじ》に諷誦を行なふ。中将（＝兼頼）の息災の為《ため》也。
＊1 惟命、序品を演説す。[339]聴聞の人々随喜《ずいき》す。〔布施三疋。〕中納言（＝資平）・四位三人〔守隆・能通・惟貞〕、少納言資高。自余《じよ》五品、数《あまた》有り。
▼b 資高云はく「民部卿斉信卿、昨今頻《しき》りに直衣《のうし》を着して中宮（＝威子）の御方に参る。亦、淡柿《あわしがき》[340]を献じ、供御に備ふ。」白昼、直衣を着して禁中に出入し、并びに淡柿の御膳、更に供ふべからず。関白（＝頼通）の城外を伺ひ、忠節を竭《つく》（×謁）すの由を表はす歟。口を掩《おお》ひて咲《わら》ふべし。外人《げにん》の直衣、[341]極めて奇怪也。
＊2 更闌《こうらん》、頭弁《とうのべん》（＝経任）来談《きたりだん》ず。法眼元命、[342]女院（＝彰子）に献ずるの菓子等、内の台盤所《だいばんどころ》・宮中の宮々に遣はし奉ると云々。元命、使を差はして奉ると云々。

『小右記』長元四年九月　註釈

（1）**解除《げじょ》す**　御燈《ごとう》の由祓《よしのはらえ》。前出（↓三月註1）。

（2）**鎌倉を供養す**　鎌倉聖《ひじり》真等への布施。前出（↓正月註52）。

（3）**女院（＝彰子）、石清水《いわしみず》・天王寺《てんのうじ》・住吉《すみよし》等に参り給ふの御船**　上東門院（藤原彰子）の物詣に必要な船。上東門院が乗る「御船」の他、女房・上達部（公卿）・殿上人が乗る船の用意を国司たちに命じた。この御行は、廿五日に京を出発、石清水に参詣し、廿七日に住吉社と天王寺（四天王寺）への参詣を果たし（註327参照）、十月三日に還御した（『左経記』十月三日条※1）。その華美な行列については『小右記』廿五日条＊1、『左経記』廿五日条※1※2▽a、『栄花物語』（↓註282・291〜300・303）などに詳しい。また、八月廿六日条▼bに御物詣の定が行なわれ、差文《さしぶみ》が遣わされたことが記されている（八月註348）。

　出家した女院の住吉詣としては東三条院（藤原詮子）の例があり、『御堂関白記』長保二年（一〇〇〇）三月の条に、

廿日、丁酉、院（東三条院）参二石清（水脱カ）并住吉一給、今夜石清水宿給、
於二賀茂河尻一御舟、従二午後一深雨通夜、（下略）
廿一日、戊戌、従二石清水一、尚雨下、於二御舟一御返
給、
廿二日、己亥、摂津、
廿三日、庚子、参二住吉一給、同日御二天王寺一、所々
有二音楽一、又被レ供二養法華経一、
廿四日、辛丑、御舟有二勅使一、右近中将（源）頼定朝臣、
廿五日、壬寅、還レ院、子時、（日脱カ）此遊女等被物給、米
同レ之、

とあり、『日本紀略』廿日条に「東三条院参二詣住吉社一、先参二詣石清水八幡宮・四天王寺一」とある。『左経記』廿四日条※1に「近江前司（源済政）参入、申云、石清水・住吉・天王寺御経供養講師并別当等、皆儲二織物一、自余所司并神人皆儲二疋絹一、是依二故東三条院例一所二用意一也者、」とあり、上東門院もこれを参考にしたことは疑いない。註278・308参照。また、『日本紀略』長保五年九月十九日条に「今日、左大臣被レ参二住吉社一」とあり、藤原道長も住吉詣を行なっている。

　石清水八幡宮は前出（↓三月註184・七月註177）。

　「四天王寺」は、「荒陵寺」「天王寺」とも。摂津国東成郡、現在の大阪市天王寺区四天王寺にあり、聖徳太子の創建と伝える。伽藍の中心は敬田院で、その北に菩薩行実践の社会活動を行なう施薬・療病・悲田の三院があった。初代別当は、入唐八家の一人である真言宗の円行で、供僧が宮中金光明会の聴衆になるなど、朝廷との関

係も深かった。弘仁七年(八一六)に最澄が四天王寺上宮廟に参詣・献詩し(『伝述一心戒文』)、義真が天台宗僧を安居講師として出仕させ(『類聚三代格』〈巻二・経論并法会請僧事〉天長二年二月八日付太政官符)、光定や円仁が法華・仁王両経を講じるなど(『慈覚大師伝』)、天台宗の影響が強くなった。寛弘四年(一〇〇七)に慈運(運カ)が金堂六重小塔中から求め出したという『四天王寺縁起』は、聖徳太子撰と仮託され、塔と金堂が極楽の東門の中心に当たるとも記されていた。それに加えて、聖霊院の太子信仰、金堂の仏舎利・法華信仰、西門の浄土信仰などもあり、幅広い層からの信仰を得た。藤原道長は長保五年だけでなく、出家後の治安三年(一〇二三)、高野詣の帰路に参詣して仏舎利を見ている(『扶桑略記』)。頼通は、永承三年(一〇四八)にも参詣している(『高野参詣記』)。

「住吉社」は、摂津国住吉郡内、現在の大阪市住吉区住吉に鎮座。『延喜式』(巻九・神名上)に「住吉坐神社四座(並名神大、月次・相嘗・新嘗、)」とあり、祭神は底《そこつ》筒男命《つつのおのみこと》・中筒男命《なかつつつのお》・表筒男命《うわつつつのお》・神功皇后。記紀は、筒男三神が海中より出現し、神功皇后の新羅平定を助けたことから手搓足尼《たもみのすくね》にまつらせたとする。その後裔である津守氏が代々神主を勤めた。特に海上平安の神として崇敬され、遣唐使の発遣に際して奉幣がなされた。また、八十島《やそじま》祭の祭神でもあり、祈雨などの特別な祈願がなされる祈年穀奉幣《きねんこくほうべい》(→二月註35・八月註176)の対象社(後の二十二社)にもなった。延暦三年(七八四)に正三位で勲三等に叙され、更に従二位となり、大同元年(八〇六)に従一位、後に正一位となる。『源氏物語』に明石入道の影響を受けた光源氏の住吉信仰と参詣が描かれ、「住吉の松」が歌枕となり、和歌三神の一と仰がれるなど、文学的にも重要な存在であった。

(4) **上下の饗《きょう》・屯食《とんじき》** 女院の御物詣に供奉する人々のための饗宴や屯食。「屯食」は前出(→三月註111)。下仕《しもづかえ》らに与える食物。脚のある台に載せて、主に庭上で供する。弁当のようなものも指す。

(5) **美作は十月二日(□日)の饗** 美作国が、帰京時に行なわれる饗宴の準備をするということ。十月二日に「天の河」という所で行なわれた饗宴か。註327参照。美作国が二百人分の饗膳を、紀伊国が仮屋の設営を担当する(紀伊国は住吉社の仮屋も担当)。但し、美作国の担当は、すぐに播磨国が奉仕することになっていた船に変更される。美作守は実資の養子藤原資頼(資平の息)。実資はその知行国主であったと考えられる。

知行国の制度の成立については定説を見ないが、律令制の給与体系が変質して京官の俸禄を直接に諸国や大宰府に割り当てる方策が発展したという側面と、諸国の取り立てを円滑かつ確実にするための方策が発展したという側面の両方を考慮する必要がある。つまり知行国主は、単に収入を得るだけでなく、中央と地方を直結させる役割を担っていたと考えられる。最初期の知行国主の例として、寛弘六年(一〇〇九)に権中納言になった藤原行成、また治安元年(一〇二一)の藤原実資、同三年の源俊賢(前権大納言、伊予国)が指摘されている。

　治安元年の実資は大納言で伯耆国の国主と考えられるが、その年に新司となって赴任するのが藤原資頼である。よって、この長元四年に美作国司(新司)として赴任している資頼に代わって、京で上東門院の物詣の分担を知らされた実資は美作国主であり、当該記事は知行国の初期的な形態を伝えていることになる。七月廿一日条▼bで資頼から任国で祈雨の祈禱をする旨を報告されていることも参考になる。七月註155参照。

（6）**女院別当(□□□当)季任、師重に相逢ふと云々**　藤原季任はもと太皇太后宮大進であったので、上東門院の別当を勤めていたと考えられる。正月註91参照。

　以下、季任が中原師重に語った内容を資平が実資に伝えたと考えられる。

（7）**弁済使**　都にいて国司との取り次ぎをし、官物の保管・運用などをした。

　本来は弁済使良時に触れるべきところを、京にいなかったので師重に触れた。

（8）**彼(×波)の国の事を行なふの聞《きこえ》**　師重が美作国の事に関与しているという噂。これに対し、実資は(自分の知行国であるとして)激怒している。

（9）**息災滅罪の事に非ず**　物詣の饗に魚類を用いることは、仏教の作善としてふさわしくない、という意味か。あるいは、この物詣は単なる「息災滅罪」のことではない、という意味か。

（10）**伊勢大神、託宣有るの間**　伊勢斎王託宣事件。八月四日条＊1・十九日条＊1・廿日条＊4・廿三日条▼a～▼f条など参照。八月はこの事件の処理に追われていたのであり、上東門院の物詣も質素にして神に畏《かしこ》まっている気持ちを表わすべきだという主張。

（11）**非常の過差《かさ》**　常識を逸するほどの豪華さ。「過差」は前出(→正月註112)。身分不相応な華美。

（12）**院主典代(□)□□、書を師重に預くるも**　上東門院の主典代から(美作国に関与していると思われて)師重に(饗でなく船を準備するように伝える)手紙が届いた。これに対し、師重も美作国を知行(担当)していないと答えたということである。

(13) **御共の人々の装束(□□)、日に随ひ色を替へて折花《おりばな》すべきの由** 女院のお供をする人々の装束は、毎日趣向を凝らして特に簪《かんざし》の色を変えるように、ということか。「折花」は「折枝」のことで、花の付いた枝を着物や髪に簪として挿《さ》すこと。廿五日条▼aにも「上下之人営、数日之間、装束数重、改レ色折花、無レ不二綾羅錦繡一」などとある。

(14) **当時・後代の人、目(□)有り耳有るの徒** 現代の人も後代の人も、良識ある人ならば、という意味。

(15) **奇也(×怪也)、怪也** 「奇怪也」を強調した言い方。

(16) **伊勢両宮(□)の禰宜《ねぎ》(□宜)の夾名《きょうみょう》の事** 前出(↓八月註301 309 365)。伊勢内・外両宮の禰宜の加階と位記作成に必要な名簿。今回の伊勢斎王託宣事件で神事懈怠が問題にされたため、伊勢内・外両宮の神官を加階することとなり、両宮禰宜の夾名が必要になった。祭主大中臣輔親は、先に二十四名(内・外各十二人)分の夾名A(↓八月註309)と自身を三位に叙すことを希望する申文(↓八月註310)を提出した(八月廿五日条▼c)。ところが「荒涼」であるとして、八月廿九日▼aに正確な夾名の提出を求められていた。ここで輔親が新たに取り寄せて九月七日か八日に来るだろうと言っている夾名C(↓註108)は、九日▼aに実資のもとへ届けられる。この間、三日に伊勢公卿勅使源経頼により別の夾名B(↓註25)がもたらされている(四日条＊1)。この夾名Bと外記に保管されていた五位以上の禰宜の歴名D(↓註29)とにより、四日＊2に位記作成のための夾名E(↓註33)が作られていたが、夾名Cにより三名の脱漏と二名の誤記が確認され、十日＊1にそれを追加した夾名F(↓註119)が再度作られる。

(17) **八橋野牧《やはしののまき》** 伯耆国にある実資の私牧。『小右記』には本条のみに見える。伯耆国は河村・久米・八橋・汗入・会見・日野の六郡からなり、八橋郡の六つの郷のうち方《かた》見《み》・古布《こう》・八橋の三郷が現在の鳥取県琴浦町に比定されている。『延喜式』(巻二八・兵部省)「諸国馬牛牧」に「伯耆国〔古布馬牧、〕」とあり、隣接する古布(現在の琴浦町の別宮付近)は古くから良馬を産出する牧であった。八橋野牧は、金屋・杉下の八橋付近に比定され、加勢蛇《かせいち》川下流の河岸段丘地を中心とした一帯を利用して開かれたと推定されている。実資の養子である資頼が治安元年(一〇二一)～万寿元年(一〇二四)に伯耆国守であったので、その間に実資の牧になったと考えられる。

この日、ここから献上された馬五疋が実資邸の人々(特に婿兼頼の家司と考えられる為資ら)に給されている。

(18) **西宅** 前出(↓二月註16 55・三月註204・七月註171・八月註2)。小野宮邸の西隣。娘千古と婿兼頼がしばしば居所としている。

(19) **三位中将《さんみのちゅうじょう》**(＝兼頼)**の給ふ所なり**　四疋は、西宅の関係者に給されたが、形式的には婿である兼頼から渡したということ。

(20) **託宣(□)の事**　註10参照。

(21) **荒祭《あらまつり》明神《みょうじん》**　「荒祭」は「こうさい」とも。八月四日条＊1に「荒祭神御託宣」(→八月註55)とある。

(22) **大神の荒魂《あらたま》(□)**　「大神」は天照大神か。「荒魂」は、日本の神が持つ二面性のうち、恐ろしい性格の方。優しい面を「和魂《にぎたま》」という。

(23) **伊勢勅使右大弁**(＝経頼)、**今日帰参す**　伊勢公卿勅使(→八月註71)を勤めた源経頼が帰京した。八月廿五日▼iに発遣され、廿九日に参着した(→八月註332)。『左経記』に奉幣などの記事は残されていないが、離宮院での禄の作法と帰京の行程などについて、八月卅日条※1に、

卅日、乙巳、天晴、巳剋宮司永政(大中臣)出二牛二頭・絹廿尺(足カ)一、於レ牛返レ之、絹依レ為二例禄一留レ之、則以レ疋(八脱カ)配二供六人・官掌・弁侯等一、〔各疋(一脱カ)、〕遣十二疋合(令カ)レ納了、式可(云カ)、臨時勅使四位禄、絹十二疋、従(者脱カ)八疋云々、仍所二分給一也、同剋立二離宮一留二壱志駅一、午後降雨、

九月の条に、

一日、丙午、天晴、巳剋立二壱志一、及二昏黒一着二鈴鹿一之間降雨、
二日、丁未、天晴、辰剋立二鈴鹿一、未剋着二甲可駅一、今朝常陸前守維衡(平)朝臣牛二頭、(送脱カ)依レ無レ故返都(却カ)了、
三日、戊申、天晴、未明立二甲可駅一、及二午剋一着二勢多駅一、暫体(休カ)食、替二夫・馬等一、及二申剋一入洛、及レ晩束帯参内、令三頭中将(源隆国)奏二事由一、有レ召参二昼御座方一、奏下参宮間事、并禰宜等所二愁申一之事等上、次参二関白(頼通)御宿所一、聞二申此由等一、及二亥剋一帰、

とあり、離宮院から一志(泊)、鈴鹿(泊)、甲賀(泊)、勢多を経て入京・参内した。これは、伊勢斎王の群行と同じ経路である。

(24) **内《ない》・外宮《げくう》の禰宜《ねぎ》の夾名《きょうみょう》の事**　前出(→註16)。昨日帰京したばかりの公卿勅使経頼に、実資は早速、両宮禰宜の夾名について問い合わせている。

(25) **両宮の禰宜の申文《もうしぶみ》等の位階の注**　夾名B。註16参照。経頼は伊勢で禰宜一人一人に申文(→正月註188)を提出させ、実資の問に対して、そこに記された位階を書き出して送った。その内容が割注で記されている。『左経記』五日条▽aに「両宮禰宜等注進文奉二右府一」とある。

(26) **玉串大内人《たまぐしおおうちんど》**　伊勢神宮の祠官である大内人職の一。宇治大内人ともいう。禰宜に次ぐ重職で、『皇太神宮儀式帳(延暦儀式帳)』に「三節祭并春秋神御衣祭及時々幣帛

駅使時、太玉串幷天八重榊儲備供奉、」とあり、祭儀においで斎王・勅使・大宮司に太玉串を御門に奉納し、天八重榊《やえのさかき》を奉備する役にあたった。また、造替遷宮には心御柱《しんのみはしら》を造立し、東相殿《あいどの》神を奉戴する。

(27) **内階《ないかい》に叙(□)せられむ(□)ことを申請す**　外階《げかい》から内階への昇叙を望む申請。内宮の禰宜と同様に内階を申請する外宮の申請と、それを阻止しようとする内宮の申請とが、それぞれ公卿勅使として赴いた参議右大弁源経頼の決裁を仰ぐ形で提出されていた。先例を調べた結果、外宮の禰宜は内階の五位には叙さないことになる(→六日条＊1＊3＊4)。「内階」は前出(→正月註184)。「外階」(→正月註185)に対する、通常の位階。

(28) **指帰《しき》**　前出(→三月註173)。意のおもむくところ。趣旨。

(29) **初叙の五位已上の禰宜の歴名《れきみょう》**　外記に保管されていた初叙が五位以上の者の歴名D。初叙の年月日が記されていたか。但し、死亡の記録などは記されていなかったようで、勅使源経頼がもたらした夾名Bと齟齬する部分があった。

(30) **内宮、六位の禰宜の正・権に玉串等を相加《あい》(□)ふる九人を注進す**　内宮は、六位の者として正禰宜荒木田宣真・延基と権禰宜の行長・延長・氏貞・貞頼・ホ頼・忠連に玉串の宇治公常光を加えて九人を注進してきた。内外宮とも六位の者については他の記録もなく、調べようがなかったと考えられる。

四位一人は正禰宜の荒木田利方、五位四人は正禰宜荒木田延満・重頼・延親と権禰宜の一人(名不明)となる。

(31) **外宮、五人**　豊受宮は、六位の者として正禰宜度会常親・通雅と権禰宜の□□(名不明)・康雅・季頼の五人を注進してきた。五位十人は、正禰宜の度会氏忠・貞雄・連信・氏頼と権禰宜の近信・氏守・利道・輔親・高信・忠雄となる。

(32) **式部卿親王**(=敦平)、**省務に従はしむべし**　敦平親王の勘当を解いて、式部卿としての職務に復帰させる。敦平親王は今年正月の叙位の王氏爵で、王胤ではない鎮西の異姓者を推挙したことにより、三月十四日▼cに省務停止と勘事に処されていた。正月註163・164・三月註4など参照。また、九月五日条＊1▼a、註40参照。

(33) **大神宮・豊受宮の禰宜(□宜)の夾名**　内記が位記を作成するための夾名E。勅使経頼がもたらした夾名Bをもとに作られたと考えられ、決定版となるはずであったが、後から祭主大中臣輔親がもたらした夾名Cとの対比により三名分の記載漏れが発覚する。十日条＊1、註117参照。

(34) **宝亀十一年の官符**　『弘仁格抄』(上・格巻二・式部上)に「伊勢大神宮度会宮禰宜事〈取詮〉　宝亀十一年正月廿日」とあるが、『類聚三代格』にはない。また『続日本紀』にも該当記事はない。官符の全文は、五日条＊3に載せられている。

(35) **勘出** ①調べて書き出すこと。考量すること。②令制において、調庸を諸国から納める時、調帳と比較して、欠失などのある場合にこの帳を返却して翌年補納させるようにすること。③受領交替の際に、税帳勘会によって摘出された前任国司の誤用・未納分を保留するもので、勘出が認められると前任者の欠を塡納する必要がなくなった。④国衙領・荘園において、検田・検注によって、帳簿に記載されていない田地を摘発すること。

　ここでは①。

(36) **唐物**《からもの》　中国・朝鮮等の外国から輸入された品物の総称。この時の唐物の具体的な内容については不明であるが、長元元年(一〇二八)九月に大宰府に来着した宋国商人周文裔が藤原実資に進上した品目ついては、『小右記』長元二年三月二日条に、翠紋花錦・小紋緑殊錦・大紋白綾・麝香・丁香・沈香・薫陸香・可梨勒・石金青・光明朱砂・色色餞紙・糸鞋とある。それから長元四年までの間に宋国商船来着の記事はなく、ここで上東門院彰子に献じられた唐物が、長元元年に周文裔がもたらした船来物の可能性もある。六日条＊2▼b参照。

　同じ時にもたらされたとみられる唐物について、『左経記』五月十七日条※2に、

　昇㆓殿上㆒、有㆑召参㆓御前㆒、〔新中納言(藤原定頼)・左宰相中将(源顕基)・左大弁(藤原重尹)・余同候也、〕御㆘覧唐人所㆓進貢㆒帳帷㆖、頃之人々退出、宰相中将(源顕基)・余猶候、下㆓給唐人貢物解文等㆒開見、献㆓種々物㆒、如㆑元巻結、置㆓御前㆒退出、

とあり、後一条天皇が帳帷《とばり》を御覧になり、貢物の一覧表が披露されている。また、『小右記』長元二年八月二日条に、実資が進物を返却し、その請文が周良史から届いたと記されている。

(37) **厚免**《こうめん》　(霖雨を止めるための祈としての)非常赦《ひじょうしゃ》。大成本では「原免」とする。「厚免」は、特別の恩赦を受けること、厚意によって許されることの意。「原免」は、罪を免ずることの意。「原」は、ゆるすの意。

　この時の免は、天皇の特別の恩恵によって刑罰を赦免する「別勅赦免」か。平安中期以降、未決の軽犯罪人を対象とする「未断軽犯者原免」も顕著になるが、この恩赦も効力の上では別勅赦免に属する。この未断軽犯者を原免するに当たっては、検非違使別当の宣により予め赦免する囚人が勘申されていた。勘文の具体例として『朝野群載』(巻一一・廷尉)に、

　勘申　未断左右獄囚事

　　合弐人

左一人 佐賀名胙丸 依二闘乱一禁〈六月十五日 左
権少尉藤原頼信禁〉
右一人 伴友助 依二窃盗一禁〈六月十日 右権
大尉藤原枝忠禁〉
以前獄囚勘申如レ件、
寛弘三年七月十七日 左衛門少志尾張如春
右衛門少尉豊原
左衛門少尉県犬養
被二別当宣一称、佐賀名胙丸、有下可レ令二弁申一之事上、所二召禁一也者、尋二其由緒一、可レ謂二小愆一、宜下従二宥免一、殊給中身暇上者、
寛弘三年七月十七日 防鴨河使判官右衛門少
尉豊原

とある。また、原免の具体的手続きは『菅家文草』(巻九・奏状)所収の寛平八年(八九六)七月付「復二奏囚人拘放一状」に詳しい。

(38) **疑有(□)りて免ぜられざるは、頭に爪験《つまじるし》を付す耳《のみ》** 別当が持ってきた勘文の中に上卿が「疑わしくて赦免できない者を見つけたら、その人物名の頭に爪で印を付けるだけだ」ということか。底本には「〻(□疑)不被免頭付爪験耳」とあることから、「有疑」を補書してあると判断した。「爪験」は、「爪記」(→三月註142)「爪印」と同じ。

(39) **美作に船を作るべき事を仰す** 二日条＊2参照。美作守藤原資頼に代わって、実資が造船を木工允季兼に命じた。この条から、美作守資頼が上東門院御幸のために調達する船は上達部の乗る船であったことがわかる。

(40) **省務に従ふべきの事** 四日条＊2、註32参照。式部卿敦平親王が本省(式部省)の職務に復帰すること。その通達役にあてられた少外記文室相親は、文章生ということでかつて親王への尋問役にもあてられた。正月十四日条▼b参照。また、正月十七日条▼bにその注進状が載せられている。

(41) **『故殿天暦十年六月十九日御記(＝清慎公記)』** 『清慎公記』天暦十年(九五六)六月十九日条。『清慎公記』は前出(→正月註200)。以下、その記事(逸文)が引用されている。
ここで前例とされている元平親王の王氏爵をめぐる処分については、『権記』長徳四年(九九八)十一月十九日条(→正月註300)。長元四年の敦平親王の件でも元平親王の例が参考とされ、「故殿御記(清慎公記)」が引かれた。正月十二日条＊1・十四日条▼b参照。この記事は、元平親王を省務に復帰させると同時に相撲司別当としたもの。

(42) **頃月《けいげつ》** 月頃。この頃。

(43) **勘事《かんじ》** 前出(→正月註358)。尚、元平親王の処分と忠望王の関連は不明。

(44) **外記衆与**　「衆与」は人名。大外記外従五位下安倍衆与。古記録本は「与」を「可」の誤りではないかとし、下の□を「由ヵ」として、「外記衆を差はして仰遣はすべき由」と読ませたようであるが、誤り。『九暦』天暦十年二月十三日条(『西宮記』前田家巻子本〈巻三裏書・二月列見〉所引逸文)に「外記衆与」とある。また『外記補任』参照。

(45) **相撲司《すまいのつかさの》別当《べっとう》**　「相撲司」(→七月註84)は、毎年七月に行なわれる相撲節の一月前に設置され、節会に関する諸事務を掌った臨時の官司。天長三年(八二六)に置かれたのが初例(『類聚国史』巻七三・歳事部四・相撲、六月廿日条)で、『延喜式』(巻一一・太政官)に、

凡七月廿五日、天皇御二神泉苑一観二相撲一、前一月任二左右相撲司一、簡二定中納言・参議・正次侍従一奏聞、〔人数左右各十二人、〕中務任レ之如二式部儀一、兵部行事、〔事見二儀式一、〕

とあり、『西宮記』(恒例第二・六月)に、

廿五日、任二相撲司一
大臣着レ陣、定任奏聞、〔中納言已下侍従以上、左右各十二人、〕召二中務丞一給レ之、〔如二式部儀一、〕於二曹司一任レ之、如二除目定一、念人下二外記一、自二相撲司一、進二贄於蔵人所一、〔見二承和例一、〕

とあり、中納言・参議・正次侍従(左右各十二人)を簡定して奏聞した。「別当」として親王が任じられるようになるのは、『日本三代実録』元慶六年(八八二)六月廿六日条に、一品時康親王(光孝天皇)を左相撲司別当に、三品本康親王を右相撲司別当にしたとあることに始まるか。尚、『小記目録』(第六・七月・相撲事)に「同(長元四年)九月五日、以二同親王一、令レ補二相撲司別当一事、」とあり(▼a)、この部分を実資の地の文と判断して項目を立てているが、『清慎公記』の条文であるので、誤り。

(46) **諸官の所司**　位記請印に携わる複数の官司。位記には内印(天皇御璽)を用いる勅授(五位以上)と外印(太政官印)を用いる奏授(六位以下)・判授(外八位及び初位)とがある。勅授の位記は中務省の内記が作成し、中務卿・太政大臣・式部卿(武官は兵部卿)などが加署し、内印を捺して発給する。奏授・判授の位記は式部省(武官は兵部省、女官は中務省)において作成し、太政官に送付(奏授は更に奏聞を経て)され、外印を捺して発給する。七日条▼a参照。これら複数の官司が関与するので、大外記小野文義に仰せつけておいた。その上卿には権中納言である藤原資平がなった。

(47) **正輔・致経等の合戦の定事《さだめのこと》**　八月廿九日＊1の宣旨で命じられた公卿僉議(→八月註362)。九月八日▼aの陣

定で審議される。実資はその上卿を勤めるため、諸卿に参入するよう大外記文義に通達させた。『左経記』六日条▽aに「又召使来云、外記文義朝臣仰云、明後日可レ有二陣定一、可二参入一者、令レ触二可レ参之由一了、」とあり、経頼の所にも通達が来て、参入すると返事している。

(48) **外記、親王(＝敦平)に参(□)るべし** 古記録本は「外記可□(遣カ)親王」とし、「外記を親王に遣はすべし」としたようであるが、文法的に、外記が親王の許に参ることになった、として、後の文に続けて解釈すべきである。すなわち「外記が親王の許に参ることになったので、通達の人(親王と外記の間で伝達する役)を用意しておくように、(実資の)随身身人部信武を遣わして前左衛門督藤原兼隆に内密に伝えた。」ということ。兼隆は、敦平親王を婿としていたことから、王氏爵の問題が起こった当初から、実資に使や消息を送って問い合わせていた。正月十二日条＊1、正月註303〜306参照。実資からの報告を受けて兼隆が感謝を伝える返事をよこしただけでなく、邸内の女性が歓喜の声を上げたことも記されている。

(49) **忻々《きんきん》の声** 「忻」は喜び。敦平親王の勘事が解かれたことを兼隆邸の女性たちも喜んだということ。

(50) **造八省行事所の申(□)す栄爵料(□爵料)の清原惟連の究達文** 「造八省行事所」は前出(↓二月註140)。「究達文」とは成功で請負った造営などが皆済したことを証明する文書。「究達」は、きわめ尽くすという意。「窮達」として、願望などを成就すること、やりとげることという意味もある。清原惟連は自らの栄爵のための成功として八省院の堂舎を建立した。そして、この造八省行事所から提出された究達文により、六日＊4に叙爵文が下され、七日＊1に位記が作成される。註68 70 71参照。

(51) **『類聚』** 『類聚検非違使官符宣旨』のことか。検非違使に下された官符や検非違使別当宣などを分類した書。『本朝書籍目録』に「類聚検非違使官符宣旨二十巻」とあり、『通憲入道蔵書目録』に「一合第八十一櫃、類聚検非違使官符宣旨、一結八巻、」とあるが、今に伝わらない。本日条の他、『小右記』治安元年(一〇二一)七月廿五日・廿八日・廿九日、万寿二年(一〇二五)十月三日条と『左経記』長元七年(一〇三四)十月二日条に「検非違使類聚」または「類聚」として参照されたことが記されている。特に『小右記』万寿二年十月三日条では、院源に輦車を聴す宣旨の先例として仁和二年(八八六)三月廿五日の遍昭に輦車を聴す宣旨が引かれており、『西宮記』前田家巻子本にも「類聚検非違使宣旨」とあるので、延喜・天暦頃に撰述されたと考えられる。尚、『政事要略』(巻六七・糺弾雑事・男女衣服幷資用雑物等事)に「使庁続類聚云」

として「寛平七年正月五日宣旨」を載せており、『類聚検非違使官符宣旨』の続編が（恐らく藤原朝成によって検非違使別当在任中の天禄三年〈九七二〉頃に）撰述されたようである。

（52）宇佐宮（×定佐宮）造始等の官符　陰陽寮の勘申に基づいて宇佐八幡宮造営の開始日時を大宰府に命じる官符。前出（→八月註350）。八月十四日＊1の大宰府からの解文に基づいて、廿七日＊1に宇佐八幡宮の正宮の立柱上梁と始造（実資の意見で追加させた）の日時を勘えさせ、それに基づく造立を命じる官符が作成され、本日（九月五日）請印が行なわれた。八月註157 280 350参照。尚、『類聚符宣抄』（第三・怪異事）に、

大宰府解　申請　官裁事

請㆑被㆓裁下㆒八幡宇佐宮御殿并申殿等傾寄顛倒状

一御殿顛倒　二御殿傾寄

三御殿傾寄　申殿顛倒

右得㆓彼宮今月二日牒状㆒称、件御殿等任㆘被㆓定下㆒之日時㆖、立柱上棟之後、為㆓去四月廿二日大風㆒、或以顛倒、或亦傾寄、仍言上如㆑件者、依㆓牒状㆒、検㆓案内㆒、件宮卅年一度之造作、任㆓官符旨㆒、去年十一月七日始㆓木作㆒、今年二月十一日立柱上棟、而件御殿等、彼日暴風忽至、或顛倒、或傾寄、是在㆓当府之定㆒、不㆑経㆓申請㆒、可㆑令㆓直立㆒、然而本已公定之神事、非㆓当府之進退㆒、寔雖㆑不㆓作畢㆒、豈可㆑然乎、非㆑蒙㆓裁定㆒、何得㆓自由㆒、望請　官裁、早被㆓裁下㆒、将㆑遂㆓其功㆒、今録㆓事状㆒、謹請㆓　官裁㆒、以解、

長元五年五月廿日　正六位上行大典山宿禰

正二位行権中納言兼宮内卿帥源（道方）朝臣　従五位下行大監藤原朝臣

大監正六位上秦宿禰

正四位下行少弐兼筑前守藤原朝臣　正六位上行少監藤原朝臣

正六位上行少監酒井宿禰

従五位上行少弐兼肥後守高階朝臣　正六位上行大典三国真人

少典〈闕〉

少典〈闕〉

とあり、長元五年二月十一日に立柱上梁がなされたことがわかる。この解では造立後に暴風雨によって御殿（神殿）と申殿（拝殿）が顛倒したり傾いたりしたように記されているが、実際には作事が進捗していなかったようで、再度の立柱・上棟を大宰府に命じる七月廿日付の太政官符では、

太政官符大宰府

雑事弐箇条

一応㆑立㆓八幡宇佐宮御殿㆒日時事

十月廿六日甲子

立柱時巳未　　上棟時未申

右得二彼府去五月廿日解状一称、（中略）抑件御殿、須下守二日時一如法造立上、而如二云々一者、管内諸国不レ成二其勤一、結構之間、料材木不レ具、仮立二柱石一、惣上二棟梁一、如レ此作事之不法、自為二神事之違例一、因レ之暗示二咎徴一、忽表二神異一、則知諸国致二懈怠一、府官不二催行一之故也、左大臣（藤原頼通）宣、奉レ勅、宜下下二知彼府一、以二件日時一造立、殊致二謹厚一、将中以勤行上、又諸国司致二懈怠一之輩、早録レ名言上者、

（下略）

とあり、懈怠を致した国司を咎めている。

（53）**豊受宮の申す叙内階の事**　前日（四日）条▼a、註27参照。

（54）**宝亀十一年の官符**　前出（→註34）。以下に格（官符）の全文が載せられている。

（55）**長案《ちょうあん》**（×長元案）「長案」とは太政官符や宣旨・官奏等を案記したもので、太政官の少納言・左右弁官三局の文殿に収められて政務の便に供された。天長八年（八三一）五月二日の宣旨（『類聚符宣抄』第六・文譜）に、史生欠勤のため長案の写填ができなくなっているとあるのが長案の初見。弘仁年間（八一〇～八二四）頃から長案としてまとめられるようになったか。『類聚符宣抄』や『別聚符宣抄』は長案を素材にしたもの。

これは外記局にあった長案で、六日条に太政官（弁官局）の長案は実資の所にもたらされていないとあるが（＊1）、両者の内容は同じであったと考えられる（＊3）。

（56）**十考成選《じっこうじょうせん》**（□考成選）「成選」は、律令官人の考選（勤務評定）において、叙位される評定年数に達すること。官人の位階の定期的な昇進は、「考」（一年間の勤務評定）と「選」（考を所定年数まとめたもの）によって行なわれた。その考選対象者である「得考之色」は内長上・内分番・外長上・外散位に区分され、それぞれ評定基準や評価等級に差があった。長上は二四〇日以上、分番は一四〇日以上の出勤が毎年の「考」に必要で、不足すればその年度は対象外とされた。そして内長上・内分番は内位、外長上・外分番は外位に叙される原則から、それぞれ「内考」「外考」と呼ばれた。令制の選限は、内長上六考、内分番八考、外長上十考、外散位十二考であるが、慶雲三年（七〇六）二月十六日格によりそれぞれ二考短縮されて、内長上四考、内分番六考、外長上八考、外散位十考となった。その後、天平宝字元年（七五七）に令制に復し、同八年には慶雲三年格制に帰り（以上、『続日本紀』）、『延喜式』に受け継がれた。

この宝亀十一年の官符では、伊勢内外両宮の禰宜について、従来は内位に叙すのに十考となっていたのを、内

長上と同じく四考で良いとした。但し、この例は六位のことで、五位となる外宮(豊受宮)の禰宜を内階に叙すことは認められなかった(六日条＊3)。

(57) **長上《ちょうじょう》**　五日勤務して一日休暇の勤務を原則とする官僚群。交替で勤務する番上(分番)に対する。中央諸司・大宰府・諸国司の四等官及び品官と共に、中央諸司に技術を持って勤務する才長上らが内長上、郡司四等官・軍毅らが外長上と呼ばれた。

(58) **右大史正六位上**　人名不詳。

(59) **大雑羅《おおざら》・提《ひさげ》・同小・銚子《ちょうし》**　「大雑羅」は、銅製の「大皿」のことか。『和名抄』(巻一六)に「鈔鑼　唐韻云二鈔鑼一、〔二音、与二沙羅一同、俗云二沙布羅一、今案、或説云、新羅金椀出二新羅国一、後人謂二之雑羅一者、新之訛也、正説未詳、〕銅器也、」とある。ただ「雑」は「革」とも判読でき「大革・羅」とすれば、「大革」(大きな革か)と「羅《ら》」(薄く織った絹布、うすもの、うすぎぬ)の意となる。「提(提子)」は、鉉《つる》と注ぎ口の付いた小さな鍋のような金属器。湯や酒を入れ、さげたり、暖めたりするのに用いる。「同小」は、その小型のものか。「銚子」は、酒を入れて杯につぐ長い柄のついた器。諸口《もろぐち》と片口《かたくち》とある。この部分について、古記録本は「大雑羅提・同小銚子」とする。

(60) **胡簶《やなぐい》(□簶)二□、小手《こて》・弦袋《つるぶくろ》を付す**　胡簶(↓正月註205)二つと、その付属品。「小手」は「籠手」とも書き、弓を射る時に左手の肘《ひじ》にかける革製の道具。「弓籠手《ゆごて》」「手纏《たまき》」ともいう。「弦袋」は「弦巻《つるまき》」ともいい、掛け替え用の予備の弓弦《ゆづる》を巻いておく道具。葛藤《つづらふじ》または籐で輪形に編み上げ、中に穴をあけ、箙《えびら》の腰革にさげる。

(61) **八木《はちぼく》(□)**　前出(↓正月註261)。米の異称。

(62) **之を戒仰《いましめおお》す**　実資が少内記宗岳国任に八日の位記請印の準備を懈怠なく行なうように指示した。養子資平が上卿を勤めることが関係しているか。国任は、四日＊2に位記作成を命じられ、この日(六日)に実資から戒められたことへの返事で「すべて整っている」と答えている。尚、実資は位記請印の前日(七日▼a▼b)にも関係諸司に戒め仰しているだけでなく、資平にも国任に申しつけたことを示し送っている。

(63) **外記局の長案の如きは、六位の階の事也**　外記局にあった長案によるならば、内階とは六位のことを指す、ということ。「外記局の長案」は前出(↓五日条＊3)。宝亀十一年の官符を案記したもの。格(官符)では六位とないので、古記録本は「六位《(无カ)》」としていたが、外宮の禰宜にも正六位上度会神主虎主(承和三年〈八三六〉八月甲寅に外従五位下となる)、正六位上度会神主真水(貞観七年〈八六五〉十二月九日に外従五位下となる)がいることをふまえての発言と考えられる(『類聚国史』巻一九・神祇部一九・禰宜、『日本三代実録』)。

(64) **聞食《きこしめ》し了りぬ** 行ったり来たりしては大変なので、左大史小槻貞行が調査する弁官局の長案を含めて天皇に奏上することについては、手紙だけで伝えればよいと了承した。古記録本は「聞食(仰含カ)」とする。同日条＊3に報状で、官の勘文(弁官局の長案)が外記のと同じであったので、外宮の禰宜を外位に叙すべきとあり、実資はすぐに少内記宗岳国任に位記の作成を命じている。頭弁経任は、夜になって、天皇の仰事を実資に伝えている。

(65) **外階《げかい》に叙すべし** 豊受宮(外宮)の禰宜に関しては、五位ならば内階でなく外階(外従五位下)に叙すということ。註27参照。

(66) **省(＝民部省)に参りて位田《いでん》を充てらる(□)べし** 民部卿藤原斉信が民部省で位田充文を行なう予定なので。「位田」は、四品以上の親王、五位以上の官人に給された田。親王の場合は品田《ほんでん》という。神亀五年(七二八)以後、外五位には内位の半額を給した。女子は男子の三分の二だが、妃・夫人・嬪は減額しない。延暦十六年(七九七)以後、内親王の位田を男子と同額とした。位田を給するには「位田充文《あてぶみ》(宛文)」を民部省で作成した。位田は位階を得た日から支給され、位階を失ったり死亡した場合、原則として即日収公された。

ここでは、伊勢内・外両宮の禰宜の叙位に関する位田の設定がなされ、位田充文を作成する儀があるので、大内記橘孝親は参内しないと言っている。

(67) **承引《しょういん》す** 承諾する。

(68) **造八省行事所(×以省行事所)の申す惟連の叙爵文** 造八省行事所の申請に基づいて清原惟連の叙爵を認める文。惟連の位記は、大内記橘孝親に作らせている。註50参照。

(69) **各《おのおの》の主に預け、彼の召に従ふべきの由** 非常赦により、現在も審議中の正輔・致経の従者たちを原免することになったが、その身柄については主人の管轄下として、再び証人としての出頭が要請された場合、すぐに出頭すること。古記録本・大成本は「彼召」を「後召」ではないかとする。正輔・致経が証人として差し出した従者たちを原免することについては八月廿九日条＊1など参照。霖雨による非常赦については、『左経記』九月六日条※1、註37参照。

(70) **造八省(×以省)・豊楽院の事を行なふ所の申請する清原惟連の栄爵文** 前出(↓註68)。「造八省・豊楽院の事を行なふ所(行造八省・豊楽院事所)」は「造八省行事所」(↓二月註140)に同じ。

（71） **国用**　この叙位が、（寺院などではなく）国家の建物の修造によるものであるので、その旨を記した「国用の位記」を用いるということ。

（72） **明日、不堪《ふかんの》申文《もうしぶみ》有るべし**　翌八日＊3に行なわれる不堪佃田申文《ふかんでんでん》（↓註81）の上卿である実資が、大外記文義を通じて左大史小槻貞行・惟宗義賢に奉仕するよう命じた。

（73） **衙政召《がせいめし》**　外記政をするための召仰《めしおおせ》（↓正月註53）。「衙政」は前出（↓三月註58）。外記政（↓正月註385）のこと。ここでは、正式な召仰をせず、大外記を通じて貞行・義賢を召したということ。翌八日の不堪佃田申文のために大外記を通じて貞行・義賢を召したということ。

（74） **領する所の近江国の宇多院の勅旨田《ちょくしでん》**（×勅使田）　勅旨田は勅旨により設定された墾田《こんでん》。「宇多院の勅旨田」とは、宇多天皇が設定した勅旨田か、あるいは勅旨によって後院である宇多院に付与された勅旨後院田か。後院《ごいん》は離宮の一種で、上皇の御所とされることが多かった。

（75） **美濃国**（美乃国）**の公田《こうでん》と相博《そうはく》**（×傳）**せむこと**　「相博」とは交換すること。藤原頼宗が近江国にある宇多院の勅旨田と美濃国の公田の交換を申請した件について、先例を勘申するように宣旨が下された。但し、頼宗がなぜ勅旨田を「領」していたのか、なぜ交換を申し出たのか、また、その結果については不詳。「公田」には、①無主田、②墾田・治田（新たに開墾された田）以外の田、③国衙領といった意味があり、延久荘園整理令以前は②の意味が一般的であるというが、ここでは③の意味か。

（76） **近江国済政の立券文《りっけんもん》**　前近江守源済政が頼宗の所有する土地（勅旨田）について証明した文書。貴族・寺社等が、所有地の租税の一部または全部を免除してもらい、荘園と号することを申請し、朝廷がこれを許可すると、朝廷は国司に命じて、国使と荘使の立ち会いのもとに荘園の境域と田畠等の所在を調査させ、その報告に基づいて太政官及び民部省から不輸租とする旨の太政官符・民部省符が国司に下された。この一連の手続きを立券荘号と呼ぶ。「立券文」は、立券に際して作成される公文書で、国司・郡司など所管の官司が署判を加えて内容を証明する。

（77） **大炊允大友相資は、吉田祭不参**　大友相資は他に見えないが、本年四月廿三日の吉田祭に参列しなかったことで勘当されたか。八月十四日条＊3の関白頼通の詞に見える「御幣使故障不レ可レ許、」とあることと関連するかもしれない。八月註160参照。これは本年三月に国忌・諸祭へ参入しなかった者へ厳しく処置するという方針が出されたことと一致する。三月註162・169など参照。但し、『左経記』四月廿三日条※1には、外記が神主の役を行なったことは注記されているが、奉幣使の違例には言及されておらず、また処分が下されるまでに時間がかかりすぎている。

(78) **官掌《かじょう》宗我部秋時は、官符、加賀国に遅給**　秋時は、秋季臨時仁王会の料物の進納を命じる加賀国あての官符の伝達を忘れて遅らせたことで勘当、更に強奸事件の証人尋問の処置も忘れたことで「重勘」となり、過状の提出が命じられた。八月十日条▼a・十二日条＊3・十四日条＊2参照。

(79) **件の二人、戒《いましめ》免《めん》ずべし**　大友相資と宗我部秋時の勘当を、戒めた上で解くこと。

(80) **相揖《ゆう》して仗《じょうの》座《ざ》に着す**　上卿を勤める実資と弁を勤める藤原重尹が陣座に着して不堪佃田申文の儀式が開始される。

実資が不堪佃田申文の上卿を勤めた時の『小右記』の記載は、治安元年(一〇二一)十一月十六日条・同三年十月廿三日条・万寿元年(一〇二四年)十一月二日条・同二年十月十一日条・同三年九月十日条・同四年九月八日条・長元二年(一〇二九)九月廿八日条・同三年九月十七日条に詳しい。以下の儀式については、『江家次第』(巻九・九月・不堪佃田申文)の次第と対応する。

(81) **不堪文《ふかんのふみ》(不□文)の事を示す**　実資が着座した左大弁藤原重尹に不堪佃田申文の開始を指示した。それを受けて、重尹は起座した。

「不堪」は「不堪佃田」のこと。荒廃して作付不能と認定された田。不堪佃田は毎年国司が実検の上、太政官に報告して承認を求める。その一連の手続きが「不堪佃田奏」で、九月に行なわれる。尚、作付後に災害等で収穫できなかった田を「損田」という。「不堪佃田」は九世紀中頃から増加し、不堪佃田使の派遣による実態把握がなされるようになる。十世紀になると、朝廷は正確な不堪佃田数と毎年の新たな開墾面積を国司に報告させることにして税収の確保をはかるようになった。延喜十八年(九一八)、報告の数値と覆検の結果の数値との差が一〇パーセント以内で私腹を肥やすためでなければ問題としないことになり、天暦年間(九四七〜九五七)以後には不堪佃田使の派遣も行なわれなくなった。それにもかかわらず、不堪佃田奏は重要な政務の一と認識され、年中行事として行なわれた。『西宮記』(恒例第三・九月・諸国言上損・不堪佃田事)、『江家次第』(巻九・九月・不堪佃田申文)などによれば、八月三十日以前に諸国より坪付帳《つぼづけちょう》が弁官のもとに届けられ、九月一日に大弁へ上申、九月五日に一上へ上申(不堪佃田申文)、九月七日に申請に基づく不堪佃田の坪付の文を奏上(荒奏《こうそう》)、奏聞終了後に公卿による定（不堪佃田定《ふかんでんでんさだめ》）が行なわれた。そして後日、再度の奏上（和奏《にぎそう》）が行なわれた。「奏（荒奏・和奏）」は官奏（→三月註52）の中で最も重要な儀とされた。

尚、この年の荒奏は閏十月十一日、不堪佃田定は閏十月廿七日に行なわれ、和奏は十一月七日の内大臣藤原教通による官奏がそれと考えられる。『左経記』九月八日条▽a・閏十月十日条※1・十一日条※1・廿七日条※1・十一月七日条※2、『日本紀略』九月八日条・閏十月十一日条参照。

（82）**余、南座《なんざ》に着す**　実資は上卿として不堪佃田申文を行なうため、陣座の北側から南の座に移った。『江家次第』に「大臣・大弁着レ陣、大弁依二大臣気色一起座、着二陣床子一、〔直弁并史等着二床子一〕」とある。

（83）**敬屈《けいくつ》す**　「きょうくつ」とも。磬屈。身をかがめて敬礼すること。

（84）**不堪文を挿《さしはさ》み**　不勘佃田申文を束ねて文杖にはさんで（進めた）。この時、申文の目録を横に指してあった。『江家次第』（註82の続き）に「除二座頭一之、次史奉二仕申文一、〔当年不堪文有二内結緒一、其上加二懸紙一、無二外結緒一〕覧二大弁一之後挿二文挿一、」とある。

この際、弁官から提出される勘文には、当年の不堪佃田数のほか、前年あるいは過去の田数との比較や、開発《かいほつ》田《でん》数との差なども記されたらしい。尚、七日条▼bの「不堪申文」（→註72）は本日条＊3の「不勘文」「不堪解」「不堪田解文」のことで、『小右記』万寿三年九月十日条には「国々坪付・開発解文等」とある。

（85）**小庭《こにわ》（×夜）に跪《ひざまずき》候《こう》ず**　『江家次第』（註84の続き）に「大弁着レ陣、〔座上、〕直弁着二官人座一、大弁申云、申文、大臣揖、大弁微音称唯、大弁廻顧、史捧二申文一跪二小庭一、〔若史不レ当二大臣眼路一跪、若不レ待レ召進之時史恐申、〕」とある。

（86）**称唯して膝突《ひざつき》に着して之を奉る**　『江家次第』（註85の続き）には「大臣目、史高声称唯、着二膝突一進レ文、」とある。

（87）**目録、故に落とす**　〔実資が文杖にささっていた不堪佃田の申文の束を両手で取り〕横に挟まれていた目録を落とした。実資が上卿を勤めた時には毎回のように落としているので、「故」とは「故意」の意か。註80参照。『江家次第』（註86の続き）に「大臣置レ笏取レ文、〔故摂政殿并二条関白取レ文置レ前、或有二持レ文之人一、〕」とある。

（88）**表の巻紙を開く**　『江家次第』（註87の続き）に「大臣披二表紙一、〔以二横差文一加レ内、但可レ在二結緒外一、〕次解レ緒押二文於右方一、一々見畢置二左方一、如レ本結レ之、」とある。

（89）**目録は結ぬる緒の外、表の巻紙の内（□）に在り**　『江家次第』（註88の続き）に「以二目録一（横差文也、）置二結緒外一、以二表紙一巻二其上一、置二長押上一。」とある。

（90）**目録を結《かたね》申《もう》す** 「結申す」は前出（→三月註80）。ここでは、目録に書いてある条目を決まった作法で読み上げる。『江家次第』（註89の続き）に「史置二文挿一取レ文置二文挿上一、披二表紙一取二目録一結申、其声高長、（詞云、某々々等乃国乃申〈セル〉当年不堪佃田乃坪付乃文申上骨、）大臣揖許、史合レ文称唯、」とあるように、声高に「〇〇等の国の申せる当年不堪佃田の坪付の文、申し上ぐ事《こつ》」と言う。

（91）**余、大弁に問**（×目）**ひて云はく** 実資が左大弁重尹に「国々の解文《げぶみ》」の中で失錯があって直すべきものを一つ一つ指摘する。ここから実質的な審査に入る。

（92）**或《ある》解文は使を注さず** 国々が提出した不堪申文の記載について、使の名の表記の有無で不統一があった。これが実資が指摘した問題点の第一。『小右記』万寿三年九月十日条でも実資は同様の問題を指摘している。

（93）**上野《こうずけ》・加賀・能登の開発田の数一段余、二段余** 『江家次第』（註96の続き）には、

中二不堪一国
伊賀　伊勢　尾張　遠江　駿河　相模　武蔵　安房
上総　下総　常陸　近江　信濃　上野　下野　陸奥
越前　加賀　能登　越中　但馬　因幡　伯耆　出雲
石見　播磨　備前　安芸　備後　長門　淡路　阿波
讃岐　土左
毎レ国以二成功年一為レ終、其詞曰、（其年其月其日、
答報曰、停レ遣レ使可レ免二三分之二一、）

とあり、この三ヶ国を含む三十四ヶ国の名が挙げられている。

この三ヶ国については、開発田の段数が少なすぎて申請を受け付けるべきではないとしている。これが実資が指摘した問題点の第二。段は面積の単位。十段で一町。『西宮記』に引用されている勘文体（書き方）には「開発田何町」とあり、基本的には少なくとも数町以上の開発が不堪佃田の認可の条件であったらしい。『小右記』治安元年十一月十六日条・万寿元年十一月二日条でも不堪田の田数や郡名表記の有無が問題とされている。尚、条里制の一坪（一辺約一〇九メートルの正方形）の面積が一町であるから、一段は約一一八八・一平方メートル、すなわち約三四・五メートル四方の面積となる。

（94）**然而《しかれども》、憚る所有るに依りて** 道長の処置に異議を唱えることになることを避けたか。

（95）**了りて「申給《もうしたま》へ。」と史に仰す** 不堪文を奏上せよという決裁の言葉。尚、「了」について、古記録本・大成

本が「〻〻ヵ」と傍書していることに従えば「大弁が申し給へと史に仰す」となるが、儀式次第を記していることから「了りて」と解するのが妥当だろう。

(96) **杖に加へて退出(□)す** 左少史広雅が最初に持ってきたように、不堪申文と目録を文杖に挟んで持って出た。『江家次第』(註90の続き)に「巻レ文退出、越二小溝一之後大臣取レ笏、」とある。

(97) **余、奥座に復す** 実資が、南座から奥の北の座に戻った。これで不堪佃田申文の儀が終了した。

(98) **安房守《あわのかみ》正輔・前左衛門尉致経等の合戦の事を定申《さだめもう》(□)す** 平正輔と平致経の合戦についての公卿僉議。『左経記』同日条※1※2に参加者の発言内容が記されている。註47参照。「定申」は前出(↓二月註163)。正月註367・二月註8・八月註362も参照。

(99) **伊勢国司(=行貞)の解文(□)** 合戦の場となった伊勢国司から提出された解文(↓三月註183)。正輔・致経両者の証人の尋問内容や、事実関係を中央に報告したもの。「或云」として「諸国の解」とあるのは、これを含むか。『左経記』同日条※1※2に「但伊勢国司解状云、合戦地隔二致経住宅一十余了(町カ)云々、以レ之知レ之、致経進戦歟、」とある。十三日条＊2に「国司の申文」とあり、十九日条▼aに罪名勘申のため明法家へ下された書類Ⓐ「伊勢国司の申文」(↓註213)に相当する。

(100) **正輔(□輔)・致経等の書状** 正輔・致経それぞれが伊勢国司に宛てた手紙で、先の解文と共に三月廿一日＊1に提出された。十九日条▼aに罪名勘申のため明法家へ下された書類Ⓑ「正輔・致経等、国司に送る書状」(↓註214)に相当する。

(101) **正輔・致経等の申文《もうしぶみ》・日記・調度文書《ちょうどのもんじょ》** 前出(↓三月註102)。合戦について正輔・致経が提出した申文・記録・証拠書類。『左経記』同日条※1※2に「先以二調度文書一令レ下二勘法家一、」「以二調度文書一令レ下二勘法家一、可レ被二定行一歟、」とあるように、法家に罪名を勘申させるための基本資料とされた。八月廿九日条＊1に「正輔・致経の進る調度文書等」、九月十三日条＊2に「正輔・致経の申文、調度文書等」とあり、十九日▼aに罪名勘申のため明法家へ下された書類Ⓓ「正輔・致経の申文」(↓註216)に相当する。正輔が提出した日記については、三月十六日条＊1・廿七日条＊1・廿八日条＊1にも見える。「調度文書」は前出(↓七月註21)。当事者の証言よりも客観的な証拠能力を持つ書類。

(102) **勘問日記《かんもんのにっき》** 割注にあるように、正輔・致経それぞれが証人として奉った従者を検非違使が数度にわたり尋問した調書。『小右記』での初見は八月廿四日条＊2の

「正輔・致経の進る従者の拷訊日記」(→八月註282)。八月廿九日条＊1にも「度々正輔・致経等の進る従者を勘問する日記」(→八月註362)とある。ここでは、三月に追加して尋問された正輔の日記に署名した三人の勘問日記(→三月註158 238)などを含むか。十九日▼aに罪名勘申のため明法家へ下された書類Ⓔ「使庁日記」(→註217)に相当する。よって、二月一日条＊3にある伊勢国司が提出した正輔・致経双方の証人八人の申詞を記した「証人と称する者の申詞の勘問日記」(→二月註8)や、三月九日条＊2にある在庁官人が大原為方を殺害した犯人を捕らえて作成した「勘問日記」(→三月註101)は書類Ⓒ「証人申文」(→註215)に相当し、別のものである。

これらの書類が公卿たちに下されて閲覧された。

(103) **法家《ほうけ》、罪名を勘へよ** 公卿たちが検討した結果として、関係文書を明法博士に渡し、明法道に正輔・致経の罪名を勘申させる方針が示された。この決定通り、九月十九日▼aに法家への勘申を命じる天皇の指示が出る。各出席者の考えについては『左経記』八日条＊1＊2にあり、「調度文書」を法家に下して罪名を勘申させるというのは、源経頼らの意見であったことがわかる。また「右(左カ)衛門督(源師房)・春宮大夫(藤原頼宗)・右大臣等被レ申云、両人所為共以不快、召二問各身一可レ被二定行一歟、」とあり、実資は正輔・致経両人を出頭させるべきだとの意見に同調している。

(104) **左大弁重尹、定文《さだめぶみ》を書く** 諸卿の意見をとりまとめて定文に書き、天皇に奏上する。その定文は大弁を兼ねる参議が執筆するのが例だった。

(105) **頭弁に付す** 上奏の手続き。頭弁藤原経任に預けて奏上させた。実資はここで天皇の「裁報」を聞かずに退出している。『左経記』同日条※1※2参照。

この陣定で審議された結果、明法道に正輔・致経・正度の罪名を勘申させることになり、十九日▼aに関係書類Ⓐ～Ⓔが下された。註213～217参照。その後、『小記目録』(巻一七・合戦事)に、

同年(長元四年)十月六日、可レ令三大外記文義(小野)・明法博士道成(令宗)勘二申正輔・致経等罪名一事、
同年閏十月五日、正輔・致経合戦明法勘文事、
同年同月九日、道成勘文、文義可二連署一否事、
同年同月廿一日、正輔・致経罪名事、
同年同月廿四日、文義・道成勘文相違事、〈正輔・致経罪名、〉
同年同月廿五日、法家勘文陣定事、
同年同月廿六日、致経罪条、依レ軽可レ被レ行歟事、
同年同月廿七日、正輔・致経罪名定事、
同日、依二小臣(実資)奏一、被レ優二免正輔・致経等一事、

同年同月廿八日、正輔可レ赴二任国一之由、可レ給二宣旨一事、

とあるように、十月六日◆1に大外記小野文義と明法博士令宗道成に勘申を命じ、それぞれの勘文に相違があったが(閏十月廿四日◆2)、閏十月廿七日◆5の陣定で罪名が決まった。その前日(廿六日◆5)に致経の罪を軽い方にするとか、廿七日◆6に実資の奏上で両名を優免(宥免)するとされているように、陣定以前に後一条天皇・関白頼通・右大臣実資の三者で方針が決定されていたと考えられる。『左経記』には、十月七日条※1に文義と道成に勘申を命じた経緯(明法博士利業が勘申から外されたことなど)、閏十月廿七日条※2に陣定での審議の内容、※5に左大弁藤原重尹が書いた定文と調度文書などが奉られ、両名を優免すべしという仰せが伝えられたことが記されている。尚、正輔・致経を優免しようと関白頼通に申し出たことについては、九月廿日条▼a、註229参照。

(106) **去夜の定事《さだめのこと》** 前日(八日▼a)条に見える陣定のこと。実資は「亥時」に退席したので、定のその後の結果について頭弁経任に問い合せた。

(107) **未だ左右《そう》を仰せられず** 正輔・致経の罪名を法家に勘申させることについて(公卿僉議の結果を記した定文を奏上したが)、天皇から何の指示も与えられなかった。「左右」は前出(↓正月註156)。ここでは、天皇による裁定。

(108) **内・外宮の禰宜《ねぎ》の位階(×皆)の夾名《きょうみょう》** 夾名C。祭主大中臣輔親が新たに伊勢からもたらした伊勢内・外両宮禰宜加階のための名簿。二日条▼aに、七日か八日に持って来ると言っており(↓註16)、前日(八日)に頭弁経任に奉られたと考えられる。

(109) **還使** 実資のもとに還る使。頭弁経任は自分の所に来た使が帰る際に、夾名Cを持たせ、実資に届けるようにした。

(110) **只今、参るべし** 頭弁経任は内裏に祗候していて来られなかったので、「今すぐ伺いますが、確認していただくために(夾名Cを)お届けします。」と言ってきた。

(111) **右大弁(=経頼)に付して(乞)奉る所の夾名** 夾名B(↓註25)。伊勢公卿勅使を勤めた参議右大弁源経頼(八月廿五日出立、九月三日帰京)が持ち帰った伊勢内・外両宮禰宜の夾名。

(112) **先日の解文等** 夾名A(↓八月註309)、及び大中臣輔親自身が三位に叙されることを申請した申文(↓八月註310)、外宮の禰宜を内階に叙すことに関わる解文(↓註27)などを指すか。

(113) **今般の位記の事、他上《ほかのしょう》(□上)に仰せらるべし** 「他

上」とは、実資以外の上卿になり得る人。すなわち納言以上でその役を勤め得る人に、今回の伊勢神宮の禰宜の叙位に関する上卿を命じるべきだとしている。位記作成のための夾名E(↓註33)に問題が生じ、嫌気が差したのかも知れない。実資はこれに続けて、「今日参入之上卿」が良いと述べ、頭弁経任は内大臣教通が十一日の伊勢例幣の上卿を命じられて参内する予定であることを伝えている。十日＊1の位記請印では、中納言資平が参内している。

(114) **今日参入の上卿**　この日に参内する、上卿の資格のある者。この場合の「上卿」は中納言以上を指し、対する参議を「下卿」という。

(115) **目録に在り**　宣旨目録に案件の箇条(ここでは二項目)が書かれている。「宣旨目録」は伝達文書としての目録の一で、奏宣を担当した蔵人・弁から上卿へ複数の宣旨を伝達する際に作成される。紙屋紙(宿紙)を用い、日付の下に「宣旨」と書き、案件の箇条ごとに天皇の仰詞が記されている。上卿へは本解とセットで下される。

(116) **十一日の奉幣**　九月十一日の伊勢例幣使発遣(↓註122)。この上卿を命じられた内大臣教通は、触穢を警戒してか「立ちながら」と条件を付けて参内の旨を伝えていた。

(117) **神人《じにん》(□人)の勘文《かもん》**　夾名C(↓註108)。祭主輔親が新たにもたらした夾名。これにより三名(内宮二名・外宮一名)が追加されるが、この「此度勘文」にも内宮の玉串大内人常光と外宮の禰宜高信が漏れていた。「神人」は「じんにん」「しんじん」とも。神社に奉仕する下級の神職や寄人《よりうど》。神主・禰宜・祝《はふり》などの神官の下に置かれ、雑役や社頭警備などに当たる。「神民《じみん》」(↓二月註9)と混同されることもあるが、ここでは区別されている。夾名については、註16参照。

(118) **先後の勘文に漏るる者**　祭主輔親がもたらした夾名C及び公卿勅使経頼がもたらした夾名B(↓註25)に入っていなかった者。関白頼通の消息により、この三人、すなわち内宮の権禰宜荒木田重経・荒木田氏範(共に内階の正六位上)、外宮の権禰宜度会輔行(外階の正六位上)の加階が認められた。

(119) **件の二宮の禰宜等の夾名**　既に四日＊2に渡していた夾名E(↓註33)に漏れ、新たに加階が認められた三名分(内宮二名・外宮一名)の夾名F。少内記宗岳国任に渡して(自邸で)位記を作成するよう命じた。後の大内記橘孝親に渡した「両宮の禰宜の名簿」と同じもので、頭弁経任に書かせたのであろう。尚、夾名Eの二十九名分(内宮十四名・外宮十五名)の位記請印は七日▼aに行なわれている。

(120) **位記《いき》請印《しょういん》の所司の事**　位記請印を行なうために必要な役所に準備させること。召仰《めしおおせ》(↓正月註53)。註46参照。実資が命じる以前に、頭弁経任が既に行なっていた。また、上卿を中納言資平に命じ、参議が来なかった場合の対応を指示すると共に、参議を催すことを大外記小野文義に命じている。参議については、外記時資を通じて関白邸にいた右大弁経頼に命じられ、経頼は晩に参内して請印を行なっている。『左経記』同日条※1に、

仍入夜位記三巻請印、件位記伊勢内人等也、前日彼両宮禰宜等各被㆑叙㆓一階㆒之次、禰宜等依㆓申請㆒、勤労之内人等預㆓叙列㆒、而斉(祭カ)主輔親朝臣注㆘進漏㆓前列㆒之輩㆖、仍所㆑被㆑叙也云(々脱カ)、事了退出、

とある。

(121) **書札《しょさつ》**　前出(↓正月註436)。書状。書付。手紙。ここでは、後一条天皇の意を受けた頭弁経任からの手紙。

(122) **今日の使**　九月十一日に発遣する伊勢例幣使《れいへいし》。伊勢神宮(十六日に外宮、十七日に内宮)で行なわれる神嘗祭《かんなめさい》への勅使。この使に持たせて、七日▼aと十日＊1に作成された両宮の禰宜の位記(計三十二人分)を届ける。伊勢神宮にあって神職・祭祀・神郡などを統括する大神宮司(↓七月註16)へ宣旨を与えるかという問があったが、後の報告では御幣使として伊勢に赴く祭主輔親に位記を付したとあるだけなので、大神宮司への宣旨は給されなかったようである。尚、「者」に続く「可㆑従」を地の文として実資の所感のように解釈したが、古記録本・大成本が指摘するように衍字かも知れない。『大神宮諸雑事記』(八月註332の続き)に「同年(長元四年)九月十六日、二所太神宮禰宜等、加階栄爵已了、〈具不㆑記、〉」とある。

(123) **幸臨(×事臨)し給ひ難き歟**　(雨のために)八省院に行幸を中止するか。伊勢例幣使発遣のため天皇が八省院に行幸することは、『延喜式』(巻二・四時祭下)に「右、当月十一日平旦、天皇臨㆓大極後殿㆒奉幣、〔事見㆓儀式㆒、〕」とあり、『儀式』(巻五・九月十一日奉㆓伊勢大神宮幣㆒儀)に、

乗輿御㆓殿座㆒、勅、喚㆓舎人㆒、二声、舎人四人共称唯、少納言代入後、勅、喚㆓中臣・忌部㆒、少納言称唯、退出云、喚㆓中臣・忌部㆒、共称唯、入各就㆑版、〔中臣就㆓前版㆒、忌部就㆓後版㆒、〕後執者一人、〔以㆓卜人㆒充㆑之、〕随㆓忌部㆒入立、勅、忌部参来、忌部称唯、昇㆑殿跪、拍手四段、先執㆓豊受宮幣㆒、授㆓後執㆒、大神宮幣、〔拍手如㆑元、〕自持復㆑版、〔毎㆑執㆑幣拍手一段、〕訖勅、中臣参来、中臣称唯、昇㆑殿跪侍、勅、好申〈天〉奉〈礼〉、中臣称唯復㆑版、訖相引還出、〔先忌部、次後執者、次中臣、〕少間乗輿還㆑宮、蹕而不㆑警、即日使等従㆓神祇官㆒発向、廿日、使等就㆓内

侍レ復命、

とある。この日、雨により行幸が中止となる経緯については、『左経記』同日条※1参照。

(124) **後日(×彼日)聞く**　位記を祭主輔親に付したということは後日聞いたことである、という意味か。または、この後に脱文があるか。あるいは、報告を受けて例幣使発遣の次第を書こうとしたか。

(125) **常住僧**　小野宮邸念誦堂(→正月註416)の常住の僧。ここに登場する念賢・智照・得命の他、運好・忠高などもいる。『大鏡』(巻二・太政大臣実頼)には小野宮邸の念誦堂のことを記し、「住僧には、やむごとなき智者、或は持経者、真言師ども也。」とある。

(126) **金剛般若《こんごうはんにゃ》三百巻(×三巻)・寿命経《じゅみょうきょう》百巻を転読《てんどく》**　「転読」は、仏典を読誦すること。丁寧に読むこと。真読。また、正反対の意味で、大部な経典の本文を読まずに、経題、訳者名、あるいは経典の要所のみを読誦する方法をいうこともある。

「金剛般若経」は前出(→三月註24)。「寿命経」は「ずみょうきょう」とも。『一切如来金剛寿命陀羅尼経』一巻のこと。不空訳で、一切衆生の寿命を増長し、災厄から逃れることのできる陀羅尼《だらに》(呪文)が収録されている。

尚、金剛般若経の転読巻数について、原文は「三巻」とあるが、割注に今日の転読数として「金剛般若九巻・寿命経三巻」とあり、寿命経の三倍であることから、「三百巻」の誤りであると判断した。

(127) **両《ふたつ》ながら小供す**　「両小供」について古記録本は「両」を「与」の誤りとし、「小供を与ふ」と解釈しているが、得命が「夢想紛紜」による祈りとしての転読と金鼓(→二月註216)の両方に関わっていることから、「両」を「ふたつ」「かねて」「あわせて」の意味で取り、「その両方の分を小供した」と解釈するほうが良いと思われる。

(128) **尾張国の解《げ》**　尾張国から太政官に提出された上申書。内容は割注に記されている。この時の尾張守は藤原惟忠で、七月十五日条＊2に実資へ薄物二疋・糸五絢を進めたことが見える。

(129) **見作《げんさく》の不輸租田《ふゆそでん》**　現在も耕作している不輸租田。「見作」は「現作」と同じで、現在、耕作していること。また、その土地(見作田)のこと。「不輸租田」は田租を納めることを免除された田。『延喜式』(巻二六・主税寮)では、神田・寺田・勅旨田・公廨田などを不輸租田としている。その由来は、国に納めるべき租を寺社や官司などに入れることにあるが、墾田などの輸租田を特別に不輸扱いとする場合があった。不輸の特権を得るためには勅許が必要で、奉勅官符と民部省符の頒下を待たなければならなかった。ここで問題にされているのは、正規の手続きにより不輸を認められた荘園である官省符荘のこと。他に国司に不輸租を認められた国免荘もあった。

(130) **平均に役仕せしめ**　一国平均役の申請を意味する。「一国平均役」とは、朝廷・国司が各国内の荘園・公領(国衙領)を問わず、一律に賦課した臨時課税で、後三条天皇の親政期に体制的に成立し、造内裏役、大嘗会役、伊勢神宮の式年遷宮のための役夫工米、諸国一宮造営役などに用いられるようになった。『小右記』寛弘八年(一〇一一)八月廿七日条にも、大嘗会の用途調達について一国平均役の申請が出されたとあるが、この時は認可に至らなかったらしい。ここでは、翌十四日条▼bに見られるように、社寺の所領は除かれたものの、既に臨時雑役《りんじぞうえき》免除の特権を得ていた王臣家荘園などに対して課役を賦課徴収する権限が認可されている。その意味で一国平均役が初めて行なわれたことを示す史料とされている。

(131) **宮城大垣所一**　宮城の大垣の一部という意味か。『小右記』長元五年十二月十七日条に「当二右近府一大垣、尾張・備前有二所論一、今四尺許不レ葺二垣上一、如レ聞者尾張国司所レ申無レ理、慥令二尋問一可レ令レ葺之由、示二仰頭弁一了、」とあり、尾張国が担当した大垣は右近衛府に接する部分であったと推定される。尚、八省院・豊楽院・大垣などの築造にあてる諸国の定は長元三年九月十二日になされ、この年(長元四年)には、備前・若狭・伊予三国と大宰府からその辞退や負担の軽減変更を求める「申《もうし》返《かえし》」が、上野・紀伊・備後三国から別納租穀などを充当する許可を求める「料物申請」が提出され、紀伊・備後国は却下されている。これらは国司の勧賞にも関わる。二月註140参照。

(132) **配《くば》充《あ》つるは**　割り振って充て行なわせる、という意味か。「配」「配著」には「わりあて」「賦課」の意味がある。

(133) **正輔・致経等の定事《さだめのこと》**　前出(↓註47 98 106)。八日▼aに審議されて定文が奏されながら、九日▼aの段階でも天皇の裁定が下されていなかった。

(134) **其の身を問はるる事**　これまでは、それぞれが証人として進めた従者に対する拷訊が行なわれていたが、今度は本人を直接尋問しようということ。「事理」は、道理という意味。『左経記』八日条※1※2によれば、実資らが正輔・致経の両名を直接尋問すべきであると主張している。

(135) **致経、重病の後、猶、未だ例(×倒)に従はず**　致経は病気が治らずにいるということか。

(136) **正輔、召《めし》を受くと雖(×惟)も早くは参り難き歟**　正輔はすぐには上京できないか。『日本紀略』長元三年三月廿九日条に安房守任官のことが見えるが、致経との私闘により任国に赴くことはできなかったとみられている。

(137) **一夜《ひとよ》の定の間**　九月八日▼aの陣定のこと。明法博士に罪名を勘申させるとされた。「一夜」は前出(→正月註326)。ある晩、先日の夜、先夜。「一日(いちじつ)」(→正月註387)と同じ用法。

(138) **諸司・諸寺・所々等の別当《べっとう》の闕《けつ》の勘文《かもん》**　所充《ところあて》を行なうための別当欠員についての勘文。「別当」は前出(→正月註91)。

「所充」は、諸司・諸所・諸寺の別当を定めて、その行事を統轄させること。太政官所充(官所充)・殿上所充・院所充・中宮所充・東宮所充・私第(家)所充などがある。ここは殿上所充《てんじょうのところあて》で、公卿以下を内蔵寮・修理職・穀倉院・延暦寺などの別当に充て補す。『貞信公記抄』延喜九年(九〇九)五月廿九日条に「外記参、被レ定二所雑色並所々別当□(等カ)一」とあるのが初見で、この日に八所(東寺・西寺・延暦寺・内記所・内豎所・内蔵寮・穀倉院・陰陽寮)の別当として右大臣源光が定められている。註188参照。『西宮記』(臨時一・諸宣旨例)に、

一、諸司・諸寺・所々別当事、(外記所充申二一上一、史所充以二大弁宣一書下、)

上卿奉レ勅、仰二弁官一令レ勘二申諸司・所々・諸寺等

検校・別当并闕等一、上卿被レ召二参候御前一、定補訖、以二其定文一給レ弁、下二宣旨一、官書二官符・宣旨等一、各被レ下レ之云々、補二陣中所々一者、奏二賀陣外一不レ奏、

とある。

十六日＊1に行なわれる殿上所充の準備を伝える記事であるが、『左経記』十三日条※1※2により、源経頼が蔵人頭の時(長元二年正月廿七日～同三年十一月五日)、実資の命を受けて左大史小槻貞行に勘申させたものであることがわかる。また、『小右記』長元二年九月六日条に、

六日、辛酉、昨日頭弁(源経頼)伝二関白(頼通)御消息一云、廿五日宜日、彼日可レ有二京官除目一歟、季御読経廿七日可レ被レ行歟、亦所充久不レ被レ行、今月内定申如何、余報云、除目等事承レ之、十五日参内可レ定二申御読経事一、彼日可レ令二不堪申文一、其外日□(或カ)御物忌、或日次不レ宜、又老屈身頻可レ難レ参、来月定申如何、頭弁廿心退去、

とあることを考え合わせると、この時、殿上所充をすることが関白頼通から発議され、実資がその準備を経頼にさせたが、この年まで行なわれないままだったことになる。『左経記』本日条※2に「而左右相障于今未レ被レ定也、」とあるのは、このことを指すのであろう。殿上所充としては村上天皇の天慶九年(九四六)五月三日の所充

(『貞信公記抄』)以降、「代始所充」として天皇の代替わりに行なうことが恒例となり、特に一条朝から重視されるようになった。その他にどの程度頻繁に行なわれていたかは不明だが、毎年二月頃に行なわれる官所充のように年中行事化はしなかったようである。後一条朝では、代始所充が長和五年(一〇一六)二月廿六日(『小右記』など)にあり、また長元四年以外に寛仁四年(一〇二〇)閏十二月廿三日(『左経記』など)に確認できる。

(139) **定文《さだめぶみ》の土代《どだい》**　「土代」は文書・書画などの下書き。草案。草稿。『左経記』同日条※1により、実資があらかじめ右大弁源経頼に前年(長元二年)の殿上所充の土代を写しておくように指示していたことがわかる。それを「改直《あらためなお》して」持ってきたもの。

(140) **定申《さだめもう》すの由の旨**　関白頼通が天皇に奏上する所充の清書(原案)を作成するために、という意味か。ここでの「定申」は、「審議」ではなく、関白頼通が原案を作成するということ。註146参照。註152とは別のものを指す。

(141) **備《そなえ》の料**　参考のことか。前年の殿上所充の土代を、今回の原案作成のために関白頼通が参照するということ。

(142) **天慶年中**　十七日条▼bに見られる天慶八年(九四五)十二月十六日のことか。天慶年中には、他に元年九月十九日(『貞信公記抄』)・四年十二月廿七日(『本朝世紀』)・九年五月三日(『貞信公記抄』)に行なわれたことが確認できる。

(143) **封代**　実資の越前国にある封戸料の代わりという意味で、いわゆる国司からの志とは違うという意味か。「封戸」は前出(↓正月註402)。「報」は「むくいる・かえす・こたえる」などの他に、「おもむく(赴)・すすむ(進)」の意味がある。

(144) **精進日**　十斎日(↓正月註2)のことか。毎月一・八・十四・十五・十八・廿三・廿四・廿八・廿九・卅日の十日は八斎戒を持《たも》つ日とされ、精進をする。

(145) **塔**　念誦堂内に安置されている多宝塔。『小右記』治安三年(一〇二三)十二月廿三日条に「巳時小塔〈高六尺余、〉奉レ安二置念誦壺(堂)一、雖レ未二造畢一今日吉日、仍先奉二安置一、其後可レ奉二加飾一、」とある。

(146) **所充《ところあて》の清書の事**　関白頼通が(前年の土代を参考にして)作った殿上所充の原案。註140141参照。

(147) **内蔵寮・修理職・穀倉、二所**　内蔵寮・修理職・穀倉院の三所の内、二所という意味か。後に「就中摂政・関白必為二三ヶ所別当一」とあるので「三所」の誤りとも考えられるが、「第一」の公卿の別当としては、延喜九年(九〇九)の源光の例が知られ、「三所」のうち内蔵寮と穀倉院の「二所」の別当になっている。註138188参照。修理職については、『吏部王記』天慶二年(九三九)正月廿四日条

(『西宮記』〈臨時八・賀事・天皇仰二諸寺一為二賀大臣算一転経事〉所引逸文)により、藤原忠平が別当であったことがわかり、恐らく承平七年(九三七)の殿上所充で「三所」すべての別当となったと考えられる。註150参照。それ以後、摂政・関白が「三所」の別当となったことは、後世の史料から窺える。『兵範記』嘉応元年(一一六九)八月廿七日条、『玉蘂』承久二年(一二二〇)三月廿五日条など参照。

『左経記』十三日条※2に、関白頼通が土代で自らに充てられていた左右京職と穀倉院・修理職の別当のうち、左右京職は右大臣実資に、穀倉院・修理職は内大臣教通に改め充てるよう指示したとあり、『同』十四日条※2に、実資が忠平・実頼の例を挙げて穀倉院・修理職の別当を関白に戻すよう主張したとある。すなわち実資は、源光の「二所」の例を先ず挙げ、続けて藤原忠平の例を示すことで、「三所」すべてを関白に充てなければならないと主張したのである。十七日条▼b参照。

(148) **第一** 筆頭公卿という意味。ここでは延喜九年(九〇九)の筆頭公卿である右大臣源光を指すか。前註参照。

(149) **夾算**《きょうさん》 竹や木を長さ三寸、幅五分ほどに薄く削り、三分の二まで割りかけて、裂けないように糸で纏ったもの。割目に文書を挟んだり、読みさしの書物を挟んで標とする。後世の栞。枝折。「指」は「刺」か。

(150) **承平七年の例、殿鑑為**《た》**り** 承平七年の例は、藤原実頼の『清慎公記』に記されたもので、手本とすべきである、という意味か。その内容は、続けて「貞信公の御例也」とあるように、藤原忠平の例を指すのであろう。詳細は不明。「殿鑑」は「殿《との》の鑑《かがみ》」、すなわち祖先によって鏡とするように示された手本という意味か。古記録本では「後鑒(後々の手本)」、大成本では「段鑒」かとしている。

(151) **前太相国**(＝公季) 藤原公季。実資が前年(長元二年)源経頼に「別当の欠の勘文」を作らせた時に太政大臣で、これを一見している(『左経記』十三日条※2)。『小右記』長元二年九月六日条(史料前掲註138)に、殿上所充を十月に定申すことにしたとあるが、公季は十月十七日に薨去してしまった。古記録本で「道長」と傍注するのは誤り。

(152) **定申**《さだめもう》**すの旨** (長元二年の公季在世時に)作られていた草案。註140とは別のものを指す。

(153) **故皇太后宮**(＝妍子)**の御忌日**《おんきにち》 藤原妍子の忌日。妍子は、道長女。三条天皇中宮。後朱雀天皇(敦良親王)妃禎子内親王の母。万寿四年(一〇二七)九月十四日に三十四歳で落飾・崩御。

(154) **法成寺** 前出(→二月註201)。道長建立の寺。妍子の周忌法会は法成寺阿弥陀堂で行なわれた。ここは、藤原嬉子の四十九日の法事がもたれるなど(『小右記』万寿二年九月廿一日条)、道長の子女の追善の場ともなっていた。

(155) **続文《つぎぶみ》**(×読文)　「続紙」(→正月註150)と同じ。八月廿四日条＊2に勘宣旨がもたらされており、それに先例などを続文したものを持ってきた。八月註281参照。

(156) **尾張国の申請する築垣の事**　前日(十三日)条＊1、註128・130・131参照。ここで神社・寺院の荘園を除くという条件付きながら、尾張国の一国平均役の申請が認められた。

(157) **東宮**(＝敦良親王)**の小宮**(＝親仁)**出で給ふべし**　親仁が内裏を出ることとか。『左経記』十六日条＊2から、これ以前に所充の定文が作成されたことがわかる。

(158) **朔旦《さくたん》の事と京官《けいかんの》除目《じもく》遅速の勘文《かもん》**　正確には「朔旦冬至により京官除目が遅れたり早くなったりした例の勘文」。古記録本・大成本は「朔旦事・京官除目遅速勘文」とする。

「朔旦の事」は朔旦冬至のこと。十一月一日が冬至にあたることが暦の上で十九年に一度あり、祥瑞とされ、「朔旦の旬」と称される宴が宮中で催された。延暦三年(七八四)に始まるが、同二十二年、弘仁十三年(八二二)、承和八年(八四一)の朔旦冬至の祝賀が先例となる。叙位なども行なわれた。ここでは、朔旦の時に京官除目が遅れたりした例を勘申させたか。但し、勘申の中の除目については朔旦冬至による除目も含まれている。

朔旦冬至の儀については、『左経記』十一月一日条参照。

「京官除目」は、京都に居住する官人を京官といい、それを任命する儀式。いわゆる司召除目《つかさめしのじもく》。外官《げかん》除目(いわゆる県召除目《あがためし》)に対する。京官除目は、はじめ二月であったが、次第に時期が遅れ、秋から冬にかけて二夜または一夜で行なわれるようになり、「秋の除目」とも称した。実際には外官も任命される。

尚、朔旦冬至に関する『小右記』の記述については、三月註6参照。

(159) **昌泰元年**　昌泰元年(八九八)の京官除目について、『叙位除目執筆抄』は二月廿三日とする(入眼の日取りは不明)。朔旦冬至叙位・女叙位について、『日本紀略』十一月の条に「十九日、叙位議、」「廿一日、丙辰、詔免㆓徒罪以下㆒、依㆓朔旦冬至㆒也、又有㆓叙位㆒」「廿三日、女叙位、」とある。

(160) **延喜**(□喜)**十七年**　延喜十七年(九一七)の京官除目について、『叙位除目執筆抄』は五月十九日とする(廿日に入眼)。朔旦冬至叙位について、『政事要略』(巻二五・年中行事二五・十月・同日(朔日)旬事)などは十七日(壬辰)とする。

(161) **天暦九年**　天暦九年(九五五)の京官除目について、『叙位除目執筆抄』は閏九月十五日とする（十六日に入眼）。朔旦冬至叙位について、『政事要略』（巻二五・年中行事二五・十一月一・朔旦冬至会事）などは廿二日（丙辰）とする。

（162）**天延二年**　天延二年（九七四）の朔旦冬至叙位・京官除目について、『日本紀略』十一月の条に「十八日、壬辰、節会、有二叙位一、依二朔旦冬至一也、詔、徒罪以下原免、依レ例也、」「廿六日、庚子、寮（京官カ）官除目始、」「廿八日、下名、」とある。女叙位について、『親信卿記』十一月廿五日条に「有二女叙位事一、其儀如二官奏一、」とある。『三十六人歌仙伝』の「祭主正四位下行神祇大副大中臣能宣」の項に「天延二年十一月廿五日叙二従五位上一、〈朔旦冬至、祭主賞、〉」とある。

（163）**正暦四年（□□）**　正暦四年（九九三）の京官除目について、『日本紀略』に「七月八日、甲午、除目、」とある。十一月の朔旦冬至叙位・女叙位について、『日本紀略』に「十二日、乙丑、朔旦叙位、」「廿五日、戊寅、女叙位、小除目、」とある。また、『小右記』『本朝世紀』正暦四年十一月十二日条など参照。

（164）**寛弘九年**　十二月廿五日に改元して長和元年（一〇一二）となる。朔旦冬至叙位について、『日本紀略』に「十一月廿五日、戊午、（中略）并叙位、詔免二除徒罪以下一、依二朔旦冬至一也、」とある。女叙位について「月日女叙位」とあるのを古記録本は「月日」を「同日」の誤りかとするが、正確な日数を入れなかっただけと思われる。『小記目録』（第七・十一月・朔旦冬至事）に「同月（寛弘九年十一月）廿八日、女叙位事、」とあるが、『御堂関白記』長和二年二月十四日条に「従二大内一給二尚侍（威子）位記一、是去年大嘗女叙位也、未レ給、今日給、」とあり、大嘗会女叙位と考えられる。ちなみに十一月廿一日にも大嘗会叙位がある。『中右記』嘉承二年（一一〇七）十一月廿九日条に「但寛弘九年朔旦与二大嘗会一除目相合之時、」とあり、朔旦冬至と大嘗会の除目が同時になされたとされている。京官除目について、『日本紀略』に「十二月十五日、戊寅、京官除目始、」「十六日、己卯、同、」「十七日、庚辰、下名」とある。『叙位除目執筆抄』なども参照。

（165）**長絹**《ちょうけん》　「例絹《れいのきぬ》」に対し、長尺に織り出した絹布。『延喜式』（巻二四・主計寮上・諸国調条）には「長絹、〈長七丈五尺、広一尺九寸、〉」とある。正月註5参照。

（166）**平綾**《ひらあや》　浮文《うきもん》・固文《かたもん》の綾や、地と文をもとに綾とした綾《あや》地綾《じあや》などに対して、平緒の地に文を綾で織りあげたもの。

（167）**無文綾**《むもんのあや》**三疋〈二疋八丈〉**　「三疋」の後に、小字で「二疋八丈」とあるのは、正確な数字を記したものか。正月註5参照。

（168）**御酒米**　神事で用いられる御酒《みき》（神酒）を作るための米。

『延喜式』(巻四・伊勢太神宮)の「六月月次祭(十二月准レ此)」に「酒米十石、米三石三斗、(中略)雑供料米十五石、」とあり、「九月神嘗祭」に「米三石三斗、酒米十石、雑供料米廿五石、」などとある。八月四日条＊1に見える伊勢斎王の託宣中に「抑光清運二出官舎納稲一放火焼亡、又殺二害神民一」とあり、長元二年から神民と敵対した伊賀守源光清(→八月註43)の濫行により祭の用途にも支障が出たとされる。

(169) **其の事を行なふの郡司**　御酒米を損失させてしまった郡司。伊勢大神宮の伊賀国の神田は、『延喜式』(巻四・伊勢太神宮)に「伊賀国伊賀郡二町」とあり、この郡司は伊賀郡の郡司を指すと考えられる。当時の郡司は、源光清による強奪を受けたという失策により、祓を科せられた。「祓」は前出(→八月註246)。神事を懈怠した者、神社への冒瀆者などに対する刑罰の一種。神祇官は当任の郡司が奉るべきだと勘申したが、伊勢の神人たちは公卿勅使として伊勢に赴いた参議右大弁経頼に、当任の国司(今の国司である行貞)がその損失分を補塡すべきであると主張した。

(170) **京官除目、朔旦の後に行なふべき事**　十四日＊2に勘申された前例を受けて、朔旦冬至後に京官除目が行なわれることになった。尚、原文では「京官」が割注となっているが、古記録本に倣い文意により改めた。

(171) **外記・史、択任《えらびにん》ずべき事**　京官除目を行なう外記と史について選び出すことか。

(172) **大蔵少輔《おおくらのしょうふ》為資の率分《りつぶん》の事**　藤原為資を率分所の別当(勾当《こうとう》)に補すこと。為資は兼頼の家司か(三日条▼a)。「率分」は、大蔵省の正倉に納める官物の十分の二を割いて、大蔵省正蔵率分所に収納したこと。また、その物。「正蔵率分所」は「率分所」ともいい、率分を管掌した機関。率分を貯蔵した倉を「率分蔵」「率分堂」という。大内裏内の東北部(大内裏図D1)にあった。

(173) **明法博士《みょうぼうはかせ》等の事**　正輔・致経の罪名を勘申させる明法博士のこと。八日条▼a・十三日条＊2、註103参照。

(174) **允亮、博士を辞するの後に勘文を進る**　令宗允亮の明法博士辞任の時期は不明。但し、永観二年(九八四)に明法博士とある(『小右記』同年十一月十七日条、惟宗久亮とする)。その後、正暦三年(九九二)六月廿三日に勘解由次官と見え(『小野宮年中行事』)、同四年正月左衛門権佐に任じられている(『魚魯愚抄』)。官位相当位は、明法博士が正七位下、勘解由次官が従五位下、左衛門佐が従五位上なので、辞任はこの頃かと考えられる。

(175) **謹厚《きんこう》の気《け》**　忠実に勤めている様子。

(176) **道成は**　以下の文は割注で書かれているが、書写の誤りか。実資は明法博士令宗道成が良いとしているが、頼通は、老齢・窮乏な上に蓮範・頼賢など(恐らく評判の良くない者)の師匠であるということで難色を示している。

(177) **参入して御前の円座《わろうだ》に着す**　頭弁経任に召された実資が、後一条天皇の御座の前の円座(↓正月註87)に着した。続けて関白頼通の様子を窺って男等(蔵人)を召しているように、ここから実資を執筆の上卿として殿上所充の儀が行なわれる。『左経記』同日条※1に、

頃之右府(実資)并殿(頼通)令二参入一給、右府於二陣座一被レ示云、所充土代僕(経頼)今案也、而引二見故殿御日記一、承平間被レ申二貞信公(忠平)先土代一、次於二御前(朱雀天皇)一被レ書、是有二旧蹤一事也〈ケリ〉、有レ興々々云々、須下頭弁(藤原経任)申二召由一、右府被中参上上、此間余於二陣腋一、召二貞行宿禰一、歟(与カ)二闕所勘文一、仰云、従二其随召一可レ奉者、次於二殿上方一、以二土代文一授二頭弁一、云、是有二内々儀一所レ書也、召レ硯之時密々可レ被二加奉一者、須之(頃カ)右府被レ参二御前(後一条天皇)一、〔関白先令レ参給、次召レ之、〕御装束、以二御木(几カ)帳等一立二亘母屋一、〔女(如カ)二官奏時一〕次菅円座二枚敷二孫廂一、〔当二御座間一、但北南敷レ之、其間四五尺許、〕次召二頭弁一召二勘文一、弁(経任)以二勘文一入二柳筥一〔無二懸紙一〕奉レ之、次召レ硯、同入二柳筥一、〔硯・筆・墨・刀・読紙(続カ)・土代文・水瓶等入レ之、〕蔵人(藤原経季)少将持参、定了右府持二定文一、出二殿上一下二頭弁一、々々給レ之結了、密二申右府一云、蔵人所別当令レ成了者、右府場(出弓脱カ)、令二頭弁奏レ慶給、了重昇二殿上一、

とあり、これより前に陣座で実資が『故殿御記(＝清慎公記)』に書かれた承平の例と共通することを指摘して「有レ興有レ興」と語ったこと、陣腋で経頼が左大史小槻貞行に闕所(別当が欠員である所)の勘文を与えて儀式で奉るよう命じたこと、殿上で経頼が自ら作成した土代の文を頭弁に預けて硯と一緒に上卿実資に奉るよう指示したとある。また、御前の座の装束(設営)や作法についても記されている。註146～152参照。

(178) **定書《さだめがき》せしむ**(×合)　ここでは、『左経記』同日条※1に「是有二内々儀一所レ書也、」とある今回の殿上所充のための土代を経頼に作成させておいたということ。「定書」は、僉議での討議内容を書かせたもの。規約・法令ではなく、天皇が裁可を下すための参考に供されるもの。尚、この土代を基に討議された殿上所充の定書は、執筆を勤めた実資が書き、関白頼通による内覧の後、後一条天皇に奏上された。

(179) **分憂《ぶんゆう》の由**　「分憂」は国司のこと。ここでは、大蔵大輔源頼平が別功(成功の一種)により国司となる予定があるので、今回の所充では特に率分所の別当(勾当)を希望

しなかった。

(180) **御書所《ごしょどころ》・作物所《つくもどころ》等は蔵人**　御書所と作物所は蔵人が別当となる。その命が新たに天皇から下された。

「御書所」は、宮中の書物を管理した役所。天皇の書物を保管する所は「内御書所」と称するが、両者の区別ははっきりせず、鎌倉時代には合併されたとされる。別当・預《あずかり》・開闔《かいこう》・覆勘《ふっかん》・衆《しゅう》・寄人《よりうど》・候人《こうにん》などがいた。今の宮内庁書陵部にあたる。ここでは、承香殿片廂(内裏図c3)にあった内御書所《うちのごしょどころ》のこと。八月註67参照。尚、内御書所では詩壇的活動も行なわれ、花山朝以前の詩宴に幾人かの文人が召される第一期、御前の詩会に引き続く御書所での詩会、あるいは御前の詩会と同題で詩を献じる第二期(後一条朝あたりまで)を経て、天皇の侍読を別当として天皇も臨御する宸遊に準じる格式ある詩会へと発展する。

「作物所」は、「作物司」とも。内裏の南西隅(内裏図a5)、進物所の西にあって、天皇家の私的な需要や内裏の儀式のために、調度類の製造・彫刻、鍛冶などに従ったところ。内匠寮《ないしょうりょう》の雑工から分離した機関。別当・預・案主・雑工などがいた。

(181) **下官《げかん》(=実資)を以て蔵人所別当と為《な》すの由、仰下《おおせくだ》さる**　頭弁経任から、実資を蔵人所別当とする後一条天皇の命が伝えられた。

後一条朝の蔵人所別当は、藤原顕光が寛仁元年(一〇一七)に補され、治安元年(一〇二一)五月に辞した後は空席になっていた。その後、頼通がなったとする見解に従えば、実資は頼通から譲られたことになる。しかし、摂政・関白・太政大臣が兼帯した例は、伊尹が天禄元年(九七〇)十月になったことが例外としてあるだけであり、空席であった蔵人所別当に補されたと考えられる。実資は、後一条・後朱雀・後冷泉の三天皇の蔵人所別当を勤めた。

蔵人所別当の補任は殿上所充とは別枠であるが、『範国記』長元九年(一〇三六)十二月十四日条に「以㆓右大臣(実資)㆒被㆑補㆓蔵人所別当㆒、(頭中将良頼(藤原)朝臣奉㆑仰下㆓出納㆒)即参㆓弓場殿㆒、以㆓頭中将㆒被㆑奏㆓慶賀之由㆒、或人云、所充次、被㆑定㆓蔵人所別当㆒、」とあるように、後朱雀天皇の時も殿上所充の次いでに補されている。また、『台記』久安三年(一一四七)六月十七日条に「後日、範家語曰、蔵人所別当事、範家、以㆓内侍宣㆒仰㆓出納㆒、依㆓近例㆒不㆓書下㆒也、」とあり、『西宮記』(臨時七・天皇譲位事)に「大臣於㆓新帝御前㆒、定㆓殿上人王卿已下㆒、(先補㆓所別当㆒、下㆓宣旨㆒、下㆓左近陣㆒、昇殿者奏㆑賀、)」とある。

後一条天皇の口宣《くぜん》によって蔵人所別当に任命された実資は、弓場殿(内裏図b4)に移動して頭弁経任に慶賀の由(任官のお礼)を奏上させ、自らは拝舞している。また、翌十七日条▼bに『清慎公記』から養父実頼が天慶八年(九四五)十二月に数所の別当となり、翌九年五月に蔵人所別当となった時の記事を引用し、自らを養父と感慨深く対比させている。

(182) **未だ申文《もうしぶみ》せしめず**　大納言藤原能信が、復帰後まだ申文の上卿をしたことがなかった。吉日であるこの日に最初の申文を行ないたいが、自分より上臈の者がいては具合が悪いと実資に訴えている。それに対して実資は、気配りをして「(自分が退出するから、)その後で申文の儀を行なっては如何か」と答え、定文を奏する頭弁経任からも手紙で問い合わされ、同様に、自分が退出し、能信に上卿を勧めてもらう旨を伝えている。

(183) **内印《ないいん》の事**　「内印」は前出(→正月註187)。内文《うちぶみ》(発給に際して内印を捺すべき文書)や位記作成のため、内印(天皇御璽)請印を行なうこと。『左経記』同日条▽aに、資平が外記政《げきせい》(衙政《がせい》)と内文・位記請印の上卿を行なったとある。

(184) **九ヶ所**　殿上所充により、実資は九ヶ所の別当に補された。『左経記』十三日条※2から左右京職別当、『東南院文書』二〇一「東大寺俗別当補任官牒注文」と『東大寺別当次第』から東大寺別当に補されたことがわかる。また、前日条(十六日条＊1)から蔵人所別当になったことがわかる。他は不明。

(185) **『故殿天慶八年十二月十六日御記(＝清慎公記)』に云はく**　『故殿御記』は前出(→正月註200)。『清慎公記』。ここでは、天慶八年(九四五)当時右大臣であった記主実頼と朱雀天皇の遣り取りが記されている。

(186) **前例を勘ふるに**　前例を勘えたのは実頼で、「云々」までと判断される。ここで前例となった延喜九年(九〇九)の例は、殿上所充の初見とされ、左大臣藤原時平の薨去により、右大臣源光が八ヶ所の別当に補されたもの。尚、『公卿補任』延喜九年の権中納言「藤原忠平」の項に「五月十一日為二蔵人所別当一」とあり、この時の蔵人所別当には忠平が任じられた。註138参照。

(187) **贈太政殿下(＝時平)薨(×夢)じ**　藤原時平は、延喜九年四月四日薨去。

(188) **東・西・延暦等の寺、内記・内豎《ないじゅ》所、内蔵寮、穀倉、陰陽寮《おんようりょう》等**　延喜九年当時の右大臣であった源光が補された別当八ヶ所。このうち、東寺・西寺・延暦寺は俗別《ぞくべっ》当《とう》で、諸大寺の寺務を総轄する僧職の別当に対し、伽藍修築・度牒・試度などの庶務を行なう。註138参照。

(189) **同九年五月六日**　『清慎公記』天慶九年(九四六)五月六日条。『公卿補任』天慶九年の右大臣「藤原実頼」の項に

は「五月四日為㆓蔵人所別当㆒」とある。『貞信公記抄』天慶九年五月三日条に「右大将(藤原師輔)於㆓御前㆒略㆓定諸司・所々別当㆒書、依㆑仰将来、」とあるので、この時に実頼を蔵人所別当に補すなどの大略が定まり、四日に宣旨が下り、六日に実頼の許に伝えられ、雑色以下が慶賀にやってきたと考えられる。

(190) **云々**　この「云々」は省略を意味する。

(191) **彼の所の雑色《ぞうしき》以下**　蔵人所の雑色など、雑役を勤める下級官人。宇多天皇の頃には、雑色八人・所衆《ところのしゅう》二十人・出納《すいとう》三人・小舎人《こどねり》六～十三人・滝口《たきぐち》十～三十人・鷹《たか》飼《がい》十人に、候人《こうにん》も属するという構成をとっていたとみられる。蔵人所の「雑色」は、名誉ある職で、公卿の子孫やしかるべき諸大夫が補され、やがて蔵人に転じることもあった。

(192) **本府(＝右近衛府)の庁の屋上の葺・壁三**　右近衛府庁の屋根の茅葺きと壁の修理。「壁三」とは、『延喜式』(巻三四・木工寮)では方一丈を単位基準とするので、方三丈のことをいうか。あるいは、壁三個所という意味か。

(193) **成功《じょうごう》**　前出(↓二月註171)。将監菅原義資がこれから私財を投じて右近衛府の修繕を行ない、以下の国々のいずれかの国司に任命されたいと願い出た。

(194) **隠岐・飛驒・佐渡等の国の最前の闕**　隠岐・飛驒・佐渡の三国のうちで最初に闕国になったところ、という意味。上記の成功により任国を求めたもの。「請に依れ」とあることから、この申請は認められたと考えられるが、菅原義資がこれらの国司に任じられたことは、史料上確認できない。

(195) **甲斐守《かいのかみ》頼信**　ここで源頼信は、以前(七月一日＊1、七月註5)に申請した丹波国に代えて、美濃国を申請している。翌長元五年二月五日～八日の除目で美濃守に任じられており、『類聚符宣抄』(第八・任符事)所収の美濃守源頼信奏状に「今月八日遷㆓彼国守㆒」とある。尚、この時、頼信は任国の甲斐国におり、権僧正尋円に実資への取り次ぎをさせているが、『左経記』四月廿八日条※1に、平忠常の降伏を伝える頼信の書状が尋円の許に送られたとあり、両者の関係は以前からあった。

(196) **母の成菩提《じょうぼだい》の仏事**　母の菩提を弔う仏事。頼信の母については『尊卑分脈』でも、藤原致忠の女とする説と藤原元方の女とする説の二つがある。

(197) **云はく**　権僧正尋円が頼信の申請を伝えた上で、実資に判断を求めた言葉。以下、実資と尋円との対話が続く。

(198) **自情**　自分の心の内。ここでは頼信の気持ち。実資としては、丹波国でも美濃国でも、頼信の意に任せ、自分が云々することではないとしている。但し、頼信の年内

（来年正月の除目前）の任官については入京が必要だという見解も示している。

(199) **坂東の者**　坂東（東国）の武者。

(200) **我が心也**　（官爵を得たいということは）自分の願（心）なのである。

(201) **人口《じんこう》に由《よ》るべからざる耳《のみ》**　「人口」は、他人の口ということ。世間の人々のうわさ、という意味もある。ここでは、（頼信の希望通りにするから）尋円を通してでなく、直接言いに来るように、ということ。古記録本の頭注は「コレヲ不快トス」とあるが、本条の文面から実資が不快感を示していたとするのは深読みか。

(202) **信濃《しなの》坂**（信乃坂）　東山道の最大の難所とされた美濃・信濃国境にある神坂《みさか》峠を指すか。但し、当時は駅伝制が衰微しており、規定の駅伝路を通るとは限らないので、あるいは坂の多い信濃国の道を漠然と指しているか。

(203) **若《も》し他国に召遷《めしうつ》され**　頼信が最初に希望した丹波国ではなく、他国（美濃国）の国司に任じられて。それから満足したとして上京するのは、道理に合わない。実資は、頼信から直接申請されていない現段階では、奏上や関白頼通への通達は控えた方が良いとしている。

(204) **上計《じょうけい》**　上策。良策。すぐれたはかりごと。

(205) **民烟《みんえん》**　一般庶民の家。民家。

(206) **避申《さけもう》すべからず**　言い逃れできない、弁解の余地がない。

(207) **致経の申状《もうしじょう》**　三月九日条＊2に、平正輔とその弟正度の合戦について平致経の申文に書かれていたとある。三月註103参照。

(208) **三人の罪名**　正輔・正度・致経の三人の罪名。

(209) **明法博士《みょうぼうはかせ》をして勘申《かんじん》せしむべし**　明法博士は令宗道成と利業であるが、『左経記』十月七日条※1に、利業は宣旨の文を誹謗したとのことで、この役から外されたとある。明法博士の他に、大外記小野文義が令宗允亮の例によって罪名勘申の役に加えられた。

(210) **儒職**　十六日条▼aに「允亮辞㆓博士㆒之後進㆓勘文㆒、依㆓彼例㆒令㆑進如何、」とあるので、明法博士の職を指すか。

(211) **明順の造稲荷社《いなりしゃ》**　高階明順による稲荷社の造営については不明。恐らく成功のために稲荷社造営を請負ったのであろう。「稲荷社」は前出（↓八月註90）。

(212) **覆勘する史利貫・愛親等の罪名勘文**　割注の「永祚二年、明順造稲荷社、不造々、覆勘史利貫・愛親等罪名勘文、」は、稲荷社の造営を請負った高階明順が造立したか、造立しなかったかで二通りの解釈が成り立つ。前者（造立した）とすると、「永祚二年、明順、稲荷社を造るに、造らざるの（×々）覆勘する史利貫・愛親等の罪名勘文」と読み、明順が造立したにもかかわらず、造立しなかったと覆勘した二人の罪名を勘申したということ。後者(造立しなかった)とすると、「永祚二年、明順の造稲荷社、之(×々)を造らざるに、覆勘する史利貫・愛親等の罪名勘文」と読み、明順が造立しなかったのに造立したと覆勘した二人の罪名の勘文ということ。ここでは、覆勘は功を成した証明として作成されるもので、明順にとって有利なように史が偽って作成したと考え、後者にした。

「覆勘」は前出(↓正月註134)。解・売券など役所に提出された文書の記載について、刀禰・郡司・別当などの担当係官が審査を加えて保証すること。中世では、訴訟手続において、判決に不服のある時、当事者が引付頭人方に申請し、理由が認められた時に再び審理を行なうこと。

(213) **伊勢国司(=行貞)の申文《もうしぶみ》** 明法道に正輔・致経・正度の罪名を勘申させるために下された書類Ⓐ。三月廿一日条＊1に「伊勢国司進正輔・致経等合戦間申文、〔副二進両人消息状等一〕」(↓三月註183)とある申文《もうしぶみ》で、正輔・致経両人の書状・日記などが添えられていた。九月八日条▼aの審議で取り上げられた「伊勢国司の解文」(↓註99)に相当する。

(214) **正輔・致経等、国司に送る書状** 明法道に正輔・致経・正度の罪名を勘申させるために下された書類Ⓑ。三月廿一日条＊1(前註参照)で、「伊勢国司の申文」(書類Ⓐ)に添えて提出されたとある「両人の消息の状等」に相当するか。九月八日条▼aの審議で取り上げられた「正輔(□輔)・致経等の書状」(↓註100)に相当する。

(215) **証人の申文** 明法道に正輔・致経・正度の罪名を勘申させるために下された書類Ⓒ。正輔・致経双方が証人として出した者たちの言い分をまとめた記録。二月一日条＊3に「証人と称する者の申詞《もうしことば》の勘問日記《かんもんのにっき》」(↓二月註8)や、三月九日条＊2に在庁官人が大原為方を殺害した犯人を捕らえて作成した「勘問日記」(↓三月註101)などを含めて総称したものか。

(216) **正輔・致経の申文** 明法道に正輔・致経・正度の罪名を勘申させるために下された書類Ⓓ。日記・調度文書と共に提出されたか。三月註102・九月註101参照。十三日条＊2にも「正輔・致経の申文、調度文書」とある。

(217) **使庁日記** 明法道に正輔・致経・正度の罪名を勘申させるために下された書類Ⓔ。検非違使庁が正輔・致経両人の従者を取り調べた調書。八月註282・362参照。「日記」は前出(↓正月註447)。註102参照。

(218) **折加《おりくわ》へて** 相加へて、という意味か。あるいは、折り込んで加えるか。「折」に機会・場合などの意があり、場合に応じて付す、ということか。

(219) **面して仰すること** 面と向かって命じた、ということ。

(220) **院(＝彰子)の御物詣《おんものもうで》** 上東門院彰子の八幡・住吉・天王寺への御幸。廿五日条＊1▼aに、華美のありさまが記されている。

(221) **難申《なんじもう》すべからず** (困ったことだけれども)誰も文句を言うことはできない。批判してはいけない。「難ずる」とは、非難する、悪く言う、咎める、の意。ここでは御物詣の過差に対する非難の意が込められている。

(222) **光清配流の事を行なふ** 実資が前年(長元三年)十二月に源光清の配流を宣下したということ。八月註43参照。

(223) **相通并びに妻(＝小忌古曾)を流す事を奉行し** 八月八日＊4に相通夫妻の配流を上卿として行なった。

(224) **忠常を追討する事、同じく宣下する所** 『小右記』長元三年(一〇三〇)九月六日条に、

頭弁伝仰云、甲斐守頼信、殊給二官符国々一、相倶可レ追二討忠常一事、進レ米之国々可レ進二様米一事、其後給二検非違使一可レ令レ行事、故政《(源)》職処分事、可レ禁二美服一事、皆以仰下、

とあり、源頼信に平忠常を追討させる宣旨を実資が仰下している。実資はこれらの凶事に関わる処置に責任者として臨んだので、その悪い影響が自分に及ぶのではないかと危惧している。

(225) **追討使** 反乱や凶賊を追討するために朝廷から派遣される使。「追討宣旨」を蒙って任命される。平忠常の乱では、検非違使平直方と中原成通が任命されたが、長元三年九月六日に直方が更迭され、代わりに起用された甲斐守源頼信が忠常を捜索している最中に類従《るいじゅう》(家来)が多く死んだということ。

(226) **伝宣の人多く攸《うれえおそ》恐る** 天皇の命を行使させる人は非常に危害が及ぶのではと恐れる。「伝宣の人」は、宣旨を承わって宣下する(仰下す)人。ここでは実資自身を指す。「攸」は、①水のゆったり流れるさま。②ところ(「所」「由」「以」「用」「从」に通じる)。③長い、遠い。④おさめる(「修」に通じる)。⑤のびやか、わらう。⑥はやい。⑦危ないところ、憂えるさま。などの意がある。あるいは「伝宣の人多く恐るる攸《ところ》なり」と読むか。

(227) **法家《ほうけ》の勘状許《ばかり》は、計《はかりみるに》也、軽からざる歟** 法家の(正輔・致経の罪名についての)勘申の範囲では、まだ出ていないが、察するところ軽くない、という意味か。但し、古記録本は「許《(罪カ)》」とする。「計也」は前出(↓正月註104)。

(228) **寸心《すんしん》** こころ。ここでは、実資の正直な気持ち。

(229) **寛恕《かんじょ》の法** 刑を軽くする処置をとること。「寛恕」は、心が広く、思いやりのあること。また、心が広くて、過

ちなどを咎めだてせず許すこと。

結果として、閏十月廿七日◆5の陣定で罪名が決まった後、廿七日◆6に実資の奏上で両名を優免(宥免)するとされた。註105参照。

(230) **五位の畿外に住むは、制法已に行はる** 『類聚三代格』(巻一九・禁制事)に太政官符「応レ禁三止五位以上及孫王輙出二畿内一事」(寛平七年〈八九五〉十二月三日付)がある。

(231) **立断** 臨機の決断。立って切ること。断ち切れる、ということで、(事が大きくない段階から徹底して規制すれば)濫悪なことが総てなくなる、という意か。ここでは、死罪になるような罪は問わないようにして、小さな罪を取り締まる臨機応変の処置をする、ということか。

(232) **暗にして一定《いちじょう》し難し** (放火の件についてよくわからないので)どちらの言い分が正しいのかわからない。「一定」は前出(→正月註463)。

(233) **法家に下勘せらるる** 明法博士たちに下して罪状を勘申させる。

(234) **自《みずか》ら仰せらるるの事** 実資が自ら「寛恕の法」によって罪を軽くすることを仰す、という意味。関白頼通のこの詞を聞いて、実資は、大方「優(優免＝宥免)」にすべきで、配流を多くすることは極めて恐れ多いと記している。

(235) **宣旨の文、相改めて之を奉る** 関白頼通に指摘された放火の部分を訂正して、実資が改めて関白に奉った。

(236) **最吉なり** 最も良い。宣旨の文案に非の打ち所がない。

(237) **岡屋《おかのや》** 山城国宇治郡の岡屋郷。『小右記』万寿二年(一〇二五)十一月廿六日条に、

今日内府向二岡屋一、加レ塩湯治七ヶ日許云々、従二河尻一入二小船一運二維時朝臣宅一、近辺宅并往還人可レ取二事煩一云々、

とあり、内大臣藤原教通が塩湯治のため岡屋に赴いた際、平維時の邸宅に入ったとある。維時の邸宅に関する記述は、『扶桑略記』治安三年(一〇二三)十月廿五日条に「申刻、留二宿前常陸介維時之宅一、簾帷加レ飾、盃盤尽レ珍、」とあり、藤原道長が高野参詣の途次に立ち寄っている。ここに厩があって、馬を養っていたと考えられる。岡屋は、古代以来摂関家・近衛家に伝領された岡屋荘の中枢地であり、十三世紀には関白近衛兼経が、別業岡屋殿を営んでいる。

(238) **進退惟谷《これきわ》まる** 窮して進むことも退くことも如何ともできないこと。「惟」は「維」と同じ。「谷」は「窮」の意。

(239) **臂《ひじ》に大腫** 肘に大きな腫物ができた。

(240) **寸白《すばく》** 「すんばく」「すばこ」とも。条虫《じょうちゅう》などの寄生虫。また、その虫によって起こる下腹部の痛む病気。後

世には、婦人の下腹部の痛む病気または婦人の生殖器病の総称となり、「白帯下《はくたいげ》」「しらち」ともいう。尚、『左経記』六月廿七日条▽bに、平維時が病気のため上総介を辞したとある。

（241）**雄業を遣はす**（平維時の病気見舞に）実資が雄業を遣わした、ということか。

（242）**馬、所々には貢ぜず**（維時が）他の人には馬を貢がないが、という意味。馬が一匹だけあるので、実資だけ特別に差し上げたい、厩屋の厩に預けてあるので、実資の命を受けて進上する、とも言っている。

（243）**船の事**　美作国に造作が割り振られ、知行国主である実資の命で造立させていた船のこと。上東門院彰子の物詣で用いられる。二日条＊2、註3参照。

（244）**檜皮《ひわだ》**　前出（→二月註167）。檜・杉・椹《さわら》などの樹皮を屋根に葺いた。檜皮葺。女院の御幸に用いた船は、檜皮葺といい、檜皮葺の船屋形を設けた船。貴族の御座船の典型で、屋形は朱塗り、多数の金物で装飾され、華麗を極めた。主として淀川水系で使われた。後に発展して近世大名の川御座船となる。尚、貴族の社寺参詣などに使われた大型の艜船《ひらたぶね》は、瓦という胴（船首と船尾の間）の部分を二材結合して、より長大な船体としたため「二《ふたつ》瓦《がわら》」と呼ばれた。廿五日条＊1、註250 300 324 327も参照。

（245）**万寿五年の大間《おおま》**　「大間」は前出（→二月註116）。大間《おおま》書《がき》のこと。除目《じもく》に用いる文書で、闕官《けつかん》の職名を書き連ね、任官決定後に新任者の姓名を書き入れた。そのため行間を広く空けてあるので、この名がある。万寿五年は七月廿五日に改元して長元元年（一〇二八）となる。『日本紀略』同年二月の条に「十七日、壬午、除目始、右大臣執筆、」「十八日、癸未、同、今日、虹見ニ清涼殿前庭ニ」「十九日、甲申、同、寅刻事了、」「廿二日、丁亥、（中略）同日、除目召名（下カ）、」とあり、実資が執筆を勤めている。『左経記』同年二月廿一日・廿二日条も参照。後一条天皇にとって最初の除目であるから、書写させようとしたか。実資は、翌廿一日▼aに尻付《しづけ》も書き入れるかを尋ねさせている。この時の除目について『栄花物語』（巻三〇・つるのはやし）に、

かくいふほどに、日ごろは過ぎて、二月二十日のほどに除目ありて、殿の中納言は大納言になりたまひぬ。国々の受領さまざまになり、集まりよろこび申す。中宮大夫は民部卿になりたまひぬ。

とあり、権中納言藤原長家が権大納言に任じられ、大納言中宮大夫藤原斉信が民部卿を兼任したことを特筆している。

（246）**二娘《にじょう》病悩す**　資平の二番目の娘（次女）の病。この後

の経過については、廿六日▼aに未だ病が回復しないのに女院物詣の見物に行ったという記述があり、また廿八日▼a▼bに少し良くなり病者は受戒したとある。

(247) **減気**　病気の勢いが衰えること。病気が快方に向かうこと。治療や祈禱の効き目が現われること。

(248) **種々の霊・貴布禰《きふね》明神・天狐**　(資平の次女の病が)怨《おん》霊《りょう》・物怪《もっけ》や貴布禰社(↓七月註161)の神の祟、狐の霊などの憑《つ》きものが原因であるとされた。

(249) **長日の修法并びに他の善事**　種々の仏事。ここでは密教修法と読経などか。但し、その効験はなかった。

(250) **美作の艤舟《ぎせん》の障子**　美作国が装束を整えて準備する船(↓註244)の障子。「艤(ふなよそおい)」は、船具を整えて出船の用意をすること。

(251) **尻付《しづけ》**　前出(↓二月註120)。万寿五年(長元元年)の大間を書写して奉れという後一条天皇の命を受けて、実資が書き入れた尻付も書き写すのかと、天皇の意向を尋ねさせている。

(252) **斎院内親王(＝選子)、今月廿五日、院を出でらるべしと云々**　賀茂斎院選子内親王が、体調不良を理由に退出し、出家すること。『左経記』廿日条※1・廿一日条※1参照。

(253) **此の由を聞《ぶん》せらる**　関白頼通の考えを女院彰子に申し上げた。

(254) **関白城外の程**　関白頼通も上東門院彰子の物詣に随行し、城外(京外)にある間、という意味。その間に、斎院の退出という大事があることを懸念している。

(255) **三局《さんきょく》の史生《ししょう》〔大膳職・主税寮の奏、皆、左弁官の史生なり。〕の宣旨二枚**　底本は本文(一行)で書くが、意により割注とした。「三局《さんきょく》の史生《ししょう》」は前出(↓八月註360)。八月廿九日＊1に認められた宣旨が下された。

(256) **遂ぐること有らば**　(上東門院の物詣以前に)斎院を退出するのであれば。前日(廿一日＊1)に関白頼通の意向を伝えていたにもかかわらず、選子内親王は返事もせずに物詣前の退出を決めた。その気持ちに沿って行なうならば、今日は陰陽道の忌などがなく、良いとされた。

(257) **重・復、并びに御衰日《ごすいにち》等の忌《いみ》**　重日《じゅうにち》(↓八月註86、巳・亥)・復日《ふくにち》(↓二月註88、九月節の復日は戊・己)・御衰日(↓二月註197)の忌。

(258) **一定《いちじょう》の後**　退出のことが決定した後。それを受けて、前例などを勘申させる手続きをする、ということ。この後、実資は大外記小野文義を召して勘申を命じているが、文義は既に斎院の仰を受けており、国史(六国史)を調べて該当記事がないことを確認し、更に局《きょくの》日記(外記日記)を調べると言っている(同日条▼a)。

(259) **思慮多端《たたん》**　あれこれ思い悩んでいる。ここは関白頼通の詞であるので、前々日(廿日▼a)に実資が両者の宥免(優免)を願ったことを受けた上での解答。減刑を考えているということ。

(260) **斬刑《ざんけい》** 律令における五刑(笞杖徒流死)の死、すなわち死刑の一。死刑には、頸を縛る絞と首を切る斬の二種あるが、斬の方が重かった。死刑の執行には天皇へ三度覆奏することを要した。弘仁元年(八一〇)に藤原仲成が誅されてから、死刑の判決は下されても同時に恩赦によって死一等が減じられて遠流となることが慣例化し、保元元年(一一五六)に源為義が斬せられるまで、死刑執行は(正式には)なされなかった。

(261) **遠流《おんる》** 五刑の一。遠隔地への強制移住と移住地での一年間の強制労働を組み合わせた刑罰。罪の重さによって配所に差があり、遠(伊豆・安房・常陸・佐渡・隠岐・土左)・中(諏訪〈のち信濃〉・伊予)・近(越前・安芸)の三等があった。

(262) **解官《げかん》** 官職を解くこと。官職を免ずること。解任。免官。解官は本来、付加刑であるが、平安中期から正刑として扱われる。
　ここでは、正輔・致経の罪を減刑するようにという廿日▼aの実資の要請に対して、関白頼通が、慣例として行なわれていた死罪を減じて遠流にした上、更に遠流を減じて解官にするということか、と尋ねている。また、官位のない致経の場合はどうするかという問題も指摘している。

(263) **案内《あない》を知らざれば、申す所有《あ》る平** 関白頼通自身が案内(法律などの事情)に通じていないので、実資に意見を求めた、ということか。あるいは、実資が減刑を願い出たという経緯を知らない者が、とやかく言うかもしれない、ということか。

(264) **局《きょくの》日記**(日×) 前出(→七月註181)。外記日記。

(265) **彼の院の別当右大弁**(=経頼) 斎院の別当である参議右大弁源経頼。『左経記』廿一日条※1にも「為㆓院別当㆒已及㆓多年㆒、此時不㆑致㆓愚忠㆒、斯(期カ)㆓何時㆒乎、仍明日出御之間、欲㆓参仕㆒、如何、」とある。関白頼通からの消息により、斎院退出のことを実資に伝えに来た頭弁経任は、経頼に問い合わせて、報告を得たら、関白の所に来ないで参内し、奏上すると言い、経頼の参入、奏上の後、先例を勘申せよ、斎院の警備をどうするか、という天皇(と関白)の仰を伝えた。これに対し実資は検非違使に守護させるのが良いと答えている。経頼は斎院の別当であったので、『左経記』にこの間の経緯が詳しく記されている。

(266) **暫之《しばらくありて》** 「頃之」(→正月註15)と同じ。

(267) **国史** 「天長八年十二月壬申」及び「同月癸酉」はどちらも『日本後紀』逸文であり、『類聚国史』(巻五・神祇部五・賀茂斎院)に同文が見える。「延喜廿年閏六月」及び「同年八月廿日戊寅」については、『日本紀略』の条文と共通しており、『新国史』あるいは『外記日記』の逸文である可能性がある。

(268) **天長八年十二月壬申** 『日本後紀』天長八年(八三一)十二月壬申(八日)条の逸文。淳和天皇の時代に起こった初代斎院有智子内親王(八〇七〜八四七)退出の例。『類聚国史』(巻五・神祇部五・賀茂斎院)に、

壬申、替二賀茂斎内親王一、其辞曰、天皇〈我〉御命〈尓〉坐、掛畏皇大神〈尓〉申給〈波久〉、皇大神〈乃〉阿礼乎止売〈尓〉進〈礼留〉内親王、齢〈毛〉老、身〈乃〉安〈美毛〉有〈尓〉依〈弖〉、令二退出一〈留〉代〈尓〉、時子女王〈乎〉卜《ウラ》食《ヘ》定〈弖〉進状〈乎〉、参議左大弁正四位下藤原朝臣愛発〈乎〉差使〈弖〉申給〈波久止〉申、并奉幣、

とある。『日本紀略』も参照。

(269) **同月癸酉** 『日本後紀』同年同月癸酉(九日)条の逸文。『類聚国史』(巻五・神祇部五・賀茂斎院)に「癸酉、為二前賀茂斎内親王相替一、祓二于鴨川一」とある。『日本紀略』も参照。

(270) **延喜廿年閏六月** 『新国史』逸文か。醍醐天皇の時代における宣子内親王(九〇二〜九二〇)の例。『日本紀略』延喜二十年(九二〇)閏六月九日条に「今上第二皇女賀茂斎院宣子内親王薨、」とあり、八月廿日条には「奉二幣賀茂社一、告二申斎院宣子内親王薨逝之由一、使参議藤原恒佐朝臣、」とあり、本勘文と『日本紀略』の記述は共通の素材に拠っている可能性が考えられる。更に「検二国史一云」として本条が引かれていることから、承平六年(九三六)に編纂が開始され未完に終わった『新国史』の逸文である可能性が高い。

(271) **天長の例、事由《ことのよし》を申されざる歟** 天長の例では、有智子内親王に替わり新たに時子女王(?〜八四七)が卜定されたことを賀茂社に報告しているのであり、有智子が退下したことだけを報告しているわけではない。関白頼通は、新斎院卜定前に退下の由を申す使を賀茂社へ遣わすかどうかを実資に諮ったのであろう。

(272) **大事有るの間** ここで問題にされている選子内親王の退下と、それに伴う賀茂社への報告・奉幣。

(273) **参り給ふべからざるの気色《けしき》** 関白頼通が御供をしないのならば、上東門院彰子が物詣そのものを中止すると言っていること。

(274) **早晩は御定に在り** 賀茂社への報告・奉幣を早くするか遅くするかは、後一条天皇(関白頼通)の御定次第であ

る。実際に廿五日の上東門院物詣以降とされた。

(275) **抑《そもそも》、閏六月斎王薨ず**　延喜二十年の例を挙げている。斎院宣子内親王が閏六月に薨じて、奉幣したのは御占《みうら》と同じ八月廿日であり、一月(実際には二ヶ月半)の間隔があったのだから。

(276) **此の間**　今回の場合も。一月程度で奉幣の決定をすればよいとされたが、実際には、十月五日に決定し、十一日に藤原資平を奉幣使として斎院退出の由を奉幣している。『日本紀略』『小記目録』『左経記』参照。

(277) **維摩会《ゆいまえ》の不足米の宣旨**　興福寺維摩会に必要な米が不足しているので、実資に提出させるための宣旨。この宣旨を持ってきた藤原経輔は、勧学院の別当。

「興福寺維摩会《ゆいまえ》」は南都三会《なんとさんえ》の一。十月十日より七日間、平城京の興福寺(→正月註455)で維摩経または無垢《むげ》称経《しょうきょう》を講説する法会で、淵源は藤原鎌足《かまたり》・不比等《ふひと》の時代に遡り、天平宝字元年(七五七)には藤原仲麻呂・光明皇后の水田施入もなされ、延暦二十一年(八〇二)、勅旨により毎年興福寺でなされることになった。国家法会として、藤原氏の勅使が遣わされ、氏の貴族が参集するよう規定されていた。南都三会では聴衆を前にして問答形式による経典の講説がなされるが、これらの法会の講師を勤めることは南都の学僧にとって最高の栄誉であった。

(278) **中将(＝兼頼)の随身四人に装束を給ふ**　翌廿五日＊1に物詣に出発する上東門院彰子に兼頼が扈従するため、特別に配給されたもの。随身についても各家で華美な装束がしつらえられたようで、廿五日条＊1に「随身装束不レ憚二憲法一、似レ忽二王威一、天下之人上下愁歎、」とある。

尚『左経記』同日条※1に、

近江前司(源済政)参入、申云、石清水・住吉・天王寺御経供養講師并別当等、皆儲二織物一、自余所司并神人皆儲二疋絹一、是依二故東三条院(藤原詮子)例一所二用意一也者、又遊女等定賜歟、如レ然之料相二合所レ儲之疋絹一、惣三百疋許也云々、

とあり、参詣先の講師・別当・神官・神人らへの禄が東三条院藤原詮子の例によって用意され、それに遊女への分を足して疋絹は三百疋にもなったとある。

(279) **衵《あこめ》**　表衣《うえのきぬ》と肌衣との間にこめて着る衣。袿《うちき》より裾を短く仕立て、多く幼童が用いた。あこめぎぬ。また、束帯《しょうぞく》の時、下襲《したがさね》の下、単衣《ひとえきぬ》の上に着けた裏付きの衣。寒暑に応じ、好みに任せて数領重ねたものを衵重《あこめかさね》という。

(280) **擣《とう》**　打衣《うちぎぬ》。擣衣《とうい》。衣に糊を引き砧《きぬた》に張り、杵でたたいて固くなめらかにした衣。装束の場合は、衵に打衣を用い、打衵と称する。

(281) **狩袴料《かりばかま》の六丈の細美布《さよみぬの》** 狩袴を仕立てるための六丈幅の上質の麻布。
「狩袴」は、地下《じげ》が狩衣の下に着る幅の狭い六幅《むの》の括袴《くくりばかま》で、堂上が用いる八幅《やの》の指貫《さしぬき》に対していう。

「細美布」は、「貲布」「細貲」とも。「狭読(さよみ)」の意とされる。「よみ」は糸を数える意。縦糸の少ない布で、奈良時代、科木《しなのき》の皮の繊維で細かく織った布、または細い麻糸で織った布。調布として貢物にされ、中世まで、民間でも用いられた。さゆみ。さいみ。しなぬの。

(282) **今日、女院(=彰子)、八幡・住吉・天王寺に参り給ふ** 上東門院彰子の物詣。その出立の様相が記されている。
『栄花物語』(巻三一・殿上の花見)に、
かくて長元四年九月二十五日、女院、住吉、石清水に詣でさせたまふ。これにさぶらふ人は、かひがひしきことにぞ思ひける。
とあり、以下、その様子が詳しく記されている。

(283) **世以て奇(×寄)と為す** 『小右記』では、随身の装束や用意された御船の華美を「狂乱之極、已在二今度一般(歟カ)、」としたり、出家者である女院の奉幣に対する疑義が呈されているだけでなく、「或云」として廿五日「庚午」・廿六日「辛未」の日に仏事を修することが「不快」とされていたこと、『左経記』同日条※3(註298の続き)にも

「或云、今日午剋是天網時、已不快云々、」とあり、出発した時刻が悪いと批判されていたことが記されている。

(284) **扈従《こじゅう》の上下の狩衣《かりぎぬ》装束** 御供に付き従う人々の狩衣などの装束。

(285) **色々の折花《おりばな》、唐綾羅《からのりょうら》** 「折花」は前出(↓註13)。簪のこと。「折枝」とも。「唐綾羅」は舶来の絹(あやぎぬとうすぎぬ)。これを五重にも六重にもしていたということか。

(286) **其の襖《あお》の繡《ぬい》は二倍文《ふたえもん》の織物《おりもの》** 狩衣の一番上に着る部分である襖の刺繍に二倍文を施した織物が使われたということか。
「襖」は武官の制服で、襴《らん》がなく、両方の腋《わき》を縫い合わせずにあけ広げたままのもの。地質に位階相当の色の制があるので、「位襖《いあお》」ともいう。わきあけの衣《ころも》。闕腋《けってき》の袍《ほう》。但し、狩衣のことを「狩襖《かりあお》」ということもある。

「二倍文」は、地文のある上に、更に別の糸の模様を付けたもの。

(287) **下衣《したのきぬ》等は何襲《いくかさね》かを知らず** 「下衣」は、内衣の最も肌近くに着る衣。ここでは、襖の下に着ている下着が幾重もあった、ということか。あるいは、襲色目《かさねいろめ》で華やかさを演出する「したがさね(装束や布袴《ほうこ》の袍の下に重ねる内衣)」が何重になされていたかわからないほどき

らびやかだった、ということか。

(288) **憲法を憚らず**　禁制に拘泥されない。「憲法」は、きまり、おきて。

(289) **唐錦《からにしき》**　前出(↓八月註261)。

(290) **愁《なまじい》に以て見物す**　実資は気が進まなかったけれども、娘千古にせがまれて上東門院物詣の行列を見物した。

(291) **未時許《ひつじのときばかり》、参り給ふ**　実資と娘千古が見物していた中御門大路と室町小路の交差点を未の時(午後二時頃)に通過した。尚、上東門院彰子の出発は、『左経記』同日条※1に「午剋上東門院令㆑参㆓石清水㆒給、此次同可㆘令㆑詣㆓住吉・天王寺㆒給㆖云々、」とあり、『栄花物語』(註282の続き)に「午の時ばかりに出でさせたまふ。」とあるように、午の時(十二時)であった。また、『左経記』同日条※2(註298の続き)には「見物車・馬桟敷狭㆑路無㆑間、」とあり、細い路まで溢れんばかりに見物の車や馬がいたことを伝えている。

(292) **石清水・住吉の御幣《ごへい》・神宝の韓櫃《からびつ》**　『左経記』同日条▽a(註291の続き)に「行立次第、先御幣、次神宝等辛櫃、〔蔵人・主典代各二人、宿衣乗馬副也、〕」とあり、『栄花物語』(註291の続き)にも「さきに御幣ことごとしくてさぶらはす。」とあるように、石清水社と住吉社への捧物を先頭に行列が進んだ。以下、行列の次第を記す。

(293) **次いで蔵人・主典代、皆布袴《ほうこ》**　上東門院の院司(蔵人や主典代)は全員布袴を着していた。「布袴」は「ほこ」とも訓み、束帯の大口・表袴《うえのはかま》の代わりに下袴・指貫を着用した姿。『栄花物語』(註292の続き)に、

事なりぬなど、物見る人々うれしくて、ことごとなく見るほどに、院の人々、済政朝臣・行任朝臣・章任・頼国・範国・惟任・定任・能通・泰憲・むねか・憲輔・良資・成資、これならぬもいと多くさぶらふ。誰も誰もまばゆきまで装束きたり。

とあり、「院の人々」として名が記されている。

(294) **次いで院(＝彰子)の殿上人。内の殿上人。即ち是、院の殿上人也。皆布衣《ほい》**　上東門院の殿上人と内裏の殿上人は共通しており、全員布衣であった。「布衣」は狩衣のことで、朝服に対する平服を意味する。「ほうい」とも訓む。『左経記』同日条※1(註291の続き)には「御共上達部或冠直衣、宿衣、或布衣、〔衛府随身皆布衣・狩胡籙、〕殿上人皆布衣、〔随身同布衣・狩胡籙、〕」とあり、公卿・殿上人の順でその装束を記し、同日条▽aの行列についての記載(註292の続き)で「次殿上人、次上達部、」とする。『栄花物語』(註293の続き)には殿上人・公卿の順で、

殿上人、隆国の頭中将・経輔の右中弁・実基の中将・実康の右京大夫・師良の兵部大輔・行経の少

将・経季の蔵人少将、上達部、東宮大夫・権大納言・左衛門督・右衛門督・右兵衛督・三位中将、あるは直衣、袍、あまたは狩衣装束、いひやる方なきに、織物・打物・錦・繡物など、心ごころにめでたくをかしく見ゆるほどに、

とあり、公卿の装束の多様さを強調したためか、殿上人が全員布衣であったとは記されていない。

（295）**次いで上達部《かんだちめ》、或は冠《かんむり》直衣《のうし》、或は宿衣《しゅくえ》、或は狩衣**　上達部（公卿）の装束は様々であった。「冠直衣」は、晴の時に冠をつけた直衣姿。「直衣」は衣冠に次ぐ公卿の略服で、「直衣宣旨」を受け、勅許により着用する。通常は立烏帽子をかぶる。「宿衣」は、内裏に宿直する時の略服の総称で、衣冠・狩衣・水干の類をいう。「とのいそうぞく」「しゅくい」。「狩衣」は前註参照。『小右記』では公卿の装束の違いが詳しく記されている。註307も参照。

（296）**御車〈唐車《からぐるま》〉**　上東門院彰子が乗る車は唐車であった。「唐車」は、牛車《ぎっしゃ》の一種で、箱を総体に大きく、屋形を唐棟に作り、廂を出して、屋根を檳榔《びろう》の葉で葺き、廂、腰などにも檳榔の葉を総に垂らし、簾、下簾に至るまで美しく飾る。また、檳榔を染糸に代えることもある。「糸毛の車」とも呼ぶ。最も華美な様式で、太上天皇・

皇后・東宮・准后・親王・摂関などの晴れの時の乗用。からびさしの車。からの車。からの御車。『栄花物語』（註294の続き）に、

讃岐守頼国朝臣の仕うまつりたる御車に奉りておはします。左右のそばに鏡の月を出して、絵書き、いみじきことをつくしたり。蘇芳の狩衣・袴、同じ色の衵着たる召次といふ者十人つきたり。車副、青色の狩衣・袴に、山吹の衵を着てさぶらふ。

とあり、上東門院の別当でもある讃岐守源頼国が従い、装飾として鏡を月のように懸けられたり絵が描かれたりしたこと、更に従者・車副《くるまぞえ》らの装束も記されている。『小右記』では「御後」に別当として源行任と頼国の二人が従ったとし、『左経記』同日条▽a（註294の続き）にも「次御車、〔行任・頼国朝臣候二御後一〕」とある。

（297）**次いで尼の車一両。次いで女房二両**　『左経記』同日条※2（註294の続き）に「御車、外人給二三両一〔一尼、純（鈍カ）色、二俗、皆紅色、〕」とある。『栄花物語』（註296の続き）に、

出車三つ、東宮大夫・権大納言・左衛門督奉りたまへり。思ひ思ひなる半蔀車の透きとほりたるなり。一の車には尼四人、弁の尼・弁の命婦・左近の命婦・少将の尼君、二には侍従の典侍・越後弁の乳母・大輔・平少将・武蔵、三の車には、卿宰相・美

濃小弁・兵衛の内侍、御車の後には宣旨・三位ぞさぶらひける。宣旨は源大納言の御女、三位は内の御乳母の大弐の三位なり。奥寄りての名は、かうことのほかにてぞありける。されど御車の後にもさぶらひたまふ、それによりてあしきことにもあらずなん。尼は薄鈍、さての人皆紅をなん着たりし。日ごとにぞ替へさせたまふ。

とあり、それぞれの車の制作者、乗車した人々・扈従した人々のことが記されている。

(298) **次いで関白(=頼通)(編代車《あじろぐるま》)** 関白の車は編代車(網代車)であった。「網代車」は、牛車の一種で、竹または檜の網代を、車箱の屋形の表面に張ったもの。屋形の構造、物見の大小により、半蔀車・網代廂の車・長物見車・物見車などの別がある。網代の表面に青地に黄で八葉の文様を描き、その大小によって大八葉車、小八葉車といい、八葉以外の霞に花鳥文様を表わしたものを文車という。殿上人以上が用いる。『左経記』同日条※2(註297の続き)に「関白殿并内府各乗車令ㇾ候給、〔殿烏帽、内府冠、官人・物節・随身等共布衣、乗馬、舎人等同布衣・狩胡録(鑣カ)、各御車後令ㇾ牽二御馬一給へり、(云々カ)〕」として、関白頼通と内大臣教通が車で従った様子を記し、同日条▽aの行列についての記載(註296の続き)で「次関白殿、〔御車後検違(非脱カ)使一人布衣候、検非違使共二看督長等一布衣也、〕次内府、」とある。『栄花物語』(註297の続き)に「この出車の後に、狩衣姿の人いと多からで、殿、唐車に乗りてさぶらはせたまふ。内大臣殿うちつづき同じさまにて参らせたまふ。」と二人が唐車で従ったとある。

(299) **次いで内府(=教通)(編代車)。随身の作法は関白の如し** 内大臣教通の車は編代車で、随身の装束その他は、関白の随身と同じく、府生・番長は布衣・烏帽子で弓箭を帯び騎馬、近衛は弓箭を帯び藁靴《わらぐつ》(で徒歩)であった。しかし、禁色(→正月註343)を着していた。また、前駆の数は頼通が八人、教通が五人であった。

(300) **関白并びに内府の車の後《うしろ》に騎《の》るべき馬** 関白頼通と内大臣教通が途中で乗り換えるための馬。それぞれの車の後に、鞍をのせて引き連れていた。註298参照。尚、『栄花物語』(註298の続き)に、

賀茂の河尻といふ所にて御船に奉る。船は、丹波守章任が仕うまつらせたりける唐屋形の船に、こまかたを立てて、鏡・沈・紫檀などをさまざまをかしきさまにつくしたり。船さす人八人、緑衫の狩衣、袴に金して絵をかきたるに、蘇芳の衵を着たり。次々女房の船、あたりあたりに劣らじと挑みたれば、心ごころ見えていとをかし。水の上はさらぬだにある

に、いとめでたくをかしう見ゆ。

とあり、賀茂川の川尻《かわじり》から乗った船の素晴らしさを記しているが、美作守藤原資頼が作った船については特に言及されていない。

(301) **先づ石清水に於いて経を供養せらる**　上東門院彰子の最初の訪問先である石清水社で経供養を行なう。次の天王寺と合わせて、人伝えに聞いた予定を書いたと考えられる。

(302) **御出家の後**　彰子は万寿三年(一〇二六)正月十九日、三十九歳で出家。その時、太皇太后から上東門院(女院)となったことで、公祭(おおやけまつり)として行なわれる諸社の祭への奉幣義務もなくなった。通常の祭に奉幣をしていない彰子がこの参詣において経供養の他に神事としての幣帛を用意していたことについて、実資は難色を示している。

(303) **暁更《ぎょうこう》に臨み、之を修せらる**　『栄花物語』(註300の続き)に、

戌・亥の時ばかりに、山崎といふ所に着かせたまひて、ものなどまゐらせて後に、石清水に上らせたまふ。鳥居のほどにて御車に奉りて、殿上人手ごとに火をともして御車に添ひたる火影どもの山隠れ、いとをかしう見ゆ。まづ御祓、次に御幣奉らせたまふ。次に舞楽、物の音ども、常よりもけに聞ゆ。暁方に御経供養したてまつりたまふ。明尊僧都御導師にてさぶらふ。その後船に帰らせたまふ。

とあり、山崎に夜遅く着いた彰子は、船から車に乗り換え、殿上人が松明を持って従う中、その日のうちに山頂の石清水社まで行き、御祓の後、奉幣、舞楽を奏し、明け方になって明尊が導師となって経供養をしたとある。

ここでは、廿五日でも翌廿六日でも、仏事を修するには良くない日とする説があったことを伝えている。

(304) **大禍日《たいかにち》**　陰陽家のいう悪日の一。典拠は『宿曜《すくよう》経』で、具注暦に朱書歴注される。正月の亥の日、二月の午の日、三月の丑の日などがこれに当たり、九月は未の日となる。万事に大悪日とされ、『簠簋内伝《ほきないでん》』(巻二)では狼藉日・滅門日と共に三箇悪日として特に仏事・神事に凶という。尚、『御堂関白記』長和二年(一〇一三)六月廿七日条にも頼通・教通の着陣の日について大禍日を忌むかどうかが問題とされているが、結局、七月三日癸巳の大禍日に着陣している。『小右記』同月廿八日条も参照。

(305) **松崎寺《まつがさきでら》**　正暦三年(九九二)、源保光が建立。山城国愛宕郡にあった。『日本紀略』正暦三年六月八日庚午条に「中納言源保光卿供二養松崎寺一、号二円明寺一」とあり、『権記』同日条に「被レ供二養円明寺一、卿相以下莫レ不二会

集一、備後前守相方(源)朝臣行二事儀式并音楽事等一也、」とあるように、庚午日に盛大に供養された。後、本湧寺と合併、現在は湧泉寺となって京都市左京区松ヶ崎にある。

(306) **子孫連々として到らず**　保光の直系の子孫は、『尊卑分脈』(醍醐源氏)を見ても、永光(子)と経光(孫)しかいない。娘婿である藤原行成も万寿四年(一〇二七)十二月四日(道長と同日)に薨じている。松崎寺を盛大に供養したのに、それを行なった日が庚午であったためにこの一族が衰退してしまった。故に庚午は仏事を修するには良くない日と考えられ、忌避されるようになった。

(307) **中納言師房の布衣、万人、奇と為す**　源師房は、頼通の養子であり、身内といえる。よって、単なる公卿ではなく、他の頼宗・長家・経通らと同じく冠直衣でなければいけなかったとする見解。註295も参照。

(308) **今日の御行《みゆき》の作法、已に拠る所無し**　今日の上東門院彰子の御行のやり方は、前例も典拠もない。『左経記』廿四日条※1に「故東三条院の例に依る」とあるが、それは僧侶への布施についてであり、行列やその装束のあり方は前代未聞(新儀)であった。実資も、美作守藤原資頼に割り当てられた船の造立や、随行する婿兼頼の随身の装束を手はずするなどで関わりを持っていた。

(309) **数日の間に、装束数重《かさね》、色を改めて折花《おりばな》するに**　「装束数重」とは重ね着する装束の数、「改色折花」(→註13)は色の違う折枝(簪《かんざし》)を身につけること。女院の物詣に要した「数日の間」に、扈従した人々が重ね方や折枝の色などを一日ごとに変えたことは、関白頼通の命による。二日条＊2参照。

(310) **綾羅錦繍《りょうらきんしゅう》**　あやぎぬとうすぎぬと、錦《にしき》と刺繍のある布。美しい衣服。美しく着飾ること。

(311) **毛履《けぐつ》**　毛皮製の沓《くつ》。靴《かのくつ》に似せて靴帯《かたい》を付けず、鹿または猪の毛皮で作り、立挙《たてあげ》に靴氈《かせん》をめぐらした沓。または「貫・頰貫(つらぬき)」「巾着沓《きんちゃくぐつ》」ともいう皮革製の浅沓《あさぐつ》で、縁に貫緒《ぬきお》を通して足の甲の上で引き締めて結ぶ。『西宮記』(臨時三・沓)に「毛履、検非違使佐已下、随レ便用レ之、」とあるように、毛履は検非違使のもので、公卿が着用すべきではないという通念があったのだろう。

(312) **近則**　「近くは則ち」と読み、最近では、という意味か。

(313) **絁《あしぎぬ》を過ぐる能《あた》はず**　(実資が用意した兼頼の随身の装束は、)絁よりも高価なものは使えなかった、という意味か。つまり、華美を抑えたもので、時流に乗らなかったということ。

(314) **他行の間**　関白頼通が上東門院彰子の物詣に御供して京外にいる間。

(315) **遅引すべきの事**　ここでは、先の「急事」に対する語で、特に急ぐ必要がない事態、という意味か。

(316) **使《し》の官人**　検非違使の官人。関白頼通のいない間、陣の宿直をする。この陣は様々に考えられるが、翌廿六日条▼bに「本陣」とあることから、検非違使になっている者も本官である衛門府の陣に詰めるということか。

(317) **其の隙《すきま》有り**　一時的に病状が良くなること。

(318) **万死一生**　危篤状態。病状が少し良くなったからと女院物詣の行列の見物に行ったことで危篤になったと聞き、実資は「不快」としている。資平の次女は、廿八日▼bに授戒する。

(319) **牛を以て諷誦《ふじゅ》を修す**　僧侶に諷誦を修してもらうための供養料として、牛を納めた。

(320) **□□□□。□□状に云はく**　欠字部分は不明だが、例えば「問遣頭弁、則報」の六文字が入り、頭弁経任からの報状(返事)が送られてきたということと考えられる。すなわち、実資が頭弁に警備に関する二つのこと(斎院警護と検非違使の宿直)を確認したのに対し、頭弁から以下のように万全に処理したとの返事があった。

(321) **祇園《ぎおん》(祇薗)の四至《しし》に葬送する法師**　八月廿三日条▼fの宣命の辞別に巽方の大神の祟《たたり》とあり、伊勢神宮以外の神社を調査したところ、廿七日＊2▼aに祇園社での葬送が明らかになった。『左経記』九月十七日条※1に、葬送した僧侶に祓を負わせる日時を勘申させたとある。

(322) **感神院司をして(令×)、捕護《とらえまも》らしむ**　祇園社の社司(僧侶か)に捕まえさせた。「感神院」は「祇園社」(→正月註420)のこと。「捕護」は、検非違使が尋ね捕らえた僧を宣旨によって感神院司が拘束(拘禁)したということか。大成本は「捕獲ヵ」とする。この時は、彼らに対し神祇官が罪を贖うための祓を科し、合わせて祇園社への奉幣がなされた。

(323) **秋霖の間**　秋の長雨。この時に陰陽寮の御占《みうら》がなされたことは、八月廿三日条▼fの宣命の辞別に「陰雨晴れ難くして」とあることに対応している。

(324) **中使**　前出(→八月註12)。天皇の使。勅使。翌廿七日条▼bで住吉社に遣わされた源定良を「御書使《おんふみのつかい》」としているが、これも同じ。『左経記』同日条※1に「今朝四位少将資房為二中使一参二石清水一云々、又東宮権亮良頼為二宮御使一同参入云々、」とあるように、東宮(敦良親王)の使として藤原良頼も遣わされた。『栄花物語』(註303の続き)に、

　二十六日になりて漕ぎ下らせたまふほどに、人々の姿ども思ひ思ひにかへて、水の面も所なく浮きたるほどに、船にことごとなる棚といふ物をかしく造り

て、八幡の別当元命といふ者、御果物据ゑてまゐらせたり。思ふさへをかしく見ゆ。三島江といふ所過ぎさせたまふほどに、内の御使に資房の中将、東宮の御使良頼の少将参りあひたり。このほどに御船とどめて、ものなどまゐらせて後に、御返事給はりて参る。いづ方につけてもめでたし。心のみ水にうつりて、かかることをまだ三島江の浪にうちあふことはあらじかしと、をかしく見ゆるほどに、良頼の少将は、御返りなしとて、やがて御供に参る。下らせたまふほどに、江口といふ所になりて、遊女ども、傘に月を出し、螺鈿、蒔絵、さまざまに劣らじ負けじとして参りたり。声ども、蘆辺うち寄する浪の声も、江口のいふべき方なくこそ見えしか。

とあり、石清水から船で淀川を下る様子を伝え、三島江を過ぎた所で勅使としての資房、東宮の使としての良頼が来たとある。資房は返事を受け取って帰ったが、良頼は帰らずに御供に加わったということ、遊女たちが着飾って来たことも記されている。

（325）**美作の栗栖《くるす》荘司**　「栗栖荘」については未詳。「荘司」は、荘官のこと。荘園の管理者。種類・職掌・呼称は様々で、田使・佃使・荘目代・荘領・墾田長・荘長・専当荘長（単に専当とも）・荘預・荘総検校・荘検校・荘専当・荘別当・荘司・公文・案主・荘守ともいう。平安後期以降は下司・地頭が一般的になる。荘官には、荘園領主によって中央から現地に派遣されてくるものと、荘園現地の地方有力豪族が任命されるものとがある。荘司は、荘官中の下司《げす》（下級官人）という意味にもなる。

（326）**考文《こうもん》**　毎年、官司・諸家が属官の考課の結果を報告した文書。

ここでは、右近衛府に関する考課についての文書で、少将源定良が着行して作成した文書を、府生日下部為行が使として実資のもとにもたらした。それに実資が署名したのである。

（327）**今日、彼の御社に於いて御願を果たさると云々**　（廿七日早朝に）上東門院彰子が住吉社参詣を果たしたということである。『左経記』同日条※1に「内・宮御二使院行在所一云、（々脱カ）〔内四位少将定良、東宮大進隆佐、〕」とあるように、勅使としての藤原資房以外に、東宮の使として藤原隆佐が遣わされた。『栄花物語』（註324の続き）に、

二十七日、津の国に着かせたまひて、やがてくま河に着かせたまふ。みちのはしべのはしの思ひ思ひにそむきたるもをかしう。

二十八日のつとめて、住吉に着かせたまふ。殿、内の大殿など皆御馬にて、えもいはぬ御装束奉りて

さぶらはせたまふ。御祓、社に詣でさせたまふほど、左右にものの音ども吹きたてたる、松風琴を調べたる心地してをかし。紀守良宗、えもいはぬ御仮屋を設けてさぶらはす。御幣奉らせたまふほどに、内の御使に定良の少将、九重を出でて、河船の棹さして参りけん心地、道遠みの草の枕もをかしうぞ思ひやらるる。このほどに御経供養せさせたまふ。定基僧都ぞ講師にさぶらひける。

とあり、関白頼通・内大臣教通らが騎馬で言葉にできないほどの装束を着て従い、祓の時には音楽が奏でられ、紀伊守源良宗が用意した素晴らしい仮屋があり、奉幣の儀が終わったところに勅使である定良がやって来て、定基を講師として経供養が始まったとある。更に、天王寺に参詣し、教円を講師として経供養をした時に東宮の使である隆佐が来たこと、廿九日に還御の途についた時に歌を詠んだこと、翌十月一日の雷雨を神が喜んだと見なしたこと、二日に天の河という所で遊女を招いての饗宴と歌会、そして帰京の様子を、

事果てて、これよりやがて天王寺に詣らせたまふ。人々の姿、有様、都離れて人目もつつまぬ旅の姿なれば、いとどえもいはず見ゆ。馬のけしきどもも、浪の汀うち踏むもことに見ゆ。国の人々集まり、所もなく見る。をりをりかかるもの見る都の人だに所なかりしに、ましてことわりに見ゆるほどに、うち交りて聞けば、年老いたる人涙うち拭ひて、「陸奥とをちの里などに住ひせましかば、かかる御幸にあはましや。この年ごろは、難波の浦の何ともおぼえず、長柄の橋のながらへても、何にかはと思ひしに、今日こそ、さは年ごろ送りし蘆の宿り、柴の扉も、げにすみよしに造りてけりとうれし。綱手のめでたきことのためしには、さはこれをこそ引かめ」と思ひいふを聞くもをかし、げにとおぼゆ。岸のまにまに並み立てる松も、千年までかかることを波風静かに吹き伝へたてまつらなんとおぼゆ。西の時ばかりに、天王寺の西の大門に御車とどめて、波の際なきに西日の入りゆくをりしも、拝ませたまふ。何の契にかも残りてと、めでたくこそ。次に御経供養せさせたまふ。教円僧都講師仕うまつりけり。このほどに東宮の御使に大進隆佐参りたり。

二十九日に還らせたまふついでに、亀井の水のもとに寄らせたまひて、御覧ずるほどに思しめしける、

濁りなき亀井の水をむすび上げて心の塵をすすぎつるかな

と仰せられたりけんも、げにいとをかしくこそ。

還らせたまふ浜道に、思ひ思ひに競馬などするさへをかし。難波といふ所にて御祓あり。判官代むねなり、御使なり。御船に奉りて、河尻に着かせたまひて、十月一日午の時ばかりに、雨降りて雷鳴れば、「これは神の喜ばせたまふ」と言ふ人々あまたあり。

二日、天の河といふ所にとどまらせたまひて、遊女ども召して物ども賜はす。人々皆物ぬぎなどす。日うち暮るるほどに歌よませたまふ。「住吉の道に述懐」といふ心を、左衛門督師房、

母儀仙院、巡二礼住吉霊社一、関白左相府以下、卿士大夫之祗候者、済々焉、或棹二華船一而取二水路一、或脂二金車一而備二陸行一、蓋属二四海之無為一、展二多年之旧思一也、于時秋之暮矣、日漸斜焉、向二難波一兮忘レ帰、旧風留レ頌、過二長柄一兮催レ興、古橋伝レ名、遂杖二酣酔一、各発二詠歌一、其詞云、

住吉の岸の姫松色に出でて君が千世とも見ゆる今日かな

関白殿

君が世は長柄の橋のはじめより神さびにける住吉の松

内大臣殿

祈り来しことは一つを住吉の道には心ちぢにありけり

多かれど、とどめつ。紅葉襲の薄様に書きて、

伊勢大輔

ながらへむ世にも忘れじ住の江の岸に浪立つ秋の松風

おなじ人

うち靡く蘆の裏葉に問ひ見ばやかかる御幸はいつか三島江

弁の乳母

蘆分けて今日はここにも暮さばやうち過ぎがたき三島江の波

まづ見れば帰らん方も忘られてまことなりけり住吉の岸

小弁

都には待ち遠なりと思ふらんながらへぬべき旅の道かな

住吉の岸見えぬまで波寄れる都の方も忘れぬるかな

住吉にまづも御幸はありけめどこはめづらしき三島江の浦

弁の乳母

橋柱残らざりせば津の国の知らずながらや過ぎ

はてなまし

小弁

音にのみ聞きしもしるく住の江の波たちかへることぞものうき

武蔵

とまるべき浦にもあらぬをいかなれば蘆分け船の漕ぎ帰るらん

伊勢大輔

都出でて秋より冬になりぬれば久しき旅の心地こそすれ

兵衛の内侍

名に高き君が御幸ぞ住吉のうらめづらしきためしなりける

弁の内侍

ながめつつ見まくぞほしき住の江の松もむべこそ年の経にけれ

弁の命婦

浅瀬ゆく綱手の縄もめづらしき君が御幸をためしには引け

これもすこしを書くなり。

丑の時ばかりに、御船よりおりさせたまひて上らせたまへば、都には暁方におはしまし着かせたまへば、人の家どもにおどろきて、はじめの名残を日ごろ忘れがたく思ひければ、門あけ騒ぎ見し暁の朝顔、夜の衣などかへざまなどにてやがてある人などありしこそをかしかりしか。日ごろの有様、浪の上、蘆間を分けしほどを思ひ出でつつ、若き人などは恋ひあへり。このほどはこれにて世の中過ぎぬ。

と記している。尚、上東門院彰子の帰京については、『左経記』十月三日条※1に「早旦女院還御云々、及㆓午後㆒参㆑殿、被㆑仰㆓道間等㆒、暫令㆓参内㆒給、」とある。

(328) **出家** 重病により自らの来世を意識した出家、すなわち広義の「臨終出家」である。これが斎院を退下した理由であった。『左経記』同日条※2に「伝聞、今夜斎院御出家、大僧正奉㆓授或(戒カ)㆒云々、」とあるように、戒師は大僧正深覚が勤めた。

(329) **当季の尊星王供《そんしょうのうぐ》始** 文円に秋季の尊星王供を始修させた。「尊星王供」は前出(↓七月註17)。

(330) **冬季十斎日大般若読経始** 「十斎日大般若読経」は前出(↓正月註2)。

(331) **請僧《しょうそう》不信** 「請僧」は前出(↓三月註21)。仏事に招聘した僧侶。実資はこれまで四季の行事として十斎日大般若経読経を自邸(小野宮邸)で行なっていたが、そこに招く僧侶に対して信用がおけなくなったのであろうか、この年の冬から息良円の房で行なうことにした。その最初の行事をなすにあたって、冬季は十月からであるが、十月一日の日次《ひなみ》が良くないとのことで、二日早めてこの日に行なっている。尚、古記録本は「不信（マヽ）」、大成本は「不信《任ヵ》」とする。

(332) **一乗寺《いちじょうじ》（一□寺）**　山城国愛宕郡内、現在の京都市左京区一乗寺に所在した天台宗の寺。草創は不明だが、この地は比叡山の西坂本にあたり、延暦寺（→七月註23）の別院として開かれたと考えられる。当初から園城寺との関係が強く、天元四年（九八一）、法性寺座主任命をめぐる山門・寺門衆徒の対立の中で、寺門派の穆算らが当寺に移住したという（『園城寺伝記』六）。『小右記』天元五年二月三日条に「於二興福寺釈迦堂一、以二十口借（供）僧一、始レ自二来七日一、十八ヶ日間、可レ令レ転二読大般若経一、（惣三部、六日充二一部一、）其日時勘文昨日奏聞、今日奉二左府（源雅信）一、依レ可レ被レ下二供養等宣旨一、又於二一乗寺一、件日同被レ行、其由仰二遣別当律師穆算許一、釈迦堂御読経事、以二具趣一仰二遣律師真喜許一、是依レ可レ慎二御火事一」とあり、別当穆算に大般若経読経が命じられている。永延二年（九八八）に円融法皇が叡山参詣の途次に一宿し、正暦元年（九九〇）に円融法皇や藤原実資が当寺を訪れている。『日本紀略』長保三年（一〇〇一）七月十七日条に「置二一乗寺般若院阿闍梨四口一」とある。康平六年（一〇六三）に上東門院藤原彰子が堂舎を建立し（『百練抄』）、承暦四年（一〇八〇）に「一乗寺別院」に阿闍梨三口を置いて上東門院の御願寺とした（『扶桑略記』）。この頃の園城寺僧増誉は「一乗寺僧正」と称された。保安二年（一一二一）に山門衆徒のために焼き払われた（『百練抄』）。

(333) **熒惑星《けいわくせい》**　「熒惑」は「けいこく」とも。火星の異称。光度や運行が激しく変化することから名付けられたといい、戦乱などの災厄の前兆を表わす星とされ、密教による供養で、その災厄を攘おうとした。実資がこれを延政に一乗寺の住房で行なわせた理由とする「変異」については未詳。

(334) **不断法花経御読経**　決まった日数を昼夜絶え間なく法華経を読誦する御祈。『左経記』同日条※1に、内裏で十五人の僧によって行なわれ、装束などは季御読経と同じであったとある。

(335) **行香《ぎょうこう》**　仏事の時、参会の僧たちに焼香させるため、香を配ってわたすこと。また、その役目の人。台に香炉と香を載せ、僧の間を回る。堂内・諸堂を回りながら焼香することもいう。

(336) **女《むすめ》の煩ふ所**　資平の次女の病気。註246 318参照。

(337) **天延三年の例**　選子内親王の例のこと。天延三年（九七五）六月廿五日に卜定され、潔斎所である陸奥守平貞盛の二条万里小路宅に入る。貞元元年（九七六）九月廿二日に便所の大膳職に入り、翌年の四月十六日に鴨川で禊をし、紫野院に入ったことが、『賀茂斎院記』と『日本紀略』に見える。これら選子内親王の時の一連の儀式は、すべて当時権中納言であった藤原済時によって行なわれたが、それを吉例として、今回も倣うべきだとしている。

（338）**病者、六波羅蜜に於いて授戒せしむ**　病気を治すために資平の次女を六波羅蜜寺（↓七月註56）で受戒させた。この受戒は出家（↓註328）と異なる。

（339）**序品を演説す**　小野宮邸で行なわれる恒例の月例法華講。二月註220参照。「序品」は『法華経』の最初の一章だが、その前に「開経《かいきょう》」として序論的なことを説く『無量義経《むりょうぎきょう》』を講演しているので（八月卅日▼a）、先月から始まった法華三十講のサイクルの第二回目となる。

（340）**淡柿《あわしがき》**　渋をぬいた柿。

（341）**外人《げにん》の直衣**　身内でない者が直衣《のうし》で参内することに対する批判。「直衣」は前出（↓註295）。関白頼通が上東門院彰子の物詣で京にいない時に、いくら中宮大夫であっても、身内でない斉信が忠節を尽くすふりをして中宮の所に直衣で出入りし、食べ物を献上するなど如何なものか、という意味か。

（342）**法眼元命**　前出（↓七月註209）。石清水八幡宮《いわしみずはちまんぐう》（↓三月註184）の別当。元命は、石清水宮で上東門院彰子に献上したものと同じ菓子（果物）を、天皇と中宮藤原威子・東宮敦良親王にも使を送って奉った。「台盤所」は前出（↓正月註277）。『栄花物語』（史料前掲註324）参照。

『左経記』書下し文

七月・八月・九月・十月・閏十月・十一月・十二月

七月　大（大×）

二日、丁未。天晴る。

▽a 法成寺御八講結願《みはっこうけちがん》に参る。行香《ぎょうこう》了りて参内す。

※1 権中納言（＝定頼）、仗座《じょうのざ》に於《お》いて兵部を召して下名《おりな》を給ふ。其の儀、外記先づ三度申す。了りて上卿《しょうけい》（＝定頼）北向に居直《いなお》る。次いで丞（×承）、靴にて、小庭《こにわ》に入立《いりた》つ。上《しょう》（＝定頼）宣《の》る。「〔まうこ（□）。〕」丞、高く唯《ゆい》（×准）し、膝突《ひざつき》に着す。上、右手を以て下名《おりな》（々名）を下す。丞、笏を挿《さしはさ》み、〔挿むが如く鳴上《なりあ》げ地に置く也。〕之を給はる。右に廻りて本所《もとのところ》に立つ。上宣る。「〔まけたふべ。〕」丞、高く唯（×准）して退出す。上、外記を召し、筥《はこ》を給ひて退出す。

余、宮（＝威子）の御方に参る。次（×丈）いで退出す。

三日、戊申。天晴る。

※1 殿（＝頼通）に参る。神祇少副兼忠を召して仰せられて云はく「広瀬・龍田祭使、何人《なにびと》哉。」兼忠申して云はく「兼忠、今日罷下《まかりくだ》るべき也。」者《てへ》り。仰せて云はく「日者《ひごろ》、東風休まず。田舎の輩、定めて恐思《かしこみおも》ふ所有り。年災（×交）を致すべからざるの由、能々祈申《よくよくいのりもう》（×折申）すべし。兼ねて又、此の由を以て社司に仰（×御）すべき也。」者り。兼忠、奉《うけたま》はりて退出す。

※2 頭弁《とうのべん》（＝経任）、甲斐守《かいのかみ》頼信朝臣を召して問ひて云はく「忠常を帰降せしむる（×今）の賞（×濱）、行なはるべき也。而《しこう》して思ふ所、如何《いかが》。」と云々。申して云はく「明年、丹波闕すべし。若し然るべくば（×之）、遷任せむと欲す。」者り。云々。

五日、庚戌。天晴る。
※1 結政《かたなし》に参る。政《まつりごと》無し。仍りて内に入る。
宮(＝威子)の御方に参る。八月卅日、姫宮(＝馨子内親王)の御袴着《おんはかまぎ》有るべきの由、事由《ことのよし》を申す。
▽a 院(＝選子内親王)に参る。今暁より悩ましめ給ふと云々。未剋《ひつじのこく》に及び、帰宅す。
※2 申剋《さるのこく》に及び、召《めし》有りて、重ねて参内す。晩(×暁)に及び、藤中納言〔実成〕参入せらる。仗座《じょうのざ》(×使座)に於いて祈《き》年穀幣使《ねんこくのへいし》を定めらる。〔余、執筆《しゅひつ》す。〕日時・二人を加ふ。右中弁(＝資通)をして内覧《ないらん》せしむ。弁(＝資通)、内覧了りて帰参し、上卿《しょうけい》(＝実成)に奉りて退去す。上卿、外記を召し、定文《さだめぶみ》等を給ふ。内記を召し、十三日に祈年穀幣使を立てらるべき宣命《せんみょう》、作るべきの由を仰せて起座す。次いで余、又起つ。弁、余に示(×未)して云はく「定文、相府(＝頼通)に内覧して上卿に奉る。而るに奏せられず、外記に下さるるは如何《いかが》。」余、上卿に驚《おどろかし》申《もう》す。命《おお》せしめて云はく「内覧并びに奏了るの由を案じて下す所也。甚だ不便(×使)の事也。」者《てへ》れば、則ち仗座《じょうのざ》(×使座)に帰着し、外記を召し、定文并びに日時勘文《かもん》を下重《くだしかさ》ぬるの由を仰す。外記唯《ゆい》す。退出の後、良久《ややひさ》しく進《たてまつ》らず。陣官《じんかん》をして案《あ》内《ない》を問(×間)はしむ。申して云はく「下部《しもべ》等、筥《はこ》を取りて退出し了りぬ。召尋《めしたず》ねしむるの間、早くは奉らざる也。」者り。上《しょう》(＝実成)、陣官に仰せて、陣の筥を召す。云はく「候《さぶら》はず。」と云々。右近陣《うこんのじん》に問はしむ。云はく「奉《うけたま》はる。」筥、外記に渡す。外記(々々)、文等を之に入る。弁〔資通(×員通)〕をして奏せしむ。次いで之を給はりて外記に給ひ、退出す。余同じく退出す。

十一日、丙辰。天晴る。

※1 結政《かたなし》に参る。政《まつりごと》有り。〔上《しょう》は権大納言(＝長家)。〕上卿、庁(＝外記庁)に着するの後、左大弁(＝重尹)、南(＝南所)の申文《もうしぶみ》を結《かた》ねしむるの後、庁に着す。余、又、之に着す。〔庁屋、年来破損す。仍りて宣任朝臣、二寮(＝主計寮・主税寮)の助に任ぜむが為《ため》、来(×束)たる闕を待(×侍)ちて申請す。修造の後、今日初めて政有り。仍りて相議す。上卿の消息無(×帯)しと雖《いえど》も、重ねて着する所也。〕次いで申文の請印《しょういん》了りぬ。上以下、南所に着す。申文・食《しょく》了りて内に入る。儀(×議)皆、常の如し。

※2 頭弁《とうのべん》(＝経任)、陣腋《じんのわき》に於いて権大納言に仰せて云はく「廿八・九日、相撲召合《すまいのめしあわせ》(×召令)を聞食《きこしめ》すべし。去る治安三年の例に依りて候《さぶら》ふべし。」者《てへ》り。大納言、仗座《じょうのざ》に着す。外記を召し、近衛の将等を召すべきの由を仰す。外記去り了りぬ。又、参入す。皆、召候《めしこう》ずるの由を申す。上卿、南座《なんざ》に着す。官人を召し、膝突《ひざつき》二枚を置くべきの由を仰す。将曹《しょうそう》久遠、菅円座《すげのわろうだ》二枚を取(×所)り、重ねて東西に双敷《ならべし》きて出づ。次いで外記を召し、近衛の将を召さしむ。暫くして左中将実基・右中将隆国〔共に剣・笏を帯ぶ。〕進みて膝突《ひざつき》に居す。〔左は西(×面)。右は東。〕上(＝長家)宣《の》る。「廿八・九日、相撲召合を聞食《きこしめ》すべし。去る治安三年の跡に依りて候へ。」将等共に唯《ゆい》す。右廻りに退出す。次いで頭弁を召し、同じ旨を仰す。了りて上卿退出す。余又、退出す。

※3 今朝、頭中将(＝隆国)、殿(＝頼通)に申して云はく「十三日、奉幣に依りて十四日は後斎也。御盆《おぼん》の事、便《びん》無き比《ころ》、之を如何為《いかがせ》む。」者り。殿仰す。「十五日、奉らるべきの由、奏《そうしおこ》行なへ。」者り。

十三日、戊午。天晴る。

※1 午剋許《うまのこくばかり》、神祇官に参る。〔祈年穀奉幣《きねんこくほうへい》為るに依る也。月来《つきごろ》、八省修理す。仍りて此の官に於いて使を立てらる也。〕行事弁《ぎょうじのべん》・史・外記の他《ほか》の人、不参(×参不)。仍りて暫く神殿の屋の辺《あたり》を徘徊(×俳佪)し、装束の体を見る。神殿の東一間に葉薦《はごも》等を敷く。〔頗《すこぶ》る巽乾《たつみいぬい》の溝に寸《す》ぢかへて(寸チかヘテ)之を敷く。〕小机二脚を立て、内《ない》・外宮《げくう》の御幣《ごへい》を置く。同じ第三間の北壁の下より南柱に至(×主)るまで、班幔を引亘《ひきわた》す。同柱より西妻に至るまで同じ幔を引亘《ひきわた》す。北向に西戸の東辺に大宋屏風《だいそうのびょうぶ》を立廻《たてめぐ》らし、筵・畳等を敷き、内侍《ないし》、御幣を裹《つつ》むの処と為《な》す。同屋の東庭に五丈の幄《あく》一宇を立て、東西北面に幔を引く。東一間は上《しょう》(=実成)の座、〔南向。〕三間は弁の座、〔東向。〕四間は外記・史・内記の座、〔北上、東向。〕五間は史生《ししょう》等の座。〔北上、東向。〕南に去ること二許丈に班幔を引亘《ひきわた》す。〔東面、妻と為す。〕北門(×間)内の東腋に上卿の座、〔西向。〕西腋に使の宰相の座、〔東面、北上。〕同門(×間)外の東腋に弁の座、〔西向。〕北辺に内記の座、〔南向。〕西脇に外記の座、〔北向、東上。〕西辺に史の座、〔東面、南上。〕北辺に官(=太政官)の外記・史生・官掌《かじょう》等の座。〔南面、東上。〕同門の艮角《うしとらのすみ》の柱より東行二許丈、北行三許丈に、貫木《ぬきぎ》を立て幔を引く。又、乾角《いぬいのすみ》より西行二許丈、北行三許丈に、同じく貫木を立て幔を引く。又、門の北を去ること四許丈に、同じく貫木を立て幔を引く。史、神祇官東庁の屋に於いて諸社の幣を裹ましむ。北門の東西に幔を引く貫木を立亘《たてわた》す。

未剋《ひつじのこく》、上卿(=実成)、内記等を率ゐ、〔先是《これよりさき》、参内し、宣命《せんみょう》の草《そう》并びに清書等を奏す。逢春門を経て此の官に着せらると云々。〕先づ門の座に着して弁を召す。〔南の砌《みぎり》に膝突《ひざつき》を置く。〕御幣等の具不の由を問(×向)ふ。弁、皆具するの由を申す。次いで外記を召して使々《つかいづかい》の参否の由を問(×間)ふ。外記、皆参るの由を申す。上卿、使を召さしめて御幣を賜ふべきの由、神祇官に告げしむ。使の中臣《なかとみ》、忌部《いんべ》・後取《しんどり》等を率ゐて東門（×間）より入る。御幣を給はりて退出す。次いで上卿、内記を召して宣命を給ふ。〔先是《これよりさき》、内記、上卿に奉る也。〕内記、之を取る。〔笏に入る。〕磬折《けいせつ》して前庭に立つ。上卿、幄座《あくのざ》に移る。〔内記相（×於）従ふ。〕弁・外記・史、同じく幄座に着す。上卿、使の王を召さしむ。東門（×間）より入らしむ。南庭を経て東妻に班《わか》れ膝突（×朊突）に進む。宣命を給はりて退出す。上卿、内記に目《もく》（×自）す。内記（々々）進みて、笏を給はりて退去す。上以下、北門の座に帰る。〔弁以下、同門を経（×注）て往還す。〕先づ石清水《いわしみず》使を召す。使（々）、門より入りて膝突に着す。宣命を給はりて退出す。次いで賀茂《かも》使を召（×自）す。左宰相中将（＝顕基）起座す。沓を着して進み、上卿の座の前の板敷に居す。上、宣命を授く。中将（＝顕基）、笏を置きて宣命を取る。又、把笏《はしゃく》し、揖して起座す。沓を着して帰立《かえりた》ち、揖して退出す。次々の使々、次第に宣命を給はりて退出す。

余、平野に参る。先づ手を洗ふ。〔社司、手水《てみず》（×于水）を儲く。〕祝《はふり》の座に着す。禰宜《ねぎ》、御幣《ごへい》を捧げて前庭に立つ。先づ把笏し、再拝（×詳）。了りて笏を挿《さしはさ》み、宣命を読む（々）。了りて禰宜、奉幣す。了りて返申《かえしもう》す。次いで拍手。余又、之に応ず。次いで再拝して退出す。

※2
殿（＝頼通）に参り、申して云はく「今朝（×命朝）、斎院（＝選子内親王）の御消息に云はく『宮主《みやじ》紀伊ム《なにがし》丸（○丸）、相撲人《すまいびと》と称し、左近府に召籠《めしこ》められ了りぬ。仍りて近来《ちかごろ》、御祓《おはらえ》を行なはず。之を如何為《いかがせ》む。』と云々。」仰せて云はく「未だ案内《あない》を知らず。抑《そもそも》、件の男、前年、相撲人と為《な》ること已《すで》に了りぬ。何ぞ相撲人を以て宮主と為す哉。頗る不穏の事也。抑、相《あい》尋ね、追ひて事の由を申さしむべし。」頃之《しばらくありて》（×須之）、退出す。

十七日、壬戌。天晴る。

※1 結政《かたなし》に参る。政《まつりごと》有り。上《しょう》侍従中納言（＝資平）、庁に着するの後、召使《めしづかい》来たりて庁に着すべきの由を告ぐ。南《なん》所物忌《しょものいみ》の由と云々。仍りて起座して庁に着す。請印《しょういん》了りて内に入る。〔南所、物忌を申すに依る也。〕

※2 中納言、相共に昇殿す。関白太閤（＝頼通）、殿上に於いて待つ。数剋言談するの間、暦博士道平参入するの由、頭弁《とうのべん》（＝経任）、太閤に申す。仰せて云はく「事由《ことのよし》を奏せ。去る十五日の月食、違はず勘申《かんじん》する者の由を仰す。禄を賜ふべし。」者《てへ》り。弁（＝経任）、事の由を奏す。腋陣《わきじん》の下に於いて禄を給ふ。〔内蔵寮の黄衾《きのふすま》（×今衣）を召す。〕拝舞して退出す。

▽a 次いで中納言、陣座《じんのざ》に於いて内文《うちぶみ》を奉行すること〔位記并びに任符等也。〕常の如し。

▽b 余、召に依りて御前（＝後一条天皇）に参る。仰せて云はく「蔵人頭為《た》るの時に仰する所の石清水放生会《ほうじょうえ》の料の事、近會《ちかごろ》、関白奏して云はく『本自《もとより》、此の事を奉《うけたま》はるの人は経頼也。彼に相逢ひて物の数を議定し、奏下せしむべき也。』者り。其の後、久しく無音《ぶいん》なり。若しくは思忘《おもいわす》（×忌）るる歟。放生会近々なり。彼の日以前に定下《さだめくだ》すべきの由、関白に示すべき也。」者り。暫くして退出す。

又、祈雨に依りて廿二日に丹生《にう》・貴布禰《きふね》の使を立てらるべきの由、宣旨有りと云々。使は蔵人と云々。

廿二日、丁卯。天晴る。

※1 蔵人を使《つか》はして祈雨の為に丹生《にう》并びに貴布禰《きふね》社に幣・馬を奉ると云々。

八月　大

四日、己卯。天晴る。
※1
早旦、右中弁(＝資通)の許より消息有り。其の状に云はく「宣旨に依りて監物《けんもつ》(＝行任)と相共に東大寺に下向す。勅封の御蔵を開き修理せしめ了りぬ。而るに南の御蔵の板敷の下、漏通《もれとお》し湿潤す。恐らく納物等、湿損《しめりそん》ずる歟。仍りて開検《ひらきけん》し、同じく修理を加へむと欲するの処、随身する所の御鎰《かぎ》、相合《あい》はず。開検《ひらきけん》する能はず。之を如何為《いかがせ》む。若しくは他の鎰を択び給はるべき歟。事由《ことのよし》を申して仰下《おおせくだ》さるべし。」者《てへ》り。殿(＝頼通)に参りて此の旨を申す。仰せて云はく「湿損の疑《うたがい》、尤《もっと》も然るべし。早く他の鎰を択遣《えらびつか》はすべきの由(×内)、前日、宣旨を奉《うけたま》はるの上卿に仰すべきの由、頭中将(＝隆国)に伝ふべし。」者り。

参内し、先づ結政《かたなし》に着す。政《まつりごと》無し。仍りて内に入る。
※2
頃之《しばらくありて》、右府《うふ》(＝実資)、参入せらる。頭弁《とうのべん》(＝経任)、右府に仰せて云はく「去る六月、伊勢斎王(×斉主)(＝嫥子女王)、大神宮に参るの間、荒祭宮《あらまつりのみや》、斎王(×祭主)に付して託宣(×詫宣)すること有りと云々。祭主輔親朝臣に、其の趣を問はしむべし。」者り。右府、則ち頭弁に、輔親を召さしむ。輔親(々々)参入す。頭弁をして託宣(×詫宣)の旨を問はしむ。良久《ややひさ》しきの後、頭弁、事由《ことのよし》を申す。

〔密々、御書所に於いて自《みずか》ら之を問ふと云々。其の趣に云はく「斎王、外宮の祭に参り了りぬ。次いで内宮に参り、事を始めむと欲するの間、忽ち大風雨。雷、殊《こと》に甚《はなは》だし。供奉の諸司、恐を為すの間、荒祭宮、斎王に付し奉る託宣(×詫宣)種々也。其の中、斎宮寮頭藤原相通(資通)の妻女(＝小忌古曾)、年来、宅内に大神宮の宝殿を作り〔〇〕大神(×社)の仰と称し、愚民を誑惑《きょうわく》(×威)す。是、甚だ無礼の者也。早く配流すべし。若し然らずば、公家《こうか》(＝後一条天皇）并びに斎王・関白（＝頼通）の奉為《おんため》に恐《かしこ》むべし。又、恒例の神事、臨時に幣并びに馬等を奉ること、甚だ疎略也。是、然るべからざるの事也。此の事等よりの外、公家聞食《きこしめ》し驚くべき事無し。」と云々。」

※3即ち奏すべきの由を仰せらる。〔此の間、忽ち大雨雷電、群卿頗る恐を為す。〕弁（＝経任）、之を奏す。勅を伝へて云はく「相通（資通）の為す所、甚だ以て非常なり。託宣の如く配流すべき也。遠近如何《いかが》。又、其の妻、託宣に入らずと雖も、事の起《おこり》は彼女に在り。同じく流（×依）すべき歟。若し流すべくば、軽重在るべき歟。又、聞食《きこしめ》し恐《かしこ》むの由を申さるべき歟。各《おのおの》申さるべし。」者り。「祭主輔親を以て使と為さるべき歟。将《はた》、他人を立遣《たてつか》はすべき歟。定申《さだめもう》すべし。」者り。右府并びに民部卿（＝斉信）・権大納言（＝長家）・侍従中納言（＝資平）・右兵衛督（＝朝任）・左大弁（＝重尹）并びに余、相議して奏せられて云はく「夫妻、共に遠流《おんる》に処せらるべき歟。又、尤も恐むの由を申さるべき也。但し祭主は是、恒例の使也。此の度に於いては、事、已（×也）に大事なり。然るべき人を以て祈申《いのりもう》さるべき歟。」

※4仰す。「聞食《きこしめ》し了りぬ。忌無きの日を択びて配流の事を行なはるべし。」と云々（×無）。又、女を流すの例、尋ぬべきの由、仰有りと云々。

※5又、「使を立てらるべきの日時、勘申せしむべし。」者《てへ》れば、右府、弁に仰せて日時を勘《かんが》へしめて奏せらる。〔廿五日と云々。〕了（×可）りて退出す。

※6此の間、大監物《だいけんもつ》（物×）行任（×住）朝臣、鎰・近衛司（×近御司）等を率ゐて日華門より入り、御鎰を給はる。伝《つたえ》聞《き》く。「件の鎰等、其れ数《あまた》なりと雖も短尺《たんざく》（×人）を付せず退出す。仍りて其の蔵の鎰を知り難し。之に因りて三舌四舌の鎰大小（×少）各二枚、取出《とりい》だし、官の使部《つかいべ》に持たしめ（×合）、監物の下部《しもべ》を副へて之を遣はす。」と云々。

※7次いで、侍従中納言、南座に移着《うつりちゃく》す。史を召して仰せて云はく「宇佐宮の怪異に依りて軒廊御卜《こんろうのみうら》有るべき也。

諸司に仰せて座を敷かしめ、并びに水を儲け、火（×欠）を生ましめよ。」者り。史、諸司をして例の如く勤仕《ごんし》せしむ。次いで頭弁を召し、神祇・陰陽《おんよう》を召すべきの由を仰す。暫くして少副卜部兼忠、祐大中臣惟盛・伊岐則政・卜部等を率ゐて宜陽殿《ぎようでん》の壇上を経て廊の座に着す。〔西上北面。〕次いで頭実光、博士時親・助孝秀（×則秀）等を率ゐて同《おなじ》道《みち》より着座す。〔東上北面。〕主殿官人《とのものかんじん》明隆、火（×史）を生む。主水官人《もいとりのかんじん》、土器に水（×大）を盛り、之を居《す》う。次いで上《しょう》（＝資平）召《め》して云はく「兼忠宿禰。」兼忠（々々）唯《ゆい》して小庭《こにわ》を経て、〔此の間（×明）、小雨（×子雨）。〕膝突に居す。府（＝大宰府）の解《げ》を以て〔経元〕吉凶を卜申《うらないもう》すべきの由を仰す。兼忠唯して帰座す。見下さしむ。次いで上《しょう》召して云（×之）はく「実光朝臣。」実光（々々々）唯して同庭《おなじにわ》を経て膝突に居す。仰せて云はく「大宰府、宇佐宮に怪奇在るの由を申す。吉凶の由を卜申《うらないもう》すべし。」者り。実光唯して帰座す。云々《しかじか》。仰の旨、神祇官に仰下《おおせくだ》して書取《かきと》（×所）る。府の解、正文を以て陰陽寮《おんようりょう》に渡す。同じく写し留め、正文を以て官に返す。各筮卜《ぜいぼく》し了りて、兼忠、筮文を以て櫃の蓋に入れ、上卿に奉る。上卿（々々）披見し了りて仰せられて云はく「文、然るに諱忌《いき》有り。改書《あらためか》（改×）きて奉るべし。」者り。兼忠、帰座して改書《あらためか》かしめて之を奉る。次いで実光、卜文を以て筥に入れ上に奉る。〔件の筥、須《すべから》く寮、随身して参入すべき也。具せず。仍りて忽ち外記に借ると云々。〕上卿開見《ひらきみ》る。了りて外記を召す。筥を奉るべき（×事）の由を仰す。外記、筥を奉る。卜方《うらかた》等を入れ、頭弁をして奏せしむ。仰せて云はく「神祇の筮に依りて火事（×大事）・疾疫を慎むべきの由、符に報じ、大宰に賜ふべし。」と云々。上卿・弁（×并）、退出す。余又、退出す。伝聞《つたえき》く。「去る五月二日より晦比《ごろ》に至るまで、宇佐神殿上に雀、群集し、或《あるい》は栖《す》を作ると云々。仍りて此の御卜《みうら》有り。」と云々（云×）。而るに官申して云はく「本所の火事・疾疫。」と云々。寮申して云はく「天下疾病、若しくは御薬《みくすり》。」と云々。

七日、壬午。天晴る。

▽a 召に依りて殿(=頼通)に参る。山階寺(=興福寺)の東金堂并びに御塔を供養せらるべき雑事《ぞうじ》を定めらる。〔件の堂塔、前年、神火の為に焼亡す。仍りて堂、故入道大相国(=道長)作らしめ給ふ。塔、関白左相国(×相〇閣)(=頼通)作らしめ給ふ也。〕兼ねて陰陽助《おんようのすけ》孝秀(×則秀)を召して日時を勘へらる。〔十月八日壬午、廿日午時《うまのとき》也と云々。〕

※1 次いで殿仰せて云はく「伊勢の御祈使《おいのりのつかい》に擬せらるること有り。指障《さしたるさわり》無くば参詣すべし。」者《てへ》り。余申して云はく「指障《さしたるさわり》無し。只、仰に随ふべき也。抑《そもそも》、前年(×奉)故按察大納言(=行成)云はく『伊勢、猶、藤氏の人を遣はすべき歟。是、先祖大織冠《たいしょくかん》(=鎌足)の本姓は大中臣也。故に便(×使)有るべき歟。』と云々。是、指事《さしたること》に非ず。便宜に随ひ云ふ所歟。抑、先例を尋ねて相《あい》示すべし。」者り。

八日、癸未。天晴る。

▽a 早旦、『類聚国史』の伊勢の巻(×奏)を引見す。藤氏に非ざる上達部《かんだちめ》を以て、多く伊勢に遣はさる。則ち注出し、殿(=頼通)に参りて之を奉る。仰せて云はく「多く例有り。大略詣づべき也。」と云々。次いで結政所《かたなしどころ》に着す。〔他の弁并びに政無し。〕

※1 次いで内に入る。午剋《うまのこく》、右府《うふ》(=実資)入らる。頭弁《とうのべん》(=経任)仰せて云はく「斎宮寮頭藤原相通、佐渡に流すべし。其の妻藤原小忌古曾、隠岐に流すべし。」者《てへ》り。相府(=実資)、勅を奉はり、弁(=経任)に仰せて云はく「左右衛門府に仰せて長送使府生(生×)各一人・門部《かどべ》各二人を差進《さしたてまつ》らしむべし。兼ねて官符等を作らしむべし。」者り。弁、仰を奉はる。大夫史《たゆうのし》貞行宿禰に仰(×云)せて云はく「官符を作らしめ外記に渡せ。」外記(々々)(=相親)、筥に入れ相府に

覧ぜしむ。相府(々々)見了りて外記を召して之(×々)を給ふ。

▷b 余起座し、敷政門《ふせいもん》を経て、少納言・外記等を率ゐて結政所に向かふ。余、先づ着座す。〔北壁の下に小筵二枚を敷く。其の上に半畳一枚を敷く。南面。〕次いで少納言義通着座す。〔右中弁(＝資通)の座の程に小筵一枚・半畳一枚を敷く。西面(×面西)。〕次いで外記時資、右大史の座の程に着す。次いで外記・史生、印・櫃等を持ちて来たる。請印《しょういん》を筵の上に置き退去す。又、官符を入るるの筥を持ちて来たり、外記の前の長床子《ながしょうじ》の上に置く。〔筵一枚を以て弁と史との座の間の地に敷き、請印の座と為す。〕印を取出《とりいだ》して盤の上に置く。辛櫃《からびつ》を以て弁の座の板敷の南端に置く。官符に請印し了りぬ。(取了)印等を取りて退去す。次いで外記、次いで少納言立つ。次いで余立ちて内に参る。陣座《じんのざ》に着す。頃之《しばらくありて》、右府退出せらる。次いで殿の御宿所に参る。御共《おとも》して退出す。

右府、先是《これよりさき》、相通の位記を召進《めしたてまつ》らしむべきの由、弁をして京職《きょうしき》に仰すと云々。弁、史に仰せて職の官人に召仰《めしおお》せしむと云々。

又今朝、相府示されて云はく「寮頭停任すべきの由、其の故《ゆえ》を仰せらるべからず。」者り。位を取らず官を取(×衣)らるるの時、停任の宣旨有り。相通に於いては已に配流者為《た》り。官・位共に取らるべき也。仍りて位記を進《たてまつ》るべきの由を仰す。寮頭に於いては、除目《じもく》に其の故《もと》を任ぜらるべき也。

十日、乙酉。天晴る。

※1 或人《あるひと》云はく「斎院(＝選子内親王)の遁世《とんせい》、今月の内に有るべし。」と云々。長官以康朝臣を招きて相示《あいしめ》して云はく「十二日に至(×主)るまで、内の触穢《しょくえ》に依りて院に参るべからず。今朝、或《あるひと》云はく『今月は避けしめ給ふべし。』

と云々(々×)。実歟。若し然らば、今月(×日)を過ごさしめ給ふは如何《いかが》。伊勢の御託宣に依りて、一日《いちじつ》、寮頭相通配流なり。幾ばくを経ず、又、此の事有り。当時・後代に其の聞《きこえ》宜しからず。猶、此の程を過ごし、十月許《ばかり》が宜しき歟。此の由を以て申さるべき也。」者《てへ》り。「晩に及び、重ねて来たる。」者り。「穢を過ごして参入すべし。其の次《ついで》に相示すべし。」者り。十三日、参入すべきの由を申す。

十一日、丙戌。天陰り雨降る。
※1定考《こうじょう》に依りて午剋許《うまのこくばかり》に官司(＝太政官庁)に参る。北門より入る。先是《これよりさき》、左大弁(＝重尹)以下、結政《かたなし》の座に着す。余着せむと欲するの処、外記・史生、廊の北面の西一間(西×)の座に居す。是、申文《もうしぶみ》、少納言に合宜《ごうぎ》(×且)せむが為《ため》歟。仍りて暫く北廊を徘徊《はいかい》(×俳佪)す。大夫外記《たゆうのげき》文義朝臣、史生に相示して立座せしむ。史生、北の砌《みぎり》に下りて居す。余、壇上より着座す。暫く甚雨《じんう》なり。横雨、座席に降入《ふりい》り湿潤す。仍りて議(×義)有りて暫く立座す。北廊に佇立す。此の間、上卿(＝師房)参入せらると云々。史に仰せて座を敷替《しきか》へしむ。次第に之に着す。〔雨脚、須《すべから》く伏すべし。〕史、座に於いて申文を結《かた》ぬるに随ひて、一々起座す。大弁の座の西の壇上を経て南に渡る。〔左大弁云はく「座に於いて結ね了りて一度起座す。而るに一々立つは、是、違例也。」と云々。〕次いで外記渡る。次いで頭弁《とうのべん》(＝経任)・少納言(＝義通)・右中弁(＝資通)、次第に起座し了りぬ。次いで左大弁以下起座し、北廊の下に於いて靴を着す。左大弁相共に庁の座に着す。次いで申文。〔雨儀《うぎ》。〕次いで請印《しょういん》。次いで外記(記×)、式を奉る(×式奉)。次いで定考(次定考×)。〔少納言義通・右中弁資通・右少史孝親(×為親)・守輔(少納言義通・右中弁資通・右少史為親・守輔×)。少史を共にするは、是、失也(共少史是失也×)。〕次いで朝所《あいたんどころ》に着す(次着朝所×)。一献は左大弁(一献左×)。二献は僕(＝経頼)。粉熟《ふずく》、

則ち之を食す。三献は左中弁（×左中弁）（＝経輔）。飯汁、則ち之を食す。四献は権弁（×推弁）（＝経任）。餅餤《べいだん》（×淡）、則ち之を食す。〔二献以後、罰を行なはる。〕官掌、装束了ると申す。次（×以）いで箸を抜（×秡）く。中弁以下、下立《おりた》（々立）つ。一献は左大弁。次の酌は左中弁、次の酌は一座《いちざ》の史。二献は僕。権弁、二の史。三献は右中弁。三の史。〔上〕上卿以下、箸を立つ。上《しょう》（＝師房）、則ち之を抜（×秡）き起座す。〔中弁以下立ち、出で了（×之）りて復す。〕次第に起座す。東廊に着す。了りて上達部《かんだちめ》、次第に立座して揖《ゆう》（×指）す。退出して庁に向（×間）かふ。謝座（×生）し了りて宴座《えんのざ》に着す。一献は左大弁。二献は僕。粉熟、則ち之を食す。次いで餅餤（×談）を居《す》う。〔須《すべから》く三献以後、召に随ふべき也。召を待（×侍）たざるは（×之）違例也。仍りて左大弁、居《す》ゑ了るの由を申さず。〕三献は左中弁。次いで左大弁、把笏（×犯笏）して餅餤（×談）を居うるの気色を候ず。上以下、之を食す。史、装束了るを申す。上以下、穏座《おんのざ》（×隠座）に着す。一献は左大弁。二献は僕。粉熟、則ち之を食す。次いで餅餤（×談）を居《す》う。次いで申次《もうしつぎ》（申次）の史生、召すべきの由、史に召仰《めしおお》す。次いで近辺の諸司。次いで雅楽。〔入夜《よにいり》、雨晴れ月（×同）明らかなり。仍りて晴儀《はれのぎ》（×勝儀）を用ふ。〕舞の間、左大弁以下、挿頭《かざし》を取る。〔左衛門督（＝師房）・左大弁・侍従中納言（＝資平）・僕・右兵衛督（＝朝任）・左中弁・左宰相中将（＝顕基）・権弁・左大弁・右中弁・僕・少納言。〕次いで僕、起座し、東廊の座に於いて申文を見る。〔朝所《あいたんどころ》の手長《てなが》、外記成経・時資の外、人の勤仕するもの無し。仍りて上卿召（×谷）さるること有り。助近・公親二人、参ると雖も見参《けざん》に入らず。〕了りて帰座す。次いで左大弁起ちて之を見る。次いで申文。次いで左大弁、事由《ことのよし》を申す。史広雅をして献盃を勤（×對）めしむ。大弁、杓を取る。〔立ち乍ら盃を盛上《もりあ》げ、史に授持《さずけも》たせて帰る。〕巡行了りて上下退出す。

※2 今朝、頭弁光臨せらる。定考《こうじょう》の雑事の次《ついで》を問（×向）はる。「若し五位の弁無くば、考所、勤むべき也。其の事、如何《いかが》。」読申《よみもう》す作法の葉子《ようし》等を書き奉り、兼ねて音様等を申す。又、示されて云はく「四位、此の事に従ふの時、

召に応じ着座するの間、四位進むべき歟。為当《はた》、少納言進むべき歟。」答ふ。「先例覚えず。左大弁、中弁為《た》るの時、此の役を勤めらる。定めて覚えらるる歟。問聞《といき》かるべき歟。」と云々。又、朝所《あいたんどころ》に於いて、上卿、彼此《かれこれ》に示されて云はく「去月十五日の月食に依りて相撲《すまい》の楽を止められ了りぬ。今日の楽、有るべき歟。如何《いかが》。」彼此議（×儀）せられて云はく「相撲の楽、月の内に依りて止めらるる歟。此の楽に於いては月を隔《へだ》つるの中、釈奠《せきてん》の日、已に宴《えんの》座《ざ》有り。今日の楽を行なはるるに何の難有らむ乎。」者り。余、左大弁に問ひて云はく「前年、考所を勤めらるるの時、着座せらるるの間、如何。」答ふ。「中文《もうしぶみ》の儀に准じて四位先づ進着すべき也。」左中弁、此の事を聞きて云はく「余、此の役を奉仕するの時、着座す。次いで少納言着す。史来たりて紙文を以て弁に授く。次いで簡（×箇）を以て少納言に授く。」と云々。

十三日、戊子。天陰り雨降る。

関白殿（＝頼通）に参る。午剋《うまのこく》に及び、退出す。

※1 今日、祈晴の幣・馬を丹生（×舟生）・貴布禰両社（×雨社）に奉らると云々。〔使は神祇官人（祇×）。〕

※2 又、賀茂《かも》上下《かみしも》に、左中弁（＝経輔）を使《つか》はし、幣帛并びに走馬等を奉らる。是、前年の御薬《みくすり》の時の御願《ぎょがん》の賽《さい》也。乗《のり》尻《じり》は近衛の官人と云々。

※3 左亜将相公卿（＝顕基）の消息に依りて閑院に詣づ。〔児息（＝資綱）の元服《げんぷく》と云々。〕東対の南廂に上達部《かんだちめ》・殿上人《てんじょうびと》の座を儲け饌を居《す》う。〔上達部は高坏、殿上人は机。〕戌剋《いぬのこく》に及び、左金吾（＝師房）〔○〕光臨す。両三盃の後、地下の五位二人、菅円座《すげのわろうだ》（座×）を取りて座の上に敷く。次いで五位三人、理髪（×駿）の具を取りて北・南の円座の前に置く。

次いで児童（＝資綱）着座す。〔直衣《のうし》、束帯《そくたい》。髪を結はず。去る正月に叙位《じょい》す。仍りて髪を結はざる歟。〕次いで殿上の五位二人、脂燭《しそく》（×指燭）を取りて座の東西に居す。次いで左中将実基理髪す。〔束帯（×不帯）、笏を取る。〕理髪（々々）了り、暫《しばら》（×敷足）くして座を去る。金吾（＝師房）、加冠して帰座す。中将（＝実基）進（×近）みて鬢《びん》を挟む。了りて退去す。冠《かん》者《じゃ》（＝資綱）、立座す。秉燭《へいしょく》者、同じく立つ。五位三人、理髪の具を撤す。次いで二人、円座を撤す。次いで五位三人、加冠の座を取り、座の上に敷く。〔一人は高麗端《こうらいべり》畳一枚、一人は地敷《じしき》、一人は茵《しとね》（×首）。〕次いで四位〔守隆朝臣〕打敷《うちしき》（×科敷）を取る。五位等、高坏物《たかつきのもの》十二本を取りて座の前に居《す》う。次いで五位四人、理髪の前の机を舁《か》き、廊に出（出×）でて上達部の末に立つ。加冠・理髪着座す。一献は家主大納言（＝能信）。二献は藤納言。三献は宰相中将（＝顕基）。〈杓を取る。〉次いで被物《かづけもの》。〔女装束一具、綾の細長《ほそなが》を加ふ。〕理髪。〔女装束一具。〕次いで引出物《ひきでもの》、馬二疋。次いで金吾出で給ふ。先是《これよりさき》、立明者《たてあかしのもの》、之を腰指《こしざし》す。

十六日、辛卯。天晴る。

※1 殿（＝頼通）に参る。次いで参内す。侍従中納言（＝資平）、左仗《さじょう》（×杖）に於いて明日の宣命《せんみょう》の草《そう》を見る。了りて内記に持たしめ、御所に進（×追）みて奏覧す。了りて帰りて内記に給ふ。〔先是《これよりさき》、内記をして相府（×札府）（＝頼通）に内覧《ないらん》せしむ。相府（々々）仰す。「辞別《ことわけ》有るべし。」と云々。仍りて其の詞を加へ、重ねて内覧す。了りて之（×了）を奏す。〕

※2 頃之《しばらくありて》、左衛門督（×右衛門督）（＝師房）参入し、陣の饗、備へ了るや否やの由を問（×門）はしむ。諸卿、左衛門陣に着せらる。三献了りて、余、上宣を奉《うけたま》はる。〔箸を抜（×秡）き把笏して之を奉はる。〕弁に仰せて侍従（＝資平）を召さしむ。〔余仰せ了りて箸を立つ。弁、使々《つかいづかい》を召さしむ。〕次いで外記、解文《げぶみ》を奉る。開見《ひらきみ》る。先に内覧す。次いで

上《しょう》(＝師房)、御所に進みて之を奏す。次いで南廊に着す。諸司をして分取《わけと》らしむること例の如し。〔左右近・右馬取る。左馬助参らずと云々。〕次いで上以下、之を取る。事了りて弓場《ゆば》に引参《ひきまい》りて慶を奏す。了りて各《おのおの》退出す。

十七日、壬辰。天陰り時々雨降る。

※1 参内(参×)す。侍従中納言(＝資平)、祈年穀奉幣《きねんこくほうへい》(幣×)の宣命《せんみょう》を奏す。神祇官(×社祇官)に於(×行)いて使々を立てらると云々。

※2 次いで民部卿(＝斉信)、仗座《じょうのざ》に於いて平野・祇園(×祈薗)・北野の走馬を奉らるるの宣命を見る。了りて内記に持たしめ、御所に進みて之を奏す。返給《かえしたま》(○)はりて帰座す。清書(×請書)せしめて、又奏す。了りて外記をして使等を召さしむ。殿上人《てんじょうびと》也。次いで次第に参りて膝突《ひざつき》に着し之を給はる。敷政門の北廊(×此即)より出づ。

※3 弁は頭弁《とうのべん》(＝経任)、壁外に於いて余に目《もく》(×自)す。余(々)起座して近くに逢ふ。仰せて云はく「来たる廿五日の伊勢奉幣使を奉仕すべし。」者《てへ》り。仰を奉《うけたま》はりて着座す。事了りて上卿退出す。蔵人少将(＝経季)、召有るの由を告ぐ。御前(＝後一条天皇)に参る。数剋、雑事を奏す。晩に及び、退出す。東河に向かひて解除《げじょ》す。了りて即ち南宅〔阿波守《あわのかみ》の所領。〕に渡りて斎《い》む。又、本家にて斎むべきの由を聞く。兼ねて皆、誡仰《いましめおお》せ了りぬ。須《すべから》く本所に於いて斎むべき也。〔而《しか》示す。〕然るに堂を立てて仏・僧尼・経論を安ず。移運《うつしはこ》ぶに煩有り。仍りて僕(＝経頼)一身、他所に向かふ也。

▽a 今日(日×)、七箇霊所に於いて御祓《おはらえ》有りと云々。使は殿上の四位・五位と云々。

十八日、癸巳。天陰り雨降る。
※1 東河に臨み、信公をして之を解除せしむ。昨日、神祇大祐是守申さしめて云はく「今月晦日、大神宮の例と為《し》て忌《いみ》に着（×差）く。来月の御祭（＝神嘗祭）に至りては往還を忌《い》むこと有り。而るに彼の忌に着（×差）せざるの以前に参入し、神堺を出づべき也。」と云々。此の旨を以て祭主（＝輔親）の許《もと》に遣《つかわし》問《と》ふ。返報に云はく「勅使為《た》るの人、更に忌むべからず。唯《ただ》、駅館《えきかん》を遂ひて往還すべき也。」者《てへ》り。此の説に依りて忌むべからず。但し今月は大也。行程を量るに然るべくば、又、神堺を出づべき歟。今に於いては、唯、便宜に随ふべき也。

十九日、甲午。天晴る。
※1 東河（×何）に臨み、信公をして解除せしむ（×合）。皇命を奉はりて慎《つつしみ》を致して籠居す。去る十七日より始めて、進発の期に至るまで、毎日祓清《はらえきよ》（×請）むべき也。

廿日、乙未。天晴る。
▽a 東河に臨み、解除す。慎《つつしみ》を致さむが為《ため》、進発の日迄《まで》、祓清（×請）むる所也。仍りて先例。弘仁六年九月四日、天皇、大極殿に於いて伊勢大神宮に奉幣せらるるに、同十一日に同じ使等を以て又例幣を奉らると云々。六年十二月二日、参議藤原行成を遣はして幣帛を伊勢大神宮に奉ると云々。自余の例多しと雖（×離）も、記すに及ばざる也。已に祭主（＝輔親）の詞に合ふ。後の為、之を記す耳《のみ》。

卅日、乙巳。天晴る。
※1 巳剋《みのこく》、宮司永政、牛二頭・絹廿疋（×尺）を出だす。牛に於いては之を返す。絹は例の禄為《た》るに依りて之を留む。則ち八疋（八×）を以て供の六人・官掌《かじょう》・弁候《べんこう》等に配供す。〔各《おのおの》一（一×）疋。〕遺り十二疋、納めしめ（×合）了りぬ。式に云（×可）はく「臨時の勅使、四位の禄は、絹十二疋。従者（者×）は八疋。」と云々。仍りて分給《わけたま》ふ所也。
同剋、離宮を立ちて壱志《いちし》駅に留まる。午後《うまののち》、雨降る。

九月　小

一日、丙午。天晴る。
▽a 巳剋《みのこく》、壱志《いちし》を立つ。昏黒に及び、鈴鹿《すずか》に着するの間、雨降る。

二日、丁未。天晴る。
▽a 辰剋《たつのこく》、鈴鹿を立つ。未剋《ひつじのこく》、甲可《こうが》駅に着す。
▽b 今朝、常陸前守《ひたちのさきのかみ》維衡朝臣、牛二頭を送（送×）る。故《ゆえ》無きに依り返却（×都）し了りぬ。

三日、戊申。天晴る。
※1 未明、甲可駅を立つ。午剋《うまのこく》に及び、勢多《せた》駅に着す。暫く休（×体）み食し、夫・馬等を替ふ。申剋《さるのこく》に及び、入洛す。晩に及び、束帯《そくたい》して参内す。頭中将（＝隆国）をして事由《ことのよし》を奏せしむ。召有りて昼御座《ひのおまし》の方に参る。参宮の間の事、并びに禰宜《ねぎ》等愁申《うれいもう》す所の事等を奏す。次いで関白（＝頼通）の御宿所に参り、此の由等を聞申《ぶんしもう》す。亥剋《いのこく》に及びて帰る。

四日、己酉。天陰る。
※1 風聞す。「李部王《りほうおう》（＝敦平親王）、本の如く釐務《りむ》（×勅厘務）に従ふべきの由、宣旨有り。」と云々。〔外記（＝相親）、上卿（＝実資）の宣を奉じて彼の家に来示《きたりしめ》すと云々。〕

五日、庚戌。天晴る。

▽a 両宮の禰宜等の注進文、右府《うふ》（＝実資）に奉る。

六日、辛亥。天晴る。

※1 頭弁《とうのべん》（＝経任）の御消息に云はく「天変・霖雨（×霜雨）等に依りて、軽犯者を免ぜらる。」と云々。

▽a 又、召使《めしづかい》来たりて云はく「外記文義朝臣仰せて云はく『明後日、陣定《じんのさだめ》有るべし。参入すべし。』」者《てへ》れば、参るべきの由を触れしめ了りぬ。是、安房守《あわのかみ》（×等房守）正輔・前左衛門尉平致経等の合戦の事、定めらるべしと云々（々×）。

八日、癸丑、天晴る。

▽a 殿（＝頼通）・内等に参る。暫くして右府《うふ》（＝実資）参入せらる。左大弁（＝重尹）に、不堪文《ふかんのふみ》等を申さしむ。〔上《しょう》（＝実資）宣る。（上卿）〕「加賀・能登等の国（×円）の開発《かいほつ》の数少なし。返給して定め改申《あらためもう》せ。」者《てへ》り。〕

※1※2 次いで上達部《かんだちめ》多く以て参入す。右府、安房守《あわのかみ》正輔・前左衛門尉平致経等の合戦の文書を以て、見下さしめ了りぬ。余申して云はく「正輔・致経等の合戦の事、真偽を決せず。各《おのおの》の証人を勘問せしむるも、申す旨は正輔・致経等の詞に異ならず。仍りて各の罪科、暗（×晴）に定申《さだめもう》し難し。但し合戦の間に両人の随兵等の共犯する者、先づ調《ちょう》度文書《どのもんじょ》を以て法家《ほうけ》に下勘せしめ、定行《さだめおこ》（×宅行）なはるべき歟。」左大弁（＝重尹）・左兵衛督（＝公成）・左宰相中将（＝顕基）等、余と同じ。右兵衛督（＝朝任）申して云はく「事旨《ことのむね》、余（＝経頼）の詞と同（×問）じ。但し前日《さきのひ》に伊勢国司（＝行貞）の召《めし》

進《たてまつ》る証人等、勘問を経ずして国司に返預《かえしあず》けられ了りぬ。重ねて彼等を召問《めしと》ひ、申すに随ひて定行《さだめおこ》なはるべき歟。」左衛門督（×右衛門督）（＝師房）・春宮大夫（＝頼宗）・右大臣（＝実資）等申されて云はく「両人の所為共に以て不快なり。各《おのおの》身を召問《めしと》ひて定行《さだめおこ》なはるべき歟。」権大納言（＝長家）・民部卿（＝斉信）・内大臣（＝教通）申されて云はく「自《みずか》らの罪を避けむが為《ため》、逓《たがい》に人の咎を露《あら》はすこと、共に以て隠さず。但し伊勢国司の解状に云はく『合戦の地は致経の住宅を隔つること十余町（×了）。』と云々。之を以て之を知るに、致経、進戦《すすみたたか》ふ歟。調度文書を以て法家に下勘せしめ、定行《さだめおこ》なはるべき歟。」左大弁執筆《しゅひつ》す。則ち上《しょう》（＝実資）奏す。深更《しんこう》に及ぶに依り、裁報を待たず、右府以下退出す。

十日、乙卯。天晴る。

※1 召有りて殿（＝頼通）の雑事に参る。退出の処、召使《めしづかい》来（×奉）たりて云はく「外記時資仰せて云はく『晩景、位記請《しょう》印《いん》有るべし。参入すべし。』」者《てへ》り。参入すべきの由を仰せしむ。晩に及び、参内す。侍従中納言（＝資平）候ぜらる。而るに少納言遅参す。仍りて入夜《よにいり》、位記三巻請印す。件の位記、伊勢の内人《うちんど》等也。前日、彼の両宮の禰宜《ねぎ》等、各《おのおの》一階を叙せらるるの次《ついで》に、禰宜等、申請に依り、勤労の内人等、叙列に預かる。而るに祭主（×斉主）輔親朝臣、前列に漏るるの輩を注進す。仍りて叙せらるる所也と云々（々×）。事了りて退出す。

十一日、丙辰。天陰り雨降る。

※1 午剋《うまのこく》、参内す。今日、八省行幸《ぎょうこう》有るべきの由、仰《おおせ》有り。而るに陰気霽《は》れず。仍りて頭弁《とうのべん》（＝経任）をして賀陽院（＝頼通第）に遣はさしむ。仰せられて云はく「雨脚若《も》し止《や》まば行幸有るべき也。而るに幸臨の後、若し甚雨《じんう》に及ばば

如何《いかが》為《せ》む乎《や》。停止すべき歟。」と云々（々×）。奏せられて云はく「今日、雨儀有りと雖も、是、行幸以後の事也。降雨を見るに何ぞ幸臨せしむること有らむ乎。早く留めしめ給ふべきの由、奏すべし。」者《てへ》り。頭弁《とうのべん》（＝経任）、勅を奉《うけたま》はりて民部卿（＝斉信）に仰す。民部卿（々々々）、大夫外記《たゆうのげき》文義を召し、行幸停止の由を仰す。次いで官人をして内記を召さしむ。内記（々々）、宣命《せんみょう》を持ちて参入す。開見《ひらきみ》了りて、内記に持たせて御所（＝後一条天皇）に参り、〔南殿《なでん》の北廂を経《ふ》。内記は階下。〕奏し畢りぬ。月華門を経て八省に向かふ。上官《しょうかん》等、中部より追従《おいしたが》ふと云々。暫くして退出す。

十三日、戊午。天晴る。

※1　一日《いちじつ》の右府《うふ》（＝実資）の御消息に云はく「前年の殿上所充《てんじょうのところあて》の土代《どだい》（×云代）、書儲《かきもう》くべきの由、相示すこと有り。年月の推移と与《とも》に、定めて違濫する歟。早く改直《あらためなお》して持奉《もちたてまつ》るべし。」者《てへ》り。改直《あらためなお》して持参《もちまい》る。披見し了（×可）りて命ぜられて云はく「悪しからず。早く関白（＝頼通）に覧ぜしむるの後、定有るの日に儲候《もうけさぶら》ふべし。」者り。

※2　則ち殿（＝頼通）に覧ぜしむ。仰せて云はく「左右京職を以て右府（＝実資）に充つべし。穀倉院・修理職（×議）を以て内《ない》府《ふ》（＝教通）に充つべし。〔是等、皆、殿に充て奉るの処也。〕自余《じよ》の事等、悪しからず。」者り。此の由を以て右府に申し了りぬ。抑《そもそも》、僕（×僅）（＝経頼）、蔵人頭為《た》るの時、殿上所充有るべきの由、勅を奉はる。右府（々々）示されて云はく「所充の事、是、秘蔵すべからざる事なり。内々、闕所の勘文《かもん》に付して、先づ然るべきの人々に量充《はかりあ》て、持奉《もちたてまつ》るべし。是、御前（＝後一条天皇）に於いて量充つる時、時剋（々剋）推移するは、事煩《ことのわずらい》無きに非ず。」則ち貞行宿禰に仰せて所々の闕を勘《かんが》へしむ。命の如く量充てて覧ぜしむ。命じて云はく「甚だ以て佳き也。但し

関白（＝頼通）・太閤（×大閤）（＝公季）に覧ぜしめて儲候《もうけさぶら》ふべし。」者り。則ち覧ぜしめ了りぬ。而るに左右相障《あいさわ》り、今に未だ定められざる也。

十四日、己未。天晴る。

※1 殿（＝頼通）に参る。仰せられて云はく「二宮《にのみや》（＝馨子内親王）の御着袴《おんちゃっこ》の日、内々に問はしむべし。」者《てへ》り。陰陽師《おんようじ》孝秀（×則秀）を召して之を問ふ。申して云はく「十月廿八日。」と云々。此の由を申す。仰す。「聞《き》こし了りぬ。」次いで仰せられて云はく「今年、公私の経営相《あい》合ひ、上下休息せずと云々。然りと雖も、此の事、又黙して止むべからず。宮行なはしめ（×合）給ふは、事に限《かぎ》り有り。倹約（×検約）せらるべからず。公家《こうか》（＝後一条天皇）行なはるるの時、自然《じねん》、事《ことの》煩《わずらい》有（×者）る者也。此の度に於いては、一向に此の家、行なはるるは如何《いかが》。」余申して云はく「賢事《かしこきこと》也。延喜・天暦の間、只、公家、此の如きの事を行なはる。近代、本宮の本家行《おこない》来《き》たる也。専ら先例とせず。」者り。仰せて云はく「此の由を以て大夫（＝斉信）に示すべし。」者《てへ》れば、則ち〔諸〕大夫の御許に此の由を聞こす。申されて云はく「甚だ賢事《かしこきこと》也。」と云々。此の旨を申し了りぬ。

※2 頃之《しばらくありて》、右府《うふ》（＝実資）より示されて云はく「穀倉院・修理職、先例を尋見《たずねみ》るに、多く摂政・関白に充てらる。貞信公（＝忠平）・故殿（×枚殿）（＝実頼）、共に此の所の検校為《た》り。先跡を見乍《なが》ら、何ぞ案内《あない》を申さざらむ。」者り。則ち事《ことの》由《よし》を申す。仰す。「然らば自《みずか》らに充つべし。」者り。則ち此の旨を申（申×）さしめ了りぬ。

十六日、辛酉。天晴る。

※1 早旦、参内す。頃之《しばらくありて》、右府《うふ》(=実資)并びに殿(=頼通)、参入せしめ給ふ。右府、陣座《じんのざ》に於いて示されて云はく「所充《ところあて》の土代《どだい》、僕(=経頼)の今案也。而《しこう》して『故殿御日記(=清慎公記)』を引見するに、承平の間、貞信公(=忠平)の先の土代を申され、次いで御前(=朱雀天皇)に於いて書かる。是、旧蹤《きゅうしょう》有る事也ケリ。興有り興有(々々)り。」と云々。須《すべから》く頭弁《とうのべん》(=経任)、召の由を申して、右府参上せらるべし。此の間、余、陣腋《じんのわき》に於いて、貞行宿禰を召し、闕所の勘文《かもん》を与(×歟)ふ。仰せて云はく「其の随《したがい》召《め》すに従ひて奉るべし。」者《てへ》り。次いで殿上の方に於いて、土代の文を以て頭弁に授く。云はく「是、内々儀有りて書く所也。硯を召すの時、密々、加奉《くわえたてまつ》らるべし。」者り。頃之《しばらくありて》(×須之)、右府、御前(=後一条天皇)に参らる。〔関白(=頼通)先づ参らしめ給ひ、次いで之を召す。〕御装束、御几《みき》帳《ちょう》(×御木帳)等を以て母屋《もや》に立亘《たてわた》す。〔官奏《かんそう》の時の如(×女)し。〕次いで菅円座《すげのわろうだ》二枚、孫廂《まごびさし》に敷く。〔御座の間に当たる。但し北南に之を敷く。其の間、四五尺許《ばかり》。〕次いで頭弁を召して勘文を召す。弁(=経任)、勘文を以て柳筥《やないばこ》に入れ、〔懸紙《かけがみ》無し。〕之を奉る。次いで硯を召す。同じく柳筥に入れ、〔硯・筆・墨・刀・続紙《つぎがみ》(×読紙)・土代の文・水瓶等、之を入る。〕蔵人少将(=経季)持参《もちまい》る。定了《さだめおわ》りて、右府、定文《さだめぶみ》を持ち、殿上に出でて頭弁に下す。頭弁(々々)、之を給はり結ね了りぬ。右府に密申《ひそかにもう》して云はく「蔵人所別当、成らしめ了りぬ。」者り。右府、弓場《ゆば》(弓×)に出(出×)でて、頭弁をして慶を奏せしめ給ふ。了りて重ねて殿上に昇る。

※2 中宮権大夫(=能信)申されて云はく「所労有りて久しく出仕せず。今日、吉日為《た》るに依り、申文《もうしぶみ》せむと欲す。如何《いかが》。」右府命じて云(云×)はく「尤も然るべき事也。早く行なはしめ給ふべし。」暫くして退出せられ了りぬ。大夫(=能信)并びに左大弁(=重尹)、陣に於いて申文を行なはると云々。余、案内《あない》を触れて向かはず。

午刻《うまのこく》に及び、春宮（＝敦良親王）の若宮（宮×）（＝親仁）、関白殿の御車に於いて出でしめ給ふ。仍りて上達部《かんだちめ》・殿上人《てんじょうびと》、御送に候ぜらる。余同じく参候《まいりこう》ず。

十七日、壬戌。天晴る。

▽a 殿（＝頼通）并びに結政《かたなし》に参る。政《まつりごと》有り。〔上《しょう》は侍従中納言（＝資平）。〕事了りて南（＝南所）に着す。申文《もうしぶみ》・食了りて内に入る。次いで内文《うちぶみ》有り。此の次《ついで》に位記請印《しょういん》有り。

※1 又、中納言、勅を奉《うけたま》はりて、陰陽寮《おんようりょう》を召し、〔可〕祇園（祇薗）の僧に祓を負ふべきの（×々）日時を勘へしむ。是の僧、祇園（祇薗）の四至《しし》（×主）内に於いて葬送す。仍りて其の祟《たたり》（×崇）、御卜《みうら》（×下）に出づ。之に因りて行なはる所也と云々（々×）。入夜《よにいり》、事了りて帰る。

十八日、癸亥。天晴る。

※1 早旦、栖霞寺《せいかじ》に詣づ。唐人良史（×良早）の許《もと》より送る所の文殊《もんじゅ》并びに十六羅漢《じゅうろくらかん》絵像を拝し奉る。無憂樹《むうじゅ》・菩提樹《ぼだいじゅ》（×井提樹）の葉、并びに沙羅《さら》（×茶羅）の葉、南岳大師《なんがくたいし》（＝慧思）、普賢《ふげん》を見奉るの処の土、五台山の石等を資《もたら》す。

▽a 次いで広隆寺（×成隆寺）の諸老聖（×詣老聖）を詣（×諸）づ。晩に及び、帰京す。〔之〕

廿日、乙丑。天晴る。

※1 他行せず。亥刻《いのこく》に及び、斎院長官以康朝臣来向して云はく「院（＝選子内親王）の御消息に云はく『年来の本意《ほい》に依り

て、来たる廿五日許《ばかり》に遁去《とんきょ》せむと欲す。而して関白(=頼通)聞こし給ふ。此の日(×院)、女院(=彰子)の御共《おとも》なり。彼の日に石清水等に詣づべし。若し然るが如きの事有らば、甚だ便無き歟《か》。』と云々。仍りて彼の日を縮め、明後日に遁世《とんせい》すべき也。」仍(○)りて承はり了るの由を申さしむ。愚案は、是、抑留《おさえとど》め奉るべからず。人事《ひとのこと》、皆、其の運有る歟《か》。就中《なかんずく》、前日、今年吉とすべきの旨(×然)、夢相有るの由、仰《おおせ》有り。神慮知り難し。何ぞ左右《そう》を申さむ乎。

廿一日、丙寅。天晴る。

※1 早旦、参内す。斎院(=選子内親王)の御消息の旨、関白殿(=頼通)に申す。仰せられて云はく「前日、甲斐前守《かいのさきのかみ》範国朝臣の侍、此の事を語る。仍りて廿五日を過ごさしめ給ふべきの旨(×然)、彼の朝臣を以て申さしむる也。而るに明後日、吉とせしめ給ふべきの由、御消息有《あ》るは、妨《さまたげもう》申すべからずと雖も、但し、事、甚だ率爾《そつじ》(×示)也。猶、女院(=彰子)帰り給ひて、来月朔比《ついたちごろ》(×朝比)宜しき歟。此の趣(×起)を以て洩申《もらしもう》すべし。」者《てへ》り。結政《かたなし》に参る。而るに召使《めしづかい》等遅参す。仍りて着座せず、下立《おりた》ち、史に触れて内に入る。史等引きて相従ひて内に入る。次いで斎院に参る。殿(=頼通)仰せらるるの旨を申す。仰せて云はく「須《すべから》く殿の仰《おおせ》の如く、院の御物詣を過ごすの後に本意を遂ぐべき也。然而《しかれども》、月来《つきごろ》心地不例の由、近来甚だ以て堪へ難し。若し重病に及ばば、恐らくは本意を遂げ難き歟《か》。仍りて怱思《いそぎおも》(×怠思)ふ所也。次《ついで》有らば、此の旨(×然)を申すべし。」者り。殿に参りて此の由を申す。仰す。「左右《そう》を申すべからず。」と云々。次いで申して云はく「院別当と為《し》て已に多年に及ぶ。此の時に愚忠を致さざらば、何時を期(×斯)せむ乎《や》。仍りて明日出御の間、参仕せむと欲す。如何《いかが》。」仰せて云はく「夜中、密行《ひそかにおこ》なひ、他人知るべからざらば、計也《はかりみるに》、何事か有らむ乎《や》。」者り。

廿二日、丁卯。天晴る。

※1
晩に及び、殿(=頼通)に参る。仰す。「今夜(×今夜)、斎王(=選子内親王)退出せらるべきの由、有るに依ると云々。汝(=経頼)、彼の院に参るべきの由、昨日、相示すこと有り。倩《つらつら》、此の事を思ふに、頗る便無き歟《か》。就中《なかんずく》、明日・明後日、共に重・復日也。仍りて今夜中に事由《ことのよし》を奏すべき歟。其の間の事、汝、彼の院に参らば、人の沙汰するもの無き歟。」者《てへ》り。仍りて参入せず、帰宅す。障《さわり》有るの由、院に申さしむ。其の使、帰りて云はく「亥剋《いのこく》、大僧正(=深覚)の御車を以て、秘蔵して室町に渡らしめ給ふべし。」と云々。深夜に及び、頭弁《とうのべん》(=経任)示されて云はく「斎院(=選子内親王)、今夜退出せらるるの由、只今(月)聞食《きこしめ》す。実否は如何《いかが》。」返報に云はく「只今、此を奉はり、参入して事由《ことのよし》を奏せしめむと欲するの間也。事々、自《みずか》ら申すべし。」者り。即ち参内す。頭弁に相逢ひて云はく「賀茂斎王(=選子内親王)、日来《ひごろ》、所労の由有り。此の両三日、殊に重きに依りて、今夜密《ひそひそ》(×寮)退出す。伝聞《つたえき》くに随ひて奏せしむる所也。」者り。弁(=経任)、此の由を奏す。食聞《きこしめ》すの由を仰す。次いで語りて云はく「今夜中に右大臣(=実資)に仰せて、先例を勘へしむべし。」者り。只今、右府《うふ》(=実資)に詣《まい》るべき也と云々。余、殿に参る。又、事由《ことのよし》を申して帰宅す。

廿三日。

▽a
室町院に参る。次いで殿(=頼通)に参る。午剋許《うまのこくばかり》、権中納言・左大弁(=重尹)相共に官司に参る。位記召給《いきのめしだまい》に依る也。事了りて退出す。

廿四日、己巳。天晴る。

※1 晩（×晩）に及び、殿（＝頼通）に参る。近江前司（＝済政）参入す。申して云はく「石清水・住吉・天王寺御経供養の講師并びに別当等、皆織物を儲く。自余《じよ》の所司并びに神人《じにん》、皆疋絹《ひけん》を儲く。是、故東三条院（＝詮子）の例に依りて用意する所也。」者《てへ》り。又、遊女等定賜《さだめたま》はる歟。然るが如きの料、儲くる所の疋絹と相《あい》合はせて、惣じて三百疋許《ばかり》也と云々。入夜《よにいり》、退出す。

廿五日、庚午。天晴る。

※1 午剋《うまのこく》、上東門院（＝彰子）、石清水に参らしめ給ふ。此の次《ついで》に同じく住吉・天王寺に詣でしめ給ふべしと云々。御《お》共《とも》の上達部《かんだちめ》、或《あるい》は冠直衣《かんむりのうし》、宿衣《しゅくえ》、或は布衣《ほい》。〔衛府の随身、皆布衣・狩胡籙《かりころく》。〕殿上人《てんじょうびと》、皆布衣。〔随身、同じく布衣・狩胡籙。〕

※2 御車は、外の人に三両を給ふ。〔一は尼、鈍色《にびいろ》（×純色）。二は俗、皆紅色。〕関白殿（＝頼通）并びに内府《ないふ》（＝教通）、各《おのおの》乗車して候ぜしめ給ふ。〔殿は烏帽《えぼし》。内府は冠。官人・物節《ものふし》・随身等、共に布衣、乗馬。舎人《とねり》等、同じく布衣・狩胡籙（×録）。各《おのおの》御車の後に御馬を牽かしめ給ふと云々（×ヘリ）。〕見物の車・馬・桟敷《さじき》、路を狭めて間無し。

▽a 行立の次第。先づ御幣。次いで神宝等の辛櫃《からびつ》。〔蔵人・主典代各二人、宿衣、乗馬して副《そ》ふ也。〕次いで殿上人。次いで上達部。次いで御車。〔行任・頼国朝臣、御後に候ず。〕次いで関白殿。〔御車の後に検非違使（非×）一人布衣にて候ず。検非違使、看督長《かどのおさ》等と共に布衣也。〕次いで内府。

※3 或《あるひと》云はく「今日午剋、是、天網《てんもう》時。已に不快。」と云々。

廿六日、辛未。天晴る。

結政《かたなし》に参る。左大弁（×右大弁）（＝重尹）同じく参入す。政《まつりごと》無し。内に入りて殿上に参る。召有りて御前（＝後一条天皇）に参る。良久《ややひさ》しくして雑事を奏奉《そうしたてまつ》る。中宮（＝威子）并びに春宮（＝敦良親王）の御方に参り、晩景に退出す。

※1 今朝、四位少将資房、中使と為《し》て石清水に参ると云々。又、春宮権亮《ごんのすけ》（×東宮権亮）良頼、宮（＝敦良親王）の御使と為《し》て同じく参入すと云々。

廿七日、壬申。天晴る。

※1 内（＝後一条天皇）・宮（＝敦良親王）、院（＝彰子）の行在所《あんざいしょ》に御使《おつか》ひすと云々（々×）。〔内は四位少将定良。東宮は大進《だいしん》隆佐。〕

廿八日、癸酉。天晴る。

賀陽院（＝頼通第）に参る。次いで結政《かたなし》に参る。左大弁（＝重尹）参入す。政無し。

※1 内に入る。今日より十五口僧を以て御前（＝後一条天皇）の在所に於いて、法花不断御読経《ほけふだんみどきょう》を行なはる。御装束は季《きの》御読経の如し。但し行香《ぎょうこう》無きに依りて、其の具の机を立てず。又、上達部《かんだちめ》の座を敷かず。散花《さんげ》の机を立つ。堂童子《どうのどうじ》の出居《いでい》の座を敷く。時剋に到ると雖も僧等具せず（不×）。仍りて上卿〔前右衛門督（＝実成）〕、事由《ことのよし》を奏す。且《かつ》は七口を以て始めらる。

▽a 又、外記、頭弁《とうのべん》（＝経任）をして奏せしめて（×合）云はく「明日の国忌《こき》（＝朱雀天皇）の分配《ぶばい》の右兵衛督（＝朝任）、殿（＝頼通）

の御共に参るに依りて、人の着行するもの無し。」と云々。僕(=経頼)を催《もよお》すべきを仰すと云々。外記、催すこと在り。参入すべきの由を仰せしめ了りぬ。

※2 伝《つたえ》聞《き》く。「今夜、斎院(=選子内親王)御出家。大僧正(=深覚)、授戒(×或)し奉る。」と云々。

十月　大

一日、乙亥。雷雨。

※1 晩に及び、参内す。侍従中納言(＝資平)・左大弁(＝重尹)、仗座《じょうのざ》に候ぜらる。蔵人経衡来たる。御出《ぎょしゅつ》無かるべきの由を仰す。納言(＝資平)、頭弁《とうのべん》(＝経任)に仰せ、宜陽殿を装束せしむ。此の間、上《しょう》(＝資平)以下、壁外を徘徊(×誹徊)す。弁(＝経任)、装束了る由を申す。上以下着座す。三献了りて、上、侍従を召さしむべきの由を示す。余、少納言に示して之(×云)を召さしむ。四献。上、見参《けざん》(×余)・目録等を奏す。少納言・弁を召して給ふ。了りて退出す。昨今、御物忌《おんものいみ》と云々。仍りて宿紙《しゅくし》を以て見参等を書くべきの由、外記に仰せらると云々。

三日、丁丑。天晴る。

※1 早旦、女院(＝彰子)還御《かんぎょ》すと云々。午後《うまののち》に及び、殿(＝頼通)に参る。道の間等を仰せらる。暫くして参内せしめ給ふ。僕(＝経頼)又、帰私す。

四日、戊寅。天晴る。

▽a 殿(＝頼通)に参る。次いで参内す。召《めし》有りて朝干飯《あさがれい》の方に候ず。雑事の次《ついで》に仰せらる。「斎王(＝選子内親王)退出の後、出家すと云々。明後日許《ばかり》、消息を遣はさむと欲す。彼の日、参入すべき也。」と云々。頃之《しばらくありて》退出す。

▽b 伝聞《つたえき》く。「門の北舎の下に死(×充)する犬在り。」と云々。実検せしむるに其の実在《あ》り。仍りて犬死に依り明後日参入すべからざるの由、〔於〕頭弁《とうのべん》(＝経任)の御許《おんもと》に示す〔之〕。

五日、己卯。天晴る。

※1 假文《かぶん》を書きて外記庁并びに結政所《かたなしどころ》・殿上等に奉る。昇進の後、未だ假文を奉らず。而るに此の度、始めて犬死在《あ》り。假文、頗《すこぶ》る事憚《ことのはばかり》有り。仍りて産穢(×座穢)に触るるの由を出だす。

晩に及び、内竪《ないじゅ》来たりて云(×之)はく「明日、御読経《みどきょう》結願《けちがん》、并びに弓場始《ゆばはじめ》等有るべし。参入すべし。」と云々。

触穢《しょくえ》に在るの由、仰せしめ了りぬ。

六日、庚辰。天晴る。

※1 斎院長官(官×)以康朝臣、野宮《ののみや》(×官)に留置《とどめお》く雑物の勘文《かもん》を持来《もちき》たる。〔御輿一具、糸毛《いとげ》御車一具、金作の車二具、客殿の大盤《おおばん》・円座《わろうだ》・茵《しとね》・帖・笠・簑等也。此の中、或《あるい》は亡(×云)、或は損と云々。〕史広雅をして頭弁《とうのべん》(=経任)の許《もと》に送らしむ。件の文、注進の由、先例覚えず。而るに院底に留置くも、人の守護するもの無し。仍りて書注《かきしる》すこと之《これ》在《あ》らば、是の文、余の許《もと》に留むべからず。仍りて送る所也。

七日、辛巳。

※1 或者《あるもの》云はく「安房守《あわのかみ》正輔・左衛門尉致経等の合戦の罪の咎、明法博士并びに大外記文義朝臣をして勘申《かんじん》せしむるの由、前日、宣旨を下され了りぬ。而るに明法博士利業朝臣、宣旨の文を誹難するの由、其の聞《きこえ》有るに依りて、利業を除き勘申せしむべきの由、重ねて宣旨有り。」と云々。

九日、癸未。天晴る。

※1 殿(=頼通)に参る。次いで参内す。弓場始《ゆばはじめ》の事有り。申剋許《さるのこくばかり》、右中将良頼、人を召す。春宮大夫(=頼宗)以下起ちて弓矢を取る。階下を経て着座す。〔良頼、南の階の西腋に留まり、上達部《かんだちめ》に揖《ゆう》す。〕次いで良頼、扶宣(旨)を召す。扶宣(々々)唯《ゆい》す。仰せて云はく「的懸《まとか》ケ。」扶宣、的を取る。陣より出で、進みて之を懸く。次いで蔵人資通(×近)・兼安等、御射席《おんいむしろ》等を撤す。次いで良頼仰せて云はく「的替《まとか》へ(×カ)。」扶宣、之を替ふ。次いで矢取《やとり》着座す。〔机を取る者一人、北に進む。机を以て南殿《なでん》の西廂に立ち、坤《ひつじさる》の柱に立てて退帰す。自余《じよ》、堋座《あずちのざ》に往きて着す。須《すべから》く下は前を経るべき也。央は後を経る也。〕次いで能射《のうしゃ》を召す。次いで所掌《しょしょう》を召す。〔先是《これよりさき》、関白(=頼通)、廊下の座に着す。〕所掌(々々)左少将経季、硯等を取り、春宮大夫の前に居《す》う。上《しょう》宣《の》るに随ひて前後の射手《いて》・度数・募物・念人《ねんにん》等を書分《かきわ》く。作法了りて的付《まとつけ》の座に着す。次いで六位等立ち射る。綿の懸物《かけもの》等を分く。次いで射手、次第に立継《たちつ》ぎて之を射る。経季、射手の列に在り。仍りて侍従、的付を替ふ。二度の間に御膳を供す。并びて臣下に給ふ。五度了りぬ。前勝つ。中宮権大夫(=能信)、念人・射手等を率ゐ、東庭に於いて再拝す。上達部の後に四位。六位皆、矢(×失)、腰に挿《さしはさ》み弓を持つ。〔射手張るも念人張らず。〕関白兼ねて昇り御後《おんうしろ》に候ず。仍りて此の列に立たず。次いで還御《かんぎょ》す。今日、中科《ちゅうか》の人無し。仍りて懸物を作《な》さずと云々。

十日、甲申。天晴る。

※1 殿(=頼通)に参る。次いで結政《かたなし》に参る。権中納言(=定頼)、庁(=外記庁)に着す。召使《めしづかい》来たりて云はく「庁中に着すべし。」弁以下、参らざるに依りて南所《なんしょ》に入る。物忌を申さしむべきの由、史に仰せて起座す。庁に着するの後、良《やや》

久《ひさ》しく外記結申《かたねもう》さず。上卿（＝定頼）、召使をして之を催さしむ。外記申さしめて云はく「結政、未だ政《まつりごと》無きの由を申さしめず。仍りて遅引する所也。」者《てへ》り。余の大過失也。須《すべから》く申文《もうしぶみ》無きの由を申さしめ、起座すべき也。而るに其の由を申さしめずに庁に着す。是、至愚《しぐ》也、至愚也（々々々）。上卿仰せて云はく「外記早く結申《かたねもう》（×法申）して官の文を奉るべし。」者り。暫くして外記時資結申《かたねもう》（×供申）し了りぬ。次いで少納言、床子に着して官の文を奉る。皆、常の如し。事了りて西廂に出立《いでた》つ。上卿相揖《あいゆう》して門を出づるの間、召使、南所物忌の由を申す。上《しょう》（＝定頼）直ちに建春門に入る。余同じく入る。温明殿《うんめいでん》の東の壇上に於いて、深沓《ふかぐつ》を脱ぎ、腋床子《わきのしょうじ》に着す。暫くして共に退出す。

十一日、乙酉。天晴る。
※1 結政《かたなし》に参る。先此《これよりさき》、左大弁（＝重尹）以下参着し内に入ると云々。仍りて内に入り仗座《じょうのざ》（×使座）に着す。左衛門督（＝師房）兼ねて外座《そとのざ》に着せらる。大内記孝親、宣命《せんみょう》を覧ぜしむ。見了りて筥に入れて之を給ふ。孝親、之を取りて小庭《こにわ》（×北庭）に立つ。上《しょう》（＝師房）起座し、弓場《ゆば》に進みて奏す。了りて帰座す。内記、文を奉る。上開見《ひらきみ》る。了りて笏に取副《とりそ》ふ。筥を以て内記に給ふ。内記（々々）、之を取りて退出す。上卿（＝師房）起座す。敷政門《ふせいもん》より出でて、賀茂に参る。〔草、奏せしむること先に了りぬと云々（々×）。〕侍従所に於いて上下社《かみしもしゃ》の幣を裹《つつ》む。西の垣下《えんが》に立つ。〔次官は中務少輔高階。〕件の幣、斎院（＝選子内親王）退出せらるるの由を謝申《しゃしもう》さると云々。
▽a 次いで侍従中納言（＝資平）相共に殿（＝頼通）の御宿所に参る。山階（＝興福寺）の塔供養の事等、之を仰せらる。
※2 次いで仰せられて云はく「藤氏一人《とうしのいちのひと》、棹殿《さほどの》（＝佐保殿）に着するに、先づ庭中に座を敷き、再拝の後に昇る。是、例

也。」中納言、知らざるの由を申さる。暫くして退出す。

十七日、辛卯。天晴る。

※1 召有りて参内す。式部丞資通仰せて云はく「五節《ごせち》を献ずべし。」者《てへ》り。奉《うけたま》はるの由を奏せしむ。

※2 次いで召有りて朝干飯《あさがれい》の方に参る。仰に依りて前斎院（＝選子内親王）に参る。〔退出の由を訪《たず》ね給ふ也。〕御返事を奏す。

※3 退出して関白殿（＝頼通）に参る。先此《これよりさき》、内府（＝教通）参入せらる。暫くして出で給ふ。次いで御前に参る。山階（＝興福寺）の塔供養の間の事を仰せらる。〔御斎会《ごさいえ》に准ずべき事。度者《どしゃ》を給ふべき事。〕氏の参議以上、誦経《じゅきょう》すべき事。〔大臣三百端、大中納言二百端、参議・三位百端。又、僧前《そうぜん》すべきの内、女院（＝彰子）五百端、中宮（＝威子）・春宮（＝敦良親王）・一品宮（＝章子内親王）三百端。千端、又、金堂にて誦し給ふべし。又、別当扶公（×召）、僧に結ばざるに依り、法服を施さずと雖も、〔已上十三字（又別当扶召依不結僧雖不施法）、経録（＝『左経記』カ）に非ざる也〕供養を施すに至りては施すべき也。自余《じょ》の事等、法成寺の塔供養に准ずと云々。〕

※4 又、仰せられて云はく「春宮大夫《だいぶ》（×東宮大夫）（＝頼宗）の二郎（＝俊家）、今夜、元服《げんぷく》（×元咒服）を加ふ。我が子（＝俊家）、従五位上に叙すべきの由、奏せしめ了りぬ。首元の後、定めて持来《もちき》たる歟。馬を充つべき也。」と云々。暫くして退出す。

※5 今朝、頭弁《とうのべん》（＝経任）、殿上に於いて示されて云はく「出雲国杵築《きづき》社（×持社）、風無くして顚倒（×例）するの由、国解《こくげ》を奉る。守俊孝朝臣語りて云はく『兼ねて両三度、光有り。次いで震動して顚倒（×例）す。材木一向《いっこう》に中より倒臥《たおれふ》（×例臥）す。唯《ただ》、乾角《いぬいのすみ》の柱一本、倒れず。此の社中に七宝（×実）を以て宝殿（×実殿）を作り、七宝の筥を宝殿中に安置

す。是、御正体《みしょうたい》と称すと云々（々×）。而るに其の筥、顚倒の材木の上に露《あらわれ》居《い》る。仍りて禰宜《ねぎ》等、仮殿《かりどの》（殿×）に移し奉らむが為《ため》、件の筥を取（×礼）り奉るも、五寸許《ばかり》及ばず。仍りて路を構へて立て、取り奉ると雖も、常に五寸許及ばず。仍りて禰宜等度々俄《にわか》に沐浴（×洛）禊斎し、深く慎《つつしみ》を致して取り奉り、仮殿に移し奉り了りぬと云々。』仰せて云はく『前年、顚倒すと云々。彼の例（×倒）を問はしむべし。』」者り。

十八日、壬辰。天晴る。

※1 殿（＝頼通）に参る。仰せられて云はく「扶公、寺（＝興福寺）の別当為《た》るの中、塔を営造する事、多く其の功に入る。供養の時に当たり下向す。何ぞ抽賞すること非ざらむ哉。又、行事の隆佐・重通、同じく賞すべき哉、如何《いかが》。」申して云はく「扶公・隆佐等、尤も賞せらるべき也。重通に於いては、身、下凡《げぼん》の者為《た》り。隆佐に目代《もくだい》を申（×中）さしむるの者也。抽賞せらるるに於いては如何。」仰せて云はく「扶公、本の職（×議）（＝大僧都）に任ぜしむる歟。将《はた》、法印歟（×於）。又、隆佐、四位に叙すべき歟。先づ彼等に問（×同）ひ、気色に随ひて行なふべき歟。」申して云はく「各《おのおの》思ふ所、暗（×晴）に知り難し。内々に問はしめ給ひて行なはしめ給ふは、上計也。」即ち頭中将（×須中将）（＝隆国）をして事由《ことのよし》を奏せしめ給ふと云々。入夜《よにいり》、退出す。

十九日、癸巳。天晴る。

※1 辰剋《たつのこく》（剋×）、殿下（＝頼通）、上達部《かんだちめ》を率ゐて、法興院《ほこいん》に於いて乗馬し、宇治の道より興福寺に参らしめ給ふ。〔殿下以下殿上人《てんじょうびと》、皆宿衣《しゅくえ》。御前の少納言・史・外記・諸大夫《しょだいぶ》は布袴《ほうこ》と云々。〕今日、棹殿《さほどの》（＝佐保殿）に宿す。明日、寺に

入らしめ給ふ。御塔供養了りて別当扶公の房に宿す。翌日(×翼日)、餺飩《はくたく》を打たしめ給ふ。帰洛せしむべき乎。宰相一人、之に留まるべきの由、議(×儀)有り。余々入る。

廿二日、丙申。天晴る。
※1 右中弁(＝資通)来向し、語りて云はく「殿下(＝頼通)、去る廿日、棹殿《さほどの》(＝佐保殿)より乗車して、寺(＝興福寺)に入るの間、左衛門督(＝師房)并びに宰相已下、騎馬《きば》して前駆《さきがけ》す。自余《じよ》は乗車して候ぜらると云々。南門より入るの間、寺の別当(＝扶公)以下、門内に列立して迎へ奉る。又、左右の楽人乱声《らんじょう》す。先づ金堂の前に於いて仏を拝す。次いで塔の下の座に着す。会の儀、常の如しと云々。事了りて別当(＝扶公)并びに造塔の行事(＝隆佐・重通)等を賞せらる。〔扶公は法印・大僧都。隆佐朝臣は従四位下。追ひて申請すべしと云々(々×)。重通は従五位上。左近将監(監×)狛光貴は従五位下(下×)。【本儀は常に上臈(×藤)に入(×人)る也。】〕其の夜、別当の房に於いて餺飩《はくたく》并びに音楽有り。禄を給ふに差《しな》有り。次いで馬二疋を別当に賜ふ。次いで寺内を巡検して帰らしめ給ふ。宇治殿に於いて御儲《おんもうけ》す。大納言三人・前右衛門督(＝実成)、牽出物《ひきでもの》有り。〔馬各《おのおの》一疋。〕子剋《ねのこく》に及び、入洛する乎《か》。」

廿五日、己亥。天晴る。
※1 或《あるひと》云はく「夜部《よべ》、大官(＝太政官)の厨(×尉)の倉一宇焼亡す。御祈願料(×折)の布調、并びに造豊楽院料の手作《てづくり》等、此の倉に納む。又、前年の図書寮《ずしょりょう》焼亡の時に焼く所の大般若一部、并びに金銅鍍銀(×軸銀)の仏像等、同じく此の倉に納む。而《しこう》して重ねて焼亡す。」と云々。

廿六日、庚子。天晴る。
※1 関白殿（＝頼通）、逍遥《しょうよう》のため、桂《かつら》に御坐《おわしま》すと云々。
▽a 午剋《うまのこく》に及び、参内す。内府《ないふ》（×々座）（＝教通）、左仗《さじょう》（×仕）に於（×礼）いて秋季御読経《しゅうきのみどきょう》を定めらる。晩に及び、退出す。
〔頭弁《とうのべん》（＝経任）、兼ねて内覧《ないらん》すべからざるの由、殿の仰を蒙る。直ちに之を奏す。〕

廿七日、辛丑。天晴る。
※1 召有りて殿（＝頼通）に参る。仰せられて云はく「二宮《にのみや》（＝馨子内親王）の御着袴《おんちゃっこ》の日の屯食《とんじき》等の事、如何《いかが》。又、御装束等の事、如何。宮司等多く障《さわり》有りて参入すべからずと云々。懈怠有るは例事に違ふ。催行《もよおしおこ》なふべき也。」者《てへ》り。申して云はく「屯食の事、前日に少進季通を以て大夫（＝斉信）の許《もと》に示遣《しめしつか》はし畢りぬ。則ち催さしむるの由と云々。敷設等、用意せしむべきの由、同じく大進親経に仰すること先に了りぬ。定めて儲候《もうけさぶら》ふ歟。」答ふ。「具はらざる物有らば、俊遠朝臣（×明臣）に借用するは如何。」仰せて云（×之）はく「早く借用（×備用）すべき也。」者り。

廿八日、壬寅。天晴る。
※1 巳剋許《みのこくばかり》、参内す。御装束の事等を催行《もよおしおこ》なふ。御帳《みちょう》の西の御座等を撤し、広長の筵等を敷き満つ。又、南廂の昼御座《ひのおまし》（×書御座）の調度等を撤し、同じく長筵《ながむしろ》等を敷く。額間《がくのま》に繧繝端《うんげんべり》（×惲繝端）二枚・地敷《じしき》・茵《しとね》等を敷き、内の御座と為す。南の縁に筵を敷く。又、東の又孫廂（廂×）に筵・畳等を敷き、上達部《かんだちめ》・殿上人《てんじょうびと》の座（座×）と為（為×）す。
〔南三間に高麗、上達部の座。北二間に紫、殿上人の座。〕廂の東に紫端畳《むらさきべりのたたみ》等を敷く。自余《じょ》の事等、例の如し。

入夜《よにいり》、退出す。
廿九日、癸卯。天晴る。
※1 結政《かたなし》に参る。次いで内に入る。
宮(＝威子)の御方に参る。穀倉院、上達部《かんだちめ》・殿上人《てんじょうびと》の饗を居《す》う。〔上達部廿前、殿上人八前。所狭きに依る也。〕大膳、侍従の饗を侍所《さむらいどころ》に居うと云々。〔卌前(×無前)。〕後院《ごいん》(御院)、女房の衝重《ついがさね》を儲く。〔卌前。〕
晩に及び、上達部参入す。両三盃の(×云々)後、内より御調度等を渡さる。〔二階一脚・御櫛の筥一双・御脇息《きょうそく》一脚・御硯筥一具・御火取《ひとり》一具・繧繝端(×惲繝端)の御座二枚・地敷《じしき》(×北敷)二枚・御茵一枚。〕諸大夫等、之を取り、御前に持参す。権大納言(＝長家)・左衛門督(×左門督)(＝師房)、御所に参り、御装束を御帳《みちょう》の西方に於いて奉仕せらると云々。蔵人式部丞資通、出納《すいとう》〔納〕・小舎人《こどねり》各《おのおの》一人を率ゐて、御調度を持たしめて(×命)参入す。仍りて資通を召入《めしい》(×入召)れて女装束一具を給ふ。大進(×又進)親経(×給)、単重《ひとえがさね》一領を取りて出納に給ふ。大属(×又属)為信、絹二疋を小舎人に給(×以)ふ。
▽a 頃之《しばらくありて》(×須之)、蔵人少将経季、御装束二具を持参す。〔各《おのおの》、衣筥《ころもばこ》に納む。〕次いで主上(＝後一条天皇)渡らしめ給ふ。戌二剋《いぬのにこく》(×成二剋)に御着《つきたま》ふ。次いで内より宅に御前物《おまえのもの》を渡さる。左兵衛督(＝公成)、陪膳。殿上人、役供す。〔御台(×畳)六本、銀器等、打敷《うちじき》。〕暫くして人を召す。頭中将(＝隆国)参る。仰を奉《うけたま》はりて南廂の御簾等を上げ、〔人々を召して上げしむ。〕并びに菅円座《すげのわろうだ》等を召して縁に敷く。次いで仰を奉《うけたま》はりて上達部を召す。関白殿(＝頼通)以下、御前(＝後一条天皇)に参る。殿上の五位・六位、〔六位賜〕衝重を賜はる。次いで〔次〕御前物を供す。〔右衛門督(＝経通)は陪

膳。宰相五人・三位中将《さんみのちゅうじょう》（＝兼頼）・頭中将、役供す。沈懸盤《じんのかけばん》六脚、銀器は打敷に在（×左）り。〕両三盃の後、階下に座を敷く。〔掃部官人《かもんのかんじん》、之を敷く。〕伶人《れいじん》を召す。又、管絃に堪ふるの侍臣《じしん》を召し、上達部の座の末に於いて御遊《ぎょゆう》有り。未剋《ひつじのこく》（×等剋）に及び、事了（×可）り、禄を給ふ。

▽b 此の間、頭中将、勅を奉はりて、内府《ないふ》（＝教通）に仰せて云はく「無品（×先品）の子（＝馨子内親王）を以て二品に叙すべし。」者《てへ》れば、内府、内記に召仰《めしおお》すと云々。次いで還御す。次いで人々退出す。

又、左右近・左右兵衛・左右衛門等の陣、内侍所《ないしどころ》、御膳宿《おものやどり》、上下御厨子所《みずしどころ》等、屯食各一具を盛る。主殿《とのも》・掃部《かもん》の女官、北陣《きたのじん》、瀧口陣《たきぐちのじん》、吉上《きちじょう》、宮（＝威子）の上下御厨子所、御膳宿庁、一品宮の姫宮（＝章子内親王）の政所《まんどころ》等、荒屯食《あらとんじき》各一具。主上の御前物〔左衛門督。〕・屯食等、本宮儲けらるる也。自余の物、皆、家を召して儲けらるると云々。

閏十月　小（小×）

二日、丙午。天晴る。
▽a 入夜《よにいり》、前斎院（＝選子内親王）に参る。覚超（×起）僧都参入す。十戒《じっかい》を授け奉る。深夜に及び、退出す。

三日、丁未。天晴る。
※1 風聞《ふうもん》（×問）す。「中宮権大夫（＝能信）、左仗座《さじょうのざ》に於いて神祇・陰陽《おんよう》等を召し、軒廊《こんろう》に於いて出雲国杵築《きづき》社顛倒（×例）の由を卜筮《ぼくぜい》せしめらる。神祇官（×神官）申して云はく『怪所、兵革を奏するに非ざれば、疾疫の事有る歟。』陰陽寮《おんようりょう》申して云はく『艮《うしとら》・巽《たつみ》方より兵革の事を奏するに非ざれば、天下、疾疫の事に為《な》る歟。』と云々。仰せて云はく『出雲并びに艮・巽方の国々、疾疫・兵革の事を慎しむべきの由、官符を賜ふべし。』」と云々。

四日、戊申。天晴る。
小童《こわらわ》悩む所に依りて他行せず。
※1 伝聞《つたえき》く。「去月廿五日の夜、上東門院（＝彰子）の御門に於いて、関白殿（＝頼通）の御前の散位《さんい》平朝臣則義の馬、鞍を置き乍《なが》ら盗人の為《ため》に奪取《うばいと》られ了りぬ。則ち検非違使等に召仰《めしおお》せられ、尋求《たずねもと》めらるるの間、其の馬、鞍無く主人の宅に到ると云々。而《しか》るに今朝、下女、件の鞍を以て三河守《みかわのかみ》（参河守）（＝保相）の辺に到りて之を売る。仍りて暫く女を搦め、鞍を以て鞍の主に見しむ。已に盗まるるの鞍と云々。仍りて以て検非違使に付し、売らしむるの人を問はしむ。女申して云はく『内舎人《うどねり》藤原友正売らしむ。』者《てへ》り。仍りて其の住所を尋ねて之を捕らふ。勘問し已に承伏

す。」と云々。

五日、己酉。天晴る。

※1 結政《かたなし》に参る。秋季御読経《しゅうきのみどきょう》始為《た》るに依りて、着座せずに内に入る。史等相従はず。仍りて化徳門《かとくもん》(×内)を経(×住)て陣に参る。未剋《ひつじのこく》に及び、内府《ないふ》(×座)(＝教通)参入せらる。御前の僧を定奏《さだめそう》せらる。〔左大弁(＝重尹)執筆す。〕次いで弁に仰せて鐘を打たしむ。次いで出居《いでい》昇る。次いで内府以下十人昇る。発願《ほつがん》・行香《ぎょうこう》了りて退出す。

八日、壬子。

※1 御読経結願《けちがん》也。仍りて参内す〔之〕。

※2 即ち中御門と東洞院との辻にて、内府《ないふ》(＝教通)に、逢会《あいあ》はる。仍りて〔授〕下車して榻《しじ》を懸けて立つ。前駆《さきがけ》等下馬す。過ごし給ふ。余、御共して参内す。

陣座《じんのざ》に於いて外記を召す。堂童子《どうのどうじ》等の参否の由を問はる。申して云はく「参入し了りぬ。」者《てへ》り。仍りて起座して御前(＝後一条天皇)に参る。〔須《すべから》く鐘を打たしめ昇り給ふべき也。而るに直ちに昇る。若し殿上に於いて仰せらるべき歟。〕侍従中納言(＝資平)并びに余、座に留まる。南殿《なでん》に候ぜむが為《ため》也。頃之《しばらくありて》、出居上《いでいのぼ》る。納言・余上る。僧上る。御導師着座す。堂童子着して分散す。僧等、南廂の座に着す。堂童子、花筥《けこ》等を分く。散花《さんげ》了りて帰座す。廻向《えこう》等畢りて行香《ぎょうこう》す。〔東、左右に分(〇)かれず。出居并びに少納言。西、堂童子四人、殿上人《てんじょうびと》四人。〕事了りて僧等下《お》る。次いで納言・余・出居下《お》る。余并びに左大弁(×左右大弁)(＝重尹)、腋床子《わきのしょうじ》に於いて巻数《かんじゅ》(×奏数)・僧名を見る。了りて左大弁、座に於(×物)いて申さしむ。〔外座《そとのざ》に着す。〕上《しょう》は右衛門督(＝経通)。〔内府譲らると云々。文を留めて筥を召し、之を入る。蔵人弁をして奏せしむ。返給《かえしたま》(×於)はりて外記に下すと云々。入夜《よにいり》、帰宅す。〕

十日、甲寅。

※1 右府《うふ》(＝実資)の御消息に云はく「明日参内す。大粮文《たいろうのふみ》を下さむと欲す。若し諸国、怱《そう》(×忌)じて申文《もうしぶみ》等、未だ申さざらば、上卿、粮文に加へて見るべき也。又、当年の不堪奏《ふかんのそう》に候ずべし。次いで文十余通を加ふべし。」者《てへ》り。奉《うけたま》はるの由を申さしむ。次いで義賢朝臣に召仰《めしおお》す。

十一日、乙卯。

▽a 殿(＝頼通)に参る。次いで参内す。頃之《しばらくありて》、右府《うふ》(＝実資)参入す。大粮文并びに諸国文十二通を申さしめ給ふ。〔左少史(×吏)為隆、之を申す。余、気色を候じて申さしむる也。是、大史等参らざるに依る也。〕

※1 次いで官奏《かんそう》有るべきの由、仰《おおせ》有り。仍りて腋床子《わきのしょうじ》に於いて義賢朝臣に仰す。左少史広雅、奏文を取り、権弁(＝経任)に見しむ。文の数多きに依りて、秉燭《へいしょく》に及びて見了りぬ。次いで懸紙を加へて余に見しむ。大略を見て史に下す。〔深夜に及ぶべきに依る也。〕次いで着座して申行《もうしおこ》なふこと例の如し。亥剋《いのこく》に及び、右府《うふ》退出せらる。〔当年の不堪荒奏《ふかんのあらそう》也。文十一通を副ふ。〕

※2 左宰相中将(＝顕基)示して云はく「上達部《かんだちめ》両三、未(×束)だ事を終(×給)へざるに退出す。仍りて関白相府(＝頼通)、咎仰《とがめおお》せらる。」と云々。是、大臣、陣に候ずるの間、下臈早く退出するは、甚だ不当の事也と云々。

十五日、己未。天晴る。

※1 出雲の杵築《きづき》社顚倒に依りて、陣に於いて御祈使《おいのりのつかい》を立（×之）てらる。〔中宮権大夫（＝能信）奉行せらると云々。先是《これよりさき》、神祇官に仰せて、社に使《つか》はすべき一人を着せしむ。卜部《うらべ》一人、使と為《な》すと云々。〕剋限、召使《めしづかい》、膝突《ひざつき》に於いて宣命《せんみょう》を給はる。使、左衛門陣の外に於いて御幣等を請ひ、進発すと云々。〔件の御幣、先例見ず。仍りて神祇官に仰せて社の数并びに幣物の色目《しきもく》等を勘《かんが》へしむ。勘申《かんじん》に任せ、侍従所に於いて裹備《つつみそな》へらると云々。杵築社并びに具社十八社の幣也。〕〔已上二行可書注也。〕

廿四日、戊辰。天晴る。

※1 内府《ないふ》（＝教通）に参る。次いで殿（＝頼通）に参る。兼ねて人々多く候ぜらる。人長《にんちょう》左近将曹尾張時頼は、秋に死去す。仍りて〔人〕人長無し。彼此《かれこれ》申されて云はく「左近衛尾張安行〔故左将監兼時の孫〕譜代為《た》るの上、頗る骨法《こっぽう》を得るの由と云々。先例を聞くに、兼国、近衛為《た》るの時、此の役に従ふの由と云々。彼の例に准ずるに、安行、難有らむ乎《や》。抑《そもそも》今夜、試を給ひ左右《そう》せらるべき歟。」者《てへ》り。忽ち例の御随身等、神楽《かぐら》に堪ふるの輩、并びに楽所《がくしょ》に候ずる人々、同じく此の事に堪ふ。南庭に於いて神楽を始められ、安行を試みらる。已に家風を受け、其の体《てい》、凡ならず。人々、家風朽《く》ちざるを憐れみ、役々を議定（×儀定）せらる。深夜に及び、退出す。

廿七日、辛未。

▽a 結政《かたなし》に参る。政《まつりごと》有り。〔上《しょう》は侍従中納言(＝資平)。〕南の申文《もうしぶみ》・食等了りて内に入る。
▽b 中宮(＝威子)に参る。春季御読経始に依る也。
※1 事了りて陣に参る。右府《うふ》(＝実資)兼ねて候ぜらる。左大弁(＝重尹)に示されて云はく「不堪文《ふかんのふみ》等候《さぶら》ふ哉《や》。」弁、儲《もうけ》候《さぶら》ふの由(×申)を申す。即ち南座に移る。大弁、陣官《じんかん》をして史を召さしむ。不堪文を奉るべきの由を仰す。史一人、文を取る。〔筥に入る。〕大臣(＝実資)の前に置く。史(×文)一人、硯を取りて大丞(＝重尹)の前に置く。大臣、文を以て民部卿(＝斉信)に渡す。〔筥に入(□)る。〕卿(々)開見《ひらきみ》了りて次第に見る。乍《たちま》ち余、之を見、権中納言(＝定頼)に渡す。大臣見合《みあ》はすべきの由、中納言に示す。中納言(々々々)開見《ひらきみ》る。大弁、之を書く。〔兼ねて土代《どだい》を書き、硯の傍に置きて之を書く。〕書き了りて中納言に授く。中納言(々々々)見了りて、筥に入れ、了りて返上《かえしたてまつ》る。大臣見了りて史を召し之を給ふ。
※2 次いで大臣、正輔・致経(×政経)等の罪名の勘文《かもん》を以て、〔調度《ちょうど》文書等を加ふ。〕民部卿に授けて云はく「理非を定むべし。」と云々(々×)。卿見了り、次第に下見《くだしみ》了りぬ。余申して云はく「大外記文義・明法博士道成等の勘申する安房守《あわのかみ》正輔・前左衛門尉平致経等の合戦の罪名の事。正輔に至りては、両人(＝文義・道成)『絞刑《こうけい》に処すべし。』者《てへ》れば、勘状に任せて行なはるべき歟。正度・致経に於いては、勘申する所、各《おのおの》以て同じからざる也。先づ相違の由を問はれ、各《おのおの》の申すに随ひて定行《さだめおこ》なはるべき歟。」左大弁・左右兵衛督(督×)(＝公成・朝任)・権中納言・左右衛門督(＝師房・経通)、之に同(×問)じ。春宮大夫(＝頼宗)申されて云はく「正輔の罪、両人の勘申する所、是、同じ。須《すべから》く法(×結)に任せて行なはるべき也。而るに年、朔旦《さくたん》に当たる。軽きに従ひて行なはるべき歟。但し致経に於いては、文義、『斬罪《ざんざい》に処すべき』の由を申すも、道成、『心身不行なれど、疑罪《ぎざい》に処すべし。』者《てへ》れば、此の事、如何《いかが》。

已に正輔襲来す。部内を損亡すべきの由、国司(＝行貞)に触《ふ》る。何ぞ偏《ひとえ》に疑罪と謂はむ哉。」民部卿申されて云はく「両人(＝文義・道成)の勘申する、両人(＝正輔・致経)の罪科、須《すべから》く法に任せて定申《さだめもう》すべき也。朔旦と競到し、喜慶を行なはるべきの期、若しくは尋行《たずねおこ》なはるる歟。」右府《うふ》申されて云はく「正輔の罪、両人の勘申に任せて行なはるべき歟。正度・致経の事に於いては、両人の申す所、共に以て同じからざる也。理非、暗に知り難し。勅定《ちょくじょう》に従ふべし。」者り(×之)。左大弁、之を書く。

※3 此の間、頭弁《とうのべん》(＝経任)、右府に申して云はく「関白(＝頼通)の〔御〕御消息に、前中納言〔兼隆〕、朔旦の賀表《がひょう》の判所に書くべき歟。彼此《かれこれ》相量りて示さるべし。」と云々。右府申されて云はく「正暦の時、故中納言(＝時中)重服の間に加署し、時の人、之を難じて摩《す》らしむと云々。況《いわん》や件の納言、已に喪に遭ひ、服解して、未だ復任せざるの間(×召)也。何ぞ判所に書かむ哉《や》。」彼此《かれこれ》共に之に同(×問)じ。

※4 又、仰せられて云はく「有封《ゆうふう》の諸寺并びに七大寺《しちだいじ》・十五寺等、損破を注せしむべきの使、何人を差遣《さしつか》はすべき哉。又、法隆寺の所司等、別当仁満の能治に依りて、任を延べらるべきの由、挙状を奉る。同じく此の使を以て治否を注せしむべき歟。為当《はた》、別の使を遣はすべき歟。」彼此《かれこれ》申されて云はく「官使を遣はすべき歟。又、法隆寺の事、便に、此の使、実検せらるるは穏便(×使)歟。」と云々。

※5 此の間、外記一人、賀表を筥に入(入×)れて、右府の御前に置く。〔兼ねて気色《けしき》有りて之を奉る也。〕又一人、筥を取りて同じく之を置く。右府加署す。〔件の表書《うえのかみ》、白色紙。〕外記を召して之を給ふ。外記等、文并びに硯等を撤す。良久《ややひさ》しき後、重ねて来たり、民部卿以下の署を取る。〔右府の御判の後に加ふ。内府《ないふ》(＝教通)の里第《りてい》に参る。帰(×師)りて之を顕はす。其の儀、外記一人、文を入るるの筥を取りて、参議の座の末より昇り、民部卿の前に置

きて退出す。次いで一人、硯筥を取(×歟)り、同じく置きて出づ。了りて次第に加署す。了りて余、外記を召し、文并びに硯筥等を給ふ。〕権大納言(＝長家)并びに前右衛門督(＝実成)署せず。又、藤中納言(＝兼隆)、判署書かず。〔兼ねて大外記文義云はく「大臣の御判、次第に之を取る。大納言以下必ずしも次第を求めず。唯《ただ》(×准)、到るに随ふ。」〕大弁、定文《さだめぶみ》を書き、調度文書を以て返上《かえしたてまつ》る。右府、頭弁を召して之を奏せらる。仰せて云はく「殊に思食《おぼしめ》す所有り、正輔・致経等、優免すべし。又、先づ有封の諸寺并びに七大寺・十五大寺の別当をして、封物等の数并びに国等を注せしむべし。」者り。右府、仰の旨等を以て頭弁に仰せられ了りぬ。次いで退出す。于時《ときに》(×午時)、亥《いの》三剋《さんこく》也。

廿九日、癸酉。天晴る。午剋《うまのこく》以後、陰雲忽《たちま》ちに起こり、終《つい》(×給)に雨降る。又、時々雷鳴。

※1 殿(＝頼通)に参る。仰せて云はく「明日、固(×国)き物忌に当たると雖も、是、希代の事、公家《こうか》(＝後一条天皇)尤《もっと》も珍重せらるべき也。仍りて諷誦《ふじゅ》を行なひて、参入せむと欲す。」と云々。

▽a 次いで参内す。中宮(＝威子)の御読経結願《みどきょうけちがん》に依る也。〔須《すべから》く明日畢るべき也。而るに朔旦の日中、禁中の仏事は不穏なり。仍りて今日(今×)結願すと云々。〕事了りて饗に着す。

次いで召《めし》有りて朝干飯《あさがれい》(×朝午飯)の方に侍《はべ》る。雑事を奏す。

※2 陣に着する左衛門督(＝師房)を以て示されて云はく「今夜、度縁請印《どえんのしょういん》有るべし。結政《かたなし》に着して行なふべし。」者《てへ》り。又、命じて云はく「先づ上卿必ずしも度縁を見ず。参議に示す許《ばかり》也。」と云々。少納言・外記等を率ゐて結政《かたなし》に着す。〔南面。〕次いで少納言着す。〔西面。〕次いで外記着す。次いで治部丞・録(×縁)着す。〈史の座。〉次いで

史生、印の櫃を持ち、北の板敷の端に置く。治部の下部《しもべ》、度縁を持来《もちき》たりて史生に授く。史生(々々)、之を取りて請印す。〔西向。〕省(=治部省)の下部、之を請《う》けて退出す。次(×尤)いで外記等立つ。少納言・余立ちて帰私す。〔于時《ときに》、亥剋《いのこく》。〕

十一月　大（大×）

一日、甲戌。天陰《くも》る。終日雪降る。

※1 巳剋《みのこく》、参内す。先づ関白（＝頼通）の御宿所に参る。此の間、左金吾（＝師房）の外、上達部《かんだちめ》候ぜられず。暫くして陣の方に戸部《こぶ》（＝斉信）参入せらる。相次いで中宮権大夫（＝能信）・右金吾（＝経通）・拾遺納言（＝資平）・権中納言（＝定頼）・左右武衛（＝公成・朝任）・左亜相公（＝顕基）等参入せらる。

▽a 次いで内府《ないふ》（＝教通）、化徳門《かとくもん》より参らる。壁外に於いて余を召す。起座して参る。仰せられて云はく「函（×遂）を取るの儀、未だ案得せず。前日、送らるる所の『故九条殿天暦九年御記（＝九暦）』に云はく『雨に依りて公卿、廊内に列す。進みて案の北の妻に就き、函（×丞）を取る。』と云々。『故殿寛弘九年記（記×）（＝御堂関白記）』に『〔晴。公卿、小《こ》庭《にわ》に列す。〕案の東に就き、函（×丞）を取る。』今日、雨儀也。九条殿（＝師輔）の御例に依る歟。将《はた》、廊下の儀、晴雨の儀を別《わ》くべからず。猶、故殿（＝道長）の御例に依るべき歟。如何《いかが》。」者《てへ》り。申して云はく「此の事、愚慮《ぐりょ》の及ぶ所にあらず。今朝、相府（×廂）（＝頼通）の御宿所に於いて、此の事を申すに、一定《いちじょう》を仰せられず。寛弘の故殿、鬱結《うっけつ》し給ふ。今案《いまあん》ずるに、煩ひ給ふ事也。」者り。又々、聞合《きこしあ》はせしめ給ひ、左右《そう》せしむべし。

▽b 中納言（＝実成）・大蔵卿（＝通任）参入せらる。次いで内府、奥座に着せらる。未剋《ひつじのこく》に及び、外記の使部《つかいべ》二人、〔袍を着す。〕表の函を置くの案を舁《か》き、東方より来たり、温明殿《うんめいでん》の南の壇上に立つ。〔東西、妻と為《な》す。壇狭きに依る歟。晴の日、庭に南北行（×故行）に立つと云々。件の函・花足《けそく》等、朴《ほお》木を以て之を作り、檜木を以て之を作る。木左《きさ》木《ぎ》色を採る。紺地の錦を以て花足并びに案等の敷物と為す。臥組《ふせぐみ》在り。案に総網《ふさあみ》（×徳総）の品無く、組を以て四足《しそく》の上に垂らし、総代《ふさだい》と為す。覆帯無し。〕同じく史生（生×）二人、之を舁き、敷政門の閾《しきみ》の内に立つ。〔南北に妻、花

足（×是）は卯酉（×面）に妻と為し、案上に置く。先例、閾を去ること八尺許《ばかり》に之を立つ。而るに今日、去ること二尺許に之を立つ。〕外記二人、之を舁き、宣仁門并びに宜陽殿の壇上・軒廊《こんろう》等を経〔〇〕て、同じ廊の西一間に立つ。〔南北に妻。跪《ひざまず》（×蹠）きて之を立つ。笏を抜（×秡）きて退出す。〕

▽c 次いで内府起つ。宜陽殿の壇上を経て、軒廊の西二間に進立《すすみた》つ。〔浅履《あさぐつ》。揖《ゆう》して立つ。〕戸部《こぶ》以下の納言、次第に三間に進立《すすみた》つ。大蔵卿以下の宰相、同じく四間に進立《すすみた》つ。〔並びて西面北上。納言・参議、人多く所狭し。仍りて頗《すこぶ》る斜に之に立（×重）つ。〕次いで内侍、東階《ひがしのきざはし》の上の簀子《すのこ》に出居《いでい》す。〔主上（×案上）（＝後一条天皇）、御出すと云々。〕相府揖《ゆう》して列を離る。進みて案の東（×束）に着し、左膝を突き、笏を挿《さしはさ》みて函を取る。〔花足《けそく》は取（×足）らず。組（×経）を取り〔〇〕、本の如く総代（×北）を居《す》（×君）う。〕案の北、東階を昇り、立ち乍《なが》ら内侍に授く。〔函を授くべきの程許《ほどばかり》に昇立《のぼりた》ちて之を授くと云々（々×）。或《あるい》は跪《ひざまず》きて授くと云々。〕右廻りし本所《もとのところ》に立定《たちさだ》（×之定）まりて揖す。相次いで又、揖す。右廻りして列立の上を経て、仗座《じょうのざ》に帰着す。〈奥座。〉戸部以下、同じく次第に復座す。次いで外記二人、案を撤して初所《はじめのところ》に立つ。次いで史生二人、又、之を撤して初所に立つ。次いで使部二人撤却す。頃之《しばらくありて》（×須之）、弁、相府に来仰《きたりおお》せて云はく「諸大夫、并びに未だ任符を給はらず、又は給はると雖も未だ赴任（×起任）せざる者、及び擁政に依りて入京の国司等、侍らしむ（×命）べし。兼ねて又、御暦《ごりゃく》・番《ばん》等、内侍所に付すべし。」者り。相府、勅を奉はり、外座《そとのざ》を渡り、官人をして膝突《ひざつき》を置かしめ（×命）、大外記文義朝臣を召して宣旨を仰す。

▽d 申剋《さるのこく》に至り、内侍出づ。相府以下、靴を着し、次第に昇殿す。次いで右少将定良、日華門并びに宜陽殿の壇上を経て、進来《すすみき》たるの間、上臈達云はる「今日の出居《いでい》の将、本陣より昇るべき也。還るべきの由、示すべし。」者り。

余、之を不当の由と難じ、只、侍従、率ゐるべきの由（×内）を示す。少将（＝定良）云はく『侍従云はく「次将着座の後、昇るべき也。』」者り。余重ねて便（×使）に非ざるの由を示す。仍りて暫く階下に留まり、下に具する侍従を喚《よ》び、昇りて着座す。〔将は南す。左中弁経輔（経×）、将の後を経て此に着す。〕次侍従《じじじゅう》等、日華門（日花門）より入り、宜陽・春興両殿（×両経殿）の西廂の床子に着す。〔昏黒に及ぶに依りて人数を見ず。仍りて追ひて之を置く。又、出居の前四尺に二脚立つべき也。而るに一脚を立つ。是、内豎等、并びに居に於いて失を仰せざる也。〕所司、侍従等の台盤を立つ。次いで酒番《さかばん》の侍従（侍×）、日華門（日花門）より入りて着座す。次いで四種《ししゅ》を供し、臣下に給ふ。下器《かづき》（々器）渡る。〔庭を渡（×被）る。〕粉熟《ふずく》を供し、臣下に給ふ。御箸を下（々）ろす。臣下、之に従ふ。蚫羹《あわびのあつもの》を供し、御飯《おんいい》を供し、臣下に給ふ。〔先づ生物《なまもの》・焙物《あぶりもの》（×掊物）を居《す》う。次いで飯を居う。粉熟を撤し、次いで汁物を居う。〕御箸を下ろす。臣下、之に従ふ。〔内府、障《さわり》を請ひて退出せらる。〕一献を供す。酒番、臣下に給ふ。〔唱平《しょうへい》、須《すべから》く土器《かわらけ》を用ふべし。而るに酒器なり。是、所司大いに兼ねて、咎せらるるの怠也。〕下器を渡受《わたしう》く。〔庭を渡（×改）りて往還す。〕下物《おろしもの》、公卿・出居を経《ふ》。〔各《おのおの》物毎《ごと》に三箸。分取《わけと》りて飯器の傍に置く。〕菓子《かし》・干物《ひもの》を供し、臣下に給ふ。二献を供し、臣下に給ふ。〔此の度、土器を用ふ。是、所司覚悟する歟。〕此の間、諸大夫等、日華門（日花門）より入る。宜陽・春興殿等の座に着すべし。而るに暗（×晴）に依りて見ず。先此《これよりさき》、主殿寮秉燭《へいしょく》し、春興・安福両殿の東西廂に立つ。并びに同寮の女官、堂上し、掌燈《しょうとう》等を供す。而然《しか》るに風早く夜寒し。燈燭《とうしょく》、明《とも》し難し。

▽e
頃之《しばらくありて》（×須）、還御す。公卿・出居起座（×居）す。出居の将、蹕《ひつ》を称《とな》ふ。彼此《かれこれ》示されて云（×者）はく「宰相中将称ふべき也。」者り。中将陳（×陣）べられて云はく「節会《せちえ》の時、出居無きに依り、当座の上臈の将、之を称ふ。旬日《しゅんじつ》に於（×検）いては、已に出居、座に在り。専ら他人称ふべからず。」と云々。余答へて云はく「弓場始《ゆばはじめ》の日、若《も》し上《かん》

達部《だちめ》の将、座に在るの時、如何《いかが》。」答へて云はく「其の例覚えず。」と云々。愚案するに、猶、節会の儀に准ずるがごとし。上臈の将、称ふべき歟(×次)。抑《そもそも》余、此の職を経ず。仍りて是非、暗に之を凡《おしな》べ難し。

▽f 次いで三献。此の間、戸部《こぶ》退出す。中宮権大夫、仗に着し、官人をして外記を召さしむ。外記(々々)、宜陽殿の西壇上に進み跪《ひざまず》く。上卿(々卿)、見参《けざん》を進《たてまつ》るべきの由を仰す。外記唯《ゆい》して退出す。見参等、杖に挿《さしはさ》み、初《はじめの》所《ところ》に跪く。上卿目(×自)す。外記唯して陣座《じんのざ》の南砌を経《へ》、〔柱の外。〕膝突に着して之を奉る。上卿開見《ひらきみ》了りて、本の如く巻(×奏)きて外記に給ふ。外記(々々)、杖に挿《さしはさ》みて本所《もとのところ》に立つ。上卿、南殿《なでん》の北廂を経て弓場に進む。外記、階下を経て弓場に進む。〔主殿官人、秉燭して之に相従ふ。〕奏覧了(了×)りて仗座《じょうのざ》に帰着す。外記、見参を奉る。上卿、之を取る。外記持ちて退出す。上卿、少納言を召す。〔陣官《じんかん》をして之を召さしむ。〕少納言(々々々)義通、宣仁門を経て、膝突に進みて見参を給はる。少納言、本道《もとのみち》より(自×)退出す。次いで新右少弁家経を召す。家経参り、目録を給はる。弁(=家経)退出す。少納言、日華門より入り、宜陽殿の南(×官)第三間の砌上に立ちて之を唱ふ。上卿以下、唱ふるに随ひて起座(×廉)す。宜陽殿の西廂に列立す。〔上卿、仗座より便に進立《すすみた》つ。暗夜(×晴夜)に依り牢籠《ろうろう》せらるる歟。北上西面。須《すべから》く異位重行《いいじゅうぎょう》すべし。所(所×)狭きに依り、一行に立つ所也。〕少納言、自《みずか》らの名(×各)を唱へて公卿の列の末を経、余の後に立ちて共に拝舞す。宣仁門より退出すべし。諸大夫、日華門より退出す。

抑、今日の見参、数多かるべし。而るに見参(×巻)の程、幾《いくばく》ならず。若《も》し外記、諸司・諸道の見参(×是参)を取具《とりぐ》せず、且《かつ》、只、五位已上許《ばかり》を奏せしむる歟。又、風聞す。「頭弁《とうのべん》(=経任)奏するに殿上の侍臣等を差分《さしわ》け、六府の陣并びに蔵人所・校書殿《きょうしょでん》(×授書殿)・進物所《しんもつどころ》を注し、〔御厨子所《みずしどころ》の膳部《かしわべ》等加載《くわえの》(×戦)すと云々。〕内豎(内×)等の見侍《みはべ》る者、外記に渡さしむ。」と云々。〔見参、年号の下に、使等の官位姓名を注すと云々。本府・本所の督・別当（＝朝任）等、署名を加へずと云々。〕

二日、乙亥。天晴る。

※1 前日、右府《うふ》（＝実資）、式部権大輔挙周朝臣を里第《りてい》に召し、来月朔日の賀表《がひょう》、作るべきの由を仰せらると云々。挙周（×仰）、草案、之を奉る。大外記文義〔能書《のうしょ》〕に仰せて白色紙に清書せしむと云々。〔先（×光）づ文義をして関白殿（＝頼通）に覧ぜしめ給ふと云々。〕兼ねて又、官厨家《かんのみくりや》の史に召仰《めしおお》す。敷物料の錦の臥組《ふせぐみ》等を儲けしむ。又（×文）、造曹司所に仰せて函并びに下机《したづくえ》等を作らしむべきの由、同じく史に仰せらると云々。

四日、丁丑。天晴る。

▽a 他行せず。亥剋《いのこく》に及ぶの間、雷電数声し、雨脚頗る降る。仲冬の雷電、尤も怖畏《ふい》すべしと云々。

五日、戊寅。天晴る。

※1 関白殿（＝頼通）に参る。次いで参内す。風聞す。「天文道、去夕の雷鳴の勘文《かもん》を奉る。〔疾疫・炎旱と云々。〕」

※2 晩に及び、侍従中納言（＝資平）参入せらる。外記時資、上野の御馬を牽《ひ》くの由を申す。上《しょう》（＝資平）、解文《げぶみ》を召す。時資退出（×於）す。解文〔筥に入る。〕を持ちて之を奉る。上、開くべきの由を仰す。時資、函を開き、文を以て覧《らん》筥《ばこ》に入れ、上の前に置き、函を取りて退出す。上、開見了《ひらきみ》（×可）りて筥に入れ、官人をして外記を召さしむ。時資

参入す。筥を給ひて、内覧《ないらん》すべきを仰す。時資唯《ゆい》して退出す。関白相府(＝頼通)に参る。帰参して上に奉る。上(々)、開見《ひらきみ》る。了りて外記に持たしめ、御在所に参りて之を奏す。〔御物忌為《た》るに依り、蔵人、宿紙に写して之を奏(×売)すと云々(々×)。〕次いで帰陣す。外記、文を奉る。上、見了りて外記に給ふ。仰せて云(×之)はく「推分《おしわ》けて給(×論)ふべし。」者《てへ》り。〔御馬の本数五疋。仍りて左馬寮三疋(×刄)、右二疋(×刄)と云々。〕次いで上卿相共に退出す。

七日、庚辰。天晴る。

※1 召有りて殿(＝頼通)に参る。仰せて云(×之)はく「二宮《にのみや》(＝馨子内親王)の御出、并びに斎院を卜定《ぼくじょう》し奉るべきの日等の事、内々、問定《といさだ》(×間定)めむが為に喚《よ》ぶ所也。陰陽助《おんようのすけ》孝秀を遣《つかわし》召《め》すべし。」者《てへ》り。隆佐朝臣に仰せて之を召す。孝秀参入す。即ち御前に召して件の日々を問はる。申して云はく「来月七日、巽方《たつみのかた》の家に出御し、十三日、若(×着)しくは十六日、卜定せらるべき歟。」と云々。仰す。「内裏より巽に当たるの人家は誰の家哉《や》。」余申して云はく「丹波守《たんばのかみ》章任朝臣の三条宅が宜しき歟。」仰せて云(×之)はく「甚だ吉事也。」又、仰せて云はく「大略、此の由を以て宮大夫(＝斉信)に示すべし。」即ち大夫の許《もと》を詣で此の旨を申す。申されて云はく「件の日々、并びに宅、吉(×者)の程也。」と云々。

※2 今日、内府《ないふ》(＝教通)、官奏《かんそう》(官×)に候ぜらると云々。昏黒に及び、左中弁(＝経輔)、奏文を持ち参る。雅康朝臣をして事由《ことのよし》を申さしむ。頃之《しばらくありて》、出で給(×論)ふ。〔直衣《のうし》(×知)、冠《かんむり》。〕弁、文を奉る。見了りて返給《かえしたま》(×論)ふ。弁、帰参す。〔先例、召有りて、文杖《ふづえ》に挿《さしはさ》みて之を奉る。而るに出で給ひて、則ち召を待(×侍)たず手に取りて之を奉る。甚だ以て非例也。若し故実を知(○)らざる歟。〕仰せられて云はく「奏、入夜《よにいり》、甚だ不便なり。」事了(×云)り、入夜《よにいり》、

左金吾（＝師房）の一条宅に宿（×疫）せしめ給（×論）ふ。御共《おとも》（×苔）に参りて退出す。

十日、癸未。天晴る。

※1 参内す。頃之《しばらくありて》、右府《うふ》（＝実資）参入せらる。左大弁（＝重尹）、美濃・紀伊等の国の交替使《こうたいし》を申さる。次いで右府、奥座《おくのざ》に帰着す。諸国の申請する雑事の申文《もうしぶみ》等を下見《くだしみ》しむ。〔皆、先例を続《つ》（×読）ぐ。〕諸卿、次第に見了りぬ。〔惣じて九箇国也。〕或《あるい》は次第に其の理非を申す。或は相歎きて其の許不を申す。但し、此の中、前加賀守《かがのかみ》俊平（×復乎）の申請、承平三年の官符に依り、得替《とくたい》年の年料米（々料米）、後司（＝師成）をして弁済せしむと云々。「承平の官符、是、租春（×但春）の事也。利春《りしょう》（×春）に於いては、専ら彼の例に依るべからず。若し暗に裁許せられば、寮用闕乏する歟。先づ大炊寮并びに後司等に問はれ、申すに随ひて定行《さだめおこ》なはるべき歟。」と云々。左大弁・左兵衛督（＝公成）・権中納言（＝定頼）・内府《ないふ》（＝教通）、余に同じ。右大臣（＝実資）・春宮大夫（＝頼宗）・権大納言（＝長家）等申されて云はく「承平三年の件国の雑米《ぞうまい》、後司（司×）をして弁済せしむるの由（×内）、定下《さだめくだ》さるること先に了りぬ。又、長元元年（々年）の諸国の得替年の利春米、前司をして弁済せしむべきの旨、宣下せらると雖も、前後の符（×封）、其の旨、一に非ず。許不の間、勅定に随ふべし。」と云々。各々（各）退出す。

十四日、丁亥。

※1 舞師（×斉師）の宿所に敷く畳七枚を送る。几帳《きちょう》（×木帳）一基・手洗楾《てあらいのはんぞう》等、随身せしむ。又、褂《うちき》一重、袴一具、焼物《やきもの》・日物《ひもの》各《おのおの》少々、扇一枚、同じく之を給ふ。

十六日、己丑。天晴る。

※1　早旦、敷設等、五節所《ごせちどころ》に送る。昏黒に及び、舞姫《まいひめ》を参らしむ。〔陪従《べいじゅう》六人・童二人、已上、檳榔毛《びろうげ》四両に乗る。下仕《しもづかえ》四人、網代《あじろ》二両に乗る。〕前駆《さきがけ》五位六人、六位十人。頃之《しばらくありて》、叙位の（×々）人々退出せらると云々。子剋《ねのこく》に及び、中宮権大夫（＝能信）并びに讃岐守《さぬきのかみ》の舞姫参入すと云々。頃之、関白殿（＝頼通）、御宿所に於いて舞を覧ずと云々。

▽a　丑剋《うしのこく》に及び、舞了りぬ。

伝《つたえ》聞《き》く。「四位従上一人、新叙一人、五位正下四人、従上六人、入内《にゅうない》一人、新叙廿人、外位二人。」

十七日、庚寅。天晴る。

※1　早旦（旦×）、内より退出す。右兵衛督（＝朝任）・左宰相中将（＝顕基）・左大弁（＝重尹）の御車副《おんくるまぞえ》の牛飼《うしかい》等来向す。各《おのおの》疋《ひ》絹《けん》を給はる。〔舎人《とねり》各二人、童各一人。〕是、夜前に明日来たるべきの由を仰せしむるに依る也。女房の食物、宅より送らしめ了りぬ。

▽a　入夜《よにいり》、参内す。舞姫を上《たてまつ》らしむ。子剋《ねのこく》に及び、事了りて退出す。

▽b　風聞す。「右衛門督（＝経通）、左仗《さじょう》に於いて、位記の入眼《じゅげん》・請印《しょういん》を行なはる。」と云々。

十八日、辛卯。天晴る。

※1　中宮（＝威子）より童女《わらわめ》の装束二具を調給《ととのえたま》はる。又、和泉守《いずみのかみ》（＝資通）、下仕《しもづかえ》の装束二具を調送《みつぎおく》る。未剋《ひつじのこく》に及び、所の童・下仕、召有りて参入せしむ（×今）。

※2 入夜《よにいり》(々夜)、神今食《じんこんじき》(×神合)に着す。御物忌に依り、神祇官に於いて行なはる。寅剋《とらのこく》に及び、事了りて退出す。

十九日、壬辰。

※1 舞師以下等、禄・屯食等を給はるに差(×着)有り。舞師、絹六疋、綿代の信濃(信乃)六段、前料の絹十疋。小師、絹二疋、綿代の信濃(信乃)四段。国司、絹二疋、綿代の信濃(信乃)二段。理髪、絹二疋、綿代の信濃(信乃)二段。琴師、絹一疋、綿代の信濃(信乃)一段。拍子(×怕子)、一疋(×夃)。今良《ごんろう》(×命良)三人中、綿代の信濃(信乃)二段。禄、信濃(信乃)六段。〔各二段。〕御門守《みかどもり》二人、各《おのおの》疋絹。小歌、絹一疋。蔵人所小舎人《こどねり》、絹二疋。髪上の禄、絹三疋。〈袖・袴の料。〉六府陣、各屯食一具。小歌所(×小歌可所)、大破子《おおわりご》二荷。掃部・主殿・内侍所・玄輝門(×定輝門)・朔平門・化徳《かとく》門《もん》(和徳門)・瀧口陣・腋陣・中宮庁等、各大破子一荷。〔皆、分給《わけたま》はしめ(×合)了りぬ。〕申剋《さるのこく》に及び、参内す。先此《これよりさき》、内府《ないふ》(=教通)、頭弁《とうのべん》(=経任)をして詔書を奏せしめ給ふ。中務、次いで下名《おりな》を給ふ。二省を召給《めしたま》ひ了りぬ。

※2 陣腋《じんのわき》に於いて免物《ゆるしもの》有るの由、右衛門権佐家経に仰せらると云々。

※3 此の間、諸卿、外弁《げべん》に着す。開門了りて二省を召す。位記の筥を置かしむ。并びに群臣、皆、常の如し。事了りて舞姫を出ださしむる間(×聞)、以て退出す。具《つぶさ》に別記に在り。

廿日、癸巳。天晴る。

▽a 早旦、所々に参り、夜部《よべ》、五節所《ごせちどころ》を訪れらるるの恐《かしこまり》を申す。晩に及び、帰宅す。

廿三日、丙申。天晴る。
▽a 殿(=頼通)に参る。入夜《よにいり》、参内す。御物忌に候ず。明日の臨時祭(=賀茂臨時祭)に依る也。上達部《かんだちめ》、殿の御宿所に於いて管絃(×菅絃)を給ふ。〔予〕深更《しんこう》に及び、各《おのおの》宿所に退く。

廿四日、丁酉。天晴る。
※1 使左馬頭(=良経)、頭中将(=隆国)の宿盧に於いて、舞人《まいびと》・陪従《べいじゅう》等の饌を儲く。午剋《うまのこく》に及び、御禊《おみそぎ》(×襖)了りぬ。使以下、饌を給はること常の如し。申剋《さるのこく》、歌舞了りて、社頭(=賀茂社)に向かふ。子剋《ねのこく》に及び、使等帰参す。〔此の間、上達部《かんだちめ》、御宿盧に於いて飲食(×歓食)す。又、使以下の饌を儲けらる。〕丑剋《うしのこく》、召有りて、使以下、御前(=後一条天皇)の庭(=東庭)に着す。御神楽《みかぐら》、常の如し。人長《にんちょう》左近衛尾張安行。寅剋《とらのこく》、事了りぬ。使以下、禄を給はる。
※2 〔今日、御物忌に依り、昼夜共に御簾以中《いちゅう》なり。但し東の孫廂に御倚子《おんいし》(×御傍子)を立つること常の如し。又、安行の装束、兼日《けんじつ》、議(×儀)有り。青摺白襲《あおすりのしろがさね》(×装)・狩袴《かりばかま》・斑猪《まだらいの》(○)尻鞘《しりざや》・襪《しとうず》等を着す。草鞋《そうかい》(○)を着す。舎人《とねり》、人長を奉仕するの例、先日慥《たしか》ならず。仍りて相量りて定仰《さだめおお》せらると云々。〕事了りて上下退出す。

卅日、癸卯。天陰る。
※1 卯剋《うのこく》、参内す。辰剋《たつのこく》、上達部《かんだちめ》参会す。頭弁《とうのべん》(=経任)、陣に来たる。内府《ないふ》(=教通)に仰せて云はく「今日の行幸《ぎょうこう》、大刀契《だいとけい》を持候《もちこう》ずべき歟。彼此《かれこれ》申されて云はく『御斎会《ごさいえ》の行幸、大刀契を持候《もちこう》ぜず。彼に准じて行なはるべき歟。』」

▽a 巳剋《みのこく》に及び、南殿《なでん》に出御す。内府以下、靴を着して南庭に列立す。鈴奏《すずのそう》了りて御輿を寄(×宰)す。乗輿《じょうよ》(=後一条天皇)、昭慶門内に留りて下り給ふ。小安殿《こあどの》に御す。〔諸司、筵道《えんどう》に供すること例の如し。〕此の間、公卿、同門内の東の幔外に列立す。〔西面北上。主上(=後一条天皇)、渡らしめ(×合)給ふ。同じく皆、跪候《ひざまずきこう》ず。宰相中将、剣を持つ。三位中将《さんみのちゅうじょう》(=兼頼)、笏を持つ。〕公卿、靴を昭訓門に脱ぎて東廊の座に着す。〔大膳兼ねて饗を居《す》う。内豎《ないじゅ》の大盤《おおばん》を用ふ。官厨《かんのくりや》、上官《しょうかん》以下(下×)の饗用机を儲く。〕一献。〔少納言(×小納言)〔云〕勧盃《かんぱい》す。〕了りて、内府、弁を召し、衆僧の参否の由を問はる。弁申して云はく「皆参るの由なり。」〔兼ねて諸司・諸衛に仰す。東西の廊を装束せしめ(×合)僧房と為す。【各《おのおの》五十余(×全)口。】弁・史、左右に相分かれ袈裟《けさ》(×装)を列せしむ(×合)。内蔵・大膳・穀倉院・後院《ごいん》(御院)等、兼ねて熟食《じゅくしょく》・僧供《そうぐ》を居う。〕次いで汁を羞《すす》(×着)む。〔内豎等役送《やくそう》す。〕此の間、鐘を打つ。〔内府傾(×頃)せられて云はく「仰を奉《うけたま》はるの(×々)弁、打たしむる也。而るに奉はらざる以前に打つは如何《いかが》。」〕

▽b 次いで内府、余に問はれて云はく「出居《いでい》有るべき歟。」余申して云はく「長保三年記に出居見えず。」と云々。内府命ぜられて云はく「今日の事、御斎会《ごさいえ》に准じて行なはるるの内、已に行幸有り。猶、有るべき歟。」と云々。頃之《しばらくありて》、大外記文義朝臣を召して、諸司の具否の由を問はる。次いで弁に仰せて出居の座を敷かしむ。弁家経・少納言経成出居す。次いで公卿、入堂す。

▽c 主上、大極殿に出御す。〔近衛の陣、殿庭の左右。兵衛の陣、龍尾壇《りゅうびだん》の左右。衛門の陣、会昌門の左右。【但(×作)し開門せず。】〕仰《おおせ》有りて諸僧、堂に入る。〔先づ雅楽の者一人、桙《ほこ》を持ちて前に立つ。次いで楽前大夫《がくぜんのだいぶ》二人。【左右に分く。】次いで舞人。次いで威儀師《いぎし》、衆僧を率ゐて参上すること、御斎会の如し。【但し殿の東西の階《きざはし》より(×西階自殿東)登る。】〕〔已上三字注也。〕

▽d 頃之《しばらくありて》、各《おのおの》の高座《こうざ》の前に列居す。〔綱所《ごうしょ》兼ねて標《ひょう》の後に立ち、東西の戸より入り、座具等を置く。〕関白相府(=頼通)以下、東廊を経て、南庭の座に下り着す。〔兼ねて議(×儀)有り。掃部に仰せて之を敷かしむ。公卿(×召卿)・上官、東上西前。前(々)は公卿、次いで弁・少納言。後は外記・史・殿上人《てんじょうびと》。東上北面、一行。龍尾道の下に百官の座を敷く。〕主上御拝す。〔三度。〕僧俗、之に同(○)じく拝し了りぬ。〔合掌(×常)して之を拝す。〕復座す。次いで堂童子《どうのどうじ》、南庭の座に着す。〔一方、四位一人(×尺)、五位四人。図書官人《ずしょのかんじん》、之を率ゐて着座す。〔面〕此の如し。〕次いで法用了りて、堂童子等、殿の左右の階より昇り、花筥《けこ》を取り諸僧に分授《わけさず》けて帰座す。散花《さんげ》、諸僧を率ゐ、〔講読師(×講談師)、立たず。〕行道し、〔一巡。〕復座す。〔其の道、殿の南の壇上、并びに西戸の北の壇等を経て、東戸より入り、次第に着座す。〕散花了りて堂童子、花筥を取り、返置《かえしお》きて退出す。次いで講師開白《こうじかいびゃく》(×関白)す。〔此の間、雅楽、音楽を奏す。而るに仰《おおせ》有りて停止せられ了りぬ。〕講経《こうきょう》(=仁王経)等了りて僧等退出す。〔進む儀の如し。〕公卿、東廊に着す。〔関白、御在所に参らしめ給ふ。先例を検するに、朝夕、行香《ぎょうこう》有り。而るに此の度、定有りて、夕座に有るべき也。〕

▽e 次いで鐘を打つ。公卿、入堂す。〔関白着せしめ給ふ。〕諸僧参上す。〔朝儀《あさのぎ》の如し。〕次いで宸儀《しんぎ》(×震儀)(=後一条天皇)〔次震儀〕已下(×上)惣礼《そうらい》す。了りて復座の事、皆、朝講《あさこう》の如し。了りて行香す。〔東、公卿。西、殿上人。皆、衛府立たず。〕次いで布施《ふせ》を給ふ。〔僧正、絹五疋。僧都、四疋。律師、二疋。凡僧、一疋。度縁《どえん》を加ふるは各《おのおの》一疋。東方の内府(府×)以下、之を取る。弁・少納言取伝《とりつた》ふ。公卿不足。弁・少納言、之を取る。西、殿上人、之を取る。下臈取加《とりくわ》へて之を給(×論)ふ。次いで僧下る。次いで公卿起座す。次いで還御す。〔昭慶門内に於いて乗輿す。〕輿を下《お》る。鈴奏。次いで公卿名謁《なだいめん》す。了りて次第に退出す。

大極殿（極×）并びに小安殿・東廊等の御装束、皆、去る長保三年三月九日の会の日の如し。而るに彼の日、度者を給ふべきの由を仰せらる。而るに今日、然らざるは何《いかん》。又、音楽并びに朝座《あさざ》の行香を停めらるるの旨、同じく得心（○）せずと云々。又、出居の弁・少納言着し、二省・弾正着せず。〔是、兼ねて仰《おおせ》無しと云々。〕又、楽《がく》前大夫《ぜんのだいぶ》有りて、衆僧前并びに雅楽官人（楽×）等無し。同じく外記催《もよおし》具《ぐ》せざる歟。将《はた》、兼ねて仰無き歟。又、今日、南廂に幡《ばん》（×播）・花幔《かまん》等を懸く。而るに長保三年、母屋に幡を懸け、廂は額を引き幡を懸けずと云々。

十二月　小（小×）

一日、甲辰。天晴れ、雨ふる。

※1 晩景（×置）、召有りて殿（＝頼通）に参る。御物忌《おんものいみ》に依り、門外に於いて事由《ことのよし》を申さしむ。仰せて云はく「二宮《にのみや》（＝馨子内親王）御出の料、内より絹二百疋、渡さるべきの由と云々。頭弁《とうのべん》（＝経任）に逢ひて其の事を案内《あない》せよ。女房の料に充つべき也。抑《そもそも》、内の女房等、御送に参るべきの由と云々。其の送物、家（＝頼通）より奉るべき也。又、此の外、仰せらるべきの事有り。案内《あない》示すべし。」宮に参りて此の旨を申さしむ。仰せて云はく「内・殿の絹を以て、内・宮の女房の料に充つべし。此の外、綿并びに直絹《じきぎぬ》少々、入るべきの由、申すべし。」と云々。

※2 次いで陣に参る。侍従中納言（＝資平）、仗座《じょうのざ》に於いて、外記を以て上野《こうずけ》の御馬の解文《げぶみ》を内覧《ないらん》す。外記帰りて云はく「事由《ことのよし》を奏し、相分けて左右馬寮に賜ふべし。」者《てへ》り。納言、御所に参り、解文を奏せしむ。帰座す。両寮に分《わけ》給《たま》ふべきの由、外記に仰す。

※3 次いで外記を召し、除目《じもく》等を奉（○）るべきの由を仰す。外記、之を奉る。〔筥に入る。〕外記をして開封せしむ。一々検察（×寮）す。筥に返入《かえしい》れて外記に給ふ。外記（々々）、之を取りて軒廊《こんろう》に立つ。納言（＝資平）并びに僕（＝経頼）、日華門を経て議所《ぎしょ》（×儀所）に着（着×）す。〔納言、南より着す。僕、艮《うしとら》より着す。〕外記、除目等を奉る。三度申して云はく「二省（＝式部省・兵部省）。」日華門の南腋に入立《いりた》つ。〔雨儀。〕上《しょう》（＝資平）、式部を召して下名《おりな》を給ふ。次いで兵部を召して同じく之を給ふ。〔式部丞、障《さわり》有りて参らず。仍りて兵部丞を以て代官と為す。先例有るに依ると云々。〕二省退く後、外記に着し、召給《めしだまい》常の如し。殿に参りて申定《もうしさだ》めしむ。御消息の事、子細に依りて短紙《たんし》に注す。為祐朝臣を以て奉らしむ。聞食《きこしめ》す由を仰せらる。次いで帰宅す。

二日、乙巳。天晴る。
▽a 召有りて参内す。仰せて云はく「前斎院（＝選子内親王）に詣で、初斎院《しょさいいん》の雑事を案内《あない》すべし。」者《てへ》り。

三日、丙午。天晴る。
※1 寅剋《とらのこく》、火、艮《うしとら》に見ゆ。人云はく「上東門院。」と云々。仍りて馳参《はせまい》る。先是《これよりさき》、院（＝彰子）、御堂《みどう》（＝法成寺）に渡らしむ。人々多く以て参入す。卯剋《うのこく》に及び、火（×大）滅（×滅）す。陰陽師《おんようじ》を召し、他所に遷御すべきの日を問はる。〔十一日、高陽院殿《かやのいんどの》（＝頼通第）に渡らしめ給ふべしと云々。〕
▽a 又、十九日・廿八日の間、女院（＝彰子）に行幸有るべきの由（×内）と云々。又、七日、今上《きんじょう》（＝後一条天皇）の女二宮《おんなにのみや》（＝馨子内親王）、丹波守《たんばのかみ》章任朝臣の三条宅に出で給ひ、十三日、賀茂斎王に卜定《ぼくじょう》（×下定）し奉るべきの由、兼ねて議（×儀）有り。而るに此の火事（×大事）に依り、十三日出御、十六日、卜定（×可定）し奉るべき由、改定（×政定）有り。

五日、戊申。天陰り雨降る。
※1 前斎院（＝選子内親王）に参り、初斎院《しょさいいん》の雑事を問ひ奉る。〔是、内（＝後一条天皇）并びに宮（＝威子）の仰《おおせ》に依る也。〕次いで殿（＝頼通）に参（参×）る。権弁（経任）申して云はく「『斎院式』に云はく『斎王を定め了らば、即ち宮城の便所（×使所）を卜（×下）し、初斎院と為《な》せ。』と云々。『内匠寮式』に云はく『斗帳《とちょう》二具。〔一具は漆塗《うるしぬり》（×漆除上）。一具は白《しら》木《き》。〕賀茂の初斎院并びに野宮《ののみや》の装束料。』と云々。然らば諸司を以て初斎院と謂ふべき也。仍りて件の御帳《みちょう》等、

并びに雑具、諸司に入らしめ（×合）給（×経）ふの（×云）日、渡し奉るべき歟。而るに前斎院卜定《ぼくじょう》（×下定）の日、件の帳等〔白木は神殿料。漆塗（×漆除上）は斎王料。〕を立つるの由、仰有りと云々。之を如何為《いかがせ》む。」殿仰せて云はく「誠に疑《うたがい》有るの事也。慥《たしか》に尋ねて申行《もうしおこ》なふべき也。又、此の旨等を以て右府《うふ》（＝実資）并びに民部卿（＝斉信）等に示すべし。伝聞《つたえき》くこと有るを聞かば、予（＝頼通）に示さるべし。」権弁、右府に参（○）る。余（×金）、参内し、院（＝選子内親王）の仰せらるる（×被院仰）旨を以て、内并（×弁）びに宮に申さしむ。又、殿に参る。権弁云はく「右府申されて云はく『式の如くば、已に初斎院料為《た》るは、之《これ》、分明也。而るに前斎院、已に卜定（×下定）の日に立つべき由、命有りと云々。当時《とうじ》、彼の間（×問）の事を見るの人無し。両端の疑、忽《たちま》ちに決し難し。又々、尋行《たずねおこ》なはるる歟。』と云々。民部卿申されて云はく『式文に依り行なはるるに何の難、之有《これあ》らむ乎。』」と云々。余申して云はく「前斎院卜定（×下定）の日、神殿等の御帳立つべきの由、仰するの由、同院の式を案ずるに『初斎院に於いて三年斎《い》み、畢りて其の年の四月、神社（＝賀茂）に参る。』と云々。此の文に就き先例を尋ぬ。婉子斎院、承平元年十二月廿五日、卜定（×下定）。同二年九月廿九日、右近衛府に入る。三年四月十二日、野宮に入ると云々。然らば里第《りてい》を以て初斎院と謂ふべし。又、『斎王を定め了らば、即ち宮城（×宅城）の便所（×使所）を卜（×下）し、初斎院と為せ。』と云々。即ち宗は能く参るべき歟。其の意（○）は、斎王を卜定（×下定）せば、則ち諸司に入るべき歟。然らば内匠寮、御帳等を以て、其の諸司に立つべし。而（○）して里第に立つれば、又、諸司に壊（×懐）し運ぶべからず。仍りて作る所、之或《これいずれ》歟。而るに日次《ひなみ》を択《えら》ぶの間、自然《じねん》、里第を経廻《へめぐ》る。然るが如きの間、神殿有（○）らざるべからず。仍りて早く諸司に入らざるの時、猶、里第に神殿の御帳等を立つべき歟。」と云々。

七日、庚戌。天陰り雨降る。

※1 左衛門督（＝師房）の御消息に云はく「只今、丹波守《たんばのかみ》章任朝臣の三条宅に来会すべし。」と云々。即ち其の所に向かふ。頃之《しばらくありて》、中宮権大夫（＝能信）・左衛門督来向せらる。御在所并びに女房の曹司を略定す。所々の人々候ずべきの所等、隔て別くべきの由、宮属《みやのさかん》為信を差《つか》はし、章任朝臣の許《もと》に示遣《しめしつか》はす。次いで殿（＝頼通）に参る。入夜《よにいり》、退出す。

九日、壬子。天晴る。

※1 殿（＝頼通）に参る。十三日に宮（＝馨子内親王）出で給ふ道、事由《ことのよし》を申して作らしむべきの由、範国朝臣に示す。又、彼の夜の女房の衝重《ついがさね》（×衡重）、并びに侍（×伝）の饗、所々の屯食《とんじき》等、同じく事由《ことのよし》を申して充行《あてが》ふべきの由、同じく之を示す。即ち案内《あない》を申すと云々。「女房の衝重（×衡重）、淡路に仰すべし。侍の饗、長門に仰（×作）すべし。屯食等、彼の宮の下家司《しもけいし》等に充つべし。」者《てへ》り。又、「道の事、左衛門尉清に仰すべし。」者り。

※2 次いで御前に参る。宮の雑事を仰せらるるの次《ついで》に、申して云はく「中宮属為信、年来、二宮（＝馨子内親王）の事を兼仕す。而るに申して云はく『一所に御坐《おわしま》すの間、兼仕するに便（×使）有り。他所せしめ給ふの後、一身にて両役は堪ふべからず。』者り。仍りて掃部属重則を召試《めしため》さむ。仰に依り召仕《めしつか》ふべき也。又、本院（＝選子内親王・斎院司）の主典秀孝、并びに下部《しもべ》等、度《わた》すべきの由、申さしむと云々。先例を尋ね、古事を知るに、本院の下部、必ず召渡《めしわた》さるること有りと云々。之を如何為《いかがせ》む。」仰す。「共に何事か有らむ乎。十一日、吉日也。召仕ふべき也。」者り。則ち此の由を左金吾（＝師房）に申す。仰下《おおせくだ》すべきの由、範国朝臣に示す。〔金吾（＝師房）、彼の宮に在（在×）り。〕別当範国、

又、司（＝斎院司）の為《ため》に此の間の事を奉行す。仍りて相示す所也。但し別当に非ず、宮司に非ず。然りと雖（×隆）も大宮（＝彰子）并びに両宮（＝威子・馨子）の事等、類に触れて召仰せらる。仍りて然るべきの事等、内々に申行《もうしおこ》なふ所也。意を得ざるの人、定めて傾思《けいし》（×頎思）し給ふこと有らむ。

※3 又、一日《いちじつ》、頭弁《とうのべん》（＝経任）案内して云はく「行事所より渡（×疫）し奉るべき斗帳《とちょう》二具、各《おのおの》、懸角《かけつの》・鏡等具すべき歟。」と云々。案内示すべきの由、報答すること先に了りぬ。而るに今朝、旧院（＝選子内親王）の女房に案内するの処、共に件の物等を具せずと云々。仍りて頭弁に示し了りぬ。

次いで参内す。召有りて御前（＝後一条天皇）に参る。雑事を奉《うけたま》はりて退出す。

十日、癸丑。天晴る。

▽a 結政《かたなし》に参る。政《まつりごと》無し。内に入る。次いで殿（＝頼通）に参る。明日、女院（＝彰子）渡（×疫）らしめ給（×経）ふべきに依り、西対并びに北対等、掃除（×法）・装束せらる。入夜《よにいり》、退出す。

今朝、頭中将（＝隆国）云はく「一日《いちじつ》、来たる十九日、女院に行幸有るべきの由、御消息す。而るに院、奏せられて云はく『旋所《せんしょ》に於いては事々便宜無かるべし。』と云々。仍りて行幸停止す。」と云々（々×）。

※1 又、殿仰せて云はく「来たる十三日、二宮（＝馨子内親王）出で給ふ。上達部《かんだちめ》・殿上人《てんじょうびと》の饗の由、彼此《かれこれ》相示すこと有り。美作守《みまさかのかみ》（＝資頼）の許《もと》に仰遣《おおせつか》はすべし。」者《てへ》り。此の旨を以て範国に示す。守、任国に在りと云々。仍りて弁済《べんさい》使《し》に召仰《めしおお》すと云々。

十一日、甲寅。天晴る。

殿(=頼通)に参る。晩(×暁)に及び、御堂(=法成寺)に参る。

※1 亥剋《いのこく》、女院(=彰子)、高陽院殿《かやのいんどの》(=頼通第)西対に渡らしめ給ふ。本家(=頼通)、上達部《かんだちめ》〔懸盤。〕・殿上人《てんじょうびと》〔大盤。〕の饗等を儲けらる。又、大盤所《だいばんどころ》の垸飯《おうばん》有りと云々。事了りて退出す。

※2 吉日為《た》るに依り、三条の御装束、仕《つかまつり》始《はじ》むべきの由、今朝、範国朝臣に示し了りぬ。

十二日、乙卯。天晴る。

三条に参り、御装束せしむ。

※1 召有りて、入夜《よにいり》、殿(=頼通)に参る。仰せて云はく「内の女房、宮(=馨子内親王)の御送に参入すべきの由と云々。有るべき送物の数(×歟)・女房の数(×歟)、密々(×寮々)案内《あない》し、相示すべし。又、惣じて絹を送るべき歟。将《はた》、裹別《つつみわ》くべき歟。」余申して云はく「前年、大宮(=彰子)の御産の事に依り御出の時、殿・宮に奉るの次第(×々第)、裹別《つつみわ》けらる。彼の例に依り裹別《つつみわ》くべき歟。」仰す。「然るべきの事也。」

十三日、丙辰。天晴る。

※1 早旦、御送に参るべきの女房の数を尋《たずね》聞《き》きて殿(=頼通)に申す。〔三位二人、典侍《ないしのすけ》三人、掌侍《ないしのじょう》三人、命婦《みょうぶ》六人、蔵人一人。〕仰せて云はく「三位各《おのおの》十五疋、典侍各十疋、掌侍各七疋、〔四位(×依)命婦一人、之に同じ。〕命婦各六疋、蔵人四疋許《ばかり》が宜しき歟。」と云々。申して云はく「何事か有らむ。」者《てへ》り。

※2
次いで三条に参り、御装束せしむ。先づ神殿を以て御在所の西方に当《あ》つと云々。仍りて東対代《ひがしのたいだい》(×台)の北に迫りて御所と為す。〔塗籠《ぬりごめ》の東廂也。件の塗籠、神殿と為すべきの故也。抑《そもそも》件の宅、本自《もとより》寝殿無し。只、在る所は東対代と北対許《ばかり》也。仍りて東対代を以て御所と為す。北対を以て女房の曹司と為(為×)す。〕内裏より御屏風十帖を渡《わた》(×疫)さる。〔五尺四、四尺(々尺)六。大嘗会《だいじょうえ》(×丈嘗会)の時、調へらるる也。〕自余、壁代・御几帳(×御木帳)等を敷設す。皆、本家儲けらるる也。御帳、立てず。行事所より追ひて調渡《ととのえわた》すべきに依る也。

入夜《よにいり》、参内す。戌剋《いのこく》、出御す。〔陰陽助《おんようのすけ》時親、御返閇《へんばい》。禄有り。〕北陣に於いて輦《れん》より糸毛《いとげ》に遷る。本宮の続《つづき》等、褐冠《かちかぶり》・脛巾《はばき》(×経巾)等を着し、御車に付すと云々。余、荷前使《のさき》に依りて御共に候ぜず。兼儀に依りて之を記す。

▽a
亥剋許《いのこくばかり》、使々《つかいづかい》立つ。雨儀、僕(=経頼)、後山階(=醍醐天皇)・宇治三所(=藤原穏子・安子・超子)に参る。晩更《ばんこう》に及び、帰宅す。

十五日、戊午。天晴る。

殿(=頼通)に参る。〔去る十三日、小二条殿に渡らしむ。〕次いで三条(=馨子内親王)に参る。

▽a
次いで結政所《かたなしどころ》に参る。政《まつりごと》有り。事了りて内に入る。召有りて、御前(=後一条天皇)に参(×余)る。一夜《ひとよ》、宮(=馨子内親王)の退出の(○)間の事等を仰せらる。涕泣せしめ給ふ。次いで中宮(=威子)の御方に参る。同じく此の事等を仰せらる。入夜《よにいり》、退出す。

十六日、己未。天晴る。

早旦、殿(=頼通)に参る。御共して女院(=彰子)に参る。

※1 次いで参内す。頃之《しばらくありて》、殿参入せしめ給ふ。次いで中宮権大夫(=能信)参入せらる。頭弁《とうのべん》(=経任)、勅を奉《うけたま》はり、陣に進みて中宮権大夫に仰せて云はく「二品馨子内親王、三宮《さんぐう》に准じ、〔賜三宮〕年官《ねんかん》(×宮)・年爵《ねんしゃく》を賜ふ。并びに本封の外、千戸封を賜ふべし。」者《てへ》り。大夫、外記を召し、内記を召すべきの由を仰す。内記孝親参入す。宣旨の趣(×起)を仰せて詔書を作らしむ。孝親の草案、之を奉る。内記に持たしめ、御所(=後一条天皇)に進(×辺)み之を奏す。〔奏は、先づ内覧《ないらん》すと云々。〕次いで清書を奏す。中務に賜ふ。次いで弁を召して此の旨を仰す。次いで外記に召仰《めしおお》す。外戚の上達部《かんだちめ》并びに彼の宮の別当等を率ゐ、弓場殿に参り、慶を申され、帰陣す。

▽a 左衛門督(=師房)・左兵衛督(=公成)・余、三条(=馨子内親王)に参る。頃之《しばらくありて》、勅使頭中将(=隆国)参入す。甲斐前司範国、事由《ことのよし》を申す。〔内府《ないふ》(=教通)宿衣にて兼ねて候ぜらる。〕南廂(×唐)に座を敷く。〔高麗端一枚に茵。〕之を召す。中将着座す。〔准三宮の宣旨有るの由を申さしむ。〕次いで肴物を着す。〔高坏二本。〕金吾(=師房)・武衛(=公成)・僕(=経頼)次第に勧盃す。次いで金吾、禄を取(×所)り、〔女装束。〕中将に授く。中将(々々)、庭に下りて拝し、退出す。頃之、関白殿(=頼通)参らしめ(×余)給ふ。次いで箸(×宅)を下ろす。了りて上達部多く参入す。

※2 次いで勅使右少将行経参入す。事の由を申さしむ。座を敷くこと初の如し。使着して、斎王卜定《ぼくじょう》(×下定)の由を申す。次いで武衛、禄を授く。〔女装束。〕拝して出づ。次いで神祇大副以下参入す。範国、事由《ことのよし》を申す。頃之、中臣三人、御祓物〔二人は高坏二本。本(々)別に小土鍋《こどなべ》四口を居《す》ゑて物を納む。紙を以て裹《つつ》む。各《おのおの》四。一人は大麻《ぬさ》。〕等を取り、東庭の辺の簾下より女房に授く。女房(々々)、之を取りて御前(=馨子内親王)に供す。〔余、地の辺より

立ちて坐し具《そな》はり、少（×示）し許《ばかり》、女房に案内《あない》を示す。〕女房、大麻を取り、御体を摩《す》り、中臣に返す。中臣（々々）、之を取りて宮主《みやじ》に授く。〔宮主兼ねて東庭の膝突《ひざつき》に候ず。〈北面。〉〕宮主、〔斎院の宮主、本宮の解《げ》を以て結政《かたなし》に申して之を任ず。今日、任を申すべからず。仍りて代官を用ふ。〕御祓了（×々）りて、神部四人、木綿《ゆう》を付し賢木《さかき》を取り、御在所の屋の四角に立つ。〔巽《たつみ》より始めて次第に之を立つ。〕次いで中門の北南の柱の下に立つ。次いで御門の左右の柱の下に立つ。次いで御井《みい》に立つ。〔余仰せて云はく「式の如くば（×求）、所司、御井に賢木を立つ。而るに里第《りてい》に於いて之を立つるは如何《いかが》。」神祇官云はく「前例、此の如し。」者り。仍りて重ねて咎めず。〕

▽b 次いで中臣（×官）・下部《しもべ》各《おのおの》一人、大殿祭《おおとのほがい》を奉仕す。〔御在所の屋の巽角《たつみのすみ》に於いて之を始む。次いで乾《いぬい》、次いで坤《ひつじさる》、之を祭る。次いで御湯殿《おゆどの》。但し簾中に入らず。只、簾外に於いて之を祭る。〕次いで仰有りて、副以下、史以上、着座す。〔侍所《さむらいどころ》を以て件の座と為す。机を以て饌を備ふ。〕二献了りて〔諸大夫、汁。三献了りぬ。〕禄を給ふ。〔副、大褂《おおうちき》各《おのおの》一領。祐、単重《ひとえ》各《おのおの》一領。史、各《おのおの》二疋。【紙に裹む。】神部の史生・官掌等、疋絹《ひけん》。雑人、調布。〕史以上、南庭に列し、〔西上北面。〕再拝して退出す。

▽c 次いで賀茂社司等参入す。範国、事由《ことのよし》を申す。着座せしむ。〔政所《まんどころ》を以て件の座と為し、饗を給ふ。知家事《ちけじ》等勧盃す。役送、正□。〕三献了りて禄を給ふ。〔禰宜《ねぎ》・祝《はふり》、黄衾《きのふすま》各《おのおの》一帖。神人《じにん》等、調布。〕庭に列し、再拝了りて退出す。〔下社《しもしゃ》の司、参入せずと云々。〕次いで範国朝臣・家司《けいし》等、相共に、政所に於いて近江国の御封《ごふう》の返抄《へんしょう》を成始《なしはじ》むと云々。又、本《もと》の御座并びに辺《あたり》の敷等を撤す。新たな御座等を供す。〔但し下敷、長筵《ながむしろ》、女房料の畳・壁代・屏風・几帳（×木帳）、替（×賛）へず。件の新たな御座等、本家、儲くる所也。〕又、木工寮、新たに三間の大炊屋を作る。御炊《みかしき》男、〔炊男（々々）、本家、両三人を注す。各《おのおの》宮主（入）、之を卜定すと云々。〕雑具を清めて御飯《おんいい》を炊《かし》

ぐ。〔政所、新たに雑具を調儲《ととのえもう》けて之を渡す。〕進物所、御膳の具を清め、御膳を調供《ととのえそな》ふ。〔政所、御器・御台より始めて、雑具に至るまで、調《ととのえ》具《ぐ》して之を渡す。〕

▽d 又、宮主、料物を清め、御井（×再）・御竈《ごそう》・庭火《にわび》等を祭る。〔本家、料物を充て、各《おのおの》、請文《うけぶみ》を進《たてまつ》る。〕今夜より参入の人々（×令）并びに侍者等、長押《なげし》（×神）の上に昇るべからず。但し簀子《すのこ》に候ずべしと云々。又、女房、里第《りてい》より参入するの（×云）日、御在所（×御布所）の長押の上に昇らずと云々。一宿を経るの後、昇るべしと云々。〔又於御〕又、御所の屋に於いて、纏頭《てんとう》（〇頭）せず、況《いわん》や余事に於いて乎《や》。今夜、神殿の御帳、并びに御所の御帳等を立てず。又、神賢木を立てず。神座并びに幌《ほろ》（×悦）等を供せず。

▽e 凡（×風）そ神祇官庁に於いて初斎院《しょさいいん》の行事を始むと云々。行事弁・史、之に着す。上卿（＝能信）着せずと云々。

十九日、壬戌。天晴る。

右府《うふ》（＝実資）に参る。蔵人頭の時、下勘せらるる所の近江・遠江等国の申す用物、符を充つるの国解等、…。

※1 次いで斎院（＝馨子内親王）に参る。女房云はく「朝夕の御膳の散飯《さば》等、野宮《ののみや》に至（×主）り、難良刀自《ならとじ》（×難良力目）の神に奉ると云々。而るに里第《りてい》に御坐《おわしま》すの時、之を如何為《いかがせ》む。又、先年より、叡山（＝延暦寺）に於いて御祈を行なはる。停むべき歟。為当《はた》如何。」「先例を知らず。前院（＝選子内親王）の辺に案内《あない》して申すべし。」者《てへ》り。

※2 次いで参内す。殿上に於いて侍る。右兵衛督（＝朝任）示されて云はく「去る十六日、頭弁《とうのべん》（＝経任）、勅を奉《うけたま》はり、今上（＝後一条天皇）の女二親王（＝馨子内親王）を賀茂斎王に卜定《ぼくじょう》（×下定）せしむべきの由、中宮権大夫（＝能信）に仰す。」大夫（々々）、外記に仰せて神祇官を召す。神祇官（々々々）又、日華門（日花門）より軒廊《こんろう》の座に着す。〔所司兼ねて座を敷きト

具(×下具)を儲くと云々。〕上卿(=能信)、外記を召し、紙筆を進《たてまつ》らしむ。外記、之を奉る。上卿、「馨子」の字を書き、外記をして之を封ぜしむ。即ち「封」の字を加ふ。大副大中臣兼興を召して之を給ふ。兼興卜定(×下定)了りて奉る。〔丙合(×雨令)と云々。〕上卿、外記を召して卜文(×下文)を持たしむ。〔〔里〕筥に入れ了りぬ。〕軒廊〔神祇の座の末(×来)。〕・階下等を経《へ》(経×)、弓場に進みて之を奏す。返給《かえしたま》はりて帰座す。兼興を召して卜文(×下文)を給ふ。兼興等退出すと云々。次いで弁を召し、〔奉〕奉幣并びに大祓の日時を勘へしむべきの由を仰す。弁、勘文《かもん》を取りて之を奉る。〔廿二日乙丑、奉幣。時は午《うま》、若しくは申《さる》。大祓、同じ日時と云々。〕披見し、弁をして之を奏せしむ。弁に下給《くだしたま》ふと云々。先例を案ずるに、上卿、召有りて御所(×仰)に参る。帰陣して親王等名字を書き、卜定(×下定)せしむ。神祇官、卜文(×下文)を奉りて退座するの(×々)後、上卿、御所に進みて之を奉る。〔卜文(×下文)、御所に留むと云々。〕仰を奉はりて帰座し、神祇官・弁等に召仰《めしおお》すと云々。而るに座の末を経て御所に参る。弁、卜文(×下文)を下給《くだしたま》はるの由、頗《すこぶ》る意を得ず。又、弁に仰せられざるの旨、如何《いかが》。若《も》(×答)し官符を諸司に給はざらば、斎王、卜定(×下定)せらるるの由を知り難(×雖)き歟。又、伝聞《つたえき》く。「中宮権大夫、左仗座《さじょうのざ》(×在仗座)に於いて、廿三日の奉幣使を定められ奏せらる。」と云々。〔使は右兵衛督源朝臣(臣×)(=朝任)、次官は大監物(物×)源朝臣重季。〕

廿日、癸亥。天晴る。

※1 夜部《よべ》、聞く所の散飯《さば》并びに御祈(×料)等の事、前院(=選子内親王)に案内《あない》す。其の報に云(々)はく「里第《りてい》(×黒第)に祈(×難)るも、皆、御膳の散飯を奉る。〔只、其の料と称し、然るべき所の上に置くべしと云々。〕又、御封并びに諸司より渡る所の物の最前等、皆、此の神に奉る。又、毎月酉日《とりのひ》、此の神を祭らる。其の儀、事々に非ず。只、御炊

男、給分物《きゅうぶんのもの》を充て、〔一度の料、二升と云々。〕酒肴《しゅこう》を以て祭ると云々。又、他所に於いて行事せらるる仏事の御祈、更に忌むべからず。是、例事也。但し禊祭の料（×祈）を以て充てらるべからず。御封の物を以て充てらるべし。」と云々。殿（＝頼通）に参りて此の由を申す。仰せて云はく「前院の例に随ひて行なふべし。抑《そもそも》、難良刀自《ならとじ》（×難良力目）の御祭の事、野宮《ののみや》に入らしめ給はずと雖（×難）も、近来より之を祭らるるが宜しき歟。」と云々。又、申して云はく「頓宮《とんぐう》（×給）の料、院の請奏《しょうそう》を以て渡さるべき也。仍りて奏案を尋ね範国朝臣に預け了りぬ。廿八日、吉日也。彼の日（×後日）、請奏し奉るべき歟（×侍）。」次いで斎院（＝馨子内親王）に参り、散飯并びに御祈等の事を申す。

廿一日、甲子。天晴る。

※1 頭弁《とうのべん》（＝経任）の消息に云はく「神殿并びに斎王の御帳の帷、前例如何《いかが》。」即ち此の旨、并びに斎王の先日の御装束等の事を以て、前院（＝選子内親王）に案内《あない》す。仰せられて云はく「神殿の御帳の帷は白約《しろのちぢみ》、例の如し。斎王帳の帷を染むるは朽木形《くちきがた》約《ちぢみ》、例の如し。元日、御薬（×業）を供するの間、御生気方《おんしょうげのかた》に唐衣《からごろも》。毎月朔日（×朝日）、参殿の料の裳・唐衣、定無し。今は只、候ふ由に随ふ。又、幼稚の程と雖も、必ず裳・唐衣を着す。年齢、着裳の期に到るの時、例に任せ裳を着すと云々。乳母《めのと》相副へて神殿に参る。乳母、斎王に代はりて御祈を申す。」と云々。御帳の帷等の事、頭弁に示す。

次いで結政《かたなし》に参る。政《まつりごと》有り。了りて退出す。

廿二日、乙丑。天晴る。
※1 参内す。蔵人弁（＝経長）相共に建礼門の大祓所に着す。其の儀、先づ門前に五丈の幄一宇を立て、〔南北行。〕上《しょう》・弁の座を敷く。〔西面北上。〕其の東に同じ幄一宇を立て、〔南北行。〕外記・史・史生（々生）・官掌・召使等の座を敷く。〔北上西面。〕南方に又、同（×間）じ幄一宇を立て、〔東西行。〕諸司の座を敷く。〔東上北面。〕余以下の座、定まり、神祇官（×神神官）、祓物を居《す》う。余、神祇官を召して仰せて云はく「去る十六日、馨子内親王を以て、賀茂斎王に卜定《ぼくじょう》し奉るの由、祓申《はらえもう》すべし。」者《てへ》り。神祇官唯《ゆい》し、庭中の座に着す。祓詞了りて、大麻《おおぬさ》を以て引亘《ひきわた》す。余以下退出す。余、祓物を撤せしめて退出す。
※2 斎院（＝馨子内親王）に参る。晩（×暁）に及び、退出す。
伝《つたえ》聞《き》く。「申剋《さるのこく》を以て、中宮権大夫（＝能信）、左仗座《さじょうのざ》に於いて、斎王を卜定せらるるの由、賀茂に告申《つげもう》すの使を立てらる。其の儀、先づ宣命《せんみょう》の草《そう》・清書等を奏し、仗座に於いて使（×仗）に授く。右兵衛督（＝朝任）、宣命使と為《し》て之を給はる。敷政門（×内）より出づ。左衛門陣の外に於いて幣を請ひ、社に向（×問）かふ。」と云々。

廿三日、丙寅。天晴る。
※1 殿（＝頼通）に参る。仰せられて云はく「民部卿（＝斉信）の室家、去る廿一日に死去す。仍りて卿、恩（×思）を蒙るの（×々）間、斎院の料に加ふる御封を充て奉り難き歟。卿、障《さわり》有るの時、輔、封を充《あ》つるの（×々）例、尋ねしむべし。」者《てへ》り。
※2 余申して云はく「神殿の御帳、里第《りてい》に於いて立つべからざるの由、議（×儀）有り。若し御帳を立てざらば、元三《がんさん》

日の供、御節の供、并びに朔日（×朝日）に斎王、神殿に参る云々《しかじか》、其の儀、如何《いかが》。」仰せて云はく「御帳を立てずと雖も、先づ神座等を敷き、御節の供を供すべき歟。又、斎王、参入せしめ給ふも、御帳を立てずと雖も、何事か有らむ哉。」又、申して云はく「然らば神座等、本院、敷くべき歟。」「所司、敷くべき也。」又、「神殿の戸の幌《ほろ》、有るべき哉。」仰す。「同（×聞）じく所司、懸くべき也。」者り。即ち仰の旨を以て行事弁経長に示す。（権弁（＝経任）、民部卿の内方《うちかた》の假《か》に依りて行なはざるの替、奉行する所也。）御帳・壁代等、猶、所司に入りて立つべしと云々。件の事等、所見無きに依り、臨時に量行《はかりおこ》なはるる也。

※3 蔵人弁云はく「昨日、右少将定良を以て、斎院別当と為すの由、宣旨（×司）有り。」と云々。又、同弁、殿に申して云（×之）はく「中宮権大夫（＝能信）、奏せしめて云はく『明年の禊祭の料、行事所に納め、雑用に充つべきの由、奏すべし。』」者り。仰す。「早く奏下すべし。」者り。

廿四日、丁卯。天晴る。

※1 卿（＝斉信）、障有るの間、輔官、封を充入《あてい》（×人）るるの例、彼の省（＝民部省）の官人等に召問《めしと》ふ。所見無しと云々。仍りて殿（＝頼通）に参りて旨を申す。仰せて云はく「輔、唯《これ》、職掌、卿と同じ。然らば、輔、充て奉るべきの由、仰《おおせ》下《くだ》さしむべき也。」者《てへ》り。即ち左少弁経長を召す。仰せられて云はく「斎院の御封、卿、妻喪に御触の間、輔官、充奏《あてそう》すべきの由、事由《ことのよし》を奏し、右府《うふ》（＝実資）に仰すべし。」者り。又、「初斎院《しょさいいん》の行事史《ぎょうじのし》貞行の服身の替、義賢朝臣を以て行なはしむべきの由、仰下（×可）すべし。」者り。

※2 斎院の御封の国々、殿より書出《かきい》だし、密々、省（＝民部省）に下さると云々。

廿六日、己巳。天晴る。

殿(=頼通)に参る。

※1 次いで参内す。暫《しばら》くして右府《うふ》(=実資)参入せらる。先づ申文《もうしぶみ》有り。〔左少史孝親。〕次いで官奏《かんそう》。〔左少史為隆。奏了りて文を下さるるの時、事(×年)毎《ごと》に、礼を失す。然りと雖も優して恐に処せられず。〕

※2 次いで召《めし》有りて御前(=後一条天皇)に帰参す。除目《じもく》有り。〔参議三位中将《さんみのちゅうじょう》兼頼(×兼親頼兼)。斎宮寮頭実行。関白相府(=頼通)、労事(×営事)有りて束帯に堪へず。仍りて宿所に於いて事由《ことのよし》を奏せらると云々。〕次いで帰陣す。除目を以て余に下さる。余(×之)、外記を召し、黄紙《きがみ》・折界《おりかい》(×男)・硯等を召す。外記、之を奉る。余清書し、本の除目に加へ、右府に奉る。右府(々々)、筥に入れ、蔵人弁をして之を奏す。返給《かえしたま》はりて外記(外×)を召し、式部を召さしむ。参らず。仍りて封を加へて外記に預く。明日参入して式部に下すべきの由、侍従中納言(=資平)に語付《かたりふ》せらる。

※3 頭中将(=隆国)来たり、右府に仰せて云はく「権大僧正(権×)〔慶命〕、僧正〔尋光〕、権僧正〔永円〕、大僧都〔仁海・成典〕、権少僧都〔尋空・延尋・融碩・尋観〕、権律師〔長保已講《いこう》(×也講)・源心・蓮昭〕。外記を召して内記を召さしむ。而るに障を申して参入せず。」者《てへ》り。仍りて事由《ことのよし》を奏し、明日、宣命《せんみょう》等を奏せしむべきの由、同(×聞)じく侍従中納言に語付《かたりふ》し、退出せらる。

※4 次いで余、召有りて中宮(=威子)に参る。仰せて云はく「斎院を定めらるるの由、一日《いちじつ》、公家《こうか》(=後一条天皇)、賀茂に申され了りぬと云々。宮より又、此の由を祈申《いのりもう》さしめむと欲す。如何《いかが》。」関白に申す。「然るべし。」者り。「吉日を択《えら》びて詣づべし。」者り。奏し了るの由を申さしめ、退出す。

廿七日、庚午。天陰《くも》り雪降る。

※1 結政《かたなし》に参る。政《まつりごと》有り。〔上《しょう》は侍従中納言（＝資平）。〕請印《しょういん》了りて南（×布）（＝南所）に着す。上卿《しょうけい》の気色《けしき》に依り、不《ふ》与状《よじょう》（×然）二通を申さしむ。〔近江・遠江、一巻（×奏）に巻籠《まきこ》む。〕申文《もうしぶみ》・食等了りて内に入る。

※2 内文《うちぶみ》有り。頭中将（＝隆国）、侍従中納言に仰せて云はく「永円を以て僧正に改任《あらためにん》ず。〔本位上臈に依ると云々。〕尋光を以て権僧正に任ず。」者《てへ》り。又、本の僧綱等、正さる（〇）べし。慥《たしか》に其の数を尋ね、宣命《せんみょう》に載すべし。」者り。上（＝資平）、大外記文義を召し、其の数を尋勘《たずねかんが》へしむ。内記に召仰《めしおお》せ、宣命を作り、草・清書等を奏せしむ。〔相府（＝頼通）の命に依り内覧《ないらん》せられず。〕余に給ふ。余（々）、陣腋《じんのわき》に於いて少納言に授く。明日、綱所《ごうしょ》に向かふべきの由を相語りて退出す。

※3 抑《そもそも》今朝、（随）右府《うふ》（＝実資）示されて云はく「宰相中将（＝兼頼）の昇殿、後の宣旨を待つべからざる歟。其の故は、後の宣旨を待ちて昇殿すべきの人々、具《つぶさ》に『蔵人式』に載す。而るに三位、参議に任ずるの時、後の宣旨に依るべきの由、式文に見えず。之を以て之を知るに、宣旨有るべからざる歟。」者り。余申して云はく「仰せらるるの旨、尤も然るべし。宣旨を待たず、昇殿せらるべき歟（×於）。但し此の旨を以て関白（＝頼通）に申され、左右《そう》せしめ給ふべき歟（×於）。」者り。晩に及び、宰相中将、軒廊等の辺を経て、弓場殿《ゆばどの》（×了場殿）にて慶を奏す。暫《しばら》くして随身等の道より（自×）退出す。之を案ずるに自《みずか》ら御前（＝後一条天皇）に参る歟。北方より退出すべき歟。

廿八日、辛未。天晴る。

※1 少納言相共に綱所《ごうしょ》に向かふ。綱所（々々）の屋、顚倒し実無（□）し。仍りて平帳《ひらばり》し、其に床子《しょうじ》（□子）を立て、上《しょう》（＝資

平）の座と為す。〈南面。〉上（々）の座（々）の巽《たつみ》に床子を立て、少納言の座と為す。〈西面。〉南庭に床子を立て、宣命《せんみょう》使の座と為す。其の東西に長床子等を立て、諸司の座と為す。余、少納言を率ゐて南門より入る。〔門屋、実無（×光）し。〕着座す。少納言同（×聞）じく着す。史着座す。〈東面。〉次いで少納言、宣命使（使×）の座に着し、宣命を読む。本座に帰着す。寺僧一人、南庭に進《すすみ》立《た》（×辺云）ち、随喜の詞を唱へて退去す。余以下、起座し退出す。供奉の諸司、一人も参入せず。甚だ以て非常也。

※2※3昨日より大内に犬産の事有りと云々。斎院の神殿の承塵《しょうじん》（×慶）并びに幌《ほろ》・神座・斎王（＝馨子内親王）の座等、行事所に於いて調《ととのえ》具《ぐ》せしむ。宮主代（×宅主代）の神祇少祐（×社）則政に渡《わたし》預《あず》く。則政（々々）、之を請ひ、申剋《さるのこく》を以て供《そなえ》敷《し》くと云々。〔日時、行事所より勘へしめて院に渡すと云々。〕行事弁・史、皆、内の穢に触る。仍りて院に参らずと云々。

廿九日、壬申。天晴る。

※1召有りて殿（＝頼通）に参る。仰せて云（×之）はく「来月三日の行幸（＝朝観行幸）、船楽《ふながく》有るべき哉《や》、如何《いかが》。」申して云はく「船楽有るも何事か有らむ哉。」又、申して云はく「同じくは、乗輿（＝後一条天皇）、南門より入り、山路を経て、東対の前に於いて御輿より下り御《たま》ふは如何。」仰せて云はく「其の事、頗《すこぶ》る天気有りと云々。而《しか》るに宮（＝敦良親王）に示して同門（×聞門）より入御するは、行路遠かるべし。如何。」申して云はく「宮は西門より（自×）入御す。更に何事か有らむ哉。」即ち頭中将（＝隆国）を以て、右府《うふ》（＝実資）に此の旨を聞《ぶん》せらる。其の報、余の詞に異ならずと云々。

※2又、仰せられて云（々）はく「昨日、諸寺の司を補（×輔）せられ了りぬ。法性寺、権僧正尋光。慈徳寺、権少僧都（×

封）尋空（空×）。法興院、律師良円。極楽寺、内供賀弁。内供奉、定命。〔{置}中宮（＝威子）より頻りに奏せらるる也。〕」

※3 又、仰せられて云はく「昨日、讃岐《さぬき》の承知等を請印《しょういん》せしめむが為、国司の目代権《かり》に…（○）の由と云々（々×）。而るに、官の文殿《ふどの》の史部《しぶ》時永、其の承知の符を取籠《とりこ》むる也。持来《もちき》たらず。仍りて昨日、請印せずと云々（々×）。而して今朝、時永、彼の目代の許《もと》に来向《きたりむ》かふと云々（々×）。件の承知、前日に請印せしめ了りぬ。仍りて昨日、持来《もちき》たらず。即ち承知の符を授けて帰ると云々。此の事、如何。」余申して云はく「下敷等、聊《いささ》か例の給物有り。早く其の物を給せざるの時、此の如きの文書を取籠《とりこ》め、例の物を請《う》くるの後、取出《とりい》だす。是、例事なり。」者《てへ》り。頗《すこぶ》る非常の事と雖も、下注《くだしちゅう》する作法、此の如し。若（×答）しくは早く給物を充てざるの政所《まんどころ》、取蔵《とりおさ》むる歟。殿下（＝頼通）聞《きこし》食《め》し了りて退出す。大夫史義賢朝臣に問ふ。云はく「讃岐の大粮の官符等、皆、義賢の許《もと》に在り。之を以て之を知るに、若しくは未だ承知を成さざる歟。而るに時永、承知の符、成し渡申《わたしもう》す。」者り。是の事、如何。余、驚奇限《かぎり》無し。即ち義賢を以て殿下に申さしむ。〔御湯殿（×御陽殿）の間也。〕殿下（々々）、之を奇傾（×頗）せしめ給ひ、義賢に暫く候ずべきの由を仰せらる。仍りて退出せず。湯殿（×陽殿）より上《のぼ》らしめ給ひ、余を召す。即ち参入す。仰せて云はく「此の承知の事、如何。」申して云はく「甚だ不便の事也。但し下愚の者と雖も、何ぞ暗（×晴）に官符を作らむ乎。召無（×先）く時永に聞き、申すに随ひて量行《はかりおこ》なはしめ御《たま》ふべき歟。」

暫くして戸部（×印部）（＝斉信）の御許に詣（×請）で、家室の喪を問ふ。晩に及び、帰宅す。

※4 又、伝聞《つたえき》（×風）く。「斎院（＝馨子内親王）、御祓《おはらえ》有り。」と云々。〔是、宮主の給分物《きゅうぶんのもの》、祓物に供す。皆、常例有りと云々。〕余、内の犬産に触れ、参入せざる也。{〔長元四年歟。大治五年下。〕}

『小右記』本文（旧伏見宮本）

七月・八月・九月

（題箋）『野府記　長元四年〔七月／八月〕　卌』

（原褾紙外題）「野府記　長元四年　〈秋上〉」

長元四年秋（擦消）」

七月」

＊1「追討賞事、」

一日、丙午、當季十齊日大般若讀經始、尹覺・忠高、入夜」[*1]頭弁來云、今夕頼信朝臣來向、仰宣旨趣、申云、頻蒙朝恩、」任四ヶ國、殊奉宣旨、追討忠章、擬赴戰場之間、不慮之外忠□」歸降、偽朝威之所致、非頼信之殊功、而忽奉褒賞之綸言、難」抑驚恐之寸心、唯衰老日積、難赴遠任、若有朝恩、欲任丹」波者、先申關白可奏聞由示含之了、」

＊1「節會祿事、」

二日、丁未、春宮大夫被過、訪中將良久談話、中納言來、大藏省」進[*1]正月七日節祿代草、〔絹五十疋代十五枚・／綿百屯代八枚、〕件事都督罪報可恐、」公家可被仰歟、從去夕亞將有悩氣、似風病、但頭打頗熱、時」疫歟、修諷誦祇薗、示遣芳真師許、從晩有減氣、」

＊1「伊勢託宣事、」

三日、戊申、臨夜頭弁持來兵部丞定任・録為孝中文、不參國忌」之事也、申關白、命云、可奏聞者、籠御物忌、明日可奏者、」

[*1]伊勢有託宣、齊王自託云、被追却寮頭助道從齊宮、被聞關白、」即召遣祭主輔親、是頭弁所談也、」

＊1「池蓮事」

＊2「夢想事」

四日、己酉、春季尊星王供、夏季仁王講、〔智照・朝円・／忠高、〕當季聖天供、」

永円僧都所送蓼倉尼寺司申文・調度文書等遣頭弁許、」

[*1]池蓮花奉中堂・無動寺・東寺・廣隆寺、一日奉清水寺先了、」

[*2]今曉夢有相撲間可愼之告、示中將、々々自高陽院來云、有」事次語關白、被示云、更不可參入者、朝源律師來、談開田之畠」事、件事有可定申之宣旨、下給文書於使廳了、」

又云、禅林大僧正有悩氣、乍驚申消息、有自筆御報、」

為中將修諷誦祇薗、心神復例、痢未快云々、近日上下有斯恙云々、」

＊1「東大寺封倉事」

＊2「仁海訴事」

＊3「□□事」

＊4「上東門院□悩事」

＊5「祈□□奉幣定事」

五日、庚戌、中將嚴父使為資示遣云、中將枯槁、□令服肉、報云、有何事、」*1仁海僧都來云、東大寺勅封御倉棟、已為風被吹損、給勅使可」加修理之由、参關白亭令申事由、依女院俄悩給、被營參、無左」右報者、復云、先日愁申可被問所司等之由、而咸以歸申宛如降」*2人、至今雖不被問有何事也、仁海愁申也、不催申者不可被強」訊歟者、事渉任意、公定不然、々而隨宜之定非無其例、僧家之愁」*3全事可也、以此由含頭弁、々々傳勅云、兵部録等申文可返給、所」避申各有理之故、亦造酒令史御使惟同住攝津國、進極□□」上重病之由國解文、亦可優免者、即仰同弁、左少弁經長持來」*4宣旨、即下、内膳司申大粮、恒盛云、今日依召參女院、俄悩御々腰、」占申御竈神・土公祟由、於御竈前奉仕御秡、二ヶ度、承宣御」坐由、中將之衝黒來云、女院曉更悩給、晝間宜御坐、申剋許」*5嚴悩給、臨深更頭弁來云、今日被定祈年穀使、來十三日被發」遣、中納言實成承行、又云、院御心地、是御腰重勞給也云々、」

早朝重訪大僧正、有自筆、奉紫苔、御所愛物、」

*1「祈事」
*2「参女院事」
*3「受領貢物事」

六日、辛亥、定基僧都中河住所車宿屋去夜燒亡、以良静師送」消息、白大豆・赤小豆各一折櫃、和布一長櫃、奉送禪林寺」大僧正御許、依有御消息、從今日限七ヶ日、於清水寺、可令」*1住僧二口轉讀觀音品、令祈申息災、加祈小女事、僧正付使」被送菓子、有和歌、◦〔參〕女院、中納言乘車後、關白以左衛門督有消」*2息、所憚不相逢、院御心地承宣者、金吾云、關白不被冠、仍無」御對面者、暫過内、衣清浄退出、大和守賴親進絲十絇・」*3紅花廿斤、」

*1「廣瀬使事」

*1七日、壬子、知道被定廣瀬使、而昨日在侍所不逢使々部、々々」見付、雖有所陳、左右無答隱居之由云々、尋聞斯由、加勘當」追出了、今朝召外記成經仰知道事、亦仰大外記文義、於自」宅申故障、何事之有也、身乍在家中不相逢使、事聞□」便、但極頼者難勤遠使乎、文義朝臣頗存其由歟、丑時許」近江守行任領宅燒亡、〔富小路以西、上東門大路以北、世号／御倉町、是元故入道大相家領也、〕女院相近、老」人難參而已、」

*1「供□□波羅事」

*1八日、癸丑、蓮花二十五本、□乳垸五・名香、奉六波羅寺、依彼寺」不送、奉名香、別志也、壽披供奉千手觀音了料也、」呼中納言談雜事等、式光・義光等朝臣頗有不遜事、召式光」而仰其由、至義光城外、一条養女行頼母、〔明任朝／臣妻、〕於阿闍梨興」照別處、〔知足／院西、〕俄以頓滅、興照載車出遣之間、命已殞了、興照」所為非法師之志云々、興照奉仕女院御修法、白地歸寺之間所為」云々、件女、春宮大夫二娘乳

母也、情操不宜、先年出者、為彼乳母、」一日二条為労問向彼許、已以觸穢、興照猶有穢疑云々、或云、春」宮大夫云、興照猶身不穢、不可出病人、所為似無慈悲、但至」院御修法難奉仕乎云々、大夫所為尤深理也、」

九日、甲寅、頭弁持來装束使請相撲料屛幔料手作」布、并染料縫絲料信乃布等文、并越中介信任申外記局」雑舎等覆勘文、令奏聞、入夜頭弁來、下宣旨三枚、〔装束使／申屛幔」料布、信任申覆勘文、依請、但屛幔之中率分年料相分宣下、故政職／処分、頼職不処分、任前日法家勘文可令檢非違使行之、〕使」即宣下訖、今夕中將侍人等与小舎人童闘乱、小舎人」被刄傷云々、中將紏行歟、式光朝臣之、師成被免出、中將詣」堀河院、此一兩日、母氏身熱非尋常、中將有所勞後今日出行、」

＊1「施物事、」
＊2「受領罷事、」

十日、乙卯、一日政堯師□算七々法事十三日可修、無僧供者、」＊1今日遣□米三石、只貢蓮・政堯兩師經所函閑之、遣塩、亦慈」心寺成教聖同道之、亦菩提講聖雲林慈雲麥・塩・和布等、」＊2以為時為使、加賀守師成罷申、相逢清談、先日与馬、仍重」無他志耳、頭弁來、見主税頭貞清弁申助雅頼濫吹間」事文并治部録行任不參國忌申文、令奏聞也、」

＊1「□仰事、」

十一日、丙辰、諷誦修天安寺、精進、頭弁持來若狭國司」愁申内大臣・春宮大夫庄文并官使注進文等、但目録今一通」可加進事、有實物數　仰尚書相加可奏之由、同示仰了、」＊1入夜將曹正方令申□、□中將傳仰相撲召合事者、不申何」日可被行由、問樂有無、申云、可有樂、亦仰云、何年例、申云、不」慥承者、毎事不審、如向暗夜、」

＊1「□修理事、」

十二日、丁巳、所々節料令給中將随身・雜色等、給雜色所手」作布百五十段・八木十石、中將乳母節料米廿石、本命供、」＊1精進之例也、將監扶宣令申上、府廳上造了、雖不葺檜皮、」佐々架了、壁只可塗、相撲試樂可被行者、又申云、檜皮二」千為・大榑二千寸・比曾多可入、非府力之所可及者、又申」云、相撲念人陰陽師陰陽人為利申障、頭中將令強召仰、申」障頭中將令云、可進□□者、仰先年念人孝季為、中將實基」被令辱之後、在々陰陽師申礙不參尤道理也、令事可無哀」月力相撲云、深不可相挑歟、亦不可參入、昨日相撲召仰事、」問遣頭弁許、報書云、相撲召合廿八・九日、治安三年也、又云、」主税寮愁頭・助不善□、博陸所命也、但至于申文可暫」候者、」

＊1「祈事、」
＊2「受領貢物事、」

＊3「奉幣事、」

十三日、戊午、相撲人高平來、憔悴、從今日於山堂奉令」中[＊1]聖師轉讀大般若經、為攘天恠異、甲斐守頼信進絹廿」疋[＊2]・細手作四段六丈、故女御忌日、修諷誦禪林寺、臨昏黒」知[＊3]貞朝臣來云、兼大和神社四ヶ所使、中納言実成卿給宣命、」四ヶ社宣命、毎社、四ヶ度賜宣命、極熱間數度應召、極□□」者、不知案内之上臨事不覺、兼手宣命一度給者也、」

＊1「奉幣使事、」

＊2「盆使濫行事、」

十四日、己未、大外記文義云、昨日前右衛門督行奉幣事、極不[＊1]」便也、遠使四人進奉、而上卿内々皆免、外記伊行云、當日無」遠使々者、仍賀茂次官為通忽差春日・大和社使、知貞為石」上・大神・廣瀬・龍田社使、疎遠公事之人無便承行之者歟、」

[＊2]送東北院盆之使申云、荷長櫃之者八人、四人家仕丁、二人」府夫、二人馬寮夫、件夫等語使男云、取末〈ヲ〉許故女仁々々」食者、使男不問夫等罵辱、不陳左右、即歸來、次馬寮夫取法」住寺西邊小宅、々々女放言、夫等相論之間、件如夫男□來、」相遞放言、家仕丁与宅主男拏攫、從法住寺門法師・童」數多提刀杖出來、欲追打、不堪其威勢、棄長櫃遁去、不知」在所、今女使者申、仕丁等所為濫吹尤甚、棄長櫃遁去事」太為奇、已及夜漏、差遣家人既有憚、仍以師重持云示遣」別当許、報云、可召仰使官人者、更闌消息云、使官人遣四」堺御祭所、其外無官人、明旦可召御、報云、明日有何事、」

＊1「盆使濫行事、」

＊2「受領貢物事、」

十五日、庚申、月蝕皆既、虧初酉七剋五十人、加時亥初剋三」十二、復末子一剋四十二人、亥時月虧初、子時加時、丑時復末、」時剋頗違、然而可謂合勘文、右衛門府生貞澄令申云、別[＊1]」當仰云、罷逢師重朝臣、可問案内者、家仕丁濫行事子細令」仰了、亦加仰可尋進長櫃之由、法住寺僧都尋光以威儀師」勸高消息云、日來煩瘧病籠居五大堂、昨日有慮外事、」示送之趣不異盆使申、但宅主男頭有疵血出、亦身所々」有疵、至于長櫃具其銘、慥令取置、則置鬪乱宅者、以盆」使申詞、家仕丁等暗跡逃隱、召遣府夫進法師、今一人男」成恐逃去、召問法師、所申上僧都消息、件法師只所見給、」自余者下手、依家仕丁春光丸申、今一人仕丁ム先下手、」相集毆調實也、但ム持鎌、宅主男當鎌、額少切、件法師」不可令禁固、仍免遣、可召進今一人男之由仰云、頭弁傳[＊2]勅云、」治部録行任可免勘事者、即仰下、甲斐守頼信進」紅花一壺・鴨頭草移二帖、尾張守惟忠進薄物二疋・絲五句、」

＊1「月蝕事、」

十[＊1]六日、辛酉、去夜月蝕變奏案時親・師任等朝臣進之、是仰」遣也、師任令申云、七曜暦食分在只宿、越女・虚二宿危宿而」蝕、希有事也云々、女宿者下官命宿、日來所怖、而超彼宿」於他宿蝕、脱重危歟、頭弁來、談雜事次云、相撲始日坎日」如何者、余答云、因坎日延縮之例慥不覺、大月廿八・九日、小月」廿七・八日、是日已御物忌并大雨之日延引、而至于坎日延縮何、」亦被尋勘自有所見歟、大略見年々日記、無所見、」

十七日、壬戌、早朝證照法師來云、月食於女宿可蝕、而邀《過》」彼度蝕、戯女虚上宿也、女宿蝕者下官厄尤可重、於他宿」食、可謂脱重厄、希有也又希有者、危宿者主上御本命」宿也、御塡不輕、過理蝕分度到御本命度皆既了食、可恐」御事也、為令奏此由、自向頭弁許、因候大内、罷歸者、」尋見相撲召合日坎日例、已《已》無其例、可被勘之由示遣頭弁」了、延喜以後已無所見、荒涼見歟、奥不書云々、」

十八日、癸亥、盆二口破、米少々留長櫃底、仕丁等食、仍一二」倍令進送東北院、早朝問遣相撲日等事於頭弁、報之状」云、相撲是如節食事也、不可擇日歟、又延縮隨時、未有一定、」元高等事、可給追討符、同意者大宰府慥捜實否、事」又有實、同可加追封之由、可載官符者、余報云、節會・相撲日」存式、而節會無延縮、於相撲延縮之常事也、坎日不被行、若」自然歟、復不日記、不聞古傳、強以不可驚申、准節會被行」之、有何事乎、弁報云、昨日驚申已了、至今只在勅定也、」頃之頭弁來、談雜事次云、相撲延事無一定者、倩案事情、」相撲召合臨時小儀、延縮可從時歟、更不可准節會乎、」

＊1「輦車事、」
＊2「仁王会定事、」
十九日、甲子、巳時取寄新造輦車、作工道慶法師相副來、」＊1令給疋絹、頭中將來云、今日未時可始相撲所、陳可青其」仁之由、小讀退出、頭弁傳勅命云、〔実關／白、〕早可定申仁王會事」者、＊2廿五日可定由、不聞弁料物事、亦彼日大弁可參事等不仰」之、臨夜府生光武進相撲所定文并相撲召合料絁・布・絲・」紅花・木綿等請奏、中將隆國・良頼、少將經・親方等着內」取所、（底本は廿日条に続く、次行冒頭に。印あり）

＊1「童闘乱事、」
廿日、乙丑、相撲召合雜物請奏加朝臣二字、定文相加」。欲返給光武、不參來、仕丁二人、給定證令侍獄、令問取謙」事、申返給由、仰慥可糺返事、為資朝臣傳小一条院仰云、」＊1院牛付從者与家牛童從者闘乱、可糺者、不可觸下官、可」問歟中將者、乍驚牛童并從者童三人召取奉之、即被返給、」各牛童中可相定事□者、各可尋問由仰之、但為院牛童」□者被奪取狩衣并小刀之間、腹切血出云々、為俊遠牛童」被打凋云々、事頗縱横、」

＊1「受領貢物事、」
廿一日、丙寅、今明物忌、關東門不禁外宿人、早旦光武於門外」令申云、昨日有所煩不參入者、令下賜雜物請奏・相撲

所定」文等、傳進相撲奏之將監、無知案内之者歟、扶宣可勤之事可勘」傳仰之由仰光武、為資朝臣持來三位中將丹波封解文・下文」云、大夫消息云、下官可自由、余答云、更不可請取、可在大夫」*1進ム、返授了、解文不載油如何、伊与守章信志随身狩」袴料手作布五端八丈、備中守邦恒進紅花廿斤、」

美作守資頼今月十七日書今日到來、云、去十三日着國、作」田陪年來侍、旱田又似豊登、但從去月晦比雨不降、田畠共」損云々、至于祈禱者随堪令勤仕者、」

＊1「月蝕御慎事、」

廿二日、丁卯、諷誦修六角堂、午後開三門、淡路・阿波・讃岐・」伊与相撲使府生尚貞随身相撲參來、尚貞問雜事、不見」相撲人、和泉相撲人、不召見、頭弁來、讀雜事、相撲音樂不」*1可被行事也、主上依月蝕變御慎不輕、先年月皆既、其夜内」裏燒亡、何尅於御本命宿有蝕、善可被並行之尅也、頭弁亦」不遣右大弁、自案得様可各申之由所不遣也、如此之事疎遠」愚翁有憚洩答、仍指不兩人而已、今日午時被立祈雨」使于丹生・貴布祢兩社、〔使藏／人〕中納言資平行之、臨昏中納言來、」談御幣使事、」

＊1「□蝕事、」

廿三日、戊辰、早朝和泉相撲參來、依令詣間不召見、令仰可持」罷*1於符之由、頭中將隆國傳關白御消息云、有月蝕變、早」被行仁王會尤可佳、廿五日可定行者、前日所令定也、又云、相撲」樂不可被行歟、月蝕皆既御慎不輕、若樂有無可令諸卿定申歟、」坎日相撲可改歟、已存哉日、必不可延乎如何、余答云、至召合從」事延縮、不可謂存式、是臨時小儀、仍有延縮、延喜以後無坎日」例、又月蝕變雖理食皆既已蝕尤可驚恐、月内擧樂快事」也、不可及諸卿議、依月蝕變可被ム事、直令宣下給可宜」歟、更有僉議、可似疑慮之無一定乎、仁王會事謹承了、」以史守輔遣兩大丞許、明後日可參由也、彼日可召候陰陽」寮事、須仰弁、然而先令式候、相次召弁、可令仰下、文書」可具候事、可仰貞行・義賢等事、中・少弁可候事、問仰守」守輔了、美作・阿波相撲人為來、不見、入夜府生光武」進内取手結文、中將今日可昨宮、仍者夕宿西隣、小女同」在彼宅、依故文勸服也、腹中不例、飲食多減、顔色憔悴、仍」服之、余不口入、伊与相撲人惟永、召前見之、」

＊1「仁王會定事、」
＊2「内□□死穢事、」

*1廿四日、己巳、呼遣左少弁經長、為令中仁王會日事、即」*2來云、昨日内裏有犬死穢、不着府、至宮中穢處不忌、仍」呼上、明日欲定申仁王會事、穢中定申必何、近有可被」修之日、奏憚定申、而來月七・八日吉田、而依御願、奉幣」諸社并御讀經三ヶ日可被修之由、傳承了、仍彼日不」可被修仁王會歟、其後日次不宜、十五日・廿二日宜日也、就」暦所見給、十五日者八幡宮放生會、於彼宮被行仁王會」可無便、廿二日吉也、

可被修之日及來月下旬、朔間參入」定申如何、随被定不可企參入之由令經長令奉關白、」歸來云、十五日難被行歟、祇園會日依會事延引有」例、來月廿三日吉日也、朝間定申尤可佳歟者、明日」大弁不參之由以經長令告、大外記文義云、關白仰云、」依月蝕相撲例勘申者、今朝局日記・指失并奉之、」承平七年七月十六日月蝕皆既、相撲樂、天暦以後、依天」變樂止、武寅中燒亡樂止、多有例、但承平七年例不」快、其故者、明年有將門・純友等事、不宜例也、今年相撲樂不」可被行之由執申了、無殊事之時被停止之故也、下臣愚案、」猶以被止可叶天意哉、問經長、々々云、頭中將可、音樂大」略停止歟、相撲廿九日・卅（日）可被行之也、樂之有無・相撲延不事、」余以書札問遣頭中將、報状云、樂之有無未承一定、今日關白」被參内之後可定歟、期日九・卅日可被行者、九者廿九日歟、」經長同武者云、廿九（有一）・卅日關白御物忌、被候内可被忌者、經長同陳」此旨、晩頭中納言從關白第來云、關白談云、相撲樂停」止、事之理寂可然歟、但承平七年雖有皆既食音樂猶」被行、亦有童相撲興、若依後例者可有音樂歟、彼時變」異奏不重歟、今般奏文不輕、唯承平七年無事、明年有」將門等事、可謂年中事、不可謂明年事歟、詳奏事趣、進」止亦可在叡慮者、今就此命案之、更不可被尋前例」者也、賢臣已為輔佐、其改正直、而忌變異、重有相撲興、」從明年有兵革、兼無厥慎之所致歟、以之可被龜鏡、此」度司天臺奏云、御慎覃三ヶ年者、不可依承平例」歟、就中寛弘年中月蝕皆既、夜中内裏燒亡、以之為」鑒、末代之灾無人相救、悲哉之、不已呑舌而已、關白入」夜參内云々、明日可有一定歟、」

＊1「侍讀賞事、」

廿五日、庚午、頭曰持來信任申修造外記局覆勘之文、令」答云、國々相撲人等參來、念誦間不召見、經時剋播磨」相撲人重來、召見、藏人右少弁經長傳綸旨、〔實關白／消息、〕」擧*1周奉授文選・史記已了、可加一級者、〔正四／位下、〕亦經長云、相」撲樂止事、令相撲改定廿九日・卅日事、被仰大納言長家卿」者、依召仰之上卿所奉下歟、必不可尋初人歟、又相撲兩日」上下装束二襲禁過宣旨今日被下者、寂可然矣、古人之、」從諫之聖有咸之、又談云、關白曰、擧周加階、有事次之時可」被行之事也、而文選已令讀了之剋頻有勅命、難申返」之也者、申剋許大雷大雨、酉剋御大要雨也、經季從内罷」出云、相撲財依月食停止、先日以右大弁・頭弁等令達關白」云々、奏聞、入夜進相撲内取手番、」

＊1「侍讀加階位記事、」

廿六日、辛未、法眼文命來、而宇佐宮内三昧堂事任勘文令」*1行者等仰等勘文、前日送先了、召少内記國任仰擧周位記」事、〔正四位下／侍讀勞、〕但依別勅侍讀加階位記文、相異尋常位記（哉）否、」相尋可仰、先可申案内、觸大内記孝親可申彼所申、亦他位」記等請印歟、可令捺印之由、同仰之、頭中將來云、腋秀孝死去、」其所各多所望者等、為辞申云々、供節勞四十余年、老屈殊」甚、不能角力、今年許罷立助手炊施住國土左相之面目、至于」明年、以數年勞讀、炊申住國掾、〈土左、〉相撲役亦今年許者、」答云、所申之旨尤可哀憐、此外為長・高平・惟永等決雄雌可」定優劣、頭中將廿心之、今日可有内取、仍罷向府者、大宰相撲」于今無音云々、或云、到着河尻者、衡黒府生公忠隨身寂手」勝岡・為長等參來、申云、白丁一人依内取。《罷》向給者、仍不持參、」吉孝煩時疫留途中、今日春宮大夫戌時九條新造家、中」將申時許參詣、母氏同、」

*1「相撲腋事、」

廿七日、壬申、尋光僧都消息云、仕丁等人被禁獄極不便事」也、鎌返受、早可被免者、召貞澄而案内事、申云々、鎌返進了、」僧都被申可免由者、免否只可在別當心、不可仰左右之由、令」仰了、早朝擧周令申受、頭中將差將監扶宣示送云、有腋」闕、為男・長・高平・惟永等遞有所申、此間可承案内、答云、為長・*1」高平・惟永等決勝負可無歟、但為男尤可哀憐、今年許立」腋、欲雪數年之恥者、扶宣申云、中將。《之》官人等申云、先年於御」前為長・高平角力、為長突膝者、惟永有所申、是与為長」欲決雄雌者、此間事相定可進止之由含扶宣不遣、頭中將持來」宣旨二枚、〔一枚信任申覆勘文、依請遣使、石／見守資光申五ヶ条文、令續文〕早旦中將自九條來、申」時許參内、々取、臨昏退出、入夜進御前内取手結、。。一」昨雷落豊樂院西方、南堂損柱、」

*1「相撲事、」

*1廿八日、癸酉、□□左寂手真髪為成可止令國司召進者、即」宣下、是先年以國司濫行下手、令召進者也、緋々、昨日」内取以前所被仰也、依勤供節殊以寛免、頭中將來、云合」相撲雜事次、為男立腋尤宜由關白被命、又云、明年申任」國掾可然事者、可載擬近奏白丁四人者、中將詣九條、早可」歸來云々、而入夜送女房書状云、母氏今日俄煩腋、二三度万」死一生、不知為方云々、乍驚乘厩馬馳遣師重朝臣、今帯」弓箭、相副文利、一夜許宿始可被歸之由不為資朝臣了、」而不信用、愚者之言賢哲尚採擇耳、師重歸來云、今間」頗宜、疾猶不止、食物不變其形出之由大夫所談、召遣相」成、深更來云、明曉可詣向者、子夜府生光氏申云、寂□勝」岡・為長不忌籠者、仰可召籠之由、」

廿九日、甲戌、早朝差師重奉九条、中將來兩隣、以四位少將資」房而遣案内、返事云、今朝頗宜、大夫云、汝參入可申案内々于」關白、兩人無音籠居甚可不審、仍可參入者、師重云、大夫云、」去夜以湯沃腹、其後頗宜、然而痢未止、朝日可歸者、將曹正方」進擬近奏、〈四人、〉加朝臣二字返給、中納言參内、大外記文義云、若」有可年之事哉者、仰云、有所慎不可參由先日仰了、令」障由度々示頭弁、然而今朝重示遣了、 式光觸□□、内府」被問關白、々々、無隨身馬、又無牛、不可參者、被奉遣馬二疋・」牛一頭、興立歟、相撲召合無樂、不參入、樂定在前記、將監義」資着青色表衣・鼻切等候相撲。《奏》云々、雖不然有何事、酉剋許」相撲惟永參來云、從一番至六番右勝了、後未為七番之」前罷出、惟永二番也、先是頭中將差舍人申送、一番近光・二」番惟永皆勝了者、可給陰陽師為行祿之由示送之、入夜」將監為時持來手結、十一番右勝、右寂手勝岡、腋為男・為」永不取、右榦行申障被免歟、十二番左申障、此間二番為左」勝、金勝一番、金一番天判、左陰陽師恒盛、右陰陽師為時（行）、」為時々取遣符納絹二疋給為利、入夜三位中將來云、東宮」參上給、候御共、更闌罷出、又云、左相撲極無力云々、未見如此」之事、內府候簾下者、又清談次、々傳示道成朝臣給官事、」小時、阿波相撲良方執敵髮、有勅、令候府者、」

＊1「□□事、」
＊2「恠異事、」
卅日、乙亥、諷誦六角堂、」
勝岡參來、傳進致孝觸立石藉、故成親朝臣男、勝岡不」召於前、以人仰雜事、今日拔出日也、彼日可來之由令召仰」之、由召檢非違使貞澄、觸別當、免令候獄之仕丁二人、」嚴源釋觀普賢經、聽聞隨喜、〔布施／三疋、〕今日拔出三番、〔一番／左」寂手勝岡申障、二番左／惟永、三番右守利負、〕隨身公安所申、不申左相撲名、」入夜中將騎馬馳向九條、依母氏重病之告、知通相從、乍驚」隨身公安・信武乘馬馳遣、知通・隨身等歸來云、只今無殊事、」明旦可歸堀川院者、今日大納言參內、中將同參、中將」日來住西宅、余在堂之間不聞案內、依師重來告追馳」遣隨身、戌時許也、中納言云、大宰府言上恠異事、〔從去五月二日／至晦、雀群集」宇佐宮殿上／喫栖云々、〕可令神祇官・陰陽寮等卜筮者、」

八月」

＊1「仁王會□事、」

一日、丙子、諷誦修三ヶ寺、〔東寺・清水・／祇薗、〕今朝物忌、覆推重者、仍」閇門、時々開東門、小女依西宅、午後不禁外宿人、」

内記國任申云、侍讀別勅加階位記文事仰傳大内記孝親、申」云、未能尋得、七日參南山、罷歸後忩々可尋申者、」

＊1四日可定仁王會事之由示遣頭弁、可告大弁事、文書可作、」陰陽寮可下給事、可告仰給事、弁可參等事、示頭弁」訖、返事云、一日承之、但左少弁家經當行事巡、而有所勞」灸治、不堪出仕者、　昨抜出東宮參上給云々、無樂之年」□日參上給如何、」

＊1「釋奠内論儀事、」

二日、丁丑、修諷誦於三ヶ寺、〔廣隆寺・賀茂下御社／神宮寺・北野、〕中使經季云、」＊1為中使參關白事、是明日内論義有無事也、關白奏云、大」博士貞清灸治、不可參、助教賴隆有所勞、不從事云々、件」二人不參如何、可被問賴隆參不、仰云、大博士不參之例可問」外記者、召遣大外記文義可問云々、所内々問遣賴隆參否」云々、余云、大博士不參之例不可被問歟、常例之故、是密語」也、外記勘申歟、」

＊1「内論儀止事、」

＊1三日、戊寅、内論義止、依大博士貞清・助教賴隆等不參云々、」是經季從去夕從内所申送、早旦頭中將來、談相撲間事、」阿波相撲人良方候府住所者、明日左右大弁可參入由、示」遣之、有可參之報、中納言來、中將來云、母堂悩氣未」減、向西宅、聞右衛門督來由、即歸、良久清談、春宮大夫」實病悩事弾正少弼定義云、只今酉剋移霊氣于人之」間湯治、人々、明曉可服金液丹、」

＊1「伊勢託宣事、」

＊2「仁王會定、」

四日、己卯、阿波相撲人良方被免候府住所、内大臣傳勅云々、」

修諷誦六角堂、差師重奉堀川院、今朝被服金液丹、」忠明令服云々、修善可令行事示奉信、來七日可令修、」阿闍梨者本宗可請用之由同示了、件修法令中將修」之也、頭弁持來宣旨、〔或可定事、／或勘宣旨、〕有覆奏文、即歸來、傳關」白御消息云、伊勢大神宮御託宣事近曾修〔從〕齊宮内々」＊1示送、然而無子細多、仍召遣齊主輔親、奉託宣者也、而」有所勞不早參上、間一日參上、〔一日參上〕。面問案内、申云、齊王十五」日着給離宮、十六日參給豊受宮、朝間雨降、臨夜月明、」神事了十七日還給離宮、欲參内宮、暴雨大風、雷電殊」甚、在々上下心神失度、人走告有喚由、清風〔淺歟〕雨參入」間、笠二被吹損、依召參御前、齊王御聲猛高、無可喩事、」御託宣云、寮頭相通不善、妻亦任〔狂歟〕乱、造立寶小倉、申内」宮・外宮御在所、招集雜文、連日

連夜神樂狂舞、京□」之中、巫覡祭狐、狂定大神宮、如此之
事不然之事也、又神」事遣礼、幣帛踈薄、不似古昔、不敬神
也、末代之事不」可深咎、抑光清運出官舎納稲放火燒亡、又
殺害神民、」其事遅々無被早行、僅及第三ヶ年十二月晦被配
光」清、公家懈怠也、奉護公家更無他念、帝王与吾相交如
絲、」當時帝王無敬神之心、次々出給之皇亦有勤神事歟、」降
誕之始已定王運暦數、然而復有其間事、〔延縮／間歟、〕百王
之」運已及過半、件相通并妻可追越神部、件妻交居女房」中、
早。《可》追遣、即追遣公郡、仰輔親令齊王過状、依難背神」宣、
忽以不及硯《為》書也、神宣云、齊王奉公之誠勝於前之齊、」然而
依此事、令進過状、可讀申者、輔親申云、無御本心之間」雖
讀申難聞食歟、神宣云、取収齊王神、所申可然、可令」蘇生、
即本心出給、仍讀申、其後神宣云、可奉七ヶ度御」秡者、此
及大雨不止、僅三ヶ度奉仕、今四ヶ度欲奉仕之間水」已湛來、
仍退齊王御座之間極不便也、今四ヶ度還給可」行者、又神宣
云、汚穢事多、可獻酒亦供酒者、仍三ヶ度供之、」毎度五盃、
合十五盃、亦神宣云、事可託四五穢者、忽無尓年」齒者、仍
託齊姫者給、終不致參内宮、被申事由、致拔捨神」供雜物了、
是荒祭神御託宣云々、他事多事云々、近候女房」承之歟、不
能日記、又關白御消息云、配流相通託宣事可」令諸卿定申歟
如何、報云、託宣已明、可無疑慮、非寄託凡人、」寄託齊王
託宣給事往古未聞、可令恐怖給也、寅可信給事」也、只任託
宣可令行給者也、若被下可及公卿定之宣旨、」可似有託宣之
疑乎、即歸來、傳御消息云々、如《所》示之旨尤」可然事也、然而
從齊宮告送事者内々事也、又召輔親陣頭可」被留歟、輔親面
有所申、彼内々事也、又兩三上達部可」參入由示遣可者、余
答云、被問輔親尤善事也、可召」遣輔親之事便仰同弁、小時
之參内、中納言乘車尻、參」自待賢門如恒、着陣之後左右大
弁着座、余着南座、仁王」*2會日仰頭弁經任令陰陽寮令勘申日
時、廿二日・廿九日時之」間、時剋午二剋者、而左大弁令書
進例文等、史進文書、且置」硯等事如常、左大弁書僧名、
〔大極殿百高座再南殿・清／凉殿・院宮・神社等如例、〕次々
書」檢校〔中納言經通・／参議經頼、〕行事人等、〔權左中弁經
任、／史國宣・守輔、〕書了大弁近、見了納」筥、〔日時勘
文・僧名定文・檢校定文／等也、但不奏行事定文、是例也、〕
以行事弁經任先經内覧、〔關白經／營參入、〕今朝御消息云、
未時許可參入者、然而依定申仁王會事未時參入、／後日、關
白差關随身令見下官參入、同余參入、不沐浴勞參云、〕被示」
云、乘延者重服者、可被改他人歟、北野講師改清朝等也、
重」經内覧、令奏聞、即致下給、下給、仰云、廿二日可行也、
僧名・日」時勘文・檢校定文・行事定文等相加下給、行事弁
經任一々結」申、可仰廿二日可給之由、問齊主輔親參不、申
云、召遣使未」申左右、仍重召遣訖、次《須》之申云、使相共參入
者、令奏事由、」仰云、可問伊勢託宣事者、便仰頭弁、是密
事也、若有不」可外漏事者、以他人令問可無便也、仍仰頭弁、
於陣頭令」問者有立聞之輩歟、於御書所可問之由相含之、心
底所思」者、於藏人所邊若頭宿所令問給、以彼所申被仰下可
宜」歟、民部卿齊信云、以外記可被問歟、余答云、佚可多、

披露以」頭弁於閑處所令問、戸部諾矣、時剋多移、頭弁傳申輔親」所奉之託宣、即令奏、若可令注進歟、展転之間非無漏失、可」隨仰之由、經傳奏耳、此間雷電大雨殊甚、召官人并隨」身等、令候陣砌内宜陽殿壇上、諸卿失色、怖畏無極、陣」前水湛、亦陣後同溢、頭弁被妨陣後必不能傳勅語、俳佪南殿、以陣腋橋床子相構、以彼為橋、纔出陣、傳勅云、託宣、」

＊1「奉幣事、」
＊2「相撲事、」

五日、庚辰、廿五日御幣使事、連日大雨事、先於神祇官西」院可有止雨御祈歟、齊王禱由例事也、亦可被立止雨使」歟[*1]等事、示遣頭弁、報云、相通夫妻可搦護之由宣旨去夜」次貞行宿祢云、又妻姓名可問輔親朝臣之由同遣仰了、」伊勢使未被仰誰人、其事可被仰他上之由可申博陸」也、又近來霖並西院御祈事、同可申侍、余行歩難堪、」從左仗參八省、其程助遠、腰痛喘甚、從春花門參陣」之間、實雖不幾、已無為術、仍可漏達之由所示遣也、大外記」文義云、女配未尋出者、仰可引勘國史之由、弾正小弼定義」持來同忠齊任之日記、此間頭弁來、即付件日記、牛童三」郎丸從者童昨与檢非違使重基隨身火長并左馬」寮下部拏攫、仰式光朝臣下獄所、將監扶宣進府生」光[*2]武・尚貞過状、殊戒仰免給之、尚貞者追相撲事狼借」行之、光武者相撲所定文遅給、」

＊1「弾正勘問事、」

六日、辛巳、勘問齊任之日記頗有不例之辞、例文者、ム申云、」而[*1]注答云、勘問忠者貞親也、朝夕挌勤者也、記者疏致親、亦」挌勤者、仍仰貞親、申云、失錯也、亦觸小弼定義、々々云、」大失者、密々示頭弁、取返給貞親、仰改書可進之由」訖、其後頭弁來、明日為御願使可參石清水者、馬寮」申馬一疋、調鞍五具借賜了、左寮十疋者、右同數、騎」者左右近衛府時専已下近衛已下上云々、頭弁云、今日可」中止雨御祈事並可被行寮頭相通事之日事云々、」入夜頭弁傳關白消息云、配流相通并妻事一定了、至」今除御衰日、重・復日可行、明後日有何事者、又云、止」雨御禱仰齊主輔親可令奉仕者、」

＊1「女配流事、」
＊2「石清水十烈事、」
＊3「諸社御讀經事、」
＊4「御馬逗留事、」
＊5「□□身夏衣服事、」

七日、壬午、中納言談雜事、召大外記文義・左大史貞行、内々」戒[*1]仰明日可行之事等、大外記文義勘進女配流例文、〔國史云、／天平勝〕寶四年八月庚寅、提京師巫覡十／七人配于伊豆・隠岐・土左等遠國）左右大弁・別當明日可參入」之[*2]由示遣之、左大弁稱故障、今日公家令奉左右十列〔寮／馬〕一疋、移鞍五／具借馬寮）石清水宮、使藏人頭權左中弁經任、大納言齊信」行[*3]之、是先年御願云々、從今日五ヶ日於諸社被行御讀經、」先年御願云々、石清水、權僧正尋円、賀茂上下、大僧都」明尊〈上、〉・大僧都定基〈下、〉、松尾、權律師融碩、大原野、賢□、」平野、權律師經救、祇薗、真範、稲荷、大僧都尋光、春日、」[*4]先大僧都扶公、左中弁經輔持來御馬豆留解文、示可奏由、」入夜中納言・中將來云、於高陽院被定興福寺御塔供養之」雜事、〔十月／廿日、〕又云、十三日可被立止雨使、々神祇官人、先日以頭弁」令奉關白事也、今夜行代厄祭、〔孝秀於南／庭祭之、〕」
[*5]給夏衣服、府生四疋、番長三疋、近衛二疋、」
右馬助知貞為家司、」

＊1「□□□□、」
＊2「石清水十烈事、」
＊3「□正忠勘問事、」
＊4「流罪事、」
＊5「強奸事、」

八日、癸未、修諷誦清水寺、以師重朝臣弔少納言息子夭」并俊遠朝臣女亡事、文義朝臣重勘進云、檢國史、天」[*1]平十年三月庚申、石上朝臣乙麿坐奸久米連若賣、配」流土左國、若賣配下総國焉者、同國史云、天平勝寳四年」八月庚寅、捉京師巫覡十七人、配于伊豆・隱岐・土左等遠」國□、同國史云、天平寳字元年七月戊申、安宿王及妻子」[*2]配流佐渡國者、早朝頭弁來云、昨日為勅使參石清水、」奉□□願、被奉左右馬寮十烈、被行御讀經云々、」勘問弾正忠齊任日記、付頭弁先日付了、而頗有不例文」[*3]事、仍取返、蜜々給忠貞親令改書、小弼以下着了、弼定[*4]□」驚恐云々、今日可引相通并妻配流事、一日所承也、夫婦」相分可配國々之由諸卿定申、須相從於夫也、見獄令、留事發」自妻、已共可配流、仍各々可別其處、但可配之兩國慥可承」案内事、以左右衛門府生可為使事、可取進相通位記事、可給」宣旨於京職事、返進位記可毀式已在刑部或《式》、而安和」例只給宣旨於京職、去年依安和例所行、配流官符於結」政可請印、刑部式云、良用内印、賤用外印、然而去年尋」先例用外印、仍於結政可請印事等、含頭弁達關白了、」參内、〔午／二、〕中納言同車、參入自待賢門如例、諸卿不見、陽明門」有宰相車二兩、問案内、右兵衛督朝任參入、右大弁經頼」候中宮云々、以隨身令呼、即參入、先是關白營參、呼」頭弁問案内、云、關白云、可配流之國々、使從伊勢國有可」遣之國哉如何、又夫婦可異於國、又結政請印、依去年例可」行、至位記、依前例可取進之由、可給宣旨於京職者、余答」云、遠流・中流・近流在刑部式、依彼可被行之、但伊豆國者」配流光清之處也、不可被配同國歟、他國々者可在勅定、其」後勅命云、齊宮寮頭相通可配流佐渡國、妻藤原小忌」古曾可配隱岐國者、即仰同弁、〔小忌古曾姓名、神／祇少副兼忠注進、〕以左衛門」府生秦茂親為佐渡使、以右衛門府生清内永光為隱岐」使、各府所差進、結政請印事仰大外記文義、〔刑部式云、良用内／印、賤用外印者、而」去年用外印、彼時所／尋勘也、依先例所行、〕外記相親進配流官符二通、

〔佐渡・／隱岐、〕相親」退出、余見了、更召相親返給、暫候膝突可給歟、相親捧」笏趨出、右大弁起座、出自敷政門、向結政、請印了、大弁入自」化德門着座、相通位記可取進事、可給宣旨京職之由仰」頭弁、且配流隱岐之者更不可入京、枉道可向配處之由、」令仰使者、乘船可罷向也、是關白所仰也、入秋此海船難」往還歟、右兵衛督朝任云、可有寮頭停任之宣旨歟者、官位」共追處遠流、更不可有停任宣旨者也、後聞、關白被示此」趣于頭弁、々々申云、去年光清無停任宣旨者、今日參」入、中納言資平・定頼、參議朝任・顯基・。賴經、頭弁傳關白」命云、強姧事准賊露驗可行歟者、余答云、齊任既指證人、」先*5於可被問真偽歟、強姧・和姧頗持疑、亦申他人有來會」齊之由、真偽・媒介女等可申實正歟、又關白云、可令上達」部定申歟、余答云、今般先可問真信歟、頭弁告云、如下問」言、先可問真信也、可答事由者、余退出、〔未二剋參入、未三／剋事了、四剋退出、〕今」日内裏有犬死穢、十三日被立出雨使、中納言奉行、幣物請奏」當日可進、兼可用意者、」

*1「臨時仁王會料物、」

九日、甲申、中納言來、昏黑頭弁傳給宣旨數枚、即下給、此」中有問弾正忠齊任之日記、關白云、可令檢非違使問證文真」信者、余云、真信所申若相違者、以彼日記重可問齊任、至」齊任者、於使廳不可問、猶臺可復問、真信所申若有事疑、可加拷杵者、其時給使廳可令行歟、抑經案内可進止由」*1相含了、秋季臨時仁王會料物、加賀國六月内可進納」之官府今月到來、官符遲來之間、官物分附新司之由、」前司俊平申返、解文・官符等頭弁持來、余云、新司師成」者月赴任、未了交替歟、亦俊平在京申返之旨、理不可然、須」早返給、而内々申關白者、加詞經内覽之處、自右被命之事歟、」

*1「相撲料事、」

十日、乙酉、頭中將隆國來言、國々相撲人免田臨時雜役事、」*1為長愁申事、可示遣帥許云々、答可示遣之由了、頭弁云、加」賀國申返仁王會料米事、去夕申關白、被命云、可令問者、」即問遣貞行宿祢、申云、給官掌秋時了、驚此事召問之處、」申思失由者、示可申關白之由、又々雖責秋時之懈怠可勘」國司之進納歟、抑可依關白定者也、大外記文義云、女配流事、」亦在國史者、仰可注進由、中將母堂昨今可定死生之」由、三人陰陽師所占云々、仍中將一昨詣彼家、今夜歸西、師」重云、中將談云、昨日俄重悩、今日平復、」

*1「池蓮實獻東宮事、」

十一日、丙戌、今日物忌、關東門、中納言來、問考定事、授葉子、中」將從今日為母堂修善、其料物從家令送、阿闍梨舜」豪日來所修、而今日結願、所令延引、至浄衣遣其料絹、」素着浄衣、已有其實、仍更不令染調、依前修善壇供・阿」闍梨伴僧四口供料數、充給米廿二石余、是布施外也、」*1考定、池蓮實獻東宮、是中將獻也、」

＊1「内侍所御拜事、」
＊2「考定事、」
＊3「流人使事、」
＊4「齊院辞給事、」
[＊1]十二日、丁亥、經季云、夜々主上蜜々渡御内侍所、々令奉拜
恐所、」御愼御祈歟、敷莚道、　昨日考定有樂云々、相撲樂止
如何、」[＊2]中納言示送云、上卿中納言師房問左大弁重尹・右大
弁經頼、答云、」有故之時無音樂、猶可有也者、仍擧音樂、
愚案者、公家被」止相撲樂、是已有故、左右大丞所申行似無
是、又宴座左右」大弁着之、弁官記云、參議右大弁不見獻盃
之儀者、頭弁」[＊3]送書状云、流人使等不經常路、可給狂道宣旨
歟、經過國々」不勤遞送歟、可隨仰、今日所愼堅固、不參者、
報云、不給狂」道宣旨、國々不遞送歟、就中先日關白消息云、
隱岐。〔使〕不經」華洛、取便路可遣之由、被傳示、若随状従海路
可罷向者尤」可給枉道宣旨、入秋之後海波高、難達前途歟、
弁又云、關白」云、官掌秋時可被勘當、但至于米猶俊平朝臣
可弁者、一々」仰下秋時者、無所避可令進過状、　臨昏中納
言來、談昨日」考定事、甚雨之間、參入無方、音樂尚可有之
由、上卿師」房・兩大弁存之、　大僧正使威儀師聖命被送書
状、齊」[＊4]院御書相加可被辞事也、可傳示下官者、報云、此事
非」人事、可在神明御心、就中、伊勢依神事託宣有被行事、」
左右難申之比也、」

＊1「非田施物事、」
＊2「相撲還饗事、」
＊3「賀茂十烈事、」
＊4「祈年穀奉幣事、」
十三日、戊子、小女從西宅歸、春宮大夫小女同東來、今。〔日〕被
立」[＊1]止雨使、〔丹生・貴布祢二／社、使神祇官人、〕中納言資
平行之、　熟苽一駄給非田、」
[＊2]今日於府給相撲還饗、官人三人祿、〔將監扶宣二疋、將曹正
方／一疋・綿一屯、府生光武一疋、〕立」合相撲祿、〔布、仙
／祿結、〕相撲人見參二人、皆勝者、加給一端、所謂勝」祿、
〔例祿二端、／加一端、〕饗料十石兼日給、熟苽六籠・魚類等
今日給、」中納言臨昏來云、　今日辰時參入、巳剋欲發遣於使、
大納言」[＊3]齊信卿巳剋參入、行賀茂御願事、左右馬寮十烈被奉
之、如」石清水、以左中弁經輔為勅使、次發遣丹生・貴布祢
使、々神祇」[＊4]官、依雨脚滂沱、不可内覽宣命之由有關白命、
又定申祈年」穀使事、陰陽寮勘申日時、〈今月十七日、〉」

＊1「宇佐宮遷宮事、」
＊2「重勘事、」
＊3「□□□□□十烈事、」
十四日、己丑、頭弁持來大宰解文、令奏聞、申可被勘下八幡
宇佐」[＊1]宮正宮可立柱上梁日時之由、不申始造日時、雖然加勘
彼日時」可被下給者也、弁云、關白云、官掌秋時可重勘者先
可令進過」[＊2]状之由、可問強姧證人之處事思忘不申者、松尾・

大原野被奉左」右[*3]十烈、〔松尾使、式部權大輔挙周、大原野使、左馬／頭良經、左右十烈、先馳松尾、次大原野、〕中納言來云、依急速官」符請印事參衙之間、於陽明門聞少納言不參由、更不參內、詣」關白第、良久清談、被示御幣使故障不可許之由、」

十五日、庚寅、曉更、茂親申云、馬入東門、於門南腋斃者、令立簡、」中將同車出河原解除、穢不奉幣八幡宮御會之由也、」

紀伊守良宗來云、明日下向、依穢不着座、於堂談雜事、頭弁來、」於堂相逢、不着座、下信濃國解、〔正稅例用不足、以別／納租穀內充給事、〕依有續文不」取見、只示可宣下之由、先日所見之文也、弁云、強奸證人事、今日」達關白、命云、如下官言、今案事情、於臺召問真信、若相逢」齊任所申者、對問之後可奏聞者、又云、關白云、越中守業敏申計」歷、裝束・行程及明年、被許計歷、而近代間雖不及明年裁許」有例歟、業敏九月任、明年給任符、且令勘前例、且可問下官者、」報云、裝束・行程不及明年計歷之輩、非無其例、被勘傍例」可被行歟、又云、伊勢宣命事、下官可行、過穢之後可有宣旨、」行歩難堪、於神祇官可行者、乘輦車可參內、奏宣命後乘」輦車可向神祇官、宣命者先日給內記、可遣神祇官、相次可」參也、持宣命之內記相從輦車、可無便宜、仍所案也、臨彼期」又之可思慮、修理小安殿之間、度々於神祇官被發遣諸社使、」

＊1「給使祿、」
＊2「□引、」

[*1]十六日、辛卯、山階別當甘瓜使給少祿、屢有分送、今般似[*2]有殊志、其味甚美之故、信乃御馬牽、左衛門陣設饗云々、」

＊1「□□□奉幣事、」
＊2「諸社十烈事、」
＊3「□□追捕事、」
＊4「馬□、」

[*1]十七日、壬辰、今日被立祈年穀使、〈廿一社、〉中納言資平行之、示送云、時」剋發遣、〈午時、〉有可來之消息、余報云、行神事之人當日」不可觸穢、明日可來、大外記文義云、被立祈年穀使、其後」[*2]被立平野・祇園・北野使、被奉左右馬寮十列、使三人、〔平野、兵／部大輔」師良、祇園、右近少將行經、【四／位、】／北野、左近少將資房、〈四位、〉〕又云、可搦護相通并妻之宣旨給」[*3]伊勢國使々部、於鈴鹿山相逢相通、搦執隨身付國司、々々」驚宣旨、尋取妻、令護候之、返解文只今使部付貞行宿」祢、上下云、若不給可守護之宣旨、必有逃隱乎、給宣旨之」事、感申無極、余答云、非吾之智慮、神力之所致而已、又云、昨」[*4]駒牽左衛門陣饗、上卿師房令改直外記・史座、改連座敷」橫切座、々席少狹、只三四人可着、亦無便宜、仍不着座罷出了、」可見延喜以後局日記、如初敷座、而所被改直、未知其故、大夫」外記・史、至于今不可參入之

由所申也、余云、先年故師伊周」令改直座席、上官有所申、不着座、側所覺也、正暦年中」歟、仰可見局日記之由了、引見暦記、正暦四年伊周所行、同」五年濟時卿、依年來例令敷座、外記・史擧首着座云々、」

十八日、癸巳、今日中將母堂修善法結願、行布施、中納言來、談」駒牽并雜事等、〔師房卿改敷左衛門陣外記・史座、／左右大弁饗應云々、未知其是、〕頭弁傳關白」御消息云、配流使逗留之由云々、早請取可向配處之由可仰」者、亦有託宣云々、仰可宣下之由了、或云、去十六日使等罷下」云々、懈怠尤甚、驚奇不少、遣伊勢國之使部、昨日歸來」之由、大外記文義所申、問頭弁、未承案内者、」畳持宿九條家、擧一家逍遥云々、」

＊1「託宣事、」
[*1]十九日、甲午、右馬頭守隆密談云、又有伊勢託宣、風雨[雷]電」如初度、相通女并從類被追出、亦祭主輔親漏託宣旨言之」由有勘當云々、諸卿定此事夜雷電大雨、吾所為也、被仰」世間事、依有忌諱、不具申之由云々、若如然之事歟、此間事」恐懼寂多、如履薄氷、」

＊1「相通事、」
＊2「奉幣事、」
＊3「流罪事、」

＊4「御託宣事、」
廿日、乙未、貞行宿祢云、伊勢返解使々部申云、流人相通罷」[*1]會近江國頓宮之處、見逃隱氣色、搦執問之、申相通、仍隨」身、預伊勢國司、々々披見宣旨、即尋遣妻小忌古曾、搦取」持來、隨身子童一人、〔十余／歳、〕相通・妻子相共、以十余人令守護」云々、頭弁傳關白御消息云、廿五日伊勢[使]若可行乎、余答云、行」歩難堪、進退惟谷、參八省之程太以眇遠、但修理小安殿」[*2]之間、度々奉幣被発遣自神祇官、其程不幾、仍有便承行、」但宣命可筆削之内記不候、小内記國任未練習歟、大内記」孝親朝臣參南山、廿二日奉御燈、罷歸之期未知何日者、歴」大内記者忠貞・義忠等也、義忠者東宮學士、頗無便乎、忠貞」宜歟、如何、又宣命趣慥可承也、託宣事盡難載宣命歟、」抑皇太神傳宣〈乎〉荒祭大神託宣〈と〉可載歟、此間事又々」可承事等多々、不具記、即歸參、臨昏來云、今日堅固御」物忌、然而被召入被談此事、云、義忠者無便、只可然樣可思」量、宣命趣、不漏事旨取簡要可載歟、抑亦重有託宣、從」春宮所注送假名記、相加相通者可流伊豆之由仰輔親、而不」[*3]中其事、勘當尤重、早改佐渡可流伊豆者、為之如何、余答」云、配流事只依託宣所被行也、任神宣被改遣伊豆國、更何」事之有、然者先遣宣旨於領送使所、留伊勢國外、可隨」彼官符之由可仰歟、弁云、遣宣旨事、關白所宣也、作給宣旨之」日、今日復日、明日御衰日、々々者必不可忌避歟、仁王會日」如何者、余答云、御衰日皆是同忌御日也、仁王會日被行結」政請印、所不覺、廿三日被行如何、左右從命、中

納言居地上談」雜事、依有展轉穢者、中納言・頭弁於堂前相逢耳、入夜頭」弁歸來、傳關白消息云、天平年中、依宇佐宮御託宣、有被」配流之者云々、在國史歟、亦仁王會日行結政所請印事、可改勘」例、又相通出伊勢堺暫逗留、随彼官符可流伊豆國之由、且可」給宣旨於領送使者、宣下訖、但宇佐託宣事仰文義朝臣可」令勘申、又仁王會日結政所請印例、同可令勘申也、」
頭[*4]弁云、關白密談曰、從齊宮示送云、此度託宣云、陣定日大雨」電。雷為聽事定、臨向陣邊者、極可恐怖之、」

＊1「仁王會・季御讀經日不行結政請印事、」
＊2「仁王會檢校事、」
＊3「歷大内記者奉宣命事、」

廿[*1]一日、丙申、仁王會日・季御讀經始日行結政所請印之」例、問文義、申無所見之由、仍仰明後日可行之由、亦左大史・少納」言等可令申參之事、仰文義、召貞行仰案内、是官符事」有[*2]也、頭弁傳給彈正忠齊任之日記、可問證人真信、所申若」相違、可對問者、弁云、右大弁檢校也、而依為伊勢使不預」佛事、仍申案内於關白、命云、以役遠宰相為其替者、以誰人」為替乎者、余答云、如此之事多是大弁之役也、左大弁宜」歟、仁王會日結政所請印無所見之由文義申、示頭弁了、昨[*3]日」呼遣兵部權大輔忠貞、今朝來、内々仰廿五日宣命事」了、歷大内記者也、少納記國任去年宣命從大外記文義乎」尋取持來、即遣忠貞許、」

＊1「□王會事、」

廿[*1]二日、丁酉、今日大極殿百高座仁王會、依行事所廻文加供、〔僧正／一口、〕凡僧／六口、〕不參入、」

＊1「國忌事、」
＊2「相通託宣事、」
＊3「宣命事、」

廿[*1]三日、戊辰、早朝大外記文義來、申云、廿六日國忌、而廿五日伊」勢使可立、依在散齊内可被付寺之由可申關白、或還御内裏」之三日内、或當神事之時、被付寺家者、參内、中納言同車、着陣」之後問時剋、辰一剋者、是左大弁重尹參入、〔昨日／示送、〕頭弁傳勅云、」藤原相通依有可遠流之託宣、配流佐渡國、而又有可流伊」豆[*2]之託宣、仍任彼託宣可遣伊豆者、可作官符之事仰同弁、」云々、官符外可遣宣旨領送使歟、依有先日宣旨也者、余答」云、相副官符給宣旨有何事乎、余着南座、次大弁着座、中納言」着令、仰官符可奉之由、即外記成經進之、見了返給、余目大」弁、々々起座、出敷政門、經温明殿壇、〈雨儀、〉向結政所、令請印」官符、了歸參自化德門、頭弁傳仰伊勢宣命趣、是先日内々」所承也、下給廿五日伊勢使發遣陰陽寮日時勘文、〔時巳／・酉、〕給同」弁、結申、余云、御幣請印奏不可持來之由可仰行事藏」人、便受取可宣下之由令頭弁、但令書目録可送也、弁」傳仰云、廿六日國忌、在廿五日奉幣齊、可付寺者、便仰同」弁、召大外記文義仰之、中納言奉軒廊御卜事、雨不止事」也、頭弁傳關白消息云、雨脚不止、可行何等事哉、余答云、依」御占可被祈有崇神社者、辰四剋退出、兵部權大輔忠貞」持[*3]來宣命草、密々令作也、依無可仰之内記、大内記孝親」朝臣參南山未歸云々、宣命事旨不違、宬好々々、呼遣頭」弁、入暗來、付宣命草、今日覧、深更來云、關白云、大善、若」有漏者明日可加者、此外亦加何事乎、弁云、主上令問給、奏」候由、召覧被仰宣由云々、書寫可奉之由有仰事者、」

天皇〈我〉詔旨〈度〉、掛畏〈岐〉、伊勢〈乃〉、度會〈能〉、五十鈴〈乃〉河」上〈乃〉、都下部盤根〈尓〉、大宮根廣敷立、高天原〈尓〉、千木」高知〈尓〉、稱辞定奉〈留〉天照坐皇太神〈乃〉廣前〈尓〉、恐〈見〉」恐〔美／毛〕申賜〔者久／止〕申〈久〉、本朝〈波〉神國〈奈利〉、中〔尓／毛〕皇太神〈乃〉」殊助政〔故／知〕給所〔難／利〕、往望〈毛〉、猶其道〈乎〉専〈須〉、況朕之」不德〔奈／留、〕偏奉欽仰〔乃見／奈利、〕爰去六月十七日恒例〈乃〉御」祭〔奈留／尓〕依〈天〉、齊内親王諸司〈遠〉卒列〈天〉、參詣〈之天〉、如」跡〈尓〉欲供奉〈留〉所〈尓〉、暴風雷雨〔之／天〕、每年〈尓〉不静〈須〉、」驚奇〈布〉問、齊姫忽〈仁〉進退失度〈比〉、意氣乖常〈弖〉、所」寄託〈奈利〉、其趣、先〈波〉寮頭藤原相通〈加〉妻同小忌古曾、」兩三年來、或〈波〉豊受〈乃〉高宮〔乃／止〕、或〈波〉太神〈乃〉宮〔乃多／与利〕」給〈布止〉稱〔之／天〕、己意〈乃〉任〈尓〉、別社〈乎〉構造〈利〉、巫覡〈能〉事〈乎〉」偽〈天〉、人倫〈乃〉耳目〈遠〉驚〈之〉、種々〈能〉奇事〈乎〉狂〈尓〉致〔之／天〕、」猥〈久〉損神事〈須〉、然猶所職〈尓〉備〈天〉、今日〈毛〉乖具〈世利〉、」是大咎〔奈／利、〕早〈久〉祭事〔乎／毛〕停癈〈之〉、又相通〔乎／毛〕神戸〈乃〉外〈尓〉」追越〔部之／止〕、宣〈布〉、因茲〈天〉、夫婦共〈尓〉科秡〈天〉拂却〈計〉、祭」祀〔乎／毛〕不勤仕〔須奈／奴、〕其間奇異非一〈須〉、希代〈乃〉事在〈止〉聞」食〈天〉、旨〔遠／毛〕委〔世／牟〕為〈尓〉、祭主正四位下行神祇伯大中臣朝」臣輔親〈乎〉令遣召〈尓〉、齊王所悩〈毛〉未快〈須〉、又身病〈能〉中〈遠〉」□〈□〉、旬〔万天／毛〕不參上〈須〉、適入覲〔之／天〕所令申尤嚴〈弖〉、冲襟無」聊〈久〉、駭大坐〈須〉、誠〈尓〉相通〈加〉短慮〈遠〉咎給〔那利／止、〕神威〈乃〉」揭焉〔奈／利、〕敬懼弥深〈之〉、仍託宣〈乃〉旨〈尓〉随〈天〉、更法家〔尓／毛〕不令」勘〔之／天〕、即今月八日〈尓〉各以配流、夫相通〈遠波〉伊豆國〈尓〉、妻小」忌古曾〔遠／波〕隠岐國〈尓〉、旁遠〈久〉放逐〈比〉罷遣〈須〉、但小忌古」曾〈者〉、託宣〈乃〉文〈尓〉雖無所指〈毛〉、御祟〈乃〉起在其身〈礼ハ、〉」深〈久〉尋捜〈天〉、罷〈奈女〉給〔奈／利〕、今此由〈遠〉令祈申〔□牟／止〕所念給〔那／利〕、」故是以、吉日良辰〈乎〉擇定〈天〉、參議正四位下行右大弁兼近江」權守源朝臣經頼・從四位下昭章王・中臣正六位上行神祇」權大副大中臣朝臣惟盛等差〈天〉、忌部□□弱扇〈仁〉、大繈」取懸〈天〉、礼代大幣〈尓〉、金銀并唐〈乃〉錦綾〈乃〉御幣〈乎〉相副〈天〉、」常〔尓／毛〕別〈尓〉調潔〈万〉令擎持〈天〉、奉出給〈布〉、皇太神平〈久〉安〈久〉」聞食〈天〉、愆過不殘〈須〉、咎徴畏消〈天〉、天皇朝廷〈乎〉、寶位無」動〈久〉、常盤堅盤〈尓〉、夜守日守〈尓〉、護幸〈へ〉給〈比天〉、一天無」為〈尓〉、四海清粛〔尓之／天〕、聖運無限〈久〉、内平〈尓〉外成〈尓〉、衆庶」歡樂〈仁〉、護助〈計〉奉給〈へ止〉、恐〈見〉恐〔見／毛〕申賜〔波久／□〕申、」
辞別〈天〉申賜〈波久〉、皇大神〈乃〉重〈太留〉託宣〈尓〉、御軆懐」給〈へ支〉由〈遠〉聞食〔之／天〕、叡慮無聊〈久〉、恐申〈之〉給〈布〉、又近」來騰雲不散、陰雨難晴〔之／天〕、農圃収獲□□〈尓〉、已」有其〔奴へ／之〕、仍陰陽寮〈尓〉令勘申〈留〉所〈尓〉、巽方〈乃〉大神〈能〉」祟〈遠〉成給〈止〉申〈世利〉、如此〈尓〉畏〈利〉重疊〔之／天〕、寤寐〈尓〉」敬懼〔留己／止〕不少〈須〉、今日件等〈乃〉畏〈能〉為〈尓〉、大神宮并豊」受宮〈乃〉祢宜等〈尓〉各一階〈遠〉加給〈布〉、皇大神此状〈乎〉」平〈久〉聞食〔之／天〕、雨脚早止〔利／天〕、雲稼如意〈尓〉、玉躰晏然」〔尓志／天〕、遥期万歳〈之〉、天下静謐〈尓〉、万姓安穏〔奈良无／毛止□〕皇」大神〈乃〉無限〈支〉冥助〈尓〉可有〈止〉、恐〈美〉恐〔美／毛〕申賜〔波留／止〕申、」
　長元四年八月廿五日件辞別當日内少内記國任所注、」

＊1「卜串事、」
＊2「宣旨事、」
＊3「伊勢祢宜加階事、」
＊4「□奉唐錦等於大神宮事、」

廿四日、己亥、召内記國任、給明日宣命草、以自手跡令」書、明日為草可奏、請緑紙於蔵人所、清書可候之由＊1」仰之、使等問外記可書入也、件宣命不可令人見了」之由、或仰了、外記時資令申卜串候之由、即乗車出」西門召見、令時資開之、乙合丙合、不合者不令披、乙」合＊2昭章王為使、頭弁持來奏文并勘宣旨等、〔宇佐宮／造依始〕等日時陰陽寮勘文、國々司申文續文、進正輔・致經従者拷訊／日記、此度三ヶ度拷了、無承伏、官掌秋時過状、可令覧關白、」
入夜頭弁來、傳關白消息云、従内被仰云、伊勢太神宮・」豊＊3受宮祢宜等欲加一階者、令奏奉申、亦可被加奉唐」錦綾＊4、其數幾許宜乎、余令申云、多少可在疑慮、頭云、」先年被奉其數少由、抑内外宮祢宜加階尤可然事也、」至位記忽難成歟、先被載宣命、相續有仰可給位記、□」遣内記國任、仰可尋先々例之由、又仰遣大外記文義、」呼中納言令引故殿御日記、云、天慶元年六月十三日、云々、」豊受宮祢宜神主晨晴可叙位之事等奉之、大神宮宣」命載祢宜叙位之由、入辞別、令持内記、參上奏聞、可返」給内記□□舊例申云、大神宮祢宜叙位之時、辞別之所」入叙位之由、實者只一紙、豊受宮祢宜叙位之時、内宮宣」命者無辞別、豊受宮宣命有辞別叙位由、宣命二紙、」内宮祢宜共叙之時、宣命二紙共辞共載叙位之由云々、十四」日參内、奏伊勢宣命、依舊例有二枚、又神宮無辞別、豊□」宮載祢宜叙位之由、次位記入眼、令内傳奏、先是祢宜晨晴申」文、從殿下給之、内記奏了云々、給位記度可有宣命二枚、次近」□□歟、今日無御念誦、今日分昨日被行云々、」

＊1「公卿勅使事、」

廿五日、庚子、早朝文義朝臣持來伊勢内外宮祢宜等叙位」日＊1

記、余即參內、〔卯二／剋、〕先是右大弁經頼參入、在關白御」□所、頭弁於神祇官行裏御幣事、訖可早參之由差□」仰遣、以頭中將隆國令申、夜部頭弁傳仰云、唐錦綾數」投《於》宣命、亦內外宮祢宜等敘位事同可裁者、余答云、今」日不可作位記、只先可載宣命、就中輔親朝臣未注進」內外宮祢宜位階并夾名、夜部仰經任朝臣了、文義申」云、前々慥不被尋問其位記給、只有漏者等後日愁申、猶」能被注進後可被成位記者、亦來月十一日奉幣使發遣□」□附遣於件位記可宜歟、又前例如此、關白云、今般宣命、先」只載內外宮祢宜敘位之由、至位記、付來月十一日使、可遣也、」前々既有如此云々、又重有託宣、可愼御□□、辭別所可載、」又云、日來大雨頻降、似有事祟、仍令陰陽寮占、申之《云》、」巽方大神不降御祟之申、同可載辭別、亦可載內外官」祢宜敘位事者、事趣仰內記國任、少時奉宣命草、須進御」所令奏、而行歩不穩、於陣付頭中將隆國、先經內覽可」奏之由相含了、返給宣命草、關白云、唐錦綾御幣宣命、」亦辭別所有唐錦綾等若干、兩所注載如何、答、御幣外、」承被奉錦綾等之仰、仍載兩所、頗有奇疑、今有斯命、」可止辭別錦綾、但宣命申載錦綾御幣、更不可載疋數、」被命云、如示者不可載疋穀、只可止辭別所錦綾、又不」可奏草、可奏清書、即報奉申、例御幣・錦綾御幣疋穀」者、別注度文相副之例也、更不可載定命、頭中將不詳事」情歟、頭弁從神祇官參入、令達御幣事、關白得意、約頭」中將不得事意所傳仰歟、頭弁云、齊主輔親注進內外宮」祢宜等夾名廿四人、〔內十二人、／外十二人、〕亦進可被敘三位之申文者、余」答

云、祢宜等夾名・本位等慥注申歟、又云能問可進由仰」之、不見夾名、又申三品之文不見、只申關白、自有被命事」歟、右大弁在仗座、頭弁云、輔親申文令見下官乎、若有云哉」者、雖觸事由無左右報、只示可申之由、其外無事、又云、若」有許容者可載宣命歟、被奏清書之時、可被參上者、可」被聞合三品事歟、報可參之由、被候殿上云々、內記國」任進宣命清書、見了返給、〔內外宮各可有宣命、見故殿／天慶元年御記、然而依近代例」奏一枚、大略含／頭中將先了、〕余經階下進射場、付頭中將隆國、關白候」殿上、先令內覽、小臣昇殿上、謁關白、先被示輔申三」品事、余答云、可在疑慮、難知神意、被報云、難者不難者」相分歟、以無抽賞不可為難者、又云、若可敘者可載宣命」歟、余報云、必可敘者祢宜位記次可被成歟、關白甘心、余中」心所思者、託宣事等有漏聞云々、有神咎歟云々、亦依後託」宣被改配流、是尤某咎也、何有抽賞哉、然而開《閉歟》口不答、追」可令進、頭弁云、昭章王申無乘物之由者、余目弁、得氣色」申關白、云、可給者、余傳仰、可給寮御馬之由、便所仰也、」以外記令召仰之例由、但仰弁官可無難耳、頭中將返給」宣命、召內記小坂殿下給之、主上欲出御南殿、亦時剋欲」過、〔巳四／點、〕仍起座、復仗座、內記進宣命、不取、仰云、上官等」相共先可向神祇官、須相撲上卿、而乘輦車神祇」官可無便宜、持宣命之者從輦有事憚、仍先立向彼」官可侍上卿參着、又云仰頭弁了、先是右大弁參神」祇官云々、主上出御南殿、可有御拜歟、小臣出自化德門、」徘佪內侍所邊、此間只令上官等罷出、其後到左兵衛陣、」以隨身

令見上官等、漸到中務省東者、仍漸歩行之間思」慮、於春華門乘輦車御拜之間極多恐憚、令引輦車、」到古東宮坤之間、上官等南行東折、〔郁芳門／大路、〕此間乘」車、於待賢門乘移車、到郁芳門、神祇官此門外」東西立幔、東西腋敷疊、〔東腋座并・／少納言座、〕從郁芳門迄神（祇）。官」此門、新造路敷砂、弁・少納言・外記・史列立門西邊、弁・少」納言列外記・史前、〔北上／東西、〕余乘衣尻擒而入門、着西掖」座、〔東西膝突・／疊、南壇、〕先是右大弁着門東掖座、余前是由即進」〔行間補書〕「式筥、令召使内記、々々參入、仰可奉宣命之由、即進、」。以召使召外記、々々相親參入、問王・中臣・忌部參不、申云、」□參入者、令仰可給御幣之由、重以召使令見、申云、給御」幣罷出者、余目右大弁、進居余前、取宣命授大弁、々々受」宣命起出、御幣使出從郁芳門之後弁已下列立如初、但」南上東面、余揖出、弁已下相從留立門下、余立留、西向揖、」弁・少納言・外記・史出門、天晴和暖、已無雨氣、若是神感歟、」勘問忠齊任之日記返給少弼定義、問真信、有相違（事）。者、亦」對問齊任、可奏其勘問日記之由、傳仰了、」

＊1「祭主三品事、」
＊2「奉□□事、」
廿六日、辛丑、今日國忌、依昨日齊内、被付寺家、其由見廿三」日記、齊主輔親申三位事、未有其例、昨日關白被思慮、下」官不答左右、猶廻愚慮、可在伊勢皇大神定、不可決人間」定、託宣事早不申、兩度蒙喚、僅以參上、相皆大神御心乎、」＊1而忽抽叙無例三品如何、大神令悅給者被上叙尤可佳、不然者」可有□畏、主上并關白、御心中被禱申大神、若御夢告、若」御心中令思得可叙之理者、以之可知神慮許容、被下定」□卿甚可沈愛歟、□此之事可出自叡慮、亦昨日神」事無事妨之由、亦令曳手車於古東宮南邊乘等事、」中納言及事次達關白、今朝尓所談、且今曉有夢愁、」同漏遠由來示、關白之、三品事下官案相當、主上令」□申給、御夢想若御心思食得事、尤可然、自今可祈申、」下定諸卿不可然事、良可謂沈愛、可依下官所示者、」又云、昨日神事被行之體有威儀之由、承悅不少、一被敬」神明、一継料舊儀、一為自御身被行先祖之跡、左右太」＊2感申、〔故殿天暦七・八年於神祇官／被行九月十一日御幣使事、〕已及八十余年、引輦車於遠處」乘之、可然事也、又御夢、主上・下官共以可久之想也者、於」堂受修善後加持、其後中納言來談也、備前守長經來」云、一日入京、前美作守保（任）經來云、差塔二通、而今一通無」新司名、為之如何、以中納言令言（書）資賴名、女院來月廿八日」可令參天王寺給、今日有其定云々、左中弁經輔持來立野」御□逗留解文、令奏、但不相逢、」

＊1「□□□造作事、」
＊2「霖雨事、」
＊1廿七日、壬寅、頭弁持來陰陽寮勘申宇佐宮造作始等日時」勘文、□經奏聞可賜官符之由示含、亦造八者所申請葺」小安殿瓦夫五百人、令召使左右京、〔左京三百人、／右京二百人、〕

五日内可」役畢仰、奏聞後可給宣旨京職之事仰之、今朝貞行」宿[*2]祢云、依御占、差検非違使、遣當方之神社、令實檢、時通罷向」巽方神社、祇薗四至中二ヶ處置死人、鴨河東為四至内云々、」

＊1「諸社十列事、」
＊2「止雨事、」
＊3「施□□、」

廿[*1]八日、癸卯、今日被發遣御願稲荷・春日使、左右馬寮十列被奉、〔稲荷使、内蔵頭師經、／春日使、左近少將經季、〕被立止雨使、〔丹生・貴布／祢、使蔵人、〕御願兩社使」民[*2]部卿齊信行之、止雨使事中納言資平行、厩馬借經季、悲」田并鴨河堤病者・窮者等令給少米、又骨堂盲者二人」〔[*3]□□□一人、／□□一人、〕各令給斗米、亦々尋窮囚者可給、牛童三郎丸從者」童日來下獄、今日以師重示遣別當令免、」

＊1「宣旨事、」

廿九日、甲辰、在堂之間頭弁來、下宣旨之中、有三局史生宣」旨[*1]〔大膳職申左弁官史生、主税寮／申同史生、有二人闕、依請、〕・下野國解、〔有續文、／依請、〕正輔・致經合戦」事、諸卿可定申也、被副下度々勘問正輔・致經等進從者日記、」正輔・致經進調度文書等、伊勢國解文、又關白消息云、正輔・致經」從者三度拷掠、無承伏、究拷數了、何樣可被行哉、余報云、」拷滿了後、重無可被行之法歟、至今可被原免歟、祭主輔親」來、頭弁云、問遣内外祢宜等位階・夾名、申可來由、罷逢可」問者、即來、云、問祢宜等事、云、十一日罷下、令成、付十一日奉幣使」可遣也、仰今日之内可馳遣之由、又云、可申見參者、答云、聊」修仏事蟄籠於堂、過今朝可來之由、以頭弁令傳云々、依念」佛・讀經間、稱蟄籠由而已、頭弁云、關白云、大和守頼親未」進先日濫行下手、先可令進典藥允致親、件下手等」不進者、可令乞國司之由者、即宣下了、」件位記、來月朔間慥注進者、初。進《注》」夾名・位階等似荒凉、

卅日、乙巳、惟命奉釋無量義經、聽聞人々随喜無極、中納言・」頭弁經任・經季等來聽、此外四位三人〔守隆・義忠・／敦頼、〕・五品云々、三位」中將依服藥於廊簾中聽聞云々、」

（題箋）『野府記　長元四年九月　卅一』
（原褾紙外題）「野府記　長元四年〈秋下〉」

長元四」

九月」

一日、丙午、出河頭解除、」

＊1「供養鎌倉事、」
＊2「女院御物詣事、」
二日[＊1]、丁未、十五ヶ日供養鎌倉、正・五・九月常事也、中納言來□、」女院[＊2]參給石清水・天王寺・住吉等之御船、女房・上達部・□上」人等舟、仰諸國司、上下饗・屯食・假屋同奉仕、美作十月□」日饗可奉仕、望二百前許可儲云々、紀伊國司假屋五宇舗」設・裝束、告國司、今日保任所言、是中納言傳談、□□□」當季任相逢師重云々、播磨國司可奉仕御舟事、□□□」凝、仍被改美作、彼國弁濟使良時罷向於國、仍可觸師重、」依有行波國事之聞、又可令聞下官者、師重不知彼國」事、亦不可承也、以中納言示仰季任、可奇恠多々、魚類饗」云々、尼御物詣魚類饗□□、非息灾滅罪事、就中伊勢大」神有託宣之間、有非常過差、似無愼恐之御心、院主典□」□□書預師重、答不知彼國當（事）之由□云々、御共人々□□」随日替

色可折花之由關白有命云々、當時・後代人有□」有耳之徒何如□□□□恠（本也）也恠也、頭弁來云、伊勢両□」□宜夾名事、問輔親朝臣、申云、七八日許來着歟者、」

＊1「託宣事、」
＊2「□□事、」
＊3「□□□□帰參事、」
三日、戊申、伯耆八橋野牧駒五疋牽、給馬人々、〔西宅為資朝臣・／知□朝臣・□親、」随身去正、三／位中將所給、〕中納言來云、奉謁關白、院御物詣外無他□、齊」主輔親來[＊1]、談託□事也、申云、荒祭明神〔止云／□、〕大神〈乃〉荒」□[＊2]也、仍荒祭〈止〉云者、未承之事也、託宣次被仰事、□」申之[＊3]事、　伊勢勅使右大弁今日歸參、」

＊1「□勢祢宜加階事、」
＊2「式部卿親王被免事、」
＊3「免□□事、」
四日、己酉、右大弁昨日歸□云々、内外宮祢宜夾名事、試問」遣[＊1]、即送兩宮祢宜申文等位階注、〔内宮、祢宜從四位下荒木田神／主利方、祢宜正五位下ヽ延滿、」祢宜從五位上丨丨重頼、丨丨祢宜從五位上丨丨延親、權祢宜從五位下丨丨□□、／祢宜正六位上丨丨宣真、祢宜正□位上延基、權祢宜正六位上丨丨行長、權祢宜正」六位上丨丨延長、權祢宜大物忌正六位上丨丨氏貞、權祢宜大内人正六位上丨丨／貞頼、權祢

宜大内人正六位上ーーオ頼、權祢宜大内人正六位上忠連、玉串大内」人正六位上宇治公常光、豊□宮、祢宜正五位下度會神主氏忠、祢宜從五位□／□□貞雄、權祢宜從五位下ーー近□、祢宜從五位下ーー連信、權祢宜外從五□」下□ー氏守・利道・輔親・高信、權祢宜從五位下ーー忠□、祢宜□□□□□□□／氏頼、祢宜正六位上ーー常親、祢宜正六位上ーー通雅、權祢宜正六位上ーー□□、」權祢宜玉串大内人□□位上□□／康雅、權祢宜正六位上ーー季頼、〕豊受宮祢宜申請准内宮例□□」内階云々、内宮祢宜申、内外宮有差別、不可叙内階云々、件文」等、請勅使大弁裁之状也、件文等付頭弁達關白、只書件夾名」等可下給内記歟、必不可經上奏聞歟、随關白指帰可仰内記者」也、召大外記文義、尋□此事、初叙五位已上祢宜歴名文義持」□、相合内外祢宜夾名、但無六人、已卒者歟、又内外宮祢□□」云、内宮祢宜数少、外宮祢宜数多、不可然者、臨給榮爵之□□」減如何、内宮祢宜若多卒去歟、内宮注進六位祢宜正・權相□」玉串等九人、外宮五人、抑内宮祢宜四位一人、五位四人、外宮祢宜」五位十人、受《愛》知内宮祢宜多卒者歟、衝黒冨兩、頭弁來傳倫」[*2]旨□、式部卿親王可令從省務者、又書大神宮・豊受宮□」宜夾名下給、〔注位／階〕即給少内記國任、仰令作位記、頭弁傳關白」消息云、外宮祢宜可□内階事、在寶龜十一年官符□□□」可勘由、忽難勘出歟、又云、唐物明日可被遣□□、亦依霖」雨、可被厚免輕犯者、不知案内者、余答云、被仰別當令□」[*3]輕犯勘文、被厚免例也、◦不《□疑》被免、頭付爪驗耳、」

召木工允季兼、仰美作可作船事、〈上進部、〉」

＊1「式部卿親王被免事、」

＊2「合戦事、」

＊3「大神宮祢宜叙内位官符、」

五日、庚戌、式部卿親王可從省務之事、仰大外記文義了、」[*1]申云、可給宣旨於本省、亦差外記相親可遣親王□□、」仰可遣之由、相親者□問遣之者也、仍不遣他人而已、故殿」天暦十年六月十九日御記云、式部卿依有王氏爵□□□□」申之、仰、頃月不從公事、忠望王已被免勘事後、親王可」從公事之由、可仰宣、〔元輔□□／所傳仰、〕者、差外記衆与仰遣□、又」以同親王被補相撲司別當也、」明後日可令請印神人位記之事、仰文義、依可令仰諸官」所司、令中納言行之、八日可催諸卿之由仰之、依正輔・致經等」[*2]合戦定事也、外記可□親王、通達之人可相餝之由差随身」□武、密々示前左衛門督、返事感悦再三所示也云々、簾□」女等奔走、有忻々聲云々、頭弁持來造八省行事所□□」爵料清原惟連究達文、云、免輕犯者見類聚、如下有説」者、未時許文義朝臣來云、今日請印定《宇》佐宮造始等官符、」中納言資平・參議朝任參入云々、文義、豊受宮申叙内階」事、寶龜十一年官符、就長元案勘進、」

太政官符式部省」

伊勢大神宮」

度會宮」

右、被右大臣宣偁、奉　勅、上件二宮祢宜、自今以後、宜□□考」[*3]成選、准長上例、以四考成選叙内位者、下符伊勢國」并太神宮等司畢、宜承知依勅施行、符到奉行、」
從五位上守右少弁勲五㝵紀朝臣土佐美　　右大史正六位上」

＊1「大神□祢宜内位事、」
＊2「□物事、」
＊3「位田事、」
＊4「外宮祢宜加階事、」

六日、辛亥、去夕長門守定雅志雜物、〔大雜羅・提・同小・銚子・□籙二□、／付小手・弦袋、沔館藻等、八□」二□／等、〕早朝召遣内記國任、即來、明後日大神寶《宮》・豊□」[*1]宮祢宜等位記事不可懈怠之由、戒仰之、申云、位記ゝ□□」候者、仰云、豊受宮祢宜申内階事如今者無例歟、如外」記局長案者、六位階事也、官勘文未進、頭弁來云、寶龜」十一年官符、官未勘文、又云、可仰遣貞行者、随彼申可。《早》奏」由、相含了、依往來有煩、案内者注送可冉之由、聞食了、」
□□云、昨日令奉唐物女院、〔使右中將／□頼、〕今日可遣所々、經季云、□」[*2]遣唐物關白、昨日被定其使、豊受宮祢宜位階事、問遣□□、」報状云、官勘文如外記勘文、仍可叙外階者、即仰内記國任了、」入暗大内記孝親朝臣來云、可叙外階、明日民部卿參省可□充」[*3]位田、仍不可參内、位記事國任承引者、仰外記、祢宜可叙外階事、」[*4]合見外記勘文、入夜頭來云、外宮祢宜可叙外位之由、有仰事」者、下給造以省行事所申惟連叙爵文、可令作位記事、明日」□仰大内記孝親、又云、今日依霖雨被免輕犯者之内、正□・致□」等邊、稱證人之從者等厚免、但預各主、可從彼召之由有關□」命者、免者、別當參議右兵衛督朝任奉之、又云、今□□□」奉唐物處々、中宮使右少將定良、東宮使右中將良頼、〈亮、〉」關白使左少將經季、」

＊1「□□事、」

七日、壬子、行造以省・豊樂院事所申請清原惟連榮爵文、」
[*1]□□内記孝親令造位記、〈國用、〉今日内外宮祢宜位記請□□」委中納言、大外記文義重來、重戒仰位記請印所刀事、□□□」諸卿參不文義申、文義即參殿、余仰云、明日可有不堪申文、」可傳仰貞行・義賢等之由、仰文義、依衙政召無其假、所令召」也、午後貞行來、問不堪文事、申云、者去五日申左大弁了、明日」可作文事者、在西宮之間、中納言從内退出、於小野宮示送事」由、令内記國任令申祢宜位記請印之由、」

＊1「返上所勅使田申請他国事、」
＊2「宣□□、」
＊3「不堪定事、」

八日、癸丑、修諷誦六角堂、中納言來、」
[*1]頭弁持來宣旨、〔權大納言頼宗卿申請返上所領近江國宇多院勅使田佰／玖町、相傳美乃國公田、仰云、可勘本田・美乃相傳田先例等、」副進近江國濟政立／券文、下同弁令勘也、〕頭

弁傳勅云、大炊允大友相資吉田祭不」參[*2]、官掌宗我部秋時官符遅給加賀國、件二人可戒免」者、同仰同弁、參內、中納言乘車後、少納言資高來會待」[*3]賢門、入自敷政門、左大弁立壁後、相揖着仗座、次大弁着座、示不」□文事、起座、右大弁不着仗座、向陣腋、小時余着南座、左大弁」着座腋、敬屈、可申文、小臣揖、大臣稱唯、見陣腋、左少史廣雅」挿不堪文〔目録／横挿、〕跪候小夜、余目、稱唯着膝突奉之、置笏、」以兩手執書、目録故落、史敬屈深揖、余置書開表巻紙、先□」目録披見、次解結不堪解之緒、一々見了、如元結巻、〔目録在結緒／外、表巻紙□、〕」推出板敷端、史給之結申目録、余目大弁云、國々解文、或解文」不注使、〔近江／國、〕又或國者開發田解文注使名、不堪田解文不注、」或不堪田解文注使名、開發田解文不注等、上野・加賀・能登」開發田数一段余、二段余、古青者不滿町解文者返給之、近」代三段者許給、〔入道前大／相府許、〕須返給、然而依有所憚、年來所入」奏也、一・二段太不便、問一・二段大弁、々々云、不慥覺者、余仰云、」上野等三ヶ國開發田数甚少、可返給解文、不注使名等」可令注之由、示仰大弁、了申給〈と〉仰史、了稱唯、如元巻、加杖退」□、大丞起座、余復奥座、内大臣、大納言齊信・頼宗・長家、中納言」師房・資平、參議朝任・公成・顕基・重尹・經頼參入、定□」安房守正輔・前左衛門尉致經等合戰事、伊勢國司解□、□」輔・致經等書状、正輔・致經等申文・日記・調度文書、勘問日記」〔檢非違使勘問正輔／於從類日記等也、〕等加給諸卿、或下給諸國解并兩人申文等」□明法博士、法家勘罪名、左大弁重尹書定文、清書了、調度」文書等相加、付頭弁、未一剋參入、亥時退私、」

九日、甲寅、去夜定事、問遣頭弁許、報云、未被仰左右、内外宮」祢宜位皆夾名付還使云、候内之間不參入、只今可參、且為」令覧所奉也、件夾名相違付右大弁之所奉夾名、亦内外宮」祢宜各一人不注也、入他人、其数多自初注進、仍内覧可奏聞之」由示送之了、小時來云、先日解文等相加問遣齊主輔親、依」彼申可奏覧、余答云、今般位記事可被仰□上、今日〔在目／參〕入之上卿承行之、尤可便、弁傳下宣旨二枚、〔在目／録、〕又云、内大臣有」參之命、乍立可來者、若有觸穢歟、一日可被行十一日奉幣」之由所被仰也云々、」

＊1「□勢祢宜加階事、」

十日、乙卯、早朝問遣祢宜事於頭弁許、報状云、□人勘文昨日令」問遣祭主輔[*1]親朝臣之處、所申送之状、事旨不分明、仍遣召」輔親、々々入夜來申云、右大弁所傳申勘文、〈内宮、〉不載權祢宜」重經・氏範、是大誤也、又内宮祢宜輔行同不載、又如之、抑此度勘」文不載玉串大内人常光〈内宮、〉・外從五位下高信、〈外宮、〉是亦失也、」然則漏先後勘文者合三人、被加叙宜歟者、只今參啓云々、□」弁云、關白御消息云、伊勢大神宮權祢宜正六位上荒木田神主」重給・權祢宜正六位上荒木田神主氏範、〈内階、〉豊受宮權祢宜正六」位上度會神主輔行、〔外／階、〕可給位記者、召遣大内記孝親・小内記國任、々々」參來、件二宮祢宜等夾名事出給國任、々々申云、依損足不可堪」着襪、可難從役者、仰云、雖身不參、預令仰可令成位記之由、先是、」可成位記事、仰遣孝親朝臣、注兩宮祢宜各簿遣之、令頭弁事」之、召大外記文義、仰位記請印所司事、申云、從昨日令催、或者」内々頭弁傳示歟、可行請印事之由、遣中納言、大内記孝親來、仰」事由、經營參内、中納言來、即參内、宰相不參者、申關白可行」由相含了、可告宰相事、仰文義先了、位記請印、入夜、右大弁參」入云々、」

十一日、丙辰、頭弁從内送書札云、神人位記可付今日使也、給位記」之由、給宣旨於太神宮司歟如何、承案内可申關白傳、雨脚如之、」難事臨給歟者、可從、云、遣位記事、先申關白、可從指歸、行幸」事、○《差》隨身問遣頭弁許、示送云、依雨止臨幸、位記可付御幣使」祭主輔親之由、有關白命、仍付遣之由、頭弁所傳示、彼日聞、」

十二日、丁巳、本命供、」

*1「□□□、」
*2「正輔・致經合戦事、」
*3「□領貢物、」

十三日、戊午、夢想紛結、以三口常住僧〔念賢・智照・／得命、〕奉令轉讀金」剛般若三巻・壽命經百巻、〔□□金剛般若九巻・／壽命經三巻、〕從今日三ヶ日、以」得命令打金鼓、兩小供、頭弁持來尾張國解、〔普支配國内見作／不輸租田、不論王」*1臣家諸庄・神寺所領、平均／令役仕、築造宮城大垣所一、〕令奏也、但配充神寺所領如何、内々」令奏者、小時頭弁來、傳關白御消息云、正輔・致經等定事、」其身被問事、々理可然、致經重病後猶未從倒云々、正輔惟受」召早難參歟、此間如何、致經所弁申、若有事疑者、及拷」掠歟、何樣可行乎、余報云、一夜定間、只所申事理、但下給」*2國司申文、正輔・致經申文、調度文書等於法家、令勘申」罪名、更有何事乎、大略見彼文書等、右大弁持來諸司・」諸寺・所々等別當闕勘文并定文土代、申關白可令清書」之由相示了、定申之由旨、以之可為備之料也、天慶年中」貞信公内々被定申、見故殿御記、大弁良久清談、施行悲」*3田并堤乞者、越前守兼綱送綿十帖、若報封代歟、」

*1「所充事、」
*2「朔旦京官除目例事、」
*3「□□□□、」
*4「□□□□、」

十四日、己未、精進日、無殊障之時、參堂奉遶塔、〔三／廻、〕所充清書」*1事、問遣右大弁、報狀云、修理職・穀倉院可充内府之由、昨日」關白被命者、土代充關白、余報之、内藏寮・修理職・穀倉二」所、猶第一為別當、就中攝政・關白必為三ヶ所別當、舊例・」勘文等、指夾竿、送大弁許、承平七年例為殿鑒、貞信公」御例也、示送云、申案内關白、被命云、依舊例可清書、亦」以此由可示下官者、件土代、前太相國先年所見給、彼時」一定、今更被改可無便歟、示送如然趣先了、仍被從定」申之旨以、中納言來云、今日故皇太后宮御忌日、仍參法」成寺者、頭弁持來國々司申請文等之文、今般令讀文」進之、亦尾張國申請築垣事、除神寺依請、即宣下、一」夜中納言來云、奉謁關白、被命云、明後日所充事早」*1可定申、彼日東宮小宮可出給、彼以前可有定云々、朔旦事」京官除目遲速勘文、有關白命、大外記文義勘解(進)、持來」云、依關白仰勘進、其勘文持來一通、今朝奉了、」

　　昌泰元年二月京官除目、十一月一日丙申」

朔旦、同月十九日〈丙寅、〉叙位、同月廿三日〈戊午、〉女叙位、□喜十七年」五月廿日〈戊辰、〉京官除目、十一月一日〈丙子、〉朔旦、同月十四日〈己丑、〉叙」位儀、同月十九日〈甲午、〉女叙位、天暦九年閏九月十一日京官」除目、十一月一日〈乙未、〉朝(朔歟)旦、同月十九日〈癸丑、〉叙位、同月廿四日」〔戊／午、〕女叙位、天延二年十一月一日〈乙亥、〉朔旦、同月十□日〈辛亥、〉叙」位儀、同月廿五日女叙位、同月廿八日京官除目、正暦□□」七月八日京官除目、十一月一日〈甲寅、〉朔旦、同月十二日叙位儀、」同月廿五日女叙位、寛弘九年十一月一日〈甲午、〉朔旦、同月廿」一日叙位、月日女叙位、十二月十六日京官除目、但馬守則」*3理志長絹十疋・例絹卅疋、佐延朝臣進平綾一疋・無文」*4綾三疋、〈二疋八丈、〉」

十五日、庚申、頭弁持來宣旨、」

*1「殿上所充事、」

十六日、辛酉、參内、資高・經季相從、着陣之後、問上達部」參着、陣官申云、左右大弁候中宮、差随身呼□、即來、頭弁」傳關白消息云、御酒米同為光清被判取代事、行其事之」郡司科秡、可弁彼稲之者誰乎、可問神祇官、亦可勘出、」官即仰下當任郡司、可令進彼年料稲歟、猶可尋問□」例也、昨日令奏也、右大弁參陣間、御酒米事陣□、參大神宮」之次問件事問神人、申云、彼年料稲當任國司可進者、頭」弁傳關白御消息云、陣若無事可參上者、廼參上殿上、談雜」事、〔京／官〕除目、朔旦後可行事、外記・史可擇任事、正輔・致經」合戦定事、大藏小輔為資率分事、明法博士等事、關白」云、以大外記文義別令進勘文如何、允亮辞博士之後進」勘文、依彼例令進如何、余答云、善事也、利業者不宜者」也、道成頗有謹厚之氣、如何、關白云、道成〔者也、窮者也、有蓮／範・頼賢師等事、〕」*1頭弁召關白、參御前、亦召下官、參入着御前円座、余得」關白氣色、召男等、頭弁經任參入、仰可進諸司・所々(之□)」別當闕勘文之由、納柳筥進之、〔内々／示仰、〕余取、度々關白、々々」披見、進奏復座、御覧、畢關(白)進、復座授余、□召男等、」經任參入、仰可奉硯之由、藏人右少經季執硯參入、〔加／入〕續紙・定文土代文、仰右大弁合定書、件文令〔内覧關白先了、余兼示事由令加入也、〕余候氣色、然復」書諸司・諸寺・所々別當、大藏少輔為資補率分所、大」輔頼平有分憂之由、別功者也、仍強無件所々望云々、」御書所・作物所等蔵人、今新有仰、改土代文定書之、」書畢度關白、々々披見進奏、返給授小臣、取副於笏」退下、々給以弁、々々云、以下官為蔵人所別當之由被」仰下者、余於射場殿、以頭弁、令奏慶、拝舞了參上、大」納言能信・左大弁重尹・右大弁經頼候殿上、余小時退」下、若陣座、則退出、今日巳三剋參入、未剋退出、關白云、」太早被參者、余答云、古者巳剋參入、清塡公巳終午初」參入、見彼記、　能信卿云、大病後未令申文、今日宜」日、上臈參入、可無便者、只今退出、其後可被申之由、」相答了、退出之間、以頭弁在消息、同以此旨又了、」

十七日、壬戌、中納言來云、着衙政可行内印事、昨日多被」補数所別當、九ヶ所、太所恐懼、可達關白之由、含頭弁、」故殿天慶八年十二月十六日御記云、下官奏云、一度補数」所、其所恐也、奉仰云、雖數所、是大臣奉仕所也、仍所補也」者、勘前例、已有延喜九年、贈太政殿下夢、所左大臣源卿」兼補其所、八所也、所謂東・西・延暦等寺、内記・内竪所、内蔵」寮、穀倉、陰陽寮等也云々、同九年五月六日、以小臣為蔵人」所別當、宣旨已下云々、彼所雑色以下為度賀來、」頭中將隆國來、下宣旨一枚、〔將監菅原義資申請、以私物修□／本府廳屋上葺・壁三并弓場屋上」葺、依其成功、拝隱岐・飛驒・／佐渡等國宜前闕事、依請、〕」

十八日、癸亥、貞行宿祢書進所充文、」権僧正被立過、於堂對面、甲斐守頼信蜜々申上云、母骸」骨在美乃國、於彼國欲修母成菩提之佛事、先日申請丹」州、云、令下官可示下者、余答云、只可在自情、不可示左右、」僧正云、坂東者多以相從、往還之間、美州少使、仍忽思變歟、」余云、官爵只我心也、不可由人口耳、又云、年中可罷上歟、又」云、明年可參上歟、嚴寒之比、信乃坂可難堪、正月之間往還」不用、為之如何者、余云、正月除目若被召遷他國、其後心閑」參上、不叶道理歟、年中營上似為所望乎、僧正甘心、此事」言上右大弁許、若達關白歟、暫不披露上計歟、」

十九日、甲子、頭弁傳仰云、正輔乍觸國司、不聞返事、進向合」戦之間、民烟多以燒亡、致經・正輔兵共中矢死去、亦致經雖」稱在尾張國、不可避申遮路防留謀、又致經申状云、正輔・」正度相共所為者、三人罪名、可令明法博士勘申、但大外記」文義相並可令勘申、允亮去儒職之後進勘（本）進之由云々、」可令勘其例者、即仰弁、二仰文義、々々進允亮自筆」勘文、〔永祚二年、明順造稲荷社、不造々／覆勘史利貫・愛親等罪名勘文、〕以件勘文付弁、令申關」白、被報云、以明法博士並文義等、可令勘申三人罪名」者、仰尚書畢、　伊勢國司申文、正輔・致經等送國司書」状、證人申文、正輔・致經申文、正輔・致（經）申文両人從者勘問」使庁日記等、折加下給弁、為給明法博士并文義等、入夜」頭弁持來宣旨草、〔貞行宿祢草、今／朝面仰又了、〕件宣旨草頗不快、」仍仰含事旨於尚書、貞行參入來、即傳仰了、入」夜春宮大夫來、清談、院御物詣過差無比、不可難申」者、正輔送國司之書状云、致經兵卅餘人、尓後正輔申」文云、二百余人、事似相違、」

＊1「維時貢馬事、」

廿日、乙丑、頭弁持來宣旨草、止證人二字、及改從類、令」内覧、此次余云、去年十二月晦行光清配流事、今年八月」奉行流相通并妻事、亦追討忠常事同所宣下也、」追討使尋忠常之間、彼類多死去、寳雖承行王」命、傳宣人多攸恐、亦正輔・致經等事同所奉行也、」法家勘状許、計也不輕歟、頻承凶事、寸心如切、此度事」被行寛恕法如何、事起只雖衡身為四品住伊勢之所」致也、五位住畿外、制法已被行、禁細濫悪、立断歟、以此趣」達關白、頭弁持〔帰〕來云、關白云、宣旨其好、但致經事放」火之事、彼此所言暗難一定、關白蜜々云、先被下勘」法家之後、自被仰之事歟、所被示尤可然者、大略可被」優歟、頻被行配流事、極所怖思、宣旨文相改奉之、即」帰來云、宣旨文寂吉者、可書下之由示仰了、」維時朝臣以直方申送、十六日入洛之由、有身病、罷着岡屋、」進退惟谷、臂大腫、無為術者、醫師云、寸白云々、遣雄業、」馬不貢所々、但有馬一疋、為憚思不牽進、預岡屋厩男、從」[*1]彼随仰可令牽進、稱被飼彼厩之馬者、仰有可忽見之由了、」入夜式光朝臣從院來云、船事漸成了、今日始葺檜」皮、工匠等可給祿之由、仰美作守家司善任了、〔絹七疋・手作／布□□端、式」光所／申、〕件善任・大膳進俊正從國來着、持來前日解文、絹・」綿・布・花等、万壽五年大間可寫奉之由、以經季有綸旨、」令奏可進也、中納言來云、二娘病悩、猶無減氣、種々靈・」貴布祢明神・天狐所令煩、長日修法并他善事□指驗者、」

＊1「齊院可出給院事、」

廿一日、丙寅、大外記文義云、可進正輔罪名勘文之宣旨、未奉」之、以随身信武、從昨令盡美作艤舟障子、上達部料云々、」萬壽五年大間可書進事、若可注尻付歟、可候天氣之由、」示經季訖、或云、齊院内親王、今月廿五日可被出院云々、關白聞」[*1]其告云、不可拘留久、女院御物詣間極可無便、來月八日尤」佳者、被聞此由云々、關白城外程於大事何、」

＊1「三局史生事、」
＊2「齊院辭遁事、」

廿二日、丁卯、三局史生、大膳職・主税寮奏、皆左弁官史生、宣旨」二[*1]枚、召式部丞資位下、從中納言傳關白御消息云、廿五日齊院」[*2]親王可被辭遁之由、先日有云々、而被過院御物詣可宜之由、」令達案内、無左右報、今夜俄可被出於院、驚寄無極、至今」可任彼御情、有遂者、今日宜日也、明日・明々日有重・復并御衰」日等忌、内々以大外記文義可令勘申前例並可准據之例等宜、」但出給自院之後、被問案内、一定之後、以頭弁可被仰下官、随則」可仰外記者、又云、正輔・致經等合戦、思慮多端、減斬刑可處遠流、」減遠流可處解官歟、致經者無官位、可處何科哉、不知案内」者、有所申乎、余云、明法勘文進罪名之後、可有左右歟、」

齊院事、遣召文義、即參來、仰案内了、一日有示仰、仍尋勘國」史、不見子細、引合局記可勘申者、丑時許頭弁來、傳關白」消息云、齊院親王今月可被密出云々、依關白命問遣彼院別」當右大弁、若有所申者、更不可來、只早參内可奏事由者、即」右大弁參入、奏有實之由、仰云、可令勘申先例、又仰云、〔實關白／消息、〕齊」院定無守護之人歟、何様可引《行》哉、奏云、被仰檢非違使被守護」宜歟、」

*1「齊院無故出院例事、」

廿三日、戊辰、未明、齊院無故出院之例勘文進仰遣文義、暫之」[*1]持來勘文土代、只今參局、引合國史・日記等、可持來者、只是」准據之例也、小時進勘文、賀茂齊内親王無故退出并夢」卒時行例事、〔檢國史云、天長八年十二月壬申、替賀茂齊内親王、其辞曰、／天皇御命〈尓〉坐、掛畏皇大神〈尓〉申給〈波久〉、皇大神〈乃〉阝礼」〔乎止／賣尓〕進〈礼留〉内親王、齡〈毛〉老、身〈乃〉安〔美／毛〕有〈尓〉依〈天〉、令退出〈留〉代、時子女王〈乎〉卜／食宣〈天〉進状〈乎〉、參議左大弁正四位下藤原朝臣愛發〈乎〉差使〈止〉申給〈波久止〉」申、并奉幣、同月癸酉、為前賀茂齊内親王相替秡于鴨川、延喜廿年閏六月、／賀茂齊内親王薨、同年八月廿日戊寅、午剋、大納言藤原定方卿參着左近陣座、」召神祇・陰陽寮官人等、令占申故齊内親王薨卒咎祟有無之由、即占申云、無／祟、理運所致者、亦於鴨上・下社奉幣使參議藤原恒佐朝臣・左近衛佐平朝臣定」文／者、〕件勘文付頭弁、歸來傳關白御消息云、延喜例不相叶歟、天」長例相准歟、但天長例不被申事由歟、依彼例者不可被申歟、若」可被申歟、廿五日早旦被申如何、將不可被申歟、有大事之間、祇候」院御共、無便之事、然而不候御吉、有不可參給之氣色、為之如何」者、余答云、天長之例雖不注被申之由、今般事也非常、必可令」申給、早晩者在御定、抑閏六月齊王薨、八月有御占、二奉幣隔」一月、此間可承彼定卜、頭弁示送云、過廿五日被發使者、左中弁」經輔持來維摩會不足米宣旨、」

廿四日、己巳、給中將随身四人装束、袙各二重〔紅花染・茜／染・皆擣、〕袴各」一腰、但狩袴料六丈細美布各二端、〔先日／給之、〕」

*1「女院八幡・住吉・天王寺詣事、」

[*1]廿五日、庚午、今日女院參給八幡・住吉・天王寺、多為遊楽歟、」万人經營、世以為寄、扈從上下狩衣装束、色々折花、唐綾」羅或五六重、其襖繡二倍文織物、下衣等不知何襲、随身」装束不憚憲法、似忽王威、天下之人上下愁歎、御船荘嚴、張唐錦等事、不可敢云、狂乱之極、已在今度般、下宿」被候小女、慭以見物、〔中御門大道／室町小道國、〕未時許參給、石清水・住吉御」幣・神寶韓櫃、次藏人・主典代、皆布

袴、次院殿上人、次内殿上」人、即是院殿上人也、皆布衣、次上達部、或冠直衣、或宿衣、或」狩衣、〔直衣、大納言頼宗・長家、中納言經通、宿衣、參議／朝任、【檢非違／使別當】狩衣、中納言師房、三位中將兼頼、〕御車、〔唐／車、〕別當行任・」頼國候御後、次尼車一兩、次女房二兩、次關白、〔編代／車、〕随身府生・」番長、布衣・烏帽、帯弓箭、騎馬、近衛、帯弓箭、着藁履、」前駈八人、次内府、〔編代／車、〕随身作法如關白、但着禁色、前五人、」〔四位一人、／五位四人、〕關白并内府車後引可騎馬、〔置／鞍、〕先於石清水被供養」經、次天王寺云々、抑御出家後、無賀茂・春日奉幣事云々、」而持御幣之作法、如賀茂祭日、或云、廿五日庚午、於石清水」宮被修佛事、庚午有忌、臨曉更被修之、辛未大禍日者、」兩日不快之日也云々、古者庚午・大禍等不殊忌、故保光卿、庚」午日供養松埼寺之後、子孫連々不到、蓋是庚午徴歟、世」之所云非無其驗、挙世大忌避耳、今日中納言師房布衣、万」人為奇云々、今日御行作法已無所據、上下之人營、數日之」間、装束数重、改色折花、無不綾羅錦繡、或上達部着毛履、」以金銀為莊嚴、未見其聞事也、近則三位中將已有其儲、不」不能過絁、頭弁為關白使來云、他行之間、若有急事者、觸」下官可行者、民部卿〈齊信、〉・中宮權大夫〈能信、〉相共可定行」者、若有可遲引之事者、可待入洛之日者、余云、此間使官」人可勤陣直之由、示頭弁令奏聞、」

廿六日、辛未、中納言二娘数日病悩、神明・靈氣祟云々、」種々祈禱未得其驗、昨日有其隟、仍見物、入夜万死一生、以」牛修諷誦、今朝尚不快者、病者見物不快事也、」齊院守護并檢非違使可催本陣之事□□□□□」状云、使官人可候之由、昨日奏聞之後、召仰官人了、守護」齊院事、先日仰貞行宿祢了者、祇薗四至葬送法師、」依宣旨、感神院司令捕護、今日仰神祇官科秡、并從神」祇官被奉御幣、是先日秋霖之間、依御占、仰檢非違使」所被尋捕也、此事中納言資平奉行、左少將資房中使參」院御行、從石清水帰洛間、於御船可奉御書云々、」

＊1「給牛於大外記事、」
＊2「府考文事、」

[*1]廿七日、壬申、美作栗栖庄司肩野貞政進牛一頭、給大外」記文義朝臣、府生為行進考文、加朝臣、少將定良着」[*2]行、常陸介兼資從近江國志馬一疋、。(行間補書)「修諷誦於祇薗、為中將息灾、」右少將定良為御」書使參住吉云々、今日於彼御社被果御願云々、」

＊1「齊院御出家事、」
＊2「□事、」
＊3「齊院卜定事、」

廿八日、癸酉、前齊院今夜出家云々、當季尊星王供」[*1]始、文円阿闍梨、冬季十齊日大般若讀經始、〔於天台律／師房始行、〕」年来私家行之、而請僧不信、仍移行律師／房、來月朔

日不宜、仍始今日所始行也、」從今夜三ヶ夜、以」延政闍梨、
於住房、〔二□／寺、〕奉令供熒惑星、依有變異、」
*2内裏從今日被行不斷法花經御讀經、無行香云々、」
中納言云、女之所煩、今日頗宜、 大外記文義進賀茂齊」内
親王卜定例、并次之雜事日記、天延三年例也、以可行」*3齊院
事之上御（卿歟）終始執事、則是權中納言濟時御（卿歟）、依彼時」例可被祈
也、彼例尤吉、被撰上御（卿歟）、可被令行卜定事等者」也、彼時濟
時為中納言、件日記遣頭弁、關白歸洛之後可奉」行之由、同
示遣了、 臨昏中納言來云、今日、病者於六波羅」蜜令授戒、
〈戒師奇久、〉」

＊1「例講事、」
＊2「八幡菓子自女院被獻内事、」
廿九日、甲戌、行賀茂下神宮寺諷誦、為中將息灾也、惟命」
*1演説序品、聽聞人々随喜、〔布施／三疋、〕中納言・四位三人、
〔守隆・能／通・惟貞、〕少」納言資高、自餘五品有数、資高
云、民部卿齊信卿、昨今頻」着直衣參中宮御方、亦獻淡柿、
備供。（御）白晝着直衣出入」禁中、并淡柿御膳更不可供、伺關
白城外、表謁忠節之」由歟、掩口可咲、外人直衣極奇恠也、」
更闌頭弁來談、法眼元命獻女院之菓子等、被奉遣内」*2臺盤
所・宮中宮々云々、元命差使奉云々、」

『左経記』本文（東山御文庫本）

七月・八月・九月・十月・閏十月・十一月・十二月

勅封三」
三　一二』
左經記〈長元四年下〉』

長元四年〈下〉」

七月」
二日、下名事、」
三日、召廣瀬・龍田祭使被仰御祈由事、」
　甲斐守頼信朝臣依忠常事有賞事、」
五日、祈年穀奉幣定事、」
十一日、有政事、　相撲召仰事、
　御盆事、』
十三日、於神祇官被立奉幣使事、」
十七日、召暦博士給禄事、　石清水放生會料事、」
廿四日、依月蝕相撲樂可有否事、　相撲間事、」
廿五日、相撲樂停止事、」
廿六日、同召仰間事、」
廿九日、同召合事、」
卅日、同御覧并秡出事、」

八月』
二日、太神宮託宣事、」
四日、東大寺勅封御藏事、　詫宣定事、」
　軒廊御卜事、」
七日、山階寺塔等供養定事、　伊勢使事、」
八日、伊勢使事、　寮頭佐通并妻可配流事、」
　結政請印事、」
十一日、定考事、」
十三日、霖雨奉幣事、　被奉幣賀茂上下事、』
　元服事、」
十六日、左衛門陣駒牽座事、」
十七日、奉幣事、　来廿五日伊勢幣使可勤仕事、」
十八日、同使間事、」
廿日、同事、」
廿二日、仁王會事、　依為伊勢使不知佛事事、」
　官司頭下禄折事、」
廿三日、佐通遁隱間逢使々部事、』
廿四日、重有託宣可流佐通於伊豆事、」
　霖雨御卜事、　有勅參御前奉使間事等事、」
廿五日、為伊勢奉幣使參向事、」
廿九日、參着太神宮事、」

九月」
三日、歸洛參内事、」
四日、式部卿宮如本可被促勅厘幣事、」
七日、伊勢兩宮禰宜・内人等位記請印事、』

八日、不堪申文事、　陣定事、」
十日、伊勢両宮内人等位記事、」
十一日、例幣使事、」
十三日、可有殿上所充事、」
十四日、可有二宮御着袴事、」
十六日、殿上所充事、」
十七日、不浄之出宗《崇歟》依當御卜祇薗僧可負秡事、」
廿一日、可有斉院御遁世事、』
廿二日、斉院御遁世事、」
廿五日、女院御住吉詣等事、〈石清水・天王寺、〉
廿八日、法華不断御讀經事、」

十月」
一日、平座見參事、」
六日、斉院雑物勘文事、」
七日、安房守正輔等罪名事、」
九日、弓場始事、』
十日、有政事、」
十一日、依斉院退出事被奉幣賀茂上下事、」
　山階塔供養間事、」
十七日、可有山階塔供養間事、」
十八日、同寺別當并行幸等可有賞事、」
十九日、關白殿依塔供養被詣山階寺事、」
廿二日、去廿日塔供養間事、」

廿八日、二宮明日着袴事、』
廿九日、同着袴事、」

閏十月」
三日、依杵築社顚倒有軒廊御卜事、」
八日、御讀經結願事、」
十一日、官奏事、」
十五日、依杵築社顚倒被兼御社使事、」
廿四日、人長事、」
廿七日、不堪定事、　正輔・致經等罪名事、』
　朝《朔歟》旦賀表事、　有封諸寺等損色使事、」

十一月」
一日、朝旦事、」
二日、賀表事、」
五日、雷鳴勘文事、　上野御馬事、」
七日、二宮可奉卜定斉院、　官奏事、」
十日、陣定事、」
十六日、叙位事、』
十九日、節會事、」
廿四日、賀茂臨時祭事、」
廿七日、除目事、」
廿八日、除目畢事、　依明後日仁王會有大秡事、」
卅日、依仁王會行幸八省事、」

十二月」
一日、上野御馬事、」
三日、上東門院焼亡事、　女二宮可出御事、』
五日、初斉院間事、」
九日、二宮可出御間事、」
十三日、同宮出御章任朝臣三条宅事、」
十六日、同宮准三宮事、　卜定斉院事、」
十九日、卜定日事、」
廿日、初斉院事、」
廿一日、同事、」
廿二日、依斉王定於建礼門前有大秡事、』
　斉王卜定由被告申賀茂御社事、」
廿三日、初斉院間事、」
廿四日、同御封事、」
廿六日、官奏事、　除目事、」
　僧綱召事、」
廿七日、僧綱改任事、　三位任參議時不待後宣旨昇殿事、」
廿八日、少納言相共向綱所事、　初斉院事、」
廿九日、来月三日行幸事、　昨日被補諸寺別當事、』
　讃岐參知符事、　斉院御秡事、」

長元四年」
七月」
※1「下名事、」
二日、丁未、天晴、參法成寺御八講結願、行香了參内、權」※1中納言於仗座、召兵部給下名、其儀、外記先三度」申、了上卿北向居直、次承（承歟）、靴、入立小庭、上宣、〔末宇／□、〕丞高」准着膝突、上以右手下々名、丞挿笏〔如挿鳴上／置地也、〕給之、」右廻立本所、上宣、〔末ケ多／不部、〕丞高准退出、上召外記給』笏退出、余參宮御方、丈退出、」
※1「可致申年交之由被仰廣瀬・龍田祭使事、」
※2「追討使頼信賞沙汰、」
三日、戊申、天晴、參殿、召神祇少副兼忠被仰云、廣瀬・龍」※1田祭使何人哉、兼忠申云、兼忠今日可罷下也者、」仰云、日者東風不休、田舎輩定有所恐思、不可」致年交之由、能々可折申、兼又以此由可御（仰）社」司也者、兼忠奉退出、頭弁召甲斐守頼信朝臣」※2問云、今歸降忠常之濱（賞）可被行也、而所思如何云々、」申云、明年丹波可闕、若可然之欲遷任者云々、』
※1「可有姫宮御袴着事、」
※2「祈年穀奉幣定事、」
五日、庚戌、天晴、參結政、無政、仍入内、參宮御方、八月

卅日、」姫[※1]宮御袴着可有之由、申事由、參院、自今暁令悩」
給云々、及未剋歸宅、及申剋有召、重參内、及暁藤中」納[※2]言
〔實／成〕被參入、於使座被定祈年穀幣使、〔余執／筆、〕」加
日時・二人、令右中弁内覧、弁内覧了歸參、奉」上卿退去、
上卿召外記、給定文等、召内記、仰十三日」可被立祈年穀幣
使宣命可作之由起座、次余」又起、弁未余云、定文内覧相府
奉上卿、而不』被奏、被下外記如何、余驚申上卿、令命云、
案内」覧并奏了之由所下也、甚不使事也者、則歸」着使《仗歟》座、
召外記、仰下重定文并日時勘文之由、」外記唯、退出之後、
良久不進、令陣官問案内、」申云、下部等取筥退出了、令召
尋之間、不早奉」也者、上仰陣官、召陣官召陣筥、云、不候
云々、令問」右近陣、云、奉、筥渡外記、々々入文等之、令
弁〔員／通、〕奏、」次給之給外記、退出、余同退出、』
※1「政事、〈廳屋修理後初有政事、〉」
※2「相撲召仰事、」
※3「依神事御盆以十五日可被奉事、」
十一日、丙辰、天晴、參結政、有政、〔上權大／納言、〕上卿
着廳之後、左大弁」令[※1]結南申文之後着廳、余又着之、〔廳屋
年來破損、／仍宣任朝臣為任」二寮助侍《待歟来歟》束闕申請、修造之後、
今日／初有政、仍相議、雖《無》帯上卿消息、所重着也、〕次申文請
印了、上」以下着南所、申文食了入内、議皆如常、頭弁於」
陣腋仰權大納言云、廿八九日可聞食相撲召令、依」去[※2]治安三
年例可候者、大納言着仗座、召外記、」仰可召近衛將等之由、
外記去了、又參入、皆申」召候之由、上卿着南座、召官人、
仰可置膝突二』枚之由、將曹久遠所菅円座二枚重雙敷東西」
出、次召外記、令召近衛將、暫左中將實基・右中」將隆國、
〔共帯／釼笏、〕進居膝突、〔左面《西歟》、／右東、〕上宣、廿八九日可
聞食」相撲召合、依去治安三年跡候〈部〉、將等共唯、右廻
退」出、次召頭弁、仰同旨、了上卿退出、余又退出、今朝」
頭中將申殿云、十三日依奉幣、十四日後斉也、御盆」事[※3]無便
比、為之如何者、殿仰、十五日可被奉之由奏」行者、』
※1「祈年穀奉幣事、〔八省修理之間於神祇官／發遣事、〕」
※2「斉院宮主為相撲人事、」
十三日、戊午、天晴、午剋許參神祇官、〔依為祈年穀奉幣也、
／月來八省修理、仍於此」官[※1]被立／使也、〕行事弁・史・外記
他人參不、仍暫徘佪神殿屋」邊、見装束體、神殿東一間敷葉
薦等、〔頗巽乾溝寸／チかへテ敷之、〕」立小机二脚、置内外
宮御幣、自同第三間北壁下主」于南柱、引亘班幔、自同柱至
于西妻、引亘同幔、北」向西戸東邊立廻大宗屛風、敷筵・畳
等、為内侍」裏御幣處、同屋東庭立五丈幄一宇、東西北面
引」幔、東一間上座、〔南／向、〕三間弁座、〔東／向、〕四間外
記・史・内記座、』〔北上／東向、〕五間史生等座、〔北上／東
向、〕南去二許丈引亘班幔、〔東面／為妻、〕北」間《門》内東腋上卿
座、〔西／向、〕西腋使宰相座、〔東面／北上、〕同間外東」腋弁
座、〔西／向、〕北邊内記座、〔南／向、〕西腋外記座、〔北向／
東上、〕西邊史座、」〔東面／南上、〕北邊官外記・史生・官掌等

座、〔南面／東上、〕自同門艮角」柱東行二許丈、北行三許丈、
立貫木引幔、又自乾角」西行二許丈、北行三許丈、同立貫木
引幔、又門北去四許」丈同立貫木引幔、史於神祇官東廳屋、
令裹諸社」幣、立亘北門東西引幔貫木、未剋、上卿率内記等、
〔先／是』參内、奏宣命草并清書等、經／逢春門被着此官
云々、〕先着門座召弁、〔南砌置／膝突、〕向御」幣等具不之由、
弁申皆具之由、次召外記問使々」參否之由、外記申皆參之由、
上卿令召使可賜御」幣之由、令告神祇官、使中臣率忌部・後
取等、入自」東間、給御幣退出、次上卿召内記給宣命、〔先
／是」内記奉／上卿也、〕内記取之、〔入／筥、〕磬折立前庭、
上卿移幄座、〔内記／於従、〕弁・」外記・史同着幄座、上卿
令召使王、令入自東間、經南」庭班東妻、進腋突、給宣命退
出、上卿自内記、々々進』給筥退去、上以下歸北門座、〔弁
以下注同／門往還、〕先召石清水使、々」入自門着膝突、給宣
命退出、次自賀茂使、左宰相」中將起座、着沓進、居上卿座
前板敷、上授宣命、」中將置笏取宣命、又把笏揖起座、着沓
歸立、揖」退出、次々使々次第給宣命退出、余參平野、先」
洗手、〔社司儲／于水、〕着祝座、祢宜捧御幣立前庭、先把笏」
再拝、了挿笏、讀々宣命、了祢宜奉幣、了返申、次拍」手、
余又應之、次再拝退出、參殿申云、命《今歟》朝斉院』御消息云、宮
主紀伊。丸稱相撲人、被召籠左近」府[※2]了、仍近来不行御秡、
為之如何云々、仰云、未知案」内、抑件男前年為相撲人已了、
何以相撲人為」宮主哉、頗不穩之事也、抑相尋追可令申事」
之由、須之退出、」

※1「政事、」
※2「暦博士道平行禄事、〈月蝕不違勘申事、〉」
十七日、壬戌、天晴、參結政、有政、上侍従中納言着廳之」
後[※1]、召使来、告可着廳之由、南所物忌由云々、仍」起座着廳、
請印了入内、〔南所依申／物忌也、〕中納言相共昇』殿、關白
大閤於殿上待、數剋言談之間、暦博士」道平[※2]參入之由、頭弁
申大閤、仰云、奏事由、去」十五日月蝕仰不違勘申者之由、
可賜禄者、弁」奏事之由、於腋陣下給禄、〔召内蔵寮／黄今
衣、〕拜舞退出、」次中納言於陣座、奉行内文、〔位記并任／符
等也、〕如常、余依」召參御前、仰云、為蔵人頭之時、所仰石
清水放生」會料事、近會關白奏云、本自奉此事之人」經頼也、
相逢彼議定物数、可令奏下也者、其』後久無音、若思忌歟、
放生會近々、彼日以前」可定下之由、可示關白也者、蹔退出、
又依祈」雨、廿二日可被立丹生・貴布祢使之由、有宣旨」
云々、使蔵人云々、」

※1「丹生・貴布祢雨事、」
廿二日、丁卯、天晴、使蔵人、為祈雨、丹生并貴布」祢[※1]社奉
幣・馬云々、」

八月大」

※1「東大寺勅符御倉修理事、」

※2「大神宮荒祭宮託宣事、〈寮頭妻事、〉」

※3「同御託宣陣定事、」

※4「被尋流女例事、」

※5「伊勢使日時事、」

※6「遣東大寺勅封倉鎰事、」

※7「軒廊御卜事、宇佐宮恠異、」

四日、己卯、天晴、早旦従右中弁許有消息、其状云、』※1依宣旨監物相共下向東大寺、開勅封御蔵」令修理了、而南御蔵板敷下漏通濕潤、恐納」物等濕損歟、仍開檢同欲加修理之處、所随」身之御鎰不相合、不能開檢、為之如何、若可擇」給他鎰歟、申事由可被仰下者、參殿申」此旨、仰云、濕損之疑尤可然、早可擇遣他鎰」之内、可仰前日奉宣旨上卿之由、可傳頭中」將者、參内者《先》着結政、無政、仍入内、頃之右府』被參入、頭弁仰右府云、去六月伊勢斉主參」※2大神宮之間、荒祭宮付祭主有託宣云々、祭主」輔親朝臣可令問其趣者、右府則頭弁令召輔親、」々々參入、令頭弁問託宣之旨、良久之後、頭弁」申事由、〔密々於御書所、自問之云々、其趣云、斉王參外／宮祭了、次參内宮、欲始事之間、忽大風雨、」電殊甚、供奉諸司為恐之間、荒祭宮奉付斉王詫宣種々／也、其中、斉宮寮頭藤原資通妻女、年来宅内作大」神宮寶殿。稱大社仰、誑威愚民、是甚无礼者也、早可／配流、若不然者、奉為公家

并斉王・關白可恐、又恒例神」事・臨時奉幣并馬等、甚疎略也、是不可然之事也、自／此事等之外、公家無可聞食驚事云々、〕』即被仰可奏之由、〔此間忽大雨雷電、／群卿頗為恐、〕弁奏之、傳勅云、」※3資通所為甚以非常、如託宣可配流也、遠近如何、」又其妻雖不入託宣、事之起在彼女、同可依《流歟》歟、若」可依《流》者可在輕重歟、又可被申聞食恐之由歟、」各可被申者、以祭主輔親可被為使歟、將可立」遣他人歟、可定申者、右府并民部卿・權大納言・」侍従中納言・右兵衛督・左大弁并余、相議被奏云、」夫妻共可被處遠流歟、又尤可被申恐之由也、』但祭主是恒例使也、於此度者、事也大事、以《云々》」可然人可被祈申歟、仰、聞食了、擇無忌之日、」※4可被行配流事無、又流女之例可尋之由有仰云々、」又可被立使日時可令勘申者、右府仰弁令勘日」※5時、被奏、〔廿五日／云々、〕可退出、此間大監行住朝臣率鎰・近」御司等、入自日華門、給御鎰、傳聞、件鎰等雖其」※6數、不付短人退出、仍難知其蔵鎰、因之三舌四舌」鎰大少各二枚取出、合持官使部、副監物下部遣之』云々、」

次侍従中納言移着南座、召史仰云、依宇佐宮恠異、」※7可有軒廊御卜也、仰諸司令敷座、并儲水、令生欠《火歟》」者、史令諸司如例令勤仕、次召頭弁、仰可召神祇・」陰陽之由、暫少副卜部兼忠率祐大中臣惟盛・伊」岐則政・卜部等、經宜陽殿壇上、着廊座、〔西上／北面、〕次頭」實光率博士時親・助則秀等自同道着座、〔東上／北面、〕」主殿官人明隆生史、主水官人土器盛大居之、次上』召云、兼忠宿祢、々々唯經小庭、〔此明

／子雨、〕居膝突、以府解」經元仰可卜申吉凶之由、兼忠唯歸座、令見下、次」上召之、實光朝臣、々々々唯經同庭、居膝突、仰云、大」宰府申宇佐宮在恠奇之由、可卜申吉凶之由者、」實光唯歸座、〔云／々、〕仰旨仰下神祇官書所、府解以」正文渡陰陽寮、同寫留以正文返官、各筮卜了、」兼忠以筮文入櫃蓋、奉上卿、々々披見了被仰云、」文然有諱忌、書可奉者、兼忠歸座令改書奉之、』次實光以卜文入筥奉上、〔件筥須寮随身參入也、不／具、仍忽借外記云々、〕」上卿開見、了召外記、仰事奉筥之由、外記奉筥、」入卜方等、令頭弁奏、仰云、依神祇筮、可慎大事・」疾疫之由報符、可賜太宰云々、上卿・并退出、余又」退出、傳聞、自去五月二日、至于晦比、宇佐神殿上、」雀群集、或作栖云々、仍有此御卜々、而官申云、本所」火事・疾疫云々、寮申云、天下疾病、若御薬云々、」

※1「可奉仕伊勢使事、〈付藤氏人有使事、〉」

七日、壬午、天晴、依召參殿、被定可被供養山階寺』東金堂并御塔雜事、〔件堂塔、前年為神火燒亡、仍堂／故入道大相國令作給、塔關白」相。閣令／作給也、〕兼召陰陽助則秀、被勘日時、〔十月八日壬午、廿日／午時也云々、〕」次殿仰云、有被擬伊勢御祈使、無指障可參詣者、」※1余申云、無指障、只可随仰也、抑前奉（年歟）故按察大納言云、」伊勢猶可遣藤氏人歟、是先祖大織冠本姓大中臣也、」故可有使（便歟）歟云々、是非指事、随便宜所云歟、抑」尋先例可相示者、」

※1「斉宮寮頭相通并妻遠流事、〈付進位記事、〉」

八日、癸未、天晴、早旦引見類聚國史伊勢奏、以非藤』氏上達部、多被遣伊勢、則注出參殿奉之、仰云、多」有例、大略可詣也云々、次着結政所、〔無他弁／并政、〕次入内、午」※1剋右府被入、頭弁仰云、斉宮寮頭藤原相通可」流佐渡、其妻藤原小忌古曾可流隱岐者、相府」奉勅仰弁云、仰左右衛門府、可令差進長送使府」各一人・門部各二人、兼可令作官符等者、弁奉」仰、云大夫史貞行宿祢云、令作官符渡外記、々々」入筥令覧相府、々々見了召外記給々、余起座、經敷』政門、率少納言・外記等、向結政所、余先着座、〔北壁／下敷〕」小筵二枚、其上敷／半疊一枚、南面、〕次少納言義通着座、〔右中弁座程敷小筵／一枚・半疊一枚、面西、〕」次外記時資着右大史座程、次外記・史生持印・櫃」等来、置請印筵上退去、又持入官符之筥来、」置外記前長床子上、〔以筵一枚敷弁与史之／座間地、為請印座、〕取出印」置盤上、以辛櫃置弁座板敷南端、請印官符」了、取了取印等退去、次外記、次少納言立、次余立」參内、着陣座、頃之右府被退出、次參殿御宿所、御』共退出、右府先是可令召進相通位記之由、令」弁仰京職云々、弁仰史令召仰職官人云々、又今朝」相府被示云、寮頭可停任之由、不可被仰其故」者、不取位被衣官之時、有停任宣旨、於相通者」已為配流者、官位共可被取也、仍仰可進位記之」由、於寮頭者、除目可被任其故也、」

※1「斉院可有遁世事、」

十日、乙酉、天晴、或人云、斉院遁世今月之内可有云々、招」※1長官以康朝臣相示云、主十二日依内觸穢不可參』院、今朝或云、今月可令避給云、實歟、若然者、令過」今日給如何、依伊勢御託宣、一日寮頭相通配流、」不經幾又有此事、當時・後代其聞不宜、猶過此程、」十月許宜歟、以此由可被申也者、及晩重来者、過」穢可參入、其次可相示者、十三日申可參入之由、」

※1「定考事、」

※2「無五位弁時四位勤考所事、」

十一日、丙戌、天陰降雨、依定考午剋許參官司、入自北」門、※1先是左大弁以下着結政座、余欲着之處、外記・」史生居廊北面一間座、是申文為合且少納言』歟、仍暫俳佪北廊、大夫外記文義朝臣、相示史生令」立座、史生下居北砌、余自壇上着座、暫甚雨、横雨」降入座席濕潤、仍有義暫立座、佇立北廊、此間上」卿被參入云々、仰史令敷替座、次第着之、〔雨脚／須伏、〕史」於座随結申文、一々起座、經大弁座西壇上渡南、」〔左大弁云、於座結了一度起／座、而一々立是違例也云々、〕次外記渡、次頭弁・少納言・右」中弁、次第起座了、次左大弁以下起座、於北廊下着」靴、左大弁相共着廳座、次申文、〔雨／儀、〕次請印、次外式奉、』大弁、二獻僕、粉熟則食之、三獻左中弁、飯汁則」食之、四獻推弁餅淡則食之、〔二獻以後被／行罰、〕官掌申装」束了、以秡箸、中弁以下々立、了上達部次第立座」指、退出間廳、謝生了着宴座、一獻左大弁、次酌左中」弁、次酌一座史、二獻僕、權弁、二史、三獻右中弁、三史、」上上卿以下立箸、上則秡之起座、〔中弁以下／立出之復、〕次第起座、」着東廊、史申装束了、上以下着隠座、一獻左大弁、」二獻僕、粉熟則食之、次居餅談、〔須三獻以後随召也、不待／召之違例也、仍左大弁不申』居了／由、〕三獻左中弁、次左大弁犯笏、候居餅談之氣色、」上以下食之、次申次申次史生可召之由、召仰史、次近」邊諸司、次雅樂、〔入夜、雨晴同明、／仍用勝儀、〕舞間左大弁以下取挿」頭、〔左衛門督・左大弁・侍従中納言・僕・右兵衛督・左中弁・／左宰相中將・權弁・左大弁・右中弁・僕・少納言、〕次僕起」座、於東廊座見申文、〔朝所手長、外記成經・時資之外無人勤／仕、仍上卿有被谷、助近・公親二人雖參」不入見／參、〕了歸座、次左大弁起見之、次申文、次左大弁申」事由、令對史廣雅獻盃、大弁取杓、〔乍立盛上盃、授／持於史歸、〕」巡行了上下退出、今朝頭弁被光臨、被向定考』雜事之次、若無五位弁者、考所可勤也、其事如何、」※2奉書讀申作法葉子等、兼申音様等、又被示云、」四位従此事之時、應召着座之間、四位可進歟、為當」少納言可進歟、答、先例不覺、左大弁為中弁之時、被」勤此役、定被覺歟、可被問聞歟云々、又於朝所、上卿」被示彼此云、依去月十五日月蝕、被止相撲樂了、今日」樂可有歟如何、彼此被儀云、相撲樂依月内被止歟、」於此樂隔月之中、釋奠之日已有宴座、被行今日樂』有何難乎者、余問左大弁云、前年被勤考所之時、被」着座之間如何、答、准申文儀四位先可進着也、左中」弁聞此事云、余奉仕此

役之時着座、次少納言着、」史来以紙文授弁、次以箇授少納
言云々、」

※1「祈晴奉幣事、〈丹生・貴舟、〉」
※2「依御願被奉幣・走馬於賀茂事、」
※3「左宰相中將息元服事、」
十三日、戊子、天陰降雨、參關白殿、及午剋退出、今日被
※1奉祈晴幣・馬於丹生・貴布祢雨社〔云／々〕、〔使神／官人、〕
又賀茂」※2上下使左中弁、被奉幣帛并走馬等、是前年」御藥時
御願賽也、乗尻近衛官人云々、依左亞將相』公卿消息詣閑院、
〔兒息／元服云々、〕東對南廂儲上達部・殿上」※3人座居饌、〔上
達部高／坏、殿上人机、〕及戌剋、左金吾。光臨、兩三盃」之
後、地下五位二人取菅円敷座上、次五位三人取理駿（髪歟）」具、置
北南円座前、次兒童着座、〔直衣束帯、不結髪、去／正月叙
位、仍不結髪歟、〕」次殿上五位二人取指燭、居座東西、次左
中將實基」理髪、〔不帯／取笏、〕々々了敷足去座、金吾加冠
歸座、中將近挾」鬢、了退去、冠者立座、秉燭者同立、五位
三人撤理」髪具、次二人撤円座、次五位三人取加冠座、敷座
上、〔一人／高麗』端疊一枚、一人地敷、／一人首、〕次四位
〔守隆／朝臣、〕取科敷、五位等取高坏物」十二本居座前、次
五位四人舁理髪前机廊立上達部」末、加冠・理髪着座、一獻
家主大納言、二獻藤納言、三獻」宰相中將、〈取杓、〉次被物、
〔女装束一具、／加綾細長、〕理髪、〔女装束／一具、〕次引出
物」馬二疋、次金吾出給、先是立明者腰指之、」

※1「伊勢宣命事、〈祈年穀、〉」
※2「駒牽事、」
十六日、辛卯、天晴、參殿、次參内、侍従中納言於左杖、見
明日」※1宣命草、了令持内記、追御所奏覧、了歸給内記、」〔先
是令内記内覧札府、々々仰、／可有辞別云々、仍加其詞、重
内覧、了奏了、〕頃之右衛門督參入令』門陣饗備了否之由、諸
卿被着左衛門陣、三獻了、」※2余奉上宣、〔秡箸把／笏奉之、〕仰
弁令召侍従、〔余仰了立箸、／弁令召使々、〕次外」記奉解文、
開見、先内覧、次上進御所奏之、次着」南廊、令諸司分取如
例、〔左右近・右馬取、／左馬助不參云々、〕次上以下取之、」
事了引參弓場奏慶、了各退出、」

※1「祈年穀奉幣事、」
※2「平野・祇薗・北野走馬被獻事、」
※3「被召仰伊勢奉幣使事、〈付潔斉事、〉」
十七日、壬辰、天陰時々降雨、内、侍従中納言奏祈年穀奉宣
命、」※1行社祇官被立使々云々、次民部卿於仗座、見被奉平」
野・祈薗・北野走馬之宣命、了令持内記、進御所』※2奏之、
返。歸座、令請書又奏、了令外記召使等、殿」上人也、次次
第參着膝突給之、出自敷政門此即、」弁頭弁於壁外自余、々
起座近逢、仰云、可奉」※3仕来廿五日伊勢奉幣使者、奉仰着座、
事了」上卿退出、藏人小將告有召之由、參御前、数」剋奏雑
事、及晩退出、向東河解除、了即渡」南宅、〔阿波守／所

領、〕斉、又本家聞可斉之由、兼皆誡仰了、」須於本所斉也、〔而/示、〕然立堂安佛・僧尼・經論、有煩移』運、仍僕一身向他所也、今於七箇霊所有御秡云々、」使殿上四位・五位云々、」

※1「大神宮忌勅使不可憚事、〈先例有廿日記、〉」
十八日、癸巳、天陰降雨、臨東河、令信公解除之、昨日」神祇大祐是守令申云、今月晦日、為太神宮例」※1差忌、至于来月御祭有忌往還、而不差彼忌之」以前參入、可出神堺也云々、以此旨遣問祭主許、返報」云、為勅使之人、更不可忌、唯遂驛館可往還也」者、依此説不可忌、但今月大也、量行程可然者、又』可出神堺歟、於今者唯可随便宜也、」

※1「解除事、〈至于進發之日毎日行之、〉」
十九日、甲午、天晴、臨東何、合信公解除、奉皇命」※1致慎籠居、始自去十七日、至于進發期、毎日可秡」請也、」

廿日、乙未、天晴、臨東河解除、為致慎、迄于進發日」所秡請也、仍先例、弘仁六年九月四日、天皇於太」極殿、被奉幣於伊勢大神宮、同十一日、以同使等、又」被奉例幣云々、六年十二月二日、遣參議藤原』行成、奉幣帛於伊勢大神宮云々、自余例離」多、不及記也、已合祭主詞、為後記之耳、」

※1「伊勢勅使例禄事、」

卅日、乙巳、天晴、巳剋宮司永政出牛二頭・絹廿尺、於」※1牛返之、絹依為例禄留之、則以疋配供六人・官」掌・弁侯等、〔各/疋、〕遣十二疋合納了、式可、臨時勅使四」位禄、絹十二疋、従八疋云々、仍所分給也、同剋立離宮」留壹志驛、午後降雨、」

九月小』

一日、丙午、天晴、巳剋立壹志、及昏黒着鈴鹿之間」降雨、」

二日、丁未、天晴、辰剋立鈴鹿、未剋着甲可驛、今朝」常陸前守維衡朝臣牛二頭、依無故返都了、」

※1「伊勢勅使歸參内事、」

三日、戊申、天晴、未明立甲可驛、及午剋着勢多驛、」暫※1体食、替夫・馬等、及申剋入洛、及晩束帯參」内、令頭中将奏事由、有召參晝御座方、奏參」宮間事、并祢宜等所愁申之事等、次參關』白御宿所、聞申此由等、及亥剋歸、」

※1「吏部王如元可従勅厘務宣下事、」

四日、己酉、天陰、風聞、李部王如本可従勅厘務之由、有」※1宣旨云々、〔外記奉上卿宣、／来示彼家云々、〕」

五日、庚戌、天晴、両宮祢宜等注進文奉右府、六日辛亥、」

※1「依天變被免輕犯事、」

六日、辛亥、天晴、頭弁御消息云、依天變・霜雨等、被」※1免輕犯者云々、又召使来云、外記文義朝臣仰云、明後」日可有陣定、可參入者、令觸可參之由了、是等」房守正輔・前左衛門尉平致經等合戰事、可』被定云、」

※1「陣定事、」
※2「正輔・被經合戰事、」

八日、癸丑、天晴、參殿・内等、暫右府被參入、左大弁令」※1※2申不堪文等、〔上宣上卿、加賀・能登等円開／發数少、返給定改申者、〕次上達部」多以參入、右府以安房守正輔・前左衛門尉平」致經等合戰文書、令見下了、余申云、正輔・致經」等合戰事、不決真偽、令勘問各證人、申旨不」異正輔・致經等詞、仍各罪科晴難定申、但合」戰之間、兩人随兵等共犯者、先以調度文書令』下勘法家、可被宅[定]行歟、左大弁・左兵衛督・左宰」相中將等同余、右兵衛督申云、事旨問余詞、」但前日伊勢國司召進證人等、不經勘問被返」預國司了、重召問彼等、随申可被定行歟、」右衛門督・春宮大夫・右大臣等被申云、兩人所為」共以不快、召問各身可被定行歟、權大納言・民」部卿・内大臣被申云、為避自罪、遞露人咎、共以」不隱、但伊勢國司解状云、合戰地隔致經住宅』十餘了云々、以之知之、致經進戰歟、以調度文書」令下勘法家、可被定行歟、左大弁執筆、則上」奏、依及深更、下待裁報、右府以下退出、」

※1「位記請印事、〈伊世内人等位記、〉」

十日、乙卯、天晴、有召參殿雜事、退出之處、召使」奉云、外記時資仰云、晩景可有位記請印、可參入」※1者、令仰可參入之由、及晩參内、侍從中納言被候、而」少納言遅參、仍入夜位記三巻請印、件位記伊勢」内人等也、前日彼両宮祢宜等各被叙一階之次、祢』宜等依申請、勤労之内人等預叙列、而齊主輔」親朝臣注進漏前列之輩、仍所被叙也云、事了」退出、」

※1「八省行幸依雨氣停止事、」
十一日、丙辰、天陰降雨、午剋参内、今日可有八省行幸」※1之由有仰、而陰氣不霽、仍令頭弁遣賀陽院、」被仰云、雨脚若止可有行幸也、而幸臨之後若」及甚雨為如何乎、可停止歟云、被奏云、今日雖有」雨儀、是行幸以後事也、見降雨何有令幸臨』乎、早可令留給之由可奏者、頭弁奉勅仰」民部卿、々々々召大夫外記文義、仰行幸停止之由、次」令官人召内記、々々持宣命参入、開見了、持内記」参御所、〔經南殿北廂、／内記階下、〕奏畢、經月華門向八省、上官」等自中部追従云々、蹔退出、」

※1「殿上所充云代事、」
※2「以穀倉院・修理職充内府事、」
十三日、戊午、天晴、一日右府御消息云、前年殿上所充云」※1代可書儲之由、有相示、与年月推移、定違濫歟、早」改直可持奉者、改直持參、披見可被命云、不』悪、早令覧關白之後、有定之日可儲候者、則令」覧殿、仰云、以左右京職可充右府、以穀倉院・修」理議可充内府、〔是等皆奉／充殿之處也、〕自余事等不悪者、以此」※2由申右府了、抑僅(僕歟)為蔵人頭之時、可有殿上所充」之由奉勅、仰右府、々々被示云、所充事、是不可秘」蔵事、内々付關所勘文、先量充可然之人々、可」持奉、是於御前量充時、々剋推移、非無事煩、」則仰貞行宿祢令勘所々闕、如命量充令覧、命』云、甚以佳也、但令覧關白・大閤可儲候者、則令覧」了、而左右相障于今未被定也、」

※1「二宮御着袴沙汰、」
※2「穀倉院・修理職充關白殿事、」
十四日、己未、天晴、參殿、被仰云、二宮御着袴日内々可令問」者、※1召陰陽師則秀問之、申云、十月廿八日云々、申此由、」仰、聞了、次被仰云、今年公私經營相合、上下不休」息云々、雖然此事又黙而不可止、宮合行給者事」有限、不可被檢約、公家被行之時、自然者(有歟)事煩者也、」於此度、一向此家被行如何、余申云、賢事也、延喜・』天暦間、只公家被行如此之事、近代本宮本家」行来也、専不先例者、仰云、以此由可示大夫者、則諸」大夫御許聞此由、被申云、甚賢事也云々、申此旨」了、頃之自右府被示云、穀倉院・修理職、尋見」※2先例、多被充摂政・關白、貞信公・枚殿共為此所檢校、」乍見先跡、何不申案内者、則申事由、仰、然者」可充自者、則令此旨了、」

※1「殿上所充事、」
※2「中宮権大夫吉書事、」
※3「被申請右府事、」
十六日、辛酉、天晴、早旦參内、頃之右府并殿令參入給、』

[※1]右府於陣座被示云、所充土代僕今案也、而引見故」殿御日記、承平間被申貞信公先土代、次於御前」被書、是有舊蹤事也〈ケリ〉、有興々々云々、須頭弁」申召由、右府被參上、此間余於陣腋、召貞行宿祢、」欺闕所勘文、仰云、従其随召可奉者、次於殿上方、以土」代文授頭弁、云、是有内々儀所書也、召硯之時密々」可被加奉者、須之右府被參御前、〔關白先令參／給、次召之、〕御装束、」以御木帳等立亘母屋、〔女官／奏時、〕次菅円座二枚敷孫廂、〔當／御』座間、但北南敷之、／其間四五尺許、〕次召頭弁召勘文、弁以勘文入柳筥〔無懸／紙、〕」奉之、次召硯、同入柳筥、〔硯・筆・墨・刀・讀紙・／土代文・水瓶等入之、〕蔵人少將持參、」定了右府持定文、出殿上下頭弁、々々給之結了、密」申右府云、蔵人所別當令成了者、右府塲、令頭弁奏」慶給、了重昇殿上、中宮権大夫被申云、有所労久」[※2][※3]不出仕、今日依為吉日、欲申文、如何、右府命、尤可然事」也、早可令行給、暫被退出了、大夫并左大弁、於陣被」行申文云々、余觸案内不向、及午剋春宮若於關』白殿御車令出給、仍上達部・殿上人被候御送、余同」參候、」

※1「祇薗僧負秡日時事、〈四主内葬送事、〉」

十七日、壬戌、天晴、參殿并結政、有政、〔上侍従／中納言、〕事了着南、申」文・食了入内、次有内文、此次有位記請印、又中納言奉」勅、召陰陽寮令勘可負可祇薗僧秡々日時、是僧於」[※1]祇薗四主内葬送、仍其崇出御下[卜歟]、因之所被行也云、」

入夜事了歸、」

※1「詣栖霞寺事、」

十八日、癸亥、天晴、早旦詣栖霞寺、奉拜自唐人良早許』[※1]所送文殊并十六羅漢繪像、資無憂樹・井提樹」葉并茶羅葉、南岳大師奉見普賢之處土、五」臺山石等、次諸成隆寺詣老聖、及晩歸京之、」

※1「斉院可有御遁世事、」

廿日、乙丑、天晴、不他行、及亥剋斉院長官以康朝臣」[※1]来向云、院御消息云、依年来本意、来廿五日」許欲遁去、而關白聞給、此院女院御共、彼日可詣石」清水等、若有如然之事、甚無便歟云々、仍縮彼日、」明後日可遁世也、。令申承了之由、愚案是不可』奉抑留、人事皆有其運歟、就中前日、今年可」吉之然有夢相之由有仰、神慮難知、何申左右乎、」

※1「同事、」

廿一日、丙寅、天晴、早旦參内、斉院御消息旨申關」[※1]白殿、被仰云、前日甲斐前守範國朝臣侍語此」事、仍可令過廿五日給之然、以彼朝臣令申也、而明」後日可令吉給之由、有御消息者、雖不可妨申、」但事甚率示也、猶女院歸給、来月朝比宜歟、」以此起可洩申者、參結政、而召使等遅參、仍不』着座、下立觸史入内、史等引相従入内、次參斉」院、申殿被仰之旨、仰云、須如殿仰、過院御物詣之」後可遂本意也、然而月来心地不例之由、近来」甚以難堪、若及重病者、恐難遂本意歟、仍」所怠思也、有次可申此然者、參殿申此由、仰、不」可申左右云々、次申云、為院別當已及多年、此時」不致愚忠、斯何時乎、仍明日出御之間、欲參仕如」何、仰云、夜中密行、他人不可知、計也有何事乎者、」

※1「斉院退出事、〈為出家也、〉」

廿二日、丁卯、天晴、及晩參殿、仰、令夜斉王可被退」出※1之由依有云々、汝可參彼院之由、昨日有相示、倩」思此事、頗無便歟、就中明日・明後日共重・復」日也、仍今夜中可奏事由歟、其間事汝參彼」院無人沙汰歟者、仍不參入歸宅、有障之由令申」院、其使歸云、亥剋以大僧正御車、秘蔵可令渡室」町給云々、及深夜、頭弁被示云、斉院今夜被退出」之由、只今月聞食、實否如何、返報云、只今奉此』參入欲令奏事由之間也、事々自可申者、即」參内、相逢頭弁云、賀茂斉王日来有所勞之」由、此兩三日依殊重、今夜寮退出、随傳聞所」令奏也者、弁奏此由、仰食聞由、次語云、今夜中」仰右大臣、可令勘先例者、只今可詣右府也云々、」余參殿、又申事由歸宅、」

廿三日、參室町院、次參殿、午剋許權中納言・左大弁」相共參官司、依位記召給也、事了退出、』

※1「上東門院御物詣儀事、」

廿四日、己巳、天晴、及曉參殿、近江前司參入、申云、石清水・」住※1吉・天王寺御經供養講師并別當等、皆儲織物、」自余所司并神人皆儲疋絹、是依故東三条院」例所用意也者、又遊女等定賜歟、如然之料相合」所儲之疋絹、惣三百疋許也云々、入夜退出、」

※1「上東門院令詣石清水給事、〈付住吉・天王寺、〉」

※2「尼出車事、」

※3「天網時可快事、」

廿五日、庚午、天晴、午剋上東門院令參石清水給、此」次※1同可令詣住吉・天王寺給云々、御共上達部或冠直」衣、宿衣、或布衣、〔衛府随身皆／布衣・狩胡籙、〕殿上人皆布衣、〔随身同布／衣・狩胡籙、〕』御※2車、外人給三兩、〔一尼、純色、／二俗、皆紅色、〕關白殿并内府各乗車」令候給、〔殿烏帽、内府冠、官人・物節・随身等共布衣、乗馬、舎／人等同布衣・狩胡録、各御車後令牽御馬給へリ、〕」見物車・馬・桟敷狭路無間、行立次第、先御幣、次」神寶等辛櫃、〔藏人・主典代各二人、／宿衣乗馬副也、〕次殿上人、次上達」部、次御車、〔行任・賴國朝臣／候御後、〕次關白殿、〔御車後検違使／一人布衣候、検」非違使共看／督長等布衣也、〕次内府、或云、今日午剋是天網時、已」不※3快云々、」

※1「勅使并春宮御使參八幡事、」

廿六日、辛未、天晴、參結政、右大弁同參入、無政、入内』

參殿上、有召參御前、良久奏奉雑事、參中宮」并春宮御方、
晩景退出、今朝四位少将資房」※1為中使參石清水云々、又東宮
權亮良頼為」宮御使同參入云々、」

※1「同御使事、」
※1廿七日、壬申、天晴、内・宮御使院行在所云、〔内四位少将定良、／東宮大進隆佐、〕」

※1「御願法花不断御讀經事、」
※2「斎院御出家事、」
廿八日、癸酉、天晴、參賀陽院、次參結政、左大弁參」※1入、
無政、入内、自今日以十五口僧於御前在所被行」法花不断御
讀經、御装束如季御讀經、但』依無行香、不立其具机、又不
敷上達部座、立散」花机、敷堂童子出居座、雖到時剋僧等
具、」仍上卿、〔前右衛／門督、〕奏事由、且以七口被始、又外
記合」頭弁奏云、明日國忌分配右兵衛督依參」殿御共、無人
着行云々、仰可催僕云々、外記在催、」令仰可參入之由了、
傳聞、今夜斉院御出家、」※2大僧正奉授或云々、」

十月大』
※1「平座事、」
※1一日、乙亥、雷雨、及晩參内、侍従中納言・左大弁」被候仗
座、蔵人經衡来、仰可兼（無）御出之由、」納言仰頭弁、令装束宜
陽殿、此間上以下」誹徊壁外、弁申装束了由、上以下着座、」
三獻了上示可令召侍従之由、余示少納言」令召云、四獻、上
奏見余・目録等、召給少納言・」弁、了退出、昨今御物忌
云々、仍以宿紙可書」見參等之由、被仰外記云々、』

※1「女院還御事、」
三日、丁丑、天晴、早旦女院還御云々、及午後參殿、」※1被仰
道間等、暫令參内給、僕又歸私、」

四日、戊寅、天晴、參殿、次參内、有召候朝干飯方、被」仰
雑事之次、斉王退出之後出家云々、明後日」許欲遣消息、彼
日可參入也云々、頃之退出、傳聞、」門北舎下在充（犬死歟）犬云々、
令實検在其實、仍依」犬死明後日不可參入之由、於示頭弁御
許之、」

※1「出犬死假文事、〈昇進後依初度出座穢事、〉」
五日、己卯、天晴、書假文、奉外記廳并結政所・殿上』※1等、
昇進之後未奉假文、而此度始在犬死、假文」頗有事憚、仍出
觸座穢之由、及晩内豎来之、」明日御讀經結願并可有弓場始

等、可參入云々、」在觸穢之由令仰了、」

※1「斉院長官注進留置野舘雜物事、」

六日、庚辰、天晴、斉院長以康朝臣、持来留置野官」[※1]雜物勘文、〔御輿一具、糸毛御車一具、金作車二具、客殿大／盤・円座・茵・帖・笠・簑等也、此中或ハ云、或損云々、〕」令史廣雅送頭弁許、件文注進由先例不覺、而留」置院底、無人守護、仍書注在之者、是文不可留余許、』仍所送也、」

※1「正輔・致經罪名事、〈大外記文義可勘申之由、明法博士利業謗難事、〉」

七日、辛巳、或者云、安房守正輔・左衛門尉致經等合戦」[※1]罪咎、令明法博士并大外記文義朝臣勘申之由、」前日被下宣旨了、而明法博士利業朝臣、謗難」宣旨文之由、依有其聞、除利業可令勘申之由、重」有宣旨云々、」

※1「弓場始事、」

九日、癸未、天晴、參殿、次參内、有弓場始事、申剋許」[※1]右中将良頼召人、春宮大夫以下起取弓矢、經階』下着座、〔良頼留南階西／腋、揖上達部、〕次良頼召扶宣旨、々々唯、仰云、的懸〈ケ〉、扶宣取的、出自陣進懸之、次蔵人資近・」兼安等、撤御射席等、次良頼仰云、的替〈カ〉、扶宣替」之、次矢取着座、〔取机者一人進北、以机立南殿西廂立坤柱退／歸、自余往堋座着、須下經前也、央經後也、〕」次召能射、次召所掌、〔先是關白／着廊下座、〕々々左少将經季取硯等、」居春宮大夫前、随上宣書分前後射手・度数・募」物・念人等、作法了着的付座、次六位等立射、分綿」懸物等、次射手次第立継射之、經季在射手列、仍』侍従替的付、二度間供御膳、并給臣下、五度了、前」勝、中宮権大夫率念人・射手等、於東庭再拝、上」達部後四位、六位皆失挿腰持弓、〔射手張、念／人不張、〕關白兼」昇候御後、仍不立此列、次還御、今日無中科人、」仍不作懸物云々、」

※1「參結政事、〈不申無申文之由以前、着广失事、〉」

十日、甲申、天晴、參殿、次參結政、権中納言着廳、」[※1]召使来云、可着廳中、弁以下依不參入南所、」可令申物忌之由、仰史起座、着廳之後、良久外記』不結申、上卿令召使催之、外記令申云、結政未」令申無政之由、仍所遅引也者、余大過失也、須」令申無申文之由、可起座也、而不令申其由」着廳、是至愚也々々々、上卿仰云、外記早法申可」奉官文者、暫外記時資供申了、次少納言着」床子奉官文、皆如常、事了出立西廂、上卿相揖」出門之間、召使申南所物忌之由、上直入建春門、」余同入、於温明殿東壇上、脱深沓、着腋床子、暫』共退出、」

※1「被申斉主退出曲於賀茂事、」

※2「藤氏一人着佐保殿之時拝事、」

十一日、乙酉、天晴、參結政、先此左大弁以下參着入内

云々、」仍[※1]入内着使座、左衛門督兼被着外座、大内記孝」親
令覧宣命、見了入筥給之、孝親取之立北庭、」上起座、進弓
場奏、了歸座、内記奉文、上開見、了」取副笏、以筥給内
記、々々取之退出、上卿起座、出自」敷政門、參賀茂、〔草
令奏／先了云、〕於侍従所裏上下社幣、」立西垣下、〔次官中務
／少輔高階、〕件幣被謝申斉院被退出之由』云々、次侍従中納
言相共參殿御宿所、山階塔供養事」等[※2]被仰之、次被仰云、藤
氏一人着棹殿、先敷庭中於」座、再拝之後昇、是例也、中納
言被申不知之由、暫」退出、」

※1「承可獻五節由事、」
※2「參前斉院事、〈張注、〉」
※3「山階寺塔供養獻事、〈民部卿誦經事、〉」
※4「東宮大夫二郎元服事、〈御猶子、〉」
※5「出雲國杵築社無風顚例事、〈付御正躰露出神異等事、〉」
十七日、辛卯、天晴、有召參内、或（式）部丞資通仰云、可獻」五[※1]
節者、令奏奉之由、次有召參朝干飯方、依仰」參[※2]前斉院、
〔令訪退出／由給也、〕奏御返事、退出參關白殿、先」此内府
被參入、暫出給、次參御前、被仰山階塔供養』間[※3]事、〔可准
御斉會事、／可給度者事、〕氏參議以上可誦經事、〔大臣／三
百」端、大中納言二百端、參議・三位百端、又可僧前内、女
院五百端、／中宮・春宮・一品宮三百端、千端又金堂可誦給、
又別當扶召依」不結僧、雖不施法〈已上十三字非経録也〉服、
至施供養／可施也、自余事等准法成寺塔供養云々、〕又被仰

云、」東[※4]宮大夫二郎今夜加元咒服、我子可叙従五位上之」由、
令奏了、首元之後定持来歟、可充馬也云々、暫退出、」今朝
頭弁於殿上被示云、出雲國持社無風顚例之由、」奉[※5]國解、守
俊孝朝臣語云、兼兩三度有光、次震動」顚例、材木一向自中
例臥、唯乾角柱一本不倒、此社』中以七實（寶歟）作實（寶歟）殿、安置七寶
筥於寶殿中、是」稱御正體云、而其筥露居顚倒材木上、仍祢
宜等」為奉移假奉礼件筥、五寸許不及、仍構路立、雖奉」取、
常五寸許不及、仍祢宜等度々怱沐洛禊斉、深致」慎奉取、奉
移假殿了云々、仰云、前年顚倒云々、可令」問彼倒者、」

※1「山階寺造營賞沙汰、」
十八日、壬辰、天晴、參殿、被仰云、扶公為寺別當之中、當
造」塔[※1]事多入其功、當供養時下向、何非抽賞哉、又』行事隆
佐・重通同可賞哉如何、申云、扶公・隆佐」等尤可被賞也、
於重通者身為下凡者、令中隆佐」目代之者也、於被抽賞如何、
仰云、扶公令任本議（職）歟、」将法印於、又隆佐可叙四位歟、先
同彼等、随氣色可」行歟、申云、各所思晴難知、内々令問給、
令行給、上」計也、即令須中将奏事由給云々、入夜退出、」

※1「殿下為供奉山階寺塔御下向事、」
十九日、癸巳、天晴、辰殿下率上達部、於法興院乗馬、自」
宇[※1]治道令參興福寺給、〔殿下以下殿上人皆宿衣、御前／少納
言・史・外記・諸大夫布袴云々、〕』今日宿棹殿、明日令入寺
給、御塔供養了宿別當扶」公房、翼日令打餺飩給、可令歸洛

乎、宰相一人可」留之由有儀、余々入、」

※1「同問事、」

廿二日、丙申、天晴、右中弁来向語云、殿下去廿日、自棹殿」乗[※1]車、入寺之間、左衛門督并宰相已下騎馬前駈、」自余乗車被候云々、入自南門之間、寺別當以下列立」門内奉迎、又左右樂人乱聲、先於金堂前拜佛、次」着塔下座、會儀如常云々、事了被賞別當并造』塔行事等、〔扶公法印・大僧都、隆佐朝臣従四位下、追可申請云、重通／従五位上、左近將狛光貴従五位、【本儀常人／上藤也、】〕」其夜宿別當房、翼日於別當房有餺飩并音」樂、給禄有差、次賜馬二疋於別當、次巡檢寺内、令歸給、於」宇治殿御儲、大納言三人・前右衛門督、有牽出物、〔馬各／一疋、〕及」子剋入洛乎、」

※1「官尉倉燒亡事、」

廿五日、己亥、天晴、或云、夜部大官尉倉一宇燒亡、御祈願折」布[※1]調、并造豊樂院料手作等、納此倉、又前年圖書」寮燒亡之時所燒之大般若一部、并金銅軸銀佛像等、』同納此倉、而重燒亡云々、」

※1「殿下為逍遥渡御桂事、」

廿六日、庚子、天晴、關白殿為逍遥、御坐桂云々、及午剋參」内[※1]、々座礼左仕被定秋季御讀經、及晩退出、〔頭弁兼不可内／覧之由蒙殿仰、」直奏／之、〕」

※1「二宮御着袴獻事、」

廿七日、辛丑、天晴、有召參殿、被仰云、二宮御着袴日屯食」等[※1]事如何、又御装束等事如何、宮司等多有障」不可參入云々、有懈怠違例事、可催行也者、申云、屯」食事、前日以少進季通示遣大夫許畢、則令催』之由云々、敷設等可令用意之由、同仰大進親經先」了、定儲候歟、答、有不具物者、借用俊遠明臣如何、」仰之、早可備用也者、」

※1「同御装束事、」

廿八日、壬寅、天晴、巳剋許參内、催行御装束事等、撤御」帳[※1]西御座等、敷満廣長筵等、又撤南廂書御座」調度等、同敷長筵等、額間敷惲繝端二枚・地敷・」茵等、為内御座、南縁敷筵、又東又孫敷筵・疊等、」上達部・殿上人、〔南三間高麗上達部座、／北二間紫殿上人座、〕廂東敷紫端疊』等、自余事等如例、入夜退出、」

※1「二宮御着袴事、」

廿九日、癸卯、天晴、參結政、次入内、參宮御方、穀倉院居上」達[※1]部・殿上人饗、〔上達部廿前、殿上人／八前、依所狭也、〕大膳居侍従饗於」侍所云々、〔無／前、〕御院儲女房衝重、〔卅／前、〕及晩上達部參入、兩三」盃云々後自内被渡御調度等、〔二階一脚・御櫛筥一雙・御脇／息一脚・御硯筥一具・御火取一具・」惲繝端御座二枚・／北敷二枚・御茵一枚、〕諸大夫等取之、持參御前、權大納言・」左門督參御所、被奉仕御裝束於御帳西方云々、藏人」式部丞資通率出納納・小舍人各一人、命持御調度』參入、仍入召資通、給女裝束一具、又進親給取単」重一領、給出納、又属為信以絹二疋小舍人、須之藏人少」將經季持參御裝束二具、〔各納／衣筥、〕次主上令渡給、成二」剋御着、次自内被渡宅御前物、左兵衛督陪膳、殿」上人役供、〔御疊六本、銀／器等打敷、〕暫召人、頭中將參、奉仰上南廂」御簾等、〔召人々／令上、〕并召菅円座等敷縁、次奉仰召上達」部、關白殿以下參御前、殿上五位・六位六位賜賜衝重、次」次供御前物、〔右衛門督陪膳、宰相五人・三位中將・／頭中將役供、沈懸盤六脚、銀器左打敷、〕両三盃之後階下』敷座、〔掃部官人／敷之、〕召伶人、又召堪管絃之侍臣、於上達部座末」有御遊、及等剋事可給禄、此間頭中将奉勅、仰内」府云、以先品子可叙二品者、内府召仰内記云々、次還御、」次人々退出、又左右近・左右兵衛・左右衛門等陣、内侍所、」御膳宿、上下御厨子所等、盛屯食各一具、主殿・掃部女官、」北陣、瀧口陣、吉上、宮上下御厨子所、御膳宿廳、一品宮姫」宮政所等、荒屯食各一具、主上御前物・〔左衛門／督、〕屯食等、」本宮被儲也、自余物皆召家被儲云々、』

閏十月」

二日、丙午、天晴、入夜參前斉院、覺起僧都参入、奉授十」戒、及深夜退出、」

※1「軒廊御卜事、〈出雲杵築社顚例事、〉」
三日、丁未、天晴、風間、中宮權大夫於左仗座、召神祇・陰陽等、」※1於軒廊被令卜筮出雲國杵築社顚例之由、神官申」云、恠所非奏兵革、有疾疫事歟、陰陽寮申云、自艮・」巽方非奏兵革事、天下為疾疫事歟云々、仰云、出雲」并艮・巽方國々可慎疾疫・兵革事之由、可賜官符云々、』

※1「關白殿前駈馬為盜人被取事、」
四日、戊申、天晴、依小童所悩不他行、傳聞、去月廿五日」※1夜、於上東門院御門、關白殿御前散位平朝臣則義馬、」乍置鞍為盜人被奪取了、則被召仰検非違使等、被」尋求之間、其馬無鞍到主人宅云々、而今朝下女以件」鞍到參河守邊賣之、仍暫搦女、以鞍令見鞍主、已」被盜之鞍云々、仍以付検非違使、令問令賣之人、女申」云、内舍人藤原友正令賣者、仍尋其住所捕之、」勘問已承伏云々、』

※1「秋季御讀經始事」
五日、己酉、天晴、參結政、依為秋季御讀經始、不着座」※1入内、史等不相従、仍住化德内參陣、及未剋内座《符》被」參入、被

定奏御前僧、〔左大弁／執筆、〕次仰弁令打鐘、次出居」昇、次内府以下十人昇、發願・行香了退出、」

※1「季御讀經了事、」

※2「内符於路頭被相逢事、」

八日、壬子、御讀經結願也、仍參内之、即中御門与東洞」院[※1]之辻、内府被逢會、仍授下車懸榻立、前駈等」下[※2]馬、過給、余御共參内、於陣座召外記、被問堂童子等」參否之由、申云、參入了者、仍起座參御前、〔須令打鐘／昇給也、而』直昇、若於殿上／可被仰歟、〕侍従中納言并余留座、為候南殿也、」頃之出居上、納言・余上、僧上、御導師着座、堂童子」着分散、僧等着南廂座、堂童子分花筥等、散花」了歸座、廻向等畢行香、〔東、不。左右、出居并少納言、西、堂童／子四人、殿上人四人、〕」事了僧等下、次納言・余・出居下、余并左右大弁於」腋床子、見奏数・僧名、了左大弁物座令申、〔着外／座、〕」上右衛門督、〔内府被讓云々、留文召筥入之、令蔵人弁奏、返／於下外記云々、入夜歸宅、〕」

※1「右府被仰遣官奏給事、」

十日、甲寅、右府御消息云、明日參内、欲下大粮文、若諸』國[※1]忌申文等未申、上卿加粮文可見也、又可候」當年不堪奏、次可加文十余通者、令申奉之由、次」召仰義賢朝臣、」

※1「官奏事、」

※2「大臣候陣之間下臈上達部早出、殿下被咎仰事、」

十一日、乙卯、參殿、次參内、頃之右府參入、令申大粮文并」諸國文十二通給、〔左少吏為隆申之、余候氣色／令申也、是大史等依不參也、〕次可有官」奏[※1]之由有仰、仍於腋床子仰義賢朝臣、左少史廣雅」取奏文、令見權弁、依文数多、及秉燭見了、次加懸」紙令見余、見大略下史、〔依可及／深夜也、〕次着座申行如例、』及亥剋右府被退出、〔當年不堪荒奏也、／副文十一通、〕左宰相中将示云、」上達部兩三東《未》給事退出、仍關白相府被咎仰云々、」是[※2]大臣候陣之間、下臈早退出、甚不當事也云々、」

※1「依怪異奉幣杵築社事、」

十五日、己未、天晴、依出雲杵築社顚倒、於陣被之御祈」使[※1]、〔中宮権大夫被奉行云々、先是仰神祇／官、令着可使社一人、卜部一人為使云々、〕剋限召使、於膝突」給宣命、使於左衛門陣外、請御幣等、進發云々、件御」幣先例不見、仍仰神祇官令勘社数并幣物色目」等、任勘申、於待従所被裹備云々、杵築社并具社十』八社幣也、〈已上二行可書注也、〉」

※1「於關白殿被試人長事、〈安行、〉」

廿四日、戊辰、天晴、參内府、次參殿、兼人々多被候、人長左近」将[※1]曹尾張時頼者《去》秋死去、仍無人人長、彼此被申云、左」近衛尾張安行〔故左将監／兼時孫、〕為譜代之上、頗得骨法之由」云々、聞先例、兼國為近衛之時、従此役之由云々、准彼例、」安行有難乎、抑今夜給試可被左右歟者、忽例」御随身等堪神樂輩、并候樂所人々、同堪此事、」於南庭被始神樂、被試安行、已受家風、其體不凡、』人々憐家風不朽、被儀定役々、及深夜退出、」

※1「不堪由定事、」
※2「正輔・政經罪名定事、」
※3「前中納言兼隆可書賀表判所否事、」
※4「有封諸寺・七大寺・十五大寺□使可遣□人哉事、〈付法隆寺別当治否事、〉」
※5「取賀表判事、」

廿七日、辛未、參結政、有政、〔上侍従/中納言、〕南申文・食等了入内、」參中宮、依春季御讀經始也、事了參陣、右府」兼被候、被示左大弁云、不堪文等候哉、弁申儲候」[※1]中、即移南座、大弁令陣官召史、仰可奉不堪文」之由、史一人取文、〔入/筥、〕置大臣前、文一人取硯置大丞」前、大臣以文渡民部卿、〔□/筥、〕々開見了次第見、乍余見」之、渡権中納言、大臣可見合之由、示中納言、々々々開』見、大弁書之、〔兼書土代、置/硯傍書之、〕書了授中納言、々々々見」了、入筥了返上、大臣見了召史給之、次大臣以正輔・政」[※2]經等罪名勘文、〔加調度文/書等、〕授民部卿云、可定理非云、卿」見了次第下見了、余申云、大外記文義・明法博士道」成等勘申、安房守正輔・前左衛門尉平致經等合」戰罪名事、至于正輔、両人可處絞刑者、任勘状」可被行歟、於正度・致經者、所勘申各以不同也、先被」問相違之由、随各申可被定行歟、左大弁・左右兵衛・』権中納言・左右衛門督問之、春宮大夫被申云、正輔」罪兩人所勘申是同、須任結被行也、而年當」朔旦、従軽可被行歟、但於致經者、文義申可」處斬罪之由、道成心身不行、可處疑罪者、」此事如何、已正輔襲来、可損亡部内之由、觸」國司、何偏謂疑罪哉、民部卿被申云、兩人勘」申兩人罪科、須任法定申也、与朔旦競到、可」被行喜慶之期、若被尋行歟、右府被申云、正』輔罪任兩人勘申可被行歟、於正度・致經事」者、兩人所申共以不同也、理非晴《暗》難知、可従勅」定之、左大弁書之、此間頭弁申右府云、關白御」御消息、前中納言、〔兼/隆、〕可書朔旦賀表判所歟、」[※3]彼此相量可被示云々、右府被申云、正暦時、故」中納言重服之間加署、時人難之令摩云々、況」件納言已遭喪、服解未復任之召也、何書判所哉、」彼此共問之、又被仰云、有封諸寺并七大寺・十五寺』[※4]等、可令注損破之使、可差遣何人哉、又法隆寺」所司等、依別當仁滿能治、可被延任之由、奉挙」狀、同以此使可令注治否歟、為當可遣別使歟、彼此」被申云、可遣官使歟、又法隆寺事、便此使被實」檢穏使歟云々、此間、外記一人賀表於筥置右府」[※5]御前、〔兼有氣/色奉之也、〕又一人取筥同置之、右府加署、〔件表書/白色紙、〕」召外記給之、外記等撤文并硯等、良久後重来、」取民部卿以下署、〔加右府御判後、參内府里第、師顯之、其/儀、外記一人取入文之筥、昇自參議』座末、置民部卿前退出、次一人歟硯筥同置出、了/次第加署、了余召外記、給文并硯筥等、〕権大納言」并前右衛門督不署、

又藤中納言判署不書、〔兼／大〕外記文義云、大臣御判次第
取之、／大納言以下必不求次第、准随到、〕大弁書定文、以調
度」文書返上、右府召頭弁被奏之、仰云、殊有所思」食、正
輔・致經等可優免、又先可令注有封諸寺」并七大寺・十五大
寺別當封物等数并國等者、右」府以仰旨等被仰頭弁了、次退
出、午時亥三剋也、」

※1「殿下雖御物忌朔旦□行事、」
※2「度縁請印事、」
廿九日、癸酉、天晴、午剋以後陰雲忽起、給降雨、又時々』
雷鳴、[※1]參殿、仰云、明日雖當國《固歟》物忌、是希代之事、」公家尤
可被珎重也、仍行諷誦、欲參入云々、次參内、」依中宮御讀
經結願也、〔須明日畢也、而朔旦日中禁中／仏事不穩、仍日
結願云々、〕」事了着饗、次有召侍朝午飯方、奏雑事、以着」
陣左衛門督被示云、今夜可有度縁請印、着結」政可行者[※2]、又
命云、先上卿必不見度縁、示參議」許也云々、率少納言・外
記等着結政、〔南／面、〕次少納言着、〔西／面、〕次」外記着、
次治部丞・縁着、〈史座、〉次史生持印櫃、置北』板敷端、治
部下部持来度縁授史生、々々取之請」印、〔西／向、〕省下部
請之退出、尤外記等立、少納言・余立」歸私、〔于時亥／
剋、〕」

十一月」
※1「朔旦冬至事、」
[※1]一日、甲戌、天陰、終日降雪、巳剋參内、先參關白御宿」所、
此間左金吾之外、上達部不被候、蹔陣方戸」部被參入、相次
中宮權大夫・右金吾・拾遺納言・」權中納言・左右武衛・左
亞相公等被參入、次内府自』化德門被參、於壁外召余、起座
參、被仰云、取遂之」儀未案得、前日所被送故九条殿天暦九
年御記」云、依雨公卿列廊内、進就案北妻取丞云々、故殿
寛」弘九年、〔晴、公卿／列小庭、〕就案東取丞、今日雨儀也、
依九条殿」御例歟、將廊下儀不可別晴雨儀、猶可依故殿御」
例歟如何者、申云、此事不所及愚慮、今朝於相」廂《府》御宿所、
申此事、不被仰一定、寛弘故殿欝結」給、今案煩給事也者、
又々令聞合給、可令左右、』中納言・大藏卿被參入、次内府
被着奥座、及未剋、」外記使部二人〔着／袍、〕舁置表函之案、
自東方来、立」温明殿南壇上、〔東西為妻、依壇狭歟、晴日
立庭南故行云々、／件函・花足等、以朴木作之、以檜木作之、
採」木左木色、以紺地錦為花足并案等敷物、在臥／組、案無
德総品以組垂四足上、為総代、無覆帯、〕同史二人舁」之、立
敷政門閾内、〔南北妻、花是卯面為妻置案上、先例／去閾八
尺許立之、而今日去二尺許立之、〕外記」二人舁之、°宣仁門
并宜陽殿壇上・軒廊等、立同廊西」一間、〔南北妻、跪立之、
／秡笏退出、〕次内府起、經宜陽殿壇上、進立軒廊西」二間、
〔浅履、／揖立、〕戸部以下納言次第進立三間、大藏卿以下』

宰相、同進立四間、〔並西面北上、納言・參議／人多所狭、仍頗斜重之、〕次内侍出居」東階上簀子、〔案上御／出云々、〕相府揖離列、進着案東突」左膝、挿笏取函、〔花足不足、取／經。如本君総北、〕案北昇東階、乍立授」内侍、〔可授函之程許昇立／授之云、或跪授云々、〕右廻之定本所揖、相次又揖、」右廻經列立上、歸着仗座、〈奥座、〉戸部以下同次第復座、」次外記二人撤案立初所、次史生二人又撤之立初」所、次使部二人撤却、須之弁来仰相府云、諸大夫」并未給任符、又雖給未起任者、及依擁政入京』國司等、可命侍、兼又御暦・番等可付内侍所者、」相府奉勅、渡外座、命官人置膝突、召大外記文義」朝臣仰宣旨、至申剋内侍出、相府以下着靴、次」第昇殿、次右少将定良、經日華門并宜陽殿壇」上、進來之間、上臈達被云、今日出居将自本陣」可昇也、可還之由可示者、余難之不當之由、只示」侍従可率之内、少将云、侍従云、次将着座之後可昇」也者、余重示非使之由、仍暫留階下、喚下具侍』從昇着座、〔将南、左中弁輔／經将後着此、〕次侍従等入自日花門、着」宜陽・春興兩經殿西廂床子、〔依及昏黒不見人数、仍追／置之、又出居前四尺二脚」可立也、而立一脚、是内豎等／并於居不仰失也、〕所司立侍従等臺盤、次酒」番従入自日花門着座、次供四種給臣下、々器渡、〔被／庭、〕供」粉熟、給臣下、々御箸、臣下従之、供蚫羹、供御飯、給臣」下、〔先居生物・括物、次居／飯、撤粉熟、次居汁物、〕下御箸、臣下従之、〔内府請障／被退出、〕供一」獻、酒番給臣下、〔唱平須用土器、而酒器、是／所司大兼被咎之怠也、〕下器渡受、〔改庭／往還、〕」下物經公卿出居、〔各毎物三箸、分／取置飯器傍、〕供菓子・干物、給臣下、供』二獻、給臣下、〔此度用土器、是／所司覚悟歟、〕此間諸大夫等入自日花門、可」着宜陽・春興殿等座、而依晴不見、先此主殿寮」秉燭、立春興・安福兩殿東西廂、并同寮女官堂上」供掌燈等、而然風早夜寒、燈燭難明矣、須之還御、」公卿・出居起居、出居将稱蹕、彼此被示者、宰相」中将可稱也者、中将被陣云、節會時依無出居、當座」上臈将稱之、檢旬日者、已出居在座、專他人不可稱」云々、余答云、弓場始日、若上達部将在座之時如何、』答云、其例不覺云々、愚案、猶准節會儀、上臈将」可稱次、抑余不經此職、仍是非暗難凡之、次三獻、」此間戸部退出、中宮権大夫着仗、令官人召外記、々々」進跪宜陽殿西壇上、々卿仰可進見參之由、外記」唯退出、見參等挿杖、跪初所、上卿自、外記唯經陣」座南砌、〔柱／外、〕着膝突奉之、上卿開見了、如本奏」給外記、々々挿杖立本所、上卿經南殿北廂進弓場、外」記經階下進弓場、〔主殿官人秉／燭相従之、〕奏覧歸着仗座、外』記奉見參、上卿取之、外記持退出、上卿召少納言、〔令陣／官召之、〕」々々義通經宣仁門、進膝突給見參、少納言本道退」出、次召新右少弁家經、家經參、給目録、弁退出、少納言入」自日華門、立宜陽殿官第三間砌上唱之、上卿以下」随唱起廉、列立宜陽殿西廂、〔上卿自仗座便進立、依晴夜／被牢籠歟、北上西面、須異位」重行、依狭／一行所立也、〕少納言唱自各經公卿列末、立余後共拜」舞、可自宣仁門退出、諸大夫自日華門退出、抑今日見」參可数多、而見巻程不幾、若外記不取具諸司・諸道』是參、且只令奏五位已上許歟、又風聞、頭弁奏差分」殿上侍臣等、注六府陣并藏人所・授書殿・進物所、」〔御厨子所膳／部等加戦云々、〕豎等見侍者、令渡外記云々、〔見參年号下、注／使等官位姓名云々、」本府・本所督・別當等、／不加署名云々、〕」

※1「同間事、」

二日、乙亥、天晴、前日右府召式部権大輔擧周朝臣於里」第[※1]、被仰来月朔日賀表可作之由云々、擧仰草」案奉之、仰大外記文義、〔能／書、〕令清書白色紙云々、〔光／令」文義覧關白／殿給云々、〕兼又召仰官厨家史、令儲敷物料錦』臥組等、文仰造曹司所可令作函并下机等」之由、同被仰史云々、」

四日、丁丑、天晴、不他行、及亥剋之間、雷電数聲、雨脚」頗降、仲冬雷電尤可怖畏云々、」

※1「天文奏事、〈雷鳴、〉」

※2「引上野御馬事、」

五日、戊寅、天晴、參關白殿、次參内、風聞、天文道奉去夕」雷鳴勘文[※1]、〔疾疫・炎／旱云々、〕及晩侍従中納言被參入、外記時資」申牽上野御馬之由、上召解文、時資退於、持解文」〔入／筥、〕[※2]奉之、上仰可開之由、時資開函、以文入覧筥、置上』前、取函退出、上開見可入筥、令官人召外記、時資參」入、給筥、仰可内覧、時資唯退出、參參關白相府、歸」

參奉上、々開見、了令持外記、參御在所奏之、〔依為御／物忌、藏人」寫宿紙／賣之云、〕次歸陣、外記奉文、上見了給外記、仰之、推分」可論者、〔御馬本数五疋、仍左馬／寮三疋、右二疋云々、〕次上卿相共退出、」

※1「二宮可被卜定斉院日次并家等事、」

※2「官奏事、〈關白亭内覧事、〉」

七日、庚辰、天晴、有召參殿、仰之、二宮御出并可奉卜」定[※1]斉院之日等事、内々為間定所喚也、可遣召陰陽助」孝秀者、仰隆佐朝臣召之、孝秀參入、即召御前被』問件日々、申云、来月七日出御巽方家、十三日着」《若歟》十六日可被卜定歟云々、仰、自内裏當巽之人家誰」家哉、余申云、丹波守章任朝臣三条宅宜歟、仰」之、甚吉事也、又仰云、大略以此由可示宮大夫、即詣」大夫許申此旨、被申云、件日々并宅者程《吉歟》也云々、」今日内府被候奏云々、及昏黒、左中弁持參奏文、」[※2]令雅康朝臣申事由、頃之出論《行》、〔直知《衣》／冠、〕弁奉文、見了」返論《行》、弁歸參、〔先例、有召、挿文杖奉之、而出給則不侍召取／手奉之、甚以非例也、若不◦故實歟、〕』被仰云、奏入夜甚不便、事云入夜令疫左金吾一条」宅論《行》、參御苔《共》退出、」

※1「條事定事、〈付加賀守申得替年々料米令後司弁済事、〉」

十日、癸未、天晴、參内、頃之右府被參入、左大弁被申美」濃[※1]・紀伊等國交替使、次右府歸着奥座、令下見」諸國申請雑事申文等、〔皆讀／先例、〕諸卿次第見了、」〔惣九箇／國也、〕或次第申其理非、或相歎申其許不、但此中、」前加賀守復〔俊歟〕乎申請、依承平三年官符、得替」年々料米、令後司弁済云々、承平官符是但春』事也、於利春者専不可依彼例、若暗被裁許」寮用闕乏歟、先被問大炊寮并後司等、随申」可被定行歟云々、左大弁・左兵衛督・権中納言・内府」同余、右大臣・春宮大夫・権大納言等被申云、承平三」年件國雑米、令後弁済之内、被定下先了、又長元」々年諸國得替年利春米、可令前司弁済之旨、」雖被宣下、前後封其旨非一、許不之間可随」勅定云々、各各退出、』

※1「以上五節舞、」
十四日、丁亥、送齊師宿所敷疊七枚、木帳一基・手洗椋等、」令[※1]随身、又褂一重、袴一具、焼物・日物各少々、扇一枚同給之、」

※1「五節参事、〈為宰相出之、〉」
十六日、己丑、天晴、早旦敷設等送五節所、及昏黒令参」舞[※1]姫、〔陪従六人・童二人、已上乗檳榔毛／四両、下仕四人、乗網代二両、〕前駈五位六人、六位十人、」頃之叙位々人々被退出云々、及子剋、中宮権大夫并讃」岐守舞姫参入云々、頃之關白殿於御宿所覧舞云々、」及丑剋舞了、傳聞、四位従上一人、新叙一人、五位正下四」人、従上六人、入内一人、新叙廿人、外位二人、』

※1「車副牛飼行例事、」
十七日、庚寅、天晴、早自内退出、右兵衛督・左宰相中将・左」大[※1]弁御車副牛飼等来向、各給疋絹、〔舎人各二人、／童各一人、〕是夜」前依令仰明日可来之由也、女房食物自宅令送了、」入夜参内、令上舞姫、及子剋事了退出、風聞、右衛門」督於左仗、被行位記入眼・請印云々、」

※1「童女・下仕装束事、」
※2「神今食依御物忌於神祇官行事、」
十八日、辛卯、天晴、自中宮被調給童女装束二具、又和泉」守[※1]調送下仕装束二具、及未剋所童・下仕、有召今」[※2]参入、々夜着神合、依御物忌、於神祇官被行、及寅剋事了』退出、」

※1「給舞師已下例事、」
※2「免物事、」
※3「節會事、」
十[※1]九日、壬辰、舞師以下等、給禄・屯食等有着、舞師絹」六疋、綿代信乃六段、前料絹十疋、小師絹二疋、綿代信」乃四段、國司絹二疋、綿代信乃二段、理髪絹二疋、綿代」信乃二段、琴師絹一疋、綿代信乃一段、怕子一刄、命良三」人中綿代信乃二段、禄信乃六段、〔各／二段、〕御門守二人各疋絹、」小歌絹一疋、蔵人所小舎人絹二疋、髪上禄絹三疋、〈褂・袴料、〉」六府陣各屯食一具、小歌可所大破子二荷、掃部・主殿・』内侍所・定〔玄歟〕輝門・朔平門・和德門・瀧口陣・腋陣・中

宮廳等、」各大破子一荷、〔皆合分／給了、〕及申剋參內、先此內府令頭弁」奏詔書給、中務次給下名、召給二省了、於陣腋有」[※2]免物之由、被仰右衛門権佐家經云々、此間諸卿着外」弁、[※3]開門了召二省、令置位記筥、并群臣皆如常、事了」令出舞姫聞以退出、具在別記、」

廿日、癸巳、天晴、早旦參所々、申夜部被訪五節所」之恐、及晩歸宅、』

廿三日、丙申、天晴、參殿、入夜參內、候御物忌、依明日臨」時祭也、上達部於殿御宿所給宵絃、予及深更各」退宿所、」

※1「賀茂臨時祭事、」

※2「舍人奉仕人長装束事、」

廿四日、丁酉、天晴、使左馬頭於頭中将宿盧、儲舞人・陪」[※1]從等饌、及午剋御禊《禊歟》了、使以下給饌如常、申剋」歌舞了、向社頭、及子剋使等歸參、〔此間上達部於御宿盧／欽食、又被儲使以下饌、〕」丑剋有召、使以下着御前庭、御神樂如常、人長左近」衛尾張安行、寅剋事了、使以下給禄、〔今日依御物忌、／晝夜共御簾』[※2]以中、但東孫廂立御傍子如常、又安行装束兼日有儀、着青／摺白装・狩袴・斑。尻鞘・襪等、着草。、舍人奉仕人長之例」先日不慥、仍相量／被定仰云々、〕事了上下退出、」

※1「行幸八省修斉會事、」

卅日、癸卯、天陰、卯剋參內、辰剋上達部參會、頭弁来」陣、[※1]仰內府云、今日行幸可持候大刀契歟、彼此被申云、」御斉會行幸不持候大刀契、准彼可被行歟、及巳剋」出御南殿、內府以下着靴列立南庭、鈴奏了宰御」輿、乗輿留昭慶門內下給、御小安殿、〔諸司供筵／道如例、〕此間公卿」列立同門內東幔外、〔西面北上、主上合渡給、同皆跪候、宰相／中将持釼、三位中将持筥、〕』公卿脱靴昭訓門着東廊座、〔大膳兼居饗、用內豎大盤、／官厨儲上官以饗用机、〕」一獻、〔小納言云／勸盃、〕了內府召弁、被問衆僧參否之由、弁申」云、皆參之由、〔兼仰諸司・諸衛、合装束東西廊為僧房、【各五十／全口】弁・／史相分左右合列袈装、內蔵・大膳・穀倉院・御院等」兼居《全口》熟食・／僧供、〕次着汁、〔內豎等／役送、〕此間打鐘、〔內府被頎云、奉仰々弁令／打也、而不奉以前打如何、〕」次內府被問余云、可有出居歟、余申云、長保三年」記出居不見云々、內府被命云、今日事准御斉會」被行之內、已有行幸、猶可有歟云々、頃之召大外記文義」朝臣、被問諸司具否之由、次仰弁令敷出居座、弁家』經・少納言經成出居、次公卿入堂、主上出御大極殿、〔近衛／陣殿」庭左右、兵衛陣龍尾壇左右、／衛門陣會昌門左右、【作不／開門、】〕有仰諸僧入堂、〔先雅樂者一人持桙／立前、次樂前大夫」二人、【左右／分、】次舞人、次威儀師率衆僧／參上、如御斉會、【但登／西階、】自殿東、【已上三字／注也】〕頃之列居各高座前、〔綱／所」兼立標

後、入自東／西戸、置座具等、〕關白相府以下經東廊、下着南
庭座、」〔兼有儀、仰掃部令敷之、召卿・上官東上西前、々公
卿、次弁・少納／言、後外記・史・殿上人、東上北面一行、
龍尾道下敷百官座、〕」主上御拝、〔三／度、〕僧俗。之、拝了、
〔合常／拝之、〕復座、次堂童」子着南庭座、〔一方四位尺、五
位四人、圖／書官人率之着座、面如此、〕次法用了、堂童」子
等昇自殿左右階、取花筥分授諸僧歸座、散』花率諸僧、〔講
談師／不立、〕行道、〔一／巡、〕復座、〔其道經殿南壇上、并西
戸／北壇等、入自東戸、次第」着／座、〕散花了堂童子取花筥、
返置退出、次講師」關白、〔此間雅樂奏音樂、／而有仰被停
止了、〕講經等了僧等退出、〔如進／儀、〕」公卿着東廊、〔關白
令參御在所給、検先例朝夕有／行香、而此度有定、夕座可有
也、〕次打」鐘、公卿入堂、〔關白令／着給、〕諸僧參上、〔如朝
／儀、〕次震儀次震儀已上」惣礼、了復座之事、皆如朝講、了
行香、〔東公卿、西殿上／人、皆衛府不立、〕」次給布施、〔僧
正絹五疋、僧都四疋、律師二疋、凡僧一疋、加度縁各／一疋、
東方内以下取之、弁・少納言取傳、〕」公卿〔不足、弁・少納
言取之、／西殿上人取之、下臈取加論之、〕次僧下、次公卿起
座、次還御、』〔於昭慶門／内乗輿、〕下輿、鈴奏、次公卿名謁、
了次第退出、」
大殿并小安殿・東廊等御装束、皆如去長保三年三」月九日
會日、而彼日被仰可給度者之由、而今日不然何、」又被停
音樂并朝座行香之旨、同不得。云々、又」出居弁・少納言
着、二省・弾正不着、〔是兼無／仰云々、〕又有樂前」大夫、

無衆僧前并雅官人等、同外記不催具歟、将兼」無仰歟、又
今日南廂懸播・花幔等、而長保三年母」屋懸幡、廂引額不
懸幡云々、』

十二月」
※1「二宮御出断事、」
※2「引上野御馬事、」
※3「下名事、」
一日、甲辰、天晴雨、晩《景》置有召參殿、依御物忌、於門外令
※1申事由、仰云、二宮御出料、自内絹二百疋可被渡」之由云々、
逢頭弁案内其事、可充女房料也、抑内」女房等、可參御送之
由云々、其送物自家可奉也、」又此外有可被仰之事、案内可
示、參宮令申此」旨、仰云、以内・殿絹、可充内・宮女房料、
此外綿并直」絹少々、可入之由、可申云々、次參陣、侍従中
納言於仗座、』※2以外記内覧上野御馬解文、外記歸云、奏事由、
相分可」賜左右馬寮者、納言參御所、令奏解文、歸座、可分
給」両寮之由、仰外記、次召外記、仰可。除目等之由、外記
奉」之、※3〔入／筥、〕令外記開封、一々検寮、返入筥給外
記、々々取之立軒」廊、納言并僕經日華門儀所、〔納言自南
着、／僕自艮着、〕外記奉除目」等、三度申云、二省、入立日
華門南腋、〔雨／儀、〕上召式部給」下名、次召兵部同給之、
〔式部丞有障不參、仍以兵部／丞為代官、依有先例云々、〕二
省退」後着外記召給如常、參殿令申定、御消息事依子』細注
短」
紙、以為祐朝臣令奉、被仰聞食由、次歸宅、」
二日、乙巳、天晴、有召參内、仰云、詣前斉院、可案内初
斉」院雑事者、」
※1「上東門院焼忘事、」
三日、丙午、天晴、寅剋火見艮、人云、上東門院云々、仍
馳」參、※1先是院令渡御堂、人々多以參入、及卯剋大滅、」召
陰陽師、被問可遷御他所之日、〔十一日可令渡高／陽院殿給
云々、〕又十九日・」廿八日之間、可有行幸女院之《由》内云々、又
七日今上女二宮出給』丹波守章任朝臣三条宅、十三日可奉下
定賀茂斉」王之由、兼有儀、而依此大《火》事、十三日出御、十六
日可奉」可定由、有政定、」
※1「斉王卜定問事、〈帳事、〉」
五日、戊申、天陰降雨、參前斉院、奉問初斉院間雑事、」※1〔是
依内并／宮仰也、〕次殿、権弁〔經／任、〕申云、斉院式云、定
斉王了」即下宮城使所、為初斉院云々、内匠寮式云、斗帳
二」具、〔一具漆除上、／一具白木、〕賀茂初斉院并野宮装束
料云々、然者」以諸司可謂初斉院也、仍件御帳等并雑具、合
入諸司』經《行》云日可奉渡歟、而前斉院下《ト》定日、立件帳等〔白木
／神殿」料、漆除上／斉王料、〕之由有仰云々、為之如何、殿
仰云、誠有疑之事」也、慥尋可申行也、又以此旨等可示右府
并民部卿」等、聞有傳聞可被示予、権弁。右府、金參内、以
被」院仰旨、令申内弁宮、又參殿、権弁云、右府被申云、」
如式已為初斉院料之分明也、而前斉院已下《ト》定日」可立由有命
云々、當時無見彼問事之人、兩端疑」忽難决、又々被尋行歟

云々、民部卿被申云、依式文被』行何難之有乎云々、余申云、前斉院下定日、神」殿等御帳可立之由仰之由、案同院式、於初斉院」三年斉、畢其年四月參神社云々、就此文尋先例、」婉子斉院承平元年十二月廿五日下定、同二年九」月廿九日入右近衛府、三年四月十二日入野宮云々、」然者以里第可謂初斉院、又定斉王了、即下宅」城使所為初斉院云々、即宗能可參歟、其◦者下定」斉王、則可入諸司歟、然者内匠寮以御帳等、可立其』諸司、◦立里第、又不可懐運諸司、仍所作之或歟、而」擇日次之間、自然經廻里第、如然之間、不可不◦神」殿、仍早不入諸司之時、猶里第可立神殿御帳等歟云々、」

※1「依二宮可出御検元章任朝臣字事、」

七日、庚戌、天陰降雨、左衛門督御消息云、只今可来會」[※1]丹波守章任朝臣三条宅云々、即向其所、頃之中」宮権大夫・左衛門督被来向、略定御在所并女房曹」司、所々人々可候之所等、可隔別之由、差宮属為信、」示遣章任朝臣許、次參殿、入夜退出、」』

※1「二宮出御饗等事、」

※2「下家已・下部等事、」

※3「御帳無鏡・懸角事、」

九日、壬子、天晴、參殿、十三日宮出給道、申事由可令作」[※1]之由、示範國朝臣、又彼夜女房衡重、并傳饗、所々屯」食等、同申事由可充行之由、同示之、即申案内」云々、女房衡重可仰淡路、侍饗可作長門、屯食等」可充彼宮下家司等者、又道事可仰左衛門」尉清者、次參御前、被仰宮雜事之次申云、中」[※2]宮属為信年来兼仕二宮事、而申云、御坐一所」之間兼仕有使、令他所給之後、一身兩役不可堪者、仍』召試掃部属重則、依仰可召仕也、又本院主典秀」孝并下部等、可度之由、令申云々、尋先例知古事、」本院下部必有被召渡云々、為之如何、仰、共有何事」乎、十一日吉日也、可召仕也者、則申此由於左金吾、」可仰下之由、示範國朝臣、〔金吾／彼宮、〕別當範國又為司」奉行此間事、仍所相示也、但非別當非宮司、隆」然大宮并兩宮事等、觸類被召仰、仍可然之事等、」内々所申行也、不得意之人、定有頎思給、又一日頭弁』案内云、自行事所可奉疫斗帳二具、各懸角・鏡等」[※3]可具歟云々、案内可示之由報答先了、而今朝案内」舊院女房之處、共不具件物等云々、仍示頭弁了、」次參内、有召參御前、奉雜事退出、」

※1「二宮出御饗事、」

十日、癸丑、天晴、參結政、無政、入内、次參殿、明日依女院可」令疫《渡行》經、西對并北對等被掃法・装束、入夜退出、今」朝頭中将云、一日来十九日可有行幸女院之由御消」息、而院被奏云、於旋所事々可无便宜云々、仍行幸停』止云、又殿仰云、来十三日二宮出給、上達部・殿上人」[※1]饗之由、彼此有相示、可仰遣美作守許者、以此旨示」範國、守在任國云々、仍召仰弁済使云々、」

※1「上東門院渡御高陽院事、」
※2「二宮御所御装束始事、」
十一日、甲寅、天晴、參殿、及曉《晩》參御堂、亥剋女院令渡」高※1
陽院殿西對給、本家被儲上達部〔懸／盤、〕・殿上人〔大／盤、〕
※2饗」等、又有大盤所垸飯云々、事了退出、依為吉日、三条」
御装束可仕始之由、今朝示範國朝臣了、」

※1「二宮御遣内女房例事、」
十二日、乙卯、天晴、參三条令御装束、有召、入夜參』殿、
仰云、内女房宮御送可參入之由云々、可有送物歟・」※1女房歟、
寮々案内可相示、又惣可送絹歟、将可裹」別歟、余申云、前
年依大宮御産事御出之時、奉殿・」宮々第被里《裹》衣別、依彼例
可裹別歟、仰、可然之事也、」

※1「同禄法事、」
※2「二宮出御事、〈為斉王卜定也、〉」
十三日、丙辰、天晴、早旦尋聞可參御送之女〔房数〕」※1申殿、
〔三位二人、典侍三人、掌侍／三人、命婦六人、蔵人一人、〕
仰云、三位各十五疋、典侍各」※2十疋、掌侍各七疋、〔四依命
婦／一人同之、〕命婦各六疋、蔵人四疋許」宜歟云々、申云、
有何事者、次參三条、令御装束、』先以神殿當御在所西方
云々、仍迫東對臺北為」御所、〔塗籠東廂也、件塗籠可為神
殿之故也、抑件宅／本自無寝殿、只所在東對代北對許也、仍
以東對代為御」所、以北對女房／曹司、〕自内裏被疫御屏風十
帖、〔五尺四、々尺六、丈／嘗會時被調也、〕」自余敷設壁
代・御木帳等、皆本家被儲也、御帳不」立、自行事所追依可
調渡也、入夜參内、戌剋出御、」〔陰陽助時親／御返問、有
禄、〕於北陣自輦遷糸毛、本宮續等着」褐冠・經巾等、付御車
云々、余依荷前使不候御」共、依兼儀記之、亥剋許使々立、
雨儀、僕參後山階・宇』治三所、及晩更歸宅、」

十五日、戊午、天晴、參殿、〔去十三日令／渡少二条殿、〕次
參三条、次參結政」所、有政、事了入内、有召余御前、一夜
被仰宮退出」。間事等、令涕泣給、次參中宮御方、同被仰」
此事等、入夜退出、」

※1「馨子内親王准三宮事、」
※2「卜定事、」
十六日、己未、天晴、早旦參殿、御共參女院、次參内、」※1頃
之殿令參入給、次中宮権大夫被參入、頭弁奉」※2勅、進陣仰中
宮権大夫云、二品馨子内親王准三』宮、賜三宮、賜年宮・年
爵、并本封外可賜千戸」封者、大夫召外記、仰可召内記之由、
内記孝親參入、仰」宣旨起令作詔書、孝親草案奉之、令持内
記、邊御」所奏之、〔奏者先／内覧云々、〕次奏清書、賜中務、
次召弁仰此旨、」次召仰外記、率外戚上達部并彼宮別當等、
參」弓場殿、被申慶、歸陣、左衛門督・左兵衛督・余參」三
条、頃之勅使頭中将參入、甲斐前司範國申」事由、〔内府宿
衣／兼被候、〕南唐敷座、〔高麗端／一枚茵、〕召之、中将着

座、』〔令申有准／三宮宣旨由、〕次着肴物、〔高坏／二本、〕金吾・武衛・僕次第勧盃、」次金吾所禄、〔女装／束、〕授中将、々々下庭拝退出、頃之」關白殿余参給、次下宅、了上達部多參入、次勅使」右少将行經參入、令申事之由、敷座如初、使着中」斉王下定由、次武衛授禄、〔女装／束、〕拜出、次神祇大副」以下參入、範國申事由、頃之中臣三人取御秡物、」〔二人高坏二本、々別居小土鍋四口／納物、以紙裹、各四、一人大麻、〕等、自東庭邊簾下授女」房、々々取之供御前、〔余自地邊立坐具、示／許女房示案内、〕女房取大麻、摩御』體、返中臣、々々取之授宮主、〔宮主兼候東／庭膝突、〈北面、〉〕宮主、〔斉院／宮主、」以本宮解申結政任之、今日／不可申任、仍用代官、〕御秡々神部四人、付木綿取」賢木、立御在所屋四角、〔始自巽次／第立之、〕次立中門北南柱下、」次立御門左右柱下、次立御井、〔余仰云、如式求、所司立御井賢／木、而於里第立之如何、神祇」官云、前例如此／者、仍重不咎、〕次中官・下部各一人、奉仕大殿祭、〔於御在所屋巽／角始之、次」乾、次坤祭之、次御湯殿、但／不入簾中、只於簾外祭之、〕次有仰、副以下史以上着座、〔以侍／所」為件座、以／机備饌、〕二獻了、〔諸大夫／汁、三獻了、〕給禄、〔副大袿各一領、祐単重各一領、史／各二疋、【裏／紙、】神祇部史生・官掌」等疋絹、雑／人調布、〕史以上列南庭、〔西上／北面、〕再拜退出、次賀茂社司等』參入、範國申事由、令着座、〔以政所為件座給饗、知／家事等勧盃、役送正□、〕三獻」了給禄、〔祢宜・祝黄衾各／一帖、神人等調布、〕列庭、再拝了退出、〔下社司不／参入云々、〕次範國」朝臣・家司等相共、於政所成始近江國御封返抄云々、又」撤本御座并邊敷等、供新御座等、〔但下敷、長筵、女房／料疊・壁代・屏風・」木帳不賛、件新御／座等本家所儲也、〕又木工寮新作三間大炊屋、御炊男、〔々々／本家」注兩三人、各宮／主人卜定之云々、〕清雑具炊御飯、〔政所新調儲／雑具渡之、〕進物所清御」膳具、調供御膳、〔政所始自御器・御臺、／至于雑具、調具渡之、〕又宮主清料物、祭御再・」御竈・庭火等、〔本家充料物、／各進請文、〕自今夜參入令并侍者等』不可昇長神上、但可候簀子云々、又女房自里第參」入云日不昇御(在)布所長押上云々、經一宿之後可昇云々、」又於御又於御所屋不。頭、況於余事乎、今夜不」立神殿御帳并御所御帳等、又不立神賢木、不供神」座并悦等、風於神祇官廳始初斉院行事云々、」行事弁・史着之、上卿不着云々、」

※1「斉院神事、〈御散飯事、叡山御祈止否事、〉」

※2「去十六日下定間事、」

十九日、壬戌、天晴、參右府、藏人頭之時所被下勘近江・」遠江等國申用物充符之國解等、次參斉院、女房』[※1]云、朝夕御膳散飯等、主野宮奉難良力目之神云々、」而御坐里第之時、為之如何、又自先年、於叡山被」行御祈、可停歟、為當如何、不知先例、案内前院」邊、可申者、次參内、於殿上侍、右兵衛督被示云、」[※2]去十六日頭弁奉勅、可令下定今上女二親王」於賀茂斉王之由、仰中宮權大夫、々々仰外記召」神祇官、々々々又自日花門着軒廊座、〔所司兼敷座／儲下具云々、〕」上卿召外記、令進紙筆、外記奉之、上卿書馨』子字、令外記封之、即加封字、召大大副大中臣兼」興給之、兼興下定了奉〔雨令《丙合》／云々、〕上卿召外記令持下文、〔入里／筥了、〕」軒廊〔神祇／座来、〕・階下等、進弓場奏之、返給歸座、召兼」興給下文、兼興等退出云々、次召弁、仰可令勘奉」奉幣并大秡日時之由、弁取勘文奉之、〔廿二日乙丑／奉幣、時」午若申、大／秡同日時云々、〕披見令弁奏之、下給弁云々、案先」例、上卿有召參御仰、歸陣書親王等名字、」令下定、神祇官奉下文退座々後、上卿進御所』奉之、〔下文留／御所云々、〕奉仰歸座、召仰神祇官・弁等云々、」而經座末參御所、弁下給下文之由、頗不得」意、又不被仰弁之旨如何、答不給官符諸司」雖知斉王被下定由歟、又傳聞、中宮権大夫」於在仗座、被定廿三日奉幣使被奏云々、〔使／右」兵衛督源朝、次官／大監源朝臣重季、〕」

※1「斉院中神事、〔御散飯供難御神事、所出宮前物奉同神事、毎月酉日祭定事、／他所仏事礼不可忌事、〕」

廿日、癸亥、天晴、夜部所聞之散飯并御料《祈》等」事[※1]、案内前院、其報云々、難《祈》黒第皆奉御膳』散飯、〔只稱其料、可置／可然所上云々、〕又御封并自諸司所渡之」物最前等、皆奉此神、又每月酉日被祭此」神、其儀非事々、只御炊男充給分物、〔一度料／二升云々、〕」以酒肴祭云々、又於他所被行事佛事御」祈更不可忌、是例事也、但以禊祭祈不可被」充、以御封物可被充云々、參殿申此由、仰云、」随前院例可行、抑難良力目御祭事、難」不令入野宮給、自近来被祭之宜歟云々、』又申云、頓給料以院請奏可被渡也、仍尋奏」案預範國朝臣了、廿八日吉日也、後日可奉請」奏侍、次參斉院、申散飯并御祈等事、」

※1「同神事、〔帳帷事、御裳□□着行事、／年少時事、〕」

廿一日、甲子、天晴、頭弁消息云、神殿并斉王御」帳帷[※1]、前例如何、即以此旨并斉王先日御装束」等事、案内前院、被仰云、神殿御帳帷白約」如例、染斉王帳帷朽木形約如例、元日供御業《亦歟》之」間、御生氣方唐衣、毎月朝《朔歟》日參殿料裳・』唐衣無定、今只随候由、又雖幼稚程、必着」裳・唐衣、年齢到着裳期之時、任例着裳云々、」乳母相副參神殿、乳母代斉王申御祈云々、御」帳帷等事示頭弁、次參結政、有政、了退出、」

※1「斉院卜定大秡事、」
※2「幣斉王卜定申於賀茂事、」

廿二日、乙丑、天晴、參内、藏人弁相共着建禮門大秡」所[※1]、其儀、先門前立五丈幄一宇、〔南北／行、〕敷上・弁座、」〔西面／北上、〕其東立同幄一宇、〔南北／行、〕敷外記・史・々生・官掌・」召使等座、〔北上／西面、〕南方又立聞幄一宇、〔東西／行、〕敷諸司』座、〔東上／北面、〕余以下座定、神神官居秡物、余召神」祇官仰云、去十六日以馨子内親王、奉卜定賀」茂斉王之由、可秡申者、神祇官唯、着庭中座、」秡詞了、以大麻引亘、余以下退出、余令撤秡物」退出、参斉院、及暁退出、傳聞、以申剋、中宮権大」※2夫於左仗座、被卜定斉王之由、被立告申賀茂」之使、其儀、先奏宣命草・清書等、於仗座授仗、右」兵衛督為宣命使給之、出従敷政内、於左』衛門陣外請幣問社云々、」

※1「民部卿有障間輔可充斉院封否事、」
※2「斉院神事、〈御帳事、〉」
※3「斉院別當事、」

廿三日、丙寅、天晴、参殿、被仰云、民部卿室家去」※1廿一日死去、仍卿蒙思々間、難奉充斉院料加」御封歟、卿有障之時、輔充封々例可令尋者、」余申云、神殿御帳、於里第不可立之由、有儀、若」※2不立御帳者、元三日供、御節供、并朝日斉王参」神殿云々、其儀如何、仰云、雖不立御帳、先敷神」座等、可供御節供歟、又斉王令参入給、雖不立』御帳、有何事哉、又申云、然者神座等本院」可敷歟、所司可敷也、又神殿戸幌可有哉、仰、」聞(同)所司可懸也者、即以仰旨示行事辨經長、」〔権弁、依民部卿内方假、／不行之替、所奉行也、〕御帳・壁代等、猶入所司可立」云々、件事等依無所見、臨時被量行也、蔵人」弁云、昨日以右少将定良、為斉院別當之由、」※3有宣司云々、又同弁申殿之、中宮権大夫令奏云、」明年禊祭料、納行事所、可充雑用之由、可』奏者、仰、早可奏下者、」

※1「民部卿障令輔可奉充御付事、」

※2「同御封國々事、」

廿四日、丁卯、天晴、卿有障之間、輔官充人封之例、召」※1問彼省官人等、無所見云々、仍参殿申旨、仰云、」輔唯職掌同卿、然者輔可奉充之由、可令仰下」也者、即召左少弁經長、被仰云、斉院御封、卿御觸」妻喪之間、輔官可充奏之由、奏事由、可仰右」府者、又初斉院行事史貞行服身之替、以義」賢朝臣可令行之由、可仰可者、斉院御封國々、自殿』※2書出、密々被下省云々、」

※1「官奏事、」
※2「除目事、」
※3「僧綱召事、」
※4「卜定斉院之由自中宮可被祈申賀茂歟事、」

廿六日、己巳、天晴、参殿、次参参内、暫右府被参入、先」※1有申文、〔左少史／孝親、〕次官奏、〔左少史為隆、奏了被下文之時、毎／年失礼、雖然優而不被處恐、〕」※2次有召歸参御前、有除目、〔参議三位中将兼親頼兼、／斉宮寮頭實行、關白」相府有營事、不堪束帯、／仍於宿所被奏事由云々、〕次歸陣、以除目被下余、之召」外記、召黄紙・折男・硯等、外記奉之、余清書加本除」目、奉右府、々々入筥、令蔵人弁奏之、返給召記、令召」式部、不参、仍加封預外記、明日参入可下式部之由、』※3被語付侍従中納言、頭中将来、仰右府云、大僧正、」〔慶／命、〕僧正、〔尋／光、〕権僧正、〔永／円、〕大僧都、〔仁海・／成典、〕権少僧都、〔尋空・延／尋・融碩・」尋観、〕権律師、〔長保也講・／源心・蓮昭、〕召外記令召内記、而申障」不参入者、仍奏事由、明日可令奏宣命等之由、」聞語付侍従中納言、被退出、次余有召参中宮、仰」云、被定斉院之由、一日公家被申賀茂了云々、自宮」[※4]又欲令祈申此由、如何、申關白、可然者、擇吉日可」詣者、令申奏了之由退出、」』

※1「政事、」

※2「僧綱召改任事、」

※3「三位任宰相不待後宣旨可昇殿歟事、」

廿七日、庚午、天陰降雪、参結政、有政、〔上侍従中／納言、〕請印了」着[※1]布（南）、依上卿氣色、令申不与然二通、〔近江・遠江奏／籠一奏、〕」申文・食等了入内、有内文、頭中将仰侍従中納言」云[※2]、以永円改任僧正、〔依本位／上臈云々、〕以尋光任権僧正者、又本」僧綱等可。正、慥尋其数、可載宣命者、上召」大外記文義、令尋勘其數、召仰内記、令作宣命奏」草・清書等、〔依相府命／不被内覧、〕給余、々於陣腋授少納言、相語」明日可向綱所之由退出、抑今朝随右府被示云、」』[※3]宰相中将昇殿、不可待後宣旨歟、其故者、待後」宣旨可昇殿之人々、具載蔵人式、而三位任参議」之時、可依後宣旨之由、不見式文、以之知之、不可」有宣旨歟者、余申云、被仰之旨尤可然、不待」宣旨可被昇殿於、但以此旨被申關白、可令」左右給於者、及晩宰相中将經軒廊等邊、了場」殿奏慶、暫随身等道退出、案之自参御前歟、」自北方可退出歟、」』

※1「向綱所事、〈僧綱召儀之座、〉」

※2「斉院神事、」

※3「内犬産事、」

廿八日、辛未、天晴、少納言相共向綱所、々々屋顛倒」[※1]□實、仍平帳、其立□子為上座、〈南面、〉々々巽立床子」為少納言座、〈西面、〉南庭立床子為宣命使座、其東」西立長床子等、為諸司座、余率少納言入自南門、」〔門屋／光實、〕着座、少納言聞着、史着座、〈東面、〉次少納言着」宣命座、讀宣命、歸着本座、寺僧一人邊云南庭、」唱随喜詞退去、余以下起座退出、供奉諸司」一人不参入、甚以非常也、自昨日大内有犬産事云々、』斉院神殿承慶（塵）幷幌・神座・斉王座等、於行事」所[※2][※3]令調具、渡預宅主代神祇少社則政、々々請之、」以申剋供敷云々、〔日時自行事所／令勘渡院云々、〕行事弁・史皆觸」内穢、仍不参院云々、」

※1「朝覲行幸間事、」

※2「殿上補諸寺司等事、」

※3「官文殿籠讃岐所知符事、」

※4「斉院御禊事、」

廿九日、壬申、天晴、有召参殿、仰之、来月三日行幸、」船[※1]樂可有哉如何、申云、有船樂有何事哉、又」申云、同者乗輿入自南門、經山路、於東對前自」御輿下御如何、仰云、其事頗有天氣云々、而示』宮自聞門入御者、行路可遠、如何、申云、宮者西」門入御、更有何事哉、即以頭中将、右府被聞此

旨、」其報不異余詞云々、又被仰云々、昨日被輔（補歟）諸寺司」了、
法性寺権僧正尋光、慈徳寺権少僧封（都歟）尋、」※2法興院律師良円、
極樂寺内供賀弁、内供奉」定命、〔置自中宮／頻被奏也、〕又
被仰云、昨日為令請印讃岐承」知等、國司目代権。之由云、
而官文殿史部時永、」※3取籠其承知符也、不持来、仍昨日不請
印云、而今』朝時永来向彼目代許云、件承知前日令請印了、」
仍昨日不持来、即授承知符歸云々、此事如何、余」申云、下
敷等聊有例給物、早不給其物之時、取」籠如此之文書、請例
物之後取出、是例事者、」頗雖非常事、下注作法如此、答早
不充給物之」政所取蔵歟、殿下聞食了退出、問大夫史義賢
朝」臣、云、讃岐大粮官符等、皆在義賢許、以之知之、」若
未成承知歟、而時永承知符成渡申者、是事』如何、余驚奇无
限、即以義賢令申殿下、〔御陽殿／間也、〕」々々令奇頗給之、
被仰義賢暫可候之由、仍不退」出、自陽殿令上給召余、即參
入、仰云、此承知事如何、」申云、甚不便事也、但雖下愚者、
何晴作官符」乎、先召聞時永、随申可令量行御歟、暫請印」
部御許、問家室喪、及晩歸宅、又傳風、斉院有」※4御秘云々、
〔是宮主給分物供秘物、／皆有常例云々、〕余觸内犬産、不參
入也、」〔長元四年歟、／大治五年下、〕』

七月一日、丙午、　四日、己酉、廣丨・龍丨祭、」五日、庚戌、
祈年穀奉幣定、　十五日、庚申、夜月蝕皆既、」今日祈年穀奉
幣、　廿二日、丁卯、奉幣丹・貴二社、」廿九日、甲戌、相撲
召合、　卅日、乙亥、同御覧、」
八月一日、丙子、　二日、丁丑、釋尊、　三日、戊寅、論義、」
五日、庚辰、召問祭主大中臣輔親去六月伊勢荒」祭宮託宣之
趣、申云、斎宮頭藤原相通妻宅内」[頭書1]作大神宮寶殿、詐假神威、
誑或愚民、其罪已重、早」[頭書2]可配流者、　七日、壬午、奉遣石
清水幣帛使并御馬』十疋、依御宿願也、　八日、癸未、被定
斎宮權寮頭」藤原相通并妻藤原小忌古曾等配流事、件之婦共
致」不浄不信之由、有託宣、相通流佐渡國、妻流隠伎國、」
十一日、丙戌、列見、　今日出雲國杵築社神殿顚倒、」十三日、
戊子、奉幣丹・貴二社、依止雨也、　又被發遣」賀茂御賽幣
帛・御馬十疋使、　廿四日、己丑、依同御」祈、發遣松尾・
大原野幣帛・御馬等、　十六日、辛卯、駒牽、」十七日、壬辰、
於神祇官遣祈年穀廿一社奉幣使、」廿日、乙未、増伊勢内・
外宮祢宜等爵一階、　今日大祓、依」仁王會也、」廿二日、丁
酉、於大極殿仁王會、」廿三日、戊戌、相通改配伊豆國、』廿
五日、庚子、遣參議右大弁經頼於伊勢太神宮、」被獻幣帛・
神寶等、」
九月一日、丙午、　五日、庚戌、式部敦儀親王如元可」従省
務之由、被下宣旨、　八日、癸丑、諸國不堪田事、」九日、甲
辰、平座、見參、　十一日、丙辰、例幣、〈辞別年穀御前、〉」
[頭書3]廿二日、丁卯、夜賀茂斎院選子内親王依有老病、私」以退出、
天長八年有此例之由、外記勘申之、」[頭書4]廿五日庚午、上東門院
巡礼石清水八幡宮・四天王寺・住吉」社等、公卿・侍臣・女
房等詠歌、左衛門督源朝臣師房作序、」關白左大臣・内大臣
乗車扈従、　廿六日、辛未、軒廊御卜、霖」[頭書5]雨洪水之故也、
廿七日、壬申、上東門院參着住吉社、」廿八日、癸酉、御讀
經始、　今日選子内親王落餝為尼、』
十月一日、乙亥、平座、見參、　三日、丁丑、上東門院還
御、」十一日、乙酉、奉幣賀茂社、被申斎院退出之間、」十三
日、丁亥、甲斐真衣野御馬、」十七日、辛卯、出雲國言上杵
築宮無故顚倒由、」[頭書6]廿日、甲午、關白左大臣供養興福寺東金
堂并塔、」仍關白左大臣以下參向、准御斎會、」[頭書7]廿九日、癸卯、
第二馨子内親王着袴、即授二品、」
閏十月一日、乙巳、　三日、丁未、軒廊御卜、去八月十三日
出」雲杵築神殿顚倒事也、　五日、己酉、季御讀經始、」今日
奉幣出雲杵築社社、被申去八月十一日神殿顚倒事、」十一日、
乙卯、被定諸國減省・不堪事、　八日、壬子、季御讀經了、」
十五日、己未、發遣出雲國杵築社奉幣使、神祇少祐大』中臣
元範等也、　十七日、辛酉、駒引、」
[頭書8]十一月一日、甲戌、朔旦冬至、天皇出御南殿、公卿獻賀表、
式」部權大甫大江擧周作之、中納言兼隆連喪、仍除之、」五

日、戊寅、駒引、十一日、甲申、平野祭、十二日、乙酉、
梅宮祭、」十六日、己丑、叙位議、十九日、壬辰、節會、詔
大赦天下、徒罪」以下原免、常赦所不免者不赦、廿三日、
丙申、吉田祭、」廿四日、丁酉、賀茂臨時祭、」
十二月一日、甲辰、京官除目下名、二日、乙巳、権僧正尋
円卒、」頭書9 三日、丙午、暁卯時、上東門院御所京極第有火事、
仍遷法」成寺新堂、八日、辛亥、荷前定、十一日、甲寅、
月次・神今食、」頭書10 十六日、己未、卜定賀茂斎王、第二馨子内
親王卜食々、去」十三日遷坐丹波守章任三条宅、又勅賜本封
外千戸、』住人、賜爵、准三宮、十七日、庚申、軒廊御卜、
宇佐宮」寶殿雀群集事、次武蔵秩父御馬、」廿二日、乙丑、
被申卜定斎王由於賀茂社、」廿六日、己巳、官奏、小除目、
僧綱召、有宣命、」

頭書1「相通作太神宮」
頭書2「宝殿罪科事」
頭書3「斎院私退出」
頭書4「上東門院八幡詣」
頭書5「上東門院住吉詣」
頭書6「興福寺内東金堂/塔供養」
頭書7「馨子内親王着袴」
頭書8「朔旦冬至」
頭書9「京極第火事」
頭書10「斎院卜定」

小野宮第図

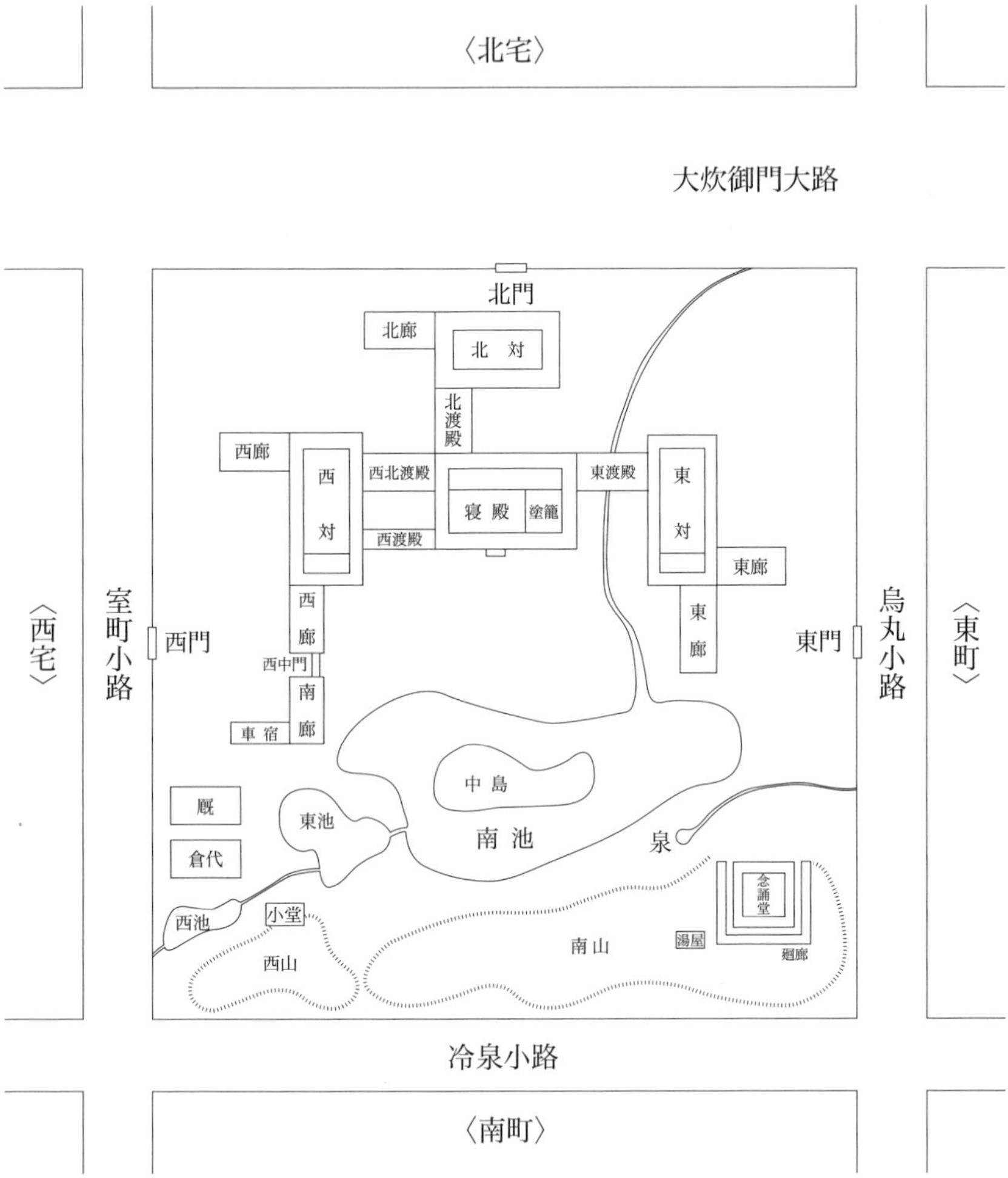
〈北宅〉
大炊御門大路
北門
北廊
北対
北渡殿
西廊
西対
西北渡殿
寝殿
塗籠
西渡殿
東渡殿
東対
東廊
東廊
室町小路
〈西宅〉
西門
西廊
西中門
南廊
車宿
東門
烏丸小路
〈東町〉
中島
厩
東池
南池
泉
倉代
念誦堂
西池
小堂
南山
湯屋
廻廊
西山
冷泉小路
〈南町〉

上東門院（土御門第）図

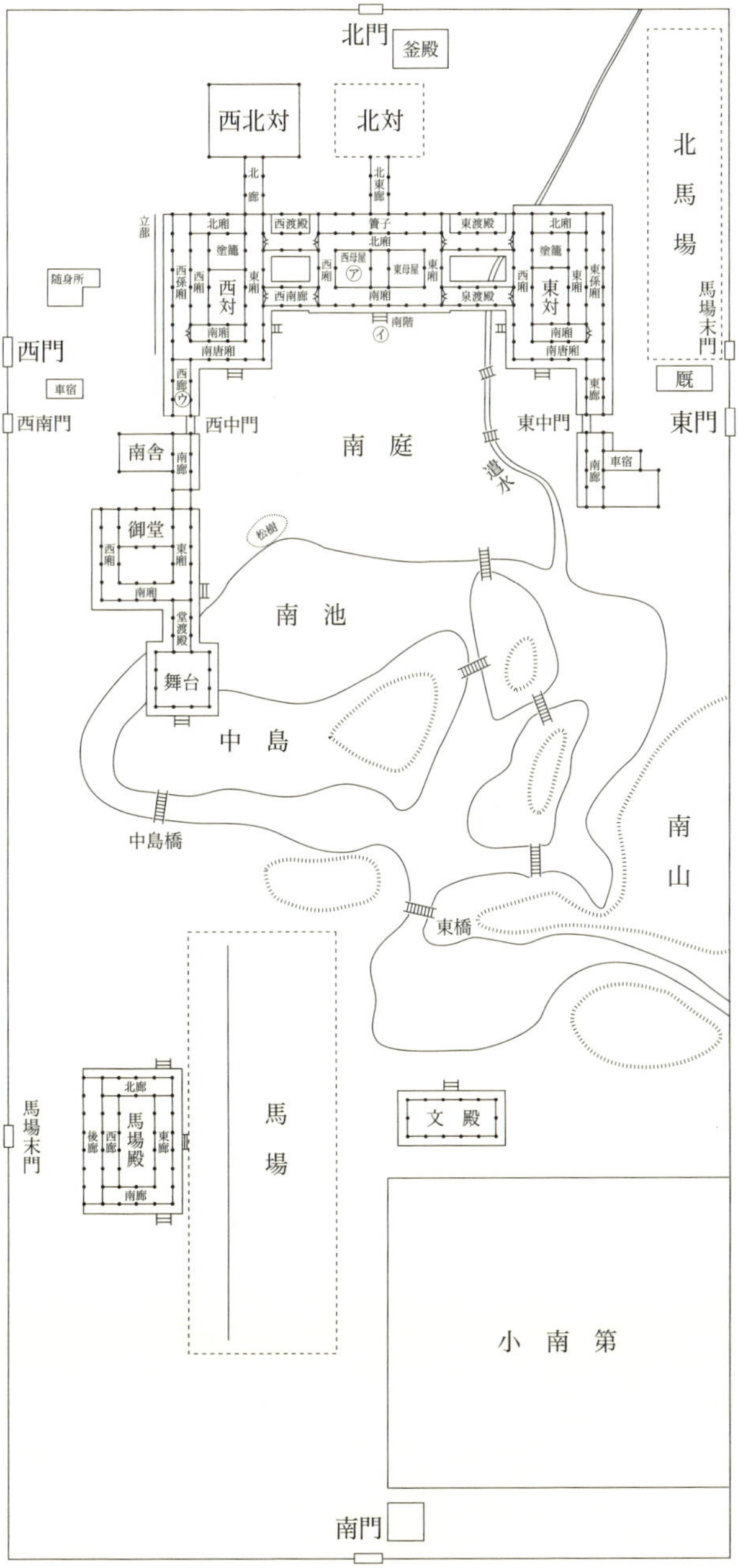
北門
釜殿
西北対
北対
北廊
北東廊
北馬場
立部
北廂
西渡殿
簀子
東渡殿
塗籠
北廂
西母屋
東母屋
西孫廂
西廂
西対
東廂
西廂
東廂
西廂
東対
東廂
東孫廂
西南廊
南廂
泉渡殿
南階
南廂
南廂
南唐廂
南唐廂
随身所
西門
車宿
西廊
西南門
西中門
東中門
東廊
馬場末門
厩
東門
南舎
南廊
南庭
遣水
南廊
車宿
御堂
西廂
東廂
南廂
堂渡殿
南池
舞台
中島
中島橋
南山
東橋
北廊
後廊
西廊
馬場殿
東廊
南廊
馬場
馬場末門
文殿
小南第
南門

左京拡大図

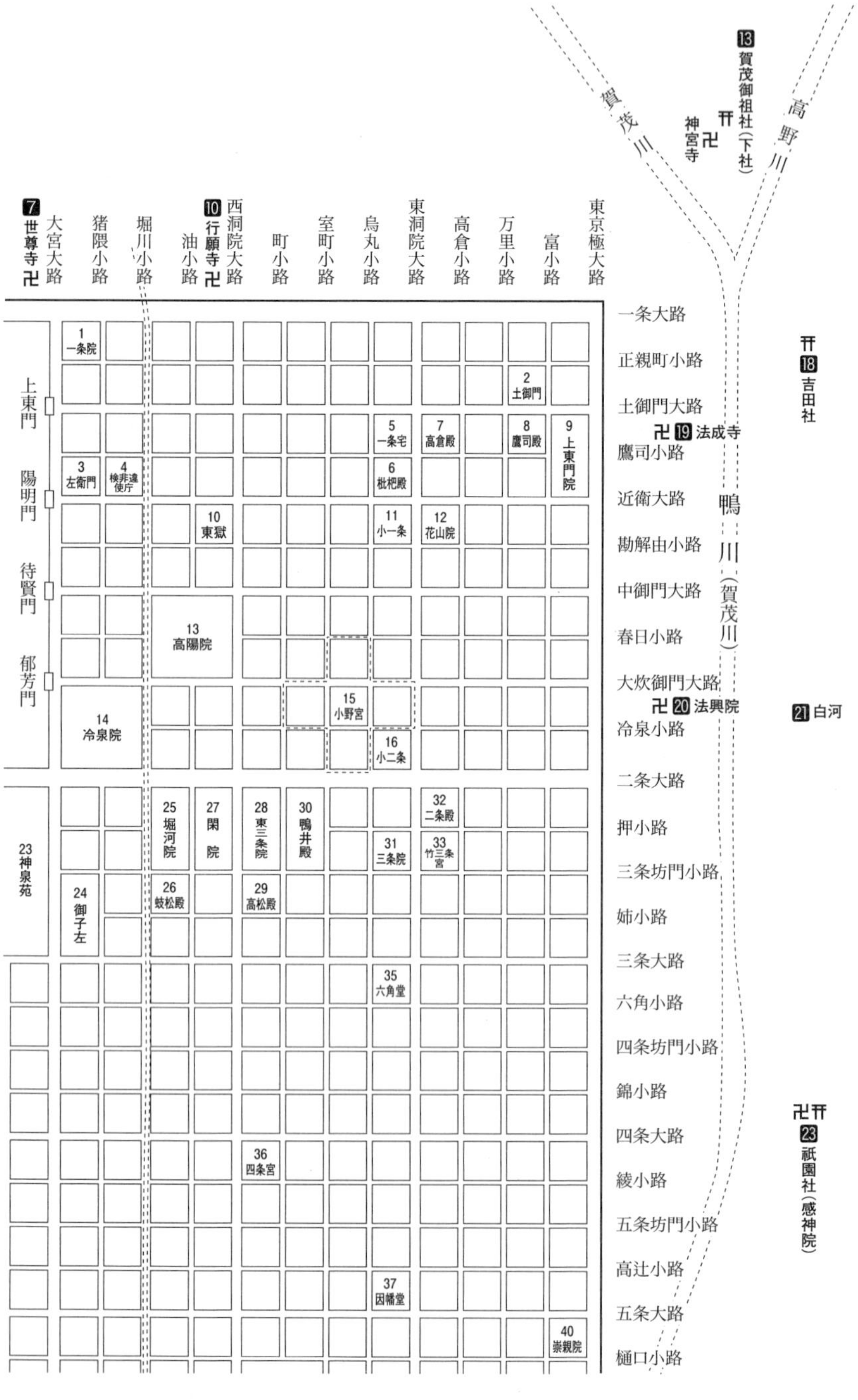

賀茂川
高野川
13 賀茂御祖社（下社）
神宮寺
7 世尊寺
大宮大路
猪隈小路
堀川小路
油小路
10 行願寺
西洞院大路
町小路
室町小路
烏丸小路
東洞院大路
高倉小路
万里小路
富小路
東京極大路
一条大路
正親町小路
土御門大路
鷹司小路
近衛大路
勘解由小路
中御門大路
春日小路
大炊御門大路
冷泉小路
二条大路
押小路
三条坊門小路
姉小路
三条大路
六角小路
四条坊門小路
錦小路
四条大路
綾小路
五条坊門小路
高辻小路
五条大路
樋口小路
上東門
陽明門
待賢門
郁芳門
1 一条院
2 土御門
3 左衛門
4 検非違使庁
5 一条宅
6 枇杷殿
7 高倉殿
8 鷹司殿
9 上東門院
10 東獄
11 小一条
12 花山院
13 高陽院
14 冷泉院
15 小野宮
16 小二条
23 神泉苑
24 御子左
25 堀河院
26 鼓松殿
27 閑院
28 東三条院
29 高松殿
30 鴨井殿
31 三条院
32 二条殿
33 竹三条宮
35 六角堂
36 四条宮
37 因幡堂
40 崇親院
18 吉田社
19 法成寺
鴨川（賀茂川）
20 法興院
21 白河
23 祇園社（感神院）

平安京図

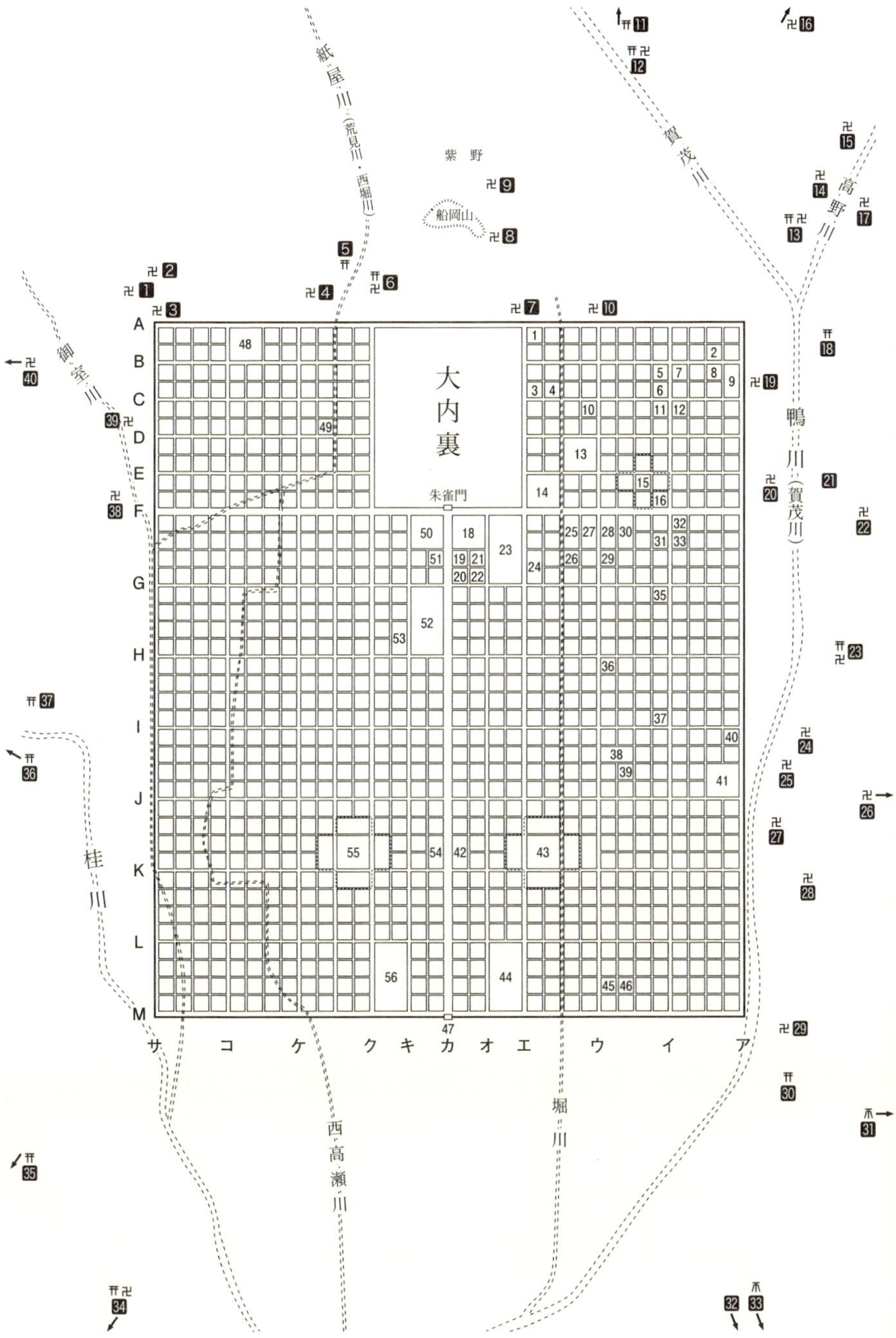

紙屋川（荒見川・西堀川）
賀茂川
高野川
紫野
船岡山
御室川
鴨川（賀茂川）
大内裏
朱雀門
桂川
西高瀬川
堀川
A
B
C
D
E
F
G
H
I
J
K
L
M
サ
コ
ケ
ク
キ
カ
オ
エ
ウ
イ
ア

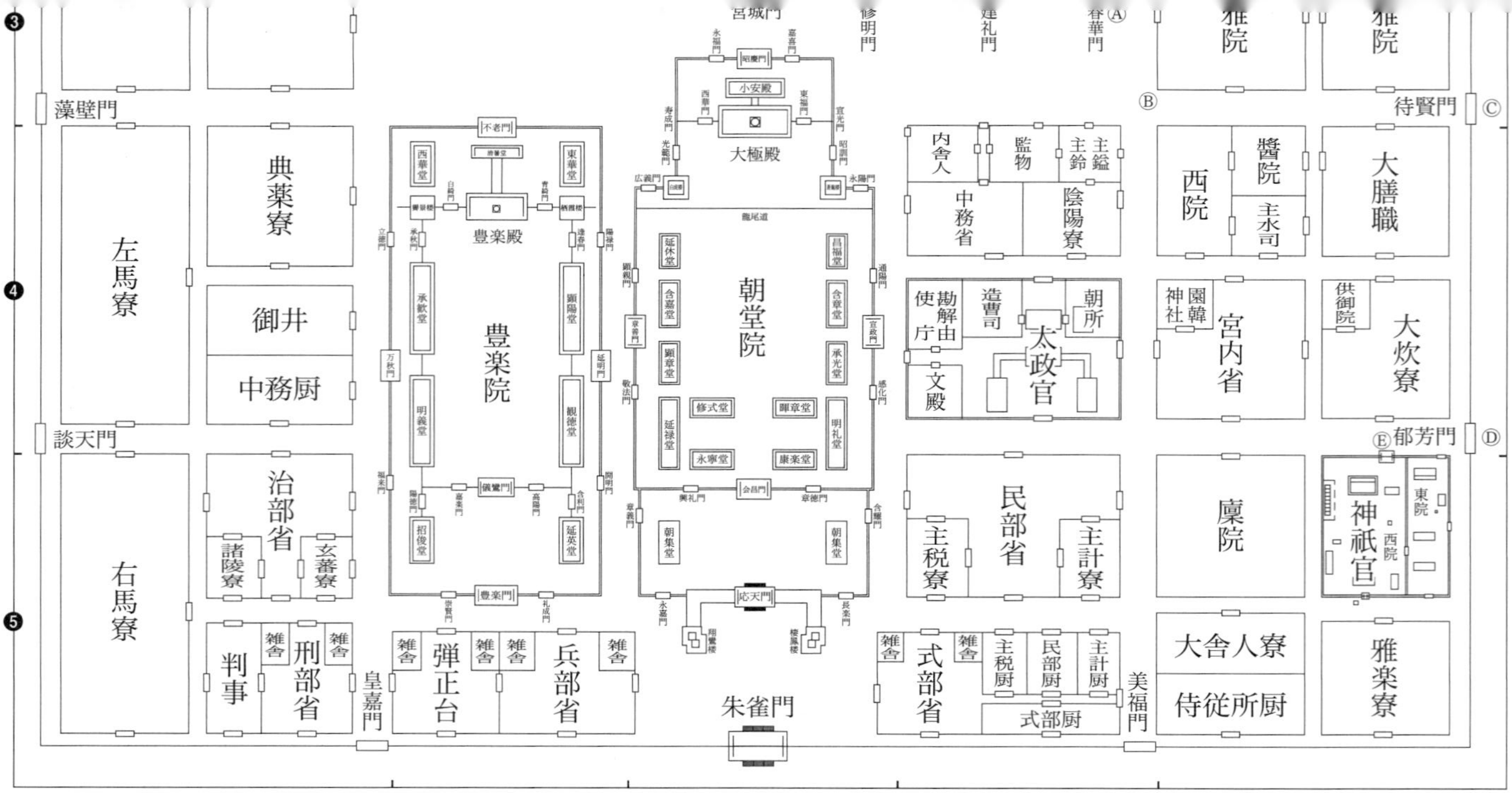

宮城門
修明門
建礼門
春華門
雅院
雅院
藻壁門
待賢門
典薬寮
左馬寮
御井
中務厨
談天門
治部省
諸陵寮
玄蕃寮
右馬寮
判事
刑部省
雑舎
皇嘉門
弾正台
兵部省
豊楽殿
豊楽院
豊楽門
大極殿
小安殿
朝堂院
龍尾道
朝集堂
応天門
朱雀門
内舎人
監物
主鈴
主鎰
中務省
陰陽寮
西院
醬院
主水司
大膳職
使庁
勘解由
造曹司
朝所
太政官
文殿
神社
園韓
宮内省
供御院
大炊寮
郁芳門
民部省
主税寮
主計寮
廩院
神祇官
東院
西院
式部省
主税厨
民部厨
主計厨
式部厨
美福門
大舎人寮
侍従所厨
雅楽寮

大内裏図

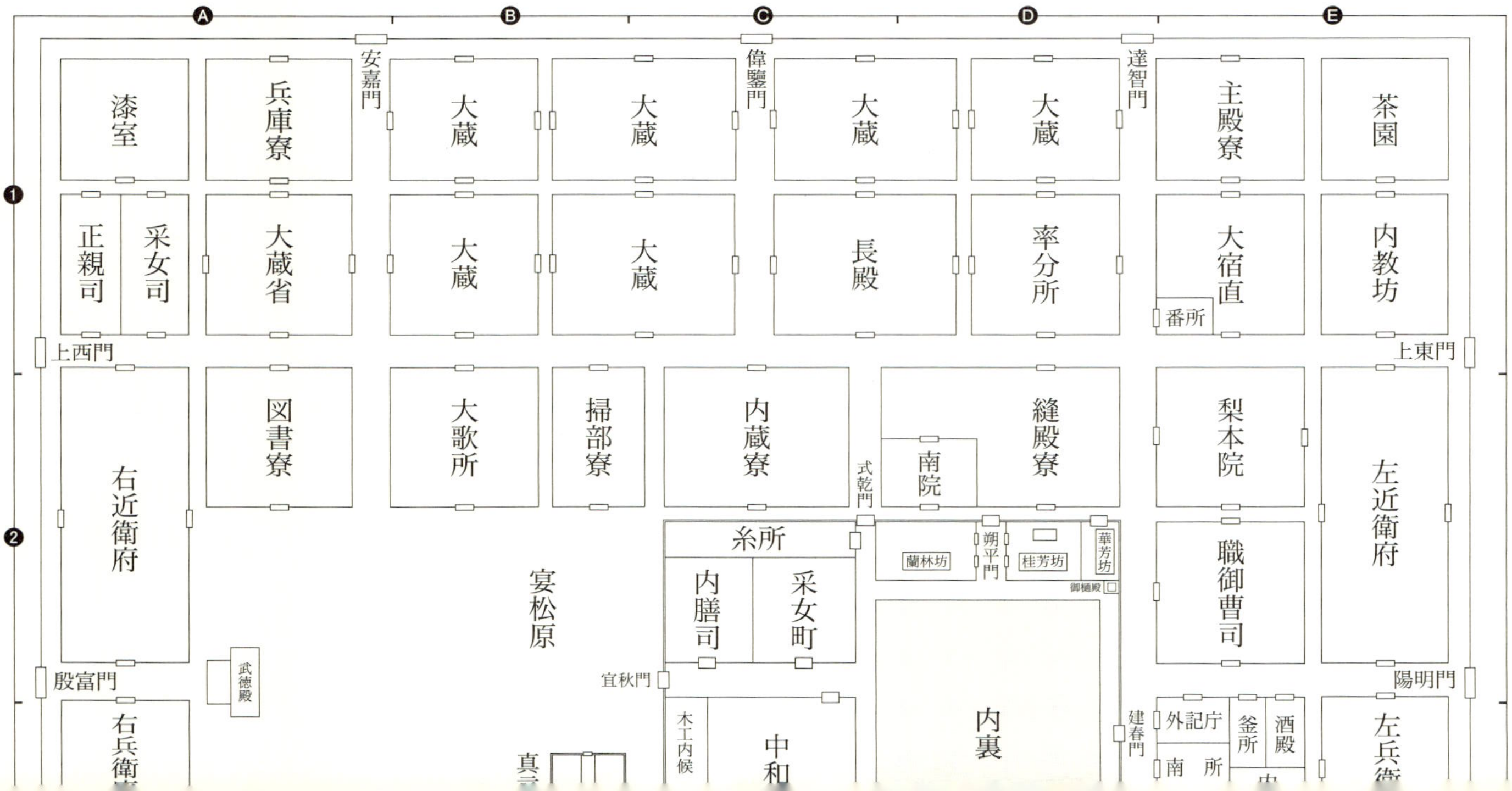

A
B
C
D
E
1
2
漆室
兵庫寮
安嘉門
大蔵
大蔵
偉鑒門
大蔵
大蔵
達智門
主殿寮
茶園
正親司
采女司
大蔵省
大蔵
大蔵
長殿
率分所
大宿直
番所
内教坊
上西門
上東門
右近衛府
図書寮
大歌所
掃部寮
内蔵寮
式乾門
南院
縫殿寮
梨本院
左近衛府
糸所
蘭林坊
朔平門
桂芳坊
華芳坊
御樋殿
職御曹司
宴松原
内膳司
采女町
武徳殿
殷富門
宜秋門
陽明門
右兵衛
木工内候
中和
内裏
建春門
外記庁
釜所
酒殿
南所
左兵衛

陣座付近拡大図（内裏図 d3－4）

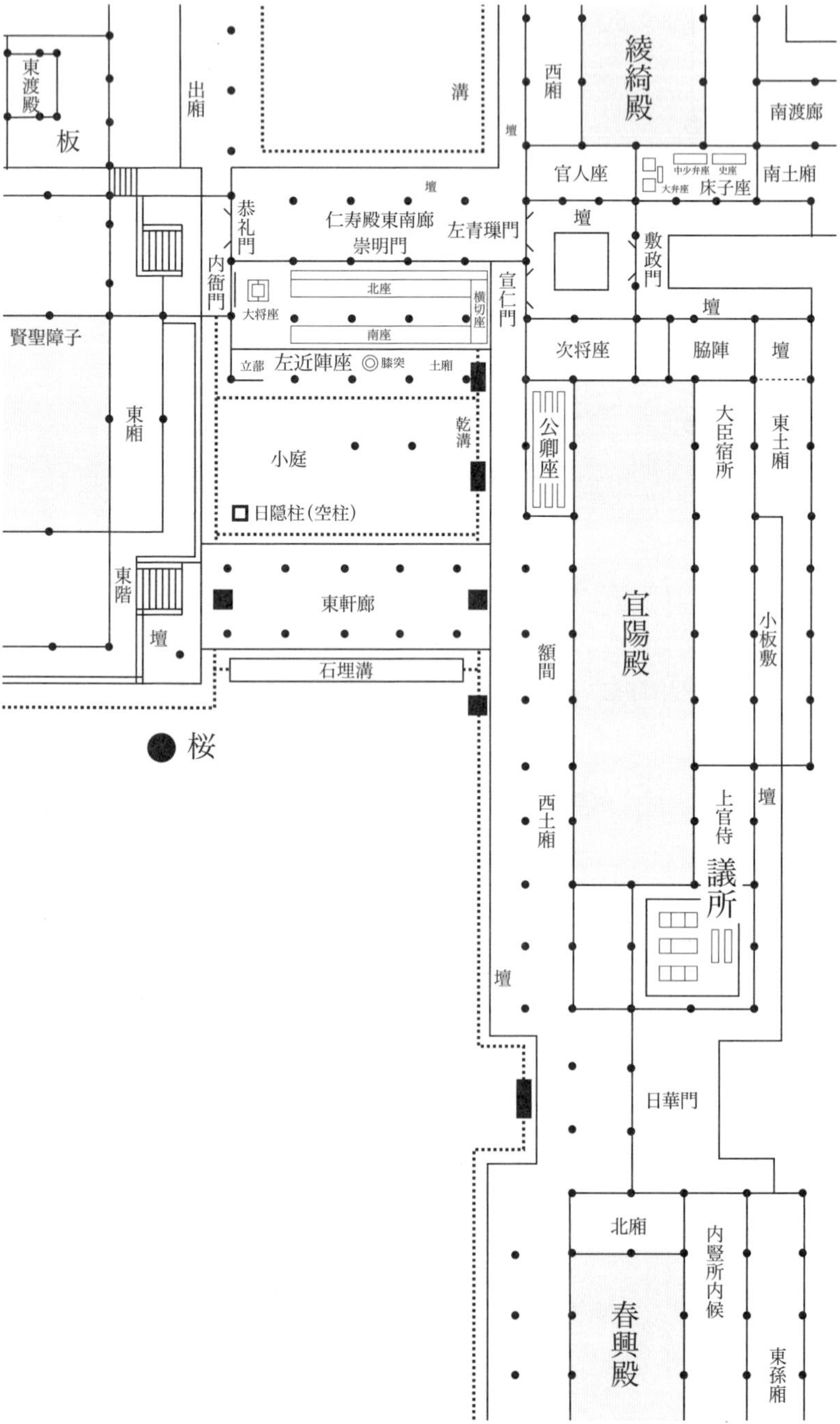

清涼殿付近拡大図（内裏図 b3－4）

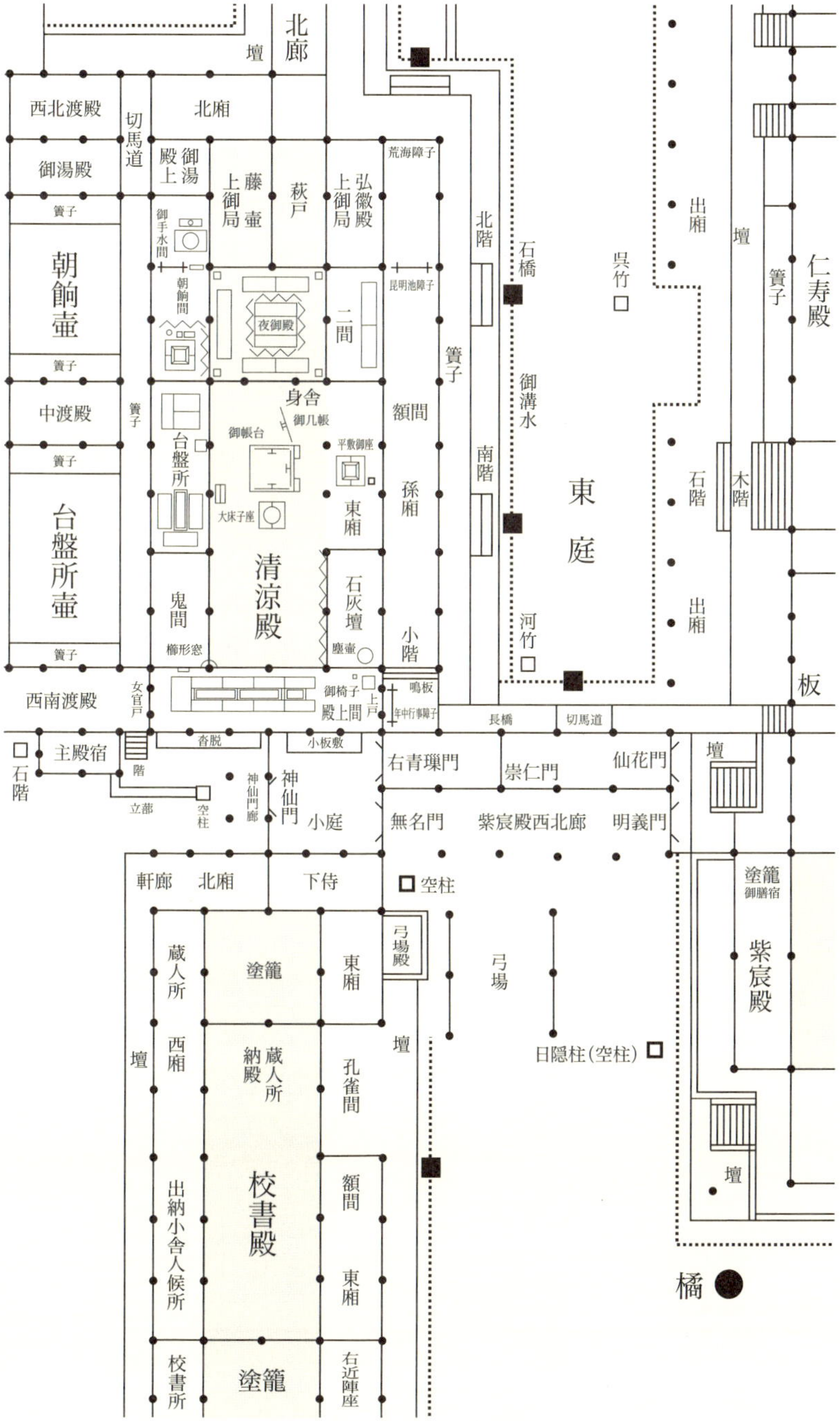

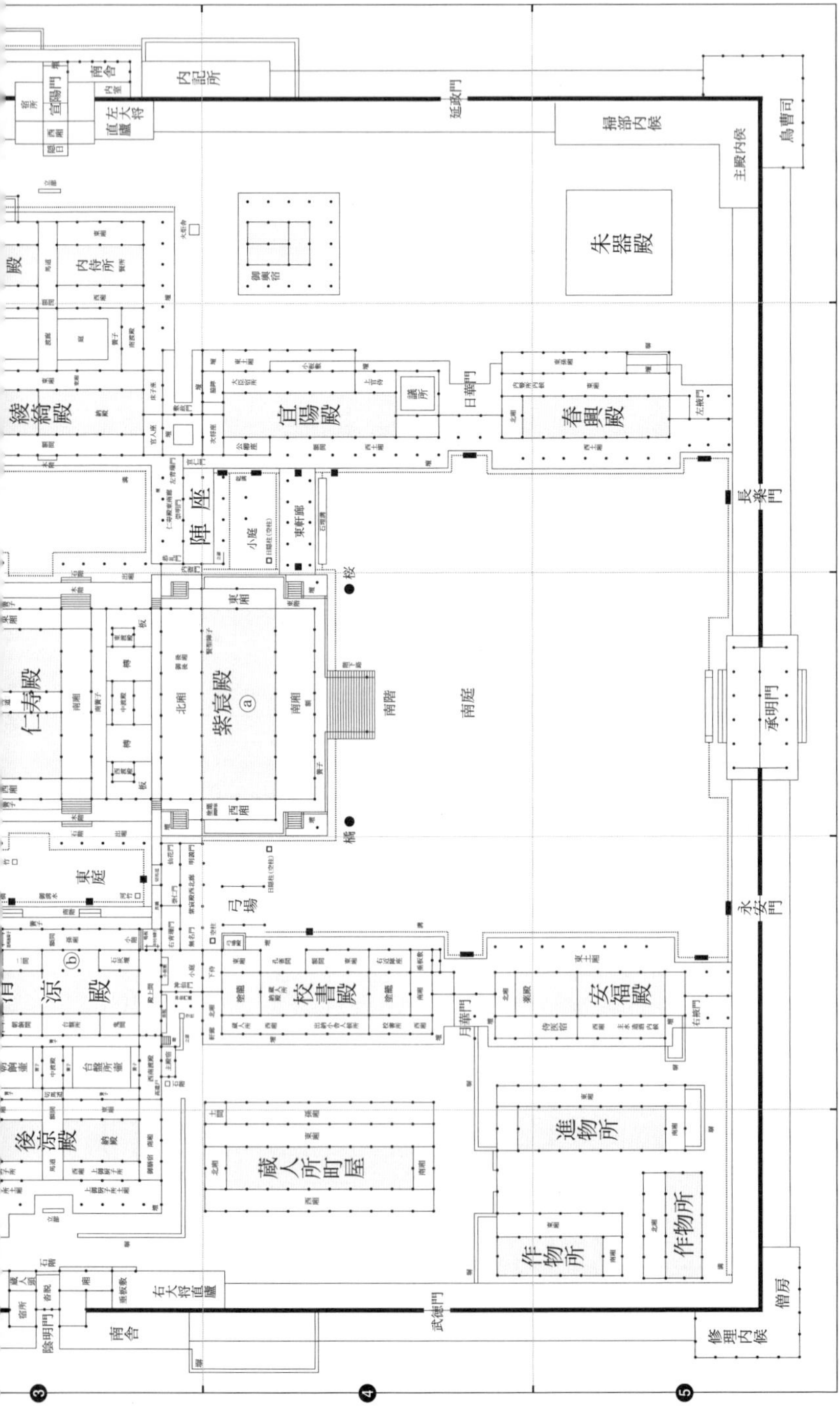

宣陽門
南舎
内記所
左大将直廬
延政門
掃部内侍
烏曹司
主殿内侍
朱器殿
御輿宿
内侍所
綾綺殿
宜陽殿
春興殿
日華門
左掖門
陣座
小庭
東軒廊
長楽門
仁寿殿
紫宸殿
北廂
南廂
東廂
西廂
南階
南庭
承明門
桜
橘
東庭
弓場
清涼殿
校書殿
安福殿
月華門
永安門
右掖門
後涼殿
蔵人所町屋
進物所
作物所
右大将直廬
武徳門
陰明門
修理内侍
納殿
②
③
④
⑤

監修者 黒板伸夫（くろいた　のぶお）

1923年、東京都生まれ。東京大学文学部国史学科卒業。同大学大学院（旧制）修了。元清泉女子大学教授。醍醐寺霊宝館長。

著書：『摂関時代史論集』（吉川弘文館、1980年）、『藤原行成』（人物叢書、吉川弘文館、1994年）、『平安王朝の宮廷社会』（吉川弘文館、1995年）。

史料校訂：『新訂増補史籍集覧別巻1　除目大成抄』（臨川書店、1973年）。

史料註釈：『日本後紀』（訳注日本史料、集英社、2003年）。

編集者 三橋　正（みつはし　ただし）

1960年、千葉県生まれ。大正大学文学部史学科卒業。同大学大学院博士課程後期単位取得。博士（文学）。明星大学日本文化学部准教授。

著書：『平安時代の信仰と宗教儀礼』（続群書類従完成会、2000年）。

史料註釈：『校註解説現代語訳　麗気記I』（法蔵館、2001年）。

小《しょう》右《ゆう》記《き》註釈《ちゅうしゃく》　長元四年　下巻

平成二十年（二〇〇八）八月二十六日　発行

定価　二冊組　本体 二四、〇〇〇円＋税

監修　黒板伸夫

編集　三橋　正

発行　小右記講読会
東京都青梅市長淵二―五九〇
明星大学日本文化学部三橋研究室
電話　〇四二八‐二五‐五二九三

発売　株式会社　八木書店
東京都千代田区神田小川町三―八
電話　〇三‐三二九一‐二九六一
FAX　〇三‐三二九一‐六三〇〇

印刷　株式会社　精興社
東京都青梅市根ヶ布一―三八五
電話　〇四二八‐二二‐三一三六

ISBN978-4-8406-2041-3

http://www.books-yagi.co.jp/pub　pub@books-yagi.co.jp
tadashim@lc.meisei-u.ac.jp

索引・考証編

目次

索引――3

《付 A》人物考証――117
皇族 1〜9……117
藤原氏 1〜24……122
源氏 1〜8……142
平氏 1・2……152
他氏 1〜71……155
姓不詳……182
僧侶 1・2……188

《付 B》官職・身分考証――203
公卿 1〜4……203
太政官 1・2……204
八省 1〜8……205
弾正台……210
衛府 1〜4……210
地方 1〜3……212
令外官・令外の職など 1〜6……216
家政機関 1〜4……219
神祇 1〜5……222
仏教 1〜3……227

《付 C》場所考証――235
内裏 a〜e……235
大内裏 A〜E……238
平安京 左京 A〜M・ア〜カ(1〜47)…242
右京キ〜サ・A〜L(48〜56)…250
洛外(1〜40)……252

《十干十二支》――253

《図》――254
内裏図……254
清涼殿付近拡大図……256
陣座付近拡大図……257
大内裏図……258
平安京図……260
左京拡大図……261
上東門院(土御門第)図……262
小野宮第図……263

凡　例

一、『小右記註釈　長元四年』の本文読解の一助となるよう、上巻と下巻の末尾に付録を設けた。

一、上巻には、《解説》「『小右記』長元四年条を読む」、《付1》「口絵解説」、《付2》「主要参考文献」、《付3》「年中行事一覧」、下巻には、《索引》、《付A》「人物考証」、《付B》「官職・身分考証」、《付C》「場所考証」、《十干十二支》、《図》を掲載し、それぞれ別頁とした。

一、《索引》は、本文編の『日本紀略』書下し文『小右記』『左経記』見出し対照・『小右記』書下し文・『左経記』書下し文にある用語を検索できるよう、その頁数を示し、『小右記』註釈のあるものに→で註番号と頁数を示した。いずれも上巻・下巻の本文編の通し頁である。

一、《索引》には、書下し文で(＝　)を用いて注記した人名・場所も含まれる。また、大項目と小項目・参照項目(→)に分けたが、それらが同じ用語を重複して指している場合もある。

一、《索引》の各項目には、書下し文で用いた訓を(　)で示し、他の訓がある場合は併記した。人名については、『尊卑分脈』索引や『平安人名辞典』などにならって漢音による順とした。

一、考証編にあるものには以下のインデックスを付し、《索引》と各考証との相互関連を示した。

　人…《付A》「人物考証」、皇(皇族)・藤(藤原氏)・源(源氏)・平(平氏)・他(他氏)・不(姓不詳)・僧(僧侶)。

　官…《付B》「官職・身分考証」、公(公卿)・太(太政官)・省(八省)・台(弾正台)・衛(衛府)・地(地方)・外(令外官・令外の職)・家(家政機関)・神(神祇)・仏(仏教)。

　場…《付C》「場所考証」、内(内裏)・大(大内裏)・京(平安京)・外(洛外)。

　儀…《付3》「年中行事一覧」、各月ごとに漢字表記。

一、《付A》「人物考証」は、皇族・藤原氏・源氏・平氏・他氏・姓不詳・僧侶の順とし、氏族については『尊卑分脈』などに基づいて系譜別に分類し、以下、親子関係と五十音順を併用した。僧侶については、僧官位の有無で区別して《付B》「官職・身分考証」と対応させた。

一、各人物について、(　)に《索引》で用いた漢音による訓(よみ)と慣例的な訓や『平安時代史事典』などの訓を併記し、次いで長元四年時の年齢(または故人)、〔　〕に官職や史料上の名称を示し、続けて生没年と略歴(特に長元四年における活動、史料に登場した意味)を記した。

一、《付B》「官職・身分考証」は、律令官職だけではなく、令外や家政、神祇・僧侶を含めて摂関期の実態に即した解説とした。古記録では人物を官職名で記すことが多いので、読み方に続けて、〔　〕で該当人物名を示してインデックスを付し、欠員の場合は〔—〕とした。

一、《付C》「場所考証」は《図》と対応し、内裏と大内裏は図上の座標軸(アルファベットと数字)、平安京図は左京・右京に大路名をアルファベットと片仮名で表記し、インデックスに採用した。また、京内外の主要な建物に番号を付けて各図にもその位置を示した。

一、《図》は、『大内裏図考証』や諸先行研究を参照しながら作成し、特に内裏の清涼殿付近と陣座付近の拡大図、平安京の上東門院(土御門第)と小野宮第の復元図を掲載した。

一、付録(索引・考証)の作成には以下の方々が携わった(五十音順、敬称略、一部旧姓のまま)。

池田卓也	石井伸宏	石塚美穂	市川理恵	上原作和	大久保洋
太田雄介	大軒史子	加藤順一	加納広明	嘉陽安之	川合奈美
久米舞子	小宮和寛	東海林亜矢子	関眞規子	十川陽一	長南岳彦
中野渡俊治	長野留美子	丹羽巧	八馬朱代	原田里美	福田進
村上史郎	山岸健二	山口和敏	山下紘嗣		

全編の統括には編者(三橋)と山岸があたり、コンピューターによる整理と図の作成には小宮があたった。

《索　引》

あ

愛親(あいしん・あきちか・よしちか)人他2(穴太)　696
朝所(あいたんどころ・あいたどころ)場大D4　776,777,778
愛発(あいはつ・あらち)人藤24　700
愛物(あいもつ・あいぶつ・めでるもの)　510
哀憐(あいれん)　525,526 →七月註216/p571
青色の表衣(あおいろのうえのきぬ)→表衣(うえのきぬ)
白馬(あおうま)　5,63,322
白馬節会(あおうまのせちえ)儀正　5 →正月註197/p115
白馬奏(あおうまのそう)　5,63,322 →正月註202/p116
青摺白襲(あおすりのしろがさね)　822
襖の縫(あおのぬい)　701 →九月註286/p750
赤小豆(あかあずき)　510
赤絹(あかきぬ)→絹(きぬ)
茜染(あかねぞめ)　701
白地(あからさま)　241,511 →三月註35/p274・七月註63/p541
安芸守(あきのかみ)官地3　246,253
幄(あく)　359,768,769,838
悪言(あくげん)　178
衵(あこめ)　701 →九月註279/p749
朝干飯(あさがれい)　354,795,799,811
浅沓(あさぐつ)→沓(くつ)
浅履(あさぐつ)→履(くつ)
朝講(あさこう・ちょうこう)　339,495,824
朝夕の講(あさゆうのこう)　362
→夕講(ゆうこう)
朝座(あさざ)　825
→夕座(ゆうざ)
朝間(あさま)　81,579 →正月註453/p157
朝夕の御膳(あさゆうのごぜん)→御膳(ごぜん)
絁(あしぎぬ)　519,703 →七月註143/p558
葦毛の馬(あしげのうま)　257
阿闍梨(あじゃり)官仏1　35,78,161,163,180,241,251,258,362(闍梨),511,578,589,704 →正月註417/p151
亜将(あしょう)官衛1　333,507,778
→左亜将相公卿(さあしょうしょうこうきょう)・左亜相公(さあしょうこう)・左亜将相公(さあしょうしょうこう)
編代・網代(あじろ)　702,820
網代車(あじろぐるま)　702 →九月註298/p753
堋座(あずちのざ)　797
東遊(あずまあそび)　359
朝臣(あそん)　49,56,61,62,63,67,68,69,70,72,73,74,78,80,81,163,167,170,172,174,177,243,244,246,247,248,250,257,258,259,260,317,318,321,324,325,326,327,329,334,337,338,342,343,346,348,349,350,355,357,363,365,367,369,370,371,440,443,445,468,497,499,507,511,512,514,515,516,519,520,527,528,529,582,583,585,590,595,596,599,600,602,603,680,682,683,684,688,689,692,697,698,700,704,765,767,771,772,773,775,776,779,783,784,785,789,790,792,796,799,801,802,805,807,814,817,818,823,826,827,829,831,834,836,837,839,843 →正月註50/p92
厚見郡(あつみぐん)官地3(美濃)　368

充入(あている)　839
充行(あてがう)　829
充奏(あてそうす)　839
案内(あない・あんない)　55,58,59,62,75,76,79,80,82,161,162,163,166,174,175,176,243,258,262,325,330,337,346,348,515,516,519,525,526,528,530,579,585,586,588,594,597,682,684,689,691,699,766,769,787,788,826,827,829,830,831,834,835,836,837 →正月註31/p88・七月註122/p554・九月註263/p747
鐙(あぶみ)　328
油(あぶら)　60,68,520 →正月註122/p103
→御殿油(おおとなぶら)
焙物(あぶりもの)　815
尼(あま)　468,469,679,702,792
→蓼倉尼寺(たでくらにじ)
→僧尼(そうに)
雨脚(あまあし)　175,591,599,601,689,776,785,817
甘瓜の使(あまうりのつかい)　593 →八月註173/p644
許多(あまた)　163
数多(あまた・かずおおし)　259,515,681,807,816
天照坐皇太神(あまてらしますすめみま) →伊勢(いせ)官神4
甘苔(あまのり) →苔(のり)
奇事(あやしきこと・きじ)　70,600
奇思(あやしみおもう・きし)　166
散斎(あらいみ・さんさい)　333,598 →八月註224/p653
→斎日(いみひ)
荒木田神主(あらきだかんぬし)人他4(荒木田)　680,688 →七月註16/p534
荒魂(あらたま)　680 →九月註22/p710
改書(あらためかく)　256,583,585,773
改直(あらためなおす)　360,594,786
改任(あらためにんず)　503,841
荒屯食(あらとんじき) →屯食(とんじき)
荒祭(あらまつり・こうさい)　450,461,580,596,680,771 →八月註55/p621・205/p650・九月註21/p710
荒祭宮　450,771
荒祭神　580
荒祭大神　596
荒祭明神　680
或僧(あるそう)　165
或秘書(あるひしょ)　339
或云(あるひといわく・あるいはいわく)　56,70,72,165,169,245,511,525,594,687,698,702,775,792,801 →正月註45/p91
或記(あるふみ)　332
或文(あるふみ)　334
或者云(あるものいわく)　523
阿礼乎止売(あれおとめ)　700
安房(あわ)官地3　27,40,41,240,343,463,472,687,784,796,809
安房守(あわのかみ)　27,40,41,343,463,472,687,784,796,809
阿波(あわ)官地3　179,239,520,521,529,578,780
阿波守(あわのかみ)　780
前阿波守人藤24　179,239
阿波守の所領　780
阿波相撲 →相撲(すまい)
淡路・阿波・讃岐・伊予の相撲使 →相撲(すまい)
淡路(あわじ)官地3　520,829
淡路・阿波・讃岐・伊予の相撲使 →相撲(すまい)
淡柿(あわしがき)　705 →九月註340/p762
蚫羹(あわびのあつもの)　815
案(あん)　366,367,813,814
案上(あんじょう・あんのうえ)　65,814
奏案(そうのあん)　366,367
御卜の案(みうらのあん)　366
安行(あんこう・やすゆき)人他21(尾張)　484,493,808,822
安行(あんこう・やすゆき)人他39(下毛野)　31,259,260,358
安行宅　31,259,260
行在所(あんざいしょ)　793
安子(あんし・やすこ)　832
→宇治三所(うじさんしょ)
安宿王(あんしゅくおう・あすかべおう)人皇9　585

安和の例(あんなのれい)　585 →八月註105/p631・107/p632
安福(あんぷく)[場]内 b5　815
案文(あんぶん・あんもん)　331
暗夜(あんや)　513, 816 →七月註 86/p547

い

飯(いい)　166, 356, 815, 834
　御飯(おんいい)　815, 834
異位重行(いいじゅうぎょう)　816 →正月註 240/p125
将到(いいたる)　328
為永(いえい・ためなが)[人]他 1(県)　525, 526, 527, 528, 588
惟永(いえい・これなが)[人]他 18(越智)　522, 525, 526, 528, 529
家の請印(いえのしょういん)　30, 258 →三月註 205/p305
伊賀(いが)[官]地 3　22, 23, 169, 180, 239, 244, 258, 474
　伊賀守(いがのかみ)　244
　伊賀国掌(いがのこくしょう)　22, 23, 180, 239
　伊賀証人 →証人(しょうにん)
　伊賀の封の返抄 →返抄(へんしょう)
　伊賀神戸稲 →稲(いね)
位階(いかい)　29, 460, 462, 603, 609, 680, 682, 684, 687
居飼(いかい)　59, 357 →正月註 114/p101
何様(いかよう)　175, 261, 609, 690, 699
違革(いかわ) →革(かわ)
衣冠(いかん)　328
位記(いき)　9, 19, 35, 40, 67, 68, 165, 322, 323, 336, 337, 447, 449, 452, 463, 464, 468, 491, 525, 577, 585, 586, 602, 603, 604, 609, 682, 684, 685, 688, 689, 770, 775, 785, 789, 791, 820, 821 →九月註 46/p714
　御位記(おんいき)　336
　位記請印(いきしょういん)　19, 35(位記を請印す), 40, 67, 323, 337, 463, 464, 685, 689, 785, 789, 820(位記入眼・請印) →九月註 120/p728
　位記の文(いきのふみ)　449, 525, 577
　位記召給(いきのめしだまい)[儀]四　791, 268(召給)
　一品宮の御位記(いっぽんのみやのおんいき)　336
　男位記(おとこいき)　336, 337
　女位記(おんないき)　19
　神位記(しんいき)　165
　侍読別勅加階位記(じどくべっちょくかかいのいき)　577
　女叙位の位記(おんなじょいのいき)　336
　尋常の位記(じんじょうのいき)　525
　僧位記(そういき)　165
違期(いき)　33, 60, 354
　違期遅進(いきちしん)　354
意気(いき)　599
諱忌(いき)　773
伊岐(いき)[人]他 5　773
威儀(いぎ)　607
威儀師(いぎし)[官]仏 1　516, 590, 823
将来(いきたる・しょうらい)　257, 258, 595 →八月註 199/p649
委曲(いきょく)　74 →正月註 371/p144
藺履(いぐつ) →履(くつ)
幾ばく・幾許(いくばく)　175, 255, 342, 348, 349, 582, 602(幾許), 776
　幾ばくならず(いくばくならず)　342, 348, 349, 582
　幾程(いくほど)　370
郁芳門(いくほうもん)[場]大 E4　605, 606 →八月註 326/p670
郁芳門大路(いくほうもんおうじ)[場]京左 E　605
惟経(いけい・これつね)[人]不　357
惟憲(いけん・これのり)[人]藤 15　8, 27, 57, 59, 62, 65, 72, 74, 239, 246, 317, 325
以康(いこう・もちやす)[人]平 1　355, 365, 472, 775, 789, 796
　以康女(いこうのむすめ)　43, 365
伊行(いこう・これゆき)[人]不　515
為行(いこう・ためゆき)[人]他 29(日下部)　704
為弘(いこう・ためひろ)[人]源 4　81
為弘(いこう・ためひろ)[人]他 57(茨田)　358
為孝(いこう・ためたか)[人]不　508, 509
維衡(いこう・これひら)[人]平 1　697, 783
已講(いこう)[官]仏 1　263, 840

異国(いこく)　18,173
　異国の人(いこくのひと)　173
射殺(いころす)　20,27,168,175
移座(いざ・ざをうつる)　366
率川祭(いさかわのまつり)儀四・十一　15,333
倚子(いし)　822(御倚子)
闈司(いし・みかどのつかさ)官家2　321
医師(いし・くすし)官省8(典薬寮)　56,697 →正月註51/p92
移徙(いし・わたまし)　16,45,167,447 →二月註69/p196
威子(いし・たけこ)人藤5　44,68,318,323,324,470,485,502,586,685,692,705,765,766,793,799,803,804,809,811,820,827,830,832,840,843
為資(いし・ためすけ)人藤13　69,72,74,509,519,520,527,680,693
為時(いじ・ためとき)人他43(高階)　76,78,172,512,528,529
維時(いじ・これとき)人平1　51,369,370,467,697
違失(いしつ)　75
石階(いしのきざはし)　353
意趣(いしゅ)　371
伊周(いしゅう・これちか)人藤7　258,441,447,448,453,455,512,525,527,578,588,589,594
　伊周女(いしゅうのむすめ)人藤7　258,441,447,448,453,455,512,526,527,578,588,589,594 →三月註214/p306・七月註222/p572・八月註21/p613・127/p635
称唯(いしょう)　61,64,65,245,246,343,686,687 →正月註145/p107
為信(いしん・ためのぶ)人他50(錦)　803,829
伊豆(いず)官地3　175,457,458,584,585,586,596,598,600
　伊豆国(いずのくに)　457,586,596,600
五十鈴の河上(いすずのかわかみ)　599
和泉(いずみ)官地3　66,172,253,520,521,820
　和泉守　66,172,253,820
出雲(いずも)官地3　10,327,453,475,476,477,479,481,482,799,805,808
　出雲国　453,475,481,482,799,805
　出雲守　475
　三河・出雲等の解由 →解由(げゆ)
出雲大社(いずもたいしゃ)官神5　476,477,479,481,482
　→杵築社(きづき)
何科(いずれのとが)　699
何法(いずれのほう)　73
伊勢(いせ)官地3　21,44,73,74,76,77,178,247,250,256,259,263,455,586,593,594,595,596,609,683,687,696,697,784,785
　伊勢国(いせのくに)　73,74,76,77,178,247,250,256,263,455,586,593,594,595,596,609,683,687,696,784,785
　伊勢守(いせのかみ)　44,259
　伊勢国司　73,76,77,178,247,250,256,263,455,595,687,696,784,785 →九月註99/p724
　伊勢国司の申文　687(解文),696 →三月註183/p300・九月註99/p724・213/p742
　→三年一度の社祭(さんねんいちどのしゃさい)
伊勢(いせ)官神4　249,337,439,450,451,452,454,456,457,458,460,461,462,463,464,466,508,579,581,582,590,592,595,597,598,599,601,602,603,606,679,680,688,771,774,776,780,781,784,785 →七月註16/p533・八月註272/p659
　伊勢神宮(いせじんぐう)　466
　伊勢両宮(いせりょうぐう)　461,463,464,680
　両宮(りょうぐう)　461,462,463,464,680,689,784,785
　二宮(にくう)　683,688
　内・外宮(ない・げくう)　456,460,462,463,464,602,603,604,680,681,685,687,768
　内宮(ないくう)　579,580,602,680,681,688,771 →八月註32/p614
　大神宮(おおかみのみや)　19,27,249,337,343,450,455,458,462,579,601,602,682,683,684,688,689,693,771,781

太神宮(おおかみのみや)　439,449,450,458,460,463,497,601
伊勢太神宮(いせだいじんぐう)　439,458,601
伊勢大神宮(いせだいじんぐう)　337,579,683,688,781
度会宮(わたらいぐう)　683
外宮(げくう)　456,460,462,463,464,579,602,603,604,680,681,682,684,685,687,688,768,771 →八月註31/p614
伊勢皇大神(いせのすめおおかみ)　606
伊勢大神(いせのおおかみ)　337,579,679,683,688,781
天照坐皇太神(あまてらしますすめみま)　599
皇太神(こうたいじん・すめみま・すめおおかみ)　595,599,600,601(皇大神),606(皇大神),700(皇大神)
伊勢大神宮司(いせだいじんぐうし) →大神宮司(だいじんぐうし)
伊勢の内人(いせのうちんど) →内人(うちんど)
→宝殿(ほうでん)
伊勢荒祭宮 →荒祭宮(あらまつりのみや)
威勢(いせい)　515
為盛(いせい・ためもり)人藤19　324
惟盛(いせい・これもり)人他14(大中臣)　600,773
為成(いせい・ためなり)人他56(真上)　527
為正(いせい・ためまさ)人不　359
為説(いせつ・ためとき)人他24(紀)　260,262,263,350,360
伊勢斎王(いせのさいおう) →斎王(さいおう)
伊勢使(いせのつかい)官神4　334,450,451,452,456,457,458,582,595,597,598
伊勢勅使(いせちょくし)　460,461,680 →八月註71/p624・九月註23/p710
伊勢奉幣使(いせほうべいし)　455,458,780 →八月註303/p667・九月註122/p728
営ぎ(いそぎ)　167,242,243,369,509,581,586,695
怱思(いそぎおもう)　790
遑記(いそぎしるす・こうきす)　69 →正月註298/p134
石上(いそのかみ)官神5　515 →七月註108/p551
石上(いそのかみ)人他6　585
板敷(いたじき)　245,246,350,605,686,769,771,775,812 →三月註79/p282
労飼(いたわりかう)　256
一位の大臣(いちいのだいじん) →大臣(だいじん)
一行(いちぎょう)　70,816,824 →正月註315/p136
一座の史(いちざのし) →史(し)
壱志(いちし)官地3(伊勢)　782,783
一日(いちじつ・ひとひ)　75,163,241,258,331,332,511,585,688,699,776,786,830,840 →正月註387/p146
一定(いちじょう)　41,81,161,163,166,170,173,174,243,320,329,343,361,518,521,523,524,583,691,697,699,813 →正月註463/p158・九月註258/p746
→叡慮の一定(えいりょのいちじょう)
一条(いちじょう)人皇6　50(一条天皇),333(一条院),349(故一条院),368(一条天皇)
故一条院(こいちじょういん)　349
一乗寺(いちじょうじ)官仏2・場外17　704 →九月註332/p761
一条宅(いちじょうたく)場京左B5　819
一条の養女(いちじょうのようじょ)人不　511
一日(いちにち)　10,326
一宮(いちのみや)人皇7　10,75
一門(いちもん)　44,348,349,363,494
一・二門(いち・にもん)　41,494
→二門(にもん)
惟忠(いちゅう・これただ)人藤17　73,325,516
為長(いちょう・ためなが)人他47(豊原)　248,249,250
一両(いちりょう)　60,178,347,512 →正月註132/p105
一両日(いちりょうじつ)　512
為通(いつう・ためみち)人他44(橘)　515
一家の納言(いっかのなごん)　58 →正月註82/p97

一家を挙(いっかをあぐ)　594
一揆(いっき)　250 →三月註125/p292
斎姫(いつきのひめ) →斎王(さいおう)
斎内親王(いつきのひめみこ) →斎王(さいおう)
一向(いっこう)　71,787,799 →正月註334/p138
一世源氏(いっせいげんじ)　62 →正月註166/p112
一天無為(いってんぶい)　600
一品宮(いっぽんのみや)[人]皇7・[人]皇8　65,323,336,799,804
　一品宮の御位記 →位記(いき)
　一品宮の姫宮[人]皇8　804
射手(いて)　70,797
惟貞(いてい・これさだ)[人]藤17　705
出居(いでい・でい)　25,57,341,353,489,494,793,806,814,815,823,825 →正月註66/p94
出立(いでたち・いでたつ)　341,342,798
位田(いでん)　463,684 →九月註66/p719
惟同(いどう・これのり)[人]他58(御使)　509
惟道(いどう・これみち)[人]不　61
糸毛(いとげ)　796,832
　糸毛御車(いとげのおくるま)　796
居直(いなおる)　351,353,765
田舎の輩(いなかのともがら・いなかのやから)　765
因幡(いなば)[官]地3　77,244,245
　因幡国　77
　因幡守　244
　加賀・因幡の匕文 →匕文(かぎのふみ)
稲荷(いなり)[官]神5・[場]外30　460,584,608,696
　稲荷社(いなりしゃ)　696 →八月註90/p628
　稲荷使(いなりし)[官]外6　608 →八月註354/p674
為男(いなん・ためお)[人]他48(中臣)　525,526,527,528 →七月註213/p571・214/p571・215/p571・216/p571
惟任(いにん・これとう)[人]藤15　262,263,324,351
犬(いぬ)　81,166,329,446,452,471,472,503,522,587,795,796,842,843
　犬産(いぬのさん)　503,842,843
　犬死(いぬのし)　166,446,452,471,472,522,587,795,796
　犬死穢(いぬのしえ・いぬのしのけがれ) →穢(けがれ)
乾角(いぬいのすみ)　768,799
稲(いね)　474,579,693
　伊賀神戸稲　474
射遺(いのこし)[儀]正　75,325 →正月註382/p145
祈申(いのりもうす)　502,510,600,607,765,772,840
禱申(いのりもうす)　582,607
射場(いば)[場]内b4　60,61,67,80,164,246,471,472,604,694 →正月註140/p106
　射場殿(いばどの)[場]内b4　164,694 →正月註140/p106
　射場始(いばはじめ)[儀]十　471,472
為方(いほう・ためかた)[人]他15(大原)　247 →三月註99/p286
今案(いまあんず・こんあん)　788,813
将参(いまいる)　37,259,525 →三月註226/p308
将罷(いまかる)　521
戒仰・誡仰(いましめおおす)　255,373(誡仰),583,584,601,684,685,780(誡仰)
戒示(いましめしめす)　67 →正月註272/p131
戒免(いましめめんず)　686
忌籠(いみこもる)　527 →七月註236/p573
忌避(いみさく・きひ)　596
忌御ふ日(いみたまふひ)　596
斎日(いみひ)　498
　斎の内(いみのうち・さいのうち)　598,606 →八月註224/p653
　→散斎(あらいみ)
　→後斎(こうさい・のちのいみ)
　→奉幣の斎(ほうべいのいみ)
　→斎日(ときび)
惟命(いめい・ゆいみょう)[人]僧2　610,705
薯蕷粥(いもがゆ)　71 →正月註342/p139
　→薯蕷(しょよ・いも)
礼代の大幣(いやしろのおおぬさ)　600 →八月註260/p658

為祐(いゆう・ためすけ)囚藤24　826
伊予(いよ)官地3　57,79,80,165,177,248,263,520,522
伊予国　177
伊予守　57,79,80,165,520
淡路・阿波・讃岐・伊予の相撲使 →相撲(すまい)
伊予返抄 →返抄(へんしょう)
弥(いよいよ)　77,175,330,371,600 →二月註158/p218
為頼(いらい・ためより)囚藤24　37,43
為頼(いらい・ためより)囚不　51,240,369,370,372 →三月註13/p269
違濫(いらん)　786
為利(いり・ためとし)囚他14(大中臣)　514,528,529
入立(いりたつ)　317,765,826
為隆(いりゅう・ためたか)囚不　178,251,342,807,840
違例(いれい)　262,317,319,320,324,343,367,480,489,776,777
惟連(いれん・これつら)囚他28(清原)　683,684,685
色革(いろかわ) →革(かわ)
位禄(いろく)　27,32,46,251,262,342,365 →三月註132/p292
位禄の官符(いろくのかんぷ)　46,365
位禄の奏(いろくのそう)　27
位禄の文(いろくのふみ)　27,251,342
位禄所(いろくしょ・いろくどころ)官外6　262 →三月註246/p311
色を失ふ(いろをうしなふ)　582
異論(いろん)　73
石清水(いわしみず)官神5・仏2・場外34　30,444,451,452,454,468,583,584,585,591,679,702,703,769,770,790,792,793 →三月註184/p301・八月註163/p642・七月註177/p565・九月註3/p706
石清水八幡宮(いわしみずはちまんぐう)　468
石清水宮(いわしみずぐう)　451,584,702
石清水十列 →十列(とおつら)
石清水幣帛使 →幣帛(へいはく)
石清水御願使 →御願(ぎょがん)
石清水放生会(いわしみずほうじょうえ)　444,454,770 →七月註177/p565
八幡宮放生会(はちまんぐうほうじょうえ)　522
石清水臨時祭(いわしみずりんじさい)儀三　30 →三月註184/p301
石見(いわみ)官地3　247,327,526
石見守(いわみのかみ)　247,526
意を得ざるの人(いをえざるのひと)　830
院(いん)囚藤5・官家3　4,24,32,50,58,80,242,243,244,249,257,262,263,319,324,350,351,440,441,459,461,467,468,469,470,471,496,498,509,510,511,607,679,680,684,696,698,699,701,702,703,705,790,792,793,795,799,805,827,830,831,833
院の御所(いんのごしょ)　59
院の殿上人(いんのてんじょうびと)　702 →九月註294/p751
院別当(いんのべっとう)　58,679(女院別当) →正月註91/p98・九月註6/p708
判官代(はんがんだい)　324
院主典代(いんのさかんだい)　679,702(主典代),792(主典代) →九月註12/p708・293/p751
院の御随身(いんのみずいじん)　257
→女院(にょいん)
→上東門院(じょうとうもんいん)
→京極(きょうごく)
→故東三条院(こひがしさんじょういん)
→小一条院(こいちじょういん)
→斎院(さいいん)
尹覚(いんかく)囚僧2　507
引勘(いんかん・ひきかんがう)　582
院宮(いんぐう)　61,68,581
引見(いんけん・ひきみる)　331,594,774,788
飲食(いんしょく)　55,58,72,522,822
院底(いんてい)　796
忌部(いんべ)囚他7・官神1　363,482,600,606,769
印文(いんもん)　248
允亮(いんりょう・ただすけ)囚他68(令宗)　693,696

う

表書(うえのかみ) 810
表衣(うえのきぬ) 167,528
　青色の表衣(あおいろのうえのきぬ) 528 →七月註 241/p574
右衛門(うえもん) →衛門(えもん)
　右衛門督 →衛門(えもん)
　右衛門志 →衛門(えもん)
　右衛門佐 →衛門(えもん)
　右衛門府生 →衛門(えもん)
　右衛門権佐 →衛門(えもん)
有官別当(うかんべっとう)[官]省2 356 →勧学院(かんがくいん)
雨儀(うぎ) 598,776,786,813,826,832
右京(うきょう) →左右京(さうきょう)
右金吾(うきんご)[官]衛2 →金吾(きんご)
承行(うけたまわりおこなう) 339,510,515,595,688,697
奉行(うけたまわりおこなう・ぶぎょう) 163,251,332,333,587,683,697,703,705,770,808,830,839
請文(うけぶみ) 835
右近(うこん)[官]衛1(近衛府) 7,64,70,72,73,326,357,513,525,529,578,583,590,593,695,766,780,804,828
　右近衛府(うこのえふ)[場]大A2・[官]衛1 70,72,73,513,525,529,578,583,590,695,828
　右近少将(うこんのしょうしょう) →少将(しょうしょう)
　右近将監(うこんのしょうげん) →将監(しょうげん)
　右宰相中将(うさいしょうちゅうじょう) →宰相(さいしょう)
　右将(うしょう) 326
　右少将(うしょうしょう) →少将(しょうしょう)
　右近衛府庁(うこのえふちょう) 513
右近陣(うこんのじん)[場]内b4 766
宇佐(うさ)[官]神5・仏2 4,51,57,59,369,370,447,450,454,459,500,525,530,591,596,601,608,683,773
　宇佐宮(うさぐう・うさのみや) 4,370,447,450,454,459,500,525,530,591,596,601,608,683,773 →正月註 74/p95・八月註 213/p650・350/p673・九月註 52/p716
　宇佐遷宮(うさせんぐう) 51,369,370
　八幡宇佐宮(はちまんうさぐう) 4,57,591
　八幡宇佐(はちまんうさ) 57,591
牛(うし) 355,450,469,491,519,528,583,608,703,704,782,783,820
　牛飼(うしかい) 491,820
　牛童(うしわらわ) 450,519,583,608
　家の牛童の従者 519
　院の牛童の従者 519
　院の牛付の従者(いんのうしつきのじゅうしゃ) 519 →七月註 146/p558
宇治(うじ) 800,801,832
　宇治三所(うじさんしょ)[場]外33 832 →穏子・安子・超子
　宇治殿(うじどの) 801
艮角(うしとらのすみ) 768
宇治公(うじのきみ)[人]他8 681
氏長者(うじのちょうじゃ) 81 →正月註 457/p157
氏人(うじびと) 356
右将(うしょう) →右近(うこん)
右少史(うしょうし) →史(し)
右少史ム(うしょうしなにがし) 248
右少弁(うしょうべん) →弁官(べんかん)
薄物(うすもの) 516 →七月註 128/p555
宇多(うだ) 68,71,325,686
　宇多院(うだいん)[場]京右A48 686 →九月註 74/p720
　宇多天皇(うだてんのう)[人]皇3 68,71,325
右大史(うだいし) →史(し)
右大臣(うだいじん) →大臣(だいじん)
右大臣源卿(うだいじんみなもときょう)[人]源1 694
右大弁(うだいべん) →弁官(べんかん)
疑(うたがい) 7,61,69,72,170,172,250,258,320,511,580,587,682,771,828 →正月註 345/p140
　疑事(うたがうこと) 172
　→奇疑(きぎ)
　→疑殆(ぎたい)

→疑慮(ぎりょ)
→疑罪(ぎざい)
→事疑(ことのうたがい)
内々(うちうち・ないない)　60,67,75,161,165,168,169,252,256,261,262,324,343,515,577,579,580,584,588,597,598,689,690,693,699,786,787,788,800,818,830
内方(うちかた)　839
袿(うちき・うちぎ)　59,244,247,319,339,359,819,821,834
大袿(おおうちき)　59,247,319,834 →正月註102/p100
白袿(しろのうちき)　339,359
有智子(うちこ・うちこ)[人]皇9　700
打敷(うちしき・うちじき)　58,368,779,803,804 →正月註94/p99
打調(うちちょうず)　31,259,519
内取(うちどり) →相撲(すまい)
内の御物忌(うちのおんものいみ) →物忌(ものいみ)
内座(うちのざ)　64 →正月註206/p118
内の殿上人(うちのてんじょうびと)　[官]外2(殿上人)　702
内政(うちのまつりごと)　333
打腫(うちはらす)　260
内文(うちぶみ・ないぶん)　46,342,365,444,503,770,789,841
庁覧内文(ちょうらんのうちぶみ)　46,365,503
右中将(うちゅうじょう) →中将(ちゅうじょう)
右中弁(うちゅうべん) →弁官(べんかん)
内論義(うちろんぎ・ないろんぎ)[儀]正・八　449,577,578 →正月註250/p127・八月註13/p612
内人(うちんど)　463,464,785
伊勢の内人(いせのうちんど)　785
→大内人(おおうちんど)
欝々(うつうつ)　164
鬱結(うっけつ)　813
移鞍(うつしぐら・うつしのくら)　584 →八月註91/p629
内舎人(うどねり)[官]省1　76,78,172,321,480,805 →正月註35/p89
奪取(うばいとる)　175,519,805
右兵衛督(うひょうえのかみ) →兵衛(ひょうえ)
右兵衛尉(うひょうえのじょう) →兵衛(ひょうえ)
右府(うふ)[官]公2　13,317,318,319,321,322,323,324,329,330,332,341,342,345,354,363,365,368,369,370,373,462,466,481,771,772,774,775,784,785,786,787,788,791,807,809,810,811,817,819,828,835,839,840,841,842
右府の御説(うふのおんせつ)　368
右馬(うま) →馬寮(めりょう)
馬頭(うまのかみ) →馬寮(めりょう)
右馬頭(うまのかみ) →馬寮(めりょう)
馬允(うまのじょう) →馬寮(めりょう)
馬助(うまのすけ) →馬寮(めりょう)
右馬助(うまのすけ) →馬寮(めりょう)
厩(うまや)　25,29,30,31,63,244,247,257,258,259,260,527,608,697 →正月註194/p115
厩の馬(うまやのうま)　25,29,30,63,244,257,258,527,608
厩の舎人(うまやのとねり)　31,247,259,260
右馬寮(うまりょう) →馬寮(めりょう)
梅宮祭(うめみやさい)[儀]四・[官]神5・[場]外37　34,490
敬懼(うやまいおそる)　600,601 →八月註253/p657
卜食(うらあふ)　499,700
占方(うらかた)　81,167
卜方(うらかた)　773
卜串(うらぐし)　167,334,458,601 →八月註278/p660
占申(うらないもうす)　167,509,700
卜申(うらないもうす)　773
卜筥(うらのはこ)　367
卜文(うらぶみ)　773,836
卜部(うらべ)[人]他9・[官]神1　363,773,808
雲林(うりん)[官]仏2・[場]外9　512 →七月註76/p544
漆塗(うるしぬり)　827,828
愁(うれい・しゅう)　45,173,349,509,514,588,603,701,783

愁申(うれいもうす) 173, 174, 260, 363, 509, 513, 588, 603, 783
憂死(うれいしす) 240
攸恐(うれえおそる) 697
雲稼(うんか) 601 →八月註 273/p659
繧繝端(うんげんべり) 802, 803
云々(うんぬん・しかじか) →正月註 108/p100
温明殿(うんめいでん・おんめいでん)[場]内 e3 598, 798, 813

え

永円(えいえん)[人]僧 1 503, 508, 840, 841
永光(えいこう・ながみつ)[人]他 26(清内) 586
叡山(えいざん) →延暦寺(えんりゃくじ)
栄爵(えいしゃく) 681, 683, 685
栄爵文(えいしゃくのふみ・えいしゃくぶん) 685
→九月註 68/p719・70/p719
栄爵料(えいしゃくりょう) 683
栄親(えいしん・ひでちか)[人]他 14(大中臣) 263
永政(えいせい・ながまさ)[人]他 14(大中臣) 782
永正(えいせい・ながまさ)[人]不 16, 168, 175
永祚(えいそ) 696
営造(えいぞう) 800
永輔(えいほ・ながすけ)[人]源 4 262
盈満(えいまん・みちあふる) 165
叡覧(えいらん) 62
叡慮(えいりょ) 242, 521, 523, 600, 602, 604, 607 →七月註 168/p563
叡慮の一定 521
駅館(えきかん) 781
役仕(えきし・やくし) 690
廻向(えこう) 806
慧思(えじ)[人]僧 2 789
穢処(えしょ) →穢(けがれ)
慧心院(えしんいん)[官]仏 2 41, 361
越前守(えちぜんのかみ)[官]地 3 324, 690
故越前守(こえちぜんのかみ)[人]藤 19 324
悦気(えつき) 179
越中(えっちゅう)[官]地 3 251, 454, 512, 592
→八月註 169/p643
越中守(えっちゅうのかみ) 454, 592
越中介(えっちゅうのすけ) 512
衛府(えふ)[官]衛 56, 167, 255, 319, 792, 824
五衛府(ごえふ) 56
衛府の冠(えふのかんむり) 167 →二月註 63/p195
烏帽(えぼし) 702, 792
衛門(えもん)[官]衛 2(衛門府) 27, 30, 56, 58, 66, 69, 70, 76, 80, 161, 168, 179, 180, 239, 248, 259, 261, 317, 318, 319, 320, 328, 341, 343, 346, 349, 355, 357, 366, 367, 369, 370, 455, 463, 468, 510, 515, 516, 578, 585, 586, 593, 594, 683, 687, 774, 777, 779, 784, 785, 793, 796, 798, 801, 803, 804, 807, 808, 809, 811, 820, 821, 823, 829, 833, 838
左右衛門(さゆうえもん) 317, 357, 774, 804
左右衛門督 809
左右衛門府 774
左衛門府(さえもんふ)[場]京左 B3 80
左衛門督(さえもんのかみ) 30, 179, 180, 239, 341, 346, 349, 367, 369, 370, 468, 510, 683, 777, 779, 785, 798, 801, 803, 804, 811, 829, 833
左衛門権佐 355
左衛門尉 248, 357, 463, 796, 829
左衛門府生 70, 168, 259, 586
右衛門督(うえもんのかみ) 56, 58, 66, 70, 76, 161, 179, 180, 261, 317, 319, 320, 349, 366, 367, 578, 779, 785, 803, 807, 820
右衛門志 248, 343
右衛門佐 357
右衛門府生 516, 585, 586
右衛門権佐 821
前左衛門督(さきのさえもんのかみ)[人]藤 9 69, 239, 683
前左衛門尉(さきのさえもんのじょう)[人]平 1 27, 343, 687, 784, 809
前右衛門督[人]藤 6 179, 515, 793, 801, 811
衛門の陣(えもんのじん) 823
左衛門陣(さえもんのじん)[場]大 D3 318, 341, 455, 593, 594, 779, 808, 838
択出(えらびいだす) 335

択下(えらびくだす)　474
択定(えらびさだむ)　600
択任(えらびにんず)　693
択申(えらびもうす)　348, 372
円意(えんい)囚僧1　35
延引(えんいん)　9, 11, 12, 16, 24, 75, 80, 166, 167, 245, 471, 517, 522, 589
円縁(えんえん)囚僧2　33
垣下(えんが・えんか・えが・かいもと・かいのもと)　70, 341, 355, 798 →正月註317/p136
炎旱(えんかん)　817
延基(えんき・のぶもと)囚他4(荒木田)　680
延喜(えんぎ)　517, 521, 594, 692, 694, 700, 787→九月註160/p734・270/p748
　延喜・天暦の間　787
円教寺(えんきょうじ)官仏2・場外3　482
円空(えんくう)囚僧1　241
遠行五離日(えんこうごりび)　503
婉子女王(えんしじょおう・つやこじょおう)囚皇5　514
婉子内親王(えんしないしんのう・つやこないしんのう)囚皇9　828
　婉子斎院(えんしさいいん・つやこさいいん)　828
延縮(えんしゅく)　517, 518, 521, 579
遠処(えんしょ)　607
延親(えんしん・のぶちか)囚他4(荒木田)　680
延尋(えんじん)囚僧1　840
延政(えんせい)囚僧1　79, 161, 241, 704
演説(えんぜつ)　705
延長(えんちょう)　162, 163, 329
　延長四年の例　162 →二月註18/p184
延長(えんちょう・のぶなが)囚他4(荒木田)　680
莚道(えんどう)　589, 823 →八月註133/p636
延任(えんにん)　372
宴座(えんのざ)　589, 777, 778 →八月註135/p638
延否(えんぴ)　325
延不(えんふ)　79, 523
延武(えんぶ・のぶたけ)囚不　78, 79
延満(えんまん・のぶみつ)囚他4(荒木田)　680
延名(えんめい・のぶな)囚不　318
円融寺(えんゆうじ)官仏2・場外2　16, 167 →二月註70/p197
延頼(えんらい・のぶより)囚不　75
延暦寺(えんりゃくじ)官仏2　8, 71, 500, 694, 835 →七月註23/p535
　叡山(えいざん)　500, 835
　中堂(ちゅうどう)　508 →七月註23/p535
　座主(ざす)官仏2　35, 161 →二月註4/p181

お

追出(おいいだす)　511, 595
追打(おいうつ)　515
追来(おいきたる)　68
追従(おいしたがう)　786
追相撲(おいずまい) →相撲(すまい)
御祈(おいのり)　44, 361, 439, 454, 464, 500, 582, 583, 589, 774, 808, 835, 836, 837
　御祈使(おいのりのつかい)　774, 808
御禱(おいのり)　161, 583
追遣(おいやる)　579, 600
王威(おうい)　701
王胤(おういん)　62 →正月註178/p113
横雨(おうう)　776
王運(おううん)　579
往還(おうかん)　337, 339, 345, 373, 586, 695, 769, 781, 815
往古未だ聞(おうこいまだきかず)　580
王氏(おうし)　5, 6, 7, 9, 23, 27, 61, 62, 63, 68, 69, 71, 73, 74, 239, 246, 252, 320, 323, 324, 325, 344, 682 →正月註163/p111
　王氏爵(おうしのしゃく)　5, 6, 7, 9, 23, 27, 62, 63, 68, 69, 71, 73, 74, 239, 246, 252, 320, 323, 325, 344, 682
　王氏爵位(おうしのしゃくい)　344
王臣家(おうしんけ)官家4　690
往聖(おうせい)　599 →八月註239/p656
枉道の宣旨(おうどうのせんじ)　590 →八月註137/p638
　→枉定(まげさだむ)
　→道を枉(みちをまぐ)

垸飯(おうばん) 831
近江(おうみ)官地3 59,70,511,595,600,686,704,792,834,835,841
近江国(おうみのくに) 70,595,686,704,834,835
近江守(おうみのかみ) 59,511
近江権守(おうみのごんのかみ) 600
近江前司(おうみのぜんじ)人源5 792
王命(おうめい) 697
往来(おうらい) 684
汚穢(おえ) 459,580
大雨(おおあめ) →大雨(たいう)
大炊(おおい)官省8・場大E4 263,686,819
大炊寮(おおいりょう) 819
大炊允(おおいのじょう) 686
大炊属(おおいのさかん) 263
大いに善(おおいによし) 599
大炊屋(おおいや) 834
大内(おおうち・だいだい・たいだい)場大 74,250,517,842 →正月註370/p144
大袿(おおうちき) →袿(うちき)
大内人(おおうちんど・おおうちびと)官神4 681,688 →七月註16/p534・八月註272/p659
玉串大内人(たまぐしおおうちんど)官神4 681,688 →九月註26/p710
→内人(うちんど)
大江(おおえ)人他10 167,263,365,488
大鹿(おおが)人他12 261
狼(おおかみ) 22,179
大神の荒魂(おおかみのあらたま) 680
大神の仰(おおかみのおおせ) 771
大神の御心(おおかみのみこころ) 606 →八月註338/p672
太神の宮(おおかみのみや) 599
→八月註245/p656
大神を禱申(おおかみをいのりもうす) 607
大咎(おおきなるとが) 600
大蔵(おおくら)官省7・場大A1 60,66,171,244,247,319,322,342,507,693,813,814
大蔵省(おおくらしょう) 66,507
大蔵卿(おおくらきょう) 60,171,244,247,319,322,342,813,814
大蔵卿宰相(おおくらきょうさいしょう) 322
大輔(たいふ) 693
大蔵少輔(おおくらのしょうふ) 693
大蔵(おおくら)人他11 27
大樽(おおくれ) 514 →七月註93/p548
大雑羅(おおざら) 684 →九月註59/p718
大隅守(おおすみのかみ)官地3 27,320
仰(おおせ・おおす) 42,46,55,56,58,60,61,62,64,65,66,67,68,69,70,71,72,73,74,75,76,78,161,162,164,165,166,168,169,170,171,173,174,176,239,240,241,243,245,246,247,249,250,251,252,253,254,255,256,257,258,259,260,261,262,263,317,318,320,321,323,324,326,328,329,330,331,332,333,335,337,338,339,342,343,344,346,347,350,353,354,355,358,359,360,362,363,365,366,367,370,371,372,373,439,481,496,507,509,511,513,516,518,519,520,521,523,524,525,526,527,528,529,577,579,580,581,582,583,586,588,590,594,595,596,597,598,599,601,602,603,604,605,606,608,609,679,680,681,682,683,684,685,686,687,688,689,691,693,694,696,697,698,699,700,703,765,766,767,769,770,771,772,773,774,775,776,779,780,784,785,786,787,788,790,791,794,795,796,797,798,799,800,802,803,804,805,806,807,808,809,810,811,813,814,815,816,817,818,820,821,822,823,824,825,826,827,828,829,830,831,832,833,834,835,836,837,838,839,840,841,842,843 →正月註20/p86
仰下(おおせくだす) 46,75,76,162,168,170,176,239,256,257,258,338,344,366,370,373,496,516,521,581,590,682,693,694,771,773,829,839
仰事(おおせごと) 161,165,261,599,684
仰遣(おおせつかわす) 66,169,241,253,481,516,602,603,682,684,689,700,830
仰宣(おおせのる) 682
仰含(おおせふくむ) 255,696

→戒仰・誡仰(いましめおおす)
→来仰(きたりおおす)
→加仰(くわえおおす)
→指仰(さしたるおおせ)
→定仰(さだめおおす)
→遣仰(つかわしおおす)
→問仰(といおおす)
→伝仰(つたえおおす)
→示仰(しめしおおす)
→咎仰(とがめおおす)
→召仰(めしおおす・めしおおせ)
→催仰(もよおしおおす)
→大神の仰(おおかみのおおせ)
御殿油(おおとなぶら)　68 →正月註 286/p132
大舎人(おおどねり)官省1　65 →正月註 35/p89
大殿祭(おおとのほがい)儀六　499, 834
大友(おおとも)人他13　686
大中臣(おおなかとみ)人他14　32, 44, 180, 263, 348, 450, 482, 494, 600, 683, 773, 774, 836
大中臣一門(おおなかとみのいちもん)　348
大中臣氏(おおなかとみし)　494
大麻(おおぬさ)　833, 834, 838
大野郡(おおのぐん)官地3(美濃国)　366
大原(おおはら)人他15　247
大祓(おおはらえ)　456, 494, 500, 501, 836, 838(大祓所)
大原野(おおはらの)官神5・場外35　13, 23, 80, 162, 240, 329, 454, 584, 591
大原野祭(おおはらのさい)儀二　13, 23, 80, 162, 240, 329 →正月註 452/p156・二月註 14/p183
大原野使(おおはらのづかい)官外6　591
大盤(おおばん・だいばん)　368, 796, 823, 831
御大盤(おんだいばん)　368
大間(おおま)　171, 172, 335, 467, 698 →二月註 116/p209・九月註 245/p745
大宮(おおみや)場京左エ　339
大宮(おおみや)人藤5　830, 831
大宮柱(おおみやばしら)　599
大神(おおみわ)官神5　515 →七月註 108/p550
大物忌(おおものいみ)官神4　680
大和社(おおやまとしゃ)官神5　515 →七月註 108/p550
大破子(おおわりご)　821
岡屋(おかのや)場外32　697 →九月註 237/p744
隠岐(おき)官地3　79, 327, 584, 585, 586, 590, 600, 695, 774
隠岐国・隠伎国(おきのくに)　452, 586
隠岐守(おきのかみ)　79
隠岐守道成の解由 →解由(げゆ)
隠岐使(おきづかい)官衛2　586, 590 →八月註 113/p633
御経供養(おきょうくよう・みきょうくよう)　792
奥(おく)　178, 248, 517
屋上(おくじょう)　77, 695
奥座(おくのざ)　57, 65, 251, 317, 332, 687, 813, 814, 819
御車(おくるま・おんくるま)　318, 319, 355, 702, 789, 791, 792, 796, 820, 832
御車の後(おくるまのうしろ)　355, 792
御車副(おんくるまぞえ) →車副(くるまぞえ)
行来(おこないきたる)　787
抑留(おさえとどむ・よくりゅう)　79, 790
納むる筥(おさむるはこ)　354
修葺(おさめふく)　175
納物(おさめもの)　771
推出(おしいだす)　686
教正(おしえただす)　251
推准(おしなずらふ)　175
推遣(おしやる)　330, 331
推分(おしわく)　818
怖思(おそれおもふ)　697
小槻(おづき)人他19　5, 63
乙合丙合(おつごうへいごう)　601 →八月註 279/p660
御導師(おどうし) →導師(どうし)
男位記(おとこいき) →位記(いき)
乙麿(おとまろ)人他6(石上)　585
御共(おとも)　242, 320, 353, 360, 529, 679, 701, 775, 790, 792, 794, 806, 819, 832, 833
御共の人々(おとものひとびと)　679

驚申（おどろかしもうす・おどろきもうす）
508, 518, 766 →七月註 137/p556
驚達（おどろきたっす）　172
小野宮（おののみや）[場]京左 E15　329, 685
念誦堂（ねんじゅどう）　78, 79, 592, 609, 691, 695 →正月註 416/p150
堂預（どうのあずかり）　240 →三月註 19/p270
塔（とう）　11, 79, 254, 691
→西宅（にしたく）
→北家（きたのいえ）
小野宮記（おののみやき）　331
御祓（おはらえ）　36, 355, 358, 504, 509, 580, 769, 780, 833（御祓物）, 834, 843
帯取（おびとり）　67 →正月註 271/p130
覚えざる所（おぼえざるところ）　175, 596
覚侍（おぼえはべる）　165
思食（おぼしめす）　239, 344, 607, 811
御盆（おぼん）→盆（ぼん）
御禊（おみそぎ）　34, 35, 36, 354, 822
思得（おもいう）　607
思失（おもいうしなふ）　588
思外（おもいのほか）　74, 172
思量（おもいはかる）　175, 596
思忘（おもいわする）　591, 770
御膳宿（おものやどり）[場]内 c4　804
御膳宿庁　804
所念（おもほす）　600
御休所（おやすみどころ）　319
御湯殿（おゆどの）　834, 843
折界（おりかい）　344, 350, 372, 840
折界紙（おりかいのかみ）　344, 350
下立（おりたつ）　318, 321, 353, 777, 790
下名（おりな）　18, 38, 64, 321, 439, 496, 765, 821, 826 →212/p119
折花（おりばな）　679, 701, 702 →九月註 13/p708
折櫃（おりびつ）　78, 510 →正月註 412/p150
織物（おりもの）　244, 701, 792
下物（おろしもの）　815
御坐（おわします）　14, 242, 243, 244, 322, 330, 509, 802, 829, 835
尾張（おわり）[官]地 3　260, 516, 690, 691, 696
尾張国（おわりのくに）　690, 691, 696
尾張守（おわりのかみ）　260, 516 →九月註 128/p729
尾張（おわり）[人]他 21　808, 822
訖（おわんぬ）　80, 164, 251, 512, 577, 581, 583, 596, 603, 698
蔭（おん）　29, 258 →三月註 212/p306
御飯（おんいい）→飯（いい）
御位記（おんいき）→位記（いき）
御射席（おんいむしろ）　797
御後（おんうしろ）　56, 318, 334, 353, 702, 792, 797 →正月註 44/p91
御器（おんうつわ）　58, 835
御馬（おんうま）　19, 32, 33, 256, 257, 258, 261, 336, 337, 353, 354, 358, 451, 453, 454, 459, 474, 489, 496, 500, 584, 593, 605, 607, 792, 817, 818, 826
御馬を御覧（おんうまをごらん）　258 →三月註 209/p305・八月註 175/p644
上野の御馬（こうづけのおんうま）[儀]八 19, 336, 489, 496, 817, 826
武蔵の御馬（むさしのおんうま）[儀]八 33, 353
武蔵秩父の御馬（むさしちちぶのおんうま）[儀]八　500
立野の御馬（たちののおんうま）[儀]八 459, 607 →八月註 349/p673
信濃の御馬牽（しなののおんうまひき）[儀]八 593
甲斐真衣野の御馬（かいまきののおんうま）[儀]八　474
御鎰（おんかぎ）→鎰（かぎ）
音楽（おんがく）　445, 446, 520, 523, 589, 590, 801, 824, 825 →八月註 143/p639
御忌日（おんきにち）→忌日（きにち）
遠近（おんきん）　772
御声（おんこえ）　579
遠国（おんごく）　584, 585
御心地（おんここち）→心地（ここち）
御心（おんこころ・みこころ）　355, 510, 590, 607, 679
御斎食（おんさいじき）→斎食（さいじき）
御作文（おんさくもん）　24, 241 →三月註 37/p274
御定（おんさだめ）　178, 701
御散飯（おんさば）→散飯（さば）

穏子(おんし・やすこ)人藤1　832
→宇治三所(うじさんしょ)
御宿所(おんしゅくしょ)→宿所(しゅくしょ)
御情(おんじょう・みこころ)　699
御消息(おんしょうそく・みしょうそく)→消息
御住吉詣(おんすみよしもうで)→住吉(すみよし)
御節の供(おんせちのそなえ)　839
御大盤(おんだいばん)→大盤(おおばん)
御祟(おんたたり)→祟(たたり)
御棚(おんたな)　356
奉為(おんため・おおんため)　772
御慎(おんつつしみ)　161, 445, 517, 520, 521, 523, 589
御塔(おんとう)→興福寺(こうふくじ)
女位記(おんないき)→位記(いき)
女衣裳(おんないしょう)　170
女叙位(おんなじょい)→叙位(じょい)
女装束(おんなしょうぞく)　779, 803, 833
女二親王(おんなにしんのう)→二宮(にのみや)
女二宮(おんなにのみや)→二宮(にのみや)
女の配流(おんなのはいる)　582, 584
女配流(おんなはいる)　451, 452, 588
遠任(おんにん)　507
穏座(おんのざ)　334, 777
御後(おんのち)　68, 69, 71, 325, 344 →正月註164/p112
音博士(おんはかせ)官省2(大学寮)　491
御袴着(おんはかまぎ)→着袴(ちゃっこ)
御箸(おんはし)→箸(はし)
御祓物(おんはらえつもの)→祓物(はらえつもの)
穏便(おんびん)　810
御船(おんふね)　679, 701, 703
御書(おんふみ・ごしょ)　469, 581, 590, 703, 704
　御書使(おんふみのつかい)官外6　469, 704
御返事(おんへんじ)→返事(へんじ)
御末葉(おんまつよう)　369
御祭所(おんまつりどころ・おまつりどころ)　515
御乳母子(おんめのとご)　172 →二月註130/p212
恩免(おんめん)　344
御物忌(おんものいみ)→物忌(ものいみ)
御物詣(おんものもうで)　459, 461, 467, 468, 679, 680, 696, 698, 699, 790 →九月註220/p743
御猶子(おんゆうし)　475
御譲(おんゆずり)　239 →三月註7/p267
→御譲位(ごじょうい)
音様(おんよう)　777
陰陽(おんよう・いんよう)　38, 57, 167, 178, 179, 262, 263, 331, 339, 514, 521, 528, 529, 530, 577, 581, 588, 591, 598, 601, 603, 608, 695, 700, 773, 774, 787, 789, 805, 818, 827, 832
　陰陽寮(おんようりょう・おんみょうりょう)官省1・場大D4　57, 178, 262, 331, 339, 521, 530, 577, 581, 591, 598, 601, 603, 608, 695, 700, 773, 789, 805
　陰陽頭(おんようのかみ)　38, 263
　陰陽助(おんようのすけ)　263(助), 774, 818, 832
　陰陽允(おんようのじょう)　514, 263(允)
　陰陽属(おんようのさかん)　179
　大属(だいさかん)　263, 803
　少属(しょうさかん)　263
　陰陽博士(おんようはかせ)　167
　陰陽師(おんようじ)　263, 514, 528, 529, 588, 787, 827
　陰陽寮の連奏 →連奏(れんそう)
遠流(おんる)　452, 586, 598, 699, 772 →八月註110/p632・九月註261/p747

か

假・仮・暇(か)　51, 178, 247, 340, 372, 472, 685, 796, 839
　假を請(かをこふ)　340
衙(が)　76, 79, 176, 244, 331, 342, 591, 685, 694
怪(かい)　12, 16, 81, 165, 167, 168, 448, 450, 477, 478, 482, 483, 514, 530, 679, 705, 772, 773, 805
　怪日(かいじつ)　167

怪 異(か い い)　448,450,477,478,482,483,514,530,772 →七月註 254/p576
怪奇(かいき)　773
怪所(かいしょ)　805
諧(かい・かなう)人源8　348
甲 斐(か い)官 地3　16,20,37,38,49,63,168,170,175,324,360,366,367,368,371,440,466,474,514,516,695,765,790,833
甲斐国(かいのくに)　168,175
甲斐守(かいのかみ)　37,38,49,63,324,360,366,367,368,371,440,466,514,516,695,765
甲斐国司(かいこくし)　175
甲斐前守(かいのさきのかみ)人平1　790
甲斐前司(かいのぜんじ)人平1　833
故甲斐守(こかいのかみ)人藤18　324
甲斐真衣野の御馬 →御馬(おんうま)
階 下(か い か)　64,65,321,322,326,336,337,339,367,604,786,797,804,815,816,836
皆既(かいき) →月食(げっしょく)
廻却(かいきゃく)　20,176,177
廻却の官符(かいきゃくのかんぷ)　177
戒師(かいし)官仏3　705
会昌門(かいしょうもん)場大C5　823
外戚(がいせき・げしゃく)　833
海船(かいせん)　586
改葬(かいそう)　19,173
改造(かいぞう)　179
外朝(がいちょう)　370
改定(かいてい)　79,320,458,524,827
開田の畠(かいでんのはたけ)　508
甲斐布(かいのぬの)　170
開白(かいびゃく)　824
開封(かいふう)　826
廻文(かいぶん・まわしぶみ・めぐらしぶみ)　598 →八月註 221/p652
開発(かいほつ)　686,687,784
開発田(かいほつでん)　686,687
戒名(かいみょう)　371
改名(かいめい)　5,320
開門(かいもん)　9,56,64,73,321,821,823
開門官人(かいもんのかんじん)　9
海路(かいろ)　590
外漏(がいろう)　581 →八月註 66/p623
返預(かえしあずく)　785
返入(かえしいる)　826
返受(かえしうく)　526
返置(かえしおく)　824
返下(かえしくだす)　365
返授(かえしさずく)　520
返奉(かえしたてまつる)　350
返進(かえしたてまつる)　164,526,585
返上(かえしたてまつる)　463,686,809,811
返給(かえしたまう・へんきゅう)　61,62,63,64,65,173,174,246,249,251,252,253,262,321,331,333,337,345,347,354,509,519,528,586,588,598,602,603,604,605,606,687,694,780,784,807,818,836,840 →八月註 123/p634
返解文(かえしのげぶみ)　593 →八月註 181/p646
→返解使(へんげし)
→解文(げぶみ)
返放(かえしはなつ)　477
返申(かえしもうす)　769
返遣(かえしやる)　173,252
還遣(かえしやる)　173
返々(かえすがえす)　163,247
還饗(かえりあるじ)　454,590 →八月註 149/p640
帰出(かえりいづ)　321,331,353
帰入(かえりいる)　64,353
還来(かえりきたる)　66
帰来(かえりきたる)　55,63,72,78,173,242,243,246,251,257,259,336,515,522,527,529,579,580,594,596,697,700
還下(かえりくだる)　321
帰去(かえりさる)　321
帰立(かえりたつ)　351,769
加 賀(か が)官 地3　70,244,245,490,513,588,686,687,784,819
加賀国(かがのくに)　588,686
加賀守(かがのかみ)　70,244,490,513
前加賀守人不　819
前司(ぜんじ・さきのつかさ)人不　588,819
加賀・因幡の匕文 →匕文(かぎのふみ)
加 階(か か い)　60,63,68,447,458,462,

463, 464, 491, 524, 525, 577, 602 →正月註126/p104・186/p114(治国加階)
雅楽(ががく・うた)官省3・場大E5　777, 823, 824, 825
鏡(かがみ)　498, 523, 830
→亀鏡(きけい)
鑑(かがみ)　524, 691
→殿鑑(とののかがみ)
加冠(かかん)　179, 779
鎰(かぎ)　341, 342, 353, 450, 771, 772
鎰司(かぎのつかさ)官省1　772
御鎰(おんかぎ)　771, 772
書出(かきいだす)　343, 688, 839
書入(かきいる)　61, 350, 601
鉤(かぎかく)　347
勾(かぎかく)　347
昇立(かきたつ)　366
書進(かきたてまつる)　581, 695, 698
書きて下(かきてくだす)　682, 697
書取(かきとる)　773
書載(かきのす)　61, 62, 68
匕文(かぎのふみ)　245 →三月註73/p281
加賀・因幡の匕文　245
鎰文(かぎのふみ)　341, 342, 353
書儲(かきもうく)　345, 786
家業(かぎょう・いえなり)人藤18　249, 346
書分(かきわく)　797
加供(かぐ)　6, 66, 598 →正月註259/p129・八月註222/p652
楽(がく)　322, 446, 513, 521, 523, 524, 528, 577, 589, 778, 801 →七月註85/p547
→相撲の楽
覚悟(かくご)　815
恪勤(かくごん・かくご・かっきん)　257, 583 →三月註201/p304・八月註83/p627
学士(がくし)→東宮(とうぐう)
楽所(がくしょ)官省3(雅楽寮)　808
楽人(がくじん)　801
学生(がくしょう)官省2(大学寮)　334
楽前大夫(がくぜんのだいぶ)官外6　823, 825
覚超(かくちょう)人僧1　805
楽の定(がくのさだめ)　528
→七月註240/p574
額間(がくのま)　802
神楽(かぐら)　259, 579, 808, 822(御神楽)
隠居(かくれいす)　511
隠立(かくれたつ)　171
覚蓮(かくれん)人僧2　168, 512 →七月註74/p544
家経(かけい・いえつね)人藤18　355, 577, 816, 821, 823 →八月註8/p611
懸紙(かけがみ)　788, 807
懸角(かけつの)　498, 830
懸盤(かけばん)　58, 804, 831 →正月註96/p99
懸物(かけもの)　6, 67, 797 →正月註261/p129
雅康(がこう・まさやす)人平1　818
苛酷(かこく)　490
過差(かさ)　59, 524, 679, 696 →正月註112/p101・七月註204/p569・九月註11/p708
笠(かさ)　579, 796
挿頭(かざし)　167, 777
粧馬(かざりうま)　355
菓子(かし)　7, 470, 510, 705, 815
火事(かじ)　440, 441, 477, 480, 496, 773, 827
加時(かじ)　516 →七月註120/p553
加持(かじ)　607
賢事(かしこきこと)　787
恐所(かしこどころ)場内e3(温明殿)　589 →八月註132/p636
恐(かしこまり・かしこみ・おそる・おそれ・きょう)　27, 56, 60, 65, 247, 330, 344, 516, 517, 580, 599, 600, 601, 694, 765, 771, 772, 821, 840
恐思(かしこみおもふ)　765
恐を成(おそれをなす)　516
恐み恐み(かしこみかしこみ)　599, 600, 601
恐申(かしこまりもうす)　27, 344, 600
→恐悦(きょうえつ)
→驚恐(きょうきょう)
→恐憚(きょうたん)
→攸恐(うれえおそる)
→恐懼(きょうく)

→恐怖(きょうふ)
→事恐(ことのおそれ)
→慎恐(つつしみおそる)
借給(かしたまう)　258
借賜(かしたまう)　583
家室(かしつ)　843
鹿嶋(かしま)官地3(常陸)　19,337
加署(かしょ)　28,63,248,261,341,810,811
加叙(かじょ)　688
過状(かじょう)　34,261,479,483,579,580,583,590,591,601 →二月註21/p185・三月註242/p310・八月註50/p618・141/p639
官掌(かじょう)官太1　25,339,340,341,346,588,590,591,601,686,768,777,782,834,838
栢殿(かしわどの)場京右G52(朱雀院)　259
膳部(かしわべ・ぜんぶ)官外6(御厨子所)　816
河水(かすい・かわのみず　243
春日(かすが)　8,14,15,16,72,80,163,164,166,168,240,339,460,489,515,584,608,702 →二月註43/p188・八月註354/p674
春日祭(かすがさい)儀二・十一　8,14,15,72,80,163,164,166,489 →二月註43/p188
春日祭使(かすがさいし)　8,14(春日使),72,80,164
春日使(かすがのつかい・かすがづかい)　608
春日社(かすがしゃ)官神5　460
春日御社(かすがおんしゃ)　168,240
春日小道(かすがこみち・かすがこうじ)場京左D　77
上総(かずさ)官地3　51,240,360,369,370
上総守(かずさのかみ)　51,369
上総介(かずさのすけ)　370
衙政(がせい)　79,176,244,685,694 →正月註434/p153・二月註169/p220・三月註58/p278
衙政召(がせいめし)　685
→九月註73/p720
方人(かたうど)　358
方々の者(かたがたのもの)　161
片行香(かたぎょうこう) →行香(ぎょうこう)
刀(かたな)　47,336,354,373,515,519,788
小刀(しょうとう)　519
刀杖(とうじょう)　515
結政(かたなし)　14,325,327,331,341,342,345,356,362,363,365,366,452,456,473,585,586,596,597,598,766,767,770,771,774,775,776,789,790,793,796,797,798,803,806,809,811,830,832,834,837,841
結政所(かたなしどころ)場大E3　362,596,597,598,774,775,796,832 →八月註109/p632
結政請印(かたなしのしょういん)　452,456,586,596
→八月註109/p632・211/p650
結政所請印　596,597
方無(かたなし)　175,325,590
結ぬるの緒(かたぬるのお)　686
結固(かたねかたむ)　350
結巻(かたねまく)　686
結申(かたねもうす)　245,251,343,363,371,581,598,686,798 →三月註80/p282・八月註230/p653・九月註90/p723
結分(かたねわく)　336
勝(かち・かつ・すぐる・まさる)　67,75,332,357,358,359,528,529,579,797
金勝(きんしょう・きんぼし)　529 →七月註245/p575
鼓勝(こかち)　358
勝者(しょうしゃ)　591
褐冠(かちかぶり)　832
家中(かちゅう)　241,329,338,511
家中の人(かちゅうのひと)　241
火長(かちょう)官外1　583
下器(かづき)　815
被く(かづく)　56,339
被物(かづけもの)　779
合掌(がっしょう)　824
合戦(かっせん)　26,27,29,35,42,247,249,250,252,256,343,462,463,465,480,609,683,687,693,696,699,784,785,796,

809 →三月註 103/p286
合戦の庭　343
且(かつは・かつうは・かつがつ)　78, 175, 176, 324, 338, 344, 347, 348, 355, 361, 367, 368, 369, 370, 581, 586, 592, 596, 607, 687, 776, 793, 816 →正月註 429/p153
桂(かつら)官地 3(山城)　257, 477, 802
→章任の桂宅
河頭(かとう)　165, 679
化徳門・和徳門(かとくもん)場内 d3　55, 246, 251, 586, 598, 605, 806, 813, 821
花徳(かとく)　318
看督長(かどのおさ)官外 1(火長)　792
門部(かどべ)官衛 2(衛門府)　774
仮名の記(かなのき)　596
→八月註 207/p650
兼(かねて)　36, 60, 73, 169, 248, 317, 318, 319, 321, 330, 347, 351, 355, 366, 370, 372, 373, 515, 523, 587, 693, 694, 765, 774, 777, 780, 797, 798, 799, 802, 808, 809, 810, 811, 814, 815, 817, 823, 824, 825, 827, 833, 834, 835, →正月註 120/p103
兼ねて申す(かねてもうす)　372
兼行(かねおこなう)　25
→兼仕(けんし)
→兼儀(けんぎ)
彼女(かのじょ・かのめ)　772
彼の類(かのるい)　697
過半(かはん)　579
賀表(がひょう)　478, 479, 485, 486, 488, 810, 817
夏武(かぶ・なつたけ)人不　170
歌舞(かぶ)　358, 822
家風(かふう)　808
假文(かぶん・けもん)　472, 796
壁(かべ・へき)　334, 514, 686, 695, 768, 775, 780, 795, 813, 832, 834, 839
壁後(へきご)　686
壁代(かべしろ)　832, 834, 839
壁外(へきがい)　334, 780, 795, 813
壁外の座　334
壁代(かべしろ) →壁(かべ)
賀弁(がべん)人僧 1　843
鎌(かま)　516, 519, 526
構造(かまえつくる)　600
鎌倉(かまくら)人僧 2　3, 56, 461, 679 →正月註 52/p92・九月註 2/p706
鎌倉聖(かまくらひじり)　3, 56
→真等(しんとう)
花幔(かまん)　825
髪(かみ)　529, 779
髪上(かみあげ)　821
上社(かみしゃ) →賀茂(かも)
神咎(かみのとが)　605
上政所(かみのまんどころ)　249
神を敬(かみをうやまふ)　579
神賢木(かむさかき) →賢木(さかき)
賀茂(かも)　32, 36, 37, 38, 245, 247, 260, 348, 349, 358, 359, 453, 454, 467, 472, 473, 484, 493, 499, 500, 501, 502, 515, 577, 584, 591, 700, 702, 704, 705, 769, 778, 791, 798, 822, 827, 828, 834, 835, 838, 840
賀茂詣(かももうで)　37, 38
賀茂祭(かもさい・かものまつり)儀四 32, 36, 245, 247, 348, 349, 702 →三月註 66/p280
賀茂奉幣使(かもほうへいし)官外 6　501
賀茂の御願の事　591
臨時祭(りんじさい)儀十一　822
賀茂斎王(かものさいおう) →斎院(さいいん)
賀茂斎内親王(かもさいないしんのう) →斎院(さいいん)
賀茂斎院(かものさいいん) →斎院(さいいん)
賀茂社(かもしゃ)官神 5・場外 12・13 38, 454, 473, 501, 822 →三月註 66/p279
賀茂上下(かもかみしも・かもじょうげ) 454, 473, 584, 778
鴨上・下社(かもかみ・しもしゃ)　700
上下社(かみしもしゃ)　798
賀茂上社(かもかみしゃ)場外 12　359
上社(かみしゃ)　38, 359
賀茂下社(かもしもしゃ)場外 13　260, 358, 359
下社(しもしゃ)　38, 260, 358, 359, 700, 798, 834
賀茂下神宮寺(かもしもじんぐうじ)官仏 2 705
賀茂社司(かもしゃし)　500, 834

賀茂下御社神宮寺(かもしもおんしゃのじんぐうじ)　577 →八月註11/p612
賀茂十列(かもとおつら) →十列(とおつら)
鴨川(かもがわ)　243,700
鴨河(かもがわ)　608
勘文(かもん・かんもん・かんぶん・かんがえぶみ)　4,19,25,26,57,59,60,61,63,161,162,171,173,247,248,249,250,252,347,350,446,472,480,481,484,485,489,491,512,516,525,526,581,598,601,608,682,684,688,690,691,693,696,698,699,700,766,786,788,796,809,817,836 →正月註56/p93
→叙位勘文(じょいかもん)
→日時勘文(にちじかもん)
→覆勘文(ふくかもん)
→別当の闕の勘文(べっとうのけつのかもん)
→明法勘文(みょうぼうかもん)
掃部(かもん)官省8・場大B2　334,804,821,824,829
掃部属(かもんのさかん)　829
高陽院・賀陽院(かやのいん)場京左D13　79,81,354,365,451,498,508,584,785(賀陽院),793(賀陽院),827,831 →正月註435/p153
高陽院殿(かやのいんどの)　354,827,831
唐綾(からあや)　70 →正月註312/p135・八月註261/p658
雅頼(がらい・まさより)人他63(三善)　513,514
華洛(からく)　240,349,590 →三月註12/p269
唐車(からぐるま)　702 →九月註296/p752
唐衣(からごろも)　501,837
唐錦(からにしき)　70,701 →正月註311/p135・八月註261/p658
唐の錦(からのにしき)　458,600,602,603
唐の錦綾(からのにしきあや)　600,602,603 →八月註261/p658・299/p666
唐綾羅(からのりょうら)　701 →九月註285/p750
辛櫃・韓櫃(からびつ・かろうと・かろうず・からと)　170,702(韓櫃),775,792 →二月註100/p204・九月註292/p751
小辛櫃(こからびつ)　170
唐人(からひと・とうじん)　43,363,789
搦捕(からめとる)　77
搦獲(からめとる)　450
搦取(からめとる)　455,595
搦執(からめとる)　593,595
搦護(からめまもる)　582,593
唐物(からもの)　463,682,684,685 →九月註36/p712
狩衣(かりぎぬ)　242,519,701,702
偸に(かりそめに)　348
仮殿(かりどの)　481,800
権随身(かりのずいじん) →随身(ずいじん)
仮屋(かりのや・かりおく)　679
狩袴(かりばかま)　520,701,822 →九月註281/p750
狩胡籙(かりやなぐい・かりころく)　792
呵梨勒丸(かりろくがん)　179 →二月註207/p231
河臨祓(かりんのはらえ)　30,257 →三月註203/p305
彼是(かれこれ)　60 →正月註135/p105
彼此(かれこれ)　244,333,373,697,778,808,810,815,822,830
革(かわ)　70,259,507
紫革(むらさきがわ)　70 →正月註314/p136
色革(いろかわ)　70 →正月註313/p136
違革(いかわ)　259 →三月註224/p307
→節禄代の革(せちろくだいのかわ)
河尻(かわじり)官地3(摂津)　525 →七月註218/p571
河内守(かわちのかみ)官地3　260
元河内権守(もとかわちのごんのかみ)人他24　360
革堂(かわどう・こうどう)官仏2(行願寺)・場外10　608 →八月註357/p674
瓦(かわら)　608
河原(かわら)　162,239,592
土器(かわらけ・どき)　773,815
官位(かんい)　371,586,699,817

官・位(つかさ・くらい)　775
官位姓名(かんいせいめい)　817
閑院(かんいん・かんのいん)場京左F27　778
感悦(かんえつ)　683
勘下(かんがえくだす)　591
勧学院(かんがくいん)官省2・場京左F22　166 →二月註57/p193
別当(べっとう)　166(勧学院別当),356(有官別当) →二月註57/p193
→有官別当(うかんべっとう)
還却(かんきゃく・かえりさる)　173
還御(かんぎょ)　4,65,317,319,322,471,488,495,598,795,797,804,815,824
寒苦(かんく)　78
管絃(かんげん)　58,804,822
寛弘(かんこう)　524,692,813 →九月註164/p735
幹行(かんこう・みきゆき)人不　528
勧高(かんこう)人僧1　516
→七月註125/p554
雁行(がんこう)　337
元興寺(がんごうじ)官仏2　170 →二月註97/p204
管国(かんこく)　41
還座(かんざ・ざにかえる)　322,326
元三日の供(がんさんにちのきょう・がんさんにちのそなえ)　838
還使(かんし)　687 →九月註109/p726
官司(かんし)　776,791
勘事(かんじ・こうじ)　8,10,27,38,72,75,239,246,252,262,516,682 →正月註358/p141
元日(がんじつ・がんにち)　60,63,65,837
感申(かんじもうす)　593,607
官舎(かんしゃ)　579
冠者(かんじゃ)　779
官爵(かんしゃく)　172,695
巻数(かんじゅ・かんず)　8,28,66,71,253,806 →正月註254/p128
巻数使(かんじゅし・かんずし)　8,28,66,71,253 →正月註254/p128
勘出(かんしゅつ)　682,693 →九月註35/p712
閑所(かんしょ)　324
閑処(かんしょ)　582
勧賞(かんしょう)　51,369,370,439,476
勘状(かんじょう)　173,174,244,250,697,809
顔色(がんしょく・かおいろ)　522
寛恕の法(かんじょのほう)　697 →九月註229/p743
甘心(かんしん)　174,178,242,253,256,333,525,605,695 →二月註149/p217
勧進(かんしん・かんじん)　250,584,585,683,691
→正月註72/p95・八月註88/p627
観真(かんしん)人僧1　177,178
勘申(かんじん・かんしん)　27,57,63,69,80,162,174,178,180,239,250,252,343,444,467,472,523,578,581,591,596,601,602,608,690,696,699,770,772,796,808,809,810 →正月註72/p95
官人(かんじん)　9,28,35,41,46,51,65,70,161,162,247,317,321,337,342,343,344,347,348,350,355,366,367,373,480,486,515,526,582,584,590,700,703,767,773,775,778,786,792,804,814,816,817,824,825,839
感神院司(かんしんいんし)官仏2・場外23　703 →九月註322/p756
勘責(かんせき)　9,73,239,260 →正月註364/p142
勘宣旨(かんせんじ)　179,578,601 →二月註211/p232
官奏(かんそう)儀九　25,244,323,342,463,481,486,489,490,502,788,807,818,840 →三月註52/p276
上達部(かんだちめ)官公　18,30,57,58,59,169,171,172,178,241,242,252,262,317,318,319,320,322,323,346,348,357,359,369,481,580,587,679,682,692,698,702,774,777,778,779,784,789,792,793,797,800,803,804,807,813,815,822,830,831,833
→正月註59/p94
上達部の料(かんだちめのりょう)　698
官底(かんてい)　178
旱田(かんでん)　520
勘当(かんどう)　456,511,590,595,596 →

七月註 50/p539・八月註 140/p639
神嘗祭(かんなめさい)儀九　781
坎日(かんにち)　66,443,444,517,518,521 →正月註 260/p129
神主(かんぬし)官神5　356,602,680,681,688
官厨(かんのくりや)　59,477,480,817,823 →正月註 118/p103
官厨家(かんちゅうけ)　477,817
官史(かんのし・かんし) →史(し)
官の使々(かんのつかいづかい)　242
観音経(かんのんきょう)　241 →三月註 34/p274・三月註 34/p274
観音品(かんのんほん)　263,510 →二月註 220/p235
勧盃(かんぱい・げんぱい・けんぱい)　58,335,340,355,356,823,833,834 → 正月註 92/p98
関白(かんぱく)官公1・人藤5　3,4,9,11,12,21,31,34,37,38,40,43,45,56,57,58,59,60,61,62,63,66,67,68,69,71,72,74,76,78,79,80,81,161,162,163,164,165,166,167,168,169,171,172,173,174,175,176,177,178,179,239,241,242,243,246,248,249,250,251,252,253,254,255,256,257,259,260,261,262,263,317,318,319,322,323,330,331,332,333,337,338,465,468,473,476,477,479,480,482,484,490,497,507,508,509,510,518,521,522,523,524,527,528,577,579,580,581,583,584,586,587,588,590,591,592,594,595,596,597,598,599,601,603,604,605,606,607,609,679,680,681,682,684,685,688,689,690,691,693,694,696,697,698,699,700,702,703,705,770,772,774,778,783,786,787,788,789,790,792,797,799,802,803,805,807,810,813,817,818,820,824,833,840,841
関白太閤(かんぱくたいこう)　770
関白左相国(かんぱくさしょうこく)　774
関白相府(かんぱくしょうふ)　323,807,818,824,840
関白家(かんぱくけ)　3
関白第(かんぱくだい)　57,62,69,74,76,80,81,161,162,165,169,242,243,259,262,523,577,592 →正月註 57/p93
関白殿(かんぱくどの)　3,21,37,317,318,319,322,323,331,332,333,337,338,465,476,479,484,778,789,790,792,799,802,803,805,817,820,833
関白亭(かんぱくてい)　490,509
寛平(かんぴょう)　68,71,325,344
官符(かんぷ)　19,20,46,175,176,177,247,249,337,365,462,474,518,585,586,588,591,596,597,598,608,682,683,684,686,774,775,805,819,836,843
官符請印(かんぷしょういん)　337,591
→位禄の官符(いろくのかんぷ)
→廻却の官符(かいきゃくのかんぷ)
観普賢経(かんふげんきょう)　529 →二月註 220/p235・七月註 252/p576
神戸(かんべ)　27,343,344,474,600
神戸稲(かんべとう)　474
神部(かんべ)官神1　834
冠直衣(かんむりのうし)　702,792,818(直衣、冠)
寛免(かんめん)　527 →七月註 233/p573
官物(かんもつ)　242,588
勘問(かんもん)　28,161,162,170,173,176,247,253,254,261,451,452,459,583,585,606,609,687,696,784,785,805 →二月註 8/p182
→勘問日記
勘問日記(かんもんのにっき)　161,162,170,173,176,247,261,459,606,687 →二月註 8/p182・334/p671・九月註 102/p724
勘問するの日記　261,583,606
勘問する日記　585,609,687
簡要(かんよう)　596

き

紀(き)人他24　6,67,262,263,443,477,683
紀朝臣(きのあそん)　683
紀伊ム丸(きいのなにがしまる)人他24(紀)　443,769
忌諱(きい・きき)　165,595
奇異(きい)　600
紀伊(きい)官地3　262,443,477,592,769,

819
紀伊国司(きいのこくし)　679
紀伊守(きいのかみ)　477,592
祈雨(きう)　445,521,770
祈雨使(きうし)[官]外6　521 →七月註161/p561
祈雨奉幣使(きうほうべいし)　445
喜悦(きえつ)　78
祇園(ぎおん)[官]仏2・[場]外23　78,179,455,466,469,507,508,522,577,584,593,608,703,704,780,789 →正月註420/p151・八月註178/p646
祇園社(ぎおんしゃ)　455,469
祇園会(ぎおんえ)　522 →七月註179/p566
飢餓(きが)　240
奇怪(きかい)　679,705
奇也。怪也(きなりかいなり)　165,679
畿外(きがい)　697 →九月註230/p744
擬階奏(ぎかいのそう)[儀]四　34
黄紙(きがみ)　840
季基(きき・すえもと)[人]平2　70
奇疑(きぎ)　603
聞合(ききあわす・きこしあわす)　322,813
鬼気祭(ききさい)　179 →二月註215/p233
奇久(ききゅう)[人]僧2　705
寄居(ききょ)　326
帰御(きぎょ・かえりたまう)　59,359
帰京(ききょう)　334,789
麴塵袍(きくじんのほう)　170 →二月註100/p204
菊武(きくぶ・きくたけ)[人]不　255
帰家(きけ・いえにかえる)　57,65,246
亀鏡(きけい)　523 →七月註193/p567
喜慶(きけい・よろこび)　810
奇傾(きけい)　843
季兼(きけん・すえかね)[人]不　682
義賢(ぎけん・よしかた)[人]他35(惟宗)　173,255,338,342,346,355,521,685,807,839,843
帰降(きこう)　43,47,48,49,366,367,371,507,765
義光(ぎこう・よしみつ)[人]他49(中原)　511
議合(ぎごう・ぎしあわす)　344
聞食(きこしめす)　75,580,600,601,684,767,772,791,826,843 →正月註379/p145
聞め(きこしめ)　79,82
擬近奏(ぎこんのそう)　527,528 →七月註234/p573
起座(きざ)　55,58,59,60,64,245,246,251,318,321,322,323,324,326,333,335,339,340,341,343,353,355,365,367,586,598,605,686,687,766,769,770,775,776,777,780,797,798,806,813,815,816,824,842
帰座(きざ・ざにかえる)　322,334,337,343,345,347,350,360,362,367,773,777,779,780,798,806,824,826,836
疑罪(ぎざい)　809,810
木左木色(きさきいろ・きさぎいろ)　813
帰参(きさん)　26,63,250,325,335,354,461,596,598,680,766,818,822,840
帰私(きし・わたくしにかえる)　323,331,332,795,812
雉(きじ)　483
義資(ぎし・よしすけ)[人]他41(菅原)　528,695 →七月註151/p559・243/p575
奇事(きじ) →奇事(あやしきこと)
期日(きじつ)　523
擬使の文(ぎしのふみ)　251
帰申(きしもうす)　509
記者(きしゃ・しるすもの)　583
危宿(きしゅく・うみやめぼし)　517 →七月註133/p556
虧初(きしょ)　516 →七月註120/p553
議所(ぎしょ)[場]内d4(宜陽殿)　171,332,335,826
議定(ぎじょう)　49,770,808
帰陣(きじん・じんにかえる)　354,818,833,836,840
疵(きず)　516
祈晴(きせい・はれをいのる)　453,778
艤舟(ぎせん)　698
疑殆(ぎたい)　173 →二月註136/p213
希代の事(きだいのこと)　600,811 →八月註247/p657
帰宅(きたく・たくにかえる)　317,337,

340, 345, 355, 766, 791, 807, 821, 826, 832, 843
寄託(きたく)　580, 599 →八月註 243/p656
北野(きたの)官神5・仏2・場外6　455, 577, 581, 593, 780 →八月註 11/612・178/p646
北家(きたのいえ)　167 →二月註 69/p196
北座(きたのざ・ほくざ)　56, 317, 335 →正月註 38/p90
北陣(きたのじん)官衛2　804, 832
北対(きたのたい)　830, 832
北門(きたもん)　166, 605, 768, 769, 776
来会(きたりあう・らいかい)　57, 343, 587, 686, 829
来仰(きたりおおす)　60, 239, 324, 347, 350, 814
来授(きたりさずく)　368
来示(きたりしめす)　607, 783
来告(きたりつぐ)　346, 530
来伝(きたりつたう)　250, 324
来拝(きたりはいす)　65
来見(きたりまみゆ)　168
来迎(きたりむかう)　248
来向(きたりむかう) →来向(らいこう)
吉高(きちこう・よしたか)人他51(秦)　525
吉事(きちじ)　818
吉時(きちじ)　339
吉日(きちじつ)　79, 82, 346, 522, 600, 788, 829, 831, 837, 840
吉重(きちじゅう・よししげ)人藤24　372
吉昌(きちしょう・よしまさ)人他3(安倍)　331
吉上(きちじょう)官衛1　366, 804
吉真(きちしん・よしまさ・よしざね)人不73
吉夢(きちむ)　32, 263
帰着(きちゃく)　336, 766, 814, 816, 819, 842
義忠(ぎちゅう・よしただ・のりただ)人藤24　179, 239, 595, 596, 610
几帳(きちょう)　788, 819, 832, 834
　御几帳(みきちょう)　788, 832
季通(きつう・すえみち)人他44(橘)　802
義通(ぎつう・よしみち)人他44(橘)　341, 775, 776, 816
杵築社(きづきしゃ)官神5　453, 475, 479, 482, 799, 805, 808
　杵築宮(きづきのみや)　475
　杵築太神(きづきのおおかみ)　483
　→出雲大社(いずもたいしゃ)
吉凶(きっきょう)　773
吉書(きっしょ)　30, 326, 341, 346, 466
狐(きつね)　579, 698(天狐)
祈禱(きとう)　445, 520, 703
奇とすべき事(きとすべきこと)　76
奇也。怪也(きなりかいなり) →奇怪(きかい)
忌日(きにち)　170, 179, 443, 465, 514, 691 →二月註 103/p205
　御忌日(おんきにち)　465, 691
季任(きにん・すえとう)人藤19　357, 679 →九月註 6/p708
絹(きぬ・けん)　4, 20, 55, 59, 64, 66, 67, 70, 71, 76, 78, 81, 161, 163, 167, 175, 180, 240, 242, 243, 244, 248, 255, 319, 340, 507, 514, 518, 529, 589, 692, 698, 782, 792, 803, 820, 821, 824, 826, 831, 834
　赤絹(あかきぬ)　340
　白絹(しらぎぬ・しろきぬ)　340
　直絹(じききぬ)　826
　長絹(ちょうけん)　692 →九月註 165/p735
　疋絹(ひけん・ひきぎぬ)　59, 64, 66, 71, 78, 161, 167, 242, 319, 518, 792, 820, 821, 834 →正月註 103/p100
　例絹(れいのきぬ)　692
祈年穀使(きねんこくのつかい・きねんこくし)官外6　16, 164, 167, 510, 591, 593 →二月註 35/p186
　祈年穀奉幣(きねんこくほうべい)儀二・七　14, 16, 43, 331, 334, 440, 442, 443, 454, 455, 768, 780
　祈年穀奉幣使(きねんこくほうべいし)　16, 331, 334, 443, 455
祈年祭(きねんさい) →祈年祭(としごいのまつり)
員野(きの)人他25　704
黄衾(きのふすま)　770, 834
紀法師(きのほうし)人僧2　6, 67

季御読経（きのみどきょう）儀二・八　15, 17, 21, 24, 25, 165, 168, 178, 241, 243, 456, 477, 479, 480, 485, 597, 793, 802, 806, 809 →二月註 50/p191
季御読経定（きのみどきょうさだめ）21, 477 →二月註 50/p191
春季御読経（しゅんきのみどきょう）儀二 485, 809
秋季御読経（しゅうきのみどきょう）儀八 477, 479, 802, 806
騎馬（きば）　38, 58, 59, 248, 340, 358, 473, 529, 702, 801
貴布禰・貴舟（きふね）官神 5・場外 11 445, 453（貴舟）, 521, 590, 591, 608, 698, 770, 778 →七月註 161/p561
擬文（ぎぶん）　251
逆光（ぎゃくこう・さかみつ）人他 14（大中臣）22, 180, 239
客座（きゃくざ・きゃくのざ）　355
瘧病（ぎゃくびょう・わらはやみ・えやみ）516 →七月註 124/p554
格文（きゃくぶん）　173
旧院（きゅういん）　830
→選子内親王
→斎院
久遠（きゅうえん・ひさとお）人他 16（大右）767
久円（きゅうえん）人僧 1　78, 163, 241, 251 →文円（704）
旧記（きゅうき・もとのふみ）　341
旧儀（きゅうぎ）　607
糾行（きゅうこう）　259
究拷（きゅうごう）　261
→拷（ごう）
窮困の者（きゅうこんのもの）　608
急事（きゅうじ・いそぎのこと）　703
窮者（きゅうじゃ）　608, 693
宮城（きゅうじょう）　690, 827, 828
宮城大垣（きゅうじょうのおおがき）690 →九月註 131/p730
給人（きゅうじん・たまはるひと）　262
弓箭（きゅうせん）　4, 319, 320, 527, 702
休息（きゅうそく）　324, 339, 787
休息所（きゅうそくじょ）　339
急速（きゅうそく）　591
究達文（きゅうたつぶん・きゅうたつのふみ）683
宮中（きゅうちゅう）　522, 523, 705
咎徴（きゅうちょう）　600 →八月註 262/p658
給分物（きゅうぶんのもの）　837, 843
久方（きゅうほう・ひさかた）人不　359
給物（きゅうもつ）　843
久利（きゅうり・ひさとし）人他 10（大江）167, 168, 170
旧吏（きゅうり）　326
旧例（きゅうれい）　602, 691
九暦（きゅうれき）　369, 813
虚（きょ・とみて）　517 →七月註 131/p555
宜陽（ぎよう）　56, 64, 335, 336, 351, 367, 582, 773, 795, 814, 815, 816
宜陽殿（ぎようでん）場内 d4　56, 64, 335, 336, 351, 582, 773, 795, 814, 816
凶悪（きょうあく）　165, 260 →二月註 49/p190
興有り（きょうあり）　523, 788（興有り興有り）
恐悦（きょうえつ）　247, 324
響応（きょうおう）　262 →三月註 244/p311
饗応（きょうおう）　594 →八月註 188/p648
驚恐（きょうきょう）　507, 521, 585
恐懼（きょうく）　595, 694
行啓（ぎょうけい）　4, 59, 318, 319
興言（きょうげん）　528 →七月註 239/p574
行幸（ぎょうこう・みゆき）　3, 4, 56, 58, 59, 67, 317, 464, 494, 503, 689, 785, 786, 822, 823, 827, 830, 842 →正月註 53/p93
行幸の諸司・諸衛　59
→朝観行幸（ちょうきんぎょうこう）
→八省行幸（はっしょうぎょうこう）
行香（ぎょうこう）　339, 345, 704, 765, 793, 806, 824, 825 →九月註 335/p761
片行香（かたぎょうこう）　345
両行香（りょうぎょうこう）　345
暁更（ぎょうこう）　178, 179, 259, 509, 592, 702 →二月註 202/p230

京極(きょうごく)[場]平左B9　4,496
　京極院　4
　京極第　496
　→院(いん)
　→上東門院(じょうとうもんいん)
挟算(きょうさん)　347,350
凶事(きょうじ)　697
行事(ぎょうじ)　168,173,176,333,473,475,496,500,577,581,598,683,684,768,800,801,830,832,835,837,839,842
　行事定文　168,581 →二月註86/p201
　行事上卿　473
　行事弁　581,768,835,839,842
　行事の左中弁　333
　行事蔵人　598
　行事史　496,839
　行事人　581
　行事の巡　577 →八月註9/p612
　行事所(ぎょうじしょ)　173,176,598,683,684,830,832,839,842
京職(きょうしき・みさとのつかさ)[官]地1・[場]京左F19・右F51　585,586,608,775,786
供酒(きょうしゅ・ぐしゅ)　580 →八月註53/p619
経所(きょうじょ)　512
京上(きょうじょう)　367
校書殿(きょうしょでん)[場]内b4　816
卿親王(きょうしんのう)　7,8,9,27,61,68,69,71,72,73,74,239,246,252,253,324,344,462,681,682
　→式部卿(しきぶきょう)
饗饌(きょうせん)　259
脇息(きょうそく)　803(御脇息)
恐憚(きょうたん)　605
清内(きようち)[人]他26　491,586
京中(きょうちゅう)　240
教通(きょうつう・のりみち)[人]藤5　13,18,55,56,58,59,60,64,75,162,163,164,165,167,168,169,170,171,172,178,179,242,248,257,258,262,317,318,320,325,329,330,331,332,333,334,335,336,347,349,353,357,359,360,362,465,468,480,488,513,528,578,687,688,691,702,785,786,792,799,802,804,806,808,810,813,818,819,821,822,833
京都(きょうと)　370
競到(きょうとう)　810
行道(ぎょうどう)　824
胸病(きょうびょう・むねのやまい)　70
業敏(ぎょうびん・なりとし)[人]他43(高階)　454,592
恐怖(きょうふ)　580,597
刑部式(ぎょうぶしき)　585,586 →八月註110/p632
行歩(ぎょうほ)　582,592,595,603
夾名(きょうみょう)　460,461,464,603,604,609,680,681,682,687,688 →八月註301/p666・309/p667・365/p676・九月註16/p709・25/p710・29/p711・33/p711・108/p726・119/p727
教喩(きょうゆ)　74
饗用机(きょうようのつくえ)　823
京洛(きょうらく)　579
狂乱(きょうらん)　579,701
　狂乱の極(きょうらんのきわみ)　701
行立(ぎょうりつ)　792
饗料(きょうりょう)　6,67,591 →八月註153/p641
恭礼門(きょうれいもん)[場]内d3　171
行列(ぎょうれつ)　38,318,339,468
行路(ぎょうろ・ゆくみち)　842
饗禄(きょうろく)　320
経論(きょうろん)　780
誑惑(きょうわく)　450,771
御願(ぎょがん・ごがん)　451,454,469,522,583,584,585,591,608,704,778 →七月註176/p564・八月註84/p627・92/p629・154/p641・九月註327/p757
　御願使(ぎょがんし)[官]外6　451,583
　石清水御願使(いわしみずごがんのつかい)　451
御記(ぎょき)　63,69,75,333,368,604,682,690,694,813
玉体晏然(ぎょくたいあんぜん)　601 →八月註274/p659
局日記(きょくのにっき)　523,594,699 →七月註181/p566・八月註183/p647・185/p647
虚言の者(きょげんのもの)　174

御行(ぎょこう・みゆき)　243,468,702,703 →九月註308/p755
御座(ぎょざ・おんざ・ござ・おまし・みまし)　56,64,323,580,788,802,803,834 →正月註32/p88
清科(きよしな)[人]他27　263
挙申(きょしもうす)　74,325
挙周(きょしゅう・たかちか)[人]他10(大江)　334,446,479,488,524,525,526,591,817
御出(ぎょしゅつ・いでたまう)　169,317,322,369,496,795,814,818,826,831
去春(きょしゅん・さるはる)　372
居所(きょしょ)　175
挙状(きょじょう)　810
去正(きょせい・さりまさ)[人]不　680
去夕(きょせき・きょゆう)　60,70,71,170,241,257,507,522,578,588,684,817
魚袋(ぎょたい)　319
御体(ぎょたい・ごたい・みま)　48,366,600,834
　御体御卜(ごたいのみうら)　48,366
清原(きよはら)[人]他28　683,685
許不(きょふ・ゆるすやいなや)　819
清麻呂(きよまろ)[人]他14(大中臣)　683
清水(きよみず)　24,179,242,254,508,510,577
　清水寺(きよみずでら)[官]仏2・[場]外26　24,242,508,510,585 →三月註40/p275
　清水坂下の者(きよみずざかしたのもの)　254 →三月註168/p299
去夜(きょや)　69,72,77,510,516,528,582,687
御遊(ぎょゆう)　4,319,804
許容(きょよう)　172,604,607
　許容の気(きょようのけ)　172
魚類(ぎょるい)　591,679
　魚類の饗　679
季頼(きらい・すえより)[人]他70(度会)　681
帰洛(きらく)　349,461,680,703,705,801
帰里(きり)　326
疑慮(ぎりょ)　580 →八月註57/p621
帰路(きろ)　248,461
帰粮(きろう)　179
極めて愚(きわめてぐ)　178
斤(きん)　510,520 →七月註46/p538
銀(ぎん)　58,255,803,804
　銀器(ぎんき)　58,803,804
　銀工(ぎんこう)[官]家4　255
　→金銀
禁闈(きんい)　24
金一番(きんいちばん)　528
金液丹(きんえきたん)　578 →八月註21/p613
欽仰(きんぎょう)　599
金銀(きんぎん)　600,702
忻々の声(きんきんのこえ)　683 →九月註49/p715
禁固(きんこ)　169,516 →二月註95/p203
金吾(きんご)[官]衛2　63,70,81,171,319,320,333,341,345,353,366,510,778,779,813,819,829,833
　左右金吾(さゆうきんご)　171
　左金吾(さきんご)　70,81,319,333,341,345,778,813,819,829
　左金吾将軍　81
　右金吾(うきんご)　63,171,320,366,813
近光(きんこう・ちかみつ)[人]不　528
謹厚の気(きんこうのけ)　693 →九月註175/p736
禁獄(きんごく)　51,526
禁国(きんごく)　343
禁色(きんじき)　8,72,77,702 →正月註343/p139
近日(きんじつ)　508
近処(きんしょ・ちかきところ)　164
金勝(きんしょう・きんぼし) →勝(かつ)
近仗(きんじょう)　56,64 →正月註33/p89
今上(きんじょう)[人]皇8　827,835
近親(きんしん)　77
近信(きんしん・ちかのぶ)[人]他70(度会)　681
禁制(きんぜい)　349
近曾(きんそう)　579,770 →27/p614
近則(きんそく・ちかくはすなわち)　702 →九月註312/p755
近代(きんだい)　62,71,75,173,176,592,604,687,787 →正月註167/p112
　近代の例(きんだいのれい)　75,604
禁中(きんちゅう)[場]内　705,811

金峯山(きんぷせん)官仏2 →南山(なんざん)
金桙(きんほこ)　358
近利(きんり・ちかとし)人他51(秦)　358
近流(きんる)　586 →八月註110/p632・九月註261/p747
近例(きんれい)　485
勤労(きんろう)　785

く

絢(く)　55,255,510,516 →正月註7/p84
愚案(ぐあん)　319,523,589,790,816
咋入(くいいる)　81
喫入(くいいる)　329
宮司(ぐうじ)官神5　457,782 →大神宮司(だいじんぐうじ)
公廨(くがい)　482
公卿(くぎょう)官公　30,59,65,163,171,257,258,335,348,349,458,468,485,488,503,580,813,815,816,823,824 →正月註59/p94
公卿給(くぎょうきゅう)　30,163,171,257,258,335 →正月註159/p110・二月註33/p186・三月註194/p303
公卿僉議(くぎょうせんぎ)　349
公卿勅使(くぎょうちょくし)　458 →八月註71/p624
供御(くご・ぐご)　705
種々(くさぐさ) →種々(しゅじゅ)
公事(くじ・こうじ)　51,61,332,369,370,515,682
具し候(ぐしこうず)　245,521
具社(ぐしゃ)　808
九条(くじょう)　526,527,528,529,594
九条家(くじょうけ)　594
九条の新造家(くじょうのしんぞうけ)場京左L46　526 →七月註221/p572・222/p572
九条殿(くじょうどの)人藤4　368,813
九条殿の御例　813
九条殿御記　368
故九条殿天暦九年御記　813
国栖(くず)　3,317,322
国栖奏(くずのそう)　3
頽落(くずれおつ)　255
頽倒(くずれたおる)　255
供節(くせつ)　525,527
供節の労(くせつのろう)　525 →七月註214/p571
口宣(くぜん)　59 →正月註117/p102
下重(くだしかさぬ)　766
下勘(くだしかんがう) →下勘(げかん)
下定(くだしさだむ)　607
下給(くだしたまふ)　63,64,68,72,77,240,247,250,251,257,258,334,343,347,350,351,363,372,508,577,581,587,591,598,681,682,684,687,690,696,836
下注(くだしちゅうす・くだししるす)　843
下文(くだしぶみ)　520
朽木形約(くちきがたのちじみ)　837
口付の舎人(くちつきのとねり)　59 →正月註113/p101
口取(くちどり)　358
支子(くちなし)　241 →三月註30/p273
愚忠(ぐちゅう)　790
履(くつ・り)　167,339,340,351,385,702,814
浅履(あさぐつ)　339,340,351,485,814
藺履(いぐつ)　167 →二月註63/p195
毛履(けぐつ)　702
藁履(わらぐつ)　702
靴(くつ・かのくつ)　55,64,65,317,321,339,340,351,353,373,485,765,776,814,823
沓(くつ)　326,341,769,798
浅沓(あさぐつ)　341
深沓(ふかぐつ)　341,798
宮内省(くないしょう・みやのうちのつかさ)官省8・場大E4　356
宮内丞　356
省丞　356
愚也。頑也。(ぐなりがんなり)　165
国充(くにあて)　27,251
位禄の国充(いろくのくにあて)　27
国充の文　251 →二月註137/p294
国替の除目(くにがえのじもく)　347
国々の解文(くにぐにのげぶみ) →解文(げぶみ)
国々の司(くにぐにのつかさ)官地3　601,691

口入(くにゅう)　62,239,522 →正月註180/p113・三月註5/p265
　口入の人　239
配充(くばりあつ)　690
具否(ぐひ・ぐすやいなや)　366,823
首を挙(くびをあぐ・きょしゅ)　48,594
供奉(ぐぶ)　4,58,59,178,254,255,318,319,511,599,771,842 →正月註79/p97
　供奉の諸司・諸衛　59
　供奉の諸司　59,255,771,842
熊野(くまの)官仏2　173 →二月註133/p212
愚民(ぐみん)　450,771
久米(くめ)人他30　585
雲散(くもちる)　255
公物(くもつ)　59
公文(くもん)　491
供養(くよう)　23,50,170,180,240,248,447,451,461,472,473,475,476,584,679,702,774,792,798,799,800,801
　供養の布施　248
内蔵(くら)　263,340,355,608,691,695,770,823
　内蔵寮(くらりょう・うちのくらのつかさ)官省1・場大C2　355,691,695,770
　内蔵頭(くらのかみ)　608
　内蔵権頭(くらのごんのかみ)　263
鞍(くら)　479,480,583,584,702,805
競馬(くらべうま・けいば)　37,38,255,357,358,359
　競馬の者　357,358
公力(くりき)　240
厨(くりや)　4,59,477(官厨家・官厨),480(官厨),801,817(官厨家),823(官厨)
　→官厨(かんのくりや)
愚慮(ぐりょ)　606,813
供料(くりょう)　3,56,168,589 →正月註52/p92
車副(くるまぞえ)　491,820
　御車副(おんくるまぞえ)　820
車後(くるまのしり)　60,64,67,510,686 →正月註130/p105
車尻(くるまのしり)　580
車宿(くるまやどり)　510
蔵人(くろうど)官外2　6,7,18,36,58,60,62,66,68,69,71,172,179,239,254,262,318,322,323,324,343,351,354,357,363,484,521,524,581,584,598,601,608,693,694,695,702,770,780,786,788,792,795,797,803,807,816,818,821,831,835,838,839,840,841
　蔵人所(くろうどどころ)官外2・場内b4　179,239,254,581,601,694,695,788,816,821
　蔵人頭(くろうどのとう)　58,62,68,71,584,770,786,835
　蔵人頭右中将　58
　蔵人頭権左中弁　584
　蔵人弁　343,354,363,807,838,839,840
　蔵人左少将　693
　蔵人少将　36,780,788,803
　蔵人右中弁　68,318
　蔵人左少弁　60,68,179,524
　蔵人所別当(くろうどどころべっとう)　694,695,788 →九月註181/p738
　→頭中将(とうのちゅうじょう)
　→頭弁(とうのべん)
　→行事蔵人(ぎょうじのくろうど)
　→六位蔵人(ろくいのくろうど)
蔵人式(くろうどしき)　841
加顕(くわえあらわす)　241
加祈(くわえいのる)　510
加入(くわえいる)　350,354,693
加仰(くわえおおす)　516
加送(くわえおくる)　368
加勘(くわえかんがう)　591
加進(くわえたてまつる)　513
加奉(くわえたてまつる)　602,788
加給(くわえたまふ)　591,601,687
加任(くわえにんず)　350
群卿(ぐんきょう)　322,772
勲功(くんこう)　51
勲五等(くんごとう)　683
郡司(ぐんじ)官地3　25,244,247,248,249,250,252,343,344,693
群集(ぐんしゅう・むれあつまる)　500,530,773
群臣(ぐんしん)　65,821
群盗(ぐんとう)　7,16,17,49,70,167,168,170

軍務(ぐんむ)　372

け

刑(けい)　260,699(斬刑),809(絞刑)
慶(けい・よろこび)　318,526,694,780,788,833,841
外位(げい)　684,820 →正月註185/p114
経営(けいえい・けいめい)　55,65,70,243,371,581,689,701,787 →正月註14/p85
　経営料　243
慶賀(けいが)　5,65,695 →正月註246/p126
経廻(けいかい・へめぐる)　240,828
京官(けいかん・きょうかん)　163,171,348,465,496,691,692,693
　京官除目(けいかんのじもく・きょうかんじもく)儀二　27,52,171,465,493,494,496,691,692,693 →正月註395/p147・九月註158/p734・170/p736
驚奇(けいき)　166,594,599,699,843 →二月註58/p194
傾奇(けいき)　65 →正月註233/p124
経季(けいき・つねすえ)人藤3　8,29,36,57,58,60,64,66,72,75,76,180,248,255,256,258,262,263,324,326,351,357,524,577,578,589,608,610,684,685,692,693,698,780,788,797,803 →正月註256/p128・三月註251/p312
経救(けいきゅう・きょうきゅう)人僧1　584
敬屈(けいくつ)　686
経家(けいけ・つねいえ)人藤2　179
軽々(けいけい・きょうきょう)　163
頃月(けいげつ)　682
警固(けいご)　36
経衡(けいこう・つねひら)人藤18　324,795
経光(けいこう・つねみつ)人源6　357
傾思(けいし)　331,830
京師(けいし)　584,585
家司(けいし)官家4　27,251,325,338,339,498(下家司),584,698,829(下家司),834
馨子内親王(けいしないしんのう・かおるこないしんのう)人皇8　440,465,477,478,489,496,499,766,787,802,804,818,826,827,829,830,831,832,833,835,836,837,838,842,843
軽重(けいじゅう)　772
卿相(けいしょう・けいそう)官公　242
敬神(けいしん・かみをうやまう)　244,579
　敬神の心　579
　敬神の道　244
慶静(けいせい・きょうじょう)人僧2　241
経成(けいせい・つねなり)人源6　65,358,823
磬折(けいせつ・けいせち)　245,769 →三月註72/p281
慶尊(けいそん・きょうそん)人僧2　241
経長(けいちょう・つねなが)人源5　60,68,179,239,251,256,329,331,343,353,509,522,523,524,838,839
経通(けいつう・つねみち)人藤2　56,57,58,59,62,63,65,66,70,76,80,161,172,179,180,317,319,320,349,366,367,480,578,581,702,803,807,809,813,820
経任(けいにん・つねとう)人藤11　55,56,57,60,61,62,63,64,66,67,68,69,71,72,73,74,75,76,77,78,80,81,161,162,163,164,166,168,169,171,173,174,175,176,177,179,180,239,241,242,243,244,247,249,250,251,253,254,255,256,257,258,259,260,261,263,321,323,324,328,329,333,343,347,353,354,360,361,362,363,367,368,371,507,508,509,512,513,514,516,517,518,520,524,528,577,578,581,582,583,584,585,587,588,590,591,592,594,595,597,598,601,602,603,608,609,610,680,681,683,684,686,687,688,689,690,691,692,693,694,696,697,699,700,703,705,765,767,770,771,772,774,776,777,780,784,785,786,788,791,793,795,796,799,802,807,810,816,821,822,826,827,830,833,835,837,839
軽犯(けいはん・きょうはん)　462,463,682,683,685,784
　軽犯者　463,683,685,784
警蹕(けいひつ・けいひち)　55,58,59,64,319,321,488 →正月註30/p88

蹕を称(ひつをとなう)　815
経平(けいへい・つねひら)人藤2　262,263
経輔(けいほ・つねすけ)人藤7　13,79,329,333,356,372,584,591,607,701,777,778,815,818
競望(けいぼう・きょうぼう)　348,349
慶命(けいめい・きょうみょう)人僧1　35,161,840 →二月註4/p181
経頼(けいらい・つねより)人源5　7,36,56,57,59,62,64,65,68,70,163,171,172,179,244,245,251,252,326,331,337,371,458,520,521,524,578,581,584,586,587,589,590,594,597,600,602,604,680,681,686,687,688,690,691,692,693,694,695,699,770,776,780,784,786,788,791,794,795,826,832,833 →八月註128/p652・296/p664
計歴(けいりゃく・けいれき)　454,592 →八月註168/p643
経路(けいろ)　459
経過の国々　590
熒惑星(けいわくせい)　704 →九月註333/p761
外印(げいん)　585,586
希有(けう)　517
外階(げかい)　5,63,491,684,688 →正月註184/p114・九月註65/p719
穢(けがれ・え)　12,13,22,68,81,82,161,162,166,167,178,244,329,330,354,446,452,454,471,472,502,511,522,587,592,593,596,688,776,796,842 →正月註460/p158・二月註1/p181
穢処(えしょ)　522
触穢(しょくえ・けがれにふれる)　68,161,162,244,354,452,459,502,511,593,688,775,796
犬死穢(いぬのしえ・いぬのしのけがれ)　166,446,452,471,522,587
五体不具の穢(ごたいふぐのえ)　12,13 →正月註460/p158
産穢(さんえ・さんのけがれ)　472,796
卅日の穢(さんじゅうにちのけがれ)　81,162 →正月註460/p158・465/p159
下官(げかん)　55,56,57,58,59,61,62,63,64,65,68,69,78,161,163,165,166,174,176,177,179,250,251,253,256,257,260,261,371,517,519,520,581,587,590,592,604,606,607,679,683,691,693,694,695,699,702,703 →正月註9/p85・190/p115
下官の厄　517
下官の案　607
下官の説　683
下勘(げかん・くだしかんがう)　697,784,785,835 →九月註233/p744
下して勘(くだしてかんがう)　686
解官(げかん・かんをとく)　699 →九月註262/p747
外記(げき)官太1・場大E3　8,9,14,20,22,36,48,56,60,61,62,63,64,65,66,67,68,69,70,71,72,73,74,75,79,80,81,161,162,164,166,167,169,170,171,172,174,175,177,179,252,253,254,255,256,258,261,317,320,321,325,329,331,333,334,336,337,338,339,340,341,342,344,345,347,350,351,353,354,355,356,357,359,360,363,365,366,367,372,373,442,446,467,469,472,479,491,511,512,515,523,524,528,577,578,581,582,584,586,588,593,594,597,598,599,601,602,605,606,681,682,683,684,685,689,691,693,696,698,699,700,704,765,766,767,768,769,773,775,776,777,780,783,784,785,786,793,794,795,796,797,798,800,806,807,809,810,811,812,813,814,816,817,818,823,824,825,826,833,835,836,838,840,841
外記局(げききょく)　333,446,512,524,684,700
外記庁(げきちょう)　20,48,175,177,338,341,345,366,442,767,796,797
外記政始(げきのまつりごとはじめ・げきせいはじめ)儀正　75 →正月註385/p146
大外記(だいげき)　56,60,62,66,67,69,70,71,72,73,79,80,81,161,162,164,167,169,171,172,174,179,252,253,255,258,261,329,331,350,365,469,472,491,511,515,523,528,577,582,584,586,588,593,594,597,598,599,602,681,682,685,689,691,693,696,698,699,704,796,809,

811, 814, 817, 823, 841
少外記(しょうげき)　71, 72, 73, 74, 170
権少外記(ごんのしょうげき)　71, 170
大夫外記(たゆうのげき)→大夫(たゆう)
六位外記(ろくいのげき)→六位(ろくい)
→内・外記(ない・げき)
解却(げきゃく)　163, 173, 247, 248, 250, 343, 373 →二月註 26/p186
外宮(げくう)→伊勢(いせ)官神4
毛履(けぐつ)→履(くつ)
下愚の者(げぐのもの)　843
花筥(けこ)　806, 824
下向(げこう)　244, 245, 348, 367, 373, 476, 592, 771, 800 →八月註 164/p642
袈裟(けさ)　170, 823
今朝(けさ・こんちょう)　59, 70, 74, 169, 170, 254, 260, 262, 355, 361, 511, 523, 528, 578, 581, 597, 607, 608, 609, 691, 696, 703, 767, 769, 775, 777, 783, 793, 799, 805, 813, 830, 831, 841, 843
見参(けざん・げざん・げんざん)　64, 65, 171, 254, 322, 345, 356, 464, 471, 488, 591, 609, 777, 795, 816, 817 →正月註 227/p123・八月註 152/p640・368/p677
下司(げし・げす)　80 →正月註 443/p155
気色(けしき)　57, 66, 67, 68, 162, 164, 165, 166, 168, 169, 243, 251, 262, 318, 323, 326, 327, 332, 333, 335, 342, 343, 347, 369, 371, 595, 605, 693, 701, 777, 800, 807, 810, 841 →正月註 69/p95
御気色(みけしき)　66, 68, 323, 326, 327, 332, 335, 369
気色の催　262
下車(げしゃ)　239, 806
下手(げしゅ)　12, 25, 31, 32, 80, 243, 327, 328, 460, 527, 609
下手人(げしゅにん)　12, 31, 32, 243, 328
外宿人(げしゅくにん)　178, 519, 577 →二月註 108/p206・200/p228
下旬(げじゅん)　522
解除(げじょ・かいじょ・はらえ)　162, 166, 239, 456, 592, 679, 780, 781 →二月註 17/p184・八月註 162/p642・九月註 1/p706
下女(げじょ)　805
解状(げじょう)　785
下臣(げしん)　523
花足(けそく)　813, 814
懈怠(けたい)　60, 167, 174, 338, 355, 579, 588, 594, 684, 802 →正月註 124/p104
懈怠の至(けたいのいたり)　60 →正月註 129/p104
蓋し(けだし)　702
掲焉(けちえん)　600 →八月註 252/p657
結願(けちがん)　13, 25, 44, 163, 242, 243, 251, 363, 439, 455, 480, 486, 589, 594, 765, 796, 806, 811
月華(げっか)場内 b4　339, 786
月華門　786
闕官(けっかん)　170, 330, 347
闕官帳(けっかんちょう)　170 →二月註 109/p206
闕国(けっこく)　172 →二月註 122/p210
潔斎(けっさい)　455
闕所(けっしょ)　786, 788
闕請(けっしょう)　20, 337
月食(げっしょく)　10, 76, 443, 444, 445, 446, 516, 517, 520, 521, 523, 524, 770, 778 →七月註 120/p553・158/p559・195/p567
月食皆既(げっしょくかいき)　443, 446, 516, 517(皆既), 520(皆既), 521, 523, 524
月食の変(げっしょくのへん)445, 516, 520, 521
決罰(けつばつ)　244
闕乏(けつぼう)　819
外人(げにん)　170, 177, 705 →二月註 108/p206
家人(けにん)官家4　168, 173, 515
下人(げにん)官家4　243
外任奏(げにんのそう)　64, 321 →正月註 207/p117
下馬(げば)　806
検非違使(けびいし)官外1　12, 34, 76, 77, 240, 249, 261, 328, 357, 459, 479, 508, 512, 529, 583, 587, 608, 687, 699, 702, 703, 792, 805
別当(べっとう)　167, 248, 250, 322, 343, 361, 515, 516, 526, 529, 584, 608, 682, 685, 702, 817

検非違使別当(けびいしべっとう)　702
別当参議右兵衛督朝任(べっとうさんぎうひょうえのかみちょうにん)人源5・官衛3　685
別当右兵衛督(べっとううひょうえのかみ)人源5・官衛3　248,343
解文(げぶみ)　10,11,33,73,76,77,168,173,336,337,353,354,363,369,371,459,509,520,584,588,591,593,607,609,686,687,688,698,779,817,826 →正月註367/p143・八月註157/p641・349/p673・九月註92/p723
国々の解文(くにぐにのげぶみ)　686
→返解文(かえしのげぶみ)
外弁(げべん)場内c5(承明門)　55,64,68,317,321,322,821 →正月註25/p87
下凡(げぼん)　800
解由(げゆ)　11,30,79,327,346 →正月註439/p154
上野の解由　30
上野守家業の解由　346
隠岐守道成の解由　79
三河・出雲等の解由　327
豊前の解由　327
家領(けりょう)　511
下臈(げろう)　62,321,341,357,481,807,824
剣(けん)　319,333,767,823
兼安(けんあん・かねやす)人藤19　323,324,797
愆過(けんか)　600 →八月註262/p658
厳寒(げんかん)　695
顕基(けんき・あきもと)人源6　59,62,65,165,169,171,172,322,326,333,348,357,363,488,587,687,769,777,778,779,784,807,813,820
兼季(けんき・かねすえ)人藤19　324
兼儀(けんぎ・ぎをかねる)　832
嫌疑者(けんぎしゃ)　77
嫌疑人(けんぎにん)　41,361,480
玄輝門(げんきもん)場内c1　821
検校(けんぎょう)　168,333,338,456,581,597,787 →八月註63/p622・218/p652
検校定文(けんぎょうさだめぶみ)　168,581
減気(げんけ・げんき)　507,698
兼経(けんけい・かねつね)人藤8　57,59,65,75,171,357
厳源(げんげん・ごんげん)人僧2　529
堅固(けんご)　74,590,596 →正月註378/p144
兼光(けんこう・かねみつ)人他66(物部)　49,252,261
兼興(けんこう・かねき・かねおき)人他14(大中臣)　348,366,836
兼綱(けんごう・かねつな)人藤9　690
元高(げんこう・もとたか)人他8(宇治)　518 →七月註136/p556
兼国(けんこく・かねくに)人他21(尾張)　808
見作(げんさく)　690 →九月註129/p729
検察(けんさつ)　826
遣使(けんし)　257
兼資(けんし・かねすけ)人藤19　43,704
兼仕(けんし・かねつかう)　829
兼時(けんじ・かねとき)人他21(尾張)　808
兼日(けんじつ)　254,359,591,822
献酒(けんしゅ)　580
建春門(けんしゅんもん)場大D3　245,798
硯書(けんしょ)　579
還昇(げんしょう・げんじょ・げんじょう・かんじょう)　65,172,321 →正月註249/p127・二月註128/p211
減省(げんしょう)　481
顕証の諸司(けんしょうのしょし)　176 →二月註170/p220
兼親(けんしん・かねちか)人他7(忌部)　482
賢臣(けんしん)　523
賢尋(けんじん)人僧1　584
源心(げんしん)人僧1　42,362,840
憲清(けんせい・のりきよ)人源4　35
厳制(げんせい)　349
源泉(げんせん)人僧1　180
検知(けんち)　497
兼忠(けんちゅう・かねただ)人他9(卜部)　586,765,773
顕長(けんちょう・あきなが)人藤7　244,474
厳調(げんちょう・ごんちょう)人僧2　179

見任(げんにん)　373
還任(げんにん・かんにん)　172 →二月註123/p210
玄蕃(げんば)官省3　76,255
　玄蕃允(げんばのじょう)　76
献盃(けんぱい)　589,777
元範(げんはん・もとのり)人他14(大中臣)　482
兼武(けんぶ・かねたけ)人他48(中臣)　359
元武(げんぶ・もとたけ)人他24(紀)　70
厳父(げんぷ)　509
元服(げんぶく・げんぷく)　22,179,454,475,778,799 →二月註205/p230
見・不参の者(けんふさんのもの)　254
見物(けんぶつ)　259,702,703,792
見聞(けんぶん)　331
減平(げんぺい)　258
元平(げんぺい・もとひら)人皇9　69,71,462,682
元輔(げんほ・もとすけ)人藤1　682
憲法(けんぽう)　701
見米(げんまい)　176
元命(げんめい・がんみょう)人僧1　525,705 →七月註209/p569・九月註342/p762
原免(げんめん)　23,169,239,250,252,260,261,263,492,609
監物(けんもつ)官省1　358,771,772,836
倹約(けんやく)　787
兼頼(けんらい・かねより)人藤5　24,30,56,57,58,59,64,65,74,78,80,81,162,166,180,239,241,242,243,248,255,258,259,263,357,439,440,446,455,468,503,507,508,509,512,513,519,520,522,525,526,527,528,529,578,584,588,589,592,594,610,680,701,702,704,705,804,823,840,841 →七月註152/p559・171/p564・237/p574
　兼頼の母(けんらいのはは)人藤7　455,588,594 →三月註214/p306・七月註222/p572
兼隆(けんりゅう・かねたか)人藤9　69,239,485,486,488,683,810,811
建礼門(けんれいもん)場大D3　501,838
　建礼門前(けんれいもんまえ)場大D3　501

こ

鼓(こ・つづみ)　179,254,357,358,690
故按察大納言(こあぜちのだいなごん)人藤10　774
小安殿(こあどの・しょうあんでん)場大C3　593,595,608,823,825 →正月註251/p127
五位(ごい)　3,62,69,70,80,172,175,247,263,317,320,334,342,349,357,359,363,369,453,480,491,680,681,683,688,697,702,777,778,779,780,799,801,803,816,820,824 →八月註373/p677
　従五位上　680,681,683,799,801
　五位正下　820
　正五位下　491,680,681
　従五位下　247,263,680,681,688,801
　外従五位下　681,688
　五位の弁(ごいのべん)官太2　342,453,777
　五位博士(ごいのはかせ)官省2　334
　→大夫(たゆう)
　→地下の五位(じげのごい)
小板敷(こいたじき)場内b3　605
後一条天皇(ごいちじょうてんのう)人皇8　4,33,58,62,66,172,239,318,319,325,326,327,338,353,451,478,488,507,517,520,579,584,589,599,605,607,770,771,780,786,787,788,793,803,806,811,814,822,823,824,827,830,832,833,835,840,841,842
故一条院(こいちじょういん) →一条(いちじょう)
小一条院(こいちじょういん)人皇7・官家3　10,75,519 →七月註146/p558・147/p558
　小一条院の一宮　10,75
　→院(いん)
乞取(こいとる)　63
請取(こいとる・うけとる)　520,594
請に依(こいによる)　350,370,512,526,609,691,695
御院(ごいん)　332(斎院の御院),803(後院か),823(後院か)

後院(ごいん)[官]家3　803,823
光(こう・ひかる)[人]源1　694
合(ごう)　171 →二月註114/p209
拷(ごう)　19,25,27,41,76,77,161,162,163,173,174,244,247,248,250,252,261,343,344,361,480,587,601,609,690
　拷訊(ごうじん)　25,76,161,162,163,244,247,248,250,252,261,343,344,480,587,601 →正月註391/p147
　拷訊日記(ごうじんにっき)　601 →八月註282/p660
　拷掠(ごうりょう)　77,162,250,609,690 →正月註404/p148
　拷否(ごうひ・ごうするやいなや)　173,174
　拷不(ごうふ・ごうするやいなや)　244
　拷数(ごうすう)　609
　拷問(ごうもん)　41,361
　拷決(ごうけつ)　41
　究拷(きゅうごう)　261
　三度の拷　361
　証人の拷問の記　41
公安(こうあん・きみやす)[人]藤24　359,529
降雨(こうう・あめふる)　253,786
講演(こうえん)　82,168,180,240,249,263
広遠(こうえん・ひろとう)[人]他22(上毛野)　65
光円(こうえん)[人]僧2　240,248
公家(こうか・こうけ)　325,327,338,349,370,451,507,579,584,589,771,772,787,811,840 →七月註9/p532
広雅(こうが・ひろまさ)[人]不　164,339,686,777,796,807
康雅(こうが・やすまさ)[人]他70(度会)　681
甲可(こうが)[官]地3(近江)　783
功過(こうか)[儀]十二　262,294 →二月註118/p210
　受領功過(ずりょうこうか)　262,494
　受領功過定(ずりょうこうかさだめ)　494 →三月註243/p311
公季(こうき・きんすえ)[人]藤6　691,787
降帰(こうき・くだりかえる)　371
光貴・光高(こうき・みつたか)[人]他34(狛)　476(光高),801
光貴(こうき・みつたか)[人]不　372
合宜(ごうぎ)　776
講経(こうきょう・きょうをこうじる)　345,824
公業(こうぎょう・きみなり)[人]藤18　324
貢金(こうきん・きんをみつぐ)　20
弘近(こうきん・ひろちか)[人]他57(茨田)　359
公郡(こうぐん)　579
絞刑(こうけい)　809
広経(こうけい・ひろつね)[人]不　245
行経(こうけい・ゆきつね)[人]藤10　259,326,358,519,593,833
好言(こうげん・よきことば)　179
強姧(ごうけん)　43,45,46,47,365,452,587,591,592 →八月註116/p633
公行(こうこう・きみゆき)[人]他36(佐伯)　372
嗷々(ごうごう)　163 →二月註34/p186
行国(こうこく・ゆきくに)[人]他27(清科)　263
請詞(こうことば・しょうし・こいのことば)　55 →正月註24/p87
恒佐(こうさ・つねすけ)[人]藤16　700
高座(こうざ)　457,581,598,824
後斎(こうさい・のちのいみ)　767 →斎日(いみひ)
荒祭(こうさい) →荒祭(あらまつり)
格子(こうし)　65
公私(こうし)　787
後司(こうし)　490,819
講詩(こうし・しをこうじる)　334
皇子(こうし・みこ)　239
孝秀(こうしゅう・たかひで)[人]他33(巨勢)　167,263,514,584,773,774,787,818 →七月註96/p548
降順状(こうじゅんじょう)　48,366,368,371
考所(こうしょ)　453,777,778
綱所(こうしょ・ごうしょ)　168,503,824,841 →二月註85/p201
工匠(こうしょう・たくみ)　255,698
興照・興昭(こうしょう)[人]僧1　511
降状(こうじょう)　371
定考・考定(こうじょう)[儀]八　453,589,

590, 776, 777 →八月註128/p635・134/p636
公親(こうしん・きみちか)人他45(丹波) 777
孝親(こうしん・たかちか)人他35(惟宗) 170, 262, 372, 776, 840
孝親(こうしん・たかちか)人他44(橘) 62, 256, 479, 492, 525, 577, 595, 599, 684, 685, 688, 689, 798, 833 →七月註211/p570・八月註203/649
高信(こうしん・たかのぶ)人他70(度会) 681, 688
降人(こうじん・くだるひと) 48, 49, 509
強訊(ごうじん) 509
薨(こうず・しす) 694, 700, 701
薨卒(こうそつ) 700
上野(こうずけ)官地3 19, 30, 249, 336, 346, 489, 496, 687, 817, 826
上野守(こうずけのかみ) 346
上野国司(こうずけのこくし) 249
前司(ぜんじ・さきのつかさ)人藤18 249
上野の御馬 →御馬(おんうま)
上野の解由 →解由(げゆ)
上野等三ヶ国(こうずけなどさんかこく) 687
公成(こうせい・きみなり)人藤6 56, 57, 59, 62, 65, 172, 348, 357, 371, 687, 784, 803, 809, 813, 819, 833
光清(こうせい・みつきよ)人源2 7, 16, 70, 168, 169, 175, 176, 579, 586, 587, 692, 697 →正月註319/p136・八月註43/p616
恒盛(こうせい・つねもり)人他49(中原) 179, 263, 509, 529
高正(こうせい・たかまさ)人不 41
行成(こうぜい・ゆきなり)人藤10 774, 781
講説(こうぜつ) 82
公則(こうそく・きみのり)人藤20 260
小歌(こうた) 821
交替(こうたい) 27, 343, 588, 819
交替使(こうたいし)官地3 27, 343, 819 →三月註140/p294
高大(こうだい) 370
後代(こうだい) 679, 776
皇大神(こうたいじん・すめおおかみ) →伊勢(いせ)官神4
皇太神(こうたいじん) →伊勢(いせ)官神4
降誕(こうたん) 579 →八月註46/p617
公忠(こうちゅう・きみただ)人他39(下毛野) 358, 525
公忠(こうちゅう・きみただ)人不 55, 244 →正月註6/p84
行長(こうちょう・ゆきなが)人他4(荒木田) 680
公定(こうてい) 509
行程(こうてい) 592, 781 →八月註169/p643
行貞(こうてい・ゆきさだ)人他44(橘) 44, 73, 76, 77, 80, 247, 256, 259, 455, 593, 595, 687, 693, 696, 784, 810
公田(こうでん) 686 →九月註75/p720
強盗(ごうとう) 15, 332
講読師(こうどくじ)官仏3 249, 255, 345, 824 →三月註114/p290
講師(こうじ)官仏3 33, 359, 361, 362, 581, 792, 824
弘仁(こうにん) 781
公任(こうにん・きんとう)人藤2 331, 335
行任(こうにん・ゆきとう)人源6 59, 258, 259, 511, 702, 792
行任の領宅(こうにんのりょうたく)場京左A2 511
行任(こうにん・ゆきとう)人他24(紀) 771, 772
行任(こうにん・ゆきとう)人不 513, 516
光任(こうにん・みつとう)人藤24 372
向晩(こうばん) 255 →三月註177/p300
孝標(こうひょう・たかすえ)人他41(菅原) 167
公武(こうぶ・きみたけ)人他39(下毛野) 69, 165, 358
行武(こうぶ・ゆきたけ)人不 260, 359
光武(こうぶ・みつたけ)人他39(下毛野) 358, 519, 522, 583, 591 →七月註143/p558・八月註80/p626
興復(こうふく) 240, 370, 371
興福寺(こうふくじ)官仏2 12, 81, 168, 451, 473, 475, 476, 584, 774, 798, 799, 800,

801 →正月註455/p157・八月註95/p629
南円堂(なんえんどう)　66 →正月註253/p128
食堂(じきどう)　81
東金堂(とうこんどう)　476,774,799(金堂),801(金堂)
塔(とう)　451,472,473,475,476,584,774,798,799,800,801
御塔(おんとう)　451,472,584,774,801
塔供養(とうくよう)　451,472,473,475,476,584,798,799,801
御塔供養(おんとうくよう)　451,472,584,801
興福寺供養(こうふくじくよう)　476 →八月註95/p629
別当(べっとう)　476,240(山階別当),593(山階別当),799,800,801
造塔の行事(ぞうとうのぎょうじ)　801
山階寺(やましなでら)官仏2　451,472,473,475,476,774
山階寺造営　475
山階寺の御塔供養　472
山階寺の塔等の供養　451
山階の塔供養　473,798,799
山階僧　179
肴物(こうぶつ・さかなもの)　833
高平(こうへい・たかひら)人他1(県)　514,525,526
口味(こうみ)　72 →正月註348/p140
高明(こうめい・たかあきら)人源6　333
皇命(こうめい)　781
厚免(こうめん)　682,685 →九月註37/p712
貢物(こうもつ・みつぎもの)　3,4,8,29,43,363,441,443,445,461,462,465
考文(こうもん)　469,704 →九月註326/p757
香薬(こうやく)　170
高麗(こうらい) →高麗楽(こまがく) →高麗端畳(こうらいべりのたたみ)
降来(こうらい・くだりきたる)　371
行頼(こうらい・ゆきより)人不　441,511
行頼の母　441,511
更闌(こうらん)　515,529,705 →七月註118/p553
拘留(こうりゅう)　698
広隆寺(こうりゅうじ)官仏2・場外38　466,508,577,789 →七月註24/p536
荒涼(こうりょう)　162,163,262,517,609 →二月註24/p185・八月註365/p676
荒涼の説(こうりょうのせつ)　163
光臨(こうりん)　330,777,778
幸臨(こうりん)　689,786 →九月註123/p728
恒例(こうれい・つねのためし)　82,168,171,241,366,370,599,772
講論(こうろん)　333,361
故越前守(こえちぜんのかみ) →越前(えちぜん)
五衛府(ごえふ) →衛府(えふ)
故小野宮大臣御日記(こおののみやだいじんごにっき) →故殿(ことの)人藤2
故甲斐守(こかいのかみ) →甲斐(かい)
鼓勝(こかち) →勝(かつ)
金作の車(こがねづくりのくるま)　796
五巻(ごかん)　42,362
五巻日(ごかんび)　362 →二月註220/p236
国忌(こき・こっき)　28,29,40,50,78,254,255,257,345,368,439,457,459,469,474,483,508,513,598,599,606,793 →正月註432/p153・三月註163/p298・八月註223/p652・335/p672
御祈願料(ごきがんりょう)　801
小忌古曾(こきこそ・おみこそ)人藤24　450,452,579,582,583,585,586,593,595,599,600,697,771,774 →八月註137/p638・179/p646・255/p657
五畿内(ごきない)官地3　474
御給(ごきゅう)　61,65,68,78,262,263,323,351 →正月註159/p110
三条宮御給の文　78 →正月註424/p152
石(こく)　→正月註261/p129
獄(ごく)場京左C10・右C49　31,52,170,260,371,450,519,529,583,585,608
獄禁(ごくきん)　371
獄所(ごくしょ)　31,260,583
獄令(ごくりょう)　585 →八月註102/p630

→禁獄
国永(こくえい・くになが)人藤24　76
極寒(ごくかん)　79
国解(こくげ)　249,366,368,799,835
剋限(こくげん)　366,367,808
国史(こくし)　582,584,585,588,596,699,700,774
国司(こくし)官地3　20,73,76,77,80,168,175,177,178,242,247,249,250,256,259,260,261,263,327,368,371,373,455,474,482,490,513,527,588,593,595,609,679,687,690,693,696,784,785,810,814,821,843
諸国司(しょこくし)　679
国掌(こくしょう)官地3　22,23,180,239 →二月註219/p234
国人(こくじん・くにびと・くにうど)　169 →二月註94/p203
国成(こくせい・くになり)人藤19　65,321
国宣(こくせん・くにのぶ)　人他37(坂合部)　251,342,581
穀倉(こくそう)　465,691,695,786,787,803,823
穀倉院(こくそういん)官外3・場京右F50　465,691,786,787,803,823 →九月註147/p732
国内(こくない)　690
国任(こくにん・くにとう)人他65(宗岳)　262,263,525,577,595,597,601,602,603,604,682,684,685,688
極熱(ごくねつ)　515
石米(こくまい)　78
国用(こくよう)　685
極楽寺(ごくらくじ)官仏2　843
古賢(こけん)　322,331
枯槁(ここう)　509 →七月註28/p537
御庚申(ごこうしん)　7,70 →正月註308/p135
故皇太后宮(ここうたいごうぐう)人藤5　465,691 →九月註153/p733
心地(ここち)　36,78,324,355,510,790
御心地(おんここち)　36,78,355,510 →正月註430/p153
乱心地(みだれごこち)　324
心を乱(こころをみだす)　330
志(こころざし・こころざす)　25,255,469,511,513,520,593,684,692,704
心閑(こころしずかに)　695
御斎会(ごさいえ・みさいえ)儀正　6,7,8,66,70,472,476,799,822,823 →正月註250/p127
御在所(ございしょ)　4,354,579,818,824,829,832,834,835
故斎内親王(こさいないしんのう)人皇9　700
故左将監(こさしょうげん)人他21(尾張)　808
古佐美(こさび・こさみ)人他24(紀)　683
小雨(こさめ・しょうう)　248,773
古事(こじ・ふるごと)　829
腰指(こしざし)　57,779 →正月註64/p94
故実(こじつ)　171,330,341,818
小除目(こじもく) →除目(じもく)
扈従(こじゅう・こしょう)　58,59,468,701 →正月註78/p97
鼓所(こしょ)　358
御所(ごしょ)　27,58,59,322,345,347,350,367,496,498,510,603,779,780,786,803,826,832,833,835,836 →正月註85/p97・八月註306/p667
→院の御所
故障(こしょう)　164,166,167,262,511,584,592
御譲位(ごじょうい)　239
→御譲(おんゆずり)
御書所(ごしょどころ・おふみどころ)官外6・場内d2　581,693,771 →八月註67/p623・九月註180/p737
古人(こじん・いにしえのひと)　524
御心中(ごしんちゅう)　607
御衰日(ごすいにち)　178,583,596,699 →二月註197/p228・八月註86/p627
巨勢(こせ)人他33　263
古昔(こせき・いにしえ)　81,579,687
五節(ごせち)儀十一　475,484,491,492,799,820,821
五節舞(ごせちのまい)　491
五節所(ごせちどころ)　820,821
→舞姫(まいひめ)
御前(ごぜん・おまえ)　4,55,58,61,68,

171, 246, 319, 320, 323, 326, 329, 332, 335, 350, 355, 357, 359, 363, 368, 458, 526, 579, 693, 770, 780, 786, 788, 793, 799, 800, 803, 805, 806, 810, 818, 822, 829, 830, 832, 833, 840, 841
御前物(ごぜんのもの・おまえのもの・おんまえつもの)　58, 803 →正月註 96/p99
御前の作法(ごぜんのさほう)　171
御前の座(おまえのざ・ごぜんのざ)　61, 320, 332 →正月註 143/p107
御膳(ごぜん)　58, 319, 705, 797, 835, 836
朝夕の御膳(あさゆうのごぜん)　835
御送(ごそう・おおくり)　789, 826, 831
御竈(ごそう・おんかまど)　500, 509, 835
御竈神(ごそうしん・おんかまのがみ)　509 →七月註 37/p538
五台山(ごだいさん)　789 →三月註 109/p288
五大堂(ごだいどう) →法住寺(ほうじゅうじ)
五体不具(ごたいふぐ)　12, 13, 81, 329 →正月註 460/p158
五体不具の穢(ごたいふぐのえ) →穢(けがれ)
御託宣(ごたくせん) →託宣(たくせん)
御着袴(ごちゃっこ) →着袴(ちゃっこ)
小朝拝(こちょうばい・こちょうはい)儀正　3, 55, 317 →正月註 11/p85
小机(こづくえ)　768
兀子(ごっし)　21, 56, 64, 321, 338, 339, 340 →正月註 34/p89
骨法(こっぽう)　808
小手(こて)　684
古伝(こでん)　56, 175, 518
御燈(ごとう)儀三・九　23, 24, 461, 595 →三月註 1/p264
古東宮(ことうぐう)場大 E3　56, 65, 605, 607 →正月註 43/p91
事々(ことごと・じじ)　164, 791, 830, 836
毎事(ことごと・まいじ)　513
琴師(ことし)官省 3(雅楽寮)　821
事無く(ことなく)　62, 242, 523
小土鍋(こどなべ)　833
殊志(ことなるこころざし・しゅし)　593
殊事(ことなること)　259, 523, 529
殊障(ことなるさわり)　691
殊失(ことなるしつ)　74, 171
小舎人(こどねり)官外 2　259, 512, 803, 821 →三月註 225/p308
小舎人童(こどねりのわらわ)　512 →七月註 70/p543
故殿(ことの)人藤 2　63, 69, 458, 602, 604, 607, 682, 690, 694, 787, 788
故殿御記　63, 69, 690 →正月註 200/p116・300/p134・八月註 287/p662・292/p663・293/p663・345/p672・九月註 41/p713・45/p714・185/p739・189/p739
故殿御日記　458, 602, 788
故殿天慶元年御記　604
故殿天暦十年六月十九日御記　682
故小野宮大臣御日記(こおののみやだいじんごにっき)　331
故殿(ことの)人藤 5　14, 330, 331, 334, 813
故殿寛弘九年記　813
事意(ことのい)　604
事疑(ことのうたがい)　18, 61, 73, 74, 162, 173, 246, 587, 690
事起(ことのおこり)　697
事の起(ことのおこり)　772
事発(ことのおこり・じはつ・じほつ)　253
事恐(ことのおそれ)　56, 65
事趣(ことのおもむき)　73, 523, 603
事聞(ことのきこえ)　69, 511 →正月註 305/p135
事理(ことのことわり) →事理(じり)
事定(ことのさだめ・ことさだむ)　32, 262, 597
事妨(ことのさまたげ)　607
事賞(ことのしょう)　67
事祟(ことのたたり)　→祟(たたり)
事次(ことのついで)　508, 524, 607 →八月註 341/p672
事勤(ことのつとめ)　77
事憚(ことのはばかり)　330, 333, 605, 796
事旨(ことのむね)　596, 599, 688, 696, 784
事由(ことのよし・じゆ)　41, 55, 72, 74, 80, 81, 256, 260, 262, 337, 339, 358, 361,

362, 367, 509, 580, 581, 587, 604, 685, 689, 693, 699, 701, 766, 770, 771, 777, 783, 787, 791, 793, 800, 818, 826, 829, 833, 834, 839, 840
事煩(ことのわずらい) 786, 787
辞別(ことわけ・じべつ) 457, 464, 600, 601, 602, 603, 604, 779 → 八月註 266/p658
理(ことわり) →理(り)
御遁世(ごとんせい) 467, 469 →遁世(とんせい)
小二条殿(こにじょうどの)場京左 E16 832
御日記(ごにっき) 331, 458, 602, 788 →日記(にっき)
故入道大相国(こにゅうどうだいしょうこく)人藤5 511, 774
故女御(こにょうご)人皇5 514 →七月註 103/p549
小庭(こにわ・しょうてい)場内 d4 245, 321, 345, 353, 367, 373, 686, 765, 773, 798, 813 →三月註 76/p282・九月註 85/p722
御念誦(ごねんじゅ) →念誦(ねんじゅ)
近衛(このえ) →左右近衛府(さゆうこのえふ)
近衛司(このえし) →左右近衛府(さゆうこのえふ)
近衛の将(このえのしょう) →左右近衛府(さゆうこのえふ)
近衛使(このえのつかい・このえし) 15
近衛府使(このえふのし) 166
左府の使 72
当府の使 72
左府の使 →近衛使(このえのつかい)
近衛府生(このえふしょう) →左右近衛府(さゆうこのえふ)
近衛御門(このえみかど)場平左 C 339
御拝(ごはい) 58, 453, 458, 605, 824 →正月註 80/p97・八月註 323/p669
寤寐(ごび) 601
故東三条院(こひがしさんじょういん)人藤4 792
戸部(こぶ・こほう)官省4 369, 582, 813, 814, 816, 843
御封(ごふう) 502, 834, 836, 837, 838, 839
御封の返抄 →返抄(へんしょう)
御幣(ごへい・ぎょへい・みてぐら) 357, 521, 582, 592, 598, 600, 603, 604, 606, 607, 689, 702, 703, 768, 769, 792, 808 →八月註 297/p665・331/p671・九月註 292/p751
御幣使(ごへいし)官外6 521, 582, 592, 606, 607, 689 → 八月註 71/p624・160/p640・332/p670
例の御幣(れいのぎょへい) 604
→幣帛(へいはく)
御報(ごほう) 330, 508
御房(ごぼう) 67
毀つ(こぼつ) 19, 337, 585
五品(ごほん) 172, 180, 259, 476, 610, 705
御本心(ごほんしん) 580 →八月註 51/p619
御本命宿(ごほんみょうしゅく) →本命(ほんみょう)
駒(こま) 680
高麗楽(こまがく) 58 →正月註 101/p99
駒引・駒牽(こまひき)儀四 19, 33, 455, 456, 483, 489, 594
故美濃守(こみののかみ) →美濃国(みののくに)
小筵(こむしろ) 775
米(こめ・まい) 67, 77, 78, 173, 174, 176, 466, 468, 490, 512, 513, 518, 588, 589, 590, 608, 692, 693, 701, 819
米の実(こめのじつ) 174
籠候(こもりこうず) 172, 178
小屋(こや) 340, 341
暦(こよみ・れき) 10, 516, 522, 579, 814
(御暦)
→七曜暦(しちようれき)
→暦記(れきき)
→暦家(れきけ)
→暦数(れきすう)
→暦博士(れきはかせ)
搓紙(こよりがみ) 347
御覧(ごらん) 43, 61, 68, 243, 250, 251, 258, 331, 363, 365, 368, 448, 496, 693
之或歟(これいずれか) 828
惟谷(これきわまる) 595, 697 →八月註 201/p649
先是(これよりさき) 55, 58, 61, 246, 334, 339, 340, 346, 353, 355, 528, 586, 598, 602,

605, 606, 689, 768, 769, 775, 776, 779, 797, 808, 827 →正月註10/p85
先此(これよりさき)　342, 357, 372, 798, 799, 815, 821 →正月註10/p85
之を如何為む(これをいかがせむ・これをいかんせん・これをなすはいかん)　327, 596, 607, 695, 701, 767, 769, 771, 828, 829, 835
衣尻(ころもしり)　606 →八月註328/p670
衣筥(ころもばこ)　803
今暁(こんぎょう)　257, 508, 607, 766
金鼓(こんぐ・こんく・ごんぐ)　179, 254, 690 →二月註216/p234
金剛般若(こんごうはんにゃ)　240, 690
　金剛般若経(こんごうはんにゃきょう)　240 →三月註24/p271
昏黒(こんこく)　166, 514, 587, 783, 815, 818, 820 →二月註52/p192
勤仕(ごんし)　51, 73, 247, 320, 330, 348, 349, 370, 455, 520, 600, 773, 777
紺地の錦(こんじのにしき)　813
勤修(ごんしゅう)　370
今宵(こんしょう・こよい)　249 →三月註116/p291
言上(ごんじょう)　18, 20, 168, 173, 175, 176, 247, 368, 369, 475, 530, 695
今夕(こんせき・こんゆう)　242, 249, 507, 512
今旦(こんたん)　509
言談(ごんだん・げんだん)　335, 770
金堂(こんどう) →法成寺(ほうじょうじ) →興福寺東金堂(こうふくじとうこんどう)
金銅鍍銀の仏像(こんどうときんのぶつぞう)　801
今日許(こんにちばかり・きょうばかり)　22, 178
権左中弁(ごんのさちゅうべん) →弁官(べんかん)
権少外記(ごんのしょうげき) →外記(げき)
権少僧都(ごんのしょうそうず) →僧都(そうず)
権僧正(ごんのそうじょう) →僧正(そうじょう)
権大納言(ごんのだいなごん) →大納言(だいなごん)
権中納言(ごんのちゅうなごん) →中納言(ちゅうなごん)
権禰宜(ごんのねぎ) →禰宜(ねぎ)
権別当(ごんのべっとう) →東大寺(とうだいじ)
権弁(ごんのべん) →弁官(べんかん)
権律師(ごんのりっし) →律師(りっし)
今般(こんぱん)　172, 257, 523, 587, 593, 603, 688, 691, 701
今明(こんみょう)　166, 177, 179, 242, 519, 577
今夜(こんや)　75, 179, 324, 337, 368, 373, 584, 588, 699, 704, 791, 794, 799, 808, 811, 835
建立の天皇(こんりゅうのてんのう)[人]皇1　178
軒廊(こんろう)　60, 63, 64, 251, 321, 322, 325, 345, 351, 353, 367, 450, 469, 479, 500, 599, 772, 805, 814, 826, 835, 836, 841 →正月註139/p106
　軒廊御卜(こんろうのみうら)　450, 469, 479, 500, 599, 772 →八月註232/p654
今良(ごんろう)[官]省3(雅楽寮)　821

さ

左亜将相公卿(さあしょうしょうこうきょう)　778
　左亜相公(さあしょうこう)　813
　左亜将相公(さあしょうしょうこう)　333
賽(さい)　453, 778
　御賽(ぎょさい)　453
前賀茂斎内親王 →斎院(さいいん)
斎院(さいいん)[官]神3　15, 43, 332, 355, 365, 372, 440, 443, 452, 453, 467, 468, 469, 471, 472, 473, 475, 479, 489, 490, 496, 497, 499, 500, 501, 502, 503, 504, 590, 698, 699, 700, 703, 704, 769, 775, 789, 790, 791, 794, 796, 798, 799, 805, 818, 827, 828, 829, 830, 834, 835, 837, 838, 839, 840, 842, 843 →三月註66/p279・八月註144/p639・九月註252/p746
　賀茂斎内親王(かものいつきのひめみこ・かもさいないしんのう)　700, 704

賀茂斎王(かものさいおう)　499, 791, 827, 835, 838
賀茂斎院(かものさいいん)　467
斎院親王(さいいんしんのう)　699
斎院内親王(さいいんないしんのう)　698
斎院長官(さいいんちょうかん)　43, 365, 472, 789, 796
斎院次官(さいいんじかん・さいいんのすけ)　372
斎院別当(さいいんのべっとう)　502, 839
斎院式(さいいんしき)　827
前賀茂斎内親王(さきのかもさいないしんのう)人皇5　700
前斎院(さきのさいいん)　475, 479, 704, 799, 805, 827, 828
前院(さきのいん・ぜんいん)　835, 836, 837
→賀茂(かも)
→婉子内親王(えんしないしんのう)
→毎月酉日の祭
斎会(さいえ)　494
→御斎会(ごさいえ)
最円(さいえん)人僧1　48
斎王(さいおう・いつきのみこ)官神2・3　36, 468, 472, 473, 497, 499, 500, 501, 508, 579, 580, 600, 701, 771, 772, 791, 795, 827, 828, 833, 835, 836, 837, 838, 839, 842 →七月註16/p533
斎姫(いつきのひめ)　580, 599
伊勢斎王(いせのさいおう)官神2　771
斎内親王(いつきのひめみこ)　599 →八月註241/p656
賀茂斎王(かものさいおう) →斎院(さいいん)官神3
斎王卜定(さいおうぼくじょう)　497, 499, 501, 833
斎王帳の帷(さいおうちょうのかたびら)　837
斎王料(さいおうりょう)　828
罪科(ざいか)　349, 467, 784, 810
才学(さいがく)　71
最吉(さいきち・もっともよい)　697
裁許(さいきょ)　172, 174, 175, 177, 240, 370, 477, 482, 592, 819
斎宮(さいくう)官神2　73, 162, 173, 450, 452, 508, 579, 580, 586, 596, 597, 771, 774, 840
斎宮寮(さいくうりょう)　173, 452, 586, 771, 774, 840 →七月註16/p533
斎宮寮頭(さいくうりょうのかみ)　452, 586, 771, 774, 840
斎宮頭　450
寮頭(りょうのかみ)　450, 452, 508, 579, 583, 586, 599, 775, 776
斎宮寮権頭　452
斎宮助(さいくうのすけ)　73, 162
寮助(りょうのすけ)　173
→伊勢(いせ)官神4
在国の司(ざいこくのし)　367, 368, 475
在々(ざいざい)　514, 579
在々の上下　579
祭祀(さいし)　600
祭使(さいし)官外6　8, 9, 14, 32, 72, 73, 80, 164, 247, 348, 349, 439, 765
妻子(さいし)　242, 585, 595
西寺(さいじ)官仏2・場京右L56　694(西)
歳事(さいじ)　240
済事(さいじ・すみしこと)　372
済時(さいじ・なりとき)人藤12　594, 704, 705
祭事(さいじ・まつりごと)　600
最事(さいじ・もっともなること)　252, 254
斎食(さいじき)　17(斎食代), 50, 170
御斎食(おんさいじき)　50
祭日(さいじつ)　80, 168
→祭の日(まつりのひ)
祭主(さいしゅ)官神1　44, 450, 456, 458, 459, 508, 579, 581, 582, 583, 595, 600, 604, 606, 609, 680, 688, 689, 771, 772, 781, 785 →七月註16/p533
妻女(さいじょ)　771
在所(ざいしょ)　4, 354, 515, 579, 793, 818, 824, 829, 832, 834, 835
御在所(ございしょ)　4, 354, 579, 818, 824, 829, 832, 834, 835
宰相(さいしょう)官公4　36, 38, 57, 67, 75, 165, 169, 171, 262, 322, 323, 326, 346, 348,

349, 351, 357, 363, 454, 488, 491, 503, 586, 597, 689, 768, 769, 777, 779, 784, 801, 804, 807, 814, 815, 820, 823, 841
宰相中将(さいしょうちゅうじょう)[官]衛1　75, 165, 169, 171, 322, 326, 348, 349, 357, 363, 454, 488, 769, 777, 779, 784, 807, 815, 820, 823, 841
左右宰相中将　357
右宰相中将　75, 171
左宰相中将　165, 169, 322, 326, 348, 349, 363, 454, 769, 777, 784, 807, 820
宰相の車　586
→大蔵卿宰相(おおくらきょうさいしょう)
→四位宰相(しいのさいしょう)
最勝講(さいしょうこう)[儀]五　38, 359
最前(さいぜん)　695, 836
最前の闕(さいぜんのけつ)　695
再拝(さいはい)　318, 769, 797, 798, 834
催馬楽(さいばら)　58 →正月註100/p99
裁報(さいほう)　785
罪名(ざいめい)　19, 22, 25, 26, 27, 180, 239, 252, 344, 465, 472, 484, 486, 687, 690, 696, 698, 699, 809
材木(ざいもく)　4, 57, 59, 177, 799, 800 →正月註74/p95
左右京(さうきょう)　608, 786
左右京職(さゆうきょうしき)[官]地1・[場]京左F19・右F51　786
左京(さきょう)[場]京左　608
右京(うきょう)[場]京右　608
左右近(さうこん)→左右近衛府(さゆうこのえふ)
左衛門(さえもん)→衛門(えもん)
左衛門督 →衛門(えもん)
左衛門尉 →衛門(えもん)
左衛門陣 →衛門(えもん)
左衛門府生 →衛門(えもん)
左衛門府 →衛門(えもん)
左衛門権佐 →衛門(えもん)
佐延(さえん・すけのぶ)[人]他24(紀)　692
棹殿(さおどの)→佐保殿(さほどの)
詐仮(さか・いつわり)　450
賢木(さかき)　834, 835
神賢木(かむさかき)　835
捜尋(さがしたずぬ)　323, 325
捜取(さがしとる)　49
酒番の侍従(さかばんのじじゅう)　815
相模守(さがみのかみ)[官]地3　372
主典代(さかんだい・しゅてんだい)[官]家3　679, 702, 792
→院主典代(いんのさかんだい)
前駆(さきがけ・ぜんく・さき)　34, 35, 63, 339, 340, 354, 357, 477, 479, 480, 702, 801, 806, 820 →正月註195/p115
前駆定(さきがけさだめ)　34
前阿波守(さきのあわのかみ)→阿波(あわ)
前院(さきのいん・ぜんいん)→斎院(さいいん)
前右衛門督(さきのうえもんのかみ)→衛門(えもん)
前加賀守(さきのかがのかみ)→加賀(かが)
前斎院(さきのさいいん)→斎院(さいいん)
前左衛門督(さきのさいもんのかみ)→衛門(えもん)
前左衛門尉(さきのさえもんのじょう)→衛門(えもん)
先の朱雀院(さきのすざくいん)[人]皇5　239 →三月註9/p267
前太相国(さきのだいしょうこく)→大相国(だいしょうこく)
前大弐(さきのだいに)→大宰(だざい)
前大宰大弐(さきのだざいだいに)→大宰(だざい)
前中納言(さきのちゅうなごん)→中納言(ちゅうなごん)
前都督(さきのととく)→大宰(だざい)
前備前守(さきのびぜんのかみ)→備前守(びぜんのかみ)
前美作守(さきのみまさかのかみ)→美作(みまさか)
左京(さきょう)→左右京(さうきょう)
砂金(さきん)　20, 175
左金吾(さきんご)→金吾(きんご)
左金吾将軍(さきんごしょうぐん)→金吾(きんご)
座具(ざぐ)　824
作事(さくじ)　4, 51, 370
朔日(さくじつ・ついたち)　161, 704, 817, 837, 839
作者(さくしゃ)　478

朔旦(さくたん)儀十一　239, 465, 477, 478, 479, 484, 485, 486, 488, 489, 491, 492, 493, 691, 692, 693, 809, 810, 811 →三月註 6/p265・九月註 158/p734
　朔旦冬至(さくたんとうじ)　477, 478, 479, 485, 488, 489, 491, 492, 493
　朔旦叙位(さくたんじょい)　239, 477, 484
　朔旦の事(さくたんのこと)　691
作田(さくでん)　520
朔平門(さくへいもん)場大 D2　821
桜井聖(さくらいのひじり)人僧 2　47, 49
　桜井聖人(さくらいのしょうにん)　47
桜樹(さくらのき・おうじゅ)　341
作料(さくりょう)　482
避申(さけもうす)　344, 509, 696
左近(さこん)官衛 1(近衛府)　73, 317, 318, 326, 357, 372, 593, 608, 769, 801, 808, 822
　左近衛(さこのえ)　73, 808, 822
　左近府(さこんふ)　769
　左近少将(さこんのしょうしょう)→少将(しょうしょう)
　左近将監(さこんのしょうげん)→将監(しょうげん)
　左近将曹(さこんのしょうそう)　318, 808
　左府の使(さふのつかい)　72
　→陣座(じんのざ)
左近陣座(さこんのじんのざ)→陣座(じんのざ)
佐々(ささ)　514
左宰相中将(ささいしょうちゅうじょう)→宰相(さいしょう)
桃(ささげもつ)　600
捧物(ささげもの)　362
座定(ざさだまり)　56, 64, 319, 335
座次(ざじ)　256
桟敷(さじき)　792
指示(さししめす)　521
差進(さしたてまつる)　586, 774
指仰(さしたるおおせ)　56, 165
指験(さしたるげん・さしたるしるし)　698
指事(さしたること)　62, 774
指障(さしたるさわり)　774
指史(さしたるし)　523
指消息(さしたるしょうそく)　260
指証人(さしたるしょうにん)　261, 587
指所犯(さしたるしょはん)　250
指罪(さしたるつみ)　248, 253
指犯(さしたるはん・さしたるおかし)　344
指報(さしたるほう)　176
指申(さしたるもうし・さしもうす)　173, 253
指遣(さしつかわす)　75
差遣(さしつかわす)　22, 67, 70, 71, 72, 179, 242, 247, 248, 257, 515, 581, 810
差使(さしつかわす)　700
差文(さしぶみ)　254, 607 →三月註 164/p299・八月註 348/p673
左仗(さじょう)→仗座(じょうのざ)
左将軍(さしょうぐん)→大将(たいしょう)
左少史(さしょうし)→史(し)
左少将(さしょうしょう)→少将(しょうしょう)
左仗座(さじょうのざ)→仗座(じょうのざ)
左少弁(さしょうべん)→弁官(べんかん)
差分(さしわく)　816
佐親(さしん・すけちか)人他 55(文室)　337 →相親(そうしん・すけちか)
座主(ざす)→延暦寺(えんりゃくじ)
座席(ざせき)　326, 594, 776
沙汰(さた)　7, 242, 439, 465, 466, 475, 791
左大史(さだいし)→史(し)
左大将(さだいしょう)→大将(たいしょう)
左大丞(さだいじょう)→大丞(だいじょう)官太 2
左大臣(さだいじん)→大臣(だいじん)
左大弁(さだいべん)→弁官(べんかん)
定詞(さだまることば)　64 →正月註 208/p118
定充(さだめあつる)　177
定め改申(さだめあらためもうす)　784
定入(さだめいる)　486
定仰(さだめおおす)　73, 165, 255, 329, 822
定行(さだめおこなう)　344, 348, 349, 521, 703, 784, 785, 809, 819
定書(さだめがき)　693 →九月註 178/p737

定下(さだめくだす)　80, 250, 770, 819
定事(さだめごと・さだめのこと)　683, 687, 690
定の事(さだめのこと)　27, 450, 451, 494, 500, 693
定示(さだめしめす)　246
定奏(さだめそうす)　806
定賜(さだめたまわる)　792
定遣(さだめつかわす・さだめやる)　257
定文(さだめぶみ)　30, 168, 175, 178, 251, 258, 259, 331, 354, 519, 581, 583, 687, 690, 693, 766, 788, 811 →二月註86/p201・164/p219・八月註215/p651・九月註104/p725
定補(さだめほす)　172
定申(さだめもうす)　175, 177, 178, 179, 249, 252, 262, 344, 347, 348, 349, 350, 371, 372, 373, 508, 518, 521, 522, 580, 581, 585, 587, 591, 609, 687, 690, 691, 772, 784, 810 →二月註163/p219・九月註98/p724・140/p732
左中将(さちゅうじょう) →中将(ちゅうじょう)
左中弁(さちゅうべん) →弁官(べんかん)
殺害(さつがい)　9, 247, 579
作工(さっこう)[官]家4　518
昨今(さっこん)　248, 255, 588, 705, 795
雑袍(ざっぽう)　8, 72, 77 →正月註343/p139
佐渡(さど)[官]地3　372, 452, 585, 586, 596, 598, 695, 774
佐渡国(さどのくに)　452, 585, 586, 598
座頭(ざとう)　346
佐渡使(さどし)[官]衛2　586 →八月註113/p633
宛ら(さながら)　509
讃岐(さぬき)[官]地3　335, 490, 504, 520, 820, 843
讃岐国司(さぬきのこくし)　490
讃岐守(さぬきのかみ)　820
淡路・阿波・讃岐・伊予の相撲使 →相撲(すまい)
散飯(さば)　500, 835, 836, 837
御散飯(おんさば)　500
左兵衛督(さひょうえのかみ) →兵衛(ひょうえ)
左兵衛陣(さひょうえのじん) →兵衛の陣(ひょうえのじん)
左兵衛佐(さひょうえのすけ) →兵衛(ひょうえ)
差別(さべつ・しゃべつ)　244, 345, 681
左弁官(さべんかん) →弁官(べんかん)
左弁官史生(さべんかんししょう) →弁官(べんかん)
作法(さほう)　14, 15, 19, 60, 171, 172, 174, 246, 251, 252, 359, 468, 485, 488, 702, 777, 797, 843
佐保殿(さほどの)[官]地3(大和)　473, 476, 798, 800, 801
棹殿(さおどの)　798, 800, 801
礙(さまたげ)　59, 66, 514, 679
左馬頭(さまのかみ) →馬寮(めりょう)
左馬助(さまのすけ) →馬寮(めりょう)
左馬寮(さまりょう) →馬寮(めりょう)
侍所(さむらいどころ)[官]家4　259, 510, 803, 834 →七月註48/p539
侍所の小舎人の男　259
左右衛門(さゆうえもん) →衛門(えもん)
左右衛門府(さゆうえもんふ) →衛門(えもん)
左右衛門府生(さゆうえもんふしょう)[官]衛2　585
左右金吾(さゆうきんご) →金吾(きんご)
左右近衛府(さゆうこのえふ)[官]衛1・[場]大A2・E2　583
左右近(さうこん)　64, 583, 780, 804
近衛司(このえし)　319, 365, 772
近衛の将(このえのしょう)　8, 767
近衛(このえ)　260, 321, 583, 584, 778, 808, 822(左近衛)
近衛府生(このえふしょう)　357
近衛の陣(このえのじん)　823
左右宰相中将 →宰相(さいしょう)
→左近(さこん)
→右近(うこん)
→近衛の陣(このえのじん)
→大将(たいしょう)
→中将(ちゅうじょう)
→少将(しょうしょう)
→次将(じしょう)

→近衛使(このえのつかい)
左右大丞(さゆうだいじょう) →大丞(だいじょう)官太2
左右大弁(さゆうだいべん) →弁官(べんかん)
左右十列(さゆうとおつら) →十列(とおつら)
左右の階(さゆうのきざはし)　824
左右兵衛(さゆうひょうえ) →兵衛(ひょうえ)
左右馬寮(さゆうめりょう) →馬寮(めりょう)
左右両大弁(さゆうりょうだいべん) →弁官(べんかん)
細美布(さよみぬの)　701 →九月註281/p750
沙羅(さら)　789
左寮(さりょう) →馬寮(めりょう)
障(さわり)　35, 74, 165, 262, 325, 334, 356, 362, 367, 373, 501, 502, 514, 528, 529, 691, 774, 787, 791, 802, 815, 826, 838, 839, 840
散位(さんい・さんに)官省2　12, 327, 348, 805
産穢(さんえ・さんのけがれ) →穢(けがれ)
参衙(さんが)　76, 591 →正月註393/p147
参会(さんかい・さんえ)　55, 79, 317, 320, 822
散楽(さんがく)　167, 174, 259 →二月註64/p195
参議(さんぎ)官公4　14, 56, 57, 58, 59, 62, 65, 75, 172, 245, 246, 252, 319, 325, 331, 345, 458, 503, 581, 587, 589, 600, 683, 685, 687, 700, 702, 781, 799, 810, 811, 814, 840, 841
参宮(さんぐう)　783
三宮(さんぐう)　499, 833
散花・散華(さんげ)　339, 793, 806, 824
参詣(さんけい)　38, 526, 599, 774
斬刑(ざんけい)　699 →九月註260/p747
讒言(ざんげん)　7, 69 →正月註297/p134
参向(さんこう・まいりむかう)　458, 476
三献(さんこん)　322, 334, 777, 779, 795, 816, 834
三支(さんし)　162
参仕(さんし)　362, 790
算師(さんし)官省2(算道)　173 →二月註143/p216
木工算師代(もくのさんしだい)　338
卅講・三十講(さんじっこう)　40, 42, 44, 361, 363
→八講
斬首(ざんしゅ)　367
卅日の穢(さんじゅうにちのけがれ) →穢(けがれ)
参上(さんじょう)　38, 56, 61, 63, 64, 65, 68, 171, 178, 246, 250, 259, 319, 334, 351, 360, 449, 489, 529, 577, 579, 600, 602, 604, 606, 693, 694, 695, 788, 823, 824
三条院(さんじょういん)人皇7　239
三条宅(さんじょうたく)場京左F34　499, 818, 827, 829
行任の領宅 →行任(こうにん)人源6
三条天皇(さんじょうてんのう)人皇7　239
三条宮(さんじょうのみや)　78 →正月註424/p152
参進(さんしん)　175
三舌四舌(さんぜつしぜつ)　772
参内(さんだい)　55, 60, 64, 75, 79, 169, 178, 243, 244, 245, 246, 247, 250, 251, 257, 262, 317, 318, 320, 323, 333, 334, 335, 336, 342, 347, 353, 359, 360, 361, 363, 368, 369, 461, 523, 524, 526, 528, 539, 580, 586, 592, 598, 602, 603, 684, 686, 689, 692, 699, 765, 766, 768, 771, 779, 780, 783, 785, 788, 790, 791, 795, 797, 799, 802, 806, 807, 811, 813, 817, 819, 820, 821, 822, 827, 828, 830, 832, 833, 835, 838, 840 →八月註295/p663
参着(さんちゃく)　333, 460, 469, 497, 605, 692, 700, 798
山堂(さんどう)　514
三道博士(さんどうはかせ)　334
三度の拷(さんどのごう)　361 →拷
参入(さんにゅう)　55, 56, 57, 58, 60, 62, 63, 64, 65, 66, 67, 68, 70, 74, 75, 78, 80, 164, 169, 174, 241, 242, 243, 244, 245, 246, 251, 252, 258, 262, 318, 321, 322, 323, 324, 325, 326, 327, 329, 330, 331, 332, 333, 334, 336, 337, 338, 339, 341, 342, 345, 347, 353, 354, 355, 356, 357, 361, 362, 366, 367, 369, 373, 500, 508, 514, 519, 522, 528, 578, 579,

580, 581, 584, 586, 587, 590, 591, 594, 598, 603, 604, 606, 683, 687, 688, 689, 693, 694, 699, 766, 767, 770, 771, 773, 776, 779, 781, 784, 785, 786, 788, 791, 792, 793, 794, 795, 796, 799, 802, 803, 805, 806, 807, 811, 813, 817, 818, 819, 820, 827, 831, 833, 834, 835, 839, 840, 842, 843
三年一度の社祭(さんねんいちどのしゃさい)　21, 178 →二月註 195/p227
算博士(さんはかせ)[官]省 2(算道)　334
参否(さんぴ・まいるやいなや)　577, 768, 806, 823
参不(さんぷ・まいるやいなや)　321, 338, 577, 581, 606, 685, 768
三品(さんほん)　459, 604, 606, 607 →八月註 339/p672
三昧堂(さんまいどう)　447, 525 →七月註 210/p570
三位(さんみ)　5, 56, 57, 58, 59, 65, 80, 180, 243, 248, 263, 322, 357, 458, 459, 503, 520, 529, 604, 606, 610, 680, 702, 799, 804, 823, 831, 840, 841
　三位中将(さんみのちゅうじょう)[官]衛 1　56, 57, 58, 80, 180, 243, 248, 263, 357, 520, 529, 610, 680, 702, 804, 823, 840
三門(さんもん)　520 →七月註 156/p559
三礼僧(さんらいそう)　339
三郎丸(さんろうがん・さぶろうまる)[人]不　450, 583, 608 →八月註 78/p626・359/p675

し

史(し)[官]太 2　22, 25, 30, 36, 164, 170, 172, 173, 178, 179, 245, 246, 247, 248, 250, 251, 253, 262, 317, 322, 327, 333, 338, 339, 341, 342, 343, 346, 353, 355, 356, 357, 372, 496, 521, 523, 581, 584, 594, 597, 605, 606, 683, 686, 687, 693, 696, 768, 769, 772, 773, 774, 775, 776, 777, 778, 790, 796, 797, 800, 806, 807, 809, 811, 817, 823, 824, 834, 835, 838, 839, 840, 842, 843 →二月註 121/p210・193/p227
　官史(かんのし・かんし)　22, 178, 179
　一座の史(いちざのし)　777
　大史(だいし)　173, 245, 247, 250, 253, 342, 584, 597, 683, 775, 807
　左大史(さだいし)　173, 250, 253, 584, 597
　右大史(うだいし)　245, 247, 683, 775
　少史(しょうし)　170, 245, 248, 251, 342, 346, 686, 776, 777, 807, 840
　左少史(さしょうし)　251, 342, 686, 807, 840
　右少史(うしょうし)　170, 248, 342, 248, 776
　行事の史(ぎょうじのし) →行事(ぎょうじ)
　大夫史(たゆうのし) →大夫(たゆう)
辞(じ・ことば)　261, 525, 583, 700
自案(じあん)　520
四位(しい)　9, 38, 57, 61, 62, 63, 259, 263, 326, 334, 357, 359, 363, 446, 453, 524, 525, 528, 593, 600, 610, 680, 681, 700, 702, 705, 777, 778, 779, 780, 782, 793, 797, 800, 801, 820, 824, 831
　四位従上　820
　四位正下　62
　正四位下　61, 446, 524, 525, 600, 700
　従四位上　63
　従四位下　63, 600, 680, 801
　四位宰相(しいのさいしょう)　57 →正月註 61/p94
　四位少将　259, 263, 528, 793
止雨(しう)　453, 460, 463, 582, 583, 584, 587, 590, 608
　止雨奉幣使(しうほうべいし)　453, 460
　止雨使(しうし)[官]外 6　582, 584, 587, 590, 608 →八月註 73/p625・147/p640・355/p674
　止雨の御祈(しうのおいのり)　582, 583 →八月註 72/p625
　止雨の御禱(しうのおいのり)　583
慈雲(じうん)[人]僧 2　512
時永(じえい・ときなが)[人]他 48(中臣)　843
時疫(じえき)　241, 248, 507, 525 →三月註 31/p273
塩(しお)　77, 254, 512
四堺(しかい)　20(四角・四堺祭), 338(四堺祭), 515(四堺御祭所) →七月註 119/p553

四海静粛(しかいせいしゅく)　600 →八月註264/p658
四角(しかく・よすみ)　20(四角・四堺祭),338(四角祭),834 →七月註119/p553
試楽(しがく)　29,30,256,257,346,493,514
然則(しからばすなわち)　244,688
而(しかるに・しこうして) →正月註42/p91
然るべきの官々(しかるべきのかんかん)　255
然るべきの事(しかるべきのこと)　174,239,830,831
然而(しかれども)　55,72,74,75,164,165,171,173,245,249,255,257,338,344,509,516,521,528,579,580,581,585,596,604,605,687,701,790
次官(じかん・すけ)　372,515,798,836
式・兵(しき・ひょう)官省2・5　64,255,322
指帰(しき・しいき)　255,681,689 →三月註173/p299
史記(しき)　446,524 →七月註200/p568・201/p568
侍座(しきい)　65
直絹(じききぬ) →絹(きぬ)
式光(しきこう・のりみつ)人他62(宮道)　167,170,243,248,250,259,260,511,512,528,583,698
直講(じきこう)官省2(明経道)　491
色代(しきだい・しきたい)　175 →二月註162/p219
食堂(じきどう) →興福寺(こうふくじ)
式筥(しきばこ)　606 →八月註330/p671
式部(しきぶ)　7,8,9,23,27,35,44,61,62,65,68,69,71,72,73,74,239,246,252,253,254,255,321,322,324,344,345,350,351,360,366,373,462,488,591,681,682,683,699,799,803,817,826,840
　式部省(しきぶしょう)官省2・場大D5　35,321,682,683,826
　式部卿(しきぶきょう・しきぶのかみ)　7,8,9,23,27,44,62,68,69,71,72,73,74,239,246,252,253,324,344,462,681,682
　式部卿宮(しきぶきょうのみや)　9,62,462 →九月註32/p711
　→卿親王(きょうしんのう)
　式部大輔(しきぶたいふ)　324
　式部権大輔(しきぶごんのたいふ)　488,591,817
　式部丞(しきぶのじょう)　254,351,373,699,799,803,826
　大丞(だいじょう)　61
　少丞(しょうじょう)　61
式文(しきぶん)　497,828,841
閾(しきみ)　813,814
敷設(しきもうく) →敷設(ふせつ)
色目(しきもく)　808
敷物(しきもの)　813,817
　敷物料　817
死去(しきょ)　48,49,367,368,371,525,696,697,808,838
始行(しぎょう・はじめおこなう)　78,704
頻に(しきりに)　164,173
直盧(じきろ・ちょくろ)場内a2　60 →正月註133/p105
至愚(しぐ)　798
私家(しけ)　704
寺家(じけ)　178,598,606
地下(じげ)　3,317,778 →正月註119/p103
　地下の五位　778
　地下の六位　3,317
資経(しけい・すけつね)人不　76
師経(しけい・もろつね)人藤4　608
死闕(しけつ)　372
旨言(しげん)　595
祇候(しこう)　61,241,701 →正月註148/p108
資高(しこう・すけたか)人藤3　55,57,58,60,64,66,76,167,170,180,248,258,585,686,692,705
資光(しこう・すけみつ)人不　247,526 →三月註96/p285
資綱(しごう・すけつな)人源6　454,778,779
四考成選(しこうじょうせん)　683
時剋(じこく)　61,63,73,250,338,516,524,581,582,593,598,605,786,793
　時剋相移る　61,250

時剋多く移る　582
時剋推移(じこくすいい)　61,63,73,786
自今以後(じこんいご・いまよりこのかた)　57,683 →正月註71/p95
自座(じざ)　332,335,336
子細(しさい)　175,250,516,579,699,826
四支(しし)　13,329
四至(しし・しいし)　466,469,608,703,789 →八月註353/p674
宍(しし)　522 →七月註170/p563
司々(しし・つかさづかさ)　254,255
榻(しじ)　606,806
寺司(じし)[官]仏2　178,482,503
時資(じし・ときすけ)[人]不　356,601,775,777,785,798,817,818
地敷(じしき)　779,802,803
時子女王(じしじょおう・ときこじょおう)[人]皇2　700
事実(じじつ)　239
使者(ししゃ)　161,515,586
侍者(じしゃ)　318,358,835
賜爵(ししゃく・しゃくをたまわる)　499
氏守(ししゅ・うじもり)[人]他70(度会)　681
四種(ししゅ)　815
寺守(じしゅ)　249
師重(しじゅう・もろしげ)[人]他49(中原)　67,170,177,248,257,258,259,515,516,527,528,530,578,585,588,608,679
時重(じじゅう・ときしげ)[人]藤24　372
侍従(じじゅう)[官]省1　10,65,245,256,258,320,322,323,326,327,336,342,344,346,349,357,365,369,370,770,772,777,779,780,785,789,795,797,798,803,806,808,809,815,817,826,840,841
侍従所(じじゅうどころ)[官]省1・[場]大E3　245,798,808
侍従中納言(じじゅうちゅうなごん)[人]藤3　10,320,323,326,327,336,342,344,346,349,365,369,370,770,772,777,779,780,785,789,795,798,806,809,817,826,840,841
拾遺納言(しゅういなごん)[人]藤3　345,813
侍従の君(じじゅうのきみ)[人]藤5　322
次侍従(じじじゅう)[官]省1　815
辞書(じしょ)　51,345,369
除書(じしょ・じょしょ)　165 →二月註47/p190
史生(ししょう・ふみびと・ふんびと・しじょう)[官]太1　242,247,248,340,467,609,699,768,775,776,777,812,813,814,834,838 →三月註43/p275・八月註360/p675
史生ム(ししょうなにがし)　248
次将(じしょう・すけ)[官]衛1　8,10,58,75,815 →正月註83/p97
辞状(じじょう)　483,485
事情(じじょう)　518,592,604 →八月註308/p667
自情(じじょう)　695
四所の籍(ししょのしゃく)　164 →二月註38/p187
資信(ししん・すけのぶ)[人]他41(菅原)　699
詩人(しじん)　334
侍臣(じしん・ししん)　55,58,319,320,468,804,816 →正月註13/p85
時親(じしん・ときちか)[人]他3(安倍)　474,516,773,832
時信(じしん・ときのぶ)[人]不　348
慈心寺(じしんじ)[官]仏2　512 →七月註75/p544
紫宸殿(ししんでん・ししいでん)[場]内c4　322
閑なれば(しずかなれば)　512
死生(しせい)　588 →八月註127/p635
師成(しせい・もろなり)[人]藤12　8,60,72,75,244,247,357,490,513,588,819 →正月註126/p104・三月註66/p279・67/p280・七月註71/p543
之清(しせい・これきよ)[人]不　64,65
始造の日時(しぞうのにちじ)　591
脂燭(しそく)　779
四足(しそく)　813
児息(じそく)　778
使卒(しそつ・つかいにわかに)　60 →正月註124/p104
子孫(しそん)　702 →九月註306/p755
次第(しだい)　5,8,37,38,58,61,62,63,72,256,317,318,319,322,335,348,355,356,357,369,371,468,488,769,776,777,

780, 792, 797, 809, 811, 814, 819, 824, 831, 833, 834
次第使(しだいし・しだいのつかい) 37
次第の文(しだいのふみ) 63
辞退(じたい) 252, 338
随留(したがいとどまる) 321
自宅(じたく) 511
下敷(したじき) 834, 843
下机(したづくえ) 817
下衣(したのきぬ) 701 →九月註287/p750
七箇霊所(しちかれいしょ) 780
七々法事(しちしちほうじ) 512 →七月註73/p543
七大寺(しちだいじ) 178, 486, 810, 811 →二月註192/p226
氏忠(しちゅう・うじただ)[人]他70(度会) 681
侍中(じちゅう)[官]外2 76
時中(じちゅう・ときなか)[人]源5 810
仕丁(しちょう)[官]家4 447, 515, 516, 518, 519, 526, 529
仕丁ム(しちょうなにがし) 516
使庁(しちょう)[場]京左B4 508, 587, 696
七曜暦(しちようれき) 516 →七月註130/p555
失(しつ・あやまち) 46, 74, 171, 365, 367, 473, 488, 583, 688, 776, 815
佚(しつ・あやまち) 581
資通(しつう・すけみち)[人]源5 66, 68, 172, 245, 246, 253, 318, 323, 333, 766, 775, 776, 801, 820
資通(しつう・すけみち)[人]他44(橘) 351, 373, 797, 799, 803
時通(じつう・ときみち)[人]平2 608
疾疫(しつえき) 773, 805, 817
室家(しっか) 838
十戒(じっかい・じゅっかい) 805
実基(じっき・さねもと)[人]源6 325, 358, 514, 767, 779
尻付(しづけ) 172, 330, 698 →九月註251/p746
実経(じっけい・さねつね)[人]藤10 358
実検(じっけん) 21, 22, 26, 174, 176, 177, 178, 179, 243, 368, 371, 459, 608, 795, 810
実検使 26
失誤(しつご) 64
執行(しっこう) 338
膝行(しっこう) 330
漆工(しっこう)[官]家4 55, 244 →正月註6/p84
実光(じっこう・さねみつ)[人]他14(大中臣) 38, 257, 263, 773
実行(じっこう・さねゆき)[人]藤22 69, 840
実綱(じつごう・さねつな)[人]藤18 172
十考成選(じっこうじょうせん) 683 →九月註56/p717
実国(じっこく・さねくに)[人]他49(中原) 172
十斎(じっさい・じゅっさい) 55, 507, 704 →正月註2/p83
十斎日(じっさいび) 507, 704
失錯(しっさく) 492, 583
執事(しつじ) 704
実資(じっし・さねすけ)[人]藤3 13, 29, 55, 57, 58, 61, 63, 64, 67, 68, 69, 78, 161, 162, 163, 165, 166, 174, 176, 177, 179, 250, 251, 253, 256, 260, 261, 317, 318, 319, 321, 323, 324, 329, 330, 332, 341, 342, 345, 354, 363, 365, 368, 369, 462, 466, 481, 486, 517, 519, 520, 523, 581, 587, 590, 592, 604, 605, 606, 607, 679, 683, 686, 691, 693, 694, 695, 699, 702, 703, 771, 774, 783, 784, 785, 786, 787, 788, 791, 807, 809, 817, 819, 828, 835, 839, 840, 841, 842
実事(じつじ・じつごと) 249 →三月註123/p291
実資第(じっしだい・さねすけてい) 329 →小野宮(おののみや)
執して(しっして) 371
執申(しっしもうす) 523 →七月註187/p567
湿潤(しつじゅん) 771, 776
実正(じっしょう) 260, 587
実成(じっせい・さねなり)[人]藤6 56, 57, 59, 61, 62, 65, 179, 320, 510, 514, 515, 766, 768, 793, 801, 811, 813
実否(じっぴ・じつやいなや) 518, 791
疾病(しつびょう) 773
執柄(しっぺい)[官]公1 60, 169, 243 →正月

註 133/p105
七宝(しっぽう)　799
実頼(じつらい・さねより)人藤2　607, 694, 695, 787
実録帳(じつろくちょう)　11, 327
氏貞(してい・うじさだ)人他4(荒木田)　680
耳底(じてい・みみのそこ)　322
司天台(してんだい)官省1　523 →七月註 194/p567
四天王寺(してんのうじ)官仏2　468 →九月註 3/p706
天王寺(てんのうじ)　468, 607, 679, 701, 702, 792
時棟(じとう・ときむね)人他10(大江)　491
児童(じどう)　779
四等官(しとうかん)　73 →正月註 365/p142
襪(しとうず)　688, 822
侍読(じどく)　446, 447, 525, 577
侍読加階(じどくかかい)　447, 525
侍読別勅加階位記 →位記(いき)
慈徳寺(じとくじ)官仏2・場外28　842
茵(しとね)　779, 796, 802, 803(御茵), 833
辞遁(じとん)　467, 699
寺内(じない)　801
信濃(しなの)官地3　71, 77, 78, 262, 340, 512, 592, 593, 695, 821 →八月註 165/p642
信濃国(しなののくに)　592
信濃坂(しなのざか)　695 →九月註 202/p741
信濃の御馬牽 →御馬(おんうま)
信濃梨・信乃梨(しなののなし)　71
信濃布・信乃布(しなののぬの)　77, 78, 340, 512, 821(綿代の信濃) →正月註 115/p101
師任(しにん・もろとう)人他49(中原)　516
死人(しにん)　608
侍人(じにん)官家4　512 →七月註 69/p543
神人(じにん)官神4　682, 688, 689, 693, 792, 834 →九月註 117/p727
自然(じねん・しぜん)　339, 518, 787, 828
使の官人(しのかんじん)官外1(検非違使)　515, 703 →九月註 316/p755
使庁日記(しのちょうのにっき)　696 →九月註 217/p742
支配(しはい)　690
頃之(しばらくありて)　55, 319, 323, 326, 327, 329, 333, 336, 338, 339, 341, 362, 363, 366, 367, 369, 518, 581, 769, 771, 775, 779, 787, 788, 795, 803, 806, 807, 814, 815, 818, 819, 820, 823, 824, 829, 833 →正月註 15/p85
暫之(しばらくありて)　700
小時(しばらくありて・しょうじ)　62, 65, 76, 241, 246, 529, 580, 686, 688, 690, 694, 700 →正月註 15/p85・正月註 176/p113
小選(しばらくありて・しょうせん)　245, 251 →正月註 15/p85
氏範(しはん・うじのり)人他4(荒木田)　688
慈悲(じひ)　511
紙筆(しひつ)　836
自筆(じひつ)　176, 508, 510, 696
史部(しぶ・しべ)官太2　843
治部(じぶ)官省3　255, 345, 483, 513, 516, 811, 812
治部省(じぶしょう)　812
治部丞(じぶのじょう)　811
治部録(じぶのさかん)　483, 513, 516, 811
治部の下部(じぶのしもべ)　812
私物(しぶつ・しもつ)　695
四府奏(しふのそう)　326
紙文(しぶん)　778
資平(しへい・すけひら)人藤3　10, 16, 22, 24, 55, 56, 57, 58, 59, 60, 62, 63, 64, 65, 66, 67, 68, 69, 71, 74, 76, 79, 80, 81, 161, 162, 163, 165, 167, 169, 170, 171, 172, 174, 176, 178, 179, 180, 241, 242, 243, 244, 245, 246, 247, 248, 251, 252, 254, 255, 256, 257, 261, 262, 263, 320, 323, 325, 326, 327, 336, 342, 344, 345, 346, 349, 365, 369, 467, 469, 472, 507, 510, 511, 521, 523, 528, 530, 578, 580, 584, 586, 587, 589, 590, 591, 593, 594, 596, 598, 602, 607, 608, 610, 679, 680, 682, 683, 685, 686, 687, 689, 691, 694, 698, 699, 703, 704, 705, 770, 772, 777, 779, 780, 785, 789,

795, 798, 806, 809, 813, 817, 826, 840, 841
中納言の二娘(にじょう) 467, 469, 698 (二娘), 703 →九月註 246/p745
時平(じへい・ときひら)[人]藤1 694
師輔(しほ・もろすけ)[人]藤4 813
四方(しほう) 258
師房(しほう・もろふさ)[人]源7 30, 56, 57, 59, 62, 65, 81, 171, 172, 245, 318, 319, 333, 341, 345, 346, 349, 367, 369, 468, 473, 510, 589, 590, 594, 687, 702, 776, 777, 778, 779, 780, 785, 798, 801, 803, 809, 811, 813, 819, 829, 833 →八月註 184/p647・九月註 307/p755
資房(しほう・すけふさ)[人]藤3 57, 58, 60, 64, 66, 180, 255, 263, 353, 469, 528, 593, 703, 793 →正月註 57/p93
四方拝(しほうはい)[儀]正 3, 55 →正月註 1/p83
四品(しほん) 65, 180, 697
志摩国司(しまのこくし)[官]地3 260
神民(じみん)[官]神4 19, 27, 161, 162, 173, 174, 249, 250, 252, 579 →二月註 9/p182
示仰(しめしおおす) 67, 72, 73, 246, 251, 257, 330, 513, 679, 687, 693, 697, 699
示送(しめしおくる) 67, 72, 73, 79, 81, 163, 165, 243, 244, 248, 260, 366, 511, 516, 526, 528, 579, 589, 593, 597, 598, 685, 687, 689, 691, 701
示下(しめしくだす) 695
示遣(しめしつかわす) 57, 72, 75, 81, 260, 507, 509, 515, 517, 520, 521, 526, 528, 577, 578, 580, 582, 584, 588, 608, 705, 802, 829
示告(しめしつぐ) 165
示含(しめしふくむ) 176, 178, 507, 608
標所(しめどころ) 358
湿損(しめりそんする・しっそん) 771
下総(しもうさ)[官]地3 51, 240, 369, 370, 372, 585
下総国(しもうさのくに) 585
下総守(しもうさのかみ) 51, 240, 369, 370, 372 →三月註 13/p269
除目(じもく) 11, 12, 13, 14, 15, 16, 17, 18, 27, 32, 50, 51, 76, 79, 80, 162, 163, 164, 165, 166, 168, 169, 170, 171, 172, 175, 251, 252, 263, 329, 330, 332, 335, 344, 345, 347, 350, 351, 359, 372, 373, 465, 493, 494, 496, 502, 691, 692, 693, 695, 775, 826, 840 →正月註 395/p147・九月註 158/p734
除目議(じもくのぎ) 17, 170, 172, 335, 493
正月の除目(しょうがつのじもく) 251, 695
小除目(こじもく・しょうじもく) 32, 50, 51, 502
臨時除目(りんじのじもく) 502
→京官除目(けいかんのじもく)
→国替の除目(くにがえのじもく)
→内侍の除目(ないしのじもく)
下家司(しもけいし)[官]家4 498, 829
下社(しもしゃ) →賀茂(かも)
下津磐根(しもついわね) 599
下仕(しもづかえ)[官]家2 492, 820
下野国(しもつけのくに)[官]地3 77, 609
下野守(しもつけのかみ) 77
下野国司(しもつけのこくし) 77
下部(しもべ)[官]外1(検非違使) 68, 340, 498, 583, 766, 772, 812, 829, 834 →正月註 289/p133
寺門(じもん) 178
子夜(しや) 172, 262, 527
射害(しゃがい・いそこなう) 320
邪気(じゃき) 258
謝却(しゃきゃく) 325
爵(しゃく) 5, 6, 7, 9, 17, 23, 27, 32, 61, 62, 63, 68, 69, 71, 73, 74, 170, 172, 239, 246, 252, 320, 323, 344, 350, 456, 499, 681, 682, 683, 684, 685, 695, 833
爵料(しゃくりょう) 170, 683
→年爵(ねんしゃく)
笏(しゃく) 55, 61, 62, 64, 68, 72, 167, 252, 319, 322, 333, 347, 350, 351, 353, 367, 488, 686, 694, 765, 767, 769, 777, 779, 798, 814
笏紙(しゃくし) 72 →正月註 271/p88・346/p140
笏文(しゃくもん・しゃくのふみ) 55, 64 →正月註 27/p88
→把笏(はしゃく)
若売(じゃくばい・わかめ)[人]他30 585
借用(しゃくよう) 802
謝座(しゃざ) 64, 65, 321, 322, 777 →正月

註 223/p121
社司(しゃし・やしろづかさ)官神 5　244,358,458,462,463,500,765,769,834
謝申(しゃしもうす)　798
謝遣(しゃしやる)　56 →正月註 40/p91
謝酒(しゃしゅ・しゃす)　65,322 →正月註 242/p126
釈経(しゃっきょう)　263
社頭(しゃとう)　38,358,822
沙弥(しゃみ)　261,263
射礼(じゃらい)　9,75 →正月註 382/p145
闍梨(じゃり) →阿闍梨(あじゃり)
汁(じゅう・しる)　356,369,777,815,823,834
自由(じゆう)　520
十一面観音像(じゅういちめんかんのんぞう)　241
拾遺納言(しゅういなごん) →侍従(じじゅう)
重尹(じゅういん・しげただ)人藤 21　56,57,58,59,62,65,171,244,251,317,320,322,326,332,342,344,347,354,356,358,360,362,369,521,578,581,584,589,590,594,597,598,685,686,687,692,694,767,772,776,784,788,791,793,795,798,806,809,819,820
縦横(じゅうおう・しゅおう)　245,519 →三月註 68/p280
集会(しゅうかい)　361
重勘(じゅうかん)　454,591 →八月註 158/p641
従諫の聖(じゅうかんのひじり)　524
周忌(しゅうき)　44
重基(じゅうき・しげもと)人他 29(日下部)　259,583
重季(じゅうき・しげすえ)人源 4　358,836
重経(じゅうけい・しげつね)人他 4(荒木田)　688
秀孝(しゅうこう・ひでたか)人他 17(他戸)　525 →七月註 213/p571
秀孝(しゅうこう・ひでたか)人不　829
住国(じゅうこく)　35,525,527
十五大寺(じゅうごだいじ)　810(十五寺),811
秀才(しゅうさい・すさい)　172 →二月註 126/p211
終始(しゅうし)　246,704 →三月註 86/p283
秋時(しゅうじ・あきとき)人他 42(宗我部)　588,590,591,601,686 →八月註 284/p661
従事(じゅうじ)　78,243,244,341,342,577 →三月註 55/p278
　事に従(ことにしたがう)　521
重事(じゅうじ・おもきこと)　74
終日(しゅうじつ)　325,813
従者(じゅうしゃ)　77,169,170,244,250,253,258,367,450,519,583,601,608,609,685,696,782
　従者の童　450,519,583,608
衆庶(しゅうしょ)　601
住所(じゅうしょ)　241,510,578,805
従女(じゅうじょ)　355
修造(しゅうぞう)　20,51,177,370,446,524,695,767
住僧(じゅうそう)　327,510,690
重則(じゅうそく・しげのり)人不　829
愁嘆(しゅうたん)　8,72 →正月註 347/p140
愁歎(しゅうたん)　701
重忠(じゅうちゅう・しげただ)人他 40(菅野)　27,320
重通(じゅうつう・しげみち)人他 46(伴)　800,801
秋東(しゅうとう)　339
住人(じゅうにん)　170,499
十年労(じゅうねんろう)　61 →正月註 147/p107
重病(じゅうびょう)　47,348,366,509,529,690,790
重服(じゅうぶく・ちょうぶく)　581,810
重・復日(じゅうふくにち)　583,791 →二月註 88/p202・八月註 86/p627
　重・復(じゅうふく)　583,699,791
修補(しゅうほ)　176
住房(じゅうぼう)　704
従僕(じゅうぼく)　161,252,257 →二月註 12/p183
修明(しゅうめい・すめい)場大 C3　339
汁物(じゅうもつ・しるもの)　815

重厄(じゅうやく) 517
衆与(しゅうよ・もろくみ)[人]他3(安倍) 682 →九月註44/p712
襲来(しゅうらい) 810
重頼(じゅうらい・しげより)[人]他4(荒木田) 680
重頼(じゅうらい・しげより)[人]他40(菅野) 173,174,176
秋霖(しゅうりん) 703
従類(じゅうるい) 49,595,687,697
十列(じゅうれつ) →十列(とおつら)
十列代(じゅうれつだい・とおつらだい) 168 →二月註76/p198 →十列(とおつら)
十六羅漢(じゅうろくらかん) 789
受戒(じゅかい・かいをうける) 469,479
授戒(じゅかい・かいをさずける) 705,794 →九月註338/p762
受官(じゅかん) 346
種規(しゅき・たねのり)[人]不 320 →種材(しゅざい)
酒器(しゅき) 815
主客(しゅきゃく) 318
誦経(じゅきょう・ずきょう) 5,60,475,799 →正月註125/p104
守宮神(しゅくうしん) 72 →正月註351/p140
宿衣(しゅくえ・とのいそうぞく・しゅくい) 702,792,800,833 →九月註295/p750
宿紙(しゅくし) 333,795,818
宿侍(しゅくじ) 368
宿所(しゅくしょ) 259,322,581,603,775,783,798,813,819,820,822,840
　御宿所(おんしゅくしょ) 322,603,775,783,798,813,820,822
熟食(じゅくしょく) 823
宿盧(しゅくろ) 822(御宿盧)
主計(しゅけい・かずえ)[官]省4 173,176,339,361,767
　主計寮(しゅけいりょう) 767
　主計頭(しゅけいのかみ) 339,361
　主計允(しゅけいのじょう) 173
　主計属(しゅけいのさかん) 176
首元(しゅげん) 799
入眼(じゅげん・じゅがん) 18,62,63,320,324,491,494,602,820 → 正 月 註183/p113
守護(しゅご) 469,593,595,699,700,703,796
守孝(しゅこう・もりたか)[人]不 76
酒肴(しゅこう) 358,837
殊功(しゅこう・ことなるこう) 507
種材(しゅざい・たねき)[人]他11(大蔵) 27
准三宮(じゅさんぐう) 499,833
　准三宮の宣旨 833
種々(しゅじゅ・くさぐさ) 161,363,600,698,703,771
　種々の霊(しゅじゅのれい) 698
修正(しゅじょう・しゅしょう) 5,6,320
主上(しゅじょう)[人]皇8 58,59,62,66,319,322,326,353,478,488,517,520,589,599,605,607,803,804,814,823,824 →正月註80/p97
儒職(じゅしょく) 696
主人(しゅじん) 805
主水官人(しゅすいかんじん・もひとりのつかさびと)[官]省8 773
主税(しゅぜい・ちから)[官]省4 173,176,251,513,514,609,699,767
　主税寮(しゅぜいりょう・ちからのつかさ) 514,609,699,767
　主税頭(しゅぜいのかみ) 513,514(頭)
　助(すけ) 513,514
　主税允(しゅぜいのじょう) 173,251
　主税属(しゅぜいのさかん) 176
手跡(しゅせき) 601
修善(しゅぜん) 13,162,253,258,453,455,578,589,594,607
　修善法(しゅぜんほう) 594
衆僧(しゅそう・しゅうそう) 345,823,825
十箇国の定文(じゅっかこくのさだめぶみ) 251
出御(しゅつぎょ・いでたまう) 33,56,59,318,319,321,322,353,478,488,494,495,496,497,498,499,605,790,818,823,827,832
出家(しゅっけ) 48,72,467,469,471,702,704,794,795 →正月註350/p140・九月註302/p754・328/p760

出行(しゅっこう・いでゆく)　339,512
出仕(しゅっし)　577,788
出門(しゅつもん)　339
主殿(しゅでん) →主殿(とのも)
首途(しゅと)　245,247 →三月註 67/p280
修二月(しゅにがつ)　179 →二月註 201/p229
首尾(しゅび)　71,72 →正月註 331/p137
寿披(じゅひ)囚僧 2　511
執筆(しゅひつ・しっぴつ)　13,14,15,16,18,170,172,259,329,330,331,332,335,337,354,766,785,806 →二月註 41/p187・二月註 111/p207
首腹(しゅふく・くびはら)　13
守輔(しゅほ・もりすけ)囚不　521,581,776
修法(しゅほう・しゅぼう・ずほう・すほ)　78,163,251,511,578,698 →正月註 414/p150
御修法(みしほ)　511
寿命経(じゅみょうきょう・ずみょうこう)　690 →九月註 126/p729
修理(しゅり・しゅうり)　20,29,48,366,369,370,442,450,509,593,595,768,771
守利(しゅり・もりとし)囚不　529
修理職(しゅりしき)官外 3　359,465,691,786,787 →九月註 147/p732
修理大夫(しゅりだいぶ)　75,163,372,373
修理権大夫(しゅりごんのだいぶ)　358
修理進(しゅりのじょう)　367,368
守隆(しゅりゅう・もりたか)囚源 6　32,34,38,180,257,258,261,595,610,705,779
守良(しゅりょう・もりよし)囚他 3(安倍)　77
手禄(しゅろく)　66 →正月註 255/p128
巡(じゅん・めぐり)　72,372,577 →二月註 121/p210
→行事の巡
旬(しゅん)儀四・十　33,261,263,522,600,815 →三月註 257/p313
俊遠(しゅんえん・としとう)囚他 44(橘)　243,244,260,519,585,802
俊遠朝臣女(しゅんえんあそんのむすめ)囚他 44(橘)　585
春華門・春花門(しゅんかもん)場大 D3　56,65,245,582(春花門),605
准拠(じゅんきょ)　699,700
春気(しゅんけ・はるのき)　79
俊家(しゅんけ・としいえ)囚藤 5　475,799
巡検(じゅんけん)　338,801
俊賢(しゅんけん・としかた)囚源 6　173 →二月註 144/p216
俊孝(しゅんこう・としたか)囚他 44(橘)　475,799
巡行(じゅんこう)　355,777
舜豪(しゅんごう)囚僧 1　589
春光丸(しゅんこうがん・はるみつまる)囚不　516
春興殿(しゅんこうでん)場内 d5　322,815
旬日(しゅんじつ)儀四・十　815
俊正(しゅんせい・としただ)囚不　698
俊通(しゅんつう・としみち)囚他 44(橘)　357
旬草子(しゅんのそうし)　263 →三月註 257/p313
俊平(しゅんぺい・としひら)囚不　70,490,588,590,819 →八月註 122/p634
純友(じゅんゆう・すみとも)囚藤 17　523 →七月註 186/p567
志与(しよ・こころざしあたう)　244
自　余(じ　よ)　61,262,317,332,358,359,363,483,516,705,781,786,792,797,799,801,802,804,832 →正月註 162/p111
所為(しょい・なすところ)　511,515,785
叙位(じょい)　5,6,7,9,57,60,62,66,67,68,73,74,239,262,320,323,324,336,344,446,477,478,484,491,493,602,603,691,692,779,820
叙位議(じょいのぎ)　5,60,74,446,491 →正月註 128/p104
叙位文(じょいのふみ)　68,320,324
叙位簿(じょいのぼ)　62,68,73 →正月註 168/p113
叙位勘文(じょいかもん)　57,491 →正月註 56/p93
叙位日記(じょいにっき)　602 →八月註 294/p663
女叙位(おんなじょい)儀正　6,7,66,67,

323, 336, 478, 493, 691, 692 → 正月註257/p128
女叙位の位記 →位記(いき)
署印の文(しょいんのふみ)　178
升(しょう)　166, 167, 837 →二月註62/p194
賞(しょう)　51, 62, 67, 176, 371, 439, 440, 446, 475, 765, 800, 801
鐘(しょう・かね)　338, 345, 361, 806, 823, 824
常安(じょうあん)人僧2　371
譲位(じょうい)　239, 240
請印(しょういん)　19, 26, 30, 35, 40, 46, 63, 67, 68, 165, 243, 246, 258, 323, 325, 327, 337, 341, 342, 346, 363, 365, 452, 456, 463, 464, 487, 491, 525, 585, 586, 591, 596, 597, 598, 682, 683, 685, 689, 767, 770, 775, 776, 785, 789, 811, 812, 820, 841, 843 →正月註187/p114
→位記請印(いきしょういん)
→官符請印(かんぷしょういん)
→結政所請印・結政請印(かたなしのしょういん)
→任符請印(にんぷしょういん)
→度縁請印(どえんしょういん)
→請印の奏(しょういんのそう)
→家の請印(いえのしょういん)
承引(しょういん)　684
請印の奏(しょういんのそう)　598 →八月註231/p653
浄衣(じょうえ)　256, 589
乗延(じょうえん)人僧2　248, 581
焼火(しょうか)　8
城外(じょうがい)　51, 348, 349, 373, 511, 698, 705
正月の除目(しょうがつのじもく) →除目
上官(しょうかん・じょうがん)　65, 359, 594, 605, 786, 823, 824 →正月註234/p124
証議(しょうぎ)　359
常近(じょうきん・つねちか)人平1　371
小供(しょうぐ)　690
正宮(しょうぐう)　591
昭訓門(しょうくんもん)場大C3　823
上下(じょうげ)　163, 319, 322, 334, 339, 446, 508, 524, 579, 593, 679, 701, 702, 777, 787, 822
上下の人　702
上下嗷々(じょうげごうごう)　163
上卿(しょうけい・じょうけい)官公　36, 62, 75, 166, 171, 174, 326, 327, 334, 336, 337, 338, 341, 342, 344, 345, 346, 350, 351, 353, 354, 355, 360, 365, 366, 367, 373, 454, 473, 480, 485, 496, 515, 524, 589, 590, 594, 605, 688, 704, 705, 765, 766, 767, 768, 769, 771, 773, 776, 777, 778, 780, 783, 784, 793, 798, 807, 811, 816, 818, 835, 836, 841 →正月註183/p113・八月註75/p626・九月註114/p727
上卿代(しょうけいだい)　36
章経(しょうけい・あきつね)人藤18　165
上計(じょうけい)　696, 800
昭慶門(しょうけいもん)場大C3　823, 824
少外記(しょうげき) →外記(げき)
生気方(しょうげのかた)　58, 837 →正月註76/p96
上・下政所(じょうげのまんどころ) →東大寺(とうだいじ)
将監(しょうげん)官衛1　10, 11, 56, 59, 67, 72, 73, 76, 78, 172, 357, 372, 514, 519, 526, 528, 583, 590, 695, 801, 808
左近将監(さこんのしょうげん)　357, 372, 801
右近将監(うこんのしょうげん)　357
勝岡(しょうこう・かつおか)人他56(真上)　525, 527, 528, 529
上皇(じょうこう)　239
常光(じょうこう・つねみつ)人他8(宇治)　681, 688
成功(じょうごう)　19, 20, 176, 695 →二月註171/p221・九月註193/p740
衝黒(しょうこく)　254, 256, 509, 525, 681 →三月註161/p298
上座(じょうざ・かみのざ)　332, 335
少属(しょうさかん) →陰陽(おんよう)
彰子(しょうし・あきこ)人藤5　4, 24, 32, 50, 58, 80, 242, 243, 244, 249, 257, 262, 263, 319, 324, 350, 440, 441, 459, 461, 467, 468, 469, 470, 471, 496, 498, 509, 510, 511, 607, 679, 680, 682, 684, 696, 698, 699, 701,

702, 703, 705, 790, 792, 793, 795, 799, 805, 827, 830, 831, 833
小児(しょうじ・しょうに)　13, 329
床子(しょうじ・そうじ)　245, 317, 322, 343, 353, 582, 775, 798, 806, 807, 815, 841, 842 →三月註 71/p281
長床子(ながしょうじ)　775, 842
腋床子(わきのしょうじ)　317, 343, 353, 798, 806, 807
障子(しょうじ)　698
上司(じょうし・かみのつかさ)　81(興福寺), 178(東大寺) →正月註 456/p157・二月註 187/p225
上司の印　178
常事(じょうじ・つねのこと)　518, 679
少史(しょうし) →史(し)
詔使(しょうし)　27, 251, 252 →三月註 140/p294
小師(しょうし)官省 3(雅楽寮)　821
荘司(しょうし)官地 3　704 →九月註 325/p757
正直(しょうじき)　523
条事定(じょうじさだめ)　490
上日(じょうじつ)　256
章子内親王(しょうしないしんのう・あきこないしんのう)人皇 8　65, 323, 336, 799, 804
証申(しょうしもうす)　343
乗車(じょうしゃ)　164, 601, 792, 801
常赦(じょうしゃ・つねのゆるし)　492
勝者(しょうしゃ) →勝(かつ)
上首(じょうしゅ)　30, 346
常住僧(じょうじゅうそう)　690 →九月註 125/p729
詔書(しょうしょ)　482, 492, 500, 821, 833
尚書(しょうしょ)官太 2　174, 176, 513, 696
小女(しょうじょ)人藤 3　11, 79, 241, 258, 259, 510, 522, 577, 590, 702 →八月註 146/p640
少将(しょうしょう)官衛 1　36, 60, 69, 70, 72, 73, 164, 166, 180, 248, 256, 258, 259, 262, 263, 351, 353, 357, 358, 519, 528, 593, 608, 685, 693, 703, 704, 780, 788, 793, 797, 803, 814, 815, 833, 839
左近少将(さこんのしょうしょう)　593, 608
左少将(さしょうしょう)　72, 180, 256, 258, 262, 351, 353, 357, 685, 693, 703, 797
右近少将(うこんのしょうしょう)　593
右少将(うしょうしょう)　164, 358, 685, 704, 814, 833, 839
→蔵人少将・蔵人左少将
→四位少将
證昭(しょうしょう)人僧 2　256, 517
證昭師　256
少丞(しょうじょう) →式部(しきぶ)
常昌(じょうしょう・つねまさ)　人平 1　371
条々(じょうじょう)　249
昭章王(しょうしょうおう・てるあきおう)人皇 9　600, 601, 605 →八月註 257/p658・317/p669
小食(しょうしょく)　248
小臣(しょうしん)　61, 67, 68, 162, 486, 604, 605, 686, 694, 695 →正月註 146/p107
章信(しょうしん・あきのぶ)人藤 17　57, 79, 165, 317, 520
昇進(しょうしん)　472, 796
精進(しょうじん)　13, 161, 465, 513, 691
精進日(しょうじんび)　465, 691 →九月註 144/p732
精進物(しょうじんもの)　13, 161
承塵(しょうじん)　842
常親(じょうしん・つねちか)人他 70(度会)　681
憔悴(しょうすい)　171, 514, 522 →二月註 117/p209
正税(しょうぜい)　454, 592
乗船(じょうせん)　259
請奏(しょうそう)　61, 445, 519, 587, 837 →正月註 155/p109
請僧(しょうそう)　240, 241, 242, 704 →三月註 21/p271・九月註 331/p760
小瘡(しょうそう)　253
将曹(しょうそう)官衛 1　56, 59, 73, 164, 318, 513, 528, 583, 590, 767, 808
情操(じょうそう)　511
上造(じょうぞう)　514
少僧都(しょうそうず) →僧都(そうず)

消息(しょうそく・しょうそこ)　62,68,69,74,75,78,79,80,161,163,165,167,169,175,176,177,239,240,242,243,244,246,254,256,260,261,319,323,324,332,333,336,346,354,362,365,368,480,508,510,515,516,520,521,524,526,579,580,581,583,590,593,594,595,596,599,601,609,682,688,690,693,694,699,700,767,769,771,778,784,786,789,790,795,807,810,826,829,830,837 →正月註174/p113
　消息の状(しょうそくのじょう)　79,256,324(御消息の状)
　御消息(おんしょうそく・みしょうそく)　62,68,75,78,80,161,165,169,176,177,239,240,242,246,254,260,319,324,332,333,336,362,365,480,510,521,579,580,581,594,595,688,690,693,699,700,769,784,786,789,790,807,810,826,829,830
　→指消息(さしたるしょうそく)
装束(しょうぞく)　37,64,68,167,170,243,258,322,323,334,339,357,359,441,468,478,492,493,498,512,524,592,679,701,702,768,777,779,788,793,795,802,803,820,822,823,825,827,830,831,832,833,837 →八月註169/p643
　装束司(しょうぞくし)[官]外6　64 →正月註215/p119
　装束使(しょうぞくし)　441,512 →七月註65/p542
昌泰(しょうたい)　691 →九月註159/p734
丞代(じょうだい)　65
小宅(しょうたく)　515
小談(しょうだん)　518
承知(しょうち)　504,683,843
状帳(じょうちょう)　10,327
尚貞(しょうてい・なおさだ・ひささだ)[人]他54(藤井)　257,258,259,520,583 →八月註80/p626
昇殿(しょうでん)　4,7,18,58,59,69,172,324,368,488,503,770,814,841 →正月註119/p103
聖天供(しょうてんぐ)　11,78,79,241,508 →正月註419/p151・440/p154・三月註32/p273・七月註19/p531
掌燈(しょうとう)　815
小童(しょうどう・こわらわ)[官]家4　805
仗頭(じょうとう)　60 →正月註16/p85
上棟(じょうとう・むねあげ)　47,474
上道(じょうどう)　348,349,366,367
小刀(しょうとう) →刀(かたな)
上東門院(じょうとうもんいん)[人]藤5・[官]家3・[場]京左B9　4,32,58,59,263,319,320,324,350,351,440,468,469,471,496,498,792,805,827 →正月註77/p96
　→院(いん)
　→京極(きょうごく)
上東門大路(じょうとうもんおおじ)[場]平B511
少内記(しょうないき) →内記
少納言(しょうなごん)[官]太1　46,65,167,170,180,245,248,259,335,341,342,355,357,358,365,503,585,591,597,606,686,705,775,776,777,778,785,795,798,800,806,811,812,816,823,824,825,841,842
証人(しょうにん)　10,13,19,27,31,41,73,76,77,80,161,162,169,173,249,250,260,261,263,343,344,361,587,591,592,597,685,696,697,784,785
　証人の拷問の記　42
　伊賀証人(いがのしょうにん)　169
章任(しょうにん・あきとう)[人]源6　34,172,257,258,497,499,818,827,829 →二月註130/p212
　章任の馬(しょうにんのうま)　258
　章任の桂宅(しょうにんのかつらたく)　257
　→三条宅(さんじょうたく)
小人(しょうにん)　77
仗座(じょうのざ)[場]内d4　318,322,323,324,331,333,336,337,342,359,366,604,605,686,765,766,767,780,795,798,805,814,816,826,836,838 →正月註16/p85・八月註320/p669・九月註80/p721
　→左仗座
　左仗(さじょう)　64,68,318,331,337,339,359,582,779,802,805,820,836,838
　左仗座(さじょうのざ)　318,331,337,359,805,836,838

→陣座(じんのざ)
省丞(しょうのじょう) →宮内省(くないしょう)
小月(しょうのつき)　517
荘の人(しょうのひと)　242
庄の文(しょうのふみ)　513
上宣(しょうのる・じょうせん)　334,336,337,343,344,351,373,765,779,797
乗馬(じょうば)　328,529,792,800
勝負(しょうぶ)　357,359,526
勝負の楽舞(しょうぶのがくぶ)　359
相府(しょうふ)官公2　323,342,343,344,369,370,372,488,687,766,774,775,779,807,813,814,818,824,840,841
→大臣(だいじん)
→関白相府
→入道前大相府
少副(しょうふく)官神1　348,366,586,765,773
承伏(じょうふく)　480,601,609,805 →八月註 283/p661
少布施(しょうふせ) →布施(ふせ)
承平(しょうへい)　329,523,691,788,819,828
唱平(しょうへい)　815
焼亡(しょうぼう)　45,364,477,496,510,511,520,523,524,579,696,774,801 →七月註 158/p559
成菩提(じょうぼだい)　695 →九月註 196/p740
少米(しょうまい)　608
省務(しょうむ)　462,681,682
聖武天皇(しょうむてんのう)人皇1　178
正文(しょうもん)　773
将門(しょうもん・まさかど)人平1　523 →七月註 186/p567
小揖(しょうゆう) →揖(ゆう)
乗輿(じょうよ)　59,318,823,824,842 →正月註 107/p100
逍遥(しょうよう)　477,594,802
上洛(じょうらく)　49
召覧(しょうらん)　599
正暦(しょうりゃく)　594,692,810 →九月註 163/p735
精料(しょうりょう)　170
上梁(じょうりょう) →立柱上梁(りっちゅうじょうりょう)
常例(じょうれい・つねのれい)　578,843
上臈(じょうろう)　30,62,66,250,256,258,317,321,346,358,694,801,814,815,816,841 →正月註 165/p112
小禄・少禄(しょうろく)　253,258,591(少禄)
勝禄(しょうろく・かちろく)　593
諸衛(しょえ)　35,51,59,317,373,823
助延(じょえん・すけのぶ)人不　357,358
書簡(しょかん)　171
諸官の所司(しょかんのしょし)　682
助教(じょきょう・すけはかせ)官省2(大学寮)　577,578 →八月註 15/p613
助近(じょきん・すけちか)人不　777
触穢(しょくえ・けがれにふれる) →穢(けがれ)
職掌(しょくしょう)　839
続日本紀(しょくにほんぎ)　584,585
食分(しょくぶん)　517
食分の度(しょくぶんのど)　517
食物(しょくもつ)　527,820
諸卿(しょけい・しょきょう)官公　55,56,57,58,59,60,61,64,67,76,171,172,175,249,257,262,321,350,373,473,521,580,582,585,586,595,607,609,683,685,687,779,819,821
所見(しょけん)　80,443,517,597,839
諸国司(しょこくし) →国司(こくし)
諸国の解(しょこくのげ)　687
諸国文(しょこくのふみ)　807
諸国吏(しょこくのり)　51
諸祭(しょさい)　28,254,255
初斎院(しょさいいん)官神3　496,497,500,501,502,503,827,828,835,839
書冊(しょさつ)　72
書札(しょさつ)　79,523,689 →正月註 436/p154
諸司(しょし)　17,28,29,40,51,59,176,254,255,321,324,337,345,356,359,373,474,599,690,693,771,773,777,780,816,823,827,828,836,838,842
→行幸の諸司・諸衛
→供奉の諸司・諸衛

→顕証の諸司(けんしょうのしょし)
所司(しょし)　55,75,174,509,682,685,689,792,810,815,834,835,839
所司奏(しょしのそう)　55 →正月註22/p87
諸寺(しょじ)　55,486,503,690,693,810,811,842
諸寺の司　842
女子(じょし)　24(藤原資平女),241(藤原資平女),365(以康朝臣の女子)
所職(しょしき・しょしょく)　343,600
諸社(しょしゃ)　334,451,455,460,522,584,593,768
書写(しょしゃ)　599
序者(じょしゃ)　334
叙爵(じょしゃく)　73,684
叙爵文(じょしゃくもん)　684
処々(しょしょ・ところどころ)　164,685
初叙(しょじょ)　681
諸荘(しょしょう)　690
所掌(しょしょう)　797
書状(しょじょう)　57,79,161,166,247,254,527,590,687,696
諸僧(しょそう)　361,823,824
所帯(しょたい・おぶところ)　370
諸大夫(しょだいぶ)　800,803,814,815,816,834
諸堂(しょどう)　338
叙内階(じょないかい) →内階(ないかい)
叙人(じょにん・じょするひと)　5,320,322,337
助武(じょぶ・すけたけ)囚不　358
処分(しょぶん)　71,512 →正月註329/p137
序品(じょぼん)　705 →二月註220/p235・九月註339/p762
署名(しょめい)　253,254,817
所望(しょもう)　525,695
初夜(しょや)　323
助友(じょゆう・すけとも)囚他39　358
薯蕷(しょよ・いも)　70,71 →正月註323/p136
→薯蕷粥(いもがゆ)
叙列(じょれつ・じょのれつ)　65,785
所労(しょろう)　62,70,74,164,325,362,512,577,579,788,791 →正月註172/p113
資頼(しらい・すけより)囚藤3　60,71,520,608,698,830 →九月註5/p707
氏頼(しらい・うじより)囚他70(度会)　681
時頼(じらい・ときより)囚他21(尾張)　358,808
白河(しらかわ)場外21　24,242,243,244
白川(しらかわ)　24,29,255,256
白河院(しらかわいん)　242,243 →三月註45/p275
白河第(しらかわだい)　242
白川第(しらかわだい)　255
白河殿(しらかわどの)　244
白木(しらき)　497,827,828
白絹(しらぎぬ・しろきぬ) →絹(きぬ)
尻鞘(しりざや)　167,822 →二月註63/p195
尻鞘剣　167
→斑猪尻鞘(まだらいのしりざや)
思慮(しりょ)　73,162,257,593,605,606,699(思慮多端) →九月註259/p746
師良(しりょう・もろよし)囚源5　593
汁(しる・じゅう)　356,369,777,815,823,834
徴(しるし)　47,702
注取(しるしとる)　71
注申(しるしもうす) →注申(ちゅうしん)
注度(しるしわたす)　604
白色紙(しろいろのかみ・はくしょくし)　810,817
二郎(じろう)　475,799
知食(しろしめす)　174
白大豆(しろだいず)　510
白袿(しろのうちき) →袿(うちき)
白約(しろのちぢみ)　837
代物(しろもの・だいもつ)　176
神威(しんい)　450,600
神異(しんい)　475
神意(しんい)　604
神位記(しんいき) →位記(いき)
新一品宮(しんいっぽんのみや)囚皇8　65,323
甚雨(じんう)　262,337,590,776,785 →八月註142/p639

新右少弁(しんうしょうべん) →弁官(べんかん)
神叡(しんえい)[人]僧2　249
尋円(じんえん)[人]僧1　38,360,485,494,496,584,695
臣下(しんか)　797,815
人家(じんか)　818
神堺(しんかい)　781
仁海(じんかい・にんがい)[人]僧1　248,440,509,840
深覚(しんかく)[人]僧1　67,363,483,508,510,590,791,794 →八月註144/p639
神感(しんかん)　606 →八月註333/p671
陣官(じんかん)[官]衛1　251,319,336,337,373,692,766,809,816 →三月註134/p293
　陣の直(じんのちょく)　703
尋観・深観(じんかん)[人]僧1　840(深観)
人間の定(じんかんのさだめ)　606
真偽(しんぎ)　784
神祇(じんぎ)　32,41,42,44,48,263,348,363,366,367,442,443,455,458,459,480,482,492,530,582,584,586,590,591,592,593,595,600,603,604,605,607,693,700,703,765,768,773,778,780,781,805,808,821,833,834,835,836,838,842
　神祇官(じんぎかん)[官]神1・[場]大E5　42,43,49,263,348,366,367,442,443,455,458,459,480,492,530,582,584,590,591,592,593,595,603,604,605,607,693,703,768,773,778,780,805,808,821,834,835,836,838 →八月註321/p669
　神祇伯(じんぎはく)　600
　神祇大副(じんぎだいふく)　32,44,348(大副),349(大副),363,600(大副),833,836(大副)
　神祇権大副(じんぎごんのたいふく)　600
　副官(ふくかん)　348
　神祇少副(じんぎしょうふく)　586,765
　神祇祐(じんぎじょう)　482,773(祐),834(祐)
　神祇大祐(じんぎたいじょう)　781
　神祇少祐(じんぎしょうじょう)　482,842
　神祇官人(じんぎかんじん)　42,367,480,584,590,778
　神祇官庁(じんぎかんちょう)[場]大E5　835
　神祇官東庁(じんぎかんとうちょう)　768
　神祇官西院(じんぎかんさいいん)　582
　神祇官の北門　605 →八月註325/p670
　神祇官の連奏 →連奏(れんそう)
宸儀(しんぎ)[人]皇8　824
新経(しんきょう)　240
心経(しんぎょう)　78,170,248 →正月註420/p151
辛苦(しんく)　366
神供(しんぐ)　249,580 →八月註54/p619
尋空(じんくう)[人]僧1　840,843
神郡(しんぐん・かみごおり・かみぐに)　25,244,247,248,249,250,252,343,344,579 →三月註60/p278
　神郡司(しんぐんじ)[官]神4　25,244,247,248,250,252,343,344
伊勢神郡 →神郡(しんぐん)
信家(しんけ・のぶいえ)[人]藤5　65,322
親経(しんけい・ちかつね)[人]平1　802,803
親憲(しんけん・ちかのり)[人]他40(菅野)　263
深更(しんこう)　56,59,60,334,510,527,599,785,822 →正月註48/p91
進貢(しんこう)　363
進向(しんこう) →進向(すすみむかう)
信公(しんこう・のぶきみ)[人]不　339,781
人口(じんこう)　695
尋光(じんこう)[人]僧1　503,516,526,584,840,841,842 →七月註125/p554
賑給定(しんごうさだめ)[儀]五　43
賑給使(しんごうし)[官]外6　363
神国(しんこく・かみのくに)　599
神今食(じんこんじき)[儀]六　48,492,498,821
神座(しんざ・かみざ・かみくら)　367,497,835,839,842
進済(しんさい)　20,175
新司(しんし)　588,607
進止(しんじ・しんし)　71,178,520,523,526,588 →正月註330/p137

神寺(しんじ)　690,691
　神寺の所領　690
神事(しんじ・かむごと)　78,81,82,163,370,442,579,590,593,598,600,607,772
人事(じんじ・ひとのこと)　590,790
神社(じんじゃ)　459,514,581,599,608,828
信重(しんじゅう・のぶしげ)[人]不　245,246,247,342
信順(しんじゅん・さねのぶ)[人]他43(高階)　494
新叙(しんじょ)　64,65,372,820
申上(しんじょう・もうしあぐ)　37,175,695
進上(しんじょう)　330
尋常(じんじょう)　78,161,171,512,525
　尋常の位記　→位記(いき)
心神(しんしん)　80,166,171,508,579
心身(しんしん)　169,809
　心身不行　809
親信(しんしん・ちかのぶ)[人]他26(清内)　491
真信(しんしん・さねのぶ・まさのぶ)[人]不　587,592,597,606
親仁(しんじん・ちかひと)[人]皇6　691,789
仁諶(じんしん)[人]僧2　249
神心違例(しんしんいれい)　324
申請(しんせい)　20,21,51,76,77,78,172,175,176,177,249,256,259,350,369,463,466,608,681,685,686,691,695,767,785,801,819
晨晴(しんせい・ときはる)[人]他70(度会)　602
神宣(しんせん)　579,580,596
進送(しんそう)　518
新造(しんぞう)　45,518,526
進退(しんたい)　164,175,248,251,595,599,697
　進退の作法(しんたいのさほう)　251
　進退の人々(しんたいのひとびと)　248
身体具足(しんたいぐそく)　329
進着(しんちゃく)　332,346,778
新中納言(しんちゅうなごん)　→中納言(ちゅうなごん)
信長(しんちょう・のぶなが)[人]藤5　179
心底(しんてい・こころのそこ)　581
寝殿(しんでん)　72,319,832
神殿(しんでん)　453,479,480,768,773,828,832,835,837,838,839,842
真等(しんとう)[人]僧2　3,56,461,679
震動(しんどう)　799
臣と為る者(しんとなるもの)　7,69,71
後取(しんどり・のちどり)　317,769
新任(しんにん)　342
信任(しんにん・のぶとう)[人]不　512,524,526,767(宣任)　→七月註66/p542
親王(しんのう)　4,7,8,9,10,23,24,25,27,55,58,61,62,68,69,71,72,73,74,75,239,240,246,252,253,318,319,324,325,332,336,344,355,369,440,449,452,453,462,465,467,469,471,473,475,477,478,479,489,496,498,499,519,529,577,589,590,599,681,682,683,685,691,698,699,700,703,704,766,769,775,783,787,789,790,791,793,794,795,798,799,802,804
進納(しんのう)　175,177,588　→八月註126/p635
沈懸盤(じんのかけばん)　804
陣座(じんのざ)[場]内d4　14,317,322,351,353,365,694,700,770,775,788,806,816　→正月註16/p85
　左近陣座(さこんのじんのざ)　700
　陣頭(じんとう)　55,318,580,581
　陣の南座(じんのなんざ)　257,258
　陣腋(じんのわき)　65,251,318,342,343,353,582,686,767,788,821,841
　陣前(じんのまえ)　582
　陣後(じんのうしろ)　55,582　→正月註26/p88
　陣砌(じんのみぎり)　582
　→仗座(じょうのざ)
陣定(じんのさだめ)　27,51,450,462,463,485,490,597,784　→八月註215/p651
陣申文(じんのもうしぶみ)　25
進発(しんぱつ)　456,781,808
真範(しんぱん)[人]僧2　263,584
神火(しんび・じんか)　774
身病(しんびょう・みのやまい)　600,697
信武(しんぶ・のぶたけ)[人]他64(身人部)　243,529,683,698

親方(しんほう・ちかかた)[人]源5　519
神宝(しんぽう)　357,358,458,702,792
仁満(じんまん・にんまん)[人]僧1　486,810
神馬(しんめ)　23,240,356,357,358
　神馬代(しんめだい)　23,240
神明(しんめい・しんみょう)　590,607,703
　神明の御心(しんめいのみこころ)　590
進物所(しんもつどころ・たまいどころ)[官]外6・[場]内a5　368,816,835
尋問(じんもん・たずねとう)　161,166,239,250,344,349,450,519,603,693
深夜(しんや)　324,345,346,373,791,805,807,808
親頼(しんらい・ちかより)[人]他40(菅野)　173,174,176
信頼(しんらい・のぶより)[人]他24(紀)　262,263
神力(じんりき・かみのちから)　593
神慮(しんりょ)　607,790
人倫(じんりん)　600

す

推移(すいい)　61,63,73,786
　→時刻推移
酔歌数度(すいかすうど)　318
随喜(ずいき)　263,529,610,705,842
吹挙(すいきょ)　325
推思(すいし・おしおもう)　239
水精(すいしょう)　64
随身(ずいじん・ずいしん)[官]衛1　3,4,31,56,57,58,59,64,65,66,78,79,243,252,257,258,259,260,331,351,360,451,455,468,513,528,529,530,581,582,583,586,605,680,683,689,692,698,701,702,771,773,792,808,841 →正月註47/p91
　権随身(かりのずいじん)　3,56,58,59 →正月註47/p91
　→院の御随身
出納(すいとう・しゅつのう)[官]外2　318,803
衰日(すいにち) →御衰日(ごすいにち)
水瓶(すいびょう・みずがめ)　788
随兵(ずいへい)[官]家4　784
衰亡(すいぼう)　371
推量(すいりょう)　330,331
衰老(すいろう)　261,370,372,507
　衰老の者　261
　年齢衰老(よわいすいろう)　370
数剋(すうこく)　335,770,780
数巡(すうじゅん・すうめぐり)　318,340
菅野(すがの)[人]他40　27,173,263
菅原(すがわら)[人]他41　252,695
隙(すきま・げき)　255(間隙),703
宿禰(すくね)　247,249,253,582,588,593,595,608,695,696,703,773,774,786,788
宿曜の厄(すくようのやく)　168 →二月註78/p199
輔代(すけだい)　337
菅円座(すげのわろうだ・すげのえんざ)　319,323,767,778,788,803
頗る(すこぶる)　81,165,166,169,171,239,248,257,259,262,324,343,353,365,367,371,507,511,516,519,527,528,583,585,587,595,603,693,696,704,768,769,772,791,796,808,814,817,836,842,843
朱雀院(すざくいん)[場]平右G52　259 →三月註218/p306
朱雀上皇(すざくじょうこう)[人]皇4　239,788(朱雀天皇),793(朱雀天皇)
図書(ずしょ)　56,262,263,351,801,824
　図書寮(ずしょりょう)[官]省1・[場]大A2　801
　図書頭(ずしょのかみ)　56
　図書助(ずしょのすけ)　262,263,351
鈴鹿(すずか)[官]地3(近江)　783
鈴鹿山(すずかやま)[官]地3(伊勢)　455,593
鈴奏(すずのそう) →鈴奏(れいそう)
進出(すすみいず・しんしゅつ)　55,60
進来(すすみきたる)　38,62,360,367,814
進奏(すすみそうす)　693,694
進立(すすみたつ)　334,358,814,816,842
進奉(すすみたてまつる)　515
進給(すすみたまわる)　68
進向(すすみむかう・しんこう)　318,358,696
進渡(すすみわたる)　259
雀(すずめ)　500,530,773
硯(すずり)　60,68,79,251,330,331,343,344,347,354,360,372,579,581,693,788,

797, 803, 809, 810, 811, 840
硯筥(すずりばこ)　68, 79, 330, 343, 803, 811
已(すでに) →正月註 332/p137
将ち(すなわち)　322
簀子(すのこ)　58, 319, 814, 835 →正月註 87/p98
寸白(すばく・すんばく・すばこ)　697 →九月註 240/p744
須く(すべからく)　55, 58, 65, 73, 74, 82, 172, 176, 246, 260, 325, 338, 344, 345, 346, 348, 356, 367, 371, 373, 521, 585, 588, 603, 605, 687, 773, 776, 777, 780, 788, 790, 797, 798, 806, 809, 810, 811, 815, 816
術無(すべなし)　165, 259, 582, 697
相撲(すまい)儀七・官外5　30, 64, 67, 257, 258, 259, 322, 441, 442, 443, 444, 445, 446, 447, 448, 450, 452, 454, 462, 508, 512, 513, 514, 517, 518, 519, 520, 521, 522, 523, 524, 525, 527, 528, 529, 578, 583, 588, 589, 590, 591, 682, 767, 769, 778 →七月註 84/p546
相撲節(すまいのせち)　441
相撲召仰(すまいのめしおおせ)　442, 514
相撲召合(すまいのめしあわせ)　443, 444, 445, 447, 448, 513, 514, 517, 518, 519, 528, 767
内取(うちどり)　447, 519, 522, 525, 526, 527
内取所(うちどりどころ)場大 A2(右近衛府) 519 →七月註 144/p558
内取の手結(うちどりのてづかい)　522, 525(内取の手番), 526 →七月註 208/p569
追相撲(おいずまい)　583 →八月註 81/p627
立合の相撲の禄(たたあわせのすまいのろく)　591 →八月註 150/p641
童相撲(わらわずまい)　523
相撲奏(すまいのそう)　64, 519, 528 →正月註 226/p122・七月註 242/p575/p
相撲司別当(すまいのつかさのべっとう)　462, 682 →九月註 45/p714
相撲所(すまいどころ)　444, 518, 519, 583
相撲の楽(すまいのがく)　446, 520(相撲の音楽), 521, 523, 524, 589, 778
相撲始(すまいはじめ)　517
相撲料(すまいりょう)　512
相撲の定文(すまいのさだめぶみ)　30, 258, 259
相撲使(すまいのつかい)　30, 67, 257, 520 →正月註 266/p130
相撲人(すまいびと)　442, 443, 445, 446, 450, 514, 520, 522, 524, 578, 588, 591, 769
阿波の相撲　529, 578
淡路・阿波・讃岐・伊予の相撲使　520
播磨の相撲人　524
炭(すみ)　78
墨(すみ)　79, 164, 172, 373, 788
住吉(すみよし)官神5　468, 469, 474, 679, 701, 702, 704, 792
住吉社(すみよししゃ)官神5　468, 469, 474 →九月註 3/p706
御住吉詣(おんすみよしもうで)　468
天皇(すめら) →天皇(てんのう)
天皇朝廷(すめらみかど) →天皇(てんのう)
摩直(すりなおす)　347
受領(ずりょう)官地3(国司)　3, 4, 8, 18, 21, 25, 27, 29, 163, 243, 246, 259, 262, 342, 373, 441, 442, 443, 445, 454, 461, 462, 465, 469, 482, 485, 490, 494
受領功過定(ずりょうこうかさだめ) →功過
駿河国(するがのくに)官地3　20, 168, 175, 176
駿河国司(するがのこくし)　20, 168, 175
栖を喫ふ(すをくう)　530
栖を作る(すをつくる)　773
寸心(すんしん)　507, 697

せ

姓(せい・かばね)　7, 27, 62, 69, 71, 492, 582, 586, 601, 774, 817
姓名(せいめい)　27, 582, 586, 817
姓を改め臣と為る者　7, 69, 71
清(せい・きよし)人源8　829
筮(ぜい)　530, 773, 805
筮文(ぜいぶん)　773

筮卜(ぜいぼく)　773
晴陰(せいいん)　3,56,79,332
晴陰不定(せいいんふてい)　3,56,79
成尹(せいいん・なりただ)人藤21　63
晴雨(せいう・はれあめ)　813
聖運(せいうん)　600
済家(せいか・なりいえ)人藤19　484
西華(せいか)場大B4　369,370
栖霞寺(せいかじ)官仏2・場外40　26,168(栖霞),248,466,789 → 二月註77/p199・三月註109/p287
成教(せいきょう・じょうきょう)人僧2　512
済慶(せいけい・さいきょう)人僧2　248
政堯(せいぎょう)人僧2　168,512 →七月註74/p544
政堯師　512
成経(せいけい・なりつね)人源6　66,67,166,170,336,511,598,777 → 八月註228/p654
成高(せいこう・なりたか)人不　247,248
盛光(せいこう・もりみつ)人藤24　253
済算(せいさん・さいさん)人僧2　248
盛算(せいさん・じょうさん)人僧2　248,512 →七月註73/p543
制止(せいし)　175,339
成重(せいじゅう・なりしげ)　63
清書(せいしょ)　334,458,601,604,687,690,691,768,780,817,833,838,840,841 →八月註313/p668
清浄(せいじょう)　241,510
清浄の衣(せいじょうのころも)　241
衣清浄(ころもせいじょう)　510
政職(せいしょく・まさもと)人源4　512 →七月註68/p543
正親(せいしん・まさちか)人他51(秦)　37,56,357,358
斉信(せいしん・ただのぶ)人藤11　56,57,59,74,166,167,169,171,176,262,335,368,369,470,475,501,581,582,584,591,608,684,687,703,705,772,780,785,786,787,802,809,810,813,818,828,838,839,843
成親(せいしん・なりちか)人藤24　529
清慎公(せいしんこう)人藤2　694
清慎公記(せいしんこうき)　63,69,331,458,602,604,682,690,694,788 →正月註200/p116
済政(せいせい・なりまさ)人源5　163,686,792
済政の女(せいせいのむすめ)人源5　75
正説(せいせつ・ただしきせつ)　175
正村(せいそん・まさむら)人不　350
清談(せいだん)　68,69,70,79,513,529,578,592,690,696 →正月註278/p131
成忠(せいちゅう・なりただ)人他44(橘)　348,349
清朝(せいちょう)人僧2　248,581
税帳(ぜいちょう)　372
成通・済通(せいつう・なりみち)人他49(中原)　173,248,249,250,343(済通)
成典・常典(せいてん・じょうてん)人僧1　840
正度(せいど・まさのり・まさつら)人平1　247,696,809,810
斉任(せいにん・ただとう)人他10(大江)　43,46,47,365,451,452,459,493,582,583,585,587,592,597,606 →八月註77/p626・217/p652・334/p671
正輔(せいほ・まさすけ)人平1　10,19,26,27,28,29,41,73,76,77,80,161,162,173,247,249,250,252,253,256,261,343,344,361,463,465,466,467,472,480,484,486,601,609,683,685,687,690,693,696,697,698,699,784,796,809,810,811 →正月註367/p143・二月註8/p182・八月註282/p660・362/p676・九月註98/p724・133/p730・136/p730・229/p743
正方(せいほう・まさかた)人他24(紀)　164,513,528,590
制法(せいほう)　349,697
聖命(せいめい・しょうみょう)人僧1　590
正頼(せいらい・まさより)人不　338
清涼殿(せいりょうでん)場内b3　581
赤色(せきしょく・あかいろ)　244
積貯(せきちょ・つみたくわえ)　240
釈奠(せきてん・しゃくてん)儀二・八　16,449,778 →二月註64/p195・八月註13/p612
施行(せぎょう)　11,28,77,465,683,690

世間(せけん)　595
是守(ぜしゅ・これもり)人不　781
是定(ぜじょう)　239 →三月註4/p264
勢多(せた)官地3(近江)　783
節会(せちえ)　3,5,8,10,56,57,72,439,482,492,518,815,816 →正月註54/p93
節料(せちりょう)　442,513 →七月註87/p547・89/p547
節禄(せちろく)　3,507 →正月註49/p91
　節禄代の革(せちろくだいのかわ)　507 →七月註7/p532
摂政(せっしょう)官公1　691,787
節成(せっせい・ときなり・ふしなり)人不　260
説々(せつせつ)　29
切々(せつせつ)　173
節中(せっちゅう)　81,167
摂津(せっつ)官地3　251,509
　摂津国(せっつのくに)　509
雪風(せっぷう)　330
是非(ぜひ)　61,79,816
施米(せまい)　51,369,460
施物(せもつ)　49,441,453
韉(せん)　170 →二月註100/p204
籤(せん)　347
賤(せん)　585,586
饌(せん)　355,356,362,778,822,834
専一の者(せんいつのもの)　172
前院(ぜんいん) →前院(さきのいん)
千廻恐悦(せんかいきょうえつ)　324
　→恐悦(きょうえつ)
僉議(せんぎ)　250,349,521
詮義(せんぎ)人僧2　179
前記(ぜんき)　528
遷御(せんぎょ・かえりたまう)　827
遷宮(せんぐう)　51,369,370,454,474
宣下(せんげ)　33,59,73,77,79,80,162,174,176,177,179,239,243,247,252,254,371,512,521,527,592,594,596,598,609,691,697,819 →正月註368/p144・八月註192/p648・214/p665
善言(ぜんげん・よしこと・よしとき)人他38(滋野)　14,331
千古(せんこ・ちふる)人藤3　11,79,241,258,259,510,522,577,590,702 →正月註440/p154・七月註171/p564・八月註146/p640
先後(せんご・さきあと)　348,688
前後(ぜんご・さきあと)　250,797,819
　前後相違(ぜんごそうい)　250
先閤(せんこう)　331
宣孝(せんこう・のぶたか)人不　12,327,328
遷座(せんざ)　498,499
宣子(せんし・のぶこ)人皇9　700
宣旨(せんじ)　8,10,18,23,29,31,59,63,67,71,72,74,75,77,166,170,173,174,175,176,179,239,240,243,247,249,253,256,257,258,260,343,366,371,372,373,446,450,458,460,462,463,465,466,467,472,486,503,507,508,509,512,524,526,578,580,582,585,586,587,590,592,593,595,596,598,601,608,609,682,686,688,689,692,695,696,697,698,699,701,703,770,771,775,783,796,814,833,839,841 →正月註116/p102・八月註210/p650・360/p574
　宣旨の草(せんじのそう)　467,696,697
　→勘宣旨(かんせんじ)
善子(ぜんし・よしこ)人他41(菅原)　252,345
前使(ぜんし)　371
善事(ぜんじ・よきこと)　580,693,698
前日(ぜんじつ・さきのひ)　57,166,239,255,260,335,343,365,367,368,512,521,525,698,771,785,790,796,802,813,817,843
選子内親王(せんしないしんのう・のぶこないしんのう)人皇5　15,36,332,355,440,452,453,467,469,471,473,475,479,590,698,699,700,703,704,766,769,775,789,790,791,794,795,798,799,805,827,828,829,830,835,836,837 →八月註144/p639・九月註252/p746・265/p747・328/p760
　→旧院(きゅういん)
千手観音(せんじゅかんのん)　511
旋所(せんしょ)　830
戦場(せんじょう)　250,252,507
宣真(せんしん・のぶざね)人他4(荒木田)

680
善正(ぜんせい・よしまさ)[人]不　257
善政(ぜんせい・よしまさ)[人]藤24　77
善政(ぜんせい)　520
先跡(せんせき)　787
前跡(ぜんせき)　65,71,171 →正月註327/p137
践祚(せんそ)　239
先祖(せんぞ)　607,774
　先祖の跡(せんぞのあと)　607
前帥(ぜんそち・さきのそち)[人]源5　324
前庭(ぜんてい・まえにわ)　322,356,769
前途(ぜんと)　175,590
遷任(せんにん)　765
宣任(せんにん・のぶとう)[人]不　767 →信任
善任(ぜんにん・よしとう)[人]不　698
宣仁門(せんにんもん)[場]内d4　367,814,816
先年(せんねん)　27,76,78,168,170,329,330,349,511,514,520,526,527,584,594,602,691,835
前年(ぜんねん)　320,348,769,774,778,786,800,801,831
前犯(ぜんぱん)　239
千武(せんぶ・ちたけ)[人]他31(内蔵)　64
先符(せんぷ・さきのふ)　370,371
宣輔(せんほ・のぶすけ)[人]他14(大中臣)　348,349,363
宣命(せんみょう)　5,64,65,167,321,322,334,443,455,456,457,458,502,514,515,591,592,595,596,597,598,599,601,602,603,604,605,606,766,768,769,779,780,786,798,808,838,840,841,842 →正月註225/p121・八月註172/p644・229/p653・234/p654・235/p654・237/p654・291/p662・314/p668
　宣命使(せんみょうし)[官]外6　5,65,322,838,842
染料(せんりょう)　512
禅林寺(ぜんりんじ)[官]仏2・[場]外22　508,510,514 →七月註104/p549
先例(せんれい)　64,168,172,320,322,329,332,333,340,342,345,346,347,349,362,365,455,585,586,686,693,699,774,778,781,787,791,796,808,814,818,819,824,826,828,829,835,836
前例(ぜんれい)　69,71,77,80,81,82,161,166,171,174,175,245,247,478,523,586,592,603,694,699,834,837
前霊の跡(ぜんれいのあと)　369
前列(ぜんれつ)　785
仙禄結(せんろくけつ)　591

そ

疏(そ) →弾正(だんじょう)
左右(そう・とこう) →正月註156/p110
　左右の報(そうのほう)　165,509,604,699
喪(そう・も)　13,42,51,329,362,371,488,810,839,843
草(そう)　167,334,458,467,492,516,599,601,603,604,696,697,768,779,798,817,833,838,841 →二月註68/p196
草案(そうあん)　817,833
相違(そうい)　76,176,177,245,247,250,484,587,592,597,606,687,696,809
造意の首(ぞういのしゅ)　371
造印(ぞういん)　178,249
造大垣(ぞうおおがき)　60,249,263
早衙(そうが)　76,342 →正月註392/p147
草鞋(そうかい)　822
僧供(そうぐ)　512,823
雑具(ぞうぐ)　828,834,835
僧家(そうけ)　509
奏下(そうげ・そうしくだす)　770,839
僧綱(そうごう)[官]仏1　482,483,485,502,503,841 →二月註85/p201
　僧綱召(そうごうめし)　502,503
荘厳(そうごん・しょうごん)　701,702
造作(ぞうさ)　41,42,369,370,459,601,608
　造作始(ぞうさはじめ)　601,608
早参(そうざん)　597 →八月註216/p652
相資(そうし・ともすけ)[人]他13(大友)　686
曹司(そうし)　317,817,829,832
掃除(そうじ・そうじょ)　830
造始(ぞうし・つくりはじめ)　683
雑事(ぞうじ)　55,71,80,161,163,251,254,317,323,330,331,332,335,354,363,

368, 373, 451, 496, 511, 517, 518, 520, 527, 529, 584, 592, 594, 596, 693, 704, 774, 777, 780, 785, 793, 795, 811, 819, 827, 829, 830
奏行(そうしおこなう)　767
雑色(ぞうしき)官外2　7, 324, 513, 695 →九月註 191/p740
雑色所(ぞうしきどころ)　513 →七月註 88/p547
奏奉(そうしたてまつる)　793
走失(そうしつ・はしりうしなう)　30
造寺の印(ぞうじのいん)　178
雑舎(ぞうしゃ・ざっしゃ)　512
早出(そうしゅつ・はやで)　481
僧正(そうじょう)官仏1　38, 67, 360, 363, 483, 485, 494, 496, 503, 508, 510, 584, 590, 598, 695, 791, 794, 824, 840, 841, 842
大僧正(だいそうじょう)　67, 483, 508, 510, 590, 791, 794, 840(権大僧正)
権僧正(ごんのそうじょう)　38, 360, 485, 494, 496, 503, 584, 695, 840, 841, 842
怱処の官(そうしょのかん)　349
相親(そうしん・すけちか)人他55(文室)　9, 60, 64, 71, 72, 73, 74, 75, 252, 253, 321, 325, 337(佐親), 344, 586, 606, 682, 774, 783
僧都(そうず)官仏1　248, 508, 509, 510, 516, 526, 584, 800, 801, 805, 824, 840, 842
大僧都(だいそうず)　584, 800, 801, 840
少僧都(しょうそうず)　248
権少僧都(ごんのしょうそうず)　840, 842
相成(そうせい・すけなり・すけしげ)人他69(和気)　56, 65, 527
僧前(そうぜん)　170, 799, 825
怱々(そうそう)　577
葬送(そうそう)　466, 469, 703, 789
造曹司所(ぞうぞうしどころ)官外6　817
僧俗(そうぞく)　362, 363, 369, 824
造大安寺(ぞうだいあんじ)官外6　372, 373
造大安寺長官(ぞうだいあんじちょうかん)官外6　372
贈太政殿下(ぞうだいじょうでんか)　694
奏達(そうたつ)　58, 172
宗為るの司々(そうたるのつかさづかさ)　255
早旦(そうたん)　81, 169, 241, 247, 258, 259, 262, 339, 368, 519, 526, 578, 701, 771, 774, 788, 789, 790, 795, 820, 821, 831, 833 →正月註 458/p158
早朝(そうちょう)　57, 79, 162, 171, 174, 244, 257, 510, 517, 518, 521, 526, 528, 585, 598, 602, 684, 688
相通(そうつう・すけみち)人藤24　450, 452, 455, 456, 457, 458, 508, 579, 580, 582, 583, 585, 586, 593, 595, 596, 598, 599, 600, 697, 771, 772, 774, 775, 776 →八月註 38/p616・105/p631・113/p633・137/p638・179/p646・190/p648
造塔の行事(ぞうとうのぎょうじ) →興福寺(こうふくじ)
相南(そうなん)　258
僧尼(そうに)　780
雑人(ぞうにん)　339, 579, 834
奏案(そうのあん) →案(あん)
相博(そうはく)　482, 686 →九月註 75/p720
相博田(そうはくのた)　482
造八省(ぞうはっしょう)　20, 33, 34, 173, 174, 176, 177, 481, 608, 683, 684, 685
造八省行事所官外6　173, 176, 683, 684 →二月註 140/p214・八月註 351/p674・九月註 50/p715
造八省所　177, 608
造八省・豊楽院の事を行なふ所　685
造不老門(ぞうふろうもん)　263
造豊楽(ぞうぶらく)　52, 477, 801
造豊楽院垣料　477
造豊楽院料　801
早晩(そうばん)　64, 67, 701
奏文(そうぶん)　33, 326, 353, 523, 578, 601, 807, 818
奏案(そうあん)　516, 837 →七月註 129/p555
相奉(そうほう・すけとも)人源3　247
奏報(そうほう)　247 →三月註 97/p285
僧房(そうぼう)　823
雑米(ぞうまい)　819
走馬(そうめ・はしりうま)　256, 257, 454, 455, 778, 780
僧名(そうめい・そうみょう)　15, 170,

333,345,581,806
僧名定(そうめいさだめ)　15,581
僧名定文　581
僧侶入滅　494
僧位記(そういき) →位記(いき)
送物(そうもつ・おくりもの)　826,831
雑物(ぞうもつ)　70,168,170,472,519,580,684,796
奏聞(そうもん)　61,63,68,69,71,173,252,261,345,354,368,507,508,512,513,525,581,591,592,602,608,681,687,703
雑用(ぞうよう)　839
惣礼(そうらい)　824
奏覧(そうらん)　64,350,353,688,779,816
造立(ぞうりゅう)　579
相論(そうろん・あいろんず)　41,175,357,482,494,515
副下(そえくだす)　609
副進(そえたてまつる)　247,256,686
副遣(そえつかわす)　59
副荷の者(そえにのもの)　175 →二月註153/p218
副持(そえもつ)　366
疎遠(そえん)　515,521
疎遠の愚翁(そえんのぐおう)　521
宗我部(そがべ)[人]他42　686
則義(そくぎ・のりよし)[人]平2　479,805
則経(そくけい・のりつね)[人]他59(壬生)　263
息災(そくさい)　78,510,679,704,705 →九月註9/p708
則政(そくせい・のりまさ)[人]他5(伊岐)　773,842
束帯(そくたい)　779,783,840
賊の露顕(ぞくのろけん)　587
則理(そくり・のりまさ)[人]源6　242,372,692
租舂(そしょう)　819
蘇生(そせい)　580
帥(そち)[官]地2(大宰府)　324,588,594
卒去(そっきょ)　349,681
卒する者(そっするもの)　681
率爾(そつじ)　790
外座(そとのざ)　64,317,321,332,344,798,807,814
備の料(そなえのりょう)　690 →九月註141/p732
園韓神祭(そのからかみのまつり)[儀]二・十一　491
其の仁(そのひと)　518
祖母(そぼ)[人]源8　348
杣(そま)　4,57 →正月註73/p95
杣採始(そまとりはじめ)　4
染調(そめととのえ)　589
染殿式部卿室(そめどのしきぶきょうのしつ)　44
疎略(そりゃく)　772
尊星王供(そんしょうのうぐ)　508,704 →七月註17/p534・九月註329/p760
尊勝法(そんしょうほう)　241 →三月註27/p272
尊勝修法(そんしょうしゅぼう)　251
損色使(そんしょくし)　486
尊堂(そんどう)　178 →二月註201/p228
損破(そんぱ・そこないやぶる)　260,486,810
損亡(そんぼう)　810
損乱(そんらん・そこないみだる)　324

た

台(だい) →弾正(だんじょう)
大安寺(だいあんじ)[官]仏2　16,168,170,372,373 →二月註80/p199
大雨(たいう・おおあめ)　517,524,580,582,595,597,603,772
大雨雷電(たいうでんらい)　597,772
大学(だいがく)[官]省2・[場]京左F18　172,333,334,491
大学寮(だいがくりょう・おおつかさ)　333,334
大学助(だいがくのすけ)[官]省2　172
寮允(りょうのじょう)　334
都堂(とどう)　333
廟(びょう)　333
廟門(びょうもん)　333
大過失(だいかしつ)　798
大禍日(たいかにち)　702 →九月註304/p754
代官(だいかん)　15,56,64,65,166,321,356,826,834

大官(だいかん)[官]太1　801
退帰(たいき・しりぞきかえる)　60,64,65,161,797
大吉(だいきち)　339
退去(たいきょ・しりぞきさる)　253,353,366,766,769,775,779,842
退居(たいきょ・しりぞきおる)　326
大饗(だいきょう)[儀]正　3,4,56,57,318
中宮大饗(ちゅうぐうだいきょう)　318
二宮大饗(にくうだいきょう・にぐうたいきょう)[儀]正　3,4,56,57 →正月註68/p95
退下(たいげ・しりぞきおる)　55,62,64,65,68,76,246,368,694
大外記(だいげき) →外記(げき)
大監物(だいけんもつ)[官]省1　358,772,836
待賢門(たいけんもん)[場]大E3　339,580,586,605,686
大誤(たいご・おおいにあやまる)　688
太閤(たいこう)[官]公1　353,367,770,787
大極殿(だいごくでん)[場]大C3　21,338,457,494,495,581,598,781,823,825
大極殿百高座(だいごくでんひゃくこうざ)　457,581,598 →八月註62/p622・220/p652
醍醐天皇(だいごてんのう)[人]皇4　832
対座(たいざ・ついのざ)　340
大属(だいさかん)　263,803
→陰陽(おんよう)
→中宮(ちゅうぐう)
退私(たいし・わたくしにしりぞく)　687
大史(だいし) →史(し)
大事(だいじ)　349,698,701,772,773
大失(だいしつ)　583
大赦(たいしゃ)　492
題者の博士(だいじゃのはかせ)　334
大腫(だいしゅ・おおはれ)　697
退出(たいしゅつ・しりぞきいづ)　56,57,59,60,62,64,65,66,68,69,70,74,76,245,246,251,252,258,317,318,320,322,323,324,326,327,329,331,334,335,337,338,339,340,342,343,344,345,346,351,353,354,356,361,362,363,365,367,368,369,372,373,467,472,473,510,518,526,586,587,599,685,687,694,700,765,766,767,769,770,772,773,775,777,778,780,785,786,788,791,792,793,795,798,799,800,802,803,804,805,806,807,808,811,812,814,815,816,817,818,819,820,821,822,824,829,830,831,832,833,834,836,837,838,840,841,842,843
大書(たいしょ)　337
大将(たいしょう)[官]衛1　59,76
左大将(さだいしょう)　59
左将軍(さしょうぐん)　75
大将の労　76
怠状(たいじょう・おこたりぶみ)　32,162 →二月註21/p185
大丞(だいじょう) →式部(しきぶ)
大丞(だいじょう)[官]太2　244,251,356(左大丞),369(左大丞),372,521(両大丞),589(左右大丞),687,809 →三月註56/p278
→弁官
大進(だいじょう) →中宮(ちゅうぐう)
→春宮(とうぐう)
大嘗会(だいじょうえ)　832
太政官庁(だいじょうかんちょう)[場]大D4　339,776
大相国(だいしょうこく)[官]公2　511,774 →九月註151/p733
前太相国(さきのだいしょうこく)[人]藤6　691
太上天皇(だいじょうてんのう・だじょうてんのう)　239
大食(たいしょく・おおぐい)　16,166
大織冠(たいしょくかん)[人]藤1　774
大臣(だいじん)[官]公2　18,27,38,45,46,55,56,59,60,61,62,64,65,168,170,171,172,242,257,258,262,319,321,330,331,332,333,335,345,366,468,476,481,513,578,683,687,688,694,785,791,799,807,809,811,819
一位の大臣(いちいのだいじん)　345
二位の大臣(にいのだいじん)　345
左大臣(さだいじん)　38,45,56,59,61,62,65,468,476,694
右大臣(うだいじん)　683,694,785,791,819
内大臣(ないだいじん)　18,55,56,59,

60, 61, 62, 64, 65, 168, 170, 171, 172, 242, 257, 258, 262, 468, 513, 578, 687, 688, 785
→相府(しょうふ)
→右大臣源卿
→西宮大臣(にしのみやだいじん)
大神宮司(だいじんぐうし)官神 4　19, 337, 689
伊勢大神宮司(いせだいじんぐうし)　337 →七月註 16/p534
大膳(だいぜん・おおかしわで)　356, 609, 698, 699, 803, 823
大膳職(だいぜんしき)官省 8・場大 E4　609, 699
大膳進(だいぜんのじょう)　698
大膳属(だいぜんのさかん)　356
大膳職・主税寮の奏　699 →八月註 360/p675・九月註 255/p746
大僧正(だいそうじょう) →僧正(そうじょう)
大僧都(だいそうず) →僧都(そうず)
大宋の商客(だいそうのしょうきゃく)人他 37　248
大宋屛風(だいそうのびょうぶ)　768
泰通(たいつう・やすみち)人藤 15　59, 318
大唐(だいとう)　58 →正月註 101/p99
大刀契(だいとけい)　822
大内記(だいないき) →内記(ないき)
大納言(だいなごん)官公 3　56, 57, 59, 61, 62, 65, 74, 162, 167, 169, 171, 172, 174, 179, 244, 245, 251, 262, 331, 334, 335, 337, 338, 339, 340, 341, 367, 524, 584, 591, 686, 687, 694, 700, 702, 767, 772, 774, 779, 785, 801, 803, 811, 819
権大納言(ごんだいなごん)　171, 179, 244, 334, 337, 338, 339, 340, 341, 367, 686, 767, 772, 785, 803, 811, 819
→故按察大納言(こあぜちだいなごん)
→入道大納言(にゅうどうだいなごん)
大月(だいのつき)　517
大博士(だいはかせ)官省 2(明経道)　577, 578 →八月註 14/p613
台盤(だいばん)　68, 705, 815
台盤所(だいばんどころ)場内 b3　68, 705 →正月註 277/p131
大盤(だいばん) →大盤(おおばん)
大盤所(だいばんどころ)　831
大般若(だいはんにゃ)　3, 55, 240, 507, 514, 704, 801 →正月註 3/p83
大般若経(だいはんにゃきょう)　514 →正月註 2/p83
大般若読経　3, 55, 240, 507, 704
大般若読経始　3, 55, 507, 704
大病(たいびょう)　694
大夫(だいぶ) →楽前大夫(がくぜんのだいぶ)
→修理大夫(しゅりだいぶ)
→春宮大夫(とうぐうだいぶ)
→中宮権大夫(ちゅうぐうごんのだいぶ)
大風雨(だいふうう) →風雨(ふうう)
大副(だいふく) →神祇(じんぎ)
大弁(だいべん) →弁官(べんかん)
大菩薩(だいぼさつ)　57
松焼火(たいまつ)　340
対面(たいめん)　510, 695
対問(たいもん)　592, 597, 606 →八月註 167/p643
代厄祭(だいやくさい)　584 →八月註 96/p630
大雷雨(だいらいう)　524
大雷大雨(だいらいたいう)　524
平朝臣(たいらのあそん)人平 2　63, 700, 805
内裏(だいり)場内　33, 34, 42, 446, 452, 477, 520, 522, 524, 587, 598, 704, 818, 832
大略(たいりゃく)　161, 163, 164, 166, 248, 252, 325, 372, 517, 523, 604, 690, 697, 774, 807, 818
大粮(たいろう)　481, 509, 807, 843 →七月註 36/p537
大粮文(たいろうのふみ)　481, 807
倒臥(たおれふす)　799
拏攫(だかく)　515, 583 →七月註 115/p553・八月註 79/p626
高倉(たかくら)場平左ア　339
高階(たかしな)人他 43　76, 78, 172, 798
高坏(たかつき・たかすき)　778, 779, 833
高坏物(たかつきのもの)　779
高天原(たかまのはら・たかまがはら)　599
宝の小倉(たからのしょうそう)　579 →八

月註 39/p616
瀧口陣(たきぐちのじん)[官]外 2・[場]内 b2
804, 821
宅(たく) 31, 34, 77, 167, 257, 258, 259, 260, 317, 328, 337, 340, 345, 355, 450, 497, 499, 511, 515, 516, 522, 530, 577, 578, 590, 680, 685, 766, 771, 780, 785, 791, 803, 805, 807, 818, 819, 820, 821, 826, 827, 829, 832, 843
宅内(たくない) 450, 771
宅主(たくしゅ) 515, 516, 842
→帰宅(きたく)
→小宅(しょうたく)
→自宅(じたく)
→西宅(にしたく)
→南宅(みなみのたく)
→一条宅(いちじょうたく)
→安行宅(あんこうたく)
→章任の桂宅(しょうにんのかつらたく)
→頼行宅(らいこうたく)
託宣(たくせん) 439, 449, 450, 452, 456, 457, 458, 461, 475, 476, 477, 480, 481, 483, 508, 579, 580, 581, 582, 590, 594, 595, 596, 597, 598, 600, 603, 605, 606, 679, 680, 771, 772, 776 →七月註 16/p533・八月註 70/p623・191/p648・194/p649・196/p649・304/p667・九月註 10/p708
御託宣(ごたくせん) 439, 450, 456, 457, 579, 580, 596, 776 →八月註 37/p615
内匠寮(たくみりょう・うちのたくみのつかさ)[官]省 1・[場]大 A3 827, 828
内匠寮式(たくみりょうしき) 827
竹馬(たけうま) 167
他見(たけん) 335
他行(たこう) 468, 703, 789, 805, 817
他国(たこく) 175, 177, 463, 695
大宰(だざい)[官]地 2 18, 20, 27, 51, 173, 176, 369, 370, 518, 525, 530, 591, 773
大宰府(だざいふ) 18, 20, 51, 173, 176, 369, 370, 518, 530, 773
都督(ととく) 72, 507
大宰大監(だざいのだいげん) 27
大宰并びに二ヶ国 369
前大宰大弐(さきのだざいのだいに)[人]藤 15 27
前大弐(さきのだいに) 72, 74, 239, 246, 317, 325
前都督(さきのととく)[人]藤 15 62
多事(たじ) 69 →正月註 298/p134
他事(たじ・ほかのこと) 170, 243, 346, 489, 580, 680
但馬(たじま) 242, 262, 372, 692
但馬守(たじまのかみ)[官]地 3 242, 372, 692
他処(たしょ・よそ) 179
他所の道(たしょのみち・よそのみち) 175
尋案(たずねあんず) 330
尋出(たずねいだす) 582
尋得(たずねう) 164, 257, 258, 577
尋行(たずねおこなう) 349, 365, 810, 828
尋憶(たずねおもう) 239
尋勘(たずねかんがう) 517, 586, 699, 841
尋聞(たずねきく) 511, 831
尋検(たずねけんず) 82
尋捜(たずねさがす) 600
尋進(たずねたてまつる) 516
尋問(たずねとう) →尋問(じんもん)
尋捕(たずねとらう) 258, 703
尋取(たずねとる) 593, 597
尋見(たずねみる) 71, 82, 365, 517, 787
尋申(たずねもうす) 74, 577
尋求(たずねもとむ) 164, 805
尋遣(たずねやる・たずねつかわす) 595, 681
黄昏(たそがれ・こうこん) 57, 58, 65, 75, 164 →正月註 67/p95
多々(たた) 251, 596, 679
立合の相撲(たたあわせのすまい) →相撲(すまい)
湛来(たたえきたる) 580
畳(たたみ) 60, 605, 606, 768, 775, 779, 802, 819, 834
紫端畳(むらさきべりのたたみ) 60, 802 →正月註 121/p103
高麗端畳(こうらいべりのたたみ) 779, 802(高麗)
→半畳(はんじょう)
祟(たたり) 466, 509, 599, 600, 601, 603, 700, 703, 789

御祟(おんたたり)　600,603 →八月註305/p667
事祟(ことのたたり)　603
→霊気の祟(れいきのたたり)
立聞きの輩(たちぎきのやから)　581
立定(たちさだまる)　64,246,318,341,814
立野(たちの)官地3(武蔵)　459,607
→立野の御馬(たちののおんうま)
帯刀(たちはき・たてわき)官家1　76,318,319
帯刀長(たちはきのおさ)　76
橘(たちばな)人他44　348
忽(たちまち)→忽(にわかに)
立向(たちむかう)　605
立過(たちよぎる)　695
龍田(たつた)官神5　33,439,440,515,765 →七月註108/p550
巽乾(たつみいぬい)　768
巽方の大神(たつみのかたのおおかみ)　601,603
巽方の神社(たつみのかたのじんじゃ)　608
立明者(たてあかしのもの)　779
蓼倉尼寺(たでくらにじ)官仏2・場外14　508 →七月註20/p535
立蔀(たてじとみ)　251 →三月註131/p292
進伝(たてまつりつたう)　61
喩ふべき事(たとうべきこと)　579
仮令(たとえ)　244
棚(たな)→御棚(おんたな)
他人(たにん・ほかのひと)　173,176,248,325,482,682,687,772,790,815
他念(たねん)　579
玉串大内人(たまぐしおおうちんど)→大内人
大夫(たゆう・たいふ)　71,338,344,355,594,774,776,786,843 →正月註36/p89
大夫外記(たゆうのげき)官太1(外記)　71,344,594,776,786 →正月註333/p138・八月註184/p647
大夫史(たゆうのし)官太2(史)　338,355,594,774,843 →八月註184/p647
→五位(ごい)
→諸大夫(しょだいぶ)
垂木(たるき)　255 →三月註175/p300
段(たん)　59,340,513,514,687,821 →正月註115/p101・九月註93/p723
壇(だん)　64,174,322,335,336,337,338,351,367,582,589,598,606,773,776,798,813,814,816,823(龍尾壇),824
壇上(だんじょう)　64,174,322,336,337,338,351,367,582,773,776,798,813,814,816,824
壇供(だんぐ)　589
短冊(たんざく)　347
短尺(たんざく)　347,772
短紙(たんし)　162,826 →二月註22/p185
談申(だんじもうす)　680
丹州(たんしゅう)→丹波(たんば)
弾正(だんじょう)官台・場大B5　43,46,47,77,365,451,452,459,493,578,582,585,587,592,597,825
弾正台(だんじょうだい・ただすつかさ)　365,587,592
台(だい)　46,365,366,587,592
弾正少弼(だんじょうのしょうひつ)　578,582
弾正忠(だんじょうのちゅう)　43,46,47,365,451,452,459,493,585,587,597
弾正少忠(だんじょうのしょうちゅう)　77
疏(そ)　583
談天門(だんてんもん)場大A4　177 →二月註182/p222
堪能の身(たんのうのみ)　330
丹波(たんば)官地3　172,258,499,507,520,695,765,818,827,829
丹波国(たんばのくに)　258,695
丹州(たんしゅう)　695
丹波守(たんばのかみ)　172,499,818,827,829
丹波の封の解文　520 →七月註152/p559
耽羅嶋(たんらとう・とんらとう・たむらとう)　18,20,21,173,177 →二月註134/p213
耽羅嶋人・耽羅嶋の人　18,20,21,173
短慮(たんりょ)　600
談話(だんわ)　507

ち

血(ち)　516,519
治安(ちあん)　514,767
遅引(ちいん)　703,798
近来(ちかごろ・きんらい)　330,349,582,601,769,790,837
近々(ちかじか・きんきん)　770
千木(ちぎ)　599
遅給(ちきゅう)　686 →九月註78/p721
知行(ちぎょう)　67
筑後(ちくご)　253,369
筑後守(ちくごのかみ)官地3　253
築進(ちくしん・きずきたてまつる)　177
筑前(ちくぜん)官地3　369
築造(ちくぞう)　690
逐電(ちくでん)　161 →二月註6/p182
致経(ちけい・むねつね)人平1　10,26,27,29,31,41,76,77,161,162,247,249,250,252,256,260,261,263,343,344,361,463,465,466,467,472,480,484,485,486,601,609,683,685,687,690,693,696,697,699,784,785,796,809,810,811 → 八月註282/p660・362/p676・九月註133/p730
知家事(ちけじ)官家4　834
知見(ちけん・しりみる)　252
致光(ちこう・むねみつ)人不　55
致行(ちこう・むねゆき)人藤24　163
致孝(ちこう・むねたか)人藤24　166,257,258,529 →二月註57/p193
致孝の従者　258
致孝の従僕　257
遅参(ちさん)　8,9,10,25,72,73,335,339,341,355,362,785,790 → 正月註357/p141
地湿(ちしめる)　318
致俊(ちしゅん・むねとし)人他12(大鹿)　261
智照・智昭(ちしょう)人僧2　240,248,249,508,690
智照師　249
地上(ちじょう)　57,82,161,174,176,596 →正月註60/p94
致親(ちしん・むねちか)人源3　583,609
遅速(ちそく・おそいはやい)　691
知足院(ちそくいん)官仏2・場外8　511 →七月註60/p541
父(ちち)　29,51,173,174,176,349,371,509,522
父母(ふぼ)　51
→厳父(げんぷ)
→養父(ようふ)
遅々(ちち)　579
蟄籠(ちつろう)　609
知貞(ちてい・ともさだ)人他24(紀)　63,262,443,514,515,584
致度(ちど・むねのり)人不　251
治湯(ちとう)　325
知道(ちどう・ともみち)人源4　67,262,510,511,529(知通),680 → 七月註48/p539
致方(ちほう・むねかた)人平2　249
御着(ちゃくぎょ・つきたまう)　465,477,478,803
着座(ちゃくざ)　21,22,29,36,55,58,61,176,178,179,244,245,246,251,317,318,322,323,326,332,334,338,341,345,346,353,355,362,369,473,503,522,581,586,592,594,598,686,773,775,776,778,779,780,790,795,797,806,807,815,824,833,834,842 →二月註209/p231
着坐(ちゃくざ)　166
着到殿(ちゃくとうでん)　356
着袴(ちゃっこ)　22,179,465,477,478,787,802 →二月註203/p230
御着袴(ごちゃっこ・おんはかまぎ)　465,477,478,787,802
御袴着(おんはかまぎ)　440,766
着行(ちゃっこう)　69,356,704,794
中尹(ちゅういん・なかただ)人藤21　177
中科(ちゅうか)　797
中間(ちゅうかん)　248
冲襟(ちゅうきん)　600 →八月註251/p657
中宮(ちゅうぐう)官家2　44,58,68,318,323,344,349,466,470,485,486,502,586,685,692,703,705,788,793,797,799,805,808,809,811,813,816,820,821,829,832,833,835,836,838,839,840,843
大夫(だいぶ)　787,802

宮大夫(みやのだいぶ)　818
中宮権大夫(ちゅうぐうごんのだいぶ)　58,344,349,466,703,788,797,805,808,813,816,820,829,833,835,836,838,839
大進(だいしん・だいじょう)　802,803
少進(しょうしん・しょうじょう)　802
中宮属(ちゅうぐうのさかん)　829
中宮庁(ちゅうぐうちょう)　821
中宮大饗(ちゅうぐうだいきょう)→大饗(だいきょう)
忠高(ちゅうこう)人僧2　240,248,507,508
忠国(ちゅうこく・ただくに)人藤24　166
注載(ちゅうさい・しるしのす)　603
忠子(ちゅうし・ただこ)人藤19　252
中使(ちゅうし)官外6　577,703,793 →八月註12/p612・九月註324/p756
忠重(ちゅうじゅう・ただしげ)人源3　20,168,175
注出(ちゅうしゅつ・しるしいだす)　774
抽叙(ちゅうじょ)　606 →八月註339/p672
抽賞(ちゅうしょう)　604,605,800 →八月註315/p668
中将(ちゅうじょう)官衛1　24,30,56,57,58,59,64,67,68,69,70,72,73,74,75,77,78,80,81,162,164,165,166,169,171,172,180,239,241,242,243,248,255,257,258,259,263,319,322,325,326,337,348,349,357,358,363,439,440,441,446,447,448,453,454,468,488,507,508,509,512,513,514,518,519,520,521,522,523,525,526,527,528,529,578,584,588,589,592,594,603,604,605,610,680,684,685,695,701,702,704,705,767,769,771,777,779,783,784,797,800,803,804,807,815,820,822,823,830,833,840,841,842 →八月註193/p648・278/p749
左中将(さちゅうじょう)　326,358,767,779
右中将(うちゅうじょう)　58,319,337,684,685,767,797
中将の乳母　513
中将の母堂　588,594 →八月註187/p648
→頭中将(とうのちゅうじょう)
→蔵人頭右中将(くろうどのとううちゅうじょう)
→宰相中将(さいしょうちゅうじょう)
→三位中将(さんみのちゅうじょう)
忠常(ちゅうじょう・ただつね)人平1　37,38,43,47,48,49,51,240,360,366,367,368,370,371,439,440,507,697,765 →三月註15/p270・九月註224/p743
注進(ちゅうしん)　74,80,254,261,263,462,472,486,513,582,586,588,603,604,609,681,687,784,785,796 →正月註369/p144
注進文(ちゅうしんもん)　462,784
注申(ちゅうしん・しるしもうす)　9,35,254,604
中心(ちゅうしん)　331,332,368,372,605 →八月註316/p669
中聖師(ちゅうせいし・ちゅうしょうし)人僧2　514
忠節(ちゅうせつ)　705
忠節(ちゅうせつ・ただとき)人他52(張)　367,368
仲節(ちゅうせつ・なかとき)人他19(小槻)　5,63
注送(ちゅうそう)　63,72,596,684 →正月註192/p115
忠貞(ちゅうてい・ただささだ)人他41(菅原)　595,597,599
仲冬(ちゅうとう・なかのふゆ)　489,817
中堂(ちゅうどう)→延暦寺(えんりゃくじ)
中納言(ちゅうなごん)官公3　10,16,22,24,55,56,57,58,59,60,61,62,64,65,66,67,68,69,71,74,76,79,81,161,162,163,165,167,169,170,171,172,174,176,178,179,180,241,242,243,244,245,246,247,248,251,252,254,255,256,257,261,262,263,320,323,325,326,327,333,336,342,344,346,349,355,362,363,365,369,370,372,467,469,472,486,488,507,510,511,514,521,523,528,530,578,580,581,584,586,587,589,590,591,593,594,596,598,599,602,607,608,610,679,680,682,683,685,686,687,689,691,694,698,699,702,703,704,705,765,766,770,772,777,779,780,785,789,791,795,797,798,799,806,

809, 810, 811, 813, 817, 819, 826, 840, 841
権中納言(ごんちゅうなごん)　79, 163, 179, 369, 704, 765, 791, 797, 809, 813, 819
前中納言(さきのちゅうなごん)[人]藤7　486, 810
新中納言(しんちゅうなごん)[人]藤2　171, 333, 342, 348, 349, 362, 363, 369, 370, 371, 372
中納言の家　22, 179
中納言の息童[人]藤3　248, 255
→侍従中納言(じじゅうちゅうなごん)
→藤中納言・藤納言
抽任(ちゅうにん)　372
注付(ちゅうふ)　76, 248, 325
中部(ちゅうぶ)　786
忠平(ちゅうへい・ただひら)[人]藤1　602, 690, 691, 787, 788 →七月註192/p567
中弁(ちゅうべん) →弁官(べんかん)
忠望王(ちゅうぼうおう・ただもちおう)[人]平2　682
忠明(ちゅうめい・ただあき)[人]他45(丹波)　56, 578
中門(ちゅうもん)　59, 318, 834
昼夜(ちゅうや)　822
忠雄(ちゅうゆう・ただお)[人]他70(度会)　681
中流(ちゅうる)　586 →八月註110/p632・九月註261/p747
忠連(ちゅうれん・ただつら)[人]他4(荒木田)　681
帖(ちょう)　70, 248, 516, 690, 796, 832, 834
長案(ちょうあん)　683, 684 →九月註55/p717
朝衣(ちょうい)　170 →二月註100/p204
朝威(ちょうい)　507
超越(ちょうえつ)　62
朝円(ちょうえん)[人]僧2　508
庁屋(ちょうおく)　442, 767
朝恩(ちょうおん)　507
調楽(ちょうがく)　484
朝覲行幸(ちょうきんぎょうこう)[儀]正　4, 503, 842 →正月註53/p93
→行幸(ぎょうこう)
長家(ちょうけ・ながいえ)[人]藤5　56, 57, 59, 61, 62, 65, 167, 169, 171, 172, 179, 244, 245, 262, 334, 337, 338, 339, 340, 341, 349, 367, 524, 687, 702, 767, 772, 785, 803, 811, 819
長経(ちょうけい・ながつね)[人]源6　177, 372, 607 →八月註347/p673
長絹(ちょうけん) →絹(きぬ)
長元(ちょうげん)　13, 74, 162, 601, 819 →三月註29/p272
朝源・朝元(ちょうげん)[人]僧1　508
朝講(ちょうこう) →朝講(あさこう)
逃散(ちょうさん)　240 →三月註14/p269
銚子(ちょうし)　684 →九月註59/p718
超子(ちょうし・とおこ)[人]藤4　832→正月註432/p153
→宇治三所(うじさんしょ)
停止(ちょうじ・ていし)　25, 70, 74, 243, 244, 370, 446, 464, 472, 523, 524, 786, 824, 830
長時(ちょうじ・ながとき)[人]他61(三宅)　261, 263
長日(ちょうじつ)　698
朝寿(ちょうじゅ)[人]僧2　179
聴衆(ちょうしゅう)　359
重畳(ちょうじょう)　78, 601
長上(ちょうじょう)　683 →九月註57/p718
長送使(ちょうそうし)[官]衛2　774
庁中(ちょうちゅう)　797
調度(ちょうど)　465, 508, 609, 687, 690, 784, 785, 802, 803, 809, 811
調度文書(ちょうどのもんじょ)　465, 508, 609, 687, 690, 784, 785, 809, 811 →九月註101/p724
庁頭(ちょうとう)　256 →三月註187/p302
朝任(ちょうにん・あさとう)[人]源5　56, 57, 59, 62, 167, 171, 172, 248, 250, 343, 348, 361, 366, 369, 515, 516, 526, 529, 584, 586, 587, 608, 682, 683, 685, 687, 702, 772, 777, 784, 793, 809, 813, 817, 820, 835, 836, 838
重任(ちょうにん)　51, 240, 369, 370 →三月註13/p269
停任(ちょうにん・ていにん)　257, 586, 587, 775 →三月註196/p304

調布(ちょうふ)　834
長保(ちょうほう)[人]僧1　840
長保三年記(ちょうほうさんねんき)　823
　長保三年三月九日の会の日　825
調物(ちょうもつ・みつぎもの)　175
聴聞(ちょうもん)　180,263,529,610,705
　聴聞の人々　610,705
調庸使(ちょうようし)[官]地3　16,20,168,175 →二月註83/p201
庁覧内文(ちょうらんのうちぶみ) →内文(うちぶみ)
勅(ちょく・みことのり)　8,60,65,68,173,174,179,247,248,250,254,261,317,319,322,323,325,333,336,358,359,361,440,450,455,458,460,461,462,463,469,483,492,499,500,509,516,518,524,525,529,577,578,582,585,586,591,598,680,681,683,686,771,772,774,781,782,786,789,804,810,814,819,833,835 →正月註127/p104
　勅断(ちょくだん)　173,174
　勅命(ちょくめい)　65,261,518,524,586
　勅を伝(ちょくをつたう)　60,68,179,247,254,509,516,578,582,598,686,772
　勅語(ちょくご)　250,254,582
　勅定(ちょくじょう・ちょくてい)　261,361,518,586,810,819
　勅召(ちょくのめし)　323,325,336
　勅書(ちょくしょ)　500
　勅答(ちょくとう)　483
　勅勘(ちょっかん)　8
勅使(ちょくし)[官]外6　248,322,358,455,458,460,461,463,469,509,585,591,680,681,686,781,782,833
勅旨田(ちょくしでん)　463,686 →九月註74/p720
勅封(ちょくふう)　440,450,509,771
　勅封の倉(ちょくふうのくら)　440,450
　勅封の御蔵・勅封の御倉　450,509,771
直法(ちょくほう)　179 →二月註212/p232
直方(ちょくほう・なおかた)[人]平1　371,697
佇立(ちょりつ)　55,161,776 →正月註18/p86
遅来(ちらい・おくれきたる)　588
智慮(ちりょ)　593
陳孝(ちんこう・のぶたか)[人]藤24　247
鎮西(ちんぜい)　62,348
珍重(ちんちょう)　811

つ

築垣(ついがき)　177,691 →九月註156/p734
衝重(ついがさね)　58,319,320,803,829 →正月註89/p98
追討(ついとう)　44,48,49,50,52,240,370,371,439,507,518,697
　追討使(ついとうし)[官]外6　47,51,697 →九月註225/p743
　追討の符(ついとうのふ)　518
追儺(ついな)[儀]十二　503
追捕(ついぶ・ついほ)　23,27,168,176,239,240,247,252,332,344,455 →二月註75/p198
　追捕の宣旨　240
通雅(つうが・みちまさ)[人]他70(度会)　681
通基(つうき・みちもと)[人]藤5　179
通達の人(つうたつのひと)　683
通任(つうにん・みちとう)[人]藤12　56,57,59,60,65,171,244,246,247,319,322,342,813
通能(つうのう・みちよし)[人]不　166
使々(つかいづかい)　242,334,510,515,768,769,779,780,832
使部(つかいべ・しぶ)[官]太2　25,242,339,340,341,457,510,593,594,595,772,813,814 →三月註42/p275・八月註180/p646
仕始(つかまつりはじむ)　831
遣仰(つかわしおおす)　73,344,582
差副(つかわしそう)　244
遣問(つかわしとう)　324,781
遣取(つかわしとる)　368
遣召(つかわしめす)　321,600,688,699,818
遣催(つかわしもよおす)　339
続紙(つぎがみ)　61,68,693,788 →正月註150/p109
鴨頭草移(つきくさのうつし)　516 →七月

註128/p555
月来(つきごろ) 768,790
次々(つぎつぎ) 579,581,704,769
次々に出で給ふの皇 579
月次(つきなみ) 49,498
月次祭(つきなみさい・つきなみのまつり)儀六 49
継料(つぎはかる) 607 →八月註344/p672
続文(つぎぶみ) 526,592,601,609,691 →八月註166/p642・281/p660・九月註155/p734
作物所(つくもどころ・さくもつしょ)官外6・場内a5 693 →九月註180/p738
告送(つげおくる) 57,244,580
告申(つげもうす) 178,501,838
対馬守(つしまのかみ)官地3 320
伝承(つたえうけたまわる) →伝承(でんしょう)
伝仰(つたえおおす) 73,76,162,174,252,263,513,519,577,598,599,603,604,605,606,682,685,696
伝聞(つたえきく・でんぶん) 74,169,253,324,772,773,791,794,795,805,820,828,836,838,843
伝下(つたえくだす) 77,688
伝示(つたえしめす) 68,173,176,254,330,332,529,590,689
伝知(つたえしる) 74
伝進(つたえたてまつる) 73,173,479,519,529
伝給(つたえたまう) 65,587,597
伝談(つたえだんず) 679
伝取(つたえとる) 58,73
伝宣(つたえのる・でんせん) 595,697 →九月註226/p743
伝召(つたえめす) 323
伝申(つたえもうす) 246,263,582,688
慎恐(つつしみおそる・つつしみかしこむ) 679
慎御(つつしみたまう) 603
裹備(つつみそなう) 808
堤の乞者(つつみのこつじゃ) 690
裹別(つつみわく) 831
恒の如(つねのごとし) 246,580
常の如(つねのごとし) 55,61,65,245,248,317,330,336,341,346,353,363,365,581,767,770,798,801,821,822,826
募物(つのりもの) 797
具に候(つぶさにさぶらう) 251
壺(つぼ) 516
壺(つぼね) 323
爪記(つまじるし) 343 →三月註142/p295
爪験(つまじるし) 682 →九月註38/p713
罪の咎(つみのとが) 796
倩(つらつら) 518,791
弦袋(つるぶくろ) 684
兵司(つわもののつかさ)官省5 64,65 →正月註217/p120

て

手足(てあし) 329
手洗榱(てあらいのはんぞう) 819
貞安(ていあん・さだやす)人他53(播磨) 260,358
帝王(ていおう) 579
定雅(ていが・さだまさ)人藤14 684
定基(ていき・じょうき)人僧1 510,584
定義(ていぎ・さだよし)人他41(菅原) 578,582,583,585,606 →八月註77/p626
涕泣(ていきゅう) 832
定経(ていけい・さだつね)人他10(大江) 172,263 →二月註130/p212
貞行(ていこう・さだゆき)人他19(小槻) 247,249,250,253,521,582,584,588,593,595,597,608,684,685,695,696,703,774,786,788,839
貞親(ていしん・さだちか)人不 77,583,585
貞信公(ていしんこう)人藤1 690,691,787,788
貞信公の御例 691
貞清(ていせい・さだきよ)人他49(中原) 513,514,577,578
貞政(ていせい・さだまさ)人他25(眞野) 704
逓送(ていそう) 590 →八月註138/p639
貞仲(ていちゅう・さだなか)人藤19 175,176

庭中(ていちゅう)　798,838
貞澄(ていちょう・さだずみ)人他51(秦)　516,519,526,529 →七月註145/p558
定任(ていにん・さだとう)人藤12　508
停廃(ていはい)　600
定文(ていぶん・さだふみ)人平2　700
定方(ていほう・さだかた)人藤14　700
定命(ていめい・じょうみょう)人僧1　843
貞雄(ていゆう・さだお)人他70(度会)　681
定頼(ていらい・さだより)人藤2　36,57,65,79,163,171,179,333,342,349,355,362,370,587,765,798,809,813,819
　定頼の息(ていらいのそく・さだよりのそく)人藤2　179
貞頼(ていらい・さだより)人他4(荒木田)　681
出入(でいり・しゅつにゅう)　705
定良(ていりょう・さだよし)人源6　69,70,72,73,164,166,469,502,685,704,793,814,815,839 →二月註43/p188
手車(てぐるま・れんしゃ) →輦車(れんしゃ)
檻(てすり)　64 →正月註222/p121
手結・手番(てつがい・てづかい)　6,7,67,69,70,522,525(手番),526,528 →正月註262/p129・七月註208/p569・244/p575
　→真手結(まてつがい)
　→相撲(すまい)
手作(てづくり)　59,67,249,253,256,512,513,514,520,698,801
　手作布(てづくりのぬの)　59,67,249,253,256,512,513,520,698 →正月註115/p101
手長(てなが)　777 →正月註95/p99
者(てへり・てへれば・といへり) →正月註12/p85・七月註231/p573・八月註16/p613・204/p649
手水(てみず・ちょうず)　769
出迎(でむかえ)　57
天安寺(てんあんじ)官仏2・場外39　513 →七月註80/p545
天意(てんい)　523 →七月註189/p567
天延(てんえん)　692,704 →九月註162/p735
　天延三年の例　704 →九月註337/p761
天恩(てんおん)　172
天下(てんか)　41,176,361,492,601,701,773,805
　天下滅亡日(てんかめつぼうにち)　41,361
　天下静謐(てんかせいひつ)　601
殿下(でんか)　330,358,362,475,477,481,486,602,694,800,801,843
天火日(てんかにち)　47
天気(てんき・てんけ)　61,332,698,842 →正月註152/p109
天許(てんきょ)　61,62 →正月註160/p111
天慶(てんぎょう)　602,604,690,694 →九月註142/p732
天陰(てんくもる・てんいん)　254,318,325,329,332,336,355,365,776,778,780,781,783,785,813,822,827,829,841
天狐(てんこ)　698
媞子女王(てんしじょおう・よしこじょおう)人皇5　508,579,771
殿上(てんじょう・でんじょう)場内b3　30,59,61,68,171,242,251,256,317,318,319,320,323,326,342,343,346,357,360,362,363,464,465,466,503,530,604,679,693,694,702,770,778,779,780,786,788,792,793,796,799,800,802,803,806,816,824,830,831,835 →正月註97/p99・119/p103・八月註312/p668
　殿上人(てんじょうびと)官外2　59,317,318,319,326,679,702,778,780,788,792,800,802,803,806,824,830,831 →正月註119/p103
　殿上の侍臣(てんじょうのじしん)　816
　殿上の定文(てんじょうのさだめぶみ)　251
　殿上の五位(てんじょうのごい)　320,779,804
　殿上の六位(てんじょうのろくい)　357,362
　殿上分(てんじょうぶん)　343
　→殿上の所充(てんじょうのところあて)
　→内の殿上人(うちのてんじょうびと)
　→院の殿上人(いんのてんじょうびと)

伝承(でんしょう・つたえうけたまわる) 169,522
伝奏(でんそう・つたえそうす) 263,582
天台(てんだい) 240,523,704
→座主(ざす)
→無動寺(むどうじ)
天長(てんちょう) 467,700,701 →九月註268/p747・271/p748
展転(てんてん) 582,596 →八月註68/p623・212/p651
顚倒(てんとう) 176,255,453,475,477,479,482,799,800,805,808,841
転読(てんどく) 168,240,241,464,510,514,690 →九月註126/p729
転任の官(てんにんのかん) 173
転任の所(てんにんのところ) 174
天皇(てんのう・すめら) 4,33,178,458,488,599,600,700,781
天皇朝廷(すめらみかど) 600
→建立の天皇(こんりゅうのてんのう)
→太上天皇(だいじょうてんのう)
→三条天皇(さんじょうてんのう)
天王寺(てんのうじ) →四天王寺(してんのうじ)
天の怪異(てんのかいい) 514
「天」の字(てんのじ) 339
田畠(でんばた) 520
天晴(てんはる・てんはれ) 55,317,318,368,369,606,765,766,767,770,771,774,775,779,781,782,783,784,785,786,787,788,789,790,791,792,793,795,796,797,798,799,800,801,802,803,805,806,808,811,817,818,819,820,821,822,826,827,829,830,831,832,833,835,836,837,838,839,840,841,842
天判(てんぱん) 529 →七月註125/p575
天平(てんぴょう) 585,596
天平勝宝(てんぴょうしょうほう) 584,585
天平宝字(てんぴょうほうじ) 585
天変(てんぺん) 462,474,523,784
天変奏(てんぺんのそう) 474
天網時(てんもうじ) 468,792
天文(てんもん) 14,331,489,817
天文奏(てんもんのそう) 14,489
天文道(てんもんどう) 817
天文博士(てんもんはかせ)[官]省1 331
典薬頭(てんやくのかみ)[官]省8 56
典薬允(てんやくのじょう)[官]省8 609
天暦(てんりゃく) 69,71,73,333,523,607,682,692,787,813 →八月註345/p672・九月註161/p734

と

問仰(といおおす) 253,521
問聞(といきく) 778
問定(といさだむ) 818
問遣(といつかわす) 8,61,69,71,75,79,80,514,518,523,528,577,588,609,680,682,684,687,688,689,691,699
塔(とう) 11,79,254,451,472,473,475,476,584,691,774,798,799,800,801 →正月註438/p154
→小野宮(おののみや)
→興福寺(こうふくじ)
→法成寺(ほうじょうじ)
擣(とう) 701 →九月註280/p749
同意の者(どういのもの) 518
逃隠(とういん・にげかくる) 164,168,170,516,593,595
騰雲(とううん) 601 →八月註268/p659
踏歌(とうか) 8 →正月註355/p141
東河(とうか) 780,781
東華(とうか)[場]大B4 369,370
道覚(どうかく)[人]僧2 243,327 →三月註47/p276
東宮(とうぐう)[人]皇6・[官]家1 4,11,24,55,58,59,61,318,319,320,369,370,449,453,475,529,577,589,595,605,607,685,691,793,799
→敦良親王
春宮(とうぐう) 8,59,72,74,78,168,242,317,321,326,369,370,447,449,469,482,498,507,511,513,526,578,590,696,785,789,793,797,799,809,819
東宮昇殿(とうぐうしょうでん) 58 →正月註97/p99
春宮大夫(とうぐうだいぶ) 8,11(東宮大夫),59,72,74,78,168,242,317,321,326,369,370,447,449,475(東宮大夫),482,

507, 511, 513, 526, 578, 590, 696, 785, 797, 799, 809, 819
春宮権大夫　59
春宮亮(とうぐうのすけ)　62(宮亮), 319
権亮(ごんのすけ)　319, 793
大進(だいじょう)　793
東宮学士(とうぐうがくし)　318(学士), 595
東宮の小宮　691 →九月註 157/p734
春宮大夫の室　449, 578
道慶(どうけい・どうきょう)人僧2　518
東金堂(とうこんどう) →興福寺(こうふくじ)
当座(とうざ)　815
東西(とうざい)　257, 367, 600, 606, 767, 768, 779, 813, 815, 823, 824, 838, 842 →八月註 329/p671
藤氏(とうし)　62, 451, 473, 774, 798
藤氏爵(とうしのしゃく)　62 →正月註 175/p113
藤氏一人(とうしいちのひと)　473, 798
藤氏の人　451, 774
→藤原(ふじわら)
湯治(とうじ)　578
東寺(とうじ)官仏2・場京左L44　29, 58, 78, 179, 254, 345, 508, 577, 694(東) →正月註 75/p96
導師(どうし)官仏3　242, 806
御導師(おどうし)　806
当時(とうじ)　254, 348, 679, 776, 828
当時(とうじ)人皇8　172, 239, 579
当時の帝王(とうじのていおう)　579
当時の乳子　172 →二月註 130/p212
当時に如かず(とうじにしかず)　254
同車(どうしゃ)　166, 239, 245, 248, 255, 258, 259, 355, 586, 590, 592, 598
刀杖(とうじょう) →刀(かたな)
堂上(どうじょう・とうしょう)　815
燈燭(とうしょく)　815
等身(とうしん)　241 →三月註 29/p272
唐人(とうじん) →唐人(からひと)
道成(どうせい・みちなり)人源6　79, 529 →七月註 247/p575
道成(どうせい・みちなり)人他68(令宗)　173, 248, 250, 252, 343, 472, 481, 484, 693, 809, 810
東大寺(とうだいじ)官仏2　21, 22, 26, 177, 179, 248, 249, 440, 450, 509, 771 →二月註 185/p223
別当(べっとう)　248
権別当(ごんのべっとう)　248
東大寺故別当人僧1　177
東大寺僧　179
上・下政所(じょうげのまんどころ)　249
到着(とうちゃく)　525
道長(どうちょう・みちなが)人藤5　14, 330, 331, 334, 511, 687, 774, 813
東庭(とうてい)場内b3　61, 768, 797, 822, 833, 834
堂塔(どうとう)　254, 476, 774
当任の郡司(とうにんのぐんじ)　693
当任の国司(とうにんのこくし)　693
当年の爵(とうねんのしゃく)　350
当年の封(とうねんのふう)　11, 77 →正月註 402/p148
堂預(どうのあずかり) →小野宮(おののみや)
道の官人(どうのかんじん)　161, 162 →二月註 11/p183
頭中将(とうのちゅうじょう)官衛1・官外2　67, 68, 72, 73, 74, 77, 164, 165, 166, 172, 257, 259, 319, 325, 513, 514, 518, 521, 523, 525, 526, 527, 528, 578, 588, 603, 604, 605, 695, 767, 771, 783, 800, 803, 804, 822, 830, 833, 840, 841, 842
→蔵人(くろうど)
藤中納言(とうのちゅうなごん)　320, 325, 355, 766, 811
藤納言(とうのなごん)　349, 779
堂童子(どうのどうじ・どうどうじ)官仏3　338, 793, 806, 824
頭弁(とうのべん)官太2・官外2　55, 56, 57, 59, 60, 61, 62, 63, 65, 66, 67, 68, 69, 71, 72, 73, 74, 75, 76, 77, 78, 80, 81, 82, 161, 162, 163, 164, 166, 168, 169, 173, 174, 175, 176, 177, 179, 180, 239, 241, 242, 243, 244, 246, 247, 248, 249, 251, 252, 253, 254, 255, 256, 257, 258, 259, 260, 261, 262, 263, 321, 324, 328, 329, 343, 344, 347, 348, 350, 353,

354, 360, 361, 363, 367, 368, 369, 371, 372, 507, 508, 509, 512, 513, 514, 516, 517, 518, 520, 524, 528, 577, 578, 581, 582, 583, 584, 585, 586, 587, 588, 590, 591, 592, 594, 595, 596, 597, 598, 599, 601, 602, 603, 604, 605, 608, 609, 610, 680, 681, 682, 683, 684, 686, 687, 688, 689, 690, 691, 692, 693, 694, 696, 697, 699, 700, 701, 703, 705, 765, 767, 770, 771, 773, 774, 776, 777, 780, 784, 785, 786, 788, 791, 793, 795, 796, 799, 802, 810, 811, 816, 821, 822, 826, 830, 833, 835, 837 →九月註 105/p725

頭中弁(とうのちゅうべん)官太2・官外2 323

→蔵人(くろうど)

多武峯(とうのみね)官仏2 16, 17, 167, 168, 169, 170 →二月註 71/p197

東風(とうふう) 765

当府の使(とうふのつかい) →近衛使(このえのつかい)

道平(どうへい・みちひら)人他23(賀茂) 444, 770

当保(とうほ) 249

道方(どうほう・みちかた)人源5 507, 588

東北院(とうほくいん)

→法成寺(ほうじょうじ)

→法性寺(ほっしょうじ)

闘乱(とうらん) 445, 512, 516, 519

道理(どうり) 250, 256, 514, 695

逗留(とうりゅう) 20, 176, 451, 459, 584, 594, 596, 607

棟隆(とうりゅう・むねたか)人藤19 485

同類(どうるい) 167, 170 →二月註 72/p197

道路(どうろ) 172, 240 →二月註 131/p212

東廊(とうろう) 174, 323, 334, 338, 339, 340, 368, 777, 823, 824, 825 →二月註 150/p217

度縁(どえん) 487, 811, 812, 824

度縁請印(どえんのしょういん) 487, 811

遠使(とおきつかい) 511

遠き使々(とおきつかいづかい) 515

遠き祭の使(とおきまつりのつかい) 333

十列(とおつら・じゅうれつ) 451, 454, 455, 460, 584, 585, 591, 593, 608 →八月註 90/p627・159/p642・354/p674

石清水十列(いわしみずとおつら) 451, 452

賀茂十列(かもとおつら) 454

諸社十列(しょしゃとおつら) 454, 460

左右十列(さゆうとおつら) 451, 454, 455, 460, 584, 591

左右馬寮十列(さゆうめりょうとおつら) 585, 591, 593, 608

十列代(とおつらだい) →十列代(じゅうれつだい)

遠江(とおとうみ)官地3 835, 841

通経(とおりへる) 260

咎仰(とがめおおす) 481, 807

土器(どき) →土器(かわらけ)

斎日(ときび・さいじつ) 507, 704

→十斎日

時申す使部(ときもうすつかいべ) 340

渡御(とぎょ・わたりたまう) 477, 498, 589

読経(どきょう) 15, 16, 17, 21, 24, 25, 55, 78, 165, 168, 169, 170, 178, 240, 241, 242, 243, 451, 456, 469, 471, 477, 479, 480, 485, 486, 507, 522, 584, 585, 597, 609, 704, 793, 796, 802, 806, 809, 811

御読経(みどきょう) 15, 17, 21, 24, 25, 165, 168, 169, 178, 241, 243, 451, 456, 469, 471, 477, 479, 480, 485, 486, 522, 584, 585, 597, 704, 793, 796, 802, 806, 809, 811

→季御読経(きのみどきょう)

常磐堅磐(ときわかきわ) 600

土公(どくう) 509 →七月註 38/p538

得心(とくしん) 825

独身(どくしん・ひとりみ) 171

得替年(とくたいねん) 490, 819

得命(とくめい・とくみょう)人僧2 240, 690 →三月註 19/p270

所充(ところあて) 25, 243, 244, 245, 341, 464, 465, 466, 691, 695, 786, 788 →三月註 53/p277

殿上所充(てんじょうのところあて) 464, 465, 466, 786 →九月註 138/p731

所充の文(ところあてのふみ) 243, 244,

245, 341, 695
所々(ところどころ・しょしょ)　71, 172, 338, 339, 359, 369, 513, 516, 684, 690, 693, 697, 786, 821, 829
所衆(ところのしゅう)官外2　324
土左・土佐(とさ)官地3　11, 77, 172, 335, 525, 584, 585
土左国(とさのくに)　585
土左守・土佐守(とさのかみ)　11, 77, 172
掾(じょう)　525, 527
祈年祭(としごいのまつり・きねんさい)儀二 14, 330
年々(としどし・ねんねん)　161, 347, 472, 517
度者(どしゃ)官仏3　799, 825
度数(どすう)　797
土代(どだい)　690, 691, 693, 700, 786, 788, 809 →九月註139/p732
途中(とちゅう)　171, 248, 259, 371, 496, 525
斗帳(とちょう)　827, 830
都堂(とどう) →大学(だいがく)
都督(ととく)官地2　72, 507
調入(ととのえいる)　64
調潔(ととのえきよむ)　600
調具(ととのえぐす)　835, 842
調供(ととのえそなう)　835
調給(ととのえたまわる)　820
調儲(ととのえもうく)　835
調渡(ととのえわたす)　832
留立(とどまりたつ)　333, 606
留置(とどめおく)　472
刀禰(とね)　65 →正月註239/p125
刀禰(とね) →保刀禰(ほうとね)
舎人(とねり)官省1　31, 56, 59, 65, 247, 259, 260, 321, 322, 357, 493, 528, 792, 820, 822 →正月註35/p89
→内舎人(うどねり)
→厩の舎人(うまやのとねり)
→小舎人(こどねり)
→口付の舎人(くちつきのとねり)
→大舎人(おおどねり)
殿鑑(とののかがみ)　691 →九月註150/p733
主殿(とのも・しゅでん)官省8・場大E1 58, 773, 804, 815, 816, 821
主殿寮(とのもりょう)　58, 815
主殿官人(とのものつかさびと)官省8 773, 816
帳(とばり・かたびら・ちょう)　497, 498, 501(帳の帷), 788, 802, 803, 819, 827, 828, 832, 835, 837(帳の帷), 838, 839
御帳(みちょう)　498, 501, 802, 803, 827, 828, 832, 835, 837, 838, 839
→斎王帳の帷(さいおうちょうのかたびら)
→斗帳(とちょう)
帳帷(とばり)　363
飛去(とびさる)　483
斗米(とべい)　608
富小路(とみのこうじ)場京左ア　511
伴(とも)人他46　261
共人(ともびと・とものひと)　259
豊受(とゆけ・とようけ)　458, 579, 599, 601, 602, 681, 682, 683, 684, 688
豊受宮(とゆけのみや・とようけのみや) 579, 601, 602, 681, 682, 683, 684, 688 →八月註31/p614
豊受の高宮(とゆけのたかみや)　599 →八月註244/p656
豊明節会(とよあかりのせちえ)儀十一 482, 492
捕進(とらえたてまつる)　480
捕護(とらえまもる)　703
取出(とりいだす)　251, 347, 350, 354, 772, 775, 843
取入(とりいる)　354
取置(とりおく)　516
取収(とりおさまる)　580
取蔵(とりおさむ)　843
取返(とりかえす)　583, 585
取重(とりかさぬ)　354
取来(とりきたる)　336, 337
取具(とりぐす)　816
取加(とりくわう)　351, 824
取籠(とりこむ)　843
取副(とりそう)　62, 64, 68, 245, 252, 326, 694, 798
取進(とりたてまつる)　68, 252, 585, 586
取遣(とりつかわす)　61, 68, 253, 529

取伝(とりつたう) 824
取留(とりとどむ) 343
鳥曹司(とりのそうし)[場]内 e5 317
取開(とりひらく) 354
取見(とりみる) 162, 245, 592
取転(とりめぐる) 369
取寄(とりよす) 518
遁隠(とんいん・のがれかくる) 457
遁去(とんきょ・のがれさる) 29, 30, 257, 790
頓宮(とんぐう) 595, 837 →八月註 198/p649
頓死(とんし) 484
屯食(とんじき) 248, 340, 679, 802, 804, 821, 829 →三月註 111/p289・九月註 4/p707
荒屯食(あらとんじき) 804
遁失(とんしつ・のがれうしなう) 258
遁世(とんせい・とんぜい) 452, 467, 469, 775, 790
御遁世(ごとんせい) 467, 469
呑舌(どんぜつ) 524 →七月註 197/p568
敦貞(とんてい・あつさだ)[人]皇 7 10, 75
敦平(とんへい・あつひら)[人]皇 7 7, 8, 9, 23, 27, 61, 62, 68, 69, 71, 72, 73, 74, 239, 246, 252, 253, 324, 325, 344, 462, 681, 682, 683, 783
敦明(とんめい・あつあきら)[人]皇 7 10, 75, 519
→小一条院(こいちじょういん)
頓滅(とんめつ) 441, 511
敦頼(とんらい・あつより)[人]他 40(菅野) 610
敦良(とんりょう・あつなが)[人]皇 6 4, 24, 55, 58, 318, 319, 369, 449, 453, 498, 529, 577, 589, 685, 691, 789, 793, 799, 842

な

内 位(ないい) 462, 683 →正月註 184/p114・九月註 27/p711
内位(ないい・うちたて)[人]他 44(橘) 349
内印(ないいん) 585, 586, 694 →正月註 187/p114・九月註 183/p739
内応(ないおう) 78
内階(ないかい) 5, 63, 462, 463, 492, 681, 682, 683, 684, 688 →正月註 184/p114・九月註 27/p711
叙内階(じょないかい) 683 →九月註 53/p717
内 記(ないき)[官]省 1 62, 65, 68, 256, 262, 263, 321, 324, 336, 337, 351, 456, 479, 492, 525, 577, 592, 595, 597, 599, 601, 602, 603, 604, 605, 606, 681, 682, 684, 685, 688, 689, 694, 766, 768, 769, 779, 780, 786, 798, 804, 833, 840, 841
大内記(だいないき) 62, 256, 456, 479, 492, 525, 577, 595, 597, 599, 684, 685, 688, 689, 798
少内記(しょうないき) 262, 263, 525, 595, 597, 601, 682, 688
→内・外記
内給所(ないきゅうじょ)[官]外 2 350
内供(ないぐ)[官]仏 1 843
内供奉(ないぐぶ) 843
内宮(ないくう) →伊勢(いせ)
内・外記(ない・げき) 337
内・外宮(ない・げくう) →伊勢(いせ)
内 侍(ないし)[官]家 2 27, 55, 64, 65, 251, 252, 321, 344, 345, 353, 356, 365, 453, 589, 602, 605, 768, 804, 814, 821
内侍所(ないしどころ)[場]内 e3(温明殿)・[官]家 2 55, 65, 321, 453, 589, 605, 804, 814, 821
掌侍(ないしのじょう) 831
典侍(ないしのすけ) 252, 345, 831
内侍の除目(ないしのじもく) 27, 251, 252, 344 →三月註 144/p295
内竪(ないじゅ・ちいさわらわ)[官]外 2 64, 65, 368, 694, 796, 815, 816, 823 →正月註 216/p119
内竪所(ないじゅどころ)[場]大 E3・[官]外 2 694
内親王(ないしんのう) 15, 36, 65, 323, 332, 336, 355, 440, 452, 453, 465, 467, 469, 471, 473, 475, 477, 478, 479, 489, 496, 499, 590, 599, 698, 699, 700, 703, 704, 766, 769, 775, 787, 789, 790, 791, 794, 795, 798, 799, 802, 804, 805, 818, 826, 827, 828, 829, 830, 831, 832, 833, 835, 836, 837, 838, 842, 843
内膳司(ないぜんし・うちのかしわでのつかさ)[場]大 C2・[官]省 8 256, 509

内大臣(ないだいじん) →大臣(だいじん)
内々(ないない)　60,67,75,161,165,168,169,252,256,261,262,324,343,515,577,579,580,584,588,597,598,689,690,693,699,786,787,788,800,818,830
内府(ないふ)官公2　13,56,57,58,60,61,64,162,163,164,165,167,168,169,171,172,178,179,248,258,262,317,318,320,321,322,326,329,330,331,332,333,334,335,336,347,348,349,350,353,357,359,360,362,465,480,488,528,529,691,702,786,792,799,802,804,806,807,808,810,813,814,815,818,819,821,822,823,824,833
　内府の息達(ないふのそくたち)　179 →二月註 203/p230
内弁(ないべん)　9,55,56,64,65,72,74,317,320,321,322 →正月註 19/p86
内問の詞(ないもんのことば)　361
内覧(ないらん)官公1　245,251,331,333,337,353,354,365,490,581,588,591,599,603,604,687,693,697,766,779,802,818,826,833,841 →三月註 83/p283
直立(なおしたつ)　64
直物(なおしもの)　32,38,261,262,347,350,351 →三月註 239/p310
直会殿(なおらいでん)　356 →八月註 29/p614
名替(ながえ)　347
中河(なかがわ)　510 →七月註 42/p538
長床子(ながしょうじ) →床子(しょうじ)
流す事(ながすこと)　697 →八月註 110/p632・九月註 261/p747
流す例(ながすれい)　450 →八月註 110/p632・九月註 261/p747
中務(なかつかさ)官省1・場大D4　172,262,263,337,345,605,798,821,833
　中務省(なかつかさしょう)　605
　中務輔(なかつかさのすけ)　337
　中務少輔(なかつかさのしょうふ)　798
　中務丞(なかつかさのじょう)　345
　中務録(なかつかさのさかん)　172,262,263
長門(ながと)官地3　251,684,829
　長門守(ながとのかみ)　684
中臣(なかとみ)官神1・人他48　44,363,600,606,769,833,834
中原(なかはら)人他49　172,263
長櫃(ながびつ)　510,515,516,518
中御門(なかみかど)場平左D　339,702,806
　中御門大道　702
長筵(ながむしろ)　802,834
乍(ながら) →正月註 283/p132
就中(なかんずく)　71,163,175,253,257,349,362,365,370,372,524,590,603,679,691,790,791
殴調(なぐりちょうず)　516 →七月註 126/p554
歎思(なげきおもう)　163
歎申(なげきもうす)　10,326
長押(なげし)　835
納言(なごん)　5,2757,58,63,80,322,330,332,333,335,345,346,369,795,806,810,814,826
　→大納言(だいなごん)
　→中納言(ちゅうなごん)
　→小納言(しょうなごん)
　→両納言(りょうなごん)
梨(なし)　57,70,71
為す術無し(なすすべなし)　582,697
准思(なずらいおもう)　71
納蘇利(なそり)　359
名謁(なだいめん)　495,825
捺印(なついん)　525
夏の衣服(なつのいふく)　451,584
夏祭(なつまつり)儀四　73,356
棗(なつめ)　70
南殿(なでん)　33,56,68,178,322,323,335,336,337,339,350,353,485,488,494,581,582,605,786,797,806,816,823 →正月註 42/p91・八月註 319/p669
七ヶ度の御祓(ななかどのおはらえ)　580 →八月註 52/p619
七旬(ななしゅん)　72,261,263 →正月註 349/p140
七瀬祓(ななせのはらえ)　455
ム(なにがし)　61,70,73,162,170,173,248,252,443,516,583,769 →正月註 157/p110
某(なにがし・ぼう)　251,347,605

何事(なにごと)　69,71,74,76,163,174,176,177,178,239,245,321,324,333,342,348,349,371,509,511,515,518,528,583,596,598,599,690,790,829,831,839,842
名の奏(なのそう)　358
慭に(なまじいに)　702
生物(なまもの)　815
悩御(なやみたまう)　509
悩気(なやみのけ)　507,578
成らざるの束(ならざるのつか)　348
難良刀自の御祭(ならとじのおんまつり)　837
難良刀自の神(ならとじのかみ)　835
双敷(ならべしく)　767
鳴上(なりあぐ)　765
成文(なりぶみ)　246,347,350,351 →三月註93/p285
鳴揺(なりゆらぐ)　167
南円堂(なんえんどう) →興福寺(こうふくじ)
南岳大師(なんがくたいし)人僧2　789
南座(なんざ)　245,251,257,258,373,581,598,686,767,772,809 →三月註75/p282・八月註227/p654
南山(なんざん)官仏2(金峯山)　256,577,595,599 →三月註191/p302・八月註5/p611・203/p649
難申(なんじもうす)　41,42,696 →九月註221/p743
南所(なんしょ)場大E3　15,325,327,333,341,342,363,767,770,797,798
　南所物忌(なんしょのものいみ) →物忌(ものいみ)
南上東面(なんじょうとうめん)　606
南庭(なんてい・みなみのにわ)　60,318,355,356,362,584,769,808,824,834,842
南庭(なんてい)場内c4　823
南北の英才(なんぼくのえいさい)　359
南廊(なんろう)　780

に

二位の大臣(にいのだいじん) →大臣(だいじん)
丹生(にう・にふ・にゅう)官神5　445,453,521,590,591,608,770,778 →七月註161/p561
二階(にかい)　803
膠(にかわ)　241
肉(にく)　440,509
二宮(にくう)　3,4,56,57
　二宮大饗(にくうだいきょう) →大饗(大饗)
二宮(にくう) →伊勢(いせ)官神4
逃隠(にげかくる) →逃隠(とういん)
二合(にごう)　30,257 →三月註195/p304
西宅(にしたく)　258,530,577,578,588(西),590,680,685 →二月註16/p184・七月註171/p564・九月註18/p709
　西隣(にしどなり)　162,522,528
　→小野宮(おののみや)
西中門(にしちゅうもん)　339
西対(にしのたい)　57,319,357,830,831
西宮大臣(にしのみやだいじん)人源6　333
西門(にしもん)　59,179,319,339,340,341,601,842
廿一社(にじゅういっしゃ)　16,331,455,593 →八月註176/p646
二省(にしょう)　64,65,321,322,372,821,825,826
二娘(にじょう) →資平(しへい)
　→頼宗(らいそう)
二条殿(にじょうどの)場京左F32　55 →教通
西廊(にしろう) →西廊(せいろう)
　西廊の饗座(にしろうのきょうのざ)　58 →正月註81/p97
日時(にちじ)　4,57,59,331,333,450,466,474,581,591,598,601,608,766,772,774,789,836,842
　日時勘文(にちじかもん)　4,581,598,608,766 →正月註72/p95・八月註350/p674
　日時定(にちじさだめ)　4
日華門(にっかもん)場内d4　65,322,335,489,772,814,815,816,826,835
日記(にっき)　28,80,161,162,170,173,174,176,247,253,261,331,361,367,368,371,458,459,517,518,523,580,582,583,585,587,594,597,601,602,606,609,687,696,699,700,704,705,788 →正月註

447/p155
御日記(ごにっき)　331,458,602,788
→勘問日記(かんもんのにっき)
→局日記(きょくのにっき)
→故殿御日記・故小野宮大臣御日記
→拷訊日記(ごうじんにっき)
→使庁日記(しちょうのにっき)
→叙位日記(じょいにっき)
日中(にっちゅう)　242,811
二宮(にのみや)[人]皇8　465,477,478,489,490,496,497,498,499,787,802,818,826,827,829,830
女二宮(おんなにのみや)[人]皇8　496,827
女二親王(おんなにしんのう)[人]皇8　835
鈍色(にびいろ)　792
二品(にほん)　478,804,833
荷物(にもつ)　175
二門(にもん)　41,348,349,494
→一門(いちもん)
→一・二門(いち・にもん)
入暗(にゅうあん・あんにいり)　253,256,599,684
乳垸(にゅうかん)　511 →七月註56/p540
入御(にゅうぎょ・いりたもう)　59,62,319,842
入京(にゅうきょう)　49,77,586,607,814 →八月註347/p673
入観(にゅうきん)　600 →八月註250/p657
入堂(にゅうどう)　333,338,345,823
入道前大相府(にゅうどうさきのだいしょうふ)[人]藤5　687
入道大納言(にゅうどうだいなごん)[人]藤2　331,335
入内(にゅうない)　820
入滅(にゅうめつ)　494
入夜(にゅうや) →入夜(よにいり)
入洛(にゅうらく・じゅらく)　49,697,703,783,801
女院(にょいん・にょういん)[人]藤5・[官]家3　24,50,80,242,243,244,249,262,441,459,461,467,468,470,471,496,498,509,510,511,607,679,682,684,698,701,705,790,795,799,827,830,831,833 →九月註3/p706
女院別当(にょいんべっとう)　679 →正月註91/p98・九月註6/p708
→院(いん)
女房(にょうぼう)[官]家2　468,498,527,579,580,679,702,803,820,826,829,830,831,832,833,834,835
女房の曹司(にょうぼうのそうし)　829,832
女官(にょかん)[官]家2　804,815
如在の礼(にょざいのれい・じょさいのれい)　244 →三月註62/p279
女宿(にょしゅく・うるきほし)　517 →七月註131/p555
二寮の允(にりょうのじょう)[官]省4(民部省)　173,174
二寮の助(にりょうのすけ)[官]省4(民部省)　767
忽(にわか・たちまち)　27,174,242,249,259,324,334,349,356,370,507,515,579,580,599,602,606,682,695,698,711,772,773,808,811,828
→忽(ゆるがせ)
庭火(にわび)　500,835
任意(にんい)　509
任官(にんかん)　32
任限(にんげん・にんのかぎり)　51
任国(にんごく)　244,486,527,830
刃傷(にんじょう)　512
任人(にんじん)　499
任僧綱の宣命(にんそうごうのせんみょう)　502
任秩(にんちつ)　482
任中(にんちゅう)　372
人長(にんちょう)[官]外6　357,484,493,808,822
仁王会(にんのうえ)[儀]二・[儀]七　15,17,20,21,165,168,169,170,178,333,337,338,444,446,449,450,452,453,456,457,483,486,494,496,518,521,522,577,581,588,596,597,598 →二月註51/p192
仁王会定(にんのうえさだめ)　15,17,444,446,449,450,486 →八月註6/p611
臨時仁王会　452,588 →八月註60/p621・120/p634
如法仁王会(にょほうにんのうえ)　483

大仁王会(だいにんのうえ)　494
仁王経(にんのうきょう)　78,168,240,248,824 →正月註 420/p151
仁王経読経　78
仁王経講演　240
仁王講　23,26,78,249(仁王講演),508
任符(にんぷ)　19,243,246,337,342,592,770,814 →三月註54/p277・八月註170/p644
任符請印(にんぷしょういん)　243,246
仁明天皇(にんみょうてんのう)囚皇2　345
任料米(にんりょうまい)　176 →二月註174/p221・175/p221

ぬ

縫殿頭(ぬいどののかみ)官省1　56
抜出(ぬきで)　448,449,529,577 →七月註250/p576
盗人(ぬすびと)　477,479,480,805
布(ぬの)　59,67,77,78,170,249,253,256,340,441,512,513,519,520,591,698,701,801,834
→甲斐布(かいのぬの)
→細美布(さよみのぬの)
→信濃布・信乃布(しなののぬの)
→調布(ちょうふ)
→手作布(てづくりのぬの)
塗籠(ぬりごめ)　832

ね

楽(ねがい)　63 →正月註 199/p116
禰宜(ねぎ)官神4・5　173,244,456,458,460,461,462,463,464,601,602,603,604,609,680,681,682,683,684,685,687,688,689,769,783,784,785,800,834 →二月註138/p213・八月註300/p666・九月註16/p709・24/p710・108/p726
権禰宜(ごんのねぎ)　680,681,688
熱(ねつ)　169,497,507,512,515
熱物(ねつもつ・ねちもつ)　169,497 →二月註 90/p203
子日(ねのひ)　356
涅槃経(ねはんぎょう)　50
年官(ねんかん)　833
念賢(ねんけん)囚僧2　170,240,241,248,690 →二月註 105/p206
年号(ねんごう)　817
年高の者(ねんこうのもの)　260
年穀(ねんこく)　16,464
年穀の御祈　464
→祈年穀使(きねんこくのつかい)
年災(ねんさい)　439,765
年歯(ねんし)　580
年爵(ねんしゃく)　32,350(当年の爵),833
年首(ねんしゅ)　55,241,248,346 →正月註 17/p85
年首の善　241
年首の例善　248
念誦(ねんじゅ)　78,79,521,524,592,602,609,691,695 →七月註 162/p562
御念誦(ごねんじゅ)　602 →八月註293/p662
念誦堂(ねんじゅどう) →小野宮(おののみや)
念人(ねんにん)官外5　442,514,797 →七月註 94/p548・96/p548
年々の日記(ねんねんのにっき)　161,517
念仏(ねんぶつ)　609
年来(ねんらい)　51,74,241,345,520,594,599,687,704,767,771,789,829
年来の本意(ねんらいのほい)　789
年料(ねんりょう)　490,512,693,819 →七月註 67/p542
年料米(ねんりょうまい)　490,819
年料の稲(ねんりょうのいね)　693
年齢(ねんれい・よわい)　66,370,837
年齢衰老 →衰老(すいろう)

の

農業(のうぎょう)　240
悩苦(のうく)　80
直衣(のうし)　470,702,705,779,792,818 →九月註 295/p752
能射(のうしゃ)　797
能書(のうしょ)　817
能信(のうしん・よしのぶ)囚藤5　56,57,58,59,61,62,65,167,169,251,262,344,349,466,694,703,779,788,797,805,808,813,820,829,833,835,836,838,839
能治(のうち)　482,491,810

能通(のうつう・よしみち)囚藤23　162, 705
農圃収獲の人(のうほしゅうかくのひと)　601 →八月註269/p659
野上(のがみ)官地3(美濃)　367
荷前(のさき)儀十二　497, 498, 499, 832
荷前定(のさきさだめ)　497
荷前使(のさきのつかい)　498, 499, 832
臨向(のぞみむかう・りんこう)　597
後聞(のちにきく・こうもん)　59, 171, 175, 252, 581, 587
後事(のちのこと・こうじ)　326
後消(のちのもちい)　261 →三月註240/p310
後山階(のちのやましな)場外31　832
能登(のと)官地3　687, 784
野宮(ののみや)官神3　472, 796, 827, 828, 835, 837
延開(のばしひらく・えんかい)　350
昇立(のぼりたつ)　814
苔(のり)　11, 78, 510
甘苔(あまのり)　11, 78 →正月註411/p150
紫苔(むらさきのり)　510 →七月註41/p538
乗移(のりうつる)　605
乗尻(のりじり)　38, 359, 778
祝(のりと)　356
式司(のりのつかさ)官省2　64, 65 →正月註217/p120
乗人(のりびと)　357
乗物(のりもの)　605
賭弓(のりゆみ)儀正　6, 7, 9, 75, 325 →正月註263/p130
賭射(のりゆみ)儀正　9, 10, 67, 74, 75, 76, 77, 257 →正月註263/p130

は

唄(ばい)　339
徘徊(はいかい)　582, 605, 768, 776, 795
媒介の女(ばいかいのおんな)　587
配供(はいぐ)　782
盃酌(はいしゃく)　57, 340 →正月註62/p94
盃酒(はいしゅ)　171
配所(はいしょ)　176
配処(はいしょ)　586, 594
陪膳(ばいぜん)官外6　58, 320, 368, 803 →正月註93/p98
拝舞(はいぶ)　319, 322, 694, 770, 816
廃務(はいむ)　80, 163 →正月註442/p155
拝礼(はいらい・はいれい)儀正　3, 55, 317, 494 →正月註8/p84
配流(はいる)　7, 70, 450, 451, 452, 456, 580, 582, 583, 584, 585, 586, 588, 594, 596, 598, 600, 605, 697, 771, 772, 775, 776 →八月註110/p632・254/p657・九月註261/p747
配流の使(はいるのつかい)　456, 594 →八月註190/p648
配流者(はいるしゃ・はいるのもの)　775
破壊(はかい)　370
博士(はかせ)　167, 172, 248, 250, 252, 331, 334, 339, 343, 444, 472, 479, 491, 577, 578, 687, 693, 696, 770, 773, 796, 809
→陰陽博士(おんようはかせ)
→五位博士(ごいのはかせ)
→三道博士(さんどうはかせ)
→題者の博士(だいじゃのはかせ)
→大博士(だいはかせ)
→天文博士(てんもんはかせ)
→明経博士(みょうぎょうはかせ)
→明法博士(みょうぼうはかせ)
→文章博士(もんじょうはかせ)
→暦博士(れきはかせ)
→漏剋博士(ろうこくはかせ)
袴(はかま)　244, 359, 802, 819, 821
→狩袴(かりばかま)
→着袴(ちゃっこ)
→布袴(ほうこ・ほこ)
量行(はかりおこなう)　331, 350, 371, 839, 843
謀(はかりごと)　696
計也(はかりみるに)　59, 697, 790 →正月註104/p100
剥取(はぎとる)　692
拍手(はくしゅ)　769
餺飥(はくたく)　801
伯達(はくたつ)囚不　176, 177

白昼（はくちゅう）　705
白丁（はくちょう・はくてい）　525, 527 →七月註 220/p571
薄氷（はくひょう）　595
博陸（はくりく・はくろく）官公1　514, 582
筥（はこ）　60, 61, 62, 65, 68, 79, 164, 171, 251, 321, 322, 330, 331, 334, 336, 337, 342, 343, 344, 345, 347, 350, 351, 354, 360, 367, 372, 373, 581, 586, 606, 693, 765, 766, 769, 773, 775, 788, 798, 800, 803, 806, 807, 809, 810, 811, 817, 818, 821, 823, 824, 826, 836, 840
　筥文（はこぶみ）　60, 61, 171, 251 →正月註 137/p106
　→卜筥（うらのはこ）
　→納むる筥（おさむるはこ）
　→花筥（けこ）
　→衣筥（ころもばこ）
　→式筥（しきばこ）
　→硯筥（すずりばこ）
　→文筥（ふばこ）
　→御櫛の筥（みぐしのはこ）
　→覧筥（らんばこ）
　→柳筥（やないばこ）
函（はこ）　488, 512, 813, 814, 817
　表の函（ひょうのはこ）　488, 813
運出（はこびいだす）　579
葉薦（はこも）　768
箸（はし）　56, 334, 356, 369, 777, 779, 815, 833
　御箸（おんはし）　56, 369, 815
恥（はじ）　162, 526
　恥を雪（はじをすすぐ）　526
端書（はしがき）　330
初所（はじめのところ）　814, 816
始道（はじめのみち）　353
把笏（はしゃく）　61, 167, 333, 347, 350, 353, 769, 777, 779 →正月註 148/p108
罵辱（ばじょく）　515 →七月註 112/p552
柱（はしら）　317, 351, 353, 527, 591, 599, 768, 797, 799, 816, 834
走入（はしりいる）　179
蓮の実（はすのみ）　453, 589 →八月註 131/p636
馳送（はせおくる）　79
馳遣（はせつかわす）　527, 529, 530, 609 →八月註 367/p676
馳参（はせまいる）　827
馳道（はせみち）　358
馳向（はせむかう）　529
破損（はそん）　175, 767
将（はた）　75, 370, 373, 701, 772, 800, 813, 825, 831 →正月註 381/p145
為当（はた）　330, 332, 344, 778, 810, 835
　為当如何（はたいかん）　261（将何）, 835
秦（はた）人他51　586
畠邑（はたゆう・はたけむら）人不　260 →三月註 233/p309
八木（はちぼく・やぎ）　67, 513, 684 →正月註 261/p129・九月註 61/p718
八幡（はちまん・やわた）　4, 57, 468, 469, 470, 522, 591, 592, 701 →正月註 74/p95
　八幡宮　468, 522, 592
　八幡宮の御会　592
　→宇佐（うさ）
　→石清水（いわしみず）
罰（ばつ）　244, 777
発遣（はっけん）　80, 164, 442, 453, 454, 459, 482, 510, 591, 593, 595, 598, 603, 608
八講（はっこう）
　16, 26, 51, 167, 248, 439, 765 →二月註 770/p197
　御八講（みはっこう・ごはっこう）　16, 167, 439, 765
　→円融寺（えんゆうじ）
　→法興院（ほこいん）
　→比叡神社八講（ひえじんじゃはっこう）
八省（はっしょう）場大C4・官省　20, 33, 34, 42, 66, 70, 173, 174, 176, 177, 321, 323, 334, 338, 339, 442, 464, 481, 494, 582, 595, 608, 683, 684, 685, 768, 785, 786 →正月註 251/p127
　八省造作　42
　八省行幸　464, 785
　→造八省（ぞうはっしょう）
八専（はっせん）　178 →二月註 197/p228
鼻切（はなきれ）　528 →七月註 241/p574
花蘇芳（はなすおう）　241 →三月註 30/p273
放出（はなちいだす・ほうしゅつ）　350

放遺(はなちのこす)　350
馬場(ばば)　38,357,358,359
馬場舎(ばばしゃ)　38,359
馬場殿(ばばどの)　357,358
母氏(ははうじ)　258,512,526,527,529 →七月註222/p572
憚(はばかり)　162,169,252,329,330,333,373,455,475,510,515,521,522,605,687,697,701,796
憚思(はばかりおもう)　697
憚る所(はばかるところ)　510,687
→恐憚(きょうたん)
→事憚(ことのはばかり)
脛巾(はばき)　832
母の骸骨(はははのがいこつ)　695
祝(はふり)官神5　244,769,834
腹(はら)　13,329,519,522,527,528
祓(はらえ)　23,30,36,257,355,358,455,456,461,466,494,500,501,504,509,580,600,693,700,703,769,781,789,833,834,836,838,843 →八月註246/p656
祓清(はらえきよめ)　781
祓詞(はらえことば)　838
祓物(はらえつもの)　833,838,843
御祓物(おんはらえつもの)　833(大祓所)
祓所(はらえどころ)　257,838
祓申(はらえもうす)　838
播磨(はりま)　524,679
播磨国司(はりまこくし)官地3　679
播磨の相撲人 →相撲人(すまいにん)
晴儀(はれのぎ)　777
腫物(はれもの)　494
晩(ばん)　64,67,79,161,169,176,243,252,253,255,257,334,335,342,346,356,357,362,507,523,701,766,776,780,783,785,789,791,792,793,795,796,802,803,817,821,826,831,832,838,841,843
晩陰(ばんいん)　161 →二月註7/p182
晩頭(ばんとう)　176,523
晩に及(ばんにおよぶ)　335,342,357,362,776,780,783,785,789,791,795,796,802,803,817,821,841,843
晩景(ばんけい)　79,169,243,252,257,334,346,356,785,793,826 →二月註7/p182
晩更(ばんこう)　253,832 →三月註159/p297
→向晩(こうばん)
→早晩(そうばん)
幡(ばん)　825
犯過(はんか)　343
判官代(はんがんだい) →院(いん)　324
飯器(はんき)　815
範国(はんこく・のりくに)人平1　790,829,830,831,833,834,837
範国朝臣の侍　790
万事(ばんじ)　71,355
万死一生(ばんしいっしょう)　366,527,703 →九月註318/p756
飯汁(はんじゅう)　356,777
判所(はんしょ)　486,810
判署(はんしょ)　811
半畳(はんじょう)　775
万姓安穏(ばんせいあんのん)　601
伴僧(ばんそう)官仏3　78,241,589 →正月註418/p151
番僧(ばんそう)官仏3　251 →三月註129/p292
番長(ばんちょう)官衛1　59,260,584,702
坂東(ばんどう)　371,695
坂東の者(ばんどうのもの)　695
犯人(はんにん)　19,27,32,176,247,260
万人(ばんにん)　701,702
班幔(はんまん)　768

ひ

微雨(びう)　329,363
比叡御社八講(ひえおんしゃはっこう)官仏2　26,248 →三月註110/p288
東三条院(ひがしさんじょういん)場京左F28　45(東三条第),47(東三条第),364(東三条)
東三条院(ひがしさんじょういん)人藤4 →故東三条院(こひがしさんじょういん)
東階(ひがしのきざはし)　64,317,321,365,814
東対代(ひがしのたいだい)　832
東洞院(ひがしのとういん)場京左イ　339,806

東門(ひがしもん)　166, 170, 177, 519, 577, 589, 592, 769
疋(ひき)→正月註5/p84
引合(ひきあわす)　699, 700
牽進(ひきたてまつる)　697
引着(ひきちゃくす)　318, 356
率列(ひきつらぬ)　599
引出物(ひきでもの・ひきいでもの)　57, 779 →正月註63/p94
牽出物(ひきでもの・ひきいでもの)　318, 801
引参(ひきまいる)　318, 323, 780
比木目矢(ひきめのや)　175 →二月註154/p218
引亘(ひきわたす)　768, 838
日暮(ひぐれ)　321, 357
疋絹(ひけん・ひきぎぬ)→絹(きぬ)
披見(ひけん)　174, 251, 331, 343, 345, 347, 348, 350, 353, 356, 360, 368, 369, 371, 595, 686, 693, 694, 773, 786, 836
肥後(ひご)　369
日者(ひごろ)　357, 362, 364, 765
日来(ひごろ)　166, 258, 332, 366, 516, 517, 529, 589, 603, 608, 791
提(ひさげ)　255, 684 →九月註59/p718
廂(ひさし)　57, 255, 317, 319, 323, 335, 336, 337, 340, 350, 353, 778, 786, 788, 797, 798, 802, 803, 806, 815, 816, 822, 825, 832, 833
→広廂(ひろびさし)
→孫廂(まごびさし)
膝突(ひざつき)　245, 246, 321, 326, 331, 336, 343, 351, 353, 366, 586, 606, 686, 765, 767, 768, 769, 773, 780, 808, 814, 816, 834 →三月註77/p282
跪候(ひざまずきこうず・ひざまずきさぶらふ)　245, 686, 823
臂(ひじ)　697
美州(びしゅう)→美濃国(みののくに)
非常(ひじょう)　62, 249, 679, 701, 772, 842, 843
聖(ひじり)官仏3　3, 48, 50, 56, 466, 512, 524, 599, 600, 789 →正月註52/p92
→鎌倉(かまくら)
→桜井聖(さくらいのひじり)
→従諫の聖(じゅうかんのひじり)
→往聖(おうせい)
→聖運(せいうん)
肥前(ひぜん)官地3　171, 369
備前守(びぜんのかみ)官地3　177, 372, 607
前備前守(さきのびぜんのかみ)人藤21　177
比曽(ひそ)　514 →七月註93/p548
疲痩(ひそう)　32, 256, 261
秘蔵(ひぞう)　786, 791
密行(ひそかにおこなう)　790
密語(ひそかにかたる)　163, 578 →八月註17/p613
密談(ひそかにだんず・みつだん)　595, 597
密申(ひそかにもうす)　788
密々(ひそひそ・みつみつ)　75, 250, 330, 340, 583, 585, 589, 599, 683, 695, 697, 771, 788, 839
飛驒(ひだ)官地3　695
火燃屋(ひたきや)場内e3　366
常陸前守(ひたちのさきのかみ)人平1　783
常陸介(ひたちのすけ)官地3　44, 704
櫃(ひつ)　78, 170, 510, 515, 516, 518, 702, 773, 775, 792, 812
→折櫃(おりびつ)
→辛櫃・韓櫃(からびつ)
→小辛櫃(こからびつ)
→長櫃(ながびつ)
蹕を称(ひつをとなう)→警蹕(けいひつ)
筆削(ひっさく)　595 →八月註202/p649
備中守(びっちゅうのかみ)官地3　520
悲田(ひでん)　11, 77, 453, 590, 608, 690 →正月註406/p149
単衣(ひとえ)　71 →正月註340/p139
単重(ひとえ・ひとえがさね)　803, 834
一事(ひとつごと)　177
人事(ひとのこと)→人事(じんじ)
一夜(ひとよ・いちや)　71, 163, 527, 690, 832 →正月註326/p137・九月註137/p731
火取(ひとり)　803
日次(ひなみ)　71, 241, 489, 522, 828 →正月註336/p138
昼御座(ひのおまし)場内b3　783, 802

檜木(ひのき)　813
樋螺鈿剣(ひのらでんのたち)　67 →正月註271/p130
誹々(ひひ)　527 →七月註232/p573
非法(ひほう)　72
肥満(ひまん)　257
姫宮(ひめみや)　440,766,804
日物(ひもの)　819
干物(ひもの)　815
百王の運(ひゃくおうのうん)　579 →八月註48/p618
百神上天日(ひゃくしんじょうてんにち)　42,361
百官(ひゃっかん)　255,824
　百官の座(ひゃっかんのざ)　824
標(ひょう)　65,317,322,824 →正月註240/p125
　→標所(しめどころ)
廟(びょう) →大学(だいがく)
病痾(びょうあ)　370
兵衛(ひょうえ)官衛3・場大A3・E3　35,57,171,248,250,317,318,319,343,348,349,357,366,369,370,371,586,605,685,700,772,777,784,793,803,804,809,819,820,823,833,835,836,838
　左右兵衛(さゆうひょうえ)　317,804,809
　左兵衛督(さひょうえのかみ)　57,348,349,357,371,784,803,809,819,833
　左兵衛佐(さひょうえのすけ)　700
　右兵衛督(うひょうえのかみ)　57,171,248,250,343,348,366,369,370,586,685,772,777,784,793,809,820,835,836,838
　右兵衛尉(うひょうえのじょう)　35
　兵衛の陣官(ひょうえのじんかん)　319
兵衛の陣(ひょうえのじん)　823
　左兵衛陣(さひょうえのじん)場内e3　318,605
眇遠(びょうえん)　582,595 →八月註76/p626
兵庫寮(ひょうごりょう・つわもののつかさ)場大A1・官省5　65,162
病事(びょうじ)　81,167
病者(びょうじゃ)　77,608,703,705
病人(びょうにん)　77,511
病悩(びょうのう)　578,698,703
表の函(ひょうのはこ) →函(はこ)
屏風(びょうぶ)　768,832,834
兵部(ひょうぶ)官省5・場大B5　40,165,321,373,483,508,509,593,597,599,765,826
　兵部省(ひょうぶしょう・つわもののつかさ)　40,321,826
　兵部大輔(ひょうぶたいふ)　593
　兵部権大輔(ひょうぶごんのたいふ)　597,599
　兵部録(ひょうぶのさかん)　483,509
　兵部丞(ひょうぶじょう)　165,508,826
廟門(びょうもん) →大学(だいがく)
平綾(ひらあや)　692　九月註166/p735
平緒(ひらお)　55 →正月註5/p84
開検(ひらきけんず)　771
開見(ひらきみる)　167,321,336,337,354,363,773,779,786,798,809,817,818
平座(ひらざ)　464,471
平野(ひらの)官神5・場外5　34,334,455,490,584,593,769,780 →八月註90/p628・178/p646
　平野祭(ひらののまつり・ひらのさい)儀四・十一　34,490
平帳(ひらばり)　841
平胡籙(ひらやなぐい・ひらころく)　64 →正月註205/p117
非例(ひれい・れいにあらず)　166,171,818
披露(ひろう)　582,695
檳榔毛(びろうげ)　820
広瀬(ひろせ)官神5　33,439,440,441,510,515,765 →七月註108/p550
　広瀬使　441,510
広長の筵(ひろながのむしろ)　802
広廂(ひろびさし)　57 →正月註65/p94
檜皮(ひわだ)　175,513,514,698 →二月註167/p220・九月註244/p745
便(びん・べん)　57,70,161,163,175,251,255,256,362,365,511,515,522,581,586,595,596,688,691,694,695,698,701,767,774,790,791,810,815,816,829 →正月註70/p95
　便宜(びんぎ・べんぎ)　252,322,592,

594, 605, 774, 781, 830 →正月註 70/p95
便無(むびん・びんなし) 70, 161, 175, 255, 256, 362, 365, 511, 515, 522, 581, 595, 596, 691, 694, 698, 701, 767, 790, 791
便路(びんろ) 590
便所(びんしょ・べんしょ) 827, 828
→不便(ふびん)
鬢(びん) 779
賓客(ひんきゃく) 370
備後国(びんごのくに)[官]地3 60, 482

ふ

怖畏(ふい) 72, 582, 607, 817
無音(ぶいん・むおん) 525, 528, 770 →七月註 271/p571
風雨(ふうう) 259, 579, 595, 771
風雨雷電(ふううらいでん) 595
大風雨(だいふうう) 771
諷諫(ふうかん) 253 →三月註 156/p297
風雪(ふうせつ) 332
封代(ふうだい) 690
風病(ふうびょう) 78, 79, 81, 165, 167, 262, 507 →正月註 427/p153
風病発動 78, 167, 262
夫婦(ふうふ) 452, 585, 586, 600
封物(ふうもつ) 811
風問(ふうもん) 260
風聞(ふうもん・ふうぶん) 783, 805, 816, 817, 820
笛(ふえ・てき) 58
武衛(ぶえい)[官]衛3 813, 833
不穏(ふおん・おだやかならず) 769, 811
不快(ふかい・こころよからず) 169, 361, 365, 468, 521, 523, 696, 702, 703, 785, 792
不快の日(ふかいのひ) 702
深き理(ふかきことわり) 512
不覚(ふかく・おぼえず) 71, 259, 515 →正月註 332/p137
深沓(ふかぐつ) →沓(くつ)
不堪(ふかん) 463, 481, 485, 486, 685, 686, 784, 807, 809
不堪田(ふかんでん) 463, 485, 686
不堪文(ふかんのふみ) 685, 686, 784, 809 →九月註 81/p721
不堪申文(ふかんのもうしぶみ) 463, 685 →九月註 72/p720
不堪解(ふかんのげ) 686
不堪奏(ふかんのそう) 807
不堪荒奏(ふかんのあらそう) 807
吹損(ふきそんず) 579
不具(ふぐ) 12, 13, 81, 321, 329
→五体不具(ごたいふぐ)
覆勘(ふくかん・ふっかん) 60, 446, 512, 524, 526, 696 →正月註 134/p105・九月註 212/p741
覆勘文(ふくかもん・ふっかんもん) 60, 446, 512, 526
副官(ふくかん) →神祇(じんぎ)
服解(ふくげ) 485, 810
復座(ふくざ・ざにふくす) 68, 245, 251, 252, 322, 693, 814, 824
服身(ふくしん・ふくのみ) 839
覆推(ふくすい) 577 →八月註 2/p611
覆奏(ふくそう) 179, 350, 371, 372, 500, 578 →二月註 213/p233
覆帯(ふくたい) 813
腹中(ふくちゅう・はらのなか) 522
復日(ふくにち) 169, 583, 596, 791 →二月註 88/p202
復任(ふくにん) 349, 810
復末(ふくばつ) 516 →七月註 120/p553
覆問(ふくもん) 246 →三月註 88/p283
復問(ふくもん) 587 →八月註 119/p633
服薬(ふくやく) 610
巫覡(ふげき) 579, 584, 585, 599 →八月註 40/p616
普賢(ふげん) 789
扶公(ふこう)[人]僧1 240, 475, 584, 593, 799, 800, 801 →三月註 23/p271
総網(ふさあみ) 813
総鞦(ふさしりがい) 70 →正月註 313/p135
総代(ふさだい) 813, 814
扶持(ふじ) 57 →正月註 58/p94
附遣・付遣(ふしつかわす) 603, 689
不実の聞(ふじつのきこえ) 176
諷誦(ふじゅ・ふうじゅ) 4, 28, 58, 63, 78, 170, 179, 242, 254, 442, 470, 507, 508, 513, 514, 520, 529, 577, 578, 585, 686, 703, 704, 705, 811 →正月註 75/p96・八月註 11/

p612
武重(ぶじゅう・たけしげ)囚他51(秦)　358
府生(ふしょう)官衛1・衛2　16,59,69,70,75,165,168,175,257,258,259,358,516,519,520,522,525,527,583,584,585,586,590,702,704,774
→衛門(えもん)
→左近(さこん)
→右近(うこん)
不浄不信(ふじょうふしん)　452
藤原(ふじわら)囚藤　61,63,166,172,247,252,258,262,263,324,325,372,441,447,448,450,452,453,455,512,526,527,578,586,588,589,594,598,599,700,771,774,781,805,832
→藤氏(とうし)
不審(ふしん・つまびらかならず)　71,72,164,513,528
不信(ふしん)　452,704
→不浄不信
粉熟(ふずく・ふんずく)　56,317,355,776,815 →正月註39/p90
布施(ふせ)　163,180,242,248,249,251,263,363,529,589,594,705,824
少布施(しょうふせ)　251
敷政門(ふせいもん・しきせいもん)場内d3　3,55,56,245,317,322,351,366,586,598,686,775,780,798,813,838 →正月註17/p85
臥組(ふせぐみ)　813,817
傅説(ふせつ・すけとき)囚他60(御船)　69,71
敷設(ふせつ・しきもうく)　359,802,820,832
扶宣(ふせん・すけのぶ)囚他32(高)　56,67,72,73,514,519,526,583,590,797 →七月註151/p559
不善(ふぜん)　514,579
豊前(ぶぜん)官地3　327
豊前の解由 →解由(げゆ)
付送(ふそう)　260
不足(ふそく)　30,71,248,345,346,454,468,592,701,824
附属(ふぞく・ふしょく)　248
不足米(ふそくまい)　468,701
蓋(ふた)　68,773
簡(ふだ)　172,592,778 →二月註129/p212・八月註161/p642
譜代(ふだい)　808
二倍文(ふたえもん)　701 →九月註286/p750
両ながら(ふたつながら)　690
両返抄→返抄(へんしょう)
両行香→行香(ぎょうこう)
簡の外(ふだのそと)　172
不断法花経御読経(ふだんほけきょうみどきょう)　469,704 →九月註334/p761
法華不断御読経・法花不断御読経 →法華(ほけ・ほっけ)
布調(ふちょう)　801
府庁(ふちょう)　51,369,370,514
→右近衛府庁(うえもんふちょう)
書杖(ふづえ・ふばさみ)　245
文杖(ふづえ・ふばさみ)　353,818 →正月註231/p124
仏経(ぶっきょう)　23,240
仏供(ぶつぐ)　338
仏事(ぶつじ)　165,333,457,497,500,597,609,695,702,811,837
仏事の御祈　837
筆(ふで)　79,164,331,334,373,788,836(紙筆)
不定(ふてい・さだまらず)　3,56,79
→晴陰不定(せいいんふてい)
不当(ふとう・あたらず)　248,807,815
不当の事　807
不動息災法(ふどうそくさいほう)　78 →正月註415/p150
不徳(ふとく)　599
太紲(ふとたすき)　600 →八月註259/p657
文殿(ふどの・ふみどの)　176,504,843 →二月註172/p221
文殿の舎(ふどののや)場大D4　176
部内(ぶない)　810
船楽(ふながく)　842
赴任(ふにん)　244,246,588,814
舟(ふね)　679,698
→艤舟(ぎせん)
分配(ぶばい・ぶんぱい)　170,356,469,

793 →正月註 183/p113
分配の上(ぶばいのしょう)　356
分配の物　170
文筥(ふばこ)　354
文夾(ふばさみ)　65 →正月註 231/p124
不便(ふびん)　63, 163, 172, 251, 254, 515, 526, 580, 687, 766, 818, 843
不分明(ふぶんみょう)　74, 688
武方(ぶほう・たけかた)人他 51(秦)　358
普門寺(ふもんじ)官仏 2・場外 16　28, 241, 251, 253 →三月註 26/p272
不輸租田(ふゆそでん)　690 →九月註 129/p729
冬祭(ふゆのまつり)儀十一　73
不与状(ふよじょう)　10, 11, 326, 327, 335, 841 →正月註 439/p154
豊楽院(ぶらくいん)場大 B4　29, 41, 51, 173, 177(八省・豊楽等の院), 255, 369, 370, 477, 527, 685, 801
豊楽院西方の南の極の十九間堂 →明義堂(めいぎどう)
豊楽院行事(ぶらくいんのぎょうじ)官外 6　173
降入(ふりいる)　776
不慮(ふりょ)　507
部領(ぶりょう・ことり)　175 →二月註 155/p218
不例(ふれい)　355, 522, 583, 585, 790
無礼(ぶれい・ぶらい)　771
文円(ぶんえん)人僧 1　704 →久円(78, 163, 241, 251)
文義(ぶんぎ・ふみよし)人他 20(小野)　56, 60, 62, 66, 67, 69, 70, 72, 73, 79, 80, 81, 161, 162, 164, 167, 169, 171, 172, 174, 179, 252, 253, 255, 258, 261, 262, 263, 321, 324, 329, 344, 350, 365, 469, 472, 481, 484, 491, 511, 515, 523, 528, 577, 582, 584, 585, 586, 588, 593, 594, 597, 598, 599, 602, 603, 681, 682, 683, 685, 689, 691, 693, 696, 698, 699, 700, 704, 776, 784, 786, 796, 809, 810, 811, 814, 817, 823, 841 →八月註 184/p647
文高・文隆(ぶんこう・ふみたか)人他 35(惟宗)　179
豊後守(ぶんごのかみ)官地 3　485
分散(ぶんさん)　179, 242, 806
文辞(ぶんじ)　585
聞申(ぶんしもうす)　783
分送(ぶんそう・わけおくる)　593
文台(ぶんだい)　334
紛紜(ふんぬん)　179, 254, 690
分附(ぶんぶ・ぶんづけ)　588 →八月註 121/p634
分別(ぶんべつ)　69
分明(ぶんめい・ふんめい・ぶんみょう)　74, 173, 263, 688, 828 →三月註 253/p312 →不分明
文室(ふんや)人他 55　74
分憂(ぶんゆう)官地 3　370, 372, 693 →九月註 179/p737
分憂の任　370
文利(ぶんり・ふみとし)人他 10(大江)　527

へ

兵革(へいかく)　523, 805
平均(へいきん)　465, 690 →九月註 130/p730
平均役(へいきんやく)　465
丙合(へいごう)　601, 836 →八月註 279/p660
瓶子(へいし)　355
陪従(べいじゅう)官外 6　164, 259, 357, 359, 820, 822 →二月註 44/p189
秉燭(へいしょく・ひんそく・ひともしごろ)　55, 57, 58, 171, 246, 258, 340, 779, 807, 815, 816 →正月註 28/p88
秉燭の後　55, 258
秉燭者(へいしょくのもの)官外 6　779
斃(へいす・たおれる・しぬ)　496, 592
餅餤(べいだん)　777
幣帛(へいはく・みてぐら)　451, 453, 454, 458, 579, 778, 781
石清水幣帛使(いわしみずへいはくし)　451
幣・馬(へいば)　38, 770, 778
幣物(へいもつ)　587, 808
幣帛疎薄(へいはくそはく)　579
幣物の請奏　587
→御幣(ごへい)
平復(へいふく)　165, 324, 330, 588
屏幔(へいまん)　441, 512 →七月註 65/

p541
屏幔料　441,512
屏門(へいもん・びょうもん)　326
閉門(へいもん・もんをとず)　577
兵乱(へいらん)　51
壁外(へきがい) →壁(かべ)
壁後(へきご) →壁(かべ)
可(べし) →正月註 57/p93
別記(べっき)　821
別功の者(べっこうのもの)　693
別座(べつざ)　340
別紙(べっし・べつのかみ)　372
別志(べっし・べつのこころざし)　511
別車(べっしゃ・べつのくるま)　255
別社(べっしゃ・べつのやしろ)　600
別処・別所(べっしょ)官仏3　511
別勅(べっちょく)　525,577
別当(べっとう)　6,58,64,65,166,167,177,240,248,250,322,343,356,361,462,466,475,476,486,502,503,515,516,526,529,584,593,608,679,682,685,690,691,693,694,695,699,702,788,790,792,799,800,801,810,811,817,829,830,833,839 →正月註 91/p98
別当の闕の勘文(べっとうのけつのかもん)　690,693 →九月註 138/p730
→院・女院
→検非違使
→蔵人所
→勧学院・有官別当
→相撲司
→東大寺
→興福寺・山階別当
→法隆寺
別納租穀(べつのうそこく)　477,592
紅色(べにいろ)　792
紅花(べにばな)　510,516,519,520,698,701 →七月註 46/p538
紅花染　701
経廻(へめぐる) →経廻(けいかい)
版(へん)　65 →正月註 238/p125
変異(へんい)　523,704
弁官(べんかん)官太2　589,605,609,684,699
大弁(だいべん)　7,29,57,58,62,64,67,70,163,171,179,242,244,245,246,251,252,317,320,321,322,326,332,342,343,344,346,347,348,349,350,354,358,360,362,363,369,370,371,372,458,518,520,522,524,577,578,580,581,584,586,589,590,594,597,598,600,602,604,605,606,680,681,685,686,687,688,689,690,691,692,693,694,699,700,767,772,776,777,778,784,785,788,791,793,795,798,806,807,809,810,811,819,820 →九月註 91/p723
左右大弁(さゆうだいべん)　171,251,578,580,584,589,594,692
両大弁(りょうだいべん)　57,590
左大弁(さだいべん)　58,62,244,251,252,317,320,322,326,332,342,343,344,347,348,349,350,354,358,360,362,363,369,370,371,372,581,584,589,597,598,685,686,687,694,700,767,772,776,777,778,784,785,788,791,793,795,798,806,807,809,810,819,820
右大弁(うだいべん)　7,64,67,70,163,171,179,244,245,251,362,458,520,524,586,589,597,600,602,604,605,606,680,686,687,688,689,690,691,692,693,694,699,793 →九月註 265/p747
中弁(ちゅうべん)　13,68,79,245,318,323,329,333,356,494,581,584,591,607,701,766,771,775,776,777,778,801,815,818
左中弁(さちゅうべん)　13,79,329,333,356,581,584,591,607,701,777,778,815,818
権左中弁(ごんのさちゅうべん)　581,584
権弁(ごんのべん)　777,807,827,828,839
右中弁(うちゅうべん)　68,245,318,323,333,494,766,771,775,776,777,801
左少弁(さしょうべん)　60,68,179,239,251,256,329,331,353,509,522,524,839
右少弁(うしょうべん)　577,683,816
新右少弁(しんうしょうべん)　816
左弁官(さべんかん)　609,699
左弁官史生(さべんかんししょう)　609

→行事弁・行事の左中弁
→蔵人頭権左中弁・蔵人弁・蔵人右中弁・蔵人左少弁
→頭中弁・頭弁
弁官記(べんかんき) 589 →八月註136/p638
返却(へんきゃく) 18,461,783
返解使(へんげし) 595
→返解文(かえしのげぶみ)
弁候(べんこう) 25,340,341,782
弁済(べんさい) 490,679,819,830
弁済使(べんさいし)官地3 679,830 →九月註7/p708
返事(へんじ) 161,163,260,327,519,528,577,683,696,799
御返事(おんへんじ) 163,799
弁申(べんじもうす) 71,73,253,513,690
返抄(へんしょう) 177,248,249,258,834 →二月註185/p223
伊予返抄(いよのへんしょう) 248
両返抄 177 →二月註186/p225
伊賀の封の返抄(いがのふうのへんしょう) 258 →三月註206/p305
御封の返抄 834
返上(へんじょう) →返上(かえしたてまつる)
返進(へんしん) →返進(かえしたてまつる)
返牒(へんちょう) 368
返閇・反閇(へんばい) 339,832
返報(へんぽう) 781,791

ほ

保(ほ) 26,77,249 →正月註407/p149
布衣(ほい・ほうい) 702,792 →九月註294/p751・307/p755
本意(ほい・ほんい) 789,790
崩(ほう) 239
袍(ほう) 8,72,77,170,813
→雑袍(ざっぽう)
宝位(ほうい) 600 →八月註263/p658
法印(ほういん)官仏1 503,800,801 →七月註209/p569
冒雨(ぼうう) 262
暴雨大風(ぼううたいふう) 579
放火(ほうか) 41,247,361,364,480,579,697
傍官(ぼうかん) 349
宝亀(ほうき) 682,683,684
伯耆(ほうき)官地3 680
法家(ほうけ・ほっけ) 27,252,343,465,485,512,600,687,690,697,784,785 →三月註148/p296・九月註103/p725
謀計(ぼうけい) 27
坊家奏(ぼうけのそう) 64,322 →正月註226/p122
放言(ほうげん) 515
法眼(ほうげん)官仏1 525,705 →七月註209/p569
布袴(ほうこ・ほこ) 702,800 →九月註293/p751
邦恒(ほうこう・くにつね)人藤16 520
奉公(ほうこう) 579
亡国(ぼうこく) 240
奉仕(ほうし) 72,73,74,163,165,166,169,317,329,330,451,493,509,511,580,583,679,694,778,780,803,822,834
法師(ほうし・ほっし)官仏3 6,67,72,178,249,260,261,367,469,511,515,516,517,518,703
法住寺(ほうじゅうじ)官仏2・場外27 515,516 →七月註114/p553
五大堂(ごだいどう) 516 →七月註125/p554
逢春門(ほうしゅんもん)場大B4 768
報書(ほうしょ) 70,514
褒賞(ほうしょう) 507
報状(ほうじょう) 75,80,523,684,688,691
報ずるの状 518
放生会(ほうじょうえ) →石清水(いわしみず)
法成寺(ほうじょうじ)官仏2・場外19 5,6,50,320,323,439,496,691,765,799,827,831 →二月註201/p229・九月註154/p733
金堂(こんどう) 6,323
新堂(しんどう) 50,496
薬師堂(やくしどう) 5,320
東北院(とうほくいん) 50
法成寺の塔供養 799

縫糸料(ほうしりょう・ぬいいとのりょう)　512
奉親(ほうしん・ともちか)人他46(伴)　261
奉信(ほうしん・とものぶ)人不　578
芳真師(ほうしんし)人僧2　507
奉政(ほうせい・ともまさ)人他20(小野)　327
豊贍(ほうせん)　259 →三月註219/p307
宝前(ほうぜん)　241
放逐(ほうちく)　600
宝殿(ほうでん)　450,500,771,799
大神宮の宝殿(だいじんぐうのほうでん)　450,771
報答(ほうとう)　78,830
保刀禰(ほうとね・ほとね)官地1　77,78(刀禰),249(刀禰) →正月註409/p150
謗難(ぼうなん)　366,472,796
暴風雷雨(ぼうふうらいう)　599
法服(ほうふく)　799
奉幣(ほうへい・ほうべい)　13,14,15,16,41,42,162,166,331,333,334,356,361,362,440,442,443,445,450,451,453,454,455,456,458,459,460,472,473,478,479,480,482,497,501,515,522,592,595,599,603,609,688,700,701,702,767,768,769,780,781,836 →二月註15/p184
奉幣使(ほうへいし)官外6　16,331,334,443,445,453,455,458,459,460,482,497,501,595,603,609,780,836 →八月註303/p667
奉幣の使　700
奉幣の斎(ほうべいのいみ)　599
→伊勢奉幣使(いせほうべいし)
→賀茂奉幣使(かもほうへいし)
→祈雨奉幣使(きうほうべいし)
→止雨奉幣使(しうほうべいし)
→祈年穀奉幣(きねんこくほうべい)
亡弊(ぼうへい)　240
放免(ほうめん)　328
法用(ほうよう)　486,824
謀略(ぼうりゃく)　239
法隆寺(ほうりゅうじ)官仏2　486,810
法隆寺別当　486
謀慮(ぼうりょ)　239
俸料(ほうりょう)　260
傍例(ぼうれい)　592 →八月註171/p644
朴木(ほお)　813
他の上(ほかのしょう)　167,334(他の上卿),582 →八月註75/p626
輔官(ほかん・すけのかん)　502,839
卜(ぼく・うら・うらない)　49,167,334,356,366,367,450,458,466,469,479,489,490,497,499,500,501,502,530,599,601,700,704,705,773,789,805,818,827,828,833,834,835,836,838
卜定(ぼくじょう・ぼくてい)　469,489,490,497,499,500,501,502,704,705,818,827,828,833,834,835,836,838
卜筮(ぼくぜい)　530,805
卜具(ぼくぐ)　835
→卜食(うらあふ)
→卜方・占方(うらかた)
→卜串(うらぐし)
→卜申(うらないもうす)
→卜筥(うらのはこ)
→卜文(うらぶみ)
→筮卜(ぜいぼく)
→御卜(みうら)
僕(ぼく)　319,776,777,780,786,788,794,795,826,832,833
北上東面(ほくじょうとうめん)　606 →八月註327/p670
北廊(ほくろう・きたのろう)　24,241,334,776,780
法華・法花(ほけ・ほっけ)　170,180,469,704,793 →二月註220/p235
法華経・法花経(ほけきょう)　170,180,469,704
法華不断御読経　469,793
桙(ほこ)　358,823
鉾立(ほこたて)　341
法興院(ほこいん)官仏2・場外20　51,800,843
法興院八講(ほこいんはっこう)　51
輔行(ほこう・すけゆき)人他70(度会)　688
保光(ほこう・やすみつ)人源6　702
輔佐(ほさ)　523 →七月註192/p567
従に(ほしいままに)　318
輔親(ほしん・すけちか)人他14(大中臣)　44,348,349,363,450,456,458,459,508,

579, 580, 581, 582, 583, 595, 596, 600, 603, 604, 605, 606, 609, 680, 688, 689, 771, 772, 781, 785 →八月註 26/p614・28/p614・29/p614・58/p621・196/p649・247/p657・310/p667・336/p672・337/p672・364/p676
輔親(ほしん・すけちか)囚他70(度会)　681
舗設(ほせつ)　679
保相(ほそう・やすすけ)囚藤23　55, 805
熟苽(ほそじ・ほぞち)　590, 591 →八月註148/p640
細剣(ほそだち)　170 →二月註100/p204
細手作(ほそてづくり)　514
細長(ほそなが)　779
補替(ほたい)　338
菩提講(ぼだいこう)　512 →七月註76/p544
菩提樹(ぼだいじゅ)　789
発願(ほつがん)　806
北家(ほっけ) →北家(きたのいえ)
法性寺(ほっしょうじ)官仏2・場外29　842
　東北院　55, 170, 515, 518 →正月註3/p84
最手(ほて・ほって)　525, 527, 528, 529 →七月註219/p571
母堂(ぼどう)　484, 578, 588, 589, 594
仏(ほとけ)　780, 801, 811(仏像)
施与(ほどこしあたう・せよ)　56
施給(ほどこしたまう)　254
殆(ほとほと)　71 →正月註331/p137
保任(ほにん・やすとう)囚源6　607, 679
側に(ほのかに・わずかに)　173, 254, 594 →二月註135/p273
捕縛(ほばく)　259
堀河院・堀川院(ほりかわいん)場京左F25　72, 258, 259, 512, 529(堀川院), 578(堀川院) →正月註344/p139・七月註253/p576
幌(ほろ)　835, 839, 842
盆(ぼん・ひらか・ほとぎ)　518 →七月註135/p556
盆(ぼん)　442, 443, 444, 447, 515, 516, 767 →七月註109/p552・110/p552
　御盆(おぼん)　442, 767
　盆使(ぼんし・ぼんのつかい)　443, 447, 516
　盆を送るの使　515
本位(ほんい)　604, 841
本院(ほんいん)　36, 320, 468, 829, 839
本宮(ほんぐう)　787, 804, 832, 834
本家(ほんけ)　359, 578, 780, 787, 831, 832, 834, 835
本座(ほんざ・もとのざ)　335, 343, 842
本司(ほんし)　254 →三月註164/p299
本所(ほんじょ・もとのところ)　64, 65, 351, 353, 765, 773, 780, 814, 816, 817
本省(ほんしょう)　682
本陣(ほんじん)　703, 814
凡人(ぼんじん)　580
本心(ほんしん) →御本心(ごほんしん)
本姓(ほんせい)　774
凡僧(ぼんそう)官仏3　598, 824
本朝(ほんちょう)　599
本殿(ほんでん)　65
本府(ほんぷ)　695, 817
本封(ほんぷう・もとのふう)　499, 833
本命(ほんみょう)　6, 26, 66, 247, 442, 464, 513, 517, 520, 689
　御本命宿(ごほんみょうしゅく)　517, 520 →七月註159/p560
　本命供(ほんみょうぐ)　6, 26, 66, 247, 442, 464, 513, 689 →正月註252/p127
凡民(ぼんみん)　244
本寮(ほんりょう)　334

ま

毎月酉日の祭(まいつきとりのひのまつり)　500
　→斎院
舞師(まいのし)官省3(雅楽寮)　492, 819, 821
舞人(まいびと)　37, 38, 164, 258, 259, 357, 358, 359, 476, 822, 823 →二月註44/p189
　舞人の装束　258
舞姫(まいひめ)　820, 821
参来(まいりきたる・さんらい)　59, 73, 250, 519, 520, 521, 522, 524, 525, 528, 529, 688, 696, 699
参籠(まいりこもる・さんろう)　368
参立(まいりたつ)　335

詣向(まいりむかう)　57,255,527
参啓(まいりもうす)　688
大夫(まえつぎみ)　56 →正月註 36/p89
前物(まえもの・まえつもの・ぜんもつ)
500
真上・真髪(まがみ)囚他 56　527
罷逢(まかりあう)　516,609
罷会(まかりあう)　595
罷出(まかりいず)　169,342,524,528,529,594,605,606
罷帰(まかりかえる)　517,577,595
罷下(まかりくだる)　242,247,370,594,609,765
罷去(まかりさる)　170
罷立(まかりたつ)　525
罷着(まかりちゃくす)　697
罷遣(まかりつかわす・まかりやる)　600
罷上(まかりのぼる)　349,695
罷向(まかりむかう)　525,586,590,608,679
罷申(まかりもうす・まかりもうし)　18,27,244,253,454,513 →三月註 59/p278
巻結(まきかたぬ)　331,353,363
巻紙(まきがみ)　246,686 →九月註 88/p722
巻籠(まきこむ)　841
真衣野(まきの)官地 3(甲斐)　474
真衣野の御馬(まきののおんうま) →御馬(おんうま)
枉定(まげさだむ)　579
孫廂(まごびさし)　323,788,802,822
又の説(またのせつ)　163
亦の日(またのひ)　244
班猪尻鞘(まだらいのしりざや)　822
→尻鞘(しりざや)
松埼寺(まつがざきでら)官仏 2・場外 15
702 →九月註 305/p754
末代(まつだい)　524,579 →八月註 42/p616
松尾(まつのお・まつお)官神 5・場外 36
357,454,584,591 →八月註 90/p627
松尾使(まつおのつかい)官外 6　591
政始(まつりごとはじめ)　9,75,326,346
→正月註 385/p146
奉給(まつりたまう)　600
祭の日(まつりのひ)　80,256,333(率川祭の日),489,702(賀茂祭の日)
→祭日(さいじつ)
真手結(まてつがい)　7,70 →正月註 262/p129・316/p136
的懸(まとかけ)　797
的数(まとかず)　67 →正月註 265/p130
招集(まねきあつむ)　579
招入(まねきいる)　177
真人(まひと)　41,263,339,361
護幸(まもりさきわう)　600
護助(まもりたすく)　600
幔(まん)　332,335,359,441,512,605,768,823,825
→班幔(はんまん)
→屏幔(へいまん)
→花幔(かまん)
→南幔(みなみのまん)
万寿(まんじゅ)　467,698
満正・満政(まんしょう・みつまさ)囚源 3
175
漫称(まんしょう・みだりとなう)　344
政所(まんどころ)官家 4　6,67,248,249,804,834,835,843 →正月註 273/p132
政所の人　248
政所の別当　6

み

御明(みあかし・みあかり)　55,242 →正月註 4/p84
見合(みあわす)　809
御井(みい・おんい)　500,834,835
三井寺(みいでら)官仏 2(園城寺)　241 →三月註 33/p273
御卜(みうら)　48,366,367,450,458,466,469,479,500,599,772,789
御占(みうら)　599,608,701,703
御卜の案(みうらのあん) →案(あん)
→御体(ぎょたい)
御神楽(みかぐら)　822
御炊男(みかしきのおのこ)　834,836
御門守(みかどもり)官衛 2　821
三河・参河(みかわ)官地 3　10,327
三河守(みかわのかみ)　55,805
三河・出雲等の解由 →解由(げゆ)

御酒勅使(みきちょくし)官外6　322
造酒正(みきのかみ)官省8　349
造酒令史(みきのさかん)官省8　509
御酒米(みきまい)　466,693 →九月註168/p735
砌(みぎり)　59,175,351,582,768,776,816 →正月註106/p100
御櫛の筥(みぐしのはこ)　803
御薬(みくすり)　773,778 →八月註92/p628
御薬(みくすり)儀正　3,317,837
見下(みくだす)　348,371,773,784
御蔵・御倉(みくら)　450,509,511,771
　御倉の棟　509 →七月註29/p537
　御倉町(みくらまち)場京左 A2　511 →七月註53/p539
　→勅封の御倉・勅封の御蔵
御気色(みけしき) →気色(けしき)
未見未聞の事(みけんみもんのこと)　702
御輿(みこし)　59,319,355,796,823,842 →正月註108/p100
御修法(みしほ) →修法(しゅほう)
御消息(みしょうそく) →消息
御正体(みしょうたい・ごしょうたい)　475,800
未進(みしん)　175 →二月註167/p220
御簾(みす)　58,61,62,319,369,803,822 →正月註84/p97
御厨子所(みずしどころ)官外6・場内 a3　368,804,816
味煎(みせん)　70 →正月註322/p136
禊祭(みそぎまつり・けいさい)儀四　354,837,839
乱心地(みだれごこち) →心地(ここち)
盈溢(みちあふる)　243
道の間(みちのあいだ)　795
道々(みちみち)　164 →二月註39/p187
御帳(みちょう) →帳(とばり)
道を枉(みちをまぐ)　586
　→枉道の宣旨(おうどうのせんじ)
御使(みつかい・おつかい)　469,793
御使(みつかい)人他58　509
調送(みつぎおくる)　71,161,820 →正月註341/p139
密事(みつじ・ひそかなること)　581
密奏(みっそう)　331
未到(みとう)　61
御堂(みどう)官仏2(法成寺)　323,345,827,831
御堂関白記(みどうかんぱくき)　813
御読経(みどきょう) →読経(どきょう)
御弓奏(みとらしのそう・みたらしのそう・おんたらしのそう)　65,321 →正月註228/p123
南宅(みなみのたく)　780
南の堂(みなみのどう) →明義堂(めいぎどう)
南幔(みなみのまん)　335
南の申文(みなみのもうしぶみ)　346,362,767,809
南門(みなみもん)　801,842
簑(みの)　796
身犯(みのおかし)　343
身代(みのしろ)　170
美濃国(みののくに)官地3　366,367,368,371,686,695
　美濃国司　368,371
　美州(びしゅう)　695
　故美濃守(こみののかみ)人藤15　324
御八講(みはっこう) →八講(はっこう)
壬生(みぶ)人他59　263
御体(みま) →御体(ぎょたい)
美作(みまさか)官地3　60,71,445,520,522,607,679,682,698,704,830 →九月註5/p707・39/p713・325/p757
　美作国(みまさかのくに)　698
　美作守(みまさかのかみ)　60,71,520,607,698,830
　前美作守(さきのみまさかのかみ)人源6　607
未明(みめい)　700,783
御許(みもと・おんもと)　510,787,795,843
三宅(みやけ)人他61　261,263
宮主(みやじ)官神1　443,500,769,834,835,842,843
　宮主代(みやじだい)　842
宮の御方(みやのおんかた)人藤5　318,324,765,766,803,832
御行(みゆき・ぎょこう)　243,468,702,

703
妙音品(みょうおんぼん)　180 →二月註 220/p235
明暁(みょうぎょう)　242,527,578
明経博士(みょうぎょうはかせ)官省2　334
名字(みょうじ)　62,836 →正月註175/p113
冥助(みょうじょ)　601 →八月註275/p659
明神(みょうじん)　680,698
明旦(みょうたん)　515,529
名簿(みょうぶ・めいぼ)　61,68,69,71,73,246,252,323,324,529,689 →正月註159/p110
命婦(みょうぶ)　831
明法(みょうぼう)官省2　172,173,174,180,244,247,248,250,252,262,263,334,343,472,480,687,693,696,699,796,809
明法道(みょうぼうどう)　173,244
明法博士(みょうぼうはかせ)　172,248,250,252,334,343,472,687,693,696,796,809 →九月註209/p741
明法勘文(みょうぼうかもん)　480,699
民烟(みんえん)　696
民部(みんぶ)官省4・場大D5　57,166,169,172,176,255,262,335,368,369,370,470,475,501,502,581,608,684,703,705,772,780,785,786,809,810,828,838,839
民部省(みんぶしょう)　684,839
民部卿(みんぶきょう)　57,166,169,176,262,335,368,369,370,470,475,501,502,581,608,684,703,705,772,780,785,786,809,810,828,838,839
民部録(みんぶのさかん)　172
民部卿の室　501,838(民部卿の室家)
→戸部(こぶ)

む

無憂樹(むうじゅ)　789
迎来(むかえきたる)　58
麦(むぎ)　512
聟(むこ)　70 →正月註306/p135
無辜(むこ)　240 →三月註16/p270
夢告(むこく)　607(御夢告)
武蔵(むさし)官地3　33,249,353,500
武蔵国(むさしのくに)　33,249
武蔵国司(むさしこくし)　249
武蔵の御馬 →御馬(おんうま)
武蔵秩父の御馬 →御馬(おんうま)
無実(むじつ)　170
筵(むしろ)　322,768,775,802,823,834
息子(むすこ)人藤3　585
結緒(むすびお)　246,350 →三月註94/p285
夢想(むそう)　28,179,254,440,464,607(御夢想),690 →八月註342/p672
夢想粉紜(むそうふんぬん)　254 →二月註217/p234
夢相(むそう)　790
陸奥国(むつのくに)官地3　20
陸奥守(むつのかみ)　175
無動寺(むどうじ)官仏2　240,508 →三月註25/p271
上棟(むねあげ) →上棟(じょうとう)
宗岳(むねおか)人他65　262,263
無名門(むみょうもん・むめいもん)場内b3　326
無文綾(むもんのあや)　692
村上天皇・邑上天皇(むらかみてんのう)人皇5　239,333
村上天皇御記(むらかみてんのうぎょき)　333
邑上御記(むらかみぎょき)　75 →正月註383/p146
紫(むらさき)　60,70,510,802
紫革(むらさきがわ) →革(かわ)
紫端畳(むらさきべりのたたみ) →畳(たたみ)
紫苔(むらさきのり) →苔(のり)
無量義経(むりょうぎきょう)　610 →八月註372/p677
室町(むろまち)　77,702,791
室町小道(むろまちこうじ・むろまちこみち)場京左イ　702
室町西辺(むろまちのにしのわたり)　77
室町院(むろまちいん)　791

め

海藻(め・かいそう)　684
目有り耳有るの徒(めありみみあるのと)

679
銘(めい)　262,516
明宴(めいえん・みょうえん)[人]僧1　240,241
明義堂(めいぎどう)[場]大B4 →三月註174/p299・七月註230/p573
　南の堂(みなみのどう)　527
　豊楽院西方の南の極の十九間堂　255
名香(めいこう・みょうごう)　511 →七月註56/p540
命宿(めいしゅく・みょうしゅく)　517 →七月註133/p556
明順(めいじゅん・あきのぶ)[人]他43(高階)　696
明尊(めいそん・みょうそん)[人]僧1　584
馬医代(めいだい)[官]衛4　256 →三月註186/p302
明任(めいにん・あきとう)[人]他41(菅原)　80,511
明隆(めいりゅう・あきたか)[人]不　773
迷惑(めいわく)　175
巡降(めぐりおる)　58
召上(めしあぐ)　73
召合(めしあわせ) →相撲(すまい)
召入(めしいる)　596,803
召遷(めしうつす)　695
召仰(めしおおせ・めしおおす)　3,56,60,77,79,80,169,170,174,250,256,258,260,317,321,334,338,359,442,447,455,514,515,524,529,605,703,775,777,804,805,807,817,830,833,836,841 →正月註53/p93
召納(めしおさむ)　175
召勘(めしかんがう)　73 →正月註302/p142
召候(めしこうず)　373,521,767
召籠(めしこむ)　527,769
召尋(めしたずぬ)　766
召進(めしたてまつる)　12,40,41,73,77,80,243,261,263,327,328,516,527,775,784
召給(めしだまい) →位記(いき)
召給(めしたまう)　821
召試(めしためす)　829
召使(めしづかい)[官]太2　25,262,339,340,341,345,346,356,362,606,770,784,785,790,797,798,808,838
召使(めしつかう・めしづかう)　608
召仕(めしつかう・めしづかう)　71,829
召遣(めしつかわす)　62,63,71,81,164,254,508,516,527,577,579,580,581,602,684,688
召問(めしとう)　46,47,348,354,366,371,450,474,516,588,592,785,839
召取(めしとる)　260,519
召見(めしみる)　161,520,521,524,601
召物(めしもの)　179,239
召渡(めしわたす)　829
滅罪(めつざい)　241,679
女仁々々(めにめに)　515 →七月註111/p552
乳母(めのと)　172,511,513,837
　→御乳母子(おんめのとご)
馬寮(めりょう)[官]衛4　14,29,164,253,256,261,336,354,356,515,583,584,585,591,593,608,818,826 →八月註85/p627
　左右馬寮(さゆうめりょう)　336,354,585,591,593,608,826
　左馬寮(さまりょう)[場]大A4　583,818
　左寮(さりょう)　256,583
　右馬寮(うまりょう)[場]大A5　256,261,336,354,585,591,593,608
　右馬(うま)[官]衛4　34,63,164,166,180,256,257,261,584,595,780
　右寮(うりょう)　32
　馬助(うまのすけ)　32,63,164,166,348,349,584,780
　馬頭(うまのかみ)　32(頭),34,180,257,258,319,591,595,822
　左馬頭(さまのかみ)　591,822
　右馬頭(うまのかみ)　34,180,257,595
　左馬助(さまのすけ)　348,780
　右馬助(うまのすけ)　63,164,166,584
　馬允(うまのじょう)　37,43,259
馬寮使(めりょうのつかい)[官]外6　14,164
免裁(めんさい)　369
免遣(めんじやる・ゆるしやる)　253,516
面上(めんじょう)　169
面談(めんだん)　330
免田(めんでん)　16,31,168,170,259,588

→二月註80/p199・八月註125/p635
面目(めんもく)　525

も

裳(も)　501,837
儲(もうけ・もうく)　71,244,251,259,320,323,345,359,679,683,703,769,773,778,786,787,792,801,802,803,804,809,817,822,823,831,832,834,835,836
儲候(もうけさぶらう)　244,251,786,787,802,809
→書儲(かきもうく)
→調儲(ととのえもうく)
→申儲(もうしもうく)
→催儲(もよおしもうく)
申上(もうしあぐ・しんじょう)　37,175,695
申出(もうしいず)　172
申奉(もうしうけたまわる)　323,332
申送(もうしおくる)　38,250,335,528,578,688,697
申行(もうしおこなう)　169,326,342,353,356,589,807,828,830
申返(もうしかえす・もうしかえし)　32,41,263,524,588 →三月註256/p313・八月註122/p634
申下(もうしくだす)　173
申詞(もうしことば)　161
申定(もうしさだむ)　826
申状(もうしじょう)　344,370,696
申給(もうしたまえ)　245,687,700 →九月註95/p723
申次(もうしつぎ)　777
申侍(もうしはべる)　582
申文(もうしぶみ)　10,25,30,47,48,63,68,74,78,80,171,240,244,245,247,250,256,325,326,341,342,346,347,348,349,350,351,354,356,362,363,365,366,367,369,371,372,439,463,465,473,508,509,513,514,601,602,604,680,685,687,690,694,696,767,776,777,778,788,789,798,807,809,819,840,841 → 正月註188/p114・八月註310/p667・九月註182/p739
申儲(もうしもうく)　323
盲者(もうじゃ)　608
毛筆(もうひつ)　241
猛風(もうふう・みょうふう)　259
燃出(もえいづ・ねんしゅつ)　77
木工(もく)[官]省8　338,359,682,834
木工寮(もくりょう)　834
木工允(もくのじょう)　682
木工算師代 →算師
目(もくす) →正月註171/p112
目代(もくだい)　800
目代(もくだい)[官]地3　843
沐浴(もくよく)　62,244,581,800 →正月註177/p113
沐浴禊斎　800
目録(もくろく)　343,513,599,686,688,795,816 →九月註87/p722・89/p722・90/p723・115/p727
茂親(もしん・しげちか)[人]他51(秦)　586,592,680
持来(もちきたる)　56,57,59,61,63,67,73,75,76,77,79,161,162,168,170,173,179,180,239,244,249,252,256,258,260,261,263,321,322,331,345,356,368,491,508,509,512,513,520,524,526,528,578,582,584,588,591,597,598,599,601,602,607,608,681,683,686,690,691,692,696,697,698,700,701,796,799,812,843
持候(もちこうず)　822
持参(もちまいる・じさん)　14,62,162,331,333,335,350,354,373,786,788,803
持渡(もちわたる)　243
尤も吉(もっともきち)　705
最も好(もっともよし)　71,599
故(もと)　775 →八月註115/p633
元河内権守(もとかわちのごんのかみ) →河内守(かわちのかみ)
元諸陵助(もとしょりょうのすけ)[人]藤2　263
元の如(もとのごとし)　331,347,350,360,363,369,462,686,687
本座(もとのざ) →本座(ほんざ)
本の田(もとのた)　686
本所(もとのところ) →本所(ほんじょ)
本道(もとのみち)　339,340,353,816
求出(もとめいだす)　257

求進(もとめたてまつる)　257
本自(もとより)　335,346,770,832
物忌(ものいみ)　15,17,18,21,22,50,74,78,82,163,166,167,169,170,172,177,178,179,180,242,248,255,263,333,368,373,445,449,453,486,492,493,508,517,519,523,577,589,596,770,795,798,811,818,821,822,826 →正月註378/p144・八月註1/p611
　御物忌(おんものいみ)　18,22,50,163,172,178,255,263,333,368,373,486,492,493,508,517,523,596,795,818,821,822,826
　内の御物忌(うちのおんものいみ)　163,333 →二月註28/p186
　南所物忌(なんしょのものいみ)　15,333,770,798
物部(もののべ)人他66　261
物節(ものふし)官衛1　792
母屋(もや)　319,788,825
催出(もよおしいだす)　57
催仰(もよおしおおす)　60,67,254
催行(もよおしおこなう)　802
催具(もよおしぐす)　825
催責(もよおしせむ)　170
催儲(もよおしもうく)　323
催申(もよおしもうす)　509
洩奏(もらしそうす)　74,476
漏達(もらしたっす)　582,607
洩申(もらしもうす)　790
漏聞(もれきく)　165,605
門屋(もんおく)　842
門外(もんがい)　164,177,263,366,519,826
門下(もんげ)　161,477,606
門戸(もんこ)　260
文殊(もんじゅ)　248,789 →三月註109/p287
文書(もんじょ)　36,69,73,74,246,251,326,341,342,354,372,465,508,521,577,581,609,685,687,690,784,785,809,811,843
文章生(もんじょうしょう)官省2　71 →正月註337/p138
文章博士(もんじょうはかせ)官省2　334,479
門前(もんぜん)　165,333,501,838
文選(もんぜん)　446,524 →七月註200/p568
門内(もんない)　171,326,339,801,823,824

や

矢(や)　67,175,179,257,326,696,797
　→比木目矢(ひきめや)
　→矢数(やかず)
　→矢取(やとり)
矢数(やかず)　67,257 →正月註274/p131
夜間(やかん・よるのあいだ)　79
焼物(やきもの)　819
薬王品(やくおうほん)　180 →二月註220/p235
役供(やくぐ)　319,803,804 →正月註95/p99
薬師堂(やくしどう) →法成寺(ほうじょうじ)
役送(やくそう)　340,823,834 →正月註95/p99
役々(やくやく)　808
焼山(やけやま)　70
夜行(やこう)　11,77 →正月註408/p149
　夜行人　11
野心(やしん)　173
夜前(やぜん)　820
夜中(やちゅう・よなか)　524,790
矢取(やとり)　797
柳筥(やないばこ)　61,68,693,788 →正月註151/p109
胡籙(やなぐい・ころく)　64,319,684,792 →正月註205/p117・九月註60/p718
　→平胡籙(ひらやなぐい)
　→狩胡籙(かりやなぐい)
八橋野牧(やはしののまき・やばせののまき)官地3(伯耆)　461,680 →九月註17/p709
夜半(やはん)　259
病(やまい・びょう)　6,7,11,12,30,47,48,49,59,69,70,71,77,78,79,81,165,167,179,247,258,262,348,366,368,370,439,440,441,446,447,448,449,453,467,

472, 507, 509, 511, 516, 529, 578, 600, 608, 690, 694, 697, 698, 703, 705, 773, 790
→胸病(きょうびょう)
→瘧病(ぎゃくびょう)
→疾病(しつびょう)
→重病(じゅうびょう)
→大病(たいびょう)
→病者(びょうじゃ)
→病事(びょうじ)
→病人(びょうにん)
→病悩(びょうのう)
→風病(ふびょう)
→身病(しんびょう)
恙(やまい)　508
山崎(やまざき)官地3(山城)　47
山階寺(やましなでら)→興福寺(こうふくじ)
山階別当(やましなのべっとう)官仏2　240, 593
山城国司(やましろのこくし)官地3　259
権守(ごんのかみ)　360
山城介(やましろのすけ)　31, 32, 38, 260, 262, 263, 348, 350, 360
大和国(やまとのくに)官地3　168
大和守(やまとのかみ)　12, 80, 243, 255, 327, 460, 510, 609
大和の神社四ヶ所の使(やまとのじんじゃよんかしょのつかい)官外6　514
倭舞(やまとまい)　356
山上(やまのうえ)人他67　492
山座主(やまのざす)官仏2(延暦寺)　35, 161 →二月註4/p181
→延暦寺(えんりゃくじ)
山路(やまみち)　842
良久(ややひさし)　60, 64, 68, 163, 243, 245, 347, 507, 578, 592, 690, 766, 771, 793, 797, 810 →正月註138/p106
夜闌(やらん)　59 →正月註111/p101
遣求(やりもとむ)　258
夜漏(やろう)　515 →七月註116/p553
無止き神事・無已き神事(やんごとなきしんじ)　81, 370 →正月註464/p158
無已(やんごとなし)　81, 163 →正月註464/p158
無止(やんごとなし)　163, 175, 370 →正月註464/p158

ゆ

維摩会(ゆいまえ)　468, 701 →九月註277/p748
維摩講師(ゆいまこうじ)　33
揖(ゆう)　245, 322, 339, 340, 341, 606, 686, 769, 777, 797, 798, 814
小揖(しょうゆう)　245
木綿(ゆう)　519, 834
優廻(ゆうかい)　371
遊楽(ゆうがく)　701
夕方(ゆうがた)　258
雄業(ゆうぎょう・おなり)人不　697
融碩(ゆうけん)人僧1　584, 840
夕講(ゆうこう)　495
→朝講(あさこう)・朝夕の講(あさゆうのこう)
夕座(ゆうざ)　824
→朝座(あさざ)
雄雌(ゆうし)　525, 526
有志の人(ゆうしのひと)　244
有若亡(ゆうじゃくぼう)　176 →二月註172/p221
優恕(ゆうじょ)　239 →三月註11/p269
遊女(ゆうじょ)　792
友正(ゆうせい・ともまさ)人藤24　479, 480, 805
有封の諸寺(ゆうふうのしょじ)　486, 810, 811
優免(ゆうめん)　372, 440, 486, 509, 811 →七月註35/p537
猶予(ゆうよ)　162
祐頼(ゆうらい・すけより)人他3(安倍)　491
優劣(ゆうれつ)　525
故無く(ゆえなく)　349, 468, 475, 700
雪(ゆき)　59, 330, 332, 813, 841
雪降(ゆきふる)　813, 841
行向(ゆきむかう・いきむかう)　47, 360
弓場(ゆば・ゆみば・いば)場内b4　12, 37, 328, 335, 336, 337, 473, 695, 780, 788, 796, 797, 798, 815, 816, 833, 836, 841 →正月註140/p106
弓場殿(ゆばどの)　335, 336, 833, 841 →

正月註 140/p106
弓場始(ゆばはじめ)儀正　473,796,797,815
夢(ゆめ)　28,32,179,254,263,440,464,508,607(御夢),690,700,790
→吉夢(きちむ)
→夢告(むこく)
→夢相(むそう)
→夢想(むそう)
忽(ゆるがせ)　701
→忽(にわか)
許申(ゆるしもうす)　607
免物(ゆるしもの)　492,821
免遣(ゆるしやる)→免遣(めんじやる)

よ

用意(ようい・いをもちう)　162,166,169,177,325,587,792,802 →二月註 23/p185
容顔(ようがん)　171
遥期万歳(ようきばんざい)　601
葉子(ようし)　589,777 →八月註 129/p636
養女(ようじょ)　511
用心(ようじん)　330
擁政(ようせい)　814
幼稚の程(ようちのほど)　837
腰痛(ようつう)　582
腰病(ようびょう)　59
養父(ようふ)　29
陽明門(ようめいもん)場大 E2　340,586,591
用物(ようもつ)　835
余寒(よかん)　11
佳事(よきこと・かじ)　67
善事(よきこと)→善事(ぜんじ)
余興(よきょう・よこう)　241
能々(よくよく)　765
抑留(よくりゅう)　79,790 →抑留(おさえとどむ・よくりゅう)
横切座(よこぎりのざ)　594 →八月註 182/p646
横挿(よこざし)　365
余事(よじ)　164,835
吉田(よしだ)官神 5・場外 18　36,37,41,356,493,686
吉田祭(よしださい)儀四・十一　36,37,40,356,493,686 →九月註 77/p720
由祓(よしのはらえ)　23,461
与奪(よだつ)　326
入夜(よにいり・にゅうや)　63,65,66,69,70,81,167,169,174,242,247,250,258,260,320,323,329,332,335,337,359,361,367,368,373,507,512,513,522,524,525,526,527,528,529,583,584,596,601,684,688,689,691,696,698,703,777,785,789,792,800,803,805,807,818,820,821,822,829,830,831,832 →正月註 191/p115
夜守日守(よのまもりひのまもり)　600
呼立(よびたつ)　246
呼遣(よびつかわす)　252,522,597,599,692
夜部(よべ)　164,166,324,603,801,821,836 →二月註 36/p187・八月註 298/p666
読様(よみざま)　171 →二月註 118/p210
読申(よみもうす)　580,777
夜々(よよ・やや)　589
頼通第(よりみちだい)　79,81,354,365,508,584,785,793,827,831 →正月註 435/p153
宜しき日(よろしきひ)　80,522,694,699
弱肩(よわかた)　600 →八月註 259/p658

ら

雷雨(らいう)　524,599,681,795
来会(らいかい)→来会(きたりあう)
頼賢(らいけん)人僧 2　693
来向(らいこう・きたりむかう)　174,340,507,789,801,820,829,843
頼行(らいこう・よりゆき)人藤 24　259,260
頼行宅　259
頼国(らいこく・よりくに)人源 3　702,792
頼寿(らいじゅ)人僧 1　362
頼秀(らいしゅう)人僧 1　258
頼重(らいじゅう・よりしげ)人源 8　349
頼職(らいしょく・よりもと)人源 4　164,166,512 →二月註 42/p188
頼信(らいしん・よりのぶ)人源 3　37,38,47,48,49,51,63,175,360,366,367,368,

371, 439, 440, 466, 507, 514, 516, 695, 765 →正月註 193/p115・七月註 2/p531・九月註 195/p740
頼親(らいしん・よりちか)囚源3　12, 80, 243, 255, 327, 328, 460, 510, 609
頼成(らいせい・よりなり)囚藤13　244
頼清(らいせい・よりきよ)囚源3　246, 253
頼宗(らいそう・よりむね)囚藤5　8, 11, 56, 57, 58, 59, 61, 62, 65, 72, 74, 78, 167, 168, 169, 172, 174, 242, 317, 318, 321, 322, 325, 326, 369, 447, 449, 507, 509, 511, 512, 513, 520, 522, 526, 527, 528, 578, 590, 686, 687, 696, 702, 785, 797, 799, 809, 819 →七月 註 152/p559・153/p559・154/p559・237/p574
　春宮大夫の二娘　511
来着(らいちゃく・きたりちゃくす)　680, 698
来聴(らいちょう)　610
頼通(らいつう・よりみち)囚藤5　3, 9, 11, 21, 31, 34, 38, 40, 45, 56, 58, 60, 62, 63, 65, 66, 68, 69, 71, 72, 76, 78, 79, 81, 161, 162, 163, 165, 166, 167, 168, 169, 171, 172, 173, 174, 175, 176, 177, 178, 179, 239, 241, 242, 243, 248, 249, 251, 253, 254, 255, 256, 257, 259, 260, 261, 263, 317, 318, 319, 320, 322, 323, 324, 326, 327, 329, 330, 331, 332, 335, 336, 337, 338, 342, 345, 353, 354, 356, 357, 358, 360, 361, 362, 363, 365, 367, 368, 373, 465, 468, 473, 475, 476, 479, 488, 497, 507, 508, 510, 514, 518, 521, 522, 524, 527, 528, 577, 579, 580, 582, 583, 584, 586, 587, 588, 590, 591, 592, 594, 595, 597, 598, 599, 601, 603, 606, 609, 679, 680, 681, 684, 685, 688, 689, 690, 691, 692, 694, 696, 697, 698, 699, 700, 702, 705, 765, 766, 767, 769, 770, 771, 772, 774, 778, 779, 783, 784, 785, 786, 787, 788, 789, 790, 791, 792, 793, 795, 797, 798, 799, 800, 801, 802, 803, 805, 807, 808, 810, 811, 813, 817, 818, 820, 822, 824, 826, 827, 828, 829, 830, 831, 832, 833, 837, 838, 839, 840, 841, 842, 843
雷電(らいでん)　489, 579, 582, 595, 597, 772, 817
　雷電大雨　582, 595
頼平(らいへい・よりひら)囚源3　693
頼明(らいめい・よりあき)囚藤15　324
雷鳴(らいめい)　489, 811, 817
頼友(らいゆう・よりとも)囚不　11, 77, 172
頼隆(らいりゅう・よりたか)囚他28(清原)　41, 42, 263, 339, 361, 577, 578
裸火(らか・はだかび)　77 →正月註 410/p150
洛下(らくげ)　250
濫悪(らんあく)　697
濫行(らんぎょう)　20, 24, 168, 242, 260, 443, 516, 527, 609 →二月註 81/p200・八月註 370/p677
乱声(らんじょう)　801
濫吹(らんすい)　260, 513, 515 →三月註 230/p308
覧筥(らんばこ)　354, 817

り

理(り・ことわり)　239, 246, 319, 363, 372, 509, 512, 517, 523, 588, 607, 690, 809, 810, 819 →三月註 87/p283
　事理(ことのことわり・じり)　690 →九月註 134/p730
　事の理(ことのことわり)　523
　理非(りひ)　809, 810, 819
痢(り)　508, 528 →七月註 27/p537
理運(りうん)　700
利貫(りかん・としつら)囚不　696
理義(りぎ・まさよし)囚平1　63
離宮(りきゅう)　579, 782 →八月註 30/p614
利業(りぎょう・としなり)囚不　172, 472, 693, 796
利原・利源(りげん)囚僧2　168 →二月註 77/p199
利春米(りしょうまい)　819
理食(りしょく)　521
立願(りつがん)　259
立券文(りっけんもん)　686 →九月註 76/p720
立座(りつざ・ざをたつ)　334, 341, 343, 776, 777, 779
律師(りっし)官仏1　47, 243, 244, 248, 508,

584,704,824,843
権律師(ごんのりっし) 584,840
立断(りつだん) 697 →九月註 231/p744
立柱上梁(りっちゅうじょうりょう) 591
率分(りつぶん) 512,693 →七月註 67/p542
率分所(りつぶんしょ)官省7・場大D1 693 →九月註 172/p736
里第(りてい) 46,63,258,318,363,366,810,817,828,834,835,836,838 →正月註 204/p117
利道(りどう・としみち)人他70(度会) 681
理髪(りはつ) 778,779,821
理非(りひ) →理(り)
利方(りほう・としかた)人他4(荒木田) 680
理望(りぼう・まさもち)人他14(大中臣) 348,349
吏部王・李部王(りほうおう・りぶおう)官省2 325,462,783
釐務(りむ) 27,252,253,344,462,783 →三月註 151/p296
略書(りゃくしょ・ほぼかく) 347
略定(りゃくてい・ほぼさだむ) 829
略見(りゃっけん・ほぼみる) 161
隆国(りゅうこく・たかくに)人源6 58,67,68,69,70,72,73,77,164,166,172,257,259,319,325,513,514,518,519,521,523,525,526,527,528,578,588,603,604,695,767,771,783,800,803,822,830,833,840,841,842
隆佐(りゅうさ・たかすけ)人藤14 793,800,801,818
龍尾壇(りゅうびだん) 823
龍尾道(りゅうびどう) 824
料(りょう) →正月註 74/p95
料の事(りょうのこと) 444,452,770
両(りょう) 20,175 →二月註 162/p219
燎(りょう・かがりび・にわび) 58 →正月註 88/p98
諒闇(りょうあん) 239 →三月註 10/p268
良円(りょうえん)人僧1 243,244,248,704,843
龍王(りょうおう) 359
両行香(りょうぎょうこう) →行香(ぎょうこう)
両宮(りょうぐう) →伊勢(いせ)官神4
良経(りょうけい・よしつね)人藤10 591
良元(りょうげん)人僧2 261,263
良国(りょうこく・よしくに)人他11(大蔵) 9,23,27,73,74,239,240,252,325,344
良国王(りょうこくおう) 9,73,74,325,344
両三(りょうさん) 10,61,68,244,319,326,580,599,778,791,799,803,804,807,834
両三の者(りょうさんのもの) 244
良資(りょうし・よしすけ)人藤22 63
良史(りょうし)人他71(周) 248,789 →三月註 109/p287
寮事(りょうじ・りょうのこと) 338
良時(りょうじ・よしとき)人不 679
両省(りょうしょう) 65
凌辱(りょうじょく) 38
良静師(りょうせいし・りょうじょうし)人僧2 510
両説(りょうせつ) 322
良宗(りょうそう・よしむね)人源6 324,357,477,592
領送使(りょうそうし)官衛3 596,598 →八月註 208/p650
両大弁(りょうだいべん) →弁官(べんかん)
療治(りょうち) 247,253
良貞(りょうてい・よしさだ)人不 29,256,258,357(良定)
良定(りょうてい・よしさだ)人不 357 →良貞
両度(りょうど) 79,165,180,243,342,607
両堂(りょうどう) 369,370
両納言(りょうなごん) 57,63,80
寮頭(りょうのかみ) →斎宮(さいぐう)
寮允(りょうのじょう) →大学(だいがく)
寮助(りょうのすけ) →斎宮(さいくう)
両府(りょうふ) 318
両返抄(りょうへんしょう) →返抄(へんしょう)
良方(りょうほう・よしかた)人不 529,578 →七月註 248/p575
料米(りょうまい) 176,490,588,819
良明(りょうめい・よしあき)人他8(宇治)

350
料物(りょうもつ)　452,453,518,588,589,835 →八月註130/p636
両役(りょうやく)　342,829
良頼(りょうらい・よしより)[人]藤7　61,62,72,73,319,337,469,519,684,685,793,797
良吏(りょうり)　240
慮外(りょがい)　516
緑紙(りょくし)　601 →八月註276/p659
膂力(りょりょく)　514 →七月註97/p549
臨暗(りんあん)　167 →二月註67/p196
霖雨(りんう)　453,458,459,463,469,582,682,685,784
臨幸(りんこう)　58,59,689
臨昏(りんこん)　55,79,80,81,176,521,526,590,591,596,705 →正月註23/p87
倫子(りんし・ともこ)[人]源5　178,484
綸旨(りんじ)　524,681,698 →七月註199/p568
臨時(りんじ)　3,4,29,30,62,249,256,257,258,346,451,452,469,484,493,501,502,518,521,588,772,782,822,839
　臨時除目(りんじのじもく) →除目(じもく)
　臨時祭(りんじさい)[儀]三・十一　29,30,249,256,257,258,346,484,493,822 →三月註117/p291・184/p301
　臨時の恩(りんじのおん)　62
　臨時雑役(りんじぞうえき)　588
　臨時の小儀(りんじのしょうぎ)　518,521 →七月註138/p556
　臨時仁王会(りんじにんのうえ) →仁王会(にんのうえ)
臨夜(りんや)　77,243,508,519,579 →正月註403/p148

る

類聚(るいじゅう)　683,774 →九月註51/p715
　類聚国史(るいじゅうこくし)　774
流罪(るざい)　452,456 →八月註110/p632・九月註261/p747
留守の官人(るすのかんじん)　247 →三月註101/p286
流人(るにん)　16,20,168,175,176,453,590,595
　流人を送る使　20
流布(るふ)　176
流来(るらい・りゅうらい)　18,20,173,176,177
　流来の者　20,176,177

れ

霊気(れいき)　578,703 →八月註20/p613
　霊気の祟(れいきのたたり)　703
囹圄(れいぎょ)　250 →三月註127/p292
例講(れいこう)　12,22,32,448,460,470
例事(れいじ・れいのこと)　240,333,342,582,700,802,837,843
伶人(れいじん)[官]省3(雅楽寮)　804
鈴奏(れいそう・すずのその)　823,824
冷淡(れいたん)　260
例に従(れいにしたがう)　690
礼に違(れいにたがう)　579
例に復(れいにふくす)　355,508
例絹(れいのきぬ) →絹(きぬ)
例の御幣(れいのぎょへい) →御幣(ごへい)
例の如(れいのごとし・れいのごとく)　251,337,347,353,358,369,581,586,773,780,802,807,823,837
例文(れいぶみ・れいもん・れいぶん・れいのふみ)　162,477,581,583,584 →八月註61/p622
例幣(れいへい)　464,781
　例幣使(れいへいし)　464
例用(れいよう)　454,592
礼を失(れいをしっす)　840
暦記(れきき)　594 →八月註186/p647
暦家(れきけ)　76 →正月註388/p146
暦数(れきすう)　579 →八月註47/p618
櫪馬(れきば)　258 →三月註210/p305
暦博士(れきはかせ)[官]省1　444,770
歴名(れきみょう)　256,681 →三月註190/p302・九月註29/p711
列見(れけん・れっけん)[儀]二　16,19,20,167,174,355,453 →二月註66/p196
列見辻(れけんつじ)　355
列居(れっきょ)　824
列座(れつざ)　245

列立(れつりつ)　57,60,61,318,341,355,605,606,801,814,816,823 →正月註59/p94・141/p106
簾下(れんか)　529,833
簾外(れんがい)　165,169,834
蓮花(れんげ)　508,511 →七月註22/p535
連座(れんざ)　594
輦車(れんしゃ・れんじゃ・てぐるま)　3,5,22,56,60,65,179,245,444,518,592,605,607(輦車・手車),832(輦) →正月註41/p91・八月註324/p669
練習(れんしゅう)　595
連署(れんしょ)　481
蓮昭・蓮照(れんしょう)[人]僧1　840
連信(れんしん・つらのぶ)[人]他70(度会)　681
連奏(れんそう)　262,263,348
　陰陽寮の連奏　262 →三月註248/p312
　神祇官の連奏　263,348 →三月註254/p312
鎌足(れんそく・かまたり)[人]藤1　774
簾中(れんちゅう)　319,610,683,834
蓮範(れんぱん)[人]僧2　693
蓮府(れんぷ)[官]公2　179 →二月註204/p230

ろ

粮(ろう)　20,173,176,179,481,509,807,843
　→帰粮(きろう)
　→大粮(たいろう)
廊(ろう)　174,326,338,610,772,773,776,779,797,813,814,823 →八月註374/p677
　廊下(ろうか・ろうげ)　326,797,813
　廊下の儀　813
　廊下の座　326,797
　西南東等の廊の壇上　338
　→東廊(とうろう)
　→西廊(せいろう)
　→南廊(なんろう)
　→北廊(ほくろう)
　→軒廊(こんろう)
老(ろう・おい)　466,467,509,511,525,693,700,789
　老聖(ろうせい・おいたひじり)　466,789
　老病(ろうびょう)　467
　老屈(ろうくつ)　525
　老人(ろうじん)　511
　→衰老(すいろう)
籠居(ろうきょ)　163,516,528,781 →二月註29/p186
漏剋博士(ろうこくはかせ)[官]省1(陰陽寮)　339
労事(ろうじ)　840
労給(ろうしたまう)　510
漏失(ろうしつ・もれうしなう)　582
労績(ろうせき)　525
狼藉(ろうぜき)　62,76,583 →正月註181/p113
労帳(ろうちょう)　164 →正月註147/p107・二月註39/p187
郎等(ろうとう)　12,327,360
廊内(ろうない)　813
労問(ろうもん)　511
牢籠(ろうろう)　816
禄(ろく)　4,6,11,56,58,59,64,70,161,242,319,322,340,342,356,359,439,444,455,457,460,491,492,499,528,590,591,698,770,782,801,804,821,822,832,833,834 →正月註49/p91
　禄料(ろくりょう)　59,457
　禄の文(ろくのふみ)　27,342
　禄法(ろくほう)　499
　→位禄(いろく)
　→位禄所(いろくしょ)
　→饗禄(きょうろく)
　→手禄(しゅろく)
　→小禄・少禄(しょうろく)
　→勝禄(しょうろく)
　→節禄(せちろく)
六位(ろくい)　3,69,70,71,78,167,172,174,317,320,342,357,359,362,366,600,680,681,683,684,688,797,803,820
　正六位上(しょうろくいのじょう)　78,600,680,681,683,688
　六位の階(ろくいのかい)　684
　殿上の六位(てんじょうのろくい) →殿上(てんじょう)

六位外記(ろくいのげき)[官]太1　69,71,174
六位蔵人(ろくいのくろうど)[官]令2　71
六位の禰宜(ろくいのねぎ)　681
録事(ろくじ)　356
六波羅(ろくはら)　441,511,705(六波羅蜜)
六波羅寺(ろくはらじ)[官]仏2・[場]外25　511 →七月註56/p540
六府の陣(ろくふのじん)　816
六角堂(ろっかくどう)[官]仏2・[場]平左G35　5,60,63,520,529,578,686 →正月註125/p104
論議(ろんぎ)　334
論義(ろんぎ)　449,577,578
→内論義(うちろんぎ)

わ

和歌(わか)　167,510
若狭(わかさ)[官]地3　168,242,247,263,513 →二月註81/p200
若狭国(わかさのくに)　168,242,263,513
若狭国司(わかさこくし)　168,242,513
若宮(わかみや)　789
和布(わかめ)　510,512
和暖(わかん)　606
腋(わき)　447,525,526,527,528 →七月註212/p570
腋の闕(わきのけつ)　526
助手(わき)　525
腋陣(わきじん)　770,821
腋床子(わきのしょうじ) →床子(しょうじ)
分授(わけさずく)　824
分給(わけたまう・ぶんきゅう)　37,326,336,340,357,782,821,826
分取(わけとる)　780,815
分施(わけほどこす)　170
和奸(わけん)　587 →八月註116/p633
趨出(わしりいづ)　245,246,586 →三月註81/p283
趨来(わしりきたる)　245,246
僅(わずか)　164,167,243,259,579,580,606 →二月註45/p190
纔に(わずかに)　582 →二月註45/p190
煩ふ所(わずらうところ)　519,704
綿(わた)　70,71,507,590,690,698,797,821,826
綿衣(わたごろも)　71 →正月註339/p138
渡預(わたしあずく)　842
渡受(わたしうく)　815
渡申(わたしもうす)　843
渡殿(わたどの)　58 →正月註86/p98
度会(わたらい)[人]他70　599,681,683,688
度会神主(わたらいかんぬし)[人]他70　681,688
度会宮(わたらいぐう) →伊勢(いせ)[官]神4
藁履(わらぐつ) →履(くつ)
童(わらわ・どう)　253,445,450,515,519,583,595,608,820
童女(わらわめ・どうじょ)　355,492,820
童相撲(わらわずまい) →相撲(すまい)
→牛童(うしわらわ)
→小舎人童(こどねりのわらわ)
→中納言の息童(ちゅうなごん)
→従者の童(じゅうしゃのわらわ)
→児童(じどう)
→堂童子(どうのどうじ)
円座(わろうだ・えんざ)　58,61,68,319,323,332,335,336,693,767,778,779,788,796,803 →正月註87/p98・九月註177/p736

その他

□□(？)[人]他70(度会)　681
才頼(？らい・？より)[人]他4(荒木田)　681
□賢(？けん)[人]僧2　241

《付A》人物考証

皇族1　聖武

聖武天皇(しょうむてんのう)〔建立の天皇〕故人(701～756)。皇統譜の第45代天皇。在位、神亀元年(724)～天平勝宝元年(749)。諱は首(おびと)。文武天皇の皇子。母は藤原宮子。天平元年(729)、皇后には皇族を立てる慣例を破って藤原不比等の娘光明子を立后(藤原氏の皇后の初め)。諸国国分寺や東大寺および盧舎那大仏を建立。譲位に際して出家。法名は勝満。天平勝宝八歳崩御。天平宝字二年(758)に勝宝感神聖武皇帝と策し、天璽国押開豊桜彦尊と諡された。『小右記』長元四年二月廿六日条＊2に東大寺の「建立の天皇」として見える。

皇族2　仁明

仁明天皇(にんみょうてんのう)故人(810～850)。皇統譜の第54代天皇。在位、天長十年(833)～嘉承三年(850)。嵯峨天皇の第二皇子、母は橘嘉智子。諱は正良。弘仁十四年(823)叔父淳和天皇の皇太子となり、天長十年即位。はじめ淳和の子恒貞親王を皇太子としたが、承和九年(842)承和の変が起き、恒貞親王は廃太子となり、仁明の子で藤原冬嗣の妹順子所生の道康親王(後の文徳天皇)を新たに皇太子とした。嘉祥三年三月十九日に出家、廿一日に崩御。忌日の三月廿一日に東寺で国忌が行なわれていた(『小右記』長元四年三月十八日条▼a・十九日条＊1・廿二日条＊1、『左経記』二月廿一日条※1)。

時子女王(じしじょおう・ときこじょおう)故人(？～847)。時子内親王。仁明天皇の皇女。母は参議従四位上滋野貞主一女の女御縄子。無品。天長八年(831)十二月、有智子内親王が老齢で退下するに代わり、賀茂斎院に卜定された。淳和天皇の退位により退下した。承和年中(834～848)に四度、讃岐・河内・山城・摂津各国の荒廃・空閑の田地を賜わっている。承和十四年二月薨去。『小右記』長元四年九月三日条＊1に、『日本後紀』天長八年十二月条逸文の斎院卜定記事が引かれている。

皇族3　宇多

宇多天皇(うだてんのう)故人(867～931)。皇統譜の第59代天皇。在位、仁和三年(887)～寛平九年(897)。諱は定省(さだみ)。光孝天皇の第七皇子。母は班子女王。父の践祚直後の元慶八年(884)四月十三日、他の皇子女と共に源氏の姓(光孝源氏)を賜わり臣籍降下するが、父の崩御直前の仁和三年八月廿五日、親王に復帰し、翌日立太子。同日父の崩御で践祚。藤原基経を関白に任じた際に「阿衡の紛議」が起こる。基経死後は関白を置かず、菅原道真を抜擢するなど政治の刷新に努めた(寛平の治)。寛平九年七月三日、息子の醍醐天皇に譲位して太上天皇(上皇)となる。昌泰二年(899)に出家。法名は空理、金剛名は金剛覚。翌年十一月廿五日、太上天皇の尊号を辞して法皇を称した(法皇の初例)。承平元年七月十九日崩御。日記『宇多天皇御記』の逸文が伝わる。

皇族 4　醍醐

醍醐天皇（だいごてんのう）故人〔後山階〕（885〜930）。皇統譜の第 60 代天皇。在位、寛平九年（897）〜延長八年（930）。諱は敦仁（あつひと）。宇多天皇の第一皇子。母は藤原胤子。寛平五年に立太子、四年後に 13 歳で即位。宇多天皇は譲位の際に『寛平御遺誡』を書き与えて天皇としての心得を説く中で、藤原時平と菅原道真を重用することも指摘した。醍醐天皇は時平を左大臣、道真を右大臣に任じたが、延喜元年（901）正月、讒訴により道真を大宰権帥に配流した。時平の主導で延喜荘園整理令などの改革をしたが、あまり成果は上がらなかった。同九年に時平が 39 歳で薨じた後は、その弟の忠平が中核となって親政を補佐した。在位期間は 34 年間で平安時代の天皇中で最も長く、『日本三代実録』『延喜式』『古今和歌集』の編纂がなされた。後代にはその政治を延喜の治と呼んで聖代視するようになった。中宮藤原穏子（時平の妹）の他に女御・更衣ら妃が 20 人近く、皇子女も 40 人近くおり、賜姓源氏は 6 人いた。延長八年九月廿二日に 8 歳の皇太子寛明親王（朱雀天皇）に譲位、廿九日に出家後、46 歳で崩御。醍醐寺北の後山科陵に葬られた。日記『醍醐天皇御記』の逸文が伝わる。

皇族 5　朱雀　村上

朱雀上皇（すざくじょうこう）故人〔先朱雀院〕（923〜952）。皇統譜の第 61 代天皇。在位、延長八年（930）〜天慶九年（946）。諱は寛明（ゆたあきら）。醍醐天皇の第十一皇子。母は藤原穏子。延長元年十一月十七日に親王宣下。同三年十月廿一日に 3 歳で立太子。同八年九月廿二日、醍醐天皇の譲位により 8 歳で即位。在位中、伯父藤原忠平が摂政・関白を勤めたが、承平・天慶の乱が起こり、地方政治の荒廃が目立った。天慶九年四月廿日、弟の村上天皇に譲位し、以降、朱雀院に住む。天暦六年（952）三月十四日に出家。法名は仏陀寿。八月十五日に崩御。『小右記』長元四年三月一日条＊2 に「先の朱雀院」として見える。三月註 9・10 参照。

村上天皇（むらかみてんのう）故人（926〜967）。皇統譜の第 62 代天皇。在位、天慶九年（946）〜康保四年（967）。諱は成明。「邑上天皇」とも書く。醍醐天皇の第十四皇子。母は藤原穏子。同母兄弟に、保明親王・朱雀天皇、康子内親王がいる。延長四年（926）十一月に親王宣下。天慶三年（940）二月に綾綺殿にて元服。三品に叙され、安子との嫁娶の礼を行なう。上野太守、大宰帥を経て、同七年に朱雀天皇の皇太弟となる。同九年即位。藤原忠平が前代に引き続き関白を勤めたが、天暦三年（949）の忠平薨去後は関白を置かず、親政を行なった。その治世は後世、醍醐天皇の治世と共に聖代視され、「延喜・天暦の治」と讃えられている。康保四年五月廿五日に出家、崩御。天皇の名が『小右記』長元四年三月一日＊2 に、日記『村上天皇御記』が正月十八日条＊1、『左経記』二月八日条※1 に見える。

婉子女王（えんしじょおう・つやこじょおう）故人（972〜998）。為平親王（村上天皇第四皇子）の女。母は源高明女。花山天皇の女御であったが、寛和二年（986）に花山天皇が出家・退位した後、藤原実資の北方となる。長徳四年七月十三日に 27 歳で薨去。実資は「故女御」婉子の忌日に禅林寺で諷誦を修していた（『小右記』長元四年七月十三日条▼a）。七月註 103 参照。

選子内親王（せんしないしんのう・のぶこないしんのう）68 歳〔斎院官神 3 →前斎院〕（964〜1035）。村上天皇の第十皇女。母は藤原師輔女の中宮安子。冷泉・円融天皇は同母兄。康保元年四月二十四日に誕生直後、同月廿九日に母后と死別。同年八月、内親王宣下。天延三年（975）六月、十二歳で賀茂斎院に卜定。貞元二年（977）四月十六日、紫野院に入る。以来、円融・花山・一条・三条・後一条の五代、五十七年にわたり奉仕して、大斎院と称された。斎院として賀茂神に奉仕する身でありながら、仏教にも深く帰依し、和歌によって菩提を得たいとの願から長和元年（1012）に『発心和歌集』を編んでいる。長元四年（1031）九月廿二日に老病のためひそかに斎院を退下（以後「旧院」と記される）、廿八日に叔父である深覚を戒師として出家。閏十月二

日には覚超からも十戒(沙弥戒)を受けている。同八年六月廿二日に72歳で薨去し、蓮台野に火葬された。

媞子女王(てんしじょおう・よしこじょおう)27歳〔斎宮官神2〕(1005〜1081)。具平親王(村上天皇の第七皇子)の第三女。母は為平親王の二女。資子内親王(村上天皇皇女)の養女となり、女王の姉(隆姫女王)が藤原頼通室であった関係から頼通の後見を受けた。長和五年(1016)二月十九日、斎宮に卜定され、居処である染殿で宣旨を受けた。この時に斎宮別当に補された源顕定は、治安三年(1023)に薨じている。寛仁元年(1017)九月に野宮入りし、翌年九月に群行して伊勢に赴いた。長元四年六月の月次祭で、伊勢荒祭神の託宣を二度にわたって受け、斎宮頭藤原相通とその妻小忌古曾を伊勢から追放させるよう朝廷に働きかけた。解説二〇「伊勢斎王託宣事件」参照。後一条天皇の崩御により、長元九年(1036)七月十六日に帰京官符を得た。その後藤原教通の室となる。永保元年六月十六日以前に77歳で薨去。

名不詳〔民部卿の室〕(?〜1031)。昭平親王(村上天皇第九皇子)の女。藤原斉信と婚す。藤原長家室となる女を産むか。長元四年十二月廿一日に薨去(『左経記』同月廿三日条※1)。

皇族6　一条

一条天皇(いちじょうてんのう)故人〔故一条院〕(980〜1011)。皇統譜の第66代天皇。在位、寛和二年(986)〜寛弘八年(1011)。諱は懐仁(やすひと)。円融天皇の第一皇子。母は藤原兼家と時姫との間に生まれた詮子(道長の姉)。永観二年(984)八月、従兄の花山天皇の即位時、東宮となる。二年後の寛和二年六月廿三日、花山天皇の出家による退位に伴い七歳で即位。外祖父で右大臣の兼家が摂政となった。正暦元年(990)正月五日に十一歳で元服。兼家の死後、子の道隆が摂政・関白、次いでその弟道兼が関白となり、更に長徳元年(995)に道長が内覧宣旨を受けた。道長はまもなく権大納言から右大臣となり、翌年左大臣に就任。道長のもと、藤原行成・公任・斉信、源俊賢ら四納言の補佐により政治は安定し、摂関政治の全盛時代を迎えた。長保元年(999)に中宮定子(道隆の一女)は敦康親王を出産するが、同日、道長の一女彰子が中宮となり、一人の天皇に二人の后が存在する二后並立となった。寛弘五年、彰子に敦成親王(後の後一条天皇)が誕生。翌六年には敦良親王(後の後朱雀天皇)が生まれ、道長は二重の外戚関係を築くこととなった。後宮に藤原義子・元子・尊子らも入内したが、いずれも皇子の誕生はなかった。寛弘八年六月十三日、病により従兄の東宮居貞親王(後の三条天皇)に譲位。同月廿三日、一条院にて32歳で崩御。日記『一条天皇御記』は、寛弘年間の逸文がわずかに伝わる。『小右記』長元四年二月八日条＊1や『左経記』三月廿八日条※2に一条朝の先例のこと、『左経記』六月廿一日条▽aに一条天皇の国忌のことが見える。

敦成親王(とんせいしんのう・あつひらしんのう)→後一条天皇

敦良親王(とんりょうしんのう・あつながしんのう)23歳〔東宮官家1〕(1009〜1045)。一条天皇の第三皇子。母は藤原彰子(上東門院)。寛仁元年(1017)八月九日、敦明親王の皇太子辞退により、後一条天皇の皇太子(皇太弟)となる。同三年八月廿八日に元服。妃の一人に道長の女嬉子がいたが、親仁を生んだ直後に薨じた。長元四年には、兄の朝覲行幸に合わせて母上東門院を拝し(正月三日)、詩会を催し(三月三日)、相撲の抜出に参上し(『小右記』八月一日条▼c)、上東門院の物詣には御書使を送っている(『左経記』九月廿七日条※1)。また、東宮傅であった実資から小野宮邸の池の蓮の実が献上されている(『小右記』八月十一日条＊1)。長元九年(1036)、後一条天皇の崩御により28歳で即位。後朱雀天皇。寛徳二年に37歳で崩御。

親仁(しんじん・ちかひと)7歳〔東宮の小宮〕(1025〜1068)。東宮敦良親王(後の後朱雀天皇)の第一皇子。母は藤原嬉子。万寿二年(1025)八月三日に土御門第で誕生。二日後に母嬉子が薨じたので、祖母で伯母でもある彰子のもとで育った。万寿元年(1024)に着袴。長元四年条では「東宮の小宮」「春宮の若宮」として、九月十六日の出御に関する記事がある(『小右記』九月十四

日条※1、『左経記』九月十六日条※2※3)。長暦元年(1037)正月に親王宣下、七月元服、三品に叙された。翌八月立太子。寛徳二年(1045)に受禅。後冷泉天皇。治暦四年に44歳で崩御。

脩子内親王(しゅうしないしんのう・ながこないしんのう)36歳(996〜1049)一条天皇の第一皇女。母は藤原定子(関白道隆女)。同母弟妹に敦康親王・媄子内親王がいた。長徳四年(998)十二月に登華殿で着袴の時(3歳)、寛弘二年(1005)に着裳の時(11歳)、それぞれ藤原道長が袴・裳の腰を結んだ。同四年正月に一品、年官年爵を賜わり、三宮に准ぜられ、本封の他に千戸を加えられた。長和二年(1013)に竹三条宮へ渡御、万寿元年(1024)三月に出家(戒師は天台座主院源)した。『小右記』長元四年正月廿五日条＊3で御給を申請した「三条宮」は、脩子内親王とも禎子内親王とも解釈できる。正月註424参照。永承四年正月に54歳で薨去。

皇族7 三条

三条天皇(さんじょうてんのう)故人〔三条院〕(976〜1017)。皇統譜の第67代天皇。在位、寛弘八年(1011)六月十三日〜長和五年(1016)正月廿九日。諱は居貞(いやさだ)。冷泉天皇の皇子。母は藤原超子。寛和二年(986)に立太子し、寛弘八年に36歳で即位。東宮時代に妃とした藤原娍子(大納言済時女)と藤原妍子(道長女)を皇后と中宮にした。道長の全盛期であり、敦成親王(道長の外孫)を皇太子とした道長から再三にわたり譲位を迫られ、長和五年(1016)、第一皇子敦明親王の立太子を条件に枇杷殿で譲位した。翌寛仁元年(1017)四月に出家し、五月九日に三条院において42歳で崩御。法名は金剛浄。

敦明親王(とんめいしんのう・あつあきらしんのう)38歳〔小一条院〕(994〜1051)。三条天皇の第一皇子。母は藤原娍子。長和五年に立太子したものの、藤原道長の圧迫を受け、寛仁元年(1017)八月九日に東宮を辞退、廿五日に「小一条院」の院号を授けられ、准太上天皇となる。十一月廿二日に道長の末娘寛子と婚した。長元四年、小一条院の牛付の従者と藤原実資の牛童が乱闘事件を起こしている(七月廿日条＊1)。

敦貞親王(とんていしんのう・あつさだしんのう)18歳〔小一条院の一宮〕(1014〜1061)。敦明親王の第一皇子。母は藤原顕光女延子。寛仁三年(1019)三月に異母妹の儇子女王と共に祖父三条天皇の皇子女に准ぜられ、親王宣下を受ける。三条天皇の崩御後の二年後であったので問題となった。長元四年には「小一条院の一宮」として、修理大夫源済政女と婚したという記事がある(正月十九日条▼c)。康平四年に46歳で薨去。三品であった。

敦平親王(とんへいしんのう・あつひらしんのう)33歳〔式部卿官省2〕(999〜1049)。三条天皇の第三皇子。母は藤原娍子。長和二年(1013)に元服。兵部卿・大宰帥を歴任。万寿四年(1027)、当時の中宮藤原威子が藤原兼隆邸を御在所としており、その兼隆の婿となっていたことにより、兄敦儀親王を超えて二品に叙せられ、事実上の氏長者となった。長元四年正月五日に行なわれた叙位議における王氏爵で、王胤でない鎮西の異姓の者を推挙するという不正が発覚、これにより三月十四日に省務停止を命じられ、勘事に処せられたが、この処分の決定には、今上(後一条)天皇が敦平親王の父三条天皇から譲位されたことが配慮されている(三月一日条＊2)。同月廿八日に勘事は許され、九月五日に省務への復帰が命じられた。解説一三「王氏爵詐称事件」参照。永承四年に51歳で薨去。

禎子内親王(ていしないしんのう・よしこないしんのう)19歳〔一品宮〕(1013〜1094)。三条天皇の女。母は藤原妍子。万寿四年(1027)三月廿三日に敦良親王(後の後朱雀天皇)の妃となり、弘徽殿を居殿とした。後三条天皇らの生母。寛徳二年(1045)七月出家。法名は妙法覚。永承六年(1051)に皇太后、治暦四年(1068)の後三条天皇の即位に伴い、太皇太后となる。翌延久元年、院号(陽明門院)を宣下される。嘉保元年、鴨院において82歳で崩御。長元四年に一品であるが、『小右記』『左経記』に見える「一品宮」はすべて章子内親王を指すか。但し、『左経記』十月十七日条※3で興福寺東金堂・塔供養の誦経料を割り振られた「一品宮」は禎子内親王の

可能性がある。また、『小右記』正月廿五日条＊3にある「三条宮御給」は、三条院に住んだ禎子内親王によるものとも、竹三条宮に住んだ脩子内親王によるものとも解釈できる。正月註424参照。

皇族 8　後一条(今上)

後一条天皇(ごいちじょうてんのう)24歳〔主上、宸儀、公家、当時、今上、乗輿、御前、御所〕(1008〜1036)。皇統譜の第68代天皇。在位、長和五年(1016)〜長元九年(1036)。諱は敦成(あつひら)。一条天皇の第一皇子。母は藤原彰子。寛弘五年九月十一日に生誕した時の記録は『紫式部日記』に詳しい。同年十月十六日に親王宣下、同八年六月十三日に皇太子となり、長和五年正月廿九日に三条天皇の譲位により践祚、二月七日に即位した。寛仁二年(1018)正月三日、11歳で元服。同年三月七日道長の三女で20歳の尚侍威子を妃とし、同年四月廿八日に女御、十月十六日に立后して中宮とした。二人の間に章子内親王と馨子内親王が生まれた。長元九年四月十七日、清涼殿において29歳で崩御。

章子内親王(しょうしないしんのう・あきこないしんのう)6歳〔一品宮・新一品宮〕(1026〜1105)。後一条天皇の第一皇女。母は藤原威子。万寿四年(1027)に内親王となり、長元三年(1030)十一月廿日に飛香舎で着袴、本封の他に千戸を賜わり、准三后となり、一品に叙され(『日本紀略』)、長元四年条では「一品宮の姫宮」「新一品宮」などと記される。但し、『左経記』十月十七日条※3で、興福寺東金堂・塔供養の誦経料を割り振られたのは、章子内親王ではなく禎子内親王と考えることもできる。後朱雀朝の長暦元年(1037)に東宮親仁親王(後の後冷泉天皇)の御息所になり飛香舎を居殿とし、夫が即位した寛徳二年(1045)に女御、翌永承元年に中宮となる。天皇崩御後の延久元年(1069)に出家。承保元年(1074)六月に二条院の院号を宣下される。晩年は後一条天皇陵の近くに菩提樹院を営み、同所で長治二年九月に80歳で崩じた。

馨子内親王(けいしないしんのう・かおるこないしんのう)3歳〔女二宮、今上女二親王〕(1029〜1093)。後一条天皇の第二皇女。母は藤原威子。「女二宮」「今上女二親王」などと記される。長元二年二月一日に誕生、同年四月十六日に内親王となり、本封の他に百戸を賜わる(『小右記』)。長元四年、選子内親王が退下した後を受け、賀茂斎院になる。十月廿九日に着袴を行ない、二品に叙せられる。解説二四「馨子内親王の着袴」参照。十二月十六日、斎院に卜定されるにあたり、准三宮、年官・年爵、本封の外に封千戸を賜わった。解説二五「馨子内親王の卜定」参照。同九年(1036)、後一条天皇崩御に伴い斎院を退下。後冷泉朝の永承六年(1051)に東宮尊仁親王(後の後三条天皇)の妃となり、夫の即位翌年の延久元年(1069)に中宮となる。天皇退位の翌年(同五年)、天皇と共に出家。承保元年(1074)に皇太后の尊号を贈られ、西院皇后と称された。寛治七年九月四日に65歳で崩じた。

皇族 9　その他

安宿王(あんしゅくおう・あすかべおう)故人。生没年未詳。長屋王の子。母が藤原不比等女であったため、天平元年(729)に起こった長屋王の変(父は自害)では死罪を免れた。同九年に従五位下。玄蕃頭、治部卿、中務大輔、播磨守、讃岐守などを歴任。天平勝宝九歳(757)、橘奈良麻呂の変で妻と共に佐渡に流された時の『続日本紀』の記事が、『小右記』長元四年八月八日条＊1に先例として引かれている。宝亀四年(773)十月には高階真人の姓を賜わった。

有智子内親王(うちこないしんのう)故人(807〜847)。嵯峨天皇の皇女。母は交野女王。弘仁元年(810)、初代賀茂斎院に卜定される。21年間斎院として奉仕し、天長八年(831)十二月に退下。承和十四年十月廿六日に41歳で薨去。『左経記』長元四年九月廿三日条※1に、斎院選子内親王の退下に伴い、故無く本院を退出した事例として、有智子内親王の事例が勘申された。

元平親王(げんぺいしんのう・もとひらしんのう)故人(？〜958)。陽成天皇の皇子。母は主殿頭藤原遠長女。式部卿在任中、天暦七年(953)の叙位で、賜姓されて臣籍降下した者を、誤って王氏爵の名簿に入れて問題となる(『権記』長徳四年〈998〉十一月十九日条)。長元四年の敦平親王による王氏爵詐称事件を処分する際に、この時の『清慎公記』が参照されている(『小右記』正月十二日条＊1・十四日条▼b、九月五日条＊1)。天徳二年五月廿三日に薨去。

宣子内親王(せんしないしんのう・のぶこないしんのう)故人〔故斎内親王〕(902〜920)。醍醐天皇の第二皇女。母は源封子(旧鑒の女)。延喜三年(903)に内親王となり、同十五年七月に 14 歳で賀茂斎院に卜定される。同二十年六月、病により斎院を退出、約一ヶ月後の閏六月九日に薨去。長元四年に選子内親王が斎院を退出する際、宣子の例が勘申されている(『左経記』九月廿三日条※1)。

婉子内親王(えんしないしんのう・つやこないしんのう)故人(904〜969)。醍醐天皇の第七皇女。母は藤原鮮子(藤原速永の女)。延喜八年(908)に内親王となり、承平元年(931)十二月に賀茂斎院に卜定、三品に叙される。『左経記』長元四年十二月五日条※1に、婉子内親王の例により卜定後に里第で過ごす期間も初斎院の期間に含めると源経頼が判断している。康保四年(967)、村上天皇崩御に伴い斎院を退下。朱雀・村上両天皇朝の賀茂斎院を 35 年間勤め、大斎院と称された。安和二年(969)九月七日に出家、十一日(十日とも)に 41 歳で薨去。

昭章王(しょうしょうおう・てるあきおう)〔伊勢奉幣使[官]神4〕生没年未詳。長和五年(1016)二月廿五日に斎宮卜定の伊勢使を勤め、長元四年八月の伊勢公卿勅使発遣にも王氏使を勤めた。『小右記』廿三日条▼eの宣命草に「従四位下昭章王」と見え、廿四日条＊1に卜定、廿五日条▼eに馬を賜わって伊勢に出立したとある。

藤原氏 1　忠平以前

鎌足(れんそく・かまたり)故人〔大織冠〕(614〜669)。藤原氏の祖。中臣御食子の男。母は智仙娘(大伴久比子の女)。乙巳の変(645)で、中大兄皇子(後の天智天皇)らと共に蘇我蝦夷・入鹿父子を倒し、内臣となって大化改新を推進。臨終に際し、天智天皇から当時の最高冠位である大織冠と藤原朝臣の姓を賜わった。天智天皇八年十月十六日に薨去。次男不比等が藤原姓を継承。出家していた長男定恵は、鎌足を多武峰(多武峰寺、現在の談山神社)に改葬。『小右記』寛仁二年(1018)十月七日条に藤原道長娘威子の立后日(十月十六日)は「始祖大臣(＝鎌足)の御忌日」であるとの指摘が見え、万寿四年(1027)十一月廿四日条には道長危篤に際して「鎌足大臣」・不比等・詮子の臨終時の天皇行幸の例が挙げられている。『左経記』長元四年八月七日条※1に「大織冠(＝鎌足)の本姓は大中臣」であり伊勢神宮への勅使には藤原氏を遣わすべきという故藤原行成の言葉が見える。

時平(じへい・ときひら)故人〔贈太政殿下〕(871〜909)。基経の一男。母は人康親王(仁明天皇皇子)女。仲平・兼平・忠平・穏子らの兄。正二位左大臣に至る(薨去の翌日に太政大臣・正一位を贈られる)。延喜元年(901)正月、右大臣菅原道真を大宰権帥(員外帥)に左遷。『日本三代実録』『延喜式』の編纂を主導。同九年四月四日に薨去。『小右記』長元四年九月一七日条▼bに『清慎公記』天慶八年(945)十二月十六日条を引き、延喜九年の薨去に伴い、時平が任じられていた数ヶ所の別当を右大臣源光が兼任したとある。

忠平(ちゅうへい・ただひら)故人〔貞信公〕(880〜949)。基経の四男(時平の弟)。母は人康親王女。醍醐天皇のもとで廟堂の首班となり、延長二年(924)に左大臣、承平六年(936)に太政大臣に至り、醍醐天皇の譲位により幼帝朱雀天皇が即位すると摂政、天皇元服後は関白となり、天慶九年(946)の村上天皇即位後も関白を続けた。30 年以上にわたり政権の中枢にいて摂関政治を主導し、その一門は摂関家の主流となり、彼の朝儀・故実に関する説(態度)は子孫たちに規範として継承された。天暦三年八月八日に 70 歳で薨去。謚は貞信公。日記『貞信公記』があり、

長男実頼が写した『貞信公記抄』が伝わる。『小右記』七月廿四日条▼b、七月註192参照。

穏子(おんし・やすこ)故人〔宇治三所(の一)〕(885～954)。基経の女。母は人康親王女。延喜元年(901)に醍醐天皇の女御となり、同三年保明(初名は崇象)を産む。保明は翌年に東宮となるが、延長元年(923)に薨去。皇太孫となった保明の王子慶頼王も同三年に5歳で夭逝した。延長元年に中宮となり、七月に寛明親王(後の朱雀天皇)、同四年に成明親王(後の村上天皇)を産む。承平元年(931)に皇太后、天慶九年(946)に太皇太后となる。但し、延長元年以降も皇后・皇太后はいなかったので、穏子は中宮と称された。二代の天皇の母后となり、忠平の妹として大きな影響力を持ち、醍醐寺の檀越として五重塔を建立し、封戸を施入した。天暦八年正月に70歳で崩御。鳥辺山において火葬され、宇治木幡に葬られた。同年十二月、皇太后藤原沢子の国忌が廃され、穏子の国忌が置かれた。仮名日記『太后御記』を記していたが、散佚。

元輔(げんほ・もとすけ)故人(914～975)。時平の孫。顕忠の一男。母は藤原朝見女。承平七年(937)に昇殿し、左兵衛少尉、右衛門少尉、左近衛将監、六位蔵人などを経て、天慶八年(945)に叙爵。後、侍従、左兵衛佐、五位蔵人、右近衛少将、近江介、美作守などを歴任。安和二年(969)に蔵人頭(『公卿補任』天禄三年(972)条では同元年)、天禄三年に参議となる。天延三年(975)十月十七日に62歳で卒去(『日本紀略』)。生年を延喜十六年(『公卿補任』天延三年条)、同十七年(『同』天禄三年条)とする異伝がある。『小右記』長元四年九月五日条＊1▼1所引の『清慎公記』天暦十年(956)六月十九日条に、五位蔵人であった元輔が式部卿元平親王の職務復帰を伝え仰せたとある。

藤原氏2　小野宮流

実頼(じつらい・さねより)故人〔清慎公〕(900～970)。忠平の一男、母は宇多天皇皇女源順子(『公卿補任』『大鏡裏書』)。但し『尊卑分脈』は右大臣源能有女昭子とする。実資の祖父、養父。幼名は牛養。室に左大臣藤原時平女がおり、敦敏・頼忠・斉敏を儲ける。女には慶子(朱雀天皇女御)・述子(村上天皇女御)がおり、また孫の佐理・実資を養子とした。延喜十五年(915)に叙爵。阿波権守、右衛門佐、近江介、右近衛権中将、播磨守等を歴任。延長八年(930)に蔵人頭、翌年参議に任じられ、天慶七年(944)に右大臣、天暦元年(947)に左大臣となり、同三年、父忠平薨去の後を承け、氏長者となる。康保四年(967)に太政大臣となる。この間、議政官として讃岐守・右衛門督・検非違使別当・左右近衛大将・按察使・蔵人所別当・皇太子(憲平親王、のちの冷泉天皇)傅などを兼帯。安和元年(968)に関白、翌年に摂政となるが、天禄元年五月十八日に薨去。時に従一位であり、正一位が追贈される。諡は清慎公。日記『清慎公記』(『水心記』)は逸文が伝わり、『小右記』長元四年条にも「故殿御記」「故殿御日記」などとして引用されている。

経通(けいつう・つねみち)50歳〔権中納言官公3・右衛門督官衛2・治部卿官省5・上東門院別当官家3〕(982～1051)。懐平の一男。母は源保光女。正暦元年(990)に従五位下、長徳三年(997)に侍従となる。後、右兵衛権佐、左中弁、蔵人頭などを歴任。寛仁三年(1019)に参議、長元二年(1029)に権中納言となる。『小右記』長元四年条にも実資家の人々と行動を共にする姿が描かれ、資平と経通の二人を「両納言」と記している。極位極官は正二位、権中納言、大宰権帥。永承六年に病を得て出家し、八月十六日に薨去。

経平(けいへい・つねひら)18歳〔図書助官省1・元諸陵助〕(1014～1091)。経通の三男。母は源高雅女。懐平の孫。諸陵助などを歴任。長元四年三月の除目で図書助となる(『小右記』三月廿八日条＊3・廿九日条▼b)。後に播磨守、大宰大弐などを歴任。寛治五年七月三日に78歳で薨去。

公任(こうにん・きんとう)66歳〔入道大納言〕(966～1041)。実頼の孫。頼忠の一男。母は中務卿代明親王の三女厳子女王。四条大納言。同母姉の遵子(四条宮)は円融天皇皇后、同母妹の諟子

は花山天皇女御となる。天元三年(980)に元服し従五位下、長保元年(999)正月に従三位に叙される。同三年に正三位権中納言・左衛門督、同四年に中納言、寛弘二年(1005)に従二位、同六年に権大納言、長和元年(1012)に正二位、万寿三年(1026)に解脱寺で出家し、北山の長谷(ながたに)に隠棲する。長久二年正月一日に76歳で逝去。公任は官位の不遇に不満を抱いてはいたが、藤原斉信・同行成・源俊賢と共に一条朝の「四納言」と称された。藤原教通を婿とし、儀式書『北山抄』を著わす。『左経記』長元四年二月四日条※2と十三日条※1に、以前の除目議における公任の言動について教通が語ったと記されている。また漢詩・和歌にも秀で、『和漢朗詠集』などを著わす。

定頼(ていらい・さだより)37歳〔権中納言官公3〕(995〜1045)。公任一男、母は昭平親王(村上天皇皇子)女。同母妹に教通室がおり、信長・信家・歓子・生子・真子らを産むが、万寿元年(1024)に卒した。室は修理大夫源済政(倫子甥)女。故に参議朝任とは相婿。寛弘四年(1007)に元服、従五位下。同七年に結婚。侍従、右少将、右中弁、中宮(妍子)権亮などを歴任。後一条朝では、寛仁元年(1004)に蔵人頭、同三年に左中弁、同四年に参議兼右大弁、治安三年(1023)に左大弁。長元二年(1029)より権中納言となり、長元四年条では「新中納言」「藤中納言」と記される。長暦二年(1038)に従二位、長久三年(1042)に殿舎額を書いたことから正二位に昇叙される。翌四年、兵部卿となるも、寛徳元年(1044)に病で出家、翌二年に薨去。「四条中納言」と呼ばれ、中古三十六歌仙に選ばれるなど、歌人としても有名。実資から「懈怠人」「無頼者」など酷評されることもあった。

経家(けいけ・つねいえ)14歳〔定頼の息〕(1018〜1068)。定頼の一男。母は従三位源済政女。長元四年(1031)二月廿八日に内大臣教通第で元服(＊1＊2)、源倫子の給により叙爵。侍従、少納言、造大安寺長官、蔵人、斎院長官、右中弁、内蔵頭、皇后宮(藤原寛子)権亮等を歴任し、天喜四年(1056)に非参議(右大弁備中権守在任)、康平四年(1061)に参議、同八年に権中納言となる。この間、左大弁・勘解由長官等を兼帯。治暦四年五月廿五日に薨去。室に藤原教通女がいた。

藤原氏3　実資家

実資(じっし・さねすけ)75歳〔右大臣官公2・右大将官衛1・右馬寮御監官衛5・東宮傅官家1〕(957〜1046)。参議斉敏(実頼の三男)の四男。母は播磨守藤原尹文女。祖父実頼の養子となり小野宮邸を伝領し「後小野宮」、右大臣を極官としたので「小野宮右大臣」といわれた。『小右記』の記主。安和二年(969)に13歳で元服、従五位下、侍従となった。左兵衛佐、右近権少将、近江権守・伊予権介を歴任し、天元四年(981)に25歳で円融天皇の蔵人頭。花山天皇・一条天皇の蔵人頭も勤めた。永祚元年(989)に33歳で参議。正暦二年(991)に藤原佐理が参議を辞してからは小野宮一門の筆頭公卿。右衛門督、検非違使別当、中納言を歴任し、長保三年(1001)に権大納言と右大将を兼ねた。右大将は87歳の長久四年(1043)まで43年間勤める。寛弘六年(1009)に大納言、治安元年(1021)に右大臣となる。長元三年(1030)に「免列宣旨」を受けたことで、節会には南庭に列立することなく、腋から紫宸殿に昇ることができた。長元四年九月の殿上所充で、九所の別当(左右京職と東大寺俗別当を含む)と蔵人所別当を兼ねた。実子として娘千古と天台僧良円がいるが、他は養子である。永承元年正月十八日、90歳で出家直後に薨去(『公卿補任』)。解説一「藤原実資と『小右記』」、二「実資の家族」、三「実資と右近衛府」など参照。

千古(せんこ・ちふる)21歳〔小女〕生没年未詳。寛弘八年(1011)生まれか。実資の女。母は婉子女王の侍女で源頼定の乳母子。『小右記』に「小女」と出てくる。『大鏡』(巻二・太政大臣実頼)に「かくや姫」とある。『小右記』寛仁三年(1019)十二月九日条に、小野宮や荘園・牧・財物など「女子千古」に譲る由を文書に注して預けたことが記されている。万寿元年(1024)に着

裳。長元三年(1030)頃に藤原頼宗男の兼頼と結婚。小野宮邸東対と西宅とに居所を構え、両所を往還する記事が散見する。実資の一人娘として溺愛された。長元四年正月に実資は延政に千古の聖天供を行なわせ(廿五日条▼c)、七月に清水寺で七日間千古の息災を祈禱させた(六日条※1)。実資は千古を連れて石清水臨時祭や上東門院の行列を見物している(三月廿三日条、九月廿五日条※1)。後、一女を儲けたことが知られる。

資平(しへい・すけひら)46歳〔中納言官公3・侍従官省1〕(986〜1067)。懐平(実資の同母兄)の男。母は源保光女。叔父実資の養子となる。経通・資頼・経任らと兄弟。資房・資仲らの子がいた。長徳三年(997)に叙爵、少納言を経て、長和二年(1013)に左中将、同四年に蔵人頭。寛仁元年(1017)に参議となる。長元二年(1029)に権中納言。長元四年には、正三位権中納言侍従で、「侍従中納言」と呼ばれた。『小右記』では元日条の「中納言、拝礼を致す」をはじめ、単に「中納言」とある場合は資平を指す。長元八年から康平三年(1060)まで右衛門督を勤め、実子資房の日記『春記』には「督殿」と記される。同四年に権大納言、治暦元年(1065)に大納言。同三年十二月五日に82歳で薨去。極位極官は正二位大納言兼皇太后宮大夫。『小右記』に極めて多く登場し、実資の耳目・手足として活動している。蔵人頭の頃には『御堂関白記』にもよく見え、その恪勤ぶりがうかがえる。日記として『資平卿記』があった。正月註147参照。

資房(しほう・すけふさ)25歳〔左少将官衛1・近江権介官地3〕(1007〜1057)資平の男。母は近江守藤原知章女。実資の養子。長和四年(1015)に叙爵、寛仁三年(1019)に讃岐権守となってから、左兵衛権佐、侍従、右少将、左少将、播磨介、蔵人、近江権介などを歴任。長元四年には、従四位下左少将。長暦二年(1038)に蔵人頭となり、長久三年(1042)に参議となっても、後朱雀天皇の信任が厚く、関白頼通の間を行き来している。日記『春記』には、腰痛にも悩まされる天皇の様子、責任を逃れようとする頼通への批判、晩年の実資や実父資平のことなどが細かく記されている。生活を援助してくれた岳父源経相の再婚や死去により、生計が苦しくなったことなども記されている。天喜五年正月廿四日、父に先立って51歳で薨去。時に正三位参議春宮権大夫であった。

資平女(しへいのむすめ)〔女子・二娘〕『小右記』長元四年三月三日条▼aに父資平と共に北廊に渡ったこと、九月廿日条▼cに病気のことが見え、廿六日条▼aに「万死一生」で諷誦を修し、廿八日条▼bに六波羅蜜寺で受戒したとある。

資平息(しへいのむすこ)〔中納言の息童〕資平の男。三月十日条＊3に実資の栖霞寺詣、廿日条＊1に白河第見物に資房・経季と共に別車で同行したとある。資平の息子には資房・資中・義綱がいるが、この「息童」は資房ではない。

資頼(しらい・すけより)〔美作守官地3〕生没年未詳。懐平の男。母は出雲守藤原常種女。実資の養子で、『小右記』に頻出する。長和三年(1014)に阿波権守、同四年に弾正少弼となり、寛仁元年(1017)に源国挙(光孝源氏源通理の男)女と結婚。治安元年(1021)〜万寿二年(1025)に伯耆守を勤め、万寿二年に刑部少輔となる。長元元年(1028)に美作守に任じられる。実資は美作国の知行国主であったとみられる(九月註3)。尚、実資は資頼の任官を道長にしばしば頼み、『御堂関白記』寛仁二年二月三日条に、道長の「家司」とある。

経季(けいき・つねすえ)22歳〔蔵人官外2・左少将官衛1・伊予介官地3〕(1010〜1086)。経通の男。母は源高雅女。実資の養子となる。万寿四年(1027)に叙爵、右兵衛佐、左少将、蔵人、周防権守、近江権介、左中将などを歴任。長元四年には従五位上。三月廿八日に五位蔵人となる(『小右記』同日条＊3、三月註251)。八月廿八日、後一条天皇御願の春日使を勤める(＊1)。この後、寛徳二年(1045)に蔵人頭、永承二年(1047)に参議。極位極官は正二位中納言治部卿。永保二年(1082)六月に出家、応徳三年八月に薨去。資房は『春記』の中で彼を「不覚者」などと酷評しており、官人としての評価は低い。

資高(しこう・すけたか)33歳〔少納言官太1〕(999〜？)。高遠(実資の同母弟)の男。長和二年、実資の養子となり、元服。加冠は藤原懐平、理髪は藤原景斉が勤めた。長元四年には少納言。

叙位に際しては蔵人の候補にと、実資が考えている(『小右記』正月九日条▼b)。三月に石清水臨時祭の舞人を勤める(廿三日条＊1)。八月には資高の息子が夭折し、実資が中原師重を使として弔問する(八日条▼a)など、実資との深いつながりがうかがえる。

資高息(しこうのむすこ)〔少納言の息子〕(？〜1031)。資高の息子。長元四年八月に夭折。実資が中原師重に資高の息子と俊遠朝臣の女の死を弔わせている(『小右記』八日条▼a)。

藤原氏4　道長に至る九条本流

師輔(しほ・もろすけ)故人〔九条殿〕(908〜960)。忠平の二男。母は源昭子(右大臣源能有女)。同母弟に師氏・師尹がおり、異母兄に実頼がいた。室に藤原盛子(武蔵守藤原経邦女、伊尹・兼通・兼家・安子らの母)、雅子内親王(醍醐天皇皇女、為光の母)、康子内親王(同、公季の母)らがいた。延長元年(923)に叙爵。侍従、右兵衛佐などを歴任。承平元年(931)に蔵人頭、同五年に参議となり、左衛門督・検非違使別当・中宮(藤原穏子)大夫・春宮(成明親王、後の村上天皇)大夫・按察使・右大将などを歴任し、天暦元年(947)に右大臣となる。天徳四年五月、九条第において薨去。正二位。日記『九暦』(『九条殿記』)があり、『左経記』長元四年六月廿二日条※1と十一月一日条▽aにもその逸文が記されている。また、著書に『九条年中行事』『九条殿遺誡』がある。九条流の祖。

安子(あんし・やすこ)故人〔宇治三所(の一)〕(927〜964)。師輔の一女。母は藤原経邦女盛子。村上天皇皇后、冷泉・円融両天皇の母。天慶三年(940)四月十九日に醍醐皇子成明親王のもとに参入。成明親王が即位(村上天皇)した一ヶ月後の天慶九年五月廿七日に女御となる。天暦四年(950)五月廿四日に産んだ第二皇子憲平親王(後の冷泉天皇)は、第一皇子広平親王(母は藤原元方女祐姫)がいたにもかかわらず、七月廿三日に立太子した。天徳二年(958)十月廿七日に皇后となり、同三年三月二日に第五皇子守平親王(後の円融天皇)を産む。その他、為平親王、承子・輔子・資子・選子内親王らを生む。康保元年四月廿四日に選子を生んだ後、廿九日に崩御。宇治木幡に葬られた。冷泉朝に贈皇太后、円融朝に贈太皇太后。

超子(ちょうし・とおこ)故人〔宇治三所(の一)〕(？〜982)。兼家(師輔の男)の一女。母は藤原中正女時姫。父兼家が蔵人頭であった安和元年(968)十月十四日に入内、十二月七日に女御、廿九日に従四位下。居貞親王(後の三条天皇)・為尊親王・敦道親王・光子内親王を生む。天元五年(982)正月廿八日(庚申待の明け方)に急死。宇治木幡に葬られた。『栄花物語』(巻二・花山たづぬる中納言)に、藤原元方の怨霊によるとの見解がある。三条天皇の即位により、寛弘八年(1011)十二月廿七日に皇太后を追贈、国忌・山陵を置いた。『小右記』長元四年正月廿五日条＊3に、同月廿八日の国忌のこと、『左経記』十二月十三日条▽aに山陵への荷前使のことが見える。正月註432参照。

詮子(せんし・あきこ)〔故東三条院〕(962〜1001)。兼家の二女。母は藤原時姫(摂津守中正女)。天元元年(978)に円融天皇の女御(梅壺女御)となり、同三年に東三条第で懐仁親王(後の一条天皇)を出産。寛和二年(986)に一条天皇の即位に伴って皇太后となった。弟道長の政権掌握に重要な役割を果たした。正暦二年(991)に出家し、東三条院の院号を賜わった(女院号の嚆矢)。長保元年(999)に慈徳寺を落慶供養。洛北長谷の地に解脱寺を建立したことも知られる。同三年閏十二月十六日に覚運を戒師として重ねて出家し、廿二日に40歳で崩御。長保二年(1000)三月に女院として住吉詣をし、『左経記』長元四年九月廿四日条※1に上東門院の住吉詣にその例を参照したことが記されている。九月註3参照。

顕光(けんこう・あきみつ)故人(944〜1021)。兼通の一男。母は元長親王女。顕光は生前、堀河第(左京三条二坊九・十町)に居住していたので「堀河左大臣」という。応和元年(961)に叙爵。左衛門佐、五位蔵人を経て、天延二年(974)に蔵人頭、翌年右中将を兼ね、同年十一月に参議となり、左大臣に至る。一条・三条・後一条の三天皇の間、大臣を26年間も勤めるが、道長

や実資からしばしば叱責される。娘二人を入内させるも後宮対策には失敗、怨霊として祟ったとされる。治安元年五月廿四日に病気で出家、翌日に薨去。この後、七月廿五日に、左大臣に(関白)頼通、右大臣に実資、内大臣に教通が任じられた。

師経(しけい・もろつね)23歳〔内蔵頭官省1〕(1009〜1066)大納言朝光(顕光弟)の孫。左馬頭登朝の男。母は参議藤原安親女。室に源俊賢女がおり、経俊を儲ける。『公卿補任』によれば、長和元年(1012)に4歳で叙爵したことになるが、生年に誤りがあるか。筑後守、右少将、左兵衛佐を歴任し、万寿四年(1027)に内蔵頭となる。『小右記』長元四年八月廿八日条＊1に後一条天皇御願による十列奉献の稲荷使を勤めたとある。後、伊予権介、修理大夫となり、寛徳二年(1045)造宮賞により従三位、非参議となる。大蔵卿を兼ねたが、治暦二年三月に58歳で薨去。

藤原氏5　道長家

道長(どうちょう・みちなが)故人〔故入道大相国、先閤〕(966〜1027)兼家の男。母は藤原中正女時姫。同母兄姉に道隆・道兼・超子(冷泉天皇女御)・詮子(円融天皇女御)がいる。異母兄弟に道綱・道義がいた。室に源倫子・源明子がいる。倫子との間に頼通・教通・彰子・妍子・威子・嬉子を儲け、明子との間には頼宗・能信・顕信・長家・寛子を儲けた。天元三年(980)に叙爵。侍従、蔵人、少納言、左少将、左京大夫などを歴任し、永延二年(988)に権中納言、正暦二年(991)に権大納言となる。長徳元年(995)四月に兄道隆、五月に道兼が死去したため、六月に右大臣となり、七月には左大臣、正二位に叙され、政界の頂点に立つ。寛弘五年(1008)、一条天皇に入内した彰子が敦成親王を出産、翌年には敦良親王を出産する。同八年、三条天皇の即位に伴い、敦成親王が立太子、二女妍子は中宮となる。後一条天皇の即位により道長は外祖父として摂政となる。一年後には敦良親王が皇太弟となる。寛仁二年(1018)三月に三女威子が後一条天皇に入内し、十月に立后して「一家三后」を実現。その夜の宴席で詠んだ「望月の和歌」は『小右記』に記されている。翌三年に出家、法名は行覚。翌年には無量寿院(後に法成寺)を造営。万寿四年十二月四日にこの阿弥陀堂で薨去。『小右記』長元四年九月八日条＊3に、道長政権期の不堪佃田申文のあり方、『左経記』二月四日条※1※2、二月十三日条※1、十一月一日条▽aなどに、息教通が道長を「故殿」として語ったことが記されている。また、十月には道長が生前に発願した興福寺の塔が供養された。解説二二「興福寺造営」参照。

頼通(らいつう・よりみち)40歳〔関白官公1・左大臣官公2・殿〕(992〜1074)。道長の一男。母は左大臣源雅信の女倫子。長保五年(1003)に元服、叙爵。その翌年、13歳で右少将の時、春日祭使を勤めた。寛弘六年(1009)に参議を経ず権中納言、左衛門督となり、長和二年(1013)に権大納言となる。寛仁元年(1017)に姉彰子の子である後一条天皇の摂政内大臣となり、同三年に関白となった。関白は後朱雀・後冷泉のもとでも勤め、三代にわたって51年間も摂関の座にあった。治安元年(1021)に左大臣、康平四年(1061)から一年間のみ太政大臣となる。大内裏と至近の地に四町からなる広大な高陽院(賀陽院)を経営し、万寿元年(1024)九月十九日に後一条天皇・上東門院彰子・東宮敦良親王を招いての競馬、長元八年(1035)五月十六日に釣殿の水閣での歌合を催すなど、儀礼の場ともしている。長元四年時は関白左大臣として人臣最高の地位にいて政務を取り仕切りながら、九月には上東門院彰子の石清水参詣に随行、十月には興福寺の東金堂・塔供養を行なった。『左経記』には「関白殿」「殿」などと記される。永承七年(1052)に道長から伝領した宇治の別業を寺に改めて平等院とし、翌年に阿弥陀堂(鳳凰堂)を完成させた。治暦三年(1067)に准三后となり、関白職を嫡子の師実に将来譲渡するという約束のもと弟の教通に譲り、宇治に隠退した。延久四年(1072)正月に出家、法名は蓮花覚、後に寂覚と改めた。二年後の承保元年二月二日に83歳で薨去。宇治殿という。

頼宗(らいそう・よりむね)39歳〔権大納言官公3・春宮大夫官家1・按察使官外4〕(993〜1065)。道長の二男。母は左大臣源高明女明子。長徳四年(998)に着袴。寛弘元年(1004)十二月、同腹の

弟顕信と共に元服、従五位上に叙される。侍従、左右少将、美作権守等を歴任し、同八年に非参議となる。長和三年(1014)に権中納言に任じられた時、実資は「奇怪事也」との不快を記している(『小右記』三月廿八日条)。治安元年(1021)に権大納言となる。後、左右衛門督、検非違使別当、皇太后宮(藤原彰子)権大夫、春宮(敦良親王、後の後朱雀天皇)大夫、按察使、右大将等を兼帯し、康平三年(1060)に従一位右大臣まで昇る。治暦元年正月に出家、二月三日に薨去。居処に因み、堀河右大臣という。室には伊周女(兼頼・俊家・能長の母)の他、源高雅女(基貞の母)・藤原親時女(能季の母)らがおり、女子に小一条院女御と右大臣源師房室がいた。実資の娘婿の兼頼の父親という関係から実資とも親しく、『小右記』長元四年条では実資の娘婿兼頼の「厳父」と記される。この年の正月に踏歌節会の内弁を勤めるにあたって実資に作法の不審な点を尋ね(正月十六日条▼b)、列見の上卿を勤め(二月廿三日条＊1)、七月には病気の兼頼に肉を食べさせるように実資に進言している(五日条、廿三日条▼b)。七月は室伊周女も病で危険な状態にあった。また、師輔の邸宅のあった地を伝領し、そこに新たな邸を建て移っている(廿六日条▼c)。

兼頼(けんらい・かねより)18歳〔参議官公4・左中将官衛1〕(1014～1063)。頼宗の一男。母は藤原伊周女。道長の養子になったとされる(『公卿補任』長元四年条)。万寿三年(1026)十月十九日に元服、従五位下。侍従、右少将、近江介、右左中将を歴任し、長元三年(1030)に従三位となり、非参議。長元四年十二月廿六日に参議となるも、左中将に留まった。室に実資の娘千古がおり、小野宮邸の東対と西宅に住む。他に源忠重女との間に宗実を儲ける。実資の婿として小野宮家の様々な行事に実資の養子と共に参加している(解説二「実資の家族」)。七月に体を悪くした時、実資が諷誦を修させている(七月二日条▼a)。長久三年(1042)に権中納言となる。康平六年正月十一日に50歳で薨去。時に正二位、権中納言・春宮(尊仁親王、後の後三条天皇)権大夫であった。

俊家(しゅんけ・としいえ)13歳〔侍従官省1・春宮大夫二郎〕(1019～1082)。頼宗の二男。母は藤原伊周女。長元四年(1031)十月十七日に元服。十二月廿六日に侍従。翌五年正月六日に正五位下。二月八日に右少将とあるが、四月廿一日に左少将として賀茂祭使となっている。同八年に右中将、蔵人頭となる。長暦二年(1038)に参議。後、大蔵卿を兼任し、永承三年(1048)に権中納言。康平三年(1060)に右衛門督、翌年左衛門督に転任。同七年に検非違使別当。同八年に大納言。民部卿、按察使を歴任し、承暦四年(1080)に右大臣。永保二年十月二日に出家、64歳で薨去。

能信(のうしん・よしのぶ)37歳〔権大納言官公3・中宮権大夫官家2〕(995～1065)。道長の五男。母は源明子。寛弘三年(1006)十二月五日、異母弟教通と同時に元服、従五位上に叙されるが、教通は正五位下に叙された。侍従、右兵衛佐、蔵人、少納言、中宮(藤原妍子)権亮などを歴任し、長和二年(1013)に蔵人頭、翌年に従三位に叙され非参議となる。後、左中将、左京大夫を歴任し、寛仁元年(1017)に参議を経ずに権中納言に任じられる。同二年に正二位、治安元年(1021)に権大納言となる。この間、中宮(威子)権大夫・按察使・皇后宮(禎子内親王)大夫・春宮(尊仁親王)大夫などを兼帯。長元四年正月三日の朝覲行幸で陪膳の役を勤める(『小右記』同日条＊2)など様々な儀式に参加する。九月に実資からの依頼により申文の上卿を勤めている(十六日条＊1、『左経記』同日条※2※3)。

教通(きょうつう・のりみち)36歳〔内大臣官公2・左大将官衛1・左馬寮御監官衛5〕(996～1075)。道長の男(『公卿補任』は三男とする)。母は源倫子。寛弘三年(1006)に11歳で能信と同日に元服、正五位下に叙され昇殿。後、侍従、右兵衛佐、右少将、右中将、左中将などを歴任して、同七年に従三位に叙され非参議。長和二年(1013)に参議を経ずに権中納言となり、従二位。寛仁三年(1019)に権大納言となる。治安元年(1021)に内大臣になる。長元三年(1030)十一月の豊明節会から、「免列宣旨」を受けた実資に代わって内弁となり(『日本紀略』十九日条)、翌四年正月の元日節会・白馬節会でも内弁を勤めている(一日条・七日条)。また、小朝拝(一日条＊

2)や殿上賭弓(『左経記』正月十九日条※1)の上卿となり、二月十六日からの除目では初めて執筆を勤めた。兄頼通らからは上卿として経験不足と見られており、上席の大臣である実資から儀式の場で度々指示を受けている。息子たちの着袴の儀が二月に行なわれ(『小右記』二月廿八日条＊1＊2)、九月廿五日には上東門院彰子の物詣に付き従った(同日条＊1)。以後、兄頼通の政権下で長く内大臣を勤めたが、実資死去の翌年の永承二年(1047)に右大臣、康平三年(1060)に左大臣となる。頼通に対抗して娘の生子を後朱雀天皇、歓子を後冷泉天皇に入内させるが兄弟共に外戚となることはできなかった。後三条天皇が即位した治暦四年(1068)に頼通の譲により73歳で関白に就任。延久二年(1070)に太政大臣となり翌年辞任。白河朝の承保二年、従一位関白のまま80歳で薨去。頼通は前年に83歳で亡くなり、彰子は87歳であった。二条大路南、東洞院大路東に二条第を構えたことから、大二条殿、大二条関白と呼ばれた。二月註204参照。日記『二東記』は、僅かな逸文しか遺らない。

信家(しんけ・のぶいえ)14歳〔侍従官省1・侍従の君〕(1018〜1061)。教通の一男。母は藤原公任女。頼通の猶子となる。長元三年(1030)二月十一日に13歳で元服、正五位下、三月八日に侍従。翌四年正月五日の叙位で章子内親王の御給により従四位下に叙され、還昇する(『小右記』正月七日条▼c、『左経記』同日条※2)。同六年正月五日に正四位下、同月十九日に右中将、十月廿三日に従三位、翌七年に正三位、同九年十二月八日に権中納言となる。永承二年(1047)に、共に60歳を過ぎた上臈の能吏である藤原経通・資平を越して、30歳で権大納言になる。康平四年四月八日に辞し、同月十三日に出家、44歳で薨去。正二位。山井大納言と号した。

通基(つうき・みちもと)11歳〔内府の息達〕(1021〜1040)。教通の二男。母は藤原公任女。『小右記』長元四年二月廿八日条＊1＊2に着袴を行なったとある教通息の一人か。本名は信基で、長元八年以前に改名した。二月註203参照。長元五年(1032)十一月に12歳で元服、従五位上に叙され、翌六年正月に侍従となる。長元七年に正五位下、同八年に従四位下、長暦三年(1039)正月に従三位、同年閏十二月に正三位となる。この間、伊予権守、春宮(親仁親王)権亮などを勤めた。長久元年十二月に20歳で薨去。

信長(しんちょう・のぶなが)12歳〔内府の息達〕(1020〜1094)。教通の三男。母は藤原公任女。『小右記』長元四年二月廿八日条＊1＊2に着袴を行なったとある教通息の一人か。長元五年(1032)に兄通基と共に元服・叙爵。左兵衛佐、左近衛中将などを歴任、長久二年(1041)に非参議、同四年に権中納言、治暦五年(1069)に内大臣、承暦四年(1080)に太政大臣となる。但し、席次は一座宣旨を受けた関白藤原師実の下であった。寛治二年(1088)に太政大臣を致仕、嘉保元年九月三日に73歳で薨去。『公卿補任』には「翌日出家」とある。

長家(ちょうけ・ながいえ)27歳〔権大納言官公3〕(1005〜1065)。道長の男。母は源明子であるが、実母の存命中から源倫子の養子となる。妻には藤原行成女・藤原斉信女・源懿子(高雅女)がおり、源懿子との間に道家・忠家らの子がある。左京三条二坊三町に所在した御子左第(大宮第)に住み、彼の子孫は御子左家(後の冷泉家の祖)を称した。寛仁元年(1017)に元服、従五位上。以後、侍従、右少将、近江介、皇太后宮(藤原妍子)権亮を歴任、治安二年(1022)に従三位となり、非参議。翌年に権中納言となった。長元三年(1030)十一月に権大納言となり、翌四年二月廿九日に着座を行なった(『左経記』同日条、解説二九「着座」参照)。長家は、政治家としてよりも歌人としての側面が強調されることが多いが、長元四年には、祈年穀奉幣使発遣の上卿を異母兄弟である内大臣教通に代わって勤め(『小右記』二月十一日条＊1)、仁王会・外記政・相撲召合の上卿を勤め(『左経記』二月廿七日条※1・三月八日条※1・八月十一日※1、『小右記』七月廿五日条▼c)、叙位議・除目・陣定にも参加するなど(『小右記』正月五日条＊1・二月十三日条＊5・九月八日条▼a、『左経記』八月四日条※3ほか)、公卿として政務に精勤しており、また上東門院彰子の物詣に供奉し(九月廿五日条＊1)、馨子内親王の着袴に奉仕する(『左経記』十月廿九日条※1)など、「家子」としての活動も読み取ることができる。

彰子(しょうし・あきこ)44歳〔上東門院官家3・女院・院・大宮〕(988〜1074)。道長の一女。母

は源倫子。正暦元年(990)に着袴、長保元年(999)二月に裳着、十一月に12歳で一条天皇に入内、女御となる。翌二年二月に立后宣旨があり、中宮となる。寛弘五年(1008)に敦成親王(後の後一条天皇)、翌六年に敦良親王(後の後朱雀天皇)を出産し、道長家全盛に大きな役割を果たした。彰子に仕えた女房の一人に、『源氏物語』の著者である紫式部がいる。長和元年(1012)に皇太后、寛仁二年(1018)に太皇太后となる。万寿二年(1025)正月十九日、39歳で出家、法名は清浄覚。院号宣旨により、上東門院と号し、二人目の女院となり、准太上天皇の待遇を受けた。翌三年に法成寺阿弥陀堂の南東方に尼戒壇が建てられ、長元三年(1030)に法成寺東北院を建立し、九月の念仏を恒例とした。長元四年には朝覲行幸・行啓を受け(正月三日条)、白河院花見御幸を企てながら物忌や雨で中止になった(三月五日〜八日条)。九月には石清水八幡宮・住吉社・四天王寺に関白頼通らを伴って参詣。実資はその行列における装束などの過差を批判している。解説二一「上東門院物詣」参照。以後、長暦三年(1039)に重戒を受け、永承八年(1053)に宇治平等院に参詣し、承保元年、法成寺阿弥陀堂において87歳で崩御。

妍子(けんし・きよこ)故人〔故皇太后宮〕(994〜1027)。道長の二女。母は源倫子。寛弘元年(1004)に尚侍、同年七月に東宮居貞親王の室となる。同八年の即位(三条天皇)に伴い女御、翌長和元年に中宮となる。同二年七月六日に禎子内親王(敦良親王妃、後三条天皇母)を出産。寛仁二年(1018)に皇太后となる。万寿四年(1027)九月十四日に出家、崩御。長元四年にも妍子の周忌法会が法成寺阿弥陀堂で行なわれ、参加した藤原資平が実資に消息を送っている(『小右記』九月十四日条＊1)。

威子(いし・たけこ)33歳〔中宮[官]家2、宮の御方〕(999〜1036)。道長の三女。母は源倫子。長和元年(1012)に尚侍、同年十月廿日に着裳、閏十月廿七日の大嘗会御禊で女御代を勤めた。寛仁元年(1017)十二月廿七日に御匣殿別当。同二年三月七日に20歳で11歳の後一条天皇のもとに入内し、同年四月廿八日に女御、十月十六日に中宮となる。これにより娘三人(太皇太后彰子・皇太后妍子・中宮威子)の立后を果たした道長は、夜の宴席で「この世をばわが世とぞ思ふ望月のかけたる事もなしと思へば」という歌を詠んだ(『小右記』同日条)。後一条天皇の后妃は威子一人のみ。万寿三年(1026)十二月九日に章子内親王、長元二年(1029)二月二日に馨子内親王を出産。同九年、後一条天皇が四月十七日に崩御した後、疱瘡を患い、九月四日に出家、六日に38歳で崩御。

藤原氏6　公季流

公季(こうき・きんすえ)故人〔太閤・前太相国〕(957〜1029)。師輔の十一子。母は醍醐天皇皇女康子内親王。両親を早くに亡くし、姉の村上天皇中宮安子に養育される。康保四年(967)、冷泉天皇即位の日に元服。永観元年(983)に参議。左大将を経て、長徳三年(997)に藤原伊周が失脚したことで内大臣となる。寛仁元年(1017)に右大臣、治安元年(1021)に太政大臣。長元二年(1029)十月十七日に73歳で薨去。長元四年の殿上所充は、公季が生前に見ていた土代(下書き)をもとに行なわれた(『小右記』九月十四日条＊1、『左経記』九月十三日条※1、解説三〇「所充」)。

実成(じっせい・さねなり)57歳〔中納言[官]公3・前右衛門督〕(975〜1044)。公季の男、母は有明親王(醍醐皇子)女旅子女王。同母姉に一条天皇女御義子がいる。室は藤原陳政女。息に公成、女に権大納言能信室がいる。寛弘五年(1008)に参議。後、左兵衛督、検非違使別当、権中納言、右衛門督を歴任し、治安三年(1023)に中納言。長元三年(1030)に男公成を左兵衛督とする代わりに右衛門督を辞す。長元四年条には、中納言として様々な儀式に参加する姿が描かれているが、七月の祈年穀奉幣で度々失敗を犯したことも指摘されている(『小右記』七月十四日条＊1、『左経記』七月五日条※2)。後、長元六年に大宰権帥となるが、長暦元年(1037)、大宰府で安楽寺僧と闘乱事件を起こし、寺訴により官を止められ、更に除名(『百錬抄』同年五月十五日条、

『公卿補任』同元年・二年条)。同四年に本位に復したが、前中納言のままで、寛徳元年十二月に出家、70 歳で薨去。

公成(こうせい・きみなり)33 歳〔参議官公 4・左兵衛督官衛 3〕(999〜1043)。実成の一男。母は藤原陳政女。祖父公季の養子となる。寛弘八年(1011)に元服、従五位下。侍従、左兵衛佐、右少将、右権中将などを歴任し、寛仁四年(1020)に蔵人頭。左中将を経て万寿三年(1026)に参議となる。長元三年(1030)に左兵衛督を兼ねる。同五年に従三位、同七年に検非違使別当、同八年に正三位、長暦二年(1038)に従二位、長久四年(1043)に権中納言となり、同年六月廿四日に 45 歳で薨去。『小右記』寛仁二年五月四日条で実資から「年少人、口猶乳臭、」と酷評された一人である。

藤原氏 7　道隆流

伊周(いしゅう・これちか)故人〔故帥〕(974〜1010)。道隆(兼家の一男)の嫡男。母は高階貴子(成忠女)。隆家・定子の兄。正暦五年(994)に内大臣となるが、翌年(長徳元年)の父の死後、叔父道兼・道長との権力闘争に敗れ、長徳二年(996)大宰権帥(員外帥)に左遷。翌年、帰京を許され、長保三年(1001)本位の正三位に復した。同五年に従二位、寛弘二年(1005)に「大臣の下、大納言の上」の朝参列次、同五年に大臣に准ずる封戸、同六年に正二位を与えられたが、同年呪詛の疑いで一時朝参を禁じられた。翌七年正月廿八日に 37 歳で薨去。『小右記』長元四年八月十七日条＊4 に正暦四年(993)に駒牽の上卿を勤めた例が見える。八月註 186 参照。

道雅(どうが・みちまさ)40 歳〔従三位(非参議)・右京権大夫官地 1〕(992〜1054)。伊周の一男。母は権大納言源重光女。幼名は松君。『枕草子』『栄花物語』などから少年期の栄光が知られるが、中関白家の凋落により光彩が薄れ、寛仁元年(1017)の前斎宮当子内親王との密通事件などもあり、「荒三位」とも称された。父伊周から小八条第(右京八条一坊十一・十二町)を伝領したと思われる。長和五年(1016)に従三位に叙されたが、非参議左京大夫のまま、天喜二年に 63 歳で薨。

顕長(けんちょう・あきなが)〔縫殿頭官省 1・伊賀守官地 3〕生没年未詳。伊周の男。母は和泉守源致明女。長元四年二月十七日、縫殿頭に兼ねて伊賀守となり(『平安遺文』1354)、三月八日に実資邸へ罷申に来たが、実資は沐浴のため対面しなかった(『小右記』同日条＊1)。

伊周女(いしゅうのむすめ)〔頼宗室・兼頼母・中将母氏・中将母堂〕生没年未詳。伊周女。母は権大納言源重光女。藤原頼宗の室となり、兼頼・俊家・能長を産む。『小右記』長元四年三月廿三日条▼b・廿四日条▼b に重病となったことが記されているが、正月廿五日条＊1 に、頼宗が薬草の可能性のある甘苔を必要としていることが見え、この頃に病気となっていたかもしれない。七月・八月の条にも平癒を祈る修法などが行なわれ、実資が供物や結願日の布施などを送っている(七月註 222・八月註 127)。

隆家(りゅうけ・たかいえ)53 歳。〔正二位(前中納言)〕(979〜1044)。道隆の男。母は高階成忠女の典侍貴子。長徳元年(995)に 17 歳で従三位で中納言に任じられたが、同二年、花山院闘乱事件により但馬国に配流。同四年、東三条院詮子の病による恩赦で帰京。兵部卿に任じられ、寛弘六年(1009)に中納言へ更任。長和三年(1014)に大宰権帥となり、在任中の寛仁三年(1019)に起こった刀伊の入寇で、外敵を撃退したが官位を進められることはなかった。治安三年(1023)に息男経輔の権右中弁補任を願い、中納言を辞し大蔵卿の地位に留まった。長暦年中(1037〜1040)に大宰権帥に再任し、寛徳元年に 66 歳で薨去。第宅は、左京二条三坊十町の大炊御門第。

良頼(りょうらい・よしより)30 歳〔右中将官衛 1・春宮権亮官家 1・播磨介官地 3〕(1002〜1048)。隆家の男。母は備前守藤原宣斉女。長和四年(1015)に従五位下、治安三年(1023)に蔵人。万寿三年(1026)に左少将、同四年に春宮権亮、長元二年(1029)に播磨介、右中将となる。長元四年正月五日、東宮御給により正四位下となる(『小右記』五日条＊1)。九月には彰子・東宮の唐

物使を勤めている(六日条＊2▼b)。同九年の後朱雀天皇践祚により蔵人頭、同年に参議となる。永承三年に権中納言となったが、47歳で薨去。良頼の娘が源基平に嫁して生んだ基子が後三条天皇に愛されて皇子を生み、一族に希望を懐かせた。

経輔(けいほ・つねすけ)26歳〔左中弁官太1・勧学院別当官省2・造大安寺長官官外6〕(1006〜1081)。隆家の男。母は伊予守源兼資女。室に式部大輔藤原資業女がおり、師家・長房・師基・師信らを儲ける。寛仁三年(1019)に従五位下。讃岐権守、左兵衛佐、右中将を歴任し、治安三年(1023)父隆家の中納言辞退により権右中弁となる。後、万寿二年(1025)に右中弁、長元二年(1029)に左中弁、正四位下、造大安寺長官となる。同七年に蔵人頭、左京大夫・中宮(藤原嫄子)亮を兼ねる。長暦三年(1039)に参議、寛徳二年(1045)に権中納言、治暦元年(1065)に権大納言となるまで、左大弁・近江権介・勘解由長官・中宮(章子内親王)大夫・大宰権帥等を兼帯。延久二年(1070)に出家、永保元年八月七日に69歳で薨去。

藤原氏8　道綱公孫流

兼経(けんけい・かねつね)32歳〔参議官公4・右中将官衛1・讃岐権守官地3〕(1000〜1043)。道綱(兼家の三男)の三男。母は左大臣源雅信女。道長の養子となる。室には中納言藤原隆家女(基家・敦家の母)、藤原明子(弁乳母と号す、顕綱の母)らがいた。寛弘八年(1011)に道長の土御門第で元服、加冠は実資が勤めた。従五位上となる。後、侍従、右兵衛佐、左権少将、右中将などを歴任し、寛仁二年(1018)に従三位となり、非参議・三位中将。治安三年(1023)に参議となり、宰相中将。万寿元年(1024)に讃岐権守を兼ねる。長久四年四月廿五日に出家、五月二日に44歳で薨去。

藤原氏9　道兼公孫流

兼隆(けんりゅう・かねたか)47歳〔中納言官公3・前左衛門督〕(985〜1053)道兼(兼家の二男)の二男(『公卿補任』)。母は大蔵卿藤原遠重女。長徳元年(995)に叙爵、右兵衛佐・兵部大輔・右中将などを歴任、長保四年(1002)に従三位となり非参議、寛弘五年(1008)に参議となる。寛仁元年(1017)に敦明親王の東宮辞退をそそのかして、敦良親王の立坊を画策したともされる(『大鏡』巻四)。万寿四年(1027)に敦平親王が兄敦儀親王を超えて二品に叙され、事実上の氏長者になったのは、敦平親王を婿としていた兼隆が自邸を中宮藤原威子の御在所として提供していたことによる。その敦平親王が長元四年に王氏爵に関する不正で処分を受けることになると、兼隆は実資に使や消息を送って問い合わせている(『小右記』正月十二日条＊1・九月五日条＊2)。永承元年(1046)に出家、天喜元年に69歳で薨去。解説一三「王氏爵詐称事件」参照。

兼綱(けんごう・かねつな)44歳〔越前守官地3〕(988〜1058)。道兼の三男。母は藤原遠量女、一説に藤原国光女とも。室に但馬守藤原能通女、但馬守源国挙女、参議藤原広業女らがおり、子に隆綱、権大僧都頼覚や藤原経季と婚した女性などがいた。長徳元年(995)に父道兼が薨去して後、叔父道綱の養子となる。長保三年(1001)に元服、叙爵。左少将、侍従、右馬頭などを歴任、長和二年(1013)に禁色を聴され、翌年に三条天皇の蔵人頭となる。左近衛中将、太皇太后宮(藤原彰子)亮、越前守などを勤めた。『小右記』長元四年九月十三日条＊3に越前守兼綱が綿十帖を進上しており、実資は封戸料の代物かと記している(九月註144)。康平元年、紀伊守在任中に任所において44歳で卒去。正四位下。

藤原氏10　伊尹公孫

行成(こうぜい・ゆきなり)故人〔故按察大納言〕(972〜1027)。義孝(摂政伊尹の子)の男。母は中

納言源保光女。祖父伊尹は彼を養子としたらしいが誕生の年に没し、父も3歳の時に没したので、母と外祖父保光に養育されたと思われる。長徳元年(995)に源俊賢の推挙で蔵人頭に抜擢、長保三年(1001)に参議となった。蔵人頭時代に左中弁から右大弁に進み、参議昇任後も右大弁を兼ね、更に左大弁に転じた。寛弘六年(1009)に権中納言、寛仁四年(1020)に権大納言となり、後世に「寛弘四納言」と称された。日記『権記』には、一条天皇と藤原道長の間を行き来したことなどが詳しく記され、彰子立后に際し、二后併立のやむを得ないことを天皇に進言したともある。その他、故実に明るく政務に練達した有能な公卿として活躍したことがわかる。一条天皇没後は東三条院藤原詮子にも院司として奉仕したが、皇后藤原定子とその遺子である敦康親王や皇女たち、花山院、円融后遵子(頼忠女)ら不遇な院宮にも奉仕している。殊に遵子には公任と共に最後まで宮司を勤めた。和様の最高の能書として、三蹟の一人に数えられている。万寿四年十二月四日(道長と同日)に急逝。『左経記』長元四年八月七日条※1に、伊勢公卿勅使となった源経頼が、寛弘二年(1005)十二月十日に同じ使を勤めた行成の詞などを紹介している。(但し、廿日条▽aには、年号を書かずに「六年十二月二日」と誤って記している。)解説二〇「伊勢斎王託宣事件」参照。

実経(じっけい・さねつね)34歳〔修理権大夫官外3〕(998〜1045)。行成の一男。母は左京大夫源泰清女(一説に泰経女)。弟に良経・行経、姉妹に源経頼室・藤原長家室となった女性がいる。室に大江清通女がおり、師仲を儲ける。また、女に藤原経輔男(師家か)と婚した女性がいた。寛弘六年(1009)に元服。右兵衛佐、右少将、民部権大輔、侍従、但馬守、近江守等を歴任し、正四位上に至る。但馬守在任中、藤原頼通・実資に過分の贈物をしたことが知られる。『左経記』四月廿六日条に「修理権大夫」として関白賀茂競馬で勅使を勤めたとある。また、長元八年(1035)頼通の高陽院水閣歌合に方人として参加している。寛徳二年七月十日に卒去。

良経(りょうけい・よしつね)31歳〔左馬頭官衛4〕(1001〜1058)。行成の二男。母は源泰清女、一説に泰経女とも。寛弘八年(1011)に元服。長和五年(1016)に少納言とある。寛仁二年(1018)に昇殿、四位に叙される。長元四年八月に後一条天皇の病気平癒の願の報賽として松尾社と大原野社に十列を奉った際、大原野使を勤めた(『左経記』十四日※3)。長暦元年(1037)に皇后宮亮を兼任。越前守、伯耆守、陸奥守などを歴任し、正四位下に叙される。康平元年八月二日に薨去。

行経(こうけい・ゆきつね)20歳〔右少将官衛1〕(1012〜1050)。行成の三男。母は源泰清女(一説に泰経女)。子に伊房・師行らがいる。治安三年(1023)に叙爵、万寿二年(1025)に右兵衛権佐から右少将となり、長元元年(1028)に蔵人となり(右少将・丹波権介は元の如し)、翌二年に従四位下となり蔵人を去る。長元四年七月の相撲節会では、頭中将隆国と共に相撲定文を作っている(『小右記』廿四日条▼a)。左中将、蔵人頭などを経て、寛徳二年(1045)に参議となる。永承五年閏十月十四日に39歳、従二位参議兵部卿兼備後権守で薨去。

藤原氏 11　為光公孫流

斉信(せいしん・ただのぶ)65歳〔大納言官公3・民部卿官省4・中宮大夫官家2〕(967〜1035)。太政大臣藤原為光の二男。母は左少将藤原敦敏女。天元四年(981)に従五位下。侍従、右兵衛佐、左中将、左京大夫、美作守等を歴任し、正暦五年(994)に蔵人頭。長徳二年(996)に参議、寛弘六年(1009)に権大納言となる。藤原公任・同行成・源俊賢と並び「寛弘の四納言」と称された。長和五年(1016)に按察使、寛仁二年(1018)に中宮大夫を兼任。同四年に大納言に転じ、長元元年(1028)から民部卿を兼ねる。和歌に堪能で清少納言との交流も知られるが、実資からは朝儀での失態を度々日記に記されるなど、そりが合わなかったようである。『小右記』長元四年条には、除目における行動(二月十五日条▼b)や彰子の石清水参詣の際に直衣姿で淡柿を中宮威子方に献上する行為が厳しく批判されている(九月廿九日条▼b)。八月には天皇が私的に諸社

へ十列を奉る儀の上卿を勤めている(七日条＊2、十三日条＊3、廿八日条＊2)。長元八年三月廿三日に薨去。

経任(けいにん・つねとう)32歳〔蔵人頭官外2・権左中弁官太2・備後権守官地3・造八省行事弁官外6〕(1000〜1066)。懐平の三男(『公卿補任』)。母は藤原佐理女。斉信の養子となる。寛弘三年(1006)に左兵衛督。少将、侍従などを歴任し、長元二年(1029)に権左中弁となる。翌三年に蔵人頭。長元四年正月七日に正四位下となり、二月十七日に備後権守を兼ねた。頭弁として活躍し、実資のもとにも頻繁に訪れている。同八年に参議、永承三年(1048)に権中納言となり、天喜二年(1054)に正二位、治暦元年(1065)に権大納言。皇后宮大夫、治部卿を兼ねたが、翌治暦二年二月十六日に67歳で薨去。

藤原氏12　師尹公孫流

済時(せいじ・なりとき)故人〔済時卿〕(941〜995)。一条左大臣師尹の男。母は右大臣藤原定方の九女。三条天皇女御娍子、通任、為任の父。天徳二年(958)に叙爵。左少将、伊予介、近江介、左右中弁などを歴任する。村上・冷泉朝において蔵人頭を勤め、安和三年(970)に参議となる。天延三年(975)に権中納言、天元元年(978)に中納言に転じ、正暦二年(991)に大納言となる。その間、左兵衛督・讃岐守・左右大将・中宮大夫・按察使などを兼帯。長徳元年四月二十三日に55歳で薨去。長和元年(1012)の娍子立后の際、右大臣を追贈された。故実に詳しく、藤原実資も若いころ教えを請うたことがあった。また、琴・和歌にも通じていた。『小右記』長元四年八月十七日条＊4に、駒牽の左衛門陣の饗での座席について、済時が正暦四年(993)に行なった例が参照されている。

通任(つうにん・みちとう)59歳〔参議官公4・大蔵卿官省7・播磨権守官地3〕(973〜1039)。生年は天延二年(974)とも考えられる。済時の男。母は大納言源延光女、あるいは源能正女。一説に源兼忠女。三条天皇の東宮時代に春宮亮を勤め、寛弘八年(1011)天皇践祚に伴い蔵人頭となる。同年七月に禁色雑袍を許され、十二月に参議となり、翌長和元年(1012)正月に従三位となる。後一条朝の万寿元年(1024)に正三位。藤原道長が病の時、これを喜ぶ公卿の一人と噂された(『小右記』長和元年六月廿日・七月廿一日条)。「陽明門家」「近衛御門家」と呼ばれる邸宅があり、姉妹の三条天皇皇后娍子は万寿二年にここで崩じたようである。妻室の一人にもと一条天皇女御藤原尊子(道兼女)がいる。『小右記』長元四年正月五日条▼aに、息子師成の任官を頼みに実資を訪れたとある。後、美作権守を兼ね、長元八年(1035)に権中納言に至る。長暦三年に67歳で薨去。

師成(しせい・もろなり)23歳〔左少将官衛1・加賀権守官地3〕(1009〜1081)。通任の一男。母は藤原永頼女、一説に藤原信理女とも。治安元年(1021)に叙爵。侍従、右兵衛佐を歴任して、長元元年(1028)に左少将となる。長元四年、加賀守として赴任するに際し、実資より餞別の馬が贈られている(『小右記』三月九日条＊2、七月十日条＊2)。以後、康平六年(1063)二月に大宰大弐、七月に三位となり非参議、更に翌月赴任の賞により正三位に叙される。治暦四年(1068)に皇太后宮(藤原歓子)権大夫を兼ね、承保二年(1075)に参議となるが、承暦四年(1080)に辞退。翌永保元年八月に出家し、小一条入道と称されるが、九月二日に73歳で入滅。

定任(ていにん・さだとう)〔兵部丞官省5〕(？〜1040)。為任(済時二男)の男。母は源為親女。『小右記』長元四年七月三日条▼aに、兵部丞定任と録為孝が国忌に参入しなかったことの申文が見える。後、肥後守に任じられた。長久元年四月十日夜、敵(藤原隆家の郎等)に射られ、翌朝に逝去(『春記』)。

藤原氏 13　良門孫流

為資(いし・ためすけ)54歳〔大蔵少輔㊔省7・率分所別当㊔省7〕(978〜1065)。善理(兼輔の孫)の男。治安三年(1023)と万寿二年(1025)に将監として、万寿四年四月十五日には頼宗の家司として見える(『小右記』)。後、大蔵少輔・山城守などを歴任。実資宅を訪れることが多く、『小右記』長元四年正月十六日条＊1に堀河院の放火を実資に連絡したとあり、七月廿日条＊1には実資牛童と小一条院牛童の闘乱の際には小一条院の仰せを伝えに来たとある。九月十六日条▼a＊1に率分所別当となったとある。また、丹波国にある兼頼の封戸の解文・下文を持参(七月廿一日条▼a)、小野宮西宅(兼頼・千古夫妻が居住)に出仕して馬を支給される(九月三日条▼a)などとあり、兼頼の家司にもなっていたと考えられる。長元五年(1032)十二月廿日条に、自身が見た夢について実資に語ったとある。天喜二年(1054)には山城守であった。康平八年に88歳で卒去。

頼成(らいせい・よりなり)〔因幡守㊔地3〕生没年未詳。伊祐(為頼の一男)の男。母は佐伯公行女。具平親王の子であるが、親王の命により伊祐の養子となる。寛弘八年(1011)に蔵人所雑色、治安三年(1023)には阿波守として見える。『小右記』長元四年三月八日条＊1に、因幡守として赴任する際に実資から織物・赤色の袙・袴を贈られたとある。翌五年十一月に五節舞姫を献じる際にも、実資から唐衣などを借りている(廿日・廿一日条)。

藤原氏 14　高藤公孫流

定方(ていほう・さだかた)故人〔大納言藤原定方卿〕(873〜932)。高藤の男。母は宮道弥益女。三条右大臣と号す。醍醐天皇の外舅として従二位、右大臣となる。『古今和歌集』以下の勅撰集に十九首入集するなど文化的資質も恵まれていた。『小右記』長元四年九月廿三日条＊1所引の『新国史』延喜二十年(920)閏六月条(逸文)の斎院宣子内親王薨去記事に名が見える。

定雅(ていが・さだまさ)〔長門守㊔地3・実資家司㊔家4〕生没年未詳。嘉時(高藤の曾孫)の男。母は源師保女。寛弘元年(1004)に中務少丞、万寿元年(1024)十二月十三日に実資の家人として娘千古の着裳を奉仕、同四年三月五日に実資家司となる。『小右記』長元四年九月六日条▼aに、長門守定雅が実資へ進物を献上したとある。

隆佐(りゅうさ・たかすけ)47歳〔春宮大進㊔家1〕(985〜1074)。宣孝(定方の曾孫)の男。母は藤原朝成女。寛弘元年(1004)に文章生・蔵人所雑色、同四年に少内記、同六年に大内記、長和二年(1013)に蔵人、同三年に式部大丞、寛仁元年(1017)に伯耆守、治安二年(1022)に治国の功により従五位上となる。万寿二年(1025)に越後守、長元四年二月に春宮大進となり、十月には造塔行事を勤めたことで従四位下に叙された(『左経記』十月十八日条※1・廿三日条※1)。近江、播磨、伊予等の守を歴任、長暦元年(1037)に春宮亮を兼ね、康平二年(1059)に従三位に叙され、非参議。治暦二年(1066)に大蔵卿となる。延久六年に90歳で薨去。

藤原氏 15　惟孝・説孝孫流

惟憲(いけん・これのり)69歳〔正三位(非参議)・前大宰大弐(前都督)〕(963〜1033)惟孝の一男。母は藤原善理女または伴清廉女。寛和元年(985)に従五位下、以後、大蔵大輔、因幡守、甲斐守、右馬頭を歴任し、治安三年(1023)大宰大弐となり、同年に従三位に叙して非参議となる。位階は正三位に至る。道長・頼通二代に家司として仕え、数ヶ国の国司も勤めたが、「貪欲者」(『小右記』長元二年九月五日条)と言われるほど任地において露骨な収奪を行なっていた。人々の反感を買うことも多く、治安三年には呪詛物を井戸に投げ込まれた。長元元年(1028)には高田牧の年貢を納めさせたり、宋商の舶載品を取納するなどしている。解説二六「対外関

係」参照。長元四年の王氏爵詐称事件に関係していたようだが(『小右記』正月十六日条＊2など)、摂関家との関係からか、処分の対象になっていない。正月註 348、解説一三「王氏爵詐称事件」参照。長元六年に 71 歳で薨去。

泰通(たいつう・やすみち)〔春宮亮官家 1〕生没年未詳。惟孝の二男。母は兵部大輔紀文実女。長徳二年(996)に正六位上で左近将監となる。藤原道長の家司。蔵人、主殿助、式部丞を歴任し、寛弘二年(1005)に中宮大進、同五年には美作守として敦成親王家別当となる(『御堂関白記』)。長和五年(1016)に五位蔵人、民部権少輔、後院司。美濃守を経て、治安元年(1021)に春宮亮となり、同三年に播磨守を兼ねる。『小右記』長元四年正月三日条▼cに、皇太弟行啓に奉仕したことが見える。同八年五月廿八日に貴布禰使を勤めたとあり(『左経記』)、以後は不詳。

頼明(らいめい・よりあき)故人〔故美濃守〕(？〜1027)。説孝の男。母は源信明女。子に惟任がいる。主殿助、式部丞、太皇太后宮大進、美濃守などを歴任。長和五年(1016)五月十八日の実頼忌日に入礼している。彰子の出家に伴い、上東門院別当に補される。万寿四年十一月廿六日以前に卒去。

惟任(いにん・これとう)〔蔵人官外 2・図書助官省 1・上東門院判官代官家 3〕生没年未詳。頼明の男。この年、上東門院判官代から六位蔵人に登用されたことが『左経記』正月十一日条※2に見える。正月註 294 参照。三月廿八日、上東門院の御給により従五位下に叙され、藤原経季の五位蔵人補任の代わりに蔵人を去った(三月註 250)。『左経記』三月廿八日条▽cに「図書助惟経」とあるのを、『平安人名辞典』は菅原惟経の記事とするが誤り。

藤原氏 16　良仁・良世公孫流

恒佐(こうさ・つねすけ)故人(879〜938)。左大臣良世の男。母は山城介紀豊春女、従五位下勢子。一条右大臣、土御門大臣と号する。六位蔵人、近衛将監を経て、寛平八年(896)に叙爵。信濃権介、右馬助、右兵衛佐を歴任し、延喜六年(906)に従五位上左少将となり、同十年に正五位下に進み、五位蔵人に補された。同十二年に従四位下蔵人頭、翌年権右中将、同十五年六月参議、右中将、右衛門督を兼ねた。延長元年(923)に従三位権中納言、同五年に中納言、同八年に左衛門督を兼ね、承平二年(932)に正三位、同三年に大納言、同六年に右大将、同七年に右大臣に任じられた。この間、延喜二十一年から承平三年まで検非違使別当、承平元年に東大寺俗別当、同七年に東大寺検校、大学別当に補された。天慶元年五月五日に 60 歳で薨去。正二位を贈られた。『小右記』長元四年九月廿三日条＊1所引の『新国史』延喜二十年(920)閏六月(逸文)の斎院宣子内親王薨去記事に奉幣使として名が見える。

邦恒(ほうこう・くにつね)46 歳〔備中守官地 3〕(986〜1067)。邦昌(恒佐の孫)の男。母は伊賀守源任女。左兵衛少尉、蔵人、阿波守、備中守などを歴任。長元四年時は七月廿一日に紅花廿斤を実資に献上している(『左経記』同日条※1)。国恒、経恒にもつくる。長暦元年(1037)に上東門院別当として従四位上に叙さる。長久元年(1040)に讃岐守、昇殿を許される。治暦三年八月十九日に 82 歳で卒去。

藤原氏 17　長良公孫流

惟忠(いちゅう・これただ)〔少納言官太 1・尾張守官地 3・敦平親王家司〕(？〜1034)。文信(長良曾孫)の男。左馬権助、左衛門佐などを歴任し、万寿三年(1026)には少納言になっている。長元四年には、敦平親王の家司(『左経記』正月十七日条※1)として、親王の尋問に来た外記小野文義の対応をしている(『小右記』正月十七日条▼a)。七月には実資に薄物二疋・糸五絇を献上している(『小右記』七月十五日条＊2)。長元七年(1034)閏六月十四日に「故尾張守」の四十九日が醍醐で修されており(『左経記』類聚雑例)、同年五月下旬に亡くなったとみられる。

惟貞(いてい・これさだ)生没年未詳。文信の男。長保五年(1003)に遠江守とある。長和元年(1012)五月十八日の実頼忌日に入礼している。寛仁三年(1019)に尾張守として五節舞姫を献上。『小右記』長元四年九月廿九日条＊1に小野宮邸月例法華講を聴聞している(二月註220・九月註340参照、『平安人名辞典』が「道長第例講」とするのは誤り)。

純友(じゅんゆう・すみとも)故人(？〜941)。大宰少弐良範(長良の孫)の男。承平・天慶の乱の一、藤原純友の乱の首謀者。承平二年(932)頃に伊予掾となり、同六年に前掾として海賊追捕を命じられた。天慶二年(939)頃、東国の平将門の乱とほぼ同時に反乱を起こし、同三年十月には大宰府警固使の軍を破るほどであったが、翌四年五月に警固使橘遠保に捕らえられ、同年六月に誅された。『小右記』長元四年七月廿四日条▼aに、月食による相撲の楽中止を検討する中で、「承平七年例不快」として取り上げられた。

章信(しょうしん・あきのぶ)〔伊予権守官地3〕生没年未詳。知章(長良の曾孫)の男。母は源孝女。寛弘四年(1007)四月に内裏密宴の文人に召され、同八年に文章生となる。右衛門佐、五位蔵人、左少弁の三事兼帯する。以後、右中弁、和泉守となる。長元二年(1029)に伊予守。赴任の際に実資から馬を贈られている(『小右記』同年二月十一日条)。長元四年、供御薬の後取に奉仕し(『左経記』正月一日条▽a)、手作布五端八丈を実資に奉っている(『小右記』七月廿一日条＊1)。以後、但馬守、丹波守になるが、永承三年(1048)十月を最後に見えなくなる。

藤原氏18　内麻呂公孫流

家業(かぎょう・いえなり)〔前上野介〕生没年未詳。有国の男。母は越前守斯成女または藤原義友女。寛弘六年(1009)以降、検非違使としての活動が見え、治安三年(1023)には左衛門権佐であった。万寿元年(1024)に上野介(受領)。いわゆる「上野国交替実録帳」(『平安遺文』4609)は、長元三年(1030)に後司の藤原良任へ交替する際に作成された不与解由状の草案とされている。『小右記』長元四年三月十二日条＊1に家業が申請した造大垣料文を実資が頭弁経任に付したこと、『左経記』三月廿二日条※5に家業の解由を権中納言資平が下すことについての議論が見える。長元九年(1036)以降、少納言と見えるが、長暦元年(1037)が最後。

家経(かけい・いえつね)40歳〔検非違使官外1・左衛門権佐官衛2・右少弁官太2・防鴨河使・文章博士官省2〕(992〜1058)。広業(有国の男)の男。母は安倍信行女。右衛門尉、弾正少弼を歴任、万寿二年(1025)に右少弁となり、翌三年に文章博士を兼帯、左兵衛権佐・検非違使なども兼帯した。長元四年は正五位下、『左経記』四月十七日条※1に左衛門権佐、『小右記』八月一日条＊1に右少弁、『左経記』十一月一日条▽eに「新右少弁」、十一月十九日条※2に左衛門権佐、十一月卅日条▽bに「弁」として見える。右少弁は長元五年二月八日の信濃守任命で離任(『弁官補任』)。後、讃岐守などを歴任。歌人としても活躍。天喜二年(1054)五月十一日に出家。同六年(康平元年)五月十八日に卒去。

公業(こうぎょう・きみなり)故人。〔故甲斐守〕(977〜1028)。有国の男。母は越前守斯成女。寛弘四年(1007)に左衛門尉として見え、長和元年(1012)に五位、寛仁二年(1018)に中宮大進、治安二年(1022)に甲斐守として、藤原実資に糸や紅花などを献じている。『小記目録』長元元年(1028)四月十五日条に卒去記事がある。『左経記』長元四年正月十一日条※2に六位蔵人に補された経衡について「故甲斐守公業の男」とある。

経衡(けいこう・つねひら)39歳〔雑色官外2・蔵人官外2〕(993〜1072)。公業の男。母は藤原敦信女(一説に広業女)。『左経記』正月十一日条※2に、蔵人所雑色から六位蔵人に任命された記事が見える。正月註294参照。後、大和守、甲斐守などを歴任。歌人としても知られる。長久四年六月廿九日に68歳で卒去。

実綱(じつごう・さねつな)20歳〔蔵人官外2・大学助官省2・文章得業生官省2〕(1012〜1082)。資業(有国の男)の男。母は備後守藤原師長女。万寿年間に文章得業生、長元二年(1029)に大学助。

『小右記』長元四年二月十七日条▼cに大学助藤原実綱を蔵人に補したとある。翌年、右衛門尉、同八年に昇殿、右衛門権佐、宮内大輔を歴任し、長暦元年(1037)に東宮学士、寛徳二年(1045)後冷泉天皇の即位に伴い正五位下に昇り、翌年五位蔵人、大学頭となる。永承六年(1051)に文章博士、康平六年(1063)に式部大輔を兼任、受領としても但馬・美作・伊予・備中などの守を歴任した。文人としての名声は高く、晩年には日野の法界寺に観音堂を建立して一門の結束を固めた。永保二年三月廿三日に70歳で薨去。

章経(しょうけい・あきつね)〔兵部丞官省5〕(？～1066)。家業(有国の男)の男。母は大中臣輔親女。大蔵少丞を経て兵部丞となる。『小右記』長元四年二月七日条＊2に内大臣藤原教通の使として実資を訪れ、仁王会と季御読経を同日に行なってよいか尋ねている。後、甲斐守、左衛門権介などを歴任、治暦二年(1066)七月七日に卒去。

藤原氏 19　魚名公孫流

為盛(いせい・ためもり)故人〔故越前守〕(？～1029)。安親(山陰の孫)の男。母は越後守藤原清兼女。蔵人五位。受領としてたびたび道長に馬などを献じた。長元元年(1028)に越前守とあり、『小右記』同二年閏二月五日条に、卒去により料物が進上されないとある。『左経記』長元四年正月十一日条※2に、蔵人所雑色に補された兼季を「故越前守為盛の男」と注記している。

兼季(けんき・かねすえ)〔蔵人所所衆→雑色官外2〕生没年未詳。為盛の男。『左経記』長元四年正月十一日条※2に、蔵人所所衆から蔵人所雑色に登用したとある。

済家(せいか・なりいえ)故人〔故済家〕生没年未詳。備中守清通(安親の男)の一男。『御堂関白記』長保元年(999)九月五日条に前駿河守として馬二疋を藤原道長に献じたとある。備中・駿河・陸奥・伊予などの守を歴任した道長の家司受領であり、寛弘五年(1008)に敦成親王(後の後一条天皇)家の別当に任じられ、寛仁二年(1018)に後一条天皇の土御門第行幸賞で従四位上、万寿元年(1024)に高陽院行幸賞で正四位下となる。道長の死後は頼通の家司として仕えた。『日本紀略』長元三年(1030)七月廿日条に頼通が前伊予守済家宅で法華三十講を催したとあるのが終見。『小記目録』長元四年閏十月廿一日条◆2に故済家の妻が源倫子の家で頓死したとあり、これ以前に卒去したと考えられる。

兼資(けんし・かねすけ)〔常陸介官地3〕生没年未詳。尚賢(安親の孫)の男。伊勢守などを歴任。実資の家人。万寿元年(1024)に治国の功により従四位下。『小記目録』長元四年五月廿日条◆1に常陸介として平忠常の降伏を報告したこと、『小右記』九月廿七日条▼aに近江国より馬一匹を志として送ったことが見える。後任の常陸介が菅原孝標。

兼安(けんあん・かねやす)〔蔵人官外2〕生没年未詳。定佐(安親の孫)の男。長元三年(1030)には六位蔵人であった。『左経記』長元四年正月十一日条※2・十月九日条※1に蔵人としての活動が見える。同五年十二月四日に式部丞、長暦元年(1037)に越後権守、康平四年(1061)に中宮大進、同五年に四位とある(『定家記』)。

季任(きにん・すえとう)〔上東門院別当官家3〕生没年未詳。永頼(守義の一男)の男。もと太皇太后宮大進や上東門院判官代であり、上東門院の別当と考えられる。『左経記』長元四年四月廿四日条※1に関白殿競馬の鼓を奉仕したこと、『小右記』九月二日条＊2に上東門院御幸に伴う美作国の所課について別当として事情を実資に伝えたことが見える。

国成(こくせい・くになり)〔少内記官省1〕生没年未詳。則友(守義の孫)の男、母は伊予守藤原景舒女。文章得業生、式部丞を歴任し、寛仁元年(1017)に蔵人。長元三年(1030)因幡守の時、九月八日に宅が焼失するが、実資は「潤屋之戒」と同情していない。『小右記』長元四年正月七日条＊1、新叙の宣命の際に内記として見える。正月註238参照。長元七年(1034)には五位蔵人。後、美濃守、丹波守、美作守、式部権大輔を歴任。天喜元年(1053)正月十一日に年号を勘申したとあるのが終見(『土右記』)。

忠子（ちゅうし・ただこ）〔典侍官家2〕生没年未詳。藤原忠輔の女。母は藤原威子の乳母。『小右記』長元四年三月十四日条＊4の内侍の除目で、辞任した菅原善子の後任の典侍に補せられたとある。三月註153参照。『栄花物語』（巻三一〜三三・三五）によると、中宮藤原威子の御乳母子にあたり、内侍を勤めたことで「宮の内侍」と呼ばれたが、馨子内親王の乳母となり「中納言の典侍」、「斎院の中納言の典侍」とも呼ばれた。また、藤原公成に深く愛され、北の方となった。『本朝世紀』治暦四年（1068）十一月廿八日条に、後三条天皇の大嘗会の女叙位で藤原朝臣忠子が馨子内親王給によって従四位下に叙されたことが見える。

貞仲（ていちゅう・さだなか）〔前陸奥守〕生没年未詳。高節（山陰の曾孫）の男。前陸奥守。道長の親近者として活躍。文章生、陸奥守、安芸守を歴任、正四位下となる。寛仁二年（1018）八月十九日には、陸奥守貞仲と鎮守府将軍平維良の合戦について定があった（『小右記』、『御堂関白記』は維吉とする）。『小右記』長元四年二月廿三日条＊3・廿四日条＊2に、貞仲が陸奥守在任中に絹二疋で砂金一両に代納することを申請し、昨年の除目で認められたとある。

棟隆（とうりゅう・むねたか）〔豊後守官地3〕時清（山陰の曾孫）の男。長和五年（1016）に前伊豆守とあるのが初見か。『小記目録』長元四年閏十月廿五日条◆2に、豊後守棟隆を追下するか否かとあり、翌五年七月十七日条にも下向せずとある。同六年に守棟隆の訴で権守藤原有道を左衛門弓場に下したとある（『日本紀略』八月廿一日条）。

藤原氏20　時長孫流

公則（こうそく・きんのり）〔河内守官地3〕生没年未詳。伊博（時長の玄孫）の男。源章経の子となり源姓となる。正暦五年（994）に中務少丞とあり大赦に奉仕、長徳二年（996）に正六位上、中務少丞に復任（「長徳二年大間書」）、寛弘元年（1004）に民部丞とある。同七年に従五位上、長和元年（1012）に信濃守、同四年には道長に馬十疋を献じ、寛仁元年（1017）九月一日の信濃功過定では道長の近習者と見える。その後、肥後守、尾張守、駿河守、伊賀守を歴任している。『小右記』長元四年三月廿六日条▼aに、尾張守の時に申請した志摩国司の俸料免除のことが見える。

藤原氏21　武智麻呂公孫流

重尹（じゅういん・しげただ）48歳〔参議官公4・左大弁官太2・勘解由長官官外4・備後権守官地3・修理大夫官外3〕（984〜1051）。懐忠の五男。母は藤原尹忠女。長保元年（999）に従五位下、侍従となり、右兵衛佐。同三年に権左少将、寛弘六年（1009）、父の大納言辞退により右中弁となる。左中弁に転じ、皇太后宮権亮・播磨権守・造大安寺長官を兼任し、治安三年（1023）に右大弁、万寿三年（1026）に蔵人頭。長元二年（1029）正月廿四日に参議となり左大弁に転じ、三月十一日に勘解由長官を兼任。左大弁として様々な儀式で活躍し、その姿が長元四年条にも散見される。長元四年六月廿七日に修理大夫を兼任。後、同五年に従三位、長暦二年（1038）に正三位、権中納言となる。長久三年（1042）に大宰権帥となり、中納言を辞す。永承元年（1046）二月、管国の愁により停任。永承六年（1051）三月七日、中風により68歳で薨去。

成尹（せいいん・なりただ）生没年未詳。令尹（懐忠の男）の男。母は筑前守高階成順女。長元四年正月の叙位で藤氏爵により従五位下となる（『小右記』六日条＊1、▼bに成重と誤っていたのを成尹に改めたとある）。治暦四年（1068）に宮内少輔で、正五位に叙される。

中尹（ちゅういん・なかただ）〔前備前守〕生没年未詳。懐忠の男。長徳四年（998）に大内記藤原中尹が蔵人に補せられたとある。後、右衛門権佐も兼ね、三河守となる。『小右記』長元四年二月廿四日条＊3に前備前守として、談天門以南の一町分の垣根を成功として修築することを辞し、八省造営の材木を納めることを願い出たとある。長暦元年（1037）に従四位下に叙され、皇后宮亮に任じられた。

藤原氏 22　真作孫流

実行(じっこう・さねゆき)〔斎宮頭官神2〕生没年未詳。方正(楝利の男)の男。長保三年(1001)に賀茂祭の蔵人所陪従、長和三年(1014)に文章生。万寿元年(1024)に千古の着裳を奉仕。『小右記』長元四年正月十二日条＊1に、前左衛門督兼隆の使として実資に手紙をもたらしたとある。『左経記』十二月廿六日条※2に斎宮頭に任じられたとある。長暦三年(1039)に山城守となり、永承二年(1047)に玄蕃頭と見える。従五位上に至る。

良資(りょうし・よしすけ)〔前安芸守〕(？〜1036)。方隆(楝利の男)の男。長和五年(1016)に皇太后宮少進とある。後、大進、安芸守などを歴任。万寿四年(1027)には良資宅の春童丸、犬男丸らが実資の車副を殺害するという事件を起こしている。長元元年(1028)十二月十五日に邸が焼亡している。長元四年時は治国加階の申請により従四位下となる(『小右記』正月六日条▼b)。長元九年に卒去。

藤原氏 23　貞嗣卿孫

能通(のうつう・よしみち)生没年未詳。永頼(尹文の男)の一男。母は木工頭藤原宣雅女。長徳三年(997)に左兵衛佐と見え、淡路守を経て、寛弘四年(1007)に内蔵権頭、敦成親王家別当となる。同八年に甲斐守、長和三年(1014)に太皇太后宮(藤原遵子)亮として五節舞姫を献じた。万寿元年(1024)十二月十三日には実資娘千古の裳着に懸盤を設け、打敷を執る。『小右記』長元四年二月二日条＊3に「荒涼の第一の者也」と見え、九月廿九日条＊1に小野宮月例法華講の聴衆として名が見える。長元九年(1036)に前但馬守従四位下とある。

保相(ほそう・やすすけ)〔三河守官地3〕生没年未詳。永頼の三男。寛仁二年(1018)に典薬助で、蔵人となる。治安元年(1021)に実資の任大臣の前駆をした。長元元年(1028)に三河守、中宮大進。長元四年に三河守として実資に糸十絇を献上している(『小右記』正月一日条▼c)。

藤原氏 24　その他

愛発(あいはつ・あらち・ちかなり)故人(787〜843)。内麻呂の七男。母は依常(依當か)忌寸大神女。大同四年(809)に文章生、後、春宮大進、六位蔵人、式部大丞、右中弁、蔵人頭などを歴任、天長三年(826)に参議となる。『小右記』長元四年九月廿三日条＊1に、天長八年十二月に斎院交替に際して賀茂使を勤めた時の『日本後紀』の記事が引かれている。同九年に中納言、承和七年(840)に正三位大納言となるが、同九年の承和の変で失脚、免官される。山城国久世郡の別業に移り、翌年九月十六日に57歳で薨去。

為頼(いらい・ためより)〔右馬允官衛4〕生没年未詳。『小記目録』長元四年四月廿二日条◆2に「馬允為頼」が次第使を勤めず勘事に処せられたこと、五月十六日条◆1に「馬允為頼」が免ぜられたこと(免官ではなく勘事の処分の免除)、『左経記』(類聚雑例)長元九年(1036)五月十九日条に右馬允藤原為頼が後一条天皇の火葬の警固にあたったとある。

為祐(いゆう・ためすけ)生没年未詳。理能の男。母は清原元輔女。寛弘八年(1011)に「本宮(＝一宮)」の蔵人に任じられ(『権記』)、長和三年(1014)式部省試及第者九名の一人として見える(『小右記』十月廿四日条)。『左経記』長元元年(1028)八月四日条に平直方(平忠常の乱の追討使)が「為祐朝臣」を通じて翌日出発の件を源経頼(左中弁)に申上したとある。長元四年十二月一日条※3では下名に関して、源経頼が御消息の子細を記した短冊紙を「為祐朝臣」を通じて藤原頼通に奉っている。経頼の家人か。

吉重(きちじゅう・よししげ)〔斎院次官官神3〕生没年未詳。『左経記』長元四年六月廿七日条※4に斎院次官補任のことが見える。

義忠(ぎちゅう・よしただ・のりただ)28歳？〔東宮学士官家1、前阿波守〕(1004？〜1041)。為文(宇合卿孫流)の男。寛弘八年(1011)に少内記。長和二年(1013)に左衛門尉として検非違使宣旨を蒙る。同四年に大内記と見え、寛仁元年(1017)に東宮学士、同二年に式部少輔を兼ね、同三年に右少弁。翌年に左少弁、文章博士となり式部少輔を去る。万寿二年(1025)に阿波守、赴任に際して実資は大褂を与えている。『小右記』長元四年二月廿九日条▼aに「前阿波守」、八月廿日条＊2＊3に伊勢公卿勅使の宣命執筆の候補者となるが、東宮学士であったことから除かれた。八月卅日条▼aに小野宮月例法華講の来聴者の一人として見える。長元九年に大和守、長暦元年(1037)に年号勘文、長久二年(1041)に仁王会の呪願文を奏上(『春記』)。『尊卑分脈』は同年十月十一日に38歳で卒去とするが、年齢は疑わしい。侍読により贈参議・従三位とある。

公安(こうあん・きみやす)〔実資随身官家4〕生没年未詳。右近衛府の官人か。『小右記』長元四年七月三十日条に随身公安が相撲の抜出を実資に報告(▼a)、同日夜、兼頼母の重病を聞いた実資は公安と信武を見舞いに遣わしたとある(▼b)。『左経記』四月廿六日条に賀茂競馬に奉仕したことが見える。

光任(こうにん・みつとう)〔左近将監官衛1〕生没年未詳。『左経記』長元四年六月廿七日条※4に、左近将監になったとある。尚、『小右記』寛仁二年(1018)閏四月廿二日条に「瀧口藤原光任・同長実各抜刀闘乱、」とある藤原光任は、『小記目録』(第一七・闘乱事)に「同年(寛仁四年)六月廿七日、瀧口藤原光任、土御門櫛笥に於いて殺さるる事」とあるので、同名異人である。

小忌古曾(こきこそ・おみこそ)藤原相通の妻。『大神宮諸雑事記』では「古木古曾」とする。伊勢斎王の託宣により、その私的な宗教行為が糾弾され、夫藤原相通と共に流罪となる。解説二〇「伊勢斎王託宣事件」参照。

国永(こくえい・くになが)〔右近将監官衛1〕生没年未詳。『小右記』寛仁三年(1019)正月廿三日条に、実資の申請で将監に任じられている。長元四年正月廿一日条▼bでも、内舎人高階為時を将監とする申請をするにあたり、この時のことが述べられている。正月註399参照。永承二年(1047)二月廿一日に右近とある(『造興福寺記』)。

時重(じじゅう・ときしげ)〔下総守官地3〕生没年未詳。『権記』長保三年(1001)四月廿日条に賀茂祭の蔵人所陪従の雑色とある。治安元年(1021)に隠岐守、万寿二年(1025)に治国により従五位上、長元四年六月廿七日の除目で下総守に任じられる(『左経記』同日条※4)。但し、下総守は為頼(姓不詳)のままで、時重が任じられたのは上総守であった可能性も考えられる。三月註13参照。

盛光(せいこう・もりみつ)〔筑後守官地3〕生没年未詳。『小右記』長元四年三月十四日条＊5に、安芸守源頼清と共に実資のもとに罷申に来たとある。

成親(せいしん・なりちか)故人。生没年未詳。遠理の男。母は橘敏通女。寛弘五年(1008)に掃部頭として賀茂祭使の代官を勤めた。出雲守、従五位。長和五年(1016)七月十六日に道長第行幸の競馬の標勅使、寛仁二年(1018)十一月一日に出雲守として道長の例幣・金銀幣の使を勤めた。治安三年(1023)正月廿六日に出雲国不与状に誤りがあることを申請している。『小右記』長元四年七月卅日条＊1に、致孝の父であることが記述されている。

善政(ぜんせい・よしまさ)〔下野守官地3〕万寿二年(1025)に下野守、赴任の際には実資から大褂や胡籙が与えられている(『小右記』同年三月廿五日条・同四年七月廿五日条)。『小右記』長元四年正月廿二日条＊1に善政の解文を定めよという宣旨が下されたとある。『尊卑分脈』には末茂孫流の佐衡の一男として「善政」がおり「蔵　従五上　越後守」とあり、『権記』長保二年(1000)正月廿二日条に「春宮属善政」がいる。

蔵規(ぞうき・くらのり・まさのり)生没年未詳。初めは帯刀、後、左兵衛尉となる。寛弘元年(1004)二月九日に大宰帥平惟仲から菅野重忠についての消息を伝えた(『御堂関白記』)。長和二年(1013)七月廿五日、大宰相撲使に付して実資に唐物を進上し、同三年六月廿五日、高田牧司

として鎮西滞在中の宋人医僧恵清の許から眼薬等を藤原隆家・実資へ送付(『小右記』)。同四年二月十二日、大宰大監として鵞鳥・孔雀を進上(『日本紀略』)、四月十日にこの孔雀が産卵している(『御堂関白記』)。寛仁三年(1019)の刀伊の入寇で功績があり、治安二年(1022)に左兵衛尉として対馬守に任じられた(『小右記』四月三日条、『大間成文抄』第五・受領)。『左経記』長元四年正月六日条※1に「対馬守種規」とあるのは、この蔵規と勘違いしたことによる誤記か。

相通(そうつう・すけみち)〔斎宮頭官神2〕生没年未詳。寛仁四年(1020)に選子内親王の申請により斎院次官となる。後、斎宮頭となり、長元四年、伊勢斎王の託宣により妻の藤原小忌古曾と共に伊勢を追却される。相通は当初佐渡に配流される予定であったが、再度の託宣により伊豆に改められた。妻小忌古曾は隠岐に配流された。『小右記』では「助道」と記されることもあった(七月三日条＊1など)。解説二〇「伊勢斎王託宣事件」参照。

致行(ちこう・むねゆき)生没年未詳。顕光の家司であった。五位に叙される。信濃の守、権守、介のいずれか。治安元年(1021)七月廿六日には実資の任右大臣申慶の前駆を勤める。同二年四月三日に対馬守の候補となるが外れる。『小右記』長元四年二月四日条＊1に除目に関する源済政の談を実資に伝えたとある。

致孝(ちこう・むねたか)〔勧学院別当官省2〕生没年未詳。長徳四年(998)に勧学院の別当となる。『小右記』治安三年(1023)十一月廿五日条には勧学院有官別当勘解由使長官致孝と見える。同三年十一月廿五日に実資は勧学院に百戸寄進し、十二月七日に致孝が実資を訪れ、感謝している。『小右記』長元四年二月九日条＊1に春日祭代官のことで書状を送ったとある。尚、同時代に父を成親とする致孝(姓不詳)がおり、左京進として寛弘二年(1005)に実資の前駆を勤め、治安三年に武蔵国から参上して鹿毛上馬一疋を献上するなど、実資と親しい間柄にあった。長元四年三月廿二日条＊2にも、実資第の厩舎から逃げた馬二疋のうち一疋を致孝の従者が捕らえたとあり、三月廿三日条＊3にも従者が丹波国より残りの一疋を補ったとある。七月卅日条＊1には、相撲人勝岡が致孝の触立つ名簿を持ってきたとある。

忠国(ちゅうこく・ただくに)生没年未詳。『小右記』長元四年二月十日条＊1に、大食の評判により、実資の前で五升の飯を食し、実資から疋絹を賜わったとある。

陳孝(ちんこう・のぶたか)生没年未詳。従五位下。『権記』長保四年(1002)二月廿一日条に陳孝の名簿が奉られたとある。『小右記』長元四年三月九日条＊2に、療養の宣旨が下ったとある。

友正(ゆうせい・ともまさ)〔内舎人官省1〕生没年未詳。『左経記』長元四年閏十月四日条※1に「内舎人藤原友正」が平則義の馬鞍を奪って女に売らせたとして、検非違使に捕らえられたとある。『小記目録』(第一七、捜盗事)も参照。

頼行(らいこう・よりゆき)〔右馬允官衛4〕生没年未詳。『小右記』長元四年三月廿五日条＊1▼cに、馬允頼行が寮に納めるべき革を出さずに邸内に籠もり、取り立てに行った実資の小舎人が下毛野安行宅を通って事件を起こしたとある。

名不詳〔源頼信母〕故人。生没年未詳。藤原致忠女とする説と藤原元方女とする二説がある。長元四年九月に源頼信が僧尋円を介し、母の菩提を弔いたいという理由で美濃守の任官を実資に依頼している(『小右記』十八日条▼a)。

源氏1　仁明

光(こう・ひかる)故人〔右大臣源卿〕(845〜913)。一世源氏。延喜元年(901)、失脚した菅原道真の後任の右大臣となる。同九年(909)、藤原時平薨去により、右大臣のまま一上となる。この際、東寺・西寺・延暦寺の俗別当、内記・内豎所・内蔵寮・穀倉院・陰陽寮の八所の別当を兼ねたことが『小右記』長元四年九月十七日条▼bに見える。

源氏2　文徳

光清(こうせい・みつきよ)〔前伊賀守〕生没年未詳。致文の男。文章生から兵部大丞・式部丞・斎院長官などを歴任。『御堂関白記』寛仁二年(1018)閏四月三日条には、斎院次官藤原栄光との闘乱が記されている。長元二年(1029)七月、伊勢大神宮の伊賀神民が当時伊賀守であった光清の非法を訴え、同三年十二月に伊豆国へ配流となった(『小右記』七月十六・十八日条)。長元四年正月、伊豆国への配流先に行く途中で群盗に襲われ(『小右記』正月十三日条▼c)、二月には配流使の左衛門府生永正が駿河国で甲斐国調庸使に殺された(『小右記』二月十三日条▼b)。同五年に許され(『小記目録』)、同七年には本位に復している(『左経記』)。同八年六月廿五日、廿二日に薨去した選子内親王の御骨を捧持している(『左経記』類聚雑例)。

源氏3　清和　陽成

満正・満政(まんせい・みつまさ)故人か〔前陸奥守〕生没年未詳。経基王の二男。母は橘繁古女。検非違使、左右衛門大尉、兵庫允、左馬助、兵部丞、治部少輔、陸奥・伊予・武蔵等の守となり、鎮守府将軍となる。従四位下に叙される。『御堂関白記』寛弘五年(1008)三月廿七日条に、満正の陸奥国任終年の金のことが定められたとある。そして『小右記』長元四年二月廿三日条＊3に、満正が絹一疋で砂金一両に進済したという例が参考にされたとある。

忠重(ちゅうじゅう・ただしげ)〔駿河守官地3〕(？〜1033)。満正の一男。検非違使、左衛門尉、刑部権大輔、駿河・遠江・陸奥等の守を歴任する。従四位下に叙される。『小右記』長元四年二月廿三日条＊2に、駿河国で起こった濫行を未だ言上せずとある。長元六年(1033)六月十五日に卒去(『左経記』類聚雑例)。

頼親(らいしん・よりちか)〔大和守官地3〕生没年未詳。満仲(経基王の一男)の二男。母は藤原致忠女。大和源氏の祖。検非違使、左衛門尉、左兵衛尉、宮内丞、右馬頭、大和・周防・淡路・信濃等の守を歴任。正四位下に叙される。特に、大和守には寛弘三年(1006)に初めて任じられ、計三度もなって、大和国豊嶋郡に住んで一大勢力を築いた。武勇の者として知られ、20名前後の郎等がいて、よく事件を起こした。長元四年も大和守で、郎党の宣孝が大和国の僧道覚を打ち、問題となっている(『小右記』正月廿六日条＊2・三月七日条＊2・八月廿九日条▼b、『左経記』正月廿八日条※1)。道長近親者でもあったが、実資に糸や紅花などを献上している(三月十九日条＊2・七月六日条＊3)。永承五年(1050)、三度目の大和守の任終の年にも、子の前加賀守頼房と興福寺大衆が合戦し、僧侶方に死人が出たことで訴えられ、頼親は土佐国、頼房は隠岐国へ配流となった(『百練抄』)。

頼信(らいしん・よりのぶ)64歳〔甲斐守官地3・追討使官外6〕(968〜1048)満仲の三男。母は藤原敦致女、一説に藤原元方女。河内源氏の祖。20歳の時には左兵衛尉で、藤原道兼・道長の家人を勤めた。上野介・甲斐守・美濃守などを歴任。七月註3参照。長元元年(1028)に起こった平忠常の乱を受け、同二年に甲斐守に任じられ、同三年に平直方らに代わり追討使となり、戦わずして平定。これによって坂東一円に名が広まり、武家の棟梁への萌芽となった。解説一五「平忠常の乱と源頼信」参照。長元四年正月六日に治国の功により従四位下に叙され(『小右記』同日条▼b)、四月廿八日に平忠常の子二人・郎党三人を随身し進来した(『左経記』同日条※1、『日本紀略』)。実資のもとにも権僧正尋円や修理進張忠節を通じて書状を送り、絹・細手作・紅花などを献上している(『小右記』七月十三日条＊2・十五日条＊2)。九月十八日条▼aでも実資に願い出ていた美濃守に、翌年の除目で任じられた。永承元年(1046)には河内守であった(『平安遺文』640)。同三年に60歳で卒去。年齢については、61歳・75歳・80歳説もある。

頼清(らいせい・よりきよ)〔安芸守官地3〕生没年未詳。頼信の二男。母は修理命婦。『権記』寛弘

八年(1011)十二月廿五日条に左近将監とある。後、肥後・陸奥等の守を歴任、従四位下に叙された。長元四年に安芸守となり、筑後守藤原盛光と共に実資を訪れて罷申している(『小右記』三月八日条▼d・十四日条＊5)。永承三年(1048)三月二日に前陸奥守として興福寺供養で右方堂童子を勤めた(『造興福寺記』)。

頼平(らいへい・よりひら)〔大蔵大輔［官］省7〕生没年未詳。満仲の四男。母は源俊女。後、頼光の子となる。長和元年(1012)閏十月廿七日に五位頼平とあり大嘗会御禊の前駆を勤めている(『御堂関白記』)。後、左馬助、左衛門尉、大蔵少輔を歴任。『小右記』長元四年九月十六日条＊1に、大蔵大輔として国司に任じられることを希望していたので、率分所別当を申請しなかったとある。

頼国(らいこく・よりくに)58歳〔讃岐守［官］地3・上東門院別当［官］家3〕(974〜1058)頼光(満仲の一男)の一男。母は藤原元平女、一説に平惟仲女。内蔵人、左兵衛尉、文章生、検非違使、左衛門大尉、皇太后宮大進、春宮大進、左馬権頭、内蔵人頭、上総介、美濃・三河・備前・摂津・但馬・伯耆・讃岐・紀伊等の守を歴任。正四位下に叙される。文章生出身の文人貴族であるが、検非違使として宮中に乱入した法師を捕らえて加階されたこともある。長元四年の上東門院住吉詣では、別当として女院の車を献進し、扈従した(『小右記』九月廿五日条＊1、『左経記』同日条▽a)。『栄花物語』(巻三〇・つるのはやし)に讃岐守とあるが(九月註296)、『小右記』長元二年(1029)七月一日条に「前讃岐守頼国」とあり、前司だったとも考えられる。女に、藤原家忠の母や、白河院政下で「夜の関白」といわれた藤原顕隆の母がいる。

致親(ちしん・むねちか)〔典薬允［官］省8・弾正疏［官］台〕生没年未詳。為清(貞元親王の曾孫)の一男。あるいは兼信の男宗親か。『小右記』治安三年(1023)閏九月十日条に、弾正疏致親が馬一疋・紅花四折櫃を献じたとある。長元四年八月六日条＊1に、斉任を勘問した日記に異例があったが、「恪勤者」により公にせずに処理したとある。八月廿九日条▼bに、源頼親の濫行の下手人として典薬允致親とある。長暦二年(1038)に強盗罪で隠岐に配流された時には、藤原実成の郎従とある。

相奉(そうほう・すけとも)生没年未詳。陽成源氏。兼房(清陰の一男)の二男。寛仁二年(1018)に刑部少輔従五位下と見える。『小右記』長元四年三月九日条＊1に、石見守資光の赴任に馬を賜わるよう、使として来たとある。長元八年(1035)に石清水八幡宮神人らに源則理と共に訴えられ、長暦元年(1037)に刑部大輔五位として伊豆への配流が決まった(『行親記』『扶桑略記』『百練抄』)。

源氏4　光孝

為弘(いこう・ためひろ)生没年未詳。重文の男か。母は源満正女。長保二年(1000)に雑色、長和元年(1012)に右馬助として賀茂祭に奉仕した(『権記』『小右記』)。『小右記』長元四年正月廿七日条＊1に、関白使として興福寺の怪の占方を実資に伝えたとある。

永輔(えいほ・ながすけ)〔実資家司［官］家4・千古家司［官］家4〕生没年未詳。『尊卑分脈』では「文輔」とする。是輔(是忠親王の孫)の二男。実資の家人・家司の一人。『小右記』長和元年(1012)五月十八日条に五位として実頼忌日に参列したこと、同二年七月廿日条に右中将源雅通宅焼亡の見舞いに遣わされたこと、同三年正月十二日条に小野宮家の御斎会加供の行事を行なったこと、同五年二月十六日条に実資の円融寺参詣で前駆および堂童子を勤めたこと、寛仁三年(1019)二月十五日条に実資の大原野詣の共人となったこと、治安元年(1021)七月廿六日条に実資の任大臣申慶の前駆となったこと、同三年八月廿八日日条に千古の家司となったことなどが見える。長元四年三月廿八日条＊2に実資の位禄から但馬国の分を支給されたことが見える。三月註247参照。

憲清(けんせい・のりきよ)〔右兵衛尉［官］衛3〕生没年未詳。忠幹(是恒の孫)の二男。『小記目録』長

元四年四月十三日条◆1に、御禊の前駆であった右兵衛尉憲清が障を申したことが見える。『左経記』(類聚雑例)長元九年(1036)五月十九日条に、後一条天皇火葬の警固にあたった一人として左兵衛尉源憲清が見える。『春記』長久二年(1041)二月七日条に出雲守憲清と見える。伊賀・美濃・遠江等の守も歴任した(『尊卑分脈』)。

重季(じゅうき・しげすえ)〔大監物官省1〕(?〜1032)。忠規(清平の曾孫)の男。長保四年(1002)三月廿九日に帯刀長重季とあり、東宮昇殿を許された(『権記』)。『小右記』長和元年(1012)四月廿九日条に将監重須、万寿元年(1024)十月七日条には大監物重季とあり、率分勾当となっている。『左経記』長元四年四月廿六日条▽cに、大監物源朝臣重季が奉幣使次官となったとある。長元五年九月四日に藤原兼隆家にて頓死した(『小記目録』)。

政職(せいしょく・まさもと)故人(959〜1027)。清敏(近善の孫)の男。子に頼職・知道・経任がいた。伯耆守、備後守、検非違使を歴任し、治安元年(1021)に大和守と木工頭を兼ねる。従四位上。万寿四年七月三日に69歳で卒去。七七法事に実資は僧前を送っている(『小右記』八月廿二日条)。長元元年(1028)十一月廿三日に政職の遺産に関する法家の勘申が出され(『小右記』『左経記』十一月廿九日条)、同四年に政職の遺産を検非違使に処分させているが(『小右記』七月九日条▼a、七月註68)、処分の宣旨は翌五年十二月廿九日であった(『小右記』)。尚、『小右記』にはもう一人「政職」がおり、長和元年(1012)に加賀守で百姓らに非政三十二ヶ条を訴えられ、寛仁四年(1020)閏十二月廿五日夜に群盗によって刺し殺されたことなどが知られるが、『尊卑分脈』では光孝源氏播磨守正四位下国盛の子で「正職」としている。

頼職(らいしょく・よりもと)〔右馬助官衛4〕生没年未詳。政職の一男。右馬助。『権記』寛弘三年(1006)二月廿二日条に春日祭使を勤めたという記事をはじめ、馬寮の助として散見する。『小右記』長元四年二月五日条＊2には春日祭の馬寮使に決まっていたのに逃げ隠れたとあるが、結局、近衛府使も兼ねることとなった(九日条＊1)。父政職の遺産を処分せず、検非違使に処分させることになった(七月九日条▼a)。

知道(ちどう・ともみち)知通(ちつう)〔実資家司官家4〕生没年未詳。正職(?〜1020)の男。政職の養子となる(『小右記』寛弘八年〈1011〉九月十九日条)。典薬助、民部丞、長門守となり、従五位下に叙される。子に道清がいる(『尊卑分脈』『系図纂要』)。実資に仕え、『小右記』治安三年(1023)八月廿八日条には監物知通が娘千古の家司になったとある。万寿四年(1027)六月廿九日条では養父政職の重病を伝えている。長元四年正月十一日条▼bで中原師重を引き続き実資家の政所別当にするという命も、知道に仰している。三月廿八日条＊2に紀伊の位禄を知道に給うこと、七月七日条＊1に広瀬使に決まったが官使を避けて実資に勘当されたこと、九月三日条▼aに実資から伯耆八橋野牧の馬を下賜されたことが見える。七月註48参照。

源氏5　宇多

倫子(りんし・ともこ)68歳〔尊堂〕(964〜1053)。雅信の女。母は藤原穆子。藤原道長の嫡室として頼通・教通、彰子・妍子・威子・嬉子を産み、道長の政権確立に大きな役割を果たす。法成寺関白北政所・鷹司殿と称される。永延元年(987)十二月に従三位左京大夫道長と婚する。寛弘五年(1008)に官人の室で無官の女性では初の従一位となる。長和五年(1016)、三宮に准じ、年官、年爵、封三〇〇戸を賜わる。治安元年(1021)二月に院源を戒師として出家。長元四年二月廿八日条▼aに、頼通の命を受けて実資が倫子の修二会に参上したとある。天喜元年六月に68歳で薨去。

時中(じちゅう・ときなか)故人〔故中納言〕(943〜1001)。雅信の一男。天徳二年(958)に右衛門尉、同五年に従五位下、寛和二年(986)に正三位、参議となる。正暦三年(992)に権中納言、長徳元年(995)に中納言、同二年に大納言、同三年に按察使、長保二年(1000)に従二位となる。翌三年に辞し、十二月に病のため出家、同月に59歳(一説に61歳)で薨去。管絃歌舞に優れ、横笛

譜を撰した。『左経記』長元四年閏十月廿七日条※3に、時中が中納言で重服の時に加署したという例が、朔旦冬至を前に検討されている。

済政(せいせい・なりまさ)57歳〔修理大夫官外3・近江前司〕(975〜1041)本名頼時。時中(雅信の一男)の一男。母は参議藤原安親女。信濃・讃岐・近江・播磨・丹波等の国守を歴任。藤原道長の家司で、敦成親王(後一条天皇)家別当を勤め、太皇太后宮(彰子)亮から上東門院別当にもなった。管絃に秀でており、『枕草子』にも登場する。『小右記』長元四年正月十一日条▼cに修理大夫とあり、『左経記』九月廿四日条※1に近江前守と見える。長久二年二月に67歳で卒去。

済政の女(せいせいのむすめ・なりまさのむすめ)生没年未詳。『小右記』長元四年正月十九日条▼cに敦貞親王に嫁したとあるが、『尊卑分脈』には見えない。

資通(しつう・すけみち)27歳〔蔵人官外2→和泉守官地3・右中弁官太2・東大寺俗別当官仏2〕(1005〜1060)。『公卿補任』による。『尊卑分脈』によれば長徳元年(995)の生まれで37歳。済政の一男。母は源頼光女。長和五年(1016)に大膳亮、寛仁四年(1020)に六位蔵人となる。後、右衛門少尉、式部少丞、侍従、五位蔵人、右馬助、右兵衛佐、民部少輔、左少弁を歴任し、長元三年(1030)十一月五日に右中弁となる。長元四年二月十七日の除目で「蔵人巡」により和泉守に任じられ蔵人を離任(『小右記』正月九日条▼b、二月十七日条▼c)。三月十四日に実資に罷申をしたが、実資は小瘡治療のため会わず、右馬寮で預かっていた馬を返した(『小右記』同日条＊5、三月註154)。十一月十六日、朔旦冬至の叙位で従四位下(『公卿補任』『弁官補任』。『左経記』同日条▽aの四位の「新叙一人」が該当か)。右中弁として諸儀式などに散見し、『左経記』十一月十八日条※1に、源経頼の五節舞姫献上に和泉守として下仕の装束二具を調送したとある。後、右京大夫、摂津守、左中弁、右大弁、蔵人頭、近江権守を歴任し、寛徳元年(1044)に参議となる(右大弁・近江権守は留任)。更に左大弁、播磨権守などを兼任。永承五年(1050)〜天喜二年(1054)には参議と大宰大弐を兼任(赴任賞で正三位に昇叙)。天喜五年に従二位となり、翌康平元年(1058)に兵部卿、勘解由長官を兼任。同三年八月十七日に病により出家し、廿三日に56歳で薨去。尚、「藤原資通」とする『蔵人補任』の記述は誤記。

経季(けいき・つねすえ)生没年未詳。経相(時中の二男、雅信の孫)の二男。万寿三年(1026)正月十五日に蔵人に補された(『左経記』)。翌四年に式部丞、従五位下となり蔵人を去っており、長元四年時は式部丞か。『平安人名辞典』が『左経記』長元四年四月廿五日条※1※2を「経季右衛門佐」とするのは誤り。また、『左経記』正月十一日条※2に昇殿を許された「経季朝臣」がいるが、これも直後に殿上での席次が問題となった藤原経季(実資養子)の可能性が高く、長元四年条には登場しないと考えられる。和琴の名手として著名。

朝任(ちょうにん・あさとう)43歳〔参議官公4・検非違使別当官外1・右兵衛督官衛3・備前守官地3〕(989〜1034)。時中の六男。母は藤原安親女。長保五年(1003)に従五位下、侍従となる。長和元年(1012)に三条天皇の蔵人、右少将となり、同三年に左中将、寛仁三年(1019)に蔵人頭。治安三年(1023)に参議、万寿三年(1026)に右兵衛督、長元二年(1029)に従三位、備中守、検非違使別当を兼ねた。長元四年条にも検非違使別当として諸事件の処理にあたる姿が描かれている。同七年九月二日に長女と死別、同月十六日に46歳で薨去。

師良(しりょう・もろよし)〔兵部大輔官省5〕(？〜1081)。朝任(時中の七男)の男。母は源俊賢女。治安三年(1023)十二月十五日に右兵衛佐師良とあり、万寿二年(1025)正月十八日の賭弓に左少将師良と見える。長元四年八月の祈年穀奉幣には兵部大輔として平野使を勤めている(『小右記』十七日条＊2)。同八年(1035)二月三日に右馬頭に任じられる。長暦二年(1038)十月十七日に殿上人、中宮に参る。延久元年(1069)には美濃前司師良朝臣とあり(『土右記』)、延久三年(1071)八月十一日付美濃国司解案に前司師良朝臣として名が見える。永保元年十一月廿三日に卒去。

道方(どうほう・みちかた)63歳〔権中納言官公3・宮内卿官省8・大宰権帥官地2〕(969〜1044)。重

信の二男。母は藤原師輔女、一説に源高明女。寛和元年(985)に従五位下、侍従、右兵衛佐。後、少納言、蔵人、左少弁、権左中弁、宮内卿、蔵人頭などを歴任し、長和元年(1012)に左大弁、参議となる。寛仁四年(1020)に権中納言、長元二年(1029)に大宰権帥となる。『小右記』長元四年七月二日条＊2で実資は、大宰府が正月の節禄代の革を今まで納めなかったと非難している。また、八月十日条＊1に相撲人県為永が免田の事を愁い申し、道方が処理することになったとある。長元六年に権帥を辞し、同八年に民部卿となる。長久四年(1043)に職を辞し、翌寛徳元年九月廿五日に出家、同日に76歳で薨去。

経長(けいちょう・つねなが)27歳〔蔵人官外2・左少弁官太2、位禄所弁官外6〕(1005〜1071)。道方の一男。母は播磨守従四位上源国盛女。『金葉和歌集』歌人。治安二年(1022)に18歳で六位蔵人(雅楽助)、同三年に式部少丞、同四年に従五位下となり蔵人を去った。少納言となり、長元二年(1029)に五位蔵人、同三年には紀伊権守と左少弁をも兼ねた。長元四年条には蔵人左少弁としての活動が見える。後、防鴨河使、斎院長官、左中弁、左京大夫、蔵人頭、宮内卿を経て、長久四年(1043)に参議、正四位下。翌寛徳元年に従三位、永承二年(1047)に正三位、同五年に左大弁、従二位。康平元年(1058)に権中納言、同六年に正二位。治暦元年(1065)に皇后宮権大夫を兼ね、翌年に大夫、延久元年(1069)に権大納言となる。同三年四月九日に病により辞し、六月一日に出家、六日に67歳で薨去。七月註174参照。

経親(けいしん・つねちか)生没年未詳。道方の二男。寛弘八年(1011)二月十日に右少将として春日祭使を勤めた(『御堂関白記』)。長和二年(1013)に少納言、権左少将。寛仁二年(1018)に従四位下となり少将を離任したと見られる。『小記目録』治安元年(1021)四月廿七日条・『小右記』万寿四年(1027)五月廿一日条には左京大夫とある。『小右記』長元四年七月十九日条＊2に「少将経親方」とあるのを古記録本は「少将(右少将)経親・(親脱)方」とし、『平安人名辞典』も同記事を紹介するが、『近衛府補任』の指摘に従い「少将(行脱)経・親方」とすべきであり、長元四年条には登場しないと考えられる。『範国記』長元九年(1036)九月廿八日条に周防守、十一月十四日条・廿三日条に因幡守とあり、長久四年(1043)の父道方の中納言辞職に伴い備前守に任じられた。

親方(しんほう・ちかかた)〔右少将官衛1〕生没年未詳。宣方(重信の三男)の男。母は文信女。長和五年(1016)に蔵人、治安二年(1022)に左兵衛佐となる。万寿元年(1024)十一月十八日には丹後守として実資に絹・綾褂などを送り、十二月十三日には娘千古の着裳に女装束を進めている。長元四年(二月十七日)に右少将となり、七月十九日に右近衛府相撲内取所に着すことが語られている。右少将は同九年十二月八日まで勤めたか。後、長元九年(1036)に伯耆守となる。

経頼(けいらい・つねより)47歳〔参議官公4・右大弁官太2・斎院別当官神3・近江権守官地3・造八省行事弁官外6〕(985 〜1039)。『左経記』の記主。扶義(雅信の二男)の一男。母は源是輔女。曾祖父は宇多天皇皇子、敦実親王。外舅(妻の父)の一人に藤原行成がいる。長徳四年(998)に14歳で従五位下。少納言、和泉守を歴任し、長和三年(1014)に左少弁。同五年に蔵人、寛仁三年(1019)に右中弁、同四年に内蔵頭を兼ね、権左中弁。治安二年(1022)に中宮亮を兼ね、同三年に左中弁。丹波守・造大安寺長官も勤め、長元二年(1029)に右大弁、蔵人頭。翌三年に参議(右大弁はそのまま)となる。長元四年二月十七日に近江権守を兼ね、八月〜九月には伊勢公卿勅使を勤めた。長暦三年(1039)に55歳(一説に64歳)で薨じるまで、25年間にわたり弁官職にあった。

源氏6　醍醐

長経(ちょうけい・ながつね)〔備前守官地3〕生没年未詳。重光(代明親王の一男)の二男。母は行明親王女。寛弘三年(1006)十一月廿二日に左京大夫として賀茂臨時祭使を勤めている。皇后宮亮、摂津守、讃岐守などを歴任。長元三年(1030)八月廿八日に備前守として実資に罷申して禄

を下賜されている。長元四年二月廿六日にも実資のもとに罷申に訪れた(『小右記』同日条▼a)。六月廿七日には備前守の二年延任の宣旨が下る(『左経記』同日条▽a)。八月廿六日に入京し、実資のもとを訪れている(『小右記』同日条▼b)。

経成(けいせい・つねなり)23歳〔少納言官太1・紀伊権守官地3〕(1009～1066)長経の一男。母は藤原時方女。兄弟に経信、僧仁暹、子に重綱、重資、成経がいる。治安三年(1023)に従五位下、諸陵助。万寿二年(1025)に右近将監、同四年に蔵人、長元元年(1028)に従五位下となる。同三年に少納言となり、長元四年条に少納言としての活動が見える。二月十七日に紀伊権守。左少弁・右中弁などを歴任し、寛徳元年(1044)に蔵人頭、永承三年(1048)に参議となる。極位極官は正二位権中納言。『十訓抄』(巻一〇)に、検非違使別当時代に左獄が火災に遭ったが、獄囚を免じなかったので、子の重資らの子孫が繁栄しなかったとあり、『古事談』(巻五)に、石清水八幡宮に願を掛け、強盗百人の首を切る功により中納言に任じられることを望んだとある。治暦二年七月九日に58歳で薨去。『系図纂要』は79歳で薨去、生年を永延二年(988)とするが、従い難い。

成経(せいけい・なりつね)〔権少外記官太1〕生没年未詳。経成の男。母は源資通女。『小右記』長元四年正月八日条＊1と正月十一日条▼aに外記、二月十五日条▼bに権少外記、『小記目録』(第一六・夢想事)長元五年三月十六日条に外記として見える。『尊卑分脈』に「蔵人」「少納言従四位上」とある。

則理(そくり・のりまさ)〔但馬守官地3〕生没年未詳。重光の三男。母は行明親王女。『小右記』永祚元年(989)十一月廿二日条に元服したとある左金吾重光の息にあたるとすると、57歳ぐらいか。長徳三年(997)に越後権守とあり、因幡・美作・尾張等の守などを歴任。『小右記』治安三年(1023)九月二日条に「則理、家の為に心尤も深し」とあるほど実資が信頼を寄せ、則理もたびたび任地から物を贈り、美作の則理の荘券文を実資の荘に寄せている(長元元年八月廿四日条)。則理は初め源時通女と婚したが、離婚後、彼女が藤原道長の妾となり寵遇されたことから、則理には女性を見る目がないとの世評が立ったという。後に後朱雀天皇中宮嫄子女王の宣旨として出仕する源憲定女と結婚。長元三年(1030)に但馬守となり、同四年六月廿七日に二年延任とされた(『左経記』▽c)。九月十四日、実資に長絹・例絹を志す(『小右記』＊3)。正四位下まで昇ったが、長暦元年(1037)閏四月、但馬守在任中、石清水八幡別宮神人と闘乱事件を起こし、五月廿日に土佐国へ配流、十二月に召還された。

保任(ほにん・やすとう)〔前美作守〕生没年未詳。通雅(重光の一男)の男。長保三年(1001)に蔵人とあり、甲斐権守、甲斐守、美作守を歴任。『小右記』長元四年八月廿六日条▼bに前美作守として実資を訪問し差文を届け、九月一日条＊2にも保任の談話が記されている。長元九年(1036)の後一条天皇の法事では讃岐守として饗を調備している(『左経記』類聚雑例)。

保光(ほこう・やすみつ)故人〔故保光卿〕(924～995)。代明親王の二男。母は右大臣藤原定方女。文章生出身で、侍従、左右中弁、右大弁、勘解由長官などを歴任し、安和二年(969)に蔵人頭、翌天禄元年に参議となる。貞元三年(978)に権中納言、永延二年(988)に中納言。式部大輔・左大弁・近江守なども兼帯した。その居宅に因んで桃園中納言と号し、外孫の藤原行成は桃園第で成長・元服を行なった。保光は正暦三年(992)に松崎寺(円明寺)を建立供養したが、それを庚午日に行なったことが子孫の低落をもたらしたと『小右記』長元四年九月廿五日条＊1にある。長徳元年五月に72歳で薨去。九月註305参照。

経光(けいこう・つねみつ)〔蔵人官外2、左衛門尉官衛2〕生没年未詳。永光(保光の男、代明親王の孫)の男。六位蔵人。『左経記』長元四年四月廿五日条※1に「左衛門尉経光〈蔵人〉」と見える。

高明(こうめい・たかあきら)故人〔西宮大臣〕(914～982)。醍醐天皇第十皇子。母は右大弁源昌女の周子。延喜二十年(920)に源朝臣を賜姓される。延長七年(929)に16歳で元服、従四位上に叙される。近江権守、大蔵卿を経て天慶二年(939)に参議。康保三年(966)に右大臣、翌年に正

二位左大臣となる。この間、左衛門督、内教坊別当、楽所別当、検非違使別当、按察使、中宮大夫、左近衛大将を兼帯。安和二年(969)、安和の変により大宰権帥に左遷。天禄二年(971)十月に召還の官符により帰京し、天延二年(974)に三百戸を賜わる。天元五年十二月十六日に69歳で薨去。室に藤原師輔の三女(俊賢の母)と五女愛宮(明子女王と経房の母)がおり、明子は藤原道長室となる。第宅に西宮第と高松第があり、前者により西宮殿・西宮大臣・西宮左大臣と称された。岳父と同様に故実や先例に精通し、『西宮記』を著した。

俊賢(しゅんけん・としかた)故人〔故俊賢卿〕(960〜1027)高明の三男。母は藤原師輔の三女。天延三年(975)に叙爵。侍従、左少将、讃岐権介、右中弁、太皇太后宮(昌子内親王)権亮などを歴任し、正暦三年(992)に蔵人頭、長徳元年(995)に参議となり(右兵衛督は元の如し)、権大納言に至る。この間、勘解由長官・修理大夫・治部卿・中宮(藤原彰子)権大夫・皇太后宮(同)大夫等を兼帯。寛仁三年(1019)に致仕するが、太皇太后宮(藤原彰子)に大夫は留められ、更に民部卿に任じられた。父高明の失脚後、俊賢は才腕で家運を再興した。藤原道長の強力な支持者の一人で、道長からも「勤公人に勝る」と評された。藤原行成・公任・斉信と共に一条天皇朝の四納言と讃えられたが、藤原実資からは道長への癒着ぶりを「貪欲謀略、その聞、共に高き人、」と非難されている。『古事談』(巻二)に五位にして蔵人頭となった時の逸話があり、『和泉式部日記』で女主人公のもとに通う治部卿は45歳頃の俊賢とされている。万寿四年に69歳で薨去。但し『公卿補任』は68歳とする。『小右記』長元四年二月廿日条＊1に改葬したとある。二月註144参照。

顕基(けんき・あきもと)32歳〔参議官公4・左中将官衛1・周防権守官地3〕(1000〜1047)。俊賢の一男。母は右兵衛督藤原忠尹女、一説に藤原忠君女。弟に隆国、甥に鳥羽僧正覚猷がいる。一男資綱の母藤原実成女の早世後、二男俊長の母藤原行成女と再婚。寛弘八年(1011)に12歳で従五位下、以後順調に栄達。藤原頼通の猶子ともなる。侍従、左少将、備前介、播磨介、周防権介を歴任し、治安三年(1023)に24歳で蔵人頭、万寿三年(1026)に左中将、長元二年(1029)に参議となり周防権守を兼ね、従三位となる。『小右記』長元四年条にも左宰相中将としての活躍が見られる。同八年に36歳で権中納言となるが、翌九年四月十七日に恩寵篤かった後一条天皇が崩御すると、同廿一日(一説に廿二日)に大原にて出家(『左経記』類聚雑例など)、横川に隠棲した。法名は円照。延殷・仁海に師事、永承二年九月三日に48歳で入滅。漢詩・和歌・舞楽・琵琶・弓射に堪能であった青年貴族顕基が、「忠臣、二君に仕へず」という精神により後一条天皇に殉じて出家したことは、人々に衝撃を与え、その発心譚など多くの逸話が伝えられている。

資綱(しごう・すけつな)12歳(1020〜1082)。顕基の男。母は藤原実成女。長元四年正月五日に従五位下。『左経記』八月十三日条※3に、閑院で行なわれた元服の記事がある。十一月十六日に従五位上。翌年二月八日侍従、更に翌年右少将となる。永承二年(1047)に蔵人頭となり、同六年に参議に任じられる。その後、右京大夫、右兵衛督、太皇太后宮権大夫を歴任し、治暦四年(1068)四月十六日に従三位、十二月廿九日に権中納言となる。承暦四年(1080)に中納言。永保二年正月一日に出家、二日に63歳で薨去。

隆国(りゅうこく・たかくに)28歳〔蔵人頭官外2・右中将官衛1・伊予守官地3〕(1004〜1077)本名は宗国。寛仁二年(1018)に隆国と改名。俊賢の二男。母は藤原忠尹女。室に参議源経頼女がおり、隆俊・隆綱・俊明を儲ける。子には、他に覚猷や右大臣藤原俊家室となった女性などがいる。長和三年(1014)に叙爵。侍従、左兵衛佐、左少将、伊予介、右中将などを歴任、長元二年(1029)に蔵人頭となる。長元四年二月十七日に伊予守を兼ねた(『公卿補任』)。『小右記』『左経記』同年条に頭中将としての仕事ぶりが見えるが、実資の評価は必ずしも高くなく、相撲召合の伝え方について「毎事に不審なること、暗夜に向かふが如し」とあり(『小右記』七月十一日条＊1)、伊勢公卿勅使発遣に伴う宣命作成でも「頭中将、事情に詳らかならざる歟」と書かれている(八月廿五日条▼b、八月註308参照)。同七年に参議となる。議政官として右兵衛

督・近江権守・大蔵卿・検非違使別当・左衛門督・皇后宮(藤原寛子)大夫・按察使等を兼帯。康平四年(1061)に俊明の加賀守を申請し、権中納言を辞すが、治暦三年(1067)には権大納言に任じられた。承保元年(1074)に外孫藤原師兼の参議を申請し、致仕。摂関家と関係が深く、父俊賢は藤原道長の恪勤として仕え、隆国も頼通の娘寛子の皇后宮大夫となり、致仕後も皇太后宮大夫を勤めた。藤原資房は『春記』長久二年(1041)三月十四日条で「日夜、追従を成し、讒言を以て己の任と為す」と批判している。承暦元年六月に出家、七月に74歳で薨去。時に正二位であった。晩年、宇治平等院の南泉房に籠もり『宇治大納言物語』を編集したとされる(『宇治拾遺物語』序)。浄土教典の要文を集録した『安養集』を著した。

経房(けいほう・つねふさ)故人〔前帥〕(969〜1023)。高明の男。永観二年(984)に従五位下、寛和二年(986)に侍従、左兵衛佐、永祚元年(989)に左少将、長徳二年(996)に右中将、同四年に左中将、長保三年(1001)に蔵人頭となって頭中将として活躍、更に寛弘二年(1005)に参議となっても中将は兼ねて左宰相中将として活躍、同三年に従三位となった。伊予介・伊勢権守・内蔵頭・美作守・播磨権守・近江権守・備前権守・丹波権守なども兼ね、長和元年(1012)には中宮権大夫を兼ね、正三位、同二年に従二位、同四年に権中納言となった。寛仁四年(1020)十一月に大宰帥となり翌年赴任し、治安三年(1023)十月十二日、同地にて55歳で薨去。その報は十一月二日にもたらされ、十二月四日に薨奏があった(『小右記』)。『左経記』長元四年正月十一日条※1に三男良宗の昇殿のことが記されている。

定良(ていりょう・さだよし)〔斎院別当官神3・右少将官衛1〕生没年未詳。経房の一男。長和五年(1016)に式部丞、後一条天皇受禅時に蔵人。後、侍従、左少将、斎院別当、備後守などを歴任。長元二年(1029)に右少将となった。長元四年条にも四位右少将としての活動が見え、『小右記』正月十一日条＊2・十三日条＊1に賭弓・真手結に着行したこと、二月六日条＊1・九日条＊1に春日祭使となるも代官をたてたこと、九月廿七日条▼aに右近衛府の考文に着行し、同日条▼bに中宮の使として上東門院が詣でる住吉社へ遣わされたこと(『左経記』同日条※1)、『左経記』十一月一日条▽dに朔旦冬至での奉仕、十二月廿三日条※3に斎院別当となったことなどが記されている。翌年に備後守を兼帯、四月廿一日に賀茂祭使を勤め(『左経記』)、五節舞姫を献上した(『小右記』)。永承二年(1047)二月七日に備前守と見え、後は未詳。

実基(じっき・さねもと)〔左中将官衛1〕生没年未詳。経房の二男。長和四年(1015)に元服、寛仁二年(1018)に左少将として春日祭使となる。治安二年(1022)に右少将として石清水奉幣使を勤めた。万寿元年(1024)十月廿六日に源済政女と婚す。長元二年(1029)に左中将として旬儀の出居に着いた。同四年正月十九日に賭弓を奉仕するなど左中将としての活動の他(『左経記』同日条※1)、八月十三日の源資綱の元服では理髪を勤めている(『左経記』同日条※3)。同五年十一月廿六日の教通三男信長の元服でも理髪を勤めている。康平六年(1063)、美濃守に見任。

良宗(りょうそう・よしむね)〔式部大輔官省2・右衛門佐官衛2・紀伊守官地3〕生没年未詳。経房の三男。『小右記』長元三年(1030)八月廿六日条に、紀伊守として実資のもとに訪れて罷申している。『左経記』長元四年正月十一日条※1に式部大輔として昇殿が許されたこと、四月廿五日条※1※2に右衛門佐として関白頼通の賀茂競馬で舞人となったこと、『小右記』八月十五日条▼bに実資のもとに罷申しに来たこと、『小記目録』十月廿七日条◆1に紀伊守として豊楽院造営に別納租穀を用いる申請をし却下されたことなどが記されている。長元八年に蔵人、翌九年の後一条天皇崩御の時、近習者として御輿に奉仕、葬送では御棺を担いだ(『左経記』類聚雑例)。承暦元年(1077)に越中前司と見える(『水左記』閏十二月廿四日条)。

行任(こうにん・ゆきとう)〔近江守官地3・上東門院別当官家3〕生没年未詳。高雅(有明親王の孫)の一男。母は修理亮藤原親明女。兄弟に親雅・章任・基任・僧雅円らがいる。子に高房・邦房・行高らがいる。寛弘五年(1008)に敦成親王家蔵人となり、同七年に能登守に見任している(『御堂関白記』閏二月十九日条)。長和五年(1016)に皇太后宮大進に任じ、正五位下、寛仁三年(1019)に越後守、治安三年(1023)に備中守に見任(『小右記』)、万寿三年(1026)に上東門院別

当(『左経記』正月十九日条)。長元三年(1030)九月十日に正四位下となる(『小右記』)。『小右記』長元四年正月三日条▼eに、近江守として昇殿を許されて殿上受領となったとあり、三月廿三日には石清水臨時祭使を勤めている。七月七日条▼aに邸宅焼亡が記されている。同六年五月十日に、上東門院彰子は行任第に移御。同七年に春宮亮、七月には行任第で禎子内親王が尊仁親王を出産している(『日本紀略』七月十八日条)。その後、丹波守となり(『左経記』長元九年四月廿二日条に見任)、長暦元年(1037)に正四位上に叙された(『行親記』)。長久元年(1040)に藤原資房の高倉の地を求めている(『春記』四月廿日条)。同四年十月十日、上東門院は行任第より京極院に移った。上東門院彰子に永年にわたって奉仕した。永承三年(1048)に播磨守に見任していたことが知られるが、以後は不詳。

章任(しょうにん・あきとう)〔右少将官衛1・丹波守官地3〕生没年未詳。高雅(有明親王の孫)の二男。母は藤原基子。『小右記』長和元年(1012)四月八日条に左兵衛尉と見える。同五年の後一条天皇受禅で蔵人となる。少将、丹波守、但馬守、美作守、馬助を歴任。蓄財に貪欲で巨財の富を築き、派手なもてなしが公卿の間で評判となった。また、後一条天皇の乳母子であることから官爵昇進が早く、陰口もたたかれた。二月註130参照。万寿三年(1026)十一月七日に宇佐使となり下向、長元元年(1028)に五節舞姫を献上した(十一月十一日)。同三年に右少将となる。『小右記』長元四年二月十七日条▼aに還昇したこと、『左経記』十一月七日条※1に三条の邸宅が馨子の卜定所に決まったとあり、以降、源経頼を中心として三条邸のしつらいが行なわれた(十二月三日条▽a・七日条※1・十三日条※2)。長元九年に後一条天皇が崩御した時は、伊予守として法事定に奉仕、七七日の法成寺への諷誦使を勤めた(『左経記』類聚雑例)。寛徳元年(1044)八月七日に漂着した宋国の商客を朝廷の指示を待たずに存問し、停任された。永承二年(1047)に但馬守、同三年に中宮権亮と見える(『造興福寺記』)。

守隆(しゅりゅう・もりたか)〔右馬頭官衛4〕生没年未詳。忠賢(高明の一男)の一男。『権記』長徳三年(997)八月廿八日条に守隆朝臣が位禄代を下行したとある。長保三年(1001)に左馬助として賀茂祭次第使を勤め、寛弘二年(1005)に少納言、同六年に東宮殿上人となる。長和三年(1014)十月五日には実資らと禅林寺に遊ぶこともあったが、以後数ヶ月病に罹り、同四年十一月五日に殿上簡を削られ、廿一日に免ぜられた。治安元年(1021)には大舎人頭とあり、万寿元年(1024)十二月十三日の千古着裳には扇を整えている。長元元年(1028)四月廿日に右馬頭として賀茂祭の馬寮使を勤めた。『小右記』長元四年三月廿八日条▼aに馬寮の馬を疲痩させたことで過状の提出が命じられているが、四月七日には免ぜられた(『小記目録』)。小野宮月例法華講にもよく出席している。

道成(どうせい・みちなり)〔隠岐守官地3〕(?～1036)。則忠(盛明親王の二男)の一男。母は長門守仲忠女、一説に通成女。長保元年(999)に正六位上で左兵衛少尉となり、式部丞、蔵人、右馬権頭、右衛門佐、春宮少進、備後守、因幡守を歴任。『小右記』長元四年正月廿五日条▼bに隠岐守の時の不与解由状が認められ、七月廿九日条▼bに任官されたとある。長元九年に薨去か。七月註247参照。

源氏7　村上

師房(しほう・もろふさ)24歳〔権中納言官公3・左衛門督官衛2・春宮権大夫官家1〕(1008～1077)。初名は資定。土御門右大臣と称された。村上天皇の皇子具平親王(後中書王)の二男。母は為平親王女。寛仁四年(1020)正月、村上天皇の皇孫として従四位下に直叙されたが、同年十二月、関白藤原頼通の養子となって元服、名を師房と改め、源朝臣の姓を賜わって臣籍に降った。『小右記』治安三年(1023)六月廿三日条に、四位侍従であった師房を実資娘千古と婚姻させるべく、養父頼通が実資に仲介を申し出たとある。右近衛権中将を経て、万寿元年(1024)九月十九日に正四位下、廿一日に従三位に昇叙、同三年十月六日、参議を経ずに権中納言に任じられ、

同年十一月廿六日に春宮権大夫を兼任、長元二年(1029)正月廿四日に正三位、十二月廿日に従二位、同三年に左衛門督となる。長元四年九月廿五日、上東門院の物詣に際して公卿・侍臣・女房等の詠歌の序を作っている(『日本紀略』『百練抄』)。治暦元年(1065)に権大納言より内大臣に昇り、延久元年(1069)に右大臣、承保元年(1074)に従一位、翌年右近衛大将から左近衛大将に転じ、東宮傅を兼ねたが、同四年正月に病となり、二月十三日に諸官を辞し、太政大臣に任ずべき旨も宣せられたが、同日に出家、70歳で薨去。師通の妹尊子と婚し、また女の麗子を頼通の嫡男師実と娶せるなど、藤原摂関家と終生行動を共にして、その結合の上に村上源氏の宮廷における地位を築き上げた。日記『土右記』は大半が散逸し長元四年条も伝わらないが、『江次第鈔』所引の長元三年十一月十九日条逸文には実資の免列宣旨のことが見える。正月註19参照。

源氏8　その他

諧(かい・かなう)〔左馬助官衛4〕生没年未詳。嵯峨源氏の嘉(源明の六世の孫)の男か。『左経記』長元四年三月廿八日条※2に、祖母の病気により賀茂祭使を辞退したとある。『尊卑分脈』では、祖父斉を東三条院判官代、叔父正(嘉の弟)を上東門院侍長とする。

頼重(らいじゅう・よりしげ)〔造酒正官省8〕生没年未詳。実資家人か。右近衛将監、左馬助、越後権守等を歴任し、造酒正となる。万寿元年(1024)には千古の着裳に奉仕。『左経記』長元四年三月廿八日条▽aに、長元三年(1030)に賀茂祭使となりながら、奉仕しなかったことで交替させられたとある。

清(せい・きよし)〔検非違使官外1・左衛門尉官衛2〕生没年未詳。『小右記』長元二年(1029)閏二月六日条に検非違使として見え、関白頼通より勘当され過状を提出したとある。『左経記』長元四年十二月九日条※1に左衛門尉として見え、「道の事」を命じられている。翌五年三月二日条にも左衛門尉として見える。

平氏1　桓武平氏

雅康(がこう・まさやす)〔検非違使官外1・右衛門権佐官衛2〕生没年未詳。生昌(時望の孫)の一男。寛弘三年(1006)に文章生として東宮殿上となり、同八年(1011)に勘解由判官で蔵人となる。長和二年(1013)以降は式部丞も兼ねた。長元元年(1028)以降右衛門権佐と見え、長元四年正月廿三日付「東高瀬船八艘可懈怠供御不安愁状」に「権佐従五位上平朝臣」として「雅康」の署名がある(『平安遺文』517)。『左経記』長元四年十一月七日条※2(官奏)に「雅康朝臣」と見える。長久三年(1042)に前安芸守とあり、『大神宮諸雑事記』永承三年(1048)九月八日・同五年十月条に斎宮寮頭と見える。

以康(いこう・もちやす)〔斎院長官官神3〕生没年未詳。生昌の二男。文章生から蔵人所雑色、蔵人、式部丞を歴任し、斎院長官に至る。『左経記』長元四年四月十七日条※1・四月廿日条※1・六月五日条※1・八月十日条※1・九月廿日条※1・十月六日条※1などに斎院長官としての活動が見える。また『小記目録』五月十九日条◆1と『左経記』六月五日条※1には弾正忠大江斉任が以康女を強姦した事件のことが見える。

以康女(いこうのむすめ)〔以康朝臣女子〕生没年未詳。弾正忠大江斉任に強姦されたという(上記参照)。

将門(しょうもん・まさかど)故人(?〜940)。高望王の孫、良持(良将とも)の男。母は犬飼春枝か。一族間の対立を制止、更に在地豪族と国司の争いに介入し、常陸国府を攻略。続いて下野・上野の国府を攻め東国諸国に独立政権を立てようとした。この反乱は藤原純友の乱と共に承平・天慶の乱と呼ばれている。天慶三年(940)に藤原忠文を征東大将軍とする朝廷軍が派遣

されたが、現地到着後に、将門は一族の平貞盛や下野押領使の藤原秀郷によって討たれた。『小右記』長元四年七月廿四日条▼aに、月食による相撲の楽中止を検討する中で、「承平七年例不快」として取り上げられた。

致経(ちけい・むねつね)〔前左衛門尉〕生没年不詳。致頼(高望王の曾孫)の男。致恒とも記される。父致頼は、伊勢国北部から尾張国の一部に勢力を有していた。寛仁四年(1020)に左衛門尉とあり、乱闘事件を起こす。治安元年(1021)にも平公頼と共に春宮史生安行を殺害。『尊卑分脈』には治承三年(1179)に出家・入滅したとあるが、これは誤記と思われる。長元四年には、平正輔との勢力争いによる私闘が大きな問題となり、証人を出すことに決まり、その拷訊後に、明法家による罪名勘申がなされた。解説一四「平正輔・平致経の抗争」参照。

維衡(いこう・これひら)〔常陸前守〕生没年未詳。貞盛の男。正輔らの父。伊勢国鈴鹿郡・三重郡を勢力圏とし、伊勢平氏の祖。検非違使、上総介、肥前守に至る。武勇の誉れが高く源頼信・藤原保昌、平致頼と共に四天王と称された。長徳年間(995〜999)、従兄弟にあたる致頼(致経の父)との私闘事件を起こし、召問の宣旨を受け、淡路へと移郷された。寛弘三年(1006)に再び伊勢守に任じられたが、道長の反対により一ヶ月もたたぬうちに解任。上野介に任じられた。寛仁二年(1018)に常陸介。顕光や道長の家人となり、実資からも家人であることを理由に常陸介赴任の際に馬を贈られた。長元年間(1028〜1037)の正輔と致経の私闘の時期も伊勢国内に居住し続け、『左経記』長元四年九月二日条▽aにも、伊勢奉幣の帰路にあった公卿勅使源経頼に牛二頭を贈ったが「故無きに依り返却」されたことが見え、『小右記』九月廿日条▼aでは、そもそも私闘の原因は維衡が四位でありながら五位以上の畿外居住禁止の法に違反して伊勢に住んでいることにあると実資に非難されている。

正輔(せいほ・まさすけ)〔安房守官地3〕生没年未詳。維衡の男。寛仁二年(1018)に検非違使となり、左衛門尉を経て、長元元年(1028)に平忠常追討使となる。同三年三月廿九日に安房守。長元四年条には平致経との抗争における証人や勘問日記のことなどで頻出する。解説一四「平正輔・平致経の抗争」参照。

正度(せいど・まさのり・まさつら)生没年未詳。維衡の男。母は陸奥国住人長介女。正輔の弟。長和四年(1015)に斎宮助とあり、諸陵助、常陸介、出羽・越前守、帯刀長を歴任、従四位下に叙される。『小右記』長元四年三月九日条＊2に、平致経から正輔・正度と合戦したとの申文が出され、九月に明法博士が正輔・正度・致経の罪名を勘申している(十九日条▼a、『左経記』閏十月廿七日条※2など)。解説一四「平正輔・平致経の抗争」参照。

忠常(ちゅうじょう・ただつね)65歳〔忠安〕(967〜1031)。桓武平氏良文流。忠頼(高望王の孫)の男。『尊卑分脈』は忠恒とする。武蔵押領使、上総介、下総権介を歴任し、従五位下に叙される。長元元年(1028)に房総で反乱(平忠常の乱、長元の乱)を起こしたが、同四年四月追討使源頼信に降伏。京へ連行の途上、六月六日に美濃で病死(『左経記』六月十一日条※1・十二日条※2)。戒名は常安。解説一五「平忠常の乱と源頼信」参照。

常昌(じょうしょう・つねまさ)生没年未詳。忠常の男。恒将とも。平忠常の乱に従い、父忠常の死去の後も兄弟の常近(恒親)と共に降伏せず、『左経記』長元四年六月廿七日条※2※3に、常昌らを追討すべきかが陣定で話し合われたことが見える。

常近(じょうきん・つねちか)生没年未詳。忠常の男。恒親とも。平忠常の乱に従い、父忠常の死去の後も常昌と共に降伏しなかったことが、『左経記』長元四年六月廿七日条※2※3に記されている。

維時(いじ・これとき)〔上総介官地3〕生没年未詳。維将の男、祖父貞盛の養子となる。直方の父。永延二年(988)に右兵衛尉とあり、左衛門尉を歴任し、長和年間(1012〜1017)に常陸介となる。万寿二年(1025)七月十四日には加階後に実資のもとを訪れている。長元元年(1028)七月十日に平忠常の乱の申請文を持ち来たる。上総介となり、同二年二月廿二日には実資のもとに罷申に来ている。『左経記』長元四年六月廿七日条※1・▽bに、年齢衰老と病気を理由とした上総

介の辞状が見える。九月十六日に入洛。寸白に苦しんでいた(『小右記』廿日条＊1参照)。

直方(ちょくほう・なおかた)生没年未詳。維時の男。藤原頼通の家人。長和元年(1012)閏十月廿七日に六位で大嘗会御禊の前駆を勤め、治安三年(1023)四月に右衛門尉で検非違使宣旨を被る。長元元年(1028)六月に平忠常の追討使となり、翌年、上総介に任じられた父維時と共に追討にあたったが、忠常の強い抵抗にあって失敗。同三年七月、追討使を更迭された。『小右記』長元四年九月廿日＊1に、父維時の上洛を知らせる使として実資のもとに来たとある。長暦三年(1039)二月、関白頼通の命により、山僧嗷訴に対して頼通第の防御にあたり、永承三年(1048)十月には、前能登守として頼通の高野山参詣に供奉したことが知られる。尚、直方は源頼義を婿となし、相模国鎌倉の所領を譲渡したという。解説一五「平忠常の乱と源頼信」参照。

理義(りぎ・まさよし)生没年未詳。親信の男。正暦四年(993)に式部丞とあり、蔵人を経て、寛弘元年(1004)に三河守となる。長和三年(1014)、成功により従四位下となる。治安三年(1023)、非法により頼通より勘当される。同四年に従四位下行少弐兼筑前守とある(『石清水文書』)。『小右記』長元四年正月六日条▼bに、治国加階により従四位上となったとある。道長から「無便者」と評され、正暦四年(993)四月八日に御灌仏に奉仕した際も失態が多く(『小右記』同日条)、官人としての能力は低かったようである。長元五年(1032)十一月廿九日の小野宮月例法華講に来聴し、「四品」とある。

親経(しんけい・ちかつね)〔中宮大進官家2〕生没年未詳。理義の二男。治安元年(1021)に六位雑色と見え、蔵人、右衛門尉、式部丞を歴任。『左経記』長元四年十月廿七日条※1・廿九日条※1に、馨子内親王の着袴に中宮大進として奉仕したことが記されている。

範国(はんこく・のりくに)〔斎院別当官神3・前甲斐守〕生没年未詳。行義の男。母は源致明女。寛弘八年(1011)八月廿三日に元服した平行義息男にあたるか。長和三年(1014)に擬文章生とあり、文章生となる。同四年に蔵人所雑色、同五年に蔵人となる。左衛門尉ともなり、蔵人左衛門尉として活躍。『左経記』長元四年九月廿一日条※1に、前甲斐守範国の侍が頼通に斎院選子の消息について語ったとある。後、右衛門権佐、美作守、伊予守、春宮大進を歴任。正四位下。日記『範国記』がある。

平氏2　その他

季基(きき・すえもと)生没年未詳。万寿三年(1026)三月廿三日付大宰府解文に従五位下行大宰大監平朝臣季基とある。長元二年(1029)に大隅国庁の財物掠奪・雑人殺害により息兼光・兼助らと共に召進められ、翌年正月廿三日に左衛門陣に候じられた。『小右記』長元四年正月十三日条▼aに、唐錦・唐綾・紫革などを進上したことが見える。

時通(じつう・ときみち)時道(じどう・ときみち)〔検非違使官外1・右衛門尉官衛2〕生没年未詳。長和元年(1012)に右兵衛尉、同五年に右衛門権少尉、寛仁四年(1020)に右衛門尉、万寿二年(1025)二月十一日に検非違使に補され、慶を申している(『小右記』)。『小右記』長元四年八月廿七日条＊2に検非違使として祟をなす巽方の神社へ調査に発遣されたとある。

則義(そくぎ・のりよし)〔散位官省2〕生没年未詳。長元四年九月廿五日の夜に上東門院の御門の前で馬を盗まれた(『左経記』閏十月四日条※1)。

致方(ちほう・むねかた)〔武蔵国司官地3〕生没年未詳。母は三条天皇皇后藤原娀子の乳母である式部宣旨(『栄花物語』巻二五)。長和二年(1013)に検非違使右衛門尉とあり、長元三年(1030)に武蔵守とある。『小右記』長元四年三月十二日条＊1に、申請の国解のことが見える。

定文(ていぶん・さだふみ)故人(872？〜923)。中古三十六歌仙の一人。貞文とも。平中と号す。宇多天皇母班子女王の甥好風の男。内舎人、右馬権少允、右兵衛少尉、三河権介、右馬権助、侍従、左兵衛佐等を歴任、従五位下に叙された。延長元年に卒去。好事家として名高く、彼を主人公とした『平中物語』は有名。『小右記』長元四年九月廿三日条＊1所引の『新国史』延

喜二十年(920)閏六月条(逸文)の斎院宣子内親王薨去記事に賀茂下社への奉幣使として左兵衛佐平定文の名が見える。

忠望王(ちゅうぼうおう・ただもちおう)故人。生没年未詳。是忠親王(光孝天皇の一男)の男。内膳正。正五位下。『小右記』長元四年九月五日条＊1所引の『清慎公記』天暦十年(956)六月十九日条に、元平親王の王氏爵詐称事件との関係で勘事を免ぜられたとあるが、詳細は不明。『尊卑分脈』では「光孝平氏」とし、孫に「元平(従四位下、陸奥守)」がいるが、これは無関係か。

他氏

1 県(あがた)氏

為永(いえい・ためなが)〔右相撲人官外5〕生没年未詳。大宰の相撲人。為長とも。『権記』寛弘三年(1006)八月一日条に、相撲御覧の一番に組まれたが、所労で不参とある。長和二年(1013)・寛仁三年(1020)・治安三年(1023)・万寿四年(1027)の相撲にも見える。『小右記』長元四年七月廿六日条▼b・廿七日条＊1・廿八日条▼a・廿九日条▼b、八月十日条＊1などにも見え、斎み籠もらなかったことで、処分を受けた。

高平(こうへい・たかひら)〔右相撲人官外5〕生没年未詳。越中国の相撲人。長和二年(1013)、内取に遅れて参入し、召合の二番に出場した(『小右記』七月廿六日・廿九日条)。万寿四年(1027)七月廿七日に病と称して不参。八月一日には越中国に免田を賜わった。『小右記』長元四年七月十三日条▼aに上洛したが憔悴の様であり、廿六日条▼bに右近衛内取、廿七日条＊1に御前内取に名が見えるが、召合・抜出に出場したかは不明。廿六日条▼bには、欠員となった腋(わき)を希望したとあるが、かなわなかった。

2 穴太(あのう)氏

愛親(あいしん・あきちか・よしちか)故人〔左大史〕生没年未詳。外従五位下、宿禰、豊後守(『朝野群載』巻二〇)。『小右記』永祚元年(989)八月廿八日条に、実資と造門行事所に同座したとあり、史として活躍。『御堂関白記』寛弘六年(1009)八月廿一日条に見えるのが最後か。『小右記』長元四年九月十九日条▼aに永祚二年(正暦元年、990)に造稲荷社の不正に関わり罪名勘申がなされたとある。尚、穴太氏出身で弘仁年間(810～824)に活躍した明法家に穴太内人がおり、『養老令』の注釈書『穴記』を著わしたと考えられている。

3 安倍(あべ)氏

守良(しゅりょう・もりよし)〔検非違使官外1・右衛門志官衛2〕生没年未詳。長和四年(1015)八月廿七日に右衛門志として検非違使に補され、以後検非違使として活躍する。『小右記』同五年十二月廿九日条に犯人追捕により禄を給わり、長元四年正月廿三日条＊2に放火の容疑者を捕らえて賞を受けたとある他、『小右記』『御堂関白記』『左経記』にその活躍が見える。

衆与(しゅうよ・もろくみ)故人〔外記〕生没年未詳。『小右記』長元四年九月五日条＊1所収『清慎公記』天暦十年(956)六月十九日条逸文に、元平親王を尋問するために遣わされた外記として見える。『九暦』天暦十年二月十三日条(『西宮記』所収逸文)の外記安倍衆与と同一人物か。九月註44参照。

時親(じしん・ときちか)〔天文博士官省1・陰陽権助官省1〕生没年未詳。吉平(晴明の男)の男。弟に章親・奉親・平算らがおり、子に有行・国随がいた。治安三年(1023)に陰陽権助、天文博士と見え、長元元年(1028)三月二日に天文博士として前日の日食勘文を奉っている。長元四年七

月十六日に天文博士として前日の月食についての天文密奏を師任と奉った(『小右記』同日条＊1)。八月四日に行なわれた軒廊御卜、十二月十三日の馨子内親王御出での反閇などにも奉仕した(『左経記』)。長元五年の祈年穀奉幣使発遣の日時に関し、主計頭清原頼隆と論争したことがある(『左経記』五月三・四日条)。この時、発遣日は五貪日にあたっていたことから、頼隆は賀茂保憲の『暦林』の説に従い、祭事は避けるべしと主張したのに対し、時親はそれを俗説と排している。後、主税頭、陰陽博士などを歴任し、日時勘申なども行なった。『宇治関白高野山御参詣記』永承三年(1048)十月十一日条に主税頭と見えるのが最後か。極位は従四位上。

吉昌(きちしょう・よしまさ)故人〔天文博士〕(？〜1019)。晴明の男。吉平の弟。天禄元年(970)には天文得業生(『類聚符宣抄』)。長徳四年(998)十月三日に天文博士として天文密奏を奉り、長保三年(1001)八月十一日には陰陽助として日時勘申をした(『権記』)。同六年に陰陽頭、寛弘三年(1006)に但馬権守を兼ねた。寛仁三年四月廿八日に卒去(『小右記』)。『左経記』長元四年二月四日条※2に、天文博士吉昌が天文密奏を奉った時の故殿(道長)の作法について記されている。

祐頼(ゆうらい・すけより)〔直講官省2〕生没年未詳。治安元年(1021)に外記として見え、同三年には少外記で、『小右記』六月二日条に実資の鹿島・香取使の祭文を書き、八月十六日に念誦堂東廊の半蔀の「万春楽」という銘を書き、十一月廿五日に寄入文を書き、十二月十七日に荷前を奉仕した。その後、直講となったと考えられる。

4 荒木田(あらきだ)氏

延基(えんき・のぶもと)〔内宮禰宜官神4〕生没年未詳。『大神宮諸雑事記』長元四年七月六日、太神宮六禰宜に見任。伊勢斎王託宣事件で加階の対象となり、『小右記』長元四年九月四日条＊1所載の夾名に「禰宜正六位上」とある。後、康平三年(1060)二月、一禰宜に進んだ。

延親(えんしん・のぶちか)〔内宮禰宜官神4〕生没年未詳。氏長の男。延満と兄弟。寛弘六年(1009)六月十一日、六禰宜に任じられ、在任30年に及ぶ(『二所太神宮例文』)。同七年閏二月九日に五位となり、寛仁元年(1017)七月十一日に加階された(『皇大神宮禰宜補任次第』)。長元四年伊勢斎王託宣事件で加階の対象になり、『小右記』九月四日条＊1所載の夾名に「禰宜従五位上」とある。

延満(えんまん・のぶみつ)〔内宮禰宜官神4〕生没年未詳。氏長の男。延親と兄弟。子に満経がいる。長保三年(1001)十二月六日、父氏長の譲により二員禰宜に任じられ、在任54年に及ぶ(『二所太神宮例文』)。寛仁元年(1017)七月十一日、正五位下に叙され、山幡大宮長と号す(『皇大神宮禰宜補任次第』)。長元四年伊勢斎王託宣事件で加階の対象になり、『小右記』九月四日条＊1所載の夾名に「禰宜正五位下」とある。長暦三年(1039)二月十五日、二禰宜、正四位下に昇っており、長久五年(1044)に一禰宜。後、永承七年(1052)十二月五日にも一禰宜延満神主とある(『大神宮諸雑事記』)。翌天喜元年(1053)に男満経に譲っている(『二所太神宮例文』)。

延長(えんちょう・のぶなが)〔内宮権禰宜官神4〕生没年未詳。長元四年伊勢斎王託宣事件で加階の対象になり、『小右記』九月四日条＊1所載の夾名に「権禰宜正六位上」とある。長暦三年(1039)二月十五日に従五位上に進み、永承五年(1050)正月廿日に四禰宜となる。同七年(1052)二月も四禰宜を勤める(『大神宮諸雑事記』)。

行長(こうちょう・ゆきなが)〔内宮権禰宜官神4〕生没年未詳。長元四年伊勢斎王託宣事件で加階の対象になり、『小右記』九月四日条＊1所載の夾名に「権禰宜正六位上」とある。

氏貞(してい・うじさだ)〔権禰宜大物忌官神4〕生没年未詳。長元四年七月六日に藤原相通夫妻が作った禿倉を焼き払った一人(『大神宮諸雑事記』)。伊勢斎王託宣事件で加階の対象になり、『小右記』九月四日条＊1所載の夾名に「権禰宜大物忌正六位上」とある。

氏範(しはん・うじのり)〔内宮権禰宜官神4〕生没年未詳。長元四年伊勢斎王託宣事件で加階の対

象になったが、『小右記』九月四日条＊１所載の夾名に漏れ、十日条＊１に「権禰宜正六位上荒木田神主氏範〈内階〉」として加えられることになった。

重経（じゅうけい・しげつね）〔内宮権禰宜官神4〕生没年未詳。長元四年伊勢斎王託宣事件で加階の対象になったが、『小右記』九月四日条＊１所載の夾名に漏れ、十日条＊１に「権禰宜正六位上荒木田神主重経」として氏範と共に加えられることになった。永承五年（1050）八月十七日・同七年二月に五禰宜となっている（『大神宮諸雑事記』）。

重頼（じゅうらい・しげより）〔内宮禰宜官神4〕生没年未詳。長保六年（1004）正月廿八日、内宮禰宜に任じられた（『二宮禰宜補任至要集』）。寛弘七年（1010）閏二月九日に五位となり、寛仁元年（1017）七月十一日に加階された（『皇大神宮禰宜補任次第』）。長暦三年（1039）二月十五日に三禰宜、従四位上となる（『大神宮諸雑事記』）。長元四年伊勢斎王託宣事件で加階の対象になり、『小右記』九月四日条＊１所載の夾名に「禰宜従五位上神主」とある。

宣真（せんしん・のぶざね）〔内宮禰宜官神4〕生没年未詳。長元四年伊勢斎王託宣事件で加階の対象になり、『小右記』九月四日条＊１所載の夾名に「禰宜正六位上神主」とある。

忠連（ちゅうれん・ただつら）〔権禰宜大内人官神4〕生没年未詳。長元四年伊勢斎王託宣事件で加階の対象になり、『小右記』九月四日条＊１所載の夾名に「権禰宜大内人正六位上」とある。

貞頼（ていらい・さだより）〔権禰宜大内人官神4〕生没年未詳。長元四年伊勢斎王託宣事件で加階の対象になり、『小右記』九月四日条＊１所載の夾名に「大内人正六位上神主」とある。

利方（りほう・としかた）〔内宮禰宜官神4〕生没年未詳。敏忠の男。輔方と兄弟（『諸家系図纂』）。長徳元年（995）八月廿二日に禰宜となる（『二宮禰宜補任至要集』）。寛弘七年（1010）閏二月九日に正五位下で、寛仁元年（1017）七月十一日に延利（氏長の男）と共に従四位下となる（『皇大神宮禰宜補任次第』『小右記』同年八月廿三日条）。長元四年伊勢斎王託宣事件で加階の対象になり、『小右記』九月四日条＊１所載の夾名の内宮の最初に「禰宜従四位下荒木田神主利方」とある。『大神宮諸雑事記』長暦二年（1038）九月条・同三年二月十五日条に「一禰宜利方神主」「一禰宜正四位下」とある。沢長官と号した（『皇大神宮禰宜補任次第』）。『二所太神宮例文』（巻二・一員禰宜補任次第）には、一門利方の子として宮真・宮常の名が見える。

扌頼（？らい・？より）〔権禰宜大内人官神4〕名不詳。生没年未詳。長元四年伊勢斎王託宣事件で加階の対象になり、『小右記』九月四日条＊１所載の夾名に「権禰宜大内人正六位上神主」とある。

5 伊岐（いき）氏

則政（そくせい・のりまさ）〔神祇少祐官神1〕生没年未詳。則正とも。伊岐は、伊伎・壱伎・伊吉とも書き、山城松尾社家の卜部伊伎氏の系統か。長和元年（1012）に皇后宮宮主、寛仁元年（1017）に亀卜長則正、万寿三年（1026）に神祇少祐、長元元年（1028）に宮主として見える。『左経記』長元四年八月四日条※７に軒廊御卜の奉仕、十二月廿八日条※２※３に宮主代として新斎院の敷設の奉仕をしたとある。

6 石上（いそのかみ）氏

乙麿（おとまろ）故人（？〜750）。麻呂の子。宅嗣の父。天平十一年（739）三月に久米若売（藤原宇合妻、百川の母）との姦通事件で土佐に流されたが、後に許され、同十五年五月に従四位上となった。極位・極官は従三位、中納言。『小右記』長元四年八月八日条＊１に『続日本紀』天平十一年（739）三月庚申条が引かれ、久米連若売を奸するに坐し、土佐国へ配流し、若売も下総国へ配したとある。

7 忌部(いんべ)氏

兼親(けんしん・かねちか)〔神祇大祐官神 1〕生没年未詳。『小記目録』長元四年閏十月十五日条◆1に、神祇少祐大中臣元範と共に出雲大社への奉幣使として発遣されたとある。

8 宇治(うじ)氏

元高(げんこう・もとたか)生没年未詳。『小右記』治安三年(1023)七月廿八日条・万寿二年(1025)七月廿三日条に相撲人として見える。長元四年七月十八日条▼ b で追討の官符の発給が命じられている。七月註 136 参照。

常光(じょうこう・つねみつ)〔内宮玉串大内人官神 4〕生没年未詳。『小右記』長元四年九月四日＊1の内宮の禰宜夾名に見え、伊勢斎王託宣事件に関する加階対象となっていた。十日条＊1では、大中臣輔親の夾名に常光の名がなかったとある。

良明(りょうめい・よしあき)生没年未詳。『権記』長保元年(999)十一月七日条に見え、翌二年十月十五日条に預内蔵属とある。中宮属、内蔵允、作物所預などを歴任。『左経記』長元四年三月廿八日条▽ b に、正村・為説と共に山城介の候補にあがったとある。

9 卜部(うらべ)氏

兼忠(けんちゅう・かねただ)〔神祇少副官神 1・卜部官神 1〕生没年未詳。兼延の男。『小右記』長和元年(1012)十一月十八日条に神祇祐として前日の羅城門祓を行なったとあり、同五年三月には京畿内七道奉幣使を勤めた。治安二年(1022)に神祇少副。『小記目録』(第一七・勘事)に「同(長元)三年二月四日、神祇権大副兼忠過状事、」とあるが、『小右記』長元四年八月八日条＊4に神祇少副として藤原小忌古曾(斎宮寮頭藤原相通の妻)の姓名を注進したとある。『左経記』七月三日条※1に広瀬・龍田祭使として罷り下ること、八月四日条※7に軒廊御卜を奉仕したことが記されている。『小右記』長元五年(1032)十一月廿九日条に神祇大副と見え、長暦三年(1039)まで確認できる(『大神宮諸雑事記』)。尚、父兼延は、円融天皇・一条天皇の二代にわたって宮主を勤め、その間の天元四年(981)に平野行幸を実現させ、長保三年(1001)に神祇官の次官である神祇大副に就任し、以後、この一流が宮主職を独占して神祇大副(あるいは権大副・少副)に昇り、かつ平野社の預職以下の社司を継承していくことになった。兼忠の活動は、父の築いた基盤を受けたものである。

10 大江(おおえ)氏

久利(きゅうり・ひさとし)〔実資家人官家 4〕生没年未詳。『小右記』長元四年二月十三日条＊1・十四日条＊4に、実資の家人でありながら群盗の一味であると告げられたが、実は逆恨みによる讒言であったとある。あるいは文利と同一人物か。

挙周(きょしゅう・たかちか)〔文章博士官省 2・式部権大輔官省 2〕(？〜1046)。匡衡の二男。母は赤染衛門。成衡の父、匡房の祖父。『続本朝往生伝』に詳しい伝がある。文章得業生を経て、長保三年(1001)対策に及第。後一条天皇の誕生五夜に『史記』文帝の巻を読み(『紫式部日記』寛弘五年〈1008〉九月十一日条)、天皇 7 歳の御文始の時に東宮学士となり、敦成親王家別当、和泉守を歴任。万寿二年(1025)に文章博士、四位。同三年に三河守、二年後(長元元年)の改元に際し年号候補(延世・延祚・政善)を勘申した。長元四年七月廿五日＊1・▼ b に侍読労により正四位下に叙されたこと、翌廿六日条＊1に位記の書式について、廿七日条▼ a に実資に対する慶申が見える。この加階について『本朝続文粋』(巻六・奏状)大治六年(1131)正月四日付

藤原敦光加階申文には「臨時恩」による式部大輔の正四位下叙位の先例として挙げられ、「叙労十年、権大輔労三年」と記されている。八月十四日に式部権大輔として後一条天皇の祈願により松尾社へ十列を奉献する使を勤めた(『小右記』同日条＊3)。後、木工頭、丹後守などを兼ね、式部権大輔となり、長久元年(1040)、永承元年(1046)に年号勘申をしている。入道して永承元年に卒去。実資は父匡衡と親しく、その没後に挙周と赤染衛門を顧みてくれるように請われている(『小右記』寛弘八年九月十二日条など)。

時棟(じとう・ときむね)〔大学頭㊐省2〕生没年未詳。匡衡の義子。文章生から大学允に進み、寛弘五年(1008)に大外記、長和元年(1012)に安房守、寛仁四年(1020)に出羽守。長元三年(1030)九月十三日の作文には探字を献じている。『小記目録』長元四年十一月十六日条◆2に、朔旦叙位により「大学頭の能治に依り正五位下に叙する事」が審議され、「未だ公文を勘へざる儒」は加階に預からないとある。永承三年(1048)十二月十日、河内守に見任。

斉任(せいにん・ただとう)〔弾正忠㊐台〕生没年未詳。『小記目録』長元四年五月十九日条◆1に斎院長官以康の女を強姦したとあり、六月五日に召問され(『左経記』同日条＊1)、八月六日以降、斉任の日記が勘問され(『小右記』五日条▼a・六日条＊1・八日条＊3・九日条▼a▼c・十五日条▼c)、続いて証人の勘問が始まり(八日条＊5・廿一日条＊1・廿五日条▼j)、取り調べられたが、十一月十九日に朔旦冬至の赦に遭った(『小記目録』十一月廿三日条◆1)。

定経(ていけい・さだつね)〔内蔵権頭㊐省1〕生没年未詳。周防守清通の子。母は従三位藤原豊子(道綱女)で、中宮彰子の女房宰相君として功績があり、後一条天皇の筆頭乳母であった。定経も後一条天皇の乳母子として殊遇を受け、長和五年(1016)正月に左兵衛尉で蔵人に補され、三河守、右兵衛左、式部丞などを歴任、長元四年には昇殿を許され、特に世間を驚かせた(『小右記』正月十七日条▼c)。二月註130参照。三月廿八日に内蔵権頭となる(同日条▼b)。後、長久九年(1198)に後院別当、美濃守を勤めた。

文利(ぶんり・ふみとし)〔実資家司㊐家4〕生没年未詳。長保元年(999)に実資の厩司となり、万寿元年(1024)に騎尻となる。『小右記』長元四年七月廿八日条▼aに、師重の付き添いとして兼頼母の見舞いに遣わしたとある。あるいは久利と同一人物か。

11 大蔵(おおくら)氏

種材(しゅざい・たねき)〔元大宰大監〕生没年未詳。種光の男。種村とも。天延二年(974)四月十日に兵庫少允、寛弘五年(1008)に大隅守菅野重忠を殺害したとしてその妻から訴えられ(『御堂関白記』五月十六日条)、左衛門府射場に召候ぜられたが(『小右記』十一月十六日条)、原免された(十二月卅日条)。寛仁三年(1019)の刀伊の入寇に際し、前少監として防戦、その勲功として壱岐守に任じられた(六月廿九日条・七月十三日条)。この時の注文に「過七旬」とあり、70歳を過ぎていたか。『日本紀略』長元四年三月十四日条に、良国の父とある。『左経記』正月六日条※1に「対馬守種規」とあるのも同一人物か。

良国(りょうこく・よしくに)〔良国王・源良国〕生没年未詳。大蔵満高(光高とも)の詐称名。種材の男。長元四年正月五日の叙位に際し、敦平親王の奏により王氏爵で四位に叙せられるが、不実のきこえがあり、叙爵はとりやめになった(『小右記』正月十七日条▼a▼b、『左経記』同日条※1)。実は良国は大蔵種材男であり、大隅守菅野重忠を射殺した犯人であることが発覚し、三月十四日に追捕された(『小右記』三月一日条＊2・十四日条▼d、『左経記』三月十四日条※4)。この事件により敦平親王は釐務停止・勘事に処された。解説一三「王氏爵詐称事件」参照。

12 大鹿（おおが・おおしか）氏

致俊（ちしゅん・むねとし）生没年未詳。『小右記』長元四年三月廿七日条＊1に、平正輔と平致経の抗争において、伴奉親・物部兼光らと共に正輔の証人と目されたが、日記を勘問したところ証人とはされなかったとある。

13 大友（おおとも）氏

相資（そうし・ともすけ）〔大炊允官省8〕生没年未詳。『小右記』長元四年九月八日条＊2に「吉田祭不参」と見えるのみで他に見えず。吉田祭は四月中子日、十一月中申日に行なわれるが、『小右記』は四月条を欠き、『左経記』四月廿三日条※1の吉田祭の記事にも相資のことは記されていない。

14 大中臣（おおなかとみ）氏

清麻呂（きよまろ）故人〔右大臣〕（702〜788）。中臣意美麻呂の七男。母は多治比阿伎良。天平十五年（743）に従五位下、神祇大副。一時、橘諸兄に疑われて尾張守に左遷されたが、天平宝字元年（757）の諸兄の死と共に神祇大副に復任。同六年に参議、同八年に神祇伯、神護景雲二年（768）に中納言。称徳天皇に信頼されて同三年に「大中臣」の姓を賜わる。光仁朝の宝亀元年（770）に正三位、大納言。翌二年に従二位、右大臣。同三年に正二位に至る。天応元年（781）、桓武天皇即位にあたって辞職。延暦七年に薨去。『小右記』長元四年九月五日条＊3所引の宝亀十一年（780）太政官符に上宣者（上卿）の「右大臣」として見える。

兼興（けんこう・かねき・かねおき）58歳〔神祇大副官神1〕（974〜1047）。「かねき」と訓み、『左経記』に「兼材」と書かれることもある（長元四年三月廿八日条※2・同五年六月十日条）。理平の一男。大中臣氏一門。永祚元年（989）の一条天皇による初めての春日行幸の時、神主（非常住）として16歳で従五位下となる。寛仁二年（1018）に権少副、治安三年（1023）に従五位上となる。『左経記』長元四年三月廿八日条※2に、少副から大副への昇進について、大中臣氏のうち、一門から大副を任ずることは200年以上ないとの陳情が二門の宣輔から出て問題になった。十二月十九日条※4には「大副大中臣兼興」として見える。長暦三年（1039）に祭主となるが、同じく二門の反対により在任32日にして解任された。同年八月七日に若狭守、寛徳二年（1045）に斎宮寮頭と見える（『大神宮諸雑事記』）。永承二年に薨去（『大中臣氏系図』）。

為元（いげん・ためもと）〔春日神主官神6〕生没年未詳。僧基応（理平の男）の一男。正暦二年（991）に祝の労により初めて春日社の常住神主に補され、薨去する永承二年（1047）頃まで五十年以上にわたって勤めた。

惟盛（いせい・これもり）〔神祇権大祐官神1、伊勢奉幣使中臣官神4〕生没年未詳。父は僧喜応。寛弘元年（1004）に正六位上で10年間勤めた斎宮寮主神中臣を辞した。寛仁三年（1019）に神祇祐と見える。『左経記』長元四年八月四日条※8に軒廊御卜を奉仕した祐大中臣惟盛が見え、八月の伊勢公卿勅使発遣の奉幣使の一員となるが、『小右記』廿三日条▼eの宣命草に「中臣正六位上行神祇権大副」とあるのは「権大祐」の誤りか。八月廿四日に加階されて従五位下となり、同年中に大副となる（『大間成文抄』）。長暦二年（1038）八月廿五日条に従五位下神祇少副と見える（『大神宮諸雑事記』）。三月註254・八月註258参照。

為利（いり・ためとし）〔陰陽允官省1・右相撲念人官外5〕生没年未詳。『小右記』長元四年七月十二日条▼bに陰陽師陰陽允為利が障を申して相撲節会の念人辞退を申し出たことが見えるが、廿九日条▼bでは禄を賜わっており、辞任は認められなかったことがわかる。七月註94〜96参照。

栄親(えいしん・ひでちか)〔陰陽少属官省1〕生没年未詳。『小右記』長元四年三月廿九日条▼bに陰陽寮の連奏で少属に任じられたことが見える。三月註248参照。長暦元年(1037)八月四日に陰陽允として葬送勘文を書いている(『平行親記』)。

永政(えいせい・ながまさ)50歳〔伊勢大神宮司官神4〕(982〜1058)宣茂の男。長元四年二月廿三日、第70代大宮司となり、三月二日着任(『二所太神宮例文』)。『左経記』同年八月卅日条※1に、帰京途上の源経頼へ牛二頭・絹廿疋を進上(牛は返却)したことが見える。大宮司の在任は六年、従五位下。康平元年六月廿日に薨去。

逆光(ぎゃくこう・さかみつ)〔伊賀国掌官地3〕生没年未詳。『小右記』長元四年二月卅日条▼aに伊賀国掌逆光の罪名勘申が奏上されたこと、三月一日条▼aに原免されたことが見える。

元範・元規(げんはん・もとのり)37歳〔神祇少祐官神1〕(995〜1071)公範の三男。『小記目録』長元四年閏十月十五日条◆1に、神祇少祐として忌部兼親と共に出雲大社への奉幣使として発遣されたことが見える。後、軒廊御卜・祈禱を奉仕し、治暦四年(1068)に二人を超えて祭主、正五位下となる。在任四年(『二所大神宮例文』祭主次第)。延久三年八月二日に出家、77歳で卒去。

実光(じっこう・さねみつ)〔陰陽頭官省1〕生没年未詳。長徳二年(996)に陰陽権少允、寛弘元年(1004)に従五位下、寛仁元年(1017)に陰陽助として除服に奉仕(『権記』)。治安三年(1023)に陰陽助兼漏剋博士。『小右記』長元四年三月廿二日条▼aに、実資の河臨祓を行なったとある。三月廿九日に陰陽寮の連奏で陰陽頭となる。『左経記』八月四日条※7に陰陽頭として軒廊御卜を奉仕したとある。

宣輔(せんほ・のぶすけ)〔散位官省2〕生没年未詳。永頼の男。大中臣氏二門。文章生。長保五年(1003)に安芸掾とあり、民部丞、弾正忠を歴任。『左経記』長元四年三月廿八日※2条に、この日の直物の神祇官連奏に際し、一門出身の少副兼材は大副になれないという申請していた。五月廿五日※1も参照。

輔親(ほしん・すけちか)78歳〔神祇伯官神1・祭主官神1〕(954〜1038)能宣の男。母は越前守藤原清兼女。伊勢大輔の父。四条と号する。大中臣氏二門。正暦二年(991)に従五位下。文章生、勘解由判官、皇太后宮権少進、美作介などを歴任、長保元年(999)に祭主となる。大嘗会・即位の神事を勤め、神祇権大副から神祇伯へと昇進、寛仁二年(1018)正月三日の後一条天皇元服も奉仕した。長元二年(1029)四月四日には関白藤原頼通が輔親の六条宅へ渡っている。同四年の伊勢斎王託宣事件では、伊勢と京とを往復し、事件の報告、昇進対象となる禰宜の夾名を提出し、かなわなかったが自らの三位昇進も申請している。同七年九月卅日に松実から青玉が出たことを言上し、十一月六日に従三位に叙された(『日本紀略』『左経記』)。長元九年(1036)、後朱雀天皇大嘗会悠紀風俗歌奉献の賞として正三位に叙された。長暦二年(1038)に祭使として伊勢下向の途中、病にて出家。六月廿二日に岩出亭にて85歳で薨去。一説に81歳とする。歌人として知られ、歌道に執心な家風を助長。勘解由判官の頃、藤原道長所望の郭公和歌を即詠した逸話は有名(『今昔物語集』)。関白左大臣頼通歌合、後一条天皇大嘗会悠紀方御屏風歌などに詠進。自邸を天橋立に模して風流三昧の生活をしたという(『袋草紙』上など)。家集(他撰)に『輔親集』がある。

理望(りぼう・まさもち)故人。生没年未詳。大中臣氏一門。永祚元年(989)に神祇権大祐から権少副となる。長保二年(1000)には大副大中臣永頼の重病を理由に、祭主職を輔親に譲与して、自らは代官となるという申文を出している。『左経記』長元四年三月廿八日条※2に、一条天皇の時に大副をめぐって輔親と争ったとある。

15 大原(おおはら)氏

為方(いほう・ためかた)(〜1031？)『小右記』長元四年三月九日条＊2に、伊勢国司が言上し

た従五位下大原為方の殺害に関して犯人追捕の宣旨作成準備が命じられている。平正輔と致経の合戦で伊勢国内で殺されたとみられるが詳細は不明。三月註99・100参照。

16 大右(おおみぎ)氏

久遠(きゅうえん・ひさとお)〔右将曹官衛1〕生没年未詳。治安三年(1023)に左近衛府生から将曹となる。『左経記』長元四年七月十一日条※2に(左近衛)将曹として相撲召合の召仰を奉仕したとある。

17 他部・他戸(おさべ)氏

秀孝(しゅうこう・ひでたか)故人〔右相撲人〕(?〜1031)。秀高とも。長保二年(1000)七月廿七日の相撲召合に伊予の相撲人として出たのが初見(『権記』)。以後、長和二年(1013)、寛仁三年(1019)、治安三年(1023)にも見え、万寿元年(1024)七月卅日の抜出には右助手となるが、落馬により取れず。『小右記』万寿四年七月十九日条に「伊与相撲腋秀孝」と見える。『小右記』長元四年七月廿六日条▼bで、秀孝の死闕に伴い、中臣為男が腋の地位を申請している。

18 越智(おち)氏

惟永(いえい・これなが)〔右相撲人官外5〕生没年未詳。伊予の相撲人。『小右記』治安三年(1023)七月廿四日条で実資が伊予相撲人の富永と「第男」(古記録本は弟男と傍注)を引見していること、万寿二年(1025)七月廿五日条で伊予相撲人の富永・惟永と白丁二人が参来していることから、惟永が越智富永(富永が越智姓であることは寛仁三年(1019)七月廿四日条に明記されている)の弟であれば姓は越智となる。『小右記』長元四年七月廿三日条▼b・廿六日条▼b・廿七日条＊1・三十日条▼aに見え、欠員となった腋(わき)を希望したが、かなわなかった。

19 小槻(おつき・おづき)氏

仲節(ちゅうせつ・なかとき)(?〜1032)。清忠の男。実は小槻茂隆の三男。算准得業生から、寛弘六年(1009)に正六位で主税少属となる。長元四年正月六日条に、前日の叙位で内階になっていたのを外階(外従五位下)に改めたと見える。後、主税権助に至る。

貞行(ていこう・さだゆき)〔左大史官太2、主計権助官省4〕生没年未詳。定行とも。奉親の男。『御堂関白記』寛仁元年(1017)五月廿七日条に史定行とあり、同年に春宮大属を兼ねる。同三年に五位史とあり、『小右記』『左経記』に散見する。治安二年(1022)に従五位上、万寿二年(1025)にも加階。『類聚符宣抄』(第七・諸国郡司)所収長元四年二月廿三日付尾張国司宛太政官符の位署書に正五位下行左大史兼主計権助と見える。『小右記』長元四年条で「宿禰」と姓を付して記されていることからも、五位、すなわち「大夫史」であったことがわかる。

20 小野(おの)氏

文義(ぶんぎ・ふみよし)〔大外記官太1〕生没年未詳。傳説の男。叔父に天台座主明尊がいる。囚獄正、明法得業生を経て、寛弘四年(1007)に権少外記、翌年に少外記、長和四年(1015)に大外記となる。同五年に施薬院別当、寛仁元年(1017)に美作介を兼任、万寿二年(1025)には土佐守で実資に進物を贈っている。大外記としての活躍は『小右記』に記されているが、長元五年(1032)十二月二日条に公卿給を給されたとあるのが終見。

奉政(ほうせい・ともまさ)〔右大史官太2〕生没年未詳。長和五年(1016)に旧出納で右近衛将曹であった奉政が三条天皇の譲位により三条院主典代となった。万寿元年(1024)七月十二日条に史奉政とあり、右少史、左少史を経て、長元元年(1028)には右大史と見える。『小右記』に史としての活躍が記されている。『左経記』長元四年正月廿一日条▽aに、経頼が諸国の不与状に関して奉政を通して資平に伝えたとあるのが終見。

21 尾張(おわり)氏

兼国(けんこく・かねくに)生没年未詳。故人か。安居の男。貞元二年(977)に左近衛番長(『二中歴』)、天元元年(978)にも番長として信濃望月駒牽の御馬使を勤めた(『樗嚢抄』)。『左経記』長元四年閏十月廿四日条※1に、兼国が近衛の時に人長を勤めたとあり、安行の前例とされた。

兼時(けんじ・かねとき)故人。〔故左将監兼時〕生没年未詳。安居の男。『小右記』寛和元年(985)二月廿一日に堀河院御遊で騎馬したこと、永延二年(988)十一月七日条に左近将曹として藤原兼家の六十算賀で衣を被けられたとある。『権記』正暦四年(993)九月廿日条には人長として神楽を奉仕したとあり、『御堂関白記』寛弘四年(1007)二月八日条には教通・能信らの舞の師となったとあるが、同六年十一月廿二日条(賀茂臨時祭)・同七年四月廿四日条(賀茂祭)には重病年老により舞に往年のすばらしさがなかったともある。『左経記』長元四年閏十月廿四日条※1に安行の祖父として故左将監兼時と見える。

安行(あんこう・やすゆき)〔左近衛官衛1〕生没年未詳。兼時の孫。『左経記』長元四年閏十月廿四日条※1で尾張時頼死去で欠員となった左近衛府の人長について、「左近衛尾張安行〔故左将監兼時の孫〕譜代為るの上、頗る骨法を得」るとの理由で試しを受け「其の体、凡ならず」ということで、十一月廿四日※1の賀茂臨時祭で人長を奉仕した。

時頼(じらい・ときより)〔左近将曹〕(～1031)。『小右記』長和二年(1013)九月十六日条に番長として上東門第行幸に奉仕したとあり、翌三年五月十六日条には競馬に六番で出場して佐伯光頼に勝ったとある。寛仁二年(1018)三月十三日条に(左)府生として石清水臨時祭使の馬の口を取ったことが驚きとして記されている。長元元年(1028)以降に左将曹となったか。『左経記』長元四年四月廿六日条▽cに賀茂競馬の三番左で出場して敗れたことが見えるが、閏十月廿四日条※1には「人長左将曹尾張時頼、去秋に死去す」と見え、この年の秋(七～九月)に亡くなったことがわかる。

22 上毛野(かみつけの)氏

広遠(こうえん・ひろにわ)〔大膳少進官省8・兵部輔代官省5〕生没年未詳。長保五年(1003)に大膳権少進となる(『除目大成抄』)。藤原顕光家司。治安三年(1023)、同四年、万寿四年(1027)正月七日の節会に兵部輔代として奉仕している(『小右記』)。『小右記』長元四年正月七日条＊1、翌五年同日条にも、白馬節会で兵部輔代を勤めたとある。

23 賀茂(かも)氏

道平(どうへい・みちひら)〔暦博士官省1〕生没年未詳。守道(光栄の男)の男。『左経記』寛仁元年(1017)七月三日条に道平(姓不詳)が奉幣のことを勘申したとあるが、『平安人名辞典』は別人とする。長元元年(1028)に暦博士となり、『左経記』長元四年七月十七日条※2※3に、十五日の月食を違わず勘申したことが見える。後、美作守、主計助、主税頭、陰陽博士、尾張権守を歴任。長暦二年(1038)に、それまで共同で造暦をしていた宿曜師證昭(証昭・證照)と決別して異なる暦を造進し、採用された。これが暦道と宿曜道の論争の端緒となる。延久元年(1069)

の朔旦冬至で造暦宣旨を被る者として勧賞され従四位下となる。極位は正四位下(『尊卑分脈』)。

24 紀(き)・紀伊(きい)氏

為説(いせつ・ためとき)〔山城権守官地3〕生没年未詳。長元四年三月廿八日の除目で山城介に任じられたが(『左経記』同日条▽b▽c)、四月廿七日条※2に見える直物で「権守」に改められた。「件の為説、元河内権守也」とある。

元武・基武(げんぶ・もとたけ)〔右近府生官衛1〕生没年未詳。保方の男。『小右記』長和二年(1013)四月十日条に随身近衛元武とあり、治安三年(1023)に府掌、万寿二年(1025)に番長、同四年に府生となる。長元四年正月十三日条＊1に、右近衛府真手結が行なわれ、府生元武が手結を届けたとある。

行任(こうにん・ゆきとう)〔大監物官省1〕生没年未詳。『小右記』万寿元年(1024)九月十九日条に大監物として高陽院行幸・競馬に奉仕、長元二年(1029)四月一日条に旬儀に奉仕したとある。『左経記』長元四年八月四日条※5に「大監物行任」とある。

古佐美(こさび・こさみ)故人〔従五位上守右少弁勲五等〕(733～799)。宿奈麻呂の男。丹後守、兵部少輔、式部少輔、右少弁を経て、宝亀十一年(780)に征東副使として蝦夷を討ち陸奥守となる。桓武朝に左兵衛督、中衛中将、参議、春宮大夫と累進し、延暦七年(788)に征夷大将軍となるが、征討に失敗して詰問された。後、左衛門督、中納言、式部卿を歴任して大納言となり、同十六年に65歳で薨去。一説に62歳。『小右記』長元四年九月五日条＊3に、叙内階について紀古佐美が署名した宝亀十一年の官符が勘申されている。

佐延(さえん・すけのぶ)生没年未詳。『東大寺文書』寛仁三年(1019)十一月廿日「畠徳山畠売券」に「大蔵大夫紀佐延朝臣」が山城国葛野郡山田郷の畠を買ったことが見える。但し『平安遺文』(481)は「佐正」に作る。また『御堂関白記』寛仁元年七月十三日条には、佐延宅における看督長・放免らの濫行を安倍守親が訴えた記事がある。『小右記』長元四年九月十四日条＊4に、実資に平綾・無文綾を奉ったとある。

信頼(しんらい・のぶより)〔中務録官太2〕生没年未詳。『小右記』長元四年三月廿八日条＊3に、直物で明法挙により中務録に任じられたとある。廿九日条▼bも参照。

正方(せいほう・まさかた)〔右将曹官衛1〕生没年未詳。『小右記』寛弘二年(1005)正月十八日条に府生として賭弓に奉仕したとある。同五年十月廿九日条に恪勤者として将曹に任じたとあり、後も誠実な奉仕ぶりが記されている。『小右記』長元四年二月六日条＊1に春日祭使の出立を報告、七月十一日条＊1に相撲召合の召仰について報告、廿九日▼aに擬近奏を奉ったとある。八月十三日条＊2に、相撲還饗に禄として絹一疋、綿一屯を下賜されたとある。

知貞(ちてい・ともさだ)〔右馬助官衛4・実資家司官家4〕生没年不詳。重親(文実の男)の男。寛弘八年(1011)七月八日の一条天皇の葬送で右馬允として行障十六基の持者を勤め、長和元年(1012)に賀茂祭の次第使を勤めた後、右馬助となる(任日不明)。『小右記』長元四年正月七日条に、右馬助として前駆を勤めるということで実資から馬を賜わったとあり、二月廿八日条＊2に実資の位禄から信濃を給されたとある。七月十三日条＊3・十四日条＊1に石上・広瀬・龍田社四ヶ所の奉幣使を勤めたとの報告が記され、八月七日条＊5に、実資の家司となった記事がある。

紀伊ム丸(きいのなにがしまる)〔宮主官神1〕生没年未詳。『左経記』長元四年七月十三日条※2に、斎院からの御消息として宮主紀伊ム丸が相撲人と称して左近衛府に召し籠められたことが見える。

25 眞野(きの)氏

貞政(ていせい・さだまさ)〔栗栖荘司〕生没年未詳。『小右記』長元四年九月廿七日条＊1に、美作国の栗栖荘司として牛一頭を実資に献上している。

26 清内(きようち)氏

永光(えいこう・ながみつ)〔右衛門府生官衛2〕生没年未詳。『小右記』長元四年八月八日条＊4に、隠岐流罪となった藤原小忌古曾(相通の妻)の護送使となったことが見え、同条および十二日条＊3には伊勢から都を経由せずに隠岐へ向かったことが見える。『大神宮諸雑事記』七月十八日条にも見える。

親信(しんしん・ちかのぶ)〔音博士官省2〕生没年未詳。『小記目録』長元四年十一月十七日条◆1に、音博士として(朔旦冬至の)加階の対象となっていたが、誤って内階に入っていたようで、外階に改められたとある。

27 清科(きよしな)氏

行国(こうこく・ゆきくに)〔陰陽大属官省1〕生没年未詳。陰陽師。寛仁四年(1020)に賀茂下社遷宮の日時勘申に名が見える。『小右記』長元四年三月廿九日▼bに、小除目で陰陽寮の連奏により陰陽大属となったとあり、翌五年十一月十一日条に陰陽大属として河臨祓を行なったとある。長元七年には陰陽允で源朝任の葬のことを勤めている(『左経記』九月廿一日条)。

28 清原(きよはら)氏

惟連(いれん・これつら)生没年未詳。『小右記』長元四年九月五日条＊2・六日条＊4・七日条＊1に、自らの栄爵のための成功として八省院の堂舎を建立したとし、五日条に造八省行事所から提出された究達文が見える。

頼隆(らいりゅう・よりたか)53歳〔助教官省2・主計頭官省4〕(979～1053)。『小右記』長和四年(1015)十一月十一日条に外記として占を奉仕したとあり、治安三年(1023)正月五日条に外記労十年による叙位の勘文を奉り、同年十二月十八日条に明法博士として明年が革命にあたるかどうかを勘申したとある。長元元年(1028)に大炊頭兼主税助となり、同三年には主計頭とある。『小右記』長元四年三月卅日条▼aに実資と吉夢について談じたこと、八月二日条＊1・三日条＊1に助教頼隆らの不参により釈奠の内論義が中止となったことが記され、『左経記』二月廿九日条※1に・五月十一日条※1に、経頼の着座や奉幣の儀に関して意見を述べたことが見える。長元五年(1032)の祈年穀奉幣使発遣の日時に関し、安倍時親と論争したことがある(『左経記』五月三・四日条)。後、河内守などを歴任し、天喜元年七月廿八日に75歳で薨去。

29 日下部(くさかべ)氏

為行(いこう・ためゆき)〔右近府生官衛1〕生没年未詳。長和三年(1014)に番長とあり、万寿二年(1025)三月十五日に左府生となり、廿三日に慶を申した(『小右記』)。『小右記』長元四年九月廿七日条＊2に、右少将源定良が作成した右近衛府の考文を実資に届けたとある。

重基(じゅうき・しげもと)〔検非違使官外1・左衛門府生官衛2〕生没年未詳。『小右記』長元四年三月廿五日条▼aに左衛門府生重基として見え、八月五日条▼bに検非違使重基の随身の火長が見える。『平安人名辞典』は早部として「日下部姓誤記の可能性もあり」とする。

30 久米(くめ)氏

若売(じゃくばい・わかめ)故人(～780)。若女とも。藤原宇合との間に百川を産む。『小右記』長元四年八月八日条＊1に『続日本紀』天平十一年(739)三月庚申条が引かれ、石上乙麿が彼女を姦したことにより、乙麿は土佐国に配流し、若売も下総国に配したとある。翌十一年、恩赦により入京。神護景雲元年(767)に従五位下、宝亀十一年(780)に亡くなった時は従四位下であった。

31 内蔵(くら)氏

千武(せんぶ・ちたけ)生没年未詳。長和三年(1014)十二月四日の府生奏に「番長内藤千氏」と見え、治安三年(1023)に、前番長として胡籙を調進し疋絹を与えられる。『小右記』長元四年正月七日条▼bに、娘婿の藤原兼頼の平胡籙の箭に水晶を入れた禄として疋絹を与えられたとある。

32 高(こう)氏

扶宣(ふせん・すけのぶ)〔右将監官衛1〕生没年未詳。右近衛府官人としての活躍が『小右記』に見られる。寛弘二年(1005)に府生から将曹に任じられ、長和二年(1005)に将監として吉田祭使、寛仁二年(1018)に大原野祭使を勤めた。治安二年(1022)・万寿元年(1024)の高陽院競馬に出場し、いずれも勝利した。『小右記』長元四年正月一日条▼fに、実資の権随身となったこと、八月十三日条＊2に相撲還饗で禄を下賜されたこと、『左経記』十月九日条※1に弓場始に的の事を奉仕したとある。七月註151参照。

33 巨勢(こせ)氏

孝秀(こうしゅう・たかひで)〔陰陽助官省1・陰陽博士官省1〕生没年未詳。治安三年(1023)二月八日に正六位上とあり、陰陽允を申請している(『除目大成抄』『除目申文抄』)。『小右記』万寿四年(1027)七月廿二日条に陰陽允として相撲念人を勤め、『小右記』長元元年(1028)九月卅日条に実資の河臨祓を奉仕したとある。長元四年二月十二日条＊1に陰陽博士として多武峯の怪を占ったこと、三月廿九日条＊3に陰陽寮の連奏で陰陽助になったこと、八月七日条▼bに実資の代厄祭を行なったことが記されている。また、『左経記』八月四日条※7に軒廊御卜への奉仕、八月七日条▽aに興福寺東金堂の日時勘申、九月十四日条※1に馨子内親王着袴の日時勘申をしたとある(『左経記』は「則秀」とあるのを改めた)。長元八年十月に陰陽頭に任じられ、その在任中の永承四年(1049)正月に正五位下に叙された。また、長久二年(1041)二月からは天文博士を兼任。康平元年(1058)二月五日に主税頭とある(『定家記』)。『造興福寺記』永承二年十一月廿五日条に「巨勢高秀朝臣」とあるのは同一人物か。

34 狛(こま)氏

光貴・光高(こうき・みつたか)〔左将監官衛1〕生没年未詳。直行の男。子に則高、光重がいる。寛弘六年(1009)に左一者に任じられて治35年という舞の名手(『東寺文書』)。長和二年(1013)に道長邸行幸に駿河舞を舞うなど(『小右記』)、寛仁・治安・万寿・長元年間に舞人としての活躍したことが『小右記』『左経記』に見える。その他、将監として白馬奏、相撲奏にも奉仕している。『小右記』万寿三年(1026)四月四日条に、山田久光と争ったことで道長から勘当され

たとある。『左経記』長元四年十月廿二日条※1に、興福寺供養の際に左将監で従五位下に叙されたとある(『小記目録』廿一日条◆2も参照)。『造興福寺記』永承二年(1047)七月十八日条に左将監として見えるのが終見。

35 惟宗(これむね)氏

義賢(ぎけん・よしかた)〔左大史官太2・造豊楽院行事官外6〕生没年未詳。寛仁三年(1019)正月五日には正六位上右少史(『実淳卿記』延徳四年〈1492〉正月六日条)。万寿二年(1025)十月廿八日に後院司となり、十二月一日には周防国の弁済使として見える(『小右記』)。『小右記』長元二年(1029)閏二月十一日条から左大史として見え、長元四年二月十九日条＊4・三月十九日▼aに造豊楽院行事左大史として豊楽院明義堂の崩落を申上したことなどが記されている(七月廿三日条＊1・九月七日条▼bも参照)。『左経記』二月廿六日条※1・十二月廿九日条※3に「大夫史義賢朝臣」とあり、前年二月廿日付の神祇官宛太政官符(『類聚符宣抄』第一・祭祀)に「従五位下行左大史惟宗朝臣」と見えるので、従五位下であったと考えられる。五位の史として活躍し、『平行親記』長暦元年(1037)十月十一日条にも「大夫史」と見える。『春記』長久二年(1041)二月十二日条に「義賢朝臣」とあるのが終見か。

孝親(こうしん・たかちか)〔右少史官太2・位禄所史官外6・造大安寺主典官外6〕生没年未詳。『小右記』長元四年二月十四日条＊3に右少史とあるのが初見で、三月廿八日条＊2に位禄所の史とあり、『左経記』六月廿七日条※4に造大安寺主典になったとある。十二月廿六日条※1に左少史として実資が行なう申文に奉仕したとある。『除目大成抄』(第一〇)に「大学少允算挙」とあり、算道出身であることがわかる。

文高・文隆(ぶんこう・ふみたか)生没年未詳。本姓は秦で、秦文高と記されることも多い(『平安人名辞典』は同人かとしながら別項目とする)。天暦元年(947)以前の生まれと考えられる。寛弘五年(1008)に権陰陽博士、同七年に陰陽頭となり、安倍吉平・賀茂守道らと共に日時勘申・占などで活躍したことが『小右記』『左経記』の記載からわかる。中御門大路末に私寺を建立し、実資も念誦堂建設の参考のためか、見学に行って「随分の勤、尤も感ずべき也。」と感嘆している(『小右記』寛仁二年〈1018〉五月廿六日条)。治安三年(1023)に従五位上行頭兼陰陽博士備中権介として見え、土佐権守を兼ねた(『除目大成抄』『除目申文抄』)。『小右記』万寿四年(1027)七月廿一日条に相撲右勝と占って「文高八十有余と云々。未だ耄に及ばず。還りて奇とすべし。」と記される。長元四年には90歳ぐらいであったと考えられ、二月廿九日条▼bに、小野宮邸西門での鬼気祭を病で勤めなかったとある。

36 佐伯(さえき)氏

公行(こうこう・きみゆき)〔前佐渡守〕(〜1033)。蔵人所出納から天延二年(974)正月卅日に権少外記、五月廿八日に少外記、貞元元年(976)に大外記、翌二年に従五位下に叙され能登権介、永延元年(987)に遠江守。信濃守も歴任、長徳四年(998)に従四位下播磨守とあり、国司の歴任で蓄財し、同年十月廿九日には一条院を東三条院詮子に提供している。寛弘三年(1006)に伊予守に見任。同六年に妻従五位下高階光子が中宮彰子・敦成親王を呪詛したのに縁座して追捕され、更に十一月廿日に三女が中宮を呪詛して追捕の宣旨が下された。長和四年(1015)四月十一日に正四位下でありながら裁許なく出家したが、また還俗したらしい。後、伊予守、佐渡守を歴任。『左経記』長元四年六月廿七日条▽cに相模守の申請者として見え、佐渡守時代の治国が源経頼によって高く評価されたが選ばれなかったとある。長元六年(1033)五月一日に頓滅(『左経記』類聚雑例二日条)。

37 坂合部(さかあいべ)氏

国宣(こくせん・くにのぶ)〔左少史㊐太 2〕生没年未詳。万寿二年(1025)に史国宣とあり、陣申文を奉仕し、長元元年(1028)二月十一日に列見、結政を奉仕し(『小右記』)、五月廿六日には検非違使庁の政に右少史として着行(『日本紀略』『小記目録』)、八月十四日に仁王会行事となった。『小右記』長元四年三月十四日条＊2に、位禄文に奉仕したが、進退作法が便無きものであったとあり、八月四日条＊2に仁王会行事となったとある。

38　滋野(しげの)氏

善言(ぜんげん・よしこと・よしとき)故人(947〜1010)。もと小槻氏。文章生出身。主殿権少允を経て永祚元年(989)正月に権少外記、翌正暦元年正月に少外記となり、同三年に滋野に改姓した。同四年正月大外記となったが、同年十一月に従五位下に叙された際に外記職を離れたとみられる。長徳四年(998)正月、再び大外記となり、長保二年(1000)正月美作権介、同三年八月主税助を兼任。同五年正月、従五位上となり、主税頭を兼任。同年三月、正五位下に昇叙。寛弘三年(1006)正月播磨権介を兼任。『小右記』永祚元年条には「善言」と「善時」の両表記が見られるので、名は「よしとき」であった可能性が考えられる。『小右記』『御堂関白記』『権記』などに大外記としての活動を示す記事が多数見られる。寛弘七年二月十四日付宣旨に主税頭兼大外記滋野朝臣善言とあるのが生前の終見(『魚魯愚鈔』)。『御堂関白記』同年三月卅日条では大外記善言死去の後任として菅野敦頼が任じられている。『左経記』長元四年二月四日条※2に、大外記善言が陣座の藤原道長のもとへ天文密奏を持参した際の作法のことが見える。

39 下毛野(しもつけの)氏

安行(あんこう・やすゆき)〔右近衛㊐衛 1・頼通随身㊐家 4〕生没年未詳。『小右記』長元四年三月廿五日条＊1▼b▼cに、実資の厩舎人・侍所小舎人が右馬允頼行宅に向かう途中、安行宅内を無断で通行したために暴行・捕縛され、関白邸に連行の後に許された事件が詳しく記されており、右近衛府の近衛で、関白の随身でもあったことがわかる。『左経記』四月廿六日条▽cに、関白賀茂詣の競馬に六番右で出場し、左の公武に敗れたとある。正月註 224〜229、解説三〇「喧嘩と窃盗」参照。

公忠(こうちゅう・きみただ)〔右近府生㊐衛 1〕生没年未詳。重行の男。右近衛府生(後に右近将監)。藤原道長・頼通の随身。寛仁二年(1018)二月廿六日に道長の随身たちが播磨守藤原広業を罵る無礼をはたらいた事件では「濫行張本」として一人だけ勘事に処せられ(『御堂関白記』同日条、『小右記』四月廿一日条)、治安元年(1021)七月十九日には相模前司藤原致光と相論を起こし暴行で禁獄された(『小右記』『左経記』)。『左経記』長元四年四月廿六日条▽cに、賀茂競馬に二番右で出場して持(引き分け)となったこと、『小右記』七月廿六日条▼bに、相撲人の最手勝岡・為永を引率して実資邸を訪れたことが記されている。万寿三年(1026)と、右近将監となった後の長暦三年(1039)の二度、陸奥交易馬使を勤めた(『左経記』万寿三年十一月廿八日条、『春記』長暦三年閏十二月廿三日条)。

公武(こうぶ・きみたけ)〔右近府生㊐衛 1〕生没年未詳。長和二年(1013)十月十七日に篳篥永宣旨を給わる(『小記目録』)。同三年十二月四日に府生となり、寛仁二年(1018)五月十一日に摂政藤原頼通の随身と見える。同三年正月十九日の賭弓で勝ち布二端を給わり、七月廿一日に山陽道相撲使を勤めるなど、府生としての活躍が『小右記』に見える。『左経記』長元四年四月廿六日条▽cに、関白頼通による賀茂競馬で六番右に出て勝ったとある。

光武(こうぶ・みつたけ)〔右近府生官衛1〕生没年未詳。長和三年(1014)に近衛と見え、寛仁元年(1017)に番長。藤原道長の随身でもあり、道長の出家後も側に祗候した。長元元年(1028)に右近府生となるが、『小右記』同二年閏二月廿五日条には「非恪勤者」とある。『左経記』長元四年四月廿六日条▽cに、関白頼通による賀茂競馬で右五番として登場、茨田為弘に敗れたとある。『小右記』には、七月十九日に相撲所の定文と相撲召合料の請奏を実資に奉ったが(＊2)、翌日に実資が署名した定文を受け取りに来ず(廿日条▼a・廿一日条▼a)、八月五日に過状の提出が命じられたとある(＊2)。また、七月廿八日条▼aに相撲人の勝岡・為永が忌み籠もらなかったことを実資に報告したとある「光氏」も「光武」の誤りと判断した。九月十三日条＊2には相撲の還饗で禄の絹一疋を賜わったとある。

助友(じょゆう・すけとも)生没年未詳。『左経記』長元四年四月廿六日条▽cに、関白頼通の賀茂下社競馬で七番右方に出走し、左方近利に勝ったとある。長元九年(1036)に近衛(『範国記』十一月五日条)、康平四年(1061)に府生(『定家記』四月十一日条)、承暦四年(1080)に右将曹とある(『水左記』十月廿一日・廿三日条)。『中右記』寛治二年(1088)正月十九日条が終見か。

40 菅野(すがの)氏

重忠(じゅうちゅう・しげただ)故人〔前大隅守〕(〜1007)。寛和二年(986)九月に主税権少允に任じられ、長徳四年(998)正月に権少外記、十月廿二日に少外記、長保二年(1000)に大外記に任じられ、翌五年正月に従五位下となる。寛弘二年(1005)に大隅守となるが、同四年七月一日に大宰府で大蔵満高に射殺された。同五年に重忠後家が大蔵種材によって殺されたとして訴え、そのことについての定が行なわれている。『左経記』正月六日条※1、『日本紀略』長元四年三月十四日条に、良国によって殺されたとある。

重頼(じゅうらい・しげより)〔主計允官省4・実資家人官家4〕生没年未詳。『小右記』長元四年二月十九日条＊4に、息親頼の主計允もしくは主税允を望んで造八省所に米を献納する解文について、実資は家人であるが二寮の愁を考えて奏上せず、また「虚言の者」(廿一日条▼b)で「不実の聞、天下に流布」(廿三日条＊5)しているので、米の現物を確認すべきだとしている。

親頼(しんらい・ちかより)〔実資家人官家4〕生没年未詳。重頼の男。父重頼とともに実資の家人。『小右記』長元四年二月十九日条＊4に、造八省行事所に米千石を奉り、その成功により、主計允か主税允に任じられたいと申請するも、却下されたことが見える。二月廿一日条▼bも参照。続いて主計・主税属の任料米八百石を奉るが、属の任料は近代千石であるので、千石納めることが求められている(廿三日＊5)。

親憲(しんけん・ちかのり)〔陰陽師官省1〕生没年未詳。『小右記』長元四年三月廿九日条▼bに、陰陽寮の連奏で陰陽師となったとある。

敦頼(とんらい・あつより)生没年未詳。忠輔の男か。永観元年(983)に内膳典膳。『小右記』寛和元年(985)四月卅日に女児の三夜の儀の垸飯を奉仕したが、実は忠輔によるものとある。永延二年(988)に大学允、正暦四年(993)に権少外記、長徳元年(995)に大外記となり、長和三年(1014)まで大外記としての活躍が『小右記』『権記』『左経記』に記されている。筑後守、阿波守、肥後守、大膳大夫、淡路守などを歴任。寛仁三年(1019)に造営賞により従四位下となる。『小右記』長元四年七月卅日▼aに、小野宮邸月例法華講の聴聞者の一人として見える。『左経記』長元八年(1035)六月廿九日条に大膳大夫と見え、長久元年(1040)に筑前守とある。

傅説(ふせつ・すけとき)→御船傅説(人他60)

41 菅原(すがわら)氏

資信(ししん・すけのぶ)〔式部丞官省2〕生没年未詳。寛弘六年(1009)に内記として位記請印に奉

仕している。寛仁二年(1018)五月十八日には実頼忌日法事に参入。『小右記』長元四年九月廿二日条＊1に式部丞とある。

義資(ぎし・よしすけ)〔右将監官衛1〕生没年未詳。資信の男。寛仁元年(1017)に東宮帯刀に挙げられ、蔭子正六位上菅原朝臣義資、従五位下資信子とある(『小右記』八月廿日・九月八日条)。長元四年七月廿九日条▼bに右将監として相撲奏を奉仕、九月十七日条▼cに私物で右近衛府庁の修理をする成功により隠岐・飛騨・佐渡のどこかの守に任じられたいと請い、許されている。

孝標(こうひょう・たかすえ)59歳(973～？)。資忠の男。母は民部大輔源包女。『更級日記』作者の父。正暦四年(993)に因幡掾として昇殿、長保二年(1000)に蔵人、同三年に従五位下となる。この頃、頭弁藤原行成の下僚として活躍。寛仁元年(1017)に上総介となる。万寿四年(1027)に実資小女(藤原千古)の家司となった。『小右記』長元四年二月十二日条＊1に、関白の使として多武峯の怪の占方を届けたとある。長元五年(1032)二月に常陸介となり、七月に赴任したが、同九年秋に上京後してから官途を退いたらしい。

善子(ぜんし・よしこ)〔典侍官家2〕生没年未詳。『左経記』寛仁四年(1020)十二月卅日条で典侍に補せられた菅原□子と同人物か。長元四年三月十四日の内侍の除目で、善子が典侍を辞し、替わりに藤原忠子が補せられたとある(『小右記』同日条＊4、『左経記』同日条※5)。

忠貞(ちゅうてい・たださだ)〔兵部権大輔官省5〕(？～1040)。為紀の男。母は菅原雅規女。対策、少内記、兵部権少輔、刑部大輔、式部少輔、能登守、信濃守を歴任。大内記として治安・万寿年間に活躍。長元四年には、大内記経験者として実資の命により伊勢神宮の宣命草を作成(八月廿三日条＊3・廿日条＊2・廿一日条＊3)。長暦元年(1037)に年号を勘申(『行親記』)。長久元年五月廿五日に信濃守として任国で卒去したと兄修成から報告があった(『春記』六月八日条)。

定義(ていぎ・さだよし)20歳〔弾正少弼官台〕(1012～1064)。孝標の子息で、道真の五世孫。式部少輔、民部少輔、弾正少弼、少内記、大学頭、文章博士、大内記、和泉守を歴任。氏長者ともなる。長元四年には弾正少弼で、藤原頼宗の家司。『小右記』八月条に兼頼母(頼宗妻、伊周女)の病脳の件で実資に様子を伝え(三日条▼a)、弾正忠斉任の強姦事件の取り調べに関わったとある(五日条▼a・六日条＊1・八日条＊3・廿五日条▼j)。康平七年十二月廿六日に53歳で卒去。時に従四位上(一説に従四位下)。死後、寿永三年(1184)に従三位、乾元元年(1302)に正二位、元徳二年(1330)に従一位が贈られ、北野天満宮の摂社和泉殿社にまつられた。

明任(めいにん・あきとう)生没年未詳。為職の男。寛仁二年(1018)に民部丞。『小右記』長元四年正月廿六日条＊1に、二月に除目を行なった例を勘申する命を受け(外記か)、また、七月八日条▼aに妻が頼宗二女の乳母であり、阿闍梨興照の別所で屯滅したとある。長久元年(1040)に遠江守となる(『春記』)。

42 宗我部(そがべ)氏

秋時(しゅうじ・あきとき)〔官掌官太1〕生没年未詳。長和四年(1015)に右官掌に補される。『小右記』長元四年八月条に、秋季臨時仁王会の料物の進納を命ずる加賀国宛の官符の伝達を「思失」して遅らせたことで(十日条▼a)、勘当・過状提出となり(十二日条＊3・十四日条＊2)、過状が提出されたとある(廿四日条＊2)。八月註284参照。

43 高階(たかしな)氏

為時(いじ・ためとき)〔内舎人官省1・右近将監官衛1〕生没年未詳。『小右記』万寿元年(1024)十月十日条に初見、同四年十二月廿八日条に「恪勤」により禄料を下賜されたとある。長元四年

正月廿一日条▼b・廿五日条＊2に内舎人正六位上高階朝臣為時を将監に申請したとあり、二月十七日条＊1に裁許のことが見える。また、九月十日条＊1に、実資の私的な使として雲林院へ食物を届け、七月廿九日条▼bに将監として手結を実資に届けたとある。藤原範季(1130〜1205年)の母方の祖父にあたる。範季は九条兼実の家司。

信順(しんじゅん・さねのぶ)故人(？〜1001)。式部大輔成忠の子。関白藤原道隆室貴子の兄弟。東宮学士から、正暦元年(990)に左少弁、同三年に右衛門権佐・周防権守を兼任、同四年に五位蔵人、長徳元年(995)に蔵人を去り右中弁となる。同年に従四位下、東大寺俗別当にも補されたが、翌二年の藤原伊周配流に連坐し、伊豆権守に左降、権左中弁となる。同三年に召還され、同四年に左中弁となる。長保三年六月廿九日に出家と同時に卒去。『小記目録』長元四年十一月廿九日条◆1に「明日の大仁王会、大極殿の前に拝礼有るべき哉否やの事〈右中弁信順の腫物の事〉」とあり、信順の右中弁時代(995〜996)の時の例が参考にされたか。

業敏(ぎょうびん・なりとし)〔越中守官地3〕生没年未詳。業遠の男。寛弘八年(1011)に修理亮で蔵人となる。長和元年(1012)に式部丞を兼ね、同五年正月に肥後守に任じ、四月に長門守に任じたが、寛仁二年(1018)に鋳銭司判官土師為元の愁訴により解任。『小右記』長元四年八月十五日条▼dに、越中守業敏が計歴を申請したことが見える。永承三年(1048)に散位・四位、天喜二年(1054)に美濃守とある。

明順(めいじゅん・あきのぶ)故人(？〜1009)。成忠の男。『小右記』正暦元年(990)七月廿五日条に実資を訪れたこと、十月五日条に中宮大進に任じられたことが見え、以後、濫行のことなどが記され、寛弘二年(1005)十二月廿五日条に伊予守を辞したことまで見える。『御堂関白記』には同五年八月三日条まで見える。東宮学士、従四位上に至る。『小右記』長元四年九月十九日条に永祚二年(＝正暦元年)の造稲荷社についての記述が見えるが、詳細は不詳。

名不詳。〔中務少輔官省1〕生没年未詳。『左経記』長元四年十月十一日条※1に「中務少輔高階」として賀茂奉幣使の次官を勤めたとある。

44 橘(たちばな)氏

為通(いつう・ためみち)〔斎院次官官神3・実資家人官家4〕生没年未詳。『小右記』長和三年(1014)十月廿四日条に式部省試及第者九名の一人として見え、十二月三日条に式部卿敦明親王家雑人と右中弁藤原定頼宅従者との闘乱の下手人追捕の宣旨に「彼宅人」の「進士橘為通」が載せられ、この時点では藤原定頼(公任の男)の従者であった。万寿元年(1024)十二月十三日条に千古の着裳に奉仕した「朝臣家人」の一人として見える。長元元年(1028)年九月廿四日条に石見国中津原牧から貢上された贄・牛三頭が「為通朝臣」ら三人に分け与えられたとあり、十一月廿五条には宅神祭に奉仕したとある。同三年五月十四日条では右中弁の言葉を伝えている。長元四年七月十四日条＊1に「賀茂次官為通」が祈年穀奉幣使として春日社・大和社へ派遣されたことが見える。

季通(きつう・すえみち)〔中宮少進官家2〕(〜1060)。季道とも。則光(敏政の男)の男。母は清少納言か。万寿三年(1026)に六位中宮進と見える。『左経記』長元四年十月廿七日条※1に、馨子内親王の御着袴の日(廿九日)の屯食の準備を前日(廿六日)に命じられたことが見える。長元八年(1035)に昇殿、蔵人となり、翌八年の後一条天皇三七日に中宮少進として勧修寺への御誦経使を勤めた。永承七年(1052)に内蔵権助となり、四月廿二日の賀茂祭の内蔵寮使を勤めた(『春記』)。

義通(ぎつう・よしみち)〔少納言官太1〕(？〜1067or1060)。為義の男。母は大江清通女。『後拾遺和歌集』歌人。為仲・善清・資成の父。寛弘五年(1008)に蔵人所雑色、敦成親王家蔵人。同八年に左兵衛少尉として蔵人となる。長和元年(1012)に蔵人兵部丞として禁色を許された。寛仁三年(1019)に昇殿、治安元年(1021)に春宮大進、同二年に備後守と見え、『小右記』長元元年

(1028)九月廿二日条に前備後守とある。『左経記』長元四年三月八日条※1に少納言として初めて結政請印に奉仕、八月八日条▽bに結政、十一月一日条▽eに弓場始をそれぞれ少納言として奉仕したとある。同五年に、禎子内親王が少納言義通の中御門邸で第二女子(娟子内親王)を出産した。後一条天皇に近侍し、崩御に際して素服を賜わった。正四位下、筑前守、美濃守を歴任。治暦三年二月十七日に卒去(『勅撰作者部類』『尊卑分脈』)。一説に康平三年(1060)二月十二日に卒去(『系図纂要』)。

孝親(こうしん・たかちか)〔大内記官省1〕生没年未詳。内成の男。長和三年(1014)頃から外記としての活躍が見え、『小右記』寛仁三年(1019)六月十日条に天文学習の宣旨を蒙ったこと、同四年十一月十七日条に少内記と見え、万寿二年(1025)三月廿三日条に出雲守として赴任の由を告げたとあり、その在任中に大内記を兼ね、宣命・位記などを作成している(『小右記』)。長元四年も大内記として勤めているが、八月廿日条＊2に伊勢公卿勅使の宣命を作成する時に金峯山詣へ出ていることが発覚したとあり、そのためか過状を提出している(『小記目録』閏十月三日条◆1)。長暦三年(1039)、大内記に文章博士を兼ね、同四年(長久元年)の改元に際して年号勘申にあたる。同年に大内記を辞した(『春記』)。『橘氏系図』には越中守、従四位下とある。

行貞(こうてい・ゆきさだ)〔伊勢国司官地3〕生没年未詳。『権記』寛弘八年(1011)十月十六日条に兵部丞と見える。『小右記』長和二年(1013)八月廿六日条に斎内親王御禊次第使の御後の判官に任じられた。長元四年正月十七日条▼a・廿一日条▼aに平正輔・致経の証人の解文を奉った伊勢守にあたり、三月廿四日条＊1では、石清水臨時祭使を勤めた近江守源行任の供を同じ受領として奉仕したとして「甚だ悪し、甚だ悪し」と記されている。『小記目録』五月廿六日条◆1に「免下さる」とある。

資通(しつう・すけみち)〔蔵人官外2・式部丞官省2〕生没年不詳。資道とも。為義の男。上総介、春宮大進となる。長元元年(1028)二月廿三日に六位蔵人に任じられ、七月三日に貴布禰社への祈雨使となる(『左経記』)。長元四年は、六位蔵人・式部丞で、三月廿八日の直物に奉仕し(『左経記』同日条▽c)、六月廿七日の小除目で小庭に立ち(『左経記』同日条▽c、「資道」に作る)、十月十七日に経頼へ五節献上の仰を伝え(『左経記』同日条※1)、十月廿九日に馨子内親王の御着袴を奉仕している(『左経記』同日条※1)。

俊遠(しゅんえん・としとう)生没年未詳。俊済の男。長徳元年(995)に隆家の家司として民部丞俊遠の名が見える。後、肥前守となり、長和三年(1014)に前肥前国司として申文を奉り、定められた。寛仁三年(1019)に加階、治安元年(1021)に周防守となった。『小右記』長元四年三月七日条＊1・七日条▼a・八日条▼aに上東門院の白河御幸について情報提供した者としてあり、八月八日条▼aに亡くなった女の弔問を受けたこと、『左経記』十月廿七日条※1に馨子内親王御着袴の屯食を借用すると見える。七月註141参照。

俊遠女(しゅんえんのむすめ)〔俊遠朝臣の女〕(～1031)。『小右記』長元四年八月八日条▼aに、実資が中原師重を通じて養子資高の「息子の夭」と「俊遠朝臣の女の亡」を弔問使を送ったとあり、資高の妻とみられる。

俊孝(しゅんこう・としたか)〔出雲守官地3〕生没年未詳。寛弘元年(1004)四月十七日に木工允俊孝として斎院御禊に奉仕している。同八年に兵部丞、長和二年(1013)に式部丞、万寿四年(1027)に兵部少輔とある。長元二年(1029)閏二月廿五日に出雲守に任じられた。『左経記』長元四年十月十七日条※5(『小記目録』同日条◆1)に、杵築社(出雲大社)が風なく顚倒して両三度の光があり、震動したこと、続いて下された託宣の趣について報告したことが記されている。ところが、翌五年八月廿日に顚倒や託宣が無実とわかり、罪科が議され、九月廿七日に佐渡国への配流が決定された(『日本紀略』『扶桑略記』)。しかし、十月五日より病になり、配流の途中に越前敦賀に留まっている(『小右記』十月十日条)。

俊通(しゅんつう・としみち)30歳〔検非違使官外1・左衛門尉官衛2・蔵人官外2〕(1002～1058)。但馬守為義の四男。母は讃岐守大江清通の女。長和四年(1015)に木工助として梅宮祭使を勤め

た。寛仁元年(1017)九月九日の東宮帯刀試の試文の中に橘俊通の名が見える。万寿四年(1027)二月四日に検非違使左衛門尉橘俊通(非蔵人)として名が見える(『小右記』)。『更級勘物』に「長元四年十一月廿一日補蔵人」とある。同五年正月七日に叙爵。長久二年(1041)に下野守、天喜五年(1057)に信濃守、康平元年十月五日に57歳で卒去。

内位(ないい・うちたて)故人。生没年未詳。妻に大中臣輔親女がいる。長保二年(1000)に勘解由判官とある。『小右記』寛仁二年(1018)五月十八日条に実頼忌日に五位として参入したとある。同三年に肥前守、治安三年(1023)に丹波守、万寿二年(1025)に山城守、長元二年(1029)に兵庫頭とある。長元四年条には成忠の父として見える。

成忠(せいちゅう・なりただ)〔左馬助官衛4〕生没年未詳。内位の男。『左経記』長元四年三月廿八日条※2▽aに、賀茂祭使に勤仕しなければならないのに鎮西に下向しているとあり、替任を審議された。

45 丹波・但波(たんば)氏

公親(こうしん・きみちか)生没年未詳。『小右記』治安元年(1021)七月廿四日条に大夫史とあり、官奏・位禄・除目・節会などに奉仕する姿が記されている。同二年十月廿日条に左大史正五位下、同三年六月廿三日条に、加賀守公親が大夫史として造八省のことを行事していたが、その奉行人がいなくなったとある。長元三年(1030)四月十五日条に内裏大垣の築造を免ぜられたこと、同十月一日に舞を奉ったことが記されている。『左経記』長元四年八月十一日条※1に、定考で申文を見る儀の際に助近と共に参入したが列見に入らなかったとある。

忠明(ちゅうめい・ただあき)42歳〔典薬頭官省8〕(990〜?)。重明(または重雅)の男。名医の誉れ高く、『御堂関白記』長和四年(1015)二月十九日条に三条天皇に御薬を供したとあり、寛仁三年(1019)に侍医、治安二年(1022)に医博士・丹波介を兼任。万寿三年(1026)に典薬頭となる。長元三年(1030)正月一日に実資の禄を持ってきて、それを賜わったか(『小右記』▼g、正月註51)。同七年十二月二日、医得業生であった一男雅忠に対し、祖父安頼(康頼)以来絶えていた課試がもたれた。寛徳元年(1044)四月に55歳で出家。

46 伴(とも)氏

重通(じゅうつう・しげみち)生没年未詳。治安元年(1021)七月廿五日に藤原実資の任大臣の前駆、翌廿六日に申慶の前駆を勤めた。この時は六位であった。『左経記』長元元年(1028)四月七日条に外記重通とあり、五月三日条から少外記であったことがわかる。『左経記』長元四年十月十八日条※1に、造興福寺行事の賞について議論され、「身、下凡の者」とされるが、廿五日条※1に従五位上に叙せられたとある。

奉親(ほうしん・ともちか)生没年未詳。『小右記』長元四年三月十七日条＊1に、平正輔・致経との抗争において、大鹿致俊・物部兼光らと共に正輔の証人と目されたが、日記を勘問したところ証人と為すには至らなかったとある。

47 豊原(とよはら)氏

為長(いちょう・ためなが)〔検非違使官外1・左衛門少尉官衛2〕(?〜1033)。明法道出身で、万寿元年(1024)に左衛門志(権少志)、同四年十一月廿六日に造塔行事により検非違使に補されたとある。『日本紀略』長元三年(1030)十月廿九日条に法成寺五重塔の造塔行事として左衛門権少尉に任じられたとある。『小右記』長元四年三月十日条＊2に、右衛門志中原成通と共に神郡司の拷訊についての勘文を上申したことが見える。三月註108参照。

48 中臣(なかとみ)氏

為男(いなん・ためお)〔右相撲人官外5〕生没年未詳。為雄とも。土佐の相撲人。『小右記』長徳三年(997)七月廿日条に「為雄」とあり、相撲召合の十番に出て勝ったと記されている。長保二年(1000)・寛弘二年(1005)・同四年・長和二年(1013)・寛仁三年(1019)・万寿四年(1027)などにも相撲人として見える。長元四年七月条に、長年の功績によりこの年の腋(わき)を勤めて引退し、土佐相撲の面目を果たし、後に土佐国掾になりたいと希望したとある(廿六日条▼b・廿七日条＊1・廿八日条＊1・廿九日条▼b)。七月註213・214・215・216参照。

兼武(けんぶ・かねたけ)生没年未詳。『左経記』長元四年四月廿六日条▽cに、関白賀茂詣の競馬で九番左に出走して勝利したと見える。『定家記』康平四年(1061)四月十一日条に府生として賀茂下社競馬三番右に出て勝ち、同五年正月十三日条に春日詣定の舞人として見える中臣兼武と同一人であろう。

時永(じえい・ときなが)75歳〔文殿史部(使部)官太1〕(957～？)。『権記』寛弘八年(1011)十一月廿九日条に冷泉院五七日法事に奉仕した者と同一人物か。『左経記』長元四年十二月廿九日条※3に「官文殿史部時永」として、讃岐国の大粮の承知符に承引しなかったことが問題となっている。翌五年二月三日条に「官文殿使部中臣時永」として同じ問題が取り上げられ、76歳の時永が18歳の時から58年間も過失なく仕えてきたことが考慮され、当分出仕させないという軽い処分が下されることになったとある。年齢は、この記事から逆算。

49 中原(なかはら)氏

義光(ぎこう・よしみつ)生没年未詳。長和四年(1015)に出納、同五年に中務録、治安二年(1022)に右少史とあり、万寿元年(1024)に左少史となる。同二年に巡爵を父に譲ろうとしたが、許されなかった。『小右記』長元四年七月八日条＊1で実資に対する不遜な言動を宮道式光と共に非難されているが、京外にいた義光は呼び出されなかった。

恒盛(こうせい・つねもり)〔陰陽属官省1→陰陽允官省1・左相撲念人官外5〕生没年未詳。治安三年(1023)二月八日に陰陽師を申請し、任じられる。同七月十五日高田牧の例進物の来期を占い、当てたことにより、実資から疋絹を給わった他、河臨祓、魂呼び、鬼気祭、火祭など、陰陽師としての活動が度々見られる。万寿四年(1027)五月九日には陰陽属とあり、散供を行なっている。『小右記』長元四年二月廿九日条▼bに陰陽属として実資の鬼気祭を行なったとあり、三月廿九日＊3の連奏で陰陽允となった。相撲の節で左の念人を勤めた陰陽師でもある(七月廿九日条▼b)。

師重(しじゅう・もろしげ)〔実資家政所別当官家4〕生没年未詳。実資家司を勤め、長和三年(1014)十月廿一日、実資の推挙により明経得業生となり、治安元年(1021)に弾正少忠となる(『小右記』)。実資家の家政に深く関与し、万寿元年(1024)十二月廿六日には実資娘千古の侍所職事も兼ねた。『小右記』長元四年正月十一日条▼aに実資家政所の知行を命じられたとある。長久元年(1040)十二月十日の民部大夫師重とは同一人物か。また、永承三年(1048)三月二日には武蔵守中原朝臣師重とある(『造興福寺記』)。

師任(しにん・もろとう)49歳(983～1062)。大外記明経博士致時の子。長保三年(1001)に寮試及第した後、寛弘元年(1004)に天文習学宣旨を蒙り、長和三年(1014)には文章生に補せられた。翌年に式部録となり、治安元年(1021)正月廿日に権少外記、万寿元年(1024)に大外記となった。長元三年(1030)から天文密奏を奉り、『小右記』長元四年七月十六日条＊1にも天文博士安倍時親と共に月食の奏を奉ったとある。同五年に主税権助、永承七年(1052)に安芸守、天喜元年(1053)に主計頭、備中介・次侍従を兼ねた。また、関白頼通の政所別当でもあった。康平五年正月六日に80歳で卒去。師任以降、庶流からも大外記・少外記になる者が多く、一族を挙げ

て外記局に進出するようになったと考えられる。

実国(じっこく・さねくに)〔中務録官太2・民部録官省4〕生没年未詳。『小右記』長元四年二月十七日条＊1に「中務録中原実国、民部録に任ず」とある。永承二年(1047)に左少史、同三年に右大史。造興福寺判官とも見える(『造興福寺記』)。

成通・済通(せいつう・なりみち)〔検非違使官外1・右衛門志官衛2〕生没年未詳。『小右記』では「成通」、『左経記』では「済通」。寛弘八年(1011)に准得業生となり、寛仁三年(1019)に右衛門志として検非違使宣旨を受けた。長元元年(1028)に平忠常の追討使の一人に定められたが、同二年十二月八日に平忠常追討のことを言上しなかったため、追討使を停められた。長元四年条には平正輔・平致経の乱で正輔方の証人の神民拷問の可否を明法勘文し(『小右記』二月十九日条＊1)、三月十日に勘文を奉っている(『小右記』同日条＊2・十三日条＊1、『左経記』十四日条※3)。長元九年には既に散位となっており、後一条天皇の四七日の御誦経で、円教寺への使者として名が見える。

貞清(ていせい・さだきよ)〔明経博士官省2・主税頭官省4〕生没年未詳。致時(有象の男)の男。長徳三年(997)八月六日の釈奠内論義に問者生として参入、同四年に明経得業生とある(『権記』)。寛弘七年(1010)に明経博士(大博士)、長和年間(1012～1017)に少外記としての活躍も見られる。寛仁五年(1021)に筑後守、更に主税頭となる。万寿四年(1027)に主税助三善雅頼の覚挙状を申した。『小右記』長元四年七月十日条＊2に主税頭として助雅頼のために弁申したとあり、八月二日条＊1・三日条＊1に釈奠内論義に大博士貞清と助教頼隆が不参ということで止められたとある。

50 錦(にしき)氏

為信(いしん・ためのぶ)〔中宮大属人他52〕生没年未詳。寛和二年(986)に検非違使、府生として円融上皇の受戒を奉仕した。長徳二年(996)に左衛門志とあり、『小右記』寛仁二年(1018)十月十六日条(威子立后時の中宮宮司除目)に「権少属為信〔兼主計属〕」とあり、中宮権少属兼主計属となった。『左経記』長元四年十月廿九日条※1に大属、十二月七日条※1に宮属、十二月九日条※2に中宮属と見える。

51 秦(はた)氏

吉高(きちこう・よしたか)生没年未詳。大隅国の相撲人。吉孝とも。『小右記』長和二年(1013)七月廿九日条に相撲召合で右九番として勝ったとあり、寛仁三年(1019)、治安三年(1023)、万寿二年(1025)にも見える。同三年八月七日条には藤原実資から高田牧の馬二疋を賜わったとあり、同四年七月廿二日条に大隅掾為頼の進物を携えて上京し、八月七日条に帰国の際に為頼への馬を託されたとある。長元四年七月廿六日条▼bに吉孝として時疫を煩ってまだ途上にいるとあるのが終見。

近利(きんり・ちかとし)生没年未詳。近年・親利・親年とも。長和三年(1014)に道長の随身近衛として見える。治安三年(1023)四月十六日に左近番長・教通随身として賀茂祭に奉仕。『左経記』長元四年四月廿六日条▽cに関白賀茂詣の競馬に七番左で出走し下毛野助友に敗れたとある。

正親(せいしん・まさちか)〔右近将曹官衛1→左近将監官衛1〕生没年未詳。『御堂関白記』寛弘四年(1007)正月九日条に随身右近衛とあり、『小右記』同五年十一月一日条に左府(道長)随身右府生とある。長和二年(1013)以降の競馬にも登場する。『小右記』長元四年正月一日条▼eに実資の権随身を将曹として勤めたとあり、『左経記』四月廿四日条※1・廿六日条▽cに左近衛将監として見えるので、この間に転任したと見られる。

貞澄(ていちょう・さだずみ)〔検非違使官外1・右衛門府生官衛2〕生没年未詳。定澄とも。『御堂関白記』寛弘七年(1010)九月十五日条に右衛門府生とあり、長和二年(1013)八月八日条に「検非違使右衛門府生生江定澄」とあり、初めは生江(いくえ)姓で、同四年頃までに「秦忌寸」となった。検非違使として活躍し、『小右記』長元元年(1028)八月四日条に平忠常の使者二人を捕らえたとあり、長元四年七月条にも、実資の盆使の濫行について別当源朝任との間を往復し、仕丁二人を下獄するなどしたとある(七月十五日条＊1・廿日条＊1・廿七日条▼a・卅日条＊1)。七月註145参照。

武重(ぶじゅう・たけしげ)生没年未詳。長徳四年(998)に左近衛。後、番長となり、長和三年(1014)五月十六日の道長第競馬をはじめ、寛仁元年(1017)九月廿三日の競馬などに出場。『小右記』同年正月十一日条に昨年陸奥相撲使とある。万寿元年(1024)の高陽院行幸競馬には府生として出場した。『左経記』長元四年四月廿六日条▽bに、関白頼通による賀茂競馬に四番左として出場し、勝ったとある。

武方(ぶほう・たけかた)生没年未詳。長和三年(1014)五月十六日の道長第競馬に番長として八番左に出場、寛仁元年(1017)の競馬に出場。『小右記』同二年四月廿七日条に、摂政頼通の随身番長で賭弓の成績も良いと相撲使の候補にあがったとある。『左経記』長元四年四月廿六日条▽bに、関白頼通による賀茂競馬に二番左として出場し、勝ったとある。

茂親(もしん・しげちか)〔左衛門府生官衛2〕生没年未詳。『大神宮諸雑事記』は茂近とする。『小右記』八月八日条＊4に左衛門府生として藤原相通の領送使(佐渡使)に任じられたこと、八月十五日条▼aに馬死穢を実資に報告したこと、九月三日条▼aに小野宮邸西宅(藤原兼頼)の家司として八橋野牧からの馬を下賜されたことが見える。『小右記』長元五年(1032)十二月廿四日条、『左経記』長元七年十一月十九日条に内蔵属とある。

52 張(はり)氏

忠節(ちゅうせつ・ただとき)〔修理進官外5〕生没年未詳。『小右記』寛仁元年(1017)十一月十五日条に張忠節が修理進に任じられたとある。『左経記』長元四年六月十一日条※1※2に、平忠常死去を経頼に知らせたとあり、翌十二日条※1に甲斐守源頼信の消息を届けたとある。

53 播磨(はりま)氏

貞安(ていあん・さだやす)〔番長官衛1・関白随身官家4〕生没年未詳。貞保・定安とも。長和三年(1014)五月十六日の道長第競馬に七番右で出場した近衛播磨貞保、寛仁元年(1017)九月廿三日の競馬に八番右で貞安とある。治安元年(1021)に府掌から番長となり、同三年に山陽道の相撲使を勤めた。万寿元年(1024)四月十七日に関白頼通の随身として袴を賜わり、九月十九日の高陽院競馬に出場。長元二年(1029)に大宰の相撲使を勤めた。また、九月廿六日には伊勢奉幣使の従者を打って禁獄された。『小右記』長元四年三月廿五日条＊1▼b▼cに、実資の厩舎人・侍所小舎人が起こした事件の際に実資から仰を受けたとある。『左経記』四月廿六日条▽cに、頼通の賀茂競馬に出場したとある。長元五年(1032)六月廿二日条に、関白随身番長定安として、雑仕女を陵轢して禁獄されたとあるのが終見。

54 藤井(ふじい)氏

尚貞(しょうてい・なおさだ・ひさざだ)〔右近府生官衛1〕生没年未詳。寛仁三年(1019)に右近府掌として土佐の相撲使となる。後、番長となり、万寿二年(1025)に府生となり、同四年に伊予の相撲使となる。『小右記』長元四年三月廿三日条＊4に、府生として相撲使に推薦されたと

あり、廿三日条▼a・廿四日条▼aに定文の字を実資が訂正させたとある。七月廿二日条▼aに淡路・阿波・讃岐・伊予の相撲使として相撲人を連れて来たとあり、八月五日条＊5に追相撲で狼藉を行なったことで過状を提出させられたが、即日、実資より戒めを受けて免じられたとある。

55 文室(ふんや)氏

相親(そうしん・すけちか)佐親(さしん・すけちか)〔少外記官太1〕生没年未詳。『小右記』長和三年(1014)十月廿四日条に文室輔親が文章生に補されたとある。外記としての初出は長元三年(1030)。位階は不明だが、少外記という役職と、『小右記』で姓(文室氏の姓は真人または朝臣)を記されていないことから、正六位上であったと思われる。『小右記』長元四年正月五日条＊1に叙位に奉仕したこと、十四日条▼b・十六日条▼b・十七日条▼a▼bに文章生として才学の評判があるところから王氏爵事件に関して敦平親王への尋問に派遣されて親王の注進状を奉ったことが見える。『左経記』二月廿二日条※2の外記佐親も同一人物と判断した。『小右記』八月八日条＊4には藤原相通夫妻の配流の官符を作成したとあり、九月五日条＊1▼aには敦平親王の省務復帰の宣旨を敦平親王に伝えたとある。正月註337参照。

56 真上・真髪(まがみ)氏

為成(いせい・ためなり)〔相撲人官外5〕生没年未詳。『今昔物語集』(巻二三)第二一話に「真髪為村」、第二五話に「最手為成」とあり、父は陸奥国の相撲人真髪成村とする。『小右記』万寿四年(1027)八月一日条に左の相撲人として摂津国に住したことが見える。長元四年七月廿八日条＊1に左の最手であったことから、「濫行の下手」として国司が「召進」るのを止めたことが見える。七月註231参照。

勝岡(しょうこう・かつおか)〔相撲人官外5〕生没年未詳。長徳三年(997)以降、右相撲人として良い成績を収め、寛弘二年(1005)までに腋(わき)を勤めるようになっていたが、同三年八月一日の相撲御覧で左の美麻那重茂に負けて憐れまれた。実資との関わりも深く、『小右記』長和二年(1013)七月廿六日条に唐物を献上したこと、万寿三年(1026)七月廿三日条には実資から瓜を賜わり、色革を献上したことが記されている。長元四年七月廿六日条▼bに最手として府生下毛野公忠に率いられて実資邸を訪れたとあるが、廿八日条▼aに忌籠もらなかったので召籠められたこと、廿九日条▼b(相撲召合)・卅日条▼b(抜出)に対戦しなかったことが記されている。

57 茨田(まんだ)氏

為弘(いこう・ためひろ)生没年未詳。左近府生か。寛弘八年(1011)に左近衛番長で左大将藤原公季の随身とある。寛仁元年(1017)九月廿三日の競馬には四番左で負け、治安二年(1022)、長元元年(1028)には左近衛府生とある。『左経記』長元四年四月廿六日条▽cに関白賀茂詣の競馬に五番左で勝ったことが見える。

弘近(こうきん・ひろちか)生没年未詳。左近府生か。広親とも。重方の男。長和四年(1015)七月四日に番長弘近が蔵人大蔵丞親業のために召籠められ、父重方が愁訴する騒ぎとなった(『御堂関白記』『小右記』)。治安三年(1023)四月十四日条に府生と見え、祭の還立に禄を賜わっている。万寿元年(1024)には番長武友と囲碁のことで乱闘に及び、太刀を抜き、禁獄される。同四年正月十八日には射手の服装で意見を述べている。『左経記』長元四年四月廿六日条▽cに関白賀茂詣の競馬に十番左に出て勝ったことが見える。

58 御使(みつかい)氏

惟同(いどう・これのり)〔造酒令史官省8〕生没年未詳。『小右記』長元四年七月五日条＊3に「造酒令史御使惟同」と見える。名は「これとも」「これあつ」「これもち」とも訓むか。『権記』長徳四年(998)十二月十六日条で造酒令史(さかん)に任じられたとある御使惟用と同一人物か。

59 壬生(みぶ)氏

則経(そくけい・のりつね)〔大炊属官省8〕生没年未詳。『小右記』長元四年三月廿九日条▼bに、廿八日の小除目で大炊属に任じられたとある。陰陽寮の連奏に続けて書かれているので、陰陽師の可能性もある。

60 御船(みふね)氏

傅説(ふせつ・すけとき)故人〔外記〕(？～967)後に菅野姓。天暦六年(952)に美濃掾から権少外記となる。後、少外記・大外記・備後介などを歴任。撰国史所にも関係し、講日本紀尚復を勤めた。『小右記』正暦四年(993)十一月一日条に「大外記傅説私記」とあり、その日記(『外記日記』の可能性もあり)の存在も知られる。康保四年に卒去。『小右記』長元四年正月十二日条＊1で式部卿親王を尋問する先例として参照された『清慎公記』天暦七年の記事に、外記傅説を元平親王に遣わしたとあったことが記されている。

61 三宅(みやけ)氏

長時(ちょうじ・ながとき)62歳(970～？)。『小右記』長元四年三月廿八日条＊1に、致経が進めてきた証人として見え、その62歳という年齢により、拷訊するかどうかが問題となった。

62 宮道(みやじ)氏

式光(しきこう・のりみつ)〔検非違使官外1・左衛門尉官衛2・実資家司官家4〕(？～1033)。義行の男。『小右記』長徳二年(996)十月十三日条に蔵人式部丞とあり、寛弘二年(1005)四月十七日の斎院御禊で前駆を勤める際に実資から馬を借りた。長和元年(1012)四月廿三日の賀茂祭警護では左兵衛尉とある。翌二年八月五日に実資の家司ならびに厩司となる。治安三年(1023)に左衛門尉となり、千古の家司ともなった。万寿四年(1027)十一月十三日、道長の病状を実資に報告、その入滅までを告げた。長元元年(1028)九月一日、辛嶋牧の馬三疋を実資に献じた。同三年には検非違使とある。長元四年二月十三日条＊1に別当源朝任の消息を伝えたことをはじめ、実資のために伝令や情報収集する姿が描かれている。また、七月八日条＊1に不遜の事があって実資から注意されたこと、九月廿日条▼bに、上東門院御幸用の美作守担当分の船が完成したので工匠たちに禄を給するように伝えたことも記されている。同六年三月廿七日に卒去(『左経記』類聚雑例)。

63 三善(みよし)氏

雅頼(がらい・まさより)〔主税助官省4〕生没年未詳。為時・為長の父。治安二年(1022)に算博士と土佐介を兼任。万寿四年(1027)に子為時の巡爵を譲られる。同年、主税助として覚挙状を提出、議されたが召問されずに済んだ。『小右記』長元四年七月十日条＊2に助としての濫吹の

ことを主税頭貞清が弁じ申したとある。七月註78参照。『左経記』長元八年(1035)五月三日条に算博士とあるのが終見。

64 身人部・六人部(むとべ・みとべ)氏

信武(しんぶ・のぶたけ)〔右近衛官衛1・実資随身官家4〕生没年未詳。寛仁三年(1019)八月廿八日に実資の随身となり、翌四年閏十二月廿一日には近衛とあり、恪勤の者として実資より褒美を賜わった。治安元年(1021)八月廿一日に実資家案主に任じられる。同三年と万寿四年(1027)に山陰道の相撲使を勤めた。同年八月六日に牛五頭を娘千古に献じ、長元二年(1029)九月卅日に施行を奉仕、同三年八月廿一日の法性寺東北院供養に幡四旒を送るなど、実資への精勤ぶりは変わらなかった。長元四年には彰子の白河御幸が行なわれるかどうかを調べたり(三月七日条＊1▼a)、兼隆への使い(九月五日＊2)、美作の艤舟の障子を描くなどの役目を果たしている(九月廿一日条)。

65 宗岳(むねおか)氏

国任(こくにん・くにとう)〔少内記官省1〕生没年未詳。寛弘四年(1007)に隠岐守宗岳国任が申請した雑事を定められる(『北山抄』)。長元四年(1031)三月に少内記に任じられ(廿八日条＊3・廿九日条▼b)、七月の大江挙周の位記作成(廿六日条＊1・八月一日条▼b)、八月の伊勢公卿勅使の宣命作成(廿日条＊2・廿一日条＊3・廿三日条▼f・廿四日条▼a＊3＊4・廿五日条▼a▼d)、九月の伊勢神宮禰宜・内人らの位記作成と位記請印などに奉仕している(四日条＊2・六日条＊1＊3・七日条▼b・十日条＊1)。『左経記』長元五年四月一日条に外記、六月十二日条に権少外記と見える。

66 物部(もののべ)氏

兼光(けんこう・かねみつ)生没年未詳。平正輔・致経の合戦について、正輔側の証人。『小右記』長元四年三月十四日条＊3に「神郡司兼光の罪名の文」、三月廿七日条＊1に平正輔の日記に加署した三名の一人として「物部兼光」が見えるが、両者が同一人物かは不明。三月註146参照。また、『小右記』長元三年(1030)六月十三日条にも兼光の名が見え、『小記目録』長元四年六月十三日条◆1に平忠常と同意の者で出家したとあるが、これとの関係も不明。

67 山上(やまのうえ)氏

名不詳。生没年未詳。『小記目録』十一月十九日条◆1に、(朔旦叙位により)加階されたが、誤って内階に入っていたので、外階に改めたとある。

68 令宗(よしむね)氏

允亮(いんりょう・ただすけ)故人。生没年未詳。惟宗公方(直本の孫)の男。明法得業生を経て検非違使尉となり、『小右記』永観二年(984)十一月十七日条に明法博士惟宗久亮とある。正暦三年(992)に勘解由次官、同四年に左衛門権佐、長徳二年(996)に加賀権介を兼ねた。同四年頃、惟宗姓から「律令の宗師」の意を寓する令宗に改賜姓。寛弘三年(1006)に従四位下。実資の嘱をうけて編纂したともいわれる『政事要略』には、同五年に河内国大県郡普光寺に住したとある。『小右記』長元四年九月十六日条▼a、十九日条▼aに、允亮が明法博士を辞しての後に

勘文を奉ったことが引き合いに出されている。九月註174参照。

道成（どうせい・みちなり）〔明法博士官省2〕生没年未詳。通成とも。允亮の男。長元元年（1028）には明法博士として見える。『小右記』長元四年三月十日条＊2に、平正輔・平致経の事件を巡って三月に罪なく神民拷問することの不当を勘申、九月十六日条▼aに、道成と利業のどちらに勘文を出させるか実資と頼通の間で話し合われ、実資は「道成は頗る謹厚の気有り。如何。」と言い、関白は「道成は〔老也。窮者也。蓮範・頼賢の師等の事有り〕。」と言って信頼していたことがわかる。約30年の長きにわたり明法博士として活躍、藤原通憲の『法曹類林』残欠には、道成が長元年間（1028〜37）に奉った明法勘文が数通収められている。

69 和気（わけ）氏

相成（そうせい・すけなり・すけしげ）〔図書頭官省1・針博士官省8〕生没年未詳。助成とも。正世の男。『小右記』寛仁元年（1017）十一月十五日条に和気助成が侍医に任じられたとある。後、針博士・典薬頭などを歴任。実資や養子資房、家司宮道式光らの病気治療にあたる記事が散見する。『小右記』長元四年正月一日条▼gに実資に縫殿頭の代官として元日節会の禄を届け、医師であることを理由にそれを給されたとある。正月註49参照。また、同月七日条＊1に式部司を勤めたこと、七月廿八日条▼aに婿兼頼の母（伊周女）の病のため実資が相成を遣わしたとある。『扶桑略記』永承七年（1052）七月十五日条に典薬頭として天皇の病気を治療し、医官として初めて従四位上となったことが見える。

70 度会（わたらい）氏

季頼（きらい・すえより）〔外宮権禰宜官神4〕生没年未詳。伊勢斎王託宣事件で加階の対象となり、『小右記』長元四年九月四日条＊1所載の夾名に「権禰宜正六位上神主」とある。

近信（きんしん・ちかのぶ）〔外宮権禰宜官神4〕生没年未詳。伊勢斎王託宣事件で加階の対象となり、『小右記』長元四年九月四日条＊1所載の夾名に「権禰宜従五位下神主」とある。

康雅（こうが・やすまさ）〔外宮権禰宜玉串大内人官神4〕生没年未詳。伊勢斎王託宣事件で加階の対象となり、『小右記』長元四年九月四日条＊1所載の夾名に「権禰宜玉串大内人正六位上神主」とある。あるいは、貞雄の二男で延久四年（1072）に禰宜となった広雅と同一人物か。

高信（こうしん・たかのぶ）〔外宮権禰宜官神4〕生没年未詳。伊勢斎王託宣事件で加階の対象となり、『小右記』長元四年九月四日条＊1所載の夾名に「権禰宜外従五位下神主」とあるが、祭主大中臣輔親が提出した夾名には漏れていた。

氏守（ししゅ・うじもり）〔外宮権禰宜官神4〕生没年未詳。氏兼の二男。岩淵長と呼ぶ。寛仁元年（1017）七月十一日に外従五位下となる。伊勢斎王託宣事件で加階の対象となり、『小右記』長元四年九月四日条＊1所載の夾名に「権禰宜外従五位下神主」とあり、▼aに内階に叙されることを望むが、叶わなかった（五日条＊3・六日条＊1）。長元八年（1035）九月に従四位下、神主一禰宜に任じ、在任17年。長久二年（1041）より執印を11年勤めた。永承二年（1047）十一月十五日に四位とある（以上『豊受太神宮禰宜補任次第』）。

氏忠（しちゅう・うじただ）〔外宮禰宜官神4〕生没年未詳。行兼（常相の四男）の男。一禰宜となる。兄弟に氏頼があり、子に輔頼・常頼・僧明忠がいる（『度会氏系図』）。長徳二年（996）十二月八日、父行兼の譲により、禰宜に任じられた（『豊受太神宮禰宜補任次第』、『二宮禰宜補任至要集』は行兼の亡くなった長保三年に任じたとする）。長保四年（1002）九月に外従五位下（『二所太神宮例文』）。寛弘七年（1010）閏二月八日に外従五位上、寛仁元年（1017）七月十一日に外正五位下。度会の字を加えた（以上『豊受太神宮禰宜補任次第』）。伊勢斎王託宣事件で加階の対象となり、『小右記』長元四年九月四日条＊1所載の夾名に「豊受宮禰宜正五位下度会神主」と

ある。

氏頼(しらい・うじより)〔外宮禰宜官神4〕(?～1051)。行兼の男。二禰宜となる。子に種時がいる(『度会氏系図』)。治安元年(1021)九月、番検大内人として叙爵される(『二所太神宮例文』)。伊勢斎王託宣事件で加階の対象となり、『小右記』長元四年九月四日条＊1所載の夾名に「禰宜外従五位下神主」とある。永承六年九月十四日に卒去。

常親(じょうしん・つねちか)〔外宮禰宜官神4〕生没年未詳。季光(常相の孫)の男。一禰宜となる。兄弟に常任、子に親任・親行がいる(『度会氏系図』)。長元元年(1028)に父季光の譲で禰宜に任じられる。伊勢斎王託宣事件で加階の対象となり、『小右記』長元四年九月四日条＊1所載の夾名に「禰宜正六位上神主」とある。長暦元年(1037)に入内す。永承六年(1051)に四禰宜。長官に至るが、康平四年(1061)に訴えられて停任となる(以上『豊受太神宮禰宜補任次第』)。

晨晴(しんせい・ときはる)故人。生没年未詳。春彦(高主の六男)の一男。承平三年(933)に父の譲りで外宮禰宜となる。天慶元年(938)六月十四日に従五位下となる(『貞信公記抄』)。天暦二年(948)九月八日付太政官符(『類聚符宣抄』第一・諸神宮司補任事)に、病を理由に禰宜を一男康平に譲ることが認められている。『小右記』長元四年九月廿四日条▼bに『清慎公記』天慶元年六月十三日条を引いて、禰宜を加階する時の宣命の書き方が検討されている。

貞雄(ていゆう・さだお)〔外宮禰宜官神4〕(?～1035)。彦晴(晨晴の孫)の男。子に通雅・広雅・季雅がいる(『度会氏系図』)。長保三年(1001)九月十四日、外祖父広隣の譲により禰宜に任じられ、度会姓を賜わる。寛弘三年(1006)二月九日に外従五位下に叙され、同七年閏二月八日に入内す(以上『豊受太神宮禰宜補任次第』)。寛仁元年(1017)七月に一階を叙される(『二所太神宮例文』)。伊勢斎王託宣事件で加階の対象となり、『小右記』長元四年九月四日条＊1所載の夾名に「禰宜従五位上神主」とある。一禰宜となり、長元六年(1033)五月に執印となる。正五位下に叙される。同八年閏六月十二日に卒去(『豊受太神宮禰宜補任次第』)。

忠雄(ちゅうゆう・ただお)〔外宮権禰宜官神4〕生没年未詳。寛仁二年(1018)に玉串大内人を康雄に替任して権禰宜となるか(『豊受太神宮禰宜補任次第』)。伊勢斎王託宣事件で加階の対象となり、『小右記』長元四年九月四日条＊1所載の夾名に「権禰宜従五位下神主」とある。

通雅(つうが・みちまさ)〔外宮禰宜官神4〕生没年未詳。貞雄の一男。二禰宜となる。兄弟に広雅・季雅、子に助晴がいる(『度会氏系図』)。伊勢斎王託宣事件で加階の対象となり、『小右記』長元四年九月四日条＊1所載の夾名に「禰宜正六位上神主」とある。康平二年(1059)に禰宜を替任した(『二所太神宮例文』)。

輔行(ほこう・すけゆき)〔外宮権禰宜官神4〕生没年未詳。伊勢斎王託宣事件で加階の対象であったが、『小右記』長元四年九月四日条＊1所載の夾名に載せられず、十日条＊1に大中臣輔親により加えられ、「権禰宜正六位上度会神主輔行〔外階〕」として位記が作成されたとある。

輔親(ほしん・すけちか)〔外宮権禰宜官神4〕(?～1041)。伊勢斎王託宣事件で加階の対象となり、『小右記』長元四年九月四日条＊1所載の夾名に「権禰宜外従五位下神主」とある。内階に叙されることを望んだが、かなわなかった。

利道(りどう・としみち)〔外宮権禰宜官神4〕生没年未詳。伊勢斎王託宣事件で加階の対象となり、『小右記』長元四年九月四日条＊1所載の夾名に「権禰宜外従五位下神主」とある。内階に叙されることを望んだが、かなわなかった。

連信(れんしん・つらのぶ)〔外宮権禰宜官神4〕生没年未詳。有真の二男。寛弘三年(1006)八月廿五日に六員に増えた禰宜に任じられた。時に外従五位下で、度会姓を賜わった(『二所太神宮例文』『豊受太神宮禰宜補任次第』)。寛仁元年(1017)七月十一日に後一条代始賞により入内。長元四年(1031)八月廿四日に執印となった。伊勢斎王託宣事件で加階の対象となり、『小右記』同年九月四日条＊1所載の夾名に「禰宜従五位下神主」とある。長久二年に男連頼に禰宜職を譲り、二月廿二日に卒去(『豊受太神宮禰宜補任次第』)。禰宜としての在任は36年、執印は8年。

□□(名不詳)〔権禰宜従五位下神主(々々)〕生没年未詳。伊勢斎王託宣事件で加階の対象となり、『小右記』長元四年九月四日条＊1所載の夾名に「権禰宜従五位下神主□□」とある。

71 周(しゅう)氏

良史(りょうし)〔大宋の商客〕生没年未詳。中国の商人。『小右記』長元元年(1028)十月十日条に、八月十五日対馬に来着し、次いで筑前国怡土郡に到着したとある。また、翌二年条にも持参した文書や贈物などに関する記事が見える。『小右記』三月十日条＊3、『左経記』九月十八日条※1によると、栖霞寺の文殊像は良史が故盛算に託したものだという。三月註109、解説二六「対外関係」、口絵解説「重要文化財木造文殊菩薩騎獅像(清凉寺霊宝館蔵)」参照。

姓不詳

惟経(いけい・これつね)生没年未詳。『左経記』長元四年四月廿四日条※1に頼通邸での競馬で金鼓の金を「惟経朝臣」が担当したとある。尚、『同』三月廿八日条▽cの「図書助惟経」(大成本)は「惟任」(人藤15)の誤りである。

伊行(いこう・これゆき)〔外記官太1〕生没年未詳。『小右記』長元四年七月十四日条＊1に「外記伊行」と見える。

為孝(いこう・ためたか)〔兵部録官省5〕生没年未詳。『小右記』長元四年七月三日条▼aに国忌不参者として兵部丞定任と共に名が見える。

為正(いせい・ためまさ)生没年未詳。為政とも。『御堂関白記』寛仁元年(1017)九月廿三日条に道長の石清水八幡宮詣の競馬に六番右で出走し敗れたとある「為政」と同一人物で、『左経記』長元四年四月廿六日条▽cに関白賀茂詣の競馬に十番右で出走し敗れたことが見える。

惟道(いどう・これみち)〔式部丞官省2〕生没年未詳。式部大丞。『小右記』長元四年正月五日条＊1に、叙位の名簿に惟道を載せるか載せないかが問題になり、実資の意見により載せることになったとある。正月註158参照。

為平親王室(いへいしんのうのしつ)故人〔染殿式部卿室〕(？～1030)。『小記目録』(第二〇・庶人卒)長元四年五月廿五日条◆1に周忌の事とある。染殿式部卿(民部卿とあるのを古記録本に従って改めた)の室とある。村上天皇第四皇子(母は藤原安子)で「染殿の式部卿の宮」と呼ばれた為平親王(952～1010)の室としては、源憲定・頼定・顕定・婉子女王(藤原実資室)・恭子女王(斎宮)らの母である源高明女が知られる。

為頼(いらい・ためより)〔下総守官地3〕生没年未詳。『小右記』長元四年三月一日条＊3と『左経記』六月廿七日条※1▽bに、平忠常の乱で荒廃した国内の復興(重任された場合の任期八年間の公事の四年分の納入)を条件に下総守の重任を申請したことが見える。しかし、六月廿七日の除目では「下総守〔時重〕」が任じられたとあり(『左経記』同日条※4)、この人物は藤原時重とみられる(『平安人名辞典』『国司補任』)。但し、為頼の申請自体は認められ宣旨が下されたとみられること(『左経記』同日条▽b)、『左経記』長元七年(1034)十月廿四日条に見える「上総守」(正しくは介)の「辰重」(姓欠)と時重の名前の類似していること、「一条院」(正しくは後一条院か)の時代「上総守藤原時重」が国中の人々に法華経を読誦させたという説話があること(『今昔物語集』巻一七第32話、『古今著聞集』巻一第7話、『玉葉和歌集』巻一九2625番歌詞書、『新続古今和歌集』巻八815番歌詞書他)などから、『左経記』六月廿七日条の「下総守〔時重〕」は「上総守」(正しくは介)の誤写の可能性が考えられる。この場合、為頼(姓欠)は重任を認められて長元四年を通じて下総守であったことになる。三月註13参照。

為隆(いりゅう・ためたか)〔左少史官太2〕生没年未詳。『小右記』長元三年(1030)八月廿一日条に「史為隆」、長元四年二月廿七日条＊1に「史為隆」、三月十四日条＊2に「右少史為隆」(『左経

記』同日条※1の「史二人」の内の一人も為隆)、『左経記』の閏十月十一日条▽aに「左少史為隆」、十二月廿六日条※1に「左少史為隆」と見える。したがって長元四年中に右少史から左少史へ遷任したとみられる。尚、『小右記』三月十四日条を「左少史為隆」の初見・終出とする『官史補任』の記述は誤り。

永正(えいせい・ながまさ)故人〔左衛門府生官衛2〕(?〜1031)。長元四年二月十三日以前没。伊豆流罪となった前伊賀守源光清の護送使となるが近江で群盗に襲われ(『小右記』正月十三日条▼c、本条では「使左衛門府生ム」)、その後、駿河国で甲斐国調庸使一行と争論になり射殺された(二月十三日条▼b、二月廿三日条＊2)。

延武(えんぶ・のぶたけ)〔実資随身官家4〕生没年未詳。右近衛府官人か。『小右記』長元四年正月廿五日条に「随身延武」とあり、藤原頼宗へ甘苔を届ける使を勤め(＊1)、書状をもたらした(＊3)。

延名(えんめい・のぶな)〔左近将曹官衛1〕生没年未詳。『左経記』長元四年正月三日条※2に東宮行啓を奉仕したとあり、長元五年(1032)六月十一日条にも見える。

延頼(えんらい・のぶより)〔右近府生官衛1〕生没年未詳。『小右記』長元四年正月十八日条＊1に、賭弓延引を伝えたとある。

夏武(かぶ・なつたけ)生没年未詳。『小右記』長元四年二月十四日条＊4に、権中納言資平の従者として、資高宅へ押し入った群盗の一味とされている。

幹行(かんこう・みきゆき)生没年未詳。相撲人。『小右記』長元四年七月廿九日条▼bに相撲召合の右相撲人であったが故障を申して免ぜられたかとある。

季兼(きけん・すえかね)〔木工允官省8〕生没年未詳。『小右記』長元四年九月四日条＊3で、美作国が担当することになった上東門院物詣時の上達部用の船を造るよう実資から命じられている。九月註39参照。

菊武(きくぶ・きくたけ)〔銀工官家4〕生没年未詳。『小右記』万寿元年(1024)十二月十二日条に千古の銀器を作り禄を賜ったこと、長元四年三月十九日条＊2に銀工菊武が同月十一日以来の提・銚製作の労により絹を給されたことが見える。三月註178参照。

吉真(きちしん・よしまさ・よしざね)〔左近将監官衛1〕生没年未詳。『小右記』治安三年(1023)四月十七日条に賀茂祭使の一人として「左将監吉真」、万寿元年(1024)十二月廿八日条に「将監吉真」、『左経記』同三年十一月廿八日条に左近将監吉真が陸奥交易御馬御覧に奉仕したこと、長元元年(1028)四月七日条に平野祭に奉仕したことが見える。『小右記』長元四年正月十七日条＊2に、十六日の踏歌節会の際に開門役の吉真が遅れたことについての処分が右中将隆国と実資の間で決められている。正月註361・363参照。原文「将曹」は将監の誤り。あるいは右近衛府の将監か。

久方(きゅうほう・ひさかた)生没年未詳。『左経記』長元四年四月廿六日条▽cに関白賀茂詣の競馬に八番左で出走し勝利したことが見える。

去正(きょせい・さりまさ)〔兼頼随身官家4〕生没年未詳。左近衛府の官人か。『小右記』長元四年九月三日条▼aに西宅の家司と共に馬を賜わったとある。

近光(きんこう・ちかみつ)〔右相撲人官外5〕生没年未詳。『小右記』万寿四年(1027)七月廿七日条に病による不参の相撲人の一人として見える。長元四年七月廿九日条▼bに、相撲召合の一番で勝利したことが見える。

広雅(こうが・ひろまさ)〔左少史官太2〕生没年未詳。『小右記』長元二年(1029)九月廿八日・廿九日条に「史広雅」とあり、季御読経定を奉仕している。長元四年には左少史として、『小右記』二月五日条＊1に除目、『左経記』二月廿九日条※1に前日の仁王会の八省院の装束、八月十一日条※1に考定、十月六日条※1に野宮留置雑物の勘文、『小右記』九月八日条＊3に不堪佃田申文、『左経記』閏十月十一日条※1に官奏をそれぞれ奉仕したことが見える。同五年、杵築社(出雲大社)転倒の件で右大史広雅が出雲実検使として派遣されている(『左経記』六月三

日条、『小記目録』六月八日条、『小右記』八月二日・七日条)。同七年八月廿一日の造酒正広雅(『左経記』)、長久二年(1041)に後院預となっている大炊頭広雅(『春記』二月十一日・十二日条)も同一人物か。

光貴(こうき・みつたか)〔史官太2→相模守官地3〕生没年未詳。『左経記』長元四年六月廿七日条※4に、「去春の史の巡」を留められ、欠員だった相模守を望んだとある。これを正月五日の叙位における巡爵を留められたのに相模守を望んだとすれば、この時まで史であったことになる。また、既に巡爵により従五位となって史を退いていたが、二月の除目で巡任が認められなかったと解釈することもできる。但し、史としての活動が史料上確認できる期間は長和五年(1016)四月廿七日(『左経記』)〜寛仁元年(1017)十月二日(『小右記』)である。尚、六月廿七日の小除目で三人いた相模守の申請者(時重・公行・光貴)の中から、上からの指示で特に光貴が選ばれたことに対して、源経頼は不満を懐いている(『左経記』同日条▽c)。

広経(こうけい・ひろつね)〔少史官太2〕生没年未詳。『小右記』長元四年三月八日条▼cに「少史広経」と見えるのみ(『左経記』同日条※2では官名「少史」のみ)。大江広経と同一人物か。あるいは「左少史広雅」の誤りか。

高正(こうせい・たかまさ)生没年未詳。『小記目録』長元四年五月二日条◆1に「安房守正輔召進る高正の事」とあり、平正輔の証人として見える。『左経記』治安二年(1022)十一月十一日条に内舎人高正が園韓神祭で諸司の代官に任じられているが別人か。

公忠(こうちゅう・きみただ)〔漆工官家4〕生没年未詳。藤原通任の従者。『小右記』万寿二年(1025)十一月卅日条に漆工公忠の従者紀為頼が盗みで捕らえられたとある。長元四年正月一日条▼bに、儀式用の太刀の鞘の新調または修繕を完成させたことで実資より絹一疋を下賜されたとあり(正月註5参照)、三月八日条▼bに加賀守として下向する大蔵卿藤原通任の息師成に実資が馬を贈る際に、通任の従者である漆工公忠を使としたとある。

行任(こうにん・ゆきとう)〔治部録官省1〕生没年未詳。『小右記』長元四年七月十日条＊2に治部録行任の国忌不参についての申文を実資が見たこと、十五日条＊1に勘事を免ぜられたことが見える。七月註79・127参照。近江守・上東門院別当源行任(囚源6)や大監物紀行任(囚他24)とは別人。

行武(こうぶ・ゆきたけ)〔実資随身官家4〕生没年未詳。右近衛府官人か。『小右記』長元四年三月廿五日＊1・▼bに随身行武とある。四月廿六日に賀茂社競馬の九番右にでるが兼武に敗れた(『左経記』▽c)。長元五年(1032)三月十七日の白河殿の弓負態の弓上手六人に選ばれ三番右に出るが公重に敗れる(『左経記』)。

行頼(こうらい・ゆきより)生没年未詳。『小右記』治安元年(1021)二月七日条・八月廿一日・廿九日条に「外記」とある。長元四年七月八日条▼aに藤原頼宗の二女の乳母であった行頼母が死去したことが見える。

行頼母(こうらいのはは)〔一条の養女〕(?〜1031)。『小右記』長元四年七月八日条▼aに興照の別所で死去したことが見える。一条の養女で、外記行頼の母。同日条割注にあるように、明任朝臣(菅原、外記か)の妻でもあった。「一条」が誰かは不明。藤原伊尹、あるいはその室恵子女王(醍醐天皇孫)を指すか。藤原頼宗の二女の乳母でもあった。正月註59参照。

三郎丸(さんろうがん・さぶろうまる)〔実資家牛童官家4〕生没年未詳。実資の牛童。『小右記』長和二年(1013)七月廿日条に藤原定頼宅での濫行で禁獄されたこと、寛仁二年(1018)閏四月廿二日条に藤原顕光邸の前で賊に襲われて負傷したことが見える。長元四年八月五日条▼bに従者(「牛童三郎丸の従者の童」)が検非違使日下部重基の随身の火長ならびに左馬寮の下部と闘乱をして禁獄されたこと、同月廿八日条＊3に許されたことが見える。

資経(しけい・すけつね)〔帯刀長官家1・実資家司官家4〕生没年未詳。『小右記』万寿四年(1027)三月廿八日条に帯刀長資経と見え、同年十二月廿八日条に恪勤の家司の一人として衣服料絹二疋を賜わったとある。長元元年(1028)八月十七日条に東宮御読経が始まるのを告げたこと、同

年十一月廿五日条に藤原経季と藤原兼綱女の婚の供人を勤めたこと、同三年八月廿六日条に紀伊守源良宗の赴任に際し実資の命で馬を給していたことが見える。長元四年正月廿一日条に絹五疋を賜わったとある。正月註389参照。長元五年十一月廿日に大原野祭使将監資経が、饗料米十石に加え、舞人下襲八人料として絹八疋を賜わる。寛仁元年(1017)八月十日に東宮昇殿を許された五位資経(『左経記』)と同一人であろう。

資光(しこう・すけみつ)〔石見守官地3〕生没年未詳。『小右記』長元四年三月九日条＊1に石見守として赴任する際に実資より馬を賜わったこと(三月註96参照)、七月廿七日条＊1に石見守として五ヶ条の事を申請したとある。『権記』長保四年(1002)十月十六日条の大膳進資光、『左経記』長元元年(1028)八月廿八日条の民部大輔資光と同一人か。七月註228参照。

時資(じし・ときすけ)〔外記官太1〕生没年未詳。『小右記』長元四年八月廿四日条＊1、『左経記』四月廿一日条※1・八月八日条▽b・八月十一日条※1・九月十日条※1・十月十日条※1・十一月五日条※2に「外記時資」と見える。

時信(じしん・ときのぶ)〔山城介官地3〕生没年未詳。『左経記』長元四年三月廿八日条※2に山城介時信がひそかに城外にいるとあり、代わりに紀為説が介に任じられている(同日条▽b▽c、『小右記』同日条＊3)。長和五年(1016)　三月七日、石清水臨時祭の調楽始で陪従の盃に奉仕している穀倉院預時信(『左経記』)と同一人か。

之清(しせい・これきよ)〔内豎所別当官外2〕生没年未詳。『小右記』には、治安三年(1023)・万寿元年(1024)・同四年に正月七日の白馬節会、同三年四月一日(逸文、「久清」に作る)・長元二年(1029)　四月一日に旬政の官奏に奉仕したことが見え、長元四年も白馬節会に参入している(正月七日条＊1)。同五年十二月廿四日条で詔使代官に任じられた内膳典膳之清も同一人か。

秀孝(しゅうこう・ひでたか)〔斎院主典官神3〕生没年未詳。『左経記』十二月九日条※2に「本院(＝斎院)の主典秀孝」と見える。

重則(じゅうそく・しげのり)〔掃部属官省8〕生没年未詳。『左経記』長元四年十二月九日条※2に、新斎院となった馨子内親王に試みに召仕えることとなった。

種規(しゅき・たねのり)〔対馬守官地3〕生没年未詳。『左経記』の誤記か。『左経記』長元四年正月六日条※1に、王氏爵の詐称をした良国(大蔵満高、光高とも)を「対馬守種規の男」と記している。これを大成本が「雅規(まさのり)」と翻刻しているのは、治安二年(1022)四月に対馬守となった藤原蔵規(まさのり)を想定してのことか。良国(大蔵満光)の父は大蔵種材で、それと間違えたと考えられるが、この時には正確な情報が伝わらず、記主源経頼も誤って書いた可能性がある。尚、種材が任じられたのは壱岐守(『小右記』寛仁三年〈1019〉七月十三日条)で、この辺も混乱の原因と考えられる。解説一三「王氏爵詐称事件」参照。

守孝(しゅこう・もりたか)〔玄蕃允官省3・実資家司官家4〕生没年未詳。『小右記』寛仁四年(1020)七月廿六日条に実資が玄蕃允守孝を家司にしたとある。万寿元年(1024)十月三日条に、石見国より帰って中津原牧の年貢として黒毛牛二頭と鮑を進上したとある。長元四年正月廿一日条に実資から絹五疋を賜わるとある。正月註389参照。古記録本は藤原姓とする。

守輔(しゅほ・もりすけ)〔右少史官太2〕生没年未詳。『小右記』長元四年七月廿三日条＊1に「史守輔」、八月四日条＊2に仁王会の行事史と見える。八月註64参照。『左経記』八月十一日条※1に「右少史孝親・守輔」とあり、定考の際に「少史を共にするは、是、失也」と記されている。翌五年十一月十四日条にも、左少史守輔の不堪佃田奏における作法に異例があり、翌日勘事に処せられたとある。この間に右少史から左少史に遷任したと考えられる。『左経記』同七年(1034)八月十日条の「御厨別当史守輔」、同月廿三日条の「厨史守輔」、九月五日条の「座頭史守輔」(『官史補任』は右大史と推定)も同一人と見られる。『春記』長久元年(1040)十二月廿五日条に見える「外記紀守輔」は別人か。

守利(しゅり・もりとし)〔右相撲人官外5〕生没年未詳。相撲人。『小右記』万寿四年(1027)七月廿七日条に病を理由に抜出に不参の相撲人の一人として見え、八月一日条で假を給わっている。

『小右記』長元四年七月卅日条▼aに、抜出三番の三番右で出場したが負けたとある。

春光丸(しゅんこうがん・はるみつまる)〔実資家仕丁官家4〕生没年未詳。『小右記』長元四年七月十五日条＊1に「家の仕丁春光丸」として見えるのみ。前日条＊2に見える盆使一行の「家の仕丁」四人の一人にあたり、一行が起こした乱闘事件の経緯について語っている。

俊正(しゅんせい・としただ)〔大膳進官省8〕生没年未詳。『小右記』長元四年九月廿日条▼bに、美作守資頼の家司善任と共に美作国から絹・綿・布・紅花などを持って来たとある。

俊平(しゅんぺい・としひら)〔加賀守官地3→前加賀守〕生没年未詳。『小右記』万寿四年(1027)正月廿七日条で式部丞の俊平(以前に蔵人)と源光清の位次が議論されている。同日、加賀守に任じられ、三月廿日に実資に罷申をした。長元元年(1028)十一月十四日には宣旨請文が奏上され、同三年四月廿三日(日付推定)には前司丹波公親に代わり内裏大垣築造を命じられている。長元四年は加賀守の任期満了年にあたり、正月十四日条＊1では実資に綿二十帖を献じたとあり、八月九日条＊1には「前司」となった俊平が六月中に進納すべき秋季臨時仁王会料物について官符遅来を理由に新司に分附することを求めたが認められず、十二日条＊3で弁済が命じられたとある。俊平は年料米についても後司に弁済させようとしたが、『左経記』十一月十日条※1の陣定では認められなかった。八月註120〜124・140参照。

助延(じょえん・すけのぶ)〔右将監官衛1〕生没年未詳。助信とも。『左経記』寛仁元年(1017)九月廿二日条に、道長・源倫子夫妻の石清水詣に騎馬で供奉した者として右近将監助信の名が見える。長元四年四月廿四日条※1に頼通第馬場での競馬で一番右に出場して左将監正親と雌雄を決し勝利したとあり、廿六日条▽cの賀茂社競馬にも一番右で出場し勝利したとある。『古今著聞集』巻一五第481話の狛助信と同一人か。

助近(じょきん・すけちか)生没年未詳。『左経記』長元四年八月十一日条※1で、助近と丹波公親の二人は定考に参上したが見参には入らないこととされている。『御堂関白記』寛仁元年(1017)十月九日条で内裏進物所造営に充てられている助近も同一人か。

助武(じょぶ・すけたけ)生没年未詳。寛仁元年(1017)九月廿三日、石清水八幡宮での競馬に九番右として出走し下毛野光武に敗れた(『御堂関白記』)。『左経記』長元四年四月廿六日条▽cに頼通の賀茂下社競馬で四番右に出走し、左の武重に敗れたとある。

信公(しんこう・のぶきみ)〔漏剋博士官省1〕生没年未詳。『左経記』長元四年二月廿九日条※1に、着座を行なう源経頼の出行について申剋を吉時と占ったとあり、八月十八日条※1・十九日条※1に伊勢公卿勅使となった経頼の解除を奉仕したとある。経頼の家司か。

信重(しんじゅう・のぶしげ)〔右大史官太2〕生没年未詳。『小右記』万寿三年(1026)五月八日条に右少史として七日の失態で勘責されたとあり、『左経記』九月十九日条に免ぜられたとある。長元元年(1028)の官奏に奉仕。長元四年三月八日の官奏にも奉仕し(『小右記』同日条▼c▼d、『左経記』同日条※2)、九日に奏報を奉っている(『左経記』同日条※1)。この記事が終見。

真信(しんしん・さねのぶ・まさのぶ)生没年未詳。長元四年五月十九日に起きた弾正忠斉任による以康女強姦事件の証人として、弾正台で尋問されることになった(『小右記』八月八日条＊5・九日条▼a▼c・廿一日条＊1・廿五日条▼j)。

信任(しんにん・のぶとう)〔越中介官地3〕生没年未詳。『左経記』長元元年(1028)五月三日条に権少外記とある。『小右記』長元四年七月九日条▼a・廿五日条▼a・廿七日条＊1に外記庁の修造を行なうことについての覆勘文が見える。『左経記』七月十一日条※1の「宣任」と同一人物か。七月註66参照。

成高(せいこう・なりたか)〔左弁官史生官太2〕生没年未詳。藤原教通の家司か家人か。『小右記』長元四年三月十日条＊1に、教通・頼宗の若狭国荘人の濫行に関して、若狭使の候補とされたが、教通の「政所の人」であることを理由に、派遣しないこととなった。

正村(せいそん・まささむら)生没年未詳。『左経記』長元四年三月廿八日条▽bに、山城介に良明・為説と共に挙申されたとある。

正頼(せいらい・まさより)〔木工算師代官省2〕生没年未詳。『左経記』長元四年二月廿六日条※1に、源経頼が兀子を作らせる命を下す際、経頼の「家中の寮事の執行」と言われている。尚、『小右記』には正頼として、正暦四年(993)二月十四日条に実資の父斉敏の忌日に藤原道綱の使として訪れ、二月廿八日条に実資の使として道綱母の病気を見舞った者、万寿元年(1024)十二月十三日条に主税助として娘千古の着裳に女房衛重を調進した者が見えるが、いずれも別人か。

是守(ぜしゅ・これもり)〔神祇大佑官神1〕生没年未詳。中臣氏か。『左経記』長元四年八月十八日条※1に、伊勢公卿勅使となった源経頼に、神嘗祭の忌(潔斎)に関して大神宮の例を教示したとある。『左経記』同五年四月一日条の「是盛」と同一人物か。

節成(せっせい・ときなり・ふしなり)〔実資家厩舎人官家4〕生没年未詳。『小右記』長元四年三月五日条▼cに、節成らが頼行宅へ向かう際、無断で下毛野安行宅内を通行しようとして、安行から暴行を受けたとある。

宣孝(せんこう・のぶたか)〔散位官省2〕生没年未詳。『左経記』長元四年正月廿八日条※1に「大和守頼親の郎等散位宣孝朝臣」とある。大和国の僧道覚を打ったことが問題となり、その五位の下手人として弓場に候ぜられた(同日条※2)。

善正(ぜんせい・よしまさ)〔実資随身官家4〕生没年未詳。右近衛府官人か。『小右記』長元四年三月廿三日条＊4に、随身ではあるが不恪勤の者として相撲使に推されなかったことが見える。

宣任(せんにん・のぶとう)生没年未詳。『左経記』長元四年七月十一日条※1に、外記庁を修造して主計・主税の助を申請したとある。『小右記』七月九日条▼aなどに見える「越中介信任」と同一人物か。

善任(ぜんにん・よしとう)〔藤原資頼家司〕生没年未詳。『小右記』長元四年九月廿日条▼bに、美作守資頼の家司として大膳進俊正と共に絹・綿・布・紅花等を持って美作国から来て、実資から上東門院御幸の船を完成させた工匠らに禄を与えるよう指示されたとある。

致光(ちこう・むねみつ)生没年未詳。『小右記』長元四年正月一日条▼bに儀式用の太刀の平緒を作ったことで実資から絹三疋を与えられたとある。尚、「致光」として同時代に、藤原致光がいる。貞村(貞材)の男で、兄弟に宗相、子に致国・致範がおり、治安元年(1021)正月六日条に相模守として受領功過定があり、長元二年(1029)九月四日条に前肥後守として実資に八丈絹十疋・糸十を献じたとあるが、別人か。

致度(ちど・むねのり)〔主税允官省4・実資家司官家4〕生没年未詳。『小右記』長元四年三月十四日条▼aに、実資家の家司となったとある。

通能(つうのう・みちよし)生没年未詳。『小右記』治安三年(1023)七月廿六日条に、実資の任大臣申慶の前駆の五位十七人の一人として見える。万寿元年(1024)十二月十三日条に実資の娘千古の着裳に奉仕したとある。長元四年二月九日条＊1に、春日祭の代官となっていたにもかかわらず故障で参列しなかったとある。

貞親(ていしん・さだちか)〔弾正少忠官台〕生没年未詳。『小右記』万寿四年(1027)九月廿六日条に実資の河臨祓を奉仕し、長元元年(1028)九月一日条に辛嶋牧から献じられた馬を下賜されたとある。長元四年正月廿二日条＊1に禁色・雑袍宣旨を賜わったこと、八月六日条＊1に、弾正忠大江斉任を勘問した時の書類に不備があったけれども「朝夕恪勤の者」だから密かに書き直させたとある。翌五年八月廿日条・十二月十一日条には外記とある。

伯達(はくたつ)生没年未詳。耽羅嶋(現在の韓国済州島)からの漂流民。大宰府の勘文日記には漂流民は八人とされていたが、他に伯達がいることがわかり問題となっている(『小右記』二月十九日条＊1＊2・廿四日条＊2・廿六日条＊1，二月註178・184)。

畠邑(はたゆう・はたけむら)生没年未詳。『小右記』長元四年三月廿六日条▼bに為説と共に山城介の候補にあげられたとあるが、『左経記』廿八日条▽bに候補となっているのは、良明・正村・為説の三名であるので、正村の誤りか。三月註233参照。

奉信(ほうしん・とものぶ)生没年未詳。『小右記』長元四年八月四日条▼aに、実資が藤原頼宗

室の治病のための修善を行なうように伝えたとある。頼宗の家司か。

明隆（めいりゅう・あきたか）〔主殿官人㊔省8〕生没年未詳。『左経記』長元四年八月四日条※7に、軒廊御卜に主殿勘申として奉仕して火をつけたとある。

雄業（ゆうぎょう・おなり）生没年未詳。『小右記』長元四年九月廿日条＊1に、上洛した平維時の病気見舞に実資が雄業を遣わしたとある。医師か。

頼友（らいゆう・よりとも）〔土佐守㊔地3〕生没年未詳。『小右記』長元四年正月廿二日条▼bに、実資を訪ね、正月廿日に入京したことを伝え、当年封の解文を奉ったとあり、二月十七日条▼aに土佐に罷ることを実資に報告したとある。

利貫（りかん・としつら）〔史〕生没年未詳。『小右記』永祚元年(989)八月廿八日条に造門行事所(行事は実資)に同座している記事が見える。長元四年九月十九日条▼aに、永祚二年(正暦元年)に造稲荷社の不正に関わり罪名勘申がなされたとある。

利業（りぎょう・としなり）〔明法博士㊔省2〕生没年未詳。利正、利業とも。『小右記』長元元年(1028)七月十七日条に法家として平真重の罪名勘文を奏したとあり、十一月廿三日条に明法博士として作成した故源政職財物に関する勘文に不備が発覚、翌二年に明法博士を停められたとある。長元四年二月十七日条＊1に還任したとある。また、正輔・致経の合戦の勘問にあたって、実資から宜しからざる者と非難され(九月十六日条▼a)、小野文義の宣旨文を誇難したことにより、利業を外して勘申する宣旨が下される(十月七日条＊1)など問題行動が多かった。

良時（りょうじ・よしとき）〔美作国弁済使㊔地3〕生没年未詳。『小右記』長元四年九月二日条＊2に、上東門院彰子の石清水御幸の船を美作国が作ることになったが、美作国弁済使である良時が京にいなかったため、師重に知らせたとある。

良貞・良定（りょうてい・よしさだ）〔侍従㊔省1〕生没年未詳。侍従、式部大輔。『左経記』長元四年正月十一日条※2に昇殿を許されたとある。『小右記』三月廿一日条＊3・廿三日条＊1に、歴名の次第が実資の養子経季よりも良貞が上になっていたため、経季を上に改めたとある。『小右記』は「良貞」、『左経記』は「良定」とする。また、『左経記』四月廿五日条※1※2に賀茂祭の舞人に定められたとある。

良方（りょうほう・よしかた）〔右相撲人㊔外5〕生没年未詳。阿波の相撲人。『小右記』長元四年七月廿九日条▼bに相撲召合で相手の髪をつかんだ行為により、右近衛府に拘禁され(八月三日＊1)、八月四日条▼aに免じられたとある。

僧侶1　僧官位を持つ者(僧綱・僧位・有職)

永円（えいえん）53歳〔大僧都㊔仏1→僧正㊔仏1〕(979〜1044)。俗名は源成信。致平親王の男。母は源雅信女。藤原道長の養子となる。従四位行右権中将兼備中守であった長保三年(1001)二月四日、藤原重家(顕光男)と共に三井寺で出家。その理由は、道長の看病中に無常を感じての発心(『権記』)、四納言(藤原公任・行成・斉信、源俊賢)の才学に圧倒されての自信喪失(『古事談』巻一)、豊楽院の崩落を目撃(『続古事談』巻二)など、様々に説話化されている。長和四年(1015)十月廿五日に律師として道長五十賀法会の引頭を勤め(『御堂関白記』『小右記』)、寛仁三年(1019)九月廿七日に少僧都として道長の東大寺での受戒の騎馬前駆を奉仕した(『小右記』)。万寿二年(1025)に大僧都となり、同四年正月十九日に藤原彰子の出家(『院号定部類』)、長元元年(1028)十一月四日に道長一周忌(『小右記』)などに奉仕した。『小右記』長元四年七月四日条▼aに永円僧都から送られた蓼倉尼寺の文書を実資が頭弁藤原経任に遣わしたこと、『小記目録』十二月廿七日条◆3、『左経記』同月廿六日条※3・廿七日条※2に僧正任命のことが見える。同六年十二月廿二日に大僧正、長暦二年(1038)六月十八日に辞任。寛徳元年五月廿日に66歳で入滅。

円意（えんい）47歳〔阿闍梨㊔仏1〕(985〜1053)。藤原兼隆の男。母は左大弁源扶義女。治安二年

(1022)の法成寺金堂供養で錫杖衆を勤めた。『小記目録』長元四年四月十五日条◆1に阿闍梨円意と山座主(天台座主慶命)との合戦の事が見える。『春記』長久元年(1040)六月六日条にも、小舎人童観寿丸を誘引した性悪逆の阿闍梨とある。

円空(えんくう)〔阿闍梨官仏1〕生没年未詳。寛仁二年(1018)四月十五日に藤原懐平の周忌法事の七僧の一人となり、万寿二年(1025)に承香殿における大般若経転読の請僧、上東門院文殊堂の三十講講師となる。『小右記』長元四年三月二日条＊2に「円空阿闍梨」として実資の等身十一面観音画像供養の請僧と見える。長元八年(1035)に頼通の法華三十講の講師を勤め、永承三年(1048)に法成寺の円空として興福寺落慶供養僧となる(『造興福寺記』)。

延尋(えんじん)40歳〔律師→権少僧都官仏1〕(992～1048)。真言宗の僧。参議左大弁源扶義の三男。長和二年(1013)に仁和寺観音院にて済信から伝法灌頂を受け、東寺入寺僧となる。治安二年(1022)に権律師、万寿四年(1027)に東寺四長者。40歳未満で長者となった初例。長元四年十二月廿六日の僧綱召で権少僧都(『左経記』同日条※3)、三長者となる。同七年十月、円教寺の落慶供養の導師を勤めた。長暦二年(1038)に権大僧都。池房・観音院僧都と号した。寛徳元年(1044)に中風を理由に大僧都と長者職を辞任。永承三年五月二日に57歳で入滅。

延政(えんせい)〔阿闍梨官仏1〕生没年未詳。延暦寺の僧。穆算の弟子。長保三年(1001)の世尊寺供養で錫杖頭を勤めた。同年に伝灯大法師位から一乗寺般若院阿闍梨となる。『小右記』万寿元年(1024)十一月七日条以降、実資と娘千古の仏事を奉仕する記事が散見する。長元四年正月廿五日条▼c、三月二日条＊2に千古のための聖天供の師として見える。一乗寺の住房で実資のために熒惑星供を修した。

覚超(かくちょう)72歳〔権少僧都官仏1〕(960～1034)。延暦寺の学僧。兜率僧都と号する。和泉国の人。『修善講式』に近江権大掾池辺只雄の二男とある。良源に入室、源信に顕教、慶円に密教を学んだ。寛和二年(986)に横川住僧二十五人を根本結衆として発足された二十五三昧会の中心となって活動した。長保四年(1002)正月三日の東三条院(藤原詮子)での法華経講演をはじめとする講経に講師・聴衆として登場し(『権記』『御堂関白記』)、寛仁三年(1019)十月十四日には源経頼に良源以来の朝夕講への助成を要望している(『左経記』)。藤原道長との関係では、同四年十二月十四日の比叡山での受戒に際して七仏薬師法の阿闍梨の一人として、万寿三年(1026)閏五月廿八日の中宮懐妊に際して横川観音供の僧として奉仕しており、密教僧としても重用されていた(『左経記』『小右記』)。治安二年(1022)に法橋(一説では長元元年)、長元二年(1029)に二月廿一日に法成寺の塔供養に請われ、権少僧都となるが、同年十二月辞退(一説には同四年十月に辞退)。同四年閏十月八月七日、横川の根本如法堂に伝えられていた円仁書写の法華経を銅塔に納めるに際し、それに賛同した上東門院(藤原彰子)が、自ら書写した法華経を金銅宝相華唐草文経箱に入れて納め、仮名願文を寄せている(『如法経濫觴記』)。同年閏十月二日には退下して出家したばかりの大斎院選子内親王に授戒しており(『左経記』同日条▽a)、最晩年の覚超が貴族女性の信仰に欠かせない存在となっていた。同七年正月廿四日に75歳で入滅。解説三三「病気と治療」、口絵解説「国宝金銀鍍宝相華唐草文経箱(延暦寺蔵)」参照。

賀弁(がべん)〔内供官仏1・極楽寺官仏2〕生没年未詳。『左経記』長元四年十二月廿九日条※2に内供で極楽寺司に任じられたとある。

勧高(かんこう)〔威儀師官仏1〕生没年未詳。『小右記』長元四年七月十五日条＊1に、法住寺僧都尋光の消息を実資にもたらしたとある。七月註125参照。

観真(かんしん)故人〔東大寺故別当〕(950～1029)。東大寺の僧。大和国葛下郡の生まれ。光智に華厳教学を学ぶ。寛弘八年(1011)に興福寺維摩会講師、治安三年(1023)に第六十一代東大寺別当となった。寺務を6年勤める中で、万寿元年(1024)に大仏殿北正面西脇の柱を取り替えるなどの事績がある。長元元年(1028)に律師、翌年三月に79歳(異説もある)で入滅。『小右記』長元四年二月廿六日条＊2に、東大寺故別当観真の返抄が問題となったとある。

久円(きゅうえん)〔阿闍梨官仏1〕生没年未詳。あるいは文円と同一人物か。『小右記』万寿二年

(1025)九月廿七日条に阿闍梨として藤原嬉子の尊星王法を断わるも実資の尊星王供は秋冬分を一度に行なうことを伝えている。長元四年正月廿五日条＊2に春季修法として不動息災法を、三月二日条＊2に二七日間の尊勝法を「住所」の普門寺で修すとある。三月註26参照。永承七年(1052)十月付近江国越智荘坪付注文に見える僧久円も同一人物か(『平安遺文』695)。

教円(きょうえん)54歳〔権少僧都→少僧都官仏1〕(978～1047)。延暦寺の僧。藤原孝忠の男。実因の弟子。治安三年(1023)法橋となり、万寿四年(1027)法眼、長元元年(1028)権少僧都、同六年権大僧都となる。同年十二月十六日、法成寺御八講の講師となり、その流れるような講説が賞され、阿闍梨に補され、勅により法成寺に住した。長元四年に少僧都となる。長暦二年(1038)大僧都に転じ、翌三年に天台座主を兼ねた。翌長久元年(1040)正月、後朱雀天皇の法成寺行幸で別当として法印に叙された。同四年、病により大僧都を辞し、永承二年に69歳(一説に70歳)で入滅。

経救(けいきゅう・きょうきゅう)54歳〔権律師→律師官仏1〕(978～1044)。経久とも。大和国葛下郡の人で、本姓は当麻氏。寛仁三年(1019)に維摩会講師、万寿四年(1027)に已講の労により権律師となる。『小右記』長元四年八月七日条＊3に後一条天皇の諸社読経で平野社を担当したとある。同年に律師、同六年(1033)に権少僧都、同八年に興福寺別当となる。長暦二年(1038)に春日行幸の賞により権大僧都に任じられ、長久五年五月二日に67歳で入滅。

慶命(けいめい・きょうみょう)67歳〔僧正→大僧正官仏1・天台座主官仏2〕(965～1038)。延暦寺の僧。藤原孝友の男。慶円(藤原尹文の男)の弟子。二月註4参照。無動寺に住し、無動寺座主と号した。長保四年(1002)に法性寺阿闍梨に補され、藤原道長一家の信頼を得て、病気平癒のための修法や堂塔供養をよく行なった。長和元年(1012)に道長の男顕信は出家して慶命のもとに行き、万寿四年(1027)に入滅した。顕信の出家直後、法性寺別当に任じられ、寛仁三年(1019)、道長の受戒に列した。長元元年(1028)第二七代天台座主となる。同三年に上東門院彰子の法成寺東北院落慶供養に奉仕、封七十戸を賜わった。『小右記』長元四年二月一日条＊2に、実資邸を来訪するが、穢中で会えずに書状の遣り取りをしたとある。『小記目録』四月十五日条◆1に、阿闍梨円意との合戦の事が見える。同年十二月廿六日の僧綱召で大僧正(『左経記』同日条※3、『僧綱補任』)。同六年、弟子慶範に権律師を譲って辞任。同八年に尊徳院を創立。長暦二年九月七日に74歳で入滅。

賢尋(けんじん)〔内供官仏1〕(992～1055)。仁和寺・法成寺の真言僧。藤原実方の男か。治安二年(1022)に法成寺金堂供養の讃衆(『諸寺供養類記』)、同三年に内供阿闍梨として入道師明親王の灌頂に散華を勤めた(『仁和寺旧記』『東寺王代記』)。『小右記』長元四年八月七日条＊3に後一条天皇の諸社御読経で大原野社に奉仕したとある。永承三年(1048)に法成寺僧として興福寺落慶供養を奉仕(『造興福寺記』)、同五年に権律師、天喜三年に権少僧都、同年九月十七日に64歳で入滅(『僧綱補任』)。

源心(げんしん)61歳〔権律師官仏1・阿闍梨官仏1〕(971～1053)。延暦寺の僧。陸奥守守平(一説に民部大輔源信)の男。覚慶に入室、尋禅・院源の弟子。西明房と称する。寛弘七年(1010)に最勝講の聴衆、寛仁元年(1017)十月廿九日に道長の例講を奉仕、万寿元年(1024)十月十九日に威子の仏事を奉仕、同二年十月一日に上東門院文殊堂三十講の講師を勤めた。同四年に阿闍梨とある。『左経記』長元四年五月十四日条※1に、妹の喪でも頼寿の例により三十講に奉仕する決定がなされたとある。十二月廿六日の僧綱召で権律師となる(『左経記』同日条※3、『僧綱補任』)。長元八年(1035)に律師、長暦二年(1038)に権少僧都、永承三年(1048)に78歳で第三〇世天台座主となり、法成寺権別当を兼ねた。同五年に権大僧都。同六年四月十日に根本中堂廊における不断経を初めて行ない、同七年十二月廿三日に関白藤原頼通が根本中堂に寄進した本尊の脇侍である日光・月光二菩薩像の開眼供養を行なった。天喜元年十月十一日(一説に十日)に83歳で入寂。

源泉(げんせん)〔阿闍梨官仏1〕55歳(977～1055)。延暦寺の僧。播磨国の人。慶祚に入室、勝算

の弟子。長保三年(1001)に世尊寺供養の錫杖衆を勤め、寛仁元年(1017)に阿闍梨として藤原遵子七七日法事の七僧の一人となり、治安二年(1022)に法成寺金堂供養の讃衆を勤めた。同三年以降、鎮西にいたこともあるが、摂関家の仏事の他、実資や娘千古の仏事も奉仕した。『小右記』長元四年二月卅日条＊1に、小野宮邸月例法華講で薬王品と妙音品を講演したとある。長元八年(1035)に法橋、長久元年(1040)三月に後朱雀天皇の御前最勝八講で説法美妙により法眼に叙された。永承三年(1048)に後冷泉天皇護持僧の労で権大僧都、四天王寺別当を兼ね、同五年に権僧正となった。天喜元年(1053)に宇治平等院落慶供養の導師を勤め、平等院阿闍梨となり、更に延暦寺座主となった。しかし、衆僧の反対に遭い三日で辞退。同三年三月廿日に79歳で入滅。

元命(げんめい・がんみょう)61歳〔法眼官仏1・石清水八幡宮別当官仏2〕(971〜1051)。石清水八幡宮寺の祠官。豊前講師賢高の男(真弟)。大御室性信の弟子。長保五年(1003)に宇佐の弥勒寺講師として訴えのために上洛したとある(『小記目録』)。長和三年(1014)に同権別当に補され、寛仁元年(1017)に石清水権別当・弥勒寺別当、年来の宇佐御祈禱の功により法橋となる(『御堂関白記』『小右記』十月廿日条)。治安三年(1023)に石清水八幡宮別当となるが、その後も九州との間を往復しており、弥勒寺の別当または講師の職を兼ねていた可能性がある。石清水での御祈や造営により、長元元年(1028)または同二年に法眼に叙された。『小右記』には、藤原実資に進物を献じたという記事が散見し、長元四年七月廿六日条▼aに宇佐八幡宮の三昧堂の造営について尋ねに来たとある。また、九月廿九日条＊2に上東門院彰子の物詣で献じたのと同じ菓子を後一条天皇・中宮・東宮らに献じたとある。長暦元年(1037)三月九日の後朱雀天皇による石清水行幸の際、別当職を弟子清成に譲り、検校に補され、長久四年(1043)に御祈の賞で法印に叙される。永承六年八月廿九日、宇佐弥勒寺にて81歳で入滅(『石清水祠官系図』による。一説に82歳)。

興照・興昭(こうしょう)〔阿闍梨官仏1〕生没年未詳。『小右記』長和二年(1013)正月十六日条「夜居僧」と見える。同月十九日に資平のために金体毘沙門天像(実資の持仏)を供養するなど、実資の私的仏事に多く携わった。寛仁四年(1020)十一月二日条に、興照大徳が故増暹の法事を修したとある。治安三年(1023)閏九月廿七日条から阿闍梨として見え、同年十二月卅日条では天台宗の新僧都文慶の使として実資に車を借りている。万寿二年(1025)十月十九日に熊野参詣のための浄衣料として手作布を実資から施与されている。同四年四月六日条に知足院西に新造の寺を建てたとあり、長元四年七月八日条▼aには「阿闍梨興照の別処」で行頼母(明任妻)が急死し、穢を避けようとした興照によって車で運び出されたことが見える。寛治二年(1088)、同五年に白河上皇の高野参詣に供奉し、高野山有職の始で高野山長者といわれた阿闍梨興昭(興照)と同一人物か(『東寺長者并高野検校等次第』『高野山御幸御出記』『高野興廃記』『高野春秋』など)。

最円(さいえん)44歳〔権律師官仏1〕(988〜1050)。園城寺の僧。藤原頼忠の男。一説に頼忠の孫で、公任の男。智静(一説に観修)の入室弟子。『本朝世紀』長保四年(1002)十月廿二日条に法華御八講の錫杖衆を勤めたとある延暦寺僧最円にあたるか。寛仁二年(1018)には阿闍梨として見える。法成寺の仏事に関わり、治安元年(1021)八月一日には道長が一切経を上東門院から法成寺に移したことを実資に伝えた。同二年の金堂供養に讃衆を勤め、長元三年(1030)の東北院供養に奉仕、法成寺権別当定基の譲で権律師となった。『小記目録』長元四年六月七日条◆2に「最円の弟子等」の濫行が見える。同八年に権少僧都。永承五年二月に63歳にて寂す。但し、寂日を翌年正月廿八日とする説もある。

舜豪(しゅんごう)〔阿闍梨官仏1〕生没年未詳。延暦寺の僧。『小右記』長元四年八月十一日条▼cに、兼頼母のために修法を行ったことが見える。永承三年(1048)閏正月十七日、興福寺の供養僧に定められる(『造興福寺記』)。

尋円(じんえん)55歳〔権僧正官仏1〕(977〜1031)。一説に天延元年(973)生まれとする。藤原義懐

(飯室入道)の男。延暦寺の僧。恵心院に住し、飯室権僧正と号した。永延二年(988)四月廿九日に得度受戒。慈仁・明豪・尋禅・慶円らに師事。一条・後一条両天皇の護持僧を勤めた。寛弘七年(1010)八月廿一日、僧都覚運の譲により権律師、翌八年六月十九日に一条天皇の出家、崩御後の入棺の儀に奉仕した。道長、実資の仏事にもたびたび参加している。長和元年(1012)恵心院別当に補され、寛仁元年(1017)三月十五日に権少僧都、同年十二月廿六日に権大僧都、長元元年(1028)十一月廿五日に法性寺座主、同二年十二月卅日に権僧正となる。長元四年四月廿八日に源頼信から手紙が送られ(『左経記』同日条※1)、八月七日に諸社御読経で石清水に奉仕し(同日条※3)、九月十八日には実資と対面した(『小右記』同日条▼a)。十一月廿七日(『僧綱補任』は十二月二日)に入滅。

仁海(じんかい・にんがい)78歳〔少僧都→権大僧都官仏1、東大寺別当官仏2〕(954～1046)。一説に天暦五年(951)生まれとする。真言僧。和泉国の出身。高野山の雅真や醍醐寺の元杲に師事。正暦五年(994)に東寺阿闍梨、寛仁二年(1018)に権律師、治安三年(1023)に権少僧都、東寺長者となる。長元元年(1028)に少僧都。同二年に東大寺別当に就任。実資や道長との関わりも深く、正暦四年六月五日に実資は女の病により、仁海を呼んで加持させている。また、寛仁二年六月四日に神泉苑で請雨経法を修し六月八日に降雨を降らせて権律師に任じられるなど、九回行なった祈雨法すべてで効果があったので「雨僧正」と呼ばれ、その法験は宋にまで伝わり「雨海大師」と称されたという。山科の小野に曼荼羅寺(現在の随心院)を建立。真言宗小野流の始祖。『小右記』長元四年三月十日条＊1・二月廿六日条＊2・三月十二日条＊1に、東大寺の印文のことで名が見え、七月五日条＊1に東大寺勅封倉の破損により修理を申請したとある。十二月廿六日に権大僧都となる(『左経記』※3は大僧都とする)。法務(東寺長者)を兼ねた。長元七年には大僧都となっている。長暦二年(1038)に僧正となり、長久四年(1043)に祈雨の功で輦車宣旨と封戸七五戸を賜わった。永承元年五月十六日に93歳で入滅。

深覚(しんかく)77歳〔大僧正官仏1〕(955～1043)藤原師輔の男。母は康子内親王。東寺・東大寺の僧。禅林寺僧正と号した。天元二年(979)に東寺入寺僧、内供奉十禅師となる。永延元年(987)に第五代石山寺座主、正暦三年(992)に第五二代東大寺別当、長徳四年(998)に権律師、第五四代東大寺別当、長保四年(1002)に権少僧都、同五年に東寺長者、寛弘八年(1011)に権大僧都、長和五年(1016)に大衆の挙により第五九代東大寺別当となる。寛仁三年(1019)に権僧正、翌四年に僧正、治安三年(1023)に大僧正となった。万寿三年(1026)五月に後一条天皇の病を加持し、輦車を許された。天皇や摂関家の仏事を多く奉仕し、実資とも親しかった。『小右記』長元四年七月条には「禅林寺大僧正」と見え、病悩の時に実資から紫苔などが届けられている(四日条＊2・五日条＊5・六日条▼a)。また、大斎院選子内親王は姪にあたり、彼女の斎院退下に付き添い、出家の際に授戒を行なった(『小右記』八月十二日条＊4、『左経記』九月廿二日条※1・廿八日条※1)。十二月廿六日に大僧正を辞したが、翌五年十一月十一日には実資と親しく会話をし、同九年四月には牛車での上東門院参入が許されている。長久四年九月十四日に89歳で入滅。七月註41・八月註144参照。

尋観・深観(じんかん)29歳〔権少僧都官仏1〕(1003～1050)。『僧綱補任』は「深観」とする。真言僧。花山天皇の第四皇子、母は一説に中務乳母(若狭守平祐忠女)。禅林寺に止住。真覚・仁海に師事。弟子に永観らがいる。万寿二年(1025)に内供奉十禅師伝灯法師位で、真覚から伝法灌頂を受けた。長元四年十二月廿六日の僧綱召で大僧正深覚の譲により律師を経ないで権少僧都になった(『左経記』同日条※3、『僧綱補任』)。同八年(1035)に少僧都、長暦元年(1037)に東大寺別当、長久四年(1043)に権大僧都、東寺長者となり、永承三年(1048)に法務を兼ねた。同五年六月に48歳(一説に50歳)で入滅。

尋空(じんくう)61歳〔律師→権少僧都官仏1〕(971～1035)。延暦寺の僧。藤原遠度の男。明救の弟子。永延二年(988)に受戒。長保五年(1003)に内供、治安元年(1021)十一月廿三日に権律師となり、廿七日に実資から白大袿一領を贈られている。長元四年(1031)十二月廿六日の僧綱召

で権少僧都、廿八日に慈徳寺司となった(『左経記』廿六日条※3・廿九日条※2)。長元六年に少僧都。長元八年七月廿九日に65歳で入滅。

尋光(じんこう)61歳〔大僧都→権僧正官仏1・法性寺座主官仏2・法住寺官仏2〕(971〜1038)。延暦寺の僧。藤原為光の男。慈仁の弟子。寛和二年(986)に得度受戒。正暦五年(994)に法性寺阿闍梨、長保二年(1000)に極楽寺座主、同四年に権律師、寛弘七年(1010)に権少僧都、翌八年に権少僧都を辞退し、懐寿に譲った。同年六月十九日の一条天皇の出家、崩御後の入棺・納骨を奉仕。寛仁三年(1019)に権大僧都、長元元年(1028)に元慶寺司となる。長元四年七月には実資の盆使らによる濫行の報告をしている(十五日条＊1・廿七日条▼a、解説三一「喧嘩と窃盗」参照)。八月七日に諸社御読経で稲荷社を担当(＊3)、十二月廿六日に権僧正(『左経記』※3)、廿八日に法性寺司(『左経記』※2)。同六年に僧正となる。長暦二年三月廿六日に68歳で入滅。

尋清(じんせい)56歳〔権少僧都→権大僧都官仏1〕(976〜1051)。東大寺の真言僧。堀川中納言藤原時光の三男(『東大寺別当次第』)、右京大夫遠光の男(『僧綱補任』)、左京大夫遠光の一男、同遠基の三男(『尊卑分脈』)などの説がある。長徳元年(995)に東寺入寺僧、寛弘八年(1011)に内供、東寺阿闍梨となり、長和四年(1015)に仁和寺別当と見える。寛仁元年(1017)に権律師、治安三年(1023)に律師、長元元年(1028)正月廿二日の道長七七法事では百僧の一人となり、十二月卅日に権少僧都、同四年十二月廿六日の僧綱召で少僧都となった(『左経記』※3、『僧綱補任』)。同八年に権大僧都、長暦二年(1038)に大僧都、永承三年(1048)に遍照寺別当となった。翌四年に第六五代東大寺別当に補され、在任中の同五年九月の手掻会(てがいえ)に際し、興福寺悪僧の乱暴に対抗して東大寺僧が下手人を取り押さえることなどがあった。同六年に76歳で入滅。

真範(しんぱん)45歳〔已講官仏1〕(987〜1054)。法相宗、興福寺の僧。平生昌の男。清範に入室、定好の弟子。寛弘三年(1006)に道長の法華三十講の立義、同七年に翌年の維摩会立義者と決まる。以後も経典講演の講師などを勤め、万寿三年(1026)に維摩会講師、翌四年に御斎会講師となった。『小右記』長元四年三月卅日条▼bに已講として小野宮月例法華講の講師となり観音品を講演、人々を感嘆させたとある。また、八月七日条＊3に後一条天皇の諸社御読経で祇園社を担当したとある。後、長暦元年(1037)に興福寺権別当として権律師、同二年に権少僧都となる。長久五年(1044)に興福寺別当、永承三年(1048)の興福寺供養で唄師を勤め、権大僧都、同四年に権僧正、同五年に僧正となる。天喜元年(1053)に平等院阿弥陀堂供養の百僧導師となる。翌五年十二月五日に68歳(一説に69歳)で入滅。

仁満(じんまん・にんまん)〔威儀師官仏1・法隆寺別当官仏2〕生没年未詳。興福寺の僧。治安三年(1023)に威儀師として道長の高野詣の途次に飯膳を準備(『扶桑略記』十月十八日条)、万寿元年(1024)には在庁威儀師とある(『小右記』)。長元元年(1028)三月十九日の宣旨により法隆寺別当となり、六月十九日に拝堂する。威儀師仁静を少別当に任じ、橘寺別当を兼ねさせた(『法隆寺別当次第』)。『左経記』長元四年閏十月廿七日条※4に法隆寺の所司から能治による延任の挙状が奉られたとある。

斎祇・済祇(せいぎ・さいぎ)49歳〔権律師→律師官仏1〕(983〜1047)。園城寺の僧。修学院に住した。長和四年(1015)に阿闍梨とあり、治安二年(1022)の法成寺金堂供養で衲衆を勤め、万寿三年(1026)の中宮威子の御産では不動調伏法を修した(『左経記』七月卅日条)。長元元年(1028)に権律師、同四年の僧綱召で律師、同六年に御持僧の労で権少僧都、翌七年に辞退するも、同九年の後一条天皇葬送では念仏僧を勤めた。長久三年(1042)に四天王別当となり、永承二年七月廿九日に65歳で入滅。

成典・常典(せいてん・じょうてん)74歳〔権少僧都→権大僧都官仏1〕(958〜1044)。東寺の真言僧。成印に入室。正暦五年(994)に東寺阿闍梨、寛弘八年(1011)に故一条天皇七七法事の百僧の一人となる。長和二年(1013)六月廿二日に道長第修法に最勝法を修すなど、摂関家の仏事に多く関わった。寛仁三年(1019)に権律師(『小右記』十月廿一日条は常典とする)、治安元年

(1021)三月七日に疫病を攘うための五ヶ所不動法で西方仁和寺にて修し、同二年の法成寺金堂供養で衲衆を勤め、同三年に東大寺司と見え、更に東寺別当となり、万寿四年(1027)に権少僧都、藤原妍子七七日法事の七僧の一人となった。長元四年十二月廿六日に権大僧都となる(『僧綱補任』、『左経記』※3は大僧都とする)。同九年十二月廿九日に東寺阿闍梨八人を置くことを奏上、長暦二年(1038)に権僧正となり、寛徳元年十月十四日に86歳で入滅。

聖命(せいめい・しょうみょう)〔威儀師官仏1〕生没年未詳。東大寺の僧か。『小右記』長元四年八月十二日条＊4に大僧正深覚の使として実資に斎院選子退下に関する書状を届けたとある。長元九年(1036)に後一条天皇追善の御仏供養で衆僧の臘次をただした(『左経記』類聚雑例)。

朝源・朝元(ちょうげん)57歳〔権律師→律師官仏1〕(975〜1050)。東大寺の真言僧。藤原遠度の男。深覚の弟子。長保三年(1001)に東寺入寺僧、寛弘四年(1007)に阿闍梨、治安二年(1022)に法成寺金堂供養で衲衆を勤め、同三年に内供とある。万寿四年(1027)に内供労により権律師となる。実資とは深覚の使を勤めるなどして関わりが深く、『小右記』長元四年七月四日条＊2に実資を訪れて開田の畠の事(宣旨により検非違使に下給)と深覚の病気について語ったとある。同年十二月廿六日の僧綱召で律師(『僧綱補任』)、長元八年(1035)に権少僧都。永承五年五月に76歳で入滅。

長保(ちょうほう)77歳〔已講官仏1→権律師官仏1〕(955〜1034)。法相宗、興福寺の僧。藤原氏。安秀の入室弟子。長保二年(1000)に興福寺維摩会の研学を46歳(臘32年)で勤めた。寛弘八年(1011)に一条天皇七七法事の百僧の一人となり、同五年に伝灯大法師位で済恩寺別当、治安二年(1022)に法成寺金堂供養で衲衆、維摩会講師を勤めた。万寿二年(1025)の承香殿五十ヶ日大般若経転読の請僧は辞退し、救命に代わった。長元四年十二月廿六日の僧綱召で已講の労により権律師となる。同七年十一月廿八日に80歳で入滅。

定基(ていき・じょうき)57歳〔権大僧都→大僧都官仏1・四天王寺別当官仏2〕(975〜1033)。園城寺の僧。源助成の男。長保三年(1001)に世尊寺供養で錫杖衆を勤めた。寛弘元年(1004)に道長の法華八講で聴衆、同四年に金峯山詣で散華、浄妙寺多宝塔供養で引頭を勤め、長和四年(1015)の道長五十算賀法会では凡僧で堂達を勤めるなど、道長主催の仏事に重要な役割で奉仕した。同年に権律師、寛仁元年(1017)に律師。同三年に道長が出家した時には頭を剃り、東大寺受戒にも騎馬で従った。道長の高野詣に随従(治安三年)、周忌法事にも奉仕した(長元元年)。寛仁三年に浄妙寺別当、四天王寺別当となる。治安元年(1021)に権少僧都、長元元年(1028)に権大僧都となる。実資との関わりとしては、『小右記』治安三年九月五日条に小野宮第の念誦堂を見て感嘆して仏舎利三粒を献上したこと、万寿二年(1025)十月条に娘千古と藤原長家の結婚について道長の意向を伝えたこと、などがある。長元四年七月六日条▼aに別所の車宿の屋が焼亡したこと、八月七日条＊3に後一条天皇の諸社御読経の下賀茂社に奉仕したことが見える。九月に上東門院が四天王寺に参詣した時、別当を勤めていた。長元六年四月十一日に59歳で入滅(『左経記』類聚雑例)。

定命(ていめい・じょうみょう)〔内供官仏1〕生没年未詳。園城寺の僧。藤原季随の男。『左経記』長元四年十二月廿九日条※2に僧綱定で中宮藤原威子の奏請により内供となったとある。長元七年(1034)十一月卅日・十二月二日にも智昭門徒・内供として藤原頼通の法華八講に奉仕している(『左経記』)。『平安人名辞典』は、藤原定佐の男で、治安二年に(1022)法成寺金堂供養の錫杖衆、長元三年に清涼殿仁王講の聴衆、同五年に最勝講の聴衆、同九年に故後一条天皇の念仏僧を勤めた定明と同人とする。

扶公(ふこう)66歳〔興福寺別当官仏2・法印官仏1〕(966〜1035)。法相宗、興福寺の僧。藤原重扶の男。真喜に入室。『小右記』永祚元年(989)十一月廿七日条に興福寺万燈会のための信濃布十端を扶公へ送ったこと、正暦元年(990)七月廿一日条に娘が亡くなった直後の実資を真喜の使として弔問したこと、同四年四月廿四日条に息災の祈として春日社仁王経転読を託されたことなどが記されているように、若い頃から実資と興福寺とのパイプ役を果たしていた。長徳三年

(997)に維摩会の研学を勤め、寛弘四年(1007)に維摩会講師清春の当座の病により講師宣旨を受けて第五日の朝座に奉仕し、長和三年(1014)に律師を経ずに権少僧都、寛仁元年(1017)に少僧都、治安元年(1021)に権大僧都となり、長元元年(1028)に権大僧都を辞した。この間、天皇や摂関家の仏事にも多く関わり、同三年には前大僧都として法成寺東北院供養に引頭を勤めた。『小右記』長元四年三月二日条＊3に、扶公の房で実資の私的な祈として千巻の金剛般若経を転読させたこと、八月七日条＊3に後一条天皇の諸社御読経で春日大社に奉仕したことが見え、同月十六日条＊1に扶公から甘瓜が届けられたことは「今般は殊志有るに似る。其の味、甚だ美の故なり。」と特記している。また、十月の興福寺東金堂・塔供養では興福寺別当としての活動が抽賞され、僧正の僧位である法印が叙された(『左経記』十八日条※1・十九日条※1・廿二日条※1)。同六年に源倫子七十算賀法会の読師を勤めた。同八年七月七日に77歳で入滅。

文円(ぶんえん)46歳〔阿闍梨官仏1〕(986～？)。延暦寺の僧。普門寺に住す。藤原文範の男。『小右記』長和三年(1014)五月廿六日条に故民部卿(文範)の愛子29歳で皇太后宮御修法に奉仕したとある。治安三年(1023)正月十七日条に阿闍梨として春季御修法に奉仕して「殊に真言に勝る師」と記され、五月廿八日条に普門寺の尊星王供を修させたとあるなど、実資が恒例化した仏事を奉仕した。万寿四年(1027)十月廿八日条に実資娘千古のために千手観音法を修したとある。長元四年九月廿八日条＊2に実資の尊星王供を修したとある。万寿二年(1025)九月廿七日条に実資の尊星王供について語り、長元四年正月廿五日条＊2に春季修法としての不動息災法、三月二日条＊2に二七日間の普門寺での尊勝法を修したとある久円と同一人物か。

平能(へいのう)80歳〔権律師→律師官仏1〕(952～1035)。法相宗、東大寺の僧。小野時相の男。法蔵の弟子。長保二年(1000)に御仏名僧、同四年に臨時御読経の聴衆、敦康親王御読経の朝座問者、寛弘八年(1011)に一条天皇七七法事の百僧の一人となった。治安元年(1021)に興福寺維摩会講師、同二年に法成寺金堂供養の衲衆、長元元年(1028)に已講の労により権律師。同六年に律師となるが、翌七年に辞退、同八年に84歳で入滅。

明宴(めいえん・みょうえん)〔阿闍梨官仏1〕生没年未詳。治安二年(1022)七月十四日に法成寺金堂供養で梵音衆を勤めた(『諸寺供養類記』)。『小右記』同三年十月廿二日条に娘千古のため千部法華経を始めたとある。万寿四年(1027)に法成寺阿闍梨となる。『小右記』長元四年三月二日条に大原野祭十列代仁王経講演僧五人の筆頭に記され(＊1)、兼頼并びに家中の人のための等身十一面観音像供養の請僧に加えられたとある(＊2)。永承三年(1048)に法成寺僧として興福寺落慶供養の衲衆(『造興福寺記』)、同五年に法成寺大日如来像開眼供養に散華を奉仕した(『春記』)。

明尊(めいそん・みょうそん)61歳〔権大僧都→大僧都官仏1〕(971～1063)。小野奉時の男。道風の孫。千手院・園城寺の僧。智弁に入室、慶祚の弟子。長保三年(1001)に世尊寺供養の梵音衆を勤め、寛弘二年(1005)に最勝講の聴衆に決まる。長和元年(1012)五月十五日の彰子による一条天皇追善の法華八講の問者、同五年五月一日の道長の法華八講など、道長家の仏事にしばしば奉仕。寛仁元年(1017)に権律師、治安元年(1021)に権少僧都、長元元年(1028)に権大僧都。『小右記』長元四年八月七日条＊3に後一条天皇の諸社御読経で上賀茂社を担当したとある。十二月廿六日に大僧都に転じた(『僧綱補任』)。後、長暦二年(1038)に大僧正。永承三年(1048)八月に天台座主となるが山門派の抵抗のため三日間で辞任。天喜元年(1053)に病により所帯の職を辞したが、牛車宣旨を得た。同二年に宇治平等院の別当検校となり、長谷寺供養の導師を勤めた。康平三年(1060)に頼通が白河別業で明尊九十算賀を行なった。同四年に法成寺東北院供養と平等院御塔供養の導師を勤めた。同六年六月廿六日に93歳で入滅。

融碩(ゆうけん)68歳〔権律師→権少僧都官仏1〕(964～1033)法相宗、興福寺の僧。伊勢氏、出羽国の人。守朝に入室。長保四年(1002)に故東三条院藤原詮子のための法華八講の聴衆、寛弘二年(1005)に最勝講の聴衆、維摩会の研学を勤めた。同八年に一条天皇の葬送、翌長和元年(1012)に追善の法華八講の朝講の問者となる。同四年に維摩会講師を勤め、同年十二月廿七日

に三条天皇四十算賀の仏像・経典などを已講として献上した。治安二年(1022)法成寺金堂供養の衲衆を勤め、同三年に権律師となる。『小右記』長元四年八月七日条＊3に後一条天皇の諸社御読経で松尾社に奉仕したとあり、十二月廿六日の僧綱召で(律師を経ずに)権少都となった(『左経記』同日条※3)。長元六年二月十五日に68歳で入滅。

頼寿(らいじゅ)44歳〔阿闍梨官仏1〕(988〜1041)。延暦寺の僧。藤原信理の男。寛弘四年(1007)に霊山院釈迦堂を供養。同年に総持寺阿闍梨、長和四年(1015)に天台阿闍梨の宣旨を受けた。寛仁元年(1017)四月廿九日の三条上皇御出家に際して御頭を剃る。治安二年(1022)に法成寺金堂供養の引頭を勤めた。『左経記』長元四年五月十四日条※1に、源心が妹の喪で三十講に奉仕しなかったことに対して、頼寿は妹の喪中であっても定により奉仕したと見える。長元九年(1036)に御持僧として御修法を行ない、翌長暦元年(1037)に権少僧都となる(『範国記』)。同二年に権大僧都、同三年に座主をめぐって寺門派と争うこともあったが、十二月廿五日に四天王寺別当となった。長久二年十二月一日に54歳で入滅。

頼秀(らいしゅう)〔阿闍梨官仏1〕生没年未詳。延暦寺の僧。慶命の弟子か。長和五年(1016)に阿闍梨と見える。『小右記』治安元年(1021)三月廿九日条に無量寿院百余体絵像供養の散華を勤めたこと、万寿四年(1027)五月三日条に季御読経の欠請僧に補されたこと、『小記目録』長元元年(1028)六月十八日条に恒舜と共に勘事を免じられたとある。『小右記』長元四年三月廿三日条▼bに、兼頼母の病の修善を行なったとある。長久元年(1040)に四天王寺別当となるが、同三年八月十九日に斎祇が頼秀の死欠により四天王寺別当に補されたとあるので(『僧綱補任』)、それ以前に入滅したと考えられる。

良円(りょうえん)49歳〔権律師→律師官仏1〕(983〜1050)。延暦寺の僧。慶円(藤原尹文の男)に入室。皇慶の弟子。藤原実資の男。母は『大鏡』(二)に「すゑに宮仕人をおぼしける」人とあり、藤原朝成の子孫とする説もあるが不詳。『春記』長暦二年十月廿二日条に「今良円、七歳より叡岳に住し、久しく俗塵に染まらず。又、頗る真言の道を学び、時々、公家の仰に依り別尊の秘法等を行なふ。」とあり、『僧綱補任』の年齢に従えば、永祚元年(989)に比叡山に入ったことになる。寛弘四年(1007)に霊山院釈迦堂を供養、長和三年(1014)に内供として藤原実頼の忌日に奉仕した。同四年に慶円が大僧正を辞して良円を律師にしようとするが、道長の反対で実現しなかった。治安元年(1021)に慶命の奏により法性寺阿闍梨となり、長元元年(1028)に内供の労により権律師、同二年に法性寺東北院別当となる。延暦寺の儀式や宮中・摂関家の仏事に奉仕し、実資からは援助を受け、私的仏事を多く委託された。『小右記』長元四年三月七日条▼a・八日条＊1・十一日条▼aに、比叡御社八講を良円が奉仕するに際して経営料としての絹百疋や屯食三十具を送ったとある。また、九月廿八日条＊2に、実資の年中恒例(四季)の十斎日大般若読経を小野宮邸から良円房に移して行なうことにしたとあり、私的な仏教祈禱が息良円に託されるようになった点が注目される。同年十二月廿六日の僧綱召で律師となり(『僧綱補任』)、同廿九日に法興院司となる(『左経記』同日条※2)。同六年に護持僧の労により権少僧都、同九年に後一条天皇の火葬に奉仕した。長暦二年(1038)に天台座主候補となるも(前掲『春記』十月廿二日条)、同三年に寺門派との相論の張本とされ、罪名勘申された(『僧綱補任』『扶桑略記』二月十八日条)。その後、昇進しなかったが、同四年に熾盛光法を修し(『春記』正月十九日条)、永承三年(1048)の興福寺落慶供養と同五年の法成寺新堂供養では唄師を勤めた。同年七月十八日に68歳で入滅。

蓮昭・蓮照(れんしょう)44歳〔権律師官仏1〕(988〜1048)。園城寺の僧。藤原為善(倫寧の孫)の男。明尊に入室。長保元年(999)に受戒、長和五年(1016)に道長の法華三十講の請僧となる。その他、最勝講、高陽院三十講、仁王八講など多くの法会の講師を勤めた。長元四年(1031)に権律師、同八年に律師、長暦二年(1038)に権少僧都となる。永承三年二月に61歳で入滅。

僧侶2　その他

惟命(いめい・ゆいみょう)生没年未詳。唯命・維命とも。『小右記』長元三年(1030)五月廿六日条に清涼殿仁王講の聴衆を勤めたとあり、九月卅日条に小野宮月例法華講で法師功徳品を講じたとある。長元四年八月三十日条▼a・九月廿九日条※1にも月例法華講の講師として見え、聴聞の人々が随喜したとある。長元七年に法成寺の論義に参入するなど(『左経記』十二月二日条)、摂関家の仏事も勤めた。長暦元年(1037)に法橋とあり、『春記』長久二年(1041)二月廿九日条が終見か。

尹覚(いんかく)生没年未詳。伊覚(いかく)とも。治安三年(1023)十月廿二日に実資娘千古のための千部法華経を修し、十一月廿八日に仁王経を講説するなど、実資の仏事をたびたび奉仕した。長元四年七月一日条▼aに秋季十斎日大般若読経始を忠高と共に奉仕したとあるのが終見。

慧思(えじ)故人〔南岳大師〕(515〜577)。中国南北朝時代の学僧。河南省武津の出身で俗姓李氏。天台宗の大成者智顗(ちぎ)の師で、中国天台宗では第二祖とする。南嶽大師・思大和尚とも称される。北斉の慧文禅師に師事して法華経による禅定の境地(法華三昧)を体得。般若思想を実践して、般若経・法華経などを講説。著作『立誓願文』で末法の考えを中国で初めて唱え、弥勒下生を説いた。『法華経安楽行義』『諸法無諍三昧法門』『随自意三昧』などの著作がある。晩年は湖南省衡山(南岳)に籠居した。死後、倭国の王子に生まれ変わったとの伝説が中国にあり、日本では聖徳太子(574〜622)を慧思の生まれ変わりとする伝承が普及した。『左経記』長元四年九月十八日条※1に、源経頼が栖霞寺を詣で、周良史が盛算に送ってきた文殊像・十六羅漢像と共に「南岳大師、普賢を見奉るの処の土」を見たとある。

円縁(えんえん)42歳〔維摩会講師㊅仏2〕(990〜1060)。興福寺の僧。高階業遠の男。済信に入室、扶公の弟子。『御堂関白記』長和五年(1016)十月八日条に、明年維摩会の竪義者となったとある。寛仁四年(1020)に道長の法華三十講の講師、万寿二年(1025)に西大寺別当、長元三年(1030)に清涼殿仁王講の請僧。『小記目録』長元四年四月一日条◆1に維摩講師宣下のことが見える。長久元年(1040)に大安寺司を兼ね、同四年に已講の労により権律師、同三年に興福寺別当、同五年に権大僧都。康平三年五月二日に71歳で入滅。

覚蓮(かくれん)〔覚蓮師〕生没年未詳。栖霞寺の僧。『小右記』万寿四年(1027)十月廿八日条と同年十二月十六日条に利原と共に仁王経を修させたこと(前者は栖霞寺で)、長元四年二月十三日条＊2に栖霞寺で利原・覚蓮・政堯の三人の僧に仁王経を講演させたことが見え、七月十日条＊1に窮乏しているとのことで実資から塩を施されたとある。七月註74参照。

奇久(ききゅう)生没年未詳。六波羅蜜寺の僧。『小右記』長元四年九月廿八日条▼bに病気治療のために六波羅蜜寺で戒を受けに来た藤原資平の娘(二娘)の戒師とある。

紀法師(きのほうし)生没年未詳。法名不詳。俗姓紀。『小右記』正月十一日条▼aに、剣の帯取を修理した禄として実資から絹を与えられたことが見える。

慶静(けいせい・きょうじょう)生没年未詳。園城寺の僧。『小右記』万寿元年(1024)十月廿日条に実資が手作布二段を施与したこと、十一月十日条に娘千古の着裳の無事を祈らせたこと、同四年十二月八日条に同じく千古のため三井寺(園城寺)の十一面観音像の前で祈らせたこと、長元三年(1030)六月廿日条に実資の仏事を奉仕させたこと、同四年三月二日条＊2にも慶尊・□賢・慶静の三人の僧に共に三井寺十一面観音像の前で観音経を転読させたことが見える。

慶尊(けいそん・きょうそん)生没年未詳。寛弘四年(1007)に霊山院釈迦堂を供養。治安二年(1022)に法成寺金堂供養の錫杖衆を勤めた。『小右記』長元四年三月二日条＊2に、三井寺(園城寺)の十一面観音像の前で慶尊・□賢・慶静の三人の僧に観音経を転読させたことが見える。『醍醐寺新要録』に見える醍醐寺の慶尊、『後二条師通記』寛治三年(1089)二月廿二日条などに見える慶尊もいるが、別人か。

厳源(げんげん・ごんげん)生没年未詳。『小右記』長元四年七月卅日条▼aに小野宮月例法華講

で観普賢経を講じたとある。

厳調(げんちょう・ごんちょう)生没年未詳。東大寺の僧。『小右記』長元四年二月廿九日条▼aに詮義と共に小野宮邸を訪れたが、実資は会わなかったとある。

光円(こうえん)生没年未詳。広隆寺の僧。万寿二年(1025)十月卅日から十一月七日まで五節舞姫献上の無事を祈る金剛般若経転読、同四年九月廿一日に月食の慎みを祈る自房での孔雀経十日間転読を行なうなど、実資の仏事を奉仕。『小右記』長元四年三月二日条＊1に大原野祭神馬代仁王経講演、十一日条＊1に心経百巻・仁王経十部供養に奉仕したとある。永承四年(1049)に第二二代広隆寺別当となり、寺務4年。『東寺長者補任』同五年(1050)にある阿闍梨光円と同一人物か。

桜井聖(さくらいのひじり)生没年未詳。『小記目録』長元四年六月九日条◆1に「山崎桜井の聖人の許に首を挙りて行向かふ事」、六月廿日条◆1に「群盗、桜井聖の施物を捜し取る事」とある。

慈雲(じうん)生没年未詳。雲林院に堂を構え、道長・実資らの信仰を得る。『御堂関白記』寛弘七年(1010)閏二月一日条に、道長が雲林院慈雲堂に吉方詣をしたとある。『小右記』長元四年七月十日条＊1に、実資が麦・塩・和布などを送ったとある。

寿披(じゅひ)生没年未詳。六波羅蜜寺の僧。『小右記』長元四年七月八日条＊1に、寿披が千手観音を供養したので蓮花・乳垸に加えて名香を別志として送ったとある。

常安(じょうあん)『左経記』長元四年六月廿七日条※2に平忠常の戒名とある。→平忠常囚平1

乗延(じょうえん)40歳(992〜1063)。延暦寺の僧。『小右記』万寿四年(1027)三月十日条に実資の天変・星宿厄を攘うための大般若不断読経の請僧として、長元四年三月十一日条＊1に年首恒例の般若心経・仁王経供養を行なった七僧の一人として見える。八月四日条に重服により仁王会の請僧を改められたとある。康平五年(1062)に法橋に叙され、翌六年に72歳で入滅。

證昭・証昭・證照(しょうしょう)〔宿曜師〕生没年未詳。『扶桑略記』治安元年(1021)十一月十一日条に松崎山僧とある。『小右記』万寿四年(1027)八月廿八日条に宿曜師として妍子の病を勘申したとあり、九月には実資の諮問を受けて月食の慎みに関する勘文を提出し(十六日・廿一日条)、長元元年(1028)三月一日条にも日食について陳べたことが見える。『小記目録』同三年七月四日条に造暦宣旨が下ったとある。『小右記』長元四年三月廿一日条＊3に金峯山参詣により実資から手作布を贈られたとあり、七月十七日条▼aに月食による実資の運勢について語ったとある。『百練抄』永承五年(1050)九月廿八日条に大法師として暦の朔旦論争を行なったとある(『扶桑略記』も参照)。

上東門院(じょうとうもんいん)44歳〔女院〕(988〜1074)。→藤原彰子囚藤5

神叡(しんえい)生没年未詳。東大寺の僧。『小右記』長元四年三月十二日条＊1に、東大寺返抄に神叡が捺した印は小さく、東大寺の三つの印に合わないとある。

仁諶(じんしん)生没年未詳。東大寺の僧。『小右記』長元四年三月十二日条＊1に、奉った返抄の印が上政所の印に合っていることが語られている。

真等(しんとう)〔鎌倉聖〕生没年未詳。『小右記』長元元年(1028)九月一日条に実資が十五日間の供料を送ったとあるのが初見。長元四年正月一日条▼gに「鎌倉聖の供料」、九月二日条＊1に「鎌倉を供養す」として見える。

成教(せいきょう・じょうきょう)〔成教聖〕生没年未詳。慈心寺の僧。『小右記』長元二年(1029)九月八日条に実資が西山に出かけた際に成教と出会い、慈心寺の傍らに草庵を構え、常住念仏を行なう成教に感動したとあり、同三年六月廿五日条に伝法料として米、同四年七月十日条＊1に塩を送ったとある。

政堯(せいぎょう)〔政堯師〕生没年未詳。栖霞寺の僧。『小右記』長元四年二月十三日条＊2に栖霞寺で利原・覚蓮・政堯の三人の僧に仁王経を講演させたとある。同年七月十日条＊1に盛算の追善法要のための米を請い、更に窮乏しているとの理由で実資から塩を施されたとある。七

月註74参照。

済慶(せいけい・さいきょう)47歳〔東大寺権別当官仏2〕(985〜1047)。斉慶とも。三論宗、東大寺の僧。藤原有国(実は藤原貞順)の男。真喜・澄心の弟子。寛弘七年(1010)に最勝講の聴衆、維摩会の研学、長和元年(1012)に藤原彰子の法華八講の聴衆、治安二年(1022)に法成寺金堂供養の引導、万寿元年(1024)に維摩会の講師、同二年に東大寺権別当となる。長元三年(1030)には已講として法成寺釈迦堂供養に参入した。『小右記』長元四年三月十日条＊1に、東大寺の印を調査した紙に署名したとある。同六年に第六三代東大寺別当、同七年に権律師となる。永承二年十月一日に63歳で入滅。

済算(せいさん・さいさん)41歳。(991〜1062)。園城寺の僧。『小右記』万寿三年(1026)七月卅日条に勧発品を釈したことを初見として小野宮月例法華講の講師として見える他、同四年十月廿八日条に立義料として折櫃・米・菓子などを実資から送られたとある。長元四年三月十一日条に年首恒例の般若心経・仁王経供養を行なった七僧の一人として見える。同七年に頼通の法成寺法華三十講の問者、永承三年(1048)に興福寺落慶供養の衲衆、天喜二年(1054)に最勝講結願の朝座講師などを勤め、同三年に法橋に叙せられ、同五年に四天王寺別当、康平三年に法眼に叙せられた。同五年正月十八日に72歳で入滅。

盛算(せいさん・じょうさん)71歳〔故盛算〕(961〜1031)。栖霞寺の真言僧。奝然に随い入唐し、永延二年(988)以前に帰国(『小記目録』同年九月五日条)。『小右記』寛弘八年(1011)七月一日条に実資の秋季十斎大般若読経、長和四年(1015)五月廿三日条に実資第経供養を奉仕したとあるように、実資の私的仏事に関わる。寛仁三年(1019)に入唐帰朝伝灯大法師位(59歳、臘45年)として五台山清涼寺阿闍梨の宣旨を得た(『伝法勧請雑要抄』、『小右記』同年三月十八日条)。後も阿闍梨として仁王講、文殊供・火天供など実資の私的仏事に奉仕した。長元元年(1028)十月十日条に「初来宋人」である商客周良史の書を持って来たとあり、中国との関係を有していたことがわかる。『小右記』長元四年三月十日条＊2に、実資が栖霞寺を詣でて周良史が故盛算に付属した文殊像を拝んだとある。また、七月十日条＊1に政堯から盛算の七々法事の僧供が不足しているとの連絡を受けて米三石を送ったとある。これによれば、この年の三月十日以前に71歳で入滅したことになるが、終見は『小右記』同二年(1029)九月廿九日条に実資の賀茂社仁王講を勤めたという記事である。三同註109、解説二六「対外関係」、口絵解説「重要文化財木造文殊菩薩騎獅像(清涼寺霊宝館蔵)」参照。

清朝(せいちょう)50歳(982〜1062)。延暦寺の僧。伊予国の人。『小右記』治安三年(1023)十月卅日条に小野宮月例法華講の講師として妙音品を講じたとある。その他、聖天供・大般若経不断読経などを奉仕。長元四年三月十一日条＊1に年首恒例の般若心経・仁王経供養を行なった七僧の一人として、八月四日条＊1に仁王会の北野講師として見える。長元七年(1034)に頼通の法華三十講の朝座の問者、永承三年(1048)に興福寺供養の衲衆を勤め、天喜三年(1055)に法橋。康平五年十二月廿二日に81歳で入滅。

詮義(せんぎ)生没年未詳。東大寺の僧。万寿元年(1024)に興福寺従儀師仁静と田地について相論した(『延喜式裏文書』)。『小右記』長元元年(1028)十一月廿三日条にも東大寺の愁文を伝えてきたとあり、同四年二月廿九日条▼aに厳調と共に小野宮邸を訪れたが、実資は会わかったとある。

智照・智昭(ちしょう)生没年未詳。妙仁の弟子。実資邸念誦堂の常住の僧。『小右記』長和四年(1015)五月廿三日条に般若心経・仁王経供養僧とあるのを初見とし、泥塔供養、祇園社読経などの実資の私的仏事に奉仕している。長元四年三月十一日条＊1に年首恒例の般若心経・仁王経供養を行なった七僧の一人として記されている。翌五年十一月廿二日条に金剛般若経供養、十一月廿九日条に大原野祭十列代仁王講、十二月九日条に施餓鬼法をそれぞれ奉仕したとある。

忠高(ちゅうこう)生没年未詳。実資邸念誦堂の常住の僧。『小右記』治安三年(1023)七月十一日条に仁王講を奉仕したとあるのを初見として、実資の私的仏事にしばしば名が記される。長元

四年三月二日条＊1に大原野祭十列代仁王経講演、十一日条＊1に恒例の般若心経・仁王経供養、七月一日条▼aに秋季十斎日大般若読経、四日条▼aに夏季仁王講に奉仕したとある。長元五年(1032)にも実資の仏事を奉仕しているが、『小右記』以外に見られない。

中聖(ちゅうせい・ちゅうしょう)〔中聖師〕生没年未詳。延暦寺の僧か。『小右記』万寿四年(1027)三月十日条に天変・星宿厄を攘うための大般若不断読経を初見として、実資の息災などのためにたびたび大般若読経に奉仕している。長元四年七月十三日条＊1に天の怪異を攘うために山堂で大般若経を転読したとある。

朝円(ちょうえん)生没年未詳。延暦寺の僧。寛弘四年(1007)に霊山院釈迦堂を供養、治安二年(1022)に法成寺金堂供養の讃衆を勤めた。『小右記』万寿四年(1027)正月廿四日条に実資の枕上で不動尊供養をしたとあり、以後、神前読経・仁王講などの私的恒例仏事を奉仕した。長元四年七月四日条▼aに夏季仁王講を奉仕したとあるのが終見。

朝寿(ちょうじゅ)64歳(968〜？)。『僧綱補任』によれば貞元二年(977)生まれ。法相宗、興福寺の僧。真喜の弟子。長和三年(1014)十月十日に維摩会の研学。『小右記』長元四年二月廿九日条＊1に実資を訪れるも会えず、帰粮として米三石を与えられたとある。長久四年(1043)、維摩会講師の宣旨を賜わるが、九月廿八日辞退。永承三年(1048)閏正月十七日に三会已講として興福寺落慶供養の衲衆となっている。

道覚(どうかく)生没年未詳。大和国の僧。『左経記』長元四年正月廿八日条※1に、大和守源頼親の郎等宣孝朝臣に打たれたとある。

道慶(どうけい・どうきょう)生没年未詳。『小右記』長元四年七月十九日条＊1に、実資の輦車を新造して疋絹を賜わったとある。永保三年(1083)十二月十五日に三条内裏の安鎮を行なった伴僧の一人に見える道慶大徳、寛治八年(嘉保元年〈1094〉)付東大寺封戸文書書上に見える道慶とは、いずれも別人か。

得命(とくめい・とくみょう)〔小野宮念誦堂預〕生没年未詳。実資邸念誦堂の常住の僧。寛仁二年(1018)十二月二日に実資の持仏(毘沙門天ヵ)の供養に参加し、同三年十一月三日の実資母の忌日に経供養をし、治安三年(1023)に実資と娘千古のために薬師経を転読。長元四年三月二日条▼aに堂預(どうあずかり)として仏経供養し絹を賜与され、九月十三日条▼aに念賢・智昭らと共に常住僧の一人として実資の悪夢を攘う金剛般若経・寿命経転読をして金鼓を打ったとあるなど、実資の私的仏事に奉仕する姿が記されている。長久二年(1041)八月十日付伴有恒田畠売券に僧得命と見える(『平安遺文』1049)。

念賢(ねんけん)生没年未詳。実資邸念誦堂の常住の僧。『小右記』寛弘二年(1005)正月九日条に、実資の息災のために旧年から大般若経転読をさせていたとして、念賢師とある。同八年八月廿九日条に小野宮月例法華講で薬王品を講演したとあるなど、様々な私的仏事を奉仕し続けた。長元四年二月十四日条＊5に実資の父斉敏の忌日に身代として斎食したとあり、三月二日条＊1に大原野祭十列代仁王講の請僧と十一面観音図像の供養を勤めたとあり、十一日条＊1に年首恒例の般若心経・仁王経供養を行なったとあり、九月十三日条▼aに夢想紛紜による祈として得命・智照らと共に金剛般若経・寿命経を転読したとある。長元五年(1032)にも同様の活動をしているが、十二月卅日条に小野宮月例法華講で分別功徳品を講演したとあるのが終見。

芳真(ほうしん)〔芳真師〕生没年未詳。感神院(祇園社)の社僧か。『小右記』長元三年(1030)六月廿日条に実資のために祇園で仏事を修したとあり、同四年七月二日条▼aに兼頼の病悩につき祇園に諷誦を修するよう依頼されたとある。

頼賢(らいけん)生没年未詳。比叡山の僧。『尊卑分脈』では源頼定(為平親王の二男)の孫とし、尋空に入室、皇慶・覚超の弟子とするが、『僧綱補任』では蓮範(頼定の男)の弟とする。治安二年(1022)に法成寺金堂供養の錫杖衆を勤めた。『小右記』長元四年九月十六日条▼aに、関白頼通の言として「道成は〔老也。窮者也。蓮範・頼賢の師等の事有り〕。」とあり、蓮範と共に明法博士令宗道成の弟子と見なされていた。

利原・利源(りげん)生没年未詳。栖霞寺の僧。実資との信頼関係があり、『小右記』万寿元年(1024)十月廿日条に布三端を布施したとあり、同四年十月廿八日条に仁王講を依頼したとあり、長元二年(1029)九月八日条に西山へ遊山の際に会ったとある。長元四年二月十三日条＊2に栖霞寺で利原・覚蓮・政堯の三人の僧に仁王経を講演させたことが見える。七月註74参照。

良元(りょうげん)70歳(962〜？)。『小右記』長元四年三月廿八日条＊1に、平致経が進めてきた証人として見え、その年齢により、拷訊するかどうかが問題となり、高齢のために釈放された(卅日条＊1)。

良静(りょうせい・りょうじょう)〔良静師〕生没年未詳。園城寺僧である定基の使を勤め、『小右記』万寿四年(1027)五月七日条に定基僧都が腫物により僧都と寺司を辞退することを実資に伝えたとあり、長元四年七月六日条▼aに定基僧都の車宿の屋が焼亡したという手紙を持ってきたとある。

蓮範(れんぱん)34歳(998〜1048)。法相宗、興福寺の僧。源頼定の男で、定澄に入室。『尊卑分脈』には見えず、『僧綱補任』では頼賢を弟とする。治安二年(1022)に法成寺金堂供養の錫杖衆、同三年に維摩会の研学、万寿年間(1024〜1028)に長谷寺別当になる。『小右記』長元四年九月十六日条▼aに、関白頼通の言として「道成は〔老也。窮者也。蓮範・頼賢の師等の事有り〕。」とあり、頼賢と共に令宗道成の弟子と見なされていた。長元五年(1032)に維摩会講師を勤めた。永承三年三月に51歳で入滅。

□賢(？けん)名不詳。園城寺の僧か。『小右記』長元四年三月二日条＊2に、慶尊・□賢・慶静の三人の僧に三井寺の十一面観音像の前で観音経を転読させたとある。

《付B》官職・身分考証

公卿(くぎょう)　大臣・納言・参議(四位含む)及び三位以上の上級官人の総称。中国の周以後の朝官の三公九卿に倣った呼称。摂政・関白も含まれる。**卿相**(けいしょう)・**上達部**(かんだちめ)・**諸卿**(しょけい・しょきょう)・**上卿**(しょうけい)などともいう。国家の重要な事項はすべて公卿が陣定などで審議する。

1 **摂関**(せっかん)　**摂政**と**関白**。摂政は天皇に代って国政を執り行ない、関白は天皇を補佐して政務を行なう職。摂政(いわゆる人臣摂政)・関白ともに朱雀朝に任じられた藤原忠平以後に定着し、天皇の幼少時に摂政、元服後に関白を置くのが通常の形となった。政治の権力をにぎるという意味で**執柄**(しっぺい)ともいい、摂政・関白または太政大臣の尊敬語として**太閤**(たいこう)も用いられた。**内覧**(ないらん)とは、摂関などが宣旨により天皇に奏上すべき文書を先に内見することで、それを行なう人の称号ともされた。

摂政(せっしょう)　〔一〕　天皇に代わって万機を摂行する。人臣摂政は、貞観八年(866)に清和天皇の外祖父藤原良房が命じられたのに始まるとされ、同十八年の陽成天皇の践祚で嗣子基経がなり、しばらくおいて延長八年(930)に朱雀天皇の践祚で外戚忠平がなった。右大臣で一条天皇の摂政になった兼家は、官位で太政大臣藤原実頼と左大臣源雅信の下であったので、寛和二年(986)に右大臣を辞任して摂政専任となり、次いで一座宣旨を被って太政大臣の上座に着くことを許された。これ以後、摂政は正官のようにみなされた。

関白(かんぱく)　**博陸**(はくりく・はくろく)　〔頼通人藤5〕　関(あずか)り白(もう)すという意。**博陸**という唐名は、漢の武帝が霍光を博陸侯に封じた故事による。宇多天皇が仁和三年(887)に太政大臣藤原基経に下した詔書に見える語が初見とされる。朱雀天皇の摂政であった忠平が、承平七年(937)に天皇の元服により摂政を辞し、天慶四年(941)に関白とされたことで、天皇の成人前に摂政、成人後に関白を置くのが常例となった。詔書によって任じられるが、正官のようにみなされた。後一条天皇がまだ12歳の時の寛仁三年(1019)、頼通が摂政を辞して関白に任じられたが、直後に摂政の儀により官奏・除目を行なえという命が下されたことで、天皇が15歳未満の時は同時に准摂政の宣旨が下され、摂政に准じた権能が付与されるようになった(『日本紀略』寛仁三年十二月廿二日・廿八日条)。関白はおおむね三公の上に列する一座宣旨(いちざのせんじ)や、牛車で宮中を出入できる牛車宣旨(ぎっしゃのせんじ)、藤原氏長者の宣旨を下され、身辺警護・儀仗のために近衛の番長・舎人を随身兵仗として賜わっている。

2 **大臣**(だいじん・おとど・おおおみ・おおいもうちぎみ)　**蓮府**(れんぷ)という唐名は、晋の大臣王倹が家に蓮を植えて愛したという故事によるもので、特に大臣の邸宅を指す場合が多い。

太政大臣(だいじょうだいじん・だじょうだいじん)　**大相国**(だいしょうこく)　〔一〕　左右大臣の上に位置するが、「則闕の官」といわれ、適任者がなければ任じられなかった。長元四年も欠員。摂政・関白も任じられるが、藤原兼家以降に摂関と太政大臣が分離の傾向をたどると、一条朝の藤原為光、後一条朝の藤原公季のように、実権と離れた長老が任じられた。

『左経記』長元四年条では藤原公季を指す。

左大臣(さだいじん)　**左相国**(さしょうこく)**左相府**(さしょうふ)**左府**(さふ)〔頼通[人]藤5〕
相当位は正・従二位で定員一人。政務全般を統率し、弾正台の糾弾に誤りがあれば正すことができるなど、具体的職掌を持つ官の最上位である。「一の大臣」、また政務執行の責任者として「一上(いちのかみ)」とも呼ばれた。

右大臣(うだいじん)　**右相国**(うしょうこく)**右相府**(うしょうふ)**右府**(うふ)〔実資[人]藤3〕
左大臣に次ぐ官。正・従二位相当で、定員一人。左大臣と同じ職掌で、左大臣が欠員であったり、関白を兼ねたりした際には政務を主宰する「一上」となる。

内大臣(ないだいじん)　**内府**(ないふ・だいふ)〔教通[人]藤5〕　左右大臣に次ぐ令外大臣。昌泰三年(900)に任じられた藤原高藤以後、左右大臣に次ぐ官という性格が定着し、左右大臣不在の場合には儀式・政務を執行した。

3 **納言**

大納言(だいなごん)　**亜相**(あしょう)〔斉信[人]藤11、権＝頼宗[人]藤5・能信[人]藤5・長家[人]藤5〕
大臣に次ぐ議政官。相当位は正三位。令に規定された職掌は天皇の供奉官としてのものであり、大臣とは異質である。ただし議政への参加や儀式・行事の上卿など、実際には政務執行の色彩が濃い。権門によって独占され、摂関期以降は正・従二位を帯する場合が多い。

中納言(ちゅうなごん)〔兼隆[人]藤9・実成[人]藤6、権＝道方[人]源5・師房[人]源7・経通[人]藤2・資平[人]藤3・定頼[人]藤2〕　大納言に次ぐ議政官。令外官であり、慶雲二年(705)以後常態化した。職掌は大納言に准じ、議政や奏宣を掌った。天平宝字五年(761)に従三位相当とされ、平安時代以後も四位の参議が昇任すると直ちに従三位に叙された。大臣の代わりに官奏を勤めることがないのが、大納言との差異。長元四年には前中納言として正二位の藤原隆家がいた。

4 **参議**

参議(さんぎ)　**宰相**(さいしょう)〔通任[人]藤12・兼経[人]藤8・朝任[人]源5・顕基[人]源6・兼頼[人]藤5・公成[人]藤6・重尹[人]藤21・経頼[人]源5〕　大臣・納言に次ぐ地位の令外官。大臣以下と共に国政を審議する職で、上卿を勤める場合もあったが、太政官符・官宣旨などの作成を弁官に指示する権限はなかった。

非参議(ひさんぎ)〔惟憲[人]藤15・道雅[人]藤7・兼頼[人]藤5〕　三位以上であるが参議ではない者のことで、ここまでを公卿という。長元四年の非参議に、正三位藤原惟憲と従三位藤原道雅がいた。また、従三位で左中将の藤原兼頼も十二月廿六日に参議となるまで非参議であった。

太政官(だいじょうかん・だじょうかん)　**大官**(だいかん)

国政を審議し、奏宣を行ない、執行を下命する。大臣と大納言(後に中納言・参議まで)からなる議政官(→公卿)と、外記局(少納言局)・弁官局の事務部局からなる、律令国家の中枢機関。大別して、諸司諸国の上申事項を処理する「政」と、公卿が集まって評定を行なう「定」によって政務を行ない、諸国・諸官司を統括していた。太政大臣以下弁官局のすべてを太政官と称するが、特に議政官や外記局の官人を太政官と呼ぶ場合もある。外記局と左右弁官局とを合わせて太政官三局、局務と官務とを両局ということもある。

1 **外記局**(げききょく)　[場]大E3　議政官に直属する少納言・外記で、それぞれ太政官の判官(じょう)・主典(さかん)に当たる。**少納言局**ともいう。

少納言(しょうなごん)〔資高[人]藤3・惟忠[人]藤17・経成[人]源6・義通[人]他44〕　定員は三人で、小事の奏宣、内印・駅鈴等の奏請、外印の監理などを職掌とし、天皇の側近に奉仕する要職であったが、蔵人ができてから仕事がなくなり、儀式に立ち会う程度の役になった。

外記(げき)　**外史**(がいし)〔大外記＝文義[人]他20、少外記＝相親[人]他55、権少外記＝成経[人]源6、外記＝伊行[人]不・時資[人]不〕少納言の下にあって事務を担う書記局ともいうべき要職。中務省が作成した詔書の考勘、太政官の奏文の勘造、朝儀・公事の奉行・記録、下問に応じた先例調査などを掌った。本来は大少外記ともに七位の官であったが、職務の重要性と繁忙によって随時昇格し、平安中期以降には五位の外記も多くなり、特に「大夫外記」といった。

2 **弁官局**(べんかんきょく)　議政官の命令や伝達事項を諸司諸国へ下し、諸司諸国の上申事項を取り次ぐ。左弁官が中務・式部・治部・民部省を管轄し、右弁官が兵部・刑部・大蔵・宮内省を管掌する原則であったが、実際には左右全く一体である。弁・史は太政官の別局である品官を構成する判官(じょう)・主典(さかん)である。

弁官(べんかん)　**尚書**(しょうしょ)　**大丞**(だいじょう＝大弁)〔左大弁＝重尹[人]藤21、左中弁＝経輔[人]藤7、権左中弁＝経任[人]藤11、左少弁＝経長[人]源5／右大弁＝経頼[人]源5、右中弁＝資通[人]源5、右少弁＝家経[人]藤18〕太政官と八省・衛府・諸国など管下のすべての役所と連絡にあたる実務機関。太政官の一部局で、外記局とは別系統の職務を担う。すなわち、諸司・諸国からの事務処理、官符作成などにあたった。左右両局に分かれ、それぞれが分担して八省以下の諸司、諸国との取次ぎを担っていた。弁官で蔵人頭を兼帯する者を「頭弁」といい、長元四年には経任であった。

史(し)〔左大史＝貞行[人]他19・義賢[人]他35、左少史＝広雅[人]不・国宣[人]他37・為隆[人]不、少史＝広経[人]不(左少史広雅の誤か)／右大史＝奉政[人]他20・信重[人]不、右少史＝孝親[人]他35・守輔[人]不・ム、史＝光貴[人]不〕弁の下で、文書を掌り、諸役所から上申した庶務を取りあつかう。大史と少史がある。左右弁官局の大史の相当位は正六位上であるが、平安中期以降に五位の者も現われ「大夫史」といった。左右の別なく弁官局を統率し、庶務を掌った。

史生(ししょう・ふみびと・ふんびと・しじょう)〔左弁官史生＝成高[人]不〕諸官司に所属し、所属官司の文書について清書・書写・装丁などを掌る書記的職員。書算に秀で、律令格式などに通じている者が採用された。

官掌(かじょう)〔秋時[人]他42〕太政官の雑人級の下級職員。左右弁官に属し、庶務にあたる。

使部(つかいべ・しぶ)〔文殿史部(使部)＝時永[人]他48〕諸官司に置かれた下級職員で、不参官人を呼びに行くなどの雑務にあたる。内六位〜八位の嫡子の21歳以上で無役の者のうち、身体・書算ともに劣るものから採用した。

官使(かんのし・かんし)　勅や太政官符によって臨時使節を勤める諸使をいう。

召使(めしづかい)　宮中や太政官において、主に伝達係などの雑用を担う職。散位・年三十九以下の容儀あるものが式部省によって選ばれ、除目では毎年一人が、五畿内などの目に補任されることになっていた。

八省(はっしょう)

中務・式部・治部・民部・兵部・刑部・大蔵・宮内省の八省をいう。太政官に属するが、平安中期以降、太政官は八省を経ずに直接諸寮司を指揮するようになったので、ほとんど有名無実化した。四等官は、卿・輔(大輔・少輔)・丞(大丞・少丞)・録(大録・少録)であるが、中務卿・式部卿が親王の名誉職、民部卿・治部卿・刑部卿・大蔵卿・宮内卿なども中納言か参議が兼任する名ばかりのものにすぎなかった。「二省」とあるときは、式部省と兵部省を指すことが多い。式は式部省、兵は兵部省のこと。式部省は文官の人事を、兵部省は武官の人事をそれぞれ管掌するので、官人の人事を掌る官として、式兵両省とまとめて称された。

1 **中務省**(なかつかさしょう)　**中書省**(ちゅうしょしょう)　[場]大D4〔少輔＝高階(名不詳)[人]他43、録＝実国[人]他49・信頼[人]他24〕側近として天皇の輔導、詔勅の文案審査、上表文の取次、国史編纂の監修、女官・僧尼の名簿や諸国の籍帳管理などを職掌とする。

侍従(じじゅう)　**拾遺**(しゅうい)〔侍従中納言＝資平[人]藤3、侍従＝信家[人]藤5・俊家[人]藤5・良貞(良定)[人]不〕　中務省の品官。常に天皇の側近に侍して身辺の世話をする。蔵人所の設置などによって、名門子弟の初任の官とされたり、公卿が名誉職として兼官するなど形骸化した。

次侍従(じじじゅう)　節会や行幸などで、侍従を補助して天皇に奉仕するために任じられた臨時の職。五位以上から選ばれたが、参議以上の者は次侍従に入ることはなかった。

舎人(とねり)　天皇・皇族の近くに侍し、護衛や雑役に勤仕した下級官人。内舎人・大舎人・東宮舎人・中宮舎人がある。内舎人は五位以上の官人の子孫から聡敏・端正な者が選ばれ、内舎人に採用されなかった者は大舎人・東宮舎人・中宮舎人に任命され、それぞれ左右大舎人寮、春宮坊舎人監、中宮職に配された。

内舎人(うどねり)〔為時[人]他43・友正[人]藤24〕　帯刀するが文官で、中務省に配属されて天皇に奉仕し、宿衛や雑使、行幸の警衛などにあたった。定員は九十名で、官位相当の規定はなく、当司の判官以下の季禄を給された。

大舎人(おおどねり)　[場]大E5　中務省大舎人寮に属し、宮中の雑事に従事した。官人養成の職としても機能し、繁忙な官司へ出向する場合もあった。四位・五位の子孫または八位以上の特定氏族の嫡子から任じられたが、平安時代になると人員不足から、白丁や外位の者からも採用された。

内記(ないき)〔大内記＝孝親[人]他44、少内記＝国成[人]藤19・国任[人]他65〕　詔勅・宣命の起草、位記の作成、宮中の記録を掌った。『職員令』に大・中・少各二人とあるが、中内記は早くに廃れ、『内記日記』もつけられなくなった。しかし、中務省の中では最も実質的な官で、能文・能筆の人が選ばれた。

監物(けんもつ)〔大監物＝重季[人]源4・行任[人]他24〕　中務省の品官。大・中・少からなる。大蔵省をはじめとした諸司の倉庫の鍵の出入を管理し、同時に倉庫に保管された物品の出納についても監督した。

鎰司・典鎰(かぎのつかさ)　鎰の管理を掌る。『左経記』長元四年八月四日条※6に、大監物に率いられて近衛司と共に正倉院の鍵を取りに行く様子が描かれている。

中宮職(ちゅうぐうしき)　→[官]家2

内蔵寮(くらりょう・うちのくらのつかさ)　[場]大C2〔頭＝師経[人]藤4、権頭＝定経[人]他10〕　中務省被管の大寮で、金銀珠玉や諸蕃が献上する物品などの貴重品や、年料供進御服、別勅用物の出納・調進などを掌った。また、倉庫管理、諸国・諸寮司から納入される物品の出納、皮革製の履物・供御の櫛・染め物・色紙・油・陶器・木器・薦・灰・炭など必需品の製造も直営で行なった。諸陵・諸社への奉幣にも、内蔵寮が主として関わった。

陰陽寮(おんようりょう・おんみょうりょう)　**司天台**(してんだい)　[場]大D4〔頭＝実光[人]他14、助＝孝秀[人]他33、権助＝時親[人]他3、允＝為利[人]他14・恒盛[人]他49、大属＝恒盛→行国[人]他27、少属＝栄親[人]他14〕　中務省被管で、唐の太史局と太卜署の二機構をモデルに組織され、頭(かみ)以下の四等官の他、技術系の陰陽(占筮と地の吉凶を占う)・暦(造暦と日月食予報)・天文(天文・気象の異変を占う)・漏剋(水時計の管理と時報)の四部門に各博士と学生、陰陽師、守辰丁などの職員が配されていた。関係部署に欠員が出ると、連奏によって任官された。『小右記』三月廿九日条＊3、三月註248参照。

陰陽博士(おんようはかせ・おんみょうはかせ)〔孝秀[人]他33〕　陰陽生らの教授や、得業生・陰陽師・後任博士の推挙を中心とした職掌を担う。平安期になって、賀茂・安倍両氏がほぼ独占するようになる。

陰陽師(おんようじ・おんみょうじ)〔親憲[人]他40〕　陰陽寮官人としての陰陽師は、公的な占術(占筮相地)を主な任務とする技能官僚で、吉凶の判定、除災などを行ない、遣唐使・渤海使・節度使・征夷使などの対外使節にも随行した。ところが、陰陽道が呪術や祭祀をも行な

うようになり、その宗教性を高めると、令制官職に関わりなく、暦博士・天文博士、更にはその経験者で寮外へ転出した者までも「陰陽師」と通称されるようになった。

暦博士(れきはかせ)〔道平[人]他23〕 暦道の教官。毎年の暦を作成し、暦生へ暦道を教授した。賀茂保憲が天文道を弟子安倍晴明に、暦道を子光栄に伝授して以来、暦博士は賀茂氏の家職として世襲されるようになった。

天文博士(てんもんはかせ)〔時親[人]他3〕 天文道の教官。天文密奏(天体に異変があれば、吉凶を占って奏聞すること)をし、天文生へ天文道を教授した。賀茂保憲が安倍晴明に天文道を伝えて以来、安倍氏が世襲するようになる。

図書寮(ずしょりょう) [場]大A2 〔頭＝相成[人]他69、助＝惟任[人]藤15・経平[人]藤2〕 宮中の図書・仏像の保管、国史編纂、法会、書物の筆写・校正・装丁、紙・筆・墨の諸司への支給を掌った。

縫殿寮(ぬいどのりょう)〔頭＝顕長[人]藤7〕 女王をはじめ内外命婦の名帳、考課、衣服の裁縫を担った。長官である頭は、元日の節会で禄を授ける役を勤めた。

内匠寮(たくみりよう・うちのたくみのつかさ) [場]大A3 神亀五年(728)に設けられた令外官で、中務省に所属。四等官の他、史生・史部・雑色匠手などがおり、供御の雑器の製作や装飾、御殿の修理などを掌った。『延喜式』(巻一七・内匠寮)に作るべき品目が載せられているが、多くは木工寮と重複しており、次第に職掌を奪われていった。

2 **式部省**(しきぶしょう) **式司**(のりのつかさ) **李部＝吏部**(りほう・りぶ)〔卿＝敦平親王[人]皇7、大輔＝良宗[人]源6、権大輔＝挙周[人]他10、大丞＝惟道[人]不、少丞＝ム、丞＝資通[人]他44・資信[人]他41〕 八省の一で、文官の人事や、儀式時の差配などを掌った。平安時代に地位が低下し、式部卿には政治的な実権のない親王が任じられる慣行が成立した。式部卿となった親王を式部卿宮(式部卿親王)と呼び、唐名を**吏部王**(りほうおう・りぶおう)といった。次官である輔には儒道出身者が任用されるようになった。長元四年には、式部卿宮である敦平親王が王氏爵で王氏でない者を推挙し、釐務を停止され、勘事に処せられた。解説一三「王氏爵詐称事件」参照。

大学寮(だいがくりょう・おおつかさ) [場]京ム F18 〔頭＝時棟[人]他10、助－実綱[人]藤18、音博士＝親信[人]他26〕 式部省被管の、律令制による官吏養成のための最高の教育機関。9世紀中葉以後は、紀伝・明経・明法・算の四道からなった。頭以下の四等官をはじめとする事務官の他、博士・助教などの教官が道ごとにおり、全学生に漢字の発音を教える音博士二人がいた。「三道博士」という場合は、明経博士・明法博士・算博士を指した。

紀伝道(きでんどう)〔文章博士＝挙周[人]他10、家経[人]藤18〕 漢文学や中国の歴史を研究、教授した学科。神亀五年(728)に文章博士(もんじょうはかせ)一人と文章生(もんじょうしょう)二十人が設置されたことに始まる。承和元年(834)に紀伝博士が廃止されて文章博士が二人となり、貞観二年(860)頃までに予科に当たる擬文章生二十人が置かれた。紀伝道と呼ばれるようになったのも貞観年間(859〜877)のことで、事実上の大学寮筆頭学科になった。入学した一般学生は、寮試で選抜されて擬文章生となり、相当の学習期間を経て式部省の行なう文章生試(省試)を受け、合格すると文章生(進士)に補せられる。その労により任官することもあり、事実上の官吏登用試験でもあった。文章生の成績優秀者二名が**文章得業生**(秀才・茂才)で、本来は令制最高の官吏登用試験である秀才試(方略試・対策・献策)を受ける候補者とされたが、対策しないまま任官するようになり、また、家格が固定化・世襲化し、特定の氏族に世襲されるようになった(→二月註126)。文章生は難関の省試を突破しているので文筆に堪能であると見なされ、内記・弁官等の要職を歴任して、権門出身者でなくとも公卿に昇進することがあった。

明経道(みょうぎょうどう)〔明経博士＝貞清[人]他49、助教＝頼隆[人]他28、直講＝祐頼[人]他3〕

元来の大学の本科で、儒学を研究・教授した。博士一人、助教(じょきょう)・直講(じきこう)各二人の教官と、明経得業生四人、学生(明経生)四百人から成るが、学生定員は充足されていなかった。明経道の教官職は中原・清原両氏により世襲された。明経博士は「大博士」(→八月註14)ともいい、また、助教(じょきょう)が置かれたのは明経道のみで「次博士」とも呼ばれた。

明法道(みょうぼうどう)〔明法博士＝道成人他68・利業人不〕 律令格式を研究・教授した学科。天平二年(730)に明法科が設置され、平安初期に優秀な学者が続出した。明法博士二名は、明法生の教育を行なうだけでなく、朝廷における講書や、陣定などの公卿僉議に必要な明法勘文の作成もした。明法勘文は、「道の官人」(→二月註11)とも称される明法道出身の検非違使道志・同大夫尉・刑部省大少判事などの職を帯びた人々によっても提出された。惟宗直宗・直本の子孫が六代にわたって明法道の中心として活躍したが、平安末期には衰え、坂上定成の子孫である坂上・中原両氏が「博士家」を形成するに至る。

算道(さんどう)〔木工算師代＝正頼人不〕 算術を修める学科。算博士二名は必ず主計・主税寮の頭ないし助を兼ねた。他に主計算師・主税算師・大宰算師・造宮算師・修理算師・木工算師などの**算師**(さんし→二月註143)がおり、役所に所属して税や用度の計算に従事した。

勧学院(かんがくいん) 場京左F22〔弁別当＝経輔人藤7、有官別当＝致孝人藤24〕 藤原氏出身の学生のための寄宿舎。弘仁十二年(821)に藤原冬嗣が創設し、貞観十三年(871)頃に大学別曹として認可された。大学寮の南に位置したので南曹ともいった。院を管理する別当は、氏長者の任命で、大納言が兼任する**公卿別当**、弁官が兼任する**弁別当**、中央官司の判官による**有官別当**(うかんべっとう)、六位の散位による**無官別当**からなり、寄宿生の監督の他、氏寺・氏社など氏族共同の事務を掌った。二月註57参照。

散位(さんい・さんに) **散官**(さんかん)〔宣孝人不・宣輔人他14・則義人平2〕 官職に任じられず、位階のみを持っている官人。欠員がない場合や、才にふさわしくなく任じられない場合などがあった。中央の散位は散位寮に、地方は国衙に出仕した。散位者が増加すると、続労銭を納めて勤務実績に代える方式も生まれた。

3 **治部省**(じぶしょう) 場大A5〔卿＝経通人藤2、録＝行任人不〕 本姓・婚姻・祥瑞・喪葬・贈賻・国忌・諱・諸蕃朝聘を掌った。祥瑞の報告があると調査し、上瑞以下は恒例として元日に奏した。国忌の日には、定められている寺へ輔・丞・録各一人が赴いて行事した。卿は公卿の兼官が多い。

雅楽寮(ががくりょう・うたりょう・うたづかさ・うたまいのつかさ) 場大E5 楽舞の演奏と教習を掌った。四等官の他に、歌師・舞師(まいのし)・笛師・唐楽師などがいた。平安中期に、国風の歌舞は大歌所に移り、唐韓伝来の楽舞は**楽所**(がくしょ)に移った。『左経記』長元四年十一月条にも舞師が五節舞を教授したことが見え(十四日条※1)、舞師・小師・琴師・拍子・今良(ごんろう)・小歌らが禄を賜わっている(十七日条※1)。また、楽器奏者として楽人(伶人)もいた。

玄蕃寮(げんばりょう)〔允＝守孝人不〕 寺院・仏事・僧尼の管掌、外国使節の接待、在京の夷狄などの管理を掌った。

諸陵寮(しょりょうりょう) 諸陵の管理、喪葬儀礼、陵戸管理を掌った。

4 **民部省**(みんぶしょう・かきのつかさ) **戸部**(こぶ・こほう)〔卿＝斉信人藤11、録＝実国人他49〕 諸国の戸口・名籍、賦役、道路・橋梁・津済・渠池・山川・藪沢・諸国田のことなど、民政全般を掌った。被管に、調庸の収納や国家の会計事務を掌る主計寮と、租を取り扱う主税寮があり、「二寮」といった。また二寮の官人を「寮官」といった。卿には実務に秀でた有力貴族が任命され、特に大・中納言が兼任した。

主計寮(しゅけいりょう・かずえのつかさ)〔頭＝頼隆人他28、権助＝貞行人他19、允＝重頼人他40〕 中央財政の収支を計算する会計官司。毎年八月末日までに諸国から京進され民部省を通じて来る計帳を、前年の大帳などと照合し、庸の多少を調べ、国用を計上して割り振った。大蔵省や内蔵寮の倉庫の出納にも関与し、返抄を勘査し、未進の有無を調べた。計数に精通する算道出身者が多く任用され、頭には大外記や大夫史などが任じられた。

主税寮(しゅぜいりょう・ちからのつかさ)〔頭＝貞清人他49、助＝雅頼人他63、允＝致度人不〕 地方の財政収支を監査する官司。田租を蓄積する倉庫の出納、諸国の田租などを掌った。また、大炊寮に田租の一部を舂米として納入する際の計算や碾磑(みずうす)のことにも携わった。

5 **兵部省**(ひょうぶしょう) **兵司**(つわもののつかさ) 場大B5 〔大輔＝師良人源5、権大輔＝忠貞人他41、丞＝章経人藤18・定任人藤12、録＝為孝人不、輔代＝広遠人他22〕 武官の名帳・考課・選叙・位記、兵士名帳・差発兵士・兵器・儀仗・城隍・烽火などを掌った。武官の考選に関する兵部の事務は、文官の場合の式部と同じ。武官(武技)が関わる宮中行事にも関与した。平安時代には軍団兵士が廃止されたこともあって形骸化し、卿には親王や公卿など、大少輔には名家出身者が多く任用された。

兵庫寮(ひょうごりょう・つわもののくらのつかさ) 場大A1 令制の兵庫の後身として寛平八年(896)に左・右兵庫、造兵・鼓吹司が統合されて成立し、兵部省の被管とされた。武器類の生産・管理を掌った。正月の七日節会に際して、兵部省より弓・矢を天皇に献上する御弓奏(みとらしのそう・おんたらしのそう)をすることになっているが、長元四年には兵庫寮の官人が不参だったことにより(正月七日条*1)、二月二日条*3に怠状のことが見えている。

6 **刑部省**(ぎょうぶしょう) 場大A5 裁判や良賤名籍・囚禁・債負などを掌った。検非違使の設置により形骸化した。

7 **大蔵省**(おおくらしょう) 場人A1 〔卿＝通任人藤12、大輔－頼平人源3、少輔＝為資人藤13〕 国庫(調の一部と金銀貨幣・諸国貢献物)の出納・収納、度量衡・估価の管理、織部寮など所管の工房による衣服や器物の製作を掌った。四等官の下に主鑰・蔵部・典履・典革などの現業に従事する者が置かれた。節会などの諸儀式の装束をし、禄を準備した。

率分所(りつぶんしょ) 場大D1 〔別当(勾当)＝為資人藤13〕 大蔵省の正倉に納める官物の十分の二を率分として収納・管掌する所。弁官が別当、主計頭や大監物が勾当となって事務を管掌した。

8 **宮内省**(くないしょう・みやのうちのつかさ) 場大E4 〔卿＝道方人源5〕 天皇や皇族の日常生活に関することを掌った。被管は八省中で最も多いが(令制で一職五寮十三司、平安中期以降は一職五寮五司)、実際には太政官・蔵人所によって直接指揮されていたので、省の四等官はほとんど実務に関与しなかった。

大膳職(だいぜんしき・おおかしわでのつかさ) 場大E4 〔進＝俊正人不・少進＝広遠人他22〕 朝廷の饗宴、神事・仏事の饗膳・供物の調進と奉仕、親王以下官人の月料などを掌った。

木工寮(もくりょう) 〔允＝季兼人不、木工算師代＝正頼人不〕 土木・器物などの木工、一部の金属加工を担った。儀式の設営や堂舎・船の造営に役割を果たした。四等官や史生・算師の他、大工・少工・長上工・将領・工部・飛驒工など現業部門が充実した。

大炊寮(おおいりょう) 場大E4 〔允＝相資人他13、属＝則経人他60〕 諸国から貢進される舂米・雑穀を管理し、諸司の食料として分給した。

主殿寮(とのもりょう・とのもりのつかさ・しゅでんりょう)　場大E1〔主殿官人＝明隆人不〕
宮中や行幸における諸施設の管理、掃除・灯燭・松柴・炭燎などに関わった。

典薬寮(てんやくりょう)　場大A4〔頭＝忠明人他45、允＝致親人源3、針博士＝相成人他69〕
官人の医療を掌り、医師の養成、薬物・薬園の管理も担った。四等官などの事務官の他に、**医師**(→正月註51)・医博士・医生・針師・**針博士**・針生・按摩師・按摩博士・按摩生・呪禁師・呪禁博士・呪禁生・薬園師・薬園生・侍医・女医博士・薬生などがいた。典薬頭は丹波・和気両氏の世襲となった。

掃部寮(かもんりょう・かにもりのつかさ)　場大B2〔属＝重則人不〕　宮中の掃除や設営、儀式の鋪設などを掌った。宮内省被管の内掃部司と大蔵省被管の掃部司とが弘仁十一年(820)に併合されて掃部寮となった。

内膳司(ないぜんし・うちのかしわでのつかさ)場大C2　天皇の食膳を掌った。長官である奉膳は二人おり、高橋・安曇両氏が任じられた。他に、判官にあたる典膳(てんぜん)六人、膳部(かしわべ・ぜんぶ)四十人、平安時代に加えられた食長上・料理長上各一人、もと大膳職に属していた網曳長・江長各一人が置かれた。内膳司には忌火・庭火・平野の竈神がまつられ、皇居の遷移に際しては竈神も遷座した。

造酒司(みきのつかさ・ぞうしゅし)　場大A3〔正(かみ)＝頼重人源8、令史(さかん)＝惟同人他58〕　宮中で用いる酒・酢などの醸造を掌った。

主水司(しゅすいし・もいとりのつかさ)　供御の水・粥・氷室などを掌った。所属する伴部である水部について、負名氏として鴨県主が知られている。

弾正台

弾正台(だんじょうだい・ただすつかさ)　場大B5〔少弼＝定義人他41、忠＝斉任人他10、少忠＝貞親人不〕　風俗を粛正し、巡察して非違を糾弾し、弾奏を行なった。儀式の場では容儀を糺す役も担った。令制職員は尹(いん)・弼(ひつ・ひち)・大忠(だいちゅう)・少忠(しょうちゅう)・大疏(だいそ)・少疏(しょうそ)の四等官と、巡察弾正・史生・使部・直丁からなる。五位以上の官人の犯罪を糺し、重大な場合は上奏し、重大でない場合や六位以下の官人の犯罪は刑部省などの裁判を掌る官司へ移送して推判させた。弾正台は非違ある官人を召喚する権限を持っていたが、武官ではないので追捕能力は弱く、非違糾弾の実を充分にあげられなかった。平安時代には職掌と権限が検非違使へ移譲され、形骸化していった。尹には親王が多く任じられ、弾正宮といった。大中納言が尹を兼帯した場合は尹大納言などといったが、人を糾弾する官として好まれなかったようで、公卿の兼帯はみられなくなる。長元四年には忠斉任が強姧事件を起こしたとして問題となるが、その取り調べは弾正台でするという宣旨が下り、大臣の里第(私宅)に斉任を召して言い渡すとされた(『左経記』六月五日条※1)。

衛府

宮城の護衛にあたった官司。衛府制度は律令制定時の五衛府制以来、多くの変遷があり、一時は八衛府にもなった。弘仁二年(811)以降、左右近衛・左右衛門・左右兵衛から成る六衛府制が定着した。

1 **近衛府**(このえふ)　**将軍**(しょうぐん＝大将)　**羽林**(うりん＝中将・少将)　場内d4・b4・場大E2・A2〔左大将＝教通人藤5、左中将＝顕基人源6・兼頼人藤5・実基人源6、左少将＝資房人藤3・師成人藤12・経季人藤3、将監＝正親人他51・光任人藤24・光貴人他31・吉真人不・義資人他41、将曹＝時頼人他21・延名人不／右大将＝実資人藤3、右中将＝兼経人藤8・隆国人源6・良頼人藤7、右少将＝定良人源6・行経人藤10・章任人源6・親方人源5、将監＝扶宣人他32・助延人不・国永人藤24・為時人他43、将曹＝久遠人他16・正親人他51・正方人他24〕　朝廷の親衛軍である左右近衛府のこと。衛府の中で最も格が高く、天皇に一番近い内裏を警護

する。大将は左右とも大臣か大納言の兼任。中少将は「次将(じしょう)」「亜将(あしょう)」ともいい、摂関・大臣の子弟など名門の出であることを原則とした。特に、上級貴族の若い子弟がこの在任中に賀茂祭使・春日祭使の役を勤めることは、公卿入りする前のお披露目の意味もあった。近衛中将は従四位下相当であったが、三位に叙されたり、参議を兼ねたりして公卿となるものが出て、三位の者を「三位中将」、参議の者を「宰相中将」といった。また、蔵人頭を兼帯する者を「頭中将」といった。衛府といっても儀式の際の儀仗や舞楽が主な任務であったので、将監・将曹など近衛官人には、楽人・舞人など舞楽の家の者や、騎馬・射芸・相撲などに優れた者が多く含まれた。太上天皇・摂政・関白・大臣・納言・参議・近衛大将・中将・少将などに、随身として一定数が選抜派遣され、身辺警護にあたった。

府生(ふしょう)〔右近府生＝公武[人]他39・延頼[人]不・尚貞[人]他54・光武[人]他39・公忠[人]他39・為行[人]他29・元武[人]他24〕 六衛府の下級官人で、他の所司の史生に相当する。近衛府の府生は、近衛府舎人から任じられる。将監・将曹・府生を「**官人**」と称した。

番長(ばんちょう)〔貞安[人]他54〕 府生の下で、番上(交代勤務者)を統率する官。六衛府の他、大舎人寮にも配された。番長・案主(あんず)・府掌(ふしょう)を総称して**物節**(ものふし)といった。

近衛(このえ)〔左＝安行[人]他21、右＝安行[人]他39・信武[人]他64〕 近衛府の下級官人。近衛司(このえのつかさ)は、近衛の官人の総称。

陣官(じんかん) 近衛府の将監・将曹、衛門府の尉・志などの下級武官。

吉上(きちじょう) 内裏諸門に置かれた陣(詰所)に当直する者で、番長や近衛から選ばれた。

2 **衛門府**(えもんふ) **金吾**(きんご)・**金吾将軍**(＝衛門督) [場]大D3・D2・[場]京左B3〔左衛門督＝師房[人]源7、権佐＝家経[人]藤18、尉＝俊通[人]他44・経光[人]源6・式光[人]他62・為長[人]他47、大志＝豊道(栗田)、志＝成通[人]他49／右衛門督＝経通[人]藤2、佐＝良宗[人]源6、権佐＝雅康[人]平1、尉＝時通[人]平2、少志＝守良[人]他3〕 衛府の一で、内裏の外側の大内裏(美福門・郁芳門など宮城諸門の内側)を警備する。兵衛と合わせて**外衛**(とのえ)ともいう。検非違使の諸職はほとんど衛門府から選任されるので、近衛府に次いで格が高い。名称には様々な転変があったが、六衛府成立以降、左右衛門府に固定した。督は中納言・参議の兼任、佐以下、大少尉(じょう)・大少志(さかん)には権官もあった。尉のうち、五位に昇叙した者は特に衛門大夫と呼ばれた。**府生**・**番長**・**吉上**もいた。舎人には**門部**(かどべ)と衛士などがいて、諸門を警備した。

府生(ふしょう)〔左衛門府生＝永正[人]不・重基[人]他29・茂親[人]他51／右衛門府生＝貞澄[人]他51・永光[人]他26〕 府生は前出。

北陣(きたのじん) 平安宮内裏外郭北にある朔平門にあった衛門の陣。

御門守(みかどもり) 皇居や貴人の門を守る人。

領送使(りょうそうし) **長送使**(ちょうそうし) 遠方へ(流移の人などを)護送する使。衛門府・兵衛府の官人がなった。『左経記』八月八日条※1に、藤原相通・小忌古曾夫妻を配流先に送るため、左右衛門府の府生と門部を各二名出すように命じられた。奉送使・監送使ともいう。斎宮の伊勢下向に同行する使としては、参議・納言が任じられた。

3 **兵衛府**(ひょうえふ) **武衛**(ぶえい＝兵衛督)〔左兵衛督＝公成[人]藤6、佐＝定文[人]平2／右兵衛督＝朝任[人]源5、尉＝憲清[人]源4〕 衛府の一で、近衛府担当地域のすぐ外周(宣陽・陰明門より外、建春・宜秋門より内の部分)を警備する。衛府の中で警備地域が最少で、格も一番低い。もとは郡司の子弟や位子などから構成され、天皇の護衛と警察を掌ったが、平安中期以降は儀式の場で佐・尉が姿を見せる程度となる。長元四年では、参議源朝任が検非違使別当と右兵衛督を兼ねており、「別当右兵衛督」とも言われた。

4 **馬寮**(めりょう)　場大A4・A5　〔左馬頭＝良経人藤10、助＝成忠人他44・諧人源8／右馬頭＝守隆人源6、助＝知貞人他24・頼職人源4、允＝為頼人藤24・頼行人藤24〕　宮中の厩の馬や馬具のことを掌った。大同三年(808)に主馬寮・内厩寮・兵馬司を統合・再編して誕生した。諸国から貢進された馬を直属の牧や厩舎、あるいは畿内・近国に委託して飼養し、儀式の時や衛府などへ供給した。頭の上に別当にあたる**御監**(ごげん)が置かれ、左馬寮御監は左大将(長元四年では内大臣藤原教通)、右馬寮御監は右大将(右大臣実資)が兼ねた。頭以下の官人(史生まで)は帯剣の武官で、衛府に准ずる軍事警察官司として重要であった。助は賀茂祭・春日祭などの使を勤めた。四等官の他に、馬の治療にあたる**馬医師**、馬の世話をする**馬部**(めぶ)、馬丁にあたる**居飼**(いかい→正月註114)がいた。

地方

1 **京職**(きょうしき・みさとのつかさ)　場京左F19・右F48　〔右京権大夫＝道雅人藤7〕　京内の行政や東西市などを掌った官司。左京は左京職、右京は右京職が管轄した。大夫・亮・大少進・大少属の四等官の下に、坊令・使部・直丁らがいた。**坊令**は四坊からなる左京・右京の条ごとに、**坊長**は坊ごとに置かれた。長元四年九月の殿上所充で、右大臣藤原実資が左右京職の別当となった。

保刀禰(ほうとね・ほとね)　**保長**(ほちょう)　保内の有力者が京職や検非違使から任じられた職で、保内における警察や、土地売買の保証などを担った。保は坊を四分割したもので、四つの町からなる。坊を構成する四つの保は、左京では北西→南西→南東→北東の順に一保〜四保、右京では左右逆に北東→南東→南西→北西の順に一保〜四保と数えた。

2 **大宰府**(だざいふ)　**都督**(ととく＝帥・権帥・大弐)　〔権帥＝道方人源5〕　西海道(九州)全体を統括する地方官庁。中国・朝鮮に対する防備・応接を主たる目的として設置された。官僚機構も国レベルとは一線を画し、遠の朝廷とも呼ばれた。**帥**(そち)・**大少弐**(に)・**大少監**(げん)・大少典の四等官の他に、主神(かんづかさ)・判事・博士・医師などの官が定められていた。弘仁十一年(820)の多治比今麻呂より後に臣下で帥に任じられる者はほとんどなくなり、大同元年(806)の伊予親王を初見として弘仁十四年から親王任官となり、実際の政務は権帥(ごんのそち)か大弐(だいに)かのいずれかに委ねられ、現地における最上位者を「都督」といった。高官の左遷による員外帥・権帥も見られた。権帥には大・中納言、大弐には参議や二位・三位の公卿が任じられるのが普通で、任期は五年であった。少弐は多く筑前守を兼ね、大少監・大少典は府官ともいい、九州の豪族が任じられた。

3 **国**(くに)　令制における行政区画で、複数の郡を合わせたもの。その区画を支配する行政機構。平安時代までに確定した六十六国二島は、五畿七道諸国と称された。諸国は**大・上・中・下**の四等級があり、都から国府へ赴く経路によって畿内・七道に分類され、国府に達する行程の日数によって**近国・中国・遠国**に分けられた。国府は国の政庁で、国衙とも称した。

国司(こくし)　**分憂**(ぶんゆう)　各国の支配・行政のために中央から派遣された。「分憂」というのは、「民と共に天子の憂えを分担する」という意味。**守**(かみ)・**介**(すけ)・**掾**(じょう)・**目**(さかん)の四等官の下に史生・医師などがおり、任期は普通四年であった。大・上・中・下の等級により国司の定員や相当位が異なった。平安時代に長官である守は実際に赴任せず、**遥任**(ようにん)が盛んになった。赴任した国司四等官のうちの最高官は**受領**(ずりょう)ともいわれ、諸国の受領を歴任する受領層といわれる中級官人層も発生した。受領には赴任の義務があったが、実際には任地に何度か短期間行くだけでほとんど在京している者も多くなった。よって、国衙は受領の留守を預かる**留守所**(るすどころ)とも呼ばれるようになり、受領の代理として私的に派遣された**目代**(もくだい)が、在地の有力者からなる**在庁**

官人(ざいちょうかんじん)を監督・指揮しながら行政の実務を行なった。下級官人として二名の**国掌**(こくしょう)がおり、把笏が許され、国衙領内に給田も与えられていたが、在庁と比較すると給田も少なく、地位は低かった。『延喜式』(巻二二・民部上)による五畿七道諸国とその等級・都からの距離による区分は以下の通りである。

畿内(**五畿**＝五国)

山城(やましろ)〔権守＝為説[人]他24、介＝時信[人]不〕　上(上国)。国名は初め「山代」、大宝律令制定により「山背」、平安京への遷都によって「山城」となった。**山崎**(やまざき)は、乙訓郡、天王山と淀川に挟まれた沖積平野に位置し、桂川・宇治川・木津川が淀川に合流する水陸交通・軍事上の要衝であった。**桂**(かつら)は、葛野郡、桂川(大井川の下流)の西岸にあり、山陽・山陰両道へ通じる交通の要衝であり、かつ景勝の地として貴族の山荘も多く建てられた。**比叡山延暦寺**は、近江国との境にある。

大和(やまと)〔守＝頼親[人]源3〕　大(大国)。**佐保殿**(さほどの)は氏長者が春日社・興福寺に詣でる時の宿泊などにあてられる御殿で、大和国にある荘園の管理を統轄する館にもなった。棹殿(さおどの)とも。正月註455・八月註95参照。

河内(かわち)〔守＝公則[人]藤20〕　大。

和泉(いずみ)〔資通[人]源5〕　下(下国)。

摂津(せっつ)　上。延暦十二年(793)に摂津職が廃止され、国と同じく国府が置かれた。**住吉社**があり、貴族の参詣を集めた。延暦四年に三国川(現在の神崎川)と淀川とを通す工事が完了、西国から平安京への入り口として、淀川から三国川への分岐点である**江口**(現在の東淀川区)や三国川の河口である**河尻**(現在の兵庫県尼崎市)が栄えた。河尻は川尻とも書き、ここから陸路か海路かが選択された。

東海道(十五国)

伊賀(いが)〔守＝顕長[人]藤7、国掌＝逆光[人]他14〕　下。近国。前伊賀守源光清が伊勢神宮の神民の訴えにより伊豆国に配流となり、長元四年正月には途中の近江国で賊に遭い、二月には使であった左衛門府生永正が駿河国で殺されている。

伊勢(いせ)〔国司＝行貞[人]他44〕　大。近国。**伊勢神宮**があり、その神郡・神領が多い。**鈴鹿山**(すずかやま)は、伊勢国と近江国の国境にある標高378メートルの山で、東海道の峠(鈴鹿峠)として伊賀越に代わり利用され、京から伊勢神宮への勅使や斎王の通路であった。**壱志**(いちし)は、壱志郡、現在の三重県松阪市曽原町付近に所在し、伊勢神宮への参宮路にあることから、伊勢公卿勅使宿泊所として利用された。『延喜式』(巻二八・兵部省)諸国駅伝馬条に見える市村駅は、壱志駅の誤りとする説がある。

志摩(しま)　下。近国。

尾張(おわり)〔守＝惟忠[人]藤17〕　上。近国。

三河・参河(みかわ)〔守＝保相[人]藤23〕　上。近国。

遠江(とおとうみ)　上。中国。

駿河(するが)〔守＝忠重[人]源3〕　上。中国。

伊豆(いず)　下。中国。前伊賀守源光清と斎宮頭藤原相通の配流先。

甲斐(かい)〔守＝頼信[人]源3〕　上。中国。**望月**(もちづき)・**真衣野**(まきの)などの勅旨牧があった。前甲斐守として平範国の名が見える。

相模(さがみ)〔守＝光貴[人]不〕　上。遠国。

武蔵(むさし)〔守＝致方[人]平1〕　大。遠国。**立野**(たちの)・**秩父**(ちちぶ)などの勅旨牧があった。

安房(あわ)〔守＝正輔[人]平1〕　中(中国)。遠国。

上総(かずさ)〔介＝維時[人]平1〕　大。遠国。親王任国なので、介が受領であるが「守」とも書かれる。

下総(しもうさ) 〔守＝為頼[人]不→時重[人]藤24〕 大。遠国。**香取神宮**(かとりじんぐう)は、香取郡(現在の千葉県香取市香取)に鎮座、春日社にも勧請された経津主命(ふつぬしのみこと)を主神とし、藤原氏の氏神として崇敬された。

常陸(ひたち) 〔介＝兼資[人]藤19〕 大。遠国。親王任国なので、介が受領。**鹿島神宮**(かしまじんぐう)は、鹿島郡(現在の茨城県鹿嶋市)に鎮座、春日社にも勧請された武甕槌命(たけみかづちのみこと)を祭神とし、藤原氏の氏神として崇敬された。

東山道(八国)

近江(おうみ) 〔守＝行任[人]源6、権守＝資房[人]藤3→経頼[人]源5〕 大。近国。『左経記』長元四年九月廿四日条※1に、近江前司として源済政の名が見える。**勢多**(せた)は、栗太郡、琵琶湖水の流出口、瀬田川の河口部東側にある東山・東海両道の要衝の地として、平安遷都後に勢多駅は逓送用馬30疋、勢多橋(瀬田橋)の維持・管理にも意を注がれた。**甲可・甲賀**(こうが)は、甲賀郡にある東海道の駅。付近に斎宮群行に関する垂水頓宮跡がある。伊勢公卿勅使宿泊所として利用された。**鈴鹿**(すずか)は、鈴鹿郡、東海道と伊勢参宮路である志摩路の分岐点に位置し、伊勢公卿勅使の休憩所として利用された。

美濃・美乃(みの) **美州**(びしゅう) 上。近国。『左経記』長元四年六月七日条※1に、甲斐守源頼信が平忠常帰降の由の申文を**大野郡**から送ったとあり、十二日条※2に、源頼信に投降した平忠常が**厚見郡**(十一日条※1に**野上**とある)で死去したとの報告が記されている。

飛騨(ひだ) 下。中国。

信濃(しなの) 上。中国。

上野(こうずけ) 大。遠国。親王任国なので、介が受領。前司として藤原家業の名が見える。

下野(しもつけ) 〔守＝善政[人]藤24〕 上。遠国。

陸奥(むつ) 大。遠国。前陸奥守として藤原貞仲の名が見える。

出羽(でわ) 上。遠国。

北陸道(七国)

若狭(わかさ) 中。近国。

越前(えちぜん) 〔守＝兼綱[人]藤9〕 大。中国。

加賀(かが) 〔守＝俊平[人]不、権守＝師成[人]藤12〕 上。中国。

能登(のと) 中。中国。

越中(えっちゅう) 〔守＝業敏[人]他43、介＝信任[人]不〕 上。中国。

越後(えちご) 上。遠国。

佐渡(さど) 中。遠国。前佐渡守として佐伯公行の名が見える。

山陰道(八国)

丹波(たんば) **丹州**(たんしゅう) 〔守＝章任[人]源6〕 上。近国。

丹後(たんご) 中。近国。

但馬(たじま) 〔守＝則理[人]源6〕 上。近国。

因幡(いなば) 〔守＝頼成[人]藤13〕 上。近国。

伯耆(ほうき) 上。中国。**八橋野牧**(やはしののまき・やばせののまき)は、八橋郡、現在の鳥取県東伯郡琴浦町、加勢蛇川下流の河岸段丘地を中心とした一帯を利用して開かれたと推定され、実資の養子である資頼が伯耆国守であった治安元年(1021)～万寿元年(1024)に実資の牧になったと考えられる。

出雲(いずも) 〔守＝俊孝[人]他44〕 上。中国。長元四年に**杵築社**(出雲大社)の神殿が倒壊、その報告を出雲守俊孝がしている(『左経記』十月十七日条※5)。

石見(いわみ) 〔守＝資光[人]不〕 中。遠国。

隠岐(おき) 〔守＝道成[人]源6〕 下。遠国。藤原小忌古曾の配流先。

山陽道(八国)

播磨(はりま)〔権守＝通任入藤12、介＝良頼入藤7〕 大。近国。
美作(みまさか)〔守＝資頼入藤3〕 上。近国。藤原実資の知行国か。前美作守として源保任の名が見える。
備前(びぜん)〔守＝朝任入源5・長経入源6〕 上。近国。前備前守として藤原中尹の名が見える。
備中(びっちゅう)〔守＝邦恒入藤16〕 上。中国。
備後(びんご)〔権守＝重尹入藤21〕 上。中国。
安芸(あき)〔守＝頼清入源3〕 上。遠国。前安芸守藤原良資が治国加階文を出している。
周防(すおう)〔権守＝顕基入源6〕 上。遠国。
長門(ながと)〔守＝定雅入藤14〕 中。遠国。

南海道(六国)
紀伊(きい)〔守＝良宗入源6、権守＝経成入源6〕 上。近国。
淡路(あわじ) 下。近国。
阿波(あわ) 上。中国。前阿波守として藤原義忠の名が見える。
讃岐(さぬき)〔守＝頼国入源3、権守＝兼経入藤8〕 上。中国。
伊予(いよ)〔守＝隆国入源6、権守＝章信入藤17〕 上。遠国。
土佐・土佐(とさ)〔守＝頼友入不〕 中。遠国。

西海道(九国二島)
筑前(ちくぜん) 上。遠国。前筑前守平理義が治国加階文を出している。
筑後(ちくご)〔守＝盛光入藤24〕 上。遠国。
豊前(ぶぜん) 上。遠国。宇佐郡に**宇佐八幡宮**が鎮座する。
豊後(ぶんご)〔守＝棟隆入藤19〕 上。遠国。
肥前(ひぜん) 上。遠国。
肥後(ひご) 大。遠国。
日向(ひゅうが) 中。遠国。
大隅(おおすみ) 中。遠国。前大隅守として菅野重忠の名が見える。
薩摩(さつま) 中。遠国。
壱岐(いき) 嶋。下。遠国。
対馬(つしま)〔守＝種規入不〕 嶋。下。遠国。

郡司(ぐんじ) 国の下の行政区分である郡の官人。在地豪族の有力者が中央によって補任される形式をとり、律令国家支配の末端を担ったが、国司が任命する擬郡司の増加や、10世紀末に郡内の徴税が国司が派遣する検田使や収納使に委ねられるに至り、支配者としての性格を失った。

交替使(こうたいし) 死亡など何らかの事情によって、後任国司と前任国司との間で分付受領(ぶんづけずりょう＝交替の手続)が行なえない場合に派遣される官。後任国司の申請によって遣わされ、**詔使**(しょうし)ともいった。三月註140参照。

調庸使(ちょうようし)『小右記』長元四年二月十三日条▼bに見える。調・庸を運ぶ使のことか。貢調使のことか。貢調使(こうちょうし)は、令制下において諸国の調・庸・中男作物等を京に運び納め、また国衙の政務を中央の関係官司に報告する使節。国衙から毎年定期に上京する四度使の一で、調使・運調使ともいう。8世紀後半からは、国司の目以上の四等官が任にあたった。

弁済使(べんさいし)〔美作国弁済使＝良時入不〕 諸国が済物を中央へ納入するためなどに、京やその周辺に置いた役。その職掌から、中央の下級官人が任じられたり、国雑掌と兼任したりすることがあった。

荘司(しょうし) 荘園の管理者の総称。勧農・年貢徴収・治安維持などを担った。

令外官・令外の職など

1 **検非違使**(けびいし)　場京左B4　〔別当＝朝任人源5、佐＝家経人藤18・雅康人平1、尉＝俊通人他44・式光人他62・清人源8・為長人他47・時通人平2、志＝豊道(粟田)・守良人他3・成通人他49、府生＝時道(坂上)・重基人他29・貞澄人他51〕　京中の取締り・訴訟・裁判・行刑などの警察・司法業務を行なう令外官。弘仁六年(815)前後に置かれたと考えられる。衛府・京職・弾正台などの権限を吸収し、強大な機関となった。検非違使の官人は衛門府の役人の中から検非違使宣旨(使宣旨)によって任命され、天皇の直接的な命令によって行動したので、臨機応変な行動が可能で、絶大な権威を持ち、諸使の中で花形とされた。全体を統括する別当には中納言・参議を兼帯する左右衛門督・左右兵衛督が起用される原則で、長元四年には参議右兵衛督源朝任がなっていた。勅宣に准ずるとされる別当宣によって任じられ、その権限が非常に大きかったので、ただ別当といえば検非違使別当を指した。佐は左右衛門佐二人ずつの四人で、家柄・人物によって選ばれた。尉以下の官人も左右衛門府の官人が兼官し、追捕・裁判等の実務を担った。大尉には明法家出身の中原・坂上家の者など、少尉には武士などが多く選ばれた。検非違使の官人のことを「使の官人(しのかんじん)」とか単に「使(し)」ということもある。下級職員である**下部**(しもべ)は、追捕・囚禁・護送などにあたり、放免となった罪人を用いることから放免(ほうめん)ともいった。

火長(かちょう)　衛門府の衛士を選抜した者。**看督長**(かどのおさ)・案主(あんじゅ)を総称していう場合もあった。

2 **蔵人所**(くろうどどころ)　**侍中**(じちゅう)　場内b4　〔頭中将＝隆国人源6／頭弁＝経任人藤11、蔵人右中弁＝資通人源5／蔵人左少弁＝経長人源5／蔵人左少将＝経季人藤3、六位蔵人＝資通人他44・兼安人藤19・経衡人藤18・惟任人藤15・実綱人藤18・経光人源6・俊通人他44〕　平安初期に成立した、天皇の秘書的性格の令外官。常に天皇の側にあって、文書・詔勅などの政事はもとより供御饗饌、服飾調度の庶務も担った。平安時代の政治は、宮廷の儀式・行事が中心であったので、蔵人所の職務は重大で、諸所の中の代表であった。元来、天皇の代替わりごとに再任され、皇太子時代の側近が多く任じられた。最高位の別当は一上(いちのかみ)が勤めるとされたが、長元四年九月には藤原実資がなっている。実質上の長官は**蔵人頭**(くろうどのとう)で、四位の殿上人から選ばれ、殿上の一切を指揮した。近衛中将を本官とする**頭中将**(とうのちゅうじょう)と弁官を本官とする**頭弁**(とうのべん)の二人がおり、参議に欠員があれば第一に昇任することになっていた。五位の殿上人から選ばれた**五位蔵人**と、本来は昇殿を許されない六位でありながら殿上での雑用や御膳の奉仕ができる名誉を得られる**六位蔵人**までが、**職事**(しきじ)といわれた。六位蔵人は五位になると蔵人を辞めなければならず、元蔵人で今は五位という意味で、**蔵人五位**(くろうどのごい)とか**蔵人大夫**(くろうどのたいふ)といわれた。**非蔵人**も六位に殿上の雑用をさせた者で、蔵人の見習いのようなものであった。この下に、雑色・所衆・出納・小舎人・滝口などがいた。

雑色(ぞうしき)　〔家衡人藤18・兼季人藤19〕　雑役を勤める下級官人。蔵人所雑色は公卿の子弟などがなる名誉ある職で、蔵人に転じることもあった。九月註191参照。

所衆(ところのしゅう)　〔兼季人藤19〕　蔵人所に属して雑務を勤めた者。五位・六位から選ばれ、職務上必要な場合以外には昇殿を許されなかった。

出納(すいとう・しゅつのう)　蔵人所に所属する下級官人。文書・書籍をはじめとする雑具の出し入れ、見参の書写、宣旨の取次ぎなどを行なった(『侍中群要』)。学生・明法生・諸国の目などが多くこの任にあたった。東宮や公卿の家政機関である政所にも置かれた。

内給所(ないきゆうしよ)　内給に関する事項を職掌とする小機関。蔵人所の所管として宇多朝に設置されたと考えられるが、内給が成功(じようごう)と同質化した平安後期に形骸化した。

小舎人(こどねり)　蔵人所や貴族の邸宅に属して雑用を勤めた者。

内竪(ないじゅ・ちいさわらわ)〔別当＝之清人不〕 蔵人所の被管である内竪所に所属し、主に宿奏・時奏にあたった。節会における供奉や、諸方面への使を勤めることもあった。

滝口(たきぐち)　場内b2　清涼殿の東北方にある御溝水(みかわみず)の落ちる所にあった内裏警護の詰所で警備や雑役にあたった武士。武芸に長じた者が選ばれ、蔵人所に属した。滝口の武士。

殿上人(てんじょうびと)　四位・五位のうち、清涼殿の殿上(場内b3)の間に昇ることを許された者。天皇の代替わりごとに選ばれ、殿上の間に詰め、蔵人頭の指揮のもとに天皇の身辺の雑事を勤仕し、輪番制で宿直や供膳(食事の給仕)をした。特に名誉とされ、公卿の予備軍的な存在でもあった。殿上の間の**日給簡**(につきゆうのふだ、殿上簡とも)に名が記され、殿上の上日・上夜が蔵人所より月奏されたことから、**簡衆**(ふだのしゆう)とも呼ばれ、昇殿を停めることを**除籍**とか「簡を削る」といった。官位の昇進ごとに昇殿の許可を得なければならず、再度殿上を許されることを**還昇**(げんじよう)といった。院・東宮・女院にも昇殿制があり、それらと区別する場合、**内の殿上人**(うちのてんじょうびと)といった。

3 諸職・諸院

修理職(しゅりしき)〔大夫＝済政人源5→重尹人藤21、権大夫＝実経人藤10、進＝忠節人他52〕 京内・宮内の修理・造営にあたる令外官。一度は停廃となるが再置後は常置となり、令制の造営官司である木工寮と同規模の官になった。長元四年九月の殿上所充で、修理職別当は関白頼通に充てられている。

穀倉院(こくそういん)　場京右F50　京内の非常の備蓄のための穀倉として設けられた令外の官。畿内諸国からの調銭、諸国の無主の位田・職田・没官田などの収穫穀物、大宰府の地子交易物を収納し、さらに賻物の給付、穀倉院学問料の支給、宮廷行事における饗饌の弁備を行なった。公卿別当には摂関か筆頭の公卿がなり、長元四年九月の殿上所充では関白頼通に充てられた。他に弁官か蔵人頭が任じられる四位別当、大史・大外記・主計頭・主税頭などが任じられる五位別当があり、五位別当のもとに預・蔵人が置かれた。

4 諸使

按察使(あぜち)〔頼宗人藤5〕 養老三年(719)に設置された令外官。数ヶ国の国守のうち一人を兼官させ、管国国司の政績を監督させた。当初、畿内・西海道を除く全国に設置されたが、平安時代には陸奥出羽按察使のみとなり、陸奥・出羽両国の行政・軍事の最高官として位置づけられた。後、按察使は大納言・中納言・参議などの兼官となり、単に名目的存在となった。

勘解由使(かげゆし・とくるよしかんがうるつかさ)〔長官＝重尹人藤21〕 官人や役僧の交替を監査する令外官。延暦十六年(797)に国司を監督する官庁として設置され、後に京官や役僧にも適用されるようになった。天長元年(824)以後に常置となったが、平安中期以降は形骸化し、長官は参議、次官は弁が兼任した。

5 相撲

相撲司(すまいし・つまいのつかさ)　毎年七月に行なわれる相撲節に関する臨時の官。節会の一月前に設置され、庶務を担った。平安前期には親王が相撲司別当に任じられた。九月註45参照。但し、摂関期の相撲は左右近衛府によって行なわれた。

相撲所(すまいどころ)　左右近衛府に設置された。長元四年条では、右近衛府で七月十九日に始められ、頭中将隆国が右大将実資に開始の旨を伝え(▼a)、府生光武が定文などを持って来て中将隆国・良頼、少将行経・親方が内取所に着したことを報告している(＊2)。

相撲使(すまいのつかい)〔右＝尚貞入他 54〕 相撲人を徴集するために派遣した**相撲部領使**(すまいのことりづかい)。左近衛府は東国、右近衛府は西国に遣わして、相撲人を連れてくる。長元四年の右近衛府の相撲使は三月廿四日に決められ、毎年のように勤めていた府生藤井尚貞が淡路・阿波・讃岐・伊予に遣わされた他、関白頼通の随身や正月の賭弓で矢数が多かった者、右近衛府陣の勤めが良い者、上東門院の随身などが選ばれ、実資自身の随身は入らなかった(三月廿二日条＊4、七月廿二日条▼a)。

相撲人(すまいびと・すまいにん)〔左・最手＝為成入他 56、ム丸入他 24／右・最手＝勝岡入他 56、腋＝為男入他 48、為永入他 1・高平入他 1・惟永入他 18・良方入不・守利入不〕 全国から集められた相撲を取る者。今の横綱にあたる最手(ほて)、次に腋(わき)以下がおり、左右に分かれて対戦した。

念人(ねんにん)〔左＝恒盛入他 49／右＝為利入他 14〕 歌合・物合・競馬・騎射・相撲等、競技に際して左右に方分けした際、それぞれを応援する人たち。陰陽師などが勤めた。

6 その他

位禄所(いろくしょ・いろくどころ)〔弁＝経長入源 5、史＝孝親入他 35〕 位禄について取り扱う所。『小右記』長元四年三月十四日条＊2 に位禄の国充が行なわれ、位禄弁経長によって奏上され、左大弁重尹によって定文(殿上分)が書かれたとあり、同月廿八日条＊2 に位禄所の史孝親が持ってきた三ヶ国(信濃・但馬・紀伊)の位禄を給う文に、実資が給人を書いて返したとある。三月註 246・247 参照。

御書所(ごしょどころ・おふみどころ) 宮中の書物を管理する所。天皇の書物を保管する所として内御書所があり、内御書所は承香殿片廂、御書所は式乾門東腋にあったとされる(『西宮記』)。長元四年九月の殿上所充で、御書所別当に蔵人が充てられた。八月註 67・180 参照。

作物所(つくもどころ・さくもつしょ) 場内 a5 宮中の調度品などを調進する所。蔵人所が管轄した。別当・預などがおり、長元四年九月の殿上所充で蔵人が別当に充てられた。九月註 180 参照。

進物所(しんもつどころ・たまいどころ) 場内 a5 内膳司で作られた天皇への供御を温め直したり、供御の簡単なものを調理したりした。御厨子所と共に諸国貢進御贄を保管した。

御厨子所(みずしどころ) 場内 a3 天皇の朝夕の御膳を調進し、節会などへ酒肴を出した所。進物所と同じく内膳司の出先機関ともいうべき性格を持ち、蔵人所の管轄下に置かれた。別当・預の他、食膳の調理を預かる**膳部**(かしわべ・ぜんぶ)などがいた。

造曹司所(ぞうぞうしどころ) 太政官の造曹司のことか。

装束司(しょうぞくし) 行幸や儀式の際の鋪設などを掌る臨時の職。大嘗祭御禊・斎王の伊勢下向などに際しても任命された。正月註 215 参照。

造八省豊楽院行事所(ぞうはっしょうぶらくいんぎょうじしょ)〔弁＝経頼入源 5・経任入藤 11、史＝義賢入他 34〕 八省と豊楽院を修理・造営する臨時の機関。長元二年(1029)五月頃までに設置され、翌三年から修造を担当する国々が決められていった。しかし、修造は進まず、長元四年にも審議されている。八月註 351・九月註 50・131 など参照。

造大安寺司(ぞうだいあんじし)〔長官＝経輔入藤 7、主典＝孝親入他 35〕 官寺または官寺に准じた寺院の造営のために設けられた臨時の官司である造寺司の一。その官人。大安寺の営繕などの土木的建設的事業を掌った。

勅使(ちょくし) 勅によって派遣される使者、または勅を伝えるための使者。

中使(ちゅうし) 天皇からの使。勅使との区別は、中使が私的・内廷的であるのに対し、勅使は比較的公的・外廷的性格のものに用いられる。手紙を遣わす使として**御書使**(おんふみのつかい)ということもある。

奉幣使(ほうへいし・ほうべいし) **御幣使**(ごへいし) 朝廷から神社・山陵に対して幣帛(へ

いはく)を奉るための使。恒例の祭の奉幣使は**祭使**(春日祭使・賀茂祭使など)ともいい、内蔵寮・近衛府・馬寮など発遣の主体となる官司の名が付される場合もある。臨時に遣わされる使にも、**祈雨使**(きうし)・**祈年穀奉幣使**(きねんこくほうへいし)などがあり、奉幣対象となる神社の名前を付けて呼ぶこともあった。天皇の私的な奉幣の場合は**御願使**(ぎょがんし)、十列や神馬を奉る場合は**神馬使**(しんめし)などの用語も使用された。

宣命使(せんみょうし)　元日節会・白馬節会などで宣命を読み上げる者。また、宣命を伝える使。

御酒勅使(みきちょくし)　節会で天皇から酒を賜わる旨を伝える者。

賑給使(しんごうし)　賑給は、貧民・病者などに対して米塩を支給すること。平安時代には平安京内に限定され、最終的には年中行事として形骸化した。『小記目録』(第五・年中行事五・賑給事)に「同(長元)四年五月十七日、賑給定事、」(◆1)とあり、『左経記』同日条▽aにより実資が上卿となって定が行なわれたことがわかる。『江家次第』(巻七・五月)「賑給使事」に載せられている長元九年(1036)八月七日の定の書様により、左京と右京それぞれ五ヶ所に衛門府・兵衛府・馬寮の官人が三人ずつ派遣されたことがわかる。

追討使(ついとうし)〔頼信[人]源 3〕　叛乱や凶賊を鎮圧するために中央から派遣された使。長元四年には平忠常の乱を平定した甲斐守源頼信の勲功が審議されている(『左経記』十二月廿七日条※2)。九月註 225 参照。

陪膳(ばいぜん)　天皇・公卿や神仏に食膳を供すること、またそれに奉仕する人。

秉燭者(へいしょくのもの)　手に燈を持って明かりを点す者。

人長(にんちょう)　宮中・大社での神楽における、神楽人の長。式次第、演奏全般を把握した。

陪従(べいじゅう)　近衛使に陪従する者のことであるが、諸祭礼に奉仕する楽人を指すようになった。

楽前大夫(がくぜんのたいふ)　節会等で、舞妓を導き先行する役。

家政機関

1 **東宮・春宮**(とうぐう)〔東宮＝敦良親王[人]皇 6〕〔東宮傅＝実資[人]藤 3、東宮学士＝義忠[人]藤 24〕　皇太子(皇太弟)あるいはその御在所。天皇に対して原則として東の位置にあり、東は春に通じることから「春宮」ともいう。令制における東宮の職員には、東宮傅一人と東宮学士二人があり、それぞれ東宮の輔導、経書の講説を掌った。傅は最も重視されて大臣が兼官し、長元四年には藤原実資がなっていた。学士は、文章道出身の文人から学徳ともに優れた人物が任じられ、後に公卿にまで昇る者も多かった。

春宮坊(とうぐうぼう)〔春宮大夫＝頼宗[人]藤 5、権大夫＝師房[人]源 7、亮＝泰通[人]藤 15、権亮＝良頼[人]藤 7、大進＝隆佐[人]藤 14〕　皇太子(皇太弟)の家政機関としての官司。名称は唐制の左・右春坊による。官職名の場合は「春宮」が正しいが、「東宮」と書かれることもある。大夫・亮・大少進・大少属の四等官(多くは兼官で権官もある)、史生などの官や職が置かれた。被管に主膳監、主殿・主馬署などがあった。

東宮昇殿(とうぐうしょうでん)　東宮殿上人。東宮御所の殿上に昇ることを許された官人。

帯刀(たちはき・たてわき)〔長＝資経[人]不〕　武器を携帯して警衛を行なう舎人。春宮帯刀は、光仁朝から東宮侍衛の官として置かれ、舎人監支配下の舎人の中から武芸に長ずる者が、院宮王臣家や春宮大夫・亮などの推薦により選ばれた。**帯刀長**(たちはきのおさ)には、源氏・平氏の武士も採用されるようになった。

2 **後宮**(こうきゅう・ごく)〔中宮＝威子[人]藤 5〕　天皇の内廷。天子の住む殿舎の後方にある宮殿の意で、皇后や妃などが住む殿舎として、仁寿殿の後方にある承香・常寧・貞観・麗景・宣耀・弘徽・登花の七殿と昭陽・淑景・飛香・凝花・襲芳の五舎の総称でもあった。令制で

天皇の嫡妻を**皇后**(こうごう)とし、他に妃・夫人・嬪の後宮を置いたが平安時代にはなく、桓武朝に新設された**女御**(にょうご)と嵯峨朝に新設された**更衣**(こうい)が天皇の配偶者となった。また、**尚侍**(ないしのかみ)・**御匣殿**(みくしげどの)なども天皇や東宮の配偶者の場合があった。女御以下は**御息所**(みやすんどころ)とも称され、個別にはその宮中における殿舎や私第の名を冠した呼び方がされた。**中宮**(ちゅうぐう)は、令制で皇后の宮をいい、太皇太后・皇太后の宮にも適用され、三后の別称ともされた。時代による変遷があり、一条天皇の時、藤原定子を皇后とするにあたり中宮職を付置して中宮と呼び、先帝の皇后藤原遵子の中宮職を皇后宮職に改めて皇后宮と呼んで区別した。更に藤原道長の女彰子立后の際、定子を皇后宮、彰子を中宮とし、現天皇に並立する皇后二人が区別されるようになった。三条天皇の皇后二人は、妍子を中宮、娍子を皇后宮とした。後一条天皇の後宮には、ただ一人、道長の三女である威子が中宮としていた。

中宮職(ちゅうぐうしき)　〔中宮大夫＝斉信[人]藤 11、中宮権大夫＝能信[人]藤 5、大進＝親経[人]平 1、少進＝季通[人]他 44、大属＝為信[人]他 50〕　中務省の被管で、皇后・皇太后・太皇太后に仕える官司。大夫・亮・大少進・大少属の四等官に、舎人・使部・直丁などが置かれた。令制での大夫の相当位は従四位下、亮は従五位下であるが、平安時代以降は大夫に三位以上の公卿、亮に四位の殿上人が任じられるのが例となり、権大夫・権亮も置かれた。皇太后・太皇太后にもそれぞれ皇太后宮職・太皇太后宮職が置かれて一后位一職司の制となり、均質化した職が併置された。一条天皇の時代以降、二皇后が並立された場合には、皇后に皇后宮職、中宮に中宮職を付置した。

内侍所(ないしどころ)　〔典侍＝善子[人]他 41→忠子[人]藤 19〕　令に規定された後宮十二司の内侍司が、弘仁年間ごろに天皇直轄の「所」となったものと考えられる。天皇に近侍し、奏請や伝宣、宮廷行事への供奉、女房の管轄などが主であったが、蔵人所の整備により、その範囲は次第に狭まった。長官の**尚侍**(ないしのかみ)は実際には天皇の侍妾(配偶者)であった。次官の**典侍**(ないしのすけ)は定員四名で、公卿・殿上人の子女や天皇の乳母(めのと)などが任じられ、尚侍と共に天皇に侍って女孺や命婦管轄を掌った。単に**内侍**という場合は、判官である**掌侍**(ないしのじょう)を指し、定員四名で権官もいた。**勾当内侍**(こうとうのないし)は、最古参の内侍のことで、清涼殿と紫宸殿をつなぐ長橋に居たので**長橋局**ともいった。

闈司(いし・みかどのつかさ)　後宮十二司の一。「闈」は宮中の門の意味で、諸門の鍵を預かり、奏聞・宣伝もした。天皇が南殿に出御する時には、闈司奏(いしのそう)が行なわれた。

女官(にょかん)　朝廷や院宮に仕える女性官人の総称。前典侍・前掌侍・命婦(みょうぶ)・女蔵人(おんなくろうど)・女孺(にょじゅ)などを含むこともあるが、平安時代には上級の女官を指す女房に対し、下級のものを指す語として使われた。

女房(にょうぼう)　宮中の官女または貴人の侍女のうち、一人住みの部屋を与えられた者。婦人や妻の意もある。

下仕(しもづかえ)　宮中や貴人の家に仕える召使の下女。端者・半者(はしたもの)の類。内裏において女御入内など、臨時の際に奉仕する者は「上雑仕(うえぞうし・うえのぞうし)」と呼ばれた。

3 **院**(いん)　上皇(太上天皇)の別称。本来はその御在所のこと。出家して法皇となっても、この別称が用いられた。一条天皇の治世には、出家した母后を女院とし、上皇の待遇を与えて院司を置く例が生じ、後一条天皇の時代には東宮の位を譲った敦明親王にも「小一条院」の院号が贈られ、准太上天皇となった。女院の初例が東三条院藤原詮子で、次の上東門院彰子からは門院号が贈られた。後、天皇の生母以外にも、准母・三后・女御などが対象となった。**院司**(いんし・いんじ)は、院に設けられた家政機関であるが、正官ではなく、本官を持つ者が兼任した。院務全体を統括する**別当**をはじめ、諸司の判官に相当する**判官代**(はんがんだ

い)、主典に相当する**主典代**(さかんだい)がおり、他に**年預**(ねんよ)や雑務を勤める**蔵人所**が置かれることもあった。

上東門院(じょうとうもんいん)　**女院**(にょいん・にょういん)場京左 B9　〔彰子人藤 5〕〔別当＝経通人藤 2・頼宗人藤 5・行任人源 6・頼国人源 3・季任人藤 19、判官代＝惟任人藤 15〕　藤原彰子は、道長一女で、長保元年(999)に一条天皇の女御、翌二年に中宮となり、寛弘五年(1008)に出産した敦成親王が即位(後一条天皇)したことで、寛仁二年(1018)に太皇太后となった。万寿二年(1025)に出家した時、院号宣旨により、上東門院と号し、准太上天皇の待遇を受けた。院司には、元の皇太后宮職の大夫以下が補された。『左経記』万寿三年正月十九日条・正月註 91 参照。この時に別当となり、かつ長元四年に存命している者として、藤原頼宗・源済政がいる(源俊賢・藤原頼明は故人)。また、長元四年に別当になっていた藤原季任は、万寿三年には判官代であった。

小一条院(こいちじょういん)場京左 C11　〔敦明親王人皇 7〕　長和五年(1016)に皇太子となるが、藤原道長の圧迫を受け、寛仁元年(1017)に辞退、「小一条院」の院号を授けられ、准太上天皇となった。

後院(ごいん)　離宮の一種で、内裏の本宮に対する予備的な別宮。天皇譲位後の御所などにあてられた。仁明天皇が冷然院を後院とし、承和九年(842)の内裏修理に際して遷御した。太皇太后・皇太后の後院も置かれたが、まもなく天皇以外の後院は廃絶した。朱雀院が「天子累代の後院」と称され(『西宮記』臨時五・諸院)、長元九年(1036)に後一条天皇から後朱雀天皇へ相伝された後院渡文に朱雀・冷泉・石原・五条の院と筑前国神崎荘など四ヶ所の荘牧が載せられているように、「代々のわたり物」として歴代天皇に伝領されるべき特異な皇室財産とされたが、院政により「治天の君」に伝領されることとなる。**後院司**(ごいんし・ごいんじ)は、後院の諸務を掌る職員で、『新儀式』(第四・後院事)には、公卿と四位・五位を補す別当(二人〜四人)と、預(二人)、庁蔵人(三人)からなると見える。上皇や女院のために置かれる院司は、この例に基づくと考えられる。

4 **王臣家**(おうしんけ)　皇親五世以下の王と、臣下の諸家の総称。一定の財産を持ち、在地社会に進出して盛んな経済活動を展開した。

政所(まんどころ)　官司・大寺社や、親王ないし三位以上の者の家政機関にあって、財政や訴訟などの事務を取り扱う部局。

家司(けいし)　親王家・内親王家・摂関家、職事三位以上などの家政機関に勤める者。令制では官から給わるもので、家令・扶・従・書吏の四等官がおり、親王家には家庭教師である文学もいた。また、令外に宅司の設置も認められた。次第に私設の家司が増加し、平安時代には勤める家との強固な人格的結合を持つ存在となっていた。

知家事(ちけじ)　親王・摂関・公卿などの家の政所において、**上家司**(かみけいし)の**別当**・**令**に次ぐ者。**従**・**書吏**・**案主**(あんじゅ)と共に**下家司**(しもけいし)といった。

侍所(さむらいどころ)　宮中の**侍臣**(じしん)が詰める場所。また、中宮・王臣家等で**侍人**(じにん)が詰める場所。特に家司のうち主人のそばで警固にあたる**侍**(さむらい)や**内舎人**(うどねり)などが祗候する機関。多くは寝殿近くの廊にあった。

家人(けにん)　主人と強い結合をもつ従者。令制下では賤民であったが、平安時代の家人は賤民ではない。

下人(げにん)　貴族・寺社・領主などに隷属する者。

仕丁(しちょう)　本来は各地から朝廷の労役などのために出仕させられた者を指したが、平安時代には、貴族の家で雑役に従事する下人を指すようになった。

作工(さっこう)　土木・建築や器物製作などの工人。

漆工(しっこう)　〔公忠人不〕　漆職人。

銀工(ぎんこう)〔菊武[人]不〕 銀細工職人。

小童(しょうどう・こわらわ) 召使い・走り使いを勤める少年。

雑色(ぞうしき)「雑色人」の略。もとは令制諸官司の雑任官の総称であり、この時代には各方面の下級職員などに対し広く使われた。

随身(ずいじん・ずいしん) 太上天皇や摂関、近衛大中少将などの身辺警護を掌る武官。貴人の護衛。長元四年条からは、実資の随身の他、関白藤原頼通の随身として下毛野安行・播磨貞安、左中将藤原兼頼の随身として去正(姓不詳)などが知られる。

随兵(ずいへい) 供として随行する兵士。

藤原実資家(ふじわらさねすけけ)〔政所別当＝師重[人]他49、家司＝式光[人]他62・知道[人]源4・致度[人]不・知貞[人]他24・定雅[人]藤14・文利[人]他10・守孝[人]不・資経[人]不、家人＝久利[人]他10・永輔[人]源4・重頼[人]他40・親頼[人]他40・為通[人]他44、厩舎人＝節成[人]不、牛童＝三郎丸[人]不、仕丁＝春光丸[人]不〕 藤原実資は長元四年に正二位右大臣右大将であり、家令職員令の規定で二位に給される家令一人、従一人、大書吏一人、少書吏一人が任じられていたが(『小右記』長和三年五月十六日条・治安元年八月廿一日条など)、長元四年条には認められない。家司の他に、厩の舎人(節成)や小舎人の男・童、牛童などがいた。解説四「実資の家司」参照。また、右大将に給される**随身**〔延武[人]不・善正[人]不・行武[人]不・公安[人]藤24・信武[人]他64〕(大臣の大将は八人とされる)に加え、元日には**権随身**(かりのずいじん)〔扶宣[人]他32・正親[人]他51〕が奉仕した。正月註47参照。

藤原兼頼家(ふじわらかねよりけ)〔家司＝為資[人]藤13・知道[人]源4・茂親[人]他51、随身＝去正[人]不〕 藤原為資は実父頼宗の家司でもあり、源知道は舅実資の家司でもあった。

神祇

1 **神祇官**(じんぎかん) [場]大E5〔伯(はく)＝輔親[人]他14、大副(だいふく)＝兼興[人]他14、少副(しょうふく)＝兼忠[人]他9、大祐(だいゆう)＝兼親[人]他7・是守[人]不、権大祐＝惟盛[人]他14、少祐(しょうゆう)＝元範[人]他14・則政[人]他5〕 神祇行政を掌る。官制上「二官」として太政官と対置されるが、実際には神事のみに従事する省程度の官で、太政官の管下にあった。伯・大少副・大少祐・大少史の四等官の下に、神部・卜部などが所属していた。神祇祭祀を統轄する他、祝部・神戸の名籍や御巫(みかんなぎ)など神事奉仕者を統轄し、卜占などにも従事した。『左経記』長元四年三月廿八日条※1に、副官以下の神祇官の連奏(→三月註248・254)について、大中臣兼興は一門で大副に任じられないという申し立てが、二門の大中臣宣輔から出され、僉議されたとある。

卜部(うらべ) 卜定(亀卜)をする専門職。伊豆・壱岐・対馬などから卜術に優れた者が集められた。

中臣(なかとみ) 中臣氏が勤める神祇の専門職。宮中の祭祀や伊勢神宮への使として奉仕した。

忌部(いんべ) 忌部氏が勤める神祇の専門職。宮中の祭祀や伊勢神宮への使として奉仕した。

宮主(みやじ)〔宮主＝ム丸[人]他24、宮主代＝則政[人]他5〕 神祇官の卜部(うらべ)から選ばれ、天皇の玉体安穏を卜占するなどの奉仕をした。慶雲元年(704)に長上の例に入った。践祚の日に東宮宮主より転任して内膳司の竈神祭を斎行することを例とし、天皇一代に宮主一人を原則とした。東宮・中宮にも置かれた。

神部(かんべ) 神祇官の職員。定員三十人。負名氏より採る伴部で、祭祀関係の雑務に関わった。『延喜式』(巻五・斎宮寮)に、斎王の決定を伝達する神祇祐に従ってその家に赴き、木綿を賢木に付けて殿の四面・内外の門などに立てるとあり、同様のことが斎院卜定時のことを記す『左経記』長元四年十二月十六日条※2に見られる。

祭主(さいしゅ)〔輔親[人]他14〕 平安初期に設置された令外官で、神祇官に本官を持つ五位以上の大中臣氏が補され、伊勢神宮への使、天皇の祈禱を勤めた。伊勢では大神宮司[官]神4の

上位に置かれ、事実上伊勢神宮を統轄した。長元四年の伊勢斎王託宣事件では、祭主である大中臣輔親が事件の報告や加階対象となる禰宜・内人の夾名(名簿)を提出している。また、輔親自らが三位を申請している(『小右記』八月廿六日条*1、解説二〇「伊勢斎王託宣事件」)。

2 **斎宮**(さいくう・いつきのみや)　**伊勢斎王**(いせさいおう・いせのいつきのみやつこ)　**斎姫**(いつきのひめ)〔嫥子女王人皇5〕伊勢神宮に奉仕する未婚の内親王または女王で、天皇即位後まもなく卜定によって決められた。その居所も指す。三年の斎を経て大極殿にて発遣の儀が行なわれて伊勢へと群行する。伊勢では、九月の神嘗祭と六月・十二月の月次祭に奉仕する。長元四年六月の月次祭で、斎宮嫥子女王が託宣を下し、宮廷を震撼させた。

斎宮寮(さいくうりょう)〔頭＝相通人藤24→実行人藤22、助＝ム〕伊勢斎王の在任中、斎宮の庶事を掌るために設けられた令外官で、大宝元年(701)に斎宮司から昇格し、神亀五年(728)に定員と官位相当が決められた。四等官の他に、財政・警備などを掌る十三の司があり、命婦・乳母・女孺など多くの女官がいた。群行の直前に補任され、帰京の途上で山城国府に寮印を納めて停止した。斎王・斎宮寮の規定は『延喜式』(巻五・斎宮)にある。嫥子女王の託宣で伊勢からの追放を要求されたのは、斎宮頭(『日本紀略』は権頭とする)藤原相通とその妻小忌古曾であった。

3 **斎院**(さいいん・いつきのみや)　**賀茂斎内親王**(かもさいないしんのう)〔選子内親王人皇5→馨子内親王人皇8〕賀茂の大神に奉仕する斎王(斎内親王)。嵯峨天皇が、弘仁元年(810)に平城上皇との対立克服を賀茂社に祈願して冥助を得たので、伊勢斎王に倣って、皇女有智子内親王を「阿礼乎止女(あれおとめ)」として遣わしたことに始まったと考えられる。次いで時子女王人皇2が遣わされた。四月中酉日の賀茂祭に奉仕するが、十一月の賀茂臨時祭には関わりを持たない。長元四年には、村上天皇から五代の天皇にわたって斎院を勤めた選子内親王が退下し、十二月十六日に馨子内親王が新斎院として卜定された。

斎院司(さいいんし・いつきのみやのつかさ)〔長官＝以康人平1、次官＝吉重人藤24・為通人他44、主典＝秀孝人不〕賀茂斎院に付属する役職。長官一人(従五位下相当)、次官一人(従六位上相当)、判官一人(従七位上相当)、主典二人(従八位下相当)の職員が置かれた(『類聚三代格』巻四)。のち史生三人、使部六人が加えられ(『延喜式』巻一八・式部上)、別当・女蔵人・采女・女孺等も置かれた(『延喜式』巻六・斎院司)。天元五年(九八二)左中弁藤原懐忠が別当に補任されている。また宮主がおり、井祭・忌火竈神祭等の祭祀に奉仕した。

斎院別当(さいいんべっとう)〔経頼人源5・範国人平1・定良人源6〕斎院司の諸事を統轄するために、勅によって置かれた。

初斎院(しょさいいん)　伊勢・賀茂の斎王が、卜定されてから野宮(ののみや)に入るまでの間、精進潔斎のために用いられる場所。大内裏内に設けられ、宮内省や大膳職が用いられることが多かった。長元四年では、馨子内親王が卜定されたが、藤原章任の三条宅に入ったため、初斎院の作法をどこまで適応するかで議論がなされた。解説二五「馨子内親王の卜定」参照。

4 **伊勢神宮**(いせじんぐう)　伊勢国度会郡、現在の三重県伊勢市にあり、五十鈴川の川上に鎮座して天照坐皇大神をまつる皇大神宮＝内宮(ないくう)と、山田原に鎮座して等由気大神をまつる豊受大神宮＝外宮(げくう)の二宮、および多数の別宮・摂社・末社からなる。二十年に一度、諸殿舎を造替し、神宝などを新調する式年遷宮の制がある。天皇の未婚の皇女(ないしは近親の女性)を奉仕させる斎王が置かれる。皇室以外の祈願を禁止する私幣禁断の制もあった。祭や組織については、『皇太神宮儀式帳』『止由気宮儀式帳』『延喜式』(巻四・伊勢太神宮)に細かく規定されている。七月註16参照。

大神宮司(だいじんぐうし)〔永政[人]他14〕 伊勢神宮の神職を統率して祭祀に従事し、神郡・神領・神戸などを統括して行政にあたり、神宮の警備や神郡内の司法・警察を掌った。平安時代には調庸田租をも掌握した。貞観十二年(870)と延喜二年(902)に増員され、大宮司・権大宮司・少宮司の三員となる。任期は六年。大宮司は大中臣氏から任じられた。

禰宜(ねぎ)〔内＝利方[人]他4・延満[人]他4・重頼[人]他4・延親[人]他4・宣真[人]他4・延基[人]他4、外＝貞雄[人]他70・氏頼[人]他70・常親[人]他70・通雅[人]他70〕 神職団の筆頭職で、内宮・外宮とも在家豪族出身者が任命された。『延喜式』(巻四・伊勢太神宮)に「大神宮三座、(中略)禰宜一人〔従七位官、〕・大内人四人・物忌九人〔童男一人、童女八人、〕・父九人・小内人九人、」「度会宮四座、(中略)禰宜一人〔従八位官、〕・大内人四人・物忌六人・父六人・小内人八人、」とあり、内宮(荒木田氏)・外宮(度会氏)各一名であったが、次第に増員(加階)され、嘉元二年(1304)十月に各十名となる(『二所大神宮例文』)。**荒木田**(あらきだ)氏が伊勢皇太神宮(内宮)の神職を世襲した。正史の初見である元慶三年(879)に荒木田姓を公認されたようで、奈良時代に二系統に分かれ、一門は湯田郷、二門は田辺郷を基盤にし、平安末期には内宮近辺へも移住した。御厨・御園の開発や寄進を受けて在地領主化した。**度会**(わたらい)氏が豊受大神宮(外宮)の神職を世襲した。伊勢国度会郡を本貫地とし、四流に分かれたが、後世まで繁栄したのは二門と四門。初め磯部氏を称し、後に渡相神主とも称したが、長保三年(1001)に貞雄・速信らが度会神主の姓を賜ってから、度会氏を称した。祭主や大宮司を勤める大中臣氏の下位に置かれ、荒木田氏にも一歩後退した地位にあった。平安末期から神領の経営や神税の収納、開発をして在地での勢力を強固にし、中世には権禰宜層が御師として伊勢信仰を地方に広めていった。

権禰宜(ごんねぎ)〔内＝行長[人]他4・延長[人]他4・氏貞[人]他4・貞頼[人]他4・才 頼[人]他4・忠連[人]他4・重経[人]他4・氏範[人]他4、外＝近信[人]他70・氏守[人]他70・利道[人]他70・輔親[人]他70・高信[人]他70・忠雄[人]他70・康雅[人]他70・季頼[人]他70・輔行[人]他70・□□[人]他70〕 寛平年間(889〜898)に新設され、内宮・外宮とも増員され、保延元年(1135)に各七員となり、さらに増えて、中世における伊勢信仰拡大の原動力となった。

大内人(おおうちんど・おおうちびと)〔内＝貞頼[人]他4〕 伊勢神宮の内外両宮と六所の別宮に置かれた、禰宜に次ぐ職。内宮・外宮に各三人。小内人は内宮に八人と外宮に五人で、間接的に祭儀に奉仕する技能集団の代表であったが、次第に増員され職能も多様化し、多くは権禰宜に兼補された。別宮六所にも内人が十五人いた。

玉串大内人(たまぐしおおうちんど)〔内＝常光[人]他8、外＝康雅[人]他70〕 大内人の一。宇治大内人ともいう。祭儀において斎王・勅使・大宮司に太玉串を御門に奉納し、天八重榊を奉備する役で、造替遷宮では心御柱を造立し、東相殿神を奉戴した。

大物忌(おおものいみ)〔内＝氏貞[人]他4・才 頼[人]他4・忠連[人]他4〕 皇太神宮に仕えた物忌十三員の一で童女。大御神の御饌供進や正殿開扉など側近の重い役で、神域を出ることなく斎戒し、大物忌父の介助を受けた。長元四年九月条では加階の対象になっていることから、大物忌父を指すと思われる。

神郡司(しんぐんじ) 神郡とは、郡内の全てが伊勢神宮の封戸(神戸)である郡で、その郡司を神郡司という。伊勢国十三郡の内、度会・多気・飯野・員弁(いなべ)・三重・安濃・朝明(あさけ)・飯高の八郡で、神八郡と呼ばれた。

神人(じにん) 神社の下級神職や寄人。神主・宮司などの所管の下、神事や庶務の補助をはじめとする雑役に奉仕した。九月註117参照。

神民(じみん) 神郡の住民。二月註9参照。

伊勢奉幣使(いせほうべいし) **伊勢使**(いせのつかい)〔公卿勅使＝経頼[人]源5、王＝昭章王[人]皇9、中臣＝惟盛[人]他12〕 伊勢神宮へ遣わされる使。恒例の祭のうち、祈年祭と月次祭へは祭主、神嘗祭(伊勢例幣)へは卜定によって決められた王が筆頭となり、中臣・忌部が従う。

祈年穀奉幣使にも王と中臣・忌部が遣わされる。天皇の特別な祈願などにより、公卿勅使が発遣される場合も、王・中臣・忌部が遣わされる。長元四年八月廿五日の伊勢公卿勅使は伊勢斎王託宣事件に関わる御祈で、源経頼があてられた。

5 その他

宮司(ぐうじ)　神社を統轄する神官で、伊勢(→大神宮司)・熱田・宇佐・宗像・香椎・香取・鹿嶋・気比・気多・阿蘇などの特定の神社に置かれた。特定の氏の中から有能な者を選んで補任された。権宮司が置かれることもある。

神主(かんぬし)　神社を統轄する神官で、禰宜・祝の上にある。尚、神職一般を指す場合もある。神主を常設しない神社も多く、祭ごとに卜定によって決められる神主(祭神主)もあった。

禰宜(ねぎ)　宮司や神主の下に祝と共に置かれた終身任じられる神職。宮司・神主がない神社では、禰宜・祝のみとなる。尚、神職一般を指す場合もある。二月註138・八月註300・九月註16・24・108など参照。

祝(はふり)　禰宜に次ぐ神社の神官。

社司(しゃし・やしろづかさ)　神社で神に仕え、社務を掌る者。神職全般を指す。

石上社(いそのかみしゃ)　大和国山辺郡、現在の奈良県天理市に鎮座。布留御魂剣をまつる。物部氏の氏神で、武器庫としての性格を持っていた。七月註108参照。

稲荷社(いなりしゃ)　場外30　伏見稲荷社。山城国紀伊郡、現在の京都市伏見区、稲荷山の西麓に鎮座。二十一社奉幣の一。和銅四年(711)に稲荷山三ヶ峯に鎮座したと伝えられる。八月註90・354参照。

石清水八幡宮(いわしみずはちまんぐう)　官仏2・場外34　貞観二年(860)に宇佐から勧請された。二十一社奉幣の一。

宇佐八幡宮(うさはちまんぐう)　官仏2　豊前国宇佐郡、現在の大分県宇佐市大字南宇佐に鎮座。

梅宮社(うめみやしゃ・うめのみやしゃ)　場外37　山城国葛野郡、現在の京都市右京区梅津フケノ川町に鎮座。橘氏の氏神で、仁明天皇が橘嘉智子を母としていた関係から、その祭が公祭化され、正暦五年(994)には祈年穀奉幣の対象社(二十一社)の一となった。

大原野社(おおはらのしゃ)　場外35　山城国乙訓郡、現在の京都市西京区大原野南春日町に鎮座。藤原氏の氏社の一。春日社と同じ祭神をまつり、長岡京遷都の時に春日神社から勧請したとも、嘉祥三年(850)に藤原冬嗣の請により王城守護のための勧請したとも、藤原氏皇后のための社ともいう。二十一社奉幣の一。正月註452参照。

大神社(おおみわしゃ)　大和国城上郡、現在の奈良県桜井市三輪に鎮座。三輪神社・三輪明神とも(現在は大神神社)。三輪山を神体山とし、本殿が存在しないことで知られる。崇神天皇朝に疫病が蔓延した際、神の教えに従って大田田根子に大物主神をまつらせたことが起源とされている。二十一社奉幣の一。七月註108参照。

大和社(おおやまとしゃ)　大和国山辺郡、現在の奈良県天理市新泉町に鎮座。崇神天皇七年に市磯長尾市を倭大国魂神の祭の主としたのが起源とされる。二十一社奉幣の一。七月註108参照。

春日社(かすがしゃ)　〔神主＝為元人他14〕　大和国添上郡、現在の奈良県奈良市春日野町、御蓋山山麓に鎮座。藤原氏の氏社として神護景雲2年(768)に創建。祭神は武甕槌神・経津主神・天児屋根神・比売神で、藤原氏の氏社とされる。二十一社奉幣の一。二月註43・八月註354参照。

賀茂社(かもしゃ)　〔下社神主＝鴨久清ヵ〕　賀茂別雷社(上社)官仏2・場外12と賀茂御祖社(下社)場外13の総称。もと賀茂県主の産土神(うぶすながみ)。嵯峨天皇により斎院が置かれるなど、平安京鎮護の社として朝野の崇敬を集めた。二十一社奉幣の一。賀茂別雷神社(賀茂

上社・上社)は山城国愛宕郡、現在の京都市北区上賀茂に鎮座。賀茂御祖神社(賀茂下社・下社)は京都市左京区下鴨泉川町(賀茂川の左岸、高野川との合流点付近)に鎮座。両社には神宮寺があり、藤原実資も物忌・外出の時に諷誦を修していた。三月註66・八月註11参照。

祇園社(ぎおんしゃ)　→**感神院**(かんしんいん)[官]仏2・[場]外23　二十一社奉幣の一。

北野社(きたのしゃ)　[官]仏2・[場]外6　北野天満宮。山城国葛野郡、現在の京都市北区馬喰町に鎮座。祭神は菅原道真。その創建は、天慶五年(942)に右京七条二坊十三町に住む多治比文子に託宣があって天神がまつられ、天暦元年(947)、近江国比良宮の禰宜神主良種男の太郎丸にも託宣が下り北野へ移されたという。その時に朝日寺の僧最鎮が協力し、検校となった。以後も北野社は宮寺として延暦寺僧が別当となり、その管理の下に置かれた。二十一社奉幣の一。八月註11・八月註178参照。

杵築社(きづきしゃ)　杵築宮(きづきのみや)　杵築大社、出雲大社ともいう。出雲国出雲郡、現在の島根県出雲市大社町に鎮座。大国主命(おおくにぬしのみこと)を主神とし、『古事記』『日本書紀』『出雲国風土記』に創始譚がある。斉明天皇五年(659)に出雲国造に命じて神の宮を修厳させた。大社造よって建設され、『口遊』にも「雲太、和二、京三」とあるように、平安時代で最も大きな建築物として知られた。長元以前にも倒壊しているが、長元四年(1031)八月十一日に風もなく顚倒して御正体が露わになり、閏十月三日に軒廊御卜、十五日に神祇少祐大中臣元範と忌部兼親を発遣して奉幣がなされた(『日本紀略』『左経記』『小記目録』)。それに関する託宣や顚倒、御正体を移動した時の様子について出雲守橘俊孝が報告した内容は『左経記』十月十七日条※5に詳しい。但し、この報告が無実であることが翌年八月廿日に発覚、九月廿七日に佐渡国へ配流する決定が下された(『日本紀略』)。

貴布禰社(きふねしゃ)　[場]外11　山城国愛宕郡、現在の京都市左京区鞍馬貴船町に鎮座。丹生社と共に祈雨・止雨の対象社とされた。二十一社奉幣の一。七月註161参照。

住吉社(すみよししゃ)　摂津国住吉郡に鎮座。海上交通に関わる神として信仰を集めた。二十一社奉幣の一。長元四年九月には上東門院彰子の参詣があった。九月註3参照。

龍田社(たつたしゃ)　大和国平群郡、大和川と葛下川の合流点付近、大和川の右岸に鎮座。祭神は天御柱神・国御柱神。天武朝に広瀬社の大忌祭と共に龍田社の風神祭が始められた。二十一社奉幣の一。七月註108参照。

平野社(ひらのしゃ)　[場]外5　山城国葛野郡内、現在の京都市上京区平野宮本町に鎮座。それぞれ来歴を異にする今木(いまき)・久度(くど)・古開(ふるあき)・比売(ひめ)の四神が合祀されている。皇室守護神、とりわけ皇太子守護神としての性格を持ち、『儀式』などでは平野祭への皇太子の参向が義務づけられていた。また、源氏・平氏などの氏神とも考えられるようになった。二十一社奉幣の一。八月註90・178参照。

丹生社(にうしゃ)　丹生川上神社。雨師社とも。大和国吉野郡に鎮座。天平宝字七年(763)より旱魃の際に黒馬が奉納されるようになり、後には祈雨の際に黒馬、止雨の際に白馬を奉納するようになった。貴布禰社と共に祈雨・止雨の対象社とされる。二十一社奉幣の一。七月註161参照。

広瀬社(ひろせしゃ)　大和国広瀬郡、現在の奈良県北葛城郡河合町川合に鎮座。天武朝に龍田社の風神祭と共に広瀬社の大忌祭が始められた。二十一社奉幣の一。七月註108参照。

松尾社(まつのおしゃ)　[場]外36　山城国葛野郡内、現在の京都市西京区に鎮座する市内最古の神社の一で、この地方を開拓した秦氏の祖神と仰がれていた。平安遷都後は王城鎮護の社として「東の賀茂、西の松尾」と並び称された。二十一社奉幣の一。八月註90参照。

吉田社(よしだしゃ)　[場]外18　山城国愛宕郡、現在の京都市左京区吉田に鎮座。式外社、藤原氏の氏社の一。貞観年間に藤原北家魚名流の中納言山陰が創祀したという。一条朝の寛和二年(986)に山陰の孫時姫が一条天皇の外祖母であった関係から、吉田祭が公祭とされた。二十一社奉幣の一。時姫所生の藤原道隆・道長らが相次いで藤氏長者となり、春日社・大原野

社に次ぐ藤原氏の氏社としての地位を確立した。九月註 77 参照。

仏教

1 僧官位(僧綱・僧位・有職)

僧綱(そうごう)　僧尼を統率し、法務を処理するために任命された僧官。僧正・僧都・律師からなり、治部省の玄蕃寮に属した。また**凡僧**と区別するために、それぞれの**僧位**(法位)を法印大和尚位・法眼和尚位・法橋上人位とすることが、貞観六年(864)の真雅の上奏によって定められた。二月註 85 参照。僧綱が法務を執行する**綱所**(ごうしょ)は西寺に置かれた(『日本三代実録』貞観六年二月十六日条)。長元四年には権僧正尋円が十一月二日に入滅し、大僧正深覚が辞退したので、十二月廿六日の**僧綱召**(そうごうめし)で大幅に人員が入れ替わった。

僧正(そうじょう)〔大僧正＝深覚入僧 1→慶命入僧 1、僧正＝慶命→永円入僧 1、権僧正＝尋円入僧 1→尋光入僧 1〕　僧綱の最高位で、僧尼名籍・寺財の管理を担い、僧尼を教導して教学を振興し、得度・授戒の手続きにも関与した。初めは僧正一人であったが、**大僧正・僧正・権僧正**に分かれ、それぞれ二位大納言・二位中納言・三位参議に准じられた。

僧都(そうず)〔大僧都＝永円入僧 1・尋光入僧 1→明尊入僧 1・定基入僧 1、権大僧都＝明尊・定基→仁海入僧 1・成典入僧 1、少僧都＝仁海→尋清入僧 1・教円入僧 1、権少僧都＝成典・尋清・教円・覚超入僧 1→尋空入僧 1・延尋入僧 1・融碩入僧 1・尋観(深観)入僧 1〕　僧正に次いで僧侶を統轄した。初めは大僧都・少僧都各一人あったが、**大僧都・権大僧都・少僧都・権少僧都**に分かれた。四位の殿上人に准じられた。

律師(りっし)〔律師＝尋空入僧 1・延尋入僧 1・融碩入僧 1→経救入僧 1・朝源入僧 1・良円入僧 1・斎祇入僧 1、権律師＝融碩・経救・朝源・平能入僧 1・良円・斎祇・最円入僧 1・長保入僧 1・源心入僧 1・蓮昭入僧 1〕　僧都に次ぐ僧官で、権官もできた。五位に准じられた。

法印(ほういん)〔扶公入僧 1〕　僧正に与えられる僧位。長元四年十月廿日、興福寺東金堂・塔供養の際、前大僧都であり興福寺別当の扶公が法印に叙されたように、僧位のみが与えられることもあった。

法眼(ほうげん)〔元命入僧 1〕　僧都に与えられる僧位。長元三年八月廿一日、法成寺東北院供養の際、大僧都であり法成寺別当の永円が法印に叙され、大僧都を去らない例の最初とされた。他方、僧綱でない石清水八幡宮別当元命が法眼になっているなど、相当の原則は崩れていた。

法橋(ほっきょう)　律師に与えられる僧位。但し、治安二年(1022)七月十四日の法成寺金銅供養の際、金堂仏の造仏の功により仏師定朝が法橋に叙されたように、律師以外にも与えられた。

已講(いこう)〔長保入僧 1・真範入僧 1〕　興福寺の維摩会(ゆいまえ)・宮中の御斎会(ごさいえ)・薬師寺の最勝会(さいしょうえ)の三会(さんえ)の講師を勤仕した僧。勤仕の一年前を擬講(ぎこう)という。已講は、僧綱に補されることが定例化した。

内供奉十禅師(ないぐぶじゅうぜんじ)　**内供奉**(ないぐぶ)　**内供**(ないぐ)〔賀弁入僧 1・定命入僧 1〕　宮中に奉仕し、鎮護国家や玉体安穏などを祈った僧。十禅師との兼職で、浄行の高僧が諸国から選ばれた。御斎会では読師などを勤める。

阿闍梨(あじゃり・あざり)　**闍梨**(じゃり)〔円意入僧 1・久円入僧 1・文円入僧 1・延政入僧 1・源泉入僧 1・明宴入僧 1・円空入僧 1・頼秀入僧 1・源心入僧 1・頼寿入僧 1・興照入僧 1・舜豪入僧 1〕　密教に優れた者に与える僧職。本来は、弟子に対して軌範となる高徳の師という意味。密教では伝法灌頂を受けて師範としての資格を得た僧を「伝法阿闍梨」といい、僧職として「伝法阿闍梨職位」が寺院を単位に定員を限って任じられた。また、貴顕の子弟に一代だけ認める「一身阿闍梨」も尋禅(藤原師輔息)から任じられた。阿闍梨は、内供奉十禅師

や三会已講と共に僧綱に次ぐものとして、国家的な仏事に奉仕した。

有識(うしき)　已講・内供・阿闍梨の総称で、僧綱に次ぐ僧位。

威儀師(いぎし)　〔勧高入僧1・仁満入僧1・聖命入僧1〕　法会や得度・受戒等の際に、儀式の容儀を整える役僧。僧綱への昇進前に位置し、位は伝灯大法師位、大威儀師は法橋に叙される例であった。

従儀師(じゅぎし)　「従威儀師」の略。授戒・法会などにおいて威儀師を補佐する。以上は、僧綱構成員ともいわれる。

2 寺院

別当(べっとう)　諸大寺に置かれ、長官として寺務を統轄した僧職。天平勝宝四年(752)に良弁を初代東大寺別当に任命し、天平宝字元年(757)に慈訓を初代興福寺別当に任命したことに始まる南都七大寺の他、仁和寺・勧修寺などの諸大寺や定額寺、熊野・箱根・羽黒・石清水・吉野などの寺社にも置かれた。

俗別当(ぞくべっとう)　寺院の別当に上級官人が任じられた者。伽藍修築・度牒・試度などの庶務を掌った。弘仁十四年(823)に、権中納言藤原三守と右中弁大伴国道が延暦寺俗別当に補任されたのが初例。元慶八年(884)の官符には、東大寺に在原行平、興福寺と法華寺に藤原良世、元興寺に藤原冬緒、新薬師寺に藤原有実、大安寺と延暦寺に藤原山陰、薬師寺に源光、唐招提寺に藤原国経、西大寺に源冷、秋篠寺に源融、法隆寺に藤原諸葛、四天王寺に源能有が補されている。

座主(ざす)　寺務を統括する貫首。もと、一座の中の学徳兼備の上首を指した。天長元年(824)に義真が任じられた延暦寺の天台座主(山座主)が初例。超昇寺・貞観寺・金剛峯寺・醍醐寺などに補された例も知られる。

長者(ちょうじゃ・ちょうざ)　東寺の座主。空海の弟子実慧が初めて補され、当初は一人であったが、後に一長者から四長者まで置かれた。

長吏(ちょうり)　一寺の長官、首席。座主・検校・長者などと同じ。主に園城寺・勧修寺・比叡山横川楞厳院などで用いられ、特に園城寺長吏は「三井長吏」「寺門長吏」ともいわれた。白山神宮寺にも置かれた。

三綱(さんごう)　寺内の僧尼を統轄し寺務を処理する役僧で、上座(坐)・寺主・都維那(ついな)の三職。一寺の長官(別当・座主・長吏・長者など)が設けられていない寺院では、三綱が寺の財物を犯用することも見られた。

寺司(じし)　寺院にあって、寺の管理を行なう僧。別当や三綱などを指す。

一乗寺(いちじょうじ)　場外17　〔延政入僧1〕　山城国愛宕郡、現在の京都市左京区一乗寺付近に所在していた。草創に関しては不明。天元五年(982)より園城寺(三井寺)の別院となる。九月註332参照。

因幡堂(いなばどう)　**平等寺**(びょうどうじ)　場京左H37　五条三坊十三町に所在。因幡守橘行平が夢告により任国の海中で発見した薬師像を本尊とし、長保五年(1003)に子の光朝を本願として創建されたという(『因幡堂縁起』)。しかし、行平が因幡守となったのは寛弘四年(1007)であった。霊験所として多くの参詣者を集めた。周辺には小さな民家が密集していた。度重なる火災にも見舞われている。

石清水八幡宮(いわしみずはちまんぐう)　場外34　〔別当＝元命入僧1〕　山城国綴喜郡、現在の京都府八幡市、男山の山頂に鎮座する。石清水宮とも。貞観元年(859)に大安寺僧行教の奏請があり、それによって翌年八月に宇佐八幡宮から勧請された。石清水八幡宮護国寺と称し、検校・別当らの社僧が社務組織を掌握する宮寺制の形態をとった。神主も置かれたが、摂関期における実態は不明。三月註184・九月註3参照。

宇佐八幡宮(うさはちまんぐう)　豊前国宇佐郡、現在の大分県宇佐市に鎮座。宇佐八幡宮・八

幡宇佐宮とも。伝承では、欽明天皇三十二年(571)に大神比義が誉田天皇広幡八幡麻呂の神託を受けて奉斎、和銅五年(712)に鷹居社を造り、その後小山田を経て、神亀二年(725)に現在地に社殿を造営、弥勒寺をその東方に造ったとされる(『扶桑略記』など)。奈良時代に鎮護国家の神として朝廷の崇敬を受け、特に聖武天皇による盧舎那大仏造立事業を助け、神護景雲三年(769)に和気清麻呂が道鏡の事件に関連して神意を糺したことなどで知られる。天応元年(781)に大菩薩の神号(「護国霊験威力神通大菩薩」)が奉られ、祭神が応神天皇とされ、天皇即位後に宇佐使が発遣されるなど、皇室守護神としての性格が強かった。弥勒寺と一体化した宮寺で、別当・講師などがいて社務を総括した。長元四年には宇佐八幡の再建が進められ、三昧堂も石清水八幡宮別当元命の私願によって造営された。元命は宇佐八幡宮の別当ないしは講師を兼ねていたようで、九州との間を往復している。正月註74・八月註213・350・九月註52参照。

雲林院(うりんいん)　場外9　〔慈雲人僧2〕　山城国愛宕郡、現在の京都市北区紫野にあった。淳和天皇の離宮として建てられ、天長九年(832)に「雲林亭」と名付けられた。遍照により元慶八年(884)に元慶寺の別院とすることが奏請され、認められた。現在の雲林院と称する寺院は、大徳寺の子院として中世以後に再興されたもの。七月註76参照。

慧心院(えしんいん)　恵心院とも。比叡山の横川にある延暦寺の堂舎の一。永観元年(983)に藤原兼家が良源を開基として横川の楞厳三昧院の南に建立。大日如来像を安置した。源信はここの三世となり、恵心院の僧都(恵心僧都)といわれる。『左経記』長元四年五月八日条※2に、放火の嫌疑がかけられた僧を拷訊しないとある。

円教寺(えんきょうじ)　場外3　山城国葛野郡の仁和寺を中心にして造営された四円寺の一。一条天皇の御願として長徳四年(998)正月に落慶供養があった。この形式は僧寛朝の住房が円融寺になったのをまねたらしい。寛仁二年(1018)焼亡、長元七年(1034)に再建された。『小記目録』長元四年閏十月十四日条◆4に作料のことが見える。

円融寺(えんゆうじ)　場外2　四円寺の一。山城国葛野郡、現在の京都市右京区の龍安寺付近にあった。円融上皇の御願寺で、その忌日である二月十二日に御八講が行なわれていた。二月註70参照。

延暦寺(えんりゃくじ)　**比叡山**(ひえいざん)　**叡山**(えいざん)　〔座主＝慶命人僧1〕　比叡山内、山城国愛宕郡と近江国滋賀郡、現在の京都市左京区と滋賀県大津市にまたがって所在。天台宗の総本山で、三井寺の「寺門」に対し「山門」ともいう。延暦七年(788)に最澄が創建、大乗戒壇設置が許可された翌年の弘仁十四年(823)から延暦寺を名乗った。一門を統括する**天台座主**(てんだいざす)は**山座主**(やまのざす)ともいい、官符によって任命された。最澄が近江国側に建てた日本総括の塔を中心とした**東塔**(とうとう)と、山城国側に建てた中央安鎮の塔を中心とした**西塔**(さいとう)、そして、円仁が比叡山の北端を開いて建てた如法塔(北塔)を中心とした**横川**(よかわ)の三塔によって宗教の場が整備された。七月註23参照。

園城寺(おんじょうじ)　〔長吏＝永円人僧1〕　近江国滋賀郡内、現在の滋賀県大津市園城寺町に所在。三井寺ともいう。円珍によって貞観八年(866)に天台別院とされ同十年に園城寺の号を賜わり、永く伝法灌頂の道場とされた。比叡山では円仁・円珍の没後、円仁門流と円珍門流の勢力争いが見られ、天台座主をめぐる争乱もあった。三月註33参照。

賀茂上神宮寺(かもかみじんぐうじ)　官神5・場外12　賀茂御祖神社(上社)に付属していた寺院。藤原実資が物忌・外出の時などに諷誦を修していた。永久四年(1116)に多宝塔供養、康治二年(1143)に炎上後の再建供養がなされている(『百練抄』)。もと北小路今出川にあった知恩寺(通称百万遍)がそれで、賀茂の河原屋とも呼ばれていたという。『賀茂注進雑記』に、五間四間の堂屋と看坊屋・鐘楼があったとある。

賀茂下神宮寺(かもしもじんぐうじ)　官神5・場外12　賀茂別雷神社に付属していた寺院。藤原実資が物忌・外出の時などに諷誦を修していた。御祖社と河合社の間にあり、観音堂とも

称されていることから、観音像が本地仏として安置されていたと考えられる。大治三年(1128)に鳥羽上皇による東塔供養があり、保延四年(1138)に神館・神宮寺・西塔が焼亡した(『百練抄』)。

感神院(かんしんいん)　**祇園社**(ぎおんしゃ)　場外23　現在の八坂神社。山城国愛宕郡八坂郷、現在の京都市東山区祇園町北側に鎮座。観慶寺感神院ともいい、御霊信仰が発展する中で、牛頭天王(ごずてんのう)をまつる神仏習合の宮寺として成立。承平五年(935)六月に定額寺となる。六月十五日の祇園御霊会には貴族の奉幣もあった。『小右記』長元四年九月廿六日条▼cに、宣旨により祇園の四至内で葬送を行なった僧侶を感神院司に捕らえさせたとある。

元興寺(がんごうじ)　平城京内に所在。飛鳥寺(法興寺)を移した。『小右記』長元四年二月十四日条＊3に、元興寺が誰かの栄爵を申請したとあり、その爵料によって元興寺の修繕が行なわれたと考えられる。二月註97参照。

北野天満宮(きたのてんまんぐう)　**北野寺**(きたのでら)　官神5・場外6　北野社のことで、創建に協力した最鎮が初代検校となり、以後も延暦寺僧が別当となって管理した。

行願寺(ぎょうがんじ)　**革堂**(かわどう)　場外10　平安左京北辺の一条油小路の北に所在した。寛弘元年(1004)に革聖(かわひじり)と呼ばれた行円が創建。法華八講などが催され、貴賤の信仰を集めた。実資も行円に仏像の造立などを依頼している。八月註357参照。

清水寺(きよみずでら)　場外26　山城国愛宕郡、現在の京都市東山区清水に所在。大和国高取の子島寺の僧延鎮が坂上田村麻呂の助勢を得て創建。観音信仰の拠点として信仰を集めた。三月註40参照。

金峰山(きんぷせん)　**御嶽**(みたけ)　**南山**(なんざん)　大和国吉野郡。紀伊半島のほぼ中央を南北に貫く山並みのうち、北の吉野山から山上ヶ岳(大峰山)までをいう。山岳信仰の対象とされ、後にその道場となった。蔵王権現の聖地・弥勒下生の地などとして信仰を集め、藤原道長も長期間の御嶽精進をしてから金峯山詣をし、山上ヶ岳山頂に埋経をした。三月註191参照。

熊野(くまの)　紀伊半島南部の牟婁郡に相当する地域。熊野三山(熊野本宮大社・熊野那智大社・熊野速玉大社)の総称、または一部を指した名称。霊験の地として信仰を集め、宇多法皇の頃から貴族の参詣も見られるようになった。二月註133参照。

広隆寺(こうりゅうじ)　場外38　山城国葛野郡、現在の京都市右京区太秦蜂岡町に所在。秦寺・太秦公寺・秦公寺・太秦寺・蜂岡寺・葛野寺・桂林寺などとも。『日本書紀』推古十一年(603)十一月己亥朔条に、秦河勝の創建とある。当初は葛野郡九条河原里・同荒見社里にあったが、後に五条荒蒔里に移したとされる(『広隆寺縁起』)。弘仁九年(818)の火災を経て承和頃に再興。

極楽寺(ごくらくじ)　〔賀弁人僧1〕　山城国紀伊郡内、現在の京都市伏見区深草極楽寺町にあった藤原北家の私寺。基経が建立を始め、その子時平が完成した。昌泰二年(899)に定額寺となるよう願い出ており、認められたと考えられる。貞元元年(976)六月十八日に地震で転倒したが、永祚元年(989)には復興していた。

興福寺(こうふくじ)　**山階寺**(やましなでら)　〔別当＝扶公人僧1、上座＝蓮空、寺主＝灌算、権寺主＝清元、都維那＝幸澄〕　大和国添上郡内、現在の奈良市登大路町に所在。南都七大寺の一。縁起によれば藤原鎌足死後、妻鏡女王が山階邸を寺としたのが創始。藤原京の厩坂を経て、藤原不比等の発願により平城左京三条七坊(外京)を寺地として養老元年(717)頃に建立された。藤原氏の氏寺・法相教学の拠点として栄え、維摩会は勅会として重視され、薬師寺最勝会・宮中御斎会と並んで三会とされた。長元四年の維摩会講師は円縁であった。**南円堂**(なんえんどう)は、弘仁四年(813)に藤原冬嗣が建立した不空羂索観音坐像を本尊とする八角円堂で、北家の精神的支柱であると共に、観音信仰の霊場ともなった。**食堂**(じきどう)は伽藍の東端に位置したが、現存しない。藤原氏一族による造堂や焼失後の再建は絶え

ず、長元四年十月廿日には関白藤原頼通による**東金堂**(とうこんどう)と**塔**(とう)の再建供養が行なわれ、その賞により別当の扶公が法印に叙された。

西寺(さいじ)　場京右L56　九条北、西大宮東、皇嘉門西、八条南。東寺と一体で造営され、金堂は820年代、講堂は天長九年(832)、塔は10世紀初頭に成立した。綱所も置かれていた。正暦元年(990)に塔以外の大部分を焼失。

慈心寺(じしんじ)〔成教人僧2〕『小右記』長元二年(1029)九月八日条によれば、成教が山城国の西山に隠棲のために建てた寺で、近くに構えた草庵を臨終の地と定めて常住念仏していたという。七月註75参照。

四天王寺(してんのうじ)　**天王寺**(てんのうじ)〔別当＝定基人僧1〕　摂津国東成郡。荒陵寺(あらはかでら)・敬田院・三津寺・難波大寺とも。聖徳太子により建立されたと伝えるが、太子の死の翌年にあたる推古天皇三十一年(623)七月に、新羅より献上された舎利・金塔・灌頂幡などを納めたとするのが確実な初見。浄土教が興隆した際にはこの伽藍が浄土の東門に当たるとされていた。長元四年九月に上東門院彰子が参詣し、経供養などがなされた。九月註3参照。

慈徳寺(じとくじ)　場外28〔尋空人僧1〕　山城国宇治郡内、現在の京都市山科区北花山に所在した寺院。覚慶律師が、遍照僧正の住房を伝領して妙業房と称していたものを核とし、寛和二年(986)に草創されたと考えられる。長保元年(999)八月には東三条院詮子によって落慶供養が行なわれており、この時伽藍の完成をみたらしい。同三年閏十二月廿二日に詮子が崩御して以後、毎年、法華八講ならびに忌日法会が行なわれた。

常住寺(じょうじゅうじ)　**野寺**(のでら)　山城国葛野郡内、現在の京都市北区北野白梅町付近に所在した寺院。「北野廃寺跡」から「野寺」と墨書した土器が発見されている。天安二年(858)と元慶八年(884)に焼亡の記事がある。藤原実資は、物忌・外出の際などに諷誦を修した。

栖霞寺(せいかじ)　場外40〔利原人僧2・覚蓮人僧2・政堯人僧2〕　嵯峨天皇第十二皇子源融が嵯峨の地に建てた山荘棲霞観を寺にしたもの。源氏の私寺、別荘内における阿弥陀堂の意味合いが強かった。奝然が宋の五台山清涼寺に擬すべき寺の建立を目指し、その死後、棲霞寺の一隅を借り、釈迦堂として発足したのが清涼寺である。以後、釈迦堂への参詣者が増すに従い、本寺棲霞寺の存在は薄れていった。二月註77・七月註73参照。口絵解説参照。

世尊寺(せそんじ)　場外7　藤原行成が創建した寺院。外祖父の源保光から譲り受けた桃園の私邸を仏舎に改めた。この地は、祖父の伊尹から父の義孝へ伝領された桃園第で、保光は一時的な管理者だった可能性もある。『世尊寺縁起』所引の長保三年(1001)三月十日付太政官符に、四至として東は大宮路、西は達智門路、北は寺北路、南は寺築垣としたとある。康尚が造立した大日如来・普賢・十一面観音の三像をはじめ、不動明王・降三世明王、保光の持仏である観音像などが安置され、巨勢弘高による障子絵などが描かれた荘厳な寺院であった。定額寺に列せられ、別当・三綱が補された。

禅林寺(ぜんりんじ)　場外22〔深覚人僧1〕　山城国愛宕郡東山にある寺院。空海の弟子真紹が、仁寿三年(853)藤原関雄の山荘を寺とした。禅林寺の名は貞観五年(863)に定額寺に預かった際に授けられた。当初は真言密教の道場であり、清和上皇の御願仏堂が元慶元年(877)に建てられなどしたが、11世紀末に永観が入ってから浄土教の念仏道場となった。七月註104参照。

大安寺(だいあんじ)　南都七大寺の一。藤原京時代の大官大寺が、平城京に移転したもの。左京六条四坊から七条四坊に跨る境内を有し、東大寺の創建以前は境内の広さが第一位の規模であった。天暦三年(949)と寛仁元年(1017)に火災に遭い、その都度復興されている。長元四年には、『小右記』二月十三日条▼a・十四日条*3に免田の問題について、『左経記』六月廿七日条※4▽cに造大安寺長官藤原経輔の除目のことが記されている。二月註80参照。

蓼倉尼寺(たでくらにじ)　場外14　山城国愛宕郡蓼倉郷、現在の京都市左京区下鴨蓼倉町に所在した尼寺。『小右記』長元四年七月四日条▼aに、永円僧都が蓼倉尼寺の司の申文などを奉ったとある。

知足院(ちそくいん)　場外8　山城国愛宕郡、現在の京都市北区紫野、船岡山南西にあった天台宗の寺院。創建年代は不明だが、延喜十八年(918)十月十九日の北野行幸に関する『西宮記』(臨時四)の記事や、『日本紀略』天暦五年(951)四月廿五日条の朱雀上皇による賀茂斎内親王の還御の見物に関する記事により存在が知られる。『小右記』長元四年七月八日条▼aに阿闍梨興照の別処が知足院の西にあったとある。七月註60参照。

珍皇寺(ちんこうじ)　**愛宕寺**(あたごでら)　場外24　山城国愛宕郡内、現在の京都市東山区小松町に所在する寺院。本尊は木造薬師如来像。東寺の末寺となり、鳥辺野に近く、死体を捨て置く場ともなっており、地獄の入り口とも見なされた。

天安寺(てんあんじ)　場外39　山城国葛野郡、現在の京都市右京区花園、双丘の東麓に位置。清原夏野の山荘であった所を夏野の死後寺とした。当初は双丘寺と名乗っていた。定額寺に預かったものの10世紀末以後は衰微。実資は定期的に諷誦を修す。七月註80参照。

東寺(とうじ)　**教王護国寺**(きょうおうごこくじ)　場京左L44　〔一長者＝深覚人僧1〕　九条北、九条坊門南、壬生東、大宮西に所在。着工の時期は明らかでないが、西寺と共に造営が開始されたと見られる。弘仁十四年(823)に空海に勅賜され、没後に真言秘密道場として灌頂院が建立された。**東寺長者**(とうじちょうじゃ)は東寺の長官のことで、空海が造東寺所別当に任じられたことを初例と見なすが、長者としては弟子実慧が補されたことに始まり、仁和寺・大覚寺・勧修寺・醍醐寺の真言僧(特に貴種)がなった。員数は、承和八年(841)に二人、昌泰元年(898)に三人、安和二年(969)に四人と増加するが、筆頭の者は**一長者**(いちのちょうじゃ)あるいは**寺務**(じむ)といわれ、貞観十四年(872)に**法務**を兼ねるようになり、以後、僧綱の実権も掌握した。治安三年(1023)から一長者には深覚がなっていた。正月註75参照。

東大寺(とうだいじ)　〔別当＝仁海人僧1、権別当＝済慶人僧2、厳調人僧2・詮義人僧2・仁謀人僧2・神叡人僧2、俗別当＝実資人藤3・資通人源5〕　大和国添上郡、平城京の外京の東縁に隣接。南都七大寺の一。聖武の大仏建立発願に始まり、天平勝宝元年(749)に大仏本体の鋳造を完了、同三年に大仏殿と螺髪が完成、翌年に開眼、天平宝字元年(757)に鍍金を完了、宝亀二年(771)に光背が完成。平安時代は大仏本体の損壊や堂塔の焼亡が頻発。弘仁十二年(821)には空海の提唱により真言院が創設されている。長元二年(1029)から別当には仁海がなり、同四年九月の殿上所充で、俗別当に藤原実資と源資通がなった。長元四年二月・三月には前別当観真の時に発給された返抄が問題となり、官史を遣わして上司庁・下司庁などの印を調べさせている。また、『左経記』長元四年八月四日条に関連記事があり、勅封の御蔵を開けて修理させている。御蔵は、勅命によって封印し、朝廷の鍵によってのみ開けることのできる蔵で、正倉院のこと。二月註185参照。

多武峰(とうのみね)　大和国十市郡、現在の奈良県桜井市多武峰に位置した寺院。明治になって談山神社となる。寺院を指して多武峯と言った場合、平等院・南院・多楽院・浄土院の四つを総称した。『日本書紀』斉明二年(656)是歳条で山を指して「田身嶺」とあるのが所見で、寺院としては藤原鎌足の長子である定恵により鎌足の遺骸が改葬されたことに始まる。長元四年にはこの鎌足の墓が鳴動して問題になっている。二月註71参照。

仁和寺(にんなじ)　**御室**(おむろ)　場外1　山城国葛野郡内、大内山の南麓に所在。宇多天皇が父光孝天皇の遺願を継いで造営、仁和四年(888)に真然を導師として金堂の落慶供養を行なった。寺号は年号に因む。宇多上皇は昌泰二年(899)に出家、八角堂を建立、延喜四年(904)に南西の御所を御在所とした。仁和寺は真言宗の拠点であると共に、皇室・宇多源氏の寺院として発展し、寺域には天皇御願の四円寺(円融寺・円教寺・円乗寺・円宗寺)など多くの院家が建立された。性信(三条天皇皇子師明親王)が仁和寺に入って門主(御室)となり、

大御室と称され、それ以来、親王が代々入寺して御室となる慣例が定着した。
比叡御社(ひえおんしゃ)　**日吉社**(ひえしゃ)　比叡山東の坂本にある。延暦寺の鎮守神としてあがめられ、天台僧による法華八講が行なわれていた。三月註110参照。
普門寺(ふもんじ)　[場]外16　〔久円[人]僧1〕　山城国愛宕郡岩倉、現在の京都市左京区岩倉長谷町にあった寺院。阿闍梨久円がおり、実資が尊勝法などを行なわせている。天台系か。三月註26参照。
法興院(ほこいん)　[場]外20　〔良円[人]僧1〕　東京極大路東、二条大路末北に一町を占めた寺院。藤原兼家が盛明親王の第宅を買得して東二条院を造営、正暦元年(990)五月八日に関白太政大臣を辞して出家した二日後に寺院とし、丈六金色毘盧舎那仏などを安置した。同年七月に亡くなった兼家の七七日(四十九日)法会が行なわれている。兼家が別に建立していた積善寺も息道隆により移されたので、法興院は積善寺と併記されることが多い。寛弘八年(1011)・長和五年(1016)に焼亡したが、すぐに再建された。法興院では、兼家の忌日に合わせて法華八講が修され、藤原実資も極暑の中でたびたび参詣していた。
法住寺(ほうじゅうじ)　[場]外27　〔尋光[人]僧1〕　山城国愛宕郡、現在の京都市東山区にあった。より具体的な所在地については、「八条の末あたり」(『国史大辞典』)または「京外東の七条末路辺」(『平安時代史事典』)と二説ある。藤原為光の創建で、永延二年(988)三月廿六日に供養を行なっている(『日本紀略』)。本尊は金色丈六釈迦如来像で、本堂である釈迦堂の東西に法華三昧堂と常行三昧堂を配置。長元五年(1032)に焼亡したが再建され、白河上皇がここを後院とした。七月註114参照。
法成寺(ほうじょうじ)　**御堂**(みどう)　[場]外19　山城国愛宕郡、近衛北・東京極東・土御門南・鴨川堤防西、現在の京都市上京区にあった。藤原道長が寛仁三年(1019)に出家と共に発願し建立、当初は無量寿院を名乗った。浄土信仰を反映した九体阿弥陀堂の他、同年に十斎堂、治安元年(1021)には講堂や西北院(道長の妻倫子による)が造立された。同二年より法成寺を名乗り、金堂と五大堂が完成。万寿元年(1024)に薬師堂、翌年に法華三昧堂と尼戒壇、万寿四年(1027)に釈迦堂が建立された。同年十二月四日に道長は法成寺阿弥陀堂(無量寿院)で臨終行儀を行ないながら入滅。後、上東門院彰子により長元三年(1030)に東北院が造立された。道長の忌日に御八講が行なわれ、二女妍子の忌日にも法会が催されている。二月註201・九月註154参照。
法隆寺(ほうりゅうじ)　〔別当＝仁満[人]僧1〕　大和国平群郡内、現在の奈良県生駒郡斑鳩町に所在。推古天皇十五年(607)に用明天皇の誓願で推古天皇と聖徳太子が建立(金堂薬師如来像光背銘)。天智天皇九年(670)に焼失したが、すぐに再建。天平十一年(739)に上宮王院(夢殿)が建立された。承和年中(834～848)に別当が置かれ、その下で三綱が寺務を管理した。延長三年(925)の落雷で焼失した講堂・北室・鐘楼、永祚元年(989)に倒壊した上御堂は、正暦元年(990)以降に再建された。太子信仰の拠点となった。
法性寺(ほっしょうじ)　[場]外29　〔座主＝尋光[人]僧1〕　山城国紀伊郡、現在の京都市東山区本町、東福寺付近に所在。延長三年(925)に藤原忠平が天台座主尊意を開山として建立。承平四年(934)に定額寺となる。一族による子院が建立・維持されていた。中でも東北院は、建立者である藤原実頼一門(小野宮流)が法会を行なう堂で、実資が実頼・斉敏(実資の実父)らの忌日供養を営なみ、盆供も送っていた。寛弘三年(1006)に藤原道長が五大堂を建立するが、その中尊であった丈六不動明王坐像が、現在東福寺の塔頭である同聚院に安置されている。現在の法性寺は明治になって再興したもの。正月註3参照。
松崎寺(まつがざきでら)　[場]外15　山城国愛宕郡、現在の京都市左京区松ヶ崎にあった。天台宗。正式には円明寺といい、鎌倉時代以後二度の名称変更を経て本湧寺と合併、湧泉寺となって今に至る。源保光が正暦三年(992)に建立。藤原懐平が室の七七忌の法事を営んでいる。九月註305参照。

無動寺(むどうじ)　比叡山の東塔にある延暦寺の堂舎の一。貞観七年(865)に相応が不動明王像を安置する仏堂を建立、同九年九月に供養した。三月註 25。

六波羅蜜寺(ろくはらみつじ)　**六波羅**(ろくはら)　場外 25　六波羅は、山城国愛宕郡の地名。平安時代のこの地域は、隣接する清水地域に広がる鳥戸野への入り口であり、清水寺への参詣路であった。六波羅蜜寺は、現在の京都市東山区轆轤町にあり、応和三年(963)に空也の発願になる金字大般若経書写供養が営まれ、その際に鴨川の畔に建てられた西光寺が前身である。貞元二年(977)より六波羅蜜寺を名乗り、天台別院となる。庶民が聴講する講会や菩提講などの場ともなるなど、朝野貴賤の幅広い信仰を集めた。藤原実資は万寿二年(1025)に命増に「百寺金鼓」を打たせている。七月註 56 参照。

六角堂(ろっかくどう)　場京左 G35　左京四条三坊十六町、三条南・東洞院西、現在の京都市中京区堂之前町に所在。頂法寺。円堂形式の建物から六角堂の通称があり、平安京に出現した最初の私寺とされる。平安遷都以前に創建された聖徳太子所縁の寺と伝えるが、実際は 10 世紀末頃の創建とされている。如意輪観音を本尊とし、観音信仰により発展した。参詣者が多く、近辺には下級官僚や庶民の小家が集まっていた。藤原実資は「夢想不静」「夢想紛紜」との理由から諷誦を修している。正月註 125 参照。

3 その他

講師(こうじ)　法会において、高座で読師と相対して講経を行なう役僧。特に興福寺維摩会などの国家的法会において講経の任に当たる者。長元四年の維摩会講師は、円縁であった(『僧綱補任』)。読師と合わせて「**講読師**」ともいう。

読師(どくし・どくじ・とうし)　法会で講師と相対して高座に昇り、経題・経文を読み上げる役僧。

竪者(りつしゃ)　竪義(りゅうぎ)において課試を受ける受験者。長元四年の興福寺維摩会竪義として、懐孝・舜昭・安源・長昭の名が知られている(『僧綱補任』)。

法師(ほうし・ほっし)　**師**(し)　僧の呼称。特に僧位の称号。僧の自称、ないしは僧の呼称として用いられた。また、特定の僧徒集団を指して「山法師」「寺法師」「奈良法師」というようにもなる。僧への尊称として「師」が付けられた。

凡僧(ぼんそう)　僧綱ではない法師位の僧。凡僧で内供奉・阿闍梨・已講・擬講・已灌頂などの職に就いている者を有職、無職の者を非職と称した。

聖(ひじり)　**聖人**(しょうにん)　知徳にすぐれ、模範と仰がれるような聖人。その道で卓越した人。僧侶一般も指すが、特に寺院内に留まらず修行して験力を得た僧のこと。行者。正月註 52 参照。

別処・別所(べっしょ)　僧侶が寺院と別に構えた道場や堂舎。『小右記』長元四月八日条▼a に阿闍梨興照の別所とある。

導師(どうし)　法会において願文や表白文等を読み上げ、法会の参加者を導く役僧。

堂童子(どうのどうじ)　諸寺の堂舎に属して雑事を行なう童形の下部。奉仕対象は堂内の仏。

伴僧・番僧(ばんそう)　法会・修法などで阿闍梨に随伴して読経などをする僧。正月註 418 参照。

戒師(かいし)　戒律を授ける法師。出家の時は師匠となる。

度者(どしゃ)　得度した者。また毎年一定数定められた年分度者の略。

《付C》場所考証

内裏(だいり)　**大内**(おおうち)　**禁中**(きんちゅう)　**禁裏**(きんり)。大内裏の中央から少し北東によった場所に東西70丈(約212メートル)・南北100丈(約303メートル)の広さをもち、外郭と内郭とに区別された。外郭は築地に囲まれて建礼門(D3)など九の宮門があり、内郭は回廊に囲まれて承明門(c5)など十二の閤門があった。諸殿は建礼門・承明門のある南北の中軸線にほぼ左右対称に配置され、廊で連絡される。内郭の南半分が天皇の御殿で、正殿である紫宸殿(c4)を中心に構成された。承香殿(c3)から北に後宮の七殿五舎があった。延暦年間(782〜806)に造営されたが、天徳四年(960)に焼亡、再建された。その後も焼失と再建は繰り返され、長元四年時の内裏は、長和四年(1015)の焼亡後に再建されたもので、寛仁二年(1018)四月に後一条天皇の遷御がなされた。但し、安貞元年(1227)四月、再建半ばに焼失した後、平安宮内に再び内裏が造営されることはなかった。

a2**凝華舎・凝花舎**(ぎょうかしゃ)　**梅壺**(うめつぼ)　後宮五舎の一。身舎は南北二間、東西五間、四方に廂間があり、東方には孫廂もあった。飛香舎と襲芳舎とは渡廊によって結ばれていた。南面する中庭(壺)に紅白の梅の木が植えられていたことから、梅壺と呼ばれた。東宮敦良親王の御所で、『石山寺縁起絵巻』(四)に凝華舎で東宮の病を深覚が加持する姿が描かれている。

飛香舎(ひぎょうしゃ)　**藤壺**(ふじつぼ)　後宮五舎の一。北の凝華舎と南の清涼殿とは渡廊で結ばれていた。南面の中庭(壺)に藤の木が植えられていたので藤壺と呼ばれた。身舎は凝華舎と同じであるが、東だけでなく西・北にも孫廂があり、南・東・北には簀子の施設が設けられ、五舎中最大の規模であった。中宮藤原威子の御所で、関白藤原頼通が宿直や休息に用いる**直廬**(じきろ)もここにあったと考えられる。長元四年十月には三歳になった馨子内親王の着袴も行なわれた(『左経記』十月廿九日条、解説二四「馨子内親王の着袴」参照)。

a3**御厨子所**(みずしどころ)　官外6　後涼殿の西廂に位置。天皇の朝夕の御膳を供進し、節会などの酒肴を出した。

a5**進物所**(しんもつどころ・たまいどころ)　官外6　安福殿の西、作物所の東に位置。内膳司で作られた天皇への供御を温め直したり、また供御の中でも簡単なものを調理したりした他、御厨子所と共に諸国貢進御贄の保管場所であった。

作物所(つくもどころ)　官外6　内裏の南西隅、進物所の西に位置。内匠寮の雑工が、天皇家の私的な調度類の製造・彫刻・鍛冶などしたところ。

b2**滝口陣**(たきぐちのじん)　清涼殿の東庭の北東部にある御溝水(みかわみず)の落ち口(滝口)の近くの渡廊。ここに滝口(官外2)が詰めて警備をしていたので、滝口所・滝口陣といった。

b3**小板敷**(こいたじき)　清涼殿の南廂、殿上の東半分三間の南側に沿って、小庭に造り出された縁。神仙門の東側にある殿上の間への上がり口で、公卿が昇殿する経路となった。清涼殿

付近拡大図参照。

清涼殿(せいりょうでん・せいろうでん・せいようでん)　内裏殿舎の一。紫宸殿の北西、仁寿殿の西に位置し、東面して建つ。10世紀頃より天皇の日常の居処として使用され、叙位や除目、天皇の日常の政務、灌仏・御仏名などの儀式も行なわれた。天皇が紫宸殿の儀式などに出御した場合、清涼殿を「本殿」と呼ぶ記述がある(『小右記』長元四年正月七日条＊2)。**昼御座**(ひのおまし)・**石灰壇**(いしばいのだん)・**夜御殿**(よるのおとど)・**上御局**(うえのみつぼね)・**台盤所**(だいばんどころ)・**殿上**(てんじょう)などが配されていた。前の庭は**東庭**(とうてい)と呼ばれ、元日の四方拝や小朝拝、相撲内取、賀茂臨時祭・石清水臨時祭の発遣儀・還立などが行なわれた。清涼殿拡大図参照。

台盤所(だいばんどころ)　宮中や貴族の邸宅で、女房の詰所。宮中では清涼殿の西廂にあった。清涼殿付近拡大図参照。

殿上(てんじょう・でんじょう)　清涼殿の南廂にある、公卿らが日常伺候する場所。殿上の間、侍とも呼ばれた。ここに昇ることを許された四位・五位の廷臣を殿上人(官外2)と呼ぶ。清涼殿付近拡大図参照。

無名門・無明門(むみょうもん・むめいもん)　紫宸殿北西廊の西端南間に開く門。殿上に近いため、殿上口・侍東戸ともいった。清涼殿付近拡大図参照。

b4**射場**(いば)　**弓場**(ゆば)　賭射(のりゆみ)などの射芸を行なう場所。但し、射礼は内裏南端の建礼門前または平安宮内の豊楽院で行なわれた。紫宸殿の西に所在。清涼殿付近拡大図参照。

射場殿(いばどの)　**弓場殿**(ゆばどの)　校書殿東廂の北端二間の前方に、東面する形で張り出して作られた建物。方一間。清涼殿の南、紫宸殿の西に所在。単に射場・弓場などと称されることもある。天皇が賭射や射場始(弓場始)など射芸を観る際に出御した他、公卿が奏慶をしたり、上卿が文書を奏上する際に用いられた。官奏の際にも、奏上後の伝宣時に大臣がここで奏杖(文刺)・文書を史に渡した。清涼殿付近拡大図参照。

校書殿(きょうしょでん)　弓場殿の西、清涼殿と安福殿の間に所在。北に右青瑣門、南に月華門がある。累代の書籍・文書が納められていたので**文殿**(ふどの)ともいい、その出納は蔵人が行なった。紫宸殿の西に位置した安福殿と共に**西殿**(にしどの)と呼ばれた。清涼殿付近拡大図参照。

右近衛府陣(うこのえふのじん)　**右近陣**(うこんのじん)　官衛1　月華門のこと。紫宸殿南庭の西側にある。右近衛府が警護する。**右近陣座**は、校書殿の東廂南側にあった。

蔵人所(くろうどどころ)　官外2　校書殿の北の西廂に所在。天皇家の家政機関として嵯峨朝までに設立され、特に宇多朝以後実権が強化された。清涼殿付近拡大図参照。

月華門(げっかもん)　南庭の西、校書殿と安福殿の間に開く門。

b5**安福殿**(あんぷくでん)　紫宸殿の南西、校書殿の南に位置し、春興殿に相対する。中に、天皇の御薬を供する**薬殿**(くすりどの・くすどの)があった。

c1**玄輝門**(げんきもん)　内郭の北の中門で外郭の朔平門と対する。門の東西に左右兵衛佐と左右将監の宿所があった。

c3**仁寿殿**(じじゅうでん・にんじゅでん)　紫宸殿の北、承香殿の南に所在。庭をはさんで東側に綾綺殿、西側に清涼殿がある。仁明朝頃までは天皇の日常の居住空間であり、南廂東第一間にある石灰壇などにその名残を見ることができる。仁寿殿で行なわれた儀式に、毎月十八日の観音供などがある。また、仁寿殿で行なわれた内宴の様子が『年中行事絵巻』(巻五)に描かれている。

承香殿(しょうこうでん)　後宮七殿の一。仁寿殿の北に位置し、渡殿・露台により接していた。中央の馬道により東西に分かれる。東片廂に**内御書所**(うちのごしょどころ)が設けられた。

c4**御膳宿**(おものやどり)　膳・椀などをしまっておく納戸。紫宸殿の西廂にあり、儀式の際には配膳が行なわれた。采女が詰めていたので**采女所**、身舎との境が壁だったので**塗籠**(ぬりごめ)とも呼ばれた。

紫宸殿(ししんでん・ししいでん)　**南殿**(なでん)　平安宮内裏の正殿。本来天皇の日常政務の場であったが、節会など大きな儀式の場とされた。南面して建つことから、平安時代には南殿の呼称が一般的であった。正面の広場が**南庭**(なんてい)で、東に桜、西に橘が植えられ、左近桜・右近橘といわれた。南庭を取り囲む形で、東側に北から宜陽殿・日華門・春興殿・左掖門が、西側に校書殿・月華門・安福殿・右掖門が建つ。長元四年条では、元日節会([儀]正)や春・秋季の仁王会([儀]二・[儀]七)、旬([儀]四・[儀]十)、伊勢公卿勅使発遣に伴う天皇御拝(『小右記』八月廿五日条▼g)、季御読経([儀]二・[儀]八)で用いられた。その時の天皇の**御座**については、正月註32参照。また、大極殿仁王会に八省行幸をする際、先ず紫宸殿へ出御している(『左経記』十一月卅日条▽a)。臣下が清涼殿への参入や射場殿への移動の際に紫宸殿北廂を経由している例も散見される。

c5**承明門**(しょうめいもん)　紫宸殿の正面にある内門で、内郭の南面中央にあり、外郭の建礼門に対する。節会などの重要儀式において、この門内で行事を執行する公卿を**内弁**(ないべん)、この外で執行する公卿は**外弁**(げべん)という。

d2**御書所**(ごしょどころ・おふみどころ)　天皇の書物を保管した**内御書所**(うちのごしょどころ)。承香殿片廂に所在。宮中の書物を管理した御書所は式乾門の東脇にあった。但し、両者の区別ははっきりしない。

d3**化徳門・和徳門・花徳門**(かとくもん)　**無名門**(むみょうもん)　綾綺殿北側に開く東西の門。通常の左近衛陣や結政所への通行の際はここを用いるが、藤原実資は年首などにここの通行を避けていた(『小右記』長元四年正月一日条＊1参照)。

宣仁門(せんにんもん)　紫宸殿と宜陽殿を結ぶ軒廊の宜陽殿側にある門。公卿が着陣する折に用いられた。また宜陽殿や軒廊への行き来に用いられた。陣座付近拡大図参照。

敷政門(ふせいもん・しきせいもん)　宜陽殿と綾綺殿の間に開く東西の門。陣座や軒廊への通行に用いられた。陣座付近拡大図参照。

恭礼門(きょうれいもん)　紫宸殿北廂と東北廊の間の門。門内は主膳や主水などが候じたり、内侍と納言の内案のやり取りが行なわれた。陣座付近拡大図参照。

d4**宜陽殿**(ぎようでん)　紫宸殿の東、綾綺殿の南、春興殿の北に所在。西廂の北側に**公卿座**(くぎょうのざ)、南廂の東二間に**議所**(ぎしょ)が置かれた他、納殿としての利用もなされた。公卿の座は公卿の本座、議所は叙位議や除目で清涼殿へ参上する前に諸卿が着した。陣座付近拡大図参照。

陣座(じんのざ)　**仗座**(じょうのざ)　**左近陣座**(さこんのじんのざ)　**左仗**(さじょう)　[官]衛1　宜陽殿の西廂にあったが、後に紫宸殿東北廊の南面に移ったとされる。本来は近衛の詰所であったが、公卿の座が設けられ、政務や儀式に使用された。ここで、陣定(じんのさだめ)や陣申文(じんのもうしぶみ)の他、季御読経定や位禄定など各種の政務が行なわれた他、儀式の際の控室の役割も果たした。左近衛府の本座も置かれていた。陣座付近拡大図参照。

小庭(こにわ・しょうてい)　寝殿と対の舎の間の壺庭。特に、陣座の南にある小庭。紫宸殿の

南庭を大庭というのに対して、清涼殿の東南隅、小板敷の前にある庭を指すこともある。陣座付近拡大図参照。

日華門(にっかもん)　南庭の東、宜陽殿と春興殿の間に開く門。南庭で行なう儀式の際の通用門。陣座付近拡大図参照。

d5**春興殿**(しゅんこうでん)　紫宸殿の南東、宜陽殿の南に位置し、安福殿に相対する。本来は武具を納める所であったが、絹などの雑物が置かれていたことも知られる。北東の廂には内豎の候所があった。

e3**温明殿**(うんめいでん・おんめいでん)　宣陽門内、綾綺殿の東に所在。南の壁の裏に敷政門に通じる廊があり、中央に土間の馬道が東西に通り、その南側に神鏡を安置した**賢所・恐所**(かしこどころ)があり、内侍が祗候したので**内侍所**(ないしどころ)とも呼ばれた。

左兵衛陣(さひょうえのじん)　内郭の東の中門である**宣陽門**(せんようもん)の内にあった。

火燃屋・火焼屋・火焚屋・火炬屋(ひたきや)　庭火・かがり火をたいて夜の守衛をする衛士(えじ)が詰める小屋。

e5**鳥曹司**(とりのぞうし)　内郭回廊の南東隅、回廊外側に接してあった鉤形の部屋。元来は宮中で養育する鷹と犬を飼った所。後に鷹を飼わなくなったが、外弁(げべん)の座(長楽門南)に至る回廊の入口として使用された。

大内裏(だいだいり)

平安宮。平安京の中央に位置し、朝堂院(八省院)、豊楽院、皇居(内裏)、二官八省以下の多数の官衙、倉庫が整然と配置されていた。大内裡とも。広さは、東西384丈(約1144.8メートル)、南北は平安時代中・後期に広げられて460丈(約1371.6メートル)あった。平安中・後期の配置については、陽明文庫所蔵『宮城図』や九条家本『延喜式』所載宮城図などによって復元できる。宮城の外郭の四面には十四門が建てられた。初期には南面に朱雀門・美福門(旧壬生門)・皇嘉門(旧若犬養門)、東面に郁芳門(旧的門)・待賢門(旧建部門)・陽明門(旧山門)、西面に談天門(旧玉手門)・藻壁門(旧佐伯門)・殷富門(旧伊福部門)、北面に偉鑒門(旧猪使門)・達智門(旧丹治比門)・安嘉門(旧海犬養門)であったが、宮城が北方に二町分拡大されたことに伴い、土御門大路の延長上に上東門と上西門が新造された。

A1**大蔵省**(おおくらしょう)　官省7

兵庫寮(ひょうごりょう・つわもののくらのつかさ)　官省5　安嘉門の南西、大蔵省の北にあった。

A2**右近衛府**(うこのえふ)　官衛1　上西門・殷富門の間。藤原実資が右大将であったので、『小右記』では単に「本府」「府庁」と記されることがある。右近衛府の相撲の稽古を行なう**内取所**(うちとりどころ)もここに置かれたと考えられる。

図書寮(ずしょりょう)　官省1

A3**右兵衛府**(うひょうえふ)　官衛3

内匠寮(たくみりよう・うちのたくみのつかさ)　官省1

造酒司(みきのつかさ・ぞうしゅし)　官省8

A4**左馬寮**(さまりょう・さめりょう)　官衛4　政府の馬の管理を担当。宮城の南西角、右馬寮の北にあった。

談天門(だんてんもん)　宮城十四門の一。大内裏外郭西面の南側に開く。門号唐風化以前は玉手氏の名を冠し玉手門と称した。

典薬寮(てんやくりょう)　官省8

御井(みい)　井戸の尊称。主水司が主管する井戸が存する**御井町**(みいのまち)を指す。豊楽院の西、典薬寮の南にあって、天皇に供される水を汲んだ他、造酒司がこの水を用いて酒を醸造した(御井酒)。また元日の「供御薬(みくすりをくうず)」に用いる屠蘇は、典薬寮が十二月晦日に御井に浸すことになっていた。守屋(もりや)があり、御井守二人が詰めていた。町の郭内に御井神一座がまつられていた。

A5**右馬寮**(うまりょう・うめりょう)　官衛4

刑部省(ぎょうぶしょう)　官省6

治部省(じぶしょう)　官省3

B1**大蔵**(おおくら)　大蔵省の倉庫。正倉・長殿・率分蔵などからなる。北四区、南二区が並列し、諸国から京に運進された調庸物や交易の雑物、出挙稲などが収蔵されていた。

B2**掃部寮**(かもんりょう・かにもりのつかさ)　官省8

B3**真言院**(しんごんいん)　密教修法を大内裏で行なう場所。唐の内道場に倣い、空海の申請によって承和元年(834)に建てられた。正月八日より七日まで後七日御修法(ごしちにちのみしほ)が東寺長者によって行なわれた。

B4**豊楽院**(ぶらくいん)　八省院(朝堂院)の西に位置。平安宮において国家的な饗宴を行なうための施設。大同三年(808)以前には完成したが、貞元元年(976)に地震で倒壊して以後、倒壊・炎上・再建を繰り返した。康平六年(1063)に焼亡してからは再興されなかった。

西華堂(せいかどう)　豊楽院の内部、豊楽殿の北西に位置。東華堂と共に豊楽殿の後殿である清暑堂の脇殿を構成した。

東華堂(とうかどう)　豊楽殿の北東に位置。西華堂の対。

不老門(ふろうもん)　豊楽院外郭北側に開く門。長元元年(1028)九月に大風で顚倒した。

逢春門(ほうしゅんもん)　豊楽院十九門の一。栖霞楼と顕陽堂を結ぶ東廊の中央に所在。外郭門である陽禄門に相対した。

明義堂(めいぎどう)　豊楽院の内部、儀鸞門の北西、承歓堂の南に所在。『小右記』長元四年三月十九日条▼aに「豊楽院西方の南の極の十九間堂」とあり、明義堂の南の妻(端)の東面の六間が崩れたと考えられる。

B5**弾正台**(だんじょうだい)　官台

兵部省(ひょうぶしょう)　官省5　大内裏の南端、朱雀門の西側に所在。

C1**長殿**(ながどの)　大蔵省の倉庫群。十四間の横に長い倉庫(長殿)が幾棟も並んでいた。絁・鍬鉄などの諸国の調庸物が収納されていた。

C2**内蔵寮**(くらりょう・うちのくらのつかさ)　官省1　縫殿寮の西、掃部寮の東、糸所・采女町・内膳司の北に所在。大蔵省から割き送られた金銀などの珍奇な物の保管・収納、天皇・中宮の御服・靴履・鞍具や祭使の装束などの調進を掌った。

内膳司(ないぜんし・うちのかしわでのつかさ)　官省8　官舎は采女町の西、糸所の南にあり、

この西側に宴の松原がある。

C3**中和院**(ちゅうわいん・ちゅうかいん)　**中院**(ちゅういん)　**神今食院**(じんこんじきいん)
真言院の東に所在。正殿である**神嘉殿**(しんかでん)において天皇による新嘗祭・神今食の親祭が行なわれた。天皇の出御のない時は神祇官が用いられた

昭慶門(しょうけいもん)　朝堂院二十五門の一。北面回廊中央に位置し、北殿門とも呼ばれた。

小安殿(こあどの・しょうあんでん)　朝堂院の一堂。大極殿の背後にある。

大極殿(だいごくでん)　朝堂院の正殿。龍尾道の北側に所在。平安宮の大極殿は延暦十年までに完成しており、天皇の政事、国家大礼の場として利用された。長元四年以前では貞観十八年(876)に火災に遭っている。

昭訓門(しようくんもん)　朝堂院東廊の北門。大極殿の東廊に連なる。大極殿の儀式で、上卿などの出入りに使用された。

修明門(しゅめいもん・すめいもん)　内裏外郭の南門。建礼門の西(春華門の反対)に所在。門の東西に右馬寮の詰所があったことから右馬陣とも称した。

C4**朝堂院**(ちょうどういん)　**八省**(はっしょう)　朝政・告朔などの政務、即位・朝賀などの儀式、節宴などの饗宴を行なう場。豊楽院の東側、中務省・太政官・民部省の東側に所在。弘仁年間頃から**八省院**とも呼ばれるようになった。平安京の朝堂院は延暦十四年(795)頃に完成したと見られるが、幾度も焼失・倒壊している。

C5**会昌門**(かいしょうもん)　平安宮朝堂院の内郭門。南の応天門と相対し南内門とも称した。大極殿と十二堂のある北部と朝集堂のある南部の間に所在。

応天門(おうてんもん)　朝堂院南面の正門。基壇上に建ち、二重屋根を持った。

朱雀門(すざくもん)　宮城十二門の一。二条大路に南面し、朱雀大路に通じる。七間五戸の二階造りで、大門、南門、重閣門とも呼ばれた。六月・十二月晦日の大祓や臨時大祓の儀式も行なわれた。

D1**率分所**(りつぶんしょ)　官省7　正蔵率分所が正式名称。率分蔵・率分堂とも。長殿の東隣にあり、正蔵率分を所蔵し、その事務を担当した。

D2**朔平門**(さくへいもん)　内裏外郭の北門。**右衛門陣**(うえもんのじん)が置かれ、**北陣**とも称した。主に女性による内裏への参入の際、この門と南の玄輝門が用いられた。

D3**建春門**(けんしゅんもん)　官衛2　内裏外郭の東面に開く門。内裏への出入りに多く用いられ、輦車の場合はここで乗り降りした。門内に**左衛門陣**(さえもんのじん)が置かれ、門名の異称ともなった。

建礼門(けんれいもん)　内裏外郭の南門。北側の承明門と共に紫宸殿の正門南に位置し、外郭門としては最大規模の五間の構造であった。

春華門・春花門(しゅんかもん)　内裏外郭の南面東側にあった門。内裏への出入りに多く用いられ、輦車の場合はここで乗り降りが行なわれた。

D4**陰陽寮**(おんようりょう・おんみょうりょう)　官省1

中務省(なかつかさしょう)　官省1

太政官(だいじょうかん・だじょうかん)　官太1・2　律令制における最高官庁。官舎は朝堂院の東、宮内省の西、中務省・陰陽寮の南、民部省の北にあった。正庁と東庁・西庁・後房か

らなり、廊で結ばれていた。太政官の厨は**官厨・官御厨**(かんのみくりや)ともいい、炊事のみならず食品や雑物の保管・調達も行なう財務機構で、その管理のために別当が置かれた。

文殿(ふどの)　太政官において文書・典籍を保管する場所。また、文殿という名称は校書殿(場内 b4)の別名でもある。

朝所(あいたんどころ・あいたどころ)　平安中期から太政官の北東、後房の東にあった舎屋。「朝食所」「朝膳所」とも見える。『枕草子』(一五六)によると、瓦屋で四方に御簾をめぐらしていた。元来は、列見や定考などの際、宴座に移る前の公卿以下の酒食の場であったが、後には方違などに使われたり、内裏焼亡の時に天皇が避難のため遷御したりした。後三条天皇の延久元年(1069)に、朝所に記録荘園券契所が置かれた。

D5**民部省**(みんぶしょう・かきのつかさ)　官省4

式部省(しきぶしょう)　官省2　大内裏の南端、朱雀門の東側に所在。

E1**主殿寮**(とのもりょう・とのもりりょう・しゅでんりょう)　官省8　大内裏の北端、達智門の南東に位置。湯舎・釜殿・内候所などの施設があった。

上東門(じょうとうもん)　**土御門**(つちみかど)　平安宮外郭東側の北寄りの門。西の上西門と共に、宮城十二門には数えられない掖門。土門で額も屋根もなかったことから、土御門という。牛車で参内する公卿の通用門。特に、藤原忠平が承平二年(932)に牛車の宣旨を得て、それを認められるのが摂関家の特権のようになると、摂関家の門と見なされるようになった。

E2**左近衛府**(さこのえふ)　官衛1　上東門と陽明門の間、梨本院と職御曹司の東に所在。右近衛府と対。

職御曹司(しきのみぞうし)　職の東院とも。中宮職(皇后、皇太后、太皇太后の三后)の曹司があった建物。内裏の向かいにあって至近距離なので、大臣や公卿たちの控えにも用いられた。また皇太后や中宮の御所となっていたこともある。内裏が炎上したり、強震があった時、天皇が臨時の御所としたこともあった。

陽明門(ようめいもん)　宮城十四門の一。大内裏外郭東面に開く。門号唐風化以前は山部氏(桓武天皇の諱「山部」を避けて山氏に改姓)の名を冠して山門と称した。内裏に近く、官人の出入りも多かった。

E3**待賢門**(たいけんもん)　宮城十四門の一。大内裏外郭東面に開く。門号唐風化以前は建部氏の名を冠し建部門と称した。内裏に近く、官人の参入の際などに多く用いられた。

外記庁(げきちょう)　**外記局**(げききょく)　官太1　太政官の議政官に直属する事務部局。太政官候庁・外記候庁とも。内裏の建春門(D3)から大路をはさんですぐ東側に所在。外記政が行なわれる正庁や、結政が行なわれる南舎、小屋・西廊・文殿などで構成される。『小右記』長元四年二月廿三日条＊4・廿四日条▼aに、外記庁の修造が問題になり、外記庁の残りの檜皮葺だけでなく、雑舎(文殿など他の舎)の修造と合わせて成功の対象とするとある。

結政所(かたなしどころ)　外記庁の南舎。結政は、この南舎で外記が整理した文書を上卿が評議する政を指す。『続後拾遺和歌集』(一〇九六)に、外記庁結政座に古宮の柱が今に残っていることを詠んだ大外記中原師光の歌が採られている。師光が活躍した鎌倉前期まで平城宮より移建された結政所の建物が使用されていたことが知られる。

侍従所(じじゅうどころ)　**南所**(なんしょ)　侍従の候所で、侍従局とも。外記庁の南、一本御書所の北に所在。『続日本紀』以下の国史においては、ここで公卿以下に宴を賜わったこと、講書を行なったことが見える。

左兵衛府(さひょうえふ)　官衛3

内豎所(ないじゅどころ)　内豎を扱う所。内豎が祇候する内候所は春興殿の東廂(d4・5)にあった。尚、『西宮記』(臨時五・所々事)に「厨在=大舎人寮南-、」とあることから、厨(内豎町)が美福門(大内裏図 D5)の北にあったとされるが、現存する大内裏図では「侍従厨」としており、本書の大内裏図でも「侍従所厨」とした。

西雅院(さいがいん)　**古東宮**(ことうぐう)　西前坊とも。雅院とは平安前期に皇太子が居住した殿舎で、東前坊と西前坊に分かれていた。文徳・清和両天皇は、即位後しばらく東宮に居住した。そして、宇多天皇は臣籍に降下して後に即位したこともあり、藤原基経の在世中は内裏に入らず、雅院を御所としていた。その後、東宮の御所や坊官が西雅院に置かれていたらしい。保明親王がここで亡くなって以降、前坊の呼び名は使われなくなったとされる。また、皇太子は内裏後宮の殿舎を居所とするようになり、もともと東宮のあった西雅院は「前東宮坊」の意味で「前坊」と呼ばれ、それが「古東宮」の呼称になったと考えられる。

E4**郁芳門**(いくほうもん)　宮城十四門の一。大内裏外郭東面の南側に開く。門号唐風化以前は的(いくは)氏の名を冠し、的門と称した。神祇官に近く、御幣使などの出発にも用いられた。

宮内省(くないしょう)　官省8　宮内省の西北にあった**園韓神社**(そのからかみしゃ)は、園神(大物主神)と韓神(大己貴神と少彦名神)をまつり、前者は南、後者は北にあった。遷都以前からいた神で、動座を喜ばなかったためにこの地で奉斎したという。

大膳職(だいぜんしき)　官省8

大炊寮(おおいりょう)　官省8

E5**神祇官**(じんぎかん)　官神1　神祇官庁。大内裏の郁芳門内の雅楽寮北、大炊寮南、廩院東に所在。内部の中垣により東西に分かたれ、**西院**(さいいん)の方で儀式が行なわれた。長元四年八月廿五日の伊勢公卿勅使発遣の儀は、上卿である藤原実資の年齢などが考慮されて、朝堂院(八省)からではなく、神祇官から遣わされた。『小右記』には、その時の内裏からの経路や神祇官西院での儀が詳しく記されている。

大舎人寮(おおどねりりょう)　官省1

雅楽寮(ががくりょう)　官省3

平安京(へいあんきょう)　天子が南面して統治できるように宮城を都の北部中央に置いた北闕式の都城。桓武天皇が延暦十三年(794)十月辛酉(廿二日)に長岡京から遷都、十一月丁丑(八日)の詔で平安京と命名した。東西 1508 丈(約 4.5 キロ)、南北 1698 丈(約 5.3 キロ)。中央通の朱雀大路が左京(東京)と右京(西京)を分かち、それぞれに 4 坊あり、南北は九条で、更に半条の北辺坊が付いた。大内裏は北部中央の 80 町分。一坊は大路(幅 8 丈以上)・小路(幅 4 丈)により 16 町(1 町は 40 丈)に区画され、4 町を保とした。右京は早くに荒廃した。

左京

A **一条大路**(いちじょうおおじ)　**北極大路**(きたきわおおじ)　幅 10 丈。平安京の最北端を東西に走る大路。『拾芥抄』(中・京程部)は 12 丈とする。9 世紀後半に平安京が拡張されて、一条大路が二町分北上したと考えられている。一筋南に**正親町小路**(おおぎまちこうじ)幅 4 丈が走っていた。

1 **一条院**(いちじょういん)　**大宮院**(おおみやいん)　一条朝に成立した里内裏(さとだいり)。大宮大路の東、一条大路の南一町であるが、猪隈小路を隔てた東町の別納と呼ぶ一町が付属する。度々の内裏火災に際して、里内裏として用いられただけでなく、一条天皇は内裏修造後にもここを皇居とすることが多く、そこから「一条院」「大宮院」という院号が付けられた。後一条天皇の時、新たに修造して用い、後朱雀天皇も長久四年(1043)にこの院

に遷ったが、その年に焼失、後冷泉天皇の時、冷泉院の建物を用いて再建したが、康平四年(1061)に焼失した。

2 **土御門第**(つちみかどてい)　村上源氏の本邸。左京北辺四坊六町。正親町小路南、土御門大路北、万里小路東、富小路西。方40丈。具平親王から源師房へ伝領された。『左経記』長元四年十一月七日条※2に「左金吾(=師房)の一条宅」とある、内大臣藤原教通が宿した一条宅もここか。場所については、土御門大路南と東洞院大路西(5)にあったとする説もある。尚、『小右記』長元四年七月七日条▼aに、この土御門大路北・富小路西に「御倉町(みくらまち)」があり、近江守源行任の「領宅」であったとされる。ここは以前は藤原道長の家領であったとされ、更に倉庫を連ね建てた場所の意とされる「倉町」に「御」が付いていることから、道長の家領だった頃から倉町であった可能性が指摘されている。

B **土御門大路**(つちみかどおおじ)　**上東門大路**(じょうとうもんおおじ)　幅10丈。左京の方を上東門大路、右京の方を上西門大路ともいう。一筋南に**鷹司小路**(たかつかさこうじ)幅4丈があった。

3 **左衛門府**(さえもんふ)　官衛2

4 **検非違使庁**(けびいしちょう)　**使庁**(しちょう・しのちょう)　官外1　当初は左右衛門府内に置かれ、一時市司に移ったが、天暦元年(947)以降、左衛門府のあるこの地に置かれた。

5 **一条宅**(いちじょうたく)　源師房の土御門第。こちらを村上源氏の本邸とする説もある。

6 **枇杷殿**(びわどの)　一条三坊十五町。藤原長良から、基経、仲平へと伝領され、仲平女の明子から女系に伝領された。長保四年(1002)以後、藤原道長と二女妍子の邸宅とされ、一条天皇・三条天皇の時代、内裏炎上に際し里内裏とされた。三条天皇がここで譲位した直後、長和五年(1016)九月に焼失、治安二年(1022)の再建後は、妍子(三条皇后)と女禎子内親王が参入、禎子の里第となった。長元元年(1028)に再び焼亡し、承徳元年(1079)に太皇太后藤原寛子領として新造された。

7 **高倉殿**(たかくらどの)　摂関藤原頼通の第宅。土御門高倉殿とも称した。一条四坊一町。土御門大路南、高倉小路西。藤原道長が故高階業遠の後家から買得し、頼通に与えた。長和五年(1016)に枇杷殿が焼亡した時、三条上皇と中宮妍子が一ヶ月ほど高倉殿に住んだ。長暦元年(1037)、後朱雀天皇中宮嫄子(頼通養女)が出産のために里下がりし、祐子内親王を生んだ。

8 **鷹司殿**(たかつかさどの)　源倫子の第宅。一条四坊九町。長元九年(1036)四月、後一条天皇崩御により中宮藤原威子も母倫子のいるこの邸へ移御した。

9 **上東門院**(じょうとうもんいん)　**土御門第**(つちみかどてい)　**京極第**(きょうごくてい)　一条四坊十五・十六町。土御門大路南、近衛大路北、東京極大路西。藤原道長の第宅で、一女の彰子が長保二年(1000)二月に中宮となってここから入内し、寛弘五年(1008)九月にここで敦成親王(後一条天皇)を産んだ。長和五年(1016)に火災にあったが、寛仁二年(1018)に新造され、三女威子が後一条天皇の中宮となった時の宴会が開かれ、道長は「望月の歌」を詠んだ。彰子は後一条朝でもここを御所とし、万寿三年(1026)正月に出家すると、この第宅にちなんで院号を上東門院とした。後一条天皇(および東宮敦良親王)が正月三日に朝覲行幸をしており、『小右記』『左経記』長元四年条にも詳しく記されている。同年十二月三日に焼亡したという記事がある。上東門院(土御門第)図参照。

C **近衛大路**(このえおおじ)　**陽明門大路**(ようめいもんおおじ)　幅10丈。この大路が突き当たる大内裏の内側に左右近衛府があったことによる名であるが、左京では陽明門に突き当たることから陽明門大路とも呼ばれた。中御門大路との間に、**勘解由小路**(かげゆこうじ)幅4丈があった。

10**東獄**(とうごく・ひがしのごく)　**左獄**(さごく)　検非違使庁に付属し、囚人を収容した獄所(ごくしょ)の一。右京には**右獄**があった。律令制官司では囚獄司が収監の事に当たっていたが、弘仁年間以降に検非違使が設置されて司法の権限と共に囚獄の事も吸収された。

11**小一条第**(こいちじょうてい)　**小一条院**(こいちじょういん)　小一条院敦明親王の御所。一条三坊十四町。南西の隅には宗像社がまつられていた。藤原内麻呂が当麻公長より購入して二男冬嗣に譲った藤原北家の名邸。後、良房、基経、忠平へと伝領され「東京一条第」「東京第」と呼ばれたが、忠平が東隣の東一条第を伝領し、両者を区別するために「小一条殿」と称された。更に師尹、済時へと伝領され、済時女で三条天皇皇后となった娍子の里第となり、敦明親王らの子女が養育された。敦明親王が東宮を辞して太上天皇に准ずる院号を与えられた時、この御所にちなんで「小一条院」とされた。邸宅は、娍子の弟である通任、更に師成、師季へと受け継がれたとされる。

12**花山院**(かざんいん)　一条四坊三町。藤原忠平が貞保親王から譲られた東一条第。西隣の小一条院に対し「東家」とも呼ばれた。撫子や萩がたくさん植えられていたので「花山院」と名付けられたともいう。師輔の外孫憲平親王(冷泉天皇)がここで立太子した。花山上皇は伊尹女(九の御方)を寵愛して住んだこの第で寛弘五年(1008)に崩御し、その名とされた。長和三年(1014)に焼亡した時は藤原娍子の領で、敦儀親王らが住んでいた。後、藤原頼通から師実、定綱を経て家忠が伝領、花山院を号した。

D**中御門大路**(なかみかどおおじ)　**待賢門大路**(たいけんもんおおじ)　幅10丈。左京では待賢門、右京では藻壁門に突き当たる。大炊御門大路との間に、**春日小路**(かすがこうじ)幅4丈があった。春日小路の右京部は木蘭小路ともいう。

13**高陽院・賀陽院**(かやのいん)　二条二坊九・十・十五・十六町。四町を占めた藤原頼通の邸第。中御門南、大炊御門北、堀川東、西洞院西に位置し、方四町で四面に大路がある家は、ここと冷泉院だけ。藤原頼通が2年余をかけて治安元年(1021)に完成させた。寝殿の四方に池を配し、釣殿・水閣なども有する豪邸で、馬場もあり競馬が催された。長元四年正月二日にも西対で臨時客が行なわれ、南廂が引出物を見る場所として使用された(『小右記』同日条＊2、『左経記』同日条※1、『春記』逸文、正月註57)。同八年(1035)夏の賀陽院水閣歌合も有名。後、焼失・再建を繰り返す。後冷泉、後三条、白河、堀河、鳥羽の五代の天皇の里内裏ともなった。正月註435参照。

E**大炊御門大路**(おおいみかどおおじ)　**郁芳門大路**(いくほうもんおおじ)　幅10丈。左京では郁芳門に突き当たることから郁芳門大路といい、右京では突き当たりの大内裏の内側の南北に左右馬寮があったので、**馬寮大路**(めりょうおおじ)とも呼ばれた。二条大路との間に、**冷泉小路**(れいぜいこうじ)幅4丈があった。

14**冷泉院**(れいぜいいん)　後院の一。二条二坊の三・四・五・六町。大炊御門南、二条北、大宮東、堀川西に位置し、大路に囲また豪邸。当初は冷然院と記されたが、貞観十七年(875)と天暦三年(949)に火災があり、火(灬)のある「然」を避けて天暦八年に改称された。嵯峨天皇が在位中に行幸して詩宴を催し、弘仁十四年(823)の譲位に際して皇后橘嘉智子と共に遷御し、別当も置かれ、承和元年(834)には武蔵国幡羅郡の荒廃田百余町が充てらた。嵯峨上皇が新造の嵯峨院に移ると、冷然院は橘嘉智子の御所でありながら、天皇の後院としての位置づけもなされたようで、仁明朝に明確になり、経済的にも拡充がなされていった。天安二年(858)に文徳天皇、天暦三年に陽成上皇が当院で崩じている。天禄元年(970)に三度目の火災に遭い、当院を用いていた冷泉上皇は朱雀院に移った。再建時期は明確でないが、永承五年(1050)には後冷泉天皇が里内裏として使用し、同七年に釣台で宴遊を催している。

15**小野宮第**(おののみやてい)　藤原実資の邸宅。大炊御門大路の南、烏丸小路の西。小野宮の名は、この地に邸宅を構えていた惟高親王が山城国小野に住んだことで「小野宮」「小野親王」と呼ばれたことに由来するとされる。藤原実頼から実資、実資から娘千古に伝領された。実資の代に念誦堂が建立されるなど、造作に関する記事は『小右記』に頻出する。長和二年(1013)には泉が湧出している。『大鏡』にもその豪華さが語られている(正月註416参照)。家司・家人の詰所であり、家の庶務を掌った**侍所**もあった。実資は、更にその東西南北の四方に通をはさんで宅地を領有し、**北宅**には養子資平が住んでいた。千古・兼頼夫妻は普段小野宮邸東対に住んでいたと考えられるが、時折、**西宅**(**西隣**)に移り住むことがあった。二月註16・55、七月註171、九月註18、小野宮第図参照。

16**小二条殿**(こにじょうどの)　**二条第**(にじょうてい)　藤原道長の邸宅。二条三坊十三町。二条北、東洞院西にあり、もとは源俊賢邸で、讃岐前司源奉職から藤原道長に譲られたと考えられる。長和三年(1014)から寛仁元年(1017)にかけて、入内を控えた女威子の里第として新造され、威子から章子、馨子内親王へと伝領された。11世紀末には大江匡房邸となった。教通の二条殿(F32)とは別。

17**大炊御門第**(おおいみかどてい)　**郁芳門院第**(いくほうもんいんてい)　藤原斉信の邸宅。長和二年(1013)に東三条第が火災に遭った際、中宮妍子がここに遷御した。場所は不明。

F**二条大路**(にじょうおおじ)　**宮城南大路**(きゅうじょうみなみおおじ)　幅17丈。大内裏に南面し、冷泉小路と押小路の間を東西に通る大路。現在の二条通にほぼ該当。朱雀大路の28丈に次ぐ幅があり、京内を南北に分ける基準となり、後世にはこれより北を上京、南を下京と呼ぶようになる。左京には、北に冷泉院、南に堀河院・閑院・東三条殿・鴨井殿などの邸宅が面した。三条大路までの間に、**押小路**(おしこうじ)・**三条坊門小路**(さんじょうぼうもんこうじ)・**姉小路**(あねこうじ)各幅4丈があった。

18**大学寮**(だいがくりょう)　**都堂**(とどう)　官省2　釈奠を行なう施設として**廟堂院**(びょうどういん)があり、儀式の様子は、『左経記』長元四年二月十日条※1に詳しい。

19**左京職**(さきょうしき)　官地1

20**奨学院**(しょうがくいん)　王氏の大学別曹。元慶五年(881)に在原行平が勧学院に倣って大学寮南に創建した皇室子孫の教育施設。賜姓源氏や平氏一族も入った。

21**弘文院**(こうぶんいん)　和気氏の大学別曹。延暦年間(782〜806)に大学別当となった和気広世(清麻呂一男)が私宅を供し、内外の経書数千巻を蔵し、墾田40町を充てた。大学別曹の中で最古のもので、諸氏の子弟にも開放されたようである。

22**勧学院**(かんがくいん)　官省2　藤原氏の大学別曹。

23**神泉苑**(しんせんえん)　大内裏の南東にあった園池。中国長安城の南東にあった興慶宮に倣って造られたという。南北四町、東西二町の八町。平安初期には天皇の遊幸の地として遊猟などが行なわれていた。中心建物は乾臨閣の他、左閣・右閣、東西釣台・回廊・滝殿・馬埒殿などがあった。9世紀後半には祈雨・請雨の修法の場となる。

24**御子左第**(みこひだりてい)　**三条第**(さんじょうてい)　三条二坊三町・四町。左大臣源兼明の邸宅。兼明が醍醐天皇の皇子かつ左大臣だったので御子左(みこひだり)といい、その邸宅も御子左第といわれた。二町にわたっていたが、主要部分は三条大路に面した南の四町。神泉苑の東隣の地で、池水も豊富であったと思われる。後、権大納言藤原長家が(恐らく二坊四町のみ)領有したので、その家系は御子左家と称されたが、邸宅は長家の娘婿藤原信長に伝えられた。

25**堀河院**(ほりかわいん)　藤原頼宗の邸宅。三条二坊九・十町。藤原基経の邸宅として始まり、兼通、顕光を経て頼宗に伝領。長元四年正月十六日に被災し、頼宗家は九条邸に移る。貞元元年(976)に内裏が焼亡した際に円融天皇が遷幸し、これが里内裏の嚆矢とされる。

26**蚑松殿・蠅松殿**(はいまつどの)　橘逸勢の第宅。三条二坊十一町。摂関期での伝領は不明。源師房より女麗子に伝領され、藤原師実の所有に帰したと考えられる。逸勢をまつる橘逸勢社があり、後白河上皇が平治元年(1159)に盛大な祭を行なった。仁安二年(1167)に焼亡。

27**閑院**(かんいん)　藤原冬嗣の創建で、弘仁五年(814)に嵯峨天皇の行幸があり、詩宴が催された。庭園などの閑雅さから、閑院の名称が付けられたと考えられる。基経が内向きの邸宅として用い、致忠を経て兼通に伝領され、更に朝光、朝経に相続され、公季の所有となった。公季は閑院に30年近く過ごし、閑院太政大臣と呼ばれたが、万寿四年(1027)に能信に譲渡した。翌長元元年に火災に遭った。嘉保二年(1095)に白河上皇の仙洞として新造され、後は堀河天皇の里内裏など、天皇の邸宅として使用された。寝殿を中心とし、東対、西対代廊、北対がある標準型寝殿造で、西の釣殿付近の環境が優れていたという。

28**東三条院**(ひがしさんじょういん)　東三条第・東三条殿とも。三条三坊一・二町。藤原良房が創建し、基経、忠平、重明親王、兼家、道隆、道長、頼通と伝領され、摂関家嫡流の本邸の一となった。藤原詮子(兼家女、円融天皇女御)は、天元三年(980)に当第で懐仁親王(一条天皇)を産み、正暦二年(991)に出家した際、最初の女院となり、当第にちなんだ東三条院の院号を宣下された。また、一条天皇の寛弘二年(1005)以降、三条・後朱雀・近衛・後白河・二条の各天皇の里内裏としても用いられた。永観二年(984)に続き、長元四年にも火災があった。『日本紀略』『百練抄』『扶桑略記』などは四月卅日とするが、この年の四月は小月なので、『小記目録』◆1や『左経記』※1にある五月卅日が正しい。この火災は、関白頼通が七月一日の渡御を目指して急造していた最中に起こった放火によるもので(『左経記』)、天火日に上棟したことによるともいわれた(『小記目録』六月七日条◆1)。11世紀末の師実の頃から、大饗・立后・立太子・元服など摂関家の重要儀式を行なう場として、藤氏長者の地位を象徴する邸宅となった。仁安元年(1166)の焼失後は再建されずに廃絶した。

29**高松殿**(たかまつどの)　三条三坊三町。源高明に始まり、藤原道長の妻明子が伝領、源則忠・藤原輔公らが一時居住した後、明子の女寛子(小一条院妃)が御所とした。治安元年(1021)焼亡。藤原顕季の所有となり、嘉保二年(1095)に白河上皇が郁芳門院(媞子)との御所とした。翌年、焼失するがすぐに再建された。康和五年(1103)に宗仁親王(鳥羽天皇)がここで生まれ、上皇となってから入手して美福門院(得子)との御所とした。久寿二年(1155)に後白河天皇がここで受禅して里内裏となり、翌年の保元の乱では天皇方の拠点となった。

30**鴨井殿・鴨居殿**(かもいどの)　**鴨院**(かもいん)　三条三坊七・八町。もと鴨院は南の七町のみで、東三条院東町・二条宮・二条室町第などと呼ばれていた八町が併合された。鴨が常に邸宅に集まっていたことから付けられた名という。長徳元年(995)に焼亡した時は冷泉上皇の御所であり、寛弘二年(1005)に藤原道長が再建、彰子が移徙した。寛仁三年(1019)に藤原経通の所領となった。長元元年(1028)の焼亡後、藤原邦恒が買得して子の行房に譲り、承暦三年(1079)に藤原師実が買い取った。師実の養女藤原賢子が善仁親王(堀河天皇)を生んだ。寛治四年(1090)に禎子内親王(陽明門院)が遷御し、嘉保元年(1094)に崩御した。後、永久五年(1117)に藤原忠実が新造した時、南北二町が併合されたと考えられる。

31**三条院**(さんじょういん)　三条三坊十五町。押小路南、東洞院西。三条天皇の後院。もとは村上天皇の皇女資子内親王の邸宅で、長和四年(1015)に彼女が死去すると藤原定輔が購入、三条天皇の後院として献上された。上皇は同五年十月に新造三条院に渡御、翌寛仁元年五月にここで崩御した。皇女禎子内親王(陽明門院)に伝領されたが、長元四年には藤原孝標の邸宅となっていた。

32**二条殿**(にじょうどの)　**二条東洞院殿**(にじょうひがしのとういんどの)　藤原教通の二条第。三条四坊一町。二条南、東洞院東、高倉小路西、押小路北。もと藤原高子(陽成天皇生母で二条后と呼ばれた)の御所で「小二条殿」と呼ばれていた(E16とは別)。高子の崩後、

藤原師輔によって買得され源俊賢に与えられたと考えられる。寛仁元年(1017)頃に藤原道長が譲り受け、自邸の一とし、娘の中宮威子に与えた。長元九年(1036)の威子崩御後、藤原教通が所有したので「二条殿」と呼ばれた。『小右記』長元四年正月一日条＊2の「教通」に「二条殿」と傍書されているのは、写本段階での書き入れと考えられる。その間、後朱雀天皇、後冷泉天皇、後三条天皇の里内裏ともなり、教通の薨後は第三女歓子(後冷泉皇后)に伝領された。後、藤原師通も居所としたので、教通を「大二条殿」、師通を「後二条殿」と区別して呼ぶ。師通は、承徳二年(1098)に焼亡した南向かいの竹三条宮(三条四坊二町)を合併して四坊一、二町にわたる大第宅を造成したようであるが、忠実によって二分され、四坊一町を白河法皇に献上し、二町の方を忠通に与えた。

33**竹三条宮**(たけさんじょうのみや)　三条四坊二町。押小路南、東洞院大路東。平生昌が藤原定子の御所として貸与、長保二年(1000)十二月に定子が崩じた後も、脩子内親王の御所として献上、その成功によって播磨守に任じられた。内親王の薨後、養女藤原延子(後朱雀天皇女御)、次いで延子が生んだ正子内親王に伝領された。承徳二年(1098)に全焼すると、藤原師通は正子内親王に別の御所を献上し、自邸の小二条殿(三条四坊一町)と併合して大邸宅を造った。

34**三条宅**(さんじょうたく)　源章任の邸宅。場所は不明だが、長元四年四月六日に関白藤原頼通の渡御があり(『小記目録』◆1)、十一月七日に新斎院馨子の卜定所に決まり(『左経記』同日条※1)、以降源経頼を中心として三条邸のしつらいが行なわれている(十二月三日条▽a・七日条※1・十三日条※2)。尚、章任と同じ醍醐源氏が領有した邸宅は多いが、三条第として、三条二坊(神泉苑の東隣)にあった左大臣源兼明の邸宅(F24)が著名で、それを受け継いだ藤原長家の家系は**御子左家**(みこひだりけ)と称された。また、三条二坊五町か十二町、もしくは四条二坊八町か九町にあった**三条院**があり、そこに住んでいた藤原頼忠は三条太政大臣・三条太相府・三条大臣と称する。藤原頼通の**三条第**もあり、長久元年(1040)に入内を控えた祐子内親王が方違に使用し、天喜元年(1053)に頼宗と昭子が渡り、康平二年(1059)に後冷泉天皇の里内裏として用いられているが、正確な場所はわからない。

G**二条大路**(さんじょうおおじ)　幅8丈。四条大路までの間に、**六角小路**(ろっかくこうじ)・**四条坊門小路**(しじょうぼうもんこうじ)・**錦小路**(にしきこうじ)各幅4丈があった。

35**六角堂**(ろっかくどう)　㊀仏2　観音信仰により貴賤の崇敬を集め、近辺には下級官僚や庶民の小家も集まっていた。正月註125参照。

H**四条大路**(しじょうおおじ)　幅8丈。早くから商業活動が活発であった。五条大路までの間に、**綾小路**(あやのこうじ)・**五条坊門小路**(ごじょうぼうもんこうじ)・**高辻小路**(たかつじこうじ)各幅4丈があった。

36**四条宮**(しじょうのみや)　五条三坊一町。藤原頼忠の第宅で、女遵子はこの邸から円融天皇に入内、その後もよく御所としたので四条宮と呼ばれた。遵子崩御の後に伝領した弟公任は四条大納言と称した。西対には昭平親王女を妻として迎え、後にはその娘の婿藤原教通の居所とした。万寿二年(1025)に焼亡。天喜二年(1054)に藤原頼通に伝領され、高陽院内裏焼亡に際して後冷泉天皇の里内裏とされた。後冷泉天皇の崩御後、皇后藤原寛子が御所とし、四条宮と呼ばれた。治暦四年(1068)の二条内裏焼亡の時も後三条天皇の里内裏とされた。

37**因幡堂**(いなばどう)　**平等寺**(びょうどうじ)　㊀仏2　五条三坊十三町。因幡守橘行平が得た薬師像を本尊として光朝が創建した。霊験所として多くの参詣者を集め、周辺には小さな民家が密集していた。度重なる火災にも見舞われている。

I **五条大路**(ごじょうおおじ)　幅8丈。庶民の家が多くあった。六条大路までの間に、**樋口小路**(ひぐちこうじ)・**六条坊門小路**(ろくじょうぼうもんこうじ)・**楊梅小路**(やまももこうじ)各幅4丈があった。

38**千種殿**(ちぐさどの)　具平親王の第宅(村上天皇皇子)。六条三坊二・七町。親王の娘隆姫と結婚した藤原頼通に一時譲られたようである。そして頼通の養子となった源師房(具平親王の男)を経て、師房の女婿藤原師実(頼通の男)に伝領された。この間に藤原保昌も所有していた時期がある(『拾芥抄』中)。承暦元年(1077)に大江匡房が師実から買得し、千種文庫を造って代々の書物を修造したが、仁平三年(1153)の大火で焼亡した。

39**池亭**(ちてい)　慶滋保胤の邸宅。白楽天の池亭(池のある邸館)になぞらえて名付けられた。保胤が著わした『池亭記』には、築山に窪地を利用して池を作り、周囲に邸宅・御堂・書庫を配し、東面の小弥陀堂を建て、そこで文人貴族としての宗教生活を送ったことが綴られている。その庭園は浄土式庭園の源流ともされる。

40**崇親院**(すうしんいん)　藤原良相が貞観元年(859)に居宅のない藤原氏の女子のために自邸内に設けた施設。六条四坊十六町。封戸・荘園が割かれ、施薬院の管轄の下に置かれ、朝廷による経済的な優遇措置もなされて、整備されていった。東部の鴨川堤までの土地の耕作も特別に許可されていた。院内には仏像を安置した小堂もあった。藤原頼長が仁平元年(1151)に巡検しており、平安末期まで存在していたことが確認できるが、平治元年(1159)の火災で焼失した後のことはわからない。

41**河原院**(かわらのいん)　**東六条院**(ひがしろくじょういん)　源融の邸第。六条四坊十一・十二・十三・十四町。六条坊門南、六条大路北、万里小路東、東京極大路西の四町に造られた風雅な邸宅で、園池は陸奥国の歌枕である塩竈の浦を写したとされ、後世に、難波江から運ばせた海水で塩を焼いてその煙を楽しんだ、という伝説が形成された。延喜十七年(917)に源昇(融の男)が宇多上皇に進上し、御所とされ、上皇により昇の七十算賀も催された。上皇の没後に荒廃し、寺院となって存続した。

J **六条大路**(ろくじょうおおじ)　幅8丈。七条大路までの間に、商業地域である**左女牛小路**(さめうしこうじ)・**七丈坊門小路**(しちじょうぼうもんこうじ)・**北小路**(きたこうじ)各幅4丈があった。

42**東鴻臚館**(ひがしこうろかん)　外国の賓客を宿泊させる施設。七条大路の北、七条一坊三・四町にあり、朱雀大路を挟んで西鴻臚館もあった。各二町の敷地を有していたが、承和六年(839)に東鴻臚院の地二町が典薬寮の御薬園に充てられ、延長八年(930)に東丹国(渤海滅亡後に建国)の使が帰国して公的外交が終焉したことで、存在意義を失って衰微した。

43**東市**(ひがしのいち)　左京の官設市場。七条二坊三・四・五・六町。平安遷都に先立つこと四ヶ月にして、東西市が長岡京から移転された。当初は方四町であったが、10世紀には更に四辺に二町ずつの外町を持ち、十二町に広がった。七条猪熊に市門があって市姫がまつられた。市司の管理・監督下にあり、東市の開催日は毎月十五日以前、西市が十六日以降となっていたが(『延喜式』巻四二・東西市司)、西市が衰退、承和二年(835)にはそれぞれの市で扱う独占品目が定められた。多くの貴賤が集まる市は、阿弥陀聖(市聖)と呼ばれた空也などの布教の場でもあった。また、毎年五月と十二月の吉日に検非違使官人が罪人(未決囚)を引き出して獄舎に送る**著鈦政**(ちゃくだのまつりごと)が東西市で行なわれ、刑場としての意味もあった。繁栄していた東市も市人(いちびと)以外にも商売が許されるようになると、七条町・四条町などの私市の隆盛に押されていった。

K **七条大路**(しちじょうおおじ)　幅八丈。朱雀大路の東西では、北側に東西鴻臚館、東西市あった。『新猿楽記』に七条保長の金集百成が「鍛冶鋳物師并銀金細工」として描かれているよ

うに、七条付近に鋳物師や金銀細工師が集住し、東市に代わる賑わいを見せるようになった。四月上卯日の稲荷祭の祭列が七条大路を通る様子は、『年中行事絵巻』(巻一一)に描かれている。八条大路までの間に、**塩小路**(しおこうじ)・**八条坊門小路**(はちじょうぼうもんこうじ)・**梅小路**(うめこうじ)各幅4丈があった。

L**八条大路**(はちじょうおおじ)　幅八丈。右京は湿地帯で居住に適さない地であったが、左京の大路沿いには八条一坊四町の源経基(清和源氏の祖)の第宅など貴族の邸宅が多く営まれた。九条大路までの間に、**針小路**(はりのこうじ)・九条坊門小路(くじょうぼうもんこうじ)・信濃小路(しなのこうじ)各幅4丈があり、いずれも東寺・西寺によって遮られていた。平安後期から左京の針小路付近は耕地化されて東寺の巷所(こうしょ)となり、中世になると信濃小路猪熊に東寺散所が置かれた。

44**東寺**(とうじ)　㊐仏2　九条一坊。平安京の二大官寺の一として、朱雀大路の反対側にある西寺と対に建設された。左大寺とも。弘仁十四年(823)、嵯峨天皇より空海に勅授され、真言僧以外の雑住が禁止され、真言宗根本道場となった。**教王護国寺**。正月註75参照。

45**施薬院**(せやくいん)　九条三町烏丸あたりに設置された。山城国乙訓郡にある薬園や諸国から貢上されてくる雑薬を用い、飢餓・病気・貧窮を救済し、葬送や賻物のことを掌った。別当二人、知院事・知院事判官各一人、使・判官各一人、主典二人、医師一人、史生四人からなり、別当には藤原氏が任じられた。

46**九条殿**(くじょうどの)〔九条の新造家〕　藤原頼宗の邸宅。九条三坊六町にあった藤原師輔の邸宅を藤原頼宗が伝領し、新造したか。基経から忠平を経て師輔へ伝領され、師輔は九条殿、その日記は『九暦』と呼ばれた。

M**九条大路**(くじょうおおじ)　**南極大路**(みなみきわおおじ)　幅12丈。平安京の最南端を東西に走る道。『延喜式』(巻四二・左右京職)には「羅城二丈、垣基半三尺、犬行七尺、溝広一丈、」とあり、羅城(外郭)もあったとしている。大路に南面して、中央に羅城門があり、その左右に東寺・西寺があった。

ア**東京極大路**(ひがしきょうごくおおじ)　**東極大路**(ひがしきわおおじ)　**東大路**(ひがしおおじ)幅12丈。平安京の東の境界路。『延喜式』(巻四二・左右京職)は「東極大路十丈」とする。左京に市街地が偏重するに従い、摂関家によりこの大路をはさんで西側(京内)に染殿や土御門第などの邸宅、東側に藤原兼家の法興院、道長の法成寺、彰子の東北院などの寺院が相次いで営まれた。東洞院大路までの間に、**富小路**(とみのこうじ)・**万里小路**(までのこうじ)・**高倉小路**(たかくらこうじ)各幅4丈があった。

イ**東洞院大路**(ひがしのとういんおおじ)　幅8丈。もと洞院東大路と呼ばれていた。三坊と四坊を画する大路で、左京のほぼ中央部を貫通し、両側に貴族の大第宅が建ち並んでいた。西洞院大路との間に、**烏丸小路**(からすまこうじ)・**室町小路**(むろまちこうじ)・**町小路**(まちこうじ)各幅4丈があり、特に烏丸小路の中御門以北の別名を**小代・子代・小白・少白**(こしろこうじ)といった。

ウ**西洞院大路**(にしとういんおおじ)　幅8丈。二坊・三坊を画する道路。大宮大路までの間に、**油小路**(あぶらこうじ)・**堀川小路**(ほりかわこうじ)・**猪隈小路**(いのくまこうじ)があった。油小路と猪隈小路は他と同じ幅4丈であったが、堀川小路は、道路の中央に堀川が流れ、川の幅4丈と東西両側の道路分2丈を合わせて幅8丈あったので、堀川大路とも呼ばれた。

エ**大宮大路**(おおみやおおじ)　**宮城東大路**(きゅうじょうひがしおおじ)　幅12丈。大内裏の東面を通ることから、名称が付けられた。神泉苑、東市、東寺に接する平安京のメーンストリートであり、北辺の東西に世尊寺などの寺院が建立された。壬生大路との間(神泉苑の南から東寺の北まで)に、**櫛笥小路**(くしげこうじ)幅4丈があった。

オ**壬生大路**(みぶおおじ)　**美福門大路**(びふくもんおおじ)　幅10丈。大内裏の外郭の南門である美福門(旧壬生門)に突き当たることから、名称が付けられた。神泉苑と大学寮・弘文院・勧学院の間を通り、東寺に東接するが、九条あたりは低湿地で荒廃していたらしい。朱雀大路との間に、**坊城小路**(ぼうじょうこうじ)幅4丈があった。

カ**朱雀大路**(すざくおおじ・すじゃくおおじ・すさかおおじ)　幅28丈。平安京の中央を南北に縦貫する最大の大路。大内裏の正門である朱雀門から、京の正門である羅城門に至り、この大路を境にして左京と右京に分けられた。幅は左右の築地の心々間で28丈あり、両側に幅5尺の溝・幅1丈5尺の犬行(いぬばしり)・基底幅6尺の垣が設けられており、道路面は幅23丈4尺であった。第宅の門を朱雀大路に面して作ることは禁じられ、路傍には柳が植えられた。やがて管理が行き届かなくなり、12世紀には道路が田地となる巷所(こうしょ)化が進んでいった。皇嘉門大路との間に、**西坊城小路**(にしぼうじょうこうじ)幅4丈があった。

47**羅城門**(らしょうもん・らじょうもん)　朱雀大路の南端に建てられた、平安京の表玄関にあたる門。『拾芥抄』(中・宮城部)に「二重閣七間」とある。現在東寺が所蔵する兜跋毘沙門天像や三彩の鬼瓦が羅城門にあったものと伝えられている。史料上の初見は『日本紀略』弘仁七年(816)八月十六日条に台風により羅城門が倒壊したとある記事で、再建後、天元三年(980)七月九日にも暴風雨で倒壊した。『小右記』治安三年(1023)六月十一日条に、藤原道長が法成寺造営のため羅城門の礎石を運んだと批判しており、既に羅城門が礎石や基壇を残すだけになっていたことがわかる。羅城門の前からは鳥羽作道が南へと延びていた。

右京

キ**皇嘉門大路**(こうかもんおおじ)　幅10丈。大内裏の外郭の南門である皇嘉門に突き当たることから、名称が付けられた。三条・四条大路に囲まれた東側の八町には朱雀院があり、八条大路と九条大路に囲まれた西側に西寺があった。西大宮大路との間に、**西櫛笥小路**(にしくしげこうじ)幅4丈があった。

ク**西大宮大路**(にしおおみやおおじ)　幅12丈。左京の大宮大路(エ)に対応し、二条大路以北は大内裏に面した。西側に兵庫町(土御門南)、左馬町(中御門南)、兵部町(大炊御門南)などの諸司厨町があり、北の延長上に右近馬場があった。佐比大路との間に、**西靱負小路**(にしゆげいこうじ)幅4丈、**西堀川小路**(にしほりかわこうじ)幅八丈、**野寺小路**(のでらこうじ)幅4丈があった。西堀川小路は、左京の堀川小路の対で、荒見川・西堀川とも呼ばれる**紙屋川**(かみやがわ)が北部において並行して流れていた。

ケ**佐比大路**(さいおおじ)・**道祖大路**(どうそおおじ)　幅8丈。この大路の南の末、鴨川と桂川の合流点付近の地名を佐比と呼んだことに因んで、名称が付けられた(『類聚三代格』巻一六所収、貞観十三年閏八月廿八日付太政官符)。そこには平安京の道祖神・塞神(さえのかみ)がまつられていたと考えられる。また『日本三代実録』貞観十一年(869)十二月八日条に、弘野河継が私財を投じて佐比大路南極橋の管理を佐比寺に任せたとあり、葬送の地へと向かう場所だったことがわかる。この大路の四条坊門小路と四条大路間の東側には方二町を占める**淳和院**(じゅんないん)が存在した。木辻大路との間に、**宇多小路**(うたのこうじ)・**馬代小路**

(ばたいこうじ・めそしろこうじ)・**恵止利小路**(えとりこうじ)各幅4丈があった。恵止利小路は恵立小路とも書き、左京の烏丸小路に対応する。

ｺ**木辻大路**(きつじおおじ)　幅8丈。左京の東洞院大路に対応。早くに廃れた右京にあって、院政期にも二条以北では北西方面への交通路として機能していた。西京極大路との間に、**菖蒲小路**(あやめこうじ)・**山小路**(やまこうじ)・**無差小路**(むさのこうじ)各幅4丈があった。

ｻ**西京極大路**(にしきょうごくおおじ)　幅10丈。右京の西端を南北に貫く道路。東京極大路の対。

A**一条大路**

48**宇多院**(うだいん)　右京北辺三坊。土御門北、木辻東、馬代西、一条南。当初は源融の領であったものが、宇多上皇の後院となったとされる。

C**近衛大路**

49**西獄**(さいごく・にしのごく)　**右獄**(うごく)　左京の東獄・左獄の対。囚獄司の管理で、早くに衰微した右京に珍しく室町時代まで続いた。安倍貞任や信西らの首がここの獄門の樗木にさらされた。

F**二条大路**

50**穀倉院**(こくそういん)　官外3　三条一坊一・二・七・八町。米穀の収納を行なう貯蔵庫として成立。

51**右京職**(うきょうしき)　官地1　左京職の対。

G**三条大路**

52**朱雀院**(すざくいん)　三条・四条間に朱雀大路に面して設けられた後院。嵯峨天皇が建てたと考えられるが、本格的な使用は、宇多天皇が寛平八年(896)に新造してからで、譲位後の中宮温子との仙洞御所として延喜二年(902)まで使用された。詩宴も度々催されたことが知られる。上皇は仁和寺に移ってからも、四十算賀と五十算賀は朱雀院で行なった。醍醐天皇も朱雀院へしばしば行幸した。朱雀天皇によって天慶八年(945)頃に修復がなされ、生母の太皇太后藤原穏子と共に遷御した。天暦四年(950)に罹災。村上天皇が応和三年(963)に再興して、競馬や詩宴を催した。円融天皇によって恒例化された三月中午日の石清水臨時祭では、祭使一行が帰洛途中に寄宿し、柏梁殿(栢殿)で酒饌を供されることになっていた。柏梁殿(栢殿)は、漢の武帝の建造した柏梁台に因むもので、艮角(北東隅)にあり、穏子の居処とされた。朱雀院での競馬は有名で、大規模な馬場殿があった。院の南西角には式内社である隼神社と鎮守石神明神が鎮座していた。

53**西宮**(にしのみや)　源高明の邸宅。四条一坊十一・十二町。もとは源定が造営し、源唱、更衣周子、雅子内親王、源高明へと伝領された。景勝の地であったが、安和の変で高明が失脚して大宰府に左遷された時、ほとんど焼亡してしまった。高明は許された後、葛野別屋に住んだので、西宮は再建されなかったと考えられる。

J**六条大路**

54**西鴻臚館**(にしこうろかん)　東鴻臚館の対。

55**西市**(にしいち)　東市の対。

L**八条大路**

56**西寺**(さいじ)　官仏2　東寺の対。

洛外

1 仁和寺（にんなじ）　官仏2
2 円融寺（えんゆうじ）　官仏2
3 円教寺（えんぎょうじ）　官仏2
4 常住寺（じょうじゅうじ）　野寺（のでら）　官仏2
5 平野社（ひらのしゃ）　官神5
6 北野社（きたのしゃ）　官神5・官仏2
7 世尊寺（せそんじ）　官仏2
8 知足院（ちそくいん）　官仏2
9 雲林院（うりんいん）　官仏2
10行願寺（ぎょうがんじ）　革堂（かわどう）　官仏2
11貴布禰社（きふねしゃ）　官神5
12賀茂別雷社（かもわけいかずちしゃ）　官神5・官仏2　賀茂上社。神宮寺もあった。
13賀茂御祖社（かもみおやしゃ）　官神5・官仏2　賀茂下社。神宮寺もあった。
14蓼倉尼寺（たでくらにじ）　官仏2
15松崎寺（まつがざきでら）　官仏2
16普門寺（ふもんじ）　官仏2
17一乗寺（いちじょうじ）　官仏2
18吉田社（よしだしゃ）　官神5
19法成寺（ほうじょうじ）　御堂（みどう）　官仏2
20法興院（ほこいん）　官仏2
21白河・白川（しらかわ）　京外の桜の名所。貴族が所有する別業が多くあり、長元四年には関白頼通の白河院に上東門院彰子が御幸した。実資もお忍びで訪ねている。
22禅林寺（ぜんりんじ）　官仏2
23感神院（かんしんいん）　祇園社（ぎおんしゃ）　官仏2
24珍皇寺（ちんこうじ）　愛宕寺（あたごでら）　官仏2
25六波羅蜜寺（ろくはらみつじ）　官仏2
26清水寺（きよみずでら）　官仏2
27法住寺（ほうじゅうじ）　官仏2
28慈徳寺（じとくじ）　官仏2
29法性寺（ほっしょうじ）　官仏2
30稲荷社（いなりしゃ）　官神5
31後山階（のちのやましな）　醍醐天皇の山陵。
32岡屋（おかのや）　山城国宇治郡の一郷。『山城国山科郷古図』宇治郡条里の六条五里、七条六里に岡屋里の名が見える。現在の京都府宇治市五ヶ庄一帯に相当する地域。九月註237参照。
33宇治三所（うじさんしょ）　藤原穏子・藤原安子・藤原超子の墓所。
34石清水八幡宮（いわしみずはちまんぐう）　官神5・官仏2
35大原野社（おおはらのしゃ）　官神5
36松尾社（まつのおしゃ）　官神5
37梅宮社（うめみやしゃ・うめのみやしゃ）　官神5
38広隆寺（こうりゅうじ）　官仏2
39天安寺（てんあんじ）　官仏2
40栖霞寺（せいかじ）　官仏2

《十干十二支》

十干十二支は**干支**（かんし・えと）ともいい、**十干**（じゅっかん）と**十二支**（じゅうにし）からなる。甲子（コウシ・カッシ・きのえね）から、十干と十二支をそれぞれ順番にずらし、癸亥（キガイ・みずのとい）まで60通りの組合わせがあり、年月日や時刻などを表わす名称として用いられる。十二支は方位も表わす。

十　干

甲	乙	丙	丁	戊	己	庚	辛	壬	癸
きのえ	きのと	ひのえ	ひのと	つちのえ	つちのと	かのえ	かのと	みずのえ	みずのと
コウ	オツ	ヘイ	テイ	ボ	キ	コウ	シン	ジン	キ
木		火		土		金		水	

十二支

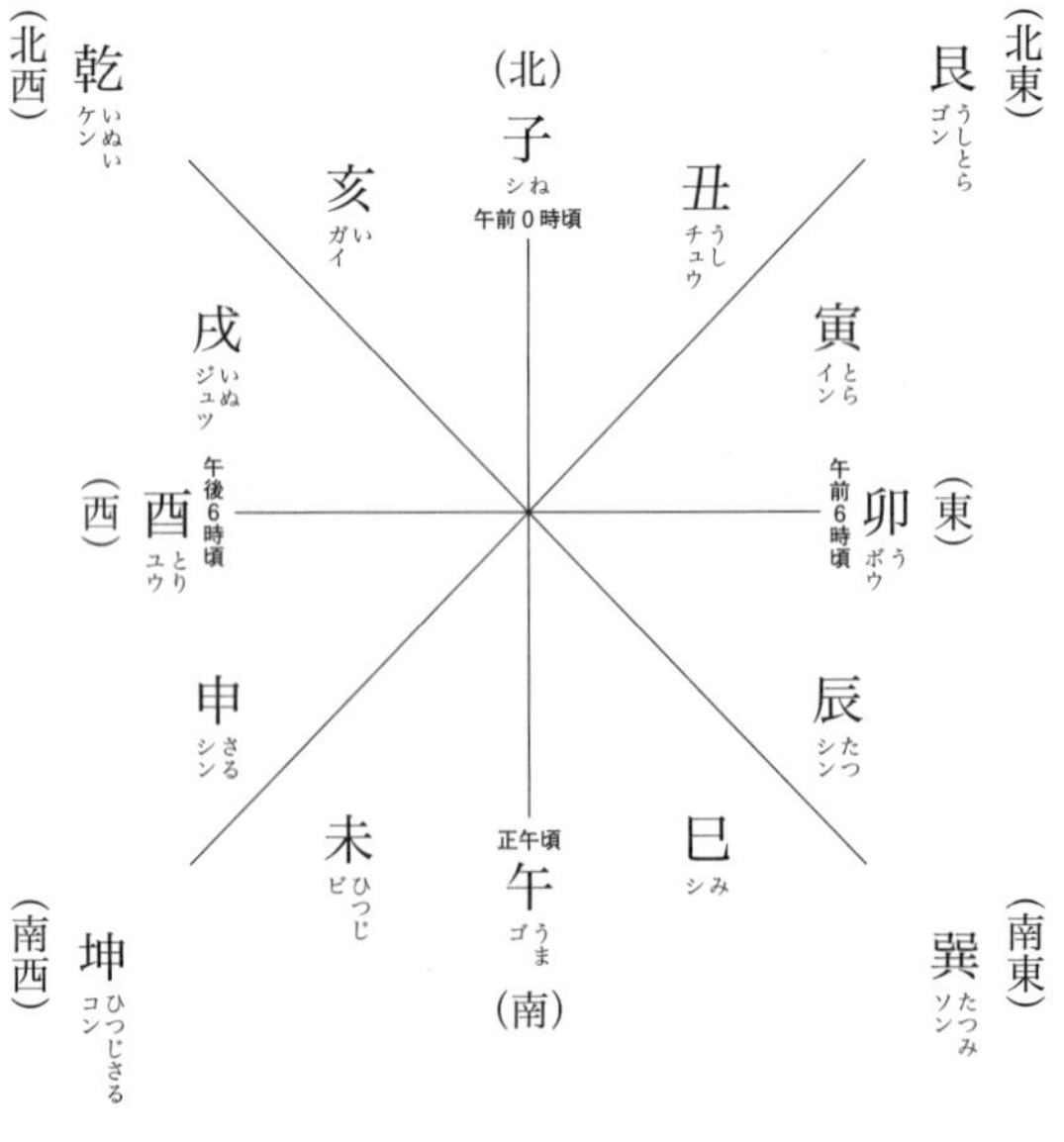

内裏図

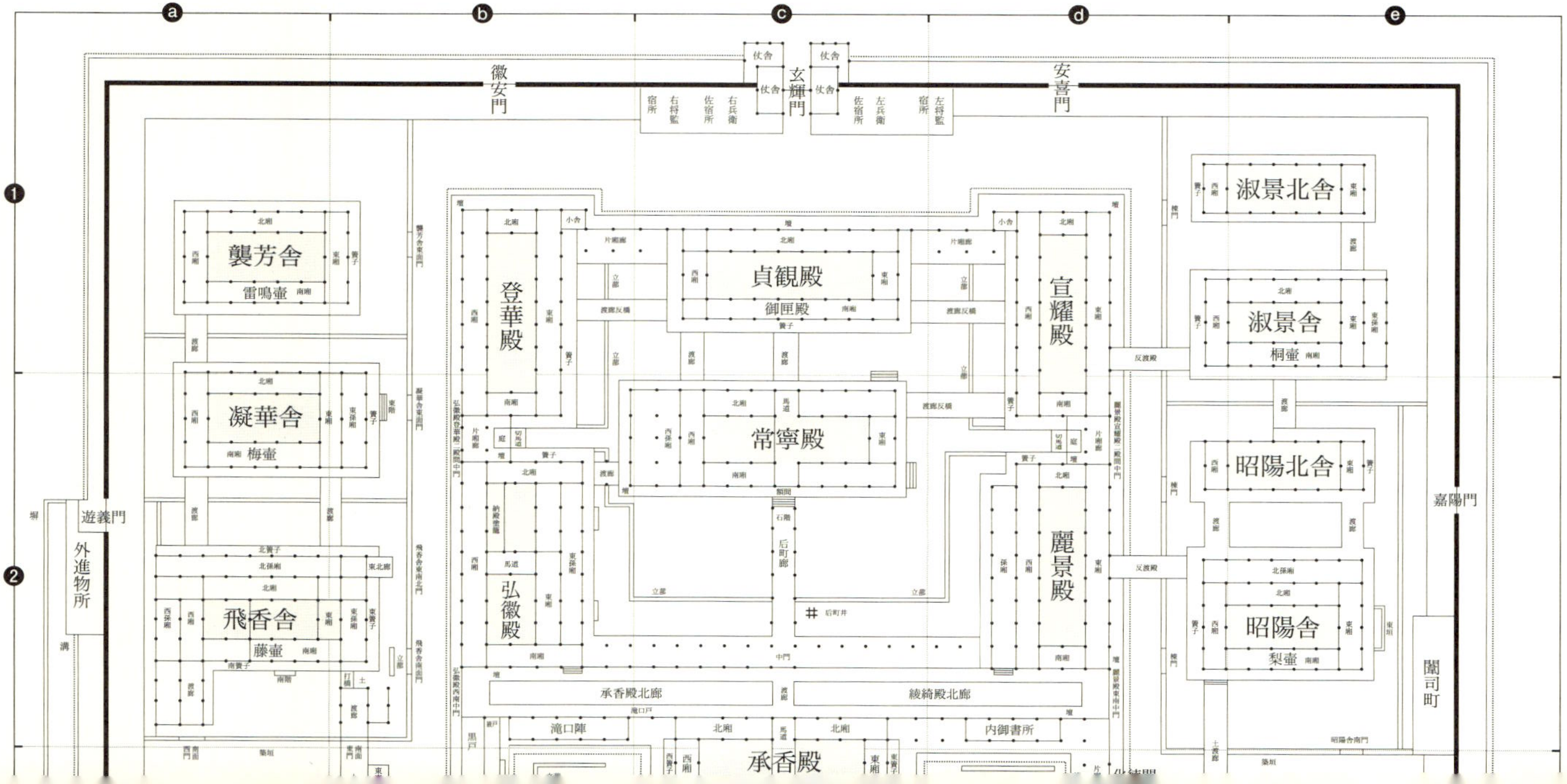
徽安門
玄輝門
安喜門
嘉陽門
遊義門
外進物所
闈司町
襲芳舎
雷鳴壺
凝華舎
梅壺
飛香舎
藤壺
登華殿
弘徽殿
貞観殿
御匣殿
常寧殿
宣耀殿
麗景殿
淑景北舎
淑景舎
桐壺
昭陽北舎
昭陽舎
梨壺
承香殿北廊
綾綺殿北廊
滝口陣
内御書所
承香殿
后町廊